Ehricke / Ekkenga / Oechsler
Wertpapiererwerbs- und Übernahmegesetz

Wertpapiererwerbs- und Übernahmegesetz

Kommentar

von

Dr. Ulrich Ehricke
Professor an der Universität zu Köln

Dr. Jens Ekkenga
Professor an der Universität Gießen

Dr. Jürgen Oechsler
Professor an der Universität Mainz

Verlag C. H. Beck München 2003

Im Einzelnen haben bearbeitet:

Verlag C. H. Beck im Internet:
beck.de

ISBN 3 406 51199 6

© 2003 Verlag C. H. Beck oHG
Wilhelmstraße 9, 80801 München
Druck: fbg · freiburger graphische betriebe
Bebelstr. 11, 79108 Freiburg
Satz: Fotosatz Otto Gutfreund GmbH, Darmstadt

Gedruckt auf säurefreiem, alterungsbeständigem Papier
(hergestellt aus chlorfrei gebleichtem Zelllstoff)

Vorwort

Das Wertpapiererwerbs- und Übernahmegesetz (WpÜG) vom 20. Dezember 2001 regelt einen Grenzbereich zwischen Kapital- und Gesellschaftsrecht. Gestalten die §§ 10 ff. WpÜG den rechtlichen Rahmen für den außerbörslichen Wertpapiererwerb mit Ausnahme des Paketkaufs, so konkretisieren die §§ 33 ff. WpÜG eine Reihe gesellschaftsrechtlicher Pflichten im Verhältnis von Vorstand und Gesellschaft (§ 33 WpÜG) sowie Mehrheits- und Minderheitsgesellschafter (§§ 31, 32, 35 ff. WpÜG) für den Fall des Wechsels der Kontrollmehrheit in der Hauptversammlung. Die wissenschaftliche Auseinandersetzung belegt darüber hinaus die paradigmatische Bedeutung des Verfahrensrechts der §§ 40 ff. WpÜG für den Rechtsschutz gegen Maßnahmen der neugeschaffenen Bundesanstalt für Finanzdienstleistungsaufsicht (BAFin).

Die folgende Darstellung nimmt nicht nur die erste Phase der Gesetzesrezeption in sich auf, die bekanntlich nicht wenige monographische und erläuternde Werke hat entstehen lassen. Sie wertet auch die Ergebnisse der viel länger währenden wissenschaftlichen Auseinandersetzung um Tenderverfahren und Takeover in der deutschen Rechtswissenschaft aus. Über weite Strecken bliebe das Werk dennoch ein blasses Artefakt, könnten die Erläuterungen nicht an das praktische Expertenwissen des britischen und amerikanischen Rechts anschließen. Im Rechtsvergleich erweisen sich gerade der City Code on Takeovers and Mergers und in etwas geringerem Maße auch die Ausführungsvorschriften der Securities and Exchange Commission (SEC) als unschätzbarer praktischer Erfahrungsschatz, der gesetzliche Anwendungsprobleme und Interessenskonflikte im deutschen Recht bereits jetzt voraussehen lässt. Durch Anknüpfung vor allem an sie hoffen die Autoren, internationalen Praxisbezug herstellen zu können. Ergänzend zur Erläuterung der Einzelvorschriften wurden schließlich auch die beiden Themenfelder „Due Diligence" (§ 10 WpÜG Rn. 28 ff.) und Finanzierung des Übernahmeangebots unter Bezugnahme auf § 71a AktG (§ 13 WpÜG Rn. 18 ff.) in die Darstellung eingearbeitet, weil diese in unlösbarem systematischen Zusammenhang zur hier dargestellten Rechtsmaterie stehen.

Mit einem Werk wie dem vorliegenden ist es wie mit einer Pyramide: Es entsteht nur, wenn viele bereit sind, das Material in schweißtreibender Arbeit über steile Rampen herbeizuschaffen. Insoweit sind die Autoren ihren Mitarbeitern und Hilfskräften verbunden, die zum Entstehen des Kommentars beigetragen haben. Im Einzelnen:

Ulrich Ehricke dankt für die Mitarbeit *Thomas Heineke, Marion Koch, Mareike Meier, Jochen Rotstegge, Jan Schmidt, Stefanie Seeringer, Elisa Seidl* und *Maik Tietjen.*

Jens Ekkenga dankt für die Bewältigung der Schreib- und Korrekturarbeiten Frau *Michaela Noske,* für die Anfertigung eines Teilentwurfs Frau *Claudia Boßmanns* und Herrn *Daniel Horn,* für die Durchführung abschließender Korrek-

Vorwort

turarbeiten den Herren *Jörg Schneider, Timo Bernau, Heyo Maas und Christoph Weinbrenner.*

Jürgen Oechsler dankt für die Leitung der Korrekturarbeiten den Mitarbeitern *Michael Jünemann* und *Reni Maltschew*, für die Beschaffung des Materials im Raum Berlin und in Mainz sowie für die Korrekturarbeiten: *Fred Bungart, Rebecca Duchrow, Tanja Gerlach, Erik Kießling, Phillippe Klein, Susanne Schmidt, Ursula Tischmeier, Martina Weichel.*

Dirk Schulz, Fachanwalt für Steuerrecht, ist als Rechtsanwalt in Kronberg/Ts. mit den Arbeitsschwerpunkten Gesellschafts- und Sanierungsrecht tätig. Für die Arbeit an dem vorliegenden Kommentar gilt besonderer Dank seiner Mitarbeiterin *Katharina Bader.*

Dieser Kommentar lebt von der Verbindung von Wissenschaft und Praxis. Dabei sind die Autoren und der Verlag für Hinweise, Anregungen und Kritik sehr dankbar.

Die Verfasser

Inhaltsverzeichnis

Wertpapiererwerbs- und Übernahmegesetz (WpÜG)

Inhaltsverzeichnis

Inhaltsverzeichnis

Abkürzungsverzeichnis

aA . . . .   anderer Ansicht
ABl. EG . . . .   Amtsblatt der Europäischen Gemeinschaften
Abs. . . . .   Absatz (Absätze)
Abschn.. . . . . . .   Abschnitt
abw. . . . .   Abweichend
aE . . . .   am Ende
aF . . . .   alte Fassung
AG . . . .   Aktiengesellschaft; Die Aktiengesellschaft (Zeitschrift);
                       Amtsgericht; Landesarbeitsgericht
allg. . . . .   allgemein
allgM . . . .   allgemeine Meinung, unstreitig
Alt. . . . .   Alternative
amtl. . . . .   amtlich
AngebotsVO. . . . .   Verordnung über den Inhalt der Angebotsunterlage, die
                       Gegenleistung bei Übernahmeangeboten und Pflicht-
                       angeboten und die Befreiung von der Verpflichtung zur
                       Veröffentlichung und zur Abgabe eines Angebots
                       (WpÜG-Angebotsverordnung) vom 27. Dezember
                       2001, BGBl. I S. 4263.
Anh. . . . .   Anhang
anh. . . . .   anhängig
AnwBl. . . . .   Anwaltsblatt
AnwK-AktienR/
Bearbeiter . . . .   *Heidel* (Hrsg.), Anwaltskommentar Aktienrecht, 2003
AöR . . . .   Archiv des öffentlichen Rechts
AP. . . . .   Arbeitsrechtliche Praxis
arg. e . . . .   argumentum ex
Art. . . . .   Artikel
Assmann/Bozenhardt .   *Assmann/Bozenhardt*, Übernahmeangebote als Rege-
                       lungsproblem zwischen gesellschaftsrechtlichen Nor-
                       men und zivilrechtlich begründeten Verhaltensgeboten,
                       in: *Assmann/Baldua/Bozenhardt/Peltzer* (Hrsg.), Übernah-
                       meangebote, ZGR-Sonderheft 9, 1990, S. 1
Assmann/Schütze. . .   *Assmann/Schütze* (Hrsg.), Handbuch des Kapitalanlagen-
                       rechts, 2. Aufl. 1997
AT. . . . .   Allgemeiner Teil
Aufl. . . . .   Auflage
ausf. . . . .   ausführlich
AuslInvestmG . . . .   Gesetz über den Vertrieb ausländischer Investmentan-
                       teile und über die Besteuerung der Erträge aus ausländi-
                       schen Investmentanteilen
AV. . . . .   Angebotsverfahren
Az. . . . .   Aktenzeichen

Abkürzungsverzeichnis

Abkürzungsverzeichnis

Abkürzungsverzeichnis

Abkürzungsverzeichnis

Abkürzungsverzeichnis

Abkürzungsverzeichnis

Abkürzungsverzeichnis

Wertpapiererwerbs- und Übernahmegesetz (WpÜG)

Vom 20. Dezember 2001 (BGBl. I S. 3822),
zuletzt geändert durch Gesetz vom 23. Juli 2002 (BGBl. I S. 2850)

Einführung

Schrifttum (Auswahl)

Deutsches und europäisches Recht:
Aha, Rechtsschutz der Zielgesellschaft bei mangelhaften Übernahmeangeboten, AG 2002, 160; *Albach,* Das neue Übernahmegesetz, ZfB 2002, 449; *Arnold,* Entschädigung von Mehrstimmrechten bei Übernahmen, BB 2003, 267; *Assmann,* Erwerbs-, Übernahme- und Pflichtangebote nach dem Wertpapiererwerbs- und Übernahmegesetz aus der Sicht der Bietergesellschaft, AG 2002, 114; *ders.,* Übernahmeangebote im Gefüge des Kapitalmarktrechts, insbesondere im Lichte des Insiderrechts, der Ad hoc-Publizität und des Manipulationsverbots, ZGR 2002, 697; *Baums,* Vorschlag eines Gesetzes zu öffentlichen Übernahmeangeboten, ZIP 1997, 1310; *Bayer,* Zulässige und unzulässige Einschränkungen der europäischen Grundfreiheiten im Gesellschaftsrecht, BB 2002, 2289; *Beckmann,* Übernahmeangebote in Europa, 1995; *Berding,* Gesellschafts- und kapitalmarktrechtliche Grundsätze im Übernahmerecht, WM 2002, 1149; *Börsensachverständigenkommission,* Standpunkte der Börsensachverständigenkommission zur künftigen Regelung von Unternehmensübernahmen, 1999; *Bornmüller,* Das neue Übernahmerecht. Überblick für die Praxis des Unternehmensberaters, BuW 2002, 912; *Burgard/Schneider,* Übernahmeangebote und Konzerngründung – Zum Verhältnis von Übernahmerecht, Gesellschaftsrecht und Konzernrecht, DB 2001, 963; *Busch,* Die Notwendigkeit der spezialgesetzlichen Regelung von öffentlichen Übernahmeangeboten in Deutschland, 1996; *Cahn/Senger,* Das Gesetz zur Regelung von öffentlichen Angeboten zum Erwerb vom Wertpapieren und von Unternehmensübernahmen, FB 2002, 277; *Coenenberger/Sauter,* Strategische und finanzielle Bewertung von Unternehmensakquisitionen, DBW 1988, 691; *Dauner-Lieb,* Das Tauziehen um die Übernahmerichtlinie – eine Momentaufnahme, DStR 2003, 555; *Dauner-Lieb/Lamandini,* Der neue Kommissionsvorschlag einer EU-Übernahmerichtlinie – Stellungnahme der Gutachter des EU-Parlaments, BB 2003, 265; *Dürig,* Kollisionsrechtliche Anknüpfung bei öffentlichen Übernahmeangeboten, RIW 1999, 746; *Ekkenga/Hofschroer,* Das Wertpapiererwerbs- und Übernahmegesetz, DStR 2002, 724 (Teil I), 768 (Teil II); *Europäische Kommission:* Neuer Vorschlag für Übernahmerichtlinie, NZG 2002, 1146; *Fleischer,* Schnittmengen des WpÜG mit benachbarten Rechtsmaterien – eine Problemskizze, NZG 2002, 545; *Geibel/Süßmann,* Erwerbsangebote nach dem Wertpapiererwerbs- und Übernahmegesetz, BKR 2002, 52; *Gordon,* Das neue deutsche „Anti"-Übernahmegesetz aus amerikanischer Perspektive, AG 2002, 670; *Grobys,* Arbeitsrechtliche Aspekte des Wertpapiererwerbs- und Übernahmegesetzes, NZA 2002, 1; *Grundmann/Möslein,* Die Golden Shares Grundsatzentscheidungen des Europäischen Gerichtshofes, BKR 2002, 758; *Grunewald,* Europäisierung des Übernahmerechts, AG

2001, 288; *Habersack*, Reformbedarf im Übernahmerecht!, ZHR 166 (2002), 619; *Hahn*, Die Regulierung von Unternehmensübernahmen in der Europäischen Gemeinschaft, ZBB 1990, 10; *ders.*, Übernahmerecht und Internationales Privatrecht. Zur Anwendung des WpÜG bei Übernahmen mit Auslandsbezug, RIW 2002, 741; *Händel*, Unternehmensübernahmen in Deutschland, DBW 1991, 124; *Hamann*, Die Angebotsunterlage nach dem WpÜG – ein praxisorientierter Überblick, ZIP 2001, 2224; *Handelsrechtsausschuss des Deutschen Anwaltsvereins e.V.*, Stellungnahme des Handelsrechtsausschusses des DAV e.V. vom April 2001, NZG 2001, 420; *von Hein*, Grundfragen des europäischen Übernahmekontrollrechts, AG 2001, 213; *Helmis*, Regulierung von Unternehmensübernahmen in den USA, RIW 2001, 825; *Hilf/ Hörmann*, Der Grundrechtsschutz von Unternehmen im europäischen Verfassungsverbund, NJW 2003, 1; *Hommelhoff/Witt*, Bemerkungen zum deutschen Übernahmegesetz nach dem Scheitern der Richtlinie, RIW 2001, 561; *Hopt*, Europäisches und deutsches Übernahmerecht, ZHR 161 (1997), 368; *ders.*, Auf dem Weg zum deutschen Übernahmegesetz. Gemeinsamer Standpunkt des Rates zur 13. Richtlinie und Diskussionsentwurf des Übernahmegesetzes, FS Koppensteiner, 2001, S. 61; *ders.*, Übernahmen, Geheimhaltung und Interessenkonflikte: Probleme für Vorstände, Aufsichtsräte und Banken, ZGR 2002, 333; *ders.*, Grundsatz- und Praxisprobleme nach dem Wertpapiererwerbs- und Übernahmegesetz, ZHR 166 (2002), 383; *Horn*, Internationale Unternehmenszusammenschlüsse, ZIP 2000, 473; *Kallmeyer*, Die Mängel des Übernahmekodexes der Börsensachverständigenkommission, ZHR 161 (1997), 435; *Kirchner*, Szenarien einer „feindlichen" Unternehmensübernahme: Alternative rechtliche Regelungen im Anwendungstest, BB 2000, 105; *ders.*, Neutralitäts- und Stillhaltepflicht des Vorstands der Zielgesellschaft im Übernahmerecht, AG 1999, 481; *ders.*, Managementpflichten bei „feindlichen" Übernahmeangeboten, WM 2000, 1821; *Körner*, Die Neuregelung der Übernahmekontrolle nach deutschem und europäischem Recht – insbesondere zur Neutralitätspflicht des Vorstands, DB 2001, 367; *Krause*, Von „goldenen Aktien", dem VW-Gesetz und der Übernahmerichtlinie, NJW 2002, 2747; *ders.*, Das deutsche Übernahmegesetz vor dem Hintergrund der EU-Richtlinie, ZGR 2002, 500; *ders.*, Das neue Übernahmerecht, NJW 2002, 705; *Kuhner/Schilling*, Maßnahmen der Unternehmensleitung zur Abwehr von Unternehmensübernahmen in der rechts- und wirtschaftspolitischen Diskussion, BFuP 2002, 445; *Lappe/Stafflage*, Unternehmensbewertungen nach dem Wertpapiererwerbs- und Übernahmegesetz, BB 2002, 2185; *Lenz/Linke*, Die Handhabung des WpÜG in der aufsichtsrechtlichen Praxis, AG 2002, 361; *Liebscher*, Das Übernahmeverfahren nach dem neuen Übernahmegesetz, ZIP 2001, 853; *Loritz/Wagner*, Das „Zwangsübernahmeangebot" der EG-Takeover-Richtlinie aus verfassungsrechtlicher Sicht, WM 1991, 709; *Möller*, Rechtsmittel und Sanktionen nach dem Wertpapiererwerbs- und Übernahmegesetz, AG 2002, 170; *Möller/Pötzsch*, Das neue Übernahmerecht – Der Regierungsentwurf vom 11. Juli 2001, ZIP 2001, 1256; *Mühle*, Das Wertpapiererwerbs- und Übernahmegesetz, 2002; *Mülbert*, Übernahmerecht zwischen Kapitalmarkt und Aktien(konzern)recht – die konzeptionelle Schwachstelle des RegE WpÜG, ZIP 2001, 1221; *Müller-Stewens*, Das Bedrohungspotential durch feindliche Übernahmen – auch eine Chance für deutsche Unternehmen?, DBW 51 (1991), 113; *Neye*, Der Vorschlag 2002 einer Takeover-Richtlinie, NZG 2002, 1144; *ders.*, Die EU-Übernahmerichtlinie und der Zielgeraden, ZIP 2001, 1120; *Paefgen*, Alle Macht dem Management, AG 1991, 41; *ders.*, Die Gleichbehandlung beim Aktienrückerwerb im Schnittfeld von Gesellschafts- und Übernahmerecht, ZIP 2002, 1509; *Pluskat*, Das Scheitern der europäischen Übernahmerichtlinie, AG 2001, 1937; *Reul*, Die Pflicht zur Gleichbehandlung der Aktionäre bei privaten Kontrolltransaktionen, eine juristische und ökonomische Analyse, 1991; *Riehmer/Schröder*, Praktische Aspekte bei der Planung, Durchführung und Abwicklung eines Übernahmeangebots, BB Beilage 2001 in Nr. 20, 1; *Sandrock*, Deutschland als gelobtes

Land des Kapitalgesellschaftsrechts, BB 2002, 1601; *Schneider/Burgard*, Übernahmeangebote und Konzerngründung – Zum Verhältnis von Übernahmerecht, Gesellschaftsrecht und Konzernrecht, DB 2001, 963; *Schnorbus*, Drittklagen im Übernahmeverfahren, ZHR 2002, 72; *Schüppen*, Übernahmegesetz ante portas! Zum Regierungsentwurf eines „Gesetzes von öffentlichen Angeboten zum Erwerb von Wertpapieren und von Unternehmensübernahmen", WPg 2001, 958; *Stumpf*, Grundrechtsschutz im Aktienrecht, NJW 2003, 9; *Thoma*, Das Wertpapiererwerbs- und Übernahmegesetz im Überblick, NZG 2002, 105; *Wagner*, Standstill Agreements bei feindlichen Übernahmen nach US-amerikanischem und deutschem Recht, 1999; *ders.*, Das neue Wertpapiererwerbs- und Übernahmegesetz (WpÜG), Die Bank 2002, 66; *Wey/Huber*, Aus der Praxis der Übernahmekommission, SZW/RSDA 2001, 144; *Wiesner*, Protektionismus oder Marktöffnung? – Zur Übernahmerichtlinie zeichnet sich ein Paradigmawechsel ab, ZIP 2002, 208; *Winner*, Die Zielgesellschaft in der freundlichen Übernahme, WM 2002, 39; *Winter*, Öffentliches Übernahmeangebot bei Versicherungsunternehmen, VersR 2000, 1453; *Wolf*, Konzerneingangsschutz bei Übernahmeangeboten. Neuere Entwicklungen zu Verteidigungsmaßnahmen im Spannungsfeld zum EU-Richtlinienvorschlag, AG 1998, 212; *Zillmer*, Public to Private-Transaktionen in Deutschland. Eine empirische Analyse öffentlicher Übernahmeangebote, FB 2002, 490; *Zinser,* Der Referentenentwurf eines „Gesetzes zur Regelung von öffentlichen Angeboten zum Erwerb von Wertpapieren und von Unternehmensübernahmen" vom 12. 3. 2001, NZG 2001, 391; *ders.,* Das neue Gesetz zur Regelung von öffentlichen Angeboten zum Erwerb von Wertpapieren und von Unternehmensübernahmen vom 1. Januar 2002, WM 2002, 15; *ders.,* Der Entwurf eines Übernahmegesetzes, ZIP 2001, 363; *Zschocke*, Europapolitische Mission: Das neue Wertpapiererwerbs- und Übernahmegesetz, DB 2002, 79; vgl. auch die Lit.-Angaben zu § 3 vor Rn. 1.

Ausländisches Recht:

Baum, Der Markt für Unternehmen und die Regelung von öffentlichen Übernahmeangeboten in Japan, AG 1996, 399; *Breinl*, Das öffentliche Übernahmeangebot im Kapitalmarktrecht der Schweiz: Modell für Österreich?, Diss. WU-Wien, 1997; *Buckova/Dedic*, Übernahmerecht und Meldepflicht in Tschechien, RIW 1999, 193; *Diemer/Hasselbach*, Öffentliche Übernahmeangebote in Italien, NZG 2000, 824; *Diregger/Winner*, Deutsches und österreichisches Übernahmerecht aus Anlegersicht, WM 2002, 1583; *Easterbrook/Fischel*, Corporate Control Transactions, Yale Law Journal, 1982, 698; *Fama*, Efficient Capital Markets, The Journal of Finance 1979, 383; *Foerster/Dejmek*, Die neuesten Entwicklungen des schwedischen Aktien- und Übernahmerechts in einer nationalen und europäischen Perspektive, ZVgIRWiss 2002, 309; *Hausmaninger*, Die öffentliche Übernahme im US-amerikanischen Recht, in: *Doralt/Nowotny/Schauer* (Hrsg.), Takeover-Recht, 1997, 177; *Hazen*, Securities Regulation, 1995, Chapter 11: Shareholder Suffrage; Control Contests: Corporate Takeovers; *Heinle*, City Code und Übernahmekodex. Eine Rechtsvergleichung, 2001; *Heiss*, Keine unfreundlichen Unternehmensübernahmen in der Schweiz, RIW 1995, 888; *Herkenroth*, Konzernierungsprozesse im Schnittfeld von Konzernrecht und Übernahmerecht. Rechtsvergleichende Untersuchungen der Allokationseffizienz unterschiedlicher Spielregeln von Unternehmensübernahmen, Berlin 1994 (dazu *Hirte*, ZHR 162 (1998), 133); *Hindley*, Separation of Ownership and Control in the Modern Corporation, Journal of Law and Economics 1970, S. 185; *Hopt/Wymeersch*, European Tekeovers – Law an Practice, 1992; *Karollus/Geist*, Das österreichische Übernahmegesetz – (k)ein Papiertiger?! – eine Fallstudie, NZG 2000, 1145; *Kerler*, Mergers & Acquisitions and Shareholder Value, 1999; *Klein/Stucki*, Öffentliches Übernahmeangebot (OPA/OPE) in Frankreich, RIW 2001, 488; *Manne*, Mergers and the Market for Corporate Control, Journal of Political Economy, 1965, S. 110;

Marris, The Economic Theory of „Managerial" Capitalism, 1964; *Meier-Schatz,* Die neue Börsenrechtsordnung der Schweiz – ein Überblick, ZBB 1997, 325; *Merkt,* US-amerikanisches Gesellschaftsrecht, 1992, S. 592; *Nitsch,* Die öffentliche Übernahme in Frankreich, in *Doralt/Nowotny/Schauer* (Hrsg.), Takeover-Recht, 1997, S. 87; *Nobel,* Das Schweizerische Bundesgesetz über die Börsen und den Effektenhandel (BEHG), WM 1996, 100; *Pletscher,* Übernahmeregelung im neuen Börsengesetz, in: Der Schweizer Treuhänder, 1994, 170; *Rojo,* Das öffentliche Übernahmeangebot im spanischen Recht, AG 1994, 16; *Schmid,* Öffentliche Übernahmeangebote in Italien, AG 1999, 402; *Schoen,* The French Stock Exchange, 1995; *Schwarz/Palinkas,* Neue Regelung der Übernahmeangebote im tschechischen Gesellschaftsrecht, WiRO 2002, 196; *Stern,* Übernahmeangebote im englischen Recht, The City Code on Takeovers and Mergers, ÖBA 1992, 1065, ÖBA 1993, 27 = in *Doralt/Nowotny/Schauer* (Hrsg.), Takeover-Recht, 1997, S. 51; *Strotmann,* Feindliche Unternehmensübernahmen in den USA, 1994; *Winner,* Die spanische Regelung der Übernahmeangebote, in *Doralt/Nowotny/Schauer* (Hrsg.), Takeover-Recht, 1997, S. 147; *Zinser,* Unternehmensübernahmen in Europa und den USA, RIW 1999, 844; *ders.,* Pflichtangebotsregelungen in europäischen Staaten, NZG 2000, 573; *ders.,* Übernahmeangebote (takeover bids) im englischen und deutschem Recht. Eine rechtsvergleichende Untersuchung mit Blick auf eine zukünftige Regelung in Deutschland, 2000; *ders.,* Der britische City Code on Takeovers and Mergers in der Fassung vom 9. 3. 2001, RIW 2001, 481; *Zwissler,* Übernahmerecht in Österreich, AG 1999, 411.

Übersicht

I. Einführung

1   Am 22. 12. 2001 wurde das „Gesetz zur Regelung von öffentlichen Angeboten zum Erwerb von Wertpapieren und von Unternehmensübernahmen" verkündet.[1] Am 1. 1. 2002 ist das Gesetz in Kraft getreten. Wesentlicher Inhalt sind das in Art. 1 enthaltene „Wertpapiererwerbs- und Übernahmegesetz (WpÜG)" sowie die unter Art. 7 zusammengefassten Regelungen zum Ausschluss von

---

[1] BGBl. I S. 3822.

Minderheitsaktionären (Squeeze Out), die als Vierter Teil in das Dritte Buch des AktG neu eingefügt wurden (§§ 327 a – 327 f AktG) und die nicht Gegenstand der Kommentierung sind. Der verkündete Gesetzestext stimmt mit der im Bundestag verabschiedeten Textfassung nicht völlig überein, sondern berücksichtigt eine Reihe recht weitgehender redaktioneller Änderungen.[2] So war § 42 der Entwurfsfassung im Bundestagsbeschluss gestrichen worden, ohne dass sich an der Paragraphenfolge etwas änderte. In der veröffentlichten Fassung hat man die Lücke sodann durch eine Neuparaphierung der Folgevorschriften geschlossen, so dass zahlreiche Verweise geändert bzw. angepasst werden mussten. Ob diese Korrekturen von Art. 78, 82 GG noch gedeckt sind, ist nicht restlos klar.[3]

Das WpÜG regelt das Angebotsverfahren zum Erwerb von Wertpapieren, die von einer Aktiengesellschaft oder Kommanditgesellschaft auf Aktien („Zielgesellschaft") mit Sitz im Inland ausgegeben und zum Handel an einem organisierten Markt zugelassen sind. Das Gesetz wendet sich in erster Linie an den Erwerbsinteressenten bzw. -verpflichteten („Bieter"), regelt aber auch Rechte und Pflichten anderer Beteiligter, insbesondere der Zielgesellschaft und ihrer Organe (näher unter II.). Daneben gibt es vier ergänzende Verordnungen des Bundesfinanzministeriums, die sich detailliert mit Fragen der organisatorischen Umsetzung und praktischen Anwendung beschäftigen, nämlich die WpÜG-BeiratsVO,[4] die WpÜG-WiderspruchsausschussVO,[5] die WpÜG-AngebotsVO[6] und die WpÜG-GebührenVO.[7] Die Einhaltung des Regelwerks wird von der Bundesanstalt für Finanzdienstleistungsaufsicht (BAFin, früher Bundesaufsichtsamt für den Wertpapierhandel) überwacht. 2

II. Überblick über das Regelwerk

Der **erste Abschnitt (§§ 1–3)** enthält allgemeine Vorschriften, die den Anwendungsbereich des Gesetzes definieren, Begriffsbestimmungen festlegen und verfahrensübergreifende Grundsätze formulieren. Gem. § 1 beschränkt sich die Anwendung auf Angebote zum Erwerb von Wertpapieren, die von einer Zielgesellschaft ausgegeben wurden und zum Handel an einem organisierten Markt zugelassen sind. § 2 klärt über den Inhalt der besonders häufig verwendeten termini auf. Er enthält Legaldefinitionen zu den Begriffen „Angebot", „Wertpapiere", „Zielgesellschaft", „Bieter", mit diesem „gemeinsam handelnde Personen", „Tochterunternehmen", „Organisierte Märkte" sowie „Europäischer Wirtschaftsraum". Nach § 3 sind bei der Durchführung eines Erwerbs- oder Übernahmeverfahrens als sog. „Allgemeine Grundsätze" zu beachten: Das (auf die Wertpapierinhaber bezogene) Gleichbehandlungsgebot, das Gebot ausreichender Markttransparenz, die Interessenbindung der Verwaltungsorgane der Zielgesellschaft, das Beschleunigungs- und Behinderungsverbot und das Verbot der Herstellung von Marktverzerrungen. 3

---

[2] *Hirte* in Kölner Komm. Einl. Rn. 49 mwN.
[3] Vgl. *Schüppen* in *Haarmann/Riehmer/Schüppen* Einl. Rn. 12.
[4] BGBl. 2001 I S. 4259.
[5] BGBl. 2001 I S. 4261.
[6] BGBl. 2001 I S. 4263.
[7] BGBl. 2001 I S. 4267.

4   Der **zweite Abschnitt (§§ 4–9)** regelt die Zuständigkeit der Bundesanstalt für Finanzdienstleistungsaufsicht (BAFin; früher: Bundesaufsichtsamt für Wertpapierwesen) sowie die Organisation ihrer Überwachungstätigkeit. § 4 ermächtigt die BAFin zur Anordnung der hierzu geeigneten und erforderlichen Maßnahmen (Abs. 1 S. 2) und stellt klar, dass die BAFin nur im öffentlichen Interesse handelt (Abs. 2). Gem. § 5 ist ein Beirat zu bilden, der die BAFin unterstützt (Abs. 3). Über Widersprüche gegen Verfügungen der BAFin entscheidet ein Widerspruchsausschuss, der nach Maßgabe von § 6 zu bilden ist. Gegenstand weiterer Regelungen sind die Zusammenarbeit mit Aufsichtsbehörden im Inland (§ 7) und mit zuständigen Stellen im Ausland (§ 8) sowie die Verschwiegenheitspflicht der an der behördlichen Aufsicht Beteiligten (§ 9).

5   Der **dritte Abschnitt (§§ 10–28)** befasst sich mit den Einzelheiten des Angebotsverfahrens. Er betrifft unmittelbar nur das einfache Erwerbsangebot (§ 2 Abs. 1), ist aber nach Maßgabe der Verweisungen in §§ 34, 39 grundsätzlich auch auf Übernahmeangebote (§ 29 Abs. 1) und Pflichtangebote (§ 35) anzuwenden. Das Verfahren beginnt, sobald der Bieter seine Entscheidung zur Abgabe des Angebots getroffen hat, und endet – vorbehaltlich nachträglicher Pflichten des Bieters in Sonderfällen (vgl. etwa §§ 23 Abs. 2, 31 Abs. 5 zu den Folgen von Nacherwerben) – mit den Ergebnismeldungen nach Ablauf der Annahmefrist (§ 23).

6   Im Vordergrund stehen zunächst die **Pflichten des Bieters.** Er hat seine Angebotsentscheidung gem. § 10 unter Beachtung des dort beschriebenen Verfahrens unverzüglich zu veröffentlichen. Sodann hat er innerhalb der verlängerbaren Frist von vier Wochen (§ 14 Abs. 1) eine Angebotsunterlage zu erstellen und sie der BAFin zur Überprüfung vorzulegen, um sie im Anschluss an die Erteilung der Genehmigung unverzüglich zu veröffentlichen (§ 14). Die Finanzierung des Angebots ist rechtzeitig sicherzustellen (§ 13 Abs. 1). Der Inhalt der Angebotsunterlage muss den Anforderungen des § 11 entsprechen, der durch die Einzelbestimmungen der WpÜG-AngebotsVO ergänzt wird. Sonstige Inhaltsvorgaben betreffen die Bemessung der Annahmefristen (§ 16 Abs. 1, 2; 3 S. 1; § 21 Abs. 5; § 22), die Unzulässigkeit der öffentlichen Aufforderung zur Abgabe von Angeboten (§ 17), die beschränkte Zulassung von Bedingungsklauseln (§ 18), das Zuteilungsverfahren bei Überzeichnung (§ 19) und die Änderung des Angebots (§ 21). Verletzt der Bieter seine Pflichten, so muss bzw. kann die BAFin das Angebot nach Maßgabe von § 15 untersagen – mit der Folge, dass zuvor abgeschlossene Kaufverträge nichtig sind (Abs. 3 S. 2) und dass ein weiteres Angebot vor Ablauf eines Jahres grundsätzlich nicht unterbreitet werden darf (§ 26). Weitere Pflichten des Bieters zielen auf die Unterstützung des ordnungsgemäßen Verfahrensablaufs, etwa durch die Herbeiführung eines Zustimmungsbeschlusses der eigenen Gesellschafterversammlung, sofern die Wirksamkeit des Angebots hiervon abhängt (§ 25), sowie auf die Erwerbsmeldungen des § 23, von denen ihn die BAFin in bestimmten Fällen auf Antrag befreit (§ 20). UU kann die BAFin dem Bieter auf Antrag gestatten, ausländische Anleger vom Angebot auszunehmen (§ 24).

7   **Vorstand und Aufsichtsrat der Zielgesellschaft** haben die **Pflicht**, zum Inhalt der Angebotsunterlage Stellung zu nehmen und das Ergebnis zu veröffentlichen. Geben der Betriebsrat oder die Arbeitnehmer der Zielgesellschaft eine eigene Stellungnahme ab, so ist diese mit zu veröffentlichen (§ 27). Werbe-

maßnahmen, mit denen die Zielgesellschaft das Angebotsverfahren begleitet, kann die BAFin untersagen, wenn sie zu Missständen führen (§ 28). Für den Fall, dass die Zielgesellschaft im Hinblick auf das Angebot eine Hauptversammlung einberuft, gelten die besonderen Verfahrensvorschriften des § 16 Abs. 3, 4.

Vereinzelt äußert sich das Gesetz auch zu den **Rechten der Anleger.** Ihnen   **8** haften die Verantwortlichen und Initiatoren des Angebots für die Richtigkeit und Vollständigkeit der Angebotsunterlage nach Maßgabe des § 12. Ferner haftet ihnen der Bieter für die pflichtgemäße Schaffung der für die Einlösung der Kaufofferte erforderlichen finanziellen Voraussetzungen (§ 13 Abs. 2, 3). In bestimmten Fällen steht den Verkäufern der Wertpapiere ein gesetzliches Rücktrittsrecht zu (§ 21 Abs. 4; § 22 Abs. 3).

Regelungsgegenstand des **vierten Abschnitts (§§ 29–34)** ist das Übernah- **9** meangebot. Während der dritte Abschnitt das Angebot zum Erwerb von Wertpapieren einer Zielgesellschaft durch den Bieter im Allgemeinen regelt, richtet sich das Übernahmeangebot auf die Erlangung der Kontrollmehrheit, die bei Erwerb von mindestens 30 Prozent der Stimmanteile an der Zielgesellschaft erreicht ist (§ 29). Stimmanteile Dritter sind dem Bieter nach Maßgabe von § 30 zuzurechnen. Inhalt und Umfang des Übernahmeangebots sind gegenüber einfachen Erwerbsangeboten gem. § 31 (Art und Bemessung der Gegenleistung, ergänzend §§ 3 bis 8 WpÜG-AngebotsVO) und gem. § 32 (Verbot von Teilangeboten) modifiziert. § 33 begrenzt die Befugnis des Vorstands der Zielgesellschaft, sich dem Übernahmeangebot durch Vornahme von Abwehrmaßnahmen zu widersetzen, und untersagt dem Bieter und mit ihm gemeinsam handelnden Personen, der Verwaltung der Zielgesellschaft im Zusammenhang mit dem Angebot Vorteile zuzuwenden. § 34 stellt klar, dass ergänzend die Vorschriften des Dritten Abschnitts heranzuziehen sind.

Der **fünfte Abschnitt (§§ 35–39)** ist dem **Pflichtangebot** gewidmet. **10** Gem. § 35 muss jeder, der die Kontrollmehrheit über eine Zielgesellschaft ohne Unterbreitung eines Übernahmeangebotes erlangt hat, dies unverzüglich veröffentlichen und innerhalb der darauf folgenden vier Wochen ein Übernahmeangebot nach dem Muster der allgemeinen Regeln unterbreiten. Bei der Berechnung des Stimmrechtsanteils zur Feststellung der Kontrollmehrheit erklärt die BAFin auf Antrag, dass einzelne Stimmrechte aus Aktien unberücksichtigt bleiben, deren Erwerb erb- oder familienrechtlichen Ursprungs, durch Rechtsformwechsel oder Umstrukturierungen innerhalb eines Konzerns bedingt ist (§ 36). Darüber hinaus kann die BAFin unter den Voraussetzungen des § 37 (ergänzend: §§ 8–12 WpÜG-AngebotsVO) Befreiung von der Angebotspflicht erteilen. Sofern der Bieter seinen Verpflichtungen zur Veröffentlichung und zur Abgabe des Pflichtangebots nicht nachkommt, steht den Aktionären der Zielgesellschaft für die Dauer des Verstoßes ein Zinsanspruch auf die Gegenleistung nach näherer Maßgabe von § 38 zu. § 39 erklärt die Vorschriften des Dritten und Vierten Abschnitts für grundsätzlich entsprechend anwendbar.

Der **sechste Abschnitt (§§ 40–47)** befasst sich mit den Rechten und Pflich- **11** ten der Beteiligten sowie mit den Befugnissen der BAFin im Verwaltungsverfahren. § 40 ermächtigt die BAFin zur Beschaffung der für die Durchführung der Marktaufsicht benötigten Auskünfte und Informationen. Verfügungen der BAFin sind im Widerspruchsverfahren ungeachtet ihrer sofortigen Vollzieh-

barkeit (§ 42) zu überprüfen (§ 41). Weitere Verfahrensvorschriften betreffen
die Bekanntgabe, Zustellung und Veröffentlichung von Verfügungen (§§ 43,
44), die bei Eingaben an die BAFin einzuhaltende Form (§ 45), die Anwendung
von Zwangsmitteln (§ 46) und die Erhebung von Kosten (§ 47).

12   Der **siebte Abschnitt (§§ 48–58)** regelt das Rechtsmittelverfahren. Gegen
Verfügungen der BAFin ist die Beschwerde statthaft, über die das OLG Frankfurt a. M. entscheidet (§ 48). Die Beschwerde ist gem. § 51 binnen einer Notfrist von einem Monat nach Bekanntgabe oder Zustellung des Widerspruchsbescheids unter Beachtung des Anwaltszwanges (§ 53) schriftlich einzureichen.
Sofern der Beschwerde aufschiebende Wirkung zukommt (§ 49), kann die BA-
Fin im öffentlichen Interesse oder im überwiegenden Interesse eines Beteiligten die sofortige Vollziehung anordnen. UU kann das Beschwerdegericht diese
Anordnung auf Antrag wieder aufheben (§ 50). Das Beschwerdegericht erforscht den Sachverhalt von Amts wegen (§ 55) und entscheidet aufgrund
mündlicher Verhandlung (§ 54) durch Beschluss (§ 56). Die am Beschwerdeverfahren Beteiligten (§ 52) haben ein in § 57 näher geregeltes Recht auf
Akteneinsicht. Im Übrigen gelten die Vorschriften des GVG sowie der ZPO
entsprechend, § 58.

13   Der **achte Abschnitt (§§ 59–65)** befasst sich mit den Sanktionen. Gem.
§ 59 führt eine Verletzung der Angebotspflicht (§ 35) zum zeitweiligen Verlust
von Rechten aus den Aktien der Zielgesellschaft. Vorsätzliche, leichtfertige
oder fahrlässige Verstöße gegen die Vorschriften des WpÜG sind nach näherer
Maßgabe von § 60 mit einer Geldbuße bis zu einer Million Euro zu ahnden.
Die weiteren Vorschriften betreffen die behördlichen und gerichtlichen Zuständigkeiten im Bußgeldverfahren.

14   Der **neunte Abschnitt (§§ 66–68)** enthält Sonderregelungen zum Verfahren für bürgerliche Rechtsstreitigkeiten in Wertpapiererwerbs- und Übernahmesachen (§ 66) sowie zur Gerichtsverfassung (§ 67). § 68 enthält Übergangsregelungen.

III. Geschichtlicher Hintergrund

15   **1. Frühe europäische Entwicklung.** Die europäische Kommission be-
mühte sich schon früh um ein einheitliches europäisches Übernahmerecht.[8]
Dem Pennington-Entwurf von 1974,[9] welcher stark vom britischen City Code
beeinflusst wurde, folgten 1987,[10] 1989,[11] 1990,[12] 1996,[13] 1997[14] verschiedene
Vorschläge für eine 13. Richtlinie des Rates auf dem Gebiet des Gesellschaftsrechts über Übernahmeangebote („Übernahmerichtlinie"), die jedoch allesamt
verworfen wurden. Den Entwürfen lag eine Absichtserklärung der Kommission im Weißbuch über die Vollendung des Binnenmarktes aus dem Jahre 1985

---

[8] Übersicht bei *Mühle*, Das Wertpapiererwerbs- und Übernahmegesetz, 2002,
S. 28 ff.
[9] Komm.-Dok. XI/56/74-E.
[10] Komm.-Dok. XV/63/87-DE.
[11] ABI. EG Nr. C 64, 8 = ZIP 1989, 606.
[12] ABI. EG Nr. C 240, 7.
[13] ABI. EG Nr. C 162, 5 = AG 1996, 217.
[14] ABI. EG Nr. C 378, 10 = ZIP 1997, 2172.

zugrunde, die eine Angleichung der übernahmerechtlichen Vorschriften der Mitgliedstaaten vorsah. Ein erneuter Richtlinienvorschlag vom 6. 6. 2001 enthielt weitreichende Änderungen. Sein Art. 8 sah vor, dass das Leitungs- oder Verwaltungsorgan einer Zielgesellschaft mit Ausnahme der Suche nach konkurrierenden Angeboten jede Handlung zu unterlassen habe, welche das Angebot vereiteln könnte und zu denen die Gesellschafterversammlung nicht während der Angebotsfrist ihre Zustimmung erteilt hat. Der Entwurf lag dem Europäischen Parlament am 4. 7. 2001 zur Abstimmung vor und wurde bei einem Auszählungsergebnis von 273 zu 273 Stimmen abgelehnt.[15] Vor allem von deutscher Seite wurde eingewandt, dass der Entwurf die Arbeitnehmerinteressen nur unzureichend schütze und US-amerikanische Unternehmen im transatlantischen Wettbewerb gegenüber den europäischen Unternehmen ungerechtfertigt begünstige.[16] Auf Ablehnung stieß in diesem Zusammenhang vor allem der sog. „Neutralitätsgrundsatz", wonach die Leitung der Zielgesellschaft für Abwehrmaßnahmen nach Bekanntwerden eines Übernahmeangebots der Zustimmung der Aktionäre bedarf.

2. Nationale Entwicklung. a) Leitsätze der Börsensachverständigen- **16** **kommission.** Mit dem Pennington-Entwurf von 1974 (Rn. 15) begann in Deutschland eine breite wissenschaftliche Diskussion zum Thema Übernahmeangebote. Sie mündete 1979 in die Verabschiedung eines Regelwerkes durch die Börsensachverständigenkommission (BSK), ein das Bundesfinanzministerium beratendes Expertengremium. Es handelte sich um Wohlverhaltensregeln ohne Normcharakter, die dazu bestimmt waren, durch Selbstunterwerfung der Marktakteure Geltung zu erlangen. Gegenstand der Regeln waren zu Leitsätzen geformte Grundsätze zur Durchführung eines Übernahmeangebots.[17] Die praktische Bedeutung blieb gering.[18]

b) Übernahmekodex. Erst ab Mitte der 80er Jahre erweckte das Thema **17** aufgrund publikumswirksamer Übernahmeversuche erneut öffentliches Interesse.[19] Dies führte zu einer umfassenden Überarbeitung der Leitsätze von 1979 und zur Vorlage des Übernahmekodex vom 1. 10. 1995.[20] Auch er beruhte auf dem Prinzip der Selbstregulierung, sah jedoch im Unterschied zu den Leitsätzen der BSK eine Übernahmekommission vor, die zur Überwachung des Übernahmegeschehens bei der Deutschen Börse AG eingerichtet wurde. Inhaltlich orientierte sich der Übernahmekodex am Londoner City Code. Er betonte vor allem den Grundsatz der Gleichbehandlung, das regulatorische Ziel der Markttransparenz und das Verbot der Marktbeeinflussung. Auch sah der Übernahmekodex in Art. 16, 17 bei einer Überschreitung von 50% der Stimmrechte die Abgabe eines Pflichtangebots vor.

---

[15] Näher *Pluskat*, Das Scheitern der europäischen Übernahmerichtlinie, WM 2001, 1937, 1938.

[16] Siehe hierzu: Europäische Kommission: Neuer Vorschlag für Übernahmerichtlinie, NZG 2002, 1146, 1152.

[17] Abgedruckt bei *Baumbach/Duden/Hopt* HGB, 27. Aufl. 1987, S. 1343.

[18] *Zinser* NZG 2001, 391, 392; *Zehetmeier-Müller* in *Geibel/Süßmann* Einl. Rn. 2; *Mühle*, Das Wertpapiererwerbs- und Übernahmegesetz, 2002, S. 30.

[19] Beispiele: Übernahmeangebote um die Feldmühle Nobel AG (1988) oder zwischen Pirelli Spa und der Continental AG (1990).

[20] Übernahmekodex, abgedruckt in AG 1995, 572 ff.

18   Vielen Kritikern galt der Übernahmekodex – wie auch schon die Leitsätze
der BSK – als ineffektiv („zahnlos"),[21] weil seine Verhaltensstandards nur für
den verbindlich waren, der sein ausdrückliches Einverständnis mit dem Inhalt
erklärt hatte. Zwar bildete die Anerkennung des Übernahmekodex seit 1998
eine Voraussetzung für die Aufnahme eines Unternehmens in den DAX,
MDAX oder Neuen Markt. Bis zum 11. 4. 2001 haben jedoch von insgesamt
1016 börsennotierten Unternehmen lediglich 755 die Unterwerfungserklärung
abgegeben.[22] Darüber hinaus wurden Fälle bekannt, in denen trotz Anerkennung des Übernahmekodex die Abgabe des Pflichtangebotes unterblieb[23] oder
die Anerkennung ad hoc widerrufen wurde,[24] ohne dass dies rechtliche Konsequenzen für die betroffenen Bieter gehabt hätte. Vor diesem Hintergrund
erklärt sich, warum nach dem (ursprünglich feindlichen) Versuch einer Übernahme der Thyssen AG durch die Hoesch-Krupp AG der Ruf nach einer gesetzlichen Initiative in Politik und Wissenschaft lauter wurde. 1997 brachte die
SPD daraufhin einen Gesetzesentwurf[25] ein, 1999 folgte eine Empfehlung der
BSK.[26] Beide blieben ohne legislative Folgen, weil der Gesetzgeber zunächst
die europäische Rechtsentwicklung abwarten wollte.

19   **c) Wertpapiererwerbs- und Übernahmegesetz.** Die publikumswirk-
same Übernahme der Mannesmann AG durch die Vodafone Airtouch Plc. in
2000 führte zu einer erneuten Gesetzgebungsinitiative. Auf der Grundlage der
aktuellen europäischen Entwürfe für ein einheitliches Übernahmegesetz
(Rn. 15) erschien am 29. 6. 2000 der **Diskussionsentwurf** für ein nationales
Übernahmegesetz,[27] dem sich am 12. 3. 2001 ein **Referentenentwurf** mit
umfangreichen Änderungen anschloss.[28] Dieser folgte dem europäischen
Richtlinienentwurf vor allem in einer konsequenten Festschreibung des Neutralitätsgrundsatzes (Rn. 15 aE). Nach dem Scheitern des europäischen Entwurfs am 4. 7. 2001 mehrten sich die Vorschläge, die Abwehrmöglichkeiten der
Zielgesellschaft durch Zulassung präventiv wirkender Handlungsermächti-
gungen des Vorstands durch die Hauptversammlung („Vorratsbeschlüsse") zu
erweitern. Entsprechende Änderungen sah der am 11. 7. 2001 verabschiedete
Regierungsentwurf vor.[29] Dieser lag am 14. 11. 2001 dem Finanzausschuss
vor, der sich für weitere Änderungen in wesentlichen Punkten aussprach. Insbesondere sah die Empfehlung vor, dass der Vorstand auch ohne Zustimmung

---

[21] Vgl. Börsensachverständigenkommission S. 9. Auch stieß das Pflichtangebot
wegen seiner finanziellen Nachteile für den Bieter auf Skepsis, vgl. *Kallmeyer* ZHR
1997, 435; *Mühle*, Das Wertpapiererwerbs- und Übernahmegesetz, 2002, S. 37.

[22] BT-Drucks. 14/7034 S. 27.

[23] Vgl. Börsensachverständigenkommission, S. 9.

[24] Vgl. *Hopt* ZHR 161 (1997), 368 (396).

[25] BT-Drucks. 13/8164; hierzu mit Anm. von *Baums* ZIP 1997, 1310 ff.

[26] Börsensachverständigenkommission, S. 63.

[27] Entwurf eines Gesetzes zur Regelung von Unternehmensübernahmen, NZG
2000, 844 ff.

[28] Vgl. zum RefE des „Gesetzes zur Regelung von öffentlichen Angeboten
zum Erwerb von Wertpapieren und von Unternehmensübernahmen" *Zinser* NZG
2001, 391 ff.

[29] BT-Drucks. 14/7034 und 14/7090; m. Anm. von *Möller/Pötzsch* ZIP 2001,
1256 ff.

der Hauptversammlung Abwehrmaßnahmen gegen ein Übernahmeangebot einleiten kann, wenn der Aufsichtsrat zustimmt.[30] Unter Berücksichtigung dieser Änderungsvorschläge beschloss der Bundestag am 15. 11. 2001 das Wertpapiererwerbs- und Übernahmegesetz,[31] das am 1. 1. 2002 in Kraft trat.

IV. Jüngere europäische Entwicklung

Nach dem Scheitern des Richtlinienentwurfs im Juli 2001 beauftragte die **20** Europäische Kommission eine Expertengruppe unter der Leitung von J. Winter mit der Ausarbeitung eines geänderten Konzepts. Der am 10. 1. 2002 vorgelegte **Winter-Bericht**[32] schlägt als Eckpunkte eines neuen Entwurfs zwei Grundsätze vor, die der Verwirklichung von Chancengleichheit im europäischen Übernahmerecht dienen sollen. Der erste Grundsatz besagt, dass die Entscheidung über die Annahme eines Angebots allein den Aktionären der Zielgesellschaft vorbehalten sein muss. Nach dem zweiten Grundsatz ist dafür Sorge zu tragen, dass jedem Kapitalgeber ein Mitspracherecht in Höhe seiner Kapitalbeteiligung zusteht, dass also das „One share – one vote"-Prinzip Anwendung findet. Der nunmehr vorliegende **Entwurf einer Übernahme-Richtlinie 2002**[33] („Vorschlag für eine Richtlinie des Europäischen Parlaments und des Rates betreffend Übernahmeangebote") greift diese Konzeption auf und folgt im Übrigen dem Kommissionsvorschlag von 1997[34] (Rn. 15). Die im Winter-Bericht außerdem vorgesehene „Durchbruchsregel", die auf eine radikale Anpassung der nationalen Gesellschaftsrechte an das Postulat des „One share – one vote" hinauslief,[35] blieb wegen der zu erwartenden Widerstände aus den Mitgliedstaaten weitgehend unberücksichtigt.[36] Ziel des Entwurfes ist die Schaffung eines europäischen „Level playing field" für Unternehmensübernahmen, also die Herstellung von Waffengleichheit zwischen Unternehmen der beteiligten Mitgliedstaaten.[37]

Folgende Details verdienen Hervorhebung: Art. 5 Abs. 1 regelt das **Pflichtan- 21 gebot**, welches der Erwerb eines kontrollrelevanten Stimmanteils an der Zielgesellschaft auslöst. Die Bestimmung der Kontrollschwelle bleibt gemäß Abs. 3 dem Mitgliedstaat überlassen, in dem die Zielgesellschaft ihren Sitz hat. Nach Art. 5 Abs. 4 soll für das Pflichtangebot grundsätzlich der höchste Preis maßgeblich sein, den der Bieter oder eine mit ihm gemeinsam handelnde Person in einem Zeitraum von sechs bis zwölf Monaten vor der Abgabe des Angebots für die gleichen Wertpapiere gezahlt hat. Gemäß Art. 9 Abs. 2 müssen die Verwaltungs-

---

[30] BT-Drucks. 14/7477 S. 25 f.

[31] BT-Drucks. 14/7477, abgedruckt in ZIP 2001, 2102.

[32] Vgl. Bericht der hochrangigen Gruppe von Experten auf dem Gebiet des Gesellschaftsrechts, Europäische Kommission, Brüssel, 10. 1. 2002.

[33] Dokument KOM (2002), 534, Ratsdokument 12846/02, BR-Drucks. 800/02, abgedruckt mit Begr.: Europäische Kommission: Neuer Vorschlag für Übernahmerichtlinie, NZG 2002, 1146.

[34] Abl. EG Nr. C 378 vom 13. 12. 1997, abgedruckt in ZIP 1997, 2172.

[35] Siehe hierzu *Wiesner* ZIP 2002, 208, 209 f.

[36] Hierzu kritisch etwa *Dauner-Lieb/Lamandini* BB 2003, 265, 267; *Dauner-Lieb* DStR 2003, 555, 556; *Arnold* BB 2003, 267, 270.

[37] Näher *Dauner-Lieb/Lamandini* BB 2003, 265, 266; *Neye* NZG 2002, 1144.

oder Leitungsorgane der Zielgesellschaft die Genehmigung der Hauptversammlung einholen, bevor sie – mit Ausnahme der Suche nach konkurrierenden Angeboten – **Abwehrmaßnahmen** ergreifen. Die Möglichkeit der Schaffung von Vorratsbeschlüssen sieht der Entwurf nicht vor (vgl. Abs. 3). In Art. 10 ist vorgesehen, dass potentielle Zielgesellschaften umfassende Informationen zu allen Faktoren, welche ein Übernahmehindernis darstellen könnten, in Form eines **Lageberichts** offen legen müssen. Die Hauptversammlung hat sich hierzu mindestens alle zwei Jahre zu äußern (Abs. 3). Nach Art. 11 werden abwehrwirksame **Übertragungs- und Stimmrechtsbeschränkungen** in erheblichem Umfang eingeschränkt. Zudem wird dem Bieter unter bestimmten Umständen das Recht zur Satzungsänderung sowie die Möglichkeit einer kurzfristigen Einberufung der Hauptversammlung der Zielgesellschaft eingeräumt (Abs. 4). Weitere Abwehrinstrumente wie zB **Doppel- oder Mehrfachstimmrechte** lässt der Entwurf unangetastet, sieht jedoch in Art. 18 ausdrücklich für einen Zeitraum von bis zu drei Jahren nach Umsetzung der Richtlinie die Möglichkeit einer Überarbeitung der Art. 10 und 11 vor. In Art. 14 eröffnet der Entwurf dem Bieter die Möglichkeit zum **Ausschluss von Minderheitsaktionären**, sofern jener mindestens 90% des Gesellschaftskapitals der Zielgesellschaft erworben hat. Umgekehrt haben die Inhaber einer Minderheitsbeteiligung nach Art. 15 ein **Andienungsrecht** zu einem angemessenen Preis, sofern der Bieter mindestens 90% und höchstens 95% des Gesellschaftskapitals der Zielgesellschaft hält.

22   Die Mitgliedstaaten sind von den Plänen für eine europäische Rechtsangleichung in unterschiedlicher Weise betroffen. So ist Art. 11 geeignet, die bestehenden Abwehrmöglichkeiten deutscher Unternehmen nicht unwesentlich zu beschneiden, sofern sie auf Übertragungsbeschränkungen beruhen (vgl. § 68 Abs. 2 AktG sowie die Kommentierung zu § 33).[38] Die Zulassung von Doppel- und Mehrfachstimmrechten harmonierte dagegen mit den Rechtsordnungen anderer Mitglieder, etwa denen Frankreichs und der skandinavischen Länder. Allerdings bleibt vorläufig offen, ob derartige Regelungen mit dem Grundsatz der Kapitalverkehrsfreiheit (Art. 56 EGV) vereinbar sind, nachdem der **EuGH** die **Zulassung von „Golden Shares" in Frankreich, Portugal, Spanien und England** aus dem nämlichen Grunde beanstandet hat.[39]

V. Übernahmerecht in anderen Ländern

23   **1. Vereinigte Staaten von Amerika.** Die USA verfügen seit ihrem Securities Exchange Act von 1934 (SEA) über eine lange Tradition einschlägiger Regel-

---

[38] Kritisch zum Entwurf auch der zuständige Referatsleiter des BM der Justiz *Neye* NZG 2002, 1144, 1145 sowie *Habersack* ZHR 166 (2002), 619, 621.

[39] EuGH Rs. C-483/99 (Kommission/Frankreich), NJW 2002, 2305 = NZG 2002, 628; EuGH Rs. 367/98 (Kommission/Portugal), NJW 2002, 2306, NZG 2002, 632; EuGH Rs. C-463/00 (Kommission/Königreich Spanien), ZIP 2003, 991; EuGH Rs. C-98/01 (Kommission/Vereinigtes Königreich Großbritannien), ZIP 2003, 995. Dort ging es um Zustimmungs- und Widerspruchsrechte des Staates bei der Veräußerung von Aktien bzw. Aktiva ehemaliger Staatsunternehmen. Anders entschied der EuGH in der Sache EuGH Rs. C-503/99, NJW 2002, 2303 = ZIP 2002, 1090 = NZG 2002, 624, die eine belgische Bestimmung betraf. Vgl. hierzu *Grundmann/Möslein* BKR 2002, 758, 764 f.; *Krause* NJW 2002, 2747, 2751.

werke. Der SEA wurde durch den Williams Act von 1968 (WA) um die Regelung des öffentlichen Übernahmeangebots erweitert. Beide Regelwerke dürfen jedoch nicht darüber hinwegtäuschen, dass es in den USA kein homogenes kodifiziertes Übernahmerecht gibt.[40] Vielmehr sind neben dem Kapitalmarktrecht des Bundes zahlreiche einzelstaatliche Regelungen sowie richterliche Grundsatzentscheidungen zu beachten. Während das Bundesrecht im Wesentlichen die kapitalmarktrechtlichen Aspekte des Wertpapierhandels erfasst, finden sich auf der einzelstaatlichen Ebene ergänzende gesellschaftsrechtliche Regelungen.[41] Da sich allerdings im WA kein ausdrückliches Verbot einer einzelstaatlichen Parallelgesetzgebung findet, nutzen einige Länder die Gelegenheit zur konkurrierenden kapitalmarktrechtlichen Gesetzgebung, indem sie „Anti-takeover-statutes" vorhalten, die zum Schutz vor feindlichen Übernahmen konzipiert sind. Auf diese Weise versuchen manche Länder, sich besonders managementfreundlich zu präsentieren, um im zwischenstaatlichen Wettbewerb um die Standortentscheidungen börsennotierter Unternehmen zu bestehen.[42]

Der Anlegerschutz ist das primäre Ziel des bundesgesetzlichen Übernahmerechts. Er soll durch ausreichende Markttransparenz, insbesondere durch die Unterbindung heimlicher Übernahmen hergestellt werden. Seit In-Kraft-Treten des WA obliegt die Überwachung von Unternehmensübernahmen der Aufsichtsbehörde für den Wertpapierhandel (Securities and Exchange Commission, SEC), die mit weitreichenden Eingriffskompetenzen ausgestattet ist und ihre Kontrollfunktionen auch im Wege der Privatklage ausübt. Von wesentlicher Bedeutung sind die Regelungen in Sec. 13 (d) SEA: Demnach hat jeder Erwerber von mindestens 5% der stimmberechtigten Aktien einer Zielgesellschaft der SEC den Erwerb innerhalb von 10 Tagen anzuzeigen und im Rahmen dieser Anzeige umfangreiche Angaben zur Transaktion und den beteiligten Personen zu machen. Im Falle eines öffentlichen Übernahmeangebots für einen Kapitalanteil von mindestens 5% (Sec. 14 d SEA) unterliegt der Bieter ebenfalls einer weitreichenden Informationspflicht, die mit der nach Sec. 13 (d) SEA vergleichbar ist. Dabei sind insbesondere die Absichten des Bieters in Bezug auf die Zielgesellschaft sowie alle rechtlichen Beziehungen und Vereinbarungen zwischen Bieter und Zielgesellschaft bekannt zu machen. Hervorhebung verdient, dass in den USA das in Deutschland rechtspolitisch besonders umstrittene Pflichtangebot (§ 35) in dieser Form unbekannt ist.[43] Nur wenige Bundesstaaten haben „Cash-out"-Bestimmungen, die dem Pflichtangebot in gewisser Weise ähneln, vielfach jedoch als ein Schutzmechanismus vor feindlichen Übernahmen verstanden werden.[44]

Im Mittelpunkt des US-amerikanischen Übernahmerechts steht die Regulierung feindlicher Übernahmen und möglicher Abwehrmaßnahmen des

24

25

---

[40] Vgl. *Paefgen* AG 1991, 41; *Helmis* RIW 2001, 825.

[41] Vgl. *Helmis* RIW 2001, 825, 826.

[42] Vgl. *Helmis* RIW 2001, 825, 830; *Paefgen* AG 1991, 41, 42, mwN.

[43] In Form der so genannten „flip-in poison pills" wird vielmehr die Idee des Pflichtangebots umgedreht, indem ein Aktionär, sofern ein Bieter eine bestimmte Höhe an Beteiligungen gegen den Willen des Managements der Zielgesellschaft überschreitet, ein Ankauf von günstigen Aktien der Zielgesellschaft ermöglicht wird, vgl. *Gordon* AG 2002, 670, 673.

[44] Vgl. *Helmis* RIW 2001, 825, 830, 832.

Managements der Zielgesellschaft,[45] obwohl einvernehmliche Übernahmen und Zusammenschlüsse auch in den USA den Normalfall darstellen.[46] Schlagwörter wie „Poison-pill", „Squeeze-out", „Golden parachute" oder „White knight", die in Deutschland bereitwillige Aufnahme gefunden haben, entstammen der US-amerikanischen Literatur oder Rechtsprechung zur Abwehr feindlicher Übernahmen. Anders als das WpÜG (§ 33 Rn. 58 f.) räumt die sog. „Business Judgement Rule" – vorbehaltlich einzelstaatlicher Regelungen – dem Vorstand der Zielgesellschaft grundsätzlich die Möglichkeit ein, auf feindliche Übernahmeangebote nach Ermessen flexibel zu reagieren, bindet ihn dabei aber an die Direktive, als Treuhänder der Aktionäre in deren Interesse zu handeln.[47]

26   **2. Großbritannien.** Die europäische Rechtsentwicklung ist in besonderem Maße vom Leitbild des Londoner City Code on Takeovers and Mergers (City Code) von 1968 beeinflusst.[48] Seit 1968 hat der City Code umfangreichen Änderungen erfahren und liegt nunmehr in der 7. Auflage vom 9. 3. 2001 vor. Vergleichbar mit dem deutschen Übernahmekodex, der dem City Code aufbaulich und inhaltlich nachempfunden war, ist der City Code ein Verhaltenskodex (Code of Best Practice), über den eine behördenähnliche Institution (Panel on Takeovers and Mergers) wacht und den sich die Marktakteure selbst auferlegt haben.[49] Der City Code gilt nicht als Rechtsquelle und entfaltet nach überkommener Vorstellung kein Präjudiz, selbst wenn er in die Einzelentscheidungen des Panel (rulings) einfließt.[50] Immerhin vertraut aber der britische Gesetzgeber den Selbstregulierungskräften der Wirtschaft insofern, als er bislang nur in sehr geringem Umfang Anlass gesehen hat, in das Geschehen selbst einzugreifen.[51]

27   Der City Code umfasst neben 38 Einzelregelungen (Rules) 10 „allgemeine Prinzipien" (General Principles), die sich vier unterschiedlichen Regulierungszielen zuordnen lassen: Gleichbehandlung der Aktionäre, Gewährleistung des Informationsflusses, Verbot der Irreführung des Kapitalmarkts sowie das Gebot zum Handeln im Interesse der Anteilseigner. Die betriebs- oder volkswirtschaftliche Angemessenheit eines Übernahmeangebots gilt dagegen nicht als regulatorisches Primärziel.[52] Zu den wesentlichen Inhalten des City Code gehören die Verpflichtung des Bieters zur Vorankündigung eines öffentlichen Angebots (General Principles 2 and 3, Rule 2), der obligatorische Inhalt einer Angebotsunterlage (Rule 24), die Verpflichtung der Zielgesellschaft zur Stellungnahme (Rules 25, 26, 28), die Regelung des Pflichtange-

---

[45] Vgl. *Helmis* RIW 2001, 825, 826.

[46] Vgl. *Gordon* AG 2002, 670.

[47] Vgl. *Kirchner* BB 2000, 105, 112.

[48] Vgl. *Zinser* RIW 2001, 481; *Krause* in Das obligatorische Übernahmeangebot: Eine juristische und ökonomische Analyse, 1996, S. 42.

[49] *Zinser* RIW 2001, 481; *Krause* in Das obligatorische Übernahmeangebot: Eine juristische und ökonomische Analyse, 1996, S. 42 ff.

[50] Vgl. *Krause* in Das obligatorische Übernahmeangebot: Eine juristische und ökonomische Analyse, 1996, S. 43 f.

[51] Vgl. mit Beispielen: *Zinser* RIW 2001, 481, 482.

[52] Vgl. *Zinser* RIW 2001, 481, 482.

bots (Rule 9),[53] die Regelungen über Teilangebote (Rule 36), die Gestattung
von Verteidigungsmaßnahmen des Managements nur mit Zustimmung der
Gesellschafterversammlung der Zielgesellschaft (General Principle 7, Rule 21)
sowie das Recht des Bieters zum Rücktritt und zur Änderung des Angebots
(Rules 32, 34).

3. Österreich. In Österreich gab es bis zum In-Kraft-Treten des österreichi-   **28**
schen Übernahmegesetzes (ÜbG) am 1.1.1999[54] weder freiwillige noch gesetzliche Regulierungen öffentlicher Übernahmeangebote. Der österreichische Gesetzgeber orientierte sich am Vorschlag der EU-Kommission vom
10.11.1997 für eine europäische Richtlinie sowie am Leitbild des britischen
City Code. Wesentliches Regelungsziel ist der Anlegerschutz,[55] der durch die
Einrichtung von Informationspflichten und die Gleichbehandlung aller Aktionäre gewährleistet sein soll. Daneben finden sich in § 3 ÜbG jene weiteren
vier Grundsätze des europäischen Richtlinienentwurfs: Transparenzgebot,
Verbot der Marktverzerrung, Behinderungsverbot sowie die Neutralitätspflicht der Verwaltungsorgane der Zielgesellschaft. Hervorzuheben ist neben
der strikten Neutralitätspflicht des Vorstands der Zielgesellschaft (§ 3 Nr. 3
ÜbG) die Regelung des Pflichtangebots, das eingreift, sobald ein dem Bieter
zurechenbarer Beteiligungsbesitz von 50% erreicht ist und deshalb eine kon-
trollierende Beteiligung unwiderleglich vermutet wird.[56] Eine widerlegliche
Vermutung kommt bereits ab einer Beteiligung in Höhe von 20% in Betracht
(§ 2 der 1. Übernahme-Verordnung vom 9.3.1999), sofern die Beteiligungs-
höhe ausgereicht hätte, in den letzten drei Hauptversammlungen die einfache
Mehrheit zu repräsentieren.

VI. Wirtschaftlicher Hintergrund

1. Wirtschaftliche Erklärungsansätze. Während es für eine ökonomische   **29**
Folgenbetrachtung des noch jungen Übernahmegeschehens in Deutschland
am nötigen Datenmaterial fehlt,[57] hat sich die ökonomische Analyse des Übernahmerechts in den USA spätestens seit den 80er Jahren fest etabliert. An ihr
orientiert sich nach wie vor die deutsche Diskussion. Insbesondere die von den
Vertretern der Chicagoer Law School verfochtene These vom **Unterneh-**
menskontrollmarkt[58] (näher § 3 Rn. 2 ff.) sowie die von ihren Gegnern in
unterschiedlichen Schattierungen angebotenen Informationstheorien[59] haben
die ökonomischen Vorstellungen von Wirkung und Funktion der Unterneh-

---

[53] Vgl. hierzu auch: *Krause* in Das obligatorische Übernahmeangebot: Eine juristische und ökonomische Analyse, 1996, S. 49 ff.; *Zinser* NZG 2000, 573 ff.

[54] ÖBGBl. 1998 I Nr. 127.

[55] Vgl. *Diregger/Winner* WM 2002, 1583; *Zwissler* AG 1999, 411, 412.

[56] Vgl. *Diregger/Winner* WM 2002, 1583.

[57] Vgl. *Händel* DBW 1991, 124, 126 f.

[58] Vgl. grundlegend: *Manne,* Journal of Political Economy, 1965, S. 110 ff.;
zusammenfassend: *Mühle* in Das Wertpapiererwerbs- und Übernahmegesetz, 2002,
S. 61 ff.; *Reul* in Die Pflicht zur Gleichbehandlung der Aktionäre bei privaten Kontrolltransaktionen, eine juristische und ökonomische Analyse, 1992, S. 111 ff.

[59] Vgl. *Mühle* in Das Wertpapiererwerbs- und Übernahmegesetz, 2002, S. 64 ff.,
90 ff. mwN.

mensübernahmen nachhaltig geprägt. Die Chicagoer These beruht auf der Annahme, dass der Börsenkurs grundsätzlich alle wertbildenden Faktoren des
Unternehmens (Effizienz des Managements, betriebswirtschaftliches und
marktliches Ertrags- und Entwicklungspotential etc.) widerspiegelt. Wird das
amtierende Management durch ein effizienteres ersetzt, so steigt die Ertrags-
erwartung und mit ihr der Börsenkurs. Die vom Bieter an die Aktionäre der
Zielgesellschaft gezahlte Kontrollprämie vergütet also nach der Chicagoer Vorstellung das vom Zielunternehmen bereitgestellte Substrat künftiger Synergiegewinne. Demgegenüber setzen die **Informationstheorien** bei der ungleichen Informationsausstattung der Kapitalmarktteilnehmer an (vgl. § 3 Rn. 5,
13). Übernahmeangebote stellen danach den Versuch des Bieters dar, bestehende Informationsineffizienzen zu monetarisieren, indem er ein an der
Börse unterbewertetes Unternehmen entsprechend billig („zu billig") erwirbt.
Die Kontrollprämie reflektiert nicht – wie nach der Chicagoer Vorstellung –
den marktlichen Wert eines wirtschaftlich nützlichen Kontrollwechsels, sondern
gleicht dasjenige Informationsdefizit aus, das der Bieter für sich ausnutzt.

30   Auf der Grundlage der US-amerikanischen Diskussion hat vor allem *Krause*[60] versucht, weiterführende Erklärungsansätze des Übernahmegeschehens zu
entwickeln. *Krause* unterscheidet zu diesem Zweck zwischen insgesamt fünf
Zielvarianten: Disziplinierung des Zielmanagements, Synergiegewinne, Empire-Building, Ausbeutung und Erpressung. Die Unterstellung einer **(1) Disziplinierung des Zielmanagements**[61] beruht auf dem von *Manne*[62] entwickelten Modell eines Marktes für Unternehmensübernahmen (§ 3 Rn. 2 ff.).
Demnach konkurrieren Manager und Management-Teams um die bestmög-
liche Bewirtschaftung der unternehmensgebundenen Ressourcen; der Börsenkurs stellt den zuverlässigen Maßstab für die Leistung des amtierenden
Managements dar. Mit Hilfe eines Übernahmeangebots kann ein externes
Management, welches sich zutraut, die Zielgesellschaft besser zu führen als das
alte Management, die Unternehmenskontrolle durch Übernahme und auch
gegen den Willen des alten Managements an sich ziehen und an den anschließend erwarteten Steigerungen des Börsenkurses partizipieren. Denn im Unterschied zur Fusion bedarf der Kontrollerwerb im Wege eines Übernahmeangebots keinerlei Verhandlung mit dem alten Management.

31   Gegen diesen Erklärungsansatz gibt *Krause* zu bedenken, dass die Verbindung zwischen (vermeintlichem) Missmanagement und langfristig niedrigem
Börsenkurs empirisch kaum nachzuweisen sei.[63] Im Falle offensichtlichen
Missmanagements sei in Deutschland zudem regelmäßig mit einer kontrollwirksamen Intervention des Aufsichtsrats oder der Hauptversammlung zu
rechnen.[64] Immerhin ist nicht auszuschließen, dass ein Management sich

---

[60] *Krause* in Das obligatorische Übernahmeangebot: Eine juristische und ökonomische Analyse, 1996, S. 93 ff.

[61] *Krause* in Das obligatorische Übernahmeangebot: Eine juristische und ökonomische Analyse, 1996, S. 94 ff.

[62] *Manne,* Journal of Political Economy, 1965, S. 110, 112.

[63] Vgl. mit einer Übersicht: *Hopt/Wymeersch-Romano* in European Takeovers,
1992, S. 3, 9 f.

[64] *Krause* in Das obligatorische Übernahmeangebot: Eine juristische und ökonomische Analyse, 1996, S. 96, 99.

durch die von einer potentiellen Übernahme ausgehenden „Bedrohung" diszi-
pliniert fühlt und dass dies ein ausreichender Anreiz ist, die Ressourcen des
Unternehmens effektiv zu nutzen. Insofern beschreibt der Erklärungsansatz
allerdings weniger den ökonomischen Beweggrund des Bieters für eine Unternehmensübernahme als vielmehr ein rein subjektives Moment aus der Perspektive des Zielmanagements, das dieses oft genug veranlassen wird, Maßnahmen
zum vorbeugenden Schutz vor Unternehmensübernahmen zu ergreifen.[65]

(2) **Synergiegewinne** entstehen, wenn die durch die Übernahme entstan-   **32**
dene wirtschaftliche Einheit mehr Nutzen abwirft als die Summe ihrer Teile,
weil sich mit den zusammengelegten Ressourcen effizienter arbeiten lässt.[66]
Regelmäßig erscheinen die zu erwartenden Synergiegewinne in den öffentlichen Ankündigungen als wesentlicher Grund für die Einleitung eines Übernahmeverfahrens. Diese Tendenz wird den bisherigen einschlägigen Erfahrungen nicht gerecht. Im Gegenteil: Empirische Messungen im In- und Ausland
haben ergeben, dass die Anzahl überwiegend nützlicher Übernahmen denkbar
gering ist. Die Rede ist von Erfolgsquoten um die 10%.[67]

Die Theorie des **(3) Empire-Building** (auch Manager-Theorie) besagt,   **33**
dass Übernahmeabsichten auf das Streben der Manager nach eigennützi-
ger Prosperität zurückgehen. Im Wesentlichen geht es um das persönliche Interesse, etwas „Großes aufzubauen" („Empire-Building") und daran die Erwartung höherer Managementgehälter zu knüpfen (§ 3 Rn. 6). Gesellschaftsrechtlich kann dies vor allem deshalb gelingen, weil die Unternehmensführung
zwar das Interesse ihrer Gesellschaft wahrzunehmen hat, dabei jedoch über einen weitreichenden und nur in engen Grenzen justitiablen Handlungsspielraum verfügt.[68] Plausibel ist dieser Erklärungsansatz allerdings nur, solange
die Höhe der Management-Gehälter von den Umsatzvolumina statt von der
Rentabilität des Unternehmens abhängt.[69] Die Koppelung der Gehälter an den
wirtschaftlichen Erfolg ist mithin ein wirksames Gegenmittel, von dem zunehmend Gebrauch gemacht wird.

Ein weiteres Motiv für Unternehmensübernahmen ist nach dem Ergebnis   **34**
empirischer Studien in den USA die **(4) Ausbeutung der Zielgesellschaft**:[70] Der Kontrollwechsel verschafft dem Bieter die Möglichkeit, Vermö-

---

[65] So auch *Paefgen* AG 1991, 41, 57.

[66] Beispiel: Vorhandene Überkapazitäten der Zielgesellschaft werden für
betriebliche Funktionen des Bieters genutzt, hierdurch sinkt die Fixkostenquote.
Einzelheiten bei *Krause* in Das obligatorische Übernahmeangebot: Eine juristische
und ökonomische Analyse, 1996, S. 99 ff.; *Kerler* in Mergers & Acquisitions and
Shareholder Value, 1999, S. 23 ff.; *Coenenberger/Sauter* DBW 1988, 691 ff.

[67] Die Messungen beziehen sich durchweg nicht nur auf Übernahmen ieS, sondern auch auf Fusionen. Näher *Krause* in Das obligatorische Übernahmeangebot:
Eine juristische und ökonomische Analyse, 1996, S. 100 ff.

[68] Sog. „Principal-Agent-Problematik" vgl. *Krause* in Das obligatorische Über-
nahmeangebot: Eine juristische und ökonomische Analyse, 1996, S. 103 ff. mwN;
Mühle, Das Wertpapiererwerbs- und Übernahmegesetz, 2002, S. 66 ff.; *Marris* in
The Economic Theory of „Managerial" Capitalism, 1964, S. 101 ff.

[69] *Krause* in Das obligatorische Übernahmeangebot: Eine juristische und ökonomische Analyse, 1996, S. 104.

[70] Vgl. *Krause* in Das obligatorische Übernahmeangebot: Eine juristische und
ökonomische Analyse, 1996, S. 105 ff. mwN; *Reul* in Die Pflicht zur Gleichbehand-

gen der Zielgesellschaft auf sich zu transferieren, indem er deren Geschäftsbetrieb zur Maximierung eigener Gewinnziele zweckentfremdet („weiche
Ausbeutung") oder sie „ausplündert", beispielsweise durch Zerschlagung und
Gewinn bringende Veräußerung einzelner Unternehmensteile („harte Ausbeutung"). Derartige Praktiken, die mit der „Chicagoer" Grundüberzeugung von
der Nützlichkeit unfreundlicher Unternehmensübernahmen nicht harmonie-
ren, konnten vor allem in den 80er Jahren in den USA beobachtet werden; in
Deutschland sind sie noch nicht erkennbar verbreitet. Aufgrund der hierzu-
lande etablierten Mechanismen einer rechtlichen Konzerneingangs- und -lei-
tungskontrolle (§ 3 Rn. 17) ist auch nicht unbedingt wahrscheinlich, dass sich
daran in absehbarer Zeit etwas ändert.

35   Die fünfte These behauptet eine **(5) Erpressung der Aktionäre der Zielgesellschaft** durch den Bieter: Durch geschicktes Verhalten im Vorfeld einer
Übernahme versucht der Bieter, die Minderheitsaktionäre der Zielgesellschaft
mit der Drohung einer Kontrollübernahme unter (Verkaufs-)Druck zu setzen
und so die Zielgesellschaft zu günstigen Konditionen zu erwerben (Ausnutzung des Gefangenendilemmas, näher § 3 Rn. 14 ff.).[71] Primär geht es hier nicht
um die Entscheidung über das „Ob", sondern um die Planung und Umsetzung
des „Wie", genauer: Um die Minimierung des Übernahmeaufwands zum einseitigen Vorteil des Bieters. Zu den zentralen Zwecken der WpÜG-Vorschrif-
ten gehört es, die Aktionäre der Zielgesellschaft vor den beschriebenen Ent-
scheidungsrisiken und Preisnachteilen zu schützen.

36   **2. Rechtspolitische Folgerungen.** Die rechtliche Verfassung des Übernahmegeschehens führt zu einer Verbesserung der marktlichen Rahmenbedingungen durch mehr Rechtssicherheit. Zugleich lässt die Anpassung an internationale – angelsächsisch geprägte – Standards bei Unternehmensübernahmen
eine Festigung und Bestärkung des inländischen Wirtschaftsstandortes im
internationalen Wettbewerb um Investitionen sowie Unternehmensgründun-
gen erwarten.[72] Jenseits dieser institutionellen Wertungsgesichtspunkte verbleiben allerdings Bedenken, die sich gegen einzelne Regulierungsziele richten und die mit möglichen Fehlentwicklungen unter dem Gesichtspunkt der
allokativen und operationalen Markteffizienz zu tun haben. So warnen manche Autoren vor einer Welle ausländischer (insbesondere transatlantischer)
Übernahmeversuche – mit der drohenden Folge massiver Überfremdung,
unkontrollierter Neugestaltung bewährter Strukturen und Arbeitsplatzverlus-
ten.[73] Andere glauben eher an die insgesamt effizienz- und wohlstandsstei-
gernde Wirkung vermehrter Unternehmensinitiativen.[74] Hervorgehoben wird

---

lung der Aktionäre bei privaten Kontrolltransaktionen: Eine juristische und ökonomische Analyse, 1991, S. 20 ff.; *Mühle,* Das Wertpapiererwerbs- und Übernahmegesetz, 2002, S. 73 ff.

[71] Vgl. *Krause* in Das obligatorische Übernahmeangebot: Eine juristische und
ökonomische Analyse, 1996, S. 107 ff.; *Hahn* ZBB 1990, 10, 14; *Mühle,* Das Wertpa-
piererwerbs- und Übernahmegesetz, 2002, S. 85 ff.; *Paefgen* AG 1991, 41, 55.

[72] Vgl. BT-Drucks. 14/7034, S. 28; *Hirte* in Kölner Komm. Einl. Rn. 1.

[73] So u. a. *Nolte/Leber* DBW 1990, 573.

[74] So *Hirte* in Kölner Komm. Einl. Rn. 31, 32 mwN; *Wiesner* ZIP 2002, 208; *Gordon* AG 2002, 670, 674.

in diesem Zusammenhang vor allem, dass grenzüberschreitende Unternehmensübernahmen mit dem Ziel wirtschaftlicher Konzentration oft die einzige Alternative zur – rechtstechnisch nicht oder nur unter erschwerten Bedingungen durchführbaren – Fusion darstellen.[75]

---

[75] So *Gordon* AG 2002, 670, 671.

Abschnitt 1. Allgemeine Vorschriften

Schrifttum

I. Allgemeines

Alstine, EG-Übernahme-Richtlinie im Lichte der Erfahrung in den USA, EWS 1993, 8; *Andenas,* European Takeover Directive and the City, in The Company lawyer, 1997, S. 101; *Assmann/Bozenhardt,* Übernahmeangebote als Regelungsproblem zwischen gesellschaftsrechtlichen Normen und zivilrechtlich begründeten Verhaltensgeboten, in *Assmann/Baldua/Bozenhardt/Peltzer* (Hrsg.), Übernahmeangebote, ZGR-Sonderheft 9, 1990, S. 1; *Baums,* Übernahmeregelungen in der Europäischen Gemeinschaft, ZIP 1989, 1376; *ders.,* Zur Harmonisierung des Rechts der Unternehmensübernahmen in der EG, in *Rengeling* (Hrsg.), Europäisierung des Rechts, Osnabrücker Rechtswissenschaftliche Abhandlungen, 1996, S. 91; *Bebchuck,* Toward undistorted Choice and Equal Treatment in Corporate Takeovers, 98 Harvard Law Review 1700, 1985; *Becker,* Gesellschaftsrechtliche Probleme der Finanzierung von Leveraged-Buy-Outs, DStR 1998, 1429; *Beckmann,* Der Richtlinienvorschlag betreffend Übernahmeangebote auf dem Weg zu einer europäischen Rechtsangleichung, DB 1995, 2407; *Beisel/Klumpp,* Der Unternehmenskauf, Gesamtdarstellung der zivil- und steuerrechtlichen Vorgänge einschließlich gesellschafts-, arbeits- und kartellrechtlicher Fragen bei der Übertragung eines Unternehmens, in Aktuelles Recht für die Praxis, 4. Aufl. 2003; *Benner-Heinacher,* Mindeststandards für Übernahmeregeln in Deutschland, DB 1997, 2521; *Berding,* Gesellschafts- und kapitalmarktrechtliche Grundlagen im Übernahmerecht, WM 2002, 1149; *Bergwitz,* Betriebsübergang und Insolvenz nach der neuen EG-Richtlinie zur Änderung der Betriebsübergangsrichtlinie, DB 1999, 2005; *Bess,* Eine europäische Regelung für Übernahmeangebote, AG 1976, 9; *Bredley,* Harmonising take-over and merger regulations within the EEC, in The company lawyer, 1986, S. 131; *Büren,* Inkompatibilitäten zwischen Aktien-, Kartell- und Börsenrecht bei Unternehmensübernahmen, in *Büren* (Hrsg.), Aktienrecht 1992–1997: Versuch einer Bilanz zum 70. Geburtstag von Rolf Bär, 1998, S. 51; *Busch,* Die Notwendigkeit der spezialgesetzlichen Regelung von öffentlichen Übernahmeangeboten in Deutschland, Diss. Erlangen/Nürnberg 1995; *Daum,* Die unkoordinierte Übernahme einer Aktiengesellschaft nach deutschem Recht, Diss. Konstanz 1993; *Diekmann,* Hinweise zur Anwendung des Übernahmekodex der Börsensachverständigenkommission, WM 1997, 897; *Ebenroth/Wilken,* Kollisionsrechtliche Einordnung transnationaler Unternehmensübernahmen, ZVglRWiss 1991, 235; *Felsner,* Arbeitsrechtliche Rahmenbedingungen von Unternehmensübernahmen in Europa, Diss. Berlin 1997; *Grunewald,* Der geänderte Vorschlag einer 13. EG-Richtlinie betreffend Übernahmeangebote, WM 1991, 1361; *Habersack/Mayer,* Der neue Vorschlag 1997 einer Takeover-Richtlinie, ZIP 1997, 2141; *Hahn,* Die Regulierung von Übernahmen in der europäischen Gemeinschaft, ZBB 1990, 10; *Herkenroth,* Konzernierungsprozesse im Schnittfeld von Konzernrecht und Übernahmerecht, Diss. Hannover 1992/93; *Hommelhoff,* Konzerneingangs-Schutz durch Takeover-Recht?, FS J. Semler, 1993, S. 455; *Hommelhoff/Kleindiek,* Takeover-Richtlinie und europäisches Konzernrecht, AG 1990, 106; *Hopt,* Auf dem Weg zum deutschen Übernahmegesetz. Überlegungen zum Richtlinienentwurf 1997, zum Übernahmekodex (1997) und zum SPD-Entwurf 1997, FS Zöllner, 1998, S. 253; *Immenga,* Öffentliche Übernahmeangebote, in *Kreuzer* (Hrsg.), Öffentliche Übernahmeangebote, 1992, S. 11; *Immenga/Hellberg,* Corporate takeovers through the public market. German report with references to EC law, in *Jayme* (Hrsg.), German national reports in civil law matters for the XIVth Congress of Comparative Law in Athens, 1994, S. 25; *Kalss,*

Konkurrenzangebot und Rücktritt bei der Unternehmensübernahme, Österreichisches Recht der Wirtschaft, 1999, 4b, S. 269; *Kessel,* Leveraged Buy-out der Aktiengesellschaft: ein interdisziplinärer Ansatz, Diss. Siegen 1997; *Kuhr,* Der Minderheitenschutz bei Übernahmeangeboten in Deutschland und Frankreich unter dem Einfluß der 13. EG-Richtlinie, Diss. Konstanz 1992; *Mahari,* Rückkehr zur Aktionärsherrschaft als unternehmerische Chance und rechtspolitischer Impuls: Verstöße zur Beendigung der Machtdelegation an das Management anhand der Entwicklung der Take-overs in den USA, Schweizer Aktiengesellschaft 1988, 14; *Meier-Schatz,* Managermacht und Marktkontrolle, ZHR 1985, 76; *Mülbert,* Die Zielgesellschaft im Vorschlag 1997 einer Takeover–Richtlinie: zwei folgenreiche Eingriffe ins deutsche Aktienrecht, StR 1999, 83; *Munscheck,* Der Vorschlag zur EG-Übernahmerichtlinie, RIW 1995, 388; *Otto, Hans-Jochen,* Fremdfinanzierte Übernahmen: Gesellschafts- und steuerrechtliche Kriterien des Levaraged Buy-Out, DB 1989, 1389; *ders.,* Die Verteilung der Kontrollprämien bei Übernahme von Aktiengesellschaften und die Funktion des Höchststimmrechts, AG 1994, 167; *Peltzer,* Übernahmeangebote nach künftigem Europa-Recht und dessen Umsetzung in deutsches Recht, in *Assmann/Baldua/Bozenhardt/Peltzer* (Hrsg.), Übernahmeangebote, ZGR-Sonderheft 9, S. 179; *ders.,* Der Kommissionsentwurf für eine 13. Richtlinie über Übernahmeangebote vom 7. 2. 1996, AG 1997, 145; *Peter,* Revidierter Vorschlag für eine 13. Gesellschaftsrechtliche EU-Richtlinie über Übernahmeangebote, Schweizer Zeitschrift für Wirtschaftsrecht, 1996, 177; *Pluskat,* Das Scheitern der europäischen Übernahmerichtlinie, WM 2001, 1037; *Roos,* Der neue Vorschlag für eine EG-Übernahme-Richtlinie, WM 1996, 2177; *Röhrich,* Gleichbehandlungspflicht bei Kontrollakquisitionen: Eine Analyse der 13. EG-Richtlinie aus ökonomischer Sicht, RIW 1993, 83; *Schander,* Der Rückkauf eigener Aktien nach KonTraG und Einsatzpotenziale bei Übernahmetransaktionen, ZIP 1998, 2087; *Schander/Posten,* Zu den Organpflichten bei Unternehmensübernahmen, ZIP 1997, 592; *Schärf,* Das Verhältnis zwischen Vorstand und Aufsichtsrat zu den Aktionären während eines Takeovers, Der Gesellschafter 1993, 156; *Schilling,* Takeover, Treuepflicht und Shareholder Value, BB 1997, 1909; *Schuster,* Der neue Vorschlag für eine EG-Takeover-Richtlinie und seine Auswirkungen auf den Übernahmekodex, ZIP 1997, 237; *Stoll,* Zum Vorschlag der EG-Kommission für die 13. Richtlinie auf dem Gebiet des Gesellschaftsrechts über Übernahmeangebote, BB 1989, 1489; *Weber, Martin,* Der geänderte Vorschlag der Kommission für eine Takeover-Richtlinie vom 10. 11. 1997, EuZW 1998, 464; *Witt,* Der neue Vorschlag einer EG-Richtlinie über Übernahmeangebote, EWS 1998, 318; *Wymeersch,* The regulation of takeover bids in a comparative perspective, Referat im Rahmen der Vortragsreihe „Das Weißbuch und die Realität des Binnenmarktes – Erfolge und Mißerfolge", 1993, Zentrum für Europäisches Wirtschaftsrecht, S. 31.

II. Zum Wertpapiererwerbs- und Übernahmegesetz (ohne Kommentare)

Altmeppen, Neutralitätspflicht und Pflichtangebot nach dem neuen Übernahmerecht, ZIP 2001, 1073; *Assmann,* Übernahmeangebote im Gefüge des Kapitalmarktrechts, ZGR 2002, 697; *Becker, Dietrich,* Verhaltenspflichten des Vorstandes der Zielgesellschaft bei feindlichen Übernahmen, ZHR 165 (2001), 280; *Behnke,* Erste praktische Erfahrungen mit dem Ausschluss ausländischer Anteilsinhaber nach § 24 WpÜG, WM 2002, 2229; *Berrar,* Die Finanzierungsbestätigung nach § 13 WpÜG, ZBB 2002, 174; *Busch,* Die Frist für den Bedingungsverzicht nach § 21 Abs. 1 WpÜG, ZIP 2003, 102; *Drygala,* Die neue deutsche Übernahmeskepsis und ihre Auswirkungen auf die Vorstandspflichten nach § 33 WpÜG, ZIP 2001, 1861; *Ehricke/Roth,* Squeeze-out im geplanten deutschen Übernahmerecht, DStR 2001, 1120; *Fleischer,* Der Begriff des öffentlichen Angebots im Wertpapiererwerbs- und Übernahmegesetz, ZIP 2001, 1653; *ders.,* Schnittmengen des WpÜG zu benachbarten Rechtsmaterien, NZG 2002, 545; *Fleischer/Kalss,* Das neue WpÜG, 2002; *Franck,* Die Stimmenzurechnung nach § 22 WpHG und § 30 WpÜG, BKR 2002, 709; *Geibel/Süßmann*, Erwerbsangebote nach dem WpÜG, BKR 2002, 52; *Grunewald*, Europäisierung des Übernahmerechts, AG 2001, 288; *Habersack*, Der Finanzplatz Deutschland und das Recht der Aktionäre: Bemerkungen zur bevorstehenden Einführung des „Squeeze out", ZIP 2001, 29; *Hahn*, Übernahmerecht und IPR, RIW 2002, 741; *Hamann*, Die Angebotsunterlage nach dem WpÜG, ZIP 2001, 2249; *ders.*, WpÜG und Neuer Markt, WM 2002, 2349; *Heidel*, Squeeze-out ohne hinreichenden Eigentumsschutz, DB 2001, 2031; *Holzborn*, Die Nichtzurechnung nach §§ 20, 36 WpÜG und die Befreiung von Pflichtangeboten nach § 37 WpÜG, §§ 8 ff. WpÜGAngVO, NZG 2002, 948; *ders./Israel*, Einflüsse wettbewerbsrechtlicher Regelungen auf das Übernahmerecht, BKR 2002, 982; *ders.*, Ausschluss ausländischer Aktionäre nach § 24 WpÜG, BKR 2002, 67; *Hopt*, Verhaltenspflichten des Vorstands der Zielgesellschaft bei feindlichen Übernahmen, FS Lutter, 2000, S. 1361; *ders.*, Grundsatz- und Praxisprobleme nach dem WpÜG, ZHR 166 (2002), 383; *ders.*, Übernahmen, Geheimhaltung und Interessenkonflikt – Probleme für Vorstände, Aufsichtsräte und Banken, ZGR 2002, 333; *Kirchner*, Neutralitäts- und Stillhaltepflichten des Vorstandes der Zielgesellschaft im Übernahmerecht, AG 1999, 481; *ders.*, Szenarien einer feindlichen Unternehmensübernahme, BB 2000, 105; *Kirchner/Painter*, Towards a European Modified Business Judgement Rule for Takeover Law, European Business Organisation Law Review 1 (2000), 353; *Kort*, Rechte und Pflichten des Vorstands der Zielgesellschaft bei Übernahmeversuchen, FS Lutter, 2000, S. 1421; *Krause*, Das neue Übernahmerecht, NJW 2002, 705; *Land/Hasselbach*, Das neue deutsche Übernahmegesetz, DB 2000, 1747; *Land*, Das neue WpÜG, DB 2001, 32; *Lange*, Das Unternehmensinteresse der Zielgesellschaft und sein Einfluss auf die Rechtsstellung der die Übernahme fördernden Aufsichtsratsmitglieder, WM 2002, 1737; *Lappe/Stafflage*, Unternehmensbewertungen nach dem WpÜG, BB 2002, 2185; *Lenz/Linke*, Rückkauf eigener Aktien nach dem WpÜG, AG 2002, 420; *Liebscher*, Das Übernahmeverfahren nach dem neuen Übernahmegesetz, ZIP 2001, 853; *ders.*, Die Zurechnungstatbestände des WpHG und WpÜG, ZIP 2002, 1005; *Maier-Reimer*, Verhaltenspflichten des Vorstands der Zielgesellschaft bei feindlichen Übernahmen, ZHR 165 (2001), 258; *Merkt*, Verhaltenspflichten des Vorstands der Zielgesellschaft bei feindlichen Übernahmen, ZHR 165 (2001), 224; *Pötzsch/Möller*, Das künftige Übernahmerecht, WM Sonderbeilage Nr. 2 zu Heft 31/2000, 3; *dies.*, Das neue Übernahmerecht, ZIP 2001, 1256; *Möllers*, Verfahren, Pflichten und Haftung, insbesondere der Banken, bei Übernahmeangeboten, ZGR 2002, 654; *Mülbert*, Übernahmerecht zwischen Kapitalmarktrecht und Aktien(konzern)recht, ZIP 2001, 1221; *Mülbert/Birke*, Das übernahmerechtliche Behinderungsverbot, WM 2001, 705; *Oechsler*, Der RegE zum WpÜG, NZG 2001, 817; *Schneider/Burgard*, Übernahme und Konzerngründung, DB 2001, 963; *Rodewald/Siems*, Der Preis ist heiß – Zur Angemessenheit der Gegenleistung bei Übernahmeangeboten, ZIP 2002, 926; *Semler/Volhard*, Das neue Übernahmerecht 2002, 2002; *Santelmann*, Notwendige Mindesterwerbsschwellen bei Übernahmeangeboten, NJW 2002, 497; *Schnorbus*, Drittklagen im Übernahmeverfahren, ZHR 166 (2002), 72; *Seibt/Heiser*, Der neue Vorschlag einer EU-Übernahmerichtlinie und das deutsche Übernahmerecht, ZIP 2002, 2193; *Semler/Stengel*, Interessenkonflikte bei Aufsichtsratsmitgliedern von Aktiengesellschaften am Beispiel von Konflikten bei Übernahme, NZG 2003, 1; *Singhof/Weber*, Bestätigung der Finanzierungsmaßnahmen und Barabfindungsgewährleistung nach dem WpÜG, WM 2002, 1158; *Stockenhuber*, Der Verzicht der Aktionäre der Zielgesellschaft auf das Übernahmeangebot, FS Krejci, 2001, S. 893; *Süßmann*, Anwendung des WpÜG auf öffentliche Angebote zum Erwerb eigener Aktien?, AG 2002, 424; *Thaeter*, Zur Abwehr feindlicher Übernahmeversuche im RegE eines Gesetzes zur Regelung von öffentlichen Angeboten zum Erwerb von Wertpapieren und Unternehmensübernahmen, NZG 2001, 789; *Thaeter/Barth*, RefE eines Wertpapiererwerbs- und Übernahmegesetzes,

NZG 2001, 545; *Vaupel*, Die Haftung der Banken für die Richtigkeit der Angebotsunterlage bei Umtauschangeboten nach dem WpÜG, WM 2002, 1170; *Vetter*, Squeeze-out nur durch Hauptversammlungsbeschluss?, DB 2001, 14; *Vogel*, Finanzierung von Übernahmeangeboten, ZIP 2002, 1382; *Wackerbarth*, Von golden shares und poison pills: Waffengleichheit bei internationalen Übernahmeangeboten, WM 2001, 1741; *Weber-Rey/Schütz*, Zum Verhältnis von Übernahmerecht und Umwandlungsrecht, AG 2001, 325; *Wiese*, Unternehmensführung bei feindlichen Übernahmeangeboten, DB 2001, 849; *Zietsch/Holzborn*, Freibrief für pflichtangebotsfreie Unternehmensübernahmen?, WM 2001, 1753; *Zinser*, Der Entwurf eines Übernahmegesetzes, ZRP 2001, 363.

III. Das Recht des Unternehmenskaufes Gesellschafts- und Kartellrecht

Gaul, Schuldrechtsmoderinisierung und Unternehmenskauf, ZIP 2002, 35; *Gruber*, Neues Kaufrecht – Umsatz- und Ertragsangaben beim Unternehmenskauf, MDR 2002, 433; *Hemmelrath*, Neue Rahmenbedingungen zum Unternehmenskauf: Verlust der Verlustnutzung?, DStR 1998, 1033; *Hölters* (Hrsg.), Handbuch des Unternehmens- und Beteiligungskaufs, 2. Aufl. 1989; *Holzapfel/Pöllath*, Recht und Praxis des Unternehmenskaufs, RWS-Skript 7. Aufl. 1994; *dies.*, Unternehmenskauf in Recht und Praxis: rechtliche und steuerliche Aspekte, RWS-Skript, 8. Aufl. 1997; *Hommelhoff*, Der Unternehmenskauf als Gegenstand der Rechtsgestaltung, ZHR 150 (1986), 254; *Jacques*, Haftung des Verkäufers für arglistiges Verhalten beim Unternehmenskauf, BB 2002, 417; *Kampmann*, Rechtsfragen zur Übernahme einer Einzelpraxis unter besonderer Berücksichtigung der Leistungsstörungen, Diss. Bielefeld 1996; *Keil*, Fehlerhafte Unternehmenskäufe: Konzept eines funktionaläquivalenten Zwei-Wege-Modells für die Rückabwicklung, Diss. Berlin 1997; *Klein-Blenkers*, Rechtsprechungsbericht: Unternehmenskauf (Steuern), NZG 1998, 401; *ders.*, Schwerpunkte und aktuelle zivilrechtliche Fragen des Unternehmenskaufs, DStR 1998, 978; *ders.*, Rechtsprechungsbericht: Unternehmenskauf (Zivilrecht), NZG 1999, 185; *Kiehte*, Die Verrentung des Kaufpreises beim Unternehmenskauf: Fehlerquellen und Risikoeinschränkung, MDR 1993, 1034; *ders.*, Die Inhaltskontrolle von Investitions- und Arbeitsplatzgarantien in Unternehmenskaufverträgen der THA/BvS – eine neue Grundsatzentscheidung des BGH, NZG 1998, 569; *Knott*, Unternehmenskauf nach der Schuldrechtsreform, ZGR 2002, 249; *Krämer*, Neues zur Börsenprospekthaftung und zu den Sorgfaltsanforderungen beim Unternehmenskauf – Zugleich eine Anmerkung zum Urteil des LG Frankfurt am Main vom 7. Oktober 1997, WM 1998, 1161; *Lass*, Ausschlachtung der GmbH nach mangelhafter Übernahme, ZGR 1997, 401; *Lubos*, Besonderheiten bei der Übernahme von Krisenunternehmen, DStR 1999, 951; *Merkt*, Internationaler Unternehmenskauf, RWS-Skript, 1997; *ders.*, Internationaler Unternehmenskauf und Einheitskaufrecht, ZVglRWiss 1994, 353; *Meyer-Sparenberg*, Internationalprivatrechtliche Probleme bei Unternehmenskäufen, Wirtschaftliche Beratung 1995, 283; *Ostheim*, Unternehmensveräußerung und Mietzinserhöhung, Juristische Blätter 1993, 77; *Peltzer*, Die Rolle der Banken bei Unternehmensveräußerungen, ZIP 1991, 485; *Rödder*, Unternehmenskauf im Lichte des neuen Umwandlungssteuergesetzes, in *Herzig* (Hrsg.), Neues Umwandlungsrecht – Praxisfälle und Gestaltungen im Querschnitt, 1996, S. 175; *Renner*, Wettbewerbsbeschränkungen in Unternehmenskaufverträgen, DB 2002, 1143; *Rose/Glorius*, Veräußerung mittelständischer Unternehmungen und Beteiligungen, DB 1992, 1748; *Rupietta*, Die bereicherungsrechtliche Rückabwicklung unwirksamer Unternehmenskaufverträge, Diss. Köln 2001; *Schröter*, Unternehmenserwerb und Europäisches Kartellrecht, in Unternehmenserwerb in Frankreich 1990 (Sonderveröffentlichung RIW), S. 83; *Sieger*, Die Haftung des GmbH-Geschäftsführers bei Unternehmenskäufen. Schadensersatzansprüche gegen den Geschäftsführer des „Targets", GmbHR 1998, 957; *Weigl*, Grundlagen eines Unternehmenskaufs insbesondere aus steuerlicher Sicht, BB 2001, 2188; *Weitnauer,* Der Unternehmenskauf nach neuem Kaufrecht, NJW 2002, 2511; *Wiesbrock,* Formerfordernisse beim Unternehmenskauf, DB 2002, 2311; *Wollny,* Unternehmens- und Praxisübertragungen, 5. Aufl. 2001; *Zeilinger,* Das Verhältnis zwischen Veräußerer und Erwerber bei der fehlerhaften rechtsgeschäftlichen Übertragung eines GmbH-Geschäftsanteils, NZG 1999, 1021.

IV. Neue Bundesländer

Claussen, Die Finanzierung des Unternehmenskaufs in den neuen Bundesländern, ZIP 1992, 1; *Ebbing,* Nachverhandlungen über Unternehmenskaufverträge mit der Bundesanstalt für vereinigungsbedingte Sonderaufgaben, Zeitschrift für die Anwaltspraxis 1996, 137; *Heß,* Unternehmensverkäufe der Treuhandanstalt: Verträge im Spannungsfeld zwischen Arbeitsplatzsicherung und Alteigentümerschutz, Diss. Potsdam 1996; *von Jeinsen,* Die besondere Problematik der kapitalersetzenden Gesellschaftsdarlehen bei Management Buyouts in den neuen Bundesländern, BB 1992, 1149; *Lehmann, Christoph,* Unternehmenskauf von der Treuhandanstalt, DStR 1992, 1287; *Rodegra/Gogrewe,* Zum Unternehmenskauf in den neuen Bundesländern, DtZ 1991, 353; *Scheifele,* Praktische Erfahrungen beim Unternehmenskauf in den neuen Bundesländern, BB 1991, 557 und 629.

V. Steuerrecht

Blumers/Beinert, Grundregeln für die Optimierung des Unternehmenskaufs nach neuem Umwandlungs-(steuer)recht, DB 1995, 1043; *Bredow,* Gewährleistungsklauseln für Steuern in Unternehmenskaufverträgen, Wirtschaftsrechtliche Beratung 1996, 201; *Fischer, Hans-Jörg,* Steuerliche Aspekte. Ihre Auswirkungen – Risiken für den Unternehmenskauf, Arbeit und Arbeitsrecht 1999, 364; *Fischer* (Hrsg.), Internationaler Unternehmenskauf und Zusammenschluss im Steuerrecht, 1992; *ders.* (Hrsg.), Besteuerung des internationalen Unternehmenskaufs, 1999; *Haarmann,* Steuerliche Folgen des grenzüberschreitenden Erwerbs oder Zusammenschlusses von Unternehmen, in Internationale Wirtschaftsbriefe, 1992, S. 733 = IFA-Mitteilungen, S. 1317; *Hild,* Steuerorientierter Unternehmenskauf trotz der Regelung des § 50 c Abs. 11 EStG – Das Düsseldorfer Modell, DB 1998, 153; *Hötzel,* Die steuerliche Relevanz des verwendbaren Eigenkapitals beim Unternehmenskauf, DStR 1993, 712; *Jorde/Götz,* Finanzierung, Kauf und Umwandlung von Unternehmen im Lichte des Steuersenkungsgesetzes, BB 2001, 1655; *Köhler,* Steuerliche Überlegungen bei der Finanzierung von internationalen Unternehmenskäufen, in *Fischer* (Hrsg.), Besteuerung des internationalen Unternehmenskaufs, 1999, S. 51; *Köster,* Steuerliche Optimierung von Unternehmenskäufen nach dem neuen Umwandlungssteuerrecht, GmbHR 1995, 422; *Rödder,* Perspektiven für die steueroptimale Form des Unternehmenskaufs, Finanz-Rundschau 1994, 285; *Rosenbach/Rieke,* Steuerrechtliche Aspekte des internationalen Unternehmenskaufs, RIW 1999, 502; *Schaumburg* (Hrsg.), Unternehmenskauf im Steuerrecht, DB 1997, 965; *Schlütter,* Steuerprobleme des Unternehmenskaufs, NJW 1993, 2023; *Streck,* Die Steuerinteressen und Steuermodelle beim Unternehmenskauf, BB 1992, 685; *ders.,* Unternehmenskauf und Steuerklauseln, BB 1992, 1398; *ders.,* Probleme beim Kauf steuerkontaminierter Unternehmen, BB 1992, 1539; *Theisen,* Unternehmensveräußerung und steuerrechtliche Rückwirkung, DStR 1994, 1560; *Wassermeyer,* Besteuerung des ausländischen Unternehmenserwerbs durch Anteilstausch (unechte Fusion) und Einbringung von Unternehmensanteilen, in Internationaler Unternehmenskauf und -zusammenschluß, 1992, S. 113; *Weber, Alfred,* Steuerliche Überlegung zum Kauf ausländischer Unternehmen und Unternehmensteile durch inländische Unternehmen, in Internationaler Unternehmenskauf und -zusammenschluß im Steuerrecht, 1992, S. 25; *Weber-Grellet,* Auswirkungen des § 50 c EStG auf den internationalen Unternehmenskauf, in *Fischer*

(Hrsg.), Besteuerung des internationalen Unternehmenskaufs, 1999, S. 109; *Wiesner,* Das Umgründungssteuerrecht als Grundlage des Unternehmenskaufs (Verkaufes) – Aktuelle Fragen, in Kauf und Verkauf von Unternehmungen, 1993, S. 125.

VI. Rechtsvergleichung

Allgemein: *Doralt/Nowotny/Schauer,* Takeover-Recht, 1997. **Belgien:** *Horsmans,* La réglementation belge des offres publiques d'acquisition, in *Kreuzer* (Hrsg.), Arbeiten zur Rechtsvergleichung, 1992, S. 99. **Bulgarien:** *Dimitrova,* Der Unternehmenskauf nach bulgarischem Recht im Überblick, in Wirtschaft und Recht in Osteuropa, 1998, S. 367; *Seifert,* Fragen beim Kauf eines ehemals staatlichen oder kommunalen Unternehmens in Bulgarien, RIW 1994, 377. **Frankreich:** *Baum,* Purchase and sale of companies, in Formation of contracts an precontractual liability, Paris: International Chamber of commerce, 1990, S. 191; *Baumann,* Neue Spielregeln für den Unternehmenserwerb in Frankreich, DB 1990, 41; *Chamy,* L'obligation de diligence des dirigeants d'entreprise aux Etats-Unis: La regle du „Business judgment" face aux offres publiques d'achat, in Droit et pratique du commerce international Vol. 14. 1988, S. 491; *Chomiac,* Steuerliche Aspekte des Unternehmenserwerbs in Frankreich, in Unternehmenserwerb in Frankreich, 1990 (Sonderveröffentlichung RIW), S. 72; *Douvier,* Les acquisitions d'entreprises françaises par des non residents: Aspects fiscaux, in Droit et pratique du commerce international, 1992, S. 198; *Guyon,* Les offres publiques d'acquisition en France, in *Kreuzer* (Hrsg.), Arbeiten zur Rechtsvergleichung, 1992, S. 85; *Hurstel,* Staatliche Kontrolle und Genehmigungsvorbehalte beim Unternehmenserwerb, in *Witz/Schmidt/Zierau,* Unternehmenserwerb in Frankreich, 1990, (Sonderveröffentlichung RIW), S. 76; *Hurstel,* Juristische Probleme beim Unternehmens- und Beteiligungskauf in Frankreich, RIW 1991, 804; *Hurstel/Süß,* Reformansätze des französischen Übernahmerechts, EuZP 1998, 203; *Kerber,* Unternehmensübernahme im „Buy-out"-Verfahren, WM 1987, 741; *Langer,* Arbeitsrechtliche Aspekte des Unternehmenserwerbs, in Unternehmenserwerb in Frankreich, 1990 (Sonderveröffentlichung RIW), S. 66 ff.; *Lay,* La décision du Conseil constitutionnel du 28 decembre 1995 et la transmission des entreprises, in Rec. Dalloz Sirey, 1996, 23 Chronique, S. 193; *Lee/Carreau,* Les moyens de défense a l'encontre des offres publiques d'achat inamicales en France, in Rec. Dalloz Sirey 1988, Chronique S. 15; *Lutz,* Erwerb eines „fonds de commerce", in Unternehmenserwerb in Frankreich, 1990 (Sonderveröffentlichung RIW); *Niggermann,* Unternehmenserwerb durch Erwerb einer Kapitalbeteiligung, in Unternehmenserwerb in Frankreich, 1990 (Sonderveröffentlichung RIW); *Ott,* Unternehmenskauf im deutsch-französischen Rechtsverkehr, AnwBl. 1993, 507; *Prüfer,* Rechtliche Besonderheiten bei Unternehmenskäufen im deutsch-französischen Kontext, NZG 1998, 49; *Remien,* Unternehmenserwerb in Frankreich, RabelsZ 1990, 144; *Schmidt, Dominique,* Übernahme der Kontrolle über ein börsennotiertes Unternehmen (O. P. A. et maintien de cours), in Unternehmenserwerb in Frankreich, 1990 (Sonderveröffentlichung RIW); *ders.,* Das obligatorische öffentliche Übernahmeangebot von Unternehmensteilen im französischen Recht, AG 1994, 12; *Schramm,* Frankreich. Unternehmenskauf, in Ausländisches Wirtschafts- und Steuerrecht, Reihe A: Gesetzestexte und Erläuterungen Heft 16/93, 1993; *Wietek,* Verhandlungspraxis beim Erwerb eines französischen Unternehmens, in Unternehmenserwerb in Frankreich, 1990 (Sonderveröffentlichung RIW), S. 14; *Witz/Zierau,* Unternehmenserwerb in Frankreich – Einführung in das Thema, in Unternehmenserwerb in Frankreich, 1990 (Sonderveröffentlichung RIW), S. 9. **Großbritannien:** *Alcock,* Public offers in the UK: The new regime, in The company lawyer, 1996, S. 262; *Bittner,* Die EG-Übernahme-Richtlinie aus englischer Sicht, RIW 1992, 250; *Danziger/Skoyles,* Directors and take-overs, in The company lawyer, 1984, S. 217; *Danziger,* Directors and takeovers, in The company lawyer, 1984, S. 213;

Dierksmeier, Der Kauf einer englischen „private limited company": rechtsvergleichende Darstellung gesellschaftsrechtlicher und zivilrechtlicher Probleme, insbesondere der Haftung für Mängel, Diss. Münster 1996; *Kohler-Koch,* Hindernisse für öffentliche Übernahmeangebote im deutschen und im britischen Recht, Diss. Bielefeld 1995; *Lee, Peter,* Takeover regulation in the United Kingdom, EWS 1990, 241; *Prentice,* Regulation of takeover bids in the United Kingdom, in *Kreuzer* (Hrsg.), Arbeiten zur Rechtsvergleichung, 1992, S. 133; *Sappideen,* Takeover bids and target shareholder protection: the regularity framework in the United Kingdom, United States and Australia, in Journal of comparative business Law, 1986, S. 218. **Irland**: *Clarke, Blanaid,* Ireland: The Irish Takeover Panel Bill 1996, in The company lawyer, 1997, S. 32. **Italien**: *Conci,* Takeover bids in Italy, in Comparative law yearbook 1995, S. 53; *Heiss,* Keine unfreundlichen Unternehmensübernahmen und Anleihen mit Optionsrechten in Italien, ZGR 1995, 529; *Salomao Filho/Richter,* Die Rolle des Vorstandes und das Unternehmensinteresse bei Übernahmeangeboten, in Jahrbuch für italienisches Recht, 1994, S. 67; *Schmid, Tobias,* Öffentliche Übernahmeangebote in Italien, AG 1999, 402. **Japan**: *Baum,* Marktzugang und Unternehmenserwerb in Japan, RIW 1995, 48; *ders.,* Der Markt für Unternehmen und die Regelung von öffentlichen Übernahmeangeboten in Japan, AG 1996, 399; *Thoens,* Die steuerrechtliche Gestaltung von Unternehmensverkäufen in Japan aus Sicht deutscher Investoren, StR 1999, 161; *Witty,* Unternehmenskauf in Japan, in *Haarmann, Hemmelrath & Partner* (Hrsg.), Gestaltung und Analyse in der Rechts-, Wirtschafts- und Steuerberatung von Unternehmen, 1998; *Witty,* Unternehmenskauf in Japan, 1998. **Österreich**: *Diregger/Ullmer,* Die Spruchpraxis der Übernahmekommission nach drei Jahren Übernahmegesetz, WiB 2002, 97; *Diregger/Winner,* Deutsches und österreichisches Übernahmerecht aus Anlegersicht, WM 2002, 1583; *Doralt,* Überlegungen zur Gestaltung der Vorschriften über das Recht des öffentlichen Übernahmeangebotes in Österreich, FS Kropff, 1997, S. 53; *Grießer,* Insolvenzsicherung und Haftung des Unternehmenserwerbers gemäß § 6 AVRAG, Österreichisches Recht der Wirtschaft 1998, 617; *Gruber,* Das Übernahmegesetz: eine Einführung, WiB 1999, 10; *Gugerbauer,* Unternehmenskauf in Österreich, Anwaltsblatt 1990, 70; *Hausmaninger/Herbst,* Übernahmegesetz, 1999; *Huber/Löber,* Übernahmegesetz, Kommentar 1999; *Kaindl,* Das Pflichtangebot im Übernahmegesetz, 2001; *Kalss,* Das neue Übernahmegesetz als Teil des Kapitalmarktrechts in Österreich, NZG 1999, 421; *Kalss/Zollner,* Bilden eigene Aktien Gegenstand eines öffentlichen Angebots nach dem ÜbernahmeG?, ÖBA 2001, 499; *Nowotny,* Übernahmerecht und Gesellschaftsrecht – ein Überblick, Österreichisches Recht der Wirtschaft 1998, 655; *Schärf* Übernahmegesetz, 2001; *Stockenhuber,* Takeovers nach österreichischem Übernahmerecht, RIW 1999, 752; *Winner,* Die Pflichten der Zielgesellschaft in der freundlichen Übernahme, Diss. Wien 2001; *Zwissler,* Übernahmerecht in Österreich, AG 1999, 411. **Russland**: *Hüper,* Unternehmenskauf in Rußland: der Kauf von Unternehmensanteilen, Unternehmen und sonstigem Staatsvermögen im russischen Zivil- und Privatisierungsrecht, Diss. Berlin 1998. **Schweden**: Übernahme börsennotierter Unternehmen in Schweden, RIW 2002, 87. **Schweiz**: *Frei,* Öffentliche Übernahmeangebote in der Schweiz, 2. Aufl. 1998; *Küng/Huber/Küster,* Kommentar zum BEHG, 1998; *Meier-Schatz,* Rechtliche Betrachtung zu neueren Entwicklungen in der schweizerischen Takeover-Szene, Schweizer Juristen-Zeitung 1991, 57; *Pulver,* Zur Regelung öffentlicher Übernahmeangebote, in *Schluep/Isler* (Hrsg.), Neues zum Gesellschafts- und Wirtschaftsrecht. Zum 50. Geburtstag von Peter Forstmoser, 1993, S. 263; *Schwarz,* Das neue schweizerische Aktienrecht und der Übernahme-Kodex, WM 1992, 1053; *Schwenzer,* Öffentliche Übernahmeangebote nach schweizerischem Recht, in *Kreuzer* (Hrsg.), Arbeiten zur Rechtsvergleichung, 1992, S. 163; *Taisch,* Das öffentliche Angebot im neuen Aktienrecht, in *Schluep/Isler* (Hrsg.), Neues zum Gesellschafts- und Wirtschaftsrecht, 1993, S. 263; *Vogt/Watter* (Hrsg.),

Kommentar zum Schweizerischen Kapitalmarktrecht, 1999. **Slowenien**: *Bruckmül-ler/Ykochek,* Das slowenische Takeover-Gesetz, in Wirtschaft und Recht in Osteuropa, 1998, S. 8; *Carnogursky,* Übertragung von Anteilen an Kapitalgesellschaften nach slowakischem Recht, in Wirtschaft und Recht in Osteuropa, 1992, S. 60; *Rudolf,* Slowenisches Übernahmerecht, in Recht in Ost und West, 1998, S. 99. **Spanien**: *Rojo,* Das öffentliche Übernahmeangebot im spanischen Recht, AG 1994, 16; *Winner,* in *Doralt/Nowotny/Schauer* (Hrsg.), Takeover-Recht, 1997, S. 147. **Tschechien**: *Devic,* Übernahmerecht und Meldepflicht in Tschechien, RIW 1999, 193; *Ehinger,* Rechtliche und praktische Schwierigkeiten beim Erwerb eines Unternehmens in einem ehemals sozialistischen Land – dargestellt am Beispiel des VW/Skoda-Projekts, in Wirtschafts- und Gesellschaftsrecht Osteuropas, 1992, S. 297; *Jerman,* Unternehmenskauf in der Tschechischen Republik, in Wirtschaft und Recht in Osteuropa, 1994, S. 37; *Schleifele,* Praktische Erfahrungen beim Unternehmenserwerb in der CSFR, DB 1992, 669; *Scheifele/Thaeter,* Unternehmenskauf, Joint-venture und Firmengründung in der Tschechischen Republik, 2. Aufl. 1994, RWS-Skript, S. 255; *Weigl,* Der Teilunternehmenskauf nach tschechischem Recht, in Wirtschaft und Recht in Osteuropa 1999, S. 254. **Ungarn**: *Galffy,* Der Kauf von Vermögen insolventer staatlicher Unternehmen in Ungarn, RIW 1996, 201. **USA**: *Bebchuk,* Toward undistorted choice and equal treatment in corporate takeovers, in Harvard law review, 1985, S. 1693; *Bungert,* Pflichten des Managements bei der Abwehr von Übernahmeangeboten nach US-amerikanischem Gesellschaftsrecht, AG 1994, 297; *Buxbaum,* Institutional ownership and the restructuring of corporations – With special reference to takeovers, FS E. Steindorff, 1990, S. 7; *ders.,* Defenses against takeover bids: United States law, in *Kreuzer* (Hrsg.), Arbeiten zur Rechtsvergleichung, 1992, S. 55; *Caginalp/Denkowicz,* Erwerb notleidender Unternehmen in den USA, EWS 1992, 5; *Depser,* Der Vorschlag der EG-Kommission zur Takeover-Richtlinie im Spiegel der amerikanischen Takeover-Erfahrung, RIW 1992, 351; *Ebenroth/Eyles,* Die Beschränkung von Hostile Takeovers in Delaware, RIW 1988, 413; *von Falkenhausen,* Das „Takeover-Game" – Unternehmenskäufe in den USA, FS E. Stiefel, 1987, S. 163; *Flick,* Neue Steuerprobleme beim Unternehmenserwerb in den USA, DStR 1987, 478; *Frank/Moreland,* Unternehmerisches Ermessen des Vorstandes bei feindlichen Übernahmeversuchen in den USA: die Time-Entscheidung, RIW 1989, 761; *French,* International law of take-overs and mergers, 1986; *Hüttermann,* Der Kauf von Unternehmen oder von Unternehmensteilen nach dem Recht von New York, Diss. Münster 1997; *Jander/McDermott,* Neue Methoden bei Unternehmenskäufen in den USA, RIW 1990, 957; *Kurth,* Aktionärsschutz und öffentliche Kaufangebote, Diss. Köln 1987; *Langevoort,* The Supreme Court and the politics of corparate takeovers: A comment on CTS Corp. v. Dynamics Corp. Of America, in Harvard law review, 1987, S. 96; *Lutter/Wahlers,* Der Buyout: Amerikanische Fälle und die Regeln des deutschen Rechts, AG 1989, 1; *Mahari,* Rückkehr zur Aktionärsherrschaft als unternehmerische Chance und rechtspolitischer Impuls: Verstöße zur Beendigung der Machtdelegation an das Management anhand der Entwicklung der Take-overs in den USA, Schweizer Aktiengesellschaft 1988, 14; *Schaaff,* Möglichkeiten der Abwehr von Takeover Bids in Großbritannien und USA, RIW 1985, 273; *Schiessl,* Neue Erfahrungen mit Unternehmensübernahmen in den USA, RIW 1988, 522; *Stürner,* Take-overs, made in USA, AG 1987, 276; *Trockels,* Verteidigungsmaßnahmen gegen „corporate takeovers" in den USA, ZVglRWiss 1990, 56; *Zahn,* Unternehmenskauf und Mitunternehmermodelle, Diss. Bonn 1995; *Zinser,* Unternehmensübernahmen in Europa und den USA, RIW 1999, 844. **Sonstige**: *Brugger,* § 1409 AGBG und IPR Probleme des internationalen Unternehmenskaufes, ZfRV 1993, 94; *Groffen,* Hostile take-overs in The Netherlands, in Comparat Law yearbook, 1990, S. 65; *Peter,* Les offres publiques d'achat en Suisse: Analyse et évolution, en particulier depuis l'entrée en vigueur du nouveau Code Suisse OPA, in Schweizer

Zeitschrift für Wirtschaftsrecht 1990, 153; *Schleifele/Thaeter,* Unternehmenskauf, Joint Venture und Firmengründung in der Tschechischen Republik, RWS-Skript, 1993, S. 225; *Tschäni,* Unternehmensübernahmen nach Schweizer Recht, 2. Aufl. 1991.

§ 1 Anwendungsbereich

Dieses Gesetz ist anzuwenden auf Angebote zum Erwerb von Wertpapieren, die von einer Zielgesellschaft ausgegeben wurden und zum Handel an einem organisierten Markt zugelassen sind.

Übersicht

1. Grundlagen und Normzweck. Die Norm regelt den sachlichen und **1** internationalen Anwendungsbereich des Gesetzes. Sie beruht dabei auf einem Kompromiss: Da das Recht der öffA und öffÜA in erster Linie gesellschafts- und kapitalmarktrechtliche Fragen berührt, werden die jeweils einschlägigen Anknüpfungsregeln (effektiver Hauptverwaltungssitz und Marktort) miteinander kumulativ kombiniert.[1] Dadurch sind Wertungswidersprüche vorprogrammiert, da die Grenzen des gesetzlichen Anwendungsbereichs nicht immer dort verlaufen, wo es der Schutzzweck der Einzelregelungen jeweils gebieten würde. **Vor In-Kraft-Treten des Gesetzes war** die Anknüpfung des Erwerbs von Anteilen an einer Kapitalgesellschaft durch öffA umstritten. Auf der Grundlage des Art. 4 Abs. 2 lit. e GS/RLE 2001 war allerdings auch eine differenzierende, in der Sache überzeugende **Qualifikation** gelungen. Diese wird im RLE 2002 fortgeführt: Als **kapitalmarktrechtlich** werden danach die

---

[1] Dazu und zu den Konsequenzen *Mülbert* ZIP 2001, 1221, 1222, 1228 f.

Normen qualifiziert, die „die im Falle des Angebots angebotene Gegenleistung, insbesondere den Preis, betreffen, und Verfahrensfragen des Angebotsvorgangs, insbesondere die Unterrichtung über die Entscheidung des Bieters zur Unterbreitung eines Angebots, der Inhalt der Angebotsunterlage und die Bekanntmachung des Angebots". Zu den **gesellschaftsrechtlichen Fragen** rechnen der „Anteil an Stimmrechten, der die Kontrolle begründet, und von der Verpflichtung zur Abgabe eines Angebots abweichende Regelungen sowie … die Bedingungen, unter denen das Leitungs- oder das Verwaltungsorgan der Zielgesellschaft Maßnahmen ergreifen kann, die das Angebot vereiteln könnten". Auch nach hM ist die Pflicht zur Abgabe eines öffÜA (§§ 35 ff.) gesellschaftsrechtlich zu qualifizieren, folgt sie doch aus der gesellschaftsrechtlichen Treupflicht, die ihrerseits an die Stellung als Mehrheitsgesellschafter anknüpft.[2] Die Auskunftspflichten des Vorstands der Zielgesellschaft gegenüber den Arbeitnehmern (§ 10 Abs. 5 Satz 2, § 14 Abs. 4 Satz 2) dürften hingegen **arbeitsrechtlich** zu qualifizieren sein und sich gemäß internationalem Betriebsverfassungsrecht nach dem Recht des Betriebssitzes richten (vgl. insoweit auch Art. 4 Nr. 2 lit. e Satz 2 RLE 2002). Verfahrensvorschriften wie § 15 sind schließlich Normen des öffentlichen Rechts; im Hinblick auf sie entfaltet § 1 die Funktion einer Norm des **Internationalen Verwaltungsrechts**.[3]

2   In der dem WpÜG vorangegangenen Diskussion herrschte ebenfalls die Auffassung vor, dass das **Vertragsstatut** die zivilrechtliche Wirksamkeit des öffA regieren müsse. Nach Art. 28 Abs. 2 Satz 1 EGBGB sollte allerdings nicht der Wohnsitz des einzelnen Aktionärs maßgeblich sein, sondern das Recht des Hauptbörsenplatzes der Zielgesellschaft: Denn zentraler Adressat des ÜA sei nicht der einzelne Mitgesellschafter, sondern der Markt in seiner Gesamtheit.[4] Die Kritik verwies auf die schwierige Abgrenzung von Haupt- und Nebenbörsenplatz und die damit verbundene Gefahr einer Konkurrenz von Statuten.[5] Nach aA träten die Kreditinstitute gegenüber dem Bieter als Kommissionäre der Aktienverkäufer auf, weshalb nach Art. 28 Abs. 2 Satz 2 EGBGB der Sitz dieser Kreditinstitute maßgeblich sei.[6] Dagegen wurde mit der Chance argumentiert, dass bei einer Anknüpfung an den Hauptbörsenplatz der Zielgesellschaft Vertrags- und Gesellschaftsstatut idR zusammenfallen dürften.[7] Gegen die Auffassung,[8] maßgeblich sei das Recht am Platzierungsmarkt als dem Ort, an welchem die Information am einfachsten zugänglich ist, wird eingewandt, dass die Normen über öffÜA gerade einen Fall des Marktversagens regelten (§ 3 Rn. 6 und 8 ff.), was eine Anknüpfung an das Statut des Marktes wegen der dort gefährdeten Willensbildung verbieten würde.[9]

---

[2] Vgl. auch § 3 Rn. 1; *Ebenroth/Wilken* ZVglRWiss 90 (1991), 242; MünchKommBGB/*Kindler* IntGesR Rn. 470; *Staudinger/Großfeld* IntGesR Rn. 417.

[3] Im Ansatz ähnlich, von der Sache aber zu weit gehend *Versteegen* in Kölner Komm. Rn. 41.

[4] *Ebenroth/Wilken* ZVglRWiss 90 (1991), 241; MünchKommBGB/*Kindler* IntGesR Rn. 469.

[5] *Staudinger/Großfeld* IntGesR Rn. 418.

[6] *Merkt,* FS Sandrock, 1995, S. 147.

[7] *Kindler* (Fn. 4) Rn. 469.

[8] *Grundmann* RabelsZ 54 (1990), 296 f.

[9] *Ebenroth/Wilken* (Fn. 4) 243.

Überzeugend scheint indes vor allem die ergänzende Auffassung, dass das auf **3** Übernahmeangebote anwendbare **Sachrecht der internationalen Zuständigkeit des Aufsichtsorgans folgen** müsse.[10] Denn die Unterschiedlichkeit der nationalen Regelungen, insbesondere der darin vorgesehenen Sanktionen, verhindert, dass inländische Behörden ausländisches Sachrecht anwenden können. Verstöße gegen den auf Selbstregulierung beruhenden City Code können bspw. schwerlich von einer deutschen Behörde so sanktioniert werden, wie es im Code vorgesehen ist. § 1 ist insoweit eindeutig: Maßgeblich für die Zuständigkeit der Behörde und damit das anwendbare Sachrecht ist die inländische Sicht. Einen vergleichbaren Ansatz verfolgte **Art. 4 Abs. 2 lit. e GS/RLE 2001** in Anlehnung an Art. 24 der BörsenzulassungsprospektRL.[11] Die Regelung war im Rat jedoch umstritten.[12] Der deutsche Gesetzgeber hat sich bewusst nicht an ihr orientiert, da er keine internationale Gegenseitigkeit verbürgt sah.[13] Nunmehr wird sie in Art. 4 Abs. 2 lit. a bis e wieder aufgegriffen: Im Ausgangspunkt (Art. 4 Abs. 2 lit. a) ist danach die Zuständigkeit der Aufsichtsbehörde am Sitzort begründet, wenn die Wertpapiere der Gesellschaft auch am Sitzort zu einem geregelten Markt zugelassen waren. Fallen Sitz- und Zulassungsort auseinander, ist indes die Zulassungsbehörde zuständig (Art. 4 Abs. 2 lit. b Satz 1).[14] Sind die Papiere in mehreren Mitgliedstaaten zugelassen, ist der Staat der ersten Zulassung zuständig (Art. 4 Abs. 2 lit. b Satz 2). Erfolgte die Zulassung in mehreren Mitgliedstaaten gleichzeitig, steht der Zielgesellschaft ein **Wahlrecht** zu (Art. 4 Abs. 2 lit. c). Für dessen Ausübung fehlt es jedoch an weiteren Ausführungen, was Probleme erahnen lässt: Zur Vermeidung von Manipulationsverfahren gegenüber dem Bieter wird man der Zielgesellschaft – sollte die Regelung in deutsches Recht umgesetzt werden – bereits jetzt nur die einmalige, d.h. unwiderrufliche, und einheitliche Rechtswahl für alle Übernahmefälle gestatten; andernfalls könnte das Wahlrecht als Abwehrmaßnahme gegen den Bieter missbraucht werden. Mit der Anknüpfung des gesetzlichen Anwendungsbereichs **an den (effektiven Verwaltungs-)Sitz** der Zielgesellschaft in der Bundesrepublik Deutschland und die Zulassung der Wertpapiere zum Handel an einem geregelten Markt im Europäischen Wirtschaftsraum[15] folgt der Gesetzgeber den Regeln des Internationalen Gesellschaftsrechts (Sitztheorie).[16] Für diese Konzeption spricht zunächst die klare Abgrenzung des Anwendungsbereichs der Norm sowie die Möglichkeit, alle inländischen Gesellschaften gleichmäßig zu erfassen, dagegen allerdings die kapitalmarktrechtliche Dimension vieler im WpÜG geregelten Fragestellungen. Ziel der Sitztheorie ist die Berücksichtigung des Schutzinteresses des von gesellschaftsrechtlichen Fragestellungen am unmittelbarsten betroffenen Staates.[17] Der Er-

---

[10] *Kindler* (Fn. 4) Rn. 471.

[11] BörsenzulassungsprospektRL vom 17. 3. 1980, ABl. EG Nr. L 100,1.

[12] *Pötzsch/Möller* WM 2000, 11.

[13] Vgl. noch DiskEntw ÜG S. 287; WÜG-RefE S. 427.

[14] Zum Streit um diese Regelung vgl. *Neye* AG 2000, 291; *Pötzsch/Möller* WM 2000, 11.

[15] Vgl. § 2 Abs. 7.

[16] Vgl. *Staudinger/Großfeld* IntGesR Rn. 26 ff.; MünchKommBGB/*Kindler* IntGesR Rn. 312 ff.

[17] *Kindler* (Fn. 4) Rn. 313; *Staudinger/Großfeld* IntGesR Rn. 41.

werb von Beteiligungen an AG und KGaA betrifft aber nicht notwendig und in erster Linie den Sitzstaat, sondern den Ort, an dem diese Papiere vor allem gehandelt werden. Die **Überseering-Entscheidung des EuGH**[18] hat schließlich gezeigt, dass wesentliche Rechtsfolgen der Sitztheorie mit der Niederlassungsfreiheit nach Art. 43 EGV nicht übereinstimmen. Bedeutender erscheint indes die in dieser Entscheidung getroffene Aussage, dass eine Regelung wie § 1 WpÜG sowohl die Freiheit des Kapitalverkehrs als auch die Niederlassungsfreiheit berührt und anhand der dabei geltenden Maßstäbe vom EuGH überprüft werden kann: „Ferner ist daran zu erinnern, dass der Erwerb von Geschäftsanteilen an einer in einem Mitgliedstaat gegründeten und ansässigen Gesellschaft durch eine oder mehrere natürliche Personen mit Wohnort in einem Mitgliedstaat grundsätzlich den **Bestimmungen des EG-Vertrags über den freien Kapitalverkehr** unterliegt, wenn eine solche Beteiligung ihnen nicht einen gewissen Einfluss auf die Entscheidungen der Gesellschaft verleiht und sie deren Tätigkeiten nicht bestimmen können. Wenn dagegen der Erwerb sämtliche Geschäftsanteile einer Gesellschaft mit satzungsmäßigem Sitz in einem anderen Mitgliedstaat umfasst und eine solche Beteiligung einen gewissen Einfluss auf die Entscheidungen der Gesellschaft verleiht und es diesen Personen ermöglicht, deren Tätigkeiten zu bestimmen, sind die **Bestimmungen des EG-Vertrags über die Niederlassungsfreiheit** anwendbar."[19] In **Art. 4 Nr. 2 lit. e Satz 2 RLE 2002** geht die Kommission schließlich davon aus, dass zumindest für die Frage der Unterrichtung der Arbeitnehmer der Zielgesellschaft und für gesellschaftsrechtliche Fragen eines öffÜA (vgl. Rn. 1) „das Recht des Sitzmitgliedstaats der Zielgesellschaft maßgebend" ist. Im Umkehrschluss impliziert dies, dass eine Anknüpfung der kapitalmarktrechtlichen Fragen eines öffÜA – also insbesondere die Regelung der Gegenleistung und des Angebotsverfahrens (Rn. 1) – nach dem Sitzstaat gerade nicht gerechtfertigt ist. Verfährt das deutsche Recht daher strenger als das eigentlich berufene Recht des Zulassungsorts, könnte darin im Einzelfall eine ungerechtfertigte Einschränkung der Niederlassungsfreiheit liegen.

3a   Richtigem Verständnis nach handelt es sich bei § 1 um eine **allseitige Kollisionsnorm,** soweit die gesellschafts-, kapitalmarkt- und arbeitsrechtlichen Fragestellungen des Angebots- und Übernahmeverfahrens betroffen sind.[20] Die Norm regelt nicht nur die Anwendbarkeit des deutschen Recht, sondern führt auch zur Anwendbarkeit einer auswärtigen Rechtsordnung, wenn ihre Voraussetzungen vorliegen. Soweit das WpÜG Verwaltungsverfahren und Verwaltungszuständigkeit regelt, kann § 1 hingegen – entsprechend den Regelungen des Internationalen Verwaltungsrechts – nur die Funktion einer einseitigen Kollisionsnorm wahrnehmen.[21]

---

[18] EuGH ZIP 2002, 2037 – Überseering.
[19] EuGH ZIP 2002, 2037 Tz 77 im Anschluss an EuGH ZIP 2000, 697, Tz 21 f. – Baars.
[20] So zutreffend *Hahn* RIW 2002, 741, 742; aA, aber auch zu pauschal und zu weit gehend *Versteegen* in Kölner Komm. Rn. 41; *Schüppen* in *Haarmann/Riehmer/ Schüppen* Rn. 6.
[21] *Versteegen* in Kölner Komm. Rn. 41; *Schüppen* in *Haarmann/Riehmer/Schüppen* Rn. 6.

2. Angebote zum Erwerb von Wertpapieren. Vgl. zum Tatbestands- **4**
merkmal Angebot § 2 Abs. 1 und Wertpapier § 2 Abs. 2.

3. Ausgegeben durch eine Zielgesellschaft. Gemäß § 2 Abs. 3 sind Ziel- **5**
gesellschaften Aktiengesellschaften und Kommanditgesellschaften auf Aktien
mit Sitz im Inland. Gemeint sind die in §§ 1 ff. und §§ 278 ff. AktG bezeichneten Gesellschaftstypen. In Betracht kommt künftig auch die **Europäische Gesellschaft** (SE), die insoweit einer deutschen Aktiengesellschaft gleichgestellt
ist.[22] Dem Wortlaut der Norm nach müssen diese Gesellschaften wirksam errichtet sein. Fraglich ist, ob das Gesetz auch auf den **Handel mit Anteilen an
einer VorAG** anwendbar ist. Zwar verbietet § 41 Abs. 4 Satz 1 und 2 AktG die
Übertragung von Anteilsrechten und die Ausgabe von Aktien bzw. Zwischen-
scheinen, doch können nach allgM bereits vor Eintragung Kaufverträge über
die Aktien geschlossen werden, wenn Erfüllung nach der Eintragung vereinbart ist;[23] nach hM ist sogar eine durch die Eintragung aufschiebend bedingte
Übereignung möglich.[24] Solange § 1 die Anwendbarkeit des Gesetzes allerdings auf börsennotierte Gesellschaften beschränkt, verbirgt sich dahinter nur
ein theoretisches Problem, weil ein Schutz der Aktionäre der Zielgesellschaft
nur ab der Zulassung der Wertpapiere einsetzen kann. Weiter stellt sich die
Frage, ob das Gesetz auf im Inland ansässige Gesellschaften Anwendung findet,
sofern diese ausnahmsweise wirksam nach dem Recht eines anderen Staates
gegründet worden sind. In Betracht kommen **Corporations nach dem
Recht amerikanischer Bundesstaaten**, weil zwischen den USA und der
Bundesrepublik ein völkerrechtliches Sonderabkommen auf der Grundlage
der Gründungstheorie besteht.[25] Gegen die Anwendung des WpÜG auf solche
Gesellschaften spricht zwar der Wortlaut der Norm. Ausschlaggebend dürfte
aber der Normzweck sein, den Handel mit Wertpapieren der im Inland ansässigen Gesellschaften gleichmäßig zu erfassen und Wettbewerbsverzerrungen
bzw. Umgehungsstrategien, die mit der Wahl des Gesellschaftsrechts zum
Schaden der unerfahrenen Kleinanleger verbunden wären, zu vermeiden.[26]
Die Wertpapiere müssen von einer Zielgesellschaft **ausgegeben** werden. Entgegen einer möglichen Wortlautauslegung kommt hier nicht in Betracht, dass
die Zielgesellschaft Aktien von Drittunternehmen emittiert („ausgibt"); dies
zeigt der systematische Zusammenhang zum Begriff der Zielgesellschaft: Sie
wäre in einem solchen Fall nicht die eigentliche Destinatärin der Offerte des
Bieters.[27] Das Merkmal „ausgegeben" bezieht sich vielmehr auf den Umstand,
dass die Rechte, um die es geht, bereits entstanden sein müssen. Dies ist aber
auch Voraussetzung der nach § 1 erforderlichen Börsenzulassung; insoweit enthält das Tatbestandsmerkmal keine eigene Bedeutung. Zur Frage, ob ein öffA

---

[22] Art. 10 der VO (EG) Nr. 2157/2001, ABl. EG Nr. L 294 vom 10. 11. 2001.
[23] MünchKommAktG/*Pentz* § 41 Rn. 162; *Hüffer* AktG § 41 Rn. 30; *Kraft* in Kölner Komm. § 41 AktG Rn. 112.
[24] *Pentz* (Fn. 23) Rn. 164; *Kraft* (Fn. 23) Rn. 112; ablehnend *Hüffer* (Fn. 23)
Rn. 30.
[25] USA: BGBl. 1956 II S. 487 und 763; vgl. auch Spanien: BGBl. 1972 II
S. 1041, 1557; dazu MünchKommBGB/*Kindler* IntGesR Rn. 238, 241 ff.
[26] *Oechsler* NZG 2001, 817.
[27] *Versteegen* in Kölner Komm. Rn. 23 ff.

oder ein öffÜA nachträglich auch solche Wertpapiere erfassen muss, die erst nachträglich – insbesondere nach der Vorankündigung bzw. nach der Veröffentlichung gem. § 14 Abs. 3 entstehen (§ 21 Rn. 14 a).

6   **4. Inländischer Sitz.** Regelmäßig handelt es sich dabei um den **Satzungssitz** nach § 5 Abs. 1 AktG. Im Zweifel entscheidet jedoch gemäß den Regeln des deutschen IntGesR der **effektive Sitz der Hauptverwaltung**.[28] Nach Art. 48 des EG-Vertrages sind allerdings Satzungssitz und tatsächlicher Sitz gleichwertig, wobei die Auswirkungen der Centros-Entscheidung[29] noch nicht geklärt sind.[30]

7   **5. Zulassung zum Handel an einem organisierten Markt.** Vgl. zum Begriff des organisierten Marktes § 2 Abs. 7. Entscheidend ist die **Zulassung**, nicht der Handel auf einem geregelten Markt. Soweit daher die Zulassung von Wertpapieren zu einem privat organisierten Markt die Zulassung zu einem geregelten Markt voraussetzt, ist § 1 anwendbar. Nach deutschem Recht zählen der amtliche Handel, der geregelte Markt iSd. §§ 49 ff. BörsG und der zur Zeit noch bestehende Neue Markt, der ja die Zulassung der Aktien am geregelten Markt voraussetzt,[31] zu den einschlägigen Segmenten. Es genügt eine teilweise Zulassung iSd. § 7 BörsenZulV.

8   Die **Beschränkung auf börsennotierte Gesellschaften** ist **rechtspolitisch umstritten**.[32] Im Vergleich zum WpÜG findet der **City Code** auch auf nicht börsennotierte Public Limited Anwendung (Introduction 4(a), (b)). Die Kritik ist also berechtigt: ÖffÜA setzen die Anteilseigner einer Reihe spezifischer Gefahren aus, die sich unabhängig von der Börsenzulassung stellen können (§ 3 Rn. 8 ff.). Der GS 2000 und der RLE 2001 jedenfalls standen einer Ausweitung des Schutzes nicht entgegen, weil sie lediglich einen Mindestschutz statuieren (dies gilt auch für den RLE 2002).[33]

9   **6. Anwendungsfragen. a) Inländischer Sitz, aber keine Zulassung innerhalb des EWR.** Das Gesetz ist nicht anwendbar, wenn die Gesellschaft lediglich ihren Sitz im Inland hat, ihre Wertpapiere jedoch nicht an einem geregelten Markt innerhalb des EWR zugelassen sind. Sieht allerdings ein im Ausland abgegebenes Übernahmeangebot einen Wertpapiertausch vor und werden die betreffenden Wertpapiere des Bieters auch in Deutschland zum Tausch angeboten, ist entweder die Erstellung eines Verkaufsprospekts nach dem VerkProspG bzw. die Anerkennung eines ausländischen Prospekts (§ 15 VerkProspG) oder ein Ausschluss der Aktionäre mit Sitz in Deutschland erforderlich.[34]

10   **b) Inländischer Sitz, aber keine Zulassung im Inland.** Nach § 1 ist das Gesetz auch dann anwendbar, wenn die Wertpapiere der Zielgesellschaft nicht

---

[28] Dazu *Staudinger/Großfeld* IntGesR Rn. 226; MünchKommBGB/*Kindler* IntGesR Rn. 316.

[29] EuGH ZIP 1999, 438.

[30] *Neye* AG 2000, 291.

[31] AA wohl *Mülbert* ZIP 2001, 1221, 1227.

[32] *Immenga* in *Kreuzer* ÖffÜA S. 20; *Kuhr* S. 26; *Mülbert* ZIP 2001, 1221, 1227.

[33] *Neye* AG 2000, 290.

[34] *Land/Hasselbach* DB 2000, 1747, 1748.

im Inland zum Handel zugelassen worden sind, sondern zu einem sonstigen geregelten Markt des EWR. Diese spontan widersinnig erscheinende Rechtsfolge entspricht aber dem klaren Wortlaut des Gesetzes und ist Folge der Kumulation der Kollisionsnormen des Internationalen Gesellschaftsrechts (effektiver Hauptverwaltungssitz) und Internationalen Kapitalmarktrechts (Marktort). Allerdings könnte sich § 1 insoweit als **gemeinschaftsrechtswidrig** erweisen:[35] Denn die Börsennotierung dürfte in den Anwendungsbereich der Niederlassungsfreiheit fallen, stützen sich doch sowohl die Börsenzulassungsrichtlinie von 1979 als auch die Börsenzulassungsprospektrichtlinie von 1980 auf Art. 44 Abs. 2 EGV (Art. 54 Abs. 3 lit. g EGV aF). In diesem Zusammenhang fungiert § 1 als eine die Niederlassungsfreiheit verletzende Wegzugsbeschränkung. Für dieses Ergebnis spricht auch, dass Art. 4 GS/RLE 2001 eine gänzlich andere Kollisionsregelung vorsah (entsprechend nun RLE 2002): Art. 4 Abs. 2 lit. b Satz 2 GS/RLE 2001 begründete nämlich eine Zuständigkeit des Aufsichtsorgans, auf dessen geregeltem Markt die Wertpapiere zuerst zum Handel zugelassen wurden. Bei Gleichzeitigkeit der Zulassung blieb der Gesellschaft nach Art. 4 Abs. 2 lit. c Satz 1 GS/RLE 2001 ein Wahlrecht, das bis zum ersten Handelstag ausgeübt werden musste.

c) Inländischer Sitz, inländische Zulassung, aber Teilangebot bezieht **10a**
sich ausschließlich auf im Ausland zugelassene Wertpapiere. Fraglich ist die Anwendbarkeit des § 1, wenn die Zielgesellschaft ihren Sitz im Inland hat und ein Teil ihrer Wertpapiere auch an einem organisierten Markt zum Handel zugelassen sind, das öffA aber gerade den anderen Teil der Papiere betrifft, der allein außerhalb des EWR zum Handel zugelassen ist. Dem Wortlaut nach ist die Norm auf diesen Fall nicht anwendbar, weil die Wertpapiere, die Gegenstand der Offerte sind, die erforderliche Zulassung gerade nicht aufweisen. Problematisch erscheint dies indes im Hinblick auf den Schutzzweck von § 32 WpÜG. Diese Norm will ja gerade verhindern, dass eine Teilung der Aktionäre in zwei Lager erfolgt, nämlich das derjenigen, die von den Übernahmeplänen des verdeckt operierenden Käufers überrascht an diesen zu niedrig veräußert hat und das der Übrigen, die nach Erwerb der Kontrollmehrheit durch den Bieter zu günstig veräußern *müssen*, weil dieser künftig die Geschicke der Zielgesellschaft in seinem Sinne lenken wird. Auch wenn der Bieter nach Überschreiten der Kontrollschwelle ein Pflichtangebot für die inländischen Aktionäre nach § 35 abgeben muss, schadet er diesen, weil er durch seine Überraschungstaktik die auswärtigen Aktien zu besonders günstigen Preisen aufnehmen konnte, die nun die Entgeltsaussichten der verbleibenden Aktionäre nach § 31 Abs. 4 schmälern. Deshalb dürfte § 1 in diesen Fällen seinem Zweck nach anwendbar sein. Bei **einem schlichten öffA** hingegen steht den Aktionären von der Sache her nur ein Anspruch auf Gleichbehandlung zu (§ 19); bedenkt man indes, dass die Zulassung der Papiere an einem Börsenplatz außerhalb des EWR einen bedeutsamen sachlichen Grund für eine Diskriminierung gegenüber den übrigen Aktionären darstellt, scheint § 19 seinem Zweck nach nicht berührt.

---

[35] Dazu und zum Folgenden *Mülbert* ZIP 2001, 1221, 1229.

11   **d) Kein inländischer Sitz, aber Zulassung innerhalb des EWR.** Das
Gesetz ist nicht anwendbar, wenn die betroffene Gesellschaft keinen inländischen Sitz unterhält. Dies gilt auch dann, wenn ihre Papiere (exklusiv) an einem inländischen Markt, insbesondere einem deutschen, zugelassen sind.
Daran zeigt sich abermals der Kompromisscharakter des § 1: Die Norm folgt
nicht allein dem Kollisionsrecht des Internationalen Kapitalmarktrechts
(Marktort), sondern beschränkt dieses durch eine zusätzliche Anknüpfung
nach den Kriterien des Internationalen Gesellschaftsrechts (Sitz der effektiven
Hauptverwaltung). Dies mag man rechtspolitisch kritisieren.[36] Allein nach
dem klaren Normwortlaut ist der damit einhergehende Wertungswiderspruch
auf der geltenden gesetzlichen Grundlage nicht aufzulösen.[37]

11a   **e) Ausländischer Wohnsitz der Aktionäre der Zielgesellschaft.** Nach
§ 1 kommt es auf den Wohnsitz der Aktionäre der Zielgesellschaft nicht an.
Diese sind folglich auch dann geschützt, wenn sie nicht in der Bundesrepublik
wohnen bzw. keine deutschen Staatsbürger sind.[38]

11b   **f) Verbundene Unternehmen.** Ein Pflichtangebot nach § 35 muss auch
dann abgegeben werden, wenn an der Zielgesellschaft mittelbar die Kontrolle
erlangt wird. In den Materialien geht der Gesetzgeber davon aus, dass die Erlangung der Kontrolle über ein herrschendes Unternehmen die Pflicht nach
sich zieht, ein Pflichtangebot für ein abhängiges Unternehmen abzugeben.
Voraussetzung ist allerdings, dass auf das abhängige Unternehmen § 1 Anwendung findet.[39]

12   **g) Kollisionen mit SA und SEA.** Der Securities Act (SA) von 1933 und
der Securities Exchange Act (SEA) von 1934 beanspruchen Geltung, wenn die
Aktien der Zielgesellschaft zum Börsenhandel in den USA zugelassen sind
(§§ 12, 14(d)(1) SEA) oder wenn als Gegenleistung Aktien des Bieters gegenüber in den USA ansässigen Aktionären offeriert werden. In letzterem Fall
berührt das Tauschangebot die Registrierungspflicht nach § 5 SA. Diesen Konflikt regelt nun § 24.

12a   **h) Vertragsstatut und Statut des Eigentumsübergangs.** Das WpÜG
regelt das auf die Verträge zwischen Bieter und Aktionären anwendbare Recht
(Vertragsstatut) nicht ausdrücklich.[40] Somit wäre eigentlich gem. Art. 28
Abs. 2 Satz 1 EGBGB das Recht am Wohnsitz des Aktionärs berufen, weil dieser die charakteristische Leistung (Übereignung der Aktie) erbringt. Dann
würde aber je nach Wohnsitz der Destinatäre eine Vielzahl von Einzelrechten
neben den Regelungen des WpÜG Anwendung finden mit für den Bieter unkalkulierbaren Risiken. Zum anderen regelt das WpÜG viele Einzelfragen des
rechtsgeschäftlichen Erwerbs (Form § 11, Frist § 16 usw.) abschließend; es ergänzt dabei erkennbar die bestehenden Regeln der §§ 105 ff. BGB. Damit

---

[36]   Zur rechtspolitischen Kritik *Mülbert* ZIP 2001, 1221, 1229.
[37]   Ebenso *Hahn* RIW 2002, 741, 742.
[38]   Zutreffend *Hahn* RIW 2002, 741, 743.
[39]   BT-Drucks. 14/7304 S. 59; *Hahn* RIW 2002, 741, 743.
[40]   Vgl. *Zimmer,* Internationales Gesellschaftsrecht, 1996, S. 94; *Staudinger/Großfeld*
IntGesR Rn. 342.

unvereinbar wäre es, wenn der Kaufvertrag weiteren Formerfordernissen genügen müsste, weil die in ihm vereinbarte Leistung etwa einen bestimmten
Mindestbetrag nach nationalem Recht überschreitet usw. Wenn auch Art. 37
Satz 1 Nr. 2 EGBGB den Art. 28 Abs. 2 Satz 1 EGBGB nicht prinzipiell verdrängt, so dürfte doch Art. 28 Abs. 5 vorgehen, weil eine engere Verbindung
zum Statut des öffentlichen Angebots- bzw. Übernahmeverfahrens nach § 1
WpÜG besteht.[41] Der **Eigentumsübergang** an den Wertpapieren richtet sich
schließlich entsprechend den Regelungen des Internationalen Wertpapierrechts
nach der lex cartae sitae. Das ist der Ort, an dem sich die Urkunde befindet.[42]

    7. Ungeregelte Übernahmen.[43] Außerhalb des WpÜG kommen Ansprü-   **13**
che aus **culpa in contrahendo** (nunmehr §§ 280 Abs. 1 Satz 1, 241 Abs. 2, 311
Abs. 2 Nr. 1 bzw. 2 BGB) in Betracht, wenn der Bieter unangemessenen Druck
auf die Mitglieder der Zielgesellschaft ausgeübt und sie damit zu einer unsach-
lichen Entscheidung verleitet hat.[44] Bei der Prüfung einer Pflichtverletzung
kann den Einzelnormen des WpÜG wohl auch außerhalb ihres Anwendungsbereichs Indizcharakter für den Inhalt von Rücksichtnahme- und Aufklärungspflichten zukommen. Zu den Mindestschutzpflichten, deren Verletzung
einen Schadensersatzanspruch begründet, dürften zählen: Die Gleichzeitigkeit
der Information aller Gesellschafter bzgl. Gegenleistung und Vorhaben des
Bieters; Mindestfristen zur Analyse des Angebots und kein Druck durch Teilangebote ohne Repartierungsmöglichkeit bzw. gestaffelte Angebote.[45] Allerdings entstehen daraus **keine Leistungsansprüche auf Erstellung einer
Angebotsunterlage**, da die §§ 280 Abs. 1 Satz 1 iVm. 311 Abs. 2 Nr. 1 und 2
BGB nur unselbständige Nebenpflichten nach § 241 Abs. 2 BGB durch die
Pflicht zum Schadensersatz sanktionieren. Ein **Schaden iSd. § 249 Satz 1
BGB** kann sich einerseits aus dem gezahlten Kaufpreis und der späteren höheren Börsennotierung, aber auch insoweit ergeben, als unerwartet hohe Divi-
denden in die Bemessung des Kaufpreisanspruchs nicht eingegangen sind.

    Ansprüche aus **§ 823 Abs. 2 BGB** iVm. ungeschriebenen kapitalmarktrecht-   **14**
lichen Verkehrspflichten scheiden in der Praxis aus,[46] weil als Schutzgesetze
iSd. Norm nur positive Gesetze in Betracht kommen.[47] Die **Irrtumsanfechtung nach § 119 Abs. 2 BGB** wegen Fehlvorstellungen über den Wert der
Aktie scheidet nach allgemeinen Grundsätzen aus;[48] Irrtümer über wertbildende Tatsachen sind indes anfechtungsrelevant. In Betracht kommt auch eine
Anfechtung nach § 123 BGB.

---

[41] Ähnlich *Hahn* RIW 2002, 741, 744.

[42] *Hahn* RIW 2002, 741, 744.

[43] Vgl. neben *Assmann/Bozenhardt* S. 72 ff.; auch die Monographie von *Weber*, Vor-
mitgliedschaftliche Treuebindungen, 1999.

[44] *Assmann/Bozenhardt* S. 75 ff.; *Grunewald* WM 1989, 1236; *Kuhr* S. 67 ff.

[45] Vgl. etwa *Busch* S. 96 ff.

[46] *Assmann/Bozenhardt* S. 74 f.

[47] Vgl. hier nur krit. *Staudinger/Oechsler* § 826 BGB Rn. 36 ff.

[48] *Kuhr* S. 75.

§ 2   Begriffsbestimmungen

(1) **Angebote sind freiwillige oder auf Grund einer Verpflichtung nach diesem Gesetz erfolgende öffentliche Kauf- oder Tauschangebote zum Erwerb von Wertpapieren einer Zielgesellschaft.**

(2) **Wertpapiere sind, auch wenn für sie keine Urkunden ausgestellt sind,**

1. **Aktien, mit diesen vergleichbare Wertpapiere und Zertifikate, die Aktien vertreten,**

2. **andere Wertpapiere, die den Erwerb von Aktien, mit diesen vergleichbaren Wertpapieren oder Zertifikaten, die Aktien vertreten, zum Gegenstand haben.**

(3) **Zielgesellschaften sind Aktiengesellschaften oder Kommanditgesellschaften auf Aktien mit Sitz im Inland.**

(4) **Bieter sind natürliche oder juristische Personen oder Personengesellschaften, die allein oder gemeinsam mit anderen Personen ein Angebot abgeben, ein solches beabsichtigen oder zur Abgabe verpflichtet sind.**

(5) **Gemeinsam handelnde Personen sind natürliche oder juristische Personen, die ihr Verhalten im Hinblick auf ihren Erwerb von Wertpapieren der Zielgesellschaft oder ihre Ausübung von Stimmrechten aus Aktien der Zielgesellschaft mit dem Bieter auf Grund einer Vereinbarung oder in sonstiger Weise abstimmen. Tochterunternehmen des Bieters gelten als mit diesem gemeinsam handelnde Personen.**

(6) **Tochterunternehmen sind Unternehmen, die als Tochterunternehmen im Sinne des § 290 des Handelsgesetzbuchs gelten oder auf die ein beherrschender Einfluss ausgeübt werden kann, ohne dass es auf die Rechtsform oder den Sitz ankommt.**

(7) **Organisierter Markt sind der amtliche Handel oder geregelte Markt an einer Börse im Inland und der geregelte Markt im Sinne des Artikels 1 Nr. 13 der Richtlinie 93/22/EWG des Rates vom 10. Mai 1993 über Wertpapierdienstleistungen (ABl. EG Nr. L 141 S. 27) in einem anderen Staat des Europäischen Wirtschaftsraums.**

(8) **Der Europäische Wirtschaftsraum umfasst die Staaten der Europäischen Gemeinschaften sowie die Staaten des Abkommens über den Europäischen Wirtschaftsraum.**

Schrifttum: Vgl. Vor § 1 II.

Übersicht

1. Angebot. Beim öffA handelt es sich um eine Bündelung von **Willens-** 1
erklärungen, die auf Abschluss einer Vielzahl einzelner Rechtsgeschäfte gerichtet ist, und nicht etwa nur um eine bloße invitatio ad offerendum (arg. e
§ 17). Die Willenserklärung muss der Form des § 11 genügen, wobei die *Erklä-*
rung des rechtsgeschäftlichen Verpflichtungswillens selbst erst nach positivem
Abschluss eines Verwaltungsverfahrens möglich ist (§ 14 Abs. 2 und 3). Neben
den Regeln des WpÜG können einzelne Institute der Rechtsgeschäftslehre auf
das öffA Anwendung finden (§ 10 Rn. 49 ff.). Nach der **Vorstellung des Ge-**
setzgebers[1] beinhaltet § 2 Abs. 1 aber gerade keine Definition des öffA, weil
die tatsächlichen Gestaltungen zu vielseitig seien und auch andere nationale
Gesetze einer entsprechenden Regelung entbehrten. Dem **Wortlaut der**
Norm lassen sich folgende Einschränkungen entnehmen: Das Gesetz ist nur
auf **Angebote** iSd. § 145 BGB anwendbar. Ein Verfahren, das auf einer öffentlich erklärten Annahmeerklärung des Bieters gegenüber zahlreichen Einzel-
angeboten beruht, ist – wie aus § 17 folgt – legalerweise nicht organisierbar.
Gegenstand des Angebots sind – wie erwartet – Wertpapiere einer Zielgesellschaft (vgl. § 2 Abs. 2). Die Erwähnung bestimmter Motive zur Abgabe des
Angebots (Freiwilligkeit, Verpflichtung) versinnbildlicht dagegen eher die
Weite des Anwendungsbereichs und erlaubt keine weitere inhaltliche Einschränkung: Das Gesetz ist auf freiwillige und Pflichtangebote nämlich gleichermaßen anwendbar. Die zentrale inhaltliche Einschränkung ergibt sich aus
dem Erfordernis der **Öffentlichkeit des Angebots.** Das Verständnis dieses
Begriffs ist allerdings nicht restlos klar. Gelegentlich wird behauptet, ein ÜA
sei öffentlich, weil es an alle Aktionäre gerichtet werden *müsse.*[2] Zwar gebietet
der Gleichbehandlungsgrundsatz nach § 3 Abs. 1 durchaus, dass auch ein zulässiges Teilangebot (§ 19) an alle Aktionäre zu richten ist. Darauf kann es indes im
Rahmen des § 2 Abs. 1 nicht ankommen. Viel eher bezieht sich der Begriff der
Öffentlichkeit auf die Größe bzw. Entindividualisierung des Adressatenkreises
und die damit verbundenen besonderen Gefahren.[3] Über diese und den sachlichen Anwendungsbereich des Gesetzes gibt der Rechtsvergleich Auskunft.

---

[1] RegE BT-Drucks. 14/7034 S. 33; WÜG-RefE S. 428.
[2] *Kuhr* S. 12; ebenso *Neye* AG 2000, 290.
[3] Ähnlich *Assmann/Bozenhardt* S. 8; nunmehr auch *Fleischer* ZIP 2001, 1653, 1658.

2   Auch im amerikanischen Recht ist der Begriff **Tender Offer**[4] in Sec. 14 SEA nicht definiert. Allerdings gehen die Gerichte davon aus, dass der individuell ausgehandelte Kauf eines Aktienpakets (**Paketkauf**, privately negotiated purchase) nicht den Regelungen der SEC unterfällt.[5] Dies entspricht der bisherigen Sichtweise im deutschen Schrifttum[6] und spiegelt sich in der Gesetzesbegründung zu § 2 Abs. 1.[7] Die Abgrenzung zwischen Tender Offer und Paketerwerb erfolgt in den USA u. a. anhand eines auf die SEC zurückgehenden **Acht-Punkte-Tests**.[8] Danach kommt es für die Annahme eines Tender Offers u. a. darauf an, dass der Bieter in großem Umfang Anteile nachfragt, dabei einen erheblichen Anteil anstrebt, eine Prämie auf den Börsenkurs anbietet, die Kaufbedingungen einseitig stellt und diese für den Verkäufer nicht verhandelbar sind, die Annahmemöglichkeit für die Verkäufer befristet ist, die Aktionäre einem Druck zum Verkauf ihrer Anteile ausgesetzt werden. Dabei soll für ein Tender Offer ferner sprechen, dass dem Angebot der Aufkauf wesentlicher Anteile an der Zielgesellschaft vorausgeht bzw. ein solcher während der Laufzeit stattfindet.

3   Auch nach den **Vorstellungen des deutschen Gesetzgebers**[9] kommt es bei der Beurteilung des § 2 Abs. 1 auf eine Vielzahl von **Kriterien** an. Von Bedeutung sei, ob das Angebot sich nur an einen begrenzten Personenkreis oder an eine Vielzahl von Wertpapierinhabern richte, ob es einseitig formuliert sei (Standardtext) oder das Ergebnis individueller Verhandlungen darstelle. Einzelnen Klauseln soll Indizcharakter zukommen. Für ein öffA spreche etwa das Ausbedingen eines Rücktrittsrechts für den Käufer, falls dieser insgesamt nicht über eine bestimmte Beteiligungsschwelle hinaus Aktien erwerben kann. Weiterhin werden im Schrifttum genannt: die fehlende persönliche Beziehung der Adressaten untereinander oder zum Bieter und die Zugänglichkeit des Angebotstexts für jedermann.[10] Beim **öffA** handelt es sich folglich **um einen Typus**, der durch diese und andere Merkmale geprägt wird.[11] Offen bleibt allein, was dessen zentralen prägenden Kern ausmacht. Hier antwortet das amerikanische Recht sehr fortschrittlich mit der Überlegung, dass es entscheidend auf die **Gefährdungstypik des Angebots und das Schutzbedürfnis der jeweils angesprochenen Aktionäre** ankommt.[12] Dem ist auch für das deutsche Recht zu folgen.[13] Maßgeblich dürfte sein, dass das Angebot sich

---

[4] Dazu etwa *Busch* S. 21 ff.

[5] *Herkenroth* S. 148.

[6] *Wiedemann*, Minderheitenschutz und Aktienhandel, S. 39; *Herkenroth* S. 120 f.; *Kuhr* S. 23; *Versteegen* in Kölner Komm. Rn. 30; aA *Steinmeyer/Häger* § 1 Rn. 12.

[7] RegE BT-Drucks. 14/7034 S. 33; WÜG-RefE S. 428.

[8] Dazu und zu weiteren Abgrenzungsansätzen *Herkenroth* S. 150 ff.

[9] RegE BT-Drucks. 14/7034 S. 33; WÜG-RefE S. 428.

[10] *Versteegen* in Kölner Komm. Rn. 61 ff.

[11] Ähnlich unter Darstellung des österreichischen und schweizerischen Rechts *Fleischer* ZIP 2001, 1653, 1655.

[12] Vgl. Hanson Trust PLC v. SCM Corporation, 774 F.2d 47 at 56 (2d Cir. 1985), zuvor bereits Wellman v. Dickinson, 475 F.Supp 783 (S.D.N.Y. 1979, bestätigt 682 F.2d 355 (2d Cir.); vgl. *Herkenroth* S. 153 ff.

[13] *Angerer* in *Geibel/Süßmann* § 1 Rn. 13; *Fleischer* ZIP 2001, 1653, 1658; *Versteegen* in Kölner Komm. Rn. 51.

nicht individuell an einzelne, sondern an eine Vielzahl von Adressaten richtet, die nicht aus eigener Kraft in der Lage sind, den offerierten Kaufpreis auf seine Werthaltigkeit hin zu untersuchen und die zugleich finanziell und zeitlich in einer kollektiven Entscheidungssituation unter Druck gesetzt werden können (pressure to tender; im Einzelnen § 3 Rn. 14 f.). Das Gesetz kennt darüber hinaus **keine vom nachgefragten Volumen abhängige Untergrenze**. Für diese Systematik spricht, dass der Schutz der Aktionäre der Zielgesellschaft vor kollektivem Entscheidungsdruck nicht von der vom Bieter nachgefragten Aktienmenge abhängen kann, sondern bei einem geringen Nachfragevolumen sogar tendenziell zunimmt (arg. e § 19). Entscheidend dürfte die Grenze des Anwendungsbereichs daher dort verlaufen, wo noch von einem *öffentlichen* Angebot und nicht bereits von einigen miteinander nicht koordinierten individuellen Angeboten die Rede sein kann.

Das **amerikanische Fallmaterial** lässt weitere künftige **Abgrenzungsfragen** auch für das deutsche Recht erahnen: In Wellmann v. Dickinson 682 F.2d 355 (2d Cir. 1982) wurden mehr als vierzig institutionelle Investoren und neun andere Personen per Telefon an einem Abend angesprochen. Das Gericht entschied, dass es sich hier um ein dem SEA unterfallendes Tender Offer, vergleichbar dem öffÜA, handele. Für dieses Ergebnis spricht aus deutscher Sicht, dass das Angebot **auch an unprofessionelle Anleger gerichtet** war und diese einem erheblichen Entscheidungsdruck ausgesetzt wurden. In Hanson Trust Plc v. SCM Corp. 774 F.2d 47 (2d Cir. 1985) wurde 6 von 20.000 Aktionären ein Angebot gemacht, von denen fünf im Investmentgeschäft erfahren waren. Hier wurde ein Tender Offer verneint. Dieses Ergebnis rechtfertigt sich aus deutscher Sicht, wenn angesichts der **geringen Zahl der angesprochenen Adressaten** der für ein öffA typische **kollektive Entscheidungsdruck** vermieden wird und jeweils individuelle Verhandlungen geführt werden.   **4**

In SEC v. Carter Hawley Hale Stores Inc. (760 F.2d 945 (9th Cir. 1985)) wurden 50 % der in Steubesitz befindlichen **eigenen Aktien der Corporation** ohne öffA durch die Zielgesellschaft im Wege einer Abwehr des Übernahmeversuchs zurückerworben. Hier lehnte das befasste Gericht ein Tender Offer ab, da keine Prämie auf den Börsenpreis gezahlt worden war. Diese Entscheidung erscheint zweifelhaft, da sich gerade angesichts des niedrigen Preises und der aufgenommenen Aktienmenge die Frage einer Übervorteilung unprofessioneller Anleger stellt: Immerhin verschaffte die Zielgesellschaft ihrem Mehrheitsaktionär die Kontrollmacht, ohne dafür eine Prämie zu zahlen (dazu § 3 Rn. 8 f.). Für das deutsche Recht wird man ferner festhalten können, dass **auch der Rückerwerb eigener Aktien durch die Zielgesellschaft etwa nach § 71 Abs. 1 Nr. 8 AktG ein öffA** darstellen kann.[14] Die **Gegenauffassung**,[15] die vor allem auf die Nichtanwendbarkeit einzelner Vorschriften abstellt, verfährt dagegen zu pauschal: Sie geht darüber hinweg, dass eine Reihe von Normen des WpÜG sehr wohl ihrem Zweck nach auch auf den Rückerwerb von   **5**

---

[14] *Fleischer/Körber* BB 2001, 2589, 2592 f.; *Lenz/Link* AG 2002, 424; MünchKommAktG/*Oechsler* § 71 Rn. 15, 202a ff.; *ders.* NZG 2001, 817; vgl. dazu auch *Paefgen* ZIP 2002, 1509; *Süßmann* AG 2002, 678 sowie aus österreichischer Sicht dazu *Kalss/Zollner* ÖBA 2001, 499.

[15] *Angerer* in *Geibel/Süßmann* § 1 Rn. 102; *Versteegen* in Kölner Komm. § 1 Rn. 22.

Aktien passen (Rn. 7 f.). Dadurch vernachlässigt sie den Schutz der Aktionäre und verschafft der AG einen Wettbewerbsvorteil gegenüber konkurrierenden Anbietern, der gesetzlich nicht gerechtfertigt ist.

6   Bei der Anwendung des WpÜG auf den **Rückerwerb eigener Aktien** wird man differenzieren müssen: **Teilweise trifft § 71 Abs. 1 AktG eine abschlie-ßende Regelung, die das WpÜG verdrängt.** Dies gilt zunächst für den Gleichbehandlungsgrundsatz nach § 71 Abs. 1 Satz 3 bis 5 AktG. Dieser verfolgt andere Schutzzwecke als sein Pendant in § 3 Abs. 1: Dem Vorstand soll die Einflussnahme auf die Zusammensetzung der Gesellschafterstruktur der AG verwehrt werden, während die Funktionsfähigkeit des Marktes für die Kontrolle von Unternehmensleitungen (§ 3 Rn. 2) eine eher untergeordnete Rolle spielt. Deshalb erscheint auch insbesondere die Regelung über die gleichmä-ßige Zuteilung bei einem nicht auf Kontrollübernahme gerichteten Teilangebot (§ 19) nicht anwendbar. Auch sind die Normen betreffend Übernahme-angebote (§§ 29 ff.) unanwendbar. Denn ein Übernahmeangebot liegt nach § 29 nur dann vor, wenn ein Gesellschaftsanteil von 30 Prozent angestrebt wird, was wegen § 71 Abs. 2 Satz 1 AktG rechtlich ausgeschlossen ist (§ 71 Abs. 4 Satz 2 AktG!). Weitgehend **gegenstandslos** sind auch alle Normen, die der Zielgesellschaft und ihrer Verwaltung das Ergreifen von **Verteidigungs-maßnahmen** gegen das öffÜA ermöglichen (§§ 16 Abs. 3 und 4, 27, 33).[16]

7   Ansonsten entscheidet die **Zwecksetzung der Normen des WpÜG**, ob der Rückerwerb eigener Aktien erfasst ist. Anwendbar ist danach insbesondere § 10:[17] Soweit der Vorstand die Erteilung eines Ermächtigungsbeschlusses nach § 71 Abs. 1 Nr. 8 Satz 1 AktG in die Wege leitet, liegen die Voraussetzungen der §§ 10 ff. noch nicht vor. Die bloße Ermächtigung bedeutet nämlich keine Entscheidung iSd. § 10 Abs. 1 Satz 1, im Rahmen eines öffA Aktien zurückerwerben zu wollen. Hier würde auch die enge Vierwochenfrist für die Übermittlung einer Angebotsunterlage an die BAFin nach § 14 Abs. 1 Satz 1 nicht passen. Denn der Vorstand kann sich nach § 71 Abs. 1 Nr. 8 Satz 1 AktG für einen Zeitraum von 18 Monaten ermächtigen lassen, innerhalb dessen er frei über die Aufnahme eines Rückkaufprogramms entscheiden darf.

8   Fraglich ist auch, in welchem Umfang die AG zur Erstellung einer Angebotsunterlage nach § 11 verpflichtet ist (§ 11 Rn. 46 ff.). Soweit Angabepflichten der AG nach § 11 bestehen, wird man auch eine Haftung der AG und möglicherweise der Vorstandsmitglieder für die Richtigkeit der Angebotsunterlage annehmen (§ 12). Auch trifft diese eine besondere Finanzierungsverantwortung nach § 13, die in die Pflicht mündet, die schriftliche Garantieerklärung eines unabhängigen Wertpapierdienstleistungsunternehmens für die Finanzierung bereitzustellen (§ 13 Abs. 1 Satz 2). Mag das Ergebnis – die AG garantiert ihren Anteilseignern Zahlung des Kaufpreises – auf den ersten Blick auch etwas befremdlich anmuten, so ist doch kein Grund ersichtlich, warum die AG in der Konkurrenz zu anderen öffentlichen Bietern um die Aktien günstiger gestellt sein und daher kostengünstiger anbieten können sollte. Nichts spricht ferner dagegen, die Vorschriften über die Annahmefristen für öffentliche Angebote (§ 16 Abs. 1 und 2) anzuwenden. Schon um eine Wettbewerbsverzer-

---

16 *Versteegen* in Kölner Komm. § 1 Rn. 22.
17 AA *Versteegen* in Kölner Komm. § 1 Rn. 22.

rung zwischen miteinander konkurrierenden öffentlichen Angeboten zu vermeiden, sind die Vorschriften über das Verbot der invitatio ad offerendum bei öffentlichen Angeboten (§ 17), das Verbot von Bedingungen (§ 18) und die Einschränkung der nachträglichen Änderungsmöglichkeiten (§ 21) anwendbar. Es entspricht ferner dem Zweck der Regelung über konkurrierende Angebote (§ 22), öffentliche auf den Rückerwerb eigener Aktien gerichtete Angebote miteinzurechnen, weil die Norm ein Auktionsverfahren zwischen verschiedenen Bietern erleichtern will.[18] Dies gebietet, die AG neben anderen Bietern als Wettbewerber um den Erwerb ihrer eigenen Aktien zu behandeln.[19] Deshalb treffen sie auch die Veröffentlichungspflichten über den eigenen Aktienbestand nach §§ 23, 24. Schließlich kann die BAFin missbräuchliche Werbung der AG im Hinblick auf ihr Rückkaufprogramm nach § 28 untersagen.

2. Wertpapiere. Das Gesetz erfasst sowohl Stamm- als auch (stimmrechtslose) Vorzugsaktien.[20] Dafür spricht neben dem Wortlaut der Nr. 1 der Zweck des § 2 Abs. 1, im Rahmen dessen es um den Aktienkauf als solchen und nicht wie bei § 29 Abs. 1 um die Erlangung von Kontrollmacht geht. **Vergleichbare Wertpapiere** sind Papiere, die ein Mitgliedschaftsrecht verkörpern wie Zwischenscheine.[21] Mit **Aktien vertretende Zertifikate** bezeichnet das Gesetz Scheine wie die so genannten ADR (American Depositary Receipts), mit Hilfe derer Inhaberaktien in den Vereinigten Staaten handelbar sind.[22] Insgesamt geht es dem Gesetzgeber um den Ausschluss von Umgehungsmöglichkeiten. Dies zeigt sich besonders in § 2 Abs. 2 Nr. 2. Hierunter fallen insbesondere **Derivate** wie etwa Aktienoptionen, die den Erwerb von Wertpapieren iSd. § 2 Abs. 2 Nr. 1 zum Gegenstand haben. Durch deren Begebung soll der Anwendungsbereich des WpÜG nicht umgangen werden können. Weitere Beispiele sind Wandelschuldverschreibungen und Optionsanleihen.[23] Einfache Schuldverschreibungen fallen indes nicht darunter, weil ihnen der Bezug zur Mitgliedschaft fehlt.[24]

3. Zielgesellschaft. Vgl. § 1 Rn. 5.

4. Bieter. Zum Begriff des Angebots vgl. § 2 Abs. 1. Das Gesetz nennt drei Zeitpunkte, zu denen eine Person die Bietereigenschaft erlangt: den Zeitpunkt der Abgabe eines Angebots, den der Beabsichtigung der Abgabe eines Angebots und den der Verpflichtung zur Abgabe eines Angebots. Die Tatbestandsalternative der **Abgabe des Angebots** dürfte nach dem Normzweck im untechnischen Sinne zu verstehen sein: Eigentlich sieht das Gesetz eine bestimmte Vorgehensweise bei der Vorbereitung des öffA vor: Der Vorankündigung nach § 10 folgt die Übermittlung an die BAFin nach § 14 Abs. 1 und die

9

10

11

---

[18] WÜG–RegE S. 464; DiskEntw ÜG S. 328 f.; *Baums* ZIP 1997, 1310, 1314.

[19] Vgl. das Beispiel den Fall SEC v. Carter Hawley Hale Stores Inc. (760 F.2d 945 (9th Cir. 1985).

[20] RegE BT-Drucks. 14/7034 S. 34; WÜG–RefE S. 429.

[21] § 10 Abs. 3, 4 AktG; RegE BT-Drucks. 14/7034 S. 34; WÜG–RefE S. 429.

[22] RegE BT-Drucks. 14/7034 S. 34; WÜG–RefE S. 429.

[23] RegE BT-Drucks. 14/7034 S. 34; WÜG–RefE S. 429.

[24] *Versteegen* in Kölner Komm. § 1 Rn. 5 ff. und § 2 Rn. 87.

Veröffentlichung nach § 14 Abs. 3. Darauf kann es indes für die Bietereigenschaft nicht ankommen, weil sich ein Interessent andernfalls durch bloßen Rechtsbruch dem gesetzlichen Anwendungsbereich entziehen könnte. Die BAFin muss folglich auch bei offensichtlicher Durchbrechung des vorgesehenen Verfahrensablaufs nach § 4 Abs. 1 Satz 2 sowie nach § 15 reagieren können. Deshalb genügt es für die Bietereigenschaft, dass die Person ein Angebot iSd. § 2 Abs. 1 abgibt. Von der **Beabsichtigung eines Angebots** ist in dem nach § 10 Abs. 1 Satz 1 maßgeblichen Zeitpunkt auszugehen, also wenn der künftige Bieter eine Entscheidung zur Abgabe des Angebots getroffen hat. Die **Verpflichtung zur Abgabe eines Angebots** beginnt nach § 35 Abs. 1 Satz 2 in dem Zeitpunkt, in dem der Bieter Kenntnis davon hat oder nach den Umständen haben musste, dass er die Kontrolle über die Zielgesellschaft erlangt hat. Kontrolle aber bedeutet nach § 29 Abs. 2 das *Halten* von mindestens 30 Prozent der Stimmrechte an der Zielgesellschaft. Folglich kommt es darauf an, dass die Person sicher davon ausgehen darf, bald die Kontrollmehrheit zu halten. Dies ist nur mit Abschluss eines bindenden Kauf- bzw. Tauschvertrages mit dem Verkäufer vorstellbar. Auf diesen kommt es folglich an. Bieter ist schließlich die Person, die das Angebot **im eigenen Namen** abgibt; dies kann ein vom eigentlichen Initiator abhängiges Unternehmen sein.[25] Allein diese formale Betrachtungsweise entspricht dem weitgehend formalisierten Charakter des Angebotsverfahrens (arg. e § 15 Abs. 1): Die knapp bemessene Entscheidungsfrist für die BAFin reicht im Übrigen regelmäßig nicht aus, um die tatsächlichen Interessenlagen und Einflussverhältnisse hinter einem öffA aufzuklären. Probleme entstehen deshalb nicht, weil das Verhalten des Initiators dem abhängigen Unternehmen als das einer **mit dem Bieter gemeinsam handelnden Person** nach § 2 Abs. 5 zugerechnet werden kann.

12   **5. Gemeinsam handelnde Personen. a) Grundlagen und Normzweck.** Der Begriff orientiert sich am ehemaligen **Art. 2 lit. d Satz 1 GS/RLE 2001** (entspricht RLE 2002). Dort werden als gemeinsam handelnd solche natürlichen oder juristischen Personen angesehen, „die auf der Grundlage einer ausdrücklichen oder stillschweigenden mündlich oder schriftlich getroffenen Vereinbarung, die die Erlangung der Kontrolle über die Zielgesellschaft sichern oder den Erfolg des Übernahmeangebots vereiteln soll, mit dem Bieter oder der Zielgesellschaft zusammenarbeiten". Nach Satz 2 gelten Personen, die iSd. **Art. 8 der Richtlinie 88/627/EWG** von einer anderen kontrolliert werden, als mit Letzterer und untereinander gemeinsam handelnd. Der Wortlaut von § 2 Abs. 5 geht darüber hinaus, weil zwischen den Beteiligten nicht notwendig eine rechtsgeschäftliche Vereinbarung erforderlich ist, sondern auch eine Abstimmung in sonstiger Weise genügt. Das Tatbestandsmerkmal soll vor allem **Gesetzesumgehungen und Marktintransparenzen** verhindern. Die Publikations- (vgl. nur § 23) und Schutzpflichten zugunsten der Aktionäre der Zielgesellschaft (vgl. etwa § 35) dürfen nicht durch Einschaltung Dritter ausgehebelt werden. Gleichzeitig dürfen diese nicht über den Charakter eines nur scheinbar konkurrierenden Angebots der gemeinsam handelnden Person (§ 22) getäuscht werden. Für öffÜA kennt § 30 Abs. 2 eine Sonderzurechnungsnorm, die sich im Wortlaut jedoch eng an § 2 Abs. 5 anlehnt.

---

25 Ähnlich *Versteegen* in Kölner Komm. Rn. 130; aA *Steinmeyer/Häger* Rn. 9.

b) Vereinbarung und abgestimmte (Verhaltens-)Weise. Mit Vereinba- **13**
rung ist eine rechtsgeschäftliche Übereinkunft bezeichnet, mit der Abstimmung in sonstiger Weise eine rein faktische Konzertierung von Verhaltensweisen. Wie im Rahmen des § 1 GWB, an den das Begriffspaar gemahnt, dürfte es
daher auf den Nachweis eines rechtsgeschäftlichen Bindungswillens bzw. die
Wirksamkeit der Vereinbarung im Hinblick auf § 134 BGB nicht ankommen,
weil jede faktische Gleichschaltung zwischen dem Bieter und einem Dritten
für die Zurechnung genügt.[26]

c) Erwerb von Wertpapieren der Zielgesellschaft. Dieser muss Gegen- **14**
stand der Abstimmung sein. Zum Begriff des Wertpapiers vgl. § 2 Abs. 2. Der
Normzweck und die Vermeidung von Umgehungen gebietet es, hier unter
Erwerb sowohl die dingliche Verfügung wie auch den Abschluss von Kauf-
oder Tauschverträgen zu verstehen. Die Vereinbarung einer bloßen Beratungs-
leistung soll nicht ausreichen.[27] Sollte jedoch der Berater im zeitlichen Zusammenhang mit einem Beratervertrag Aktien der Zielgesellschaft erwerben,
spricht ein Beweis des ersten Anscheins dafür, dass hier eine Interessenkonzertierung zugrunde liegt. Ferner geht es stets um einen **wirtschaftlich selbständigen Erwerb von den Aktionären der Zielgesellschaft.** Die Vereinbarung, Aktien der Zielgesellschaft nach erfolgreicher Übernahme vom *Bieter*
zu erwerben, fällt daher nicht in den Normanwendungsbereich. Ferner stellt
sich die Frage, **innerhalb welchen Zeitraums** ein nach § 2 Abs. 5 relevanter
Erwerb fallen muss. Einen Anhaltspunkt über den Beginn des maßgeblichen
Erwerbszeitraums gibt § 31 Abs. 3 Nr. 1: Die Norm verpflichtet den Bieter zum
Barangebot, wenn er drei Monate vor der Veröffentlichung der Vorankündigung (§ 10) Aktien im Umfang von 5 % an der Zielgesellschaft erworben hat.
Dieser Zeitpunkt liegt noch vor dem des § 4 AngebotsVO und bildet somit die
äußerste zeitliche Grenze der Verantwortlichkeit des Bieters. Diese darf nicht
durch Einschaltung gemeinsam handelnder Personen umgangen werden. Er-
gänzend folgt aus den §§ 23 Abs. 2, 31 Abs. 5, dass diese Verantwortlichkeit
noch ein Jahr nach Abschluss des Angebotsverfahrens andauert. Nach Rule 7.2a
City Code wird zu Lasten von **Fond-Managern**, die mit dem Anbieter in
Verbindung stehen, tatsächlich vermutet, dass sie gemeinsam mit ihm handeln.
Im deutschen Recht kommt hier ein Anscheinsbeweis in Betracht.

d) Ausübung von Stimmrechten. Gemeint sind in erster Linie Stimm- **15**
rechtspools zwischen dem Bieter und der anderen Person[28] bzw. Stimmrechts-
bindungsverträge (vgl. § 135 Abs. 9 AktG). Allerdings kommt es nicht darauf
an, dass der Pool- oder Bindungsvertrag wirksam geschlossen ist, weil auch
eine abgestimmte Verhaltensweise den Tatbestandserfordernissen des § 2 Abs. 5
ausdrücklich genügt.[29] Ausreichend ist der tatsächliche Einfluss, und zwar im
Zeitpunkt der nach § 30 erfolgenden Zurechnung. Zum Teil lassen sich die Erfahrungen aus der Anwendung der amerikanischen Theorie von der **benificial**

---

[26] *Versteegen* in Kölner Komm. Rn. 159.
[27] RegE BT-Drucks. 14/7034 S. 34.
[28] Vgl. in diesem Zusammenhang die amerikanische Rechtsfigur der group iSd.
Sec. 13(d)(3) SEA; *Knoll* S. 64 ff.
[29] RegE BT-Drucks. 14/7034 S. 34; DiskEntw ÜG S. 290 f.; WÜG-RefE S. 430.

ownership (Sec. 13(d)(1) SEA) übertragen. Danach werden zu den Aktien des Bieters all diejenigen in Dritteigentum stehenden Stücke hinzugerechnet, aus denen dem Bieter aufgrund tatsächlicher Einzelumstände ein Stimmrecht (voting power) zusteht. Als Gründe für die Zurechnung kommen in Betracht: Der Abschluss von Gesellschaftsverträgen, jedwede treuhänderische Verbindung zum Bieter oder zur Zielgesellschaft, Holdings, Trusts oder Strohmanngesellschaften.[30] Problematisch aus deutscher Sicht ist die in Amerika übliche Berücksichtigung **familiärer Bindungen** (family relationships).[31] Ähnlich wie im Steuerrecht kann wegen Art. 6 und 7 GG aus einer Ehe bzw. einer Verwandtschaftsbeziehung allein noch keine tatsächliche Vermutung für die Umgehung der Vorschriften des WpÜG im Wege heimlicher Zusammenarbeit entnommen werden. Nach **Rule 9.1. City Code** werden dem Bieter und der Zielgesellschaft auch die Beteiligungen zugerechnet, die die jeweiligen Direktoren halten. Für das deutsche Recht wird eine vergleichbare Zurechnung der **von Vorstandsmitgliedern gehaltenen Aktien** vorsichtig abgelehnt.[32] Die neutraler ausgestaltete Stellung des Vorstands nach § 76 AktG dürfte jedenfalls einer regelmäßigen Vermutung der Interessenkonzertierung entgegenstehen. Hier kommt es auf die Indizienlage im Einzelfall an.

16   Die Stimmrechtszurechnung wird vor allem im Bereich des § 29 Abs. 2 relevant. Hier begründet § 30 Abs. 2 indes einen eigenen Zurechnungstatbestand, der sich im Wortlaut eng an § 2 Abs. 5 anlehnt.

17   **e) Tochterunternehmen.** Zum Begriff des Tochterunternehmens § 2 Abs. 6. § 2 Abs. 5 Satz 2 stellt eine unwiderlegliche Vermutung auf. Grund sind die tatsächlichen Einflussnahmemöglichkeiten des Bieters.[33] Das Gesetz erwähnt nur Tochterunternehmen des Bieters selbst. Fraglich ist, ob die Norm auch für **Tochterunternehmen der gemeinsam mit dem Bieter handelnden Personen** gilt. Dafür spricht zunächst der weitergehende Wortlaut von Art. 2 lit. d Satz 2 GS 2000 sowie der Zweck des § 2 Abs. 5 Satz 1. Da Bieter und gemeinsam handelnde Personen als Einheit angesehen werden, müssten die Tochterunternehmen der gemeinsam handelnden Person den Tochterunternehmen des Bieters selbst in der Zurechnung gleichstehen. Dies entspricht indes nicht der Systematik des Gesetzes. In einer Reihe von Einzelnormen wird jeweils ausdrücklich der Fall festgestellt, dass (ausnahmsweise) auch eine Zurechnung der Tochterunternehmen der gemeinsam handelnden Personen in Betracht kommt (§§ 18 Abs. 1, 23 Abs. 1 und Abs. 2, 31 Abs. 4 und 5). Diese Regelung ist deshalb misslich, weil sich die Pflichten der gemeinsam handelnden Personen über diese Spezialfälle hinaus leicht durch Einschaltung von Tochterunternehmen umgehen lassen. Hier ist stets im Einzelfall zu prüfen, ob das Tochterunternehmen nicht selbst als gemeinsam handelnde Person auf der Grundlage abgestimmten Verhaltens mit dem Bieter kooperiert und daher unmittelbar § 2 Abs. 5 Satz 1 unterfällt.

---

[30] *Knoll* S. 63 f.
[31] Nachweis bei *Knoll* S. 64.
[32] *Kuhr* S. 91; *Peltzer* S. 192.
[33] RegE BT-Drucks. 14/7034 S. 35; DiskEntw ÜG S. 291; WÜG-RefE S. 430; *Angerer* in *Geibel/Süßmann* Rn. 30; *Versteegen* in Kölner Komm. Rn. 177.

f) Tatsächlicher Nachweis der Zurechnungsvoraussetzung. Gemäß **18** Rule 8.3 City Code ist jeder Aktionär der Zielgesellschaft, der mindestens 1% der Aktien hält oder kontrolliert, zur Anzeige sämtlicher Erwerbs- und Veräußerungsgeschäfte verpflichtet, solange die Zielgesellschaft mit dem öffÜA eines Bieters konfrontiert ist. Zugrunde liegt der auf das deutsche Recht übertragbare **Erfahrungssatz**, dass ein parallel zum Bieter erfolgender Aktienerwerb durch einen Dritten, der seinerseits kein konkurrierendes ÜA unterbreitet, nur im Interesse des Bieters erfolgen kann. Denn in Anbetracht des Übernahmeangebots droht den Aktionären der Zielgesellschaft ein Minderheitsstatus, der oft am Markt bereits durch einen Abschlag auf den Wert der Anteile antizipiert wird.[34] In einer solchen Situation ist daher der ökonomische Anreiz für einen Eigenerwerb gering. Dies reicht als Erfahrungstatsache für einen **Anscheinsbeweis**, dass ein in dieser Situation ohne konkurrierendes ÜA erfolgender Erwerb nicht aus Eigeninteresse, sondern für den Bieter erfolgt. Soweit es um den Nachweis einer künftigen **Konzertierung des Stimmverhaltens** geht, kommt dem Verhalten der Beteiligten in der Vergangenheit indizielle Bedeutung bei.

6. Tochterunternehmen. Die Definition orientiert sich an §1 Abs.7 **19** KWG. Sie entspricht damit Art.2 lit. d Satz 2 GS/RLE 2001 (nunmehr Art.2 Abs.2 RLE 2002), der auf den Tatbestand des kontrollierten Unternehmens nach Art.8 der Transparenzrichtlinie[35] Bezug nimmt. **Kontrolliert** wird ein Unternehmen danach, wenn eine Person
(a) über die Mehrheit der Stimmrechte der Aktionäre verfügt oder
(b) das Recht hat, die Mehrheit der Mitglieder des Verwaltungs-, Leitungs- oder Aufsichtsorgans zu bestellen oder abzuberufen, und gleichzeitig Aktionär oder Gesellschafter des betreffenden Untenehmens ist oder
(c) Aktionär oder Gesellschafter ist und aufgrund einer mit anderen Aktionären oder Gesellschaftern dieses Unternehmens getroffenen Vereinbarung über die Mehrheit der Stimmrechte seiner Aktionäre oder Gesellschafter allein verfügt.

Dem entspricht die Umsetzung in §290 HGB.[36] Entscheidend kommt daher auch eine Beherrschung aufgrund tatsächlicher Einflussnahme in Betracht, wenn diese „beständig, umfassend und gesellschaftsrechtlich fundiert" ist.[37] Eine **Kapitalanlagegesellschaft** oder **ausländische Investmentgesellschaft** gilt hingegen nach §§10 Abs.1a Satz 1 KAGG bzw. 15b Abs.2 Satz 1 AuslInvestmG hinsichtlich des von ihr verwalteten Vermögens **nicht als Tochterunternehmen iSd. der Norm.**

7. Organisierter Markt. Im **Inland** umfasst der **Amtliche Handel** die **20** Papiere, die erfolgreich ein Zulassungsverfahren vor der Börsenzulassungsstelle durchlaufen haben (§28 BörsG und §§1ff. BörsZulV).[38] Der Handel wird

---

[34] *Immenga* in *Kreuzer* ÖffÜA S.11, 22f.; *Sandberger* DZWiR 1993, 321; *Houben* WM 2000, 1874.
[35] 88/627 EWG vom 12.12.1988, ABl. EG Nr. L 348, 62ff.
[36] RegE BT-Drucks. 14/7034 S.34f.; DiskEntw ÜG S.291; WÜG-RefE S.430.
[37] RegE BT-Drucks. 14/7034 S.35; DiskEntw ÜG S.291; WÜG-RefE S.431.
[38] Vgl. etwa den Überblick bei *Franke* in *Assmann/Schütze* Rn.74ff.

durch die Tätigkeit von Skontoführern (§§ 25 f. BörsG; früher Kursmakler § 30 BörsG aF) geprägt. Der 1986 gesetzlich geschaffene **geregelte Markt** zeichnet sich demgegenüber durch geringere Zulassungsvoraussetzungen aus (§ 49 BörsG). Erfasst werden auch der **Neue Markt** und ähnliche Themenmärkte, bei denen die Zulassung zum geregelten Markt Zugangsvoraussetzung ist, wobei der spätere Handel jedoch im Freiverkehr (§ 57 BörsenG) stattfindet.[39] Dafür spricht der Wortlaut des § 1, wonach die Wertpapiere, die Gegenstand des Angebotsverfahrens sind, nur an einem organisierten Markt *zugelassen*, nicht aber gehandelt werden müssen. Anders wäre der Anwendungsbereich des § 1 auch zu leicht zu umgehen.

21   Ein organisierter Markt iSd. **Art. 11 Nr. 13 der Richtlinie 93/22/EWG** des Rates vom 10. Mai 1993 über Wertpapierdienstleistungen[40] hat mehrere Voraussetzungen. Gehandelt werden müssen die im Anhang der Richtlinie, Abschnitt B aufgeführten **Finanzinstrumente**; das sind: Aktien und andere, Aktien gleichzustellende Wertpapiere, Schuldverschreibungen und sonstige verbriefte Schuldtitel, die auf Kapitalmärkten gehandelt werden, alle anderen üblicherweise gehandelten Titel, die zum Erwerb solcher Wertpapiere durch Zeichnung oder Austausch berechtigen oder zu einer Barzahlung führen, Anteile an Organismen für gemeinsame Anlagen, Geldmarktinstrumente, Finanzterminkontrakte (Futures), einschließlich gleichwertiger Instrumente mit Barzahlung, Zinsterminkontrakte, Zins- und Devisenswaps sowie Swaps auf Aktien- oder Aktienindexbasis, Kauf- oder Verkaufsoptionen auf alle vergleichbaren Instrumente. Der Markt ist in das bei der Kommission zu führende **Verzeichnis** nach Art. 16 einzutragen. Ferner muss der Markt „regelmäßig funktionieren". Dabei müssen die Funktions-, Zugangs- und Zulassungsbedingungen zur Notierung durch Bestimmungen geregelt werden, die von den nach der RL zuständigen Stellen erlassen oder genehmigt wurden. Schließlich müssen auf den Markt die **Melde-** und **Transparenzvorschriften** von Art. 20 und 21 RL Anwendung finden. Die einschlägigen Märkte werden der Kommission von den Mitgliedstaaten gemäß Art. 16 der WertpapierdienstleistungsRL bzw. den EWR-Staaten aufgrund Punkt 30 b des Anhangs IX EWR-Abkommen übermittelt. Das aktuelle Verzeichnis kann aus dem Internet heruntergeladen werden.[41] Von einem Abdruck wurde angesichts der sich rasch ändernden Bezeichnungen der nationalen Märkte abgesehen.

22   **8. Europäischer Wirtschaftsraum.** Zu den Staaten der Europäischen Gemeinschaft treten die Staaten des Abkommens über den Europäischen Wirtschaftsraum vom 2. Mai 1992[42] hinzu. Diese sind Island, Liechtenstein und Norwegen.

---

[39] *Schüppen* in *Haarmann/Riehmer/Schüppen* § 1 Rn. 16; *Steinmeyer/Häger* Rn. 25; *Ekkenga/Hofschroer* DStR 2002, 724, 726; *Versteegen* in Kölner Komm. § 1 Rn. 34; aA wohl *Mülbert* ZIP 2001, 1221, 1227 sowie *Angerer* in *Geibel/Süßmann* § 1 Rn. 56.

[40] ABl. EG Nr. L 141, 27.

[41] http://europa.eu.int/comm/internal.market/en/finances/mobil/isdlist.de.pdf oder http://www.bwa.at/news/maerkte.html.

[42] BGBl. 1993 II S. 266.

§ 3 Allgemeine Grundsätze

(1) Inhaber von Wertpapieren der Zielgesellschaft, die derselben Gattung angehören, sind gleich zu behandeln.

(2) Inhaber von Wertpapieren der Zielgesellschaft müssen über genügend Zeit und ausreichende Informationen verfügen, um in Kenntnis der Sachlage über das Angebot entscheiden zu können.

(3) Vorstand und Aufsichtsrat der Zielgesellschaft müssen im Interesse der Zielgesellschaft handeln.

(4) Der Bieter und die Zielgesellschaft haben das Verfahren rasch durchzuführen. Die Zielgesellschaft darf nicht über einen angemessenen Zeitraum hinaus in ihrer Geschäftstätigkeit behindert werden.

(5) Beim Handel mit Wertpapieren der Zielgesellschaft, der Bietergesellschaft oder anderer durch das Angebot betroffener Gesellschaften dürfen keine Marktverzerrungen geschaffen werden.

Übersicht

I. Gleichbehandlungsgrundsatz (Abs. 1)

Schrifttum (Auswahl): *Adams*, Der Markt für Unternehmenskontrolle und sein Mißbrauch, AG 1989, 333; *Aha*, Verbot eigener Aktien nach den §§ 71 ff. AktG und eigener Genußscheine nach § 10 Abs. 5 Satz 5 KWG, AG 1992, 218; *Assmann/Bozenhardt*, Übernahmeangebote als Regelungsproblem zwischen gesellschaftsrechtlichen Normen und zivilrechtlich begründeten Verhaltensgeboten, in *Assmann/Baldua/Bozenhardt/Peltzer* (Hrsg.), Übernahmeangebote, ZGR-Sonderheft 9, 1990, S. 1; *Benckendorff*, Erwerb eigener Aktien im deutschen und US-amerikanischen Recht, Diss. Konstanz 1998; *Berle/Means*, The Modern Corporation and Private Property, Rev. ed., 1968; *Bielawski*, Selective Stock Repurchases after Grobow: The Validity of Greenmail under Delaware and Federal Securities Laws, 15 Delaware Journal of Corporate Law, 95 (1990); *Bradley/Desai/Kim*, The Rationale behind Interfirm Tender Offers, Journal of Financial Economics 11 (1983), 183; *Cary*, Corporate Devices Used to Insulate Management from Attack, Antitrust Law Journal 39 (1969), 318; *Easterbrook/Fischel*, Corporate Control Transactions, 91 Yale L. J. 698 (1982); *dies.*, The Proper Role of a Target's Management in Responding to a Tender Offer, 94 Harv.L.Rev. 1161 (1981); *Ebenroth/Daum*, Die Kompetenz des Vorstands einer Aktiengesellschaft bei der Durchführung und Abwehr unkoordinierter Übernahmen, DB 1991, 1105 und 1157; *Ebenroth/Rapp*, Abwehr von Unternehmensübernahmen, DWiR 1991, 2; *Fama*, Efficient Capital Markets – A Review of Theory and Empirical Work, 25 The Journal of Finance 383 (1970); *Frank/Moreland*, Unternehmerisches Ermessen des Vorstandes bei feindlichen Übernahmeversuchen in den USA, RIW 1989, 761; *Gröner* (Hrsg.), Der Markt für Unternehmenskontrollen, 1992; *Groh*, Shareholder Value und Aktienrecht, DB 2000, 2153; *Grossman/Hart*, Takeover Bids, the Free-Rider Problem, and the Theory of the Corporation, Bell Journal of Economics, 1980, 42; *Hampel*, Erwerb eigener Aktien und Unternehmenskontrolle, Beiträge zur Theorie der Finanzmärkte Nr. 10, 1994; *Hauschka/Roth*, Übernahmeangebote und deren Abwehr im deutschen Recht, AG 1988, 181; *Hopt*, Präventivmaßnahmen zur Abwehr von Übernahme und Beteiligungsversuchen, WM 1991, 222; *ders.*, Aktionärskreis und Vorstandsneutralität, ZGR 1993, 534; *Immenga/Noll*, Feindliche Übernahmeangebote aus wettbewerbspolitischer Sicht, Studie für die EG-Kommission GD IV, 1990; *Kessler*, Die Leitungsmacht des Vorstandes einer Aktiengesellschaft, AG 1995, 120; *Kiem*, Der Hauptversammlungsentscheid zur Legitimation von Abwehrmaßnahmen nach dem neuen Übernahmegesetz, ZIP 2000, 1509; *Kirchner*, Neutralitäts- und Stillhaltepflichten des Vorstandes der Zielgesellschaft im Übernahmerecht, AG 1999, 481; *ders.*, Szenarien einer feindlichen Unternehmensübernahme, BB 2000, 105; *Klein, Albrecht*, Abwehrmöglichkeiten gegen feindliche Übernahmen in Deutschland, NJW 1997, 2085; *Knoll*, Die Übernahme von Kapitalgesellschaften, 1992; *Kopp*, Erwerb eigener Aktien, Diss. Koblenz 1996; *Krause, Hartmut*, Zur „Pool- und Frontenbildung" im Übernahmekampf, AG 2000, 217; *Lenel*, Über den Markt für Unternehmenskontrolle, in *Gröner* (Hrsg.), Der Markt für Unternehmenskontrollen, 1992, S. 9; *Manne*, Mergers and the Market for Corporate Control, 73 J.Pol.-Econ. 110, at 112 (1965); *Merkt*, US-amerikanisches Gesellschaftsrecht, 1991; *Mestmäcker,* Verwaltung, Konzerngewalt und Rechte der Aktionäre, 1958; *Michalski,* Abwehrmechanismen gegen unfreundliche Übernahmeangebote nach deutschem Aktienrecht, AG 1997, 152; *Mülbert*, Shareholder Value aus rechtlicher Sicht, ZGR 1997, 129; *ders.*, Die Zielgesellschaft im Vorschlag 1997 einer Takeover-Richtlinie – Zwei folgenreiche Eingriffe ins deutsche Aktienrecht, StR 1999, 83; *Otto*, Übernahmeversuche bei Aktiengesellschaften und Strategien der Abwehr, DB-Beilage 12/1988, 1; *ders.*, Die Verteilung der Kontrollprämie bei Übernahme von Aktiengesellschaften und die Funktion des Höchststimmrechts, AG 1994, 167; *Pötzsch/Möller*, Das künftige Übernahmerecht, WM Sonderbeilage Nr. 2 zu Heft 31/2000, 3; *Rappaport*, Shareholder Value, 1995; *Reul*, Die Pflicht zur Gleichbehandlung der Aktionäre bei privaten Kontrollaktionen, 1991; *ders.*, Übernahmeangebote in der ökonomischen Analyse, in Jahrbuch Junger Zivilrechtswissenschaftler 1990, S. 11; *Romano*, A Guide to Takeovers: Theory, Evidence and Regulation, in *Hopt/Wymeersch* (Hrsg.), European Takeover, Law and Practice, 1992; *Stoll*, Rechtliche Aspekte von „feindlichen" Übernahmen von Aktiengesellschaften, BB 1989, 301; *Williamson*, Markets and Hierarchies – Analysis and Antitrust Implications, 1975; *Wolf*, Konzerneingangsschutz bei Übernahmeangeboten, AG 1998, 212.

1. Normzweck und Begründung. Vorbild der Norm ist – mittelbar über 1 Art. 3 Abs. 1 lit. a GS 2000 (nunmehr Art. 3 Abs. 1 lit. a GS 2002) – **Rule 1 des City Codes**: „All shareholders of the same class of an offeree must be treated similarly by an offeror." Im amerikanischen Recht lässt sich der Grundsatz inzident der Pro-Rata-Rule von Sec. 14d(6) SEA iVm. SEC-Rule 14d-8 entnehmen.[1] Dogmatisch kann die Gleichbehandlungspflicht nicht aus der mitgliedschaftlichen Stellung des Bieters begründet werden, sie ist insbesondere **vom gesellschaftsrechtlichen Gleichbehandlungsgrundsatz zu unterscheiden**. Letzterer greift erst, wenn eine Person oder Institution wie der herrschende Gesellschafter in der Lage ist, seinen Willen ohne Rücksicht auf den Konsens der Betroffenen durchzusetzen.[2] Der Bieter ist aber nicht einmal begriffsnotwendig Mitglied der Zielgesellschaft, wenngleich dies praktisch häufig der Fall sein dürfte. Wegen der Meldepflicht nach § 21 WpHG wird er auch nur ausnahmsweise zum Zeitpunkt des Angebots über Beteiligungen verfügen, die ihn zum Adressaten der gesellschaftsrechtlichen Gleichbehandlungspflicht machen.[3] Eine andere Beurteilung kommt allein für die **Pflicht zur Abgabe eines ÜA** in Betracht,[4] die man als besondere Ausprägung des Gleichbehandlungsgrundsatzes verstehen kann, denn sie gründet auf dem Erreichen einer faktischen Kontrollmacht. Für den allgemeinen Gleichbehandlungsgrundsatz nach § 3 Abs. 1 kommt deshalb allein eine **kapitalmarktrechtliche Begründung des Gleichbehandlungsgrundsatzes** in Betracht.[5] Im Mittelpunkt steht dabei die Funktionsfähigkeit des Marktes für die Kontrolle von

---

[1] *Knoll* S. 97.

[2] *Wiedemann* Gesellschaftsrecht S. 428 f.

[3] *Assmann/Bozenhardt* S. 73; *Kuhr* S. 37 ff.; *Immenga* in *Kreuzer* ÖffÜA S. 18; *Peltzer* S. 187 ff.

[4] So *Ebenroth/Wilken* ZVglRWiss 90 (1991), 242; MünchKommBGB/*Kindler* IntGesR Rn. 470; *Staudinger/Großfeld* IntGesR Rn. 417.

[5] Ähnlich *Assmann/Bozenhardt* S. 47 ff.

Unternehmensleitungen (unten Rn. 2 ff.). Der Gleichbehandlungsgrundsatz dient hier dem Ausgleich struktureller Defizite auf diesem Markt: Durch den Schutz der Aktionäre der Zielgesellschaft verhindert er künstliche Konzentrationsanreize, die andernfalls Fehlallokationen beim Austausch der Gesellschaftsanteile nach sich zögen (unten Rn. 8 ff.). Dies entspricht auch dem **Willen des Gesetzgebers**, der in der Begründung durch § 3 Abs. 1 vor allem solche Kapitalmarkttransaktionen verboten wissen will, von denen ein verschärfter Entscheidungsdruck auf die Aktionäre der Zielgesellschaft und damit die Gefahr ineffektiver, weil irrationaler Verkaufsentscheidungen auf dem Markt ausgeht (Bsp.: Übernahmeangebote, die die Höhe der vom Bieter angebotenen Gegenleistung nach dem Zeitpunkt der Annahmeerklärung staffeln, um ein „Windhundrennen" der Aktionäre herbeizuführen, da innerhalb der Angebotsfrist alle Aktionäre die Möglichkeit haben sollen, das Übernahmeangebot zu gleichen Bedingungen anzunehmen[6]). Die **rechtspolitische Kritik** hält den Gleichbehandlungsgrundsatz bisweilen für ungeeignet, die eigentlichen kapitalmarktrechtlichen Verkehrspflichten zu verdeutlichen. Anknüpfungspunkt aller Verhaltenspflichten sei der Wille des Bieters zur Begründung der Mitgliedschaft und – bei einem ÜA – die Absicht, eine Position zu erreichen, in der künftig maßgeblicher unternehmerischer Einfluss ausgeübt werden könne. Folglich gelte es, „auf die Begründung der Mitgliedschaft bezogene Verhaltensanforderungen" zu konkretisieren, die vorvertraglich begründet werden müssten.[7] Wie allerdings der systematische Vergleich zu § 20 Abs. 1 und 2 GWB zeigt, erweist sich ein Diskriminierungsverbot durchaus als ein zur wettbewerblichen Ordnung eines Marktes geeignetes Element. So stellt sich auch im Rahmen des § 3 Abs. 1 in jedem Einzelfall die Frage, ob eine formale Ungleichbehandlung der Aktionäre aus kapitalmarktrechtlicher Sicht gerechtfertigt ist oder gerade unter diesem Aspekt Korrekturbedarf begründet. Der Gleichbehandlungsgrundsatz eröffnet zugleich die Chance, den Bieter an seinen eigenen Selektionskriterien zu messen und diese auf ihre wettbewerbsbeeinträchtigenden Effekte hin zu bewerten.

2   **2. Kapitalmarktrechtliche Grundlagen. a) Der Markt für die Kontrolle von Unternehmensleitungen.** Die geschlossenste wettbewerbsanalytische Begründung des Übernahmeverfahrens liefert trotz aller Kritik die von *Henry G. Manne* entwickelte **Theorie vom Markt für die Unternehmenskontrolle (Market for Corporate Governance Control).**[8] Danach werden Unternehmen nicht einfach als Einheiten auf Märkten gehandelt, sondern die Kontrolle über ein Unternehmen repräsentiert *selbst* einen marktfähigen Wert. Die Nachfrage nach der Leitung von Unternehmen stelle zugleich das entscheidende Regulativ im Spannungsverhältnis von Eigentum und Herrschaft innerhalb der AG (Corporation) dar. Zugrunde liegt ein einfacher **Preisbildungsmechanismus**:[9] Ein unterhalb des inneren Werts der Aktie liegender Börsenkurs bringt zum Ausdruck, dass das Management der Ziel-AG die Kapi-

---

[6] RegE BT-Drucks. 14/7034 S. 35; WÜG-RefE S. 432; DiskEntw ÜG S. 292.

[7] *Assmann/Bozenhardt* S. 74 ff.

[8] *Manne* S. 112 ff.; vgl. die deutschen Darstellungen bei *Immenga/Noll* S. 6 ff. und *Hopt* ZGR 1993, 543 ff.

[9] *Manne* S. 113; vgl. *Immenga/Noll* S. 33 ff.

talmärkte nicht von einem optimalen Einsatz der Unternehmensressourcen überzeugen kann. Die **Unterbewertung** wird damit zum Signum für die Fehler der gegenwärtigen Geschäftsführung und bildet den entscheidenden ökonomischen Anreiz für einen möglichen Übernehmer, eine (Kontroll-)Prämie auf den Börsenkurs aufzuschlagen und auf dieser Grundlage ein Angebot zum Aufkauf der Aktien zu unterbreiten. Zugrunde liegt die Hoffnung des Bieters, durch Auswechselung der Geschäftsleitung den Wert des Unternehmens über den gezahlten Kaufpreis hinaus steigern zu können. Auf diese Weise setzt der Markt die Geschäftsführung dem ständigen Druck aus, bei ineffizienter Arbeit ausgewechselt zu werden. Diese Sichtweise beeinflusst auch die ökonomische Bewertung der vom Vorstand ergriffenen **Verteidigungsmaßnahmen.** Nach der wenngleich nicht unbestrittenen **Managerial Entrenchment Hypothesis**[10] dienen solche Maßnahmen allein dem Schutz eines unfähigen bzw. zu Lasten der Aktionäre operierenden Managements. Auf dieser Sichtweise beruht auch die mittlerweile herrschende **Lehre von der Neutralitätspflicht des Vorstands** (vgl. § 33 Abs. 1 Satz 1 und Rn. 22). Diese Überlegungen werden von konkurrierenden ökonomischen Ansätzen aus leicht verändertem Blickwinkel aufgegriffen: Weiterführend stellt sich etwa die Frage, wie in der interessenwahrenden Rechtsbeziehung zwischen Vorstand und Aktionären opportunistisches Verhalten vermieden werden kann (**Principal-Agency-Problem**[11]) und wie (Nutzungs-)Rechte verteilt werden müssen, um Anreiz zu loyalem Verhalten der Geschäftsführung zu schaffen (**Property-Rights-Ansatz**[12]). Neben der Kontrolle des Vorstandshandelns durch die Kreditgeber der AG gilt die Kontrolle durch eine mögliche feindliche Übernahme auch in der Praxis als ein zentrales Korrektiv.[13]

b) Kritik. aa) Unterschiede in den Rechtssystemen. Ein zentrales Erkenntnisinteresse von *Mannes* Theorie liegt in den defizitären Kontrollinstrumenten des Gesellschaftsrechts der amerikanischen Bundesstaaten.[14] Trotz der Bemühungen um die Aufwertung der so genannten auditing committees und die dem Board of Directors durch die Kapitalmarktaufsicht der Securities Exchange Commission (SEC) auferlegten Verhaltenspflichten (fiduciary duties) bleibt die Kontrolle der Geschäftsführung in der Corporation institutionell unterentwickelt und lässt praktische Kontrolllücken. Fällt folglich die Überprüfung der Einzel*maßnahmen* des Board im Inneren der Corporation weitgehend aus, rückt zwangsläufig das von ihm erzielte Unternehmens*ergebnis* in den Mittelpunkt des Kontrollinteresses. In diesem Zusammenhang gewinnt der **Shareholder Value,** die vom Board auf den Kapitalmärkten erwirtschaftete und den Aktionären zufallende Wertsteigerung der Corporation, die Bedeutung eines zentralen Indexes:[15] Durch Gleichsetzung der Wertsteigerung des Unternehmens mit der Wahrung der Gesellschafterinteressen wird der Grad

3

---

[10] *Williamson* S. 160; *Kopp* S. 87 ff.; zum Alternativansatz der Stockholder Interest-Hypothese § 3 Rn. 13.

[11] *Immenga/Noll* S. 35 f.; *Busch* S . 67 f.

[12] *Immenga/Noll* S. 32 ff.

[13] *Michalski* AG 1997, 152.

[14] *Manne* S. 112; *Kopp* S. 75.

[15] Dazu *Rappaport* passim; *Mülbert* ZGR 1997, 131 ff.; *Groh* DB 2000, 2158.

der Loyalität der Geschäftsführung gegenüber den Anteilseignern quasi bezifferbar. An die Stelle einer Verhaltenskontrolle tritt eine am Wert der Beteiligung orientierte Ergebniskontrolle.

4   Die **Rechtslage in Deutschland** unterscheidet sich davon in zentralen Punkten: Nach § 111 Abs. 1 AktG kontrolliert der Aufsichtsrat den Vorstand der AG. Wenn überhaupt, wird das Verhalten des Vorstands hier also nicht *allein* durch den Kapitalmarkt überwacht. Dies führt zwangsläufig zu Zielkonflikten, im Rahmen derer die Unternehmensmitbestimmung der Marktkontrolle enge Grenzen setzt, weil im Aufsichtsrat nur insoweit eine Veränderung denkbar ist, als dessen Mitglieder überhaupt vom neuen Anteilseigner bestimmt werden können (§ 119 Abs. 1 Nr. 1 AktG) und nicht durch Arbeitnehmervertreter besetzt werden müssen.[16] Der Vorstand hat nach § 76 Abs. 1 AktG im Übrigen nicht die Befugnis, sein Verhalten *allein* im Hinblick auf die Erwartungen der Kapitalmärkte auszurichten. Deshalb kann eine zur Unterbewertung führende Übernahmesituation auch dann entstehen, wenn der Vorstand durchaus an einem effizienten Ressourceneinsatz orientiert ist, mit seinen Bemühungen aber am Aufsichtsrat scheitert (§ 111 Abs. 4 Satz 2 AktG).[17] Auf ähnlichen Überlegungen beruht das gelegentlich für die deutsche AG propagierte **Integrationsmodell**, im Rahmen dessen der Vorstand eine praktische Konkordanz der Interessen aller Beteiligten (Arbeitnehmer, Gläubiger usw.) herbeizuführen habe.[18] Als weitere Besonderheit gegenüber dem amerikanischen System wird häufig die besondere **Stellung der deutschen Kreditwirtschaft** hervorgehoben: Die Banken würden einerseits zur Finanzierung von Übernahmeangeboten benötigt, hätten andererseits aber wenig Interesse daran, ihre gleichzeitig bestehenden Positionen in den Zielgesellschaften durch Übernahmeangebote beeinflussen zu lassen.[19] Zum Problem der Neutralität der zur Finanzierung eingeschalteten Kreditinstitute vgl. § 13 Rn. 13 ff.

5   **bb) Fehlallokationen durch Informationsdefizite.** Die Funktionsfähigkeit der Kapitalmärkte bei der Kontrolle der Unternehmensleitungen ist außerordentlich umstritten. So wird die **Informationseffizienz** (Rn. 20) auf deutschen Märkten als tendenziell schwach eingeschätzt.[20] Dafür sprechen folgende Gründe: Weil die Kontrolle der Unternehmensleitung durch den Kapitalmarkt unternehmens*extern* funktioniert, besteht die Gefahr von Informationsdefiziten, weil der außerhalb des Unternehmens stehende Kontrolleur nicht über dieselbe Tatsachenbasis verfügt wie ein Insider (Vorstand, Aufsichtsrat); Fehlallokationen sind daher zu befürchten:[21] „Unternehmen werden demnach nicht notwendig nur dann zum Objekt eines Übernahmeverfahrens, wenn das Management ineffizient arbeitet, sondern eventuell auch allein deshalb, weil der Kapitalmarkt irrt und die unternehmerische Leistung deshalb

---

[16] Ähnlich *Hopt* ZGR 1993, 536; *Michalski* AG 1997, 152; *Herkenroth* S. 86 ff.

[17] Ähnlich *Kopp* S. 80 ff.; kritisch *Mülbert* ZGR 1997, 166 ff.

[18] *Hopt* ZGR 1993, 536; *Mertens* in Kölner Komm. § 76 Rn. 19; *Wiedemann* Gesellschaftsrecht S. 299, 623 ff.

[19] *Assmann/Bozenhardt* S. 13.

[20] *Kopp* S. 79 ff. und 135 ff.; *Immenga/Noll* S. 92; vgl. zur Kritik auch *Busch* S. 75 ff.; *Michalski* AG 1997, 152; *Reul* Übernahmeangebote S. 138 ff.; *Lenel* S. 9.

[21] *Williamson* S. 158 f.; ähnlich *Immenga/Noll* S. 48 f.

unterbewertet ist."[22] Dafür spricht, dass bei öffentlichen Übernahmen der Kontrollmehrheit nach Einschätzungen der Praxis oft eine genaue Unternehmensanalyse der Zielgesellschaft durch den Übernehmer infolge Zeit- und Geheimhaltungsdrucks nicht möglich ist (§ 10 Rn. 28 ff.). Offeriert ein Bieter aufgrund einschlägiger Vorstellungen den Aktionären der Zielgesellschaft einen über dem Marktwert liegenden Kaufpreis, stellen sich die vom Marktmechanismus erhofften Wohlfahrtsfunktionen nicht ein: Die Gesellschaftsanteile fallen nicht demjenigen zu, der ihren ökonomischen Wert auf solider Informationsbasis am höchsten bewertet. Nicht zuletzt aus dieser Überlegung heraus erklärt sich praktisch die Notwendigkeit, dem Vorstand der Zielgesellschaft zu erlauben, mit dem Bieter eine Due Diligence durchzuführen (§ 10 Rn. 32 f.).

cc) Wettbewerbsfremde Konzentrationsanreize. Das Modell vom **6** Markt für die Unternehmenskontrolle generiert die erhofften Wohlfahrtsfunktionen nur, wenn der zentrale Anreiz für die Unterbreitung eines Übernahmeangebots in der *Unterbewertung* des Unternehmens durch die Kapitalmärkte liegt. Problematisch wird es daher, wenn andere Motive an die Stelle dieses Faktors treten. Übernahmeangebote können auch aus reinen Macht- und Prestigeüberlegungen heraus unterbreitet werden **(Empire Building)**.[23] In solchen Fällen drückt die vom Bieter auf den Börsenkurs angebotene Prämie keine Abstrafung der alten uneffizienten Geschäftsleitung durch neuere, innovationsfreudigere Anteilseigner aus, sondern beruht auf ökonomisch irrationalen Motiven und führt zu Fehlallokationen. Besondere Bedeutung gewinnen in diesem Zusammenhang die wettbewerbsinkompatiblen **Konzentrationsanreize**.[24] Darunter sind Vorteile zu verstehen, die der Bieter zu Lasten der Aktionäre der Zielgesellschaft unter Ausnutzung von Marktunvollkommenheiten bzw. rechtlichen Schutzlücken zieht (Rn. 8 ff.). Die zentrale Zwecksetzung des § 3 Abs. 1 wie der übrigen Vorschriften des WpÜG dürfte gerade in der Schließung dieser Schutzlücken liegen.

c) Stellungnahme. Der Kritik ist zuzugeben, dass sich die Theorie des **7** Marktes für Unternehmenskontrolle kaum als verlässliche Beschreibung des kapitalmarktrechtlichen Ist-Zustands eignet, sondern eher ideale Bedingungen für die dort stattfindenden Transformationen von Bedürfnissen voraussetzt.[25] Dies lässt sie indes als Leitidee für die kapitalmarktrechtliche Regulierung nicht weniger geeignet erscheinen. Denn die Stärke der Theorie liegt gerade in der Aufdeckung der wettbewerblichen Mikrostruktur der am Kapitalmarkt stattfindenden Entscheidungsprozesse (Preisbildung, Motive für Abwehrmaßnahmen usw.). Diese öffnen den Blick dafür, dass sich eine gesetzliche Regelung von öffA und öffÜA und deren Anwendung in erster Linie am Wettbe-

---

[22] *Immenga/Noll* S. 51.

[23] Dazu *Berens/Mertes/Strauch* in *Berens/Brauner* (Hrsg.), Due Diligence bei Unternehmensakquisition, 1998, S. 47; *Busch* S. 55 f.; *Herkenroth* S. 292 f.; *Immenga/Noll* S. 69; kritisch zur Praxisrelevanz *Mülbert/Birke* WM 2001, 705, 708.

[24] *Immenga/Noll* S. 75 f. mwN; *Herkenroth* S. 34.

[25] Vgl. jedoch auch *Mülbert/Birke* WM 2001, 705, 707 f. zur empirischen Absicherung der Theorie.

werbsparameter ausrichten und dabei zum Ziel haben muss, Strukturdefizite des Marktes für Unternehmenskontrolle möglichst auszuschalten. Die Funktionsfähigkeit des Marktmechanismus gebietet aber, dass die Anteile an der Zielgesellschaft demjenigen Marktteilnehmer zufallen, der ihren Wert im Rahmen einer informierten Entscheidung am höchsten einschätzt. Aus diesem Grund zielt das WpÜG auf die Verhinderung von Anreizen zum Erwerb von Anteilen, die nicht durch eine solche rationale Entscheidung motiviert sind (wettbewerbsfremde Konzentrationsanreize).

8 **3. Beseitigung von wettbewerbsfremden Konzentrationsanreizen durch das Gleichbehandlungsgebot.** Als wettbewerbsfremder Konzentrationsanreiz[26] sind Vorteile zu verstehen, die der Bieter zu Lasten der Aktionäre der Zielgesellschaft unter Ausnutzung von Marktunvollkommenheiten bzw. rechtlichen Schutzlücken zieht (Rn. 6).

a) Das Preisbildungsrisiko. Nicht ohne Grund wird es als Besonderheit des Marktes für Kontrollbeteiligungen angesehen, dass hier der Schutz der Verkäufer (Aktionäre der Zielgesellschaft) vor der Informationsüberlegenheit des Käufers (Bieter) betrieben werden muss.[27] Die Bewertungsschwierigkeiten der Verkäufer resultieren dabei zum Teil aus dem Umstand, dass der ihnen wohlbekannte Börsenkurs regelmäßig nicht den inneren Wert ihrer Beteiligungen widerspiegelt. Dies erklärt sich nach verbreiteter Ansicht so: Aus steuerrechtlichen und unternehmenspolitischen Motiven verbleibt ein beträchtlicher Teil des Jahresgewinns im Gesellschaftsvermögen. Ein Kleinanleger verfügt aber über keine praktische Zugriffsmöglichkeit auf solche stillen Reserven; dazu ist vielmehr die Kontrolle über die AG und ihre Geschäftsführung erforderlich. Für die einzelne Aktie wird folglich ein geringerer Preis geboten als für ein die Kontrolle eröffnendes Paket von Aktien. „Der Markt diskontiert auf diese Weise die Unfähigkeit der Einzelaktionäre, ihren Anteil am Unternehmen jemals zu realisieren".[28] Umgekehrt drückt sich im **Paketzuschlag** bzw. in der **Kontrollprämie** auf den Börsenkurs gerade die Möglichkeit des Zugriffs auf diese dem Kleinanleger entzogenen Werte aus. Die von den amerikanischen Autoren *Berle* und *Means* entwickelte **Corporate Asset-Theorie**[29] stellt daher – vereinfacht gesprochen – die Forderung auf, dass der Wert der Kontrolle über die AG allen Aktionären gleichermaßen gebühre und dass ein Paketaufschlag oder eine Kontrollprämie gleichmäßig verteilt werden müsse. In der vereinzelt gebliebenen Entscheidung **Perlman v. Feldman**[30] erkannte die amerikanische Praxis gar auf ein Zahlungsanspruch des Minderheitsaktionärs auf Teilhabe an dem Paketaufschlag, der dem veräußernden Großaktionär gezahlt worden war. Schwierigkeiten bereitet indes, dass sich der

---

[26] *Immenga/Noll* S. 75 f. mwN; *Herkenroth* S. 34.

[27] Pennington-Report S. II.

[28] *Busch* S. 88; vgl. vor allem auch *Lenel*, Die Ursachen der Konzentration unter besonderer Berücksichtigung der deutschen Verhältnisse, 1962, S. 158; *Immenga* in *Kreuzer* ÖffÜA S. 15; *Kuhr* S. 172; *Reul* in Jahrbuch S. 18 ff.; *Houben* WM 2000, 1874.

[29] The Modern Corporation and Private Property S. 216 f.; dazu und zu alternativen Ansätzen im amerikanischen Recht *Herkenroth* S. 124.

[30] 219 F. 2d 173, 177 (2d Cir. 1955), dazu *Herkenroth* S. 121 ff.

Marktwert der Kontrolle nur schwer beziffern lässt, kommt er doch gerade nicht in den auf den Kapitalmärkten gebildeten Standardwerten, sondern nur im Einzelfall beim Kauf eines Aktienpakets oder beim Erwerb einer Mehrheit durch öffÜA zum Ausdruck. Aus diesem Grund beinhaltet beim öffÜA der Angebotspreis und die ihm zugrunde liegenden Berechnungen einen hohen Informationswert für die Aktionäre der Zielgesellschaft[31] und sind folglich zu offenbaren.

Die **Kritik** lehnt die Tragfähigkeit der Lehre von der gerechten Verteilung **9** der Kontrollprämie ab. Neben Berechnungsschwierigkeiten[32] stellt sie vor allem auf den Umstand ab, dass Kontrollprämien oder Paketaufschläge letztlich nur den Marktwert der sich aus dem Mehrheitsprinzip ergebenden Verwaltungsmacht wiedergäben und nicht zur Teilhabe berechtigten.[33] Die Zurechnung der Kontrollprämie an alle Aktionäre sei zu undifferenziert,[34] und im Übrigen spreche die freie Übertragbarkeit der Aktien gegen jede Verpflichtung eines veräußernden Aktionärs, andere an den von ihm ausgehandelten Gewinnen teilhaben zu lassen.[35] Grundsätzlich gegen eine gesetzliche Regelung öffA und öffÜA gerichtet ist schließlich die Überlegung, dass eine Regelung der Verteilung der Kontrollprämie nur die Kosten des Übernahmeverfahrens für Vorbereitung, Publikation und Finanzierung in die Höhe treibe und dadurch **wettbewerbsfremde Konzentrationshindernisse** schaffe.[36]

Das **BVerfG** verneint aus vergleichbaren Überlegungen heraus einen verfas- **10** sungsrechtlich geschützten Anspruch diesen Inhalts. Die Ausführungen, die allerdings nicht auf die Corporate Asset-Theorie eingehen, seien wegen ihrer Bedeutung hier im Original wiedergegeben: „Der Preis, den ein Mehrheitsaktionär an die Minderheitsaktionäre für Aktien der gemeinsamen Gesellschaft zu zahlen bereit ist, hat zu dem ‚wahren‘ Wert des Anteilseigentums in der Hand des Minderheitsaktionärs regelmäßig keine Beziehung. In ihm kommt der Grenznutzen zum Ausdruck, den der Mehrheitsaktionär aus den erworbenen Aktien ziehen kann. Dieser ist vielfach dadurch bestimmt, dass der Mehrheitsaktionär mit Hilfe der erworbenen Aktien ein Stimmenquorum erreicht, das aktien- oder umwandlungsrechtlich für bestimmte gesellschaftsrechtliche Maßnahmen erforderlich ist. Deshalb ist der Mehrheitsaktionär zumeist bereit, für die Aktien, die ihm noch für ein bestimmtes Quorum fehlen, einen ‚Paket-Zuschlag‘ zu zahlen. Auch zu dem Verkehrswert des Aktieneigentums haben außerbörslich gezalte Preise regelmäßig keine Beziehung. Im Vorfeld und zur Vorbereitung einer gesellschaftsrechtlichen Maßnahme akzeptiert der Mehrheitsaktionär allein deshalb einen bestimmten (überhöhten) Preis für die ihm für ein erforderliches Quorum noch fehlenden Aktien, weil ihm sonst die beabsichtigte Konzernierungsmaßnahme unmöglich wäre. Eine solche Erwägung ist aber nur für den Mehrheitsaktionär bestimmend, während sie für

[31] *Assmann/Bozenhardt* S. 15.
[32] *Assmann/Bozenhardt* S. 67.
[33] *Hommelhoff/Kleindiek* AG 1990, 108.
[34] *Sandberger* DZWiR 1993, 324 mwN.
[35] *Lutter* ZHR 153 (1989), 446, 460; *Kuhr* S. 63.
[36] *Grunewald* WM 1991, 1362; *Kuhr* S. 200; *Beckmann* DB 1995, 2410, zweite Spalte zu 3; *Sandberger* DZWiR 1993, 321.

Dritte keine Bedeutung hat. Aus Sicht des Minderheitsaktionärs ist der vom Mehrheitsaktionär ausserbörslich bezahlte (erhöhte) Preis mithin nur erzielbar, wenn es ihm gelingt, gerade seine Aktien an den Mehrheitsaktionär zu veräußern. Darauf hat er aber verfassungsrechtlich keinen Anspruch."[37]

11   Insbesondere **gegen** das Argument, die Berücksichtigung der Kontrollprämie führe zu einer wettbewerbsfremden Verteuerung, wendet eine auch in Deutschland verbreitete Auffassung mit überzeugenden Argumenten ein, dass die gesetzliche Regelung öffA und öffÜA nicht zu einer Verteuerung des Kontrollerwerbs führe, sondern gerade **zu einer gerechten Kostenverteilung**. Im Rahmen des klassischen Unternehmenskaufs (share deal) müsste der Käufer vom Verkäufer 100 Prozent der Gesellschaftsanteile erwerben, um die volle Kontrolle zu erreichen. Die Mehrheitsregel des § 133 Abs. 1 AktG, die ihm auch ab einer wesentlich niedrigeren Beteiligungsstufe die faktische Kontrolle über die Zielgesellschaft eröffnet, dürfe nicht dazu führen, dass ein öffÜA für den Bieter zu einer wesentlich günstigeren Kaufalternative werde. Andernfalls könnte der Bieter sich auf den Erwerb von 30 % (§ 29 Abs. 2) statt 100 % beschränken. Ein Anreiz zum öffÜA wäre entstanden, ohne dass im konkreten Fall notwendig eine Unterbewertung der Zielgesellschaft das Motiv zum öffÜA lieferte (wettbewerbsfremder Konzentrationsanreiz oben Rn. 6, 8). Der Anteil muss vielmehr bei dem Marktteilnehmer verbleiben, der ihn bei möglichst umfassender Information am höchsten bewertet.[38] Der Bieter darf mit anderen Worten nicht aus dem Umstand Vorteile ziehen, dass er es auf der Verkäuferseite nicht mit einem einzigen Verkäufer des Unternehmens zu tun hat, sondern mit einer Vielzahl von Anlegern, die sich ihm gegenüber nicht koordiniert verhalten können.[39] So bestünde die Gefahr eines **Kontrollerwerbs "zum halben Preis"**.[40] Es muss indes verhindert werden, dass die Kontrolle des Unternehmens durch Ausbeutung der Minderheitsaktionäre erkauft wird, deren Anteile nach "Verwandelung" in eine Minderheitsbeteiligung praktisch stark entwertet sind.[41] Daraus erklärt sich nicht zuletzt die Verpflichtung, im Falle eines öffÜA möglichst alle Anteile der Zielgesellschaft (arg. e § 32) zu einheitlichen Konditionen (§ 31 Abs. 3 und 5) zu erwerben. Schließlich erübrigt sich demgegenüber auch die kritische Frage, ob die Verpflichtung zum Erwerb von 100 % der Anteile überhaupt noch finanzierbar bleibe[42] angesichts der Überlegung, dass eine Übernahme, die sich auf dem Kapitalmarkt nicht finanzieren lässt, aus gesamtwirtschaftlichen Gründen schwerlich auch vorteilhaft sein kann.[43]

12   Wem der Kontrollwert zusteht – dem veräußernden Kleinaktionär oder dem später die Kontrolle begründenden Bieter –, ist letztlich eine Wertungsfrage: Fest steht, dass der Veräußerer selbst nie Inhaber der Kontrolle war und

[37] BVerfG ZIP 1999, 1441 – DAT/Altana.
[38] *Busch* S. 85 f.; *Herkenroth* S. 291 f.; *Immenga* in *Kreuzer* ÖffÜA S. 17; *Sandberger* DZWiR 1993, 322.
[39] *Baums* in DAI S. 174.
[40] So, wenngleich kritisch, *Assmann/Bozenhardt* S. 49.
[41] *Immenga* in *Kreuzer* ÖffÜA S. 20; umfassend dazu auch *Reul*, Die Pflicht zur Gleichbehandlung, S. 238 ff.
[42] *Sandberger* DZWiR 1993, 325.
[43] *Houben* WM 2000, 1878.

diesbezüglich auf dem Markt auch keine Gegenleistung durchsetzen konnte. Andererseits weist die Rechtsordnung das mit dem Anteil verbundene Kontroll*potential*, das sich erst bei Vereinigung seiner Anteile mit anderen zur Kontrollmehrheit als tatsächliche Macht entfaltet, vor der Übereignung an den Bieter dem verkaufenden Aktionär der Zielgesellschaft als einzig in Betracht kommenden Eigentümer iSd. Art. 14 Abs. 1 GG zu. Dass ein Dritter durch bloßes Zusammenfügen der einzelnen Gesellschaftsanteile den überschießenden Kontrollwert ohne eigene Gegenleistung verwirklichen können soll, bereitet deshalb Unbehagen. Erfreulicherweise hat sich der **Gesetzgeber** deshalb nicht den Überlegungen des BVerfG angeschlossen, was im Übrigen rechtlich zulässig ist, da das Gericht nur die Untergrenze des verfassungsrechtlich verbürgten Schutzes thematisierte; er folgt nunmehr den Vorstellungen der Corporate Asset-Theorie. Dies kommt in der veränderten Regelung des **§ 4 Angebots-VO** zum Ausdruck. Die Norm regelt eine Untergrenze für die vom Bieter an die Aktionäre der Zielgesellschaft zu offerierende Gegenleistung. Diese Untergrenze bezieht sich auf die Kaufpreisvereinbarungen des Bieters für Aktien der Zielgesellschaft während eines Zeitraums von drei Monaten vor der Veröffentlichung der Angebotsunterlage. Im Referentenentwurf sah § 4 AngebotsVO noch vor, dass sich die Untergrenze aus dem vom Bieter gezahlten Kaufpreis abzüglich eines Anteils von 15 % ergebe. Durch diesen Abschlag sollten eventuelle Paketzuschläge (Kontrollprämien) wieder herausgerechnet werden.[44] Dies hat der Gesetzgeber nun aufgeben und die Kaufpreisvereinbarung in voller Höhe (also einschließlich einer eventuell gezahlten Kontrollprämie) für maßgeblich erklärt. Er begründet dies mit dem Anspruch der Kleinaktionäre, „an Paketzuschlägen ... zu partizipieren".[45]

b) Informationsasymmetrie und Schädigungsgefahr. Aus Sicht des **13** Bieters macht das Angebot einer Prämie auf den Marktpreis nur Sinn, wenn er den inneren Wert der Aktie höher einschätzt als dies im Börsenkurs ausgedrückt ist. Zu solchen Einsichten gelangt er regelmäßig erst im Wege der Unternehmenswertanalyse (§ 10 Rn. 28 ff.), die dem Kleinanleger wegen des mit ihr verbundenen finanziellen Aufwands regelmäßig nicht möglich ist. Werden die der Bewertung des Bieters zugrunde liegenden Tatsachen nicht offenbar, mutet das von *Manne* entwickelte Marktmodell (Rn. 2 ff.) den Aktionären der Zielgesellschaft zu, in Unkenntnis dieser Umstände und unter Verlust zu veräußern. Diesen Zusammenhang hat bereits *Manne* erkannt, aber die Schädigungsgefahr zugunsten der Funktionsfähigkeit des Marktes für Unternehmenskontrolle hingenommen.[46] Dadurch entstehen aber wettbewerbsfremde Konzentrationsanreize: Denn nicht derjenige Marktteilnehmer er- oder behält die Gesellschaftsanteile, der ihnen bei Kenntnis der Sachlage den höchsten wirtschaftlichen Wert beimisst, sondern derjenige, der unter Ausnutzung der Informationskostenhürde der anderen Seite entscheidungsmaßgebliche Tatsachen vorenthält. Das Gesetz trägt diesem Missstand durch Begründung umfassender Informationsrechte in der Angebotsunterlage Rechnung (vgl. nur § 2

---

[44] WÜG-RefE S. 528.
[45] RegE BT-Drucks. 14/7034 S. 80.
[46] *Manne* S. 113.

Nr. 3 AngebotsVO). Nach der so genannten **Stockholder Interest Hypothe-sis**[47] zählt es ferner zu den Pflichten des Vorstands der Zielgesellschaft, die Aktionäre vor Schädigungen durch zu niedrige Kaufpreisofferten des Bieters zu schützen. Deshalb soll er im Rahmen von Übernahmeverhandlungen oder durch Abwehrmaßnahmen dem Aufkäufer ein möglichst günstiges Gebot ab-ringen („extracting greater payment in exchange for corporate control"). Dem entspricht die gesetzliche Pflicht zur Stellungnahme (§ 27) und die Möglich-keit des Aufsichtsrats und der Hauptversammlung der Zielgesellschaft, den Vorstand zu Abwehrmaßnahmen zu autorisieren (§ 33 Abs. 1 und 2).

14   **c) Nachteile der kollektiven Entscheidungssituation (Pressure to ten-der, Gefangenendilemma).** ÖffA und öffÜA eignen sich besonders zum Erwerb von in Streubesitz befindlichen Anteilen.[48] Typischerweise steht daher dem Bieter ein in sich nicht koordiniertes Kollektiv von potentiellen Verkäu-fern gegenüber. Dies ermöglicht dem Bieter nicht nur, einseitig die Bedingun-gen zu diktieren.[49] Nach verbreiteter Vorstellung[50] entspricht die Entschei-dungssituation der Bieter darüber hinaus dem Parameter des in der mathema-tischen Spieltheorie entwickelten Gefangenendilemmas (ein Sheriff hält mehrere Bandenmitglieder in getrennten Zellen und verspricht dem zuerst Geständigen Straffreiheit). In der Betrachtungsweise der Aktionäre dominiert nämlich die Gefahr, durch Zuvorkommen der Konkurrenten die entschei-dende (Verkaufs-)Chance zu verpassen. Gerade weil der einzelne Adressat des öffA nicht über die Vorstellungen der übrigen orientiert ist, wird er unter-stellen müssen, dass sie von ähnlichen Überlegungen getrieben sind wie er selbst. Das muss ihn erheblich motivieren, möglichst schnell und nicht un-bedingt überlegt zu handeln. Diesen Effekt vermag der Bieter zu seinen Guns-ten durch Gestaltung des öffA zu verstärken. Einschlägige Mittel sind etwa **enge zeitliche Befristungen**[51] und **Kontingentierungen**: Der Bieter er-klärt von vornherein, nur einen Teil aller Aktien erwerben zu wollen, so dass sich der Eindruck höchster Eilbedürftigkeit aus Sicht der Aktionäre weiter ver-stärkt. Das Gesetz begegnet dieser Gefahr durch Mindestannahmefristen (§ 16), Rücktrittsrechte der Verkäufer (§ 21 Abs. 4, § 22 Abs. 3), Repartierungs-pflichten (§ 19) bzw. durch das Verbot von Teilofferten im Rahmen öffÜA (§ 32).[52]

15   Besonderer Druck (**pressure to tender**) entsteht im Rahmen öffÜA auf die Aktionäre durch **die zunehmende Unverkäuflichkeit** ihrer Anteile mit wachsendem Erfolg der Bemühungen des Bieters. Der Markt antizipiert in

---

[47] *Grossmann/Hart* Bell Journal of Economics, 1980, 42; kritisch aus deutscher Sicht etwa *Kopp* S. 87 ff.

[48] *Knoll* S. 54, 77.

[49] *Bess* AG 1976, 169; *Herkenroth* S. 89 f.

[50] *Bebchuck* 98 Harvard Law Review 1700, at 1736 (1985); *Baums* ZIP 1989, 1377 f.; *ders.* in DAI S. 166; *Mülbert/Birke* WM 2001, 705, 713; *Sandberger* DZWiR 1993, 321.

[51] Vgl. die so genannten Saturday Night Specials, Angebote über das Wochen-ende, *Herkenroth* S. 141.

[52] Vgl. etwa auch den Überblick in der Studie von *Mülbert/Birke* WM 2001, 705, 714.

einer solchen Situation, dass der Bieter die übrigen Gesellschafter in eine Minderheitsposition drängen und den eigenen Interessen unterwerfen wird. Daher sinkt der Wert der von den Aktionären der Zielgesellschaft gehaltenen Anteile, je wahrscheinlicher dem Markt das Gelingen des öffÜA erscheint.[53] Daraus erklärt sich die besondere Gefahr der in Großbritannien eine Zeit lang üblichen **Dawn Raids**, bei denen der Bieter vor dem eigentlichen öffÜA innerhalb kürzester Zeit erhebliche Beteiligungen erwarb.[54] Das Gesetz antwortet darauf mit zwingenden und fakultativen Koordinierungsmaßnahmen im Rahmen der Zielgesellschaft: Der Vorstand muss nach § 27 Stellung beziehen; die Hauptversammlung kann zwecks Koordinierung der Verteidigung einberufen werden (§ 26 Abs. 3 und 4).

d) Gefahren des Minderheitenstatus ("Konzernbildungsproblematik"). In die gegenwärtige Entscheidung der Aktionäre der Zielgesellschaft hinein regiert bereits die Befürchtung eines künftigen Minderheitenstatus in der Zielgesellschaft, wenn der Bieter die Kontrollmehrheit an der Zielgesellschaft erlangt haben wird. Ein wettbewerbsfremder **Konzentrationsanreiz** für den Bieter kann deshalb dann entstehen, wenn die Aktionäre aus Sorge um ihre eventuelle Minderheitsposition in der künftigen Zielgesellschaft die Anteile bevorzugt jetzt zu einem vergleichsweise ungünstigen Preis veräußern, als später deren schleichende Wertaushöhlung als Minderheitsgesellschafter hinzunehmen. In Reaktion auf öffÜA antizipiert der Markt – wie bereits ausgeführt (Rn. 15) – nicht selten, dass der Bieter die übrigen Gesellschafter in eine Minderheitsposition drängen und den eigenen Interessen unterwerfen könnte, was sich dann im sinkenden Wert der Anteile der Zielgesellschaft während des Übernahmeverfahrens niederschlägt.[55] Durch diese Zusammenhänge darf kein Anreiz für Bieter geschaffen werden, Zielgesellschaften unabhängig von echten Unterbewertungen auf den Märkten nur deshalb zu übernehmen, weil das Verfahren des öffÜA das Ausbedingen besonders günstiger Kaufpreise gestattet. Diese Einsicht geht auf den City Code zurück, der generell das unkontrollierte Entstehen von Minderheitspositionen verhindern will.[56]

Zu den lange Zeit **umstrittensten Fragen** des Übernahmerechts zählt jedoch, ob Befürchtungen der Aktionäre um einen künftigen Minderheitenstatus tatsächlich sachlich begründet sind oder nicht. Nach traditioneller Auffassung schützt das Recht des faktischen Konzerns (§§ 311 ff. AktG) die Zielgesellschaft und ihre Gesellschafter ausreichend, so dass für den Bieter kein Konzentrationsanreiz besteht. An dieser Einschätzung ist der Vorschlag zur Übernahmerichtlinie vom 7. 2. 1996 gescheitert.[57] Nach der mittlerweile im

16

17

---

[53] *Immenga* in *Kreuzer* ÖffÜA S. 22 f.; *Sandberger* DZWiR 1993, 321; *Houben* WM 2000, 1874; vgl. auch *Assmann/Bozenhardt* S. 11 f.; *Busch* S. 60 f. und 87 f.; *Herkenroth* S. 341; *Kuhr* S. 23; *Pietzke,* FS Fikentscher, 1998, S. 612 ff.

[54] *Herkenroth* S. 263.

[55] *Immenga* in *Kreuzer* ÖffÜA S. 22 f.; *Sandberger* DZWiR 1993, 321; *Houben* WM 2000, 1874; vgl. auch *Assmann/Bozenhardt* S. 11 f.; *Busch* S. 60 f. und 87 f.; *Herkenroth* S. 341; *Kuhr* S. 23; *Pietzke,* FS Fikentscher, 1998, S. 612 ff.

[56] Vgl. *Knoll* S. 129 mwN der englischen Literatur.

[57] Dazu *Neye* AG 2000, 292 mwN; *ders.* DB 1996, 1121; vgl. beispielhaft u. a. *Assmann/Bozenhardt* S. 37 f., 48 ff.; *Grunewald* WM 1991, 1361, 1362 ff.; weitere Nach-

Vordringen befindlichen Gegenmeinung[58] beinhaltet das Recht des faktischen Konzerns dennoch Schutzlücken, die künstliche Konzentrationsanreize schaffen. Das Gesetz zieht aus dieser Einschätzung die Konsequenz („gesetzgeberisches Misstrauensvotum gegenüber der Wirksamkeit der §§ 311 ff. AktG"),[59] dass der Bieter sein ÜA von vornherein auf alle Anteile der Zielgesellschaft richten muss (Verbot der Teilübernahmeangebote nach § 32) und dass er bei Erwerb der Kontrolle zum Pflichtangebot gezwungen wird, d. h. allen übriggebliebenen Minderheitsgesellschaftern ein Kaufangebot unterbreiten muss (§§ 35 ff.). Der im Rahmen dieses öffA offerierte Kaufpreis tritt dann an die Stelle der **Abfindung der Gesellschafter der Zielgesellschaft nach § 305 AktG**, die im Falle des Abschlusses eines Beherrschungs- und Gewinnabführungsvertrages angefallen wäre. Die gleichmäßige Ausgestaltung beider Institute – der nach § 31 zu entrichtenden Gegenleistung und der nach § 305 AktG zu zahlenden Abfindung – ist folglich entscheidend dafür, dass weder vom öffÜA noch von der Begründung eines Vertragskonzerns wettbewerbsfremde Konzentrationsanreize ausgehen. Vor diesem Hintergrund ergänzt das WpÜG das geltende „Konzernverfassungsrecht" der §§ 291 ff. AktG[60] um ein **Konzernbildungsrecht**.[61] Von den beiden der Rechtsordnung zur Verfügung stehenden Regelungsmechanismen – dem Minderheitenschutz durch Ausgestaltung der Mitgliedschaft einerseits und der Abfindung bei Ausscheiden des Gesellschafters andererseits – kommt im Rahmen des WpÜG nur die Abfindung als gestalterisches Mittel in Betracht.[62] Umso bedauerlicher erscheint es, dass das Konzern- und Übernahmerecht ansonsten kaum aufeinander abgestimmt sind: Die 30-Prozent-Schwelle des § 29 Abs. 2 liegt etwa deutlich unter dem in § 17 (Abs. 2) AktG vorausgesetzten Maß; die Pflicht zum Zwangsangebot beschränkt sich nicht auf die Fälle der erstmaligen Begründung eines Abhängigkeitsverhältnisses, sondern erfasst auch den Fall des Austauschs des Hauptgesellschafters. Dem ist angesichts der Zwecksetzungen des WpÜG durchaus zuzustimmen (§ 29 Rn. 8), nur scheint die Konzern*bildungs*thematik hier eher verfehlt.[63] Auch fehlt es im WpÜG an einer Zuständigkeit der Spruchstelle, soweit die Frage der angemessenen Gegenleistung nach § 31 berührt ist.

18   **e) Ergebnis.** Während das amerikanische Take-Over-Recht die Aktionäre der Zielgesellschaft vor allem vor den Risiken der Preisfindung durch Informationsasymmetrien und kollektivem Entscheidungsdruck schützen will,

---

weise auch bei *Krause* AG 1996, 211 Fn. 31 und die inhaltliche Zusammenfassung bei *Houben* WM 2000, 1877 f. sowie § 35.

[58] *Habersack/Mayer* ZIP 1997, 2141; *Hopt* ZHR 161 (1997), 386 ff.; *Immenga/Noll* S. 75 f. mwN; *Koppensteiner* ZGR 1973, 17 ff.; Monopolkommission, Hauptgutachten VII 1986/87, Rn. 815 ff.; *Benner-Heinacher* DB 1997, 2521; *Herkenroth* S. 34; *Houben* WM 2000, 1873; *Mülbert* IStR 1999, 94; *ders.* ZIP 2001, 1221, 1226 f.; *Munscheck* RIW 1995, 998; *Pietzke*, FS Fikentscher, 1998, S. 610 ff.; *Reul* in Jahrbuch S. 20 ff.

[59] *Mülbert* ZIP 2001, 1221, 1227.

[60] Vgl. BT-Drucks. IV/171 S. 214.

[61] *Assmann/Bozenhardt* S. 47 f., 52 f.; *Hommelhoff/Kleindiek* AG 1990, 106, 108; *Kuhr* S. 172 ff.; *Peltzer* S. 194 f.

[62] *Peltzer* S. 194.

[63] Ähnlich *Hommelhoff*, FS Semler, 1993, S. 454, 459 f.

geht es dem britischen City Code um die gerechte Verteilung der Kontrollprämie und die Verhinderung des Entstehens unkontrollierter Minderheitspositionen.[64] Das deutsche WpÜG spiegelt beide Schutzaspekte. Im Rahmen der §§ 10 bis 28 – also beim Wertpapiererwerb unterhalb der Kontrollschwelle des § 29 Abs. 2 – steht allein der Schutz der Aktionäre der Zielgesellschaft vor Informationsdefiziten (Rn. 13) und kollektivem Entscheidungsdruck (Rn. 14) im Vordergrund. Soweit es darüber hinaus um den Erwerb von Kontrollbeteiligungen geht (§§ 29 bis 34), treten Aspekte der gerechten Verteilung der Kontrollprämie und des Konzernbildungsschutzes hinzu. Das **Gleichbehandlungsgebot des § 3 Abs. 1** ergänzt dabei den spezialgesetzlichen Schutz, schließt Lücken und liefert Maßstäbe für die Auslegung im Einzelfall.

II. Informationsanspruch der Aktionäre der Zielgesellschaft (Abs. 2)

Schrifttum: *Akerlof*, The Market for Lemons, 84 Quarterly Journal of Economics 488 (1970); *Kopp*, Erwerb eigener Aktien, Diss. Koblenz 1996; *von Hayek*, The Use of Knowledge in Society, 35 Amercian Economic Review 519 und 525 (1945).

Die Regelung lehnt sich im Wortlaut eng an Art. 3 Abs. 1 lit. b GS 2000 **19** (nunmehr Art. 3 Abs. 1 lit. b RLE 2002) an. Beide Normen haben in Rule 23 City Code ihr Vorbild: „Shareholders must be given sufficient information and advice to enable them to reach a properly informed decision as to the merits or demerits of an offer." Dem Gesetzgeber geht es mit dieser Regelung darum, dem Aktionär eine „sachlich fundierte Entscheidung" zu ermöglichen.[65] Neben den spezialgesetzlichen Ausprägungen, etwa in §§ 10, 11, 23 WpÜG und § 2 AngebotsVO, kommt der Norm eher **klarstellende Bedeutung** zu. Sie soll die Bedeutung herausstellen, die die Informationstransparenz nach dem Willen des Gesetzgebers bei der Auslegung aller Einzelvorschriften hat.

Zugrunde liegt die Vorstellung, dass Informationsdefizite Marktversagen **20** begründen können,[66] und zwar gerade auf den Märkten für Kapitalanlagen.[67] Denn Anlageinstitute werden nicht aufgrund konkreter Gebrauchsfunktionen nachgefragt, sondern wegen der erhofften Erträge: Für die Präferenzen der Käufer sind also nicht wie bei einem Gebrauchsgegenstand exogene Vorgaben maßgeblich, sondern allein Informationen, die eine Beurteilung der Ertragsaussichten erlauben. Da eine vollständige Aufklärung jedes Einzelnen über alle relevanten Daten nicht praktikabel ist, hängt das Vertrauen der Anleger davon ab, dass möglichst alle relevanten Informationen in den Börsenkurs als Index eingehen.[68] Die Gerechtigkeit eines Marktes und damit seine Akzeptanz durch die Anleger hängt folglich auch von seiner **Informationseffizienz** ab, die idealerweise besteht, wenn „prices 'fully reflect' all available information". Im Rahmen eines öffA oder öffÜA müssen in den angebotenen Preis bzw. die

---

[64] *Habersack/Mayer* ZIP 1997, 2142; *Knoll* S. 129; *Sandberger* DZWiR 1993, 323 mwN.

[65] RegE BT-Drucks. 14/7034 S. 35; DiskEntw ÜG S. 292 und 276; WÜG-RefE S. 432 und 415.

[66] Grundlegend *Akerlof* 84 Quarterly Journal of Economics 488 (1970).

[67] *Kopp* S. 101.

[68] *von Hayek* S. 519 und 525; *Kopp* S. 98 ff.

Tauschleistung möglichst alle erhältlichen Informationen eingehen. Dies ist nicht möglich, wenn der Bieter Informationen, die eine Erhöhung des Kaufpreises rechtfertigten, zurückhält. Die Informationseffizienz jedenfalls ist notwendig zur Erreichung der rechtlich relevanten Funktionen der Kapitalmärkte, nämlich für Investitionszwecke Kapital in optimaler Weise zur Verfügung zu stellen und das Kapital gerade den effizientesten Investitionen zuzuleiten (Allokationseffizienz). In diesem Zusammenhang kommt dem Informationsanspruch der Aktionäre der Zielgesellschaft zentrale Bedeutung für das Funktionieren des Marktmechanismus zu.[69]

III. Bindung an das Unternehmensinteresse der Zielgesellschaft (Abs. 3)

Schrifttum (Auswahl): *Altmeppen*, Neutralitätspflicht und Pflichtangebot nach dem neuen Übernahmerecht, WM 2001, 1073; *Becker, Dietrich*, Verhaltenspflichten des Vorstandes der Zielgesellschaft bei feindlichen Übernahmen, ZHR 165 (2001), 280; *Brinkmann,* Aufgaben des normativen Unternehmensinteresses, in *Kießler/Kittner/Nagel* (Hrsg.), Unternehmensverfassung, Recht und Betriebswirtschaftslehre, 1983, S. 67; *Drygala*, Die neue deutsche Übernahmeskepsis und ihre Auswirkungen auf die Vorstandspflichten nach § 33 WpÜG, ZIP 2001, 1861; *Grunewald*, Europäisierung des Übernahmerechts, AG 2001, 288; *Hopt*, Aktionärskreis und Vorstandsneutralität, ZGR 1993, 534; *ders.*, Verhaltenspflichten des Vorstands der Zielgesellschaft bei feindlichen Übernahmen, FS Lutter, 2000, S. 1361; *Immenga/Noll*, Feindliche Übernahmeangebote aus wettbewerbspolitischer Sicht, Studie für die EG-Kommission GD IV, 1990; *Großmann*, Unternehmensziele im Aktienrecht, 1980; *Kirchner* AG 1999, 481; *ders./Painter*, Towards a European Modified Business Judgement Rule for Takeover Law, European Business Organisation Law Review 1 (2000), S. 353; *Kort*, Rechte und Pflichten des Vorstands der Zielgesellschaft bei Übernahmeversuchen, FS Lutter, 2000, S. 1421; *Lange*, Das Unternehmensinteresse der Zielgesellschaft und sein Einfluss auf die Rechtsstellung der die Übernahme fördernden Aufsichtsratsmitglieder, WM 2002, 1737; *Merkt*, Verhaltenspflichten des Vorstands der Zielgesellschaft bei feindlichen Übernahmen, ZHR 165 (2001), 224; *Mestmäcker*, Verwaltung, Konzerngewalt und Rechte der Aktionäre, 1958; *Mülbert*, Shareholder Value aus rechtlicher Sicht, ZGR 1997, 129; *ders.*, Die Zielgesellschaft im Vorschlag 1997 einer Takeover-Richtlinie – zwei folgenreiche Eingriffe ins deutsche Aktienrecht, StR 1999, 83; *ders./Birke*, Das übernahmerechtliche Behinderungsverbot, WM 2001, 705; *Oechsler*, Der Rückerwerb eigener Aktien kraft Ermächtigungsbeschlusses der Hauptversammlung zur Abwehr von Unternehmensübernahmen, in *Lange/Wall* (Hrsg.), Riskmanagement nach dem KonTraG, 2001, S. 95; *Raiser*, FS Reimer Schmidt, 1976, S. 101; *Schilling*, FS Gessler, 1971, S. 159; *Teubner*, Das Recht als autopoietisches System, 1989, S. 39; *Thaeter*, Zur Abwehr feindlicher Übernahmeversuche im RegE eines Gesetzes zur Regelung von öffentlichen Angeboten zum Erwerb von Wertpapieren und Unternehmensübernahmen, NZG 2001, 789; *Thaeter/Barth*, RefE eines Wertpapiererwerbs- und Übernahmegesetzes, NZG 2001, 545; *Vetter*, Squeeze-out nur durch Hauptversammlungsbeschluss?, DB 2001, 14; *Wackerbarth*, Von golden shares und poison pills: Waffengleichheit bei internationalen Übernahmeangeboten, WM 2001, 1741; *Wiese*, Unternehmensführung bei feindlichen Übernahmeangeboten, DB 2001, 849; *Wiethölter*, Interesse und Organisation der Aktiengesellschaft im amerikanischen und deutschen Recht, 1961; *Kopp*, Erwerb eigener Aktien, Diss. Koblenz 1996, S. 78.

---

[69] *Assmann/Bozenhardt* S. 18; *Immenga* in *Kreuzer* ÖffÜA S. 24.

1. Lehre vom Unternehmensinteresse. Gegenstand der Lehre[70] ist die 21
Überlegung, dass der Vorstand ein Eigeninteresse der AG als solcher berücksichtigen müsse, das von der Summe der Aktionärsinteressen verschieden sei.[71]
Gemeinhin werden Ziele wie die Selbsterhaltung und Erfolgssicherung eines
Unternehmens zum Unternehmensinteresse und damit zum Aufgabenbereich
des Vorstands gerechnet.[72] Insbesondere § 70 Abs. 1 AktG 1937 sah noch ausdrücklich vor, dass der Vorstand die AG u. a. so zu leiten habe, wie das *Wohl des
Betriebs* es erfordere.[73] Bei der Schaffung des § 76 Abs. 1 AktG 1965 stellte sich
der Gesetzgeber in die Kontinuität dieser Vorschrift.[74] Auch die Rechtsprechung konkretisiert die Verschwiegenheitspflicht des Vorstands nach § 93
Abs. 1 Satz 2 AktG anhand des Unternehmensinteresses.[75] Letztlich zeigen
auch die in § 308 Abs. 1 Satz 2 AktG erwähnten Belange des herrschenden Unternehmens oder das in § 121 Abs. 1 AktG vorkommende Wohl der Gesellschaft, wie nachhaltig die Lehre im AktG verankert ist. Dennoch begegnet die
Lehre vom Unternehmensinteresse seit jeher **fundamentaler Kritik**, nämlich
als ein eher ideologisch angelegter Versuch zur Legitimierung der Machtan-
sprüche der herrschenden Verwaltung.[76] Die Berechtigung des Vorstands, ein
aktionärsfeindliches Unternehmensinteresse zu definieren, lasse kapitallose
Herrschaftsrechte entstehen und widerspreche dem Eigentumsmodell des
§ 903 Satz 1 BGB, wonach dem Eigentümer die Definitionsmacht über die
Nutzung seiner Sache zusteht.[77] Im Anwendungsbereich des WpÜG sind mit
dem Unternehmensinteresse **drei praktische Probleme** verbunden: Die
Frage, ob der Vorstand einen Übernahmeversuch im Eigeninteresse der AG
und möglicherweise gegen die Interessen der Aktionäre abwehren darf (unten
2), inwieweit die Interessen der nicht an der AG beteiligten Arbeitnehmer im
Rahmen des Übernahmeverfahrens zu berücksichtigen sind (unten 3) und in-
wieweit der Vorstand im Rahmen einer sog. Due-Diligence-Prüfung dem
Bieter Auskünfte über interne Details der Zielgesellschaft geben darf (§ 10
Rn. 32 f.).

2. Unternehmensinteresse zur Begründung von Abwehrmaßnah- 22
men. Im Zusammenhang mit Abwehrmaßnahmen versagt die ganz hM dem
Unternehmensinteresse die Begründungsfunktion, die ihm andernorts (§§ 76
Abs. 1, 93 Abs. 1 Satz 2 AktG) zukommt. Andernfalls könnte der Vorstand einen Übernahmeversuch auch gegen die Veräußerungsinteressen der Aktionäre
mit der Begründung abwehren, die Zielgesellschaft sei durch die Begründung
eines Abhängigkeitsverhältnisses bzw. die Verschmelzungsabsichten des Bieters

---

[70] Vgl. erstmals *Rathenau*, Vom Aktienwesen – Eine geschäftliche Betrachtung,
1918, S. 38 f.

[71] Die Unterscheidung Rousseaus zwischen volonté générale und volonté de tous
drängt sich auf.

[72] *Raiser*, FS Reimer Schmidt, S. 107.

[73] *Mülbert* ZGR 1997, 147 f.

[74] *Kropff* S. 97 f.

[75] BGHZ 64, 329; 83, 120.

[76] *Mestmäcker*, Verwaltung, Konzerngewalt und Rechte der Aktionäre, S. 14; ähnlich *Großmann*, Unternehmensziele im Aktienrecht, S. 87 ff.

[77] Vgl. auch *Mestmäcker* S. 3 und 13, sowie oben Rn. 2 und 8 ff.

in ihrem Bestand bedroht.[78] Dieselbe Vorstellung begegnet noch in der älteren **höchstrichterlichen Rechtsprechung**: So soll ein Bezugsrechtsausschluss begründet sein, weil der Vorstand verhindern dürfe, dass gewisse Aktionäre die AG unter ihren Einfluss bringen und sie vernichten: „Das zu vereiteln, war Pflicht der Verwaltung".[79] „[F]ür eine AG [könne] die Notwendigkeit auftreten, sich gegen eine Überfremdung von In- und Ausland her abzuschirmen, die Unabhängigkeit des Vorstands zu stärken, …".[80] Nach der **herrschenden Lehre von der Neutralitätspflicht des Vorstands**[81] ist dem Vorstand jede eigenmächtige Einflussnahme auf ein Übernahmevorhaben versagt, es sei denn, er ergreife allgemein effizienzsteigernde Maßnahmen zum Wohle der AG, die dann praktisch als Gegenangebot zum Verbleib in der Gesellschaft angesehen würden.[82] Das Neutralitätsgebot zwingt den Vorstand dazu, auch eine Marktreaktion zum eigenen Nachteil zu erdulden. Auf diese Weise sollen **Fehlallokationen** vermieden werden: Nicht der Vorstand soll darüber entscheiden, welcher von mehreren Bietern zum Zuge kommt, sondern allein der Markt. Auch soll ein **Interessenkonflikt des Vorstands** vermieden werden: Gerade weil der Übernahmeversuch sein eigenes Beschäftigungsverhältnis bedroht (vgl. oben Rn. 2), könnte aufgrund der Unbestimmtheit des Begriffs „Unternehmensinteresse" dem Vorstand eine gefährliche Definitionsmacht zuwachsen. Es bestünde ferner die Gefahr, dass die Verwaltung beim Einschreiten gegen einen Übernahmeversuch ihre Kompetenz allein aus einer (von der des Übernehmers verschiedenen) Auffassung über die künftige Geschäftspolitik der AG herleite. Das Aktienrecht vermeide es aber bewusst, Fragen der Zweckmäßigkeit und des wirtschaftlichen Ermessens zum Maßstab der rechtlichen Beurteilung zu erheben.[83] Der Vorstand darf Verteidigungsmaßnahmen nur dann ergreifen, wenn die Aktionäre ihn dazu nach Unterbreitung des Übernahmeangebots ermächtigen; denn dies sei Ausdruck der jederzeit bestehenden Entscheidungsfreiheit der Aktionäre.

23   Anlässlich der Neufassung des § 33 Abs. 1 und 2 und der dort erstmals vorgesehenen Möglichkeit von Ermächtigungen durch den Aufsichtsrat und **Vorratsbeschlüssen durch die Hauptversammlung**, die Abwehrmaßnahmen des Vorstands ex ante legitimieren sollen, wurde öffentlich die Absicht des Gesetzgebers bezweifelt, am Neutralitätsgebot festhalten zu wollen. Einschlägige Zweifel sind indes durch den Wortlaut des § 33 Abs. 1 Satz 1 ausgeräumt: Da-

---

[78] Ähnlich aber *Wiedemann* Gesellschaftsrecht S. 625 ff.; *Ebenroth/Rapp* DWiR 1991, 4; *Bandte* Jura 1987, 468.

[79] BGHZ 33, 175, 186; 21, 354, 357.

[80] BGH NJW 1978, 540, 541 – Kali und Salz; zurückhaltender BFH AG 1977, 230.

[81] Ganz hM. Vgl. neben den wegbereitenden Arbeiten *Mestmäckers* und *Großmanns* hier nur *Mertens* in Kölner Komm. § 76 Rn. 26; *Immenga/Noll* S. 20 f., 99 ff. und 101; *Assmann/Bozenhardt* S. 112 ff.; *Altmeppen* ZIP 2001, 1073, 1075 ff.; *Hopt* ZGR 1993, 545 ff.; *Mülbert/Birke* WM 2001 705; *Knoll* S. 273 ff. Einschränkend für eine europäische Business Judgement Rule, ausgerichtet am Modell des Rechts von Delaware: *Kirchner/Painter*, European Business Organisation Law Review 1 (2000), S. 353; *Kirchner* AG 1999, 482 ff.

[82] *Immenga/Noll* S. 99 ff.

[83] *Mestmäcker* S. 145.

nach liegt es nahe, dass der Vorstand ein öffÜA nie eigenmächtig, sondern stets nur aufgrund einer Autorisierung der Hauptversammlung ausüben darf. Insgesamt wird in der Diskussion nicht immer ausreichend klar zwischen den formellen und materiellen Bestandteilen der Vorstandskompetenz unterschieden: Die Ausweitung der formellen Handlungsbefugnisse in § 33 Abs. 1 Satz 2 und Abs. 2 sagt nichts darüber aus, in welchem materiellen Sinne der Vorstand von seinem Gestaltungsspielraum Gebrauch machen muss. Einschlägige Vorgaben ergeben sich nicht aus § 33 Abs. 1 Satz 2 und Abs. 2, sondern vielmehr aus der Eigentümerstellung der Aktionäre (Art. 14 GG) sowie dem Gleichbehandlungsgrundsatz und dem ihm zugrunde liegenden Wettbewerbsprinzip (§ 3 Abs. 1) und speziell aus § 33 Abs. 1 Satz 1. Dennoch besteht ein **Spannungsverhältnis zwischen § 3 Abs. 3 und** der in **§ 33 Abs. 1 Satz 1** geregelten Stillhaltepflicht des Vorstands.[84] Diesen Konflikt will nun Art. 3 lit. c RLE 2002 (ehemals Art. 3 Abs. 1 lit. c GS/RLE 2001) entschärfen: Danach ist das Leitungs- und Verwaltungsorgan der Zielgesellschaft gehalten, im Interesse der gesamten Gesellschaft zu handeln, darf den Inhabern von Wertpapieren aber nicht die Möglichkeit vorenthalten, das Angebot selbst zu beurteilen. Auch im WpÜG geht die klare Regelung des § 33 Abs. 1 Satz 1 und 2 dem Prinzip des § 3 Abs. 3 vor, zumal für dieses außerhalb der Abwehrproblematik ein eigener Anwendungsbereich verbleibt.

3. Berücksichtigung von Arbeitnehmerinteressen.[85] Art. 3 Abs. 1 lit. c **24** des Entwurfs zur Übernahmerichtlinie sah vorübergehend vor, dass der Vorstand auch im Interesse der Beschäftigten (wörtlich: „der Beschäftigung") tätig werden müsse. Diese Passage ging indes nicht in den GS 2000 ein;[86] sie fehlt auch im RLE 2002. Damit ist einer problematischen wirtschaftspolitischen Instrumentalisierung der Richtlinie vorgebeugt. Insbesondere kommen **keine Verteidigungsmaßnahmen zum Erhalt von Arbeitsplätzen** in Betracht.[87] Der GS 2000 räumte etwa den Arbeitnehmern der Zielgesellschaft und ihrer Vertretung keine eigenen Handlungsbefugnisse ein, sondern beschränkte ihre Rechte auf Unterrichtung (Art. 4 Abs. 2 lit. e Satz 2; Art. 6 Abs. 1 Satz 3; Art. 8 Abs. 2 GS) und Offenbarungspflichten des Bieters im Hinblick auf die nach der Übernahme geplante Beschäftigungsstruktur (Art. 6 Abs. 3 lit. h). Auch musste in der Stellungnahme des Leitungsorgans der Zielgesellschaft auf die „Auswirkungen der Durchführung auf sämtliche Interessen der Gesellschaft einschließlich der Beschäftigten" Bezug genommen werden (Art. 9 Abs. 1 lit. b).

Bei der Umsetzung des WpÜG konnten allerdings systematische Brüche **25** nicht ganz vermieden werden. Zwar ist das Gesetz einem wettbewerblichen Konzept verpflichtet (Rn. 8 ff.), und danach können Arbeitsplätze nur durch die Marktstellung des Unternehmens gerechtfertigt werden und nicht umgekehrt. Bereits im Gesetzesvorschlag der SPD-Fraktion deutete sich jedoch eine leichte Verschiebung der Betrachtungsweise an; danach sollten – was letztlich nicht realisiert wurde – Arbeitnehmervertreter in eine „Übernahmekommis-

---

[84] *Land/Hasselbach* DB 2000, 1747, 1748.
[85] Instruktiv *Seibt* DB 2002, 529.
[86] *Pötzsch/Möller* WM 2000, 7.
[87] *Baums* in DAI S. 178 ff.; ähnlich *Mülbert/Birke* WM 2001, 705, 715.

sion" einbezogen werden.[88] An die Stelle dieses Modells ist wohl die in § 33 Abs. 1 Satz 2 dritter Fall vorgesehene Möglichkeit getreten, dass der **Aufsichtsrat eine Verteidigungsmaßnahme der Verwaltung der Zielgesellschaft autorisiert.** Der Finanzausschuss des Bundestags begründet diese Regelung ausdrücklich damit, dass so die Anliegen der Arbeitnehmer eingebracht werden könnten.[89] Ansonsten vollzieht sich der Schutz der Arbeitnehmer durch **Informationspflichten.** Hier ist regelmäßig der Vorstand der Zielgesellschaft, nicht der Bieter, zur Übermittlung von Informationen verpflichtet (§ 10 Abs. 5 Satz 2, § 14 Abs. 4 Satz 2). Sowohl der Bieter (§ 11 Abs. 2 Nr. 2) als auch der Vorstand der Zielgesellschaft in seiner Stellungnahme (§ 27 Abs. 1 Nr. 1) müssen sich zu den Auswirkungen der Übernahme auf die Arbeitnehmer äußern. Eine Besonderheit und möglicherweise Reminiszenz an den erwähnten Vorschlag der SPD-Fraktion besteht letztlich darin, dass im Beirat (§ 5) auch „die Arbeitnehmer" vertreten sein müssen.

26   **4. Auskunftsbefugnisse im Rahmen einer Due-Diligence-Prüfung.**
Vgl. dazu § 10 Rn 32 f.

IV. Schutz der Zielgesellschaft (Abs. 4)

27   Nach Art. 3 Abs. 1 lit. f GS 2000 (nun entsprechend Art. 3 Abs. 1 lit. f RLE 2002) – dem Vorbild für § 3 Abs. 4 – durfte die Zielgesellschaft in ihrer Geschäftstätigkeit nicht über einen angemessenen Zeitraum hinaus durch ein Angebot behindert werden. Diesem Gedanken trägt das WpÜG durch die Gestaltung der Fristen für die Erstellung der Angebotsunterlage (§ 14 Abs. 1) und der Höchstgrenzen für die Laufzeit von öffA (§ 16 Abs. 1) Rechnung.[90] **Eigenständige Bedeutung dürfte § 3 Abs. 4 Satz 1** darüber hinaus nur in Ausnahmefällen, und zwar in Zusammenhang mit § 4 Abs. 1 Satz 2, entfalten, wenn der Bieter innerhalb der ihm gesetzten Fristen erkennbar ausschließlich Verzögerungstaktiken verfolgt.

28   Schwerer wiegt das in § 3 Abs. 4 Satz 2 ausgesprochene Verbot, die Zielgesellschaft über einen angemessenen Zeitraum hinaus in ihrer Geschäftstätigkeit zu behindern. Solche Behinderungen ergeben sich in erster Linie durch die aus § 33 Abs. 1 folgenden Beschränkungen der Vorstandskompetenz während des Angebotsverfahrens. Der Vorstand darf nämlich während des ÜV nur die Handlungen vornehmen, die auch ein ordentlicher und gewissenhafter Geschäftsleiter einer Gesellschaft, die nicht von einem Übernahmeangebot betroffen ist, vorgenommen hätte. Die Unbestimmtheit der verwendeten Rechtsbegriffe und die mit ihr verbundene Haftungsgefahr dürften den Vorstand daher eher zur vorsichtigen Auslotung seines Handlungsspielraums veranlassen. Folglich kann ein öffÜA **als Mittel zur Lähmung eines lästigen Konkurrenten missbraucht** werden. Dies will der Gesetzgeber aber

---

[88] Dazu *Baums* in DAI S. 180.
[89] BT-Drucks. 14/7477 S. 61; dazu *Seibt* DB 2002, 529 sowie zur Kritik *Winter/Harbarth* ZIP 2002, 1, 8; *Zschocke* DB 2002, 76, 82 f.
[90] RegE BT-Drucks. 14/7034 S. 29; DiskEntw ÜG S. 293; WÜG-RefE S. 432.

gerade verhindern,[91] und zwar durch Seriositätsschwellen im Bereich der Angebotserstellung (§ 11) und der Finanzierung (§ 13). Dadurch sollen Scheinangebote verhindert werden.[92] Rechtswidrige oder erfolglose Angebote ziehen schließlich die Sperrwirkung des § 26 Abs. 1 nach sich: Binnen Jahresfrist ist dann kein erneutes öffÜA zulässig. Bemerkenswerterweise verzichtet der Gesetzgeber indes auf eine in anderen Rechtsordnungen übliche **allgemeine Abstandsregel**, nach der der Bieter im Anschluss an ein ÜV stets eine bestimmte Frist abwarten muss, bis er ein erneutes ÜA unterbreiten darf. Durch Regelungen dieser Art. werden Spekulationsstrategien des Bieters unterbunden, der andernfalls im ersten ÜV einen möglichst niedrigen Angebotspreis vor allem deshalb bieten kann, weil er bei Scheitern seiner Offerte jederzeit ein weiteres ÜA nachlegen darf. Dadurch kann sich der Spekulationsdruck auf die Zielgesellschaft verstärken, und durch „Verbilligung" der Erwerbsbedingungen ein wettbewerbsfremder Konzentrationsanreiz entstehen.

Eigenständige Bedeutung gewinnt **§ 3 Abs. 4 Satz 2** bei der **Auslegung** 29 einzelner gesetzlicher Verhaltenspflichten. So beeinflusst das Schutzinteresse der Zielgesellschaft etwa den Zeitpunkt, ab dem eine Vorankündigung nach § 10 erfolgen muss. Darüber hinaus begründet nach richtigem Verständnis § 3 Abs. 4 den **Schutzgesetzcharakter** der die Zielgesellschaft schützenden Einzelvorschriften des WpÜG **iSd. § 823 Abs. 2 BGB**. Aus § 4 Abs. 2 folgt zunächst, dass die BAFin nur im öffentlichen Interesse handelt. Es ist bereits zweifelhaft, ob diese Norm neben ihrer Bedeutung für den weitgehenden Ausschluss von Amtshaftungsansprüchen nach § 839 BGB/Art. 34 GG hinaus[93] überhaupt Bedeutung für die Feststellung des Schutzgesetzcharakters der Normen hat; denn wie das WpHG (vgl. § 4 Abs. 2 WpHG) schützt das WpÜG das Vertrauen der Anleger, insbesondere der Aktionäre der Zielgesellschaft, in die Funktionsfähigkeit der Kapitalmärkte.[94] Der Gesetzgeber kann aber nicht einerseits um das Vertrauen der Anleger werben und andererseits den anlegerschützenden Charakter der geschaffenen kapitalmarktrechtlichen Regelung negieren.[95] Im Wortlaut des § 3 Abs. 4 Satz 2 ist die Zielgesellschaft deshalb nicht ohne Grund als subjektiv Berechtigter bezeichnet. Zwar vermeidet der Wortlaut die Formulierung eines Anspruchs iSd. § 194 Abs. 1 BGB; dies hängt jedoch mit dem allgemeinen, programmatischen Gehalt der Norm zusammen. Aus dem Gesetzeszweck, dem Schutz der Vermögensinteressen der Zielgesellschaft vor missbräuchlichen Übernahmeversuchen, ergibt sich jedoch, dass die Zielgesellschaft sich gegen rechtswidrige Eingriffe zumindest im Nachhinein durch Liquidation ihrer Schäden verteidigen müssen darf. Ein (quasinegatorischer) Unterlassungsanspruch aus § 1004 Abs. 1 Satz 2 iVm. § 823 Abs. 2 BGB kommt allerdings nicht in Betracht, da eine darauf gestützte gerichtliche Verfügung während eines laufenden ÜV in die Kompetenzen der BAFin eingreifen würde.

---

[91] RegE BT-Drucks. 14/7034 S. 35; DiskEntw ÜG S. 293; WÜG-RefE S. 433.

[92] *Baums* in DAI S. 177.

[93] RegE BT-Drucks. 14/7034 S. 36; WÜG-RefE S. 433.

[94] RegE BT-Drucks. 14/7034 S. 36; DiskEntw ÜG S. 293 f.; WÜG-RefE S. 433 (unten).

[95] So bereits *Hopt* ZHR 159 (1995), 158 f.

V. Marktverzerrungen (Abs. 5)

30   **1. Entstehungsgeschichte und Zweck.** Die Vorschrift lehnt sich an Art. 3 lit. d GS 2000 an (entsprechend Art. 3 Abs. 1 lit. d RLE 2002). Gemeinsames Vorbild beider Normen ist **Principle 6 City Code**: „All parties to an offer must use every endeavour to prevent the creation of a false market in the securities of an offeror or the offeree company." Eine vergleichbare Regelung war im DiskEntw ÜG noch nicht vorhanden, weil man davon ausging, die zugrunde liegende Thematik sei bereits durch § 88 BörsenG bzw. §§ 14, 38 WpHG abgedeckt.[96] Im WÜG-RefE ändert der Gesetzgeber indes seine Auffassung und knüpft an das Vorbild des Art. 3 lit. d GS 2000 an. Der Vorschrift kommt in Zusammenhang mit § 4 Abs. 1 Satz 2 **erhebliche praktische Bedeutung** zu, weil sie Handlungsbefugnisse der BAFin in allen AV enthält. Sie soll eine Ausschaltung oder Störung des Marktes zur Vorbereitung oder Abwehr von öffA verhindern. Die **Einführung des § 20a WpHG** durch das Vierte Finanzmarktförderungsgesetz führt nun zu einer Konkurrenz in den Kompetenzen der BAFin nach § 4 Abs. 1 Satz 2 WpÜG und § 20b WpHG. Dabei dürfte der Tatbestand der Marktverzerrung in enger Anlehnung an § 20a Abs. 1 WpHG zu konkretisieren sein. Der Vorschlag einer Richtlinie über Insider-Geschäfte und Marktmanipulationen vom 30. Mai 2001[97] lässt weitere Konkretisierungen voraussehen.

31   **2. Tatbestand.** Die Vorschrift bezieht sich auf den **Handel mit Wertpapieren**. Zum **Begriff** des Wertpapiers vgl. § 2 Abs. 2. Das **Handeln** umfasst dem natürlichen Wortsinn nach Erwerb und Veräußerung, wobei neben den zugrunde liegenden Verpflichtungs- auch die Verfügungsgeschäfte bezeichnet sind. Nach dem Normwortlaut muss ein unmittelbarer Zusammenhang zwischen dem Handel und der Marktverzerrung bestehen. Marktverzerrungen außerhalb von Erwerbs- und Veräußerungsakten, etwa durch Werbemaßnahmen (§ 28), bleiben daher außer Betracht.

32   Gegenstand müssen die **Wertpapiere der Zielgesellschaft, der Bietergesellschaft** oder **anderer durch das Angebot betroffener Gesellschaften** sein. Bei Letzteren dürfte es sich zunächst regelmäßig um die in § 2 Abs. 5 (gemeinsam handelnde Personen) und Abs. 6 (Tochterunternehmen) bezeichneten Personen handeln. In Betracht kommen aber auch Gesellschaften aus derselben Branche wie der Bieter oder die Zielgesellschaft, die nicht mit einem von beiden handeln, wenn der in Manipulationsabsicht betriebene Verkauf ihrer Anteile zur Beeinflussung des Kurses der Gesellschaftsanteile des Bieters oder der Zielgesellschaft führt. Diesen Zusammenhang drückt das Gesetz durch die gegenüber § 2 Abs. 5 weiter gefasste Formulierung „durch das Angebot betroffener. . ." aus. Dies entspricht auch dem Normzweck, der jedwede Kursmanipulation verhindern will, die das öffA erleichtern oder erschweren soll.

33   Das Gesetz verbietet die **Schaffung von Marktverzerrungen**. Nicht unbedingt dem Wortlaut, wohl aber dem Zweck des Gesetzes nach, muss die Norm auch dann greifen, wenn die Marktverzerrung noch nicht eingetreten

---

[96] *Pötzsch/Möller* WM 2000, 8.
[97] KOM (2001), 281.

ist, allerdings Handlungen vorgenommen werden, denen die **Eignung zur manipulativen Kursbeeinflussung** zukommt. Wie im Falle der §§ 14, 15 WpHG wird man dabei von einem objektiven Maßstab ausgehen und darauf abstellen müssen, ob ein verständiger Investor auf der Grundlage allgemeiner Erfahrungssätze ex ante von den Auswirkungen der Handlungen in seinen Entscheidungen beeinflusst würde, wobei eine Schwankung von 5 % als praktische Erheblichkeitsschwelle angesehen wird.[98] Der Begriff der **Verzerrung** des Marktes bedeutet seinem natürlichen Wortsinn nach, dass ein Markt*ergebnis* aufgrund fehlgeleiteter, d. h. markt- und wettbewerbsfremder Prozesse zustande kommt. Entscheidend kommt es darauf an, dass das Ergebnis gerade durch Beeinträchtigung oder Ausschaltung der Marktmechanismen erreicht wird, die ansonsten die Wohlfahrtsfunktionen des Marktes verbürgen. In diese Richtung deutete auch die Vorschrift des Art. 3 lit. d GS 2000, nach der die Herbeiführung einer „künstliche(n) Hausse oder Baisse der Wertpapierkurse" eine Marktverzerrung bedeuten soll, wenn „das normale Funktionieren der Märkte verfälscht" wird. Die Formulierung in Art. 3 lit. d RLE 2002 ist demgegenüber geglättet: Eine Marktverzerrung ist danach eine „künstliche Beeinflussung der Wertpapierkurse" bzw. eine „Verfälschung des normalen Funktionierens der Märkte." Die deutsche Gesetzesbegründung zum WpÜG ist wenig klar: Hiernach soll die Norm unrichtigen und unvollständigen Gerüchten in Zusammenhang mit einem Angebot sowie in spekulativer Absicht bewirkten Kursschwankungen entgegenwirken.[99] Nach der Einführung des **§ 20 a WpHG** empfiehlt sich eine systematisch enge Anlehnung an Abs. 1 der Norm: Diese erfasst – vereinfacht ausgedrückt – die unrichtige Angabe über bewertungserhebliche Umstände bzw. deren Verschweigen (§ 20 a Abs. 1 Nr. 1 WpHG). Bedeutender erscheint indes die Generalklausel des § 20 a Abs. 1 Nr. 2 WpHG, die sonstige bewertungserhebliche Täuschungshandlungen betrifft:[100] Darunter fallen **fiktive Geschäfte** („wash sales") aber auch sog. **matched orders**, bei denen Auftrag und Gegenauftrag so aufeinander abgestimmt sind, dass Höhe, Zeit und Preis des Gegenauftrags dem Erstauftrag entsprechen. Diese Fälle sind dadurch charakterisiert, dass reale Marktbewegungen vorgenommen werden, jedoch eine **Täuschung über die hinter einer realen Handelstransaktion stehenden Motive** erfolgt:[101] Sie dürften regelmäßig auch den Anwendungsbereich des § 3 Abs. 5 WpÜG berühren. Die Abgrenzung im Einzelfall kann sich dabei naturgemäß schwierig gestalten. Immerhin lässt sich auf die im englischen und amerikanischen Norm- und Fallmaterial konkretisierte Erfahrung zurückgreifen:

3. Einzelfälle. a) Veräußerungen von Anteilen der Zielgesellschaft. 34 Nach Rule 8.1 City Code müssen während der Laufzeit des öffÜA Geschäfte in den Wertpapieren des Bieters oder der Zielgesellschaft dem Panel außerhalb des ÜV offenbart werden. Besonders kritisch sieht der City Code die **Veräußerung von Papieren des Bieters über die Börse**. Diese bedarf nach Rule 4.2 City Code der Zustimmung des Panels. Zugrunde liegt die Befürchtung, dass

---

[98] *Cahn* ZHR 162 (1998), 16 f.; *Hopt* ZHR 159 (1995), 154 f.

[99] Noch in WÜG-RefE S. 433; nicht mehr im RegE BT-Drucks. 14/7034 S. 35.

[100] Instruktiv *Möller* WM 2002, 309, 313; *Assmann* ZGR 2002, 697, 722 ff.

[101] *Möller* WM 2002, 309, 313.

der Bieter durch einen anonymisierten Massenverkauf einen Wertverlust der Beteiligungen herbeiführen könnte, um so Druck auf die in der Zielgesellschaft verbleibenden Aktionäre auszuüben. Dies lässt sich auf das deutsche Recht übertragen. Zwar täuscht hier der Bieter nicht über die Vornahme der Handelstransaktionen – diese sind real; er führt die übrigen Marktteilnehmer indes über die hinter der Transaktion stehende Motivation in die Irre: Ein unbeteiligter Beobachter könnte in der an den Massenverkauf anschließenden Kursentwicklung eine positive Einschätzung der Erfolgsaussichten des öffÜA durch die Mehrheit der Marktteilnehmer erkennen und sich dieser Auffassung im Zweifel anschließen. Eine solche Täuschung über die Motivationslage berührt den Anwendungsbereich des § 3 Abs. 5 WpÜG (vgl. Rn. 33). Dasselbe gilt, wenn der Bieter den Erwerb eigener Anteile mit der Veräußerung von Anteilen an der Zielgesellschaft über die Börse kombiniert, weil dadurch das relative Wertverhältnis beider Anlagen beeinflusst werden kann. Dies ist praktisch etwa bei **Tauschangeboten** der Bieters vorstellbar, wenn dieser die zur Erfüllung notwendigen Stücke durch anonymisierten Rückerwerb (§ 71 Abs. 1 Nr. 8 Satz 1 AktG) über die Börse aufnehmen will. Rule 7.3 erzwingt, dass beide Teile des Kombinationsgeschäfts an verschiedenen Tagen vorgenommen werden: Der Bieter muss mit dem Rückerwerb beginnen, diesen als solchen durch Publikation offenbaren und darf erst am Tag nach der Publikation – Rule 7.3 nennt sogar die genaue Zeit (nach 8.30 Uhr) – die Anteile der Zielgesellschaft veräußern. Die BAFin muss gegen entsprechende Taktiken auf der Grundlage von § 4 Abs. 1 Satz 2 iVm. § 3 Abs. 5 einschreiten. Problematisch ist nur, dass keine Aufklärungs- und Hinweispflichten des Bieters bestehen. Hier bleibt die BAFin auf die Veröffentlichungen des Bieters nach § 23 Nr. 1 angewiesen, die allerdings nur einen schwachen Ersatz darstellen, weil sie sich insgesamt auf den (wachsenden) Bestand an Aktien der Zielgesellschaft im Bietervermögen, nicht aber auf die Einzeltransaktionen beziehen.

35   **b) Erwerb von Aktien des Bieters und der Zielgesellschaft über die Börse.** Der Gefahr von Marktverzerrungen beim Aktienkauf über die Börse begegnet auch **SEC-Rule 10b-18**.[102] Diese will gerade das Entstehen eines falschen Scheins durch den Rückerwerb eigener Aktien über die Börse verhindern. Die darin aufgestellten Verhaltensregeln spiegeln praktisches Erfahrungswissen um Gefahren der Marktverzerrung wider, das für die Entscheidung der BAFin maßgeblich ist. So darf der Rückerwerb **nur über *einen* Wertpapierhändler** erfolgen, damit nicht der falsche Schein einer breit gestreuten Nachfrage entsteht. Andernfalls könnte der Bieter bei einem Tauschangebot bzw. die Zielgesellschaft beim Rückerwerb eigener Aktien das Marktinteresse an den eigenen Anteilen in falschem Licht erscheinen und damit zu Fehlbewertungen Anlass geben. Bei der Beauftragung mehrerer Makler oder Händler sollte die BAFin daher im Zweifel einschreiten. Ferner ist das **Rückkaufvolumen** auf 25 % des täglichen Handelsvolumens der letzten vier Wochen **beschränkt**. Auch wenn die Prozentgrenze für das deutsche Recht unmaßgeblich ist, muss

---

[102] Dazu *Benckendorff*, Erwerb eigener Aktien im deutschen und US-amerikanischen Recht, 1998, S. 169 ff.; MünchKommAktG/*Oechsler* § 71 Rn. 195; knapp auch *Posner* AG 1994, 316.

die BAFin gegen Bieter bzw. Zielgesellschaft einschreiten, wenn diese anonym einen besonders großen Betrag an einem Tag aufnehmen und damit angesichts der Anonymität des Käufers den Eindruck einer außergewöhnlich positiven Entwicklung des betreffenden Unternehmens erwecken, der auf Spontanreaktion anderer Marktteilnehmer und Mitläufereffekte zielt. Marktverzerrend wirken nach Rule 10b-18 Geschäfte, die **direkten Einfluss auf Eröffnungs- und Schlusskurse an der Börse** haben, also die innerhalb der ersten und letzten halben Stunde getätigt werden. Hier müssen sich Bieter und Zielgesellschaft bei der Aufnahme der Aktien zurückhalten. Außerdem gilt **das grundlose Überbieten des durchschnittlichen Börsenkurses** als Marktverzerrung. Damit soll insbesondere verhindert werden, dass der Bieter im Rahmen kurzfristiger Transaktionen eigene Aktien veräußert und zu einem höheren Preis zurückerwirbt. Solche **Kombinationen aus Verkauf und Kauf der eigenen Anteile** können – wenn sie anonymisiert über die Börse erfolgen – den falschen Eindruck einer kurzfristigen Kurssteigerung hervorrufen und damit das relative Wertverhältnis zur Aktie der Zielgesellschaft gefährden. Dies wiederum kann gerade dann nicht toleriert werden, wenn der Bieter den Aktionären der Zielgesellschaft ein Tauschangebot unterbreitet hat. Für das deutsche Recht bestehen hier Analogiemöglichkeiten zu §§ 186 Abs. 3 Satz 4 und 255 Abs. 2 Satz 1 AktG.[103]

c) Abgabe scheinbar konkurrierender Angebote. Wird ein konkurrie-   **36**
rendes Angebot von einer mit dem Bieter gemeinsam handelnden Person abgegeben (§ 2 Abs. 5), kann bei den angesprochenen Aktionären der falsche Eindruck einer Konkurrenzsituation entstehen, im Rahmen derer das höhere Angebot als besonders günstig erscheint. Die so begründete Gefahr einer Fehlbewertung möglicher Marktergebnisse verpflichtet die BAFin nach § 4 Abs. 1 Satz 3 bzw. § 15 Abs. 1 Nr. 2 zum Einschreiten. In den **USA** können solche Praktiken unter den Missbrauchstatbestand von Sec. 14(e) SEA fallen, was zur Unzulässigkeit des Konkurrenzangebots führt.[104] Dies wird aufgrund allgemeiner Erwägungen auch in Großbritannien als unzulässig angesehen.[105]

---

[103] *Paefgen* AG 1999, 70; *Martens* AG 1996, 339 f.
[104] *Knoll* S. 103.
[105] *Knoll* S. 136.

Abschnitt 2. Zuständigkeit der Bundesanstalt für Finanzdienstleistungsaufsicht

§ 4 Aufgaben und Befugnisse

(1) **Die Bundesanstalt für Finanzdienstleistungsaufsicht (Bundesanstalt) übt die Aufsicht bei Angeboten nach den Vorschriften dieses Gesetzes aus. Sie hat im Rahmen der ihr zugewiesenen Aufgaben Missständen entgegenzuwirken, welche die ordnungsmäßige Durchführung des Verfahrens beeinträchtigen oder erhebliche Nachteile für den Wertpapiermarkt bewirken können. Die Bundesanstalt kann Anordnungen treffen, die geeignet und erforderlich sind, diese Missstände zu beseitigen oder zu verhindern.**

(2) **Die Bundesanstalt nimmt die ihr nach diesem Gesetz zugewiesenen Aufgaben und Befugnisse nur im öffentlichen Interesse wahr.**

Übersicht

1   **1. Normzweck.** Nach Art. 4 Abs. 1 Satz 3 GS 2000 (entspricht Art. 4 Abs. 1 Satz 3 RLE 2002) sollten die Mitgliedstaaten dafür Sorge tragen, dass die Aufsichtsorgane ihre Aufgaben unparteiisch und in Unabhängigkeit von allen Parteien des Angebots erfüllen. Aus Sicht der deutschen Vertretung bei der Verabschiedung des GS 2000 erschien die Unparteilichkeit und Unabhängigkeit des Aufsichtsamts als entscheidende Bedingung.[1] Zugleich wurde die Gefahr einer Bürokratisierung der Aufsicht über öffA und ÜV gesehen; dieser soll durch Einschaltung des Beirats nach § 5 vorgebeugt werden.[2] Vor der Einschaltung des BAWe und später der BAFin war die einschlägige Verwaltungstätigkeit als Teil der Börsenaufsicht verstanden und gelegentlich eine Kompetenz der Börsenzulassungsstellen befürwortet worden.[3] Die Kompetenz der BAFin schafft durch die bundeseinheitliche Zuständigkeit eine Verbesserung. § 4 stellt nun in Satz 1 die grundlegende Zuständigkeit der BAFin fest und regelt in Abs. 1

---

[1] *Pötzsch/Möller* WM 2000, 10.
[2] *Pötzsch/Möller* (Fn. 1); vgl. auch DiskEntw ÜG S. 74.
[3] *Peltzer* S. 226; ähnlich *Immenga* in *Kreuzer* ÖffÜA S. 33.

Satz 2 und 3 eine **generalklauselhafte Kompetenz** der BAFin. Abs. 2 zielt
auf einen weitgehenden Ausschluss von Amtshaftungsansprüchen.

2. Grundlegende Zuständigkeit (Satz 1). Die **BAFin** ist eine bundesun-
mittelbare, rechtsfähige Anstalt des öffentlichen Rechts, die durch das Gesetz
über die integrierte Finanzdienstleistungsaufsicht vom 22. April 2002 errichtet
wurde.[4] In ihr wurde die Vorgängerbehörde – das Bundesaufsichtsamt für den
Wertpapierhandel (**BAWe**) – durch Zusammenlegung mit dem Bundesaufsichtsamt für das Kreditwesen und dem Bundesaufsichtsamt für das Versiche-
rungswesen integriert. Beim BAWe handelte es sich hingegen noch um eine
selbständige Bundesoberbehörde nach Art. 87 Abs. 3 Satz 1 GG und dabei
zugleich eine Behörde der unmittelbaren Bundesverwaltung, die dem Bundesministerium der Finanzen als oberster Bundesbehörde nachgeordnet war. Der
örtliche Zuständigkeitsbereich der BAFin erstreckt sich auf das gesamte Bun-
desgebiet.[5] Nach der Vorstellung des Gesetzgebers stellt § 4 Abs. 1 Satz 1 klar,
dass sich die Aufsichtstätigkeit der Bundesanstalt hinsichtlich der Überwachung von öffA und öffÜA allein nach den Vorschriften dieses Gesetzes
richtet.[6] Dadurch sollen die Handlungsbefugnisse der BAFin eingegrenzt werden.

3. Generalklausel (Abs. 1 Satz 2 und 3). Die Sätze 2 und 3 fungieren als
materielle und formelle Seite einer generalklauselhaften Kompetenz. Satz 2
nennt die inhaltlichen Ziele, unter denen die Kompetenz ausgeübt werden
darf; Satz 3 verleiht entsprechend konkrete Handlungsbefugnisse.

a) Tatbestand von Satz 2. Der Begriff des **Missstandes** grenzt die Kompetenz zunächst negativ ein. Nach den Vorstellungen des Gesetzgebers begründet die Norm eine „Missstandsaufsicht".[7] Dies deutet auf eine Ermächtigungsgrundlage für ein Eingreifen hin. Eine darüber hinausweisende allgemeine
Möglichkeit zum Dispens von gesetzlichen Anforderungen im Einzelfall ist
offensichtlich nicht vorgesehen. Inhaltlich wird man als Missstand einen Zustand bezeichnen müssen, der einer ordnungsgemäßen Durchführung des
Verfahrens entgegensteht bzw. erhebliche Nachteile für den betroffenen Wertpapiermarkt (zum Begriff Wertpapier vgl. § 2 Abs. 2) beinhaltet. Mit dem
Merkmal „**erhebliche Nachteile für den Wertpapiermarkt**" bezeichnet das
Gesetz einen Zustand, dem Funktionieren des Marktes entgegensteht. § 3
definiert die auf dem Markt für öffA und öffÜA geltenden grundlegenden
Funktionsbedingungen (Gleichbehandlung, Informationstransparenz, Unternehmensinteresse und Schutz der Zielgesellschaft, Verhinderung von Marktverzerrungen). Ein Verstoß gegen eines dieser Prinzipien bedeutet daher regelmäßig einen Nachteil für den Wertpapiermarkt. Die Generalklausel gewinnt
daher iVm. dem Katalog des § 3 erhebliche praktische Bedeutung bei der Ergänzung und Lückenfüllung der nachfolgenden Einzelnormen. Dies gilt insbesondere im Fall des § 3 Abs. 5 (Marktverzerrung). Der Nachteil für den
Wertpapiermarkt muss darüber hinaus **erheblich** sein. Bei der Konkretisie-

---

[4] BGBl. I S. 1310.
[5] BT-Drucks. 12/5579 S. 39.
[6] RegE BT-Drucks. 14/7034 S. 36; DiskEntw ÜG S. 293; WÜG-RefE S. 433.
[7] RegE BT-Drucks. 14/7034 S. 36.

rung dieses unbestimmten Rechtsbegriffs kommt es auf das **Schutzgut der betroffenen Norm** an: Bei einer entgegen § 3 Abs. 5 praktizierten Marktverzerrung kann die Erheblichkeit mit Kursrelevanz gleichgesetzt werden (§ 3 Rn. 33), bei einer § 3 Abs. 4 zuwiderlaufenden Beeinträchtigung der Zielgesellschaft stehen die bei dieser zu erwartenden Vermögensnachteile im Vordergrund, bei Verletzungen des § 3 Abs. 1 schließlich die Interessen der Aktionäre. Ferner ist zu beachten, dass die BAFin keine schweren Schäden und Beeinträchtigungen abwarten muss, sondern **präventiv** nach § 4 Abs. 1 Satz 2 und 3 vorgehen kann (vgl. den Wortlaut von § 4 Abs. 1 Satz 3). Der Begriff des Missstandes ist richtiger Auffassung nach gerichtlich vollständig überprüfbar; er enthält **keinen Beurteilungsspielraum zugunsten der BAFin**.[8]

5   Das Tatbestandsmerkmal der **ordnungsgemäßen Durchführung des Verfahrens** stellt auf die verfahrensrechtliche Seite ab und erleichtert den Nachweis der Tatbestandsvoraussetzungen: Das ordnungsgemäße Verfahren des öffA ist in den §§ 10 bis 28 beschrieben, das ordnungsgemäße Verfahren des öffÜA in den §§ 29 bis 39. Verletzungen einer dieser Vorschriften bedeuten daher eine Abweichung vom ordnungsgemäßen Verfahren. Soweit hinsichtlich eines Verstoßes keine Spezialsanktionen bestehen, kann die BAFin den Verfahrensverstoß zur Grundlage einer Verfügung nach § 4 Abs. 1 Satz 2 und 3 nehmen.

6   **b) Handlungsbefugnisse nach Satz 3.** Der Begriff der **Anordnung** entspricht dem des Verwaltungsakts nach § 35 VwVfG. Der untechnische Begriff „Anordnung" dürfte der Behörde insbesondere aber auch Spielraum für den Abschluss von **öffentlich-rechtlichen Verträgen** nach §§ 54 ff. VwVfG einräumen. Denn darin liegt letztlich nur ein alternatives Gestaltungsmittel zur Abwendung von Missständen. Der Wortlaut stellt klar, dass die BAFin an den Verhältnismäßigkeitsgrundsatz gebunden ist, d. h. nur Anordnungen treffen darf, deren Regelung zur Erreichung des zugrunde liegenden Zieles überhaupt tauglich (**geeignet) ist.** Dabei muss die **erforderliche**, in ihren Belastungswirkungen also mildeste Anordnung gewählt werden. Zugleich wird damit ausgedrückt, dass die geeignete und erforderliche Maßnahme im Verhältnis zu dem mit ihr verbundenen Zweck stehen muss. Der Begriff des Missstandes entspricht dem in Satz 2 verwendeten. Der Begriff **„beseitigen"** dürfte dem des Polizeirechts bzw. § 1004 Abs. 1 Satz 1 BGB entsprechen: Es geht um die Beendigung einer andauernden Störung. Mit **„verhindern"** ist eine Untersagungsverfügung bezeichnet, wenn in der Person eines Beteiligten Wiederholungs- bzw. Erstbegehungsgefahr im Hinblick auf einen Rechtsverstoß begründet ist (vgl. auch § 1004 Abs. 1 Satz 2 BGB). Von der Sache her darf die BAFin mit der Anordnung schließlich **jedes Bieterverhalten erzwingen, das dieser ansonsten freiwillig nach dem WpÜG vornehmen könnte**, also etwa eine Richtigstellung oder Aktualisierung analog § 12 Abs. 3 Nr. 3, den Verzicht auf eine rechtswidrige Bedingung entsprechend § 21 Abs. 1 Nr. 4, die während der Entscheidung nach § 15 Abs. 1 Nr. 2 unentdeckt blieb, oder die Abänderung der Angebotsunterlage entsprechend § 31, wenn die Abweichung von dieser Norm ebenfalls bei der Entscheidung nach § 15 Abs. 1 Nr. 2 unent-

---

[8] *Giesberts* in Kölner Komm. Rn. 15.

deckt blieb (vgl. § 15 Rn. 10). An die Stelle des freien Bieterwillens treten in diesem Fall die Erfordernisse nach § 4 Abs. 1 Satz 2. Die Norm verleiht allerdings keine Kompetenz, **Rechtsverordnungen** zu erlassen: Soweit das Bundesfinanzministerium von einer Ermächtigungsnorm im Rahmen des WpÜG dadurch Gebrauch macht, dass es die BAFin weiter zur Regelung einzelner Gegenstände ermächtigt, ist die jeweilige gesetzliche Ermächtigungsgrundlage – nicht aber § 4 Abs. 1 Satz 3 – Rechtsgrundlage.[9] Auch zu **informellem Verhalten** ermächtigt § 4 Abs. 1 Satz 3 nur insoweit, als es der Vorbereitung von **Anordnungen** dient. Denkbar sind insbesondere Vorgespräche mit den Beteiligten zur Vorbereitung eines öffentlich-rechtlichen Vertrages.

c) **Allgemeiner Dispens von gesetzlichen Vorschriften?** Art. 4 Abs. 5 7 Satz 2 GS 2000 (nunmehr entsprechend im RLE 2002) regelte noch die allgemeinen Dispensvoraussetzungen. Sofern danach die Grundsätze des Art. 3 Abs. 1 (entspricht § 3) GS 2000 eingehalten wurden, konnten die Mitgliedstaaten in den nach Maßgabe der (künftigen) Richtlinie erlassenen oder eingeführten Vorschriften ihren Aufsichtsorganen die Kompetenz einräumen, Ausnahmen von diesen Vorschriften zu gewähren. Fraglich ist, ob das WpÜG in § 4 Abs. 1 Satz 2 und 3 eine solche Dispensmöglichkeit mit einschließt. Der historische Wille des Gesetzgebers, der hier eine Missstandsaufsicht schaffen wollte (Rn. 4), spricht tendenziell dafür. Dem Wortlaut der Norm nach ist ein Missstand für den Wertpapiermarkt auch dann vorstellbar, wenn eine Norm des WpÜG durch Anwendung ihre Zwecke verfehlen würde. Gegen eine solche Möglichkeit spricht jedoch ein systematisches Argument. Das Gesetz sieht ausdrückliche Dispenstatbestände vor (vgl. nur §§ 10 Abs. 1 Satz 3, 20 oder § 37). Im Umkehrschluss kann es daher der BAFin nicht zustehen, ohne ausdrückliche Anordnung vom zwingenden Recht abzuweichen. Denkbar ist allein die Ausstellung von **Negativattesten** für den Fall, dass eine Norm des WpÜG ihrem Zweck nach nicht auf einen Sachverhalt passt, der vom Normwortlaut eigentlich umfasst wäre. Findet hier eine teleologische Reduktion des Anwendungsbereichs statt, ist das Gesetz von vornherein nicht anwendbar. Es bedarf keiner eigenen Entscheidung der BAFin. Diesen Umstand kann die BAFin jedoch aus Gründen der Rechtssicherheit den Beteiligten auf Antrag attestieren. Ansonsten dürfte die starre Regelung des § 4 Abs. 1 Satz 3 eine erhebliche Inflexibilität des Verfahrens zur Folge haben und zieht deshalb **rechtspolitische Kritik** auf sich, die sich gerade im Vergleich mit dem englischen Recht begründen lässt.

4. **Handeln im öffentlichen Interesse (Abs. 2). a) Normzweck und 8 Entstehungsgeschichte.** Die Vorschrift entspricht § 6 Abs. 4 KWG, § 4 Abs. 4 FinDAG, § 1 Abs. 6 BörsG, § 81 Abs. 3 VAG und § 4 Abs. 2 WpHG. Historischer Ausgangspunkt war die Rechtsprechung des BGH, nach der Einzelnormen des KWG sehr wohl den Individualschutz bezwecken und daher Amtshaftungsansprüche nach § 839 BGB/Art. 34 GG eröffnen könnten, soweit die Amtspflicht nur **drittbezogen** sei.[10] Darauf reagierte der Gesetzgeber aus fiskalischen

---

[9] Nicht ganz präzise: *Giesberts* in Kölner Komm. Rn. 15.
[10] Vgl. nur BGH WM 1971, 1330, 1332; weiterer Nachweis bei *Schnorbus* ZHR 166 (2002), 73, 84 Fn. 44.

Gründen mit Einführung des § 6 Abs. 4 KWG (vormals Abs. 3), der Amtshaftungsansprüche aus dem Verhalten der Aufsichtsbehörde gerade ausschließen sollte, und übertrug diesen Gedanken auch auf die Funktion der BAFin in § 4 Abs. 2 WpHG.[11] Auch § 4 Abs. 2 WpÜG soll **Amtshaftungsansprüche weitgehend ausschließen**. Allerdings besteht hier eine erklärungsbedürftige Ausnahme, die sich aus den Materialien ergibt: „Unberührt bleibt die Pflicht zu rechtmäßigem Verhalten in Bezug auf die von Aufsichtsmaßnahmen unmittelbar betroffenen Personen und Unternehmen. Soweit ihnen gegenüber schuldhaft Amtspflichten verletzt werden, gelten die allgemeinen Grundsätze."[12] Offensichtlich wollte der Gesetzgeber nur die fehlende Drittbezogenheit der Verwaltungstätigkeit herausstellen, anerkannte aber, dass das WpÜG sehr wohl subjektive öffentliche Rechte vermittelt, die durch die Norm nicht untergraben werden sollten.[13] Der **Gegenstand des § 4 Abs. 2 lässt sich daher so zusammenfassen**: Das Handeln der BAFin *begründet* keine Rechte Dritter; diese können indes im WpÜG ausnahmsweise vorkommen. Verfahrensbeteiligter ist zunächst in vollem Umfang **der Bieter**. Gegen das Verbot der Veröffentlichung der Angebotsunterlage nach § 15 Abs. 1 kann dieser etwa nach § 48 vorgehen. Fraglich ist nur, inwieweit anderen, **Dritten**, Rechte zustehen, die gegen Entscheidungen der BAFin geltend gemacht werden können.

9   **b) Die Drittschutzproblematik.** Gegen Entscheidungen der BAFin nach dem WpÜG können Dritte nur vorgehen, wenn ihnen ein **subjektiv-öffentliches Recht** zusteht. Ob eine Einzelnorm des WpÜG ein solches Recht verleiht, folgt aus ihrer Zwecksetzung. Entscheidend kommt es darauf an, dass die Norm nicht nur die *Interessen* des Dritten reflexhaft berührt, sondern ihm auch ein eigenes *Recht* zuerkennen will.[14] Bei der Normauslegung sind dabei insbesondere die Grundrechte zu beachten, die dem Dritten im Falle einer **schweren und substantiellen Grundrechtsbetroffenheit** jeweils zwingend einen Abwehranspruch einräumen. Die verfassungskonforme Auslegung einer Norm des WpÜG kann daher deren Verständnis als subjektiv öffentliches Recht gebieten.[15] In diesem Kontext fungiert **§ 4 Abs. 2 als Auslegungsregel**: Soweit sich aus einzelnen Normen des WpÜG, insbesondere im Rahmen ihrer grundrechtskonformen Auslegung, nicht ausnahmsweise etwas anderes ergibt, besteht keine darüber hinausgehende Drittwirkung. Ein darüber hinausgehendes Verständnis, nach dem § 4 Abs. 2 subjektive Rechte Dritter ganz ausschließt, ist mit dem System des Gesetzes nicht vereinbar,[16] wie neben den folgenden Einzelbeispielen vor allem § 3 Abs. 4 zeigt, der den Schutz der Zielgesellschaft zum gesetzlichen Prinzip erhebt. Auch scheint es widersprüchlich, einerseits den subjektiv-öffentlichen Charakter einer Norm des WpÜG wegen § 4 Abs. 2 zu verneinen

---

[11] Dazu *Hopt* ZHR 159 (1995), 158 f.

[12] RegE BT-Drucks. 14/7034 S. 36; DiskEntw ÜG S. 293 f.; WÜG-RefE S. 434.

[13] Vgl. im Detail *Schnorbus* ZHR 166 (2002), 73, 85 ff.; zu weit gehend *Stögmüller* in *Haarmann/Riehmer/Schüppen* Rn. 44 und *Schwennicke* in *Geibel/Süßmann* Rn. 12 f.

[14] BVerfGE 27, 297, 307; 27, 29, 31 ff.; *Huber*, Konkurrentenschutz im Verwaltungsrecht, 1991, S. 100 ff.; *Schnorbus* ZHR 166 (2002), 73, 80 f.

[15] *Schnorbus* ZHR 166 (2002), 73, 81 f.

[16] So aber *Möller* ZHR 167 (2003), 301, 306; *Ihrig* ZHR 167 (2003), 315, 320; wie hier *Cahn* ZHR 167 (2003), 262, 285; *Schnorbus* ZHR 166 (2002), 72, 85 f.

und gleichzeitig ihren **Schutzgesetzcharakter nach § 823 Abs. 2 BGB** aber zu bejahen. Denn § 823 Abs. 2 BGB setzt voraus, dass der Anspruchsteller in den persönlichen Schutzbereich der verletzten Norm fällt. Wird das bejaht, ist die Norm aber auch auf seinen Schutz *gerichtet*. An dieser Beurteilung kann sich nicht ernstlich etwas ändern, wenn aus ihr zugleich auch öffentlich-rechtliche Rechtsfolgen resultieren.[17]

Fraglich ist, ob insbesondere der **Zielgesellschaft** eigene Rechte erwachsen   10
können (vgl. auch § 14 Rn. 7). Abzulehnen ist zunächst die Auffassung, die Zielgesellschaft dürfe sich gegen die eigene Vernichtung verteidigen, wenn der Bieter diese nach Übernahme der Kontrollgewalt beabsichtige.[18] Ein solches Existenzrecht erkennt das WpÜG trotz der in § 3 Abs. 3 normierten Wahrung des Unternehmensinteresses nicht an. Über das Schicksal der Zielgesellschaft entscheiden allein deren Eigentümer, die Aktionäre, und anlässlich des Verkaufs ihrer Anteile an den Bieter. Darüber hinaus steht insbesondere der Verwaltung keine eigene Kompetenz zu, die Existenz der Zielgesellschaft zu sichern. Dies gebietet nicht zuletzt auch der wettbewerbsorientierte Ansatz des WpÜG, und es entspricht auch im Übrigen der Gesetzeslage (arg e § 71 Abs. 1 Nr. 1 AktG).[19] Bedeutung dürfte aber **§ 3 Abs. 4 Satz 2 WpÜG** entfalten. Durch diese Norm will der Gesetzgeber sicherstellen, dass die Zielgesellschaft nicht über einen angemessenen Zeitraum hinaus in ihrer Geschäftstätigkeit behindert wird. Im System des Gesetzes entfaltet diese Norm aber nur dann eigenständige Bedeutung, wenn man sie so versteht, dass alle Einzelnormen, die der Beschleunigung des Verfahrens dienen, gerade auch den Schutz der Zielgesellschaft bezwecken. Dies sind insbesondere die **§§ 10 Abs. 1 Satz 1, 14 Abs. 1, 16 Abs. 1 und 2 WpÜG.** Beachtet die BAFin diese Normen nicht oder wendet sie diese unrichtig an, muss die Zielgesellschaft dagegen vorgehen können, weil der ihr nach § 3 Abs. 4 Satz 2 WpÜG zugebilligte Schutz missachtet wird. So kommt etwa auf der Grundlage der §§ 6 Abs. 1, 41 ein Widerspruch gegen die Gestattung der Veröffentlichung des öffA durch die BAFin (§ 14 Abs. 3) in Betracht, wenn der Bieter die Frist nach § 14 Abs. 1 Satz 1 nicht eingehalten hat. Lässt die BAFin die Frist nach § 14 Abs. 2 Satz 1 verstreichen, ist die Untätigkeitsbeschwerde nach § 48 Abs. 3 Satz 1 statthaft.[20] Aus dem sachlich stark eingeschränkten Gegenstand des § 3 Abs. 4 Satz 2 WpÜG folgt aber auch, dass die Zielgesellschaft **andere Rechtsverstöße des Bieters prinzipiell nicht** rügen kann: Dies gilt etwa für die Einzelheiten der Gestaltung der Angebotsunterlage. Allerdings dürfte auch hier eine **Ausnahme** für den Fall bestehen, dass das öffA offensichtlich nur darauf gerichtet ist, die Zielgesellschaft in ihrem Verhaltensspielraum zu behindern, als Willenserklärung aber nicht ernst gemeint ist:[21] Hier erzwingt § 3 Abs. 4 Satz 2 zugunsten der Zielgesellschaft einen **Abwehranspruch**. Zu denken ist etwa an Fälle, in denen überhaupt keine Finanzierungsbestätigung nach § 13 Abs. 1 Satz 1 vorliegt, es

---

[17] So aber *Ihrig* ZHR 167 (2003), 315, 336 f.

[18] *Schnorbus* ZHR 166 (2002), 73, 89 und teilweise *Giesberts* in Kölner Komm. Rn. 81.

[19] MünchKommAktG/*Oechsler* § 71 Rn. 103 ff.

[20] *Aha* AG 2002, 160.

[21] Weitergehend *Aha* AG 2002, 160, 164.

also am entscheidenden Seriositätsindiz fehlt. In solchen Fällen kann die Zielgesellschaft die Untersagung der Veröffentlichung des öffA aus eigenem Recht verlangen. Um diese Rechte einschätzen zu können, ist die Zielgesellschaft indes auf die **Übermittlung der Angebotsunterlage durch den Bieter** (§ 14 Abs. 3) angewiesen. Unterbleibt diese, muss – entsprechend § 48 Abs. 3 – ein Antrag an die BAFin zulässig sein, den Bieter zur Übermittlung des Angebots zu verpflichten. Insoweit entsteht akzessorisch zu einem subjektiv-öffentlichen Recht ein weiteres. Nach hier vertretener Auffassung entfaltet § 3 Abs. 4 Satz 1 WpÜG schließlich auch Schutzgesetzcharakter iSd. § 823 Abs. 2 BGB (§ 3 Rn. 29).

11   Den **Aktionären der Zielgesellschaft** räumt das WpÜG hingegen **grundsätzlich** keine subjektiv-öffentlichen Rechte ein.[22] Dafür spricht, dass der Schutz des einzelnen Aktionärs nicht zu den grundsätzlichen Prinzipien des § 3 zählt, wie etwa der Schutz der Zielgesellschaft nach Abs. 4 dieser Norm. Das Gesetz folgt vielmehr dem objektiven Ordnungsgedanken, das Vertrauen der Gesamtheit der Anleger in die Funktionsfähigkeit des Kapitalmarktes ganz allgemein zu sichern. Dass dadurch der einzelne Aktionär bei seiner Verkaufsentscheidung geschützt ist, erscheint nur als Reflex der Ordnungsnormen. Aus den Zwecken der Einzelnormen lassen sich jedoch **drei Ausnahmen** von diesem Grundsatz erkennen: Die erste ist für den Fall anzunehmen, dass der Bieter – obwohl die Voraussetzungen des § 35 vorliegen – tatsächlich kein **Pflichtangebot** abgibt, und die zweite, wenn die BAFin dem Bieter in rechtswidriger Weise eine Ausnahme vom Pflichtangebot nach § 37 gewährt. Denn die Vorschriften über das Pflichtangebot schützen die Aktionäre der Zielgesellschaft u. a. vor der konkreten Gefahr, ihre Anteile nach der Übernahme gar nicht oder nur zu einem wesentlich niedrigeren Preis an Dritte weiterverkaufen zu können (vgl. auch § 31 Rn. 5): Gerade weil der Aktionär in eine Minderheitenposition zu geraten droht, ist zu befürchten, dass der Markt die Möglichkeit des Hauptaktionärs, die Geschicke der AG nun einseitig im eigenen Interesse zu lenken, wertmäßig gegenüber dem bisherigen Kurs diskontieren wird bzw. die Aktien überhaupt nicht mehr nachfragt.[23] Nach Auffassung des **BVerfG** besteht das **Wesen des Eigentums an Aktien nämlich in ihrer Fungibilität**.[24] Wird diese durch Erlangung der Kontrolle seitens des Bieters stark eingeschränkt, ist deshalb Art. 14 GG berührt. Dann müssen auch dem einzelnen Aktionär Abwehrrechte zustehen, die seine Entschädigung im Wege des Pflichtangebots sicherstellen. Erforderlich erscheint indes, dass der Aktionär nachweisen kann, dass zu seinen Lasten mehr als nur die für das Aktieneigentum übliche Kursschwankung eingetreten ist und eine **echte Fungibilitätsbeschränkung** (Kurseinbruch, Unverkäuflichkeit) entstanden ist. Die dritte Ausnahme betrifft schließlich den **Anspruch auf eine § 31 entsprechende Gegenleistung**: Entspricht die den Aktionären der Zielgesellschaft angebotene Gegenleistung nicht

---

[22] *Schnorbus* ZHR 166 (2002), 73, 90; *Giesberts* in Kölner Komm. Rn. 80; *Hamann* ZIP 2001, 2249, 2251.

[23] *Immenga* in *Kreuzer* ÖffÜA S. 22 f.; *Sandberger* DZWiR 1993, 321; *Houben* WM 2000, 1874; vgl. auch *Assmann/Bozenhardt* S. 11 f.; *Busch* S. 60 f. und 87 f.; *Herkenroth* S. 341; *Kuhr* S. 23; *Pietzke*, FS Fikentscher, 1998, S. 612 ff.

[24] BVerfG ZIP 1999, 1440 – DAT/Altana.

§ 31 und bleibt dies der BAFin in ihrer Entscheidung nach § 15 Abs. 1 Nr. 2 verborgen, muss der Aktionär *den Bieter* in Höhe der Differenz in Anspruch nehmen können. Denn § 31 Abs. 1 Satz 2 iVm. §§ 5 ff. AngebotsVO gesteht den Veräußerern einen vertraglichen Mindestinhalt zu, der ihnen kraft Kauf- oder Tauschvertrags gegenüber dem Bieter zusteht.[25] Die **Gegenauffassung**,[26] die § 31 als objektive Ordnungsnorm verstehen will, wird dem Schutzzweck der Norm gerade nicht gerecht, wie der Fall des § 31 Abs. 5 zeigt: Nach dieser Norm kann sich der geschuldete Kaufpreis bzw. die Tauschwertrelation noch bis zu einem Jahr nach Verfahrensabschluss verändern, also lange, nachdem die BAFin die Verfahrenskontrolle verloren hat. Stünden in diesem Fall den Aktionären keine vor Gericht durchsetzbaren Individualansprüche zu, bliebe der Nacherwerb für den Bieter letztlich ohne praktische Konsequenzen. § 31 lässt indes keine Ansprüche gegenüber der BAFin, wohl aber gegenüber dem Bieter auf Anpassung der unzureichenden Vertragsvereinbarung entstehen.

Den **Arbeitnehmern und ihren Vertretern** stehen keine subjektiv-öffentlichen Rechte nach dem WpÜG zu (vgl. auch § 3 Rn. 24 f.).[27] Dasselbe gilt für **konkurrierende Bieter**:[28] Zwar kann bspw. ein Erstbieter dadurch benachteiligt werden, dass die BAFin die Veröffentlichung einer rechtswidrig erstellten Angebotsunterlage nach § 14 Abs. 2 gestattet; denn in diesen Konstellationen kann sich der Zweitbieter leicht einen Vorsprung durch Rechtsbruch verschaffen. Dennoch dienen Normen wie § 11 nicht dem Schutz konkurrierender Bieter; deren Einhaltung vermittelt den Konkurrenten lediglich reflexhaften Schutz. Hier bleibt es vielmehr bei der Regel des § 4 Abs. 2. 12

§ 5 Beirat

(1) **Bei der Bundesanstalt wird ein Beirat gebildet. Der Beirat besteht aus**

1. **vier Vertretern der Emittenten,**

2. **je zwei Vertretern der institutionellen und der privaten Anleger,**

3. **drei Vertretern der Wertpapierdienstleistungsunternehmen im Sinne des § 2 Abs. 4 des Wertpapierhandelsgesetzes,**

4. **zwei Vertretern der Arbeitnehmer,**

5. **zwei Vertretern der Wissenschaft.**

Die Mitglieder des Beirates werden vom Bundesministerium der Finanzen für jeweils fünf Jahre bestellt; die Bestellung der in Satz 2 Nr. 1 bis 4 genannten Mitglieder erfolgt nach Anhörung der betroffenen Kreise. Die Mitglieder des Beirates müssen fachlich besonders geeignet sein; insbesondere müssen sie über Kenntnisse über die Funktionsweise der Kapitalmärkte sowie über Kenntnisse auf dem Gebiet des Gesell-

---

[25] *Kremer/Oesterhaus* in Kölner Komm. § 31 Rn. 74; *Thun* in *Geibel/Süßmann* § 31 Rn. 52, *Haarmann* in *Haarmann/Riehmer/Schüppen* § 31 Rn. 138.

[26] *Lappe* BB 2002, 2185, 2189 f.

[27] *Schnorbus* ZHR 166 (2002), 73, 91.

[28] Zweifelnd *Giesberts* in Kölner Komm. Rn. 83.

schaftsrechts, des Bilanzwesens oder des Arbeitsrechts verfügen. Die Mitglieder des Beirates verwalten ihr Amt als unentgeltliches Ehrenamt. Für ihre Teilnahme an Sitzungen erhalten sie Tagegelder und Vergütung der Reisekosten nach festen Sätzen, die das Bundesministerium der Finanzen bestimmt. An den Sitzungen können Vertreter der Bundesministerien der Finanzen, der Justiz sowie für Wirtschaft und Technologie teilnehmen.

(2) Das Bundesministerium der Finanzen kann durch Rechtsverordnung, die nicht der Zustimmung des Bundesrates bedarf, nähere Bestimmungen über die Zusammensetzung des Beirates, die Einzelheiten der Bestellung seiner Mitglieder, die vorzeitige Beendigung der Mitgliedschaft, das Verfahren und die Kosten erlassen. Das Bundesministerium der Finanzen kann die Ermächtigung durch Rechtsverordnung auf die Bundesanstalt übertragen.

(3) Der Beirat wirkt bei der Aufsicht mit. Er berät die Bundesanstalt, insbesondere bei dem Erlass von Rechtsverordnungen für die Aufsichtätigkeit der Bundesanstalt. Er unterbreitet mit Zustimmung von zwei Dritteln seiner Mitglieder Vorschläge für die ehrenamtlichen Beisitzer des Widerspruchausschusses und deren Vertreter.

(4) Der Präsident der Bundesanstalt lädt zu den Sitzungen des Beirates ein. Die Sitzungen werden vom Präsidenten der Bundesanstalt oder einem von ihm beauftragten Beamten geleitet.

(5) Der Beirat gibt sich eine Geschäftsordnung.

Übersicht

1   **1. Normzweck.** Der Beirat ist ohne Vorbild im GS 2000 bzw. RLE 2002 oder im City Code. Durch ihn soll nach dem Willen des Gesetzgebers praktisches Fachwissen in die Aufsichtätigkeit eingebunden werden. Offenbar geht es darum, eine Verselbständigung rein verwaltungstechnischer Vorverständnisse der Aufsichtsbehörde zu Lasten der praktischen Belange des Kapitalmarktes zu verhindern (arg. e § 5 Abs. 1 Satz 2).[1] Nach dem Willen des Gesetzgebers

---

[1] *Pötzsch/Möller* WM 2000, 10; *Strenger* WM 2000, 953.

tritt der Beirat in die Tradition der Übernahmekommission, die auf der Grundlage des Übernahmekodex der Börsensachverständigenkommission beim Bundesministerium der Finanzen errichtet und beratend im BMF tätig wurde. Der
fast völlige Ausschluss aller Initiativrechte des Beirates und seine starke Abhängigkeit gegenüber der Behörde (vgl. nur die Einberufung und Sitzungsleitung
durch den Präsidenten der BAFin in Abs. 4) verrät allerdings auch ein tief aus-
geprägtes Misstrauen gegenüber dem Einfluss der Praxis, das man gerade im
Rechtsvergleich mit der Durchsetzung des City Codes durch das Panel bedauern muss.

    2. Zusammensetzung des Gremiums (Abs. 1 Satz 2, 3 und 4). Für die   **2**
Ernennung der Mitglieder gilt **Art. 33 Abs. 2 GG.** Dessen Grundsätzen muss
die nach Satz 4 erforderliche Eignungsprüfung genügen. Jedoch hat der Bundesfinanzminister einen erheblichen Beurteilungsspielraum im Hinblick auf
die Fachanforderungen bei der Ernennung der Mitglieder. Die in Satz 4 genannten Fachgebiete sind auf die besondere Thematik öffA und öffÜA bezogen, so dass nicht der Fachzuschnitt der Landesjustizprüfungsordnungen,
sondern die spezifischen Bedürfnisse des Rechts der öffA und öffÜA ausschlaggebend sind. Nicht jedes Mitglied des Beirats muss das ganze Wissens-
spektrum abdecken, andernfalls wären keine Spezialisten einzubinden. Die
hohe Mitgliederzahl - im DiskEntw ÜG waren sogar 21 Personen vorgesehen
– rechtfertigt der Gesetzgeber nämlich gerade durch die Weite des abzudecken-
den Spektrums.[2] Besonders die **Einbeziehung von Arbeitnehmerinteressen** fordert Kritik an der Vereinbarkeit mit dem wettbewerblichen Grund-
ansatz des Gesetzes heraus.[3] Büßt ein bereits zum Beirat bestelltes Mitglied
nachträglich seine Zugehörigkeit zu einer einschlägigen Gruppe ein, kann
seine Mitgliedschaft nach § 2 BeiratsVO vorzeitig beendet werden.

    Der Referentenentwurf sah noch ein Vorschlagsrecht der Börsensachverstän-   **3**
digenkommission vor. Dies ist nunmehr entfallen. Eine **Einschränkung des
Beurteilungsspielraums** ergibt sich für das Bundesfinanzministerium in
fachlicher und personeller Hinsicht. Innerhalb des Beirats müssen die in Satz 4
genannten Fachgebiete und die in Satz 2 genannten Personengruppen und Institutionen sämtlich vertreten sein: Unter **Emittenten** iSd. Satzes 2 Nr. 1 sind
die auf organisierten Märkten iSd. § 2 Abs. 7 notierten Gesellschaften zu verstehen; der Begriff des **institutionellen Anlegers** stammt aus dem amerikanischen Securities Law und bezeichnet – auf deutsche Verhältnisse übertragen
– die meist körperschaftlich organisierten Investoren, die gewerbsmäßig eine
Vielzahl fremder Anlagen verwalten. Der Begriff des Wertpapierdienstleistungsunternehmens ergibt sich aus § 2 Abs. 4 WpHG, der seinerseits auf Art. 1
Nr. 1 der Wertpapierdienstleistungsrichtlinie 93/22/EWG vom 10. 5. 1993[4] zurückgeht. Das Tatbestandsmerkmal **Wissenschaft** (Nr. 5) ist indes nicht eindeutig einzuordnen: Hier können sowohl die Rechtswissenschaft wie auch die
Wirtschaftswissenschaften thematisch bezeichnet sein; zweckmäßig erschiene
beides, zumal dem Gesetzgeber vorschwebt, dass der Beirat auch über Kenntnis

---

[2] S. bereits WÜG-RefE S. 434; DiskEntw ÜG S. 294 sowie den Ausschnitt aus
dem RegE unten.
[3] *Baums* in DAI S. 180; § 3 Rn. 24 f.
[4] ABl. EG Nr. L 141, 27.

betreffend der Funktionsweise der Kapitalmärkte verfügen soll (siehe unten
Rn. 9, 13, 17). Die Regelungen der §§ 20 f. VwVfG über die **Befangenheit** sind
anwendbar. Soweit ein Mitglied des Beirats infolge eigener erheblicher Gesell-
schaftsbeteiligungen oder aufgrund seiner Tätigkeit als Organwalter mit einem
der Beteiligten eng verbunden ist, ist es nach § 20 Abs. 1 Nr. 1 und 5 VwVfG
von der Erteilung von Vorschlägen iSd. § 5 Abs. 3 während der Laufzeit des
Verfahrens ausgeschlossen.

4   **3. Status der Mitglieder.** Die Mitgliedschaft ist **ehrenamtlich** (Satz 5).
Entgeltansprüche entstehen folglich nicht. Die Zuwendungen nach Satz 6 verstehen sich als pauschalierter Aufwendungsersatz, der dem Gebot der Erforderlichkeit nach § 670 BGB folgen muss und der Regelung des § 92 Abs. 3 Versicherungsaufsichtsgesetz nachgebildet ist (Rn. 14). Nach der Vorstellung des
Gesetzgebers werden die Mitglieder des Beirates als Sachverständige, nicht als
Interessenvertreter tätig (Rn. 13).

5   **4. Kompetenzen (Abs. 3).** Der Beirat hat eine rein beratende Funktion.
Seine Vorschläge entfalten keine Bindungswirkung für die BAFin. Dennoch
dürfte es als **Beurteilungs- bzw. Ermessensfehler** anzusehen sein, wenn die
BAFin eine VO ohne Anhörung des Beirats erlässt, weil Letzteres durch den
Wortlaut „insbesondere" im Gesetz nahe gelegt wird. Die Zweidrittelmehrheit
nach Satz 3 bei Vorschlägen für die Besetzung der ehrenamtlichen Beisitzer des
Widerspruchsausschusses erklärt sich aus dem Umstand, dass im Beirat unterschiedliche Interessenvertreter präsent sind und der Widerspruchsausschuss
nicht von Interessenpolitik belastet werden soll. Die Vorschläge entfalten
keine unmittelbare Bindungswirkung. Dies folgt zunächst aus Wortlaut
und System des Gesetzes: Der Präsident ernennt die ehrenamtlichen Beisitzer
nach § 6 Abs. 3 nicht etwa „auf Vorschlag" des Beirats.[5] Auch die Materialien
sehen lediglich vor, dass die Ernennung „auf der Grundlage der Vorschläge des
Beirats" erfolgen muss,[6] was mehr für die Pflicht zur Beachtung dieser Vorschläge spricht, nicht aber für ein Bestimmungsrecht des Beirats.

6   **5. Sitzungen (Abs. 4).** Das Initiativrecht zur Einberufung des Beirats steht
grundsätzlich dem Präsidenten der BAFin zu, ebenso wie die Sitzungsleitung.
Dies ist ungewöhnlich, weil der Präsident selbst nicht Mitglied des Beirats
nach Abs. 1 Satz 2 ist, und zeigt die rein dienende Funktion des Gremiums.
Allerdings ist nach § 3 Abs. 1 Satz 1 BeiratsVO eine Sitzung ebenfalls auf Vorschlag von acht Mitgliedern einzuberufen. An den Sitzungen können nach
Abs. 1 Satz 7 Vertreter der Fachministerien teilnehmen. Die Sitzungen sind
nicht öffentlich; der Präsident der BAFin kann allerdings weitere Vertreter des
Amts hinzuziehen (§ 3 Abs. 2 BeiratsVO). Der Beirat ist beschlussfähig, wenn
mindestens acht Mitglieder anwesend sind (§ 4 Satz 1 BeiratsVO). Jedes Mitglied hat eine Stimme (§ 4 Satz 2 BeiratsVO). Regelmäßig entscheidet die **einfache Mehrheit** der abgegebenen Stimmen (§ 4 Satz 3 BeiratsVO). Nur bei
der Unterbreitung von Vorschlägen für die ehrenamtliche Mitgliedschaft im
Widerspruchsausschuss ist eine Mehrheit von zwei Dritteln erforderlich (§ 4
Satz 4 BeiratsVO).

---

5 Vgl. Art. 64 Abs. 1 GG.
6 RegE BT-Drucks. 14/7034 S. 37; WÜG-RefE S. 436; DiskEntw ÜG S. 295.

6. BeiratsVO. Der Bundesfinanzminister hat von der in § 5 Abs. 2 Satz 1   **7**
enthaltenen Ermächtigungsgrundlage Gebrauch gemacht und die Verordnung
über die Zusammenarbeit, die Bestellung der Mitglieder und das Verfahren des
Beirats beim Bundesaufsichtsamt für den Wertpapierhandel (WpÜG-Beirats-
verordnung, im Folgenden BeiratsVO) vom 27.12.2001 erlassen.[7] Diese VO
gilt zugunsten der BAFin fort. Darin sind neben den bereits erwähnten Regelungen (oben Rn. 6) Vorschriften über die Bestellung von Stellvertretern der
Beiratsmitglieder (§ 1 BeiratsVO), die Protokollführung (§ 5 BeiratsVO) und
die Entschädigung der Mitglieder (§ 6 BeiratsVO) getroffen.

7. Geschäftsordnung (Abs. 5). Von der Norm wurde noch kein Gebrauch   **8**
gemacht. In jedem Fall ist der Präsident der BAFin bei der Beschlussfassung
nicht abstimmungsbefugt, da er dem Beirat nicht angehört.

8. Auszug aus der Begründung des Regierungsentwurfs. a) Abs.1   **9**
(BT-Drucks. 14/7034 S.36): „Absatz 1 regelt die Einrichtung eines Beirates
beim BAWe. Zwar ist das Bundesaufsichtsamt zuständig für die Überwachung
der Einhaltung dieses Gesetzes. Im Interesse einer sachgerechten Ausgestaltung
von öffentlichen Angebotsverfahren ist es jedoch zweckmäßig, dem Bundesaufsichtsamt bei der Wahrnehmung dieser Aufgaben den **Sachverstand der
Wirtschaft und anderer betroffener Kreise** zu erschließen. Zu diesem
Zweck soll beim Bundesaufsichtsamt ein ehrenamtliches Gremium gebildet
werden, dem Vertreter der betroffenen Wirtschaftskreise, einschließlich der
Emittenten, der Arbeitnehmer sowie weitere Experten angehören. Hierdurch
wird insbesondere der Sachverstand der Wirtschaft eingebunden, die sich bereits im Rahmen der Übernahmekommission, die auf der Grundlage des
Übernahmekodex der Börsensachverständigenkommission beim Bundesministerium der Finanzen errichtet wurde, mit Rat und Tat in die Überwachung
des ordnungsgemäßen Vollzugs von Unternehmensübernahmen eingebracht
hat. Die Einrichtung eines solchen Gremiums fördert zudem die Akzeptanz
von Entscheidungen der Aufsicht auf der Grundlage des Gesetzes.

Der Beirat besteht aus 15 Personen. Diese Anzahl erscheint im Interesse einer   **10**
effizienten Arbeitsweise noch vertretbar. Sachlich gerechtfertigt ist die Mitgliederzahl im Hinblick auf das weite Spektrum der relevanten Sachgebiete und der
regelmäßig sehr unterschiedlichen Interessenlage der durch ein öffentliches Angebotsverfahren Betroffenen. **Vergleichbar dem Börsenrat** für die Belange der
Börse (§§ 3 ff. Börsengesetz) sollen für den Bereich öffentlicher Angebote die von
einem solchen Verfahren unmittelbar oder mittelbar Beteiligten im Beirat repräsentiert sein und sich damit die Vielzahl der im Rahmen eines solchen Verfahrens
berührten Belange in der Besetzung des Beirates widerspiegeln. Der Beirat kann
hierdurch einen wichtigen Beitrag für eine wirkungsvolle Aufsicht liefern.

Ziel der Regelung des Satzes 2 ist es, die unmittelbar und mittelbar durch ein   **11**
öffentliches Angebot Beteiligten im Beirat zu repräsentieren. Dies sind neben
den Emittenten die institutionellen und privaten Anleger, die **Wertpapierdienstleistungsunternehmen**, die Arbeitnehmer sowie die Wissenschaft.

Die Mitglieder des Beirates werden vom Bundesministerium der Finanzen   **12**
für jeweils fünf Jahre bestellt. Handelt es sich bei den zu bestellenden Perso-

---

[7] BGBl. I S. 4259.

nen nicht um Vertreter der Wissenschaft, geht der Bestellung eine Anhörung der betroffenen Interessenvertretungen voraus. Durch dieses Verfahren soll eine ausgewogene Besetzung, die die notwendige Sachkompetenz widerspiegelt, sichergestellt werden. Die Letztentscheidung über die Berufung liegt beim Bundesministerium der Finanzen.

13   Auf Grund der regelmäßig erheblichen Auswirkungen öffentlicher Angebote auf die börsennotierten Wertpapiere der Zielgesellschaft und gegebenenfalls anderer Unternehmen müssen die vorgeschlagenen Personen im Interesse einer sachgerechten Beratung des Bundesaufsichtsamtes stets über **Kenntnisse der Funktionsweise der Kapitalmärkte** verfügen. Darüber hinaus sind Kenntnisse auf dem Gebiet des Gesellschaftsrechts, des Bilanzwesens oder des Arbeitsrechts erforderlich. Die Beiratsmitglieder werden in ihrer Eigenschaft als Sachverständige tätig; sie haben nicht die Interessen bestimmter Unternehmen oder Gruppen von Unternehmen, Berufe oder der Kreise wahrzunehmen, denen sie angehören, sondern sollen zur Lösung der Probleme im Zusammenhang mit der Beaufsichtigung von öffentlichen Angeboten nur durch die besondere Erfahrung beitragen, die sie in ihrem Berufs- oder Lebenskreis erworben haben.

14   Die Mitglieder des Beirates haben keinen **Anspruch auf ein Entgelt**. Sie erhalten für die Teilnahme an den Sitzungen des Beirates jedoch Tagegelder und eine Vergütung nach festen Sätzen, die das Bundesministerium der Finanzen bestimmt. Eine entsprechende Regelung beinhaltet auch § 92 Abs. 3 Versicherungsaufsichtsgesetz für den Versicherungsbeirat.

15   An den Sitzungen des Beirates können Vertreter des Bundesministeriums der Finanzen, dem das Bundesaufsichtsamt nachgeordnet ist, und Vertreter der Bundesministerien der Justiz sowie für Wirtschaft und Technologie teilnehmen."

16   **b) Abs. 2** (BT-Drucks. 14/7034 S. 36): „Die Vorschrift enthält eine Verordnungsermächtigung zugunsten des Bundesministeriums der Finanzen. Auf diesem Weg können Einzelheiten der Zusammensetzung des Beirates, der Bestellung seiner Mitglieder, der vorzeitigen Beendigung der Mitgliedschaft, des Verfahrens sowie der Kosten bestimmt und bei Bedarf flexibel angepasst werden. Nach (S. 37) Satz 2 besteht die Möglichkeit der Subdelegation auf das Bundesaufsichtsamt."

17   **c) Abs. 3** (BT-Drucks. 14/7034 S. 37): „Der Beirat wirkt bei der Aufsicht mit. Die Mitglieder des Rats äußern ihre Meinung und beraten das Bundesaufsichtsamt, das an die Auffassung des Rates oder einzelner Mitglieder jedoch nicht gebunden ist. Der Beirat soll zur Lösung der Probleme durch die besondere Erfahrung und Sachkenntnis seiner Mitglieder, die diese innerhalb ihres eigenen Berufskreises erworben haben, beitragen. Diese Erfahrung und Sachkenntnis soll insbesondere bei dem Erlass von Rechtsverordnungen des Bundesaufsichtsamtes einfließen. Darüber hinaus unterbreitet der Beirat mit Zustimmung von zwei Dritteln seiner Mitglieder Vorschläge für die Besetzung der ehrenamtlichen Beisitzerposten des Widerspruchsausschusses und deren Vertreter. Diese können Mitglieder des Beirates sein, müssen es aber nicht. Die Ernennung der Beisitzer obliegt dem Präsidenten des Bundesaufsichtsamtes (§ 6 Abs. 3)."

18   **d) Abs. 4** (BT-Drucks. 14/7034 S. 37): „Der Beirat tritt auf Einladung des Präsidenten des Bundesaufsichtsamtes zusammen. Die Sitzungen werden vom

Präsidenten oder von einem vom ihm beauftragten Beamten geleitet und sind nicht öffentlich. Somit ist ein Zusammentreten des Beirates jederzeit möglich, soweit dies erforderlich ist."

e) Abs. 5 (BT-Drucks. 14/7034 S. 37): „Absatz 5 verpflichtet den Beirat, **19** sich eine Geschäftsordnung zu geben, in der nähere Regeln zur Ausgestaltung des Verfahrens bestimmt werden. Dies betrifft beispielsweise die Behandlung von Vorlagen und Anträgen sowie die Ansetzung und Durchführung der Sitzungen."

§ 6 Widerspruchsausschuss

(1) **Bei der Bundesanstalt wird ein Widerspruchsausschuss gebildet. Dieser entscheidet über Widersprüche gegen Verfügungen der Bundesanstalt nach § 4 Abs. 1 Satz 3, § 10 Abs. 1 Satz 3, Abs. 2 Satz 3, § 15 Abs. 1 und 2, § 20 Abs. 1, §§ 24, 28 Abs. 1, §§ 36 und 37.**

(2) **Der Widerspruchsausschuss besteht aus**

1. **dem Präsidenten der Bundesanstalt oder einem von ihm beauftragten Beamten, der die Befähigung zum Richteramt hat, als Vorsitzendem,**

2. **zwei vom Präsidenten der Bundesanstalt beauftragten Beamten als Beisitzern,**

3. **drei vom Präsidenten der Bundesanstalt bestellten ehrenamtlichen Beisitzern.**
Bei Stimmengleichheit entscheidet der Vorsitzende.

(3) **Die ehrenamtlichen Beisitzer werden vom Präsidenten der Bundesanstalt für fünf Jahre als Mitglieder des Widerspruchsausschusses bestellt.**

(4) **Das Bundesministerium der Finanzen kann durch Rechtsverordnung, die nicht der Zustimmung des Bundesrates bedarf, nähere Bestimmungen über das Verfahren, die Einzelheiten der Bestellung der ehrenamtlichen Beisitzer, die vorzeitige Beendigung und die Vertretung erlassen. Das Bundesministerium der Finanzen kann die Ermächtigung durch Rechtsverordnung auf die Bundesanstalt übertragen.**

Übersicht

1   **1. Normzweck.** Die für das Verfahren zentralen Rechtsakte der BAFin sollen von einer Widerspruchsbehörde kontrolliert werden, die paritätisch durch Vertreter der BAFin und durch ehrenamtliche Richter besetzt ist, die das Vertrauen der Praxis genießen (vgl. § 5 Abs. 3 Satz 2!). Bei Stimmengleichheit fällt allerdings die Mehrheit dem Präsidenten der BAFin zu. Dadurch sollen einerseits praktische Erfahrungen in die Kontrolle der Rechtsakte eingebunden und andererseits den Verfahrensbeteiligten das Vertrauen in eine fachgerechte Sachüberprüfung der Verfügungen der BAFin gewährt werden.

2   **2. Zuständigkeit.** Richtiger Auffassung nach ist der **Katalog** der Verfügungen in Abs. 1 **abschließend.**[1] Der Widerspruchsausschuss ist also nur in den ausdrücklich enumerierten Fällen zuständig. Der Gesetzgeber schafft damit in § 6 Abs. 1 für einige im Rahmen des Verfahrensfortgangs besonders brisante Entscheidungen eine Sonderregelung mit einem vergleichsweise aufwendigen Widerspruchsverfahren, weil eine gerichtsähnlich besetzte Widerspruchsbehörde eingeschaltet ist. Diese ist richtiger Auffassung nach auch dann zuständig, wenn **Dritte** sich gegen **einen VA mit Drittwirkungen** wenden (dazu § 4 Rn. 9 ff.), sofern sich die Entscheidung auf eine der in § 6 Abs. 1 genannten Vorschriften stützt. Auch außerhalb der in § 6 Abs. 1 enumerierten Fälle ist der Widerspruch nach § 41 statthaft, nur ist dann nicht der Widerspruchsausschuss zuständig.[2]

3   Denn der **Katalog des Abs. 1 enthält Lücken**, wobei nicht klar ist, ob der Gesetzgeber diese in vollem Umfang überblickt hat. In der Begründung unterscheidet er zunächst zwischen den in § 6 Abs. 1 genannten grundlegenden Entscheidungen und „schlicht verwaltende[r] Tätigkeit und Verlautbarungen" der BAFin, die keine hoheitlichen Regelungsakte darstellten.[3] An späterer Stelle werden die nach § 40 Abs. 1 bis 5 erlassenen Verfügungen zur Sachverhaltsermittlung und Gebührenbescheide genannt, bei deren Überprüfung der Widerspruchsausschuss nicht eingeschaltet werden müsse. In diesen Fällen soll ebenfalls ein Widerspruchsverfahren vor einer nicht näher genannten Widerspruchsbehörde stattfinden.[4] Nicht ausdrücklich in der Begründung bedacht und auch nicht in § 6 Abs. 1 erwähnt sind die Entscheidungen über die Ablehnung einer Verlängerung der Frist für die Übermittlung der Angebotsunterlage nach § 14 Abs. 1 Satz 3 und die Verweigerung der Befreiung von der Sperrfrist nach § 26 Abs. 2. In beiden Fällen ist daher der Widerspruch nach § 41 Abs. 1 Satz 1 vor der allgemeinen Widerspruchsbehörde statthaft. Der BAFin bleibt es unbenommen, auch in diesen Fällen Sachverständige nach § 26 Abs. 1 Nr. 2 VwVfG hinzuzuziehen, die Mitglieder des Beirates sind.[5]

4   **3. Zusammensetzung und Status.** Die Zusammensetzung des Widerspruchsausschusses ergibt sich aus § 6 Abs. 2. Bezüglich der ehrenamtlichen Beisitzer (Abs. 2 Nr. 3), die nach Abs. 3 vom Präsidenten der BAFin ernannt werden, hat der Beirat ein nicht bindendes Vorschlagsrecht, § 5 Abs. 3 Satz 3.

---

[1] RegE BT-Drucks. 14/7034 S. 37; DiskEntw ÜG S. 296; WÜG–RefE S. 436; *Schäfer* in Kölner Komm. Rn. 16; *Schmitz* in *Geibel/Süßmann* Rn. 3.

[2] *Schmitz* in *Geibel/Süßmann* Rn. 3.

[3] RegE BT-Drucks. 14/7034 S. 37; DiskEntw ÜG S. 296; WÜG–RefE S. 436.

[4] RegE BT-Drucks. 14/7034 S. 37; DiskEntw ÜG S. 296; WÜG–RefE S. 436.

[5] RegE BT-Drucks. 14/7034 S. 37; WÜG–RefE S. 437.

Dieses wird in § 1 WiderspruchsA-VO (Rn. 6) konkretisiert: Danach erstellt der Beirat eine Vorschlagsliste, aus der der Präsident der BAFin 15 Personen auswählt. Das Gesetz nennt keine weiteren persönlichen Voraussetzungen für die ehrenamtlichen Beisitzer (vgl. auch Abs. 4). Die Eignung für den Staatsdienst ist deshalb nicht zwingende Voraussetzung, zumal es nach dem Zweck der Normen auch darum geht, sehr unterschiedlich geprägten ökonomischen Sachverstand in die Entscheidungen einzubinden. Da nach § 6 Abs. 2 Nr. 3 auch Vertreter der Praxis berufen werden können, spielen die **Befangenheitsvorschriften** nach §§ 20 f. VwVfG eine besondere Rolle, wenn ein Unternehmen Verfahrensbeteiligter ist, zu dem die Beisitzer eine der in § 20 VwVfG genannten Verbindungen aufweisen. Unbeschadet dieser Vorschriften sieht § 4 WiderspruchsA-VO (Rn. 6) vor, dass Personen ausgeschlossen sind, die beim Bieter oder der Zielgesellschaft *beschäftigt* sind. Der Vorsitzende des Ausschusses kann dann einen anderen ehrenamtlichen Beisitzer in der Rangfolge der Beisitzerliste nach § 3 Abs. 2 WiderspruchsA-VO bestimmen. Nach den Vorstellungen des Gesetzgebers kann der Widerspruchsausschuss **in unterschiedlicher Besetzung** über Widersprüche entscheiden.[6] Zu den einzelnen Sitzungen erfolgt eine Einladung der Beisitzer in der Rangfolge einer zuvor erstellten **Beisitzerliste**; die dort vorgesehene Rangfolge wird durch das Los bestimmt (§ 3 WiderspruchsA-VO). Nach § 41 Abs. 4 Satz 1 ist eine Übertragung zur Alleinentscheidung auf den Präsidenten möglich. Diese ist wiederum nach Satz 2 der Norm eingeschränkt. Der Widerspruchsausschuss entscheidet in der Regel ohne mündliche Verhandlung (§ 6 Abs. 1 Satz 1 WiderspruchsA-VO).

Der Widerspruchsausschuss ist eine kollegiale Einrichtung im Sinne der **5** §§ 88 ff. VwVfG, die in die Allfinanzaufsicht eingegliedert ist. Er ist keine eigenständige Behörde nach § 1 Abs. 4 VwVfG. Seine Entscheidungen werden vielmehr der Allfinanzaufsicht zugerechnet.[7] Der Beirat kann dem Widerspruchsausschuss **keine Weisungen** erteilen.[8]

4. WiderspruchsausschussVO. Der Bundesfinanzminister hat von der in **6** § 6 Abs. 4 WpÜG erteilten Ermächtigungsgrundlage durch die Verordnung über die Zusammensetzung und das Verfahren des Widerspruchsausschusses beim Bundesaufsichtsamt für den Wertpapierhandel (WpÜG Widerspruchsausschuss-Verordnung) vom 27. 12. 2001 Gebrauch gemacht.[9]

5. Auszug aus der Begründung des Regierungsentwurfs. a) Abs. 1 **7** (BT-Drucks. 14/7034 S. 37): „Beim Bundesaufsichtsamt wird ein Widerspruchsausschuss als besonderes Entscheidungsgremium gebildet. Dieser entscheidet über Widersprüche gegen die nach den in Absatz 1 genannten Vorschriften erlassenen Verfügungen des Bundesaufsichtsamtes. Dabei handelt es sich um grundlegende Sachentscheidungen zur Regelung des Angebotsverfahrens, wie zum Beispiel die Untersagung eines Angebots, Verfügungen im Rahmen der Missstandsaufsicht nach § 4 Abs. 1 Satz 3 oder Entscheidungen über die Nichtberücksichtigung von Stimmrechten nach § 36 oder die Gewährung

---

[6] RegE BT-Drucks. 14/7034 S. 37; DiskEntw ÜG S. 297 WÜG-RefE S. 437.
[7] RegE BT-Drucks. 14/7034 S. 37; DiskEntw ÜG S. 296; WÜG-RefE S. 437.
[8] RegE BT-Drucks. 14/7034 S. 37; DiskEntw ÜG S. 297; WÜG-RefE S. 437.
[9] BGBl. I S. 4261.

von Befreiungen von Verpflichtungen des Gesetzes nach § 37 Abs. 1, auch in Verbindung mit einer Rechtsverordnung nach § 37 Abs. 2. Nicht erfasst werden die schlicht verwaltende Tätigkeit und Verlautbarungen des Bundesaufsichtsamtes. Letztere stellen regelmäßig keinen hoheitlichen Regelungsakt dar, sondern lediglich nicht rechtsverbindliche Hinweise.

8   Bei Verfügungen auf Grund von Rechtsgrundlagen, die nicht in Absatz 1 genannt werden, findet nach § 41 zwar auch ein Widerspruchsverfahren statt, eine Einbeziehung des Widerspruchsausschusses ist in diesen Fällen jedoch entbehrlich, da es sich um Verfügungen handelt, die lediglich der Vorbereitung oder Vollziehung anderer Entscheidungen dienen. Dazu gehören etwa Verfügungen, die im Rahmen der Sachverhaltsermittlung nach § 40 Abs. 1 bis 4 ergehen. Auch bei Widersprüchen gegen Gebührenbescheide ist eine Entscheidung durch den Widerspruchsausschuss nicht angezeigt. Sinn der Regelung ist neben dem Gedanken der Verfahrensbeschleunigung in erster Linie die Entlastung der im Widerspruchsausschuss tätigen ehrenamtlichen Beisitzer.

9   Bei dem Widerspruchsausschuss handelt es sich um eine kollegiale Einrichtung im Sinne der §§ 88 ff. Verwaltungsverfahrensgesetz (VwVfG), der in das Bundesaufsichtsamt eingegliedert ist. Der Widerspruchsausschuss ist keine eigenständige Behörde nach § 1 Abs. 4 VwVfG. Seine Entscheidungen werden vielmehr dem Bundesaufsichtsamt zugerechnet."

10   **b) Abs. 2** (BT-Drucks. 14/7034 S. 37): „Neben dem Präsidenten und zwei von ihm beauftragten Beamten bzw. drei Beamten besteht der Widerspruchsausschuss aus drei ehrenamtlichen Beisitzern. Diese werden vom Präsidenten bestellt auf der Grundlage der Vorschläge des Beirats. Durch die Besetzung mit drei ehrenamtlichen Beisitzern soll die besondere Fachkompetenz der betroffenen Wirtschaftskreise und Interessengruppen genutzt werden. Zudem soll eine möglichst breite Akzeptanz der Entscheidungen des Widerspruchsausschusses gefördert werden. Dies wiederum trägt im Interesse aller Beteiligter zu einer zügigen Abwicklung des Verfahrens bei. Bei Stimmengleichheit entscheidet der Ausschussvorsitzende. Der Widerspruchsausschuss oder einzelne seiner Mitglieder sind Weisungen des Beirates nicht unterworfen.

11   Auch in Verwaltungsverfahren, in denen keine Zuständigkeit des Widerspruchsausschusses besteht, dh. also auch bei Erstentscheidungen des Bundesaufsichtsamtes, kann das BAWe Sachverständige hinzuziehen (§ 26 Abs. 1 Nr. 2 VwVfG), die auch Mitglieder des Beirates sein können. Somit ist gewährleistet, dass die besondere Fachkompetenz der betroffenen Wirtschaftskreise und Interessengruppen in alle Entscheidungen des Amtes einfließen kann.

12   Der Widerspruchsausschuss kann in unterschiedlicher Besetzung über die Widersprüche entscheiden. Durch die Bestellung einer ausreichenden Anzahl von ehrenamtlichen Beisitzern durch den Beirat ist zu gewährleisten, dass auch für den Fall der Notwendigkeit einer gleichzeitigen Behandlung mehrerer Widersprüche in verschiedenen Verfahren das Gremium handlungsfähig ist."

13   **c) Abs. 3** (BT-Drucks. 14/7034 S. 37): „Absatz 3 bestimmt die Dauer der Mitgliedschaft der ehrenamtlichen Beisitzer, die durch den Präsidenten des Bundesaufsichtsamtes bestellt werden. Diese beträgt im Interesse eines Mindestmaßes an Kontinuität fünf Jahre. Die vorzeitige Beendigung der Mitgliedschaft kann in der nach Absatz 4 möglichen Rechtsverordnung geregelt werden."

d) Abs. 4 (BT-Drucks. 14/7034 S. 38):„ Die Vorschrift enthält eine Verord- 14
nungsermächtigung zugunsten des Bundesministeriums der Finanzen. Auf
diesem Weg können Einzelheiten über das Verfahren vor dem Widerspruchsausschuss, die Bestellung der ehrenamtlichen Beisitzer, die Vertretung der Mitglieder und die vorzeitige Beendigung ihrer Tätigkeit erlassen werden. Die
Verordnungsermächtigung kann das Bundesministerium der Finanzen durch
Rechtsverordnung auf das Bundesaufsichtsamt übertragen."

§ 7 Zusammenarbeit mit Aufsichtsbehörden im Inland

(1) **Das Bundeskartellamt und die Bundesanstalt haben einander die
für die Erfüllung ihrer Aufgaben erforderlichen Informationen mitzuteilen. Bei der Übermittlung personenbezogener Daten ist § 15 des
Bundesdatenschutzgesetzes anzuwenden.**

(2) **Die Bundesanstalt kann sich bei der Durchführung ihrer Aufgaben nach diesem Gesetz privater Personen und Einrichtungen bedienen.**

Die Norm orientierte sich ursprünglich am Vorbild der § 6 Abs. 1 WpHG aF 1
bzw. § 8 Abs. 1 KWG aF und sah auch eine Zusammenarbeit zwischen den
unterschiedlichen Bundesaufsichtsämtern vor. Diese ist durch das Aufgehen
der Ämter durch das Gesetz über die integrierte Finanzdienstleistungsaufsicht
vom 22. April 2002[1] in der BAFin weitgehend entbehrlich geworden (dazu § 4
Rn. 2). So liegt die Bedeutung von Abs. 1 vor allem darin, dass die BAFin mit
dem Bundeskartellamt Informationsaustausch betreiben kann, während Abs. 2
vorsieht, dass auch private Dritte, wie etwa Wirtschaftsprüfer, eingeschaltet
werden können.[2] Diese trifft aber keine entsprechende Verpflichtung aus § 7
Abs. 2; hier kommt nur eine rechtsgeschäftliche Bindung – etwa im Rahmen
eines Gutachtervertrags iSd §§ 675 Abs. 1, 631 BGB – in Betracht.[3] In erster
Linie geht es also um die Hinzuziehung von Sachverständigen. Der Gesetzgeber geht ferner davon aus, dass in einem ÜV auch kartellrechtliche Fragen aufgeworfen werden und die Zuständigkeit der entsprechenden Fachbehörden begründen können.[4] Die Verpflichtung nach Abs. 1 ist deshalb gegenseitig ausgestaltet, so dass aus Abs. 2 entsprechende Amtshilfeansprüche beider Behörden
gegeneinander resultieren. Die Norm regelt die Amtshilfe **abschließend**. Anders ist nicht zu erklären, dass die noch im DiskEntw ÜG aufgeführten Börsenaufsichtsbehörden und die Handelsüberwachungsstellen nun nicht mehr
genannt sind. Dort schien deren Einbeziehung noch zur Aufrechterhaltung eines ordnungsgemäßen Börsenhandels in den Wertpapieren der von einer
Übernahme betroffenen Unternehmen notwendig.[5]

Die Zusammenarbeit umfasst die gegenseitige Mitteilung von **Beobach-** 2
tungen: Diese beziehen sich auf Tatsachen. Fraglich ist, ob der Begriff der

---

[1] BGBl. I S. 1310.
[2] RegE BT-Drucks. 14/7034 S. 38; DiskEntw ÜG S. 297; WÜG–RefE S. 438.
[3] *Schäfer* in Kölner Komm. Rn. 27.
[4] RegE BT-Drucks. 14/7034 S. 38; DiskEntw ÜG S. 297; WÜG–RefE S. 438.
[5] DiskEntw ÜG S. 297.

Feststellung darüber hinausgeht und auch Bewertungen von Beobachtungen bzw. Prognosen auf der Beobachtungsgrundlage mit einschließt. Der Wortlaut ist insoweit nicht eindeutig. Doch dürfte für die weite Auslegung der Normzweck sprechen, die Beurteilung des Angebots- oder Übernahmeverfahrens aus Sicht der jeweiligen Fachbehörde umfassend zu erleichtern. Das Merkmal der **personenbezogenen Daten** bezieht sich auf § 2 Bundesdatenschutzgesetz. Danach fallen unter personenbezogene Daten Einzelangaben über persönliche oder sachliche Verhältnisse einer bestimmten oder bestimmbaren natürlichen Person. Die Formulierung **„die zur Erfüllung ihrer Aufgaben erforderlich sind"** lehnt sich dabei an § 10 Bundesdatenschutzgesetz an und ist nach dessen Maßstäben zu beurteilen.

§ 8 Zusammenarbeit mit zuständigen Stellen im Ausland

(1) **Der Bundesanstalt obliegt die Zusammenarbeit mit den für die Überwachung von Angeboten zum Erwerb von Wertpapieren, Börsen oder anderen Wertpapier- oder Derivatemärkten sowie den Handel in Wertpapieren und Derivaten zuständigen Stellen anderer Staaten.**

(2) **Im Rahmen der Zusammenarbeit nach Absatz 1 darf die Bundesanstalt Tatsachen übermitteln, die für die Überwachung von Angeboten zum Erwerb von Wertpapieren oder damit zusammenhängender Verwaltungs- oder Gerichtsverfahren erforderlich sind; hierbei kann sie von ihren Befugnissen nach § 40 Abs. 1 bis 4 Gebrauch machen. Bei der Übermittlung personenbezogener Daten hat die Bundesanstalt den Zweck zu bestimmen, für den diese verwendet werden dürfen. Der Empfänger ist darauf hinzuweisen, dass die Daten nur zu dem Zweck verarbeitet oder genutzt werden dürfen, zu dessen Erfüllung sie übermittelt wurden. Eine Übermittlung unterbleibt, soweit Grund zu der Annahme besteht, dass durch sie gegen den Zweck eines deutschen Gesetzes verstoßen wird. Die Übermittlung unterbleibt außerdem, wenn durch sie schutzwürdige Interessen des Betroffenen beeinträchtigt würden, insbesondere wenn im Empfängerland ein angemessener Datenschutzstandard nicht gewährleistet wäre.**

(3) **Werden der Bundesanstalt von einer Stelle eines anderen Staates personenbezogene Daten mitgeteilt, so dürfen diese nur unter Beachtung der Zweckbestimmung durch diese Stelle verarbeitet oder genutzt werden. Die Bundesanstalt darf die Daten unter Beachtung der Zweckbestimmung den Börsenaufsichtsbehörden und den Handelsüberwachungsstellen der Börsen mitteilen.**

(4) **Die Regelungen über die internationale Rechtshilfe in Strafsachen bleiben unberührt.**

Übersicht

1. Regelungszweck und internationaler Rechtsrahmen. Art. 4 Abs. 4 1
GS 2000 (entspricht nunmehr Art. 4 Abs. 4 RLE 2002) verpflichtete die Behörden der Mitgliedstaaten zu umfassender Mitarbeit, sofern dies zur Anwendung der Vorschriften der Übernahmerichtlinie erforderlich schien. Angesprochen waren neben den zuständigen Aufsichtsorganen der Mitgliedstaaten auch andere Stellen „zur Beaufsichtigung der Kapitalmärkte", insbesondere die nach der TransparenzRL (88/627/EWG), der InsiderRL (89/592/EWG) und der WertpapierdienstleistungsRL (93/22/EWG) zuständigen Behörden. Gegenstand der Zusammenarbeit sollte danach die **Zustellung** von Schriftstücken zur Durchführung der von den zuständigen Behörden im Zusammenhang mit den Angeboten getroffenen Maßnahmen sein sowie die Unterstützung in anderer Form, deren Inhalt sich durch angemessene Anforderungen der zuständigen Aufsichtsorgane ergeben sollte. Nach **Art. 11 GS 2000** sollte ein Kontaktausschuss eingerichtet werden, der sich praktischer Probleme in der gegenseitigen Verständigung und der praktischen Umsetzung der Richtlinie anzunehmen hat. § 8 zielt vor allem auf den Datenaustausch und klammert die nicht minder brisante Zustellungsproblematik aus, wenn man diese nicht unter die Generalklausel von § 8 Abs. 1 fassen will.

Neben § 8 sind nicht nur die in § 8 Abs. 4 erwähnten **Internationalen Ab-** 2
kommen[1] zu beachten, sondern auch das Europäische Übereinkommen über die Erlangung von Auskünften und Beweisen in Verwaltungssachen im Ausland,[2] das neben Deutschland in Luxemburg, Belgien, Italien und Portugal in Kraft getreten ist. Daneben ist der Vertrag mit der Republik Österreich über Amts- und Rechtshilfe in Verwaltungssachen einschlägig.[3] Weiterhin existieren so genannte Memoranda of Understanding, Amtshilfeabkommen mit Informationsrechten, und zwar u. a. gegenüber den USA, Frankreich, Spanien, Portugal, Italien.[4] Eine umstrittene, wenngleich wenig praktisch relevante Frage ist, ob die Kompetenz der BAFin zum Abschluss solcher Memoranda aus § 8 Abs. 1[5] oder § 4 Abs. 1 Satz 1[6] resultiert.

2. Generalklausel (Abs. 1). Die Norm ist § 7 Abs. 1 WpHG nachgebildet. 3
Vgl. deshalb einen Auszug aus der **Begründung des Regierungsentwurfs zum WpHG (BT-Drucks. 12/6679)**: „Absatz 1 regelt die Zuständigkeit des Bundesaufsichtsamts für die Zusammenarbeit mit ausländischen Wertpapier- und Börsenaufsichtsstellen. Die Internationalisierung der Wertpapiermärkte infolge der Liberalisierung des Kapitalverkehrs, moderner Kommunikationsmittel und zahlreicher Finanzinnovationen machen eine intensive Zusammenarbeit der nationalen Aufsichtsbehörden notwendig, um die Integrität der Finanzmärkte und den Schutz der Anleger sicherzustellen. In der International Organization of Securities Commissions (IOSCO), der internationalen Vereinigung der Wertpapier- und Börsenaufsichtsbehörden, sind Prinzipien entwickelt worden, um die internationale Zusammenarbeit der Aufsichtsbehör-

---

[1] Dazu *Kurth* WM 2000, 1527.
[2] BGBl. 1981 II S. 533, 550.
[3] BGBl. 1990 II S. 358, 1334.
[4] Dazu *Kurth* WM 2000, 1527 f.; *Schäfer* in Kölner Komm. Rn. 14.
[5] *Schmitz* in *Geibel/Süßmann* Rn. 2; *Steinmeyer/Häger* Rn. 6.
[6] *Schäfer* in Kölner Komm. Rn. 12.

den zu erleichtern. Dies hat dazu geführt, dass zahlreiche nationale Aufsichtsbehörden untereinander so genannte Memoranda of Understanding abgeschlossen haben, in denen die Verfahren und Voraussetzungen für den Austausch auch vertraulicher Informationen geregelt sind. Die Außenkompetenz des Bundesaufsichtsamtes steht in Einklang mit der Zuständigkeitsregelung in Art. 32 GG. Die Zuständigkeiten, die nach dem Börsengesetz den **Börsenaufsichtsbehörden** der Länder zugewiesen werden, werden hierdurch nicht angetastet. Die Zuständigkeit des Bundesaufsichtsamtes für die internationale Zusammenarbeit, dass das Bundesaufsichtsamt in Angelegenheiten der deutschen Börsenaufsicht mit den Börsenaufsichtsbehörden der Länder, soweit dies im Einzelfall erforderlich ist, zusammenarbeitet. Umgekehrt wird von den Börsenaufsichtsbehörden erwartet werden, dass sie dem Bundesaufsichtsamt die erforderliche Amtshilfe bei der Wahrnehmung der internationalen Zusammenarbeit gewähren. Dies betrifft insbesondere den Informationsaustausch mit ausländischen Stellen."

4   Nach **Abs. 2** darf die BAFin **Tatsachen** übermitteln. Richtiger Auffassung nach kommen dabei auch Prognosen mit Tatsachenkern in Betracht.[7] Das Gegenargument – der Gesetzgeber habe in Abs. 2 Satz 1 nicht wie in § 7 Abs. 1 den Begriff der Information verwendet[8] – verfängt nicht. Denn die Vorschriften des WpÜG zielen regelmäßig auch auf eine Aufdeckung von Prognosen mit Tatsachenkern (vgl. nur § 11 Abs. 2 Satz 2 Nr. 2). Deshalb gilt überall ein weiter Tatsachenbegriff.[9] Die zwingende Zweckbestimmung für **personenbezogene Daten nach Abs. 2 Satz 2** gilt zutreffender Ansicht nach analog auch für die Betriebs- und Geschäftsgeheimnisse einer juristischen Person.[10] Zwar bezieht sich der Begriff der personenbezogenen Daten nach § 2 Bundesdatenschutzgesetz auf natürliche Personen. § 8 Abs. 2 Satz 2 muss aber hier im systematischen Zusammenhang zu § 9 Abs. 1 Satz 5 (Verschwiegenheitspflicht) ausgelegt werden: Die Zweckbestimmung der Daten stellt nämlich sicher, dass diese nicht für allgemeine geschäftliche Interessen offenbart werden dürfen, also geheim gehalten werden. Die bei der BAFin beschäftigten Verantwortungsträger können bereits aus diesem Grund die Zweckbestimmung von Daten, die sich auf eine juristische Person beziehen, nicht offen lassen. Dies spricht dafür, dass der Anwendungsbereich des § 8 Abs. 2 Satz 2 weiter ist als sein Wortlaut. Absatz 4 bezieht sich auf das Gesetz über die Internationale Rechtshilfe in Strafsachen.

5   **3. Auszug aus der Begründung des Regierungsentwurfs.** Zu **Abs. 1** (BT-Drucks. 14/7034 S. 38): „Angebote zum Erwerb von Wertpapieren machen nicht an den nationalen Grenzen halt. Immer häufiger haben die zuständigen Stellen grenzüberschreitende Sachverhalte zu beurteilen. Daher ist auch eine enge Zusammenarbeit des Bundesaufsichtsamtes mit den zuständigen Stellen im Ausland notwendig. Die Zusammenarbeit mit den zuständigen ausländischen Stellen erfolgt im Rahmen der Zuständigkeit des Bundesaufsichts-

---

[7] *Steinmeyer/Häger* Rn. 7.

[8] *Schäfer* in Kölner Komm. Rn. 15; *Schmitz* in *Geibel/Süßmann* Rn. 3; *Stögmöller* in *Haarmann/Riehmer/Schüppen* Rn. 14.

[9] Vgl. nur wiederum *Schäfer* in Kölner Komm. § 9 Rn. 16.

[10] *Schäfer* in Kölner Komm. Rn. 20.

amtes nach diesem Gesetz. Für die internationale Zusammenarbeit des Bundesaufsichtsamtes auf der Grundlage des Wertpapierhandelsgesetzes enthält § 7 Abs. 1 WpHG eine entsprechende Vorschrift." Zu **Abs. 2** (BT-Drucks. 14/7034 S. 38): „Absatz 2 enthält Regelungen über die konkrete Form der Zusammenarbeit des Bundesaufsichtsamtes mit den ausländischen Stellen, die für die Überwachung von Angeboten zum Erwerb von Wertpapieren, Börsen oder anderen Wertpapier- oder Derivatemärkten, und den Handel in Wertpapieren oder Derivaten zuständig sind. Den Belangen des Datenschutzes wird mit dieser Regelung Rechnung getragen." Zu **Abs. 3** (BT-Drucks. 14/7034 S. 38): „Werden dem Bundesaufsichtsamt von einer ausländischen Stelle personenbezogene Daten mitgeteilt, so hat die Behörde darauf zu achten, dass diese Daten nur unter Beachtung der Zweckbestimmung durch die ausländische Stelle verarbeitet oder genutzt werden." Zu **Abs. 4** (BT-Drucks. 14/7034 S. 38): „Diese Bestimmung stellt klar, dass die Regelungen über die internationale Rechtshilfe in Strafsachen unberührt bleiben. Die Regelung entspricht § 7 Abs. 4 WpHG."

§ 9 Verschwiegenheitspflicht

(1) **Die bei der Bundesanstalt und bei Einrichtungen nach § 7 Abs. 2 Beschäftigten, die Personen, derer sich die Bundesanstalt nach § 7 Abs. 2 bedient, sowie die Mitglieder des Beirates und Beisitzer des Widerspruchsausschusses dürfen ihnen bei ihrer Tätigkeit bekannt gewordene Tatsachen, deren Geheimhaltung im Interesse eines nach diesem Gesetz Verpflichteten oder eines Dritten liegt, insbesondere Geschäfts- und Betriebsgeheimnisse, sowie personenbezogene Daten auch nach Beendigung ihres Dienstverhältnisses oder ihrer Tätigkeit nicht unbefugt offenbaren oder verwerten. Dies gilt auch für andere Personen, die durch dienstliche Berichterstattung Kenntnis von den in Satz 1 bezeichneten Tatsachen erhalten. Ein unbefugtes Offenbaren oder Verwerten im Sinne des Satzes 1 liegt insbesondere nicht vor, wenn Tatsachen weitergegeben werden an**

1. **Strafverfolgungsbehörden oder für Straf- und Bußgeldsachen zuständige Gerichte,**

2. **Stellen, die kraft Gesetzes oder im öffentlichen Auftrag mit der Bekämpfung von Wettbewerbsbeschränkungen, der Überwachung von Angeboten zum Erwerb von Wertpapieren oder der Überwachung von Börsen oder anderen Wertpapier- oder Derivatemärkten, des Wertpapier- oder Derivatehandels, von Kreditinstituten, Finanzdienstleistungsinstituten, Investmentgesellschaften, Finanzunternehmen oder Versicherungsunternehmen betraut sind, sowie von solchen Stellen beauftragte Personen,**

soweit die Tatsachen für die Erfüllung der Aufgaben dieser Stellen oder Personen erforderlich sind. Für die bei den in Satz 3 genannten Stellen beschäftigten oder von ihnen beauftragten Personen gilt die Verschwiegenheitspflicht nach den Sätzen 1 bis 3 entsprechend. An eine ausländische Stelle dürfen die Tatsachen nur weitergegeben werden,

wenn diese Stelle und die von ihr beauftragten Personen einer den Sätzen 1 bis 3 entsprechenden Verschwiegenheitspflicht unterliegen.

(2) **Die §§ 93, 97, 105 Abs. 1, § 111 Abs. 5 in Verbindung mit § 105 Abs. 1 sowie § 116 Abs. 1 der Abgabenordnung gelten nicht für die in Absatz 1 Satz 1 und 2 bezeichneten Personen, soweit sie zur Durchführung dieses Gesetzes tätig werden. Sie finden Anwendung, soweit die Finanzbehörden die Kenntnisse für die Durchführung eines Verfahrens wegen einer Steuerstraftat sowie eines damit zusammenhängenden Besteuerungsverfahrens benötigen, an deren Verfolgung ein zwingendes öffentliches Interesse besteht, und nicht Tatsachen betroffen sind, die den in Absatz 1 Satz 1 oder 2 bezeichneten Personen durch eine Stelle eines anderen Staates im Sinne von Absatz 1 Satz 3 Nr. 2 oder durch von dieser Stelle beauftragte Personen mitgeteilt worden sind.**

(3) **Die Mitglieder des Beirates und die ehrenamtlichen Beisitzer des Widerspruchsausschusses sind nach dem Verpflichtungsgesetz vom 2. März 1974 (BGBl. I S. 469, 547), geändert durch § 1 Nr. 4 des Gesetzes vom 15. August 1974 (BGBl. I S. 1942), in der jeweils geltenden Fassung von der Bundesanstalt auf eine gewissenhafte Erfüllung ihrer Obliegenheiten zu verpflichten.**

Übersicht

1 **1. Normzweck.** Nach Art. 4 Abs. 3 GS 2000 (entsprechend nun Art. 4 Abs. 3 RLE 2002) sollten die Mitgliedstaaten sicherstellen, dass alle Personen, die bei den Aufsichtsorganen tätig sind oder waren, zur Wahrung des Berufsgeheimnisses verpflichtet sind. Unter das Berufsgeheimnis fallende Informationen durften nicht an andere Personen oder Behörden weitergegeben werden, es sei denn, dies geschah aufgrund einer Rechtsvorschrift. Nach den Vorstellungen des Gesetzgebers statuiert § 9 Abs. 1 eine **Verschwiegenheitspflicht** und ein **Verwertungsverbot** der in die Aufsichtstätigkeit einbezoge-

nen Personen.[1] Zweck der Vorschrift ist es, das Vertrauen der Anleger in die **Integrität der Aufsichtspraxis** sicherzustellen. Die Vorschrift ist § 8 WpHG und § 9 KWG nachgebildet. Ein Verstoß gegen die Geheimhaltungspflichten führt zur Anwendung der §§ 204, 205 StGB. Richtiger Auffassung nach ist die Norm auch ein Schutzgesetz für den Bieter im Rahmen des **§ 823 Abs. 2 BGB**[2] und eröffnet **Amtshaftungsansprüche** aus § 839 BGB iVm. Art. 34 GG.[3]

2. Verschwiegenheitspflicht (Abs. 1 Satz 1). a) Adressaten (Satz 1, 2, 4 und 5). Bezüglich der in Satz 1 bezeichneten **Adressaten** vgl. nur zum Beirat § 5 und zum Widerspruchsausschuss § 6. Neben dem Widerspruchsausschuss existiert eine zweite Widerspruchsbehörde, die in den *nicht* in § 6 Abs. 1 enumerierten Fällen zuständig ist (§ 6 Rn. 2). Diese dürfte sich jedoch aus Mitarbeiter der BAFin zusammensetzen, so dass das Gesetz insoweit keine Lücke aufweist. Dasselbe gilt für die nach § 5 Abs. 1 Satz 6 zur Teilnahme an den Beiratssitzungen berechtigten Ministerienvertreter.[4] Nach Abs. 1 Satz 2 weitet der Personenkreis auf die Personen aus, denen gegenüber die BAFin zur dienstlichen Berichterstattung verpflichtet ist. Nach **Satz 4** sind schließlich alle Personen betroffen, die im Wege der Amtshilfe Kenntnis erlangt haben, Behörden anderer Staaten nur, wenn die Mitarbeiter einer entsprechenden Verschwiegenheitspflicht unterliegen (Satz 5). 2

b) Gegenstand. Es muss sich zunächst um **Tatsachen** handeln, d.h. abgeschlossene Sachverhalte in Gegenwart und Vergangenheit. Der Begriff ist zum Schutze der Datenberechtigten jedoch im weiteren Sinne zu verstehen.[5] Auch vertrauliche Prognosen über die Entwicklung des Unternehmens unterliegen dem Schutz, soweit diese auf einer vertraulichen Tatsachenbasis beruhen, damit kein Rückschluss von der Prognose auf die geheimen Tatsachen möglich ist. Die Differenzierung zwischen **Geschäfts- und Betriebsgeheimnissen** bringt keine Unterscheidung in der Sache; insbesondere wird hier kaum an die im Arbeitsrecht übliche begriffliche Trennung zwischen Betrieb und Unternehmen angeknüpft werden können: Regelmäßig ist der Gesamtkomplex des Unternehmens in seiner Innen- und Außenorganisation erfasst. 3

Die Tatsachen müssen der **Geheimhaltung** unterliegen. Dies trifft auf alle Tatsachen zu, die nur einem abgegrenzten Personenkreis vertraut sind, wobei der Berechtigte tatsächliche Vorkehrungen für die Abschottung der Tatsachen gegenüber Dritten treffen muss. Der Dritte bedarf schließlich eines **berechtigten Geheimhaltungsinteresses.** Dies setzt zweierlei voraus: Dem Dritten muss einerseits für die Behörde erkennbar ein subjektiver Geheimhaltungsanspruch zustehen, und dieser darf andererseits nicht mit höherrangigen Rechts- 4

---

[1] RegE BT-Drucks. 14/7034 S. 38; DiskEntw ÜG S. 298; WÜG-RefE S. 439.

[2] *Schäfer* in Kölner Komm. Rn. 60; *Stögmöller* in *Haarmann/Riehmer/Schüppen* Rn. 26.

[3] *Schäfer* in Kölner Komm. Rn. 62 f.; *Stögmöller* in *Haarmann/Riehmer/Schüppen* Rn. 27.

[4] Die von *Schäfer* in Kölner Komm. Rn. 13 erwogene Analogie ist also entbehrlich.

[5] *Schäfer* in Kölner Komm. Rn. 16.

gütern kollidieren. Das Gesetz selbst zeigt die Grenzen des Geheimhaltungsinteresses in § 9 Abs. 1 Satz 3 und 4 an. Nach den Vorstellungen des Gesetzgebers werden die Interessen nicht tangiert, wenn die Geheimnisse an Behörden weitergeleitet werden, die ihrerseits der Schweigepflicht unterliegen (Rn. 12).[6] Hingegen folgen aus § 7 Abs. 2 und § 8 keine Beschränkungen des Geheimhaltungsinteresses. Dort geht es nur um Mitteilungen bzw. personenbezogene Daten, nicht um Geheimnisse. § 9 Abs. 1 Satz 3 und 4 sind ihrem Wortlaut nach erkennbar als Spezialregeln ausgestaltet.

5   Die geheim gehaltenen Tatsachen müssen den Adressaten **bei ihrer Tätigkeit** bekannt geworden sein. Entscheidend ist der inhaltliche Zusammenhang zwischen Kenntniserlangung und Tätigkeit für die BAFin. Nach dem auf die Seriosität der Aufsicht abstellenden gesetzlichen Schutzzweck darf es nicht darauf ankommen, dass der einzelne Mitarbeiter gerade mit dem besonderen ÜV befasst war. Es genügt, dass er Kenntnis einschlägiger Geheimnisse im Rahmen seiner Tätigkeit für die BAFin (von Kollegen) erlangen kann. Ist die BAFin mit einem Übernahmeverfahren befasst, dürfte regelmäßig ein **Anscheinsbeweis** dafür sprechen, dass die in § 9 Abs. 1 Satz 1 bezeichneten Personen im Rahmen ihrer Tätigkeit von einem Geheimnis, das einen Verfahrensbeteiligten betrifft, Kenntnis erlangt haben.

6   **c) Offenbaren und Verwerten. Offenbaren** umfasst jede Art der Mitteilung an nicht zum Geheimnis zugelassene Personen. **Verwerten** ist nicht iSd. § 14 WpHG zu verstehen, sondern bezieht sich auf den Begriff des Verwertungsverbots in einem staatlichen Verfahren.

7   **3. Grenzen des Verwertungsverbots (Abs. 1 Satz 3). a) Straf- und Bußgeldsachen.** Strafverfolgungsbehörden sind die Staatsanwaltschaft und ihre Hilfsbeamten (§§ 141 ff., § 152 GVG). Im Hinblick auf **Bußgeldsachen** dürfen Tatsachen nicht an die ermittelnden Behörden, sondern nur an das zuständige Gericht weitergegeben werden.

8   **b) Amtshilfe.** Vgl. § 7.

9   **4. Verwertungsverbot im Steuerstrafverfahren (Abs. 2).** Die Norm enthält ein besonderes Verwertungsverbot bezüglich der im Rahmen der Aufsichtstätigkeit erlangten Informationen, Kenntnisse und Unterlagen im Verhältnis zu den Finanzbehörden. Nach dem Willen des Gesetzgebers tritt das öffentliche Interesse an einer gleichmäßigen Besteuerung gegenüber den Zielen einer effektiven Beaufsichtigung von Übernahmeverfahren zurück. Dadurch soll die Bereitschaft der Beteiligten zur Kooperation mit der BAFin gestärkt werden (Rn. 13).[7] Wann ein **zwingendes öffentliches Interesse** an der Durchführung eines Steuerstrafverfahrens und des damit zusammenhängenden Besteuerungsverfahrens besteht, ist eine offene Frage. § 30 Abs. 4 Nr. 5 AO nennt exemplarisch Verbrechen und vorsätzliche Vergehen gegen den Staat und seine Einrichtungen. Aus dem Wortlaut von § 9 Abs. 2 Satz 2 folgt jedenfalls, dass das Vorliegen einer Steuerstraftat allein nicht genügt, sondern dass sonstige Umstände hinzutreten müssen. Ausschlaggebend dürften die Höhe

---

[6] Vgl. ferner DiskEntw ÜG S. 299; WÜG–RefE S. 439.
[7] Vgl. ferner DiskEntw ÜG S. 299; WÜG–RefE S. 439 f.

der hinterzogenen Steuerbeträge im Einzelfall sowie die ansonsten zum Einsatz kommende kriminelle Energie sein. Solange in diesem Punkt keine Rechtssicherheit – etwa durch Selbstbindung der BAFin – eintritt, dürften die Unternehmen nicht zur Kooperation bereit sein, so dass die Norm ihren Zweck verfehlt. Von dieser Ausnahmevorschrift macht das Gesetz eine weitere **Ausnahme im Falle der internationalen Amtshilfe** (vgl. die letzte Hälfte von Satz 2). Erkennbar geht es darum, die Bereitschaft ausländischer Behörden zur Zusammenarbeit zu fördern (Rn. 13).[8]

5. Förmliche Verpflichtung der ehrenamtlich Tätigen (Abs. 3). Zum   10
Beirat vgl. § 5, zum Widerspruchsausschuss § 6. Unverständlich ist, warum die nach § 7 Abs. 2 Eingebundenen nicht benannt sind. Die Verpflichtung soll die gesetzliche Pflicht nach § 9 Abs. 1 Satz 1 noch bestärken und entspricht dem Diensteid bzw. der Verpflichtung der Beamten und Angestellten im öffentlichen Dienst.

6. Auszug aus der Begründung des Regierungsentwurfs. a) Abs. 1   11
(BT-Drucks. 14/7034 S. 38): „Die Vorschrift statuiert eine Verschwiegenheitspflicht und ein Verwertungsverbot für die beim Bundesaufsichtsamt Beschäftigten, für die Personen, derer sich das Amt nach § 7 Abs. 2 bedient, sowie für die Beiratsmitglieder und Beisitzer des Widerspruchsausschusses. Eine entsprechende Regelung sehen auch § 8 WpHG und § 9 KWG vor. Die Vorschrift schützt insbesondere Geschäfts- und Betriebsgeheimnisse des Bieters und der Zielgesellschaft, mit denen das Bundesaufsichtsamt im Rahmen seiner Aufsichtstätigkeit bei einem Angebotsverfahren in Berührung kommt. Bei dieser Tätigkeit hat das Amt Einblick in die finanziellen Verhältnisse und Geschäftsstrategien der an einem Angebot Beteiligten. Die Verankerung einer besonderen gesetzlichen Verschwiegenheitspflicht ist erforderlich, um das notwendige Vertrauen in die Integrität der Aufsichtspraxis sicherzustellen. Neben der Verschwiegenheitspflicht statuiert Abs. 1 auch ein allgemeines Verwertungsverbot, um die Ausnutzung amtlich gewonnener Erkenntnisse für private Zwecke zu verhindern. Die Bestimmungen des Beamtenrechts bleiben unberührt.

In **Satz 3** wird beispielhaft verdeutlicht, in welchen Fällen ein unbefugtes   12
Offenbaren oder Verwerten im Sinne des Satzes 1 nicht vorliegt. Das Bundesaufsichtsamt darf innerstaatlich mit anderen Stellen und Personen zusammenarbeiten, deren Zuständigkeit im Zusammenhang mit einem öffentlichen Angebot betroffen sein kann und auf deren Hilfe das Bundesaufsichtsamt zur eigenen Aufgabenerfüllung zurückgreifen muss oder die selbst für ihre Aufgabenerfüllung auf Informationen des Bundesaufsichtsamtes angewiesen sind. Für diesen Kreis von Stellen und Personen wird eine enge Kooperation ohne Gefahr der Verletzung der Schweigepflicht ermöglicht. Der Schutzzweck wird nicht ausgehöhlt, weil diese Stellen ebenfalls einer Verschwiegenheitspflicht unterliegen und sie die Information nur zur Erfüllung der eigenen Aufgaben nutzen dürfen. Die Weitergabe von Aufsichtserkenntnissen an die zuständigen Stellen in anderen Staaten ist nur dann zulässig, wenn auch die bei den dort zuständigen Stellen beschäftigten Personen einer entsprechenden Verschwiegenheitspflicht unterliegen."

---

[8] Vgl. ferner DiskEntw ÜG S. 299; WÜG–RefE S. 440.

13   **b) Abs. 2** (BT-Drucks. 14/7034 S. 38): „Absatz 2 enthält ein besonderes Verwertungsverbot der im Rahmen der Aufsichtstätigkeit erlangten Informationen im Verhältnis zu den Finanzbehörden. Insoweit tritt das öffentliche Interesse an einer gleichmäßigen Besteuerung gegenüber den Zielen einer effektiven Beaufsichtigung von Angeboten nach diesem Gesetz zurück. Da das
Aufsichtsamt bei seiner Tätigkeit in hohem Maße auf die Kooperationsbereitschaft (S. 39) der an einem Angebotsverfahren beteiligten Personen und Unternehmen angewiesen ist, ist das Verwertungsverbot notwendig, um eine wirksame Aufsicht zu ermöglichen. Darüber hinaus werden die zuständigen Stellen
in anderen Staaten vielfach nur unter dem Vorbehalt der steuerlichen Nichtver-
wertung zur Übermittlung von Informationen an das Bundesaufsichtsamt bereit sein. Eine **Ausnahme vom Verwertungsverbot** nach Satz 1 ist in Satz 2
für den Fall vorgesehen, dass ein zwingendes öffentliches Interesse an der
Durchführung eines Steuerstrafverfahrens im Inland besteht. Eine **Ausnahme**
von der soeben angeführten Regelung besteht wiederum für den Fall, dass in
dem Steuerstrafverfahren und dem damit zusammenhängenden Besteuerungs-
verfahren Tatsachen verwertet würden, die dem Bundesaufsichtsamt oder den
in Abs. 1 Satz 1 oder 2 bezeichneten Personen durch eine ausländische Stelle, die
mit der Bekämpfung von Wettbewerbsbeschränkungen, der Überwachung
von Angeboten zum Erwerb von Wertpapieren, von Börsen oder anderen
Wertpapier- oder Derivatemärkten, des Wertpapier- oder Derivatehandels, von
Kreditinstituten, Finanzdienstleistungsinstituten, Investmentgesellschaften,
Finanzunternehmen oder Versicherungsunternehmen betraut ist, mitgeteilt
worden sind. Diese Regelung nimmt darauf Rücksicht, dass anderenfalls der
Informationsaustausch auf internationaler Ebene gefährdet werden könnte."

14   **c) Abs. 3** (BT-Drucks. 14/7034 S. 39): „Die Verschwiegenheitspflicht und
das Verwertungsverbot gilt nach Absatz 1 auch für die Mitglieder des Beirates
und die ehrenamtlichen Beisitzer des Widerspruchsausschusses. Als nichtbeam-
tete Personen sind die Mitglieder des Beirates und die ehrenamtlichen Beisitzer
auf diese Obliegenheiten vom Bundesaufsichtsamt gesondert zu verpflichten."

Abschnitt 3. Angebote zum Erwerb von Wertpapieren

Schrifttum (vgl. auch die Angaben vor § 1): *Assmann/Baldua/Bozenhardt/Peltzer* (Hrsg.), Übernahmeangebote, ZGR-Sonderheft 9, 1990, S. 1; *Assmann,* Übernahmeangebote im Gefüge des Kapitalmarktrechts, insbesondere im Lichte des Insiderrechts, der Ad-hoc-Publizität und des Manipulationsverbots, ZGR 2002, 697; *Baldua,* Der Vorschlag für eine 13. Richtlinie des Rates auf dem Gebiet des Gesellschaftsrechts über öffentliche Übernahmeangebote, ZGR-Sonderheft 1990, S. 157; *Beckmann,* Übernahmeangebote in Europa, Diss. Münster 1995; *Baums,* Vorschlag eines Gesetzes zu öffentlichen Übernahmeangeboten, ZIP 1997, 1310; *Bozenhardt,* Freiwillige Übernahmeangebote im deutschen Recht, Diss. Tübingen 1990; *Busch,* Die Notwendigkeit der spezialgesetzlichen Regelung von öffentlichen Übernahmeangeboten in Deutschland, Diss. Erlangen/Nürnberg 1995; *Dürig,* Kollisionsrechtliche Anknüpfung bei öffentlichen Übernahmeangeboten. Im Blickpunkt: Pflichtangebot und Verhaltenspflichten, RIW 1999, 746; *Fischer,* Versicherungsaufsichtsrecht und öffentliches Übernahmeangebot, Diss. Hamburg 1999; *Geibel/Süßmann,* Erwerbsangebote nach dem WpÜG, BKR 2002, 52; *Groß,* Übernahmekodex für öffentliche Übernahmeangebote: Anerkennung und Rolle des begleitenden Wertpapierdienstleistungsunternehmens, DB 1996, 1909; *Hauschka/Roth,* Übernahmeangebote und deren Abwehr im deutschen Recht, AG 1988, 181; *Hamann,* Die Angebotsunterlage nach dem WpÜG – ein praxisorientierter Überblick, ZIP 2001, 2249; *Hopt,* Übernahmeangebot im europäischen Recht, FS Fritz Rittner, 1991, S. 187; *ders.,* Übernahmen, Geheimhaltung und Interessenkonflikte: Probleme für Vorstände, Aufsichtsräte und Banken, ZGR 2002, 333; *Immenga,* Öffentliche Übernahmeangebote, in *Kreuzer* (Hrsg.), Öffentliche Übernahmeangebote, 1992, S. 11; *ders.,* Der Übernahmekodex der Börsensachverständigenkommission, AG 1996, 169; *Kallmeyer,* Pflichtangebote nach dem Übernahmekodex und dem neuen Vorschlag 1997 einer Takeover-Richtlinie, ZIP 1997, 2147; *Kiethe,* Vorstandshaftung aufgrund fehlerhafter Due Diligence beim Unternehmenskauf, NZG 1999, 976; *Kirchner,* Funktionsdefizite des Übernahmekodex der Börsensachverständigenkommission, AG 1998, 105; *Kohler-Koch,* Hindernisse für öffentliche Übernahmeangebote im deutschen und im britischen Recht, Diss. Bielefeld 1995; *Krause,* Zur Gleichbehandlung der Aktionäre bei Übernahmeangeboten und Beteiligungserwerb, WM 1996, 845; *Kreuzer* (Hrsg.), Öffentliche Übernahmeangebote, 1992; *Kurth,* Aktionärsschutz und öffentliche Kaufangebote, Diss. Köln 1987; *Loehr,* Der neue Verhaltenskodex für Unternehmensübernahmen in der praktischen Umsetzung – Eine Zwischenbilanz, WM 1997, 1374; *Loritz/Wagner,* Das „Zwangsübernahmeangebot" der EG-Takeover-Richtlinie aus verfassungsrechtlicher Sicht, WM 1991, 709; *Meier-Schatz,* Unternehmenszusammenschlüsse mittels Übernahmeangebot, Wirtschaft und Recht 1987, 16; *ders.,* Meldepflichten und Übernahmeangebote, AjP 1998, 48; *Merkt,* Rechtliche Bedeutung der „Due Diligence" beim Unternehmenskauf, WiB 1996, 145; *Mertens,* Förderung von, Schutz vor, Zwang zu Übernahmeangeboten?, AG 1990, 252, FIW-Schriftenreihe 1990, S. 77; *Munscheck,* Das Übernahmeangebot als Konzernbildungskontrolle, RIW 1995, 998; *Neye,* Der neue Übernahmekodex der Börsensachverständigenkommission, ZIP 1995, 1464; *ders.,* Der neue Vorschlag der Kommission für eine dreizehnte Richtlinie über Übernahmeangebote, DB 1996, 1121; *Niessen,* Zur Regelung der öffentlichen Übernahmeangebote durch die Europäische Gemeinschaft, in *Kreuzer* (Hrsg.), Arbeiten zur Rechtsvergleichung, 1992, S. 35; *Sandberger,* Teilübernahmeangebote und Zwangsübernahmeangebote im europäischen Takeover-Recht, DZWiR 1993, 319; *Stoffels,* Grenzen der Informationsweitergabe durch den Vorstand einer Aktiengesellschaft im Rahmen einer „Due Diligence", ZHR 165 (2001), 362; *Thoma,* Der neue Übernahmekodex der Börsensachverständigenkommission, ZIP 1996, 1725.

§ 10 Veröffentlichung der Entscheidung zur Abgabe eines Angebots

(1) **Der Bieter hat seine Entscheidung zur Abgabe eines Angebots unverzüglich gemäß Absatz 3 Satz 1 zu veröffentlichen. Die Verpflichtung nach Satz 1 besteht auch, wenn für die Entscheidung nach Satz 1 der Beschluss der Gesellschafterversammlung des Bieters erforderlich ist und ein solcher Beschluss noch nicht erfolgt ist. Die Bundesanstalt kann dem Bieter auf Antrag abweichend von Satz 2 gestatten, eine Veröffentlichung erst nach dem Beschluss der Gesellschafterversammlung vorzunehmen, wenn der Bieter durch geeignete Vorkehrungen sicherstellt, dass dadurch Marktverzerrungen nicht zu befürchten sind.**

(2) **Der Bieter hat die Entscheidung nach Absatz 1 Satz 1 vor der Veröffentlichung**

1. **den Geschäftsführungen der Börsen, an denen Wertpapiere des Bieters, der Zielgesellschaft und anderer durch das Angebot unmittelbar betroffener Gesellschaften zum Handel zugelassen sind,**

2. **den Geschäftsführungen der Börsen, an denen Derivate im Sinne des § 2 Abs. 2 des Wertpapierhandelsgesetzes gehandelt werden, sofern die Wertpapiere Gegenstand der Derivate sind, und**

3. **der Bundesanstalt**
mitzuteilen. Die Geschäftsführungen dürfen die ihnen nach Satz 1 mitgeteilten Entscheidungen vor der Veröffentlichung nur zum Zwecke der Entscheidung verwenden, ob die Feststellung des Börsenpreises auszusetzen oder einzustellen ist. Die Bundesanstalt kann gestatten, dass Bieter mit Wohnort oder Sitz im Ausland die Mitteilung nach Satz 1 gleichzeitig mit der Veröffentlichung vornehmen, wenn dadurch die Entscheidungen der Geschäftsführungen über die Aussetzung oder Einstellung der Feststellung des Börsenpreises nicht beeinträchtigt werden.

(3) **Die Veröffentlichung der Entscheidung nach Absatz 1 Satz 1 ist**

1. **in mindestens einem überregionalen Börsenpflichtblatt oder**

2. **über ein elektronisch betriebenes Informationsverbreitungssystem, das bei Kreditinstituten, Finanzdienstleistungsinstituten, nach § 53 Abs. 1 des Gesetzes über das Kreditwesen tätigen Unternehmen, anderen Unternehmen, die ihren Sitz im Inland haben und an einer inländischen Börse zur Teilnahme am Handel zugelassen sind, und Versicherungsunternehmen weit verbreitet ist,**
in deutscher Sprache vorzunehmen. Dabei hat der Bieter auch die Adresse anzugeben, unter der die Veröffentlichung der Angebotsunterlage im Internet nach § 14 Abs. 3 Satz 1 Nr. 1 erfolgen wird. Eine Veröffentlichung in anderer Weise darf nicht vor der Veröffentlichung nach Satz 1 vorgenommen werden.

(4) Der Bieter hat die Veröffentlichung nach Absatz 3 Satz 1 unverzüglich den Geschäftsführungen der in Absatz 2 Satz 1 Nr. 1 und 2 erfassten Börsen und der Bundesanstalt zu übersenden. Dies gilt nicht, soweit die Bundesanstalt nach Absatz 2 Satz 3 gestattet hat, die Mitteilung nach Absatz 2 Satz 1 gleichzeitig mit der Veröffentlichung vorzunehmen.

(5) Der Bieter hat dem Vorstand der Zielgesellschaft unverzüglich nach der Veröffentlichung nach Absatz 3 Satz 1 die Entscheidung zur Abgabe eines Angebots schriftlich mitzuteilen. Der Vorstand der Zielgesellschaft unterrichtet den zuständigen Betriebsrat oder, sofern ein solcher nicht besteht, unmittelbar die Arbeitnehmer, unverzüglich über die Mitteilung nach Satz 1.

(6) § 15 des Wertpapierhandelsgesetzes gilt nicht für Entscheidungen zur Abgabe eines Angebots.

Übersicht

I. Vorankündigung

1   **1. Normzweck und Überblick.** Nach dem Vorbild des City Code gliedert sich die Vorbereitung eines öffA bzw. öffÜA in zwei Phasen. Im ersten Stadium der Vorbereitung gilt für alle Beteiligten eine strenge **Geheimhaltungspflicht** (vgl. Rule 2.1: „The vital importance of absolute secrecy before an announcement must be emphasised."). Diese besteht zunächst im Interesse der Zielgesellschaft, die nicht durch Spekulationen über ihre Übernahme unter finanziellen Druck gesetzt werden soll (§ 3 Abs. 4 Satz 2), aber auch dem Bieter ist aus mehreren Gründen an Geheimhaltung gelegen: Zum einen will er in der Vorbereitungsphase nicht konkurrierende Bieter auf ein lohnendes (Übernahme-)Ziel aufmerksam machen und sich damit selbst im Hinblick auf die Vorbereitungsmaßnahmen (zB die Unternehmenswertanalyse der Zielgesellschaft) unter Druck setzen. Zum anderen ist er auch nicht an phantastischen Spekulationen über den möglichen Übernahmepreis interessiert, die den Kurs der Aktie weit über die von ihm avisierte Gegenleistung hinaustreiben. Der DiskEntw ÜG regelte diese erste Phase der Vorbereitung noch in § 10 (Geheimhaltung) und § 14 (Beratung durch Finanzfachleute bei der Übernahme). Im WÜG-RefE und RegE sind beide Normentwürfe nicht mehr enthalten. Die ihnen zugrunde liegenden tatsächlichen Fragestellungen bestehen jedoch weiterhin. Auf sie wird im Anhang der Kommentierung zu § 10 eingegangen (Rn. 34 ff. und 38).

2   § 10 regelt die zweite Phase im Vorbereitungsstadium der Unterbreitung eines öffA bzw. öffÜA: die **Vorankündigung**. Die Vorschrift knüpft in Abs. 1 Satz 1 einheitlich an den Zeitpunkt an, in dem im Unternehmensinneren des Bieters die Entscheidung über die Unterbreitung eines Angebots gefallen ist. Dies entspricht **Art. 6 Abs. 1 Satz 1** GS 2000 (entsprechend auch RLE 2002). Der Gesetzgeber hat sich aber vor allem auch an § 15 WpHG orientiert. Seiner Auffassung nach liegt der Zweck der Norm darin, die Öffentlichkeit frühzeitig über marktrelevante Daten zu informieren, um damit das Ausnutzen von Spezialwissen zu verhindern.[1]

3   Die **Regelung des City Code** erscheint gegenüber dem deutschen differenzierter. Auch hier wird eine Vorankündigung erforderlich, wenn die Entscheidung des Bieters gefallen ist (Rule 2.4). Allerdings besteht eine **Seriositätsschwelle**: „The announcement of a firm intention to make an offer should be made only when an offeror has every reason to believe that it can and will continue to be able to implement the offer. Responsibility in this connection also rests on the financial adviser." Entsprechend muss die Vorankündigung

---

[1] RegE BT-Drucks. 14/7034 S. 39; DiskEntw ÜG S. 301; WÜG-RefE S. 440 f.

anders als im WpÜG bereits die wesentlichen Bedingungen des Angebots enthalten (Rule 2.5(b)(i)). Unter diesem Gesichtspunkt macht auch die in Rule 2.7 begründete Pflicht für den Vorankündigenden Sinn, das Übernahmeverfahren mit der Erstellung der Angebotsunterlage fortzusetzen. Der Gefahr einer uneinheitlichen Informierung der Marktteilnehmer trägt eine Ausnahmeregelung Rechnung (Rule 2.2): Wenn die Absichten des Bieters zuvor aus sicherer Quelle bekannt werden und dieser Umstand ihm zurechenbar ist, wird eine (vorgezogene) Vorankündigung zwingend erforderlich (vgl. den Katalog von Rule 2.2). Dies ist der Fall, wenn der feste Entschluss des Bieters zur Übernahme der Geschäftsführung der Zielgesellschaft aus sicherer Quelle bekannt wird (lit. a), wenn die Schwelle zur Abgabe eines Pflichtangebots überschritten ist (lit. b), wenn nach einer ersten Annäherung des Bieters an die Zielgesellschaft Letztere zum Gegenstand von Gerüchten und Spekulationen wird oder dadurch eine nicht mehr akzeptable Kursbewegung initiiert wird (lit. c). Dasselbe gilt, wenn der Bieter noch keinen Kontakt zur Zielgesellschaft aufgenommen hat, diese aber den geschilderten Belastungen ausgesetzt ist und vernünftige Gründe für die Annahme sprechen, dass diese Belastungen auf Handlungen des Bieters zurückgehen (lit. d). Eine Vorankündigung ist schließlich auch dann zwingend, wenn die Verhandlungen des Bieters den engsten Personenkreis überschritten haben (to be extended to include more than a very restricted number of people), weil offensichtlich nun die Geheimhaltung nicht mehr gewahrt werden kann (lit. e), bzw. wenn der Bieter einen Paketverkäufer von 30 % der stimmberechtigten Aktien sucht (lit. f). Der Katalog zeigt deutlich mehrere **zentrale Schutzaspekte**:[2] Es ist zum einen die Sorge, dass die Informationen um die Übernahmevorbereitungen des Bieters nicht alle Aktionäre gleichzeitig erreichen könnten (vgl. das Prinzip der Equality of Information to Shareholders in Rule 20.1), zum anderen ist es der Schutz der Zielgesellschaft vor sachlich nicht begründeten Spekulationen und vor überraschenden blitzartigen Übernahmen sowie letztlich der Schutz der Funktionsfähigkeit des Kapitalmarktes vor Störungen durch haltlose Ankündigungen außergewöhnlicher Transaktionen. Liegt keine dieser Gefahren vor, darf sich der Bieter Zeit mit der Vorbereitung des öffA lassen und muss sich nicht selbst durch eine rasche Vorankündigung unter Zugzwang setzen. Das **deutsche Recht** verzichtet auf eine solche Differenzierung und zwingt den Bieter, in jedem Fall rasch seine Absicht, nicht aber die Einzelbedingungen voranzukündigen. Da gemäß § 14 Abs. 1 Satz 1 nur vier Wochen bis zur Unterbreitung des Angebots verbleiben, ist dies hoch riskant. Anders als das deutsche Recht kennt der City Code daher auch die Möglichkeit, dass der Bieter in seiner **Ankündigung** erklärt, **kein Gebot abzugeben** (Rule 2.8; dazu Rn. 27). Damit zwingt ihn der City Code ab einem gewissen Zeitpunkt zur Entscheidung. Nach deutschem Recht muss die Zielgesellschaft hingegen abwarten, ob sich der „Bieter" zu einer Offerte entschließt. Die dadurch entstehende Regelungslücke muss neben anderen vergleichbaren auf der Grundlage des § 15 WpHG geschlossen werden (Rn. 27).

Nach **amerikanischem Recht** verpflichtet Sec. 13(d)(1) SEC den Bieter, **4** nach Erwerb einer 5 % übersteigenden Beteiligung innerhalb von zehn Tagen

---

[2] Vgl. auch *Peltzer* S. 202; *Knoll* S. 124.

(„**ten days window**") eine Mitteilung nach Schedule 13(d) SEA in Form eines so genannten Ownership Reports zu machen.[3] In diesem Bericht sind insbesondere auch die **Absichten, die mit dem Erwerb verfolgt werden**, anzuzeigen. Das Problem des Zehntagesfensters liegt darin, dass innerhalb dieser Zeit Aktienkäufe ungeregelt möglich sind. Die nach § 21 WpHG bestehende Meldepflicht lässt sich mit dem Bericht nach Schedule 13(d) SEA nicht vergleichen, da hier die bloße Anzeige ohne weitere Erklärungen zum strategischen Hintergrund genügt.

5   **2. Die Veröffentlichungspflicht (Abs. 1). a) Entscheidung zur Abgabe eines Angebots (Satz 1).** Das Tatbestandsmerkmal **Entscheidung zur Abgabe eines Angebots** soll nach Auffassung des Gesetzgebers in Anlehnung an § 15 WpHG konkretisiert werden.[4] Maßgeblich ist danach, wie wahrscheinlich die Realisierung einer Übernahme nach der Entscheidung des Geschäftsführungsorgans des Bieters ist.[5] Wird eine **Bietergemeinschaft** tätig, kommt es darauf an, dass sich alle Bieter entschieden haben.[6] Das Gesetz übt jedenfalls auf den potentiellen Bieter dabei einen erheblichen Druck aus; denn nach § 60 Abs. 1 Nr. 2 stellt die verspätete Mitteilung des Angebots an die BAFin eine bußgeldbewährte Ordnungswidrigkeit dar. Mehrere Anhaltspunkte im Gesetz verpflichten den Bieter zu einer **möglichst frühzeitigen Veröffentlichung**: Dies zeigt einmal der Umkehrschluss aus § 10 Abs. 1 Satz 2, wonach ein Beschluss der Hauptversammlung nicht abgewartet werden darf, und der Wortlaut nach Abs. 1 Satz 1, wonach der Bieter nur „seine Entscheidung zur Abgabe eines Angebots" unverzüglich zu veröffentlichen hat. Für die Veröffentlichungspflicht kommt es folglich nicht darauf an, ob die zentralen Bedingungen des Angebots bereits intern feststehen. Maßgeblich ist allein die Bereitschaft zum Tätigwerden überhaupt. Eine gesetzesimmanente Grenze folgt indes aus dem **Schutzgedanken des § 3 Abs. 4 Satz 2**: Der Zielgesellschaft sind danach sachlich nicht begründete Belastungen durch ein ÜV – und dessen Wirkungen beginnen nach § 33 Abs. 1 Satz 1 bereits mit der Vorankündigung zu Lasten der Zielgesellschaft – möglichst zu ersparen. Insoweit greift der im City Code niedergelegte Grundsatz auch im deutschen Recht: „An offeror should only announce an offer after the most careful and responsible consideration. Such an announcement should be made only when the offeror has every reason to believe that it can and will continue to be able to implement the offer" (vgl. General Principle 3 City Code).

6   Für das deutsche Recht lässt sich daraus schließen, dass die **wesentlichen Eckdaten des Angebots** (substantiierte Voranalyse der Zielgesellschaft und Finanzierung des Angebots) in groben Zügen von der Geschäftsführung des Bieters **geklärt** sein sollten, damit die Vorankündigung auf einer ausreichenden Tatsachengrundlage beruht und im Zweifel in einer rechtzeitig unterbreiteten Angebotsunterlage fortgeführt werden kann. Denn der Bieter riskiert ein **Bußgeld** nach § 60 Abs. 1 Nr. 2, wenn er der BAFin die Angebotsunterlage nicht vier Wochen auf seine Vorankündigung mitteilt. In diesem Zusammen-

---

[3] Dazu etwa *Knoll* S. 54 ff.
[4] RegE BT-Drucks. 14/7034 S. 39; DiskEntw ÜG S. 301; WÜG-RefE S. 441.
[5] *Land/Hasselbach* DB 2000, 1747, 1749; *Peltzer* S. 203.
[6] *Hirte* in Kölner Komm. Rn. 45.

hang stellt sich die Frage, ob eine nach § 10 veröffentlichungspflichtige Entscheidung vorliegt, wenn die **Finanzierung des öffA noch nicht gesichert** ist. Teilweise wird dies im Anschluss an § 10 Abs. 1 Satz 2 WpÜG bejaht: Die Norm zeige, dass der Marktinformation gegenüber der Verbindlichkeit der Entscheidung für den Bieter das größere Gewicht zukomme.[7] Diese Betrachtungsweise überzeugt bei systematischer Betrachtung nicht. Mit der Veröffentlichung nach § 10 setzt der Bieter die Frist des § 14 Abs. 1 in Gang und gerät dadurch gegenüber den Kreditinstituten in eine ausbeutbare Zwangslage, da die Finanzierung innerhalb kürzester Zeit zu Wege gebracht werden müsste. Im Übrigen wird man auch von einer *Entscheidung* des Bieters iSd. § 10 Abs. 1 Satz 1 kaum sprechen können, bevor die Finanzierung des öffA gesichert ist. Mit der Finanzierbarkeit tritt nämlich – ökonomisch betrachtet – gerade der Übergang vom *Bedürfnis* (Wunsch) zu dem auf dem Markt als Nachfrage angemeldeten *Bedarf* ein. Dem subjektiven Wunsch, ein Angebot zu unterbreiten, fehlt es also noch an der für eine Entscheidung erforderlichen Konkretheit. Dies überzeugt insbesondere mit Blick auf den Schutz der Zielgesellschaft nach § 3 Abs. 4 Satz 2, deren Vorstand andernfalls durch eine völlig unrealistische Vorankündigung gem. § 33 Abs. 1 in seinen Handlungsbefugnissen beschränkt werden könnte. Im Zusammenhang mit der **Insiderproblematik** (vgl. auch Rn. 34) ist deshalb anerkannt, dass der Bieter Insidertatsachen nicht unbefugt iSd. **§ 14 Abs. 1 Nr. 2 WpHG** weitergibt, wenn er sich mit diesen an wenige, sorgfältig ausgewählte Kreditinstitute zwecks Finanzierung eines öffA wendet und mit diesen Geheimhaltung vereinbart und diese dabei durch ein Letter of Intent (dazu unten Rn. 33) zur Vertraulichkeit verpflichtet.[8] Lässt sich diese Vertraulichkeit nicht mehr aufrechterhalten, so erscheint es aus Sicht des Bieters geboten, seine *Vor*entscheidung, ein öffA unter der Voraussetzung seiner Finanzierbarkeit abzugeben, gem. § 15 WpHG zu publizieren. Dies bedeutet einerseits keinen Verstoß gegen § 10 Abs. 3 Satz 3 (Vorveröffentlichungsverbot), weil noch keine Entscheidung iSd. § 10 Abs. 1 Satz 1 veröffentlicht wird. Zum anderen ist damit der Vorteil verbunden, dass die knappe Frist des § 14 Abs. 1 WpÜG noch nicht in Gang gesetzt ist, deren Verstreichen zur Untersagung der Veröffentlichung des öffA nach § 15 Abs. 1 Nr. 3 im Rahmen einer gebundenen Entscheidung führt. Überhaupt kann eine Vorankündigung zu einem frühen Zeitpunkt erforderlich sein, wenn der Wille zur Abgabe eines öffA beim Bieter bereits besteht und die **Geheimhaltung**, die die Vorbereitungsphase üblicherweise prägt, **nicht mehr gewährleistet ist**. Dann rechtfertigt sich eine frühe Vorankündigung aus dem Schutz der Zielgesellschaft vor sachlich nicht begründetem Spekulationsdruck und dient so der Sicherstellung der Funktionsfähigkeit des Kapitalmarkts vor ungleich verteiltem Wissen (vgl. auch oben Rn. 3). Rule 2.2 liefert hier die einschlägigen **Voraussetzungen**: Eine Vorankündigung ist etwa erforderlich, wenn die Geschäftsführung der Zielgesellschaft vom festen Entschluss des Bieters aus einer seriösen Quelle erfahren hat. Denn nunmehr steht zu befürchten, dass einige wenige über kursrelevantes Wissen verfügen, die Mehrheit der Aktionäre der Zielgesellschaft hingegen nicht, so dass zu ihren Lasten Schädigungsgefahr droht. Gleiches gilt,

---

[7] *Hirte* in Kölner Komm. Rn. 31.
[8] *Hopt* ZGR 2002, 333, 338 ff.

wenn die Zielgesellschaft nach einer Kontaktaufnahme seitens des Bieters zum Gegenstand von Gerüchten und Spekulationen wird oder auf dieser unsicheren Grundlage eine erhebliche Kursbewegung eintritt. Man wird eine Pflicht zur Vorankündigung im Übrigen stets annehmen dürfen, wenn die Verhandlungen des Bieters den engsten Personenkreis überschritten haben (to be extended to include more than a very restricted number of people) und die Geheimhaltung nicht mehr gewahrt werden kann (Rule 2.2 lit. e). Gleiches gilt etwa für den Fall, dass der potentielle Bieter einen **Paketverkäufer** für ein Volumen von 30 % der stimmberechtigten Aktien sucht (Rule 2.2 lit. f). Im Anschluss an ein solches Geschäft wird nämlich ein Zwang zum Pflichtangebot nach § 35 Abs. 2 begründet. Auch hier gebietet die Aufhebung der Geheimhaltung eine Vorankündigung. Zu pauschal erscheint dagegen die Auffassung, der Bieter müsse stets mit Abschluss eines das öffÜA vorbereitenden **Paketerwerbs** seine Entscheidung nach § 10 WpÜG publizieren.[9] Denn zum einen greift hier die Wertung des § 21 Abs. 1 Satz 1 WpHG: Anteilskäufe unter 5 % werden danach unter Publizitätspflichten als irrelevant angesehen;[10] zum anderen aber muss anlässlich des Erwerbs eines kleineren Pakets die endgültige Entscheidung zur Abgabe eines öffÜA noch nicht getroffen worden sein. Im Übrigen liegt darin auch **kein publizitätspflichtiges Insidergeschäft**: Denn niemand ist bei der Umsetzung seiner eigenen Entschlüsse Insider.[11] Die **Entscheidung, kein Angebot abzugeben**, fällt indes nicht unter § 10 WpÜG, sondern unter § 15 WpHG (Rn. 27).

7   **b) Mehrstufige Entscheidungen (Satz 2).** Der Gesetzgeber hat das aus § 15 WpHG bekannte Problem mehrstufiger Entscheidungen beim Bieter erkannt und iSd. Satzes 2 eine Entscheidung getroffen. Die Vorschrift steht in engem Zusammenhang mit den §§ 18 Abs. 1, 25. Nach der Vorstellung des Gesetzgebers kann für die Vorankündigung nach § 10 Abs. 1 Satz 1 kein Beschluss der Hauptversammlung abgewartet werden, auch wenn diese für die Durchführung des Übernahmeverfahrens erforderlich sein sollte. Denn durch die Einberufung der Hauptversammlung und die Veröffentlichung der Tagesordnung gelangten die Informationen über das Vorhaben der AG zunächst nur an die gegenwärtigen Aktionäre und nicht etwa auch an potentielle Aktienkäufer, die nicht zur Hauptversammlung geladen werden.[12] Damit würde der Zweck der Norm, alle Marktbeteiligten rasch und gleichmäßig zu informieren, verfehlt. Fraglich ist schließlich, was unter dem Tatbestandsmerkmal **erforderlich** iSd. § 10 Abs. 1 Satz 2 zu verstehen ist. Teilweise wird aus dem Wortlaut auf die Möglichkeit geschlossen, dass die Norm auch den Fall der nicht zwingenden Beteiligung der Hauptversammlung an der Entscheidung des Vorstands nach § 119 Abs. 2 AktG regele.[13] Dies überzeugt indes nicht, weil für den Fall der freiwilligen Beteiligung der Hauptversammlung die Regelung des § 10 Abs. 1

---

[9] *Hirte* in Kölner Komm. Rn. 27; *Geibel* in *Geibel/Süßmann* Rn. 7; *Riehmer* in *Haarmann/Riehmer/Schüppen* Rn. 22.

[10] Zur Bedeutung der Norm im systematischen Zusammenspiel mit dem WpÜG *Hopt* ZGR 2002, 333, 350 f.

[11] *Assmann* ZGR 2002, 697, 702.

[12] RegE BT-Drucks. 14/7034 S. 39; WÜG-RefE S. 441; *Land* DB 2000, 1749.

[13] *Hirte* in Kölner Komm. Rn. 39.

Satz 2 schlicht überflüssig wäre.[14] Es versteht sich aus den allgemeinen Prinzipien des WpÜG, dass die Verwaltung des Bieters den Zeitpunkt der Veröffentlichung nach § 10 Abs. 1 nicht durch gesetzlich nicht gebotene Maßnahmen hinauszögern darf (§ 3 Abs. 4 Satz 1!). Bedenkenswert ist ferner, dass nach ganz hM dem Bieter im Falle des § 10 Abs. 1 Satz 2 die Aufnahme einer Bedingung nach § 18 in das öffA gestattet wird (§ 18 Rn. 11). Diese Ausnahme vom Verbot der Potestativbedingung rechtfertigt sich indes nur dann, wenn die Zustimmung der Hauptversammlung rechtlich zwingend ist. Unabhängig davon folgt im Umkehrschluss aus § 10 Abs. 1 Satz 2, dass eine Vorankündigung nicht vorgenommen werden darf, bevor eine möglicherweise erforderliche **Zustimmung des Aufsichtsrats** erfolgt ist.[15] Dafür spricht auch, dass die Vorankündigung nach § 10 in einer Vielzahl von Fällen eine praktische Vorentscheidung in der Sache bedeutet, die der Aufsichtsrat nur noch um den Preis erheblicher Nachteile für die Gesellschaft revidieren könnte. Dadurch würden die Mitwirkungsbefugnisse des Aufsichtsrates praktisch stark beschnitten.

   c) Ausnahmegenehmigung (Abs. 1 Satz 3). Die BAFin kann dem Bieter   **8**
auf Antrag und abweichend von Satz 2 gestatten, eine Veröffentlichung erst nach dem Beschluss der Gesellschafterversammlung vorzunehmen. Voraussetzung ist, dass der Bieter durch geeignete Maßnahmen sicherstellt, dass dadurch **Marktverzerrungen** nicht zu befürchten sind. Diese Ausnahme war erstmals im Regierungsentwurf vorgesehen. Der **Gesetzgeber** geht offensichtlich davon aus, dass die Ausnahme nur für geschlossene Gesellschaften in Betracht kommt, bei denen die Ladung zur Gesellschafterversammlung vertraulich erfolgen könne. Die Materialien nennen ausdrücklich Personengesellschaften bzw. GmbH.[16] Voraussetzung sei, „dass im Interesse der Vermeidung von Marktverzerrungen die gebotene Vertraulichkeit der Absicht zur Abgabe eines Angebots gewährleistet ist. Dies erscheint in den Fällen möglich, in denen die Anzahl der Gesellschafter überschaubar und zur Gesellschafterversammlung nicht durch öffentliche Bekanntmachung einzuladen ist.“[17]

   Allerdings liegt darin bei näherer Betrachtung nicht der einzige Anwen-   **9**
dungsfall der Vorschrift. Auch dem als Publikumsgesellschaft organisierten Bieter muss es freistehen, durch **Publikation nach § 15 WpHG** die Voraussetzungen nach § 10 Abs. 1 Satz 3 herzustellen. So besteht recht besehen die Möglichkeit, ad hoc mitzuteilen, dass alsbald (zu einem bestimmten Termin) zu einer Hauptversammlung geladen wird, auf der die Zustimmung der Gesellschafterversammlung zu einem Angebot eingeholt werden wird, das eine bestimmte Zielgesellschaft betrifft. Der Vorteil dieser Vorankündigung liegt darin, dass der Bieter sich durch sie nicht bindet und die Frist des § 14 Abs. 1 Satz 1 nicht in Gang setzt. Das Verbot des § 10 Abs. 6 ist in diesem Fall nicht anwendbar, weil hier noch keine Entscheidung zur Abgabe eines Angebots veröffentlicht wird, sondern nur ein Vorbereitungsschritt zu einer möglichen Entscheidung. Durch die Ad-hoc-Publikation wird aber sichergestellt, dass alle

---

[14] Ähnlich *Geibel* in *Geibel/Süßmann* Rn. 22.
[15] RegE BT-Drucks. 14/7034 S. 39; WÜG-RefE S. 441; vgl. auch *Hopt* ZHR 159 (1995), 152; *ders.* ZGR 2002, 333, 342 ff.; *Hirte* in Kölner Komm. Rn. 35.
[16] RegE BT-Drucks. 14/7034 S. 39.
[17] RegE BT-Drucks. 14/7034 S. 39, rechte Spalte, dritter Absatz.

Verkehrsbeteiligten, nicht nur die aktuellen Gesellschafter des Bieters, sondern insbesondere auch die Aktionäre der Zielgesellschaft, zum gleichen Zeitpunkt über die Einberufung der Hauptversammlung unterrichtet werden. Erfolgt diese Vorankündigung vor der Bekanntmachung der Ladung, scheidet eine Ungleichbehandlung bzw. Insidergefahr aus. Erforderlich erscheint es in diesem Fall, die Vorankündigung nach § 10 Abs. 1 Satz 1 unmittelbar im Anschluss an den zustimmenden Hauptversammlungsbeschluss zu veröffentlichen. Da in einem solchen Fall die Interessen der einzelnen Marktteilnehmer ebenso wie die Funktionsfähigkeit des Marktes gewahrt sind, reduziert sich der **Ermessensspielraum** der BAFin, eine Ausnahmegenehmigung zu gewähren, praktisch **auf Null.**

10   **d) Negative Entscheidung gegen ein öffA.** Das Gesetz regelt nicht den Fall, dass ein zunächst potentieller Bieter während des auf Geheimhaltung beruhenden Vorverfahrens von der Unterbreitung eines öffA wieder Abstand nimmt. Bleiben Interesse und Bemühungen des Abstandnehmenden geheim, besteht allerdings auch kein Regelungsbedarf. Anders verhält es sich hingegen, wenn beides bekannt wird. Nach Rule 2.8 City Code ist in solchen Fällen ein **statement not to make an offer** erforderlich, das den Bieter künftig bindet. § 10 Abs. 1 Satz 1 ist auf diesen Fall seinem Wortlaut nach nicht anwendbar. Deshalb besteht auch die Sperrwirkung des § 10 Abs. 6 nicht, so dass je nach Lage des Falles nach § 15 WpHG eine **Ad-hoc-Mitteilung** erforderlich wird. Fraglich ist indes regelmäßig, wann eine publizitätspflichtige **Tatsache** vorliegt. Wird über einen nicht existenten Willen bzw. niemals stattgefundene Verhandlungen „berichtet", ist der als vermeintlicher Bieter Bezeichnete schwerlich verantwortlich. Andernfalls könnte man ihn nämlich durch Streuung von Gerüchten zur Offenbarung seiner Absichten zwingen.[18] Hinsichtlich der **Zurechnung** im Einzelnen kennt Rule 2.2 City Code eine differenzierte Regelung, die auf die Verhältnisse des § 15 WpHG übertragbar ist. Der vermeintliche Bieter muss nach Rule 2.2 eine Veröffentlichung vornehmen, wenn Spekulationen über ein mögliches Angebot infolge seiner Kontaktaufnahme zur Zielgesellschaft (lit. c) bzw. durch sonstige eigene Handlungen entstanden sind (lit. d) und wenn die Geheimhaltung der von ihm geführten Verhandlungen durchbrochen ist (lit. e). In diesen Fällen liegt regelmäßig eine vom Bieter zu verantwortende Tatsache vor.[19] Liegt die Eignung zur erheblichen Kursbeeinflussung vor, besteht eine Veröffentlichungspflicht. Fraglich ist allein, wie weit die **Bindungswirkung** einer **solchen Negativerklärung** reicht. Das WpÜG kennt keine allgemeine Pflicht, von einem zweiten Angebot Abstand zu halten, wenn das erste gescheitert ist (vgl. die Sonderfälle des § 26). Folglich begibt sich der Abstandnehmende nicht der Möglichkeit, alsbald ein neues Angebot zu unterbreiten. Vor einer missbräuchlichen Ausnutzung der Negativerklärung nach § 15 WpHG schützt daher allenfalls die **Ersatzpflicht nach § 826 BGB** bzw. ein aus ihr begründeter quasi-negatorischer Unterlassungsanspruch aus § 1004 Abs. 1 Satz 1. Folgt ein zweites Angebot unmittelbar zeitlich auf die Negativerklärung, dürfte ein Anscheinsbeweis für die Missbräuchlichkeit der Negativerklärung sprechen.

---

[18] *Hopt* ZGR 2002, 333, 347; *ders.* ZHR 159 (1995), 153.
[19] Ähnlich *Hopt* ZGR 2002, 333, 348.

e) Bindungswirkung? – „Rücktritt" von der Vorankündigung. Nach **11** englischem Recht tritt mit der Vorankündigung eine Selbstbindung des Bieters ein. Er muss mit der Unterbreitung der Angebotsunterlage fortfahren, es sei denn, das Panel genehmige ihm den Rückzug (Rule 2.7).[20] Allerdings lässt das englische Recht im Gegensatz zum WpÜG dem Bieter auch ausreichend Zeit, über die Einzelheiten des späteren Angebots Rechenschaft abzulegen, bevor er zur Vorankündigung schreitet. Nach deutschem Recht fehlen die Voraussetzungen für eine solche Bindung. Die Vorankündigung beinhaltet selbst noch keine zum Vertragsschluss führende Willenserklärung, sondern kündigt eine solche erst an. Dies entspricht auch dem Willen des Gesetzgebers, nach dem Gegenstand der Vorankündigung nur die Absicht des Bieters hinsichtlich des Angebots als solche ist.[21] Daraus können aber noch keine den Bieter bindenden Erfüllungspflichten hergeleitet werden.[22] Der Bieter wird allenfalls **bußgeldpflichtig** nach § 60 Abs. 1 Nr. 2 lit. a, wenn er auf seine Vorankündigung hin der BAFin nicht innerhalb von vier Wochen eine Angebotsunterlage übermittelt (§ 14 Abs. 3 Satz 1). Die Festsetzung des Bußgeldes setzt aber Verschulden voraus, was regelmäßig fehlt, wenn kaufmännisch nachvollziehbare Gründe den Bieter von der Unterbreitung des Angebots abrücken ließen. In diesem Zusammenhang ist stets zu bedenken, dass das WpÜG den Bieter zu einer recht frühzeitigen Vorankündigung zwingt.[23] Dieser Zwang birgt aber stets die Gefahr in sich, dass die volle Belastung noch nicht überschaut werden kann. Häufig fehlen dem Bieter auch vor der Vorankündigung die praktischen Möglichkeiten zur Durchführung einer Due Diligence, die ihm erst eine substantiierte Risiko- und Chancenanalyse ermöglichen kann (unten Rn. 31).

Allerdings trifft den Bieter die Pflicht, den durch die Vorankündigung ge- **12** schaffenen Schwebezustand durch eine **Veröffentlichung nach § 15 WpHG** zu beseitigen. Denn durch die Vorankündigung belastet er nicht nur die Zielgesellschaft erheblich (vgl. §§ 33 Abs. 1 Satz 1, 3 Abs. 4 Satz 2), sondern beeinflusst auch die Entscheidungen der Marktteilnehmer. Sobald der Bieter sich daher von der Unterbreitung eines Angebots distanziert, muss er seinen Willen entsprechend publizieren. Dazu zwingt ihn nicht nur unmittelbar § 15 WpHG, der insoweit nicht durch § 10 Abs. 6 verdrängt wird (Rn. 27), sondern auch eine deliktische Verkehrspflicht: Durch die Vorankündigung hat der Bieter für die Zielgesellschaft und die Marktteilnehmer eine Gefahrenquelle geschaffen, die jetzt durch einen actus contrarius zu beseitigen ist.

f) Schadensersatz wegen nicht eingehaltener Vorankündigung. Die **13** Vorankündigung erzeugt keine rechtsgeschäftliche Verpflichtung (Rn. 11). Deshalb bedeutet der Abbruch eines Angebotsverfahrens auch keine schadensersatzbegründende Pflichtverletzung. Folglich erscheint der inkonsequente „Bieter" so, als habe er Vertragsverhandlungen mit der Gegenseite ohne sachlichen Grund abgebrochen. Aus einem solchen Verhalten resultieren wegen der negativen Vertragsfreiheit (§ 311 Abs. 1 BGB) regelmäßig keine Verpflichtungs-

---

[20] *Knoll* S. 125.
[21] RegE BT-Drucks. 14/7034 S. 39; WÜG-RefE S. 441.
[22] *Hirte* in Kölner Komm. Rn. 20; von der Tendenz her anders *Seydel* in Kölner Komm. § 14 Rn. 26.
[23] Zum Folgenden *Immenga* in *Kreuzer* ÖffÜA S. 25; *Peltzer* S. 200.

wirkungen. Nur ausnahmsweise kommt eine Haftung aus culpa in contrahendo (§§ 280 Abs. 1 Satz 1, 241 Abs. 2, 311 Abs. 2 BGB) in Betracht, wenn der
inkonsequente „Bieter" bei der Gegenseite das berechtigte Vertrauen erweckt
hat, dass es mit Sicherheit zum Abschluss des Vertrages kommt.[24] Dies kann
durch eine besonders gestaltete Vorankündigung erfolgen, in der sich der Bieter über das gesetzlich vorgeschriebene Maß hinaus festlegt. Denkbar ist aber
auch, dass er sich neben der Vorankündigung durch sonstige Verlautbarungen,
etwa gegenüber der Zielgesellschaft, bindet.[25] Diese Wertung beeinflusst auch
die Voraussetzungen eines möglichen **Eingriffs in den eingerichteten und
ausgeübten Gewerbebetrieb** nach § 823 Abs. 1 BGB. Die Lähmung der Verwaltung der Zielgesellschaft nach § 33 Abs. 1 Satz 1 WpÜG erinnert von der
Blockadewirkung her an die Fälle der Schutzrechtsverwarnung (RGZ 58, 24).
Allerdings müssen wegen des Rahmentatbestandes die Voraussetzungen der
Rechtswidrigkeit im Wege einer Abwägung positiv festgestellt werden: Dabei
wirkt sich zugunsten des Bieters stets die negative Vertragsfreiheit und der Umstand aus, dass er nach § 10 Abs. 1 Satz 2 WpÜG zu einer möglichst raschen und
daher im Zweifel nicht immer ganz durchdachten Vorankündigung gezwungen wird. Im Regelfall dürfte daher die unberechtigte Vorankündigung nicht
als rechtswidrig anzusehen sein. Anders liegen die Dinge allerdings, wenn der
„Bieter" von Beginn an die Absicht hatte, seiner Vorankündigung kein öffA
folgen zu lassen.[26] Hier sind die § 823 Abs. 2 BGB iVm. § 3 Abs. 4 Satz 1
WpÜG und § 826 BGB berührt (vgl. § 4 Rn. 10). Ansonsten kommt eine
deliktsrechtliche Schadensersatzpflicht – etwa aus § 826 BGB – nicht in Betracht, wenn der Bieter sich rechtzeitig im Wege des § 15 WpHG von seiner
Vorankündigung distanziert (Rn. 12).

14   **g) Gegenstand der Veröffentlichungspflicht.** Nach dem Wortlaut der
Norm ist Gegenstand der Vorankündigung nur die *Entscheidung* zur Abgabe
eines Angebots als solche und die Nennung der betroffenen Wertpapiere, nicht
die zu erwartenden Bedingungen des öffA.[27] Hinzu tritt nach § 10 Abs. 3 Satz 2
die Nennung der Internetadresse, unter der die Angebotsunterlage veröffentlicht werden wird. Dies entspricht den Vorstellungen des Gesetzgebers: Danach
muss unter Benennung der einschlägigen Wertpapiere nur angegeben werden,
dass ein Angebot beabsichtigt sei.[28] Dem Bieter steht es allerdings frei, über die
gesetzlichen Mindestinhalt hinaus weitere Angaben in die Vorankündigung
aufzunehmen. Dazu dürfte ihn die Gefahr der Spekulation auf die Gegenleistung motivieren, die zu dem Ergebnis führen kann, dass sich ein Börsenkurs
oberhalb eines realistischen Angebotspreises einstellt. Fraglich ist ferner, ob eine
bedingte Vorankündigung möglich ist. Da die Vorankündigung nach deutschem Recht noch keine Bindungswirkung zeitigt (Rn. 11), wird man dies unter den Voraussetzungen des § 18 Abs. 1 Satz 1 zulassen: Wenn ein öffA unter bestimmten Bedingungen erklärt werden darf, kann dies für die Vorankündigung
– sozusagen als Minus gegenüber dem Angebot – nicht verboten sein.

---

[24] *Staudinger/Löwisch* Vor §§ 275 ff. BGB Rn. 66 ff.
[25] Vgl. auch *Peltzer* S. 200.
[26] *Seydel* in Kölner Komm. § 14 Rn. 79.
[27] Ebenso *Hirte* in Kölner Komm. Rn. 23.
[28] RegE BT-Drucks. 14/7034 S. 39; WÜG-RefE S. 441.

3. Mitteilungspflicht gegenüber den Aufsichtsbehörden (Abs. 2). a) Tat-   **15**
bestand (Satz 1). Die Mitteilungspflicht nach Nr. 1 soll der **Geschäftsfüh-**
rung der Börse (§ 12 BörsG) eine Beurteilung darüber erlauben, ob die Notierung der Aktien eines der Beteiligten vorübergehend ausgesetzt werden soll
oder nicht (§§ 38, 53 Abs. 2 BörsG); dies folgt aus § 10 Abs. 2 Satz 2.[29] Adressaten sind die Geschäftsführungen aller Börsen, an denen Aktien eines der
Beteiligten *zugelassen* sind; sie brauchen dort nicht gehandelt zu werden (vgl.
bereits § 2 Rn. 20).[30] Zum Begriff des Bieters vgl. § 2 Abs. 4, der Zielgesellschaft § 2 Abs. 3. Im Rahmen von Nr. 1 bereitet das Tatbestandsmerkmal der
durch das Angebot **unmittelbar betroffenen Gesellschaften** Probleme. Der
Begriff dürfte nicht mit der gemeinsam handelnden Person nach § 2 Abs. 5
gleichzusetzen sein. Dafür spricht neben dem unterschiedlichen Wortlaut auch
die jeweils verschiedene Zwecksetzung. Im Rahmen des § 2 Abs. 5 geht es
nämlich um die Zurechnung von Einflussnahmemöglichkeiten während des
Angebotsverfahrens, nicht aber um die Kursauswirkungen. Im Rahmen des
§ 10 Abs. 2 kommt es vor allem auf faktische Kursauswirkungen an. Diese betreffen wohl stets die Tochterunternehmen (§ 2 Abs. 6) von Bieter und Zielgesellschaft. Ansonsten kommt es auf die *unmittelbare* Betroffenheit an: Diese
besteht im Hinblick auf die AG, deren Aktien der Bieter als Gegenleistung für
das öffA anbieten will.[31] Dagegen dürfte eine über Austauschverträge vermittelte Betroffenheit nicht ausreichen: Unterhält die Zielgesellschaft etwa umfangreiche **Lieferbeziehungen** zu einem mit dem Bieter in Wettbewerb stehenden Drittunternehmen, und steht zu erwarten, dass die Lieferbeziehung
deshalb nach erfolgreicher Übernahme nicht aufrechterhalten wird, ist dieses
Drittunternehmen nicht unmittelbar betroffen. Auch der Einfluss auf die
Wertpapiere konkurrierender Unternehmen dürfte nicht ausreichen.[32] Wie aus
§ 10 Abs. 2 Satz 1 Nr. 2 erhellt, kommt eine Betroffenheit allerdings dann in
Betracht, wenn ein anderes Unternehmen in großem Umfang **Aktienoptio-**
nen an der Zielgesellschaft oder am Bieter übernommen hat.

Der Begriff der **Derivate** in Nr. 2 stimmt weitgehend mit § 2 Abs. 2 Nr. 1   **16**
WpHG überein, soweit das Grundgeschäft sich auf Aktien eines der nach Nr. 1
Beteiligten bezieht. Insoweit lehnt sich § 10 Abs. 2 Nr. 2 eigentlich nur an den
Tatbestand des § 2 Abs. 2 Nr. 2 WpHG an (vgl. die dort aufgeführten Papiere).
Die Mitteilung an die Bundesanstalt ist im Hinblick auf deren Überwachungs-
aufgaben erforderlich.[33] Die Mitteilung hat **vor der Veröffentlichung** nach
§ 10 Abs. 3 zu erfolgen. Dabei genügt in der Praxis eine Zeitspanne von 20 bis
30 Minuten.[34]

b) Gegenstand der Mitteilung und Rechtsfolgen des Gesetzesversto-   **17**
ßes. Der Gegenstand der Mitteilung muss mit dem der Vorankündigung
übereinstimmen. Andernfalls können die zu benachrichtigenden Aufsichtsbehörden ihre Aufgaben im Vorfeld nicht wahrnehmen. Erfolgt die Mitteilung

---

[29] Vgl. auch RegE BT-Drucks. 14/7034 S. 40; WÜG-RefE S. 441 f.
[30] *Hirte* in Kölner Komm. Rn. 54.
[31] *Geibel* in *Geibel/Süßmann* Rn. 44; *Hirte* in Kölner Komm. Rn. 56.
[32] *Hirte* in Kölner Komm. Rn. 56.
[33] RegE BT-Drucks. 14/7034 S. 40; WÜG-RefE S. 442.
[34] *Geibel* in *Geibel/Süßmann* Rn. 59; *Hirte* in Kölner Komm. Rn. 51.

nicht ordnungsgemäß oder verspätet, kann ein **Bußgeld** nach § 60 Abs. 1 Nr. 2 a verhängt werden.

18   **c) Eingeschränktes Verwertungsrecht (Satz 2).** Die Vorschrift entspricht § 15 Abs. 2 Satz 2 WpHG.[35] Danach dürfen die Geschäftsführungen die ihnen mitgeteilten Entscheidungen nur für die Frage der Kursaussetzung oder Kurseinstellung verwenden. Der Zweck der Norm liegt in der Vermeidung von Wettbewerbsvorteilen der privatrechtlichen Träger der Börsen, die neben anderen Konkurrenten Informationsdienste anbieten.[36]

19   **d) Ausnahmen für ausländische Bieter (Satz 3).** Die Vorschrift entspricht § 15 Abs. 2 Satz 3 WpHG. Der Gesetzgeber nimmt Rücksicht darauf, dass bestimmte ausländische Bieter aufgrund ihrer Heimatrechte keine Vorabunterrichtung fremder Behörden vornehmen dürfen.[37] Voraussetzung für die Gestattung dürfte sein, dass die Zwecke des § 10 Abs. 2 Satz 1 nicht durchkreuzt werden, also die rechtzeitige Entscheidung der Geschäftsführungen der Börsen über die Aussetzung oder Einstellung der Notierung weiterhin nicht vereitelt wird.[38] Dies liegt jedenfalls dann vor, wenn die ausländische Börse die entsprechenden Informationen unverzüglich der betroffenen deutschen Börse mitteilt.[39] Die Gestattung kann auch sachlich beschränkt (Teil-Gestattung) ausgesprochen werden.[40]

20   **4. Art und Weise der Veröffentlichung (Abs. 3).** Der Begriff des **Börsenpflichtblattes** entspricht § 31 Abs. 4 Satz 1 BörsG. Es handelt sich um von der jeweiligen Börsenzulassungsstelle zum Bekanntmachungsblatt bestimmte inländische Zeitungen, die nicht *sämtlich* Tageszeitungen und auch nicht sämtlich überregional verbreitet sein müssen. § 10 Abs. 3 Satz 1 schreibt indes die **überregionale Verbreitung** des Börsenpflichtblatts vor. Dabei muss es sich nicht zwingend um eine Tageszeitung handeln; allerdings gebietet die Veröffentlichung nach § 10 Abs. 1 Satz 1 besondere Eile (unverzüglich), was der Möglichkeit entgegensteht, allein durch die Wahl des Organs eine weitere Verzögerung herbeizuführen. Das Gesetz ist ferner auf AG anwendbar, die nicht nur an einer inländischen, sondern daneben auch an einer ausländischen Börse notiert sind (vgl. § 1). In diesem Fall bezieht sich das Börsenpflichtblatt auf das von der deutschen Börse bestimmte Bekanntmachungsblatt. Dafür spricht der Zweck der Vorschrift und der systematische Zusammenhang mit Satz 1 Ende (Veröffentlichung in deutscher Sprache!). **Alternativ** dazu kann die Veröffentlichung über ein **Informationsverarbeitungssystem** betrieben werden. Voraussetzung ist, dass dieses System bei den hauptsächlich mit dem Aktienhandel befassten Instituten **„weit verbreitet"** ist. Damit sind nur solche Systeme bezeichnet, die gemeinhin und ohne vernünftigen Zweifel als Standard in der Kommunikation zwischen den Pflichtadressaten angesehen werden. Zum Pflichtadressatenkreis zählen **Kreditinstitute** (vgl. § 1 Abs. 1 KWG) und

35 RegE BT-Drucks. 14/7034 S. 40.
36 *Assmann/Schneider* § 15 WpHG Rn. 106.
37 RegE BT-Drucks. 14/7034 S. 40; WÜG-RefE S. 442.
38 So auch WÜG-RefE S. 442.
39 RegE BT-Drucks. 14/7034 S. 40; WÜG-RefE S. 442.
40 *Hirte* in Kölner Komm. Rn. 65.

Finanzdienstleistungsinstitute (§§ 1 Abs. 1a, 2 Abs. 6 KWG). § 53 Abs. 1 KWG bezeichnet die deutschen Zweigstellen von Unternehmen mit Sitz im Ausland, die Bankgeschäfte (§ 1 Abs. 1 KWG) betreiben oder Finanzdienstleistungen erbringen. Die Zulassung zum Börsenhandel erteilt die Börsengeschäftsführung nach § 16 Abs. 4 BörsG. Der Begriff der **Versicherung** bestimmt sich nach Richtlinie 73/239/EWG, ABl. EG 1973 Nr. L 228, 3. Die Veröffentlichung hat **in deutscher Sprache** zu erfolgen. Eine **Befreiungsmöglichkeit** durch die Bundesanstalt entsprechend der in § 15 Abs. 3 Satz 1 WpHG vorgesehen hat der Gesetzgeber bewusst vermieden, da die Information zur Unterrichtung deutscher Aktionäre und der Arbeitnehmer der Zielgesellschaft diene.[41] Angesichts des Minimalinhalts der Vorankündigung scheint die Verpflichtung auf die deutsche Sprache auch keine unverhältnismäßige Belastung.

Der Bieter muss ferner bereits in der Vorankündigung die **Internetadresse**   **21** angeben, unter der die Angebotsunterlage nach § 14 Abs. 3 Satz 1 Nr. 1 veröffentlicht werden wird. Sollte diese Adresse im Zeitpunkt der Veröffentlichung der Angebotsunterlage nicht mehr frei sein, wird eine nachträgliche Berichtigung erforderlich.

Ein **Vorveröffentlichungsverbot** begründet **§ 10 Abs. 3 Satz 3.** Der Ge-   **22** setzgeber will damit eine „Einheitlichkeit der Veröffentlichungswege" erreichen.[42] Informationen sollen nicht unkontrolliert nach außen dringen und damit Insidergefahren heraufbeschwören. **Veröffentlichung** bedeutet daher das Zugänglichmachen von Informationen außerhalb des Angebotsverfahrens gegenüber Personen, die nicht in die Vorbereitung miteingeweiht sind und dem Bieter nicht praktisch effizient zur Verschwiegenheit verpflichtet sind. Auch Publikationen in fremder Sprache kommen in Betracht. Ein **Verstoß gegen die Vorschrift** führt nicht zur Ablehnung des öffA nach § 15 Abs. 1 Nr. 2, weil in diesem Fall nicht durch den Inhalt der Angebotsunterlage gegen das WpÜG verstoßen wird. In Betracht kommt indes eine Ordnungswidrigkeit nach § 60 Abs. 1 Nr. 3. Die Festsetzung eines Bußgeldes erfordert indes **Verschulden beim Bieter**. Dabei hat die BAFin zu berücksichtigen, dass die Anknüpfung des gesetzlichen Anwendungsbereichs des WpÜG an den Sitz der Zielgesellschaft (§ 1) den Bieter bei internationalen Angebotsverfahren vor schwierige Koordinationsaufgaben stellen kann. Unter Umständen ist er nach einer anderen Rechtsordnung zu einer vorgezogenen Veröffentlichung verpflichtet (SEA, SA; vgl. aber § 24). Soweit dieser Nachteil nicht durch eine Genehmigung nach § 10 Abs. 2 Satz 3 ausgeglichen werden kann, darf ihm dies nicht zum Vorwurf gereichen. Wenn das Gesetz selbst das auf internationale Übernahmeverfahren anwendbare Recht nur am Rande (§ 24) praktisch koordiniert, kann dem Bieter aus den daraus resultierenden Zwängen kein Verschuldensvorwurf erwachsen. Schließlich kann die BAFin mit einer Untersagungsverfügung nach § 4 Abs. 1 Satz 2 und 3 iVm. § 3 Abs. 5 wegen **Marktverzerrung** gegen unerlaubte Vorveröffentlichungen des Bieters einschreiten. Nach hier vertretener Auffassung kommen prinzipiell auch Schadensersatzansprüche der Zielgesellschaft nach § 823 Abs. 2 BGB in Betracht, weil diese

---

[41] DiskEntw ÜG S. 302; WÜG-RefE S. 442.
[42] RegE BT-Drucks. 14/7034 S. 40; WÜG-RefE S. 442.

nach § 3 Abs. 4 Satz 1 in besonderer Weise vor einer Verfahrensverschleppung geschützt wird (§ 4 Rn. 10).

23   **5. Übersendung der Veröffentlichung an die Aufsichtsbehörden (Abs. 4).** Der Zweck der Norm liegt in einer Kontrolle der nach § 10 Abs. 2 zu benachrichtigenden Aufsichtsbehörden, ob die Nachricht überhaupt erfolgt und inhaltlich richtig ist.[43] Die Veröffentlichung ist zu **übersenden**. Erforderlich ist die Übermittlung der Vorankündigung in der identischen Textgestaltung, also anhand eines Exemplars des Börsenpflichtblatts bzw. einer Kopie der elektronisch verbreiteten Nachricht. Nur so können die Aufsichtsbehörden überprüfen, ob nicht durch graphische bzw. typographische Gestaltungselemente der Zweck der Vorankündigung ausgehöhlt wird. Satz 2 zieht die Konsequenzen aus § 10 Abs. 2 Satz 3 und setzt eine wirksame Genehmigung nach dieser Vorschrift voraus.

24   **6. Mitteilung gegenüber der Zielgesellschaft (Abs. 5 Satz 1).** Die Vorschrift stellt sicher, dass der Vorstand der Zielgesellschaft in jedem Fall von der Veröffentlichung nach Abs. 3 benachrichtigt wird. Erforderlich ist die **Mitteilung**, nicht wie in Abs. 4 die Übersendung. Ausreichend erscheint folglich, dass dem Vorstand der Inhalt der Veröffentlichung vollständig, wenn auch nicht in der gleichen textlichen Gestaltung zugänglich gemacht wird. Die Mitteilung hat **schriftlich** zu erfolgen. Die Schriftform dient hier allerdings einem anderen Zweck als bspw. in § 766 BGB: Es geht nicht um eine Warnung bzw. Beweissicherung zugunsten der Gegenseite, sondern allein um die Übermittlung einer vollständigen, ohne weiteres einsehbaren Fassung der Angebotsunterlage, deren Seriosität für die Verwaltung der Zielgesellschaft erkennbar ist. § 45 WpÜG gilt hier analog. Deshalb sind die Anforderungen geringer als in den übrigen Fällen des § 126 Abs. 1 BGB. Es genügen Telefax bzw. Computerfax, nicht aber eine einfache E-Mail[44] (vgl. aber § 126a BGB). Diese Mitteilung hat **unverzüglich**, d.h. ohne schuldhaftes Zögern (§ 121 Abs. 1 Satz 1 BGB) zu erfolgen. Wegen § 10 Abs. 3 Satz 3 **muss** diese Mitteilung aber nach Veröffentlichung der Vorankündigung erfolgen. Eine (wohlmeinende) vorherige oder gleichzeitige Mitteilung an den Vorstand vereitelt den Zweck der Vorankündigung nach § 10 Abs. 3 Satz 1, die Veröffentlichung gegenüber allen Marktteilnehmern einheitlich, dh. in einem Zeitpunkt, sicherzustellen und ist deshalb rechtswidrig. Hier droht unter Umständen ein Bußgeld nach § 60 Abs. 1 Nr. 3 bzw. ein Einschreiten der BAFin wegen Marktverzerrung (§ 4 Abs. 1 Satz 2 und 3 iVm. § 3 Abs. 5).

25   **7. Unterrichtung der Arbeitnehmer (Abs. 5 Satz 2).** Die Besonderheit der Norm liegt darin, dass sie im Unterschied zu den allgemeinen arbeitsrechtlichen Informationspflichten nicht an konkrete Umstrukturierungsmaßnahmen anknüpft, sondern bereits anlässlich der Möglichkeit solcher Maßnahmen durch ein öffA entsteht.[45] Systematisch passt sie eigentlich nur auf das öffÜA nach § 29, nicht aber auf ein einfaches öffentliches Angebot. Nach der Geset-

---

[43] RegE BT-Drucks. 14/7034 S. 40; WÜG-RefE S. 443.
[44] *Hirte* in Kölner Komm. Rn. 81; strenger *Geibel* in *Geibel/Süßmann* Rn. 65.
[45] *Hirte* in Kölner Komm. Rn. 83.

zesbegründung allerdings stellt § 10 Abs. 5 Satz 2 ganz allgemein sicher, dass die Arbeitnehmer ihre Rechte wahrnehmen und dass durch das WpÜG die bestehenden Rechte der Arbeitnehmer nicht beschränkt werden.[46] Im Hinblick auf ein öffA stehen den Arbeitnehmern indes keine eigenen Rechte zu. Gegen ein Übernahmeangebot können sie ihre Interessen immerhin über den Aufsichtsrat nach § 33 Abs. 1 Satz 2 dritter Fall einbringen (vgl. auch § 3 Rn. 24 f.). Richtiger Ansicht nach dient die Information daher neben einer frühzeitigen Koordination des Stimmverhaltens der Arbeitnehmervertreter im Aufsichtsrat auch der Vorausplanung von Sozialmaßnahmen. Die Informationspflicht trifft den Vorstand der Zielgesellschaft. Nach der Systematik der Norm muss sich der Vorstand vorrangig an den Betriebsrat als gewählte Vertretung der Arbeitnehmer wenden; eine unmittelbare Informierung der Arbeitnehmer kommt nur in Betracht, wenn kein Betriebsrat gebildet wurde. Dieser Rechtsgedanke lässt sich insoweit fortentwickeln, als stets die oberste Repräsentationsebene der Arbeitnehmervertretungen – also der Konzern- bzw. Gesamtbetriebsrat vor dem einfachen Betriebsrat – angesprochen werden muss.[47] Nach einer teilweise vertretenen Auffassung sollen **ausländische Niederlassungen** nicht informiert werden müssen.[48] Dies überzeugt, sofern für diese ein Konzern- oder Gesamtbetriebsrat zuständig ist. Ansonsten ist allerdings zu bedenken, dass § 1 WpÜG eine allseitige Kollisionsnorm darstellt, die auch diese Frage des internationalen Arbeitsrechts mitregelt (§ 1 Rn. 3 a). Danach findet auch auf die im Ausland belegene Niederlassung § 10 Abs. 5 Satz 2 Anwendung. Die Regelung der Informationspflicht in § 10 Abs. 5 Satz 2 darf im Übrigen nicht zu dem Fehlschluss verleiten, der Vorstand dürfe die besondere Benachrichtigung nach § 10 Abs. 5 Satz 1 durch den Bieter abwarten, um erst dann weiterzuinformieren. Vielmehr muss er **unverzüglich** (d.h. ohne schuldhaftes Zögern, § 121 Abs. 1 Satz 1 BGB) auf die Veröffentlichung der Vorankündigung nach § 10 Abs. 3 reagieren. Fraglich ist, ob eine **Schadensersatzhaftung** des Vorstands der Zielgesellschaft wegen verspäteter Mitteilung nach §§ 823 Abs. 2 BGB iVm. § 10 Abs. 5 Satz 2 WpÜG in Betracht kommt. Ein Schaden kann dem einzelnen Arbeitnehmer nämlich dann entstehen, wenn er wegen verspäteter Unterrichtung eine Chance verstreichen lässt, andernorts ein Beschäftigungsverhältnis zu beginnen, und später sein Beschäftigungsverhältnis mit der Zielgesellschaft infolge der Übernahme beendet wird. Dennoch dürften individuelle Schäden dieser Art nach dem gerade Erörterten nicht unter den sachlichen Schutzzweck der Norm fallen (vgl. auch § 4 Rn. 12).[49]

8. Mitteilung gegenüber konkurrierenden Bietern? Auch wenn § 22 **26** der allgemeine gesetzgeberische Wille nach Verstärkung der Konkurrenzsituation zwischen verschiedenen Bietern zugrunde liegt,[50] begründet das Gesetz keine ausdrückliche Verpflichtung, bereits konkurrierende Bieter über die eigene Vorankündigung individuell zu unterrichten. Darüber hinaus gibt es keine ungeschriebenen Rechtsgrundsätze, die eine solche Pflicht nahe leg-

---

[46] RegE BT-Drucks. 14/7034 S. 40; WÜG-RefE S. 443.
[47] *Hirte* in Kölner Komm. Rn. 87 ff.
[48] *Grobys* in *Geibel/Süßmann* Rn. 88; *Hirte* in Kölner Komm. Rn. 96.
[49] Ähnlich *Grobys* in *Geibel/Süßmann* Rn. 125; *Hirte* in Kölner Komm. Rn. 98.
[50] RegE BT-Drucks. 14/7034 S. 50.

ten.[51] Wie bei jedem Auktions- oder Ausschreibungsverfahren stehen die Konkurrenten untereinander in keiner Sonderrechtsbeziehung.

27   **9. Verhältnis zur Ad-hoc-Publizitätspflicht (Abs. 6).** Im Anwendungsbereich des § 10 ist § 15 WpHG prinzipiell verdrängt.[52] Allerdings greift die Befreiung von der Ad-hoc-Publizität des § 15 WpHG nur in dem Umfang, in dem die Veröffentlichung nach § 10 WpÜG *tatsächlich erfolgt* ist. Werden in der Vorankündigung kursrelevante Tatschen nicht erwähnt, sind diese nach § 15 WpHG zu publizieren.[53] Ausschlaggebend für diese Überlegung ist der europarechtliche Hintergrund des § 15 WpHG.[54] Solange § 10 Abs. 6 nur auf nationalem Recht gründet, kann die Norm die Funktion des § 15 WpHG bei der Umsetzung der Börsenzulassungsrichtlinie zwar im Einzelfall substituieren, darf dabei aber insgesamt nicht von der Richtlinie abweichen. Deshalb müssen etwaige **Regelungslücken in § 10 WpÜG durch Anwendung des § 15 WpHG** geschlossen werden. Dabei ist allerdings auch zu beachten, dass aus § 15 Abs. 1 Satz 1 WpHG nur dann eine Veröffentlichungspflicht resultiert, wenn der Kurs der Wertpapiere *des Bieters* in relevanter Weise berührt ist, nicht derjenigen der Zielgesellschaft. Da jedoch die Entwicklung des Angebotsverfahrens ab einer bestimmten Größenordnung des Angebots und immer beim öffÜA regelmäßig auf die Bewertung des Bieterunternehmens zurückschlägt, wird man die Kursrelevanz in der Mehrzahl der Fälle bejahen können. Dafür spricht auch der Rechtsgedanke des § 10 Abs. 1 Satz 1, der die Kursrelevanz von Angebotsinformationen auch im Hinblick auf das Bieterunternehmen unwiderleglich vermutet. Soweit allerdings die Sachvoraussetzungen des § 15 WpHG im Einzelfall dennoch nicht vorliegen, dürfte sich **subsidiär eine Publizitätspflicht in Rechtsanalogie zu § 12 Abs. 3 Nr. 3** ergeben: Diese Norm wird von dem allgemeinen Rechtsgedanken getragen, dass der Bieter die Information der Aktionäre der Zielgesellschaft auf aktuellem Stand halten muss (§ 12 Rn. 13 ff.). Dies zugrunde liegende Zwecksetzung muss auch im Zwischenstadium zwischen Vorankündigung und Veröffentlichung der Angebotsunterlage greifen; soweit durch fehlende Anwendbarkeit des § 15 WpHG eine Regelungslücke entsteht, muss diese aus dem Rechtsgedanken des § 12 Abs. 3 Nr. 3 geschlossen werden. Hingegen scheitert die analoge Anwendung des § 21 Abs. 1, die theoretisch ebenfalls in Frage käme, an der fehlenden Rechtsähnlichkeit der Fälle (§ 21 Rn. 1 a). Für das Konkurrenzverhältnis von § 10 WpÜG und § 15 WpHG ist ferner maßgeblich, dass sich § 10 Abs. 6 nur auf Entscheidungen zur Abgabe eines Angebots bezieht. Entscheidungen, gerade kein Angebot abzugeben (Rn. 10), oder Berichtigungen einer bereits erfolgten Vorankündigung (Rn. 11) werden daher nicht von § 10 WpÜG, sondern von § 15 WpHG erfasst. Im Übrigen billigt der Gesetzgeber § 15 WpHG auch nach der Vorankündigung die Funktion einer Auffangnorm zu: Beinhal-

---

[51] *Assmann/Bozenhardt* S. 82.

[52] RegE BT-Drucks. 14/7034 S. 40 f.; DiskEntw ÜG S. 303; WÜG-RefE S. 443.

[53] BAWE, Rundschreiben vom 26. 4. 2002, NZG 2002, 563, 564; *Hopt* ZGR 2002, 333, 344.

[54] Art. 68 der Richtlinie über die Zulassung von Wertpapieren zu amtlichen Börsennotierung und über die hinsichtlich dieser Wertpapiere zur veröffentlichenden Informationen, ABl. EG 2001 Nr. L 184, 1; dazu *Hopt* ZGR 2002, 333, 345.

tet die Vorankündigung noch keine Eckdaten des späteren Angebots, so soll deren Vorveröffentlichung nach § 15 WpHG geboten sein.[55] Regelmäßig dürfte der Bieter jedoch nicht verpflichtet sein, im Stadium zwischen Vorankündigung und Veröffentlichung der Angebotsunterlage nach § 11 Abs. 2 relevante Teilinhalte zu veröffentlichen. Insoweit bildet nämlich § 14 Abs. 3 einen abschließenden und spezielleren Publizitätstatbestand gegenüber § 15 WpHG. Nur wenn die Geheimhaltung der Angebotsbedingungen nicht gewährleistet ist und die Aufhebung der Geheimhaltung von ihm zurechenbar veranlasst ist, kann die Gleichbehandlungspflicht nach § 3 Abs. 1 den Bieter zu einer Publikation nach § 15 WpHG zwingen. Vgl. schließlich zur Pflicht des Bieters, **Gerüchte** über ein von ihm intendiertes Angebot zu zerstreuen (Rn. 10). Besondere Probleme treten in **Konzernsachverhalten** auf: Veranlasst hier bspw. ein herrschendes Unternehmen ein von ihm abhängiges, ein öffA abzugeben, ist nur das abhängige Unternehmen Bieter iSd. § 2 Abs. 4. Dann stellt sich die Frage, ob nicht das herrschende Unternehmen seine Absichten bzw. die interne Weisung an das abhängige Unternehmen nach § 15 WpHG publizieren muss, weil diese der Entscheidung des eigentlichen Bieters vorgelagert und dennoch kursrelevant sind.[56] Nach zutreffender Auffassung aber ist § 10 Abs. 6 WpÜG der Rechtsgedanke zu entnehmen, dass ein konzernbeteiligtes Unternehmen nicht zu einer Ad-hoc-Mitteilung nach § 15 WpHG gezwungen werden darf, bevor der Bieter selbst nach § 10 WpÜG seine Entscheidung publiziert hat; notfalls muss die BAFin nach § 15 Abs. 1 Satz 2 WpHG Befreiung erteilen.[57] Für diese Betrachtungsweise spricht ferner, dass die Vorankündigung die knappe Frist des § 14 Abs. 1 WpÜG in Gang setzt. Deshalb darf der Bieter, bei dem der Entscheidungsvorgang möglicherweise trotz Weisung des herrschenden Unternehmens noch nicht abgeschlossen ist, nicht unter Druck gesetzt werden. Auch in anderen Konzernsachverhalten gilt, dass trotz Kursrelevanz der konzerninternen Informationen für die einzelnen Konzernbeteiligten, dem Bieter das Recht der Erstpublikation verbleiben muss, solange die Geheimhaltung gesichert ist.[58] Auch die **Zielgesellschaft** kann zur Publizität nach § 15 WpHG verpflichtet sein. Hier stellt sich allerdings ein Zurechnungsproblem: Das öffA geht vom Bieter aus und ist von der Zielgesellschaft nicht veranlasst. Deshalb ist sie grundsätzlich auch nicht zur Publizität verpflichtet (vgl. auch Rn. 10 zur Zurechnung im Anschluss an Rule 2.2 City Code). Etwas anderes gilt dann, wenn die Zielgesellschaft am Entstehen der publikationspflichtigen Tatsachen mitgewirkt hat, was regelmäßig bei einer sog. freundlichen Übernahme zu bejahen ist.[59]

10. Anwendbarkeit der Norm auf den Rückerwerb eigener Aktien. 27a
Nach hM ist § 10 auf den Rückerwerb eigener Aktien anwendbar.[60] Soweit der Vorstand die Erteilung eines Ermächtigungsbeschlusses nach § 71 Abs. 1 Nr. 8

[55] BT-Drucks. 14/7034 S. 40 f.; ähnlich *Assmann* ZGR 2002, 697, 713.
[56] Bejahend *Versteegen* in Kölner Komm. § 2 Rn. 129.
[57] *Hopt* ZGR 2002, 333, 349.
[58] *Hopt* ZGR 2002, 333, 349.
[59] *Hopt* ZGR 2002, 333, 347; *Hirte* in Kölner Komm. Rn. 103.
[60] *Fleischer/Körber* BB 2001, 2589, 2592; *Oechsler* NZG 2001, 817, 818; *Steinmeyer/Häger* Rn. 18; offen lassend *Hirte* in Kölner Komm. Rn. 104.

Satz 1 AktG in die Wege leitet, liegen die Voraussetzungen des § 10 Abs. 1 Satz 1 allerdings noch nicht vor. Die bloße Ermächtigung bedeutet nämlich noch keine Entscheidung, im Rahmen eines öffentlichen Angebots Aktien zurückerwerben zu wollen. Hier würde auch die enge Vierwochenfrist für die Übermittlung einer Angebotsunterlage an die BAFin nach § 14 Abs. 1 nicht passen. Denn der Vorstand kann sich nach § 71 Abs. 1 Nr. 8 Satz 1 AktG für einen Zeitraum von 18 Monaten ermächtigen lassen, innerhalb dessen er frei über die Aufnahme eines Rückkaufprogramms entscheiden darf. Anders ist die Lage, wenn der Vorstand von einer bereits erteilten Ermächtigung nach § 71 Abs. 1 Nr. 8 Satz 1 AktG Gebrauch macht.[61] Ob ein entsprechender Beschluss nach § 15 WpHG publiziert werden muss, war bislang umstritten, wurde aber zutreffender Ansicht nach bejaht.[62] In Ermangelung einer spezialgesetzlichen Regelung besteht kein Grund, warum der Vorstand seine Absicht nicht in den Formen des § 10 Abs. 3 publizieren sollte. Dann ist auch § 10 Abs. 4 Satz 1 anwendbar. Nicht anwendbar sind indes Abs. 2 Satz 3, Abs. 4 Satz 2, weil Bieter und Zielgesellschaft identisch sind und die Normen nach § 1 nur anwendbar sind, wenn die AG ihren Sitz im Inland hat. Unanwendbar ist auch **Abs. 5 Satz 1**, der die Personenverschiedenheit zwischen Bieter und Zielgesellschaft voraussetzt, sowie – recht besehen – auch **Abs. 5 Satz 2**: Wegen § 71 Abs. 2 Satz 1 AktG darf die AG kein öffÜA iSd. § 29 abgeben; auf den Erwerb von bis zu zehn Prozent der Aktien passt die Norm aber nicht. Abs. 6 ist hingegen anwendbar: So wird sichergestellt, dass die AG und ihre konkurrierenden Bieter in gleicher Weise – nämlich auf der Grundlage von § 10 – publizieren.

II. Die Vorbereitungsphase bis zur Vorankündigung (Due Diligence)

Schrifttum: *Angersbach,* Due Diligence beim Unternehmenskauf, 2002; *Berens/Brauner* (Hrsg.), Due Diligence bei Unternehmensakquisition, 1998; *Bihr,* Due Diligence: Geschäftsführungsorgane im Spannungsfeld zwischen Gesellschafts- und Gesellschafterinteressen, BB 1998, 1198; *Brauner/Fritsche,* Due Diligence aus rechtlicher Sicht, DB 1998, 243; *Bremer,* Herausgabe von Informationen im Rahmen einer Due Diligence, GmbH-Praxis 2000, 176; *Harrer/Erbacher,* Die Bedeutung der Due-Diligence-Prüfung im Rahmen einer Unternehmensübernahme oder eines Unternehmenskaufs, in DAI, S. 253; *Kiethe,* Vorstandshaftung aufgrund fehlerhafter Due Diligence beim Unternehmenskauf, NZG 1999, 976; *Klein,* Due Diligence und Unternehmensbewertung, DB 1998, 155; *Körber,* Geschäftsleitung der Zielgesellschaft und due diligence bei Paketerwerb und Unternehmenskauf, NZG 2002, 263; *Krüger,* Due diligence bei Kauf und Verkauf von Unternehmen: Rechtliche und steuerliche Aspekte der Vorprüfung beim Unternehmenskauf, DStR 1999, 174; *Lappe,* Unternehmensbewertungen nach dem WpÜG, BB 2002, 2185; *Leiter,* Unternehmensanalyse und -bewertung im Rahmen von M&A-Transaktionen, FS Jakobljevich, 1996, S. 155; *Löffler,* Tax Due Diligence beim Unternehmenskauf, 2002; *Loges,* Der Einfluss der „Due Diligence" auf die Rechtsstellung des Käufers eines Unternehmens, DB 1997, 965; *Lutter,* Due diligence des Erwerbers beim Kauf einer Beteiligung, ZIP

---

[61] MünchKommAktG/*Oechsler* § 71 Rn. 15, 202.
[62] *Bundesaufsichtsamt für den Wertpapierhandel,* Schreiben an die Vorstände der börsennotierten Aktiengesellschaften vom 28. Juni 1999, Fundstelle: www.bawe.de/schr4.htm, Juli 2000, 2 a); *Kraft/Altvater* NZG 1998, 448, 451; *Rosen/Helm* AG 1996, 434, 439 f.; *Oechsler* (Fn. 61) § 71 Rn. 293. AA *Martens* AG 1996, 337, 340 f.; *Peltzer* WM 1998, 322, 329 f.

1997, 613; *Merkt,* Due Diligence und Gewährleistung beim Unternehmenskauf, BB 1995, 1041; *ders.*, Rechtliche Bedeutung der „due diligence" beim Unternehmenskauf, WiB 1996, 145; *Mertens,* Die Information des Erwerbers einer wesentlichen Unternehmensbeteiligung an einer Aktiengesellschaft durch deren Vorstand, AG 1997, 541; *Roschmann/Frey,* Geheimhaltungspflichten der Vorstandsmitglieder von Aktiengesellschaften bei Unternehmensverkäufen, AG 1996, 449; *Schmitz,* Due Diligence beim Unternehmenskauf, 2002; *Schroeder,* Darf der Vorstand der Aktiengesellschaft dem Aktienkäufer eine Due Diligence gestatten?, DB 1997, 2161; *Schwerdtfeger,* Unternehmenskauf und „Due Diligence" – Anspruch des vorkaufsberechtigten Erwerbers?, BB 1998, 1801; *Traugott,* Informationsabflüsse nach Transaktionsabschluss bei Aktiengesellschaften, BB 2001, 2277; *Werner,* Haftungsrisiken bei Unternehmensakquisitionen, ZIP 2000, 989; *Ziegler,* Due Diligence im Spannungsfeld zur Genehmigungspflicht von Geschäftsführern und Gesellschaftern, DStR 2000, 249. **Check-Listen**: *Harrer,* Die Bedeutung der Due Diligence bei der Vorbereitung eines Unternehmenskaufs, DStR 1993, 1673; *Hess/Fabricius,* in *Hopt* (Hrsg.), Formularbuch zum Handels-, Gesellschafts-, Bank- und Transportrecht, 2. Aufl. 2002, IV B I; *Holzapfel/Pöllath,* Recht und Praxis des Unternehmenskaufs, 9. Aufl. 2000, Rn. 399; *Jung,* Praxis des Unternehmenskaufs, 2. Aufl. 1993, S. 342.

1. Due Diligence. Der Begriff (übersetzt: erforderliche Sorgfalt) ent-   **28** stammt dem amerikanischen Recht und entfaltet dort vielfältige Bedeutung bei der Konkretisierung von Sorgfaltsmaßstäben.[63] In näherem Zusammenhang steht etwa die „due diligence defense", mit der sich die für den Börsenprospekt Verantwortlichen gegenüber Schadensersatzforderungen wegen eines fehlerhaften Börsenprospekts (registration statement) verteidigen können.[64] Die bei Unternehmensübernahmen maßgebliche Bedeutung gehört allerdings ins amerikanische Kaufrecht. Dort gilt beim Unternehmenserwerb das Prinzip **caveat emptor,** wonach dem Käufer keine Leistungsstörungsrechte gegenüber dem Verkäufer zustehen, es sei denn, er habe sich ausdrücklich besondere Garantien vom Verkäufer ausbedungen;[65] Um zu ermitteln, welche vertraglichen Regelungsgegenstände unter Haftungsaspekten einer garantiemäßigen Absicherung durch den Verkäufer bedürfen, muss der Käufer das Unternehmen daher im eigenen Interesse sorgfältig auf wirtschaftliche Chancen und Risiken hin analysieren. Dabei stellt das amerikanische Recht keine inhaltlichen Anforderungen auf, weil der Käufer die nachteiligen Folgen seines Unterlassens selbst zu tragen hat. Lässt der Käufer die „due diligence" vermissen, wird er regelmäßig die Vereinbarung einer rechtsgeschäftlichen Garantie mit dem Verkäufer über den kritischen Punkt versäumen bzw. einen Abschlag beim Kaufangebot unterlassen.[66] Kompensierende Rechtsbehelfe stehen ihm dann nicht zur Verfügung.

Im systematisch völlig anders gelagerten **deutschen Kaufrecht,** bei dem   **29** auch dem unternehmerischen Käufer Ansprüche aus § 437 BGB ohne eigene Initiative zustehen, scheint eine Due-Diligence-Prüfung dem Käufer hingegen eher zu schaden als zu nutzen: Denn je mehr er an Einzelheiten über die Struk-

---

[63] *Merkt* WiB 1996, 145.

[64] *Berens/Strauch* in *Berens/Brauner* S. 6 ff.; *Merkt* WiB 1996, 146; *Werner* ZIP 2000, 989 f.

[65] *Merkt* WiB 1996, 146; *Werner* ZIP 2000, 990.

[66] *Merkt* WiB 1996, 146.

tur des Unternehmens aufklärt, umso eher gelangt er in den Anwendungsbereich des § 442 Abs. 1 BGB, der zum Ausschluss der Leistungsstörungsrechte führt und desto eher entgehen ihm Ansprüche aus culpa in contrahendo (§§ 280 Abs. 1 Satz 1, 241 Abs. 2, 311 Abs. 2 BGB), weil den Verkäufer angesichts des käuferischen Kenntnisstandes keine Aufklärungspflicht mehr trifft.[67] Dennoch erfüllt auch im deutschen Recht die an die Due-Diligence-Praxis angelehnte Unternehmensanalyse zentrale wirtschaftliche Funktionen:[68] Sie ermöglicht dem Käufer eine Einschätzung der (Gebrauchs-)Vorteile des Unternehmens, dient der Wertermittlung, bereitet die Vereinbarung vertraglicher Garantien über kritische Punkte vor und dient dazu, die Offenlegung haftungserheblicher Tatsachen aus Beweisgründen zu formalisieren und zu dokumentieren. Sie erstreckt sich auf die wirtschaftlichen (commercial due diligence) und finanziellen (financancial), rechtlichen (legal), steuerlichen (tax) und umweltspezifischen Aspekte (environmental) des Unternehmenserwerbs.[69] Sie hat schließlich auch für die Zielgesellschaft zentrale Vorteile (Rn. 33).

30   Der **DiskEntw ÜG** regelte einige zentrale Fragestellungen der Due-Diligence-Prüfung bzw. der Vorbereitungsphase des Unternehmenserwerbs. § 10 Abs. 1 DiskEntw ÜG statuierte Geheimhaltungspflichten für alle an der Vorbereitung Beteiligten. § 10 Abs. 2 DiskEntw ÜG räumte eine Ausnahme für den Fall ein, dass der Bieter „seine Absichten in Bezug auf die Zielgesellschaft mit dieser erörtern sowie mit Aktionären der Zielgesellschaft über den Erwerb von Aktien der Zielgesellschaft verhandeln wollte". Nach § 14 Satz 1 DiskEntw ÜG hatte der Bieter „bei der Vorbereitung und Durchführung einer Übernahme einen geeigneten Berater hinzuzuziehen". Beide Vorschriften sind im WÜG-RefE gestrichen worden. Ausschlaggebend war die in der Anhörung vorgetragene Kritik an der schweren Abgrenzbarkeit des Anwendungsbereichs der Norm.[70] Damit verzichtet das Gesetz auf Regelungen im Bereich der Due-Diligence-Prüfung und hinterlässt schmerzliche Lücken. Ungeschriebene Geheimhaltungspflichten sind dem WpÜG nämlich nicht zu entnehmen; allenfalls kann die BAFin auf der Grundlage von § 4 Abs. 1 Satz 2 und 3 gegen einzelne Missstände vorgehen.[71]

31   Nach **Einschätzung der Praxis** sind die **rechtstatsächlichen Voraussetzungen** einer Due Diligence bei einem öffÜA **sehr ungünstig**: In einer durch konkurrierende Angebote geschaffenen Auktionssituation habe der Erwerber vor einer bindenden Entscheidung lediglich ein bis drei Tage Zeit, das Unternehmen vor Ort und durch Einsicht in interne Dokumente zu untersuchen, weil er sonst einen Zuschlag des Konkurrenten befürchten müsse. Bei einer feindlichen Übernahme oder einem öffentlichen ÜA sei die Durchführung in vielen Fällen praktisch ausgeschlossen.[72] In den **USA** wird aus ähnlichen

---

[67] *Werner* ZIP 2000, 990; *Merkt* WiB 1996, 148; *Loges* DB 1997, 968.
[68] *Merkt* WiB 1996, 147.
[69] *Werner* ZIP 2000, 989.
[70] *Hopt* ZGR 2002, 333, 335.
[71] *Hopt* ZGR 2002, 333, 336.
[72] *Berens/Schmitting/Strauch* in *Berens/Brauner* S. 89; *Krieger* Gesellschaftsrecht, 2001, S. 289, 298; *Lappe* BB 2002, 2185; *Werner* ZIP 2000, 994.

Gründen eine **vorläufige Due Diligence** aufgrund externer Quellen durchgeführt: Grundlage sind die Berichte des Zielunternehmens (Geschäftsberichte, Jahresabschlüsse), Meldungen an die Aufsichtsbehörden nach Schedule 13d (vgl. oben Rn. 4), Informationen über die Medien, private Informationsdienste wie beispielsweise die von Standard & Poors oder Moody's unterhalten.[73] In **Deutschland** ist dagegen eine Mischung aus Pakethandel und öffÜA üblich: Erst wenn der Erwerber sich mit einem Großaktionär über den Kauf von dessen (Kontroll-)Beteiligung an der Ziel-AG einig ist, wird im Wege eines öffÜA der Erwerb eines möglichst hohen Prozentsatzes der noch ausstehenden Streubesitzanteile gegen Barzahlung erstrebt.[74]

2. Berechtigung des Vorstands der Zielgesellschaft zur Auskunfts- 32 **erteilung gegenüber dem Bieter.** Nach der vereinzelt gebliebenen Auffassung von *Lutter* ist der Vorstand der Zielgesellschaft aufgrund der Geheimhaltungspflicht nach § 93 Abs. 1 Satz 2 AktG praktisch vollständig gehindert, einem Auskunft ersuchenden potentiellen Erwerber geheim gehaltene Informationen im Rahmen eines Due-Diligence-Verfahrens zu gewähren. Denkbar sei eine Auskunftserteilung nur in wenigen Ausnahmefällen (arg. e §§ 42, 47, 63 UmwG) und unter Einschaltung neutraler und zur Verschwiegenheit verpflichteter Sachverständiger, wobei die Prüfungsergebnisse sofort veröffentlicht werden müssten.[75] Gerade **die Praxis** lehnt diese Sichtweise einhellig ab. Durch eine so weit gefasste Verschwiegenheitspflicht liefe die Due-Diligence-Prüfung entgegen internationalen Gepflogenheiten praktisch leer. Deutsche Unternehmen wären als Erwerbsgegenstände nicht mehr konkurrenzfähig, ganz abgesehen davon, dass der Käufer praktisch gezwungen wäre, die Anteile an der AG unbesehen zu erwerben.[76] Nach dieser auch in der Wissenschaft geteilten Meinung[77] ist deshalb bei jedem Beteiligungskauf eine Due-Diligence-Prüfung möglich. Voraussetzung ist allein, dass eine sorgfältige Vorauswahl seriöser Erwerbsinteressenten erfolge und dass die Geheimhaltung der offenbarten Geschäftsgeheimnisse durch Geheimhaltungsverpflichtungen gewährleistet werde.[78] Nach einer **vermittelnden Ansicht** soll die Due-Diligence-Prüfung regelmäßig von einem neutralen Wirtschaftsprüfer durchgeführt werden, der dem Bieter lediglich das Prüfungsergebnis, nicht aber die zugrunde liegenden geheim gehaltenen Tatsachen mitteile.[79] Dieser Vorschlag begegnet zu Recht der Kritik, da der Bieter regelmäßig an Tatsachen interessiert ist und deren Bewertung selbst anhand seiner speziellen Bedürfnisse vornehmen will.[80] Aus dem WpÜG folgen zentrale Argumente für die Zulässigkeit der von der Praxis befürworteten Due-Diligence-Information seitens des

---

[73] *Hutter/Lawrence* in DAI S. 100 f.

[74] *Endres/Eckstein* in DAI S. 290; *Peters* ebenda S. 271.

[75] *Lutter* ZIP 1997, 617 und 619 ff.

[76] Vgl. im Überblick: *Werner* ZIP 2000, 991.

[77] *Assmann* ZGR 2002, 697, 708 f.

[78] *Kiethe* NZG 1999, 979; *Körber* NZG 2002, 263, 269; *Roschmann/Frey* AG 1996, 451; *Schröder* DB 1997, 2163; *Werner* ZIP 2000, 991; *Ziegler* DStR 2000, 252; vgl. auch *Martens* AG 1997, 546.

[79] *Bihr* BB 1998, 1199.

[80] *Werner* ZIP 2000, 991.

Vorstands der Ziel-AG. Zunächst sah der mittlerweile entfallene § 10 Abs. 2 DiskEntw ÜG die Möglichkeit von geheimen Vorverhandlungen zwischen Bieter und Zielgesellschaft vor; die Vorschrift ist aber nicht wegen gewandelter Überzeugung des Gesetzgebers, sondern zur Vermeidung von Abgrenzungsschwierigkeiten entfallen (Rn. 30). Schwerer wiegt die Überlegung, dass das Gesetz die kapitalmarktrechtlichen Wettbewerbsstrukturen schützen will (§ 3 Rn. 2 und 8 ff.): Danach soll derjenige Marktteilnehmer die Anteile an der Zielgesellschaft erwerben, der im Rahmen einer informierten Entscheidung ihren Wert am höchsten einschätzt. Dies setzt voraus, dass sich auch der Bieter ein tatsachengestütztes Bild vom Wert der Zielgesellschaft machen kann. Wenn ferner § 2 Nr. 2 AngebotsVO dem Bieter vorschreibt, die Aktionäre der Zielgesellschaft über seine Bewertungsmethoden zu informieren, setzt dies inzidenter voraus, dass der Bieter überhaupt die Möglichkeit hatte, die für eine Bewertung erforderlichen Tatsachen zu ermitteln. Müsste ihm gegenüber alles geheim gehalten werden, bliebe er auf rein externe Unternehmensquellen angewiesen. Er hätte daher auch den Aktionären der Zielgesellschaft in seiner Angebotsunterlage überwiegend Mutmaßungen über die verborgenen Werte der Zielgesellschaft mitzuteilen. Das öffA wiederum beruhte nicht auf einer rationalen Marktentscheidung, sondern überwiegend auf Spekulation, weshalb die wettbewerblichen Wohlfahrtseffekte weitgehend entfielen.

33   Entscheidend für die Auskunftserteilung seitens des Vorstands dürfte daher das nach § 3 Abs. 3 zu beachtende **Unternehmensinteresse** sein (§ 3 Abs. 3). Der Vorstand ist dem Bieter in keiner Weise zur Offenbarung von Geheimnissen verpflichtet. Eine solche Verpflichtung kann jedoch im Interesse der Zielgesellschaft und ihrer Aktionäre bestehen. Die Vor- und Nachteile der Informierung des Bieters müssen dabei gegeneinander abgewogen und Vorkehrungen gegen mögliche Schädigungen der Ziel-AG durch Missbräuche getroffen werden:[81] Zunächst muss der Vorstand befürchten, dass der Kaufinteressent in den Besitz vertraulicher Informationen gelangt und die Verhandlungen nach erfolgter Offenlegung abbricht, um sich im Rahmen des preisgünstigeren Börsenkaufs auf der Grundlage dieser Informationen einzudecken. Deshalb dürfen Informationen, wenn überhaupt, nur an einen **seriösen Interessenten** weitergegeben werden. Bei der Einschätzung der Seriosität steht dem Vorstand sicherlich ein Beurteilungsspielraum zu. Doch liefern detaillierte Strategiepapiere des Bieters und (besser noch) Finanzierungskonzepte eine wichtige Einschätzungsgrundlage bei der Beurteilung der Ernsthaftigkeit. Ferner muss vor der Preisgabe von Informationen die **weitere Geheimhaltung auch nach Abbruch der Vertragsverhandlungen** gesichert sein. Die Praxis bedient sich insoweit des Instituts des **Letter of Intent**, in dessen Rahmen Geheimhaltungsvereinbarungen für den Fall des Abbruchs der Vertragsverhandlungen getroffen werden (oben Rn. 6).[82] Wegen der bestehenden gesetzlichen Schutzlücken (unten Rn. 35) erscheint die Vereinbarung einer Geheimhaltungs- und Abstandspflicht (siehe ebenfalls Rn. 35) als unverzichtbare Voraussetzung für

---

[81] Aufschlussreich *Berens/Schmitting/Strauch* in *Berens/Brauner* S. 69; ähnlich *Bihr* BB 1998, 1199.

[82] Dazu *Berens/Schmitting/Strauch* in *Berens/Brauner* S. 54 sowie grundsätzlich *Lutter*, Der Letter of Intent, 3. Aufl. 1998.

eine rechtmäßige Auskunftserteilung. Bei der Abwägung der Vor- und Nachteile der Informierung des Kaufinteressenten wiegt zunächst die Geheimhaltungspflicht nach § 93 Abs. 1 Satz 2 AktG schwer. Informationen über nicht bekannte Schwächen der Gesellschaft führen ferner dazu, dass der Kaufpreis gesenkt bzw. das Tauschverhältnis ungünstig gestaltet wird, helfen andererseits aber, mögliche Ansprüche über die Ausschlussnorm des § 442 Abs. 1 BGB (vormals: § 460 Satz 1 BGB) zu verhindern. Möglicherweise bestehen sogar gesetzliche Offenbarungspflichten (unten Rn. 36 ff.). Unentdeckte Stärken des Unternehmens steigern andererseits die Bereitschaft zu einer nachträglichen Erhöhung des Kaufpreises beim Bieter kaum.[83] Für eine Offenbarung interner Tatsachen spricht aber regelmäßig, dass fehlende Informationen vom Bieter mit einem „Unsicherheitsabschlag" bei der Preisfindung kapitalisiert werden. Dieser Aspekt dürfte, wenn Seriosität und Geheimhaltung verbürgt sind, es vor allem rechtfertigen, vertrauliche Informationen an einen Kaufinteressenten weiterzugeben.

Fraglich ist ferner, ob der Vorstand **zur gleichmäßigen Informierung**   **33a** **mehrerer konkurrierender Bieter verpflichtet** ist. Dies wird teilweise mangels eines besonderen Schutzbedürfnisses der Bieter verneint. Ein Bieter hat nach dieser Vorstellung die Informationskosten stets selbst zu tragen.[84] Diese Betrachtungsweise überzeugt nicht, weil sie dem in § 33 Abs. 1 Satz 1 festgelegten Neutralitätsprinzip widerspricht: Der Vorstand könnte andernfalls – ganz entgegen der Interessen der Aktionäre und aus rein opportunistischen Motiven – dem ihm genehmen Bieter dadurch einen Vorteil einräumen, dass er ihm die Kosten der Due Diligence erspart. Diesen Kostenvorteil könnte der favorisierte Bieter zur Erhöhung seines Angebots gegenüber den Aktionären der Zielgesellschaft ausnutzen. Eine solche willkürliche Bevorzugung ist auch durch § 33 Abs. 1 Satz 2 zweiter Fall nicht gedeckt, der dem Vorstand prinzipiell das Recht der Suche nach einem konkurrierenden Bieter (white knight) gestattet.

3. Insiderproblematik und Geheimhaltungspflichten. Nach **hM** erlangt der Bieter, wenn ihm Informationen im Rahmen einer Due-Diligence-Prüfung mitgeteilt werden, Kenntnis von Insidertatsachen iSd. § 13 Abs. 1 WpHG, ist diese Kenntniserlangung **nicht unbefugt** iSd. § 14 Abs. 1 Nr. 2 WpHG. Bereits Art. 3 lit. a der Insiderrichtlinie[85] kennt Ausnahmen für die Weitergabe von Informationen im Rahmen der Ausübung von Arbeit oder Beruf oder in Erfüllung besonderer Aufgaben. Die Gesetzesbegründung zu § 14 Abs. 1 Nr. 2 WpHG geht davon aus, dass ein verbotenes Ausnutzen einer Insidertatsache beim Weitergeben von Informationen zur Vorbereitung eines Unternehmenskaufs nicht anzunehmen ist.[86] Dies lässt sich auch weitgehend mit der Zwecksetzung des § 14 WpHG vereinbaren, das Vertrauen der Anleger in die Funktionsfähigkeit der Kapitalmärkte (d.h. die gleichmäßige Verteilung der dort benötigten Anlageinformationen) zu schützen. Zwar findet § 14 WpHG auch im außerbörslichen Handel Anwendung, doch rechtfertigt sich

---

[83] *Berens / Schmitting / Strauch* (Fn. 82).
[84] *Assmann* ZGR 2002, 697, 706 f.
[85] 98/592/EWG, 13. 11. 1989, ABl. EG 1989 Nr. L 334/30.
[86] BT-Drucks. 12/6679 S. 47.

die ungleiche Informationsverteilung gerade in den Fällen eines öffÜA aus der Sonderstellung des Bieters (Käufers), dem es nicht nur um eine Beteiligung, sondern die Kontrolle über das Unternehmen geht.[87] Es entspricht im Übrigen der **Praxis der BAFin**, nicht gegen eine Due-Diligence-Auskunft einzuschreiten, wenn der potentielle Erwerber nicht lediglich eine Kapitalanlage, sondern eine unternehmerische Beteiligung sucht.[88] Unbefugt handelt der Bieter schließlich auch dann nicht, wenn er die ihm anvertrauten Informationen gegenüber einigen wenigen, sorgfältig ausgewählten Kreditinstituten verwendet, die er vertraglich zum Schweigen verpflichtet hat (vgl. auch Rn. 6).[89] Dasselbe gilt, wenn der Bieter die Informationen an Personen weitergibt, die mit ihm nach § 2 Abs. 5 WpÜG gemeinschaftlich handeln, da diesen auch insiderrechtlich eine gesetzliche Sonderrolle zukommt.[90]

35   Dadurch entsteht jedoch eine **Schutzlücke im Falle des Vertragsabbruchs**, nämlich wenn der Informationssuchende sich gegen die Unterbreitung eines öffÜA ausspricht, nachträglich aber die einmal erlangten Kenntnisse dazu benutzt, sich in geringerem Umfang zu seinem Vorteil mit Anteilen der ehemaligen Zielgesellschaft einzudecken, bzw. entsprechende Informationen an Dritte weiterzugeben. § 14 iVm. § 38 WpHG verbietet ihm dies dann nämlich nicht.[91] Zwar verpflichten bereits die in der Praxis üblichen, im Letter of Intent vereinbarten Geheimhaltungspflichten zu Vertraulichkeit. Dennoch fehlt eine gesetzlich begründete Schweigepflicht, wie ursprünglich in § 10 Abs. 1 DiskEntw ÜG vorgesehen, und eine Pflicht des Informierten, von der Gesellschaft im Hinblick auf jede Art von Aktienerwerb Abstand zu halten (vgl. Rule 35.1 lit. b: zwölf Monate). Beim jetzigen Rechtsstand darf der Vorstand der Zielgesellschaft folglich nur dann im Rahmen eines Due-Diligence-Verfahrens Auskunft geben, wenn er mit dem Interessenten eine Geheimhaltungs- und Abstandspflicht vereinbart.

36   **4. Vorvertragliche Haftung des Verkäufers.** Aus culpa in contrahendo (§§ 280 Abs. 1 Satz 1, 241 Abs. 2, 311 Abs. 2 BGB) haftet der Verkäufer eines Unternehmens für unrichtige Auskünfte und Angaben in Bezug auf die bisherige Vermögens- und Ertragslage des Unternehmens, weil es sich bei diesen Angaben nicht um zusicherungsfähige Eigenschaften handelt.[92] Die Angaben des Verkäufers im Due-Diligence-Verfahren wirken folglich haftungsbegründend.[93] Fraglich ist umgekehrt, inwieweit die **unterlassene Aufklärung** zu Schadensersatzansprüchen führen kann. Dabei dürften – grob – folgende Grundsätze gelten:[94] Wegen ihrer widerstreitenden Interessen können Käufer und Verkäufer regelmäßig keine gegenseitige Aufklärung über die allgemeinen

---

[87] *Harrer/Erbacher* in DAI S. 255; *Werner* ZIP 2000, 992; *Kiethe* NZG 1999, 980; *Assmann/Bozenhardt* S. 67 ff.

[88] *Schroeder* DB 1997, 2165; *Bihr* BB 1998, 1201.

[89] *Hopt* ZGR 2002, 333, 340.

[90] *Assmann* ZGR 2002, 697, 704 f.

[91] Vgl. noch DiskEntw ÜG S. 300; *Land/Hasselbach* DB 2000, 1747, 1748.

[92] BGH NJW 1970, 653, 655; NJW 1980, 1456; dazu *Müller* ZIP 1993, 1045; *Zimmer* NJW 1997, 2345.

[93] *Merkt* WiB 1996, 149 f.; *ders.* BB 1995, 1047.

[94] *Fleischer* AG 2000, 310 f.

Marktverhältnisse und Marktrisiken voneinander erwarten, sondern müssen sich selbst kundig machen.[95] Gerade beim Abschluss spekulativer Geschäfte besteht deshalb keine Verpflichtung, den Käufer über allgemeine Anzeichen einer Kurssenkung zu informieren.[96] Selbst bei einem Management Buy-out, wenn der Käufer gegenüber dem Verkäufer typischerweise über überlegenes Wissen verfügt, besteht noch keine Aufklärungspflicht.[97] Problematisch ist daher die Frage, ob die **Durchführung einer Due-Diligence-Prüfung** ein Anlass ist, der **Aufklärungspflichten entstehen** lässt. Dies wird teilweise bejaht,[98] teilweise mit dem Argument verneint, der Käufer, der das Zielunternehmen intensiv prüfen lasse, gebe zu erkennen, dass er aus eigener Kraft in der Lage sei, die für ihn wichtigen Umstände zu beurteilen, weshalb er weniger auf die Rücksichtnahme des Verkäufers angewiesen sei.[99] Danach wirkt die Due Diligence der Begründung von Aufklärungspflichten also tendenziell entgegen. Für dieses Ergebnis spricht, dass der BGH in anderem Zusammenhang bei der Begründung von Aufklärungspflichten auf die Geschäftsgewandtheit des Käufers abstellt.[100]

5. Haftungsausschluss. Die Due-Diligence-Prüfung kann zur Kenntnis   37
von mangelbegründenden Tatsachen führen, was wiederum den Haftungsausschluss nach § 442 Abs. 1 Satz 1 BGB (vormals: § 460 Satz 1 BGB aF) zur Folge hätte.[101] Fraglich ist, ob die unterlassene Due-Diligence-Prüfung zum Haftungsausschluss nach § 442 Abs. 1 Satz 2 BGB (vormals § 460 Satz 2 BGB) wegen **grob fahrlässiger Unkenntnis** führt. Dies setzt eine **Verkehrssitte** voraus, eine Due-Diligence-Prüfung beim Unternehmenskauf durchzuführen. Nach Einschätzung eines Teils der Praxis ist die Frage nach dem Bestehen einer Verkehrssitte offen; allerdings sei die Due Diligence beim Erwerb mittlerer und großer Unternehmen heute allgemein üblich.[102] Eine andere Ansicht verneint die Verkehrsüblichkeit mit der praktischen Überlegung, dass dem Käufer sehr häufig Einblicke in relevante Informationen untersagt würden.[103] Sie erscheint zum jetzigen Zeitpunkt noch vorzugswürdig.

6. Keine Pflicht zur Hinzuziehung geeigneter Berater. Nach Rule   38
3.2 City Code muss der Bieter kompetenten und unabhängigen Rat einholen. Damit zieht das britische Recht eine **Seriositätsschwelle** ein, die unprofessionelle ÜA und die damit verbundenen Marktbeeinträchtigungen verhindern soll. Im alten Vorschlag zur ÜbernahmeRL war gar eine Zwangsvertretung des Bieters durch eine auf dem Kapitalmarkt der Gemeinschaft befähigte und zugelassene Person vorgesehen.[104] Eine ähnliche Pflicht kannte § 14 Disk-

---

[95] RGZ 111, 235; BGH NJW 1983, 2494.
[96] RGZ 111, 235.
[97] *Fleischer* AG 2000, 310, 311.
[98] *Merkt* WiB 1996, 150.
[99] *Werner* ZIP 2000, 990.
[100] BGH NJW 1986, 919; dazu mwN *Loges* DB 1997, 966.
[101] *Merkt* WiB 1996, 148.
[102] *Merkt* WiB 1996, 148; *ders.* BB 1995, 1047.
[103] *Loges* DB 1997, 968.
[104] Art. 9 aF; *Peltzer* S. 216.

EntwÜG[105] und auch der Übernahmekodex der Börsensachverständigenkommission (Art. 6). Ähnliche Regelungen begegnen in den §§ 9, 13 des österreichischen ÜG sowie Art. 25 des Schweizer Börsengesetzes (BEHG). Der WÜG-RefE hat diese Vorschrift ersatzlos gestrichen. So sehr man diese Entscheidung rechtspolitisch bedauern mag, hat doch die BAFin nach § 15 keine Handhabe, eine ohne professionelle Beratung zustande gekommene Angebotsunterlage abzulehnen. Der Versuch, aus § 12 Abs. 1 Nr. 1 (Haftung des Erstellers der Angebotsunterlage) bzw. § 3 Abs. 4 Satz 1 (Beschleunigung des Verfahrens) auf eine solche Verpflichtung zu schließen,[106] geht schlicht an der Entstehungsgeschichte des WpÜG vorbei und überdehnt die Zwecke der zitierten Normen.

39 **7. Haftung des Vorstands der Bietergesellschaft.** Die Due-Diligence-Prüfung gehört als Maßnahme der Risikoprophylaxe zur allgemeinen Pflicht der Geschäftsführung des Bieters nach § 93 Abs. 1 Satz 1 AktG.[107] Mit ihrem Unterlassen verbindet sich der Vorwurf, Chancen für einen Abschlag auf den Kaufpreis bzw. für die Vereinbarung einer das Risiko absichernden Garantie mit dem Verkäufer verpasst zu haben.[108] Die Einhaltungen so genannter **Check-Listen** (vgl. oben den Nachweis im Anhang zum Schrifttum) indiziert indes noch nicht die Sorgfaltsgemäßheit des Handelns.[109] Dagegen spricht allein die unterschiedliche Ausgestaltung der Kataloge. Zu weit geht sicher auch die Auffassung, die die Geschäftsführung des Bieters zum Abbruch der Vertragsverhandlungen zwingen will, wenn die Zielgesellschaft eine Due Diligence versage.[110] Die amerikanische Praxis (oben Rn. 31) zeigt, dass auch auf der Grundlage unternehmensexterner Informationsquellen eine Einschätzung des Kaufobjektes prinzipiell in Betracht kommt.[111]

§ 11 Angebotsunterlage

(1) **Der Bieter hat eine Unterlage über das Angebot (Angebotsunterlage) zu erstellen und zu veröffentlichen. Die Angebotsunterlage muss die Angaben enthalten, die notwendig sind, um in Kenntnis der Sachlage über das Angebot entscheiden zu können. Die Angaben müssen richtig und vollständig sein. Die Angebotsunterlage ist in deutscher Sprache und in einer Form abzufassen, die ihr Verständnis und ihre Auswertung erleichtert. Sie ist von dem Bieter zu unterzeichnen.**

(2) **Die Angebotsunterlage hat den Inhalt des Angebots und ergänzende Angaben zu enthalten. Angaben über den Inhalt des Angebots sind**

1. **Name oder Firma und Anschrift oder Sitz sowie, wenn es sich um eine Gesellschaft handelt, die Rechtsform des Bieters,**

---

[105] *Land/Hasselbach* DB 2000, 1747, 1749.
[106] *Möllers* in Kölner Komm. § 13 Rn. 31, 35.
[107] *Werner* ZIP 2000, 991.
[108] *Merkt* WiB 1996, 149.
[109] *Werner* ZIP 2000, 995.
[110] *Kiethe* NZG 1999, 983.
[111] *Werner* ZIP 2000, 994.

2. Firma, Sitz und Rechtsform der Zielgesellschaft,

3. die Wertpapiere, die Gegenstand des Angebots sind,

4. Art und Höhe der für die Wertpapiere der Zielgesellschaft gebotenen Gegenleistung,

5. die Bedingungen, von denen die Wirksamkeit des Angebots abhängt,

6. der Beginn und das Ende der Annahmefrist.

Ergänzende Angaben sind

1. Angaben zu den notwendigen Maßnahmen, die sicherstellen, dass dem Bieter die zur vollständigen Erfüllung des Angebots notwendigen Mittel zur Verfügung stehen, und zu den erwarteten Auswirkungen eines erfolgreichen Angebots auf die Vermögens-, Finanz- und Ertragslage des Bieters,

2. Angaben über die Absichten des Bieters im Hinblick auf die künftige Geschäftstätigkeit der Zielgesellschaft, insbesondere den Sitz und den Standort wesentlicher Unternehmensteile, die Verwendung ihres Vermögens, ihre künftigen Verpflichtungen, die Arbeitnehmer und deren Vertretungen, die Mitglieder ihrer Geschäftsführungsorgane und wesentliche Änderungen der Beschäftigungsbedingungen einschließlich der insoweit vorgesehenen Maßnahmen,

3. Angaben über Geldleistungen oder andere geldwerte Vorteile, die Vorstands- oder Aufsichtsratsmitgliedern der Zielgesellschaft gewährt oder in Aussicht gestellt werden,

4. die Bestätigung nach § 13 Abs. 1 Satz 2 unter Angabe von Firma, Sitz und Rechtsform des Wertpapierdienstleistungsunternehmens.

(3) Die Angebotsunterlage muss Namen und Anschrift, bei juristischen Personen oder Gesellschaften Firma, Sitz und Rechtsform, der Personen oder Gesellschaften aufführen, die für den Inhalt der Angebotsunterlage die Verantwortung übernehmen; sie muss eine Erklärung dieser Personen oder Gesellschaften enthalten, dass ihres Wissens die Angaben richtig und keine wesentlichen Umstände ausgelassen sind.

(4) Das Bundesministerium der Finanzen kann durch Rechtsverordnung, die nicht der Zustimmung des Bundesrates bedarf,

1. nähere Bestimmungen über die Gestaltung und die in die Angebotsunterlage aufzunehmenden Angaben erlassen und

2. weitere ergänzende Angaben vorschreiben, soweit dies notwendig ist, um den Empfängern des Angebots ein zutreffendes und vollständiges Urteil über den Bieter, die mit ihm gemeinsam handelnden Personen und das Angebot zu ermöglichen.

(5) Das Bundesministerium der Finanzen kann die Ermächtigung nach Absatz 4 durch Rechtsverordnung auf die Bundesanstalt übertragen.

Verordnung über den Inhalt der Angebotsunterlage, die Gegenleistung bei Übernahmeangeboten und Pflichtangeboten und die Befreiung von der Verpflichtung zur Veröffentlichung und zur Abgabe eines Angebots (WpÜG-Angebotsverordnung)

vom 27. Dezember 2001 (BGBl. I S. 4263),
geändert durch Art. 3 Abs. 3 Erste FinDAG-Bezeichnungsanpassungsver-
ordnung vom 29. 4. 2002 (BGBl. I S. 1495)

§ 2 Ergänzende Angaben der Angebotsunterlage

Der Bieter hat in seine Angebotsunterlage folgende ergänzende Angaben aufzunehmen:

1. Name oder Firma und Anschrift oder Sitz der mit dem Bieter gemeinsam handelnden Personen und der Personen, deren Stimmrechte aus Aktien der Zielgesellschaft nach § 30 des Wertpapierer-
werbs- und Übernahmegesetzes Stimmrechten des Bieters gleichstehen oder ihm zuzurechnen sind, sowie, wenn es sich bei diesen
Personen um Gesellschaften handelt, die Rechtsform;

2. Angaben nach § 7 des Verkaufsprospektgesetzes in Verbindung mit
der Verkaufsprospekt-Verordnung, sofern Wertpapiere als Gegenleistung angeboten werden; wurde für diese Wertpapiere innerhalb von
zwölf Monaten vor Veröffentlichung der Angebotsunterlage ein Verkaufsprospekt, ein Prospekt, auf Grund dessen die Wertpapiere zum
Börsenhandel mit amtlicher Notierung zugelassen worden sind,
oder ein Unternehmensbericht im Inland in deutscher Sprache veröffentlicht, genügt die Angabe, dass ein Prospekt oder ein Unternehmensbericht veröffentlicht wurde und wo dieser erhältlich ist, sowie
die Angabe der seit der Veröffentlichung des Prospekts oder des Un-
ternehmensberichts eingetretenen Änderungen;

3. die zur Festsetzung der Gegenleistung angewandten Bewertungsmethoden und die Gründe, warum die Anwendung dieser Methoden
angemessen ist, sowie die Angabe, welches Umtauschverhältnis oder
welcher Gegenwert sich bei der Anwendung verschiedener Methoden, sofern mehrere angewandt worden sind, jeweils ergibt; zugleich ist darzulegen, welches Gewicht den verschiedenen Methoden
bei der Bestimmung des Umtauschverhältnisses oder des Gegenwerts
und der ihnen zugrunde liegenden Werte beigemessen worden ist,
welche Gründe für die Gewichtung bedeutsam waren, und welche
besonderen Schwierigkeiten bei der Bewertung der Gegenleistung
aufgetreten sind;

4. die Maßnahmen, die die Adressaten des Angebots ergreifen müssen,
um dieses anzunehmen und um die Gegenleistung für die Wertpapiere zu erhalten, die Gegenstand des Angebots sind, sowie Angaben
über die mit diesen Maßnahmen für die Adressaten verbundenen
Kosten und den Zeitpunkt, zu dem diejenigen, die das Angebot angenommen haben, die Gegenleistung erhalten;

5. die Anzahl der vom Bieter und von mit ihm gemeinsam handelnden
Personen und deren Tochterunternehmen bereits gehaltenen Wertpa-

piere sowie die Höhe der von diesen gehaltenen Stimmrechtsanteile unter Angabe der ihnen jeweils nach § 30 des Wertpapiererwerbs- und Übernahmegesetzes zuzurechnenden Stimmrechtsanteile getrennt für jeden Zurechnungstatbestand;

6. bei Teilangeboten der Anteil oder die Anzahl der Wertpapiere der Zielgesellschaft, die Gegenstand des Angebots sind, sowie Angaben über die Zuteilung nach § 19 des Wertpapiererwerbs- und Übernahmegesetzes;

7. Art und Umfang der von den in Nummer 5 genannten Personen und Unternehmen jeweils für den Erwerb von Wertpapieren der Zielgesellschaft gewährten oder vereinbarten Gegenleistung, sofern der Erwerb innerhalb von drei Monaten vor der Veröffentlichung gemäß § 10 Abs. 3 Satz 1 des Wertpapiererwerbs- und Übernahmegesetzes oder vor der Veröffentlichung der Angebotsunterlage gemäß § 14 Abs. 3 Satz 1 des Wertpapiererwerbs- und Übernahmegesetzes erfolgte; dem Erwerb gleichgestellt sind Vereinbarungen, auf Grund derer die Übereignung der Wertpapiere verlangt werden kann;

8. Angaben zum Erfordernis und Stand behördlicher, insbesondere wettbewerbsrechtlicher Genehmigungen und Verfahren im Zusammenhang mit dem Erwerb der Wertpapiere der Zielgesellschaft;

9. der Hinweis auf die Annahmefrist im Falle einer Änderung des Angebots nach § 21 Abs. 5 des Wertpapiererwerbs- und Übernahmegesetzes und die Annahmefrist im Falle konkurrierender Angebote nach § 22 Abs. 2 des Wertpapiererwerbs- und Übernahmegesetzes sowie im Falle von Übernahmeangeboten der Hinweis auf die weitere Annahmefrist nach § 16 Abs. 2 des Wertpapiererwerbs- und Übernahmegesetzes;

10. der Hinweis, wo die Angebotsunterlage gemäß § 14 Abs. 3 Satz 1 des Wertpapiererwerbs- und Übernahmegesetzes veröffentlicht wird;

11. der Hinweis auf das Rücktrittsrecht nach § 21 Abs. 4 und § 22 Abs. 3 des Wertpapiererwerbs- und Übernahmegesetzes und

12. Angaben darüber, welchem Recht die sich aus der Annahme des Angebots ergebenden Verträge zwischen dem Bieter und den Inhabern der Wertpapiere der Zielgesellschaft unterliegen.

Schrifttum: *Dreher,* Change of control-Klauseln bei AG, AG 2002, 214; *Geibel/ Süßmann,* Erwerbsangebote nach dem WpÜG, BKR 2002, 52; *Hamann,* Die Angebotsunterlage nach dem WpÜG – ein praxisorientierter Überblick, ZIP 2001, 2249; *Liebscher,* Das Übernahmeverfahren nach dem neuen Übernahmegesetz, ZIP 2001, 853; *Seibt,* Arbeitsrechtliche Aspekte des Wertpapiererwerbs- und Übernahmegesetzes, DB 2002, 529.

Übersicht

1. Normsystematik und -zweck (Abs. 1 Satz 1). Bei der Angebotsunter- 1
lage handelt es sich um eine besondere Form des Antrags iSd. § 145 BGB. In der
Angebotsunterlage und nicht etwa in der Vorankündigung nach § 10 Abs. 1 Satz 1
liegt also die rechtsgeschäftlich verpflichtende **Willenserklärung des Bieters.**[1]
Die Erklärung selbst erfolgt durch Veröffentlichung nach § 14 Abs. 2. Der sich
im Umkehrschluss aus § 15 ergebende Formzwang für den Antrag auf Erwerb
von Wertpapieren der Zielgesellschaft rechtfertigt sich aus der Notwendigkeit,
die Aktionäre der Zielgesellschaft, die übrigen Marktbeteiligten und die Aufsichtsbehörden gleichmäßig und gleichzeitig zu informieren (vgl. auch § 3
Abs. 2). § 11 Abs. 2 unterscheidet dabei scharf zwischen Informationen betreffend den **Inhalt des Angebots** – sie beziehen sich auf den eigentlichen Gegenstand der Willenserklärung des Bieters – und so genannten **ergänzenden Angaben.** Letztere betreffen praktische Fragen (zB die Technik der Annahme, Aufklärung über die Rechte der Aktionäre der Zielgesellschaft) und geben vor allem
über die wirtschaftliche Motivbildung des Bieters Auskunft. Durch sie soll dem
Aktionär eine Einschätzung der Werthaltigkeit des Angebots erleichtert werden. Der DiskEntw ÜG beinhaltete in § 12 noch den vollständigen Katalog aller
ergänzenden Angaben. Demgegenüber erhöhte bereits der Referentenentwurf
in § 11 WÜG-RefE und § 2 AngebotsVO die Flexibilität der Regelung, indem
er nur die zentralen ergänzenden Angaben in das Gesetz übernahm, die anderen
aber aus Gründen der leichteren Anpassbarkeit in die AngebotsVO stellte.

Die **Pflicht, eine Angebotsunterlage zu erstellen** (Abs. 1 Satz 1), muss 2
binnen einer Frist von vier Wochen erfüllt werden; dann steht die Übermittlung an die BAFin an (§ 14 Abs. 1 Satz 1). Bei Verspätungen droht ein Bußgeld
nach § 60 Abs. 1 Nr. 2 lit. a und das Verbot der Veröffentlichung der verspätet
eingereichten Angebotsunterlage durch die BAFin (§ 15 Abs. 1 Nr. 3).

2. Anforderungen an die inhaltliche Gestaltung (Abs. 1 Satz 2 und 3). 3
a) Grundsätzliches. Bei den Anforderungen an die inhaltliche Gestaltung legt
der Gesetzgeber einen materiellen Maßstab zugrunde: Durch die Informationen
soll den Adressaten so weit Kenntnis der Sachlage verschafft werden, dass sie
über das Angebot entscheiden können (Satz 2). Daraus erklärt sich auch das in
Satz 3 aufgestellte Gebot der **Richtigkeit** und **Vollständigkeit** (zu beiden Begriffen § 12 Rn. 4). Nach den Vorstellungen des Gesetzgebers sollen die Aktionäre der Zielgesellschaft „eine hinreichende Grundlage für ihre Entscheidung
über die Annahme des Angebots" erhalten.[2] Dies entspricht Art. 6 Abs. 2 Satz 1
GS 2000, wonach es darauf ankam, dass „die Inhaber von Wertpapieren der Zielgesellschaft in voller Kenntnis der Sachlage entscheiden können" (RLE 2002:
„in ausreichender Kenntnis"!). Nach **Rule 23 City Code,** dem mutmaßlichen
Vorbild beider Normen, gilt Ähnliches: „Shareholders must be given sufficient
information and advice to enable them to reach a properly informed decision as
to the merits or demerits of an offer." Als vergleichbarer Maßstab begegnet im
amerikanischen Recht der Grundsatz der **materiality** (Sec. 13(d)(2) SEA).
Danach kommt es bei einschlägigen Publikationen auf diejenigen Informatio-

---

[1] RegE BT-Drucks. 14/7034 S. 41; DiskEntw ÜG S. 303; WÜG-RefE S. 443.
[2] RegE BT-Drucks. 14/7034 S. 41; DiskEntw ÜG S. 303; WÜG-RefE S. 443; so
auch *Hamann* ZIP 2001, 2249, 2251.

nen an, die für einen vernünftig handelnden Anleger so wesentlich (material) sind, dass er aufgrund ihrer sein Investitionsverhalten ändern würde.[3] Ausschlaggebend ist danach auch im deutschen Recht der Erkenntnishorizont der Adressaten des Angebots (dazu zählt der Gesetzgeber auch die Arbeitnehmer!)[4] und deren vernünftige Interessen. Andererseits ist der **Katalog der Informationspflichten** des § 11 Abs. 2 grundsätzlich **abschließend**. Denn regelmäßig sind die Wertpapiere der Zielgesellschaft zu einem geregelten Markt zugelassen, so dass Informationsinteressen auf der Grundlage der Ad-hoc-Publizität nach § 15 WpHG befriedigt werden können. Als weitere Informationsquelle tritt die Stellungnahme des Vorstands nach § 27 hinzu.[5] Allerdings ist der Katalog des § 11 Abs. 2 nur für den Regelfall gedacht; **besondere Umstände des Einzelfalls** können stets eine besondere Gefährdungslage auf Seiten der potentiellen Veräußerer entstehen lassen und den Bieter zu besonderer Information verpflichten.[6] Richtiger Auffassung nach sind Äußerungen und **Stellungnahmen der Organe der Zielgesellschaft nicht** in die Angebotsunterlage aufzunehmen. Aus § 27 folgt, dass das Gesetz von einer Trennung und klaren Unterscheidung beider Publikationsgegenstände ausgeht.[7] Abzulehnen ist auch eine allgemeine aus § 3 Abs. 1 (**Gleichbehandlung**) resultierende Pflicht, in die Angebotsunterlage alle Informationen aufzunehmen, die bereits zuvor Dritten gegenüber bei Vorerwerben mitgeteilt wurden.[8] Denn das zugrunde liegende Problem wird bereits in § 14 Abs. 1 Nr. 1 WpHG (Insidergeschäfte) geregelt: Wurden den Verkäufern Insiderinformationen iSd. § 13 Abs. 1 mitgeteilt, war deren Verwendung nach § 14 Abs. 1 Nr. 1 WpHG verboten, und eine Publikation ist nach § 15 WpHG angezeigt. Richtiger Auffassung nach führt schließlich eine **Verletzung der Formvorschriften** des § 11 Abs. 2 bzw. des § 2 AngebotsVO **nicht zur Nichtigkeit nach § 125 BGB** (vgl. auch zu § 134 BGB Rn. 56).

4   **b) Bieterinteressen (externe Effekte?).** Der Gesetzgeber erkennt ausdrücklich das Interesse des Bieters „an einer raschen und möglichst kostengünstigen Erstellung der notwendigen Unterlagen" an. Ihm stellt er das „Informations- und Schutzbedürfnis der Adressaten des Angebots und der Arbeitnehmer der Zielgesellschaft" gegenüber.[9] Mit Ersterem werden nicht alle Bieterinteressen erkannt: Denn weit gespannte Informationspflichten bergen die Gefahr **positiver externer Effekte**.[10] Wird der Bieter dazu verpflichtet, Informationen detailliert preiszugeben, die er zuvor und zum Teil unter erheblichen Kosten im Rahmen der Due-Diligence-Prüfung sammeln musste, kann ein konkurrierender Bieter sich ihrer mit Leichtigkeit bedienen, um eine eigene Angebotsunterlage zu unterbreiten und den Preis des Erstbieters zu unterbieten, weil er selbst Due-Diligence-Kosten erspart hat. Der in diesem Zusammenhang auftauchende Hinweis, die Due-Diligence-Kosten fielen im Ver-

---

[3] *Knoll* S. 60.

[4] RegE BT-Drucks. 14/7034 S. 41; WÜG-RefE S. 444.

[5] So *Hamann* ZIP 2001, 2249, 2251; *Seydel* in Kölner Komm. Rn. 27.

[6] *Hamann* ZIP 2001, 2249, 2251.

[7] *Seydel* in Kölner Komm. Rn. 106.

[8] So aber *Steinmeyer/Häger* Rn. 12; ähnlich *Schwennicke* in *Geibel/Süßmann* § 3 Rn. 9; wie hier *Seydel* in Kölner Komm. Rn. 29.

[9] RegE BT-Drucks. 14/7034 S. 41; DiskEntw ÜG S. 303 f.; WÜG-RefE S. 444.

[10] *Busch* S. 98.

hältnis zu den Finanzierungskosten eines öffÜA regelmäßig vergleichsweise niedrig aus,[11] kann in seiner Pauschalität hier nicht überprüft werden. Auf jeden Fall verpflichtet das Gesetz den Bieter zu vollständiger Information (§ 11 Abs. 1 Satz 3); ein nur eingeschränkter Bieterschutz kommt indes über **§ 1 UWG** in Betracht (§ 22 Rn. 14); die Möglichkeit von Break-Fee-Vereinbarungen dürfte hingegen an § 71a AktG scheitern (§ 13 Rn. 30). Teilweise fordert das Schrifttum, dem Bieter analog §§ 47 Nr. 3 BörsenZulVO, 7 Abs. 3 Nr. 2 VerkProspG ausnahmsweise Angaben in der Angebotsunterlage zu ersparen, wenn diese sein **Geheimhaltungsinteresse** berühren.[12] Dagegen sprechen zwei Überlegungen: Zum einen fehlt es für eine Freistellung durch die BAFin an einer Rechtsgrundlage, zum anderen zeigt gerade das Problem des Trittbrettfahrereffekts, dass Bieterinteressen prinzipiell hinter dem Informationsinteresse der Aktionäre der Zielgesellschaft zurückstehen müssen. Eine Einschränkung besteht allenfalls insoweit, als der Bieter von vornherein sein **Know-how,** d.h. seine Betriebsgeheimnisse, nicht aufdecken muss, wenn diese etwa mit seinen Absichten nach § 11 Abs. 2 Satz 3 Nr. 2 in Verbindung stehen.

c) Aktualität. Den Bieter trifft bei der Erstellung der Angebotsunterlage 5 eine Pflicht zur Wahrung der Aktualität;[13] danach muss der Text der Angebotsunterlage stets dem neuesten Sachstand entsprechen. Fraglich ist, **in welchem Zeitpunkt die Möglichkeit** endet**, Veränderungen durch Korrektur des Textes Rechnung zu tragen**, und die Aktualisierungspflicht nach § 12 Abs. 3 Nr. 3 analog (§ 12 Rn. 13) an ihre Stelle tritt: mit der Übermittlung der Angebotsunterlage nach § 14 Abs. 1 oder erst mit der Veröffentlichung nach § 14 Abs. 3? Bei der Beantwortung dieser Frage ist zu beachten, dass zunächst nur eine solche Fassung der Angebotsunterlage veröffentlicht werden darf, die zuvor der BAFin mitgeteilt wurde. Die Veröffentlichung eines eigenmächtig abgeänderten Textes gegenüber dem der BAFin mitgeteilten Prospektinhalt kommt nicht in Betracht, weil damit eine Aufsicht unmöglich würde. Deshalb muss die veränderte Angebotsunterlage zunächst der BAFin nach § 14 Abs. 1 übermittelt werden. Dabei darf der Bieter aber nicht die Pflicht verletzen, die Angebotsunterlage innerhalb von vier Wochen nach der Veröffentlichung der Vorankündigung nach § 10 Abs. 3 zu übermitteln (§ 14 Abs. 1 Satz 1). Die Übermittlung einer veränderten Angebotsunterlage nach diesem Zeitpunkt ist daher nicht mehr rechtmäßig. Allerdings räumt § 14 Abs. 2 der BAFin zehn Tage für die Entscheidung über die Zulässigkeit des einmal eingereichten Angebots ein. Wird die revidierte Unterlage innerhalb dieses Zeitraums eingereicht, steht es im **Ermessen der BAFin,** die aktualisierte Version zu berücksichtigen. Dabei sind neben der möglichen Zeitverzögerung die Bedeutung der Veränderung für die Aktionäre der Zielgesellschaft, deren Interesse an einer sachgemäßen Information sowie die Mühe einer alternativ in Betracht kommenden Berichtigung nach § 12 Abs. 3 Nr. 3 gegeneinander abzuwägen. Lehnt die BAFin die Berücksichtigung ab oder kommt diese ohnehin zu spät,

---

[11] *Busch* S. 98.
[12] *Seydel* in Kölner Komm. Rn. 30.
[13] Allgemein *Assmann* AG 2002, 153, 156 f.; *Möllers* in Kölner Komm. § 12 Rn. 50 ff. Vgl. zur Parallelproblematik des Börsenprospekts *Groß* §§ 45, 46 BörsG Rn. 33 f.

muss der Bieter eine Berichtigung gleichzeitig mit der Angebotsunterlage nach § 12 Abs. 3 Nr. 4 WpÜG analog veröffentlichen (vgl. auch § 12 Rn. 13 ff.). Grundsätzlich endet daher die Abänderungsmöglichkeit mit der Einreichung der Angebotsunterlage bei der BAFin und kommt während des Genehmigungsverfahrens nur ausnahmsweise und mit deren Gestattung in Betracht.

5a   **d) Gliederung der Angebotsunterlage.** Die Pflichtangaben in der Angebotsunterlage lassen sich wie folgt gliedern:

1. Das Angebot

a) Bestimmung der Zielgesellschaft und der zu erwerbenden Aktien (§ 11 Abs. 2 Satz 2 Nr. 2 und 3, Rn. 9), gegebenenfalls Bezeichnung der Aktien, die Gegenstand eines Teilangebots nach § 19 sind (§ 2 Nr. 6 AngebotsVO, Rn. 42)

b) Gegenleistung (§ 11 Abs. 2 Satz 2 Nr. 4, Rn. 11)

c) Hinweis auf das auf den Vertrag anwendbare Recht (§ 2 Nr. 12 AngebotsVO, Rn. 45)

d) Bedingungen (§ 11 Abs. 2 Satz 2 Nr. 5, Rn. 12)

e) Die vertragliche Annahmefrist (§ 11 Abs. 2 Satz 2 Nr. 6, Rn. 13) und Hinweis auf ihre Verlängerung in den Fällen der §§ 16 Abs. 2, 21 Abs. 5, 22 Abs. 2 (§ 2 Nr. 9 AngebotsVO, Rn. 45)

f) Gesetzliche Rücktrittsrechte in den Fällen der §§ 21 Abs. 4 und § 22 Abs. 3 (§ 2 Nr. 11, Rn. 45)

g) Hinweis, wo die Angebotsunterlage nach § 14 Abs. 3 Satz 1 veröffentlicht ist (§ 2 Nr. 10 AngebotsVO, Rn. 45).

2. Der Bieter

a) Identifikation (§ 11 Abs. 2 Satz 2 Nr. 1, Rn. 8)

b) Gemeinsam handelnde Personen sowie Personen nach § 30 Abs. 2 (§ 2 Nr. 1 AngebotsVO, Rn. 27)

3. Die ökonomischen Grundlagen des Angebots

a) Absichten des Bieters im Hinblick auf die Zielgesellschaft (§ 11 Abs. 2 Satz 3 Nr. 2, Rn. 14)

b) Bewertungsmethoden (§ 2 Nr. 3 AngebotsVO, Rn. 32)

c) Angaben nach § 7 VerkProspG (§ 2 Nr. 2 AngebotsVO, Rn. 28)

d) Vom Bieter gehaltene bzw. ihm zurechenbare Aktien der Zielgesellschaft (§ 2 Nr. 5 AngebotsVO, Rn. 41)

e) Angaben über die erbrachten Gegenleistungen beim Erwerb der unter 3 d) aufgeführten Wertpapiere (§ 2 Nr. 7 AngebotsVO, Rn. 43)

f) Geldleistungen und geldwerte Vorteile für die Verwaltung der Zielgesellschaft (§ 11 Abs. 2 Satz 3 Nr. 3, Rn. 23).

4. Die finanziellen Grundlagen des Angebots

a) Maßnahmen zur Finanzierung des Angebots und Auswirkungen auf den Bieter (§ 11 Abs. 2 Satz 3 Nr. 1, Rn. 14)

b) Finanzierungsbestätigung (§ 11 Abs. 2 Satz 3 Nr. 4, Rn. 26)

5. Die rechtlichen Voraussetzungen des Angebots

a) Erfordernis und Stand behördlicher Verfahren (§ 2 Nr. 8 AngebotsVO, Rn. 45)

b) Bedingungen; Verweis auf 1 b)

6. Annahme des Angebots

a) Praktische Maßnahmen, die zum Zweck der Annahme ergriffen werden müssen (§ 2 Nr. 4 AngebotsVO, Rn. 40).

b) Angaben über die Zuteilung bei Teilangeboten (§ 2 Nr. 6 AngebotsVO, Rn. 42).

7. Verantwortung für die Angebotsunterlage

a) Name und Anschrift der für den Inhalt der Angebotsunterlage Verantwortlichen (§ 11 Abs. 3, Rn. 57)

b) Unterschrift der Prospektverantwortlichen (§ 11 Abs. 3, Rn. 57)

c) Unterschrift des Bieters (§ 11 Abs. 1 Satz 5, Rn. 7).

3. Äußerliche Formerfordernisse (Abs. 1 Satz 4 und 5). Das Erfordernis der Abfassung in deutscher Sprache erklärt der Gesetzgeber mit dem Schutz der Aktionäre und Arbeitnehmer der Zielgesellschaft.[14] Allerdings bezieht sich dieses Gebot nur auf die Verwendung der Sprache und nicht auf Einzelheiten des Stils wie Parataxen, Fremdwörter usw.)[15] Dasselbe gilt für die dem Bieter auferlegte **Form**: Sie soll das **Verständnis und die Auswertung** der Angebotsunterlage **erleichtern** (Satz 4). Nach amerikanischem Recht schuldet der Bieter den Aktionären der Zielgesellschaft nicht alle Detailinformationen, die auch der Aufsichtsbehörde gegenüber offenbart werden, sondern es genügt eine **faire und adäquate Zusammenfassung**.[16] Ähnliche Erleichterungen in der Darstellungsform kennt § 11 zwar nicht, da die Angebotsunterlage gleichermaßen der BAFin und als auch den Aktionären bzw. Arbeitnehmern der Zielgesellschaft vorliegt. Doch dürfte aus § 11 Abs. 1 Satz 4 ganz allgemein folgen, dass der Bieter bei der Angebotsunterlage nicht sämtliche Originaldokumente für alle vervielfältigen muss, sondern dass es genügt, wenn er deren Inhalt so zusammenfasst, dass eine eigene Überprüfung durch den Leser möglich bleibt. Dies gilt etwa für ergänzende Angaben zur Bewertung der Zielgesellschaft und die dazu angewandten Methoden (§ 2 Nr. 3 AngebotsVO). **6**

Mit der **Unterzeichnung** (Abs. 1 Satz 5) gibt der Bieter zu erkennen, dass er die Haftungsverantwortung für eine unrichtige Angebotsunterlage übernehmen will.[17] Deshalb muss der Bieter selbst bzw. sein Organ unterzeichnen. Die Unterschrift eines rechtsgeschäftlichen Vertreters, auch eines Prokuristen, dürfte nach dem klaren Wortlaut der Norm nicht genügen (vgl. aber auch § 45 Satz 2).[18] **7**

4. Angaben über den Inhalt des Angebots (Abs. 2 Satz 2). a) Nr. 1. Die Norm entspricht Art. 6 Abs. 3 lit. b GS 2000 (entsprechend auch RLE 2002). Neben Namen (§ 12 BGB) und Firma (§ 17 Abs. 1 HGB) sind Anschrift oder **Sitz** des Bieters anzugeben. Dabei ist mit dem in der Satzung festgelegten Sitz (Satzungssitz, vgl. etwa § 5 AktG) nicht der effektive Verwaltungs- **8**

---

[14] RegE BT-Drucks. 14/7034 S. 41; DiskEntw ÜG S. 303; WÜG-RefE S. 444.

[15] Zutreffend *Seydel* in Kölner Komm. Rn. 42.

[16] Rule 14d-1(c)(4); *Knoll* S. 93; zu deren praktischen Vorzügen *Riehmer* NZG 2000, 821.

[17] RegE BT-Drucks. 14/7034 S. 41; WÜG-RefE S. 444.

[18] AA *Seydel* in Kölner Komm. Rn. 45.

sitz gemeint.[19] Denn die Angabe dient allein der Identifizierung durch Dritte, die über Interna des Bieters nicht unterrichtet sind. Die Angabe der **Rechtsform** erklärt sich gerade im Falle eines Tauschangebots wohl aus einem auch § 207 UmwG zugrunde liegenden Rechtsgedanken: Die Aktionäre der Zielgesellschaft sollen aus freien Stücken und bewusst darüber entscheiden, ob sie einem Wechsel in eine andere Rechtsform zustimmen oder nicht. In Anlehnung an § 5 VerkProspVO überzeugt, dass eine kurze Erläuterung der Haftungsverfassung und wesentlichen Strukturen der Bietergesellschaft erfolgen muss, wenn deren **Rechtsform dem inländischen Publikum nicht vertraut** ist. Dies gilt allerdings nicht für die bekannten europäischen Gesellschaftsformen und die Delaware-Corporation.[20] Offeriert der Bieter ein Tauschangebot bestehend aus eigenen Aktien, sollte ferner entsprechend § 5 Nr. 6 VerkProspVO ein möglicherweise bestehendes **Abhängigkeitsverhältnis** zu einem anderen Unternehmen angedeutet werden. Diese Information dürfte nämlich für die Beurteilung der Werthaltigkeit der Gegenleistung „wesentlich" iSd. § 12 Abs. 1 sein.

9   **b) Nr. 2.** Vgl. zu den Tatbestandsmerkmalen gerade Rn. 8. Die Angaben dienen der genauen Identifizierung des Angebotsziels.[21]

10   **c) Nr. 3.** Art. 6 Abs. 3 lit. c GS 2000 traf eine vergleichbare Regelung für öffÜA (numehr RLE 2002). Zum Begriff des Wertpapiers § 2 Abs. 2. Zu beachten ist jedoch Folgendes: Teilangebote sind nur unterhalb der Schwelle des § 29 Abs. 2 nach § 19 zulässig, ansonsten aber nach § 32 verboten. Das Übernahmeangebot hat sich sowohl auf die Stamm- als auch auf die Vorzugsaktien der Zielgesellschaft zu richten.[22] Dies folgt aus der Definition des Wertpapiers nach § 2 Abs. 2 Nr. 1. Eine Kennzeichnung der Papiere mit ihrer International Securities Identitfaction Number (ISIN) bzw. ihrer Wertpapierkennnummer[23] erscheint hingegen entbehrlich, wenn nicht sogar gefahrenträchtig: Denn auch das erlaubte Teilangebot richtet sich prinzipiell an *alle* Inhaber von Wertpapieren der Zielgesellschaft (vgl. § 19) und ist bereits deshalb bestimmt genug. Werden aber einzelne Stücke in der Angebotsunterlage nicht aufgeführt, wird leicht ein unzulässiges Teilangebot abgegeben.

11   **d) Nr. 4.** Die Angaben betreffen die **Gegenleistung**. An dieser Stelle der Angebotsunterlage ist nur eine Information betreffend Art (Bar- oder Tauschangebot) und Höhe erforderlich, während nach § 2 Nr. 2 Angaben zu den als Gegenleistung angebotenen Wertpapieren zu machen und nach § 2 Nr. 3 AngebotsVO die Berechnungs- bzw. Bewertungsmethoden darzustellen sind (unten Rn. 32 ff.). Die Norm entspricht Art. 6 Abs. 3 lit. d GS 2000 (numehr RLE 2002). Aus dem systematischen Zusammenhang zu § 17 folgt weiter, dass der Bieter die Höhe der Gegenleistung **bestimmt festsetzen** muss. Es ist ihm richtiger Auffassung nach untersagt, bloß die Aktionäre der Zielgesellschaft zu Geboten aufzufordern (Dutch Auction, vgl. § 17 Rn. 3). Etwas anderes gilt

---

[19] AA *Seydel* in Kölner Komm. Rn. 49.
[20] *Seydel* in Kölner Komm. Rn. 49.
[21] RegE BT-Drucks. 14/7034 S. 41; DiskEntw ÜG S. 304; WÜG-RefE S. 444.
[22] DiskEntw ÜG S. 304.
[23] *Seydel* in Kölner Komm. Rn. 1.

jedoch dann, wenn der Bieter eine feste Preisuntergrenze (die im Falle eines öffÜA § 31 genügen muss) vorgibt und davon nach oben abweichend Raum für Veränderungen lässt. Zwar geht auch davon ein Anreiz zu möglichst günstigem Verkauf aus; dessen nachteilige Effekte werden jedoch durch die vom Bieter gesetzte Preisuntergrenze minimiert und berühren den Anwendungsbereich des § 3 Abs. 1 richtiger Auffassung nach nicht.[24]

e) Nr. 5. Der Begriff der Bedingung ist iSv § 158 BGB zu verstehen. Eine　**12** Bedingung, die der Bieter nicht in der Angebotsunterlage erwähnt, ist nicht nach § 14 Abs. 2 Satz 1 nicht *erklärt* worden und deshalb nicht Gegenstand der vom Bieter abgegebenen Willenserklärung. Die Zulässigkeit der Bedingungssetzung bestimmt sich nach § 18 Abs. 1. Die Regelung geht auf das Vorbild des Art. 6 Abs. 3 lit. g GS 2000 (entspricht RLE 2002) zurück. Entscheidend kommt es darauf an, dass der Gegenstand der Bedingung aus Sicht des Lesers hinreichend bestimmt ist, damit dieser die von ihm ausgehenden Risiken abschätzen kann. Vgl. zur Notwendigkeit der Bedingungsaufnahme in den Fällen des § 20 (Handelsbestand) § 20 Rn. 8.

f) Nr. 6. Die Norm entspricht Art. 6 Abs. 3 lit. i GS 2000 (entspricht RLE　**13** 2002). Die Mindest- und Höchstgrenzen für die Annahmefrist bestimmen sich nach § 16. **Richtiger Auffassung** nach muss der Bieter auch einen Hinweis darauf geben, dass die Annahmefrist mit der Veröffentlichung der Angebotsunterlage zu laufen beginnt.[25] Beginn und Ende der Frist müssen mit Wochentag, Datum und Uhrzeit angegeben werden.[26]

5. Ergänzende Angaben nach Abs. 2 Satz 3. a) Finanzierung, Auswir-　14 kungen für den Bieter (Nr. 1). Die Norm entspricht Art. 6 Abs. 3 lit. k GS 2000 (entspricht RLE 2002), soweit Angaben über die Finanzierung des öffA iSd. § 13 betroffen sind. Sie steht in engem systematischen Zusammenhang mit zwei weiteren Normen des WpÜG: Nach § 13 Abs. 1 Satz 1 wird erstens eine Pflicht des Bieters begründet, die notwendigen Maßnahmen zur Finanzierung des Angebots zu treffen. Im Falle eines Barangebots muss dies − mit haftungsbegründender Wirkung − von einem Wertpapierdienstleistungsunternehmen bestätigt werden. Gegenstand der Haftung sind dabei die unter § 11 Abs. 2 Satz 3 Nr. 1 beschriebenen Maßnahmen. Zweitens ist die einschlägige Information Grundlage für die Entscheidung der BAFin über eine mögliche Untersagung des Angebots nach § 15 Abs. 1 Nr. 2. Der Gesetzgeber sieht in dieser Angabepflicht ausdrücklich eine Seriositätsschwelle, um Marktstörungen durch finanziell unüberlegte und daher nicht praktikable öffÜA zu verhindern.[27] Aus beiden Normkomplexen − § 13 Abs. 1 Satz 1 und 2 sowie § 15 Abs. 1 Nr. 2 − geht hervor, dass die Angaben über die Finanzierung − entgegen anderer Ansicht[28] − auch bei **Bargeboten in vollem Umfang erforderlich sind**. Gegenstand der Information sind die **notwendigen Maßnahmen** zur Erfüllung des öffA.

---

[24] Im Ergebnis ebenso *Seydel* in Kölner Komm. Rn. 54.
[25] So zu Recht noch DiskEntw ÜG S. 304.
[26] *Seydel* in Kölner Komm. Rn. 56.
[27] RegE BT-Drucks. 14/7034 S. 41.
[28] *Seydel* in Kölner Komm. Rn. 62.

Dieses Merkmal entspricht dem in § 13 Abs. 1 Satz 1 und 2 verwendeten und wird dort erörtert (vgl. daher § 13 Rn. 2).

15 Der Bieter muss auch über die erwarteten **Auswirkungen eines erfolgreichen Angebots auf die Vermögens-, Finanz- und Ertragslage** seines eigenen Unternehmens informieren. Darin spiegeln sich statische und dynamische Elemente der Rechnungslegung. Nach dem **Verständnis der BAFin**[29] muss zunächst die Vermögens-, Finanz- und Ertragslage des Bieters dargelegt werden, wobei der letzte veröffentlichte Geschäftsbericht oder Zwischenbericht verwendet werden darf, wenn er nicht älter als zwölf Monate ist. Die betriebswirtschaftlichen Kennzahlen sollten unter Berücksichtigung der deutschen Rechnungslegungsstandards Nr. 2 „Kapitalflussrechnung" erstellt werden. Die Cashflows aus der laufenden Geschäftstätigkeit, der Investitionstätigkeit und der Finanzierungstätigkeit müssen ebenso wie der Finanzmittelfonds vor und nach einem erfolgreichen Angebot ausgewiesen werden. Fungiert der Bieter nur als **Strohmann** bzw. als von einem herrschenden Unternehmen gesteuerte Erwerbsgesellschaft, ist auch über die Auswirkungen auf den eigentlichen Intitiator zu informieren.[30] Teilweise wird die Auffassung vertreten, zu den erwarteten Auswirkungen zählten nur die unmittelbaren Belastungen, insbesondere die finanziellen Belastungen. Der Normzweck gebiete darüber hinaus eine in zeitlicher und sachlicher Hinsicht eingeschränkte Information.[31] Dies lässt sich indes so allgemein nicht aufrechterhalten: Denn die Bedeutung der Information nach Nr. 1 liegt vor allem bei **Aktientauschangeboten** des Bieters; hier müssen die Aktionäre der Zielgesellschaft erkennen können, inwieweit die ihnen als Tauschgegenstand angebotenen Stücke durch die Folgen der Finanzierung belastet sind oder an Wert gewinnen. Insoweit ist die Information möglichst umfassend zu halten. Bei **Barangeboten** dürften dagegen an die Detailliertheit der Informationen keine allzu großen Anforderungen gestellt werden, weil weder private noch öffentliche Interessen von ihnen abhängen: Die Aktionäre der Zielgesellschaft erhalten ohnehin eine Barsumme, die sie vom künftigen Geschick des Bieters unabhängig macht; die BAFin hat aber nicht die Aufgabe, Bieterunternehmen vor einer zu hohen Verschuldung infolge öffA zu schützen.

16 Bei den **erwarteten Auswirkungen** handelt es sich erkennbar nicht um Tatsachen (Sachverhalte in Gegenwart und Vergangenheit), sondern um **Prognosen**. Zur Beurteilung ihrer Rechtmäßigkeit gelten zwei Regeln: Die Prognosen müssen sich auf Tatsachen stützen, und sie müssen kaufmännisch vertretbar sein.[32] Besonders gefährlich sind insoweit die **vom Bieter ausgesprochenen Gewinnerwartungen**, weil sie bei den Aktionären der Zielgesellschaft übertriebene Hoffnung auf den mit dem Tauschangebot verbundenen Wertzuwachs wecken. **Rule 28.1 City Code** bringt die Problematik so auf den Punkt: „There are obvious hazards attached to the forecasting of profits; this should in no way detract from the necessity of maintaining the highest

---

[29] *Lenz/Linke* AG 2002, 361, 363 f.
[30] *Seydel* in Kölner Komm. Rn. 65.
[31] *Hammann* ZIP 2001, 2249, 2254.
[32] BGH WM 1982, 865; OLG Frankfurt WM 1984, 595 f.; *Assmann/Schütze* § 10 Rn. 67; *Groß* §§ 45, 46 BörsG Rn. 27.

standards of accuracy and fair presentation in all communications to shareholders in an offer." Aus gutem Grund sind nach Rule 28.2 die Anforderungen an die Sorgfalt bei **Barangeboten** nicht so hoch wie bei Tauschangeboten: Erhält der Veräußerer einen bestimmten Geldbetrag, können ihm die weiteren Gewinnaussichten des Bieters vergleichsweise gleichgültig sein. Dieser Gedanke lässt sich auch auf das deutsche Recht übertragen. Beim Ausspruch von Gewinnerwartungen im Rahmen von Tauschangeboten ist Rule 28.2 dagegen äußerst streng: Über die tatsächlichen Grundlagen der Gewinnerwartungen müssen Berichte der auditors oder consultant accountants bzw. Finanzberater über die Grundlagen der Prognosen vorgelegt werden (Rule 28.2(b)). Wenn Land und Gebäude die wesentlichen Vermögensgrundlagen des Bieters bilden, sind unabhängige Wertgutachten zu präsentieren (Rule 28(c)). Außerdem lässt das englische Recht Strenge bei der Beurteilung der Frage walten, ob eine bestimmte Äußerung des Bieters eine Gewinnerwartung beinhaltet. Bereits eine so belanglose Formulierung wie „profits will be somewhat higher than last year" (Rule 28.6) wird als Gewinnerwartung angesehen. Bereits beim jetzigen Stand ist auch für das deutsche Recht zu fordern, dass Gewinnerwartungen in der Angebotsunterlage von der BAFin nur noch dann als rechtmäßig angesehen werden, wenn deren tatsächliche Grundlagen von bieterunabhängiger Stelle **begutachtet** worden sind. Nur so kann die BAFin die Aktionäre der Zielgesellschaft vor risikoreichen Tauschangeboten nach § 15 Abs. 1 Nr. 2 schützen. Im Schrifttum wird hingegen teilweise die Auffassung vertreten, das Gefahrenpotential von Gewinnerwartungen könne dadurch entschärft werden, dass entsprechende Aussagen unter Vorbehalt gestellt und mit Risikohinweisen versehen würden.[33] Dadurch würde aber ein Weg eröffnet, falsche Erwartungen auf letztlich ungeprüfter Tatsachengrundlage zu erwecken. Bereits darin dürfte ein Verstoß gegen § 11 Abs. 2 Satz 3 Nr. 1 liegen.

Fraglich ist, ob der Bieter **Prognosen Dritter** über die Auswirkungen des **17** öffA bzw. allgemeiner Art (zB **Ratings**) in die Angebotsunterlage aufnehmen muss. Richtiger Auffassung nach ist dies zu verneinen, da Nr. 1 vom Bieter nur verlangt, eigene, nicht aber fremde Werturteile über die Entwicklung in der Angebotsunterlage zu dokumentieren.[34] Allerdings können negative Einschätzungen Dritter den Sorgfaltsmaßstab nach § 12 Abs. 2 beeinflussen.[35]

Im **Umkehrschluss** lässt sich § 11 Abs. 2 Satz 3 Nr. 1 entnehmen, dass der **18** Bieter keine Informationen über seine **finanzielle Vergangenheit** unterbreiten muss. Dies entspricht in etwa der amerikanischen Rechtslage, wo ebenfalls keine Bilanzen des Bieters vorgelegt werden müssen.[36] Darin liegt ein deutlicher Unterschied zu **Rule 24.2 (a) (i) (1) City Code**: Dort muss der Bieter einschlägige Angaben hinsichtlich der vergangenen drei Geschäftsjahre machen, und zwar im Hinblick auf Umsatz, Gewinn/Verlust, vor und nach der Besteuerung, die Steuerlast, außergewöhnliche Belastungen und die Belastung durch Dividendenzahlungen. Insbesondere muss er auch auf alle wesentlichen Veränderungen seit dem letzten Bilanzstichtag aufmerksam machen (Rule

---

[33] *Hamann* ZIP 2001, 2249, 2252.
[34] Ähnlich für die Erstellung des Börsenprospekts *Groß* §§ 45, 46 Rn. 30.
[35] *Groß* (Fn. 34).
[36] Vgl. *Knoll* S. 94.

24.2 (a) (i) (4)). Das deutsche Recht weist insoweit gerade in Fällen des Aktien-tauschangebots eine empfindliche Schutzlücke auf. Man wird den Bieter auf der Grundlage von § 11 Abs. 2 Satz 3 Nr. 1, und zwar wegen des Normzwecks, wenigstens dafür verantwortlich machen, auch solche Informationen über die finanzielle Entwicklung seines Unternehmens preiszugeben, die sich bereits in der Vergangenheit ereignet haben, aber in den Bilanzen noch keinen Nieder-schlag gefunden haben.[37]

19   **b) Bieterabsichten (Nr. 2).** Auch nach Art. 6 Abs. 3 lit. h GS 2000 musste der Bieter über die eigenen Absichten in Bezug auf die künftige Geschäftstätig-keit und die künftigen Verpflichtungen der Zielgesellschaft, ihre Beschäftigten und ihre Geschäftsleitung, einschließlich etwaiger wesentlicher Änderungen der Beschäftigungsbedingungen informieren (entspricht RLE 2002). Eine ähnliche Regelung trifft Sec. 13(d)(1)(C) des SEA sowie **Item 4 der Schedule 13 D**:[38] Soweit ein Kontrollwechsel angestrebt wird, müssen die plans und proposals im Hinblick auf eine mögliche Liquidation des Unternehmens, die Veräußerung von Unternehmensteilen bzw. -gegenständen, die Fusion mit an-deren Unternehmen sowie sonstige größere Eingriffe in die betriebliche oder gesellschaftsrechtliche Struktur des Unternehmens dargelegt werden. Auch nach deutschem Recht sind neben den Zwecken des Anteilserwerbs die Pläne hinsichtlich der Zielgesellschaft mitzuteilen.[39] Die Angaben sollen dem Inter-esse der Aktionäre der Zielgesellschaft am Erhalt „ihres Unternehmens" Rech-nung tragen[40] und die Arbeitnehmer der Zielgesellschaft auf anstehende Ver-änderungen aufmerksam machen bzw. der Öffentlichkeit Einblicke in die so-zialpolitische Tragweite eines öffÜA gewähren. Erkennbar betrifft die Norm **allein öffÜA**, die auf die Begründung einer **Kontrollmehrheit** iSd. § 29 Abs. 2 gerichtet sind. Bei einem darunter verbleibenden Gesamtanteil des Bie-ters können diesbezüglich keine Angaben gemacht werden, weil der Bieter die AG nicht kontrolliert und über deren Geschäftstätigkeit folglich nicht befin-den kann. Insoweit erscheint eine **teleologische Reduktion** der Norm **auf den Fall des öffÜA** geboten. In diesen Fällen genügt richtiger Auffassung nach die Angabe, dass **keine besonderen Absichten** verfolgt würden.[41] Da-gegen sind die Angaben sowohl bei **Bar- als auch bei Tauschangeboten** erforderlich, da sie in beiden Fällen dem Aktionär die Einschätzung erlauben sollen, ob es sich lohnt, in der Zielgesellschaft zu verbleiben und ob die Gegen-leistung ausreichend hoch bemessen ist.

20   Im Rahmen der Angaben über die **Geschäftstätigkeit** stellt sich vor allem die Frage der Fortführung des operativen Geschäfts der Zielgesellschaft bzw. der ganzen oder teilweisen Stilllegung ihrer Betriebe oder ihrer Integration in den Konzern des Bieters. Dies entspricht Rule 24.1(a) und (b) City Code, nach der der Bieter über die Fortsetzung bzw. wesentliche Änderungen (major changes to be introduced in the business) Auskunft geben muss, wobei vor

---

[37] AA *Hamann* ZIP 2001, 2249, 2254.
[38] *Knoll* S. 59.
[39] *Herkenroth* S. 135.
[40] Vgl. die Regelung des § 16 Abs. 2 (weitere Annahmefrist), die gerade diesem Interesse Rechnung trägt.
[41] *Hamann* ZIP 2001, 2249, 2254; *Seydel* in Kölner Komm. Rn. 67.

allem auch eine Umgruppierung des Anlagevermögens (redeployment of the fixed assets) interessiert. Darüber muss richtiger Auffassung nach auch nach deutschem Recht informiert werden, da § 11 Abs. 2 Satz 3 Nr. 2 ausdrücklich Angaben zur **Verwendung des Vermögens** der Zielgesellschaft vorschreibt. Im systematischen Kontext der Norm sind mit dem Begriff „Vermögen" offensichtlich nicht Überschüsse oder liquidierbare Rücklagen umschrieben, sondern die vermögensrechtliche Basis der Geschäftstätigkeit der Zielgesellschaft. Die **Angabe der künftigen Verpflichtungen** hat dabei zwei Funktionen: Zunächst stellt sich die Frage, welche Verpflichtungen der Zielgesellschaft nach Begründung eines Abhängigkeitsverhältnisses zugunsten des Bieters auferlegt werden. Zum anderen geht es um eine **Kontrolle der Finanzierungsschranke des § 71a Abs. 1 Satz 1 AktG**: Nach dieser Norm darf die AG den Erwerb ihrer eigenen Anteile nicht finanziell unterstützen (vgl. § 13 Rn. 18 ff.). Entsprechend ist bereits im Vorfeld über einschlägige Finanzierungsversuche zu referieren. Ferner sind Angaben über **Sitz und Standort wesentlicher Unternehmensteile** erforderlich. Der Wortlaut bringt die Notwendigkeit zum Ausdruck, über die effektive Belegenheit (nicht allein den „Satzungs"sitz) der Betriebsteile der Zielgesellschaft Auskunft zu geben. Hier spielen vor allem die Interessen der Beschäftigten an frühzeitiger Unterrichtung zwecks eigener Dispositionen eine erhebliche Rolle.[42] Folglich kommt es darauf an, wo künftig die Produktionsstätten und Verwaltungseinrichtungen der Zielgesellschaft ihren faktischen Sitz haben. Darüber hinaus ist auch über geplante einschlägige Satzungsänderungen Auskunft zu geben. Ausdrücklich muss der Bieter über die Auswirkungen auf die **Arbeitnehmer** berichten. Aus deren Sicht geht es in erster Linie um die Frage, ob betriebsbedingte Kündigungen infolge von Rationalisierungsmaßnahmen zu gewärtigen sind. Auch über mögliche Umsetzungen bzw. Versetzungen der Beschäftigten innerhalb des Unternehmens ist zu unterrichten. § 11 Abs. 2 Satz 3 Nr. 2 erwähnt darüber hinaus ausdrücklich die **Beschäftigungsbedingungen.** Angaben über geplante Änderungskündigungen bzw. den Austritt der Zielgesellschaften aus tarifgebundenen Unternehmensverbänden müssen angegeben werden. Das Tatbestandsmerkmal der **Vertretungen der Arbeitnehmer** bezieht sich auf die Vertretung durch den Betriebsrat und die unternehmerische Vertretung im Aufsichtsrat. Hier sind Angaben darüber erforderlich, ob der alte Betrieb (im arbeitsrechtlichen Sinne) als solcher aufrechterhalten oder mit einem anderen zusammengelegt werden wird, ob künftig die tatsächlichen Voraussetzungen für die Wahl eines Konzernbetriebsrates vorliegen werden bzw. ob die Zielgesellschaft einem anderen Modell der Unternehmensmitbestimmung unterliegen wird. Schließlich sind auch die Auswirkungen auf die **Mitglieder der Geschäftsführung** zu benennen. Dies dient erstens deren Unterrichtung, schafft aber – und darin dürfte der praktisch bedeutendere Zweck der Norm liegen – nach außen Transparenz über mögliche Interessenkollisionen zwischen dem Vorstand der Zielgesellschaft und dem Bieter.

Fraglich ist, ob der Bieter auch Angaben darüber machen muss, ob **er die   21 Anteile an Dritte weiterveräußern wird**. Ähnliche Informationen verlangt Rule 24.8 City Code. Die Bedeutung einer solchen Regelung ist klar. Auf

---

[42] RegE BT-Drucks. 14/7034 S. 41; WÜG-RefE S. 445.

diese Weise kann verhindert werden, dass der Bieter nur **als Strohmann** vorgeschoben ist und dass die in der Zielgesellschaft verbleibenden Aktionäre sich später mit einem ganz anderen Mehrheitsgesellschafter arrangieren müssen, der ihre Interessen möglicherweise stärker als der Bieter den eigenen Zielen unterordnen wird. Die Absicht der Weiterveräußerung der Anteile beinhaltet richtiger Auffassung nach ebenfalls eine Absicht im Hinblick auf die künftige Geschäftstätigkeit der Zielgesellschaft iSd. § 11 Abs. 2 Satz 3 Nr. 2: Wer von vornherein die Veräußerung der Anteile plant, hegt nämlich gerade **keine eigenen Absichten** in diesem Punkt, sondern will die Verwirklichung Dritten überlassen. Dies scheint ebenso mitteilungsbedürftig wie mögliche eigene Geschäftsabsichten.[43] Als Zeitrahmen erscheint in Anlehnung an § 31 Abs. 5 eine Frist von einem Jahr angemessen.

22   Fraglich ist, ob einschlägige Absichtsbekundungen **Bindungswirkung** entfalten. An der Haftungsfolge des § 12 Abs. 1 zeigt sich die Verantwortlichkeit für die Richtigkeit der der Angebotsunterlage zugrunde gelegten Tatsachen. § 11 Abs. 2 Satz 3 Nr. 1 und 2 zwingen den Bieter aber darüber hinaus zu Prognosen, deren tatsächliche Voraussetzungen Änderungen unterworfen sind und nach erfolgter Übernahme gerade entfallen können. Dieser Umstand sowie die Tatsache, dass nach Einschätzungen der Praxis bei einem öffÜA die Unternehmenswert- und -risikoanalyse im Vorfeld des Angebots nur mit großen Einschränkungen möglich ist (§ 11 Rn. 31), folgt, dass der Bieter an die Angaben nicht fest gebunden sein kann, sondern dass es ihm offen stehen muss, seine Meinung im Anschluss an eine geänderte Tatsachenlage zu revidieren. Allerdings spricht in einem **Schadensersatzprozess** nach § 12 gegen den Bieter ein **Beweis des ersten Anscheins**, dass er seiner in der Angebotsunterlage abgegebenen Prognose bewusst unrichtige Tatsachen zugrunde gelegt hat. Diesen Anschein muss der Bieter durch Darlegung der veränderten Tatsachenlage entkräften. Ein Bußgeld nach § 60 Abs. 1 droht ihm wegen unrichtiger Angaben nicht (arg. e § 60 Abs. 1 Nr. 1). Zur Frage der nachträglichen Untersagung des öffA § 15 Rn. 10.

23   **c) Geld und geldwerte Vorteile für Organwalter der Zielgesellschaft (Nr. 3).** Die Norm will Interessenkonflikte transparent machen[44] und diesen durch die unangenehme Veröffentlichungspflicht wohl auch vorbeugen. Gerade weil der Vorstand nach § 27 eine Stellungnahme zum öffA abzugeben hat, sollen den Aktionären mögliche Beeinflussungen erkennbar sein. Entsprechend dem Zweck der Norm ist der Begriff des **geldwerten Vorteils** sehr weit auszulegen. Darunter fällt jede in Geld bewertbare Zuwendung (Abfindungen, Weiterbeschäftigung von Verwaltungsmitgliedern, Neubeschäftigung an anderer Position usw.) oder Ersparnis von Aufwendungen. Eine **Erheblichkeitsschwelle** kennt das Gesetz nicht. Deshalb sind alle Vorteile anzugeben. Ferner verlangt das Gesetz im Gegensatz zum Fall des § 33 Abs. 3 **keine konkrete Konnexität** mit dem gerade abgegebenen öffA: Erforderlich ist also keine synallagmatische Beziehung zwischen Vorteil und Wohlverhalten. Doch schränkt der Gesetzeswortlaut „gewährt oder in Aussicht gestellt *werden*" die

---

[43] Im Ergebnis ebenso *Hamann* ZIP 2001, 2249, 2251.
[44] RegE BT-Drucks. 14/7034 S. 41 f.; WÜG-RefE S. 445 f.

anzugebenden Sachverhalte im Hinblick auf den **Zeitraum** ein. Nicht jeder irgendwann in der Vergangenheit gewährte Vorteil ist anzugeben. Die ersten gesetzlichen Pflichten des Bieters aber beginnen drei Monate vor der Veröffentlichung der Vorankündigung nach § 10 (§ 31 Abs. 3 Nr. 1). Bereits vor diesem Zeitraum hat der Bieter daher ein erhebliches Interesse daran, sich des Wohlverhaltens der Geschäftsführung der Zielgesellschaft zu versichern. Deshalb erscheint ein Zeitraum von einem Jahr vor der Veröffentlichung der Vorankündigung ausreichend, um Zusammenhänge zwischen Vorstandsverhalten und Vorteilsgewährung herzustellen. Praktische Bedeutung entfaltet die Norm im Hinblick auf eine Sonderform der sog. **Change-of-Control-Klauseln**[45] (vgl. auch § 18 Rn. 7): Darin verspricht der Bieter dem Vorstand der Zielgesellschaft besondere Vergünstigungen, um ihn auch nach der Übernahme an das Unternehmen zu binden. Die sachliche Rechtfertigung solcher Angebote kann in der Überlegung liegen, dass dem Bieter an der Weiterbeschäftigung einzelner Mitglieder der Verwaltung der Zielgesellschaft gelegen ist und er sichergehen will, dass diese den Kontrollwechsel nicht zum Anlass für eine berufliche Neuorientierung nehmen. Problematisch ist allerdings stets die von solchen Angeboten ausgehende Anreizwirkung auf die Verwaltung der Zielgesellschaft, werden deren Mitglieder doch möglicherweise zu einem die Übernahme begünstigenden Verhalten motiviert. Deshalb sind Change-of-Control-Angebote stets nach § 11 Abs. 2 Satz 3 Nr. 3 anzugeben, auch wenn sie im Einzelfall wegen sachlicher Rechtfertigung nicht unter den Verbotstatbestand des § 33 Abs. 3 fallen.[46]

Das Gesetz schreibt nicht vor, dass der Organwalter den Vorteil vom Bieter selbst erhalten muss. Als Vorteilsgewährender kommt somit auch **eine mit dem Bieter gemeinsam handelnde Person** nach § 2 Abs. 5 in Betracht. Der Vorteil muss **gewährt** werden. Das bindende Versprechen zugunsten des Organwalters, diesen in bestimmter Art und Weise zu entlohnen oder zu beschäftigen, eröffnet diesem bereits praktisch eine Option und ist, wenn der Organwalter nicht ablehnt und damit das Angebot zu Fall bringt, anzugeben. Die Norm erscheint aus rechtspolitischer Sicht **unvollständig**. Insbesondere fehlt eine Informationspflicht hinsichtlich der Absprachen zwischen Bieter und dem Vorstand der Zielgesellschaft.[47]   **24**

Der Tatbestand des § 11 Abs. 2 Satz 3 Nr. 3 ist insgesamt weiter als der **Verbotstatbestand des § 33 Abs. 3**. Dies folgt bereits aus der Überlegung, dass die Informationspflicht praktisch obsolet wäre, wenn sie den Bieter stets nur zur Selbstanzeige einer rechtswidrigen Handlung verpflichtete. Nach § 33 Abs. 3 geht es allein um **ungerechtfertigte** Gegenleistungen. Im Umkehrschluss umfasst daher § 11 Abs. 2 Satz 3 Nr. 3 die ungerechtfertigten und die gerechtfertigten Vorteile. Als Rechtfertigungsgrund kommt aber vor allem das Interesse der Zielgesellschaft und ihrer Aktionäre in Betracht.[48] Offeriert der Bieter also einzelnen Vorstandsmitgliedern eine Verlängerung ihres Mandats, kann dies im Einzelfall gerade im Interesse der Zielgesellschaft berechtigt sein.   **25**

[45] Dazu und zum Folgenden *Dreher* AG 2002, 214, 215 ff.
[46] *Dreher* AG 2002, 214, 217 und 221.
[47] Vgl *Herkenroth* S. 281.
[48] *Hamann* ZIP 2001, 2249, 2255.

Eine solche Vorteilsgewährung ist nicht nach § 33 Abs. 3 rechtswidrig, muss aber nach § 11 Abs. 2 Satz 3 Nr. 3 publiziert werden.

26 **d) Finanzierungsbestätigung (Nr. 4).** Dieser Punkt ist nur bei einem Barangebot bzw. einer Barangebotskomponente von Bedeutung.[49] Denn hier wirkt die schriftliche Erklärung nach § 13 Abs. 2 haftungsbegründend.

27 **6. Ergänzende Angaben nach § 2 AngebotsVO. a) Identifizierung der gemeinsam handelnden Personen (Nr. 1).** Zum Begriff der gemeinsam handelnden Personen vgl. § 2 Abs. 5; zur Zurechnung von Stimmrechten vgl. § 30. Die Norm entspricht Art. 6 Abs. 3 lit. l GS 2000 (entspricht RLE 2002). Die Norm soll die Überwachung durch die BAFin erleichtern und erhöht die Markttransparenz für die Aktionäre der Zielgesellschaft: Diese sollen das Verhalten des Dritten taktisch einordnen können. Die Angaben – Name (§ 12 BGB), Firma (§ 17 Abs. 1 HGB), (Satzungs-)Sitz (vgl. etwa § 5 AktG) und Rechtsform – dienen sämtlich der Identifizierung der Personen.

28 **b) Angaben nach VerkProspG bei Tauschangebot (Nr. 2).** Werden Wertpapiere als Gegenleistung außerhalb des Anwendungsbereichs des WpÜG angeboten, ist ein Verkaufsprospekt mit den nach § 7 VerkProspG erforderlichen Angaben zu erstellen. Auf diese Norm verweist Nr. 2: Sie integriert damit den Verkaufsprospekt in die Angebotsunterlage.[50] Die Vorschrift gilt folglich auch nur für **Tauschangebote** und ist Art. 6 Abs. 3 lit. j GS 2000 (entspricht RLE 2002) nachgebildet. Sie beinhaltet konsequenterweise eine **Rechtsfolgenverweisung auf § 7 VerkProspG.** § 7 Abs. 1 VerkProspG setzt eigentlich voraus, dass die angebotenen Wertpapiere *nicht* zur amtlichen Notierung bzw. zum geregelten Markt zugelassen sind. Aus § 2 Nr. 2 zweiter Halbsatz AngebotsVO geht aber hervor, dass die Regelung für die Zwecke des WpÜG ausnahmsweise auch auf solche Papiere angewendet werden soll. Zweck der Norm ist es, den Aktionären der Zielgesellschaft ein zeitnahes (d.h. weniger als zwölf Monate altes) Bild von der Risiko- und Wertstruktur der Tauschpapiere zu verschaffen. Die Informationen richten sich im Einzelnen nach der VerkaufsprospektVO und müssen Angaben enthalten, die notwendig sind, um dem Publikum ein zutreffendes Urteil über den Emittenten und die Wertpapiere zu ermöglichen (§ 7 Abs. 1 VerkProspG).

29 Eine **Ausnahme** besteht, wenn weniger als zwölf Monate vor der Veröffentlichung des öffA ein Verkaufsprospekt nach dem VerkProspG, ein Prospekt aufgrund der Zulassung der Wertpapiere zum Börsenhandel mit amtlicher Notierung (vgl. § 30 Abs. 3 Nr. 2 BörsG, §§ 13 ff. BörsZulVO) bzw. ein Unternehmensbericht im Inland in deutscher Sprache veröffentlicht wurde. Die ausnahmslose Beschränkung auf die Zulassung zur amtlichen Notierung nach deutschem Recht und die **deutsche Sprache** verschlechtern jedoch die Bedingungen für Bieter aus anderen Mitgliedstaaten des EWR und erscheinen daher **im Hinblick auf Art. 28 f. EGV bedenklich.** Im Falle Vodafone/Mannesmann konnten noch die nach englischem Recht erstellten Listing Particulars gemäß § 15 VerkProspG anstelle eines deutschen Verkaufsprospekts veröffent-

---

[49] RegE BT-Drucks. 14/7034 S. 42.
[50] *Hammann* ZIP 2001, 2249, 2253.

licht werden.[51] Von der Sache spräche nichts dagegen, dem Bieter aus einem Mitgliedstaat eine sinnvolle Zusammenfassung des Originalprospekts in deutscher Sprache zu gestatten.[52] Nach geltendem Recht ist diese Möglichkeit indes nicht vorgesehen; denn § 2 Nr. 2 AngebotsVO ist nur eine Rechtsfolgenverweisung auf § 7 VerkProspG, keine Rechtsgrundverweisung, die möglicherweise eine Einbeziehung der §§ 14 f. VerkProspG zuließe.

Die für die Fristwahrung erforderliche **Veröffentlichung des öffA** erfolgt   30
in dem Zeitpunkt, in dem die letzte der nach § 14 Abs. 3 vorgeschriebenen Handlungen vorgenommen worden ist. Vom Tag der Mitteilung gegenüber der BAFin vergehen längstens 15 Werktage bis zur Erlaubnis zur Veröffentlichung (§ 14 Abs. 3 Satz 1 und 2). Die Veröffentlichung des Verkaufsprospekts richtet sich nach § 9 Abs. 2 bzw. 3 VerkProspG. Ein Zeitraum von **zwölf Monaten** (vgl. § 188 Abs. 2 BGB) darf dabei *nicht* erreicht werden.

Liegt ein verwertbarer Unternehmensbericht oder ein Prospekt vor, sind   31
drei Angaben erforderlich: Die Information, dass ein Prospekt bzw. Unternehmensbericht veröffentlicht wurde, wo dieser erhältlich ist, sowie die Angabe der zwischenzeitlich **eingetretenen Änderungen**. Dies sind alle Änderungen, die das zutreffende Urteil des Publikums über den Emittenten und die Wertpapiere beeinflussen und deshalb zu einer Angabe nach § 7 Abs. 1 VerkProspG geführt hätten.

c) Bewertungsmethoden (Nr. 3). Die Norm entspricht Art. 6 Abs. 3 lit. d   32
GS 2000 (entspricht RLE 2002) und erfüllt nach den gesetzlichen Schutzanliegen **gerade bei öffÜA einen zentralen Zweck**: Dort erzielt der Bieter durch Erlangung der Kontrollmehrheit einen geldwerten Vorteil, der nicht im Börsenkurs ausgedrückt ist und der daher für die Aktionäre der Zielgesellschaft schwer zu berechnen, geschweige denn zu beziffern ist (§ 3 Rn. 8 und § 31 Rn. 2). Die Funktionsfähigkeit des Marktmechanismus gebietet aber, dass die Anteile an der Zielgesellschaft demjenigen Marktteilnehmer zufallen, der ihren Wert im Rahmen einer informierten Entscheidung am höchsten einschätzt (§ 3 Rn. 7). Durch die Angaben nach Nr. 3 wird die dazu unabdingbare Informierung der Aktionäre über die Tatsachengrundlage der Wertbildung hergestellt.[53] Den damit verbundenen materiellen Schutzanliegen trägt § 31 Rechnung. Im Rahmen des § 11 Abs. 2 Satz 2 Nr. 3 wird man daher vom Bieter erwarten, dass er sich bei einem **Barangebot**, das auf Erlangung der Kontrollmehrheit zielt, an dieser Norm und den zu ihrer Konkretisierung ergangenen §§ 3 ff. AngebotsVO orientiert: Danach ist die Gegenleistung am durchschnittlich gewichteten Börsenkurs (Rn. 36) bzw. den bereits im Rahmen relevanter Vorerwerbe gezahlten Kaufpreisen nach § 4 AngebotsVO zu orientieren; zur rechtmäßigen Erstellung der Angebotsunterlage zählt daher, dass **Vorerwerbe**, die nach § 31 Abs. 3 Nr. 1 sowie § 4 AngebotsVO Art und Umfang der Gegenleistung bestimmen, ausdrücklich als solche genannt werden und der Berechnung zugrunde gelegt werden.[54] Im Falle des § 5 Abs. 4, aber auch in den Konstellationen, in denen vom Grundsatz des § 31 Abs. 1 Satz 2 bei

---

[51] BAWe Jahresbericht 1999, S. 18.
[52] *Riehmer* NZG 2000, 820, 821.
[53] Vgl. auch DiskEntw ÜG S. 305; WÜG RefE S. 524.
[54] *Kremer/Oesterhaus* in Kölner Komm. § 31 Rn. 58.

einem Übernahmeangebot abgewichen wird (§ 31 Rn. 8), erscheint hingegen eine aufwendigere Wertermittlung der Zielgesellschaft und insbesondere der Gesellschaft erforderlich, deren Aktien als Akquisitionswährung angeboten werden (Rn. 34 f.). Bei **einfachen öffA** bestehen wiederum keine Entgeltsuntergrenzen; hier wird nur im Falle eines Tauschangebots eine echte Wertermittlung erforderlich, ansonsten darf sich der Bieter am Börsenkurs orientieren.

33   Besondere Bedeutung erhält die Norm beim **Management Buy-out**, wenn also die Vorstandsmitglieder der Zielgesellschaft selbst deren Aktionären ein öffÜA unterbreiten. Hier besteht die große Gefahr, dass sie Insiderwissen zu Lasten der uninformierten Aktionäre ausnutzen. Bisher wird von der hM angenommen, dass die Bieter in dieser Situation aufgrund ihrer besonderen Interessenwahrungspflichten aus der Anstellung als Organwalter zur Information der Aktionäre verpflichtet sind (vgl. § 666 BGB). Ihre Treue- und Loyalitätspflicht gebiete es ihnen darüber hinaus, sich nicht Geschäftschancen anzueignen, die der Gesellschaft und damit den Gesellschaftern zustehen (corporate opportunities).[55] § 2 Nr. 3 AngebotsVO wirkt insoweit pflichtverstärkend. Man wird in diesem Fall von den Bietern auch im Rahmen eines Barangebots mehr als nur den Bezug auf den Börsenkurs, sondern eine Bewertung nach Rn. 34 f. erwarten dürfen.

34   Das Erfordernis, die angewandte Bewertungsmethode anzugeben, impliziert die **Pflicht des Bieters zu einer methodischen Bewertung** der Zielgesellschaft, was beim Unternehmenskauf nach Einschätzungen der Praxis nicht immer der Fall zu sein scheint.[56] Zu bedenken ist auch, dass einem Bieter gerade bei einem feindlichen Übernahmeangebot nicht immer die Informationen zur Verfügung stehen, die für eine methodengerechte Bewertung erforderlich sind (§ 10 Rn. 31). In solchen Fällen muss er sich auf der vorhandenen Datenlage um einen Näherungswert bemühen bzw. ausdrücklich erklären, dass er zu einer Bewertung nach einem anerkannten Verfahren nicht in der Lage war.[57] **Methodik** bedeutet in diesem Zusammenhang vor allem die Nachvollziehbarkeit des Weges zum Ergebnis bzw. die Nachprüfbarkeit des Bewertungsergebnisses selbst. Im Zusammenhang mit öffÜA besteht ein wesentliches Problem darin, dass keine Marktpreise für Unternehmen existieren.[58] Im Grunde bestehen daher **zwei unterschiedliche Bewertungsansätze**:[59] Entweder wird durch Verwendung von Marktdaten eine marktnahe Bewertung angestrebt (**objektive Bewertung**) oder der Wert wird aus der Sicht eines bestimmten Investors bestimmt (**subjektive Bewertung**). Die subjektive Bewertung ist methodisch nur darstellbar, wenn möglichst viele Daten der Zielgesellschaft vorhanden und Synergie- oder Mengeneffekte bekannt sind, so dass sich die daraus resultierenden Einsparungen klar beziffern lassen.

---

[55] Corporate Opportunities; vgl. dazu *Ebke* ZHR 155 (1991), 142 ff.; *Fleischer* AG 2000, 312; *Koppensteiner* ZHR 155 (1991), 103.

[56] *Peltzer* S. 198.

[57] *Lappe* BB 2002, 2185, 2187.

[58] Vgl. die Darstellungen bei *Klein/Jonas* in *Berens/Brauner* S. 155 ff.; und *Bilstein* in DAI S. 223 ff. sowie Institut der Wirtschaftsprüfer in Deutschland eV, WPg 2000, 825.

[59] *Klein/Jonas* (Fn. 58) S. 157.

Eine **objektive Bewertung** ist ihrerseits auf verschiedenen Wegen möglich. 35
Zunächst kommt ein Vergleich der Zielgesellschaft mit einem anderen Unternehmen in Betracht, dessen Wert bekannt ist (**Comparative Company Approach**). Diese aus den USA bekannte Methode eignet sich für die deutschen Kapitalmärkte eher weniger, weil diese enger sind als ihre amerikanischen Vorbilder, also weniger Vergleichsmöglichkeiten bieten.[60] Das Vorliegen bzw. Nichtvorliegen von Vergleichsmöglichkeiten ist jedenfalls ein Grund für die Anwendung dieser Methode, der nach § 2 Nr. 3 AngebotsVO anzugeben ist. Ein alternativer Weg ist die **Messung der aus der Zielgesellschaft fließenden Zahlungsströme**. Grundlage sind dabei andere Zahlungsströme mit bekanntem Wert. Dies sind etwa die als sicher eingestuften öffentlichen Anleihen. Mit ihrer Hilfe lässt sich der Wert der aus dem Unternehmen fließenden Zahlungsströme kapitalisieren. Der so genannte **Ertragswert** ergibt sich folglich aus den kapitalisierten, künftigen, ausschüttbaren Ergebnissen – wobei Risikozuschläge und Inflationsabschläge angesetzt werden – und einem gegebenenfalls zusätzlich anfallenden Einnahmeüberschuss aus der Liquidation nicht betriebsnotwendigen Vermögens.[61] Die modernere so genannte **Discounted-Cash-Flow-Methode** (DCF) setzt gegenüber der Ertragswertmethode noch konsequenter auf Zahlungsgrößen (Einnahmeüberschüsse),[62] wobei wiederum unterschieden wird, ob der an die Anteilseigner ausschüttbare Cash Flow im Vordergrund steht (**Equity-Methode**) oder der an alle Kapitalgeber (auch Gläubiger) ausschüttbare Free Cash (**Entity-Methode**).[63] Der Bieter muss darlegen, welcher Aspekt ihm wichtiger erschien. Der **Liquidationswert** (Zerschlagungswert) entspricht dabei dem Unternehmensmindestwert.[64]

Darüber hinaus empfiehlt der Gesetzgeber in den Materialien, bei börsen- 36
notierten Papieren zur Bewertung auf den durchschnittlich gewichteten **Börsenkurs** Bezug zu nehmen.[65] Für **öffÜA** überzeugt dies weniger, da der Wert der Unternehmenskontrolle gerade nicht im Börsenkurs ausgedrückt ist und deshalb die Gefahr einer Überverteilung der Aktionäre der Zielgesellschaft besteht (§ 3 Rn. 8 und § 31 Rn. 2). § 31 Abs. 1 Satz 1 bildet insoweit nur eine Untergrenze. Dennoch kann der Bieter allein auf diesen verwiesen sein, wenn ihm aufgrund einer verweigerten Due-Diligence-Prüfung durch den Vorstand der Zielgesellschaft die Hintergrundinformationen fehlen, die für eine detailliertere Wertbildung erforderlich sind.[66] Der **gewichtete Börsenkurs** (§ 5 Abs. 3 AngebotsVO, § 31 Rn. 14) kommt hingegen bei einem **öffA unterhalb der Kontrollschwelle** des § 29 Abs. 2 in Betracht. Hier erwirbt der Bieter keine Kontrolle über die Zielgesellschaft, sondern nur eine Beteiligung, so dass die Bewertungsverfahren für den Unternehmenskauf keine Anwendung finden.

Der Bieter ist **zur Begründung verpflichtet**, warum gerade die zugrunde 37
gelegte Bewertungsmethode angemessen ist. Oben wurde auf die den diver-

---

[60] *Klein/Jonas* (Fn. 58) S. 159.
[61] *Klein/Jonas* (Fn. 58) S. 161.
[62] Dazu *Bilstein* S. 228.
[63] *Klein/Jonas* (Fn. 58) S. 162.
[64] *Bilstein* S. 228.
[65] WÜG-RefE S. 525.
[66] *Hammann* ZIP 2001, 2249, 2253.

gierenden Bewertungsansätzen zugrunde liegenden, sachlichen Gesichtspunkte hingewiesen. Dem Bieter steht dabei jedoch ein durch die BAFin **nur begrenzt überprüfbarer Beurteilungsspielraum** zu. Andernfalls würde § 2 Nr. 3 AngebotsVO auf eine Preiskontrolle hinauslaufen. Die Begründung der Bieterentscheidung kann daher nur auf Fehlgebrauch des Beurteilungsspielraums hin nach § 15 Abs. 1 Nr. 1 überprüft werden: Dieser liegt vor, wenn der Bieter die Bewertung bzw. die Wahl der Bewertungsmethode überhaupt nicht begründet oder wenn er sich für eine Bewertungsmethode aus Gründen entscheidet, die nach allgA der Fachwissenschaft nicht diese, sondern eine andere Bewertungsmethode nahe gelegt hätten. Gleiches gilt ganz allgemein dann, wenn der Bieter in seiner Begründung die Gesetze der Denklogik missachtet.

38   Trotz des Wortlauts „Bewertungsmethoden" und der nachfolgenden Vorschriften zum Vergleich der unterschiedlichen Methoden besteht wohl **kein Zwang zur konkurrierenden Anwendung mehrerer Methoden**. Denn vor Anwendung einer Bewertungsmethode steht deren Erkenntnisziel (subjektive Nützlichkeit des Unternehmens für den Bieter, Wert des Cash Flow usw.) bereits fest. Der Bieter kann begründen, warum es ihm gerade um dieses Erkenntnisziel geht und muss dann nicht andere Methoden zugrunde legen, die der Erreichung dieses Ziels aus seiner Sicht weniger nützlich sind. Davon geht auch die Gesetzesbegründung aus.[67] Werden indes mehrere Methoden appliziert, muss der Bieter die unterschiedlichen, daraus ermittelten Barangebote bzw. Tauschverhältnisse von Aktien als Ergebnisse präsentieren und zwischen ihnen **eine begründete Präferenzentscheidung** treffen. Die anzugebenden Gründe für die Gewichtung der verschiedenen Methoden sind wiederum nur eingeschränkt überprüfbar.

39   Ferner ist vom Bieter auf **besondere Schwierigkeiten der Bewertung** hinzuweisen. Diese treten vor allem beim öffÜA auf und dürften in aller Regel damit zusammenhängen, dass die Kontrolle über ein Unternehmen keinen verkehrsfähigen Gegenstand darstellt und daher kein Marktpreis besteht. Insoweit kommt ein Hinweis auf die genannten Schwierigkeiten (vergleichbare Unternehmen, Bemessungsgrundlage für Kapitalströme usw.) je nach Lage des Einzelfalls in Betracht. Ebenfalls ist zu erwähnen, dass der Vorstand der Zielgesellschaft eine Due-Diligence-Prüfung verweigert hat, was dem Bieter die Bewertung regelmäßig erschwert. Für die Aktionäre der Zielgesellschaft ist aus solchen Informationen heraus ersichtlich, auf wie sicherer Grundlage die Werteinschätzungen des Bieters beruhen.

40   **d) Technische Voraussetzungen der Annahmeerklärung (Nr. 4).** Die Erklärung muss so ausgestaltet sein, dass ein durchschnittlich unterrichteter Anleger in der Lage ist, die Annahme des öffA zu erklären und die versprochene Gegenleistung sicher zu erhalten. Im Übrigen darf die Annahmetechnik nicht so angelegt sein, dass der kollektive Entscheidungsdruck (zu diesem § 3 Rn. 14) auf die Aktionäre der Zielgesellschaft verstärkt wird (zB besonders kostengünstige Annahmeerklärung für „schnellentschlossene" Aktionäre). Der

---

[67] RegE BT-Drucks. 14/7034 S. 78; WÜG-RefE S. 525: „Werden mehrere Methoden nebeneinander angewandt . . ."

Bieter muss die Aktionäre auch über die **Kosten der Annahmeerklärung** informieren und darüber, wann mit der Gegenleistung zu rechnen ist.[68]

e) Kontrollierte Wertpapiere der Zielgesellschaft (**Nr. 5**). Die Norm 41 entspricht Art. 6 Abs. 3 lit. f GS 2000 (nunmehr auch RLE 2002). Sie soll den Aktionären der Zielgesellschaft und anderen Marktbeobachtern (zB potentiellen Konkurrenten des Bieters) einen Überblick darüber verschaffen, wie sehr sich der Bieter seinem Kaufziel bzw. der Kontrollschwelle des § 29 Abs. 2 genähert hat. Gerade bei öffÜA beurteilt der Markt die Erfolgsaussichten u.a. danach, wie weit sich der Bieter der Kontrollschwelle bereits genähert hat. Von diesem Umstand geht daher auch ein entsprechend großer Verkaufsdruck auf die Aktionäre der Zielgesellschaft aus. Diesem Regelungsziel trägt auch § 23 Abs. 1 Nr. 1 Rechnung. Es empfiehlt sich, bei der Darstellung der **Systematik des § 30** zu folgen[69] und getrennt nach den einzelnen Zurechnungstatbeständen den Iststand, aufgeschlüsselt nach Anzahl und Höhe der Wertpapiere, darzustellen. Zum Begriff des Wertpapiers vgl. § 2 Abs. 2. Die **Meldeverpflichtungen nach §§ 21 ff. WpHG** bleiben von der Vorschrift unberührt.[70] Eine Meldepflicht bei Überschreiten der Kontrollschwelle nach § 29 Abs. 2 ergibt sich weiterhin aus § 35 Abs. 1 Satz 1 iVm. § 10.[71]

f) Umfang und Partierungsmethode bei Teilangeboten (**Nr. 6**). Zum 42 Teilangebot unterhalb der Kontrollschwelle vgl. § 19. Der Bieter muss die Anzahl der nachgefragten Wertpapiere bzw. den Anteil an der Zielgesellschaft angeben. Dies entspricht Art. 6 Abs. 3 lit. e GS 2000 (entspricht RLE 2002). Den Modus der gleichmäßigen Berücksichtigung der Aktionäre der Zielgesellschaft (Partierung) legt § 19 bereits fest. Der Gesetzgeber konzediert dort indes Erleichterungen aus praktischen Gründen (§ 19 Rn. 6). Um diese geht es hier vorrangig, soweit **Angaben über die Zuteilung nach § 19** zu machen sind. Hinzu tritt das auch für Deutschland zu erwartende Problem des **Tendering Short** (§ 19 Rn. 5), gegen das sich der Bieter durch eine bestimmte Technik des Zuteilungsverfahrens wappnen muss. Einschlägige Maßnahmen müssen an dieser Stelle angegeben werden.

g) Im Vorfeld gezahlte Gegenleistungen für Aktien der Zielgesell- 43 **schaft** (**Nr. 7**). Die Vorschrift zielt auf die Regelung des § 31 Abs. 3 Nr. 1 und des § 4 AngebotsVO: § 31 Abs. 3 verpflichtet den Bieter zum Barangebot, wenn er drei Monate vor der Veröffentlichung nach § 10 Abs. 3 Satz 1 5 % der Aktien der Zielgesellschaft erworben hat. Allerdings sind diese Informationen auch bei einem einfachen öffA für die Aktionäre im Rahmen der Beurteilung der angebotenen Gegenleistung interessant. Auch ihrem Schutz dient daher die Norm.[72] Im Anschluss daran wurden im Vorfeld der Gesetzesentstehung teilweise **Referenzzeiträume** von einem Jahr für die Angabepflicht gefordert.[73] Nunmehr dürfte jedoch im Anschluss an § 31 Abs. 3 Nr. 1 WpÜG der Zeitraum

---

[68] RegE BT-Drucks. 14/7034 S. 78; DiskEntw ÜG S. 306; WÜG-RefE S. 525.
[69] AA *Seydel* in Kölner Komm. Rn. 95.
[70] RegE BT-Drucks. 14/7034 S. 78 f.; DiskEntw ÜG S. 306; WÜG-RefE S. 526.
[71] RegE BT-Drucks. 14/7034 S. 79; DiskEntw ÜG S. 306; WÜG-RefE S. 526.
[72] Vgl. RegE BT-Drucks. 14/7034 S. 79; WÜG-RefE S. 526.
[73] *Baums* ZIP 1997, 1312.

von drei Monaten vor der Vorankündigung nach § 10 maßgeblich sein. Im eigenen Interesse sollte der Bieter aber in seiner Angebotsunterlage die Vorerwerbe innerhalb des kürzeren Zeitraums von drei Monaten vor der Veröffentlichung der *Angebotsunterlage* klar von den übrigen unterscheiden, da er nur durch diese nach § 4 AngebotsVO in der Preisgestaltung gebunden ist.[74] Nach dem Wortlaut der Norm ist nur die Art und der Umfang der Gegenleistung, nicht aber die Zahl der vom Bieter erworbenen Anteile anzugeben. Aus Sicht der BAFin sind daher nur Rückschlüsse auf der Grundlage der Angaben nach Nr. 6 möglich. Immerhin erleichtert die Angabe den praktischen Nachweis der Voraussetzungen des § 4 AngebotsVO.

44 Anzugeben ist die Art der Gegenleistung (Bar- oder Tauschangebot) und ihr Umfang. **Relevant ist**, wie gerade ausgeführt, **der Zeitraum** von drei Monaten (vgl. § 188 Abs. 2 BGB) vor der Veröffentlichung nach § 10 Abs. 3 Satz 1 bis zum Zeitpunkt der Veröffentlichung nach § 14 Abs. 2 Satz 1. Die Gleichstellung von **Vereinbarungen,** aufgrund derer die Übereignung der Wertpapiere verlangt werden kann, dient der Vermeidung der sonst nahe liegenden Umgehungsgefahr.

45 **h) Sonstige Hinweise (Nr. 8 bis 12).** Beim Hinweis auf **erforderliche Genehmigungen (Nr. 8)** handelt es sich um Rechtsbedingungen des öffA bzw. öffÜA. Regelmäßig geht es dabei um die kartellrechtliche Zulässigkeit von Unternehmenszusammenschlüssen.[75] Zu den besonderen Annahmefristen nach **Nr. 9** vgl. §§ 21 Abs. 5, 22 Abs. 2 und 16 Abs. 2. Auf die Verlängerung der Annahmefrist bei Einberufung einer Hauptversammlung der Zielgesellschaft (§ 16 Abs. 3) muss hingegen nicht hingewiesen werden.[76] Anzugeben ist der Veröffentlichungsort der Angebotsunterlage (dazu § 14 Abs. 3 Satz 1) nach **Nr. 10**; um Verfahrensverzögerungen durch Beanstandungen seitens der BAFin zu vermeiden, sollte dabei auch der Veröffentlichungsort der Meldungen nach § 23 angegeben werden.[77] Zu den Rücktrittsrechten nach **Nr. 11** vgl. §§ 21 Abs. 4, 22 Abs. 3. **Nr. 12** verlangt schließlich eine Information über das anwendbare Recht. Dies erklärt sich aus dem Umstand, dass der zwischen Bieter und Aktionär geschlossene Vertrag dem Vertrags- und nicht etwa dem Gesellschaftsstatut unterfällt (§ 1 Rn. 1 ff.). In der Angabe kann daher uU auch eine **Rechtswahl seitens des Bieters** liegen.[78]

46 **7. Angaben beim Rückerwerb eigener Aktien.** Richtiger Auffassung nach ist § 11 auch auf den Rückerwerb eigener Aktien durch die Zielgesellschaft selbst im Tenderverfahren anwendbar (§ 2 Rn. 5 ff.). Fraglich ist, in welchem Umfang die AG in diesem Fall zur Erstellung einer Angebotsunterlage nach § 11 verpflichtet ist. Dabei verdient Berücksichtigung, dass die Gesellschafter selbst den Vorstand nach § 71 Abs. 1 Nr. 8 Satz 1 AktG im Hinblick auf die Grenzen der zu gewährenden Gegenleistung und das Höchstvolumen des Rückerwerbs ausdrücklich autorisiert haben. Es erschiene als sinnloser Forma-

---

[74] *Seydel* in Kölner Komm. Rn. 98.
[75] RegE BT-Drucks. 14/7034 S. 79; DiskEntw ÜG S. 307; WÜG-RefE S. 527.
[76] *Seydel* in Kölner Komm. Rn. 102.
[77] *Seydel* in Kölner Komm. Rn. 103.
[78] *Seydel* in Kölner Komm. Rn. 105.

lismus, wenn der Vorstand den Aktionären nun die von ihnen selbst festgesetzten Konditionen noch einmal in der beschlossenen Form formell anbieten müsste. Man wird ihn folglich zu einer **reduzierten Angebotsunterlage** für verpflichtet halten. Darin sind zwar die genau bezifferte Gegenleistung (§ 11 Abs. 2 Nr. 4) − wenn wie im Regelfall nach § 71 Abs. 1 Nr. 8 Satz 1 AktG nur ein Preisrahmen beschlossen wurde −, mögliche Bedingungen des öffentlichen Angebots (§ 11 Abs. 2 Nr. 5) sowie Beginn und Ende der Annahmefrist (§ 11 Abs. 2 Nr. 6) festzusetzen. Ohne Bedeutung erscheinen jedoch die **ergänzenden Angaben des Bieters nach § 11 Abs. 2 Satz 3** über die Finanzierung des Angebots und deren Auswirkungen auf den Bieter (Nr. 1),[79] denn diese sind in § 71 Abs. 2 Satz 2 AktG gesetzlich vorgegeben und unterliegen der besonderen Berichtspflicht nach §§ 71 Abs. 3 Satz 1, 160 Nr. 2 AktG. Das Gleiche gilt für die Kundgabe der mit dem Erwerb verbundenen Pläne des Bieters im Hinblick auf die Zielgesellschaft (Nr. 2). Aus den rückerworbenen Aktien stehen dem Vorstand nämlich keine Stimmrechte zu (§ 71b AktG); er darf sie auch nicht an beliebige Dritte veräußern, sondern muss insoweit das Bezugsrecht der Aktionäre nach § 71 Abs. 1 Nr. 8 Satz 3 und 5 AktG beachten.[80] Über seine davon unabhängige allgemeine Geschäftspolitik muss der Vorstand im Rahmen der Hauptverhandlung nach § 131 Abs. 1 AktG Auskunft geben, in der ihm der Ermächtigungsbeschluss nach § 71 Abs. 1 Nr. 8 Satz 1 AktG erteilt wird. Wegen der Personenidentität erscheint es auch sinnwidrig, vom Vorstand Auskünfte über die Vorteile zu verlangen, die den Vorstandsmitgliedern und Aufsichtsräten „der Zielgesellschaft" gewährt werden (Nr. 3). Differenzierter ist die Lage bei den **ergänzenden Angaben nach § 2 AngebotsVO:** Danach erscheint der Vorstand sehr wohl gegenüber den Veräußerern zur Angabe verpflichtet, ob mit ihm weitere Personen gemeinsam handeln (Nr. 1), auf welche Weise das Angebot angenommen werden kann (Nr. 4), wie groß der Gesamtumfang der nachgefragten Wertpapiere (Nr. 6) und der Umfang der Gegenleistung ist (Nr. 7), weil Letzteres im Regelfall des § 71 Abs. 1 Nr. 8 Satz 1 AktG nur als Rahmen festgelegt ist. Erforderlich erscheint auch der Hinweis auf die besonderen Annahmefristen (Nr. 9) und Rücktrittsrechte (Nr. 11) und den Ort, wo die Angebotsunterlage veröffentlicht ist (Nr. 10). **Entbehrlich** sind indes regelmäßig die Angaben zu Tauschaktien (Nr. 2), zur Bewertung der Gegenleistung (Nr. 3), weil die Aktionäre selbst deren Rahmen bestimmt haben, und in aller Regel wohl auch Erklärungen zum Stand behördlicher Genehmigungen (Nr. 8), weil beim Rückerwerb keine Kartellrechtsprobleme oder sonstigen Erlaubnisvorbehalte bestehen.

Soweit Angabepflichten der AG nach § 11 bestehen, wird man auch eine **47 Haftung der AG** und möglicherweise der Vorstandsmitglieder für die Richtigkeit der Angebotsunterlage annehmen (§ 12). Auch trifft sie eine besondere **Finanzierungsverantwortung** nach § 13, die in die Pflicht mündet, die schriftliche Garantieerklärung eines unabhängigen Wertpapierdienstleistungsunternehmens für die Finanzierung bereitzustellen (§ 13 Abs. 1 Satz 2). Mag das Ergebnis − die AG garantiert ihren Anteilseignern Zahlung des Kaufpreises − auf den ersten Blick auch etwas befremdlich anmuten, so ist doch kein Grund

---

[79] *Seydel* in Kölner Komm. Rn. 58.
[80] MünchKommAktG/*Oechsler* § 71 Rn. 209.

ersichtlich, warum die AG in der Konkurrenz zu anderen öffentlichen Bietern um die Aktien günstiger gestellt sein und daher kostengünstiger anbieten können sollte. Nichts spricht ferner dagegen, die Vorschriften über die Annahmefristen für öffentliche Angebote (§ 16) anzuwenden. Schon um eine Wettbewerbsverzerrung zwischen miteinander konkurrierenden öffentlichen Angeboten zu vermeiden, sind die Vorschriften über das Verbot der invitatio ad offerendum bei öffentlichen Angeboten (§ 17), das Verbot von Bedingungen (§ 18) und die Einschränkung der nachträglichen Änderungsmöglichkeiten (§ 21) anwendbar. Es entspricht dem Zweck der Regelung über **konkurrierende Angebote** (§ 22), öffentliche auf den Rückerwerb eigener Aktien gerichtete Angebote miteinzurechnen, weil die Norm ein Auktionsverfahren zwischen verschiedenen Bietern erleichtern will.[81] Nichts spricht dagegen, die AG neben anderen Bietern als Wettbewerber um den Erwerb ihrer eigenen Aktien zu behandeln.[82] Deshalb treffen sie auch die Veröffentlichungspflichten über den eigenen Aktienbestand nach §§ 23, 24. Schließlich kann die BAFin missbräuchliche Werbung der AG im Hinblick auf ihr Rückkaufprogramm nach § 28 untersagen. Allein die **Pflicht des Vorstands der AG zur Stellungnahme** auf das öffentliche Angebot hin dürfte nach § 27 entfallen. Denn dessen Rahmenbedingungen waren bereits Gegenstand des Ermächtigungsbeschlusses nach § 71 Abs. 1 Nr. 8 Satz 1 AktG.

48   **8. Korrekturen nach Einreichung der Angebotsunterlage bei der BAFin, insbesondere falsche Presseberichte.** Vgl. diesbezüglich § 12 Abs. 3 Nr. 3.

49   **9. Das öffA als Willenserklärung und Rechtsgeschäft. a) Anfechtung durch den Bieter.** Die Angebotsunterlage beinhaltet einen formalisierten Antrag auf Abschluss eines Kaufvertrags. Damit ist die Anfechtung aus § 119 Abs. 2 BGB, die sich auf Fehler bei den ergänzenden Angaben nach § 11 Abs. 2 Satz 3 und § 2 AngebotsVO stützen könnte, wohl ausgeschlossen. Denn ein Prinzip des WpÜG liegt in der strengen rechtsgeschäftlichen Bindung des Bieters (§ 17 Rn. 1). Dieses könnte unterlaufen werden, wenn er Motivirrtümer zu Lasten der Kapitalmärkte geltend machen könnte.[83] Auch § 123 Abs. 1 und 2 BGB spielt aus Sicht des Bieters keine praktische Rolle. Problematischer erscheinen indes **Inhalts- und Erklärungsirrtümer des Bieters nach § 119 Abs. 1 BGB.** Diese werden sich regelmäßig auf den Angebotsinhalt nach § 11 Abs. 2 Satz 2 beziehen (Beispiel: Die Alternativität von Bar- und Tauschangebot ist so missverständlich erklärt, dass ein objektiver Beobachter in der Situation der Aktionäre der Zielgesellschaft davon ausgehen darf, es handele sich um ein besonders großzügiges Kombinationsangebot aus Bar- und Tauschkomponente). Das Gesetz trifft hier keine Regelung, weshalb der Bieter anfechten kann und den Aktionären der Zielgesellschaft Ersatz des negativen Interesses nach § 122 Abs. 1 BGB schuldet. Dieses Ergebnis befremdet, weil der Bieter die

---

[81] RegE BT-Drucks. 14/7034 S. 50.
[82] Vgl. als Beispiel den Fall SEC v. Carter Hawley Hale Stores Inc. (760 F.2d 945 (9th Cir. 1985).
[83] Im Ergebnis auch *Seydel* in Kölner Komm. Rn. 24.

Folgen von Willensmängeln kaum wie bei einem Individualvertrag auf die Gegenseite abwälzen darf.

b) Anwendbarkeit der Inhaltskontrolle von AGB. Die Anwendbarkeit 50
ist nicht nach § 310 Abs. 4 Satz 1 BGB (§ 23 Abs. 1 AGBG aF) ausgeschlossen,
weil die Angebotsunterlage gemeinhin nicht als gesellschaftsrechtlich qualifiziert wird, sondern Teil eines Rechtsgeschäfts ist.[84] Selbstverständlich müssen
die §§ 305 ff. BGB hinter den spezielleren Regelungen des § 11 WpÜG und § 2
AngebotsVO zurücktreten. Der Anwendungsbereich ist daher vor allem insoweit eröffnet, als der Bieter darüber hinaus weitere Bedingungen festsetzt.
Deren Wirksamkeit unterliegt allerdings nicht der Prüfung durch die BAFin
(vgl. den Wortlaut des § 15 Abs. 1 Nr. 1), sondern muss vom Veräußerer gegenüber dem Bieter unmittelbar durchgesetzt werden. Einzelne Bestimmungen
wie etwa § 309 Satz 1 Nr. 4 – 9 BGB behalten daher gegenüber Privatanlegern
ihre Bedeutung. Als überraschende Klausel unwirksam wäre etwa auch die Vereinbarung der Übereignung von Aktien vor Wirksamwerden des Vertrages.[85]

c) Haftung des Bieters nach Kaufrecht und des Veräußerers aus culpa 51
in contrahendo (§§ 280 Abs. 1 Satz 1, 241 Abs. 2, 311 Abs. 2 BGB)? Fraglich ist, ob dem Bieter die kaufrechtlichen Haftungsansprüche wegen Rechts-
und Sachmängeln (§ 437 BGB) zustehen.[86] Das WpÜG ist nach dem Vorbild
der angloamerikanischen Übernahmerechte entstanden. Dabei wurde indes
nicht bedacht, dass in den Vereinigten Staaten beim Unternehmenserwerb das
Prinzip **caveat emptor** gilt, wonach dem Käufer keine Leistungsstörungsrechte gegenüber dem Verkäufer zustehen, es sei denn, er habe sich ausdrücklich besondere Garantien vom Verkäufer ausbedungen.[87] Das britische Recht
verlangt vom Bieter, in die Angebotsunterlage eine Klausel aufzunehmen, in
der er auf alle Einwendungen und Einreden (Aufrechnung, Mängeleinrede
usw.) verzichtet (Rule 24.11). Fraglich ist allerdings, ob zu Lasten der Veräußerer die Regeln über den Unternehmenskauf überhaupt anwendbar sind. Die
Judikatur des BGH zur Anwendbarkeit der §§ 459 ff. BGB aF (nunmehr: § 437
BGB) auf den share deal trifft nämlich eine überzeugende Differenzierung:
Der Erwerb aller Anteile kann danach keine Anwendungsvoraussetzung für
das Kaufrecht sein, vielmehr kommt es umgekehrt darauf an, dass der **Erwerber eine beherrschende Stellung im Unternehmen erlangt** und der **Wille
der Parteien auf einen Verkauf des Unternehmens als solches** gerichtet
ist.[88] Legt man diese Maßstäbe zugrunde, stellen schlichte öffA unterhalb der
Grenze des § 29 Abs. 2 keinen Unternehmenskauf dar, weil der Erwerber keine
beherrschende Stellung erlangen soll. Das Gleiche gilt aber für öffÜA, wenn
der Bieter die im Streubesitz befindlichen Aktien einer Vielzahl von Aktionären aufnimmt. Hier mag der Bieter zwar eine Kontrollmehrheit nach § 29

---

[84] Vgl. auch *Assmann/Bozenhardt* S. 83 f.; *Geibel* in *Geibel/Süßmann* Rn. 2; *Seydel*
in Kölner Komm. Rn. 23.
[85] *Seydel* in Kölner Komm. Rn. 23.
[86] Im Falle des Tauschangebots wegen § 515 BGB.
[87] *Merkt* WiB 1996, 146; *Werner* ZIP 2000, 990.
[88] BGH WM 1970, 819; BGHZ 65, 246; weiterer Nachweis bei *Staudinger/Honsell*
§ 459 Rn. 16.

Abs. 2 erlangen, und diese dürfte für die Anwendbarkeit des § 437 BGB ausreichen, weil andernfalls Wertungsbrüche unvermeidlich wären.[89] Allerdings ist in diesem Fall der Wille der Parteien nicht auf den Verkauf des Unternehmens gerichtet. Der Aktionär der Zielgesellschaft veräußert an den Bieter nur seinen Anteil, und es gehört gerade zu den Besonderheiten des öffÜA, dass sich erst in den Händen des Bieters die Summe aller Anteile zu einer Kontrollmehrheit vereinigt, die ihm die Stellung eines Käufers wie beim share deal verschafft. **Die Kontrolle über das Unternehmen wird aber von den Verkäufern nicht geschuldet.** Diese tragen also keine Verantwortung dafür, dass das Unternehmen frei von Rechts- oder Sachmängeln ist. Sie sind allein für eventuelle Rechts- und Sachmängel ihrer Anteile verantwortlich.[90] Gleiches gilt für **Ansprüche aus §§ 280 Abs.1 Satz 1, 311 Abs.2 BGB (culpa in contrahendo)**.[91] Den einzelnen Aktionär treffen bei richtiger Betrachtung keine Aufklärungspflichten im Hinblick auf die Ertragslage des Unternehmens; dies übersteigt schon seine praktischen Möglichkeiten.

52   **d) Zurückbehaltungsrechte und Aufrechnungslagen.** Fraglich ist, ob der Bieter – statt an den Veräußerer zu zahlen – mit einer eigenen Forderung gegen den Zahlungsanspruch des Veräußerers aus § 433 Abs.2 BGB aufrechnen darf bzw. ein Zurückbehaltungsrecht nach § 273 Abs.1 BGB ausüben kann. Das englische Recht (Rule 24.11 City Code) nimmt dem Bieter diese Möglichkeit aus gutem Grund: Dieser könnte andernfalls durch das Vorschieben solcher Gegenrechte seine Zahlungspflicht bis zur endgültigen Entscheidung in der Sache hinauszögern. Das deutsche Recht kennt eine vergleichbare Präklusionswirkung nicht. Die vorgestellten Veräußererinteressen allein genügen auch nicht, einen ungeschriebenen Rechtssatz dieses Inhalts zu begründen.

53   **e) Wegfall der Geschäftsgrundlage (Rücknahmegründe für den Bieter).** Sieht man von § 18 Abs.2, dem Verbot des Rücktrittsvorbehalts, ab, regelt das Gesetz die Frage nicht, ob der Bieter das öffentliche Angebot nach dessen Veröffentlichung und vor Ablauf der Annahmefrist wieder zurückziehen kann. Ursprünglich sah Art. 13 des Vorschlags zur 13. Richtlinie aus dem Jahre 1990 eine ganze Reihe von Rücknahmegründen vor.[92] Nach Art. 10 lit. a GS 2000 (nunmehr Art. 12 lit. a RLE 2002) war immerhin noch eine Regelung im Hinblick auf die „Hinfälligkeit des Angebots" erforderlich. Entsprechendes fehlt im Gesetz. Richtiger Auffassung nach muss auf die einzelnen Kaufverträge, die zwischen Bieter und Veräußerern über die Anteile der Zielgesellschaft geschlossen werden, § 313 BGB und damit die Lehre vom Wegfall der Geschäftsgrundlage anwendbar sein.[93] Diese Möglichkeit wird teilweise mit der Überlegung verneint, die rechtsgeschäftliche Bindungswirkung sei im WpÜG durch die §§ 17, 18, 21 besonders streng gefasst, so dass für § 313 BGB

---

[89] Nach bisheriger Rechtsprechung reichen indes 49 % nicht aus; dazu *Honsell* (Fn. 88).
[90] *Seydel* in Kölner Komm. Rn. 23.
[91] Vgl. *Honsell* (Fn. 88) Rn. 8.
[92] Dazu *Peltzer* S. 203.
[93] *Geibel* in *Geibel/Süßmann* § 18 Rn. 47; *Oechsler* NZG 2001, 817, 821.

kein Anwendungsbereich verbleibe.[94] Zutreffend daran ist, dass dem WpÜG in der Tat ein Prinzip strenger rechtsgeschäftlicher Bindung zugrunde liegt (§ 17 Rn. 1). Die Lehre vom Wegfall der Geschäftsgrundlage knüpft aber unmittelbar an die rechtsgeschäftliche Natur des öffA an. Aus § 313 Abs. 1 BGB, der letztlich nur eine Ausprägung des Gebots von Treu und Glauben (§ 242 BGB) ist, folgt dabei, dass jede rechtsgeschäftliche Bindung nur solange gilt, wie ihre Geschäftsgrundlage erhalten bleibt (clausula rebus sic stantibus); an diesem fundamentalen Prinzip der Rechtsgeschäftslehre kann und will das WpÜG nicht rühren. Näher betrachtet dürfte indes ein bloßer Rückgang des Börsenkurses (wegen Verschlechterung der Marktlage) regelmäßig in den Risikobereich des Bieters fallen. Dies ist gerade Teil seines Spekulationsrisikos. Nur in den Fällen der **schweren Äquivalenzstörung**, wenn aufgrund unvorhersehbarer Ereignisse das Verhältnis von Leistung und Gegenleistung fundamental verändert wird, muss dem Bieter ein Lösungsrecht eröffnet werden.[95] Fraglich sind die Voraussetzungen des Wegfalls der Geschäftsgrundlage, wenn die **Tauschaktien** entgegen der Absicht des Bieters **nicht zur amtlichen Notierung an einer Wertpapierbörse zugelassen werden**; dann scheiden sie nämlich nach § 31 Abs. 2 Satz 1 als Gegenleistung aus. Hier sah Art. 13 Abs. 1 lit. c des Richtlinienvorschlags von 1990 einen Rücktrittsgrund vor.[96] Bedenken bereitet, dass der Eintritt dieses Umstandes zu sehr in der Einfluss- und Risikosphäre des Bieters liegt, als dass er den Veräußerern entgegengehalten werden könnte.[97]

Näher liegt die Anwendung des § 313 Abs. 3 BGB im Fall der **Unterbrei-** 54 **tung eines konkurrierenden Angebots**: Hier sah Art. 13 Abs. 1 a des Richtlinienentwurfs von 1990 eine Rücknahmemöglichkeit vor:[98] Dafür spricht, dass das konkurrierende Angebot die Kalkulationsgrundlage des Erstbieters zu Fall bringen kann, was allerdings keine Selbstverständlichkeit ist, sondern des Nachweises bedarf. Zugunsten einer Lösungsmöglichkeit des Bieters kann dabei im Einzelfall ins Gewicht fallen, dass das konkurrierende Angebot eine höherwertige Gegenleistung als das Erstangebot beinhaltet und damit den Aktionären keine übermäßige Härte zumutet. Probleme entstehen jedoch bei der Konkretisierung der Höherwertigkeit (Tauschangebote!). Ein Erstangebot wird jedenfalls regelmäßig seine Funktion iSd. § 22 erfüllt haben, Anlass zu einem Auktionsverfahren zu geben, wenn ein höherwertiges Zweitangebot abgegeben wird. Weil der Zweitbieter sein Angebot wegen § 21 Abs. 1 nicht mehr nachträglich verschlechtern darf, entsteht den Aktionären kein Nachteil. Etwas anderes gilt allein dann, wenn der Zweitbieter nur ein erlaubtes Teilangebot nach § 19 abgibt und nicht alle vom Erstbieter angesprochenen Aktionäre nun an ihn veräußern können. Insoweit läuft auch das Rücktrittsrecht nach § 22 Abs. 3 leer und es muss bei der Bindungswirkung für das Erstangebot bleiben.

---

[94] *Hasselbach* in Kölner Komm. § 18 Rn. 75.
[95] *Peltzer* S. 204.
[96] *Peltzer* S. 203.
[97] *Peltzer* S. 203.
[98] *Kuhr*, Der Minderheitenschutz bei Übernahmeangeboten in Deutschland und Frankreich unter dem Einfluss der 13. EG-Richtlinie, Diss. Konstanz 1992, S. 97; *Peltzer* S. 203.

55   Einen Grenzfall stellt der **Antrag auf Eröffnung des Insolvenzverfahrens über das Vermögen der Zielgesellschaft** (etwa durch einen Gläubiger) während der Laufzeit des Angebots dar. Einerseits erscheint es bedenklich, wenn der Bieter das Insolvenzrisiko auf solche Veräußerer abwälzen könnte, die sein Angebot bereits angenommen haben. Denn selbst wenn mit ihnen nur Kaufverträge geschlossen wurden, fließt dem Bieter bereits ein Großteil des tatsächlichen Nutzens aus der Aktie (zumindest deren Drohpotential gegenüber den noch in der Zielgesellschaft verbleibenden Gesellschaftern) zu (arg. e § 446 Satz 1 BGB). Diese Risikoverteilung verbietet eine Lösung von der vertraglichen Verpflichtung. Andererseits kann der Bieter schwerlich gezwungen sein, alle noch ausstehenden Anteile nun zum angekündigten Preis zu erwerben. Für ein Lösungsrecht gegenüber den bis dato unentschlossenen Aktionären spricht, dass diese das Risiko der Insolvenz ihrer AG ganz allgemein zu tragen haben und nur eine feste Disposition zugunsten des Bieters demgegenüber eine Änderung einleitet. Gegen dieses Ergebnis lassen sich auch nicht die Schutzzwecke des § 32 (Verbot des Teilangebots) ins Feld führen: Die Norm will die Ausbeutung kollektiver Entscheidungszwänge und das Entstehen ungewollter Minderheitsbeteiligungen verhindern. Beide Probleme stellen sich aber nicht mehr, wenn unerwartet der Insolvenzantrag gestellt wird.

56   **f) Wirksamkeitshindernisse (§§ 125, 134 BGB).** Richtiger Auffassung nach führt eine **Verletzung der Formvorschriften** des § 11 Abs. 2 bzw. des § 2 AngebotsVO **nicht zur Nichtigkeit nach § 125 BGB.**[99] Dafür sprechen zwei Gründe: Zum einen wäre die Kompetenz der BAFin nach § 15 Abs. 1 Nr. 1 ansonsten gegenstandslos; zum anderen entfalteten § 11 Abs. 2 und § 2 AngebotsVO dann volle Drittwirkung zugunsten der Zielgesellschaft, konkurrierender Bieter und Arbeitnehmer. Dies widerspräche wiederum der Zwecksetzung des § 4 Abs. 2 (§ 4 Rn. 9 ff.). Im Hinblick auf § 134 BGB kommt es hingegen darauf an, ob der jeweiligen Norm des WpÜG der Charakter eines Verbotsgesetzes zukommt, das sich gegen den Inhalt des Rechtsgeschäfts richtet und die Nichtigkeitsfolge der Norm erzwingt. Dies ist durch Auslegung im Einzelfall zu ermitteln[100] und wird hier für § 18 Abs. 1 und § 26 Abs. 1 Satz 1 und 2 bejaht (§ 18 Rn. 14; vgl. aber auch § 26 Rn. 4). Die Nichtigkeitssanktion greift aber nur dann, wenn in Gestalt des öffA bereits ein Rechtsgeschäft vorliegt. Dies wiederum ist erst im Zeitpunkt der Veröffentlichung nach § 14 Abs. 2 Satz 1 der Fall, weil darin die formalisierte Erklärung des Verpflichtungswillens des Bieters liegt. Vor diesem Zeitpunkt steht der BAFin eine Untersagungsbefugnis nach § 15 Abs. 1 Nr. 2 zu; deren Ausübung verhindert nach § 15 Abs. 3 Satz 1, dass der Bieter seinen Verpflichtungswillen erklären kann. § 134 BGB entfaltet also nur dort praktische Bedeutung, wo die BAFin einen Gesetzesverstoß nicht zum Anlass der Untersagung genommen hat.

57   **10. Kennzeichnung und Erklärung der Prospektverantwortlichen (Abs. 3).** Die Vorschrift dient der Identifizierung möglicher Haftungsadressaten nach § 12 Abs. 1. Das Tatbestandsmerkmal der Personen, die für den Inhalt Verantwortung übernommen haben, entspricht § 12 Abs. 1 Nr. 1. Die

---

[99] *Seydel* in Kölner Komm. Rn. 23.
[100] *Staudinger/Sack* § 134 Rn. 30 ff.

Regelung ist an § 14 BörsZulVO sowie § 3 VerkaufsprospektVO angelehnt.[101]
Die abgegebene Erklärung der Verantwortlichen begründet indes richtiger
Auffassung nach keine Garantiehaftung, sondern eine gesetzliche Vertrauens-
schutzhaftung (§ 12 Rn. 1).

11. Ermächtigungsgrundlage und Übertragungsmöglichkeit (Abs. 4 58
und 5). Der Bundesfinanzminister hat von der in § 11 Abs. 4 erteilten Ermächtigungsgrundlage in § 2 der Verordnung über den Inhalt der Angebotsunterlage, die Gegenleistung bei Übernahmeangeboten und Pflichtangeboten und
die Befreiung von der Verpflichtung zur Veröffentlichung und zur Abgabe eines
Angebots (WpÜG-Angebotsverordnung) vom 27. Dezember 2001[102] Gebrauch gemacht. Eine Übertragung nach Abs. 5 ist bislang noch nicht erfolgt.

§ 12 Haftung für die Angebotsunterlage

(1) **Sind für die Beurteilung des Angebots wesentliche Angaben der
Angebotsunterlage unrichtig oder unvollständig, so kann derjenige,
der das Angebot angenommen hat,**

1. **von denjenigen, die für die Angebotsunterlage die Verantwortung
übernommen haben, und**

2. **von denjenigen, von denen der Erlass der Angebotsunterlage ausgeht,**

**als Gesamtschuldner den Ersatz des ihm aus der Annahme des Ange-
bots entstandenen Schadens verlangen.**

(2) **Nach Absatz 1 kann nicht in Anspruch genommen werden, wer
nachweist, dass er die Unrichtigkeit oder Unvollständigkeit der Angaben der Angebotsunterlage nicht gekannt hat und die Unkenntnis nicht
auf grober Fahrlässigkeit beruht.**

(3) **Der Anspruch nach Absatz 1 besteht nicht, sofern**

1. **die Annahme des Angebots nicht auf Grund der Angebotsunterlage
erfolgt ist,**

2. **derjenige, der das Angebot angenommen hat, die Unrichtigkeit oder
Unvollständigkeit der Angaben der Angebotsunterlage bei der Abgabe der Annahmeerklärung kannte oder**

3. **vor der Annahme des Angebots in einer Veröffentlichung nach § 15
Abs. 3 des Wertpapierhandelsgesetzes oder einer vergleichbaren Bekanntmachung eine deutlich gestaltete Berichtigung der unrichtigen
oder unvollständigen Angaben im Inland veröffentlicht wurde.**

(4) **Der Anspruch nach Absatz 1 verjährt in einem Jahr seit dem Zeitpunkt, zu dem derjenige, der das Angebot angenommen hat, von der
Unrichtigkeit oder Unvollständigkeit der Angaben der Angebotsunterlage Kenntnis erlangt hat, spätestens jedoch in drei Jahren seit der Veröffentlichung der Angebotsunterlage.**

---

[101] RegE BT-Drucks. 14/7034 S. 42; DiskEntw ÜG S. 308; WÜG-RefE S. 446.
[102] BGBl. I S. 4263.

(5) **Eine Vereinbarung, durch die der Anspruch nach Absatz 1 im Voraus ermäßigt oder erlassen wird, ist unwirksam.**

(6) **Weitergehende Ansprüche, die nach den Vorschriften des bürgerlichen Rechts auf Grund von Verträgen oder vorsätzlichen unerlaubten Handlungen erhoben werden können, bleiben unberührt.**

Schrifttum: *Assmann*, Die Haftung für die Richtigkeit und Vollständigkeit der Angebotsunterlage, AG 2002, 153; *Hamann*, Die Angebotsunterlage nach dem WpÜG – ein praxisorientierter Überblick, ZIP 2001, 2249; *Silvia Huber*, Haftung für Angebotsunterlagen nach dem WpÜG, Diss. Augsburg 2002; *Vaupel*, Die Haftung der Banken für die Richtigkeit der Angebotsunterlage bei Umtauschangeboten nach dem WpÜG, WM 2002, 1170.

Übersicht

1   **1. Normzweck und Haftungstypus.** Die Norm ist anderen kapitalmarktrechtlichen Haftungsnormen, vor allem §§ 44, 45 BörsG (vgl. aber auch § 20 KAGG und § 12 AuslInvestmG), nachgebildet.[1] Wie dort stellt sich die Frage nach der Rechtsnatur der Haftung. Einige Anhaltspunkte sprechen für eine **rechtsgeschäftliche Garantiehaftung**: So müssen die für die Erstellung des Prospekts Verantwortlichen (vgl. § 12 Abs. 1 Nr. 1) nach § 11 Abs. 3 eine schriftliche und unterschriebene Erklärung über die Richtigkeit und Vollständigkeit des Inhalts der Angebotsunterlage abgeben. Fraglich ist jedoch, ob darin eine echte Garantieerklärung oder nur ein Hinweis für die Anspruchsberechtigten auf mögliche Haftungsadressaten liegt. Für einen bloßen Hinweis sprechen die Materialien, aus denen hervorgeht, dass die Anspruchsgegner

---

[1] *Hamann* ZIP 2001, 2249, 2255.

durch ihre nach § 11 Abs. 3 erforderlichen Erklärungen in erster Linie als solche identifiziert werden sollen.[2] Dies legt auch der Wortlaut des § 11 Abs. 3 nahe, in dessen Mittelpunkt vor allem die Angabe der Personalien steht. Ausschlaggebend für das Ergebnis erscheint indes das Verschuldenserfordernis des § 12 Abs. 2, das zu einer Garantiehaftung nicht passt. Dies deckt sich mit der Überlegung, dass der Bieter nach § 12 Abs. 1 Nr. 1 verantwortlich ist, obwohl er nach § 11 Abs. 1 Satz 5 nur schlicht unterschreiben und keine besondere inhaltliche Erklärung abgeben muss: Der Inhalt der Erklärung nach § 11 Abs. 3 kann folglich nicht den Haftungsgrund der nach § 12 Abs. 1 Nr. 1 Verantwortlichen bilden, sondern das schuldhaft enttäuschte Vertrauen der Anleger. Mit der zu §§ 44, 45 BörsG mittlerweile hM ist daher von einer **gesetzlichen Vertrauensschutzhaftung wegen Verletzung vorvertraglicher Schutzpflichten** auszugehen.[3] Haftungsgrund ist der Schutz des Vertrauens der Aktionäre der Zielgesellschaft in die Richtigkeit und Vollständigkeit der Angebotsunterlage (vgl. § 11 Abs. 1 Satz 3).

2. Wesentliche Angaben. a) Angaben. In Betracht kommen nur Angaben **in einer Angebotsunterlage** nach § 11. Ob diese rechtmäßig erstellt wurde oder nicht, ist unerheblich, sofern ihre Veröffentlichung nach § 14 Abs. 2 Satz 1 durch die BAFin gestattet war. War die Veröffentlichung hingegen nach § 15 Abs. 1 untersagt, begründet die weitere Benutzung durch den „Bieter" eine allgemeine Haftung aus culpa in contrahendo (§§ 280 Abs. 1 Satz 1, 241 Abs. 2, 311 Abs. 2).[4] Denn das Haftungsprivileg nach § 12 Abs. 2 passt in diesem Fall nicht. Eine **unrichtige Berichtigung** nach § 12 Abs. 3 Nr. 3 lässt die Angebotsunterlage insgesamt unrichtig werden, so dass prinzipiell nach § 12 Abs. 1 gehaftet wird.[5] Die Haftung kann sich jedoch richtiger Auffassung nach nicht auf die in Nr. 1 Genannten erstrecken, weil diese nur für den Zustand der Angebotsunterlage im Zeitpunkt der Veröffentlichung einzustehen haben, nicht aber für spätere Korrekturen. Die Anspruchsgegner nach Nr. 2 tragen hingegen nach dem Gerechtigkeitsgehalt dieser Norm weiterhin Verantwortung. Das Gleiche gilt aufgrund derselben Norm für die Urheber der fehlerhaften Berichtigung. Nicht nach § 12 Abs. 1, sondern nach culpa in contrahendo wird schließlich auch gehaftet, wenn die Aktionäre infolge einer vom Bieter **unterlassenen Aktualisierung** einen Schaden erleiden (Rn. 13). Für **sonstiges Material**, das den Aktionären der Zielgesellschaft vom Bieter zur Entscheidung zur Verfügung gestellt wird, kommt eine Haftung aus culpa in contrahendo in Betracht.[6] Dasselbe gilt für allgemeine **Werbemaßnahmen** mit unrichtigem Inhalt.[7] Weil der Bieter hier nicht den strengen Maßstäben der Prospekterstellung genügen muss, kommt nämlich auch das Haftungsprivileg nach § 12 Abs. 2 nicht zu seinen Gunsten zur Anwendung. Als **Angaben** kom-

2

---

[2] RegE BT-Drucks. 14/7034 S. 42; WÜG-RefE S. 446.
[3] *Möllers* in Kölner Komm. Rn. 4; vgl. hier nur *Groß* §§ 45, 46 BörsG Rn. 4 mwN.
[4] *Assmann* AG 2002, 153 f.
[5] *Möllers* in Kölner Komm. Rn. 129.
[6] *Assmann* AG 2002, 153, 154.
[7] *Möllers* in Kölner Komm. Rn. 24.

men wie im Falle der §§ 44, 45 BörsG sowohl Tatsachen als **auch Werturteile** in Betracht.[8] Denn Werturteile implizieren in der Regel Tatsachenkenntnis und beruhen nicht selten auf einer für den Außenstehenden undurchdringlichen Mischung von Tatsachen und Meinungen. Dies zeigt sich etwa an den nach § 11 Abs. 2 Satz 3 ausgesprochenen **Gewinnerwartungen** im Zusammenhang mit einem Tauschangebot (§ 11 Rn. 16).

3   **b) Wesentlich.** Wesentlich sind alle **wertbildenden Tatsachen**, die ein vernünftiger Anleger im Zweifel bei seiner Anlageentscheidung „eher als nicht" berücksichtigen würde.[9] Nach Auffassung des Gesetzgebers ist nicht jede in den § 11 Abs. 2 Satz 2 und 3 sowie § 2 AngebotsVO vorgesehene Angabe wesentlich, vielmehr komme es darauf an, „ob sich im konkreten Fall bei einer ordnungsgemäßen Angabe die für die Beurteilung der Wertpapiere maßgeblichen tatsächlichen oder rechtlichen Verhältnisse verändern würden".[10] Als wesentlich dürften daher anzusehen sein:[11] die Angebotskonditionen, alle für die Wertbildung maßgeblichen Umstände (etwa § 2 Nr. 3 AngebotsVO), alle für den Erfolg des Angebots maßgeblichen Faktoren (etwa § 2 Nr. 7 AngebotsVO), die Absichten des Bieters im Hinblick auf die Zielgesellschaft und alle Umstände, die für die Beurteilung der diversen Stellungnahmen von Bedeutung sind (§ 11 Abs. 2 Satz 3 Nr. 4). In den **Materialien** finden sich verschiedene **Beispiele**: So soll etwa die unrichtige Anschrift einer mit dem Bieter gemeinsam handelnden Person unwesentlich sein,[12] was allerdings nur dann einleuchtet, wenn diese Person von den Aktionären der Zielgesellschaft eindeutig identifiziert und dem Bieterlager zugerechnet werden kann. Problematischer erscheint hingegen die Überlegung, Angaben über die Finanzierung des Angebots oder die erwarteten Auswirkungen des Angebots auf die Vermögens-, Finanz- und Ertragslage des Bieters seien stets als wesentlich anzusehen.[13] Für die Angaben betreffend die Finanzierung mag dies zutreffen, nicht aber für die Informationen hinsichtlich der Auswirkungen auf den Bieter: Diese sind nur im Fall eines Tauschangebots von Interesse (vgl. § 11 Rn. 15). Ferner braucht und kann auf die eigenen Absichten hinsichtlich der künftigen geschäftlichen Tätigkeit der Zielgesellschaft (§ 11 Abs. 2 Satz 3 Nr. 2) nicht eingehen, wer keine Kontrollmehrheit anstrebt (§ 11 Rn. 19); die Finanzierungsbestätigung nach § 11 Abs. 2 Satz 3 Nr. 4 kann wiederum nicht beisteuern, wer ein Tauschangebot abgibt (vgl. § 13 Abs. 1).

4   **3. Unrichtigkeit und Unvollständigkeit.** Eine **Tatsachenangabe** ist unrichtig, wenn sie von einem durchschnittlichen Adressaten vernünftigerweise nicht so verstanden wird, wie es der Wirklichkeit entspricht. Maßgeblicher Zeitpunkt ist die Veröffentlichung der Angebotsunterlage nach § 14 Abs. 2 Satz 1 (Rn. 13). Im Rahmen der §§ 44, 45 BörsG geht der BGH vom

---

[8] Für Letzteres BGH WM 1982, 863–BuM; OLG Frankfurt WM 1994, 295; *Assmann/Schütze* § 10 Rn. 67; *Groß* §§ 45, 46 BörsG Rn. 24.

[9] *Assmann* AG 2002, 153, 154; *Hamann* ZIP 2001, 2249, 2256.

[10] RegE BT-Drucks. 14/7034 S. 42, rechte Spalte, dritter Absatz; WÜG-RefE S. 447.

[11] Ähnlich *Assmann* AG 2002, 153, 154.

[12] RegE BT-Drucks. 14/7034 S. 42; WÜG-RefE S. 447.

[13] RegE BT-Drucks. 14/7034 S. 42; WÜG-RefE S. 447.

Maßstab des **durchschnittlichen Anlegers** aus, „der zwar eine Bilanz zu lesen versteht, aber nicht unbedingt mit der in eingeweihten Kreisen gebräuchlichen Schlüsselsprache vertraut zu sein braucht".[14] Für das WpÜG gelten demgegenüber jedoch **Besonderheiten**: Die Aufklärung durch die Angebotsunterlage dient nämlich auch der Unterrichtung der **Arbeitnehmer und ihrer Vertretungen** (§ 11 Abs. 2 Satz 3 Nr. 2). Nicht alle, wohl aber die insoweit einschlägigen Angaben müssen sich diesem Sonderhorizont anpassen. Ansonsten kommt es auf das an, was ein Aktionär der Zielgesellschaft vernünftigerweise verstehen darf. Hier gelten die gleichen Maßstäbe wie im Rahmen der §§ 44, 45 BörsG. Deshalb scheint besondere Zurückhaltung bei der Begründung einer Haftung wegen **intransparenter Gestaltung des Prospekts** geboten: Einem durchschnittlichen Anleger ist nämlich durchaus zuzumuten, dass vereinzelte Mängel im Hinblick auf die Übersichtlichkeit und Klarheit des Prospekts sein Verständnis nicht beeinträchtigen.[15]

Werturteile sind unrichtig, wenn sie nicht auf Tatsachen gestützt und kauf- 5 männisch nicht vertretbar sind.[16] Zwar muss dem Bieter ein **Beurteilungsspielraum** verbleiben, doch ist dieser eingeschränkt durch die Gesetze der Denklogik und die Wertermittlungsmethoden der Betriebswirtschaft.

Bei der **Unvollständigkeit** handelt es sich um einen Unterfall der Unrichtig- 6 keit der Angebotsunterlage.[17] Entscheidend für die fehlende Vollständigkeit ist dabei der Maßstab des § 11 Abs. 1 Satz 2. Danach muss die Angebotsunterlage Angaben enthalten, die notwendig sind, um in Kenntnis der Sachlage über das Angebot zu entscheiden. Dies dürfte in der Regel bei einer Angebotsunterlage, die Angaben zu allen Punkten des § 11 Abs. 2 Satz 2 und 3 sowie § 2 AngebotsVO beinhaltet, der Fall sein. Aus dem Fehlen von Angaben lässt sich indes nicht unmittelbar auf die Unvollständigkeit schließen (im Einzelnen oben Rn. 3). Nach der Rechtsprechung zu §§ 44, 45 BörsG kommt es bei der Vollständigkeit des Prospekts auf den **Gesamteindruck im Hinblick auf die Vermögens-, Ertrags- und Liquiditätslage des Emittenten an**.[18] Der zugrunde liegende Rechtsgedanke lässt sich zunächst auf die Problematik der **Tauschangebote** übertragen. Werden den Aktionären der Zielgesellschaft Tauschaktien angeboten, kommt es darauf an, ob bei vernünftiger Betrachtung der falsche Eindruck erweckt wird, die Angebotsunterlage sei etwa im Hinblick auf die Auswirkungen des öffÜA auf die Vermögens-, Ertrags- und Liquiditätslage des Bieters abschließend und offenbare alle Risiken (§ 11 Abs. 2 Satz 3 Nr. 1). Aber auch bei **Barangeboten** kann der Prospekt unvollständig sein, wenn bei den Anlegern der unrichtige Eindruck entsteht, die Angebotsunterlage gebe alle wertbildenden Umstände der Zielgesellschaft vollständig wieder.

Die **Entscheidung der BAFin** über die Veröffentlichung der Angebots- 7 unterlage (§ 14 Abs. 2 Satz 1) beseitigt die Unrichtigkeit oder Unvollständig-

---

[14] BGH WM 1982, 865–BuM.

[15] *Groß* §§ 45, 46 BörsG Rn. 35.

[16] BGH WM 1982, 865–BuM; OLG Frankfurt WM 1984, 595 f.; *Assmann* AG 2002, 153, 155; *Groß* §§ 45, 46 BörsG Rn. 27.

[17] Ähnlich RegE BT-Drucks. 14/7034 S. 42; WÜG-RefE S. 447.

[18] BGH WM 1982, 865–BuM; OLG Frankfurt WM 1994, 295; *Assmann* AG 2002, 153, 156; *Groß* §§ 45, 46 BörsG Rn. 24.

keit nicht.[19] Dafür spricht zum einen, dass nur offensichtliche Verstöße gegen Vorschriften des WpÜG überprüft werden (§ 15 Abs. 1 Nr. 2) und dass § 12 gerade eine mit Zustimmung der BAFin veröffentlichte, aber unrichtige oder unvollständige Angebotsunterlage voraussetzt.

8   **4. Prospektverantwortliche.** Als Verantwortliche kommen nach § 12 Abs. 1 die Prospekt-Erlasser und die Prospektveranlasser in Betracht.[20] **a) Übernahme der Verantwortung.** Der Personenkreis entspricht den in der Angebotsunterlage als verantwortlich Genannten. Diese müssen die Angebotsunterlage nach § 11 Abs. 3 unterzeichnen. Bei der Börsenzulassung im Rahmen des § 30 Abs. 3 Nr. 2 BörsG und § 14 BörsZulVO sind dies üblicherweise der Emittent, die Emissionsbegleiter und die Antragsteller.[21] Im Rahmen eines öffA kommen **Finanzdienstleistungsunternehmen** in Betracht, die mit der Prospekterstellung insgesamt beauftragt sind, aber auch die für die **Due Diligence** (§ 10 Rn. 28 ff.) Verantwortlichen, die das erforderliche Tatsachenmaterial geschlossen zusammentragen. Zwar ist die hM im Rahmen des §§ 44, 45 BörsG mit einer Eigenverantwortung solcher Personen zurückhaltend, die falsche Teilinformationen liefern, nicht aber für die Gesamtkonzeption des Prospekts verantwortlich sind.[22] Bei der Erstellung einer Angebotsunterlage ist jedoch zu berücksichtigen, dass in Deutschland nicht selten die **Due-Diligence-Prüfung** in der Vorphase der Angebotserklärung nicht von einem einzelnen Unternehmen erbracht werden kann, sondern unter verschiedenen Spezialisten je nach Fachgebiet (Gesellschafts-, Steuer-, Umweltrecht usw.) aufgeteilt ist. Eine solche im Einzelfall aus der Kompliziertheit des Unternehmenskaufs resultierende Spezialisierung darf nicht zu Lasten der Prospektleser gehen. Deshalb rechnet richtiger Auffassung nach jedes an der Due Diligence maßgeblich, dh. nicht nur durch Lieferung einzelner Informationen beteiligte Unternehmen zum Kreis der nach § 12 Abs. 1 Nr. 1 Verantwortlichen. Soweit der Teilbeitrag der anderen Due-Diligence-Prüfer betroffen ist, dürften allerdings nur allgemeine Kontroll- und Überwachungspflichten bestehen: Gefordert wird keine detaillierte Fachkompetenz im Gebiet des anderen Spezialisten, wohl aber eine grundsätzliche Überprüfung, ob – soweit erkennbar – nach den Regeln gutachterlicher Kunst vorgegangen wurde, d.h. der Sachverhalt sorgfältig aufgeklärt wurde, ob mit Hilfe von Fachliteratur bzw. -kenntnissen gearbeitet wurde und detaillierte, offensichtlich in sich logische Informationen herausgearbeitet wurden. Nach zutreffender Auffassung des Gesetzgebers zählt auch der **Bieter** zu den nach § 12 Abs. 1 Nr. 1 Verantwortlichen, weil er durch seine Unterschrift gemäß § 11 Abs. 1 Satz 5 die Verantwortung übernommen hat.[23]

9   **b) Personen, von denen der Prospekt ausgeht.** Diese Formulierung lehnt sich an § 44 Abs. 1 Satz 1 Nr. 2 BörsG an, der durch das Dritte Finanz-

---

[19] RegE BT-Drucks. 14/7034 S. 42; WÜG-RefE S. 447; *Möllers* in Kölner Komm. Rn. 74.

[20] *Hamann* ZIP 2001, 2249, 2255.

[21] Vgl. ausführlich hier nur *Groß* §§ 45, 46 BörsG Rn. 17 ff.

[22] Vgl. gerade zu Wirtschaftsprüfern *Assmann/Schütze* § 10 Rn. 205; ähnlich *Groß* §§ 45, 46 BörsG Rn. 20, wegen der besonderen Bedeutung der Abschlussprüfer aber für eine Haftung aufgrund des Testats Rn. 21.

[23] RegE BT-Drucks. 14/7034 S. 42; WÜG-RefE S. 448.

marktförderungsgesetz eingefügt wurde, um **die tatsächlichen Urheber des Prospekts** zu erfassen.[24] Darunter fallen alle, die ein **eigenes wirtschaftliches Interesse an der Emission** haben,[25] die „Hintermänner" bzw. die Leitungsgruppe des Bieters.[26] Dieses Interesse zeigt sich nicht zuletzt an der maßgeblichen Steuerung der Prospekterstellung. In Betracht kommen daher ganz unterschiedliche Adressaten: ein den Bieter beherrschendes Unternehmen oder ein einzelner Gesellschafter, der aufgrund seines Einflusses auf den Bieter die Prospekterstellung maßgeblich betreibt. Gleiches kann für intern maßgebliche Aufsichtsrats- bzw. Beiratsmitglieder gelten und selbstverständlich auch für die Mitglieder der Geschäftsführung.

5. Verschuldensmaßstab (Abs. 2). Der Bieter haftet für Vorsatz, wobei   **10** bedingter Vorsatz (billigende Inkaufnahme) ausreicht, und **grobe Fahrlässigkeit**. Darunter ist eine besonders schwerwiegende Verletzung der erforderlichen Sorgfalt zu verstehen. Dabei handelt es sich um Konstellationen, in denen sich ein Fehler geradezu aufdrängt, der Bieter sich nahe liegenden Überlegungen verschließt und das nicht beachtet, was anderen Verkehrsteilnehmern unmittelbar einleuchtet.[27] Maßgeblich sind die Kenntnisnahmemöglichkeiten des Einzelnen im konkreten Fall. Dem Versäumnis von Berichtigungspflichten nach § 12 Abs. 3 Nr. 3 kann dabei ebenso Indizcharakter zukommen,[28] wie missachteten Einschätzungen und Analysen Dritter.[29] Die **Beweislast** für das Nichtvorliegen grober Fahrlässigkeit trägt der Bieter.[30]

6. Haftungsausschlussgründe. a) Widerlegung der Kausalitätsvermu-   **11** **tung (Abs. 3 Nr. 1).** Der Bieter trägt die Beweislast dafür, dass die Annahme des öffA durch den ehemaligen Aktionär der Zielgesellschaft gerade nicht aufgrund der Angebotsunterlage erfolgt ist.[31] Dem genügt der Nachweis, dass die Aktien vor der Veröffentlichung der Angebotsunterlage, etwa motiviert durch die Veröffentlichung der Vorankündigung nach § 10 Abs. 3, erworben wurden. Fraglich ist, wie der Nachweis geführt werden kann, dass eine **nach Veröffentlichung der Angebotsunterlage** veräußerte Beteiligung nicht aufgrund der Angebotsunterlage veräußert wurde. Im Zusammenhang der §§ 44, 45 BörsG arbeitet die Praxis mit tatsächlichen Vermutungen. Diese sollen nach dem Willen des Gesetzgebers auf § 12 Abs. 3 Nr. 1 angewendet werden.[32] Zugrunde liegt der Erfahrungssatz, dass ein Prospekt für eine gewisse Zeit (12 Monate: BGH DB 1998, 1756; 4 Monate: OLG Frankfurt WM 1996, 1216; 5 Monate: OLG Düsseldorf WM 1984, 596) eine Anlagestimmung erzeugt, aufgrund derer es regelmäßig kausal für den Erwerb ist. Vergleicht man die ge-

---

[24] BT-Drucks. 13/8933 S. 78; so auch RegE BT-Drucks. 14/7034 S. 42; WÜG-RefE S. 448.

[25] RegE BT-Drucks. 14/7034 S. 42 f.; WÜG-RefE S. 448; *Schwark* §§ 45, 46 BörsG Rn. 7; *Assmann* AG 2002, 153, 157; *Groß* §§ 45, 46 BörsG Rn. 20.

[26] *Assmann* AG 2002, 153, 157.

[27] *Canaris* Rn. 2280; *Groß* §§ 45, 46 BörsG Rn. 44.

[28] *Groß* §§ 45, 46 BörsG Rn. 34.

[29] *Groß* §§ 45, 46 BörsG Rn. 30.

[30] RegE BT-Drucks. 14/7034 S. 43; WÜG-RefE S. 448.

[31] RegE BT-Drucks. 14/7034 S. 43; WÜG-RefE S. 448.

[32] RegE BT-Drucks. 14/7034 S. 43; WÜG-RefE S. 448.

nannten Zeiträume, dürfte die regelmäßig von der Angebotsunterlage geschaffene „**Veräußerungsstimmung**"[33] grundsätzlich während der gesamten Laufzeit des öffA andauern. Diese beträgt im Regelfall zehn plus zwei Wochen (§ 16 Abs. 1 und 2); nur wenn die Annahmefrist sich bei Abgabe eines konkurrierenden Angebots gemäß § 22 Abs. 2 verlängert, kommt etwas anderes in Betracht (Beispiel bei § 16 Rn. 6). Die **Veräußerungsstimmung kann aber auch durch besondere Ereignisse zerstört** werden. In Betracht kommen:[34] massive und nicht nur vereinzelte Pressestimmen, die die Höhe des Barangebots als zu niedrig bezeichnen und nachvollziehbar einen höheren Wert nahelegen; ein dramatischer Kurseinbruch beim Bieter, wenn dieser ein Tauschangebot offeriert hat, bzw. die Veröffentlichung eines neuen Jahresabschlusses des Bieters, der eine negative Vermögensentwicklung verdeutlicht. Von besonderer Bedeutung dürften auch **konkurrierende Angebote** mit deutlich höherer Gegenleistung sein. Nimmt in einem solchen Fall der Veräußerer das erste Angebot an, spricht die Lebenserfahrung gerade nicht mehr dafür, dass dies aufgrund der in der Angebotsunterlage niedergelegten Konditionen erfolgte.

12   **b) Fehlende Schutzwürdigkeit des Veräußerers (Abs. 3 Nr. 2).** Den Veräußerern schadet nur Vorsatz, nicht grob fahrlässige Unkenntnis.[35] Die Norm schließt die Anwendung des § 254 Abs. 1 BGB (haftungsbegründendes Mitverschulden) zu Lasten des Anspruchstellers aus,[36] kaum aber die Verantwortlichkeit für haftungserhöhendes Mitverschulden nach § 254 Abs. 2 Satz 1 BGB.

13   **c) Berichtigung und Aktualisierung (Abs. 3 Nr. 3).** Die Norm regelt unmittelbar nur den Fall der Berichtigung einer Angebotsunterlage, nicht aber den der Aktualisierung. Dabei muss im Hinblick auf die unterschiedlichen Verfahrensstationen differenziert werden, die die Willenserklärung des Bieters durchläuft. Bis zum Zeitpunkt der Übermittlung der Angebotsunterlage bei der BAFin nach § 14 Abs. 1 Satz 1 kann der Bieter Fehler oder Neuentwicklungen durch Textkorrektur berücksichtigen; dies ist während des Prüfungsverfahrens bei der BAFin nur noch ausnahmsweise möglich (§ 11 Rn. 5). Wirksam wird die der Angebotsunterlage zugrunde liegende Willenserklärung jedoch erst mit ihrer Erklärung nach § 14 Abs. 2 Satz 1. Wie bei jedem Rechtsgeschäft kommt es nämlich für seine Wirksamkeit auf den Zeitpunkt der Vornahme an. Deshalb kann man erst nach der Veröffentlichung gem. § 14 Abs. 2 Satz 1 unterscheiden zwischen einem möglichen **Berichtigungserfordernis** – bezogen auf Unrichtigkeiten des öffA, die bereits im Zeitpunkt der Erklärung bestehen, – und **Aktualisierungsbedarf**, der sich aufgrund von Veränderungen ergibt, die nach der Veröffentlichung gem. § 14 Abs. 2 Satz 1 eintreten. Konsequenterweise begründen Veränderungen, die sich nach Einreichung der

---

[33] *Hamann* ZIP 2001, 2249, 2256; ähnlich auch *Möllers* in Kölner Komm. Rn. 112.
[34] Vgl. zur leicht anders gelagerten Problematik des Börsenprospekts *Groß* §§ 45, 46 BörsG Rn. 39.
[35] RegE BT-Drucks. 14/7034 S. 43; WÜG-RefE S. 448.
[36] RegE BT-Drucks. 14/7034 S. 43; WÜG-RefE 448 f.

Angebotsunterlage bei der BAFin (§ 14 Abs. 1) und vor der Veröffentlichung (§ 14 Abs. 2 Satz 1) ergeben, Fehler der Angebotsunterlage, die einen Berichtigungsanspruch auslösen. Eine **Aktualisierungspflicht des Bieters** wird im Schrifttum zu Recht anerkannt.[37] Sie dürfte sich insbesondere aus § 3 Abs. 2 begründen lassen: Zur Stabilisierung der Informationseffizienz der Kapitalmärkte darf es nämlich keinen Unterschied machen, wann genau eine Tatsachenabweichung eintritt: vor oder nach dem Zeitpunkt der Veröffentlichung, kann doch das angesprochene Publikum in einer Vielzahl der Fälle ohnehin in diesem Punkt nicht sicher urteilen. Mit gutem Grund wird auf die Aktualisierungspflicht auch § 12 Abs. 3 Nr. 3 analog angewendet.[38] Ausschlaggebend ist zum einen, dass § 15 Abs. 1 Satz 1 WpHG seinem Wortlaut nach (es muss ein Emittent handeln) nicht immer passt. Zum anderen aber widerspricht es dem Zweck der rasch zu erfüllenden Publizitätspflicht, wenn zunächst jeweils der Entstehungszeitpunkt der relevanten Tatsache geklärt werden müsste, um anhand seiner über die Anwendbarkeit des § 12 Abs. 3 Nr. 3 oder § 15 WpHG zu entscheiden. Aus diesem Grund ist der einheitlichen Anwendung des § 12 Abs. 3 Nr. 3 auch vor der analogen Anwendung des § 11 VerkProspG der Vorzug zu geben.[39] Ein **wesentlicher Unterschied** bleibt indes: Nach § 12 Abs. 1 Satz 1 wird nur für *echte Fehler* der Angebotsunterlage gehaftet, die einer Berichtigung zugänglich sind. Bei unterlassener Aktualisierung kommt dagegen die allgemeine Haftung nach **culpa in contrahendo** (§§ 280 Abs. 1 Satz 1, 241 Abs. 2, 311 Abs. 2 BGB) wegen Verschuldens im vorvertraglichen Stadium in Betracht; die Schutzpflichtverletzung nach § 241 Abs. 2 liegt dabei in der unterlassenen Aktualisierung. Dass dabei – entgegen § 12 Abs. 2 – auch für einfache Fahrlässigkeit gehaftet wird, rechtfertigt sich aus der Überlegung, dass der Haftungsschuldner den Schutz dieser Vorschrift nicht verdient, weil er sich der Mühe der Publizierung nicht unterzogen hat. Die **Aktualisierungspflicht endet** nach teilweise vertretener Auffassung jeweils individuell mit der Annahme des Angebots durch den einzelnen Aktionär.[40] Dies lässt sich bereits mit Blick auf die Rücktrittsrechte des annehmenden Aktionärs nach §§ 21 Abs. 4 und 22 Abs. 3 nicht aufrechterhalten. Entscheidend dürfte der Ablauf der Annahmefrist sein. Eine **fehlerhafte Berichtigung oder Aktualisierung** nach § 12 Abs. 3 Nr. 3 begründet ihrerseits eine Haftung nach § 12 Abs. 1 (Rn. 2).

Im amerikanischen Recht regelt übrigens SEC-Rule 14d-1(b), dass jede   **13a** wesentliche (**material**) Veränderung nachträglich korrigiert werden muss.[41] Eine ähnliche Regelung findet sich im City Code (Rule 27.1).[42] **Inhaltlich** muss die Berichtigung **deutlich** ausgestaltet, dh aus sich selbst heraus verständlich sein.[43] Der ausdrückliche Hinweis, dass Fehler der ursprünglichen Angebotsunterlage korrigiert werden, ist allerdings nicht verpflichtend, weil sonst

---

[37] Allgemein *Assmann* AG 2002, 153, 156 f.; *Möllers* in Kölner Komm. Rn. 50 ff. Vgl. zur Parallelproblematik des Börsenprospekts *Groß* §§ 45, 46 BörsG Rn. 33 f.

[38] *Möllers* in Kölner Komm. Rn. 66.

[39] Anders *Assmann* AG 2002, 153, 157; *Hasselbach* in Kölner Komm. § 21 Rn. 28.

[40] *Möllers* in Kölner Komm. Rn. 60.

[41] *Knoll* S. 98.

[42] *Knoll* S. 135.

[43] RegE BT-Drucks. 14/7034 S. 43; WÜG-RefE S. 449.

der Bieter die Veräußerer praktisch zu Schadensersatzklagen auffordern müsste.[44] Erforderlich ist allerdings, dass klar zum Ausdruck gebracht wird, dass
der Inhalt der Mitteilung eine Abweichung vom ursprünglichen Inhalt der
Angebotsunterlage beinhaltet.

14   Das Gesetz schreibt die Einhaltung der **Form des § 15 Abs. 3 WpHG** vor.
Über den Wortlaut des § 15 Abs. 3 Nr. 1 WpHG hinaus wird man fordern müssen, dass die Veröffentlichung in **demselben Börsenpflichtblatt** erfolgt wie
zuvor die Angebotsunterlage (§ 14 Abs. 3 Nr. 2). Denn nur so ist gesichert, dass
die Aktionäre der Zielgesellschaft die maßgeblichen Änderungen verfolgen
können. Fraglich ist, ob Ermessensspielraum der BAFin nach § 15 Abs. 3 Satz 1
zweiter Halbsatz WpHG zur Gestattung einer Veröffentlichung in einer **fremden Sprache** besteht. Dafür spricht die einschränkungslose Verweisung in
§ 12 Abs. 3 Nr. 3, dagegen aber § 11 Abs. 1 Satz 4. Es würde dem Zweck von
§ 11 Abs. 1 Satz 3 zuwiderlaufen, wenn die Angebotsunterlage selbst in deutscher Sprache erstellt werden müsste, ihre Berichtigung jedoch in einer anderen Sprache erfolgen könnte. Insoweit ist § 15 Abs. 3 Satz 1 zweiter Halbsatz
WpHG für die Zwecke des WpÜG nur sinngemäß anwendbar; eine Veröffentlichung in einer fremden Sprache kommt nicht in Betracht. Das Tatbestandsmerkmal **in einer vergleichbaren Bekanntmachung** bezieht sich nur auf
den Umstand, dass § 15 WpHG unmittelbar nur auf die Emittenten von im
Inland zum Börsenhandel zugelassenen Wertpapieren anwendbar ist, der Kreis
der von § 12 angesprochenen potentiellen Bieter aber größer ist. Die Vergleichbarkeit ist nach Auffassung des Gesetzgebers daher nur dann zu bejahen, wenn
die Bekanntmachung sowohl inhaltlich als auch in der Form der Veröffentlichung den Anforderungen der Ad-hoc-Mitteilung genügt.[45] Es ist also praktisch ausgeschlossen, dass eine der in § 15 Abs. 2 WpHG genannten Stellen
nicht benachrichtigt wird bzw. dass ein anderes als die in § 15 Abs. 3 WpHG
genannten Organe zur Veröffentlichung ausersehen wird.

15   Aus dem Übernahmerecht der Vereinigten Staaten ist das Problem **falscher
Presseberichte** bekannt, die die Gefahr von Fehlinformationen von Aktionären der Zielgesellschaft bergen. Hier stellt sich die Frage, ob der Bieter auch
diese durch einen Aktualisierungshinweis nach § 12 Abs. 3 Nr. 3 analog korrigieren muss. Zugrunde liegt ein **Zurechnungsproblem**: Eine Pflicht des Bieters, auf jeden falschen Bericht zu reagieren, kann zunächst nicht anerkannt
werden.[46] Deshalb geht auch die auf der allgemeinen Missbrauchsvorschrift
der Sec 14(e) SEA beruhende amerikanische Praxis, die wohl von einer umfassenden Verantwortlichkeit des Bieters für Täuschung und Irreführung der
Verkaufsinteressenten ausgeht, deutlich zu weit.[47] Ob der Bieter im Einzelfall
reagieren muss, hängt davon ab, ob er in irgendeiner Weise zu der Berichterstattung *Anlass* gegeben hat (vgl. auch § 11 Rn. 10 und 27). Die bloße Kenntnis und Zumutbarkeit allein reicht nicht aus.[48] Lässt sich die Zurechnung –
etwa aufgrund einer unrichtigen Antwort in einem Presseinterview – bejahen,

---

[44] Ähnlich *Groß* §§ 45, 46 BörsG Rn. 61.
[45] RegE BT-Drucks. 14/7034 S. 43; WÜG-RefE S. 449.
[46] *Knoll* S. 101.
[47] *Knoll* S. 101.
[48] So aber wohl *Knoll* S. 101.

ist § 12 Abs. 3 Nr. 3 **analog anwendbar;** denn unmittelbar bezieht die Vorschrift sich nur auf die Angebotsunterlage.

Die Entlastung nach § 12 Abs. 3 Nr. 3 tritt nur ein, wenn die Veröffent- **16** lichung **vor Annahme des Angebots** durch den Aktionär der Zielgesellschaft erfolgt. Bereits zustande gekommene Kauf- oder Tauschverträge bleiben unberührt.[49] Besonderheiten treten daher bei **gestrecktem Erwerb** auf,[50] wie er für zulässige **Teilangebote** nach § 19 charakteristisch ist: Hier muss der Bieter einzelne Stücke im Verhältnis der Angebote der jeweiligen Aktionäre abnehmen. Welche Angebote angenommnen werden, steht daher erst gegen Ende der Annahmefrist fest. Allerdings geht der Bieter hier durch das öffA eine einseitige Verpflichtung eigener Art ein (§ 19 Rn. 2). Aus Sicht der veräußerungswilligen Aktionäre kann es daher − unabhängig von der dogmatischen Konstruktion − nur auf den Zeitpunkt ankommen, in dem sie sich verbindlich festlegen. Dies ist bei Zugang ihrer Willenserklärungen beim Bieter der Fall.

7. Gesamtschuldnerische Haftung auf Schadensersatz. Der Umfang **17** des Schadensersatzes bestimmt sich nach den §§ 249 ff. BGB. Grundsätzlich kommt nur ein Ersatz des **negativen Interesses** in Betracht: Der Aktionär hat einen Anspruch, so gestellt zu werden, als sei die Angebotsunterlage von Anfang an zutreffend gewesen, nicht aber als habe der Sachverhalt der unrichtigen Angebotsunterlage entsprochen. Dies impliziert einen **Anspruch auf Rückgabe der Aktien,** wenn der Aktionär diese bei vernünftiger Einschätzung nicht hergegeben hätte. Zwar ordnet § 12 − anders als der insoweit vergleichbare § 44 Abs. 1 Satz 1 BörsG − diese Rechtsfolge nicht zwingend an. Doch ergibt sich dieser Anspruch aus dem Prinzip der Naturalrestitution nach § 249 Satz 1 BGB.[51] Dieser Anspruch besteht nicht nur gegenüber dem Bieter selbst, sondern richtet sich in den Grenzen des § 251 Abs. 2 BGB auch an die anderen Verantwortlichen. So entsteht grundsätzlich ein Anspruch auf die identischen Stücke, wobei der Anspruchsteller sich aber nach §§ 242, 251 Abs. 2 BGB mit gleichartigen Stücken zufrieden geben muss. Der Anspruch besteht nur Zug um Zug gegen Rückgewähr des Kaufpreises, abzüglich mittlerweile vom Bieter vereinnahmter Ausschüttungen auf die Aktie. Beim Tauschangebot hat der Aktionär einen Anspruch auf die eigenen Stücke, Zug um Zug gegen Rückgewähr der empfangenen Tauschaktien. Dabei unterliegt der Bieter aber der strengen **Bindung des § 71 Abs. 2 Satz 1 AktG** (Zehnprozentschranke beim Rückerwerb eigener Aktien).[52] Unter Umständen muss er der Erfüllung der Schadensersatzforderung des Aktionärs solange eine Einwendung aus dem Rechtsgedanken des § 71 Abs. 4 Satz 2 AktG entgegensetzen, bis er eigene Aktien weiterveräußert hat und das Kontingent wieder mit Stücken des Anspruchstellers auffüllen kann. Denn aus dieser Norm folgt, dass die Kapitalerhaltungsinteressen den Erwerbs- und Ausgleichsinteressen persönlicher Gläubiger der AG vorgehen.

Hätte der Aktionär indes in jedem Fall an einen Dritten verkauft, so ist **18** ihm die **Kursdifferenz** zu einem realistischerweise erzielbaren höheren Kurs

---

[49] RegE BT-Drucks. 14/7034 S. 43; WÜG-RefE S. 449.
[50] Vgl *Groß* §§ 45, 46 BörsG Rn. 62.
[51] Ebenso *Hamann* ZIP 2001, 2249, 2256.
[52] Anderer Ansicht *Möllers* in Kölner Komm. Rn. 95 ff.

zu ersetzen.[53] Weil der Bieter dem Geschädigten durch die unrichtige Information die Entscheidungsfreiheit in diesem Punkt genommen hat, muss er im Zweifel auch die **Beweislast** dafür tragen, dass der Veräußerer tatsächlich nicht hätte verkaufen können. In jedem Fall kann das Gericht den Schaden auch nach § 287 ZPO schätzen. Ein haftungsbegründendes Mitverschulden nach § 254 Abs. 1 BGB kann wegen § 12 Abs. 3 Nr. 2 WpÜG nicht berücksichtigt werden (Rn. 12). Ein haftungserweiterndes Mitverschulden nach § 254 Abs. 2 Satz 1 BGB kommt indes sehr wohl anspruchsschmälernd in Betracht.

19   **8. Sonstiges. a) Anspruchsberechtigung.** Diese folgt aus § 12 Abs. 1 und steht nur demjenigen zu, der das Angebot angenommen hat. Ansprüche der Arbeitnehmer der Zielgesellschaft und anderer kommen daher nicht in Betracht.

20   **b) Verjährung (Abs. 4).** Die Regelung orientiert sich an § 46 BörsG, § 20 KAAG, § 12 AuslInvG. Bei der Bestimmung des Zeitpunkts der Angebotsannahme sind wiederum die Besonderheiten **gestreckter Geschäfte nach § 19** (Teilangebote) zu beachten. Wenn aber oben (Rn. 16) zugunsten der Aktionäre der Zielgesellschaft auf den Zeitpunkt des Zugangs ihrer Willenserklärung beim Bieter abgestellt wurde, muss dies auch für den Beginn der ihnen nachteiligen Verjährung gelten.

21   **c) Unabdingbarkeit (Abs. 5).** Die Vorschrift dient dem Schutz möglicher Anspruchsteller und ist weder durch Individualabrede noch durch AGB abdingbar. Entgegen dem weiten Wortlaut hindert die Vorschrift jedoch nach Entstehen des Schadens **keinen außergerichtlichen Vergleich.** Sie bezieht sich ausschließlich auf Rechtsgeschäfte vor Begründung des Anspruchs.[54]

22   **d) Konkurrenzen (Abs. 6).** An vertraglichen Ansprüchen kommen insbesondere Forderungen aus der Verletzung von Schutzpflichten eines **Vertrags mit Schutzwirkungen für Dritte** in Betracht. Ein Vertrag mit Schutzwirkungen für Dritte kommt zwischen dem Sachverständigen, der ein **Wertermittlungsgutachten** für eine Vertragspartei erstellt, und der Vertragsgegenseite, die bestimmungsgemäß von diesem Wertgutachten Kenntnis erlangt, in Betracht.[55] Diese Grundsätze gelten prinzipiell auch im Verhältnis zwischen den Veräußerern und den vom Bieter mit der Durchführung der Due-Diligence-Prüfung beauftragten Personen. Eine **Konkurrenz vorvertraglicher Ansprüche** (culpa in contrahendo) kommt – entgegen teilweise geäußerter Auffassung[56] – nicht in Betracht,[57] weil andernfalls die Haftungsbeschränkung des § 12 Abs. 2 regelmäßig unterlaufen würde. Zu den auf Vorsatz beruhenden Ansprüchen zählen § 823 Abs. 2 BGB iVm. § 264a StGB, § 826 BGB[58] und § 117 AktG.

---

53 *Hamann* ZIP 2001, 2249, 2256.
54 RegE BT-Drucks. 14/7034 S. 43; WÜG-RefE S. 450.
55 Vgl. BGH JZ 1995, 309 m. Anm. *Medicus* und *Canaris* ebenda S. 441.
56 *Möllers* in Kölner Komm. Rn. 150; *Hammann* ZIP 2001, 2249, 2257.
57 *Renner* in *Haarmann/Riehmer/Schüppen* Rn. 10.
58 Zum früheren Streit *Staudinger/Oechsler* § 826 Rn. 167.

§13 Finanzierung des Angebots

(1) Der Bieter hat vor der Veröffentlichung der Angebotsunterlage die notwendigen Maßnahmen zu treffen, um sicherzustellen, dass ihm die zur vollständigen Erfüllung des Angebots notwendigen Mittel zum Zeitpunkt der Fälligkeit des Anspruchs auf die Gegenleistung zur Verfügung stehen. Für den Fall, dass das Angebot als Gegenleistung die Zahlung einer Geldleistung vorsieht, ist durch ein vom Bieter unabhängiges Wertpapierdienstleistungsunternehmen schriftlich zu bestätigen, dass der Bieter die notwendigen Maßnahmen getroffen hat, um sicherzustellen, dass die zur vollständigen Erfüllung des Angebots notwendigen Mittel zum Zeitpunkt der Fälligkeit des Anspruchs auf die Geldleistung zur Verfügung stehen.

(2) Hat der Bieter die nach Absatz 1 Satz 2 notwendigen Maßnahmen nicht getroffen und stehen ihm zum Zeitpunkt der Fälligkeit des Anspruchs auf die Geldleistung aus diesem Grunde die notwendigen Mittel nicht zur Verfügung, so kann derjenige, der das Angebot angenommen hat, von dem Wertpapierdienstleistungsunternehmen, das die schriftliche Bestätigung erteilt hat, den Ersatz des ihm aus der nicht vollständigen Erfüllung entstandenen Schadens verlangen.

(3) § 12 Abs. 2 bis 6 gilt entsprechend.

Schrifttum: *Berrar*, Die Finanzierungsbestätigung nach § 13 WpÜG, ZBB 2002, 174; *Herkenroth*, Bankenvertreter als Aufsichtsratsmitglieder von Zielgesellschaften, AG 2001, 39; *Möllers*, Verfahren, Pflichten und Haftung, insbesondere der Banken, bei Übernahmeangeboten, ZGR 2002, 564; *Peltzer*, Die Rolle der Banken bei Unternehmensveräußerungen, ZIP 1991, 485; *Singhof/Weber*, Bestätigung der Finanzierungsmaßnahmen und Barabfindungsgewährleistung nach dem WpÜG, WM 2002, 1158; *Vogel*, Finanzierung von Übernahmeangeboten, ZIP 2002, 1421.

Übersicht

I. Finanzierungsverantwortung des Bieters

1   **1. Normzweck.** Die an Art. 3 Abs. 1 lit. e RLE 2001 anknüpfende Vorschrift statuiert in Abs. 1 Satz 1 eine Pflicht zur Sicherstellung der Finanzierung
des öffA. Nach Auffassung des Gesetzgebers hat der Bieter vor der Ankündigung eines Angebots sicherzustellen, dass er die gegebenenfalls als Gegenleistung gebotenen Barzahlungen in vollem Umfang leisten kann, und alle gebotenen Maßnahmen zu treffen, um die Erfüllung aller sonstigen Arten von Ge-

genleistungen sicherzustellen.[1] Der Gesetzgeber hat dabei ausdrücklich die Parallelregeln in Rule 2.5 City Code und § 9 Abs. 1 des österreichischen ÜG zur Kenntnis genommen.[2] Das Schrifttum sieht in den Anforderungen an die Finanzierung zunächst eine **Seriositätsschwelle zugunsten der Zielgesellschaft**,[3] die nunmehr auch aus § 3 Abs. 4 Satz 2 begründet werden kann: Die Kapitalmärkte und die Zielgesellschaft sollen vor Scheinangeboten geschützt werden, die keine wirtschaftliche Realisierungschance haben und deren einziges Ziel in der Lahmlegung der Zielgesellschaft (vgl. nämlich § 33 Abs. 1 Satz 1) besteht. Allerdings verpflichtet § 13 Abs. 1 Satz 1 den Bieter nicht nur zu einer effektiven, sondern auch zu **einer rechtmäßigen Finanzierung**. Dies folgt bereits aus der einfachen Überlegung, dass die vom Bieter getroffenen Maßnahmen entgegen § 134 BGB wirksam sein müssen, um die Erfüllung des Angebots sicherzustellen. Die Rechtmäßigkeit hängt indes von der Vermeidung rechtswidriger Interessenkonflikte bei der Finanzierung (unten II) ebenso ab wie von der Beachtung der für öffÜA zentralen Finanzierungsvorschrift des § 71a Abs. 1 Satz 1 AktG (unten Rn. 18 ff.).

2. Gegenstand der Finanzierungsverantwortung (Abs. 1 Satz 1). Die 2 Vorschrift gilt − das zeigt ein Umkehrschluss aus § 13 Abs. 1 Satz 2 − für Bar- und Tauschangebote gleichermaßen.[4] Zu treffen sind die **notwendigen Maßnahmen**. Dem Merkmal liegt ein **Doppelzweck** zugrunde: Einerseits zieht es eine Seriositätsschwelle für öffA ein (Rn. 1), und andererseits dient es dem Schutz der Aktionäre der Zielgesellschaft. Diese sollen nämlich überprüfen können, ob die Erfüllung ihrer Kaufpreisansprüche sichergestellt ist. Über die damit verbundenen praktischen Erfordernisse gibt ein Blick in **Rule 24.2(d) City Code** Auskunft. Danach muss die **Herkunft der Finanzmittel** (source of the finance) ebenso angegeben werden wie **die im Mittelpunkt stehenden Darlehensgeber bzw. Kreditvermittler**. Diese Angaben erleichtern insbesondere der BAFin, Interessenkonflikte der beteiligten Banken zu erkennen (Rn. 13 ff. und 18 ff.) und dürften daher auch für das deutsche Recht maßgeblich sein. Nach englischem Recht ist ferner anzugeben, ob die dem Darlehensgeber zu gewährenden Zinsen in irgendeiner Weise vom Geschäft der Zielgesellschaft abhängen (Rule 24.2(d)). Diese Regelung zielt auf die Vorschrift des § 71a Abs. 1 AktG, die aufgrund Rechtsvereinheitlichung durch die Kapitalschutzrichtlinie ähnlich auch in Großbritannien gilt (zu dieser Rn. 18). Entsprechende Angaben sind deshalb auch nach deutschem Recht erforderlich.[5] Weitere Anhaltspunkte ergeben sich aus § 11 Abs. 2 Satz 3 Nr. 1. Danach müssen die Mittel eine **vollständige Erfüllung des Angebots sicherstellen**. Aus dem Wortlaut lässt sich schließen, dass der Bieter die Finanzierung der Summe der Kaufpreise selbst darstellen muss (dieser allein dient ja der Erfüllung iSd. § 362 Abs. 1 BGB). Maßgeblich ist dabei die Gesamtzahl der zu erwerbenden Stücke. Die mit einzelnen Aktionären getroffene Vereinbarung, ihre Aktien

---

[1] RegE BT-Drucks. 14/7034 S. 44; DiskEntw ÜG S. 312; WÜG-RefE S. 450.
[2] RegE BT-Drucks. 14/7034 S. 44; DiskEntw ÜG aaO; WÜG-RefE aaO.
[3] Vgl. etwa *Baums* in DAI S. 177; *Immenga* in *Kreuzer* ÖffÜA S. 24.
[4] So auch RegE BT-Drucks. 14/7034 S. 44; WÜG-RefE S. 450.
[5] *Liebscher* ZIP 2001, 853, 863; *Geibel* in *Geibel/Süßmann* § 11 Rn. 21; *Seydel* in Kölner Komm. § 11 Rn. 62.

nicht zu erwerben, darf nur berücksichtigt werden, wenn sie entgegen §§ 19, 32 WpÜG iVm. § 134 BGB wirksam getroffen wurde (§ 19 Rn. 8).[6] Die **Kosten des Verfahrens** selbst, die durch die Due Diligence, die Betreuung durch ein Wertpapierdienstleistungsunternehmen, durch Werbung, durch Erfüllung der Mitteilungs- und Publikationspflichten usw. entstehen, müssen nicht dargestellt werden. Sie interessieren allenfalls mittelbar insoweit, als der dafür erforderliche Aufwand so getragen werden muss, dass die Mittel zur Erfüllung des öffA nicht gefährdet sind. Der Bieter muss insoweit darstellen, dass die einschlägigen Mittel zweckgebunden nur der Erfüllung des öffA zugute kommen.

3   Die vom Bieter getroffenen Maßnahmen müssen **sicherstellen**, dass diese Mittel **zur Verfügung** stehen. Ausdrücklich verlangt das Gesetz nicht, dass die Mittel bereits bereitstehen oder ihre spätere Bereitstellung durch Dritte garantiert wird.[7] Deshalb kann bspw. nicht verlangt werden, dass Zahlungsgarantien abgegeben werden bzw. liquide Mittel auf ein Sperrkonto eingezahlt werden.[8] Auch schadet es nicht, wenn den Vertragspartnern des Bieters, mit denen er einschlägige Maßnahmen getroffen hat, weiterhin Kündigungsrechte aus wichtigem Grund zustehen.[9] Allerdings wird man verlangen müssen, dass der Bieter organisatorische Vorkehrungen getroffen hat, die erkennen lassen, dass er die Geldmittel nicht anderen Zwecken zuführen wird. Dazu zählen in erster Linie **Zweckvereinbarungen** mit Fremdkapitalgebern, Zweckbestimmungen in Beschlüssen, Gewinnrücklagen aufzulösen, Trennung von Konten usw. Sämtliche Maßnahmen müssen **vor der Veröffentlichung der Angebotsunterlage** getroffen sein. **Probleme** bereiten indes die **Kapitalmaßnahmen**, und zwar wegen **§ 10 Abs. 1 Satz 2 und § 25**. Nach diesen Regelungen kann das öffA unter der Bedingung eines Beschlusses der Gesellschafterversammlung ergehen. Fraglich ist, ob damit auch der Beschluss nach § 182 Abs. 1 Satz 1 AktG gemeint ist. Dafür spricht der systematische Zusammenhang zu §§ 10 Abs. 1 Satz 2 und § 14 Abs. 1 Satz 3. Im Umkehrschluss geht aus diesen Normen hervor, dass der Vorstand mit der Vorankündigung nicht auf einen Beschluss der Hauptversammlung warten darf. Begründet wird dies in den Materialien mit der Überlegung, dass andernfalls die Angebotsabsicht bereits durch die Mitteilung der Tagesordnung bekannt gemacht werden müsste, die die Hauptversammlung zur Beschlussfassung lädt.[10] Dies bedeutete aber einen Verstoß gegen § 10 Abs. 3 Satz 3 und würde den Publizitätszwecken dieser Norm zuwiderlaufen, nach der alle Marktbeteiligten gleichzeitig und gleichmäßig aus einer Quelle informiert werden sollen. Diese Sachgründe treffen auch auf den Fall des Beschlusses nach § 182 Abs. 1 Satz 1 AktG zu. Bei allem rechtspolitischem Bedauern[11] liegt darin eine Wertentscheidung des Gesetzgebers. Er räumt in §§ 10 Abs. 1 Satz 2, 14 Abs. 1 Satz 3 der Zügigkeit und Einheitlichkeit der Veröffentlichung Vorrang vor der Ab-

---

[6] Etwas pauschal daher *Seydel* in Kölner Komm. § 11 Rn. 59.

[7] Ausführlich *Berrar* ZBB 2002, 174, 178.

[8] *Berrar* ZBB 2002, 174, 178; *Süßmann* in *Geibel/Süßmann* Rn. 17 ff.

[9] *Aha* AG 2002, 160, 165 Fn. 51.

[10] RegE BT-Drucks. 14/7034 S. 39; WÜG-RefE S. 441.

[11] *Land/Hasselbach* DB 2000, 1747, 1751.

geschlossenheit der Finanzierung ein. Insoweit braucht der Bieter die Maßnahmen nicht über das in § 10 Abs. 1 Satz 2 vorausgesetzte Maß vorangetrieben zu haben.

II. Bestätigung und Haftung durch Wertpapierdienstleistungs-unternehmen

1. Die Bestätigung (Abs. 1 Satz 2). a) Rechtsnatur. Die Vorschrift er- **4** innert stark an Vorbilder aus dem Kapitalgesellschaftsrecht (vgl. etwa § 37 Abs. 1 Satz 3 AktG). Dort begründet die Bestätigung richtiger Auffassung nach eine garantieähnliche Gewährleistungshaftung.[12] Im WpÜG hat der Gesetzgeber jedoch eine Wendung hin zu einer Verschuldenshaftung vollzogen. Nach § 13 Abs. 1 Satz 2 WÜG-RefE musste das Wertpapierdienstleistungsunternehmen noch bestätigen, dass dem Bieter die notwendigen Mittel zur Verfügung stehen. Für diese erfolgsbezogene Bestätigung haftete es ohne Verschulden, weil § 13 Abs. 3 einen Verweis auf § 12 Abs. 2 nicht vorsah. Im Regierungsentwurf bezieht sich die Bestätigung nunmehr nicht auf den Finanzierungserfolg, sondern auf das Mühewalten des Bieters. Maßgeblich dafür war wohl die Überlegung, dass den Wertpapierdienstleistern andernfalls das Insolvenzrisiko des Bieters aufgebürdet würde.[13] Nach § 13 Abs. 3 findet eine mögliche Exkulpation gem. § 12 Abs. 2 statt. Dies zeigt sich am fehlenden Verschuldenserfordernis nach § 13 Abs. 3 iVm. § 12 Abs. 2. Beim jetzigen Stand präsentiert sich die Haftung nach § 13 Abs. 2 daher als eine **gesetzliche Vertrauensschutzhaftung**, vergleichbar § 12 Abs. 1, **die mit Garantieelementen durchsetzt ist**. Als Garantieelement erscheint nämlich die Haftung des Wertpapierdienstleisters auf das positive Interesse (Rn. 9): Eigentlich gebietet der Haftungsgrund, den Verkäufer so zu stellen, als sei die fehlerhafte Finanzierungsbestätigung nie abgegeben, sein Vertrauen also nie enttäuscht worden; mit der Ausweitung der Haftung auf das Erfüllungsinteresse muss der Haftungsschuldner darüber hinaus Verantwortung für die Durchführung des Vertrages übernehmen, ohne dass er Einfluss auf dessen Erfüllung hätte und ihm konkrete Leistungsstörungen vorgeworfen werden könnten.[14]

b) Tatbestand. Zum Begriff des **Wertpapierdienstleistungsunterneh-** **5** **mens** vgl. § 2 Abs. 4 WpHG und zur Zahlung einer **Geldleistung** als Gegenleistung siehe § 31 Abs. 2. Der Anwendungsbereich der Vorschrift ist nach ihrem klaren Wortlaut auf Barangebote beschränkt. Bei einem **Mischangebot** ist die Bestätigung soweit abzugeben, wie ein Barangebot abgegeben wird.[15] Andernfalls wäre die Norm leicht durch Aufnahme unbedeutender Tauschelemente zu umgehen.

Der Begriff der **Unabhängigkeit vom Bieter** ist nicht iSd. § 33 Abs. 1 **6** Nr. 2 WpHG, sondern auf der Grundlage des konkreten Normzwecks zu ver-

---

[12] Übertragbar insoweit BGHZ 113, 351 f. = NJW 1991, 1754; BGH 119, 180 f. = NJW 1992, 3300; zum Ganzen vgl. hier nur MünchKommAktG/*Pentz* § 37 Rn. 33 f.

[13] *Liebscher* ZIP 2001, 853, 856 Fn. 55; dazu auch *Berrar* ZBB 2002, 174, 179.

[14] So bereits *Berrar* ZBB 2002, 174, 182.

[15] *Berrar* ZBB 2002, 174, 176.

stehen. Es geht darum, dass eine vom Bieter nicht beeinflusste Seriositätsprüfung stattfindet.[16] Die Bedeutung dieses Tatbestandsmerkmals liegt im Rahmen der Entscheidung der BAFin nach § 15 Abs. 1 Nr. 2 über das Verbot der Veröffentlichung des öffA, richtiger Auffassung nach aber nicht in der Haftungsbegründung nach § 13 Abs. 1 Satz 2 (Rn. 8). Auf die Unabhängigkeit des Bieters kommt es vor allem deshalb an, weil das WpÜG im Vergleich zu anderen Rechtsordnungen die Mitwirkung eines erfahrenen Finanzberaters bei der Planung eines öffA nicht zwingend vorschreibt (dazu § 10 Rn. 38). Entfällt diese *eine* Seriositätsschwelle, so müssen an die nach § 13 Abs. 1 Satz 2 verbleibende *andere* besonders hohe Anforderungen gestellt werden. Denn von der Unabhängigkeit der Prüfung hängt der Schutz der Zielgesellschaft und des Kapitalmarktes vor missbräuchlichen, weil unpraktikablen und einzig auf die Lähmung der Zielgesellschaft gerichteten öffÜA ab. Aus diesem Grund erscheint es gerechtfertigt, das bestätigende Wertpapierdienstleistungsunternehmen denselben strengen Anforderungen zu unterwerfen, die beispielsweise für die Wahl eines Abschlussprüfers **§ 319 Abs. 2 und 3 HGB** gelten. Zur **Haftung des Bestätigenden bei fehlender Unabhängigkeit** unten Rn. 8. Im Übrigen gibt die **Gesetzesbegründung** Anhalt: „Mit dem Merkmal der Unabhängigkeit ist beabsichtigt zu verhindern, dass aufgrund einer gesellschaftsrechtlichen Verbindung zwischen Bieter und Wertpapierdienstleistungsunternehmen oder einer faktischen Einflussnahme auf das bestätigende Unternehmen durch den Bieter **Gefälligkeitsbescheinigungen** ausgestellt werden. Durch die Regelung ist indes nicht ausgeschlossen, dass es sich bei dem die Bescheinigung erteilenden Unternehmen um ein solches handelt, das den Bieter bei der **Vorbereitung und der Durchführung des Angebots berät**."[17] Diese Einschränkung leuchtet ein, wenn die Beratung innerhalb des laufenden Angebotsverfahrens die Bestätigung nach § 13 Abs. 1 Satz 2 begleitet, nicht aber dann, wenn das Wertpapierdienstleistungsunternehmen davon unabhängig **ständiger Berater** des Bieters ist. Unabhängigkeit liegt danach nicht vor, wenn ein **Tochterunternehmen** des Bieters bestätigt; bei einem **Schwesterunternehmen** ist dies ebenfalls zu verneinen, wenn nicht der Verdacht ausgeräumt werden kann, dass die Mutter das Verhalten beider Unternehmen nach einheitlichen Interessen steuert.[18] Auch in den Fällen der personellen Verflechtung – ein Vorstandsmitglied des Wertpapierdienstleisters sitzt im Aufsichtsrat des Bieters – dürfte es an der Unabhängigkeit fehlen,[19] solange dieses Mitglied bei der Bestätigung eingeschaltet ist (vgl. dazu noch unten Rn. 13 ff.).

7   **Gegenstand des Bestätigungsvermerks** ist nunmehr (vgl. Rn. 4), dass der Bieter die für die vorgeschriebene Finanzierung notwendigen Maßnahmen getroffen hat. Damit garantiert das Wertpapierdienstleistungsunternehmen *nicht* den Eintritt des Finanzierungserfolgs im Zeitpunkt der Fälligkeit, sondern

---

[16] Vgl. den Gesetzgeber: RegE BT-Drucks. 14/7034 S. 44; WÜG-RefE S. 451: keine „Gefälligkeitsbescheinigung" durch faktische Einflussnahme seitens des Bieters.

[17] RegE BT-Drucks. 14/7034 S. 44; WÜG-RefE S. 451.

[18] *Berrar* ZBB 2002, 174, 176; stets unzulässig: *Süßmann* in *Geibel/Süßmann* Rn. 29; *Vogel* ZIP 2002, 1421, 1425; *Möllers* in Kölner Komm. Rn. 77.

[19] *Berrar* ZBB 2002, 174, 176 f.

bestätigt nur, dass es die Finanzierungsmaßnahmen des Bieters überprüft hat.[20] Dies hat Bedeutung für den Entlastungsbeweis nach § 13 Abs. 3 iVm. § 12 Abs. 2: Der Verschuldensvorwurf bezieht sich allein auf die Überprüfung der Bietermaßnahmen, nicht aber darauf, dass im Zeitpunkt der Fälligkeit nicht ausreichend für die Finanzierung gesorgt ist. Fraglich ist, ob die Finanzierungsbestätigung **inhaltlich eingeschränkt** werden kann. In diesem Zusammenhang überzeugt folgender Zusammenhang: Die Finanzierungsbestätigung kann stets insoweit bedingt werden, als auch das zu finanzierende öffA selbst bedingt ist.[21] Dies scheint sogar erforderlich, weil der Bieter nachträglich auf eine Bedingung verzichten (§ 21 Abs. 1 Nr. 4) und dadurch das Haftungsrisiko zu Lasten des Bestätigenden erhöhen kann. Tritt hingegen eine auflösende Bedingung ein, entfällt auch die Haftung nach § 13 Abs. 2. Unschädlich ist auch der Verweis auf **Rechtsbedingungen**. Darunter fallen die sog. **Force-Majeure- oder MAC-Klauseln**: Denn geht man wie hier davon aus, dass die Geschäftsgrundlage des öffA nachträglich nach § 313 Abs. 1 BGB entfallen kann (§ 11 Rn. 53), wiederholt eine Bedingung letztlich nur die Rechtslage. Eine Erweiterung gegenüber den gesetzlichen Voraussetzungen kommt allerdings nicht in Betracht. Denn aus Sinn und Zweck des § 13 Abs. 1 Satz 2 geht hervor, dass die Bestätigung das Risiko der Finanzierung des Kaufpreises vollständig abdecken muss.[22] Keine Probleme bereiten vertraglich vereinbarte **Rücktrittsrechte oder Bedingungen in den der Finanzierung zugrunde liegenden Rechtsgeschäften**. Auch wenn diese mit dem Wertpapierdienstleistungsunternehmen selbst eingegangen sind, berührt ihr Scheitern die Bestätigung als Wissenserklärung des Unternehmens nicht mehr; die Haftungsrechtsfolge ist insoweit abstrakt.[23] Unabhängig vom Wortlaut des Bestätigungsvermerks bezieht dieser sich schließlich auch auf die **Selbstauskünfte des Bieters nach § 11 Abs. 2 Satz 3 Nr. 1.** Der bestätigende Wertpapierdienstleister muss diese Auskünfte in jedem Fall überprüfen und bestenfalls mit dem Bieter abstimmen. Denn aus Sicht des Lesers der Angebotsunterlage bezieht sich die Bestätigung nach § 13 Abs. 1 Satz 2 stets auch auf die Angaben des Bieters zu den von ihm getroffenen Finanzierungsmaßnahmen nach § 11 Abs. 2 Satz 3 Nr. 1. Diesen Zusammenhang stellt auch der Gesetzgeber durch die Verwendung identischer Normwortlaute her. Deshalb würde es den Vorwurf der groben Fahrlässigkeit begründen, wenn das Wertpapierdienstleistungsunternehmen die Bestätigung nach § 13 Abs. 1 Satz 2 abgäbe, einzelne nach § 11 Abs. 2 Satz 3 Nr. 1 genannte Maßnahmen vorher aber nicht zur Kenntnis genommen bzw. geprüft hätte. Ein in der Praxis üblicher **Wortlaut der Finanzierungsbestätigung** ist etwa: „Wir bestätigen, dass (Name und Sitz des Bieters) die notwendigen Maßnahmen getroffen hat, damit ihr die zur vollständigen Erfüllung des oben genannten Kaufpreises notwendigen Mittel zum Zeitpunkt der Fälligkeit des Anspruchs auf die Gegenleistung zur Verfügung stehen."[24]

---

[20] *Berrar* ZBB 2002, 174, 177.
[21] *Berrar* ZBB 2002, 174, 178.
[22] *Berrar* ZBB 2002, 174, 178; *Vogel* ZIP 2002, 1421, 1428.
[23] *Berrar* ZBB 2002, 174, 178 f.
[24] Nach *Berrar* ZBB 2002, 174, 180.

8   **2. Haftung (Abs. 2). a) Grundsatz.** Anspruchsberechtigt ist derjenige, der das Angebot des Bieters angenommen hat. Die Haftung setzt voraus, dass der Bieter die Kaufpreisansprüche nach § 433 Abs. 2 BGB nicht erfüllen kann. **Anspruchsgegner** ist das Wertpapierdienstleistungsunternehmen, das die schriftliche Bestätigung erteilt hat. Fraglich ist nur, ob die **Haftung des Bestätigenden bei fehlender Unabhängigkeit** vom Bieter, die in § 13 Abs. 1 Satz 2 vorausgesetzt ist, entfällt. Dagegen spricht bereits der Wortlaut von Abs. 2: Dort wird im Hinblick auf den Anspruchsgegner allein auf eine tatsächlich abgegebene Bestätigung und nicht eine rechtmäßige Bestätigung iSd. § 13 Abs. 1 Satz 2 abgestellt. Dieses Ergebnis entspricht dem Zweck des Abs. 2: Es geht um eine Außenhaftung zugunsten der Veräußerer, die die interne Finanzlage des Bieters nicht überprüfen können. Dann kann es für die Haftungsvoraussetzungen auch nicht auf andere Interna (die interessenmäßige Verbundenheit zwischen Finanzier und Bieter) ankommen. Andernfalls wären die Veräußerer auch in besonders gefährlichen Fallkonstellationen schutzlos gestellt: Gerade wenn der Wertpapierdienstleister dem Bieter interessenmäßig verbunden ist, erscheint die Gefahr einer falschen Bestätigung höher.

9   Der **Verschuldensvorwurf** nach § 13 Abs. 3 iVm. § 12 Abs. 2 bezieht sich auf die ungenügende Überprüfung der Bietermaßnahmen, nicht auf den im Zeitpunkt der Fälligkeit ausbleibenden Finanzierungserfolg. Das Wertpapierdienstleistungsunternehmen schuldet also keinen Erfolg. Der Haftungsschuldner muss dem Gläubiger das **positive Interesse** ersetzen.[25] Dies geht aus dem Wortlaut des § 13 Abs. 2 („den aus der nicht vollständigen Erfüllung entstandenen Schaden") hervor. Nach der Differenztheorie besteht dieser Schaden im Differenzbetrag zwischen dem Übernahmepreis und dem Börsenkurs,[26] nach der Surrogationstheorie in der Zahlung des vollen Kaufpreises gegen Übereignung der Aktien an den Wertpapierdienstleister.[27] Wie stets ist die Wahl dem Geschädigten überlassen; er kann sich insbesondere bei einem öffÜA für die Surrogationstheorie entscheiden, da ihm das Gesetz zum Schutz vor einer Minderheitenposition die Möglichkeit der Deinvestition offenhalten will.[28] Zwischen den Haftungsschuldnern aus § 12 Abs. 1 und § 13 Abs. 2 besteht allerdings **nur eine Teilgesamtschuldnerschaft**:[29] Denn nach § 12 wird auf das negative Interesse gehaftet, nach § 13 Abs. 2 auf das positive. Die beiden Geldforderungen decken sich daher nur zum Teil, was allerdings im Rahmen des § 421 BGB ausreicht.[30]

10   **b) Entlastungsgründe (Abs. 3 iVm. § 12 Abs. 3).** Gegenüber der unmittelbaren Anwendung des § 12 Abs. 3 ergeben sich folgende Besonderheiten: Der Bestätigende haftet nach § 12 Abs. 3 Nr. 1 nicht, wenn er die Kausalitätsvermutung nach lit. a widerlegen kann. Dies gilt ohne weiteres für Annahmeerklärungen, die vor der Erteilung der Bestätigung abgegeben wurden.

---

[25] Im Detail *Berrar* ZBB 2002, 174, 182 f.

[26] *Süßmann* in *Geibel/Süßmann* Rn. 34.

[27] *Thaeter/Barth* NZG 2001, 545, 548; vgl. auch *Süßmann* in *Geibel/Süßmann* Rn. 34.

[28] *Berrar* ZBB 2002, 174, 183.

[29] *Berrar* ZBB 2002, 174, 184.

[30] *Staudinger/Noack* § 421 Rn. 32.

Da der Bestätigungsvermerk Teil der Angebotsunterlage ist (§ 11 Abs. 2 Satz 3 Nr. 4), kommt es auch hier für den Nachweis der fehlenden Kausalität auf die durch die Angebotsunterlage vermittelte Veräußerungsstimmung bzw. deren Zerstörung durch besondere Ereignisse an (vgl. § 12 Rn. 11). Wer nicht im Vertrauen auf den Prospekt, sondern aufgrund anderer Umstände erworben hat, hat auch nicht wegen der Bestätigung erworben. Überaus problematisch erscheint der Verweis auf **§ 12 Abs. 3 Nr. 3**. Er ergab sich im Verlauf der Gesetzesentstehung erst durch die Verweisungstechnik des § 13 Abs. 3 WÜG-RefE und war in § 15 Abs. 3 DiskEntw ÜG noch nicht vorgesehen. Hat das Wertpapierdienstleistungsunternehmen nämlich das Aufbringen oder die Zweckbindung der Mittel nicht sorgfältig überprüft, könnte es theoretisch nach § 12 Abs. 3 Nr. 3 durch öffentliches Eingeständnis der eigenen Prüfungsmängel die weitere Haftung abwenden. Damit würden die Zwecke des § 13 Abs. 1 Satz 2 und Abs. 2 verfehlt: Zwar wären die Aktionäre der Zielgesellschaft vor dem Abschluss künftiger Kaufverträge mit dem Bieter gewarnt, ihnen fehlte aber die vom Gesetz vorgesehene finanzielle Absicherung. In einem solchen Fall könnte das Angebotsverfahren zum Stillstand gebracht werden, gleichgültig, ob der Bieter die zur Erfüllung notwendigen Mittel bereithält oder nicht. Angesichts dieser Folgen leuchtet es ein, dass sich das Wertpapierdienstleistungsunternehmen nicht so leicht über § 13 Abs. 3 iVm. § 12 Abs. 3 Nr. 3 aus der Verantwortung stehlen kann. Man wird ihm deshalb die Entlastungswirkung durch **einen isolierten Hinweis auf eigene Prüfungsdefizite** verweigern müssen. Die sinngemäße Anwendung des § 12 Abs. 3 Nr. 3 im Falle des § 13 Abs. 3 gebietet vielmehr, dass das Wertpapierdienstleistungsunternehmen die Prüfung nachholt und deren Ergebnis nach § 12 Abs. 3 Nr. 3 publiziert: Die öffentliche Berichtigung muss dann entweder die Bestätigung enthalten, dass dem Bieter die notwendigen Mittel zur Erfüllung des öffA nicht zur Verfügung stehen, oder sie besteht in einem neuen Bestätigungsvermerk, der für alle künftigen Veräußerer zur Haftungsgrundlage wird.

11 Kommt in diesem Fall ein neuer Bestätigungsvermerk nicht zustande, muss **die BAFin nach § 4 Abs. 1 Satz 2 und 3 gegen den Bieter einschreiten** und die weitere Fortsetzung des AV verbieten. Denn eigentlich hätte die BAFin die Veröffentlichung eines solchen Angebots gleich nach § 15 Abs. 1 Nr. 2 untersagen müssen.

12 **c) Haftungsausschluss und weitergehende Ansprüche.** Ein Haftungsausschluss kann nach §§ 13 Abs. 3 iVm. 12 Abs. 5 antizipiert nicht wirksam vereinbart werden. Allerdings kommt eine Haftungsfreistellung im Innenverhältnis Bieter-Wertpapierdienstleistungsunternehmen zugunsten des letzteren in Betracht.[31]

III. Interessenkonflikte bei der Finanzierung

13 **1. Fragestellung.** Das deutsche Recht kennt keine Pflicht des Bieters, über die Bestätigung nach § 13 Abs. 1 Satz 2 hinaus einen *unabhängigen* Finanzberater bei der Vorbereitung des öffA einzuschalten (§ 10 Rn. 38). So bleibt – anders als im City Code (vgl. Rule 3.3) – der in der Person des Finanziers eintretende

---

[31] *Hamann* ZIP 2001, 2249, 2254.

Interessenkonflikt ungeregelt. In der wissenschaftlichen Diskussion dazu lassen sich bislang zwei Fragestellungen unterscheiden: Erstens geht es darum, ob ein einziges Wertpapierdienstleistungsunternehmen sowohl für den Bieter als auch für die Zielgesellschaft tätig werden darf. Diese Frage beantwortet sich im Hinblick auf § 33 Abs. 1 Nr. 2 WpHG danach, ob das Wertpapierdienstleistungsunternehmen eine auf Vermeidung von Interessenkonflikten gerichtete (Compliance-)Struktur besitzt (Rn. 14). Davon unabhängig stellt sich die Frage, ob ein Kreditinstitut als Finanzier für den Bieter tätig werden darf, dessen Organwalter oder leitender Angestellter ein Mandat im Aufsichtsrat der Zielgesellschaft wahrnimmt (unten Rn. 17).

14   **2. Compliance-Problematik.** Nach **§ 33 Abs. 1 Nr. 1 WpHG** muss ein Wertpapierdienstleistungsunternehmen so organisiert sein, dass bei der Erbringung der Wertpapierdienstleistung Interessenkonflikte zwischen ihm und seinen Kunden oder Interessenkonflikte zwischen verschiedenen Kunden vermieden werden. Die BAFin erkennt mittlerweile an, dass dieser Zustand durch so genannte interne Strukturmaßnahmen (Compliance-Maßnahmen) hergestellt werden kann.[32] Als Compliance-relevante Tatsachen gelten dabei Insidertatsachen iSd. § 13 WpHG, Tatsachen gemäß § 15 WpHG sowie insbesondere Tatsachen zu Übernahme- und Abfindungs-/Kaufangebote(n) (Richtlinie Tz. 3.2.1.3). Als Maßnahme soll die Schaffung voneinander abgeschotteter Vertraulichkeitsbereiche (**Chinese walls**) in Betracht kommen, und zwar durch funktionale oder räumliche Trennung von anderen Bereichen, interne Zutrittsbeschränkungen und die Regelung der Zugriffsberechtigung auf Daten (Tz. 3.3.1). Die BAFin vertritt die Ansicht, dass die „interessenkonfliktfreie Handlungsfähigkeit der einzelnen Bereiche des Wertpapierdienstleistungsunternehmens gewährleistet werden [kann], indem das in einem Bereich entstandene compliance-relevante Informationsaufkommen auf diesen Bereich beschränkt bleibt". Nur in wenigen, durch die Geschäftstätigkeit gerechtfertigten Fällen sei ein **Wall-Crossing**, d.h. die bereichsüberschreitende Einbeziehung von Mitarbeitern statthaft, und zwar wenn sich die Informationsweitergabe auf das erforderliche Maß beschränke (so genanntes **Need-to-know-Prinzip**, Tz. 3.3.2). Der Überwachung der Vertraulichkeitsbereiche, aber auch der Verhinderung missbräuchlicher Eigen- oder **Mitarbeitergeschäfte**[33] dienen so genannte Beobachtungs- und Sperrlisten. Die Beobachtungsliste (**watch-list**) wird von einer unternehmensinternen Compliance-Stelle streng vertraulich geführt: In diese Liste sind alle Wertpapiere und Derivate aufzunehmen, über welche compliance-relevante Informationen vorliegen (Tz. 3.3.3.1); die Mitarbeiter, bei denen diese Informationen anfallen, sind gegenüber der Compliance-Stelle zur Meldung verpflichtet (ebenda). Auch die Sperrliste (**restricted list**) erfasst meldepflichtige Werte, ist aber allen Mitarbeitern zugänglich und soll diese auf mögliche Beschränkungen in der Informationsweitergabe aufmerksam machen (Tz. 3.3.3.2). Die Wahrnehmung der Compliance-Aufga-

---

[32] BAWe, **Richtlinie vom 25. 10. 1999**, BAnz Nr. 210 vom 6. November 1999, S. 18453.

[33] Zu Letzteren vgl. die gemeinsame Bekanntmachung des BAWe und der BAKred vom 15. 7. 2000, BAnz Nr. 131 vom 15. 7. 2000, S. 13792; dazu etwa BankRHdb/*Eisele* § 109 Rn. 61 ff.

ben ist einer unmittelbar der Geschäftsführung unterstellten Compliance-Stelle zu überantworten, die im Rahmen ihrer Aufgabenerfüllung **weisungsunabhängig** sein muss (Tz. 4.2). Sie ist mit umfangreichen Auskunfts-, Zugangs- und Eintrittsrechten auszustatten.

Im **Schrifttum** ist bislang kontrovers diskutiert worden, ob durch die unternehmensinterne Geschäftsspartentrennung (Chinese walls) die **Wissenszurechnung nach § 166 Abs. 1 BGB** innerhalb des Unternehmens verhindert werden kann.[34] Hier verbietet sich sicherlich eine pauschale Antwort (vgl. allerdings zu den Konflikten von Organwaltern Rn. 17). Die Verneinung der Wissenszurechnung dürfte zunächst davon abhängen, ob das Compliance-System **theoretisch lückenlos** konstruiert ist: Die Vertraulichkeitsbereiche und ihre Durchlässigkeiten (wall-crossings) müssen so beschaffen sein, dass bereits denklogisch die Möglichkeit eines unkontrollierten Informationsflusses zwischen den Abteilungen ausscheidet. Weiterhin dürfe insoweit **praktische Lückenlosigkeit** erforderlich sein, als die Schutzvorkehrungen ständig (auch im Wege von Stichproben) auf ihre Funktionsfähigkeit hin überprüft werden. Darin liegt die Aufgabe der Compliance-Stelle, und man wird ihre einschlägigen Bemühungen nur dann ernsthaft würdigen können, wenn die **unabhängige Aufgabenerledigung der Compliance-Stelle** durch überprüfbare und praktisch wirksame Maßnahmen sichergestellt ist. Dies dürfte im Einzelfall entscheidend davon abhängen, ob die Kontroll(-Compliance-)Stelle in ihrem Aufgabenbereich gegenüber der Geschäftsleitung in überprüfbarer Weise und praktisch effizient weisungsunabhängig ausgestaltet ist. **15**

Die Organisationspflichten nach § 33 Abs. 1 Nr. 2 WpHG stellen nach ganz hM **kein Schutzgesetz iSd. § 823 Abs. 2 BGB** dar.[35] Für dieses Ergebnis spricht die inhaltliche Weite der Tatbestände und der Umstand, dass nach Wortlaut und System der Vorschriften keine Anhaltspunkte vorhanden sind, dass über ein bloßes Aufsichtsrecht hinaus ein Anspruch der Kunden auf eine bestimmte Organisation des Wertpapierdienstleisters begründet werden soll. Der Charakter als interne Organisationsvorschriften spricht wohl auch **gegen eine Anwendung des § 134 BGB** auf die Rechtsgeschäfte, an denen Wertpapierdienstleistungsunternehmen beteiligt sind, deren Organisation § 33 Abs. 1 Nr. 2 WpHG nicht genügt. **16**

3. Gesellschaftsrechtliche Grenzen. Eigene gesellschaftsrechtliche Bedeutung erlangen Interessenkonflikte, wenn Angestellte oder Organwalter des Finanziers zugleich als Aufsichtsratsmitglied der Zielgesellschaft bestellt sind. In der Praxis geklärt ist allein die Frage, dass der Organwalter einen Verstoß gegen seine Pflichten als Aufsichtsrat nicht mit den konfligierenden Pflichten gegenüber der anderen Gesellschaft rechtfertigen kann.[36] Ansonsten ist das Meinungsbild hinsichtlich möglicher rechtlicher Konsequenzen gespalten. Nach *Peter Ulmer* unterliegt das Aufsichtsratsmitglied (verkürzt ausgedrückt) dem Verbot der Willkür und der eigennützigen Ausnutzung von Kenntnissen **17**

---

[34] Ablehnend *Schwark* §§ 45, 46 BörsG Rn. 23; positiver *Assmann/Bozenhardt* S. 70; *Groß* §§ 45, 46 BörsG Rn. 48.
[35] Vgl. *Hopt* ZHR 159 (1995), 160 f.; *Schäfer* WpHG/BörsG 1998 Vor § 31 Rn. 11 mwN.
[36] BGH AG 1980, 112 – Herstatt; dazu *Herkenroth* AG 2001, 36.

aus dem Aufsichtsratsamt.[37] Nach Auffassung von *Lutter* kommt in den §§ 105 Abs. 1, 100 Abs. 2 Nr. 2 AktG ein allgemeiner Rechtsgedanke zum Ausdruck, nachdem Mehrfachmandate in Aufsichtsräten konkurrierender Unternehmen unzulässig seien.[38] Im Rahmen von Unternehmensübernahmen erkennt er eine Rechtspflicht der Aufsichtsratsmitglieder an, auf die Förderung und Bewahrung des Beteiligungsunternehmens hinzuwirken.[39] Bei letztlich nicht beseitigbaren Konflikten bleibe eine Pflicht zum Rücktritt.[40] Bereits die Pflicht der Aufsichtsratsmitglieder, auf die Selbständigkeit der Zielgesellschaft hinzuwirken, wird indes zu Recht verneint, da weder das WpÜG noch das AktG die Begründung von Abhängigkeit als einen Unrechts- oder auch nur als einen zu vermeidenden Tatbestand ansieht.[41] Zu Recht wird auch die Möglichkeit verneint, durch sogenannte Chinese walls könne der Interessenkonflikt beseitigt werden (oben Rn. 14). Was als Compliance-Strategie für das Verhältnis verschiedener Geschäftssparten zueinander taugt, ist in einem Kollektivorgan wie dem Aufsichtsrat oder Vorstand einer Bank nicht tauglich.[42] Nach anderer Ansicht liegt dagegen § 34 BGB ein verallgemeinerungsfähiger Rechtsgedanke zugrunde, aus dem ein Stimmverbot bei Interessenkonflikt resultiere.[43] Gliederungspunkt III.4b der Corporate Governance-Grundsätze der Grundsatzkommission Corporate Governance[44] beinhaltet nunmehr eine ähnliche Regelung, nach der bei Interessenkonflikten die Interessen der Gesellschaft Vorrang hätten und die Aufsichtsratsmitglieder sich der Stimme enthalten müssten. Mit Hilfe dieser Normen lässt sich indes die grundsätzliche Natur von Interessenkonflikten im Übernahmefall nicht vermeiden: Ein Stimmrechtsverbot ist kein Ersatz für den Mangel an Motivation, sich aktiv für die Belange der Zielgesellschaft einzusetzen bzw. allein den Eindruck nach außen und bei den Aktionären zu vermeiden, diese wäre wegen personeller Verflechtungen handlungsfähig. Gelegentlich wird die gesamte Diskussion daher mit dem Appell auf einen freiwilligen Ämterverzicht resümiert.[45] Eine **Abstandspflicht des Finanziers** wegen der Tätigkeit seines Angestellten oder Organwalters wird hingegen zu Recht verneint; nur letzteren, nicht aber den Finanzier treffen entsprechende Pflichten.[46] Hier wird schmerzlich erfahrbar, dass im WpÜG ein Mitwirkungsverbot an die Adresse des Finanziers vergleichbar der Rule 3.3 City Code fehlt. Eine solche kapitalmarktrechtliche Pflicht, deren Zweck im Schutz der Wettbewerbsmechanismen des Marktes für die Unternehmenskontrolle liegt, lässt sich praeter legem als ungeschriebener Rechtssatz nicht begründen.

---

[37] *Ulmer* NJW 1980, 1607; kritisch wegen der Unbestimmtheit *Herkenroth* AG 2001, 36; *Heermann* WM 1997, 1693.

[38] *Lutter* ZHR 145 (1981), 236; *ders.,* FS Beusch, 1993, S. 509 ff.

[39] *Lutter* (Fn. 38), 245.

[40] *Lutter* (Fn. 38), 246.

[41] *Werner* ZHR 145 (1981), 260; *Herkenroth* AG 2001, 39.

[42] *Herkenroth* AG 2001, 39 f.

[43] *Matthiesen*, Stimmrecht und Interessenkollision im Aufsichtsrat, 1989, S. 11 ff.; *Deckert* DZWiR 1996, 409.

[44] AG 2000, 113.

[45] *Herkenroth* AG 2001, 40.

[46] *Lutter* ZHR 145 (1981), 246; *Vogel* ZIP 2002, 1421, 1425.

IV. Das Problem des Leveraged Buy-out und das Verbot des § 71a Abs. 1 AktG

§ 71a. Umgehungsgeschäfte

(1) **Ein Rechtsgeschäft, das die Gewährung eines Vorschusses oder eines Darlehens oder die Leistung einer Sicherheit durch die Gesellschaft an einen anderen zum Zweck des Erwerbs von Aktien dieser Gesellschaft zum Gegenstand hat, ist nichtig. Dies gilt nicht für Rechtsgeschäfte im Rahmen der laufenden Geschäfte von Kreditinstituten oder Finanzdienstleistungsinstituten sowie für die Gewährung eines Vorschusses oder eines Darlehens oder für die Leistung einer Sicherheit zum Zweck des Erwerbs von Aktien durch Arbeitnehmer der Gesellschaft oder eines mit ihr verbundenen Unternehmens; auch in diesen Fällen ist das Rechtsgeschäft jedoch nichtig, wenn bei einem Erwerb der Aktien durch die Gesellschaft diese die nach § 272 Abs. 4 des Handelsgesetzbuchs vorgeschriebene Rücklage für eigene Aktien nicht bilden könnte, ohne das Grundkapital oder eine nach Gesetz oder Satzung zu bildende Rücklage zu mindern, die nicht zu Zahlungen an die Aktionäre verwandt werden darf.**

Schrifttum: *Fleischer*, Finanzielle Unterstützung des Aktienerwerbs und Leveraged Buyout, AG 1996, 494 ff.; *Immenga/Noll*, Feindliche Übernahmeangebote aus wettbewerbspolitischer Sicht, Studie für die EG-Kommission GD IV, 1990, S. 82 ff.; *Lutter/Wahlers*, Der Buyout: Amerikanische Fälle und die Regeln des deutschen Rechts, AG 1989, 1 ff.; *Ulrich Schröder*, Finanzielle Unterstützung des Aktienerwerbs, Diss. Bonn 1995.

1. Die Problematik des Leveraged Buy-out. § 71a Abs. 1 Satz 1 AktG **18** beruht auf Art. 23 Abs. 1 der Kapitalschutzrichtlinie des Rates vom 13. 12. 1976.[47] Art. 23 Abs. 1 wiederum geht auf Vorstellungen der britischen Delegation bei den Verhandlungen über die Kapitalschutzrichtlinie zurück.[48] Damit sollten Fallgestaltungen des Leveraged Buyout verhindert werden, die **in England** seit Mitte des vorigen Jahrhunderts als missbräuchlich angesehen wurden:[49] In den Jahren 1919 und 1920 durchlebte die englische Wirtschaft ein steil ansteigendes Wirtschaftswachstum, das zu einer Überkapitalisierung vieler Gesellschaften in dem Sinne führte, dass dort in großem Umfang liquide Mittel in den Gesellschaftsvermögen gebunden waren, die nicht zu Investitionszwecken eingesetzt wurden. Diesen Umstand nutzten so genannte **Raider** zu weiträumigen Aufkäufen der englischen Gesellschaften, wobei die Finanzierung der Übernahmeaktionen letztlich nachträglich aus den Vermögen der übernommenen Gesellschaften selbst erfolgte. In der anschließenden Depression der Jahre 1920 bis 1921 kam es zu zahlreichen Zusammenbrüchen, die mit der durch die Übernahmen verbundenen Verschuldungsquoten erklärt wur-

---

[47] ABl. EG Nr. L 026, 1; dazu BT-Drucks. 8/1678 S. 16; ausführlich *Schröder* S. 10 ff.
[48] *Schröder* S. 17.
[49] Zum Folgenden *Schröder* S. 23 ff.

den. Die daraufhin eingesetzte so genannte **Greene-Kommission** empfahl
ein an die Gesellschaften gerichtetes Verbot, Geschäfte, die den Erwerb ihrer
eigenen Anteile betrafen, finanziell zu unterstützen;[50] es wurde zum Vorbild
für Art. 23 der Kapitalschutzrichtlinie.

19   Beim **Leveraged Buy-out**[51] handelt es sich um fremdfinanzierte Unternehmenskäufe, im Rahmen derer das Vermögen der Zielgesellschaft zur endgültigen Finanzierung der Übernahme oder zu deren Besicherung in Anspruch
genommen wird. Im Mittelpunkt der Bewertung steht die **wettbewerbliche
Wirkung** des vom Leveraged Buy-out ausgehenden Verschuldungsgrads der
Gesellschaft. Kommt die Zielgesellschaft für die Kosten der eigenen Übernahme auf, erhöht sich ihre Verschuldungsquote. Dies kann den so genannten
Leverage-Effekt auslösen, wenn die Gesamtkapitalrentabilität in der AG
höher ist als die Fremdkapitalzinsen. Darin und in der häufig eintretenden Steu-
erersparnis (Abzug der Zinsen auf Fremdmittel als Betriebsausgaben) werden
positive Wirkungen gesehen: Der Leveraged Buy-out wird deshalb gelegentlich auch als **Instrument im Wettbewerb um das optimale Verhältnis zwischen Fremd- und Eigenkapital in der AG** gewürdigt.[52] Denn häufig sei
die Geschäftsleitung einer Gesellschaft nicht ausreichend motiviert, den richtigen Verschuldungsgrad anzusteuern, da sie in der Fremdkapitalaufnahme ein
Risiko für den eigenen Arbeitsplatz sehe, dagegen aber die kollektiven Risiken
der Kapitalgeber tendenziell als weniger bedeutend vernachlässige.[53] Durch die
gestiegene Verschuldung entstünde in Person der gesellschaftsfremden Kreditgeber zudem gegenüber dem Vorstand eine auch den Aktionären nützende
Kontrollinstanz.[54] Nicht zu verkennen sind indes die vom Leveraged Buy-out
ausgehenden **Risiken**. Auch Befürworter konzedieren, dass aus der hohen Verschuldung eine erhöhte Anfälligkeit für Insolvenzen,[55] aber auch eine allgemeine Lähmung der unternehmerischen Initiative resultieren kann. Denn Unternehmen mit hoher finanzieller Belastung scheinen nicht mehr in der Lage zu
sein, risikoreiche Investitionen zu tätigen; innovative Entwicklungen aber sind
im Forschungsbereich häufig mit außerordentlichen Verlustrisiken behaftet.[56]
Aus Sicht der Gesellschaft bedeutet der Leveraged Buy-out eine Investition in
den Wechsel der eigenen Kontrollmehrheit und mittelbar in den der Geschäftsleitung. Ob diese Geldanlage wirklich zu einem Erfolg führt, hängt von der
vom Kontrollwechsel ausgehenden Verbesserung für die Gesellschaft ab.
Schließlich zeigt die englische Buy-out-Krise in den zwanziger Jahren, dass solche Übernahmen nicht immer durch langfristig angelegte Restrukturierungs-
ziele, sondern auch durch kurzfristige Profitzwecke motiviert sein können und
die Überlebensfähigkeit der Gesellschaft in Strukturkrisen entscheidend
schwächen können. Der Gesetzgeber hat jedenfalls in § 71a Abs. 1 Satz 1 eine

---

[50] *Schröder* S. 25 f.
[51] Vgl. hier nur dazu *Lutter/Wahlers* AG 1989, 2 f.; *Fleischer* AG 1996, 497; vgl. auch
Benckendorff, Erwerb eigener Aktien im deutschen und US-amerikanischen Recht,
1998, S. 61 f.
[52] *Immenga/Noll* S. 87 f.
[53] *Immenga/Noll* S. 89 f.
[54] *Immenga/Noll* S. 88.
[55] *Immenga/Noll* S. 84.
[56] *Immenga/Noll* S. 83 f.

rechtspolitische Grundsatzentscheidung getroffen, die für den Rechtsanwender maßgeblich ist. Finanzierungskonzepte, die gegen diese Norm verstoßen, sind **nichtig** und stellen keine geeigneten Finanzierungsmaßnahmen
iSd. § 13 Abs. 1 Satz 1 WpÜG dar. Für die vereinzelt geäußerte **Gegenauffassung**, unter kapitalmarktrechtlichen Gesichtspunkten komme ein Leveraged
Buy-out dann in Betracht, wenn der Bieter das Unternehmen im Anschluss an
die Kontrollübernahme zerschlage,[57] fehlt es an der Rechtsgrundlage.

2. Der Normzweck. Der Zweck der Norm ist **umstritten.**[58] Richtiger   **20**
Auffassung nach verfolgt sie zwei Schutzanliegen: Zum einen sollen Umgehungen des Verbots des Rückerwerbs eigener Aktien nach § 57 Abs. 1 Satz 2
iVm. § 71 Abs. 1 AktG verhindert werden; zum zweiten verbietet sie bestimmte
Gestaltungen des Leveraged Buy-out. Im Folgenden interessieren nur die auf
die öffÜA bezogenen Regelungen der Norm.

3. Der Verbotstatbestand. Der **Erwerbsbegriff** in § 71a Abs. 1 Satz 1   **21**
AktG umfasst sowohl das obligatorische Rechtsgeschäft wie auch die Verfügung.[59] Das Tatbestandsmerkmal **Vorschuss** bezeichnet dabei die Zahlung auf
eine erst künftig entstehende bzw. bereits bestehende, aber noch nicht fällige
Verbindlichkeit der AG.[60] Dieser nicht sonderlich praktische Fall lässt den Willen des Richtliniengebers erkennen, auch ungewöhnliche, getarnte Finanzierungsformen zu erfassen. Der Typus des **Darlehens** ist in § 488 Abs. 1 BGB
normativ typisiert. Dem Zweck des § 71a Abs. 1 Satz 1 AktG entsprechend fällt
aber über die dort genannten Voraussetzungen hinaus **jede Einräumung
eines Zahlungsziels** unter den Verbotstatbestand. Das Tatbestandsmerkmal
der **Sicherheitsbestellung** ist ebenfalls entsprechend der Zwecksetzung der
Norm weit auszulegen. Hier steht einem dem Fall des § 32a Abs. 2 GmbHG vergleichbare Umgehungsgefahr im Vordergrund. Sichert die AG das Darlehen
eines Dritten ab, der seinerseits den Aktienerwerb finanziert, so ist sie am Insolvenzrisiko des Aktienkäufers fast ebenso beteiligt, als wenn sie unmittelbar
finanziert. Welche Mittel die AG dabei zur Sicherung einsetzt (Realsicherhei-
ten wie Grundschuld, Hypothek, Pfandrechte an Forderungen oder Sachen,
Sicherungseigentum oder Personalsicherheiten wie Bürgschaft, Garantie,
Wechselziehung, harte Patronatserklärung usw.), ist gleichgültig.[61]

4. Praktischer Anwendungsbereich. a) Grundsatz. Richtiger Auffas-   **22**
sung nach beruht § 71a Abs. 1 Satz 1 AktG auf **einem offenen Tatbestand mit
Regelbeispielen.**[62] Dies lässt sich insbesondere an der Erwähnung unge-
wöhnlicher, als Erfüllungsgeschäft getarnter Finanzierungsformen (Vorschuss)
sowie an typischen Umgehungsgeschäften (Sicherheitsbestellung) im Wortlaut
festmachen. Entscheidend kommt es folglich darauf an, ob außerhalb einer Ge-
winnausschüttung nach § 57 Abs. 3 AktG **eine Finanzierung des Erwerbs
der Aktien aus dem Zielgesellschaftsvermögen** erfolgt.

---

[57] *Möllers* in Kölner Komm. Rn. 46.
[58] Vgl. den Überblick bei MünchKommAktG/*Oechsler* § 71a Rn. 3.
[59] Näheres MünchKommAktG/*Oechsler* § 71a Rn. 9 ff.
[60] *Schröder* S. 161.
[61] *Hüffer* AktG § 71a Rn. 2; *Lutter* in Kölner Komm. § 71a AktG Rn. 5.
[62] *Schröder* S. 174, 178 f.

23   **b) Austauschverträge ohne wirtschaftliches Eigeninteresse der AG.**
Im englischen Gesellschaftsrecht, das Vorbild der Regelung des § 71a Abs. 1
AktG ist, sind Fälle bekannt, in denen der Erwerb eigener Aktien durch einen
Dritten so finanziert wurde, dass die Zielgesellschaft ein dem späteren Bieter
gehörendes, praktisch wertloses Unternehmen zu einem Kaufpreis erwarb, aus
dem der Bieter später die Übernahme finanzieren konnte.[63] Für die Anwendung des § 71a Abs. 1 Satz 1 AktG kommt es entscheidend auf den **Finanzie-
rungseffekt** solcher Geschäfte an.[64] Erbringt die AG einen deutlich über
dem Marktpreis einer Sache bzw. dem inneren Wert einer Beteiligung an-
gesiedelten Kaufpreis an den Veräußerer, ist § 71a Abs. 1 Satz 1 AktG anwendbar.[65]

24   **c) Verlorene Zuschüsse.** Bezuschusst die AG den Aktienerwerb, ohne gegenüber dem Erwerber einen Rückzahlungsanspruch zu begründen, kann
unmittelbar § 62 AktG zur Anwendung kommen, wenn die Zahlung dem
(künftigen) Aktionär iSd. des § 57 Abs. 1 Satz 1 AktG zurechenbar ist.[66] Ansonsten ist § 71a Abs. 1 Satz 1 AktG richtigerweise wegen des Finanzierungsef-
fekts des verlorenen Zuschusses anwendbar.[67] Die Gegenmeinung beurteilt
einen verlorenen Zuschuss allein nach § 57 Abs. 1 Satz 1 AktG.[68] Dann bliebe
aber eine Regelungslücke für den Fall, dass der Bezuschusste im Zeitpunkt des
Erwerbs noch nicht Aktionär ist. So werden aber einerseits Umgehungsstrategien möglich, andererseits leuchtet es nicht ein, warum die AG ausgerechnet
dann schutzlos gestellt sein soll, wenn der Vorstand sie in einer Weise finanziell
belastet, die über den Regelfall des § 71a Abs. 1 Satz 1 AktG (Darlehen, Sicherheit) sogar noch hinausgeht (es wird ja gerade kein Rückzahlungsanspruch
begründet). Entsprechend anwendbar muss die Vorschrift daher auch bei der
Abgabe eines **abstrakten Schuldversprechens ohne Rechtsgrundverein-
barung** sein.[69]

25   **d) Bezuschussung von Markt- oder Kurspflegemaßnahmen vor der
Börseneinführung.** Vereinbart die AG mit dem Dritten, dass dieser zum
Zwecke der Kurspflege vor der Börseneinführung Aktien der AG kauft und
finanziert sie diese Maßnahme, ist der Anwendungsbereich von § 71a Abs. 1
Satz 1 AktG ebenfalls berührt.[70]

26   **e) Vereinbarung einer stillen Gesellschaft.** In welcher rechtsgeschäftlichen Form die AG dem Dritten den finanziellen Vorteil zukommen lässt, ist
unerheblich. Auch die Vereinbarung einer von der AG als stiller Gesellschaf-

---

[63] Belmont Finance Corporation v. Williams Furniture Ltd. and Others (No. 2)
All E.R. 1980, Band 1, S. 393 ff.; *Schröder* S. 38 ff.
[64] Ähnlich *Schröder* S. 174, 188 f.
[65] *Schröder* S. 188 f.
[66] *Lutter* in Kölner Komm. § 71a AktG Rn. 8; vgl. allgemein auch *Canaris*, FS
Fischer, S. 31 ff.; *Schröder* S. 183 f.
[67] *Schröder* S. 175 f.
[68] *Lutter* in Kölner Komm. § 71a AktG Rn. 19.
[69] *Schröder* S. 171.
[70] OLG Frankfurt/M. WM 1992, 572, 576; offen gelassen von BGH AG 1994,
32, 34; *Schröder* S. 177.

terin zu erbringenden Einlage unterfällt § 71a Abs. 1 Satz 1 AktG.[71] Das Problem der Abgrenzung von partiarischem Darlehen und stiller Einlage stellt sich daher im Rahmen der Vorschrift nicht.[72]

f) Teilliquidation über Dividendenzahlungen? Zutreffender Ansicht   27
nach findet die Norm auf Dividendenzahlungen, soweit sie § 57 Abs. 3 AktG entsprechen, keine Anwendung. Dies gilt auch, wenn die AG eine besonders hohe Dividende ausschüttet, um den Aktionären den Erwerb ihrer Gesellschaftsanteile zu ermöglichen.[73] Denn die Vorschriften über die Gewinnermittlung, -feststellung und -ausschüttung bieten insoweit ausreichenden Schutz.

g) Kursgarantie. Auf Kursgarantien ist die Norm nicht anwendbar. Ge-   28
währleistet die AG dem Aktionär einen bestimmten Kurs, trägt sie höchstens indirekt zum Erwerb der Aktie bei. Im Vordergrund steht nicht die Anschaffungserleichterung, sondern der Spekulationszweck. Eine Ausnahme dürfte indes dann bestehen, wenn die Garantiebedingungen durch die Parteien von vornherein so festgesetzt wurden, dass der Garantiefall im Rahmen der erwarteten Marktentwicklung mit an Sicherheit grenzender Wahrscheinlichkeit eintreten muss: Dann war im Zweifel von Anfang an ein Finanzierungs- und kein Spekulationsgeschäft gewollt.

h) Verschmelzung. Folgt auf den Anteilserwerb eine Verschmelzung der   29
Erwerbs- mit der Zielgesellschaft, tritt die Erwerbsgesellschaft gemäß § 20 Abs. 1 Nr. 1 UmwG im Wege der Gesamtrechtsnachfolge in die Verbindlichkeiten der Zielgesellschaft ein. So haftet ihr Vermögen auch für die Erfüllung der Rückzahlungsansprüche aus jenen Darlehen, die gerade dem Erwerb der Kontrollmehrheit dienten. Fraglich ist, ob der **Verschmelzungsbeschluss der Zielgesellschaft** in diesen Fällen gemäß § 71a Abs. 1 Satz 1 AktG nichtig ist. **Dagegen** spricht jedoch ein Rechtsgedanke aus § 71 Abs. 1 Nr. 5 AktG: Nach der Ratio der Norm soll das Verbot des Erwerbs eigener Aktien nicht einer umwandlungsbedingten Gesamtrechtsnachfolge entgegenstehen.[74] Man wird diesen Gedanken auf § 71a Abs. 1 Satz 1 AktG übertragen können, auch wenn diese Norm nicht allein den Zweck verfolgt, Umgehungen des § 71 Abs. 1 AktG zu verhindern (Rn. 20). Denn im Verschmelzungsverfahren wird den Interessen der Zielgesellschaft auf andere Weise Rechnung getragen,[75] und zwar durch das Umtauschverhältnis. Dieses wird von den Verschmelzungsprüfern auf seine Angemessenheit hin geprüft (§ 12 Abs. 2 Satz 1 UmwG); hier aber macht sich der mit der Darlehensaufnahme im Vermögen der Bietergesellschaft entstehende Wertverlust zugunsten der Aktionäre der Zielgesellschaft bemerkbar. Außenstehende Aktionäre können sich gegenüber dem Verschmelzungsbericht nach § 14 UmwG zur Wehr setzen. Ihnen steht ferner bei Formwechsel ein Austrittsrecht mit Barabfindung nach § 29 UmwG zu. Der Schutz des § 71a Abs. 1 Satz 1 AktG ist in diesem Rahmen überflüssig.

---

[71] *Lutter* in Kölner Komm. §71a AktG Rn. 5.
[72] *Schröder* S. 158.
[73] *Schröder* S. 190 ff.
[74] Vgl. MünchKomm AktG/ *Oechsler* § 71 Rn. 152.
[75] *Fleischer* AG 1996, 505; *Becker* DStR 1998, 1433.

30 **i) Break-Fee-Vereinbarungen.** Diese Vereinbarungen begleiten oft so genannte freundliche Übernahmen,[76] bei denen der Vorstand der Zielgesellschaft gemeinsam mit dem Bieter auf die Übernahme der Kontrollmehrheit durch letzteren hinwirkt. Gegenstand der Vereinbarungen ist die Erstattung der (Beratungs- und Due Diligence-)Kosten des Übernahmeversuchs durch die Zielgesellschaft, falls dieser nachträglich scheitern sollte. Der wirtschaftliche Sinn dieser Vereinbarung liegt im Schutz des Bieters vor Trittbrettfahrern, die seine Angebotsunterlage benutzen und sein Angebot überbieten können, indem sie die ersparten Due-Diligence-Kosten an die Aktionäre der Zielgesellschaft weitergeben (§ 11 Rn. 4). Das Volumen dieser vor allem im anglo-amerikanischen Raum üblichen Verträge bewegt sich bisweilen im Milliardenbereich.[77] Die Anwendbarkeit des § 71a Abs. 1 Satz 1 AktG wird gelegentlich mit der Begründung abgelehnt, solche Vereinbarungen bezögen sich allein auf den Fall des *Scheiterns* des Aktienerwerbs und dienten somit gerade nicht seiner Finanzierung.[78] Dies erscheint allerdings zu kurz gegriffen: Wirtschaftlich betrachtet, stellt die AG dem Bieter nämlich eine Sicherheit, die diesem die Refinanzierung der Übernahme wesentlich erleichtert. Die AG finanziert den Erwerb ihrer eigenen Aktien gerade dadurch mit, dass sie jedem Kreditgeber des Bieters als weiterer Schuldner (aus abgetretenem oder gepfändetem Recht) im Falle des Scheiterns der Übernahme zur Verfügung steht. Dies bedeutet nichts anderes als die „Leistung einer Sicherheit" iSd. § 71a Abs. 1 Satz 1 AktG, die die Fremdmittelaufnahme des Bieters nicht zuletzt auch dadurch verbilligt, dass sie die Erfolgsaussichten der Übernahme erhöht, weil die Zielgesellschaft nun unter dem Druck steht, die Übernahme möglichst nicht scheitern zu lassen. Gelegentlich werden diese Vereinbarungen jedoch nicht als Garantieleistung, sondern als Vertragsstrafeversprechen der AG für den Fall des schuldhaften Abbrechens der Vertragsverhandlungen im Endstadium des Übernahmeversuchs typisiert.[79] Richtiger Auffassung nach ist der Übernehmer jedoch in solchen Fällen zur Liquidierung seiner Schäden auf die engen Voraussetzungen der **culpa in contrahendo** (§ 280 Abs. 1 Satz 1 iVm. § 311 Abs. 2 Nr. 1, § 241 Abs. 2 BGB) wegen schuldhaftem Abbruch der Vertragsverhandlungen angewiesen.[80] Soweit eine Break-Fee-Vereinbarung lediglich darauf Bezug nimmt, bestehen auch hinsichtlich § 71a Abs. 1 Satz 1 AktG keine Einwände. Jede darüber hinausgehende Absicherung des Bieters jedoch stellt eine besondere, weil von der allgemeinen Rechtslage abweichende Sicherheitsleistung der AG nach § 71a Abs. 1 Satz 1 AktG dar, die dem Erwerb eigener Aktien dient.

31 **j) Junk Bonds.** Junk Bonds wurden zur Finanzierung von Unternehmensübernahmen in den Vereinigten Staaten entwickelt.[81] Dabei gründet der Bieter eine mit dem Mindestvermögen ausgestattete Zwischengesellschaft (Shell Corporation), die Inhaberschuldverschreibungen emittiert und später die Anteile an der Zielgesellschaft halten wird. Diese stehen den Kreditgebern

[76] *Sieger/Hasselbach* BB 2000, 625.
[77] *Sieger/Hasselbach* BB 2000, 625 f.
[78] *Sieger/Hasselbach* BB 2000, 625, 628 f.
[79] *Sieger/Hasselbach* BB 2000, 625, 626 f.
[80] *Sieger/Hasselbach* BB 2000, 625, 626.
[81] *Herkenroth* S. 144 ff.; *Merkt* Rn. 356; *Assmann/Bozenhardt* S. 59.

der Zwischengesellschaft praktisch als einzig verwertbares Vermögen zur Verfügung. In den Vereinigten Staaten begegnet vor allem die dadurch bedingte hohe Verschuldung der Bieter der Kritik, weshalb das Federal Reserve Board diesen mittlerweile eine Höchstgrenze für die Fremdfinanzierung (50 %) vorgegeben hat. Im Hinblick auf § 71a Abs. 1 Satz 1 AktG erscheint diese Gestaltung zunächst unbedenklich. Dass den Kreditgebern die Gesellschafts*anteile* als Sicherheit zur Verfügung gestellt werden, ist nach § 71a Abs. 1 Satz 1 AktG nicht untersagt. Verboten ist allerdings der bei diesen Transaktionen stets eingeplante Folgeschritt: Die Tilgung der Kreditschulden aus dem Vermögen der Zielgesellschaft. Diese darf den Erwerb ihrer Aktien auch nicht nachträglich (Rn. 35) finanzieren. Eine Ausnahme besteht jedoch, wenn die Zielgesellschaft auf die Zwischengesellschaft verschmolzen wird (Rn. 29).

5. Finanzierungsgeschäfte mit einem Dritten. a) Die Besicherung 32
der allein vom Aktienkäufer eingeschalteten Dritten. Die nach § 71a
Abs. 1 Satz 1 AktG verbotene Leistung einer Sicherheit muss nicht zwingend zugunsten der Aktienerwerber selbst erfolgen, sondern kann auch für einen vom Aktienerwerber eingeschalteten Dritten (Finanzier) gegeben werden. Daraus aber resultieren Probleme:[82] Die AG trifft möglicherweise in solchen Fällen nur mit dem Aktienerwerber eine Vereinbarung über die Finanzierung. Der Finanzier erwirbt die Sicherheit allein aufgrund seiner Vereinbarung mit dem Aktienerwerber. Bei einem Verstoß gegen § 71a Abs. 1 Satz 1 AktG besteht dann kein Rechtsverhältnis zwischen der AG und dem Finanzier, das nichtig sein könnte. Zum Problem wird dies vor allem in den Fällen akzessorischer Sicherheiten, in denen keine eigene Sicherungsabrede über den Zweck der Sicherheitsbestellung zwischen Sicherungsnehmer und Sicherungsgeber üblich ist. Doch ist der Schutzzweck des § 71a Abs. 1 Satz 1 AktG auch in diesen Fällen berührt, weil die AG auch hier die Last des Erwerbs mit ihrem Vermögen trägt. Zum Teil wird deshalb die Auffassung vertreten, die Bestellung der Sicherheit sei – in Ermangelung eines anderen von der Nichtigkeitssanktion zu erreichenden Rechtsgeschäftes – auf der dinglichen Ebene nichtig.[83] Dies geht sicherlich zu weit und bedeutet einen zu starken Bruch mit § 71 Abs. 4 Satz 1 AktG. Überzeugender scheint es, den **bereicherungsrechtlichen Vertrauensschutz einzuschränken** und hier ausnahmsweise eine **Durchgriffskondiktion** zu gestatten: Besteht zwischen AG und Finanzier kein eigener Rechtsgrund betreffend die Sicherheitsbestellung und leitet der Finanzier seine Stellung als Sicherungsnehmer aufgrund einer Vereinbarung mit dem Erwerber her, wäre er eigentlich vor einer direkten Kondiktion seitens der AG, gerichtet auf Herausgabe der Sicherheit, durch das bereicherungsrechtliche Subsidiaritätsprinzip bzw. den bereicherungsrechtlichen Vertrauensschutz geschützt.[84] Die Nichtigkeitssanktion beträfe allein die zwischen der AG und dem Erwerber bestehende Finanzierungsabrede; folglich müsste allein in diesem Verhältnis eine Rückabwicklung stattfinden. Der Zweck des § 71a Abs. 1 Satz 1 AktG gebietet aber zum Schutz der Gläubiger und Gesellschafter der AG,

---

[82] *Schröder* S. 163 ff.
[83] *Schröder* S. 166, 251 ff., 255 ff.
[84] Dazu und zugleich kritisch *Larenz/Canaris,* Schuldrecht BT II/2, 13. Aufl.
1994, § 70 II.

das verausgabte Vermögen zur AG zurückzuziehen. Aus diesem Grund rechtfertigt die Nichtigkeit der Finanzierungsabrede im Verhältnis zwischen AG
und Erwerber ausnahmsweise die Kondiktion gegenüber dem Finanzier:
Begründen lässt sich dies mit der Überlegung, dass es sich beim Erwerb eigener Aktien ebenso wie bei dessen Fremdfinanzierung um Risikogeschäfte
handelt, die aus Kapitalschutzgründen Sonderregeln unterliegen, im Rahmen
derer der Vertrauensschutz der Beteiligten eine eher untergeordnete Rolle
spielt (vgl. § 71 Abs. 4 Satz 2 AktG). Wer deshalb eine von der AG gestellte
Sicherheit für einen Anspruch gegenüber einem Dritten akzeptiert, kann,
wenn der Anspruch auf den Erwerb ihrer Aktien gerichtet ist, nicht darauf
vertrauen, nur mit dem Dritten als Vertragspartner und nicht mit der AG selbst
abrechnen zu müssen. Die Risikobegrenzungsfunktion des Vertrages auf den
Vertragspartner muss hinter den vorrangigen Kapitalschutzinteressen der AG
zurücktreten.

33   **b) Die Weiterleitung der Mittel durch einen Dritten an den Erwerber.** Fließt die Darlehensvaluta an einen Dritten und leitet dieser die Zah-
lungsmittel an den Erwerber der Aktien weiter, stellt sich die Frage der
Anwendbarkeit des § 71a Abs. 1 Satz 1 AktG in zwei Konstellationen: Einmal
kann der **Dritte für Rechnung der Zielgesellschaft** handeln. Dann wird
sein Handeln demjenigen der Zielgesellschaft nach § 71d Satz 1 iVm. Satz 4
iVm. § 71a Abs. 1 Satz 1 AktG gleichgestellt. Fraglich ist dann nur, welches
Rechtsgeschäft von der Nichtigkeitssanktion erfasst ist: das vom Dritten abgeschlossene Finanzierungsgeschäft mit dem Aktienerwerber oder das Rechtsgeschäft zwischen Zielgesellschaft und Drittem.[85] Für die zweite Lösung wird
angeführt, dass gerade der Geschäftsbesorgungsvertrag mit dem Dritten das
entscheidende Gefahrenpotential berge. Aber aus dem Rechtsgedanken des
§ 71d Satz 5 AktG folgt, dass die AG den rechtswidrigen Zustand, der durch
den Dritten entstanden ist, wieder beseitigen muss. Dies ist nur möglich, wenn
der Finanzierungsvertrag nichtig ist. Andernfalls wird sie vom Dritten das
Geld nicht zurückerhalten. Wird der Dritte hingegen **für Rechnung des Erwerbers** tätig, können die zu § 57 Abs. 1 Satz 1 AktG entwickelten allgemeinen
Grundsätze Anwendung finden: Leistungen an den Dritten sind danach wie
Leistungen an den Erwerber zu behandeln, wenn der Dritte sie auf Veranlassung des Erwerbers vereinnahmt hat.[86]

34   **6. Zum Zweck des Erwerbs von Aktien dieser Gesellschaft. a) Anforderungen an den Funktionszusammenhang von Finanzierungs-
und Aktienerwerbsgeschäft.** Der AG soll nicht generell die Tätigkeit im
Kreditgeschäft verwehrt werden. Deshalb darf sie auch Aktionären Kredite
gewähren. Entscheidend kommt es daher darauf an, dass der Kredit gewährt
wird, *um* eigene Aktien zu erwerben. Dies ist regelmäßig der Fall, wenn AG
und Dritter sich vor Erwerb der Aktien darauf geeinigt haben, dass die Mittel zum Aktienerwerb eingesetzt werden.[87] Ansonsten wird man richtiger
Ansicht nach voraussetzen müssen, dass der **objektive Zweck der Finanzie-**

---

[85] *Lutter* in Kölner Komm. § 71a AktG Rn. 75; *Schröder* S. 266 f.
[86] *Fleischer* AG 1996, 500.
[87] *Hüffer* AktG § 71a Rn. 3; *Lutter* in Kölner Komm. § 71a AktG Rn. 6.

rung in der Ermöglichung des Aktienerwerbs bestand und dass eine **Willensbildung der Parteien** im Hinblick auf die Verknüpfung von Finanzierungsgeschäft und Aktiengeschäft stattgefunden hat. Das subjektive Erfordernis ist erforderlich, weil § 71a Abs. 1 Satz 1 AktG an ein Unrechtsverhalten anknüpft. Eine echte rechtsgeschäftliche Einigung über die Verknüpfung ist dennoch nicht erforderlich.[88] Liegt objektiv gesehen ein Funktionszusammenhang zwischen Ausreichung des Kredits und Aktienerwerb vor, spricht ein Beweis des ersten Anscheins für eine entsprechende Abstimmung der Parteien.[89]

b) Finanzierung nach Erwerb. Fraglich ist, ob eine Finanzierung auch   35
dann dem Verbotstatbestand unterfällt, wenn sie nach dem Erwerb erfolgt. Dies wird **zT verneint**.[90] Vordergründig spricht für dieses Ergebnis der Wortlaut des § 71a Abs. 1 Satz 1 AktG „zum Zwecke des Erwerbs". Allerdings ist die Norm richtlinienkonform auszulegen, und in Art. 23 Abs. 1 der Kapitalschutzrichtlinie lautet die einschlägige Passage: „im Hinblick auf den Erwerb". Für die **Erfassung nachträglicher Finanzierungen** spricht insbesondere der Takeover-Bezug der Norm. Typischerweise kann der Übernahmeinteressent nicht bereits das Übernahmeangebot aus dem Vermögen der AG finanzieren, weil er dieses noch nicht kontrolliert. Er wird folglich eine Zwischenfinanzierung eingehen – hieraus sind historisch die so genannten Junk Bonds (oben Rn. 31) entstanden – mit dem Ziel, die Rückzahlungs- und Zinsansprüche des Kreditgebers nach erfolgter Übernahme aus dem Unternehmensvermögen zu befriedigen. Dass § 71a Abs. 1 Satz 1 AktG gerade solche Praktiken verhindern will, ergibt sich nicht zuletzt aus der Entstehungsgeschichte der Norm (Rn. 1). Unabhängig davon wäre die Norm auch in anderen Fällen nur zu leicht über eine Zwischenfinanzierung zu umgehen.[91]

c) Entfallen des Funktionszusammenhangs infolge Zeitablaufs? Die   36
Sperre des § 71a Abs. 1 Satz 1 AktG kann die finanzielle Bewegungsfreiheit des Erwerbers der Gesellschaft nicht dauerhaft einschränken. Dennoch entfällt sie nicht ohne weiteres nach Ablauf einer bestimmten Frist nach dem Erwerb.[92] Vielmehr kommt es für jede vom Erwerbsakt zeitlich auch noch so fernliegende Verwendung darauf an, ob die *sachlichen* Voraussetzungen eines Funktionszusammenhangs zwischen Finanzierungsmaßnahme und dem seinerzeitigen Aktienerwerb vorliegen.

7. Teleologische Einschränkungen. a) Günstigkeit der Kreditbedin-   37
gungen für die AG? § 71a Abs. 1 Satz 1 AktG begründet einen abstrakten Gefährdungstatbestand. Deshalb kommt es nicht darauf an, ob das gewährte Darlehen der AG möglicherweise sogar wirtschaftliche Vorteile bringt. Für dieses Ergebnis spricht nicht zuletzt die Überlegung, dass es dem Vorstand aus Präventivzwecken heraus versagt bleiben muss, sich gegen Schadensersatzansprü-

---

[88] *Lutter* in Kölner Komm. § 71a AktG Rn. 6; *Schröder* S. 202.
[89] *Schröder* S. 203 f.
[90] *Otto* DB 1989, 1395.
[91] Dazu *Schröder* S. 197.
[92] Ähnlich *Schröder* S. 166 ff.

che der AG (§ 93 Abs. 2 AktG) mit der vermeintlichen Günstigkeit der Kreditbedingungen verteidigen zu können.[93] Hinzu kommt der **Takeover-Bezug**. Die Norm verbietet bestimmte Finanzierungsarten bei der Kontrollübernahme, gleichgültig in welchem Umfang die AG davon profitiert.

38   **b) Erlaubtheit des Aktienerwerbs für die AG?** Fraglich ist, ob das Verbot des § 71a Abs. 1 Satz 1 AktG teleologisch einzuschränken ist, wenn der Aktienerwerb durch den Dritten der Gesellschaft selbst nach § 71 Abs. 1 und 2 AktG erlaubt wäre.[94] In diesen Fällen besteht ja eigentlich nicht die Gefahr einer Normumgehung. **Dagegen** spricht jedoch, dass es sich bei § 71a Abs. 1 Satz 1 AktG nicht um einen reinen Umgehungstatbestand handelt, sondern um eine Norm, die bestimmte Arten der Finanzierung des Beteiligungserwerbs generell wegen der mit ihnen verbundenen Gefahren untersagt (Rn. 2).[95] Im Übrigen können die Erlaubnistatbestände des § 71 Abs. 1 und 2 AktG nur dort greifen, wo wie im Falle des § 71a Abs. 2 AktG eine Zurechnung des rechtmäßigen Verhaltens des Dritten an die AG erfolgt (§ 71d Satz 1 AktG).[96] In den Fällen des § 71a Abs. 1 Satz 1 AktG hat die AG indes keine Kontrolle über das Verhalten des Dritten, wird von dessen finanziellen Folgen jedoch unmittelbar betroffen. Dies spricht gegen eine Beschränkung des Verbots in den Fällen des § 71 Abs. 1 und 2 AktG.

39   **8. Nichtigkeitssanktion.** Das Rechtsgeschäft, das die Finanzierung des fremden Aktienerwerbs *zum Gegenstand* hat, ist nichtig. Dies ist herrschender und zutreffender Auffassung nach allein der obligatorische Finanzierungsvertrag bzw. eine entsprechende Sicherungsabrede.[97] Soweit ein Verstoß gegen § 57 Abs. 1 Satz 1 AktG vorliegt, etwa weil der Erwerber bereits Aktionär ist, kommt auch die Nichtigkeit des dinglichen Rechtsgeschäfts in Betracht.[98]

40   **§ 62 AktG** soll hingegen nur anwendbar sein, wenn der Erwerber im Zeitpunkt der Empfangnahme **bereits Aktionär** war.[99] Dagegen spricht, dass die Norm nicht notwendig einen Verstoß gegen § 57 Abs. 1 Satz 1 AktG voraussetzt, sondern eine Zahlung, die „entgegen den Vorschriften dieses Gesetzes" gewährt wurde.[100] Die Anwendung auch im Falle des § 71a Abs. 1 Satz 1 AktG rechtfertigt sich darüber hinaus aus der Schutzfunktion dieser Norm sowie der im Falle des § 57 Abs. 1 Satz 1 AktG bestehenden Regelungslücken: Wenn das

---

[93] *Schröder* S. 166.

[94] So *Werner* AG 1990, 1, 14 und offenbar OLG Frankfurt/M. WM 1992, 576, wo eine Rechtfertigung analog § 71 Abs. 1 Nr. 1 AktG für möglich gehalten wird; dazu *Lutter/Gehling* WuB § 71a I.1.92.

[95] *Lutter* in Kölner Komm. § 71a AktG Rn. 6; ihm folgend *Hüffer* AktG § 71a Rn. 3; *Schröder* S. 227.

[96] Ähnlich *Werner* AG 1990, 14 f.; *Lutter/Gehling* WuB § 71a I.1.92.

[97] *Schröder* S. 254; *Hüffer* § 71a AktG Rn. 4; *Lutter* in Kölner Komm. § 71a AktG Rn. 8.

[98] *Joost* ZHR 149 (1985), 430; *Müller* WPg 1978, 572; *Lutter* in Kölner Komm. § 71a AktG Rn. 8.

[99] *Hüffer* AktG § 71a Rn. 4.

[100] *Schröder* S. 256 ff.

Darlehen für die AG gegen eine vollwertige, möglicherweise sogar günstigere Gegenleistung gewährt wird, ist § 57 Abs. 1 Satz 1 AktG nicht anwendbar, wohl aber § 71a Abs. 1 Satz 1 AktG. Gleiches gilt, wenn der Empfänger nicht bereits Aktionär ist. Daneben sind die §§ 812 ff. **BGB** anwendbar.[101]

Zu den Folgen **einer gegen § 71a Abs. 1 Satz 1 AktG verstoßenden** **41** **Sicherheitenbestellung** zugunsten eines Dritten, der nicht Erwerber ist, vgl. oben Rn. 32 und zur Nichtigkeit bei Einschaltung eines **mittelbaren Stellvertreters** vgl. Rn. 33.

In den Fällen des § 71a Abs. 1 Satz 1 AktG kommt schließlich die Anwen- **42** dung des § 57 Abs. 1 Satz 1 AktG zu Lasten der veräußernden Aktionäre in Betracht, weil deren Veräußerung überhaupt erst durch die Besicherung oder Kreditierung seitens der AG möglich wurde.[102]

9. Verbotsausnahmen (Abs. 1 Satz 1). a) Eigenhandel von Kredit- oder **43** **Finanzierungsinstituten.** Die Norm findet ihre Grundlage in Art. 23 Abs. 2 der Kapitalschutzrichtlinie. Die im Wertpapierhandel tätigen AG sollen im Rahmen des Eigenhandels keine Wettbewerbsnachteile erleiden.[103] Insoweit deckt sich der Zweck der Norm mit § 71 Abs. 1 Nr. 7 AktG.

Der Begriff des **Kreditinstituts** bestimmt sich nach §§ 1 Abs. 1, 2 Abs. 1 **44** KWG, der des **Finanzierungsinstituts** nach §§ 1 Abs. 1a, 2 Abs. 6 KWG.

Der Begriff des **laufenden Geschäfts** ist unmittelbar Art. 23 Abs. 2 der **45** Kapitalschutzrichtlinie entnommen. Maßgeblich ist dabei der Geschäftszuschnitt der jeweils in Betracht kommenden AG,[104] wobei jedoch ein normativer, am Zweck des § 71a Abs. 1 Satz 1 AktG ausgerichteter Beurteilungsmaßstab angelegt werden muss. So entlastet es die AG nicht, wenn sie auch ansonsten gegen § 71 Abs. 1 bzw. § 71a Abs. 1 Satz 1 AktG verstößt. Indizien für ein außergewöhnliches Geschäft[105] sind ein ungewöhnlich großes Geschäftsvolumen, ungewöhnliche Kreditbedingungen, insbesondere eine zu niedrige Gegenleistung für die gewährte Finanzierung, eine ungewöhnliche Laufzeit, fehlende Prüfung der Kreditwürdigkeit usw. Laufende Geschäfte in eigenen Aktien können schließlich nicht mehr betrieben werden, wenn die AG sich in einer Übernahmesituation befindet:[106] § 71a Abs. 1 Satz 2 AktG ist daher kein Instrument zur Förderung strategischer Allianzen mit den vom Vorstand bevorzugten Übernahmepartnern.[107]

b) Erwerb von Belegschaftsaktien. Der Tatbestand bezieht sich auf den **46** Fall des § 71 Abs. 1 Nr. 2 AktG und soll die dort verfolgten sozialpolitischen Ziele nicht gefährden.[108] Die Auslegung der Tatbestandsmerkmale entspricht

---

[101] *Lutter* in Kölner Komm. § 71a AktG Rn. 8.

[102] *Lutter/Wahlers* AG 1989, 10 f.

[103] *Hüffer* AktG § 71a Rn. 5; *Lutter* in Kölner Komm. § 71a AktG Rn. 10; *Schröder* S. 216.

[104] *Schröder* S. 217 f.; ähnlich *Hüffer* AktG § 71a Rn. 5.

[105] *Schröder* S. 218.

[106] *Schröder* S. 218.

[107] *Hüffer* AktG Rn. 5.

[108] *Schröder* S. 219.

dieser Norm.[109] Von besonderer Bedeutung ist in diesem Zusammenhang, dass das Arbeitsverhältnis von einer gewissen Dauer sein muss[110] und nicht zum Zwecke der Umgehung des § 71a Abs. 1 Satz 1 AktG begründet werden darf. Auf den Ausnahmetatbestand kann der Vorstand der AG sich nicht berufen, wenn der Übernehmer eine natürliche Person ist und bewusst zur Versorgung mit Aktien eingestellt wurde. Wie in § 71 Abs. 1 Nr. 2 AktG ist die Finanzierung des Aktienerwerbs durch Organwalter – insbesondere den Vorstand – nicht erfasst,[111] andernfalls förderte die Norm gerade den Management Buy-out (§ 10 Rn. 33).

47   **c) Einschränkung der Ausnahmetatbestände (zweiter Halbsatz).** Die Norm bezieht sich auf die Kapitalgrenze des § 71 Abs. 2 Satz 2 AktG und verfolgt identische Regelungsziele. Allerdings folgt die Rücklagenbildung nach § 272 Abs. 4 HGB hier **in zweifacher Weise durch eine hypothetische Betrachtung**: Bereits § 71 Abs. 2 Satz 2 AktG erfordert eine hypothetische Prüfung.[112] Darüber hinaus ist eine weitere hypothetische Prüfung erforderlich: Es geht darum, ob die AG, wenn sie die Aktie anstelle des Erwerbers gekauft hätte, die entsprechende Rücklage hätte bilden können.[113] Denn müsste sie bei hypothetischer Betrachtung die Rücklage nach § 272 Abs. 4 HGB nur auf Kosten des gezeichneten Kapitals bilden, könnte sie auch den Kredit nach § 71a Abs. 1 Satz 1 AktG nur mit der Folge gewähren, dass das Grundkapital bzw. die gebundenen Rücklagen nicht mehr gedeckt sind. Diesem Normzweck entsprechend kommt es auf den Zeitpunkt des Abschlusses des Kreditgeschäftes an: In diesem ist die Vermögenslage fiktiv zu bilanzieren.[114] Dies entspricht den Erfordernissen einer Prognoseentscheidung nach dem Stichtagsprinzip. Bestehen zum Stichtag Risiken, deren Auswirkungen noch nicht zu erkennen sind,[115] sind ebenso „fiktive" Rückstellungen in Antizipation möglicher Verluste zu bilden.

48   Die gemäß § 71a Abs. 1 Satz 2 AktG zweiter Halbsatz erforderliche Prüfung darf allerdings **nicht isoliert für einzelne Finanzierungsgeschäfte** erfolgen. Andernfalls könnte die AG für jedes einzelne Finanzierungsgeschäft die Voraussetzungen der Norm bejahen, während insgesamt die Belastung die Kapitalgrenze überschreiten würde. Im Sinne einer richtlinienkonformen Auslegung muss daher die Kapitalgrenze bei Berücksichtigung aller Finanzierungsgeschäfte, nicht nur des gerade vorzunehmenden, gewahrt sein.[116]

---

[109] MünchKommAktG/*Oechsler* § 71 Rn. 125 ff.
[110] *Schröder* S. 221.
[111] *Schröder* S. 221.
[112] MünchKommAktG/*Oechsler* § 71 Rn. 274.
[113] *Hüffer* AktG § 71a Rn. 6; *Schröder* S. 224.
[114] *Lutter* in Kölner Komm. § 71a AktG Rn. 12.
[115] Kritisch *Lutter* in Kölner Komm. § 71a AktG Rn. 12.
[116] *Schröder* S. 225 f.

§ 14 Übermittlung und Veröffentlichung der Angebotsunterlage

(1) Der Bieter hat die Angebotsunterlage innerhalb von vier Wochen nach der Veröffentlichung der Entscheidung zur Abgabe eines Angebots der Bundesanstalt zu übermitteln. Die Bundesanstalt bestätigt dem Bieter den Tag des Eingangs der Angebotsunterlage. Die Bundesanstalt kann die Frist nach Satz 1 auf Antrag um bis zu vier Wochen verlängern, wenn dem Bieter die Einhaltung der Frist nach Satz 1 auf Grund eines grenzüberschreitenden Angebots oder erforderlicher Kapitalmaßnahmen nicht möglich ist.

(2) Die Angebotsunterlage ist gemäß Absatz 3 Satz 1 unverzüglich zu veröffentlichen, wenn die Bundesanstalt die Veröffentlichung gestattet hat oder wenn seit dem Eingang der Angebotsunterlage zehn Werktage verstrichen sind, ohne dass die Bundesanstalt das Angebot untersagt hat. Vor der Veröffentlichung nach Satz 1 darf die Angebotsunterlage nicht bekannt gegeben werden. Die Bundesanstalt kann vor einer Untersagung des Angebots die Frist nach Satz 1 um bis zu fünf Werktage verlängern, wenn die Angebotsunterlage nicht vollständig ist oder sonst den Vorschriften dieses Gesetzes oder einer auf Grund dieses Gesetzes erlassenen Rechtsverordnung nicht entspricht.

(3) Die Angebotsunterlage ist zu veröffentlichen durch

1. Bekanntgabe im Internet und

2. Abdruck in einem überregionalen Börsenpflichtblatt oder durch Bereithalten zur kostenlosen Ausgabe bei einer geeigneten Stelle im Inland; im letzteren Fall ist in einem überregionalen Börsenpflichtblatt bekannt zu machen, bei welcher Stelle die Angebotsunterlage bereitgehalten wird.

Der Bieter hat der Bundesanstalt unverzüglich einen Beleg über die Veröffentlichung nach Satz 1 Nr. 2 zu übersenden.

(4) Der Bieter hat die Angebotsunterlage dem Vorstand der Zielgesellschaft unverzüglich nach der Veröffentlichung nach Absatz 3 Satz 1 zu übermitteln. Der Vorstand der Zielgesellschaft hat die Angebotsunterlage unverzüglich dem zuständigen Betriebsrat oder, sofern ein solcher nicht besteht, unmittelbar den Arbeitnehmern zu übermitteln.

Schrifttum: *Aha*, Rechtsschutz der Zielgesellschaft bei mangelhaften Übernahmeangeboten, AG 2002, 160; BAWe, Das neue Übernahmerecht seit dem 1. 1. 2002, NZG 2002, 165; *Lenz/Linke*, Die Handhabung des WpÜG in der aufsichtsrechtlichen Praxis, AG 2002, 361; *Möller*, Rechtsmittel und Sanktionen nach dem WpÜG, AG 2002, 170.

Übersicht

1   **1. Normzweck.** Es entsprach ursprünglich Art. 6 Abs. 2 Satz 2 GS 2000, dass die Angebotsunterlage zunächst der Aufsichtsbehörde übermittelt und nicht ohne deren Einverständnis veröffentlicht wurde (ebenso § 6 Abs. 2 Satz 2 RLE 2002). Nach der wenig glücklichen Formulierung in den Gesetzesmaterialien soll die BAFin die **Funktion einer Evidenzzentrale** als für das Übernahmeverfahren zuständige Aufsichtsbehörde und somit zentraler Ansprechpartner für die in- und ausländische Zusammenarbeit mit anderen Aufsichtsbehörden und den zuständigen Stellen übernehmen.[1] Der Zweck des gestuften Veröffentlichungsverfahrens dürfte jedoch vor allem in der Ermöglichung einer **Überprüfung der Angebotsunterlage durch die BAFin** liegen (zu dieser vgl. § 15).

2   Eine rechtliche Verpflichtung des Bieters zur Erstellung einer Angebotsunterlage besteht indes nur im Einzelfall (§ 10 Rn. 11 und 13). Die Veröffentlichung der Angebotsunterlage bedeutet die **Erklärung des rechtsgeschäftlichen Verpflichtungswillens durch den Bieter.** Mit der Veröffentlichung liegt daher eine Willenserklärung und ein Antrag nach § 145 BGB vor. Die Besonderheiten des Angebotsverfahrens liegen darin, dass dieser Antrag innerhalb bestimmter Fristen (Abs. 2) der BAFin übermittelt und in einer bestimmten Form (Abs. 3) erklärt werden muss.

3   **2. Übermittlung (Abs. 1 Satz 1).** Zur Angebotsunterlage vgl. § 11; zur Veröffentlichung der Entscheidung zur Abgabe eines Angebots § 10 Abs. 3. Fraglich ist, was mit dem Begriff des **Übermittelns** gemeint ist: der *Vorgang* der Übermittlung – dann genügte das rechtzeitige Absenden – oder der Übermittlungserfolg, der Eingang bei der BAFin. Der **Gesetzeswortlaut** scheint für die erste Variante zu sprechen: In Abs. 1 wird zwischen der in vier Wochen geschuldeten Übermittlung (Satz 1) und dem Eingang der Angebotsunterlage (Satz 2, Abs. 2 Satz 1) unterschieden. Daraus ist indes kein zwingender Schluss möglich. Die Gesetzesmaterialien deuten vielmehr in eine andere Richtung. Dort heißt es im Hinblick auf Abs. 2 Satz 1, die Angebotsunterlage sei „zehn Werktage nach Übermittlung an die Bundesanstalt zu veröffentlichen".[2] Demnach wird der Eingang nach Abs. 2 Satz 1 und damit Abs. 1 Satz 1 mit der Übermittlung gleichgesetzt. Dies spricht dafür, dass der Übermittlungserfolg maßgeblich ist. Während die Angebotsunterlage selbst vom Bieter zu unterschreiben ist (§ 11 Rn. 7), muss die Übermittlung nicht höchstpersönlich erfolgen, sondern kann durch einen rechtsgeschäftlichen Vertreter bzw. einen Verfahrensbevollmächtigten vorgenommen werden.[3]

---

[1] RegE BT-Drucks. 14/7034 S. 44; DiskEntw ÜG S. 318; WÜG-RefE S. 452.
[2] RegE BT-Drucks. 14/7034 S. 44; DiskEntw ÜG S. 318; WÜG-RefE S. 452.
[3] *Seydel* in Kölner Komm. Rn. 23.

Für die Übermittlung steht eine Frist von **vier Wochen** (im DiskEntw ÜG   4
noch zwei Wochen) zur Verfügung. Für den Fristbeginn gilt § 187 Abs. 1 BGB:
Der Tag der Veröffentlichung nach § 10 Abs. 3 wird nicht mitgerechnet; für das
Fristende gilt entsprechend § 188 Abs. 2 BGB. Entsprechend der Praxis der
BAFin bei Verkaufsprospekten muss es genügen, dass die Angebotsunterlage
zunächst per **Telefax** übermittelt wird, wenn das Original mit Unterschriften
am dritten Tag nach Eingang des Faxes eingeht.[4] Bei **Überschreiten der Frist**
ist keine „Wiedereinsetzung" möglich. Prinzipiell muss die BAFin die Veröffentlichung der Angebotsunterlage gemäß § 15 Abs. 1 Nr. 3 im Wege einer
gebundenen Entscheidung untersagen. Fraglich ist, ob sich die BAFin nicht
dennoch mit einer rechtswidrigen, weil verspätet eingegangenen Angebotsunterlage befassen muss, wenn die Frist noch nicht soweit überschritten ist, dass
eine Auseinandersetzung in der Sache auf der Grundlage der Zehntagesfrist des
Abs. 2 Satz 1 und der Verlängerungsmöglichkeit um weitere fünf Tage nach
Abs. 2 Satz 3 weiterhin möglich bleibt. Die gebundene Entscheidung des § 15
Abs. 1 Nr. 3 steht dem nicht zwingend entgegen: In den Materialien geht der
Gesetzgeber davon aus, dass diese Norm verhindern solle, dass auf eine Vorankündigung nach § 10 Abs. 3 *überhaupt keine* Angebotsunterlage mehr folge
und insgesamt die Zielgesellschaft missbräuchlich nach § 33 Abs. 1 Satz 1 lahm-
gelegt werden solle.[5] Dies ist nicht der Fall, wenn die Angebotsunterlage mit
ein oder zwei Tagen Verzögerung bei der BAFin in einer Form eingeht, die eine
Überprüfung in der Frist des Abs. 2 Satz 1 mit einer eventuellen Verlängerung
nach Abs. 2 Satz 3 ermöglicht. Im Übrigen stellt sich aus Sicht der BAFin stets
die Frage, ob der Bieter nicht anläßlich der verspätet eingereichten Angebotsunterlage konkludent einen Antrag auf Ausnahmegenehmigung nach Abs. 1
Satz 3 gestellt hat, wenn die Sachvoraussetzungen dieser Norm vorliegen. Eine
schlichte **Abweisung** der verspätet eingegangenen Angebotsunterlage **im
Wege einer „gebundenen Entscheidung"** bedeutet daher eine **Ermessensunterschreitung**. Bei der Ausübung des Ermessens ist die BAFin an die Prinzipien des § 3 gebunden, wobei insbesondere der Schutz der Zielgesellschaft
vor Verfahrensverschleppung (Abs. 4) stark ins Gewicht fällt. Diese Gefahr besteht aber nur, wenn die BAFin unter Ausschöpfung aller Möglichkeiten nach
Abs. 2 infolge Zeitablaufs nicht mehr zu einer vollständigen Überprüfung in
der Lage ist; denn eine Zeitverzögerung von maximal fünfzehn Tagen hat der
Gesetzgeber in Abs. 2 Satz 1 und 3 ja einkalkuliert. Neben möglichen Präven-
tionsgesichtspunkten (Abschreckung dieser oder anderer Bieter vor missbräuchlichen Verzögerungen) dürfte die harte Rechtsfolge des § 26 für den
Bieter ins Gewicht fallen sowie der Umstand, dass die Frist von vier Wochen
angesichts des komplizierten Sachverhalts äußerst knapp bemessen ist: Im Falle
Vodafone/Mannesmann lag zwischen der Vorankündigung und der Veröffentlichung der Angebotsunterlage ein Zeitraum von 5 Wochen, in dem mehr als
100 Berater mit Detailanalysen der Marktsituation und der Entwicklung des
Unternehmenswertes der Zielgesellschaft beschäftigt waren.[6] Zu bedenken ist

---

[4] *Geibel* in *Geibel/Süßmann* Rn. 8; *Seydel* in Kölner Komm. Rn. 25; *Steinmeyer/
Häger* Rn. 8.
[5] RegE BT-Drucks. 14/7034 S. 45; WÜG-RefE S. 454.
[6] *Riehmer* NZG 2000, 820.

insbesondere die Schwierigkeit, innerhalb der kurzen Frist eine Finanzierungsbestätigung nach § 13 Abs. 1 Satz 2 zu beschaffen.[7]

5   **3. Bestätigung (Abs. 1 Satz 2).** Diese bezieht sich auf den Tag des Eingangs
der Angebotsunterlage und soll bei der Berechnung der Zehntagesfrist nach
Abs. 2 Satz 1 helfen.[8] Im Übrigen dient sie der Beweisführung.[9]

6   **4. Fristverlängerung (Abs. 1 Satz 3).** Die Vorschrift kam erst während
der Beratungen im Bundestag in das Gesetz. Sie eröffnet der BAFin eine Ermessensentscheidung. Allerdings ist das Ermessen stark eingeschränkt. Eine
Verlängerung kommt nur in zwei Fällen in Betracht: Der erste liegt im **grenzüberschreitenden Angebot.** Hierfür dürfte es ausreichen, wenn die Grenzen
der Bundesrepublik überschritten sind. Insbesondere lässt sich aus § 2 Abs. 7
nicht ein einschränkendes Argument dahin ableiten, dass die Grenzen des
Europäischen Wirtschaftsraums überschritten sein müssten. Denn das Recht
öffA ist dort nicht harmonisiert. Entscheidend für die Grenzüberschreitung
dürfte sein, dass sich das Angebot (auch) an Aktionäre mit Wohnsitz außerhalb
der Bundesrepublik richtet und dadurch dem Anwendungsbereich eines ausländischen Börsen- oder Kapitalmarktrechts unterfällt. Der zweite Ausnahme-
grund liegt in **Kapitalmaßnahmen** des Bieters (Kapitalerhöhung, -herabset-
zung). Diese müssen in innerem Zusammenhang mit der Abgabe des öffA
stehen (Regelfall: Kapitalerhöhung zur Schaffung von Tauschaktien). Teilweise
wird nach dem **Zweck einer Kapitalerhöhung** differenziert: Diene diese der
Schaffung von Tauschaktien, reduziere sich der Ermessensspielraum der BAFin
im Rahmen des § 14 Abs. 2 Satz 3 auf Null. Anders liege allerdings der Fall,
dass der Zweck der Kapitalmaßnahme nur in der Beschaffung von Finanzmit-
teln für das öffA bestehe. Da dem Bieter hier andere Möglichkeiten (Fremdfinanzierung) offenstünden, sei die Freistellung weniger zwingend.[10] Dies
überzeugt nicht: Da aus § 10 Abs. 1 Satz 2 in jedem Fall ein Zwang zur Vorankündigung und Ingangsetzung der Vierwochenfrist nach § 14 Abs. 1 Satz 1
resultiert, bevor die Kapitalmaßnahme abgeschlossen ist, ist das Ermessen der
BAFin in beiden Fällen stark eingeschränkt; andernfalls wäre auch die ausdrückliche Erwähnung der Kapitalmaßnahmen in § 14 Abs. 1 Satz 1 weitgehend gegenstandslos. Insbesondere darf die BAFin den Bieter nicht durch ihre
Entscheidungspraxis zu einer bestimmten Art der Finanzierung zwingen.
Diese ist vielmehr Gegenstand der letztlich nicht überprüfbaren unternehmerischen Einschätzungsprärogative.

7   **5. Die Gestattung durch die BAFin (Abs. 2 Satz 1).** Die **ausdrückliche
Gestattung** setzt voraus, dass eine Erklärung von einem Amtswalter abgegeben wird, der die BAFin nach außen vertreten darf, und dass die Erklärung sich
exakt auf die Zulässigkeit der Veröffentlichung der Angebotsunterlage bezieht.
Der Prüfungsmaßstab entspricht dem des § 15 (§ 15 Rn. 2 ff.): Die BAFin
nimmt eine Evidenzkontrolle vor (vgl. § 15 Abs. 1 Nr. 2).[11] Fraglich ist, welche

---

[7] *Riehmer* NZG 2000, 820, 821.

[8] RegE BT-Drucks. 14/7034 S. 44; DiskEntw ÜG S. 318; WÜG-RefE S. 452.

[9] *Riehmer* in *Haarmann/Riehmer/Schüppen* Rn. 15.

[10] *Seydel* in Kölner Komm. Rn. 33.

[11] RegE BT-Drucks. 14/7034 S. 45; DiskEntw ÜG S. 318; WÜG-RefE S. 452.

Bindungswirkung für die Verfahrensbeteiligten von der Gestattung ausgeht. Dem Bieter ist zunächst erlaubt, den Antrag nach § 145 BGB durch Veröffentlichung der Angebotsunterlage zu erklären. Darüber hinaus dürfte die Entscheidung der BAFin indes **keine materielle Präklusion** von Einwendungen bewirken, die sich aus Rechtsverstößen im Inhalt der Angebotsunterlage ergeben. Dafür spricht der eingeschränkte Prüfungsmaßstab (vgl. § 15 Abs. 1 Nr. 2) sowie der verkürzte Prüfungszeitraum (§ 14 Abs. 2 Satz 1) einerseits sowie der Umstand, dass die BAFin die Prüfung nicht im Interesse des Bieters vornimmt (arg. e § 4 Abs. 2). Übersieht die BAFin also die Rechtswidrigkeit einer Bedingung nach § 11 Abs. 2 Satz 2 Nr. 5 bleibt das Angebot bestehen, wenn die vermeintlichen „Bedingungsvoraussetzungen" eintreten, weil die Bedingung selbst nach § 134 BGB nichtig ist. Ansonsten wird nach Verstreichen von zehn Werktagen die **Gestattung fingiert.** Die BAFin darf aber im Zweifel die Zehntagesfrist nicht einfach verstreichen lassen, da der Bieter ein subjektives öffentliches Recht auf Gestattung hat und Verfahrensverzögerungen zu Lasten der Zielgesellschaft zu vermeiden sind (§ 3 Abs. 4 Satz 2).[12] Theoretisch steht der Zielgesellschaft gegen eine ausdrückliche Gestattung der **Widerspruch** nach § 41 Abs. 1 Satz 1 zu, und gegen das Verstreichenlassen der Frist nach § 14 Abs. 2 Satz 1 ist die **Untätigkeitsbeschwerde** nach § 48 Abs. 3 statthaft. Die Widerspruchs- bzw. Beschwerdebefugnis setzen indes voraus, dass die Zielgesellschaft die Verletzung eines subjektiven Rechts geltend machen kann; diese sind nach § 4 Abs. 2 eingeschränkt. Nach hier vertretener Auffassung kommen vor allem zwei Möglichkeiten in Betracht (§ 4 Rn. 10): Die Zielgesellschaft darf eine Verletzung der §§ 14 Abs. 1 Satz 1 und 3, 16 Abs. 1 und 2 WpÜG rügen, weil diese die Zielgesellschaft vor einer Verzögerung des Angebotsverfahrens schützen (§ 3 Abs. 4 Satz 2). Ferner darf die Zielgesellschaft vorgehen, wenn das öffA offensichtlich nur darauf gerichtet ist, die Zielgesellschaft in ihrem Verhaltensspielraum zu behindern, als Willenserklärung aber nicht ernst gemeint ist (arg. e § 3 Abs. 4 Satz 1).[13] Bei Letzterem handelt es sich um Fälle in denen das öffA von so schweren Fehlern durchsetzt ist, dass von seiner Ernsthaftigkeit nicht ausgegangen werden kann (Beispiel: fehlende Finanzierungsbestätigung nach § 11 Abs. 2 Satz 3 Nr. 4). Ansonsten sind Widerspruch und Untätigkeitsbeschwerde unzulässig.

6. Veröffentlichungspflicht und Verlängerung (Abs. 2). Die Regelung   8
lehnt sich an Art. 6 Abs. 2 Satz 1 GS 2000 an.[14] Die Veröffentlichung (Abs. 3) hat bei ausdrücklicher Gestattung durch die BAFin unverzüglich zu erfolgen, d.h. ohne schuldhaftes Zögern (§ 121 Abs. 1 Satz 1 BGB). Ansonsten kommt es auf das Verstreichen von **zehn Werktagen** an; nicht als Werktage gelten dabei Sonn- und bundeseinheitliche Feiertage.[15] Der Zeitpunkt des Eingangs der Angebotsunterlage, der nach Abs. 1 Satz 2 bestätigt wird, zählt gemäß § 187 Abs. 1 BGB dabei nicht mit. Das Fristende bestimmt sich nach § 188 Abs. 1 BGB. Darüber hinaus kommt eine irgend geartete „**Verwirkung**" durch ein sonstiges Verhalten der BAFin (Äußerung zur rechtlichen Bedenkenfreiheit

---

[12] *Seydel* in Kölner Komm. Rn. 45.
[13] Weitergehend *Aha* AG 2002, 160, 164
[14] WÜG-RefE S. 452.
[15] *Seydel* in Kölner Komm. Rn. 51.

der Angebotsunterlage) nicht in Betracht: Dafür spricht die Alternativität zwischen Fristablauf und *ausdrücklicher* Gestattung. Zur **Überprüfung durch die BAFin** vgl. § 15 Rn. 2 ff.

9   Das **Bekanntgabeverbot** nach **Abs. 2 Satz 2** entspricht seiner Zwecksetzung nach § 10 Abs. 3 Satz 3. Durch die einheitliche Veröffentlichung nach § 14 Abs. 3 sollen zum Schutz des Anlegervertrauens in die Kapitalmärkte alle Betroffenen gleichzeitig und gleichmäßig informiert werden (vgl. § 3 Abs. 1). Der Begriff der Bekanntmachung ist folglich wie in § 10 Abs. 3 Satz 3 weit auszulegen (§ 10 Rn. 22).

10   Ob die BAFin von der **Verlängerungsmöglichkeit** nach Abs. 2 Satz 3 Gebrauch macht, bleibt ihrem **Ermessen** überlassen (vgl. bereits oben Rn. 4). Dieses Ermessen ist durch die beiden Anwendungsfälle (Unvollständigkeit und Verstoß gegen die Vorschriften des WpÜG) begrenzt. Der Begriff der **Unvollständigkeit** bezieht sich auf die nach § 11 WpÜG und § 2 AngebotsVO erforderlichen Angaben; vgl. auch § 12 Rn. 6. Als **Verstoß gegen Vorschriften dieses Gesetzes** kommt darüber hinaus ein Verstoß gegen die Prinzipien des § 3, aber auch gegen einzelne Verfahrensbestimmungen, insbesondere die Finanzierung (vgl. auch § 13 (und inzidenter § 71a Abs. 1 Satz 1 AktG) in Betracht. In den Materialien findet sich als Beispiel die Aufnahme einer Bedingung in die Angebotsunterlage, die nach § 18 offensichtlich unzulässig ist.[16] Nach der Vorstellung des Gesetzgebers liegt der Zweck der Frist darin, dass „nicht selten sehr komplexe Sachverhalte darzustellen sind".[17] Im Übrigen verweist die Begründung auf den Charakter der Entscheidung nach § 15 als gebundener Entscheidung: Die BAFin dürfe angesichts behebbarer Verfahrensfehler nicht zur Ablehnung nach § 15 gedrängt werden.[18] Die Verlängerung muss **innerhalb der Zehntagesfrist nach § 14 Abs. 2 Satz 1** erklärt werden, da andernfalls eine gesetzliche Veröffentlichungspflicht entsteht. Der Fristbeginn bestimmt sich bei richtiger Betrachtung nach § 187 Abs. 2 BGB, so dass der erste der fünf Tage unmittelbar an den Ablauf des letzten Tages der Zehntagesfrist nach Abs. 2 Satz 1 anschließt.

11   **7. Gegenstand der Veröffentlichungspflicht (Abs. 3).** Fraglich ist, was mit einer Veröffentlichung im **Internet** (Nr. 1) gemeint ist. Die Vorschrift unterscheidet sich vom Wortlaut des § 10 Abs. 3 Nr. 2, wo die Veröffentlichung in einem Informationssystem vorausgesetzt wird, das von Kreditinstituten, Finanzdienstleistern usw. als Standard akzeptiert wird. Dort kommt eine elektronische Veröffentlichung allerdings alternativ zur Veröffentlichung in einem überregionalen Börsenpflichtblatt in Betracht. Im vorliegenden Fall dient die elektronische Veröffentlichung indes nur als zusätzliche Informationsquelle. Weil bereits in der Vorankündigung auf die Adresse der Internetpräsenz hingewiesen wird (§ 10 Abs. 3 Satz 2) sind die Anforderungen nicht zu hoch zu setzen, wenn die Angebotsunterlage an einer allgemein zugänglichen Stelle des World Wide Web abgelegt ist. Dem Gesetzgeber schwebt vor, dass der Bieter die Angebotsunterlage auf seiner „Website" ablegt.[19] Das Gesetz setzt nur die

---

16 RegE BT-Drucks. 14/7034 S. 45; WÜG-RefE S. 453.
17 RegE (Fn. 16); WÜG-RefE (Fn. 16).
18 RegE (Fn. 16); WÜG-RefE (Fn. 16).
19 RegE (Fn. 16); WÜG-RefE (Fn. 16).

Bekanntmachung voraus: Der Inhalt muss einem unbegrenzten Personenkreis zugänglich gemacht werden. Dies erfordert nach dem Wortlaut nicht notwendig die dauerhafte Speicherbarkeit der zugrunde liegenden Datei; vielmehr genügt die Möglichkeit der Lektüre am Bildschirm.

Zur Veröffentlichung in einem **Börsenpflichtblatt** vgl. § 10 Rn. 20. Die   **12**
praktisch bedeutsame Möglichkeit, alternativ zur Veröffentlichung, Exemplare
der Angebotsunterlage **kostenlos bereitzuhalten,** orientiert sich am Vorbild
des § 9 Abs. 2 VerkProspG (**Schalterpublizität**). Fraglich ist in diesem Zusammenhang die Bedeutung des Tatbestandsmerkmals „**kostenlos**". Man wird darunter etwas anderes verstehen dürfen als unter unentgeltlich iSd. § 516 Abs 1
BGB. Es kommt nicht nur darauf an, dass der Bieter keine Gegenleistung verlangt, er darf auch keinen Aufwendungsersatz (§ 670 BGB) für einen möglicherweise erforderlichen Versand fordern. Dies folgt schon aus dem systematischen Vergleich mit der Veröffentlichung im Börsenpflichtblatt: Dort kann der
Leser ja ohne Aufbringung finanzieller Lasten vom Inhalt Kenntnis nehmen.
Dieses Ergebnis bestätigt sich aus dem Normzweck, die Informierung der
Aktionäre möglichst unkompliziert, gleichmäßig und ohne Hürden auszugestalten.

Der nach Abs. 3 Satz 2 erforderliche **Beleg über die Veröffentlichung**   **13**
ist wohl ebenso wie im Falle des § 10 Abs. 4 durch eine Kopie des Originals
(Ausdruck der Internetseite) bzw. ein Originalexemplar (Ausgabe des Börsenpflichtblatts bzw. zusätzlich eines der kostenlos zur Verfügung gestellten
Exemplare) zu führen, damit sich die BAFin auch im Hinblick auf die textliche
Gestaltung einen authentischen Eindruck von der Informierung der Aktionäre
bilden kann.

8. Weitere Mitteilungspflichten (Abs. 4). Die Norm ist im Hinblick auf   **14**
Zweck und Tatbestand mit § 10 Abs. 5 vergleichbar (siehe also dort). Sie orientiert sich an Art. 8 Abs. 2 GS 2000 (entsprechend RLE 2002). Gegenstand der
Pflicht ist die **Mitteilung der Angebotsunterlage**. Nach dem Normzweck
genügt es, dass der Originalinhalt – nicht notwendig in der Originalgestal-
tung wie im Falle des Abs. 3 Satz 2 – den Adressaten zugeht. Die Übermittlung
eines Exemplars vom Bieter an den Vorstand der Zielgesellschaft genügt (vgl.
den Wortlaut „die Angebotsunterlage"). Im **Umkehrschluss** folgt, dass der
Bieter **konkurrierende Bieter** nicht über die Angebotsunterlage informieren
muss.

§ 15 Untersagung des Angebots

(1) **Die Bundesanstalt untersagt das Angebot, wenn**

1. **die Angebotsunterlage nicht die Angaben enthält, die nach § 11
   Abs. 2 oder einer auf Grund des § 11 Abs. 4 erlassenen Rechtsverordnung erforderlich sind,**

2. **die in der Angebotsunterlage enthaltenen Angaben offensichtlich
   gegen Vorschriften dieses Gesetzes oder einer auf Grund dieses Gesetzes erlassenen Rechtsverordnung verstoßen,**

3. **der Bieter entgegen § 14 Abs. 1 Satz 1 der Bundesanstalt keine Angebotsunterlage übermittelt oder**

4. der Bieter entgegen § 14 Abs. 2 Satz 1 die Angebotsunterlage nicht veröffentlicht hat.

(2) **Die Bundesanstalt kann das Angebot untersagen, wenn der Bieter die Veröffentlichung nicht in der in § 14 Abs. 3 Satz 1 vorgeschriebenen Form vornimmt.**

(3) **Ist das Angebot nach Absatz 1 oder 2 untersagt worden, so ist die Veröffentlichung der Angebotsunterlage verboten. Ein Rechtsgeschäft auf Grund eines nach Absatz 1 oder 2 untersagten Angebots ist nichtig.**

Übersicht

1   **1. Normzweck der gebundenen Entscheidung und Prüfungsmaßstab.** Bei der Entscheidung nach § 15 Abs. 1 hat die BAFin **kein Ermessen**. Der Gesetzgeber rechtfertigt die Anordnung einer gebundenen Entscheidung mit den **weitreichenden Wirkungen** der Veröffentlichung einer Vorankündigung nach **§ 10 für die Zielgesellschaft** (vgl. nämlich § 33 Abs. 1 Satz 1). Aus diesem Grund solle der Bieter verpflichtet sein, bereits im Vorfeld einer Übernahme eine fundierte Entscheidung über die eigenen Absichten und Fähigkeiten zur Übernahme der Zielgesellschaft zu treffen. Zu diesem Zweck müsse er sich im Vorfeld Rechenschaft über die nach § 11 Abs. 2 WpÜG bzw. § 2 Angebots VO maßgeblichen Punkte verschaffen. Lägen Angaben zu diesen nicht vor, erscheine es gerechtfertigt, die Einleitung eines Übernahmeverfahrens allein deswegen zu untersagen.[1] Als weiteren Zweck des Wegfalls einer Ermessensentscheidung wird man das Bemühen erkennen können, **Verfahrensverzögerungen zum Schutz der Zielgesellschaft zu vermeiden** (vgl. § 3 Abs 4 Satz 1), ziehen doch Ermessensentscheidungen, weil potentiell wesentlich fehleranfälliger, vor allem Rechtsbehelfe zur Überprüfung des Ermessensspielraums nach sich. Für eine umfassende Evidenzentscheidung in der Sache würde der nach § 14 Abs. 2 Satz 1 und 3 eingeräumte Zeitraum ohnehin nicht ausreichen. In dieses Bild fügt sich, dass auch die Rechtmäßigkeitskontrolle

---

[1] RegE BT-Drucks. 14/7034 S. 46, linke Spalte, erster Absatz am Ende; Disk-Entw ÜG S. 320 f.; WÜG-RefE S. 111f.

nach § 15 Abs. 1 im Rahmen einer **Evidenzprüfung**[2] erfolgt. Diese rechtfertigt sich ihrerseits aus den beschränkten Informationsmöglichkeiten der
BAFin: Sie kann ihre Entscheidung regelmäßig nur auf weniger detaillierte
Informationen als der Bieter selbst stützen, weil sie nicht wie dieser über die
aus der Due-Diligence-Prüfung gewonnenen Tatsachenkenntnisse verfügt.[3]
Amtshaftungsansprüche aufgrund einer rechtswidrigerweise falschen Entscheidung der BAFin können wegen § 4 Abs. 2 nur von den unmittelbaren Verfahrensbeteiligten (Bieter und Zielgesellschaft), nicht aber von den Aktionären
der Zielgesellschaft oder sonstigen Anlegern hergeleitet werden (§ 4 Rn. 8).

2. Gebundene Entscheidung (Abs. 1). a) Fehlen der erforderlichen 2
Angaben (Nr. 1). Der Angebotsunterlage müssen Angaben fehlen, die nach
§ 11 Abs. 2 Satz 2 und 3 WpÜG sowie nach § 2 AngebotsVO (zu diesen § 11
Rn. 27 ff.) vorausgesetzt werden. Entscheidend kommt es darauf an, ob diese
Angaben nach dem Zweck der Norm **erforderlich** sind. Dies setzt voraus, dass
der Fehler nicht so unbedeutend ist, dass er die jeweilige Schutzzwecksetzung
der Angabepflicht nicht berührt. Nach Auffassung des Gesetzgebers soll etwa
eine unrichtige Anschrift einer mit dem Bieter gemeinsam handelnden Person
unwesentlich sein.[4] Dagegen wird man an die Informationen über die Finanzierung des Angebots oder die erwarteten Auswirkungen des Angebots auf die
Vermögens-, Finanz- und Ertragslage des Bieters dann nicht die größten Anforderungen anlegen, wenn ein reines Barangebot unterbreitet wird und die
Finanzierungsbestätigung nach § 13 Abs 1 Satz 2 vorliegt: Für die in Bargeld
ausgezahlten Aktionäre ist die Entwicklung der Bietergesellschaft dann weitgehend ohne Interesse (vgl. § 11 Rn. 15).[5] Ferner braucht und kann auf die eigenen Absichten hinsichtlich der künftigen geschäftlichen Tätigkeit der Zielgesellschaft (§ 11 Abs 2 Satz 3 Nr. 2) nicht eingehen, wer keine Kontrollmehrheit anstrebt; die Finanzierungsbestätigung nach § 2 Nr. 5 AngebotsVO kann
nicht beisteuern, wer ein Tauschangebot abgibt. Beim **Rückerwerb eigener**
Aktien schließlich passt eine Reihe von Angabepflichten ihrem Zweck nach
nicht (§ 2 Rn. 6 f).

Bei **Unvollständigkeit der Angebotsunterlage** darf die BAFin das öffA 3
indes nicht sofort untersagen, sondern muss die Möglichkeit überprüfen, ob
der Bieter im zeitlichen Rahmen des § 14 Abs. 2 Satz 1 und Satz 3 dem Mangel
abhelfen kann (vgl. § 14 Rn. 4).

b) Offensichtlicher Verstoß gegen Vorschriften dieses Gesetzes (Nr. 2). 4
Der Verstoß muss von den **Angaben** in der Angebotsunterlage ausgehen. Wie
auch der Umkehrschluss aus § 15 Abs. 2 erhellt, kommt deshalb der Verstoß
gegen Verfahrens- bzw. Publizitätspflichten (etwa § 14 Abs. 2 Satz 2) nicht in
Betracht, weil hier die Rechtsverletzung nicht auf einer Angabe der Angebotsunterlage beruht.[6] Der Verstoß muss sich gegen **Vorschriften des WpÜG** rich-

---

[2] Vgl. Nr. 2 „offensichtlich", Disk Entw ÜG S. 321; WÜG-RefE S. 455.
[3] *Hamann* ZIP 2001, 2249, 2251.
[4] RegE BT-Drucks. 14/7034 S. 42; WÜG-RefE S. 447.
[5] Andere Tendenz allerdings in RegE BT-Drucks. 14/7034 S. 42; WÜG-RefE
S. 447.
[6] *Seydel* in Kölner Komm. Rn. 25 und § 14 Rn. 73.

ten. In Betracht kommen die §§ 16, 17, 18, 19, 21, 22, 28, 31, 32. Richtiger Ansicht nach muss die BAFin aber über § 13 Abs. 1 Satz 1 (Finanzierung, vgl. § 11 Abs 2 Satz 3 Nr. 1) auch offensichtliche Verletzungen der Vorschrift des **§ 71a Abs. 1 Satz 1 AktG** berücksichtigen, weil der Bieter nach § 13 Abs. 1 Satz 1 gehalten ist, ein rechtmäßiges und daher durchsetzbares Finanzierungskonzept zustande zu bringen.

5   Die Prüfung beschränkt sich auf **offensichtliche Verstöße**. Nicht nur den zeitlichen, sondern auch den inhaltlichen Rahmen dieser Prüfung gibt die Frist des § 14 Abs. 2 Satz 1 bzw. auch Satz 3 vor: Die BAFin muss so umfangreich und in die Tiefe gehend prüfen, wie es diese knapp bemessene Frist zulässt. Danach[7] steht die **Vollständigkeit** der Angaben an erster Stelle der Prüfungsreihenfolge, gefolgt von einer Untersuchung der **Substantiiertheit** der Angaben in den Prüfungsunterlagen: Hier gilt es zu vermeiden, dass rhetorische Floskeln an die Stelle von Informationen treten. Schließlich wird auch die **rechtliche Zulässigkeit** der Angaben geprüft (Rn. 6). Die BAFin ist dabei weder zur Erforschung des Sachverhalts, noch zur Beweisaufnahme verpflichtet. Allerdings reduziert sich die rechtliche Würdigung auch nicht ohne weiteres auf eine summarische Prüfung, weil auch rechtlich anspruchsvolle Erwägungen angestellt und der Behördenentscheidung zugrunde gelegt werden müssen, wenn nur das Ergebnis rechtlich zweifelsfrei ist.[8] Ein **subjektiv öffentlich-rechtlicher Anspruch** Dritter auf eine besondere Art der Prüfung besteht prinzipiell nicht (arg. e § 4 Abs. 2; vgl. aber auch die Ausnahmen § 4 Rn. 9 ff.).

6   Fraglich ist, ob die BAFin **sonstige, d.h. nicht gegen das WpÜG gerichtete Rechtsverstöße** hinnehmen muss. Dies wird man im Hinblick auf den Zweck der Norm verneinen müssen, wenn der **Rechtsverstoß offensichtlich und liquide beweisbar** ist. Die gesetzliche Einschränkung bezweckt eine Vereinfachung und Beschleunigung des Genehmigungsverfahrens. Durch die Beschränkung des Prüfungsumfangs soll zugleich die Angriffsfläche für Rechtsbehelfe der Beteiligten minimiert werden. Allerdings kann der BAFin nicht zugemutet werden, bei einem Rechtsverstoß wissentlich mitzuwirken, wenn an der Rechtswidrigkeit keine ernsthaften Zweifel bestehen und über diesen leicht ein Nachweis zu führen ist. Hier tritt keine Verfahrensverlangsamung ein und mögliche Rechtsbehelfe sind offensichtlich unbegründet.

7   **c) Keine Angebotsunterlage (Nr. 3).** Die Norm präsentiert sich als ein Sonderfall von Nr. 1. Der Gesetzgeber will damit ausdrücklich seinen Willen deklarieren, die Zielgesellschaft vor missbräuchlichen Angebotsverfahren zu schützen, deren einziger Zweck darin besteht, die Zielgesellschaft (bereits durch die Vorankündigung nach § 10 Abs. 3) nach § 33 Abs. 1 Satz 1 lahmzulegen.[9] Die im Einzelfall theoretisch vorstellbare **Abgrenzungsfrage,** ob ein der BAFin übermitteltes Schriftstück als unvollständige Angebotsunterlage nach Nr. 1 oder wegen der zahlreichen Auslassungen gar nicht als Angebotsunterlage (Nr. 3) anzusehen ist, braucht die BAFin nicht zu beantworten. Beide

---

[7] Vgl. die Sichtweise der Mitarbeiter *Lenz / Linke* AG 2002, 361, 362 f.
[8] *Seydel* in Kölner Komm. Rn. 34.
[9] RegE BT-Drucks. 14/7034 S. 45 f.; WÜG-RefE S. 454 f.

Vorschriften – § 15 Abs. 1 Nr. 1 und Nr 3 – beruhen auf der Idee eines beschleunigten Entscheidungsverfahrens zum Schutze der Zielgesellschaft vor Verfahrensverschleppung (vgl. auch § 3 Abs. 4 Satz 1). Der BAFin muss es deshalb unbenommen bleiben, eine Entscheidung im Einzelfall im Wege der Wahlfeststellung auf Nr. 1 und 3 gleichzeitig zu stützen.

d) Verstoß gegen die Veröffentlichungspflicht (Nr. 4). Wie im Um- **8** kehrschluss aus § 15 Abs. 2 hervorgeht, bezieht sich die Norm ausschließlich auf die Frage des „Ob" der Veröffentlichung, nicht auf die Art und Weise. Eine Untersagung setzt also voraus, dass bis zum Entscheidungszeitraum überhaupt keine Veröffentlichung vorliegt oder dass die Veröffentlichung nicht unverzüglich erfolgt ist. Der **Gesetzgeber** rechtfertigt die im Verhältnis zu § 15 Abs. 2 äußerst scharfe Sanktion wie im Falle der Nr. 3 mit der Überlegung, die Zielgesellschaft sei vor unseriösen, weil nur auf ihre Lähmung nach § 33 Abs. 1 Satz 1 gerichteten, praktisch aber nicht durchsetzbaren Angeboten zu schützen.[10] Dies überzeugt nicht vollständig, weil im Falle des § 15 Abs. 1 Nr. 4 der Bieter der BAFin bereits eine nicht notwendig unvollständige Angebotsunterlage übermittelt haben kann, die daher durchaus die Seriositätsschwelle nimmt. Ist die Angebotsunterlage aber bereits einmal erstellt, wird schon aus praktischen Gründen die Veröffentlichung allenfalls geringfügig verzögert erfolgen; die dadurch für die Zielgesellschaft entstehende Belastung erscheint daher minimal. Der Norm dürfte daher eher ein **kapitalmarktrechtlicher Präventivzweck** zugrunde liegen: Es geht darum, die Gefährdung der Marktbeteiligten durch zurückgehaltene Informationen zu verhindern. Ist die Angebotsunterlage erstellt, besteht die Gefahr, dass sich ihr kursrelevanter Inhalt in Insiderkreisen verbreitet und zu Markttransaktionen führt, die das Vertrauen der außenstehenden Anleger in die Funktionsfähigkeit des Kapitalmarktes erschüttern oder sogar in konkrete Schädigungen münden können.

Die Tatbestandsmerkmale sind im Hinblick auf diesen Zweck auszulegen. **9** Eine **Veröffentlichung**, die den Anwendungsbereich des Abs. 2 begründet und zur Nichtanwendbarkeit von Nr. 4 führt, liegt stets vor, wenn die Informationen über den Inhalt der Angebotsunterlage vollständig einem persönlich nicht eingeschränkten Adressatenkreis zugänglich gemacht werden. Nur dann besteht die Gefahr des Verlustes von Anlegervertrauen oder der Anlegerschädigung durch Insiderwissen nicht. Wie im Rahmen des § 14 Abs. 2 Satz 1 bedeutet dabei **unverzüglich** ohne schuldhaftes Zögern (§ 121 Abs. 1 Satz 1 BGB). Die **Verhaltensanforderungen** gegenüber dem Bieter orientieren sich ferner am kapitalmarktrechtlichen Schutzzweck: Ob eine bestimmte Zeitspanne (zwei bis drei Tage nach dem Stichtag des § 14 Abs. 2 Satz 1) eine schuldhafte Pflichtverletzung beinhaltet, richtet sich nach der mit der Verzögerung begründeten Beeinträchtigung der Funktionsfähigkeit des Kapitalmarktes.

Die Entscheidung der BAFin nach § 15 Abs. 1 ist gebunden; Ermessen be- **9a** steht nicht. Richtiger Auffassung nach ist die Entscheidungsbefugnis auch nicht durch den Verhältnismäßigkeitsgrundsatz derart eingeschränkt, dass das Verbot der Veröffentlichung der Angebotsunterlage im Verhältnis zum Verstoß

---

[10] RegE BT-Drucks. 14/7034 S. 45 f.; WÜG-RefE S. 454 f.

gewichtet werden müsste.[11] Denn die zugrunde liegende Rechtsfrage ist regelmäßig bereits bei der Konkretisierung der Tatbestände von Nr. 1 bis 4 (vgl. die Merkmale „erforderlich" in Nr. 1, „offensichtlich" in Nr. 2) mit zu bedenken. Zutreffenderweise muss die BAFin aber **erst die durch § 14 Abs. 2 Satz 3 eröffneten Möglichkeiten** einer Abhilfe durch den Bieter während der verlängerten Entscheidungsfrist **ausschöpfen**, wenn ein Amtshaftungsanspruch nach § 839 BGB/Art. 34 GG gegenüber dem Bieter vermieden werden soll.[12] Eine **Teilgenehmigung** der Veröffentlichung der Angebotsunterlage kommt wegen der Gebundenheit der Entscheidung nicht in Betracht; im Übrigen darf die BAFin den Inhalt des noch nicht erklärten Verpflichtungswillens des Bieters auch nicht durch eine solche Entscheidung einseitig verändern; sie ist vielmehr an die vom Bieter in der Angebotsunterlage insgesamt geschaffene Kombination aus Chancen und Risiken gebunden. Dabei muss dem Bieter wiederum nach § 14 Abs. 2 Satz 3 Gelegenheit gegeben werden, den rechtswidrigen Teil der Angebotsunterlage abzuändern.

10   **3. Vorgehen gegen das Angebot nach Veröffentlichung.** Die Norm regelt ausdrücklich nur die Untersagung der Veröffentlichung einer der BAFin mitgeteilten Angebotsunterlage. Im systematischen Zusammenhang zu § 14 Abs. 2 Satz 1 zeigt sich, dass die BAFin nach Verstreichen der Zehntagesfrist keine Entscheidungsbefugnis nach § 15 mehr hat. Dies leuchtet allein deshalb ein, weil Gegenstand der Entscheidung nach § 15 Abs. 3 Satz 1 das Verbot der *Veröffentlichung* der Angebotsunterlage und damit der Erklärung des Bieterwillens ist. Wurde dieser erklärt, ist eine Willenserklärung des Bietes zustande gekommen und ein entsprechendes Verbot liefe ins Leere. Statt dessen kann die BAFin aber nach § 4 Abs. 1 Satz 2 und 3 vorgehen. Sie darf danach **jedes Bieterverhalten erzwingen, das dieser ansonsten freiwillig nach dem WpÜG vornehmen könnte**, also etwa eine Richtigstellung oder Aktualisierung analog § 12 Abs. 3 Nr. 3, den Verzicht auf eine rechtswidrige Bedingung entsprechend § 21 Abs. 1 Nr. 4 oder die Abänderung der Angebotsunterlage entsprechend § 31, wenn die Abweichung von dieser Norm bei der Entscheidung nach § 15 Abs. 1 Nr. 2 unentdeckt blieb. An die Stelle des freien Bieterwillens treten in diesem Fall die Voraussetzungen des § 4 Abs. 1 Satz 2. Erforderlich ist danach, dass eine ordnungsgemäße Durchführung des Verfahrens nicht mehr gewährleistet ist oder erhebliche Nachteile für den Wertpapiermarkt (iSd. § 2 Abs. 7) drohen. Dabei kommt es darauf an, dass die Maßnahme – uU gar die völlige Einstellung des Angebotsverfahrens – zur Beseitigung der Störung geeignet und das mildeste in Betracht kommende Mittel ist und die den Bieter hart treffende Rechtsfolge im Verhältnis zu der beseitigten Störung steht.

11   **4. Ermessensentscheidung (Abs. 2).** Nach Auffassung des Gesetzgebers soll die Norm die Veröffentlichung des Angebots auf dem vorgesehenen Weg gewährleisten.[13] Dies greift etwas kurz. Erkennbar liegt hier der Gedanke

---

[11] *Seydel* in Kölner Komm. Rn. 44.
[12] *Seydel* in Kölner Komm. Rn. 45.
[13] BT-Drucks. 14/7034 S. 46; DiskEntw ÜG S. 321; WÜG-RefE S. 455.

zugrunde, dass ein Verstoß gegen den Tatbestand der Ordnungsnorm des § 14 Abs. 3 Satz 1 nicht zwangsläufig auch eine Verletzung ihres Schutzzwecks beinhalten muss: Die Pflichtverletzung des Bieters muss sich also nicht zwangsläufig in einer Beeinträchtigung des Marktgeschehens auswirken. Wie im Falle des § 15 Abs. 1 Nr. 4 iVm. § 14 Abs. 2 Satz 1 dürfte aber auch § 15 Abs. 2 **kapitalmarktrechtlichen Zwecken** folgen. Es geht darum, dass die Veröffentlichung die gleichmäßige und vollständige Information der Marktteilnehmer in einer Weise sicherstellt, die hinter dem Schutzstandard des § 14 Abs. 3 Satz 1 nicht zurücksteht. § 15 Abs. 2 ist für die BAFin keine Ermächtigungsgrundlage, im Rahmen ihrer Ermessensentscheidung vom gesetzlichen Mindeststandard des § 14 Abs. 3 Satz 1 zugunsten des Bieters abzuweichen. Beim Vergleich kommt es deshalb nicht nur auf die Informierung der Aktionäre der Zielgesellschaft an (§ 3 Abs. 2), sondern auch auf die aller übrigen Marktbeteiligten, wie etwa aller potentiellen Erwerber von Aktien der Zielgesellschaft oder des Bieters. Entscheidend dürften dabei die Gleichzeitigkeit der Information, die Leichtigkeit des Zugangs sowie die Vollständigkeit und Richtigkeit sein (vgl. auch Rn. 9). Statt einer Untersagung kann die BAFin hier im Übrigen eine § 14 Abs. 3 Satz 1 genügende Veröffentlichung anordnen.[14]

5. Rechtsfolgen. a) Untersagung des Angebots. Aus dem Wortlaut von **12** Abs. 1 folgt, dass die Untersagung der BAFin sich gegen das Angebot des Bieters richtet. Der Begriff des Angebots ist dabei nicht mit dem Antrag nach § 145 BGB gleichzusetzen, weil der Bieter seinen Verpflichtungswillen erst mit der Veröffentlichung nach § 14 Abs. 3 Satz 1 erklärt (§ 14 Rn. 2). Das Verbot ist daher nicht gegen eine Willenserklärung gerichtet, sondern gegen einen der Erklärung vorausgehenden Vorbereitungsakt.[15] Deshalb erwachsen aus der Untersagung nach § 15 Abs. 1 auch nicht unmittelbar, sondern allenfalls mittelbar über Abs. 3 Rechtsfolgen.

b) Veröffentlichungsverbot (Abs. 3). Die Vorschrift knüpft an eine **Un-** **13** **tersagung nach § 15 Abs. 1 oder 2** an. Dabei handelt es sich um einen Verwaltungsakt (§ 35 VwVfG). Folglich kommt es für die Maßgeblichkeit der Untersagung nur darauf an, dass diese wirksam und vollziehbar ist (vgl. §§ 42, 50 Abs. 3). Die **Rechtmäßigkeit** der Entscheidung der BAFin spielt keine Rolle. Das Verbot richtet sich gegen die **Veröffentlichung** des Angebots. Die Veröffentlichung der Angebotsunterlage beinhaltet aber die Erklärung des rechtsgeschäftlichen Verpflichtungswillens durch den Bieter (§ 14 Rn. 2). Das Gesetz untersagt dem Bieter also, seinen Verpflichtungswillen zu erklären. Wird dieser dennoch mit dem in der Angebotsunterlage vorgesehenen Inhalt erklärt und von einem Veräußerungswilligen angenommen, ist das zustande gekommene Rechtsgeschäft **nach Abs. 3 Satz 2** nichtig.[16] Richtiger Auffassung nach muss die Nichtigkeitsfolge gerade bei einem unzulässigen öffÜA auf die dingliche Ebene (Aktieneigentumserwerb) durchschlagen, damit nicht der Bieter fak-

---

[14] *Seydel* in Kölner Komm. Rn. 50.
[15] AA *Seydel* in Kölner Komm. Rn. 47.
[16] BT-Drucks. 14/7034 S. 46; DiskEntw ÜG S. 321; WÜG-RefE S. 455.

tisch doch noch Kontrollmacht erwirbt.[17] Teilweise wird vertreten, dass die Aktienkäufe, die während der Zeit einer Suspendierung des Verbots der BAFin nach § 50 Abs. 3 abgeschlossen würden, auch nachträglich wirksam blieben, wenn dieses Verbot bestätigt würde.[18] Dafür spricht folgende Überlegung: Veröffentlicht der Bieter während des Widerspruchsverfahrens die Angebotsunterlage in den Formen des § 14 Abs. 3 Satz 1, kommt eine Willenserklärung zustande, die von den Aktionären der Zielgesellschaft angenommen werden kann. Das erst nachträglich wirksam werdende Verbot richtet sich nur gegen die *Veröffentlichung* der Angebotsunterlage, dh. die Erklärung des Willens, und nicht gegen den Inhalt des Rechtsgeschäfts. Dieser Umstand mag bei der Entscheidung nach § 50 Abs. 3 maßgebend sein. In jedem Fall kommt jedoch auch ein nachträgliches Einschreiten der BAFin nach § 4 Abs. 1 Satz 2 und 3 in Betracht (Rn. 10). In den Fällen des Verstoßes gegen § 15 Abs. 3 ist weiter bei Verschulden ein **Bußgeldtatbestand** verwirklicht (§ 60 Abs. 1 Nr. 6). Die **Veröffentlichung des Textes der Angebotsunterlage** als solcher – ohne die Erklärung eines Verpflichtungswillens seitens des Bieters – ist hingegen nicht untersagt und begründet keinen Bußgeldtatbestand.

14   **c) Weitere Rechtsfolgen.** Das Verbot richtet sich nur gegen die verfahrensgegenständliche Angebotsunterlage. Jedoch folgt aus § 26 Abs. 1 darüber hinaus eine **Sperrfrist**, innerhalb derer derselbe Bieter kein neues Angebotsverfahren einleiten darf. Rechtsgeschäfte des Bieters mit Dritten, die der Vorbereitung des Angebots dienten, sind selbst nicht nach § 15 Abs. 3 WpÜG iVm. § 134 BGB nichtig.[19] Denn das Verbot des § 15 Abs. 3 bezieht sich auf die Erklärung des Verpflichtungswillens des Bieters gegenüber den Verkaufsinteressenten und richtet sich nicht gegen Geschäfte mit Dritten. Allerdings werden einige der rechtsgeschäftlichen Erklärungen objektiv unmöglich: So kommt eine **Haftung der Prospektverantwortlichen und -urheber** nach § 12 Abs. 1 nicht zustande; denn das Vertrauen in eine verbotene Angebotsunterlage wird nicht geschützt. Gleiches gilt für die Haftung nach § 13 Abs. 2. Im Hinblick auf **Darlehensverträge**, die gemäß § 13 Abs. 1 Satz 1 der Vorbereitung des Angebots dienten, wird man differenzieren müssen: Zunächst ist nur der Finanzierungszweck entfallen. Üblicherweise trägt der Bieter aber das Verwendungsrisiko (arg. e § 119 Abs. 2 BGB). Im Rahmen des § 13 Abs. 1 Satz 1 und 2 muss jedoch sichergestellt werden, dass Darlehensverträge so vereinbart sind, dass die auszureichenden Beträge dem Zweck (= Erfüllung der Kaufverträge mit den Veräußerern) auch tatsächlich zur Verfügung stehen (Rn. 3). Damit wird der Darlehenszweck zwingend zum Vertragsgegenstand. Kann dieser nicht mehr erreicht werden, tritt auch insoweit Unmöglichkeit ein; d.h. der Darlehensgeber wird nach § 275 Abs. 1 BGB frei, der Bieter schuldet Schadensersatz bei Verschulden nach § 280 Abs. 1 Satz 1 BGB.

---

[17] *Angerer* in *Geibel/Süßmann* Rn. 48; *Riehmer* in *Haarmann/Riehmer/Schüppen* Rn. 25; *Seydel* in Kölner Komm. Rn. 69; *Steinmeyer/Häger* Rn. 10.
[18] *Seydel* in Kölner Komm. Rn. 73.
[19] Zu allgemein *Land/Hasselbach* DB 2000, 1747, 1749.

§ 16 Annahmefristen; Einberufung der Hauptversammlung

(1) Die Frist für die Annahme des Angebots (Annahmefrist) darf nicht weniger als vier Wochen und unbeschadet der Vorschriften des § 21 Abs. 5 und § 22 Abs. 2 nicht mehr als zehn Wochen betragen. Die Annahmefrist beginnt mit der Veröffentlichung der Angebotsunterlage gemäß § 14 Abs. 3 Satz 1.

(2) Bei einem Übernahmeangebot können die Aktionäre der Zielgesellschaft, die das Angebot nicht angenommen haben, das Angebot innerhalb von zwei Wochen nach der in § 23 Abs. 1 Satz 1 Nr. 2 genannten Veröffentlichung (weitere Annahmefrist) annehmen. Satz 1 gilt nicht, wenn der Bieter das Angebot von dem Erwerb eines Mindestanteils der Aktien abhängig gemacht hat und dieser Mindestanteil nach Ablauf der Annahmefrist nicht erreicht wurde.

(3) Wird im Zusammenhang mit dem Angebot nach der Veröffentlichung der Angebotsunterlage eine Hauptversammlung der Zielgesellschaft einberufen, beträgt die Annahmefrist unbeschadet der Vorschriften des § 21 Abs. 5 und § 22 Abs. 2 zehn Wochen ab der Veröffentlichung der Angebotsunterlage. Der Vorstand der Zielgesellschaft hat die Einberufung der Hauptversammlung der Zielgesellschaft unverzüglich dem Bieter und der Bundesanstalt mitzuteilen. Der Bieter hat die Mitteilung nach Satz 2 unter Angabe des Ablaufs der Annahmefrist unverzüglich in einem überregionalen Börsenpflichtblatt zu veröffentlichen. Er hat der Bundesanstalt unverzüglich einen Beleg über die Veröffentlichung zu übersenden.

(4) Die Hauptversammlung nach Absatz 3 kann bis spätestens zwei Wochen vor dem Tag der Versammlung einberufen werden. Abweichend von § 121 Abs. 5 des Aktiengesetzes und etwaigen Bestimmungen der Satzung ist die Gesellschaft bei der Wahl des Versammlungsortes frei. Wird die Monatsfrist des § 123 Abs. 1 des Aktiengesetzes unterschritten, so betragen die Anmelde- und Hinterlegungsfristen und die Frist nach § 125 Abs. 1 Satz 1 des Aktiengesetzes vier Tage. Die Gesellschaft hat den Aktionären die Erteilung von Stimmrechtsvollmachten soweit nach Gesetz und Satzung möglich zu erleichtern. Mitteilungen an die Aktionäre, ein Bericht nach § 186 Abs. 4 Satz 2 des Aktiengesetzes und fristgerecht eingereichte Anträge von Aktionären sind allen Aktionären zugänglich und in Kurzfassung bekannt zu machen. Die Zusendung von Mitteilungen und Gegenanträgen kann unterbleiben, wenn zur Überzeugung des Vorstands mit Zustimmung des Aufsichtsrats der rechtzeitige Eingang bei den Aktionären nicht wahrscheinlich ist. Für Abstimmungsvorschläge gilt § 128 Abs. 2 Satz 2 des Aktiengesetzes in diesem Fall auch bei Inhaberaktien.

Übersicht

1   **1. Normzweck.** Die Mindestannahmefrist dient dem Schutz der Aktionäre vor Erzeugung eines kollektiven Entscheidungsdrucks (§ 3 Rn. 14);[1] denselben Zweck verfolgt die gesetzliche Verlängerung der Annahmefrist nach § 16 Abs. 2. Dagegen soll die Höchstannahmefrist die Zielgesellschaft vor einer übermäßigen Belastung durch das Angebotsverfahren schützen (vgl. § 3 Abs. 4 Satz 1). § 16 Abs. 3 und 4 hingegen schaffen die Voraussetzung für die Autorisierung von Verteidigungsmaßnahmen nach Veröffentlichung der Angebotsunterlage. In **Art. 7 Abs. 1 Satz 1 GS 2000** war eine Frist von mindestens zwei und höchstens zehn Wochen vorgesehen; dem entspricht nun auch Art. 7 Abs. 1 Satz 1 RLE 2002. Abs. 2 Satz 1 der Norm erlaubt Abweichungen, wenn dies den Mitgliedstaaten in bestimmten Fällen angemessen erscheint. Diese Regelung ging auf britischen Einfluss zurück,[2] während Art. 7 Abs. 2 Satz 2 GS 2000 (Vorbild für § 16 Abs. 3 und 4) einer deutschen Initiative zu verdanken ist.[3]

2   **2. Der Fristenlauf.** Die Fristgestaltung ist in den Grenzen des § 16 Abs. 1 Satz 1 **disponibel**: Sie muss sich daher in einem Mindestrahmen von vier und einem Höchstrahmen von zehn Wochen bewegen. Deshalb liegt in der Entscheidung des Bieters für die Untergrenze von vier bzw. die Obergrenze von zehn Wochen kein Missbrauch.

3   **a) Fristbeginn (Abs. 1 Satz 1).** Für den Fristbeginn ist die **Veröffentlichung der Angebotsunterlage nach § 14 Abs. 3 Satz 1 maßgeblich.** Proble-

---

[1] Vgl. noch WÜG-RefE S. 456; DiskEntw ÜG S. 322.
[2] *Neye* AG 2000, 294.
[3] *Neye* AG 2000, 294.

matisch daran erscheint, dass es sich um einen Doppeltatbestand (Veröffentlichung im Internet und in einem Börsenpflichtblatt) handelt, dessen Elemente beide nicht notwendig zeitgleich erfüllt sind. Von einer Veröffentlichung iSd. § 14 Abs. 3 Satz 1 kann aber auch im Rahmen des § 16 Abs. 1 Satz 2 nur die Rede sein, wenn beide Elemente des Doppeltatbestandes erfüllt sind. Dafür spricht auch der Schutzzweck des § 14 Abs. 3 Satz 1: Da der Fristablauf sich gegen den annahmewilligen Aktionär der Zielgesellschaft richtet, kann er erst beginnen, wenn der Aktionär so informiert worden ist, wie es das Gesetz vorsieht. Der Fristbeginn richtet sich nach § 187 Abs. 1 BGB. Fraglich ist, ob für das Fristende **§ 193 BGB** gilt, wonach eine Verlängerung eintritt, wenn der letzte Tag der Frist auf einen Sonntag, Sonnabend oder einen am Erklärungsbzw. Leistungsort staatlich anerkannten gesetzlichen Feiertag fällt. Probleme bereitet der Bezug auf staatlich anerkannte Feiertage, denn gerade öffÜA müssen nach den konkurrierenden nationalen Regeln oft in mehreren verschiedenen Staaten erklärt werden. Die Vorschrift dürfte deshalb im Bereich von § 16 Abs. 1 im Einzelfall nicht anwendbar sein, wenn es entgegen § 3 Abs. 1 zu Ungleichbehandlungen der Aktionäre kommt.

b) Mindestannahmefrist. Das amerikanische Recht kennt in Rule 14e-   **4**
l(a) eine Mindestlaufzeit von 20 Werktagen,[4] das englische von 28 Tagen (Rule 31.1 City Code). Art. 7 Abs. 1 Satz 1 Übernahmerichtlinie erlaubte gar eine Mindestfrist von zwei Wochen. Diese ist nach Auffassung des deutschen Gesetzgebers zu kurz, als dass die Aktionäre der Zielgesellschaft das öffA ohne Zeitdruck beurteilen könnten bzw. der Vorstand der Zielgesellschaft die Arbeitnehmer unterrichten und gegebenenfalls die notwendigen Vorbereitungen für die Einberufung einer Hauptversammlung treffen könnte.[5] Ziel ist es, den kollektiven Entscheidungsdruck auf den einzelnen Aktionär zu mindern: Dieser soll seine Verkaufsentscheidung wohlüberlegt und nicht aus der irrationalen Furcht heraus treffen, andernfalls infolge Zeitablaufs oder des Zuvorkommens anderer etwas zu verpassen (Näheres § 3 Rn. 7 ff.).

c) Obergrenze von zehn Wochen und gesetzliche Fristverlängerung.   **5**
Die Frist von zehn Wochen geht auf das Vorbild von Art. 7 Abs. 1 Satz 1 GS 2000 (entsprechend RLE 2002) zurück. Das Recht der USA kennt keine zeitliche Obergrenze für öffÜA. Im Gegensatz zu § 3 Abs. 4 Satz 1 WpÜG erkennt der Williams Act die Schutzwürdigkeit der Zielgesellschaft vor langen öffÜA nicht an, so dass auch fortwährende Verlängerungen des Übernahmeangebots zulässig sind.[6] Dies dürfte damit zusammenhängen, dass nach amerikanischem Recht Verteidigungsmaßnahmen des Vorstands nicht vollständig ausgeschlossen sind, während nach § 33 Abs. 1 Satz 1 zu Lasten der Zielgesellschaft eine partielle Lähmung eintritt, deren Belastungswirkung der **Gesetzgeber** einschränken will.[7] Auch das **englische Recht** kennt keine zwingende Höchstlaufzeit, sieht aber nach sechs Wochen Laufzeit den Verlust der für den

---

[4] *Knoll S. 84 f.*
[5] So noch DiskEntw ÜG S. 322; WÜG–RefE S. 456.
[6] *Knoll S. 85.*
[7] Vgl. DiskEntw ÜG S. 322, wo noch eine Höchstfrist von 6 Wochen vorgesehen war.

Bieter günstigen Möglichkeit einer Verbindlichkeitserklärung durch das Panel
vor (Rule 31.6 City Code), was einer praktischen Höchstgrenze gleich-
kommt.[8]

6   **d) Gesetzliche Fristverlängerungen.** Das WpÜG kennt **vier Fälle der
gesetzlichen Fristverlängerung**, die die Höchstlaufzeit erweitern können.
Nach Ablauf der Annahmefrist, läuft bei einem öffÜA die weitere Annahmefrist von zwei Wochen § 16 Abs. 2. Im Falle einer zulässigen **Änderung des
öffA** findet nach § 21 **Abs. 5** eine gesetzliche Fristverlängerung um zwei
Wochen statt, wenn die Änderung innerhalb der letzten beiden Wochen der
Laufzeit vorgenommen worden ist. Wird eine Hauptversammlung der Zielgesellschaft in Zusammenhang mit dem Angebot einberufen, erstreckt sich die
Frist in jedem Fall nach § 16 Abs. 3 auf zehn Wochen. Wird ein **konkurrierendes öffA** unterbreitet, verlängert sich die Frist des Erstangebots auf die des
konkurrierenden Angebots gemäß § 22 Abs. 2. Durch **Kombinationen** dieser
Fristen, die in § 22 Abs. 2 ausdrücklich vorgesehen sind, kann eine erhebliche
Verlängerung eintreten, die **bei zwei konkurrierenden Angeboten knapp
unter 26 Wochen liegen kann**: Ist das Erstangebot auf vier Wochen befristet,
macht die Zielgesellschaft aber von der Möglichkeit des § 16 Abs. 3 Gebrauch,
verlängert sich die Frist auf zehn Wochen. Wird am letzten Tag dieser zehn
Wochen ein konkurrierendes öffÜA mit einer Laufzeit von wiederum zehn
Wochen unterbreitet, verlängert sich die Laufzeit des Erstangebots um weitere
zehn Wochen. Ändert der Konkurrent sein Angebot am letzten Tag der letzten
Woche nach § 21 Abs. 1, verlängern sich nach § 21 Abs. 5 automatisch das konkurrierende Angebot und damit nach § 22 Abs. 2 auch das Erstangebot um
weitere zwei Wochen. Ändert der Erstbieter am letzten Tag dieser letzten beiden Wochen seinerseits das Angebot, tritt richtiger Ansicht nach eine weitere
Verlängerung beider Angebote um weitere zwei Wochen ein. Nach Ablauf dieser greift die Zweiwochenfrist des § 16 Abs. 2. Käme vor Ablauf der regulären
Frist ein dritter Konkurrent ins Spiel, würden sich die Fristen der beiden laufenden öffA wiederum nach § 22 Abs. 2 verlängern.

7   **e) Nachträgliche Fristveränderung durch den Bieter?** Im Umkehrschluss aus den enumerierten Tatbeständen des § 21 Abs. 1 und Abs. 5 folgt, dass
der Bieter die Annahmefrist nachträglich nicht innerhalb des nach § 16 Abs. 1
Satz 1 vorgesehenen Zeitrahmens **verlängern** kann. Vielmehr tritt nur eine
Verlängerung nach § 21 Abs. 5 kraft Gesetzes ein, wenn eine unter den Nume-
rus clausus von § 21 Abs. 1 fallende zusätzliche Änderung vorgenommen
wurde. Die Kritik bejaht aus Überlegungen der Verfahrenseffizienz und der
Anpassung an andere Rechtsordnungen eine ungeschriebene Friständerungs-
möglichkeit.[9] Dagegen spricht jedoch einmal das dem Gesetz zugrunde liegende Prinzip der strengen rechtsgeschäftlichen Bindung des Bieters (§ 17
Rn. 1), zum anderen die in den Grenzen des § 18 Abs. 1 eröffnete Möglichkeit
des Bieters, sich eine Verlängerung der Annahmefrist vorzubehalten (§ 18
Rn. 9): Die völlig freie Disponibilität der Annahmefrist aus Sicht des Bieters
bedeutete nämlich einen Wertungswiderspruch zum Maßstab des § 18 Abs. 1

---

[8] *Knoll* S. 127.
[9] *Hasselbach* in Kölner Komm. Rn. 20.

(Verbot der Potestativbedingung). Dadurch wird auf den Bieter starker Druck ausgeübt, die zeitliche Gestaltung des öffA von Beginn an strategisch zu gestalten. Erst recht sind **Fristverkürzungen** untersagt. Dies folgt wiederum im Umkehrschluss aus § 21; die Norm beinhaltet zudem einen allgemeinen Rechtsgedanken, nachdem nach der Veröffentlichung der Angebotsunterlage keine Veränderungen möglich sind, die die wirtschaftliche Belastung des Bieters mindern.

3. Die weitere Annahmefrist (Abs. 2). a) Normzweck. In Großbritan-   **8**
nien kann sich der Aktionär noch 21 Tage nach dem Schlusstag der Angebotsfrist vom Vertrag zurückziehen (Right of Withdrawal, Rule 34 City Code),[10] es sei denn, das Panel hat das Angebot für verbindlich erklärt.[11] Weil diese Erklärung wiederum nur bis zu einer Höchstlaufzeit des Angebots von sechs Wochen möglich ist, hat sich die Sechswochenfrist als praktische Obergrenze herausgebildet.[12] Nach Auffassung des Gesetzgebers trägt die deutsche Regelung der besonderen Situation Rechnung, in der sich Minderheitsaktionäre bei einem öffÜA iSd. § 29 befinden, „denen ein koordiniertes Verhalten bei der Entscheidung über das Übernahmeangebot faktisch nicht möglich ist".[13] Aufgrund der bisweilen als **„Zaunkönigregel"** bezeichneten Norm[14] sollen insbesondere Belegschaftsaktionäre, die der Übernahme kritisch gegenüberstehen, zunächst an ihrer Aktie festhalten und den Verlauf der Übernahme abwarten können, bevor sie in Kenntnis des Ergebnisses ihre Anteile doch noch dem Bieter veräußern dürfen, um nicht in die Position eines Minderheitsgesellschafters zu geraten.[15] Außerdem soll dem Bieter die Chance eingeräumt werden, durch die Nachfrist seine Beteiligung am Zielunternehmen weiter zu erhöhen.[16] Dies ist deshalb möglich, weil nach dem Erwerb der Kontrollmehrheit der Wert der nicht vom Bieter gehaltenen Aktien sinkt; denn der Markt diskontiert häufig bereits die künftigen Nachteile eines Minderheitenstatus (vgl. § 3 Rn. 14, 16). In dieser Situation sind die verbliebenen Aktionäre möglicherweise in besonderer Weise zur nachträglichen Annahme des Angebots bereit. Ob das wirtschaftliche Interesse des Bieters an weiteren Aktien zu den Konditionen des öffÜA deshalb allerdings besonders groß ist, dürfte eine andere Frage sein.

b) Tatbestand. Die Norm ist nur auf öffÜA iSd. § 29 Abs. 1 anwendbar,   **9**
weil nur hier der besondere kollektive Entscheidungsdruck eintritt (vgl. deshalb als negatives Beispiel etwa § 29 Rn. 9) Ihr Vorbild dürfte in Rule 31.4 City Code liegen. Für den Lauf der Zweiwochenfrist gelten die §§ 187 Abs. 1, 188 Abs. 2 BGB, weil auf ein Ereignis, die Publikation nach § 23 Abs. 1 Satz 1 Nr 2 WpÜG, abgestellt wird. Fraglich ist, ob die Frist auch dann zu laufen beginnt, wenn die **Publikation nach § 23 Abs. 1 Satz 1 Nr. 2 inhaltlich un-**

---

[10] *Knoll* S. 126.
[11] *Knoll* S. 126.
[12] *Knoll* S. 127.
[13] RegE BT-Drucks. 14/7034 S. 46; WÜG-RefE S. 456.
[14] *Mülbert* ZIP 2001, 1221, 1223.
[15] RegE BT-Drucks. 14/7034 S. 46; DiskEntw ÜG S. 323; WÜG-RefE S. 456.
[16] RegE (Fn. 15); DiskEntw ÜG (Fn. 15); WÜG-RefE (Fn. 15).

richtig ist. Zum Problem wird dies, wenn der Bieter zu Unrecht einen Gesamterwerb von Beteiligungen vermeldet, der unter der von ihm nach § 16 Abs. 2 Satz 2 iVm. § 18 gesetzten Mindestquote zurückbleibt. Dann müssen die Aktionäre davon ausgehen, dass wegen § 16 Abs. 2 Satz 2 keine weitere Annahmefrist läuft und können entsprechend keine Anstalten machen, das Angebot noch nachträglich anzunehmen. In diesen Fällen kann die Frist des § 16 Abs. 2 Satz 1 erst ab einer richtigstellenden Publikation des Bieters zu laufen beginnen. Ähnlich dürfte der Fall liegen, dass der Bieter sein Angebot zwar nicht von einer Bedingung iSd. § 16 Abs. 2 Satz 2 abhängig gemacht hat, jedoch zu Unrecht seinen Beteiligungserwerb so niedrig angibt, dass die **Kontrollschwelle des § 29 Abs. 2** durch die von ihm insgesamt gehaltenen Wertpapiere iSd. § 2 Abs. 2 nicht erreicht wird. In dieser Situation brauchen die verbleibenden Aktionäre keinen Minderheitenstatus zu fürchten und haben deshalb keinen Anlass, das Angebot anzunehmen. Der darin liegende Motivirrtum muss aber zu Lasten des Bieters gehen, so dass auch in diesem Fall die Zweiwochenfrist erst ab einer Richtigstellung in den Formen des § 23 Abs. 1 Satz 1 Nr. 2 zu laufen beginnt. **Sonstige Rechenfehler** – der Beteiligungserwerb wird zu hoch, das Überschreiten der Kontrollschwelle zu niedrig angegeben – sind dagegen, was den Beginn der weiteren Frist nach § 16 Abs. 2 angeht unbedenklich, weil die Gesellschafter auch aus der falschen Mitteilung (in möglicherweise sachlich nicht begründeter überspitzter Form) ersehen können, dass ihnen künftig ein Minderheitenstatus droht. Hier stellt sich indes ein anderes **Problem: Hat der Bieter tatsächlich die Schwelle des § 29 Abs. 2 nicht überschritten, publiziert aber zu Unrecht das Gegenteil,** werden die verbleibenden Aktionäre der Zielgesellschaft entscheidend zum Verkauf motiviert, weil es vermeintlich gilt, einen Minderheitenstatus abzuwenden. Fraglich ist, ob die daraufhin geschlossenen Kauf- und Tauschverträge mit dem Bieter uneingeschränkte Wirksamkeit behalten können. Dies gilt zweifellos nicht im Fall der (allerdings schwer beweisbaren) arglistigen Täuschung durch den Bieter, weil hier Anfechtungsrechte nach § 123 Abs. 1 BGB ausgeübt werden können. Nur löst das Anfechtungsrecht nicht das hier einschlägige Problem: Der einzelne Aktionär wird – wenn beinahe alle anderen an den Bieter verkauft haben – nicht ohne weiteres die Anfechtung des Vertrags mit dem Bieter erklären, weil er sich dadurch erst recht in einen Minderheitenstatus begibt. Da er weiterhin davon ausgehen muss, dass die anderen Aktionäre die Lage ähnlich beurteilen, muss er unterstellen, dass auch sie ihre Anfechtungsrechte nicht ausüben werden. Dies dürfte Motiv genug sein, auf die Ausübung des Anfechtungsrechts im Zweifel zu verzichten: Hier macht sich das bekannte Gefangenendilemma (§ 3 Rn. 14 f.) abermals bei der Koordination der „Aktionäre" negativ bemerkbar. Deshalb führt auch die Verleihung weiterer Indiviualansprüche an die fehlgeleiteten Aktionäre (Rücktritt usw.) nicht weiter, weil sie nicht zu einer Revision des einmal eingetretenen Zustandes führt. Will die BAFin verhindern, dass ein Bieter (vorsätzlich oder infolge Nachlässigkeit) vollendete Tatsachen schafft, muss sie daher auf der Grundlage von **§ 4 Abs. 1 Satz 2 und 3** eingreifen und zu seinen Lasten ein behördliches Veräußerungsverbot nach § 136 BGB aussprechen bzw. ihn zur Rückübertragung der Aktien auf die Verkäufer zwingen. Dann kann die Frist nach § 16 Abs. 2 – auf eine besondere Publikation des Bieters – erneut zu laufen beginnen.

Berechtigt sind die Aktionäre der Zielgesellschaft, die das Angebot nicht   10
angenommen haben. Nach ihrem Zweck muss die Norm aber auch auf solche
Aktionäre Anwendung finden, die dem Bieter bislang nur einen Teil ihrer
Aktien veräußert haben. Im Hinblick auf den nicht veräußerten Teil sind sie
auch nach dem Wortlaut der Norm Aktionäre, die das Angebot nicht ange-
nommen haben. Die **Motive** für die unterbliebene Annahme dürften dabei
unerheblich sein: Auch Aktionäre, die ihre Aktien nicht veräußern *konnten*,
weil sie eine Option erst nach Ablauf der Annahmefrist ausüben durften, die
Option selbst aber nicht übertragen konnten, sind durch die Norm geschützt.
Die **Voraussetzungen der Annahmehandlung** muss sich nach denselben
Bedingungen richten, die der Bieter während der regulären Laufzeit des öff
ÜA nach § 2 Nr. 4 AngebotsVO vorgesehen hat, weil andernfalls den Aktionären entgegen dem Gesetzeszweck keine gleichwertige Annahmechance
eröffnet wird und ihre Entscheidung vom Bieter durch technische Hindernisse
erschwert werden könnte. Fraglich ist, ob die Annahme innerhalb der Zweiwochenfrist iSd. § 130 BGB **zugegangen** sein muss. **Dagegen** spricht zunächst der Wortlaut der Norm („angenommen") sowie der vor allem auf den
Schutz der Veräußerer zielende Normzweck: Diese können ein rechtzeitiges
Absenden leicht, den rechtzeitigen Zugang praktisch gar nicht beweisen.

c) Ausnahme (Abs. 2 Satz 2). Die Überzeugung des Gesetzgebers im   11
Hinblick auf den **Normzweck** hat sich gewandelt. Laut **DiskEntw ÜG** soll
die Ausnahme sicherstellen, dass der Bieter entgegen seinem ursprünglichen Angebot nach Ablauf der Annahmefrist das Zielunternehmen doch
noch übernimmt.[17] Bereits im **WÜG-RefE** und dann im RegE findet sich die
Auffassung, im Falle des § 16 Abs. 2 Satz 2 habe kein Kontrollwechsel stattgefunden, so dass es nicht angezeigt sei, den Aktionären eine über das ursprüngliche Angebot hinausgehende Annahmemöglichkeit zu gewähren.[18]
Die letztere Begründung überzeugt nicht, weil der Bieter das öffÜA von einem Mindestbeteiligungserwerb etwa von 75 % (dies entspricht in Deutschland gerade der Praxis, vgl. § 18 Rn. 5) abhängig machen kann. Hat er bei Ende
der Laufzeit nur 40 % erreicht, ist die Kontrollschwelle dennoch überschritten.
Der Zweck der Ausnahme dürfte in dem mit § 16 Abs. 2 Satz 1 verbundenen
schweren Eingriff in den Marktmechanismus zusammenhängen.[19] Nach
praktischen Erfahrungen werden öffÜA gerade von den institutionellen Anlegern erst in der Schlussphase angenommen. Dies gilt wegen der Kursschwankungen der Aktien der Bietergesellschaft vor allem für Umtauschangebote.
Deshalb stünde zu befürchten, dass ohne die Ausnahme nach § 16 Abs. 2 Satz 2
zum regulären Ablauf nur eine sehr begrenzte Anzahl an Annahmeerklärungen
abgegeben und damit der Erfolg des Angebots in seiner Wirkung für den Bieter unabschätzbar würde.[20]

Voraussetzung ist, dass der Bieter den Erwerb einer Mindestbeteiligung in   12
der Angebotsunterlage gemäß § 11 Abs. 2 Satz 1 Nr. 5 zur Bedingung gemacht
hat. Der Wortlaut Mindestanteil „**der Aktien**" entspricht dem gesetzlichen

---

[17] DiskEntw ÜG S. 323.
[18] WÜG-RefE S. 456; RegE BT-Drucks. 14/7034 S. 46.
[19] *Riehmer* NZG 2000, 823.
[20] Ähnlich *Hasselbach* in Kölner Komm. Rn. 39.

Sprachgebrauch in den §§ 29 ff. Anders als beim öffA geht es beim öffÜA nicht um alle Wertpapiere iSd. § 2 Abs. 2, sondern nur um die stimmberechtigten Aktien. Die Veröffentlichung nach § 23 Abs. 1 Satz 1 Nr. 3, an die die weitere Annahmefrist nach § 16 Abs. 2 Satz 1 anknüpft, bezieht sich indes auf alle Wertpapiere und nicht nur auf Aktien. Für das **Erreichen des Mindestanteils** ist die tatsächliche Lage maßgeblich und nicht etwa eine demgegenüber unrichtige Angabe nach § 23 Abs. 1 Satz 1 Nr. 2 (siehe dazu oben Rn. 9). Die Norm findet richtiger Auffassung nach entsprechende Anwendung, wenn der Bieter den Verkauf der Aktien durch einen bestimmten Gesellschafter oder eine bestimmte Aktionärsgruppe zur Bedingung gemacht hat.[21]

13   **4. Einberufung einer Hauptversammlung der Zielgesellschaft (Abs. 3). a) Normzweck und teleologische Reduktion des Anwendungsbereichs.** Ein Problem der Verhandlungssituation bei öffÜA liegt darin, dass dem Bieter eine Vielzahl untereinander nicht organisierter Aktionäre als mögliche Vertragspartner entgegentritt, die ihr Verhalten auf das Angebot hin nicht abstimmen können (vgl. vor allem auch § 3 Rn. 13 f). Abhilfe kann eine im Anschluss an die Veröffentlichung der Angebotsunterlage angesetzte Hauptversammlung schaffen. Diese darf im Übrigen zu Verteidigungsmaßnahmen gegen das öff-ÜA autorisieren. Diese Möglichkeit war ursprünglich in § 33 Abs. 1 Satz 1 RegE ausdrücklich vorgesehen, findet sich in der aktuellen Fassung des Gesetzes aber nicht: In § 33 Abs. 1 ist die Hauptversammlung gar nicht erwähnt, Abs. 2 aber verhält sich ausschließlich zum Vorratsbeschluss. Dahinter wird man jedoch ein **redaktionelles Versehen** erkennen können:[22] Erst zum Abschluss der Beratungen des Rechtsausschusses hatten sich die Fraktionen der SPD und von Bündnis 90/Die Grünen auf die Möglichkeit geeinigt, Abwehrmaßnahmen des Vorstands aufgrund einer nachträglichen Ermächtigung durch den Aufsichtsrat zuzulassen (nunmehr § 33 Abs. 1 Satz 2 dritter Fall). Dieser Weg lässt die Ermächtigung durch die Hauptversammlung in vielen Fällen als obsolet erscheinen; dennoch dürfte kein Wille des Gesetzgebers anzunehmen sein, dass damit der Ermächtigungsbeschluss abgeschafft ist. Denn dagegen sprechen **drei Argumente**: (1) Zum einen setzt bereits § 16 Abs. 3 und 4 die Möglichkeit eines Ermächtigungsbeschlusses voraus. (2) Wenn aber die Hauptversammlung einen Ermächtigungsbeschluss als Vorratsbeschluss fassen darf, ist sie erst recht zur Einberufung des Vorstands zu einer nachträglichen Ermächtigung befugt (arg. e § 33 Abs. 2). (3) Wenn schließlich der Vorstand Abwehrmaßnahmen mit Ermächtigung des Aufsichtsrats treffen darf, ist er erst recht befugt, sich von der Hauptversammlung – der Versammlung der Eigentümer nämlich – autorisieren zu lassen (arg. e § 33 Abs. 1 Satz 2 dritter Fall). Allerdings ist die Einberufung einer Hauptversammlung auf die Unterbreitung eines öffÜA hin regelmäßig ein sehr aufwendiger, komplizierter und damit fehleranfälliger Weg, den der Vorstand nur beschreiten wird, um sich vor möglichen Haftungsansprüchen zu schützen oder die rechtlichen Voraussetzungen für Kapitalmaßnahmen oder „Holzmüllermaßnahmen" (§ 25 Rn. 4) zu beschaffen.[23] Die § 16 Abs. 3 und 4 sollen dies durch zwei Schritte praktikabel

---

[21] *Hasselbach* in Kölner Komm. Rn. 41.
[22] Ähnlich *Krause* BB 2002, 1053 ff.
[23] *Hasselbach* in Kölner Komm. Rn. 44.

machen: durch die Verlängerung der Annahmefrist (Abs. 3) und durch Verkürzung und Vereinfachung der für die Vorbereitung der Hauptversammlung geltenden Fristen (Abs. 4).

Allerdings ist der **Anwendungsbereich** des § 16 Abs. 3 und 4 **nicht auf öff-**   14
ÜA beschränkt. Nach den Vorstellungen des Gesetzgebers soll der Vorstand
der Zielgesellschaft „auch bei Angeboten, die auf den Erwerb einer Beteiligung
gerichtet sind, die zwar nicht die Kontrolle ermöglichen, jedoch einen **ge-**
wichtigen Einfluss vermitteln, ... die Möglichkeit erhalten, kurzfristig einen
Beschluss der Hauptversammlung herbeizuführen, um den Erfolg des Angebots zu vereiteln".[24] An diesen Überlegungen bleibt einiges dunkel. Denn eine
Autorisierung zur Verteidigung nach § 33 Abs. 1 Satz 1 ist nur im Falle eines öff-
ÜA, nicht aber dann erforderlich, wenn ein öffA unterhalb der Schwelle des
§ 29 Abs. 2 unterbreitet wird. Insbesondere gilt im zweiten Fall das Verbot des
§ 33 Abs. 1 Satz 1 und 2 nicht. Allenfalls erscheint es denkbar, dass vom öffA
eine Schädigungsgefahr für die Aktionäre ausgeht; auf diese kann der Vorstand
jedoch in seiner Stellungnahme nach § 27 hinweisen. Ansonsten bleibt es bei
den allgemeinen Kompetenzen des Vorstands. Dies leuchtet auch von den praktischen Konsequenzen her ein: Das WpÜG ist beispielsweise auf den Erwerb einer Beteiligung von 0,5 % der stimmberechtigten Aktien im Wege eines öffA
anwendbar. Es erscheint deshalb mehr als zweifelhaft, ob der Bieter hier die
Verlängerung der Angebotsfrist bzw. die Aktionäre die Verkürzung der ihrem
Schutz dienenden Einberufungsformalitäten angesichts der von diesem Angebot ausgehenden Gefahren hinnehmen müssen. Die Einführung einer weiteren Gefährdungsgrenze („gewichtiger Einfluss") unterhalb der Kontrollschwelle des § 29 Abs. 2 erscheint auch wegen ihrer Unbestimmtheit problematisch: Im Einzelfall wüssten weder der Bieter noch die Aktionäre der Zielgesellschaft, ob ihnen gegenüber die Rechtsfolgen von § 16 Abs. 3 und 4 gelten
oder nicht. Die Vorläufervorschrift des § 16 Abs. 3, § 19 Abs. 2 DiskEntw ÜG,
galt nur für öffÜA; dafür spricht auch der systematische Zusammenhang zu
§ 16 Abs. 2 Satz 1. Alle vorgetragenen Argumente sprechen für eine **teleologi-**
sche Reduktion der Norm: § 16 Abs 3 ist **nur auf öffÜA anwendbar**. Dies
sieht die **Kommentarliteratur ganz überwiegend anders**[25] und akzeptiert
dabei, dass § 16 Abs. 3 vermeintlich ein „stringentes Regelungskonzept
fehlt".[26] Methodisch ist diese Vorgehensweise schwer haltbar; sie zeigt vielmehr, dass die Voraussetzungen einer teleologischen Reduktion vorliegen.

b) Tatbestand. Die Hauptversammlung muss **nach der Veröffentli-**   15
chung der Angebotsunterlage einberufen werden. Die Veröffentlichung
richtet sich nach dem Zeitpunkt, in dem der letzte der Veröffentlichungsakte
nach § 14 Abs. 3 Satz 1 oder ein von der BAFin gemäß § 15 Abs. 2 als Äquivalent
anerkannter Veröffentlichungsakt vollendet ist. Auf Hauptversammlungen,
die auf die Veröffentlichung der Vorankündigung nach § 10 Abs. 3 hin einberufen sind, dürfte die Norm keine Anwendung finden.[27] Der Gesetzgeber will

---

[24] RegE BT-Drucks. 14/7034 S. 46; WÜG-RefE S. 456 f.
[25] *Geibel* in *Geibel/Süßmann* § 16 Rn. 49; *Hasselbach* in Kölner Komm. Rn. 46;
Riehmer in *Haarmann/Riehmer/Schüppen* Rn. 2; aA *Steinmeyer/Häger* Rn. 12.
[26] *Hasselbach* in Kölner Komm. Rn. 47.
[27] So auch *Geibel* in *Geibel/Süßmann* Rn. 55; *Hasselbach* in Kölner Komm. Rn. 48.

mit dieser Einschränkung nämlich erreichen, dass sich der Vorstand der Zielgesellschaft mit dem Inhalt des Angebots auseinandersetzt, bevor er die
gewichtige Maßnahme der Einberufung einer Hauptversammlung ergreift.
Die Einberufung muss **im Zusammenhang mit dem Angebot** erfolgen.
Nach hier vertretener Auffassung kommt nur ein Zusammenhang mit einem
öffÜA in Betracht (oben Rn. 14). Der Zusammenhang ist hergestellt, wenn die
Erörterung des Angebots zum Gegenstand der Tagesordnung nach § 124 AktG
gemacht wird. Daraus ergibt sich jedoch auch eine zentrale inhaltliche Einschränkung: **Gegenstand** der außerordentlichen Hauptversammlung darf nur
das öffÜA sein und **nicht sonstige Angelegenheiten der AG**. Dies rechtfertigt sich aus der weitgehenden Einschränkung der Schutzvorschriften der
Aktionäre nach § 16 Abs. 4. Diese müssen nach dem gesetzgeberischen Willen
zugunsten der Handlungsfähigkeit der AG im Übernahmekampf zurücktreten,
nicht aber zugunsten der Behandlung allgemeiner Themen, für die eine ordentliche Einberufung der Hauptversammlung möglich ist.

16   Die Einberufung muss sich auf eine **Hauptversammlung der Zielgesellschaft** beziehen. Den mit der Zielgesellschaft gemeinsam handelnden Personen ist daher diese Möglichkeit verwehrt. Dafür spricht, dass die Geschäftsführungen dieser Unternehmen nicht vom Verbot des § 33 Abs. 1 betroffen
sind.

17   Neben der in Abs. 3 angeordneten gesetzlichen Fristverlängerung, kommen
weitere Verlängerungen nach Abs. 3 sowie **§§ 21 Abs. 5 und 22 Abs. 2** in Betracht (dazu mit Beispiel oben Rn. 6). Zum Fristverlauf gilt das zu § 16 Abs. 1
Gesagte.

18   **c) Mitteilung an Bieter und Bundesanstalt (Abs. 3 Satz 2).** Mitzuteilen wäre nach dem Wortlaut der Norm eigentlich die **Einberufung der
Hauptversammlung**, nicht der dahingehende und vorgelagerte *Entschluss* des
Vorstands. Für dieses Ergebnis spricht ein Gewinn an Rechtssicherheit im Hinblick auf die Fristlänge, denn ein Vorstandsbeschluss kann formlos wieder
durch Gegenbeschluss aufgehoben werden. Dagegen sprechen jedoch mögliche Insidergefahren iSd. §§ 13 f. WpHG während der Zeit zwischen dem Entschluss und der Einberufung der außerordentlichen Hauptversammlung. Den
Vorstand der Zielgesellschaft trifft nämlich keine Veröffentlichungspflicht
nach § 15 **WpHG** (arg. e § 16 Abs. 3 Satz 3 WpÜG, siehe dort). Deshalb muss
die Mitteilung nach § 16 Abs. 3 Satz 2 die Verhinderung von Insidergeschäften
gewährleisten. Nicht ohne Grund trifft den Vorstand nach Abs. 3 Satz 2 und
den Bieter nach Abs. 3 Satz 3 die Pflicht zu unverzüglichem Vorgehen. Diese
liefe leer, wenn der Vorstand der Zielgesellschaft sich bis zur Einberufung der
Hauptversammlung Zeit lassen könnte. Vergleichbar den Fällen des § 10 Abs. 1
Satz 1 ist daher richtiger Auffassung nach die interne Entscheidung und nicht
deren Ausführung maßgeblich. Mitteilungspflichtig ist daher der **Entschluss**
des Vorstands, **eine Hauptversammlung einzuberufen**. In der Mitteilung
ist die Tagesordnung bereits zu skizzieren, damit Bieter und BAFin überprüfen
können, dass die Einberufung „in Zusammenhang mit dem Angebot" iSd. § 16
Abs. 3 erfolgt. Die Mitteilung muss **unverzüglich**, d.h. ohne schuldhaftes Zögern erfolgen (§ 121 Abs. 1 Satz 1 BGB). Die **Mitteilung ist nicht etwa entbehrlich**, wenn bereits die reguläre Laufzeit des öffÜA zehn Wochen beträgt

und daher nach § 16 Abs. 3 keine Fristverlängerung eintritt. Denn sie wird zur Grundlage der Veröffentlichung nach § 16 Abs. 3 Satz 2, mit Hilfe derer Insidergefahren begegnet werden soll.

d) Veröffentlichung durch den Bieter. Zu veröffentlichen ist „die" Mit-   19
teilung. Daraus folgt prinzipiell ein an die Adresse des Bieters gerichtetes Verbot, den vom Vorstand der Zielgesellschaft formulierten Text zu verändern. Ausnahmen sind nach § 242 BGB denkbar, wenn der Vorstand der Zielgesellschaft den Text offensichtlich mit dem Ziel gestaltet hat, dem Bieter die Veröffentlichung zu erschweren oder zu verteuern (zB durch unnötigen Umfang). Hier handelt der Bieter auch dann noch **unverzüglich** – dh. ohne *schuldhaftes Zögern* (§ 121 Abs. 1 Satz 1 BGB) –, wenn er eine von ihm redigierte Fassung zunächst der BAFin zur Begutachtung vorlegt, um sich eine zweite Veröffentlichung zu ersparen. Zum Begriff des überregionalen Börsenpflichtblatts vgl. § 10 Rn. 20.

e) Beleg. Der Beleg bedeutet wie im Falle des § 14 Abs. 3 Satz 2 eine mög-   20
lichst unveränderte Kopie des Originals bzw. ein Originalexemplar (Ausgabe des Börsenpflichtblatts), damit sich die BAFin auch im Hinblick auf die textliche Gestaltung einen authentischen Eindruck von der Informierung der Aktionäre verschaffen kann.

5. Erleichterung des Einberufungsvorgangs (Abs. 4). Durch Abs. 4   21
will der Gesetzgeber der AG aus den bereits erwähnten Gründen (Rn. 13) die Möglichkeit einräumen, „sofort" zu reagieren.[28] Wie Abs. 3, so ist nach hier vertretener Auffassung auch Abs. 4 nur auf öffÜA anwendbar und nicht auf öffA, die die Schwelle des § 29 Abs. 2 nicht überschreiten. Nach dem System der Vorschrift hat der Vorstand die **freie Entscheidungsmöglichkeit**, ob er von den erleichterten Voraussetzungen insgesamt Gebrauch macht oder nicht. Dies folgt zunächst aus dem Wortlaut „kann" in Satz 1. Im Übrigen gilt das vereinfachte Verfahren jedoch **insgesamt zwingend**. Dies folgt daraus, dass alle übrigen Vorschriften – mit Ausnahme von Satz 6 – dem Wortlaut nach zwingend ausgestaltet sind. Satz 3 stellt die zwingende Verbindung zur Entscheidung nach Satz 1 sogar ausdrücklich klar. Für dieses Ergebnis spricht, dass der Gesetzgeber ein insgesamt austariertes Sonderregime für die außerordentliche Hauptversammlung geschaffen hat, in dem regulär bestehende Schutzvorschriften durch andere – zB die Zugänglichmachung und Veröffentlichung von Kurzfassungen – aus Zeitgründen ersetzt werden können. Der Vorstand hat also nur die Entscheidung des **„Alles oder Nichts"** und kann nicht allein die „Rosinen" herauslesen.

Im Einzelnen treten folgende Rechtsfolgen ein: Die Einberufungsfrist des   22
§ 123 Abs. 1 AktG verringert sich von einem Monat auf zwei Wochen (Satz 1). Teilweise wird vertreten, dass Satz 1 eine anderslautende Satzungsbestimmung nicht durchbrechen könne.[29] Angesichts des Regelungszwecks der Norm ist allerdings eine Differenzierung zwischen gesetzlichen und satzungsmäßigen Ladungsfristen kaum zu rechtfertigen. Im Hinblick auf den **Ort der Hauptversammlung** – ansonsten der Satzungsort, der Sitz der AG oder der Sitz der

---

[28] RegE BT-Drucks. 14/7034 S. 47; DiskEntw ÜG S. 323; WÜG-RefE S. 457.
[29] *Hasselbach* in Kölner Komm. Rn. 56.

Börse (§ 121 Abs. 5 AktG) – besteht keine Bindung (Satz 2). Damit soll das kurzfristige Auffinden eines geeigneten Tagungsortes erleichtert werden. Nach den Materialien kann „im Rahmen des für die Aktionäre **Zumutbaren**" jeder Ort gewählt werden.[30] Im Hinblick auf die Zumutbarkeitsgrenzen geben die Materialien detailliert Auskunft: „Dies wird in der Regel ein Ort in Deutschland und ein verkehrstechnisch zumutbarer Ort sein. Es muss sich je nach Witterung nicht notwendig um einen überdachten Ort handeln (zB Stadion). Versammlungsorte im Ausland können nur in Betracht kommen, wenn dies für die Mehrzahl der Aktionäre zumutbar ist und die Fragen der notariellen Beurkundung gelöst sind."[31] Diese Einschränkung dürfte sich aus den allgemeinen Loyalitätspflichten des Vorstands gegenüber der Gesellschaft und der allgemeinen Pflicht ergeben, den Zweck der Einberufung nach § 123 Abs. 1 AktG nicht zu vereiteln.

23 An das Unterschreiten der Einberufungsfrist koppelt der Gesetzgeber eine Verkürzung der Hinterlegungsfristen für Inhaberaktien (vgl. dazu § 123 Abs. 2 Satz 1 sowie Abs. 3 AktG) sowie der Anmeldefrist (§ 123 Abs. 4 AktG) auf vier Tage (**Satz 3**). Das Gleiche gilt für die Mitteilungsfrist gegenüber den Kreditinstituten und Aktionärsvereinigungen nach § 125 Abs. 1 Satz 1 AktG. Diese Fristverkürzung hängt allerdings davon ab, dass auch die Einberufungsfrist verkürzt wurde und kann nicht isoliert vorgenommen werden. Mit der Wahl der kürzeren Einberufungsfrist ist ferner zwingend die Verpflichtung gekoppelt, den Aktionären die Erteilung von Stimmrechtsvollmachten, soweit nach Gesetz und Satzung möglich, zu erleichtern: Die Vorschrift beruht auf der Überlegung, dass die Verkürzung des Zeitraums zur Wahrnehmung eigener Rechte mit einer Vereinfachung der Wahrnehmung selbst gekoppelt sein muss. Der Gesetzgeber bezieht sich auf die Veränderungen, die das Namensaktiengesetz im Bereich des § 134 Abs. 3 Satz 2 möglich gemacht hat.[32] Nichtschriftliche Vollmachterteilung durch Fax, elektronische Post usw. muss allerdings in der Satzung vorgesehen sein (Satz 4).

24 Nach **Satz 5** sind Mitteilungen an die Aktionäre iSd. § 125 Abs. 2 AktG, Anträge von Aktionären nach § 126 AktG sowie Minderheitsverlangen nach § 124 Abs. 1 AktG[33] und der Vorstandsbericht bei einem ins Auge gefassten Bezugsrechtsausschluss nach § 186 Abs. 4 Satz 2 AktG den Aktionären zugänglich zu machen. **Zugänglichmachen** bedeutet nach der Vorstellung des Gesetzgebers „Auslegen bei der Gesellschaft und Einstellen auf die Website der Gesellschaft".[34] Ferner ist eine **Kurzfassung** zu veröffentlichen. Von dieser heisst es in den Materialien, dass sie „sehr knapp gefasst sein [kann], wenn sie einen Hinweis auf die Fundstelle des Langtextes auf der Website enthält".[35] Der bloße Hinweis auf die Internetseite wird – zu Recht – aber nicht als ausreichend angesehen: Zumindest Beschlussgegenstand und -vorschlag müssen ebenfalls genannt sein.[36] Nach **Satz 6** kann die **Zusendung** von Mitteilungen und Ge-

---

30 RegE BT-Drucks. 14/7034 S. 47; WÜG-RefE S. 458.
31 RegE (Fn. 30); WÜG-RefE (Fn. 30).
32 RegE BT-Drucks. 14/7034 S. 47; WÜG-RefE S. 457.
33 RegE BT-Drucks. 14/7034 S. 47; WÜG-RefE S. 458.
34 RegE (Fn. 33); WÜG-RefE (Fn. 33).
35 RegE (Fn. 33); WÜG-RefE (Fn. 33).
36 *Hasselbach* in Kölner Komm. Rn. 69 f.

genanträgen unterbleiben, wenn nach Überzeugung des Vorstands mit Zustimmung des Aufsichtsrats der rechtzeitige Eingang nicht wahrscheinlich ist. Dazu heißt es in den Materialien: „Der Vorstand hat hier einen Einschätzungsspielraum. Betroffen ist vor allem die postalische Übersendung schriftlicher Dokumente und dies insbesondere dann, wenn sie über Informationsmittler weitergeleitet werden müssen (zB Depotbanken bei Inhaberaktien) oder ins Ausland gehen sollen. **Maßstab ist nicht der einzelne Aktionär.** Es reicht aus, wenn ein Zugang bei einem nicht unerheblichen Teil der Aktionäre unwahrscheinlich ist. Bei Gegenanträgen wird die postalische Zusendung innerhalb der Minimalfrist von zwei Wochen regelmäßig scheitern. Dabei ist auch die erforderliche Zeit für die Vervielfältigung und das Versandhandling in Anschlag zu bringen. Wird von der Zusendung nach dieser Vorschrift abgesehen, kann eine **Anfechtung der Beschlüsse** nicht auf den fehlenden Eingang gestützt werden."[37] **Satz 7** betrifft schließlich die Abstimmungsvorschläge der Kreditinstitute und Aktionärsvereinigungen; sie können regelmäßig aus Zeitgründen nicht mehr rechtzeitig unterbreitet werden. Hier gilt die Mitteilungserleichterung gegenüber den Aktionären nach § 128 Abs. 2 Satz 2 AktG, die durch das Namensaktiengesetz geschaffen wurde, auch für Inhaberaktien, da der Gesetzgeber einen Ausfall der Stimmen der Kleinaktionäre vermeiden möchte.[38]

6. Die Annahme durch den Aktionär als Willenserklärung. Die Annahme des veräußerungswilligen Aktionärs ist eine Willenserklärung, die den allgemeinen Regelungen unterliegt. Beinhaltet sie Abweichungen gegenüber der Angebotsunterlage, kommt nach § 150 Abs. 2 BGB ein Vertrag mit dem Bieter nicht zustande. Die Anfechtung nach §§ 119 Abs. 1, 123 BGB ist möglich, während eine Anfechtung nach § 119 Abs. 2 BGB wegen falscher Wertvorstellungen im Hinblick auf die Aktie regelmäßig ausscheidet; denn nur der Irrtum über wertbildende Eigenschaften ist maßgeblich.[39]

§ 17 Unzulässigkeit der öffentlichen Aufforderung zur Abgabe von Angeboten
Eine öffentliche auf den Erwerb von Wertpapieren der Zielgesellschaft gerichtete Aufforderung des Bieters zur Abgabe von Angeboten durch die Inhaber der Wertpapiere ist unzulässig.

1. Normzweck. Der **Gesetzgeber** sieht in der zwingenden rechtsgeschäftlichen Bindung des Bieters einen angemessenen Ausgleich für die Belastungen, die bereits durch die Vorankündigung eines öffA bei der Zielgesellschaft eintreten.[1] Diese liegen in der Beeinflussung des Börsenkurses der Anteile, in der Beanspruchung der Geschäftsführung (vgl. die Stellungnahmepflicht nach § 27) sowie bei einem öffÜA in der Lähmung der Handlungsfähigkeit des Vor-

---

[37] RegE BT-Drucks. 14/7034 S. 47; WÜG-RefE S. 458; ähnlich DiskEntw ÜG S. 324.
[38] RegE BT-Drucks. 14/7034 S. 47; DiskEntw ÜG S. 324; WÜG-RefE S. 458.
[39] *Kuhr* S. 75.
[1] RegE BT-Drucks. 14/7034 S. 47; DiskEntw ÜG S. 324 WÜG-RefE S. 458 f.

stands (§ 33 Abs. 1 Satz 1).[2] Das Eingehen einer festen rechtsgeschäftlichen Bindung des Bieters erscheint daher als Seriositätsschwelle, die die Belastungen der Zielgesellschaft überhaupt erst rechtfertigt. So liegt dem Gesetz **der allgemeine Rechtsgedanke** zugrunde, dass der Bieter ein öffentliches Angebot verbindlich abgeben muss (§§ 17, 18) und vom einmal abgegebenen Antrag nur zu seinen Ungunsten, wohl aber zugunsten der Aktionäre der Zielgesellschaft abweichen kann (§ 21 Abs. 1). Dieses Prinzip, das nicht zuletzt im 18. Erwägungsgrund und in Art. 3 Abs. 1 GS/RLE 2001 sein Vorbild fand (nunmehr 19. Erwägungsgrund und Art. 12 lit. e RLE 2002), wird nach hier vertretener Auffassung allein durch den Wegfall der Geschäftsgrundlage des Angebots begrenzt (§ 11 Rn. 53). Mit **§ 17** unterbindet das Gesetz zugleich eine **Umgehung des Verfahrens nach §§ 10 bis 15**: Der Bieter darf das Zustandekommen der rechtsgeschäftlichen Verpflichtung nicht umdrehen und die Aktionäre der Zielgesellschaft zu einem Angebot auffordern (**invitatio ad offerendum**), womöglich um den zwischen ihnen bestehenden kollektiven Entscheidungsdruck auszunutzen (dazu § 3 Rn. 14).

2   **2. Tatbestand.** Vgl. zu den Tatbestandsmerkmalen Wertpapier § 2 Abs. 2, Zielgesellschaft § 2 Abs. 3, Bieter § 2 Abs. 4. Das entscheidende Abgrenzungskriterium liegt in der an die Inhaber der Wertpapiere gerichteten **öffentlichen Aufforderung** zur Abgabe von Angeboten. Die Vorschrift will Umgehungen des Verfahrens nach §§ 10 bis 15 verhindern, unterbindet aber nicht etwa die öffentliche Suche nach dem Verkäufer eines Aktienpakets. Insoweit ähnelt die zugrunde liegende Abgrenzungsfrage der des öffentlichen Angebots nach § 2 Abs. 1 vom Pakethandel (vgl. im Einzelnen § 2 Rn. 2 ff.). Wie dort muss es **entscheidend** darauf ankommen, dass der „Bieter" die Gesamtmenge der Aktien von einer Mehrzahl von Adressaten aufnehmen will, die sich den Gefahren des für öffA charakteristischen kollektiven Entscheidungsdrucks ausgesetzt sehen (§ 3 Rn. 8 ff.), und die nicht selbst in der Lage sind, den Wert der vom „Bieter" erstrebten Kontrolle zu bewerten. Dies kann − wie das amerikanische Fallmaterial zeigt (§ 2 Rn. 4) − auch im parallelen telefonischen Ansprechen verschiedener Inhaber kleiner Pakete liegen.

3   § 17 dürfte des Weiteren der sog. **Dutch Auction Offer** (Holländisches Auktionsangebot) entgegenstehen, im Rahmen derer den Aktionären der Zielgesellschaft ein Preisrahmen vorgegeben wird, innerhalb dessen sie Verkaufsofferten an den Bieter unterbreiten können.[3] Der Preisrahmen ermöglicht dem Bieter, durch Sammlung aller Verkaufsofferten den niedrigsten Preis zu ermitteln, zu dem er die gewünschte Menge an Stücken erwerben kann.[4] Zwar unterbreitet hier formell der Bieter das Angebot. Dieses ist aber so unbestimmt, dass dessen eigentliche Konkretisierung den Aktionären der Zielgesellschaft obliegt. Damit setzt die Dutch Auction Offer die Aktionäre der Zielgesellschaft gerade denjenigen kollektiven Entscheidungszwängen aus, vor denen sie § 3 Abs. 1 bewahren will (§ 3 Rn. 8 ff.): Jeder Aktionär muss, um dem Bieter seine Stücke andienen zu können, im Zweifel an der unteren Marge des Verkaufspreises kalkulieren, weil er die Entscheidungen der übrigen Aktionäre

---

[2] RegE (Fn. 1); DiskEntw ÜG (Fn. 1); WÜG-RefE (Fn. 1).
[3] AA im Ergebnis *Seydel* in Kölner Komm. § 11 Rn. 54 und § 31 Rn. 18.
[4] Vgl. etwa *Kopp* S. 120; *Huber*, FS Kropff, 1997, S. 101, 115.

nicht kennt und davon ausgehen muss, dass diese aus derselben Notlage heraus dem Bieter ebenfalls möglichst niedrige Angebote machen, um verkaufen zu können. Diese ungünstige Entscheidungslage kann aber gerade dazu führen, dass die Aktionäre ihre Stücke unterhalb des Marktwerts abgeben. Anders erscheint die Beurteilung hingegen, wenn der Bieter eine feste Preisuntergrenze vorgibt (beim öffÜA orientiert an § 31) und nur nach oben hin Raum für Veränderungen lässt. Zwar werden auch hier Anreize zu günstigen Verkaufsentscheidungen geschaffen; deren nachteilige Effekte werden jedoch durch die vom Bieter gesetzte Preisuntergrenze minimiert und berühren den Anwendungsbereich des § 3 Abs. 1 nicht.[5]

§ 18 Bedingungen; Unzulässigkeit des Vorbehalts des Rücktritts und des Widerrufs

(1) **Ein Angebot darf vorbehaltlich § 25 nicht von Bedingungen abhängig gemacht werden, deren Eintritt der Bieter, mit ihm gemeinsam handelnde Personen oder deren Tochterunternehmen oder im Zusammenhang mit dem Angebot für diese Personen oder Unternehmen tätige Berater ausschließlich selbst herbeiführen können.**

(2) **Ein Angebot, das unter dem Vorbehalt des Widerrufs oder des Rücktritts abgegeben wird, ist unzulässig.**

Übersicht

1. Normzweck. Die Vorschrift beruht wie § 17 auf dem in den §§ 17, 18 **1** und 21 konkretisierten allgemeinen Rechtsgedanken, dass die besondere Belastung der Zielgesellschaft durch ein öffA nur dann gerechtfertigt ist, wenn der Bieter rechtsgeschäftlich unbedingt gebunden ist (§ 17 Rn. 1).[1] Der WÜG-RefE sah noch in Abs. 1 Satz 2 eine ausdrückliche Ausnahme für den Fall vor, dass der Bieter gemäß § 10 Abs. 1 Satz 2 die Zustimmung seiner Gesellschafterversammlung nicht abwartet, diese aber zur Wirksamkeitsbedingung des öffA macht. Diese Ausnahme war im RegE zunächst wohl aufgrund eines Redaktionsversehens entfallen[2] und ergibt sich nun aus der Einschränkung „vorbehaltlich § 25".

---

[5] Im Ergebnis ebenso *Seydel* in Kölner Komm. § 11 Rn. 54.
[1] RegE BT-Drucks. 14/7034 S. 47; DiskEntw ÜG S. 325; WÜG-RefE S. 459.
[2] Vgl. nämlich RegE BT-Drucks. 14/7034 S. 47 f.

2   **2. Bedingungen. a) Allgemeine Voraussetzungen (Abs. 1).** Untersagt sind Bedingungen iSd. § 158 Abs. 1 BGB, deren Eintritt der Bieter oder die in § 2 Abs. 5 und 6 genannten Personen **ausschließlich selbst** herbeiführen können. Nach dem Gesetzeszweck dürfte es vor allem darauf ankommen, dass der Bedingungseintritt der praktisch nicht kontrollierbaren einseitigen Beeinflussung durch den Bieter und der ihm zugerechneten Personen unterliegt (Potestativbedingungen). Dies lässt sich nur ausschließen, wenn der Gegenstand der Bedingung so bestimmt festgesetzt ist, dass kein Spielraum für nachträgliche eigenmächtige Dispositionen des Bieters verbleibt. Die **formelle Wirksamkeit der Bedingungen** hängt weiter davon ab, ob sie nach § 11 Abs. 2 Satz 2 Nr. 5 in der Angebotsunterlage aufgeführt sind; denn andernfalls wird sie nicht nach § 14 Abs. 2 Satz 1 *erklärt* und ist nicht Gegenstand der Willenserklärung des Bieters. Weitere Sacherfordernisse, wie etwa eine sachliche Rechtfertigung der Bedingung, sind nicht erforderlich[3] (vgl. auch unten Rn. 14).

3   **b) Unzulässige Bedingungen.** Richtiger Ansicht nach sind so genannte **Finanzierungsbedingungen** unzulässig, nach denen das öffA in irgendeiner Weise vom Aufgehen bzw. Erfolg des Finanzierungskonzepts des Bieters abhängen soll.[4] Dies ist nicht ganz unproblematisch, weil ein Finanzierungskonzept möglicherweise auch an der fehlenden Kooperationsbereitschaft eines beteiligten Kreditinstituts scheitern kann. Regelmäßig sind die Einzelverantwortlichkeiten im Innenverhältnis zwischen Bieter und Finanzier für die Aktionäre der Zielgesellschaft jedoch nicht erkennbar und die Gefahr einer einseitigen Einflussnahme durch den Bieter zu groß. Zum anderen verpflichtet § 13 Abs. 1 Satz 1 den Bieter die Finanzierung des öffA soweit vorzubereiten, dass die Finanzierung auch im Verhältnis zum Darlehensgeber abgesichert ist und dessen einseitiger Einflussnahme entzogen ist. Die von ihm zu tragende Finanzierungsverantwortung und ihre Absicherung nach § 13 Abs. 1 Satz 2 können nicht durch eine Bedingung des öffA umgangen werden.

4   Im Umkehrschluss aus der ausdrücklichen Erwähnung des § 25 in § 18 Abs. 1 geht hervor, dass **Zustimmungen sonstiger Gremien des Bieters** (Aufsichtsrat) nicht zur Bedingung gemacht werden können.[5] Aus § 3 Abs. 4 Satz 1 folgt schließlich auch die Unzulässigkeit praktisch **unerfüllbarer Bedingungen**: Ist von vornherein zu erkennen, dass das öffA nicht wirksam werden wird, erscheint die Beanspruchung der Zielgesellschaft – mag sie auch bei einem schlichten öffA unter der Kontrollschwelle vglw. gering sein – nicht gerechtfertigt. Im Übrigen kommt wegen der fehlenden Ernsthaftigkeit der angestrebten Transaktion in solchen Fällen auch ein Verstoß gegen § 3 Abs. 5 in Betracht („Schein eines Angebots").

5   **c) Zulässige Bedingungen.** Unmittelbar aus den §§ 16 Abs. 2 Satz 2 und 26 Abs. 1 Satz 2 folgt, dass der Bieter den Erwerb von der **Erreichung einer Beteiligungsschwelle** abhängig machen darf. Dies entspricht auch der englischen Rechtslage (Rule 10 City Code), wobei dort in der Praxis häufig das Erreichen von 90 % zur Bedingung gemacht werden, während die Mindesthöhe

---

3   AA und für ein Willkürverbot *Hasselbach* in Kölner Komm. Rn. 19.
4   *Land/Hasselbach* DB 2000, 1747, 1750; *Busch* AG 2002, 145, 147 f.
5   *Hasselbach* in Kölner Komm. Rn. 66.

30 % beträgt.[6] In Deutschland sind hingegen Beteiligungsschwellen von 75 % wegen der im UmwG vorgesehenen Mehrheitserfordernisse üblich.[7] Für den Squeeze-out nach § 327a Abs. 1 AktG wird die Schwelle von 95 % bedeutend werden.[8] Bei der Feststellung, ob der vom Bieter angestrebte Schwellenwert erreicht wurde, sind nicht nur seine eigenen Wertpapiere zu berücksichtigen, sondern auch die Wertpapiere, die von dem Bieter nach § 2 Abs. 5 und 6 zuzurechnenden Personen gehalten werden.[9] Dabei ergibt sich ein **Sonderproblem aus § 20 Abs. 1**. Ist der Bieter selbst ein Wertpapierdienstleistungsunternehmen oder zählt ein solches zu den Personen, deren Verhalten ihm nach § 2 Abs. 5 oder 6 zugerechnet wird, werden ihm auch die im Handelsbestand befindlichen Wertpapiere zugerechnet. Denn die BAFin darf nach der genannten Norm nur für den Fall des § 29 Abs. 2 von der Zurechnung befreien, nicht aber, soweit die Erreichung einer selbst gesetzten Beteiligungsschwelle betroffen ist. Der Bieter kann jedoch eine solche Zurechnung dadurch verhindern, dass er in der Angebotsunterlage bei der Berechnung der Beteiligungsschwelle ausdrücklich klarstellt, dass für den Bedingungseintritt die Wertpapiere außer Acht bleiben, die sich in seinem Handelsbestand befinden.

Die Praxis bevorzugt schließlich sog. **Force-Majeure-Klauseln, auch 6 MAC-Klauseln** (material adverse change = wesentliche negative Veränderung) genannt. Durch diese soll ein öffA unter der auflösenden Bedingung einer nachhaltigen Veränderung der Umstände stehen.[10] Soweit diese sich auf den Tatbestand des § 313 Abs. 1 BGB beziehen, beinhalten sie letztlich nur Rechtsbedingungen (vgl. § 11 Rn. 53 ff.). Ziel dieser Klauseln ist jedoch, den Tatbestand des Wegfalls der Geschäftsgrundlage möglichst zu präzisieren, um nachträglichen Streit über dessen Voraussetzungen im Einzelfall zu vermeiden. Soweit dabei etwa auf einen Umsatz- oder Gewinnrückgang beim Bieter um mehr als 10 % abgestellt wird,[11] ist dies nicht zu beanstanden. Schwieriger dürfte es hingegen sein, den Tatbestand des Wegfalls der Geschäftsgrundlage in anderen Fällen in § 18 Abs. 1 genügenden Weise zu umschreiben. Zum Schutz der Zielgesellschaft (§ 3 Abs. 4 Satz 1), der verkaufenden Aktionäre und des Kapitalmarkts vor Manipulationen (§ 3 Abs. 5) müssen solche Tatbestände nämlich so präzise beschrieben sein, dass kein Freiraum für Eigenmacht des Bieters verbleibt. Nach hier vertretener Auffassung ist es ferner möglich, die Wirksamkeit des Angebots auflösend durch die **Abgabe eines nachfolgenden Konkurrenzangebots** zu bedingen.[12] Der Richtlinienvorschlag 1989 sah diesbezüglich ein Rücknahmerecht vor (Art. 13 Abs. 1 lit. a). Dies entspricht auch dem Zweck des § 22. Zwar verfolgt diese Norm den Zweck, ein Auktionsverfahren über die Zielgesellschaft zu ermöglichen. Doch ist daraus kein Verbot hinsichtlich solcher Rechtsgeschäfte des Bieters zu entnehmen, die die finanziellen Risiken der Auktionssysteme einengen. Für die Zulässigkeit einer

---

[6] *Knoll* S. 130.

[7] *Peters* in DAI S. 273.

[8] *Land/Hasselbach* DB 2000, 1747, 1750 f.

[9] *Peltzer* S. 196.

[10] Vgl. hier nur *Busch* AG 2002, 145, 150; *Riehmer* in *Haarmann/Riehmer/Schüppen* Rn. 15; *Hasselbach* in Kölner Komm. Rn. 42 ff.

[11] *Hasselbach* in Kölner Komm. Rn. 42.

[12] *Land/Hasselbach* DB 2000, 1747, 1751; *Peltzer* S. 203.

Bedingung spricht, dass das konkurrierende Angebot die Kalkulationsgrundlage des Erstbieters zu Fall bringen kann, was allerdings keine Selbstverständlichkeit ist, sondern des Nachweises bedarf. Zugunsten einer Lösungsmöglichkeit des Bieters kann dabei im Einzelfall ins Gewicht fallen, dass das konkurrierende Angebot eine höherwertige Gegenleistung als das Erstangebot beinhaltet und damit den Aktionären keine übermäßige Härte zumutet. Probleme entstehen jedoch bei der Konkretisierung der Höherwertigkeit (Tauschangebote!). Ein Erstangebot wird jedenfalls regelmäßig seine Funktion iSd. § 22 erfüllt haben, Anlass zu einem Auktionsverfahren zu geben, wenn ein höherwertiges Zweitangebot abgegeben wird. Weil der Zweitbieter sein Angebot wegen § 21 Abs. 1 nicht mehr nachträglich verschlechtern darf, entsteht den Aktionären kein Nachteil. Etwas anderes gilt allein dann, wenn der Zweitbieter nur ein erlaubtes Teilangebot nach § 19 unterbreitet und nicht alle vom Erstbieter angesprochenen Aktionäre nun an ihn veräußern können. Insoweit läuft auch das Rücktrittsrecht nach § 22 Abs. 3 leer, und es muss bei der Bindungswirkung für das Erstangebot bleiben. Umstritten ist die Rechtmäßigkeit einer Bedingung, nach der das Angebot entfällt, wenn die **Tauschaktien** entgegen der Absicht des Bieters **nicht zur Notierung an einem organisierten Markt iSd. § 2 Abs. 7** zugelassen werden.[13] Hier liege die Entscheidung über den Bedingungseintritt zwar nicht beim Bieter selbst, sondern wie etwa im Falle der §§ 30 f. BörsG bei einer Behörde. Dennoch habe es der Bieter in der Hand, die tatsächlichen Voraussetzungen dieser Entscheidung herbeizuführen. Gestattete man ihm eine einschlägige Bedingung, könnte er sich aus der mit dem öffA begründeten Verantwortung durch nachlässiges Betreiben der Zulassung noch nachträglich hinausstehlen. Die Missbrauchsmöglichkeit spricht aber nicht gegen die Rechtmäßigkeit der Bedingung; vielmehr handelt es sich bei der Vereitelung der Börsenzulassung um einen Fall des § 162 BGB. Entscheidend muss es darauf ankommen, dass der Bieter den Bedingungseintritt nicht selbst kontrolliert, sondern die Zulassungsbehörde.[14]

7   Nach zutreffender Ansicht darf der Bieter das Angebot auflösend durch bestimmte **Änderungen in der Zielgesellschaft** bedingen; insbesondere soll er es nicht hinnehmen müssen, dass der Vorstand während des Angebotsverfahrens entgegen § 33 Abs. 1 Satz 2 wertvolle Unternehmensteile veräußert.[15] Dies ist der Anwendungsbereich einer Form der sog. **Change-of-Control**-Klauseln (vgl. auch § 11 Rn. 23):[16] Durch diese stellt der Bieter das Angebot unter die auflösende Bedingung, dass nach Kontrollerwerb bestimmte Einzelumstände vorliegen. Die sachliche Rechtfertigung solcher Bedingungen liegt zum einen in den eingeschränkten Due-Diligence-Möglichkeiten des Bieters bei einer feindlichen Übernahme (§ 10 Rn. 31); oft kann dieser eine realistische Unternehmensbewertung erst dann vornehmen, wenn er über die erforderliche Einflussnahmemöglichkeit verfügt. Auch kann sich der Bieter mit einer

---

[13] *Peltzer* S. 203; aA *Hasselbach* in Kölner Komm. Rn. 61.

[14] *Geibel* in *Geibel/Süßmann* Rn. 37; *Hasselbach* in Kölner Komm. Rn. 42 ff.; *Riehmer* in *Haarmann/Riehmer/Schüppen* Rn. 15; *Busch* AG 2002, 145, 148.

[15] RegE BT-Drucks. 14/7034 S. 47 f.; DiskEntw ÜG S. 325; WÜG-RefE S. 459; ähnlich *Assmann/Bozenhardt* S. 88; *Land/Hasselbach* DB 2000, 1747.

[16] *Hasselbach* in Kölner Komm. Rn. 41.

solchen Klausel gerade vor besagten Abwehrmaßnahmen schützen. Allerdings werfen die Klauseln **zwei Probleme** auf: Zum einen müssen die Einzelumstände bereits in der Angebotsunterlage so bestimmt festgesetzt sein, dass eine Möglichkeit des Bieters zur nachträglichen willkürlichen Abstandnahme vom öffÜA nicht besteht. So muss der Bieter etwa genau angeben, welche Lieferbeziehungen der Zielgesellschaft zu Vertragspartnern auch nach Kontrollwechsel bestehen müssen, damit das Angebot weiter aufrechterhalten wird. Zum anderen resultiert aus der in § 16 Abs. 1 und 2 die festgelegte Höchstdauer des Angebots. Diese ist indisponibel. Deshalb kann der Bieter durch eine Klausel der vorgenannten Art den insgesamt zur Verfügung stehenden Entscheidungszeitraum nicht zu seinen Gunsten ausweiten. Denn aus § 3 Abs. 4 Satz 2 folgt, dass die Zielgesellschaft nicht über den Höchstrahmen der gesetzlichen Verfahrensdauer hinaus im Ungewissen bleiben darf. Auch andere Veränderungen können Bedingungsgegenstand sein, etwa auch die **Veränderung des Börsenkurses des Bieters oder der Zielgesellschaft**, soweit die Grenzen des § 3 Abs. 5 (Verbot der Marktverzerrung) nicht überschritten sind: Auch wenn der Bieter vermeintlich kein objektives Bedürfnis an einer solchen Bedingung hat, verstößt nicht gegen § 18 Abs. 1, weil die Norm kein sachliches Begründungserfordernis aufstellt. Vielmehr können die Aktionäre der Zielgesellschaft von vornherein erkennen, welche für sie möglicherweise ungünstigen Bedingungen der Bieter offeriert.[17] Auch die **Insolvenz der Zielgesellschaft** oder ein Insolvenzantrag über deren Vermögen können im Verhältnis zwischen Bieter und Aktionären der Zielgesellschaft zum Bedingungsgegenstand erhoben werden (zum Wegfall der Geschäftsgrundlage in solchen Fällen vgl. § 11 Rn. 55).[18] Allerdings müssen sich solche Klauseln als Allgemeine Geschäftsbedingungen des Bieters an § 307 BGB messen lassen: So widerspräche es bspw. dem Gerechtigkeitsgehalt des § 446 Satz 1 BGB, wenn der Kaufvertrag auch noch nach Gefahrenübergang auf den Bieter nachträglich wegen Insolvenzeröffnung entfallen könnte.

Überhaupt muss sich der Bieter durch die Aufnahme von Bedingungen vor **8** **Verteidigungsmaßnahmen der Zielgesellschaft** schützen dürfen.[19] Es ist nicht einzusehen, warum der Bieter diese hinnehmen bzw. die damit verbundenen Kosten tragen sollte. Den Aktionären der Zielgesellschaft wird dadurch nur noch deutlicher die Entscheidung in die Hand gelegt, ob sie das Angebot annehmen oder zu seiner Abwehr ermächtigen wollen (vgl. § 16 Rn. 13 ff.). Allerdings sollte der Bieter in der Angebotsunterlage genau bezeichnen, was er als Verteidigungsmaßnahme versteht (eventuell bereits den Beschluss nach § 33 Abs. 1 Satz 1), damit der Umfang der Bindungswirkung für Dritte erkennbar ist und Auslegungsstreitigkeiten vermieden werden. Positiv gewendet, kann der Bieter sein Angebot auch durch eine **positive Stellungnahme des Vorstands der Zielgesellschaft** nach § 27 aufschiebend bedingen. Dies gilt wegen § 18 Abs. 1 allerdings nicht für den Management Buy-out, wo Bieter und Verwaltung der Zielgesellschaft personenidentisch sind.

---

[17] *Hasselbach* in Kölner Komm. Rn. 46.

[18] *Geibel* in *Geibel/Süßmann* Rn. 33; *Hasselbach* in Kölner Komm. Rn. 43; *Busch* AG 2002, 145, 150.

[19] *Hasselbach* in Kölner Komm. Rn. 48 ff.

9   Der Bieter muss schließlich auch die Möglichkeit einer **nachträglichen Verlängerung der Angebotsfrist** innerhalb der Höchstgrenzen des § 16 Abs. 1 als Bedingung aufnehmen können (zB als unbedingt erklärtes Angebot nebst aufschiebend bedingter daran anschließender Verlängerung). Erforderlich ist wiederum Bestimmtheit iSd. § 18 Abs. 1: Der Eintritt der Fristverlängerung muss an objektive Umstände anknüpfen, die keiner Bieterwillkür zugänglich sind. Zulässig sind ferner alle Rechtsbedingungen wie behördliche Genehmigungen, etwa durch das Kartellamt, die Regelungen über Bank und Versicherungsaufsicht usw.[20]

10   **d) Sonderfall: Nachholung der Zustimmung der Hauptversammlung des Bieters.** Das Verbot des § 18 ist nur vorbehaltlich § 25 anwendbar. Diese Ausnahme bezieht sich auf den Fall, dass der Bieter gem. § 10 Abs. 1 Satz 2 eine Vorankündigung seiner Angebotsabsichten unterbreitet, ohne die dazu erforderliche Zustimmung seiner Gesellschafterversammlung einzuholen. Gerade weil das Gesetz den Bieter zu einer besonders eiligen Publikation der Vorankündigung zwingt, muss Letzterer die Möglichkeit haben, das spätere Angebot durch die Zustimmung der Gesellschafterversammlung zu bedingen. Dem dadurch entstehenden und für die Aktionäre der Zielgesellschaft unbefriedigenden Schwebezustand versucht § 25 dadurch abzuhelfen, dass er den Bieter zwingt, den Beschluss noch vor Ablauf der Annahmefrist herbeizuführen. Die **rechtspolitische Kritik**[21] weist dagegen auf die mit dieser Möglichkeit verbundene Aufweichung der Finanzierungsverantwortung des Bieters (§ 13 Abs. 1 Satz 1) hin. Dieser kann letztlich ein Tauschangebot abgeben, das noch nicht durch eine beschlossene Kapitalerhöhung gedeckt ist. Auch eröffnet die Norm leicht erkennbar **Umgehungsstrategien**. Der eigentliche Interessent kann ein öffA durch eine 100 %ige Tochtergesellschaft abgeben lassen, um dann seine Zustimmung in deren Gesellschafterversammlung zu verweigern.[22] Letztlich beruht § 18 Abs. 1 auf einem vom Gesetzgeber gutgeheißenen Kompromiss zwischen der Eilbedürftigkeit der Vorankündigung und der Bindungswirkung des öffA, die für den Rechtsanwender maßgeblich ist. Umgehungsstrategien wie der vorgestellten kann daher nur auf der Grundlage des Verbots der **Bedingungsvereitelung** (§ 162 Abs. 2 BGB) begegnet werden.[23] Dazu äußert der **Gesetzgeber** folgendes: „Umgehungstatbestände kann das Bundesaufsichtsamt auf der Grundlage der allgemeinen Missstandsaufsicht (§ 4 Abs. 1 Satz 3) aufgreifen. Anhaltspunkte für eine Umgehung können sich beispielsweise ergeben, wenn der Bieter, der ein Angebot unter dem Vorbehalt der Zustimmung seiner Gesellschafterversammlung abgibt, eine Gesellschaft im Mehrheitsbesitz ist, bei der die Verwaltung im Einvernehmen mit dem Mehrheitsgesellschafter handelt und eine Entscheidung der Gesellschafterversammlung des Bieters vor Abgabe der Entscheidung zur Abgabe eines An-

---

[20] RegE BT-Drucks. 14/7034 S. 47; DiskEntw ÜG S. 325; WÜG-RefE S. 459; Liste bei *Hasselbach* in Kölner Komm. Rn. 28 ff.; *Land/Hasselbach* DB 2000, 1747, 1751.
[21] *Land/Hasselbach* DB 2000, 1747, 1751; *Peltzer* S. 203.
[22] *Land/Hasselbach* DB 2000, 1747, 1751.
[23] Gegen die Anwendbarkeit wohl zu Unrecht *Land/Hasselbach* DB 2000, 1747, 1751.

gebotes nach § 10 Abs. 1 unter Wahrung der Vertraulichkeit möglich gewesen wäre."[24]

Gegenstand der Bedingung ist eine Entscheidung der Gesellschafterver- **11** sammlung des Bieters. Aus dem Zweck der Ausnahme folgt, dass die Entscheidung einen sachlichen Bezug zum geplanten öffA haben muss. Typischerweise sind Barkapitalerhöhungen zur Finanzierung eines Tauschangebots betroffen. Richtiger Auffassung nach besteht jedoch **keine Holzmüller–Kompetenz** der Gesellschafterversammlung des Bieters, wenn ein öffÜA geplant ist (§ 25 Rn. 4). Fraglich ist deshalb, ob es für die Wirksamkeit der Bedingung darauf ankommt, dass die **Entscheidung der Gesellschafterversammlung auch rechtlich erforderlich** ist. Das Problem stellt sich in all den Fällen, in denen es sich bei der Unterbreitung des öffA um eine reine Geschäftsführungsmaßnahme handelt (Barkauf einer geringen Beteiligung an der Zielgesellschaft, der durch Auflösung freier Reserven finanziert werden kann), das Angebot aber dennoch unter der Bedingung präsentiert wird, dass die Gesellschafterversammlung nach § 119 Abs. 2 AktG zustimmt. **Gegen die Rechtmäßigkeit der Bedingung** in solchen Fällen spricht der systematische Zusammenhang zu § 10 Abs. 1 Satz 2: Nach dem Wortlaut dieser Norm muss der Bieter seine Absichten auch dann veröffentlichen, wenn ein Beschluss seiner Gesellschafterversammlung *erforderlich* ist. Nur für diesen Fall rechtfertigt sich eine Ausnahme gegenüber § 18 Abs. 1, nicht aber bei darüber hinausgehenden freiwilligen Beteiligung der Gesellschafterversammlung etwa nach § 119 Abs. 2 AktG (§ 10 Rn. 7). Entsprechend der engen Zwecksetzung der Ausnahme, muss der **Anwendungsbereich teleologisch reduziert** werden: Die Norm ist praktisch nur in drei Fällen anwendbar: wenn die Gesellschafterversammlung Kapitalmaßnahmen beschließt, eine Holzmüller-Entscheidung (§ 25 Rn. 4) getroffen werden muss oder der Bieter nach ausländischem Recht seiner Gesellschafterversammlung bedarf.[25]

3. Befristungen. Aus der Nichterwähnung von Befristungen (§ 163 BGB) **12** in § 18 Abs. 1 lässt sich nicht auf deren generelle Zulässigkeit schließen. Vielmehr folgt aus § 16 Abs. 1 Satz 1, dass die Möglichkeit des Bieters zu allgemeinen Zeitbestimmungen gesetzlich eingeschränkt ist. Darüber hinausgehende, in der Angebotsunterlage enthaltene Fristsetzungen, die gegen die gesetzlichen Fristverlängerungen nach §§ 16 Abs. 2 und 3, 21 Abs. 5, 22 Abs. 2 verstoßen, sind nach § 134 BGB nichtig.

4. Verbot des Widerrufs- oder Rücktrittsvorbehalts. Entsprechend dem **13** Normzweck kann es in Abs. 2 nur um Vorbehalte gehen, die an keinen Sachgrund gebunden sind, sondern ohne weiteres durch einseitige Willenserklärung des Bieters ausgeübt werden können.[26] Genau besehen, handelt es sich um einen Sonderfall von § 18 Abs. 1, dessen Unwirksamkeit hier klargestellt wird. Vgl. jedoch zum Rücktritt von der Vorankündigung § 10 Rn. 11 und zur Lösung des Vertrags bei Wegfall der Geschäftsgrundlage § 11 Rn. 53.

---

[24] RegE BT-Drucks. 14/7034 S. 48.
[25] Ebenso *Hasselbach* in Kölner Komm. Rn. 58.
[26] Dies spiegelt der Wortlaut des RegE BT-Drucks. 14/7034 S. 48 wider; Disk-Entw ÜG S. 325; WÜG-RefE S. 460.

14 **5. Sonstiges.** Beim tatsächlichen Eintritt der Bedingung handelt es sich um eine **publizitätspflichtige Tatsache**. Mangels Regelung im WpÜG kommt eine **Analogie zu § 23 Abs. 1** in Betracht. Denn auch diese Norm zielt auf Transparenz hinsichtlich des tatsächlichen Erfolgs des öffA. Um Erfolg und Mißerfolg des Bieters geht es aber auch beim Bedingungseintritt.[27] Der Bieter kann auf die Bedingungen noch nachträglich nach § 21 Abs. 1 Nr. 4 **verzichten**. Die BAFin kann schließlich ein öffA nach § 15 Abs. 1 Nr. 2 untersagen, wenn es eine rechtswidrige Bedingung enthält. Nur entspricht es hier vertretener Auffassung, dass sie dem Bieter zuvor unter Ausschöpfung der Möglichkeit des § 14 Abs. 2 Satz 3 Gelegenheit zur Nachbesserung geben muss (§ 14 Rn. 10). Die dem Bieter erteilte **Gestattung der BAFin**, die Angebotsunterlage zu veröffentlichen (§ 14 Abs. 2 Satz 1), hat auf die rechtliche Beurteilung von Bedingungen keinen Einfluss (vgl. § 14 Rn. 7). Die einzelne gegen § 18 Abs. 1 verstoßende Bedingung dürfte dann aber nach § 134 BGB nichtig sein, was nach **§ 139 BGB** Auswirkungen auf die Wirksamkeit des Angebots im Übrigen hat[28] (vgl. auch § 11 Rn. 56). Der BAFin dürfte ferner nach § 4 Abs. 1 Satz 3 die Befugnis verbleiben, den Bieter analog § 21 Abs. 1 Nr. 4 dazu zu zwingen, auf eine solche rechtswidrige Bedingung nachträglich zu verzichten bzw. eine Berichtigung analog § 12 Abs. 3 Nr. 3 vorzunehmen (vgl. zur grundsätzlichen Möglichkeit nachträglichen Einschreitens § 15 Rn. 10).

§ 19 Zuteilung bei einem Teilangebot

Ist bei einem Angebot, das auf den Erwerb nur eines bestimmten Anteils oder einer bestimmten Anzahl der Wertpapiere gerichtet ist, der Anteil oder die Anzahl der Wertpapiere, die der Bieter erwerben kann, höher als der Anteil oder die Anzahl der Wertpapiere, die der Bieter zu erwerben sich verpflichtet hat, so sind die Annahmeerklärungen grundsätzlich verhältnismäßig zu berücksichtigen.

Übersicht

1 **1. Normzweck und dogmatische Grundlagen.** Teilangebote üben auf die Aktionäre der Zielgesellschaft einen besonderen Entscheidungsdruck aus, wenn die Verträge mit dem Bieter gemäß §§ 145 ff. BGB in der zeitlichen Rei-

---

[27] AA für eine Analogie zu § 21 *Hasselbach* in Kölner Komm. Rn. 88.
[28] *Hasselbach* in Kölner Komm. Rn. 71.

henfolge der Annahmen zustande kommen. Weil die Nachfragemenge definitionsgemäß begrenzt ist, besteht die Gefahr, nicht mehr veräußern zu können, was dann den Zwang zu einer raschen, nicht notwendig ökonomisch überlegten Entscheidung auslösen kann. Eine noch so großzügig bemessene Annahmefrist (§ 16 Abs. 1 Satz 1) nützt dem einzelnen Aktionär dann nichts, wenn er neben den konkurrierenden Verkaufsinteressenten nicht rechtzeitig zum Zuge zu kommen droht. Zur Verhinderung dieser Zwangslage schreibt das Gesetz die verhältnismäßige Berücksichtigung der Aktionäre bei der Vergabe vor. Überschreitet der Bieter nicht die Kontrollschwelle des § 29 Abs. 2, sind durch den aus § 3 Abs. 1 begründeten Zuteilungsmechanismus die Gefahren des Teilangebots neutralisiert. Andernfalls jedoch stellt § 32 sicher, dass allen Aktionären die Möglichkeit zur Deinvestition verbleibt, um den Nachteilen eines Minderheitenstatus zu entgehen. Eine dem § 19 vergleichbare Partierungspflicht findet sich in Rule 36.7 City Code. Beim **Rückerwerb eigener Aktien** wird die Norm jedoch durch die Sonderregelung des § 71 Abs. 1 Nr. 8 Satz 3 bis 5 AktG (§ 2 Rn. 6) verdrängt.

Bei einem Teilangebot nach § 19 kommen die **Kauf- oder Tauschverträge** 2 mit dem Bieter nicht bereits durch die Willenserklärungen seitens der Aktionäre der Zielgesellschaft zustande. Denn erst nach Ablauf der Annahmefrist kennt der Bieter die Gesamtanzahl der von den Aktionären abgegebenen Willenserklärungen und kann aufgrund dieser ermitteln, in welchem Umfang er mit welchem Aktionär Verträge schließt. Deshalb bedarf es auf die Willenserklärung der Aktionäre hin noch der Annahme durch den Bieter im Wege einer an § 19 zu messenden Zuteilungsentscheidung. Dies lässt Rückschlüsse auf das am Anfang dieses Prozesses stehende Teilangebot zu: Bei diesem handelt es sich nicht um einen Antrag nach § 145 BGB, weil das Teilgebot nicht durch einfache Annahmeerklärung angenommen werden kann; auch eine bloße invitatio ad offerendum scheidet wegen § 17 aus. Von der Art der Bindungswirkung her handelt es sich beim zulässigen Teilangebot um **ein einseitiges Rechtsgeschäft eigener Art**. In seiner äußeren Erscheinung der Auslobung (siehe nur § 659 Abs. 2 BGB) vergleichbar, ist sein Verpflichtungsgegenstand dem eines **Vorvertrages vergleichbar**. Darin verpflichtet sich der Bieter, eingehende Anträge (!) der Aktionäre der Zielgesellschaft grundsätzlich nach Maßgabe des Gleichbehandlungsgrundsatzes anzunehmen.

2. Tatbestandsvoraussetzungen. Es muss sich um ein Angebot iSd. § 2 3 Abs. 1 handeln und **nicht um ein Übernahmeangebot** iSd. § 29 Abs. 1. Dies ergibt sich im Umkehrschluss aus § 32 und rechtfertigt sich durch die besonderen Gefahren eines auf die Übernahme der Kontrollmehrheit gerichteten Teilangebots.[1] Das Tatbestandsmerkmal Anteil bezieht sich auf die Beteiligungsquote, das Merkmal **Anzahl** auf die Zahl der erwerbbaren bzw. zu erwerbenden Stücke. Zum Tatbestandsmerkmal Wertpapiere vgl. § 2 Abs. 2. Bei der Menge, die der Bieter **erwerben kann**, ist nicht auf den konkreten Willen der Veräußerer, sondern auf tatsächliche und rechtliche Umstände abzustellen. Für die Menge, die Gegenstand der Erwerbsverpflichtung ist, ist die Angabe nach § 2 Nr. 6 AngebotsVO maßgeblich. Weitere ungeschriebene Tatbestandsvoraus-

---

[1] RegE BT-Drucks. 14/7034 S. 48; WÜG-RefE S. 461; vgl. Rn. 2 zur rechtsgeschäftlichen Struktur.

setzung ist eine Überzeichnung des Teilangebots; denn nur diese kann eine Repartierungspflicht auslösen.[2]

4   **3. Rechtsfolge. a) Grundsatz der verhältnismäßigen Berücksichtigung.** Nach dem Prinzip der verhältnismäßigen Berücksichtigung[3] muss der Bieter das Angebot des Aktionärs in dem Umfang annehmen, der dem Anteil der vom Aktionär angebotenen Stücke im Verhältnis zur insgesamt angebotenen Stückzahl entspricht. Beispiel: Fragt der Bieter 100 Stück nach, werden insgesamt 150 Stück angeboten, beträgt die Zuteilungsquote 2:3. Hatte A 30 Stück angeboten, muss der Bieter zwanzig Stück von A annehmen und entsprechende Rechtsgeschäfte mit A schließen. Bezieht sich das öffA auf mehrere Aktiengattungen, so muss das Prinzip der verhältnismäßigen Berücksichtigung richtiger Auffassung nach innerhalb jeder Gattung getrennt angewendet werden.[4]

5   Der **Gleichbehandlungsgrundsatz** des § 3 Abs. 1 verpflichtet den Bieter dabei zu einer effektiven Überprüfung, ob den einzelnen Angeboten auch ein konkretes Leistungsvermögen der Aktionäre entspricht. Aus den Vereinigten Staaten ist das Problem des **Tendering Short** bekannt, bei dem Aktionäre für mehr Aktien die Annahme erklären als ihnen tatsächlich zur Verfügung stehen. Hier gebietet es die Gleichbehandlungspflicht, auf die bei den Aktionären tatsächlich vorhandene Menge abzustellen und diese gegebenenfalls zu überprüfen.[5]

6   **b) Ausnahmen.** Aus dem Wortlaut „grundsätzlich" folgt, dass Ausnahmen vom Prinzip der verhältnismäßigen Berücksichtigung zulässig sind. Nach Auffassung des Gesetzgebers kommen diese allein aus **Praktikabilitätsgründen** in Betracht. Der Bieter kann danach pauschal die vollständige Berücksichtigung kleinerer Bestände vorsehen, um die Entstehung von Splitterbeteiligungen (Aktienspitzen) zu vermeiden.[6] Bietet der Aktionär bei einer Zuteilungsquote von 2:3 nur zwei Stück an, müsste ihm der Bieter $^4/_3$ abnehmen, wodurch eine für alle Beteiligten unerwünschte Splitterbeteiligung entstünde. Dem kann der Bieter abhelfen, indem er von jedem Bieter eine gewisse Mindestzahl abnimmt. In den Materialien[7] findet sich das Beispiel einer Zuteilungsquote von 60:100, anlässlich derer dem Bieter erlaubt ist, von jedem Bieter mindestens vierzig Stück abzunehmen. Ein solcher abweichender Verteilungsmodus muss aber nach § 2 Nr. 6 AngebotsVO von vornherein in die Angebotsunterlage aufgenommen werden. Nicht möglich ist hingegen eine Verteilung nach dem Prioritätsprinzip, wonach frühere Angebote vor späteren berücksichtigt werden, da damit gerade die Gefahr einer Übervorteilung der Verkäuferseite verbunden ist (Rn. 1).

7   Eine **Ausnahme wegen anderer als Praktikabilitätsgründen** kommt **nicht** in Betracht. Der Bieter darf insbesondere keinen Verteilungsmodus wäh-

---

    [2] *Hasselbach* in Kölner Komm. Rn. 14.
    [3] Vgl. das Beispiel in den Materialien RegE BT-Drucks. 14/7034 S. 48; WÜG-RefE S. 460.
    [4] *Hasselbach* in Kölner Komm. Rn. 17.
    [5] *Knoll* S. 84.
    [6] RegE BT-Drucks. 14/7034 S. 48; WÜG-RefE S. 460.
    [7] RegE BT-Drucks. 14/7034 S. 48; WÜG-RefE S. 460.

len, durch den auf die Aktionäre Entscheidungsdruck ausgeübt wird. Dies ist regelmäßig der Fall, wenn die Anträge der Veräußerer in ihrer zeitlichen Reihenfolge berücksichtigt werden. Dies folgt zwar nicht aus dem Wortlaut, wohl aber aus dem Zweck der Norm. Sogenannte Two-Tier-Angebote sind daher nach § 19 nicht zulässig.

c) Die bei der Zuteilung nicht berücksichtigten Wertpapiere. Ange- **8** botene Wertpapiere, die bei der Zuteilung nicht berücksichtigt wurden, kann der Bieter **nicht** einfach zu den Konditionen seines Teilangebots erwerben. Dies folgt – entgegen anderer Ansicht[8] – im Umkehrschluss aus § 21 Abs. 1 WpÜG: Denn der Ankauf auch dieser Papiere bedeutet praktisch eine nachträgliche Ausweitung der nach §§ 11, 14 Abs. 2 Satz 1 offerierten Konditionen. Diese Möglichkeit ist in § 21 Abs. 1 aber nicht vorgesehen. Eine solche einschränkende Sichtweise rechtfertigt sich nicht zuletzt aus dem **Schutzzweck des § 3 Abs. 1**: Da der Bieter zunächst nur die Aufnahme einer geringeren Stückzahl in Aussicht gestellt hat, ist die Möglichkeit nicht auszuschließen, dass bestimmte Aktionäre wegen der voraussehbar ungünstigen Zuteilungsquote gar nicht erst auf seine Offerte eingegangen sind und nun am Ende leer ausgehen, obwohl sie doch hätten verkaufen können. Solche Konsequenzen sind nicht hinnehmbar. Will der Bieter weitere Wertpapiere der Zielgesellschaft erwerben, muss er daher stets ein neues Angebot unterbreiten.

4. Vereinbarungen mit einzelnen Aktionären über den Nichtankauf **9** **ihrer Aktien.** Fraglich ist, ob der Bieter im Vorfeld eines öffA bzw. öffÜA mit einzelnen Aktionären vereinbaren kann, deren Aktien nicht zu erwerben.[9] Hier verdienen Systematik und Zwecksetzung des § 14 Abs. 2 und 3 besondere Beachtung: Beide Normen formalisieren das Verfahren der Erklärung des Verpflichtungswillens des Bieters so, dass dieser nur unter der Kontrolle der BAFin und nur in den Formen kapitalmarktrechtliche Publizität agieren kann. Dies schließt die Möglichkeit aus, dass der Bieter während eines öffA quasi neben der öffentlichen Verpflichtungserklärungen noch Individualvereinbarungen mit einzelnen Aktionären treffen könnte. Dieses Ergebnis erscheint nicht zuletzt nach § 3 Abs. 1 gerechtfertigt: Denn der Bieter darf den vergleichsweise schlechten Informationsstand der Aktionäre der Zielgesellschaft und ihre begrenzte Fähigkeit zu koordiniertem Verhalten nicht zu deren Lasten ausnutzen und einen Teil der Aktionäre unter den gesetzlich vorgesehenen Wertgrenzen abfinden (§ 3 Rn. 13 ff.). Die Wirksamkeit einschlägiger Vereinbarungen mit den Aktionären scheitern deshalb regelmäßig daran, dass der Bieter seinen Willen nicht in der vorgesehenen Form erklärt hat und deshalb keine wirksame Willenserklärung abgegeben hat, die zu einer Verpflichtung der anderen Seite führen könnte.

---

[8] *Hasselbach* in Kölner Komm. Rn. 22.
[9] Erwogen von *Seydel* in Kölner Komm. § 11 Rn. 59.

§ 20 Handelsbestand

(1) Die Bundesanstalt lässt auf schriftlichen Antrag des Bieters zu, dass Wertpapiere der Zielgesellschaft bei den ergänzenden Angaben nach § 11 Abs. 4 Nr. 2, den Veröffentlichungspflichten nach § 23, der Berechnung des Stimmrechtsanteils nach § 29 Abs. 2 und der Bestimmung der Gegenleistung nach § 31 Abs. 1, 3 und 4 und der Geldleistung nach § 31 Abs. 5 unberücksichtigt bleiben.

(2) Ein Befreiungsantrag nach Absatz 1 kann gestellt werden, wenn der Bieter, die mit ihm gemeinsam handelnden Personen oder deren Tochterunternehmen

1. die betreffenden Wertpapiere halten oder zu halten beabsichtigen, um bestehende oder erwartete Unterschiede zwischen dem Erwerbspreis und dem Veräußerungspreis kurzfristig zu nutzen und

2. darlegen, dass mit dem Erwerb der Wertpapiere, soweit es sich um stimmberechtigte Aktien handelt, nicht beabsichtigt ist, auf die Geschäftsführung der Gesellschaft Einfluss zu nehmen.

(3) Stimmrechte aus Aktien, die auf Grund einer Befreiung nach Absatz 1 unberücksichtigt bleiben, können nicht ausgeübt werden, wenn im Falle ihrer Berücksichtigung ein Angebot als Übernahmeangebot abzugeben wäre oder eine Verpflichtung nach § 35 Abs. 1 Satz 1 und Abs. 2 Satz 1 bestünde.

(4) Beabsichtigt der Bieter Wertpapiere, für die eine Befreiung nach Absatz 1 erteilt worden ist, nicht mehr zu den in Absatz 1 Nr. 1 genannten Zwecken zu halten oder auf die Geschäftsführung der Gesellschaft Einfluss zu nehmen, ist dies der Bundesanstalt unverzüglich mitzuteilen. Die Bundesanstalt kann die Befreiung nach Absatz 1 außer nach den Vorschriften des Verwaltungsverfahrensgesetzes widerrufen, wenn die Verpflichtung nach Satz 1 nicht erfüllt worden ist.

Schrifttum: *Holzborn/Friedhoff*, Die gebundenen Ausnahmen nach dem WpÜG, WM 2002, 948; *Holzborn*, Die Nichtzurechnung nach §§ 20, 36 WpÜG und die Befreiung von Pflichtangeboten nach § 37 WpÜG, §§ 8 ff. WpÜGAngVO, NZG 2002, 948.

Übersicht

1. Normzweck. Die Vorschrift gelangte durch den WÜG-RefE in das 1
Gesetz und systematisiert einzelne Ausnahmevorschriften, die bereits im Disk-
Entw ÜG enthalten waren. Als Ergebnis der Beratungen des Bundestages
wurden die Tatbestandsvoraussetzungen des Befreiungstatbestandes (Abs. 2)
noch einmal verallgemeinert: Die persönliche Beschränkung auf Wertpapierdienstleistungsunternehmen (Nr. 1 aF) wurde ebenso aufgegeben wie der
Nachweis, dass die Papiere in einem Handelsbestand gehalten werden (Nr. 2
aF). Nach der Vorstellung des Gesetzgebers ist die Norm an § 23 WpHG orientiert und ermöglicht Wertpapierdienstleistungsunternehmen, ihr Kerngeschäft
auch dann fortzuführen, wenn sie selbst als Bieter oder als eine dem Bieter zu-
zurechnende Person iSd. § 2 Abs. 5 oder 6 an einem öffA beteiligt sind. Dadurch sollen „Marktirritationen" verhindert und die „Funktionsfähigkeit des
Finanzmarktes" sichergestellt werden.[1] Erfasst sind in erster Linie die **Kom-
missionsgeschäfte** für Anleger (§§ 18 ff. DepotG). Darüber hinaus trägt die
Norm auch den Anforderungen des **Over-the-counter-Marktes** (OTC-
Markt, Telefonhandel) Rechnung. Dort werden Geschäfte von so genannten
Marktmachern (Market-Makern) getragen, die durchgängig – auch außerhalb
der Börsenöffnungszeiten – Kurse stellen, zu denen sie Aktien veräußern bzw.
erwerben. Dies hat zur Folge, dass ein am öffA (übrigens auch auf der Seite der
Zielgesellschaft) beteiligter Market-Maker im Hinblick auf Aktien der Zielgesellschaft eine ausreichende Liquidität zur Verfügung stellen muss, um insgesamt einen funktionierenden Handel zu gewährleisten. Gleiches gilt für die
Geschäfte über die **Deutsche Terminbörse**, bei der Optionen auf Aktien und
auf den Deutschen Aktienindex gehandelt werden. Der Market-Maker muss
insbesondere als Stillhalter von Kaufoptionen auf Aktien der Zielgesellschaft
(Calls) sein Risiko dadurch begrenzen können, dass er sich (zum Schutz vor
steigenden Kursen) schon vor der Fälligkeit mit Aktien eindeckt, um bei Ausübung durch den Optionsberechtigten die Aktien zum vereinbarten Basispreis
liefern zu können. Zur Erleichterung verzichtet das Gesetz einerseits auf einige
formale Erfordernisse des öffA (vgl. Abs. 1 Nr. 1 und Nr. 4), erlässt Veröffentlichungspflichten, die unabhängig von der Erwerbsart entstehen (Nr. 2) und
verhindert eine Zurechnung zu Lasten des Bieters, die zu einem Überschreiten
der Schwelle des § 29 Abs. 2 führt. Vom **Gesetzeszweck** des WpÜG her rechtfertigen sich diese Erleichterungen aus dem Charakter des **Durchgangs-
erwerbs**: Der Erwerb der Aktien der Zielgesellschaft zielt nicht auf eine
dauernde Inhaberschaft und eine damit verbundene Kontrolle der Zielgesellschaft, sondern dient der Weiterveräußerung. So treten insbesondere keine
Probleme im Hinblick auf die Kontrollschwelle des § 29 Abs. 2 auf.

2. Tatbestandsvoraussetzungen (Abs. 2). a) Nr. 1. Vgl. zum Tatbestands- 2
merkmal **Wertpapier** § 2 Abs. 2; gemeinsam handelnde Personen (§ 2 Abs. 5)
und Tochterunternehmen (§ 2 Abs. 6). Im Gegensatz zur Vorläufernorm

---

[1] RegE BT-Drucks. 14/7034 S. 48; WÜG-RefE S. 461.

kommt es nicht mehr darauf an, dass der Antragsteller ein Wertpapierdienstleistungsunternehmen nach § 2 Abs. 3 WpHG ist. Er muss die Papiere lediglich kurzfristig nutzen, um durch ihre Weiterveräußerung einen Überschuss zwischen Erwerbs- und Veräußerungspreis zu erzielen. Von der Sache her geht es darum, im Vermögen des Bieters zwischen reinen Vermögensanlagen und strategischen Anlagen zu unterscheiden. Im RegE war noch vorgesehen, dass die freizustellenden Stücke in einem besonderen Handelsbestand aufzubewahren waren. Dieses Tatbestandsmerkmal ist indes zu Recht aufgegeben worden, weil andernfalls dem weiten Anwendungsbereich der Norm nicht Rechnung getragen werden könnte.[2] Denn vor allem Nichtbanken unterhalten keine Rechnungslegung, innerhalb derer zwischen Handels- und Anlagebüchern unterschieden werden könnte; allenfalls erfolgt nach § 247 Abs. 2 HGB eine Unterscheidung zwischen Anlage- und Umlaufvermögen; diese deckt sich aber nicht mit der nach Nr. 1 zu treffenden Differenzierung. Nimmt man hinzu, dass selbst im Rahmen des § 23 Abs. 1 Nr. 3 WpHG die Zuordnung der Papiere in der Praxis anhand objektiver Merkmale nur schwer ermittelt werden kann,[3] wird verständlich, warum im Wortlaut der Nr. 1 ausschließlich **auf subjektive Merkmale abgestellt** wird („beabsichtigt"). Auf eine Abs. 2 Nr. 1 entsprechende Absicht lässt sich dabei anhand äußerer Umstände schließen: Maßgeblich sind dabei vor allem die der Dokumentationen des Bieters (Kontoführung), im Rahmen derer die Papiere, die Gegenstand des Antrags sind, klar identifiziert und von den strategisch gehaltenen Papieren ebenso deutlich unterschieden werden können. Bisweilen wird bezweifelt, dass eine bestimmte **Kontoführung** allein einen sicheren Rückschluss auf die Ernsthaftigkeit des Bieterwillens zulässt; dazu seien Umbuchungen zu leicht möglich.[4] Maßgebend muss indes sein, dass Nr. 1 keine weiteren Verpflichtungen aufstellt. Der Bieter muss in der Absicht der kurzfristigen Nutzung handeln. Die Kurzfristigkeit wird dabei mit einleuchtenden Gründen anhand von § 4 AngebotsVO (Maßgeblichkeit von Vorerwerben für die Gegenleistung beim öffÜA) auf höchstens drei Monate konkretisiert:[5] Im System des WpÜG (vgl. auch § 31 Abs. 3 Nr. 1) und der AngebotsVO erscheint nämlich ein Zeitraum von drei Monaten als aussagekräftige Referenz und kann daher im Rahmen des § 20 Abs. 2 Nr. 1 nicht „kurzfristig" sein. Entscheidend kommt es für die erforderliche Absicht daher darauf an, dass die Wertpapiere das Unternehmen des Bieters voraussichtlich während eines Zeitraums von höchstens drei Monaten passieren. Nach dem Gesetzeswortlaut kann der Antrag bei der BAFin nach oder vor Erwerb der Stücke gestellt werden (vgl. den Wortlaut „**halten oder zu halten beabsichtigen**"). Die Norm dürfte ihrem Zweck nach auch dann anwendbar sein, wenn die Stücke von einem anderen Depot des Bieters in seinen Handelsbestand verlagert bzw. umgebucht werden. Eine Entscheidung der BAFin dürfte allerdings stets voraussetzen, dass der Antragsteller den Handelsbestand von seinen sonstigen Beteiligungen an der Zielgesellschaft **klar trennt**.

---

[2] Vgl. dazu auch *Holzborn/Friedhoff* WM 2002, 948, 950.
[3] *Holzborn/Friedhoff* WM 2002, 948, 949; nur scheinbar aA *Hirte* in Kölner Komm. Rn. 65 ff. und 74 ff., weil er im Rahmen des objektiven Tatbestands auf Zwecke abstellt (vgl. Rn. 66).
[4] *Holzborn/Friedhoff* WM 2002, 948, 949 f.
[5] *Holzborn/Friedhoff* WM 2002, 948, 950.

b) Nr. 2. Darlegen bedeutet die Abgabe einer Erklärung des in der Norm **3** vorgegebenen Inhalts. Sie bezieht sich nur auf **stimmberechtigte Aktien**. Mit stimmrechtslosen Vorzugsaktien kann der Antragsteller nämlich nicht in die Auseinandersetzung um die Kontrollmehrheit bei der Zielgesellschaft eingreifen. Die Formulierung „**auf die Geschäftsführung der Gesellschaft Einfluss zu nehmen**" ist leider nicht ganz geglückt. Wegen §§ 76 Abs. 1, 119 Abs. 2 AktG kann ein Gesellschafter nicht legal auf die Geschäftsführung Einfluss nehmen. Gemeint ist der Einfluss auf die *personelle Zusammensetzung* der Geschäftsführung als Folge der Ausübung von Kontrollmacht gemeint sein. Diesbezüglich muss eine ausdrückliche Erklärung des Antragstellers abgegeben werden; diese wird über Abs. 3 durch den Stimmrechtsverlust abgesichert. Letztlich dient die Darlegung der Dokumentierung der nach § 20 Abs. 2 Nr. 1 bestehenden Absichten und führt zur Selbstbindung nach § 20 Abs. 3 (Rn. 10).

3. Antragstellung und Befreiungsentscheidung der BAFin (Abs. 1). **4** Antragsberechtigt ist nach dem klaren Wortlaut von Abs. 1 nur der Bieter selbst; dies erklärt sich nicht zuletzt daraus, dass die Rechtsfolgen der Normen, von denen Freistellung beantragt wird, auch nur ihn treffen. Der Antrag kann vor oder nach dem Erwerb der Wertpapiere gestellt werden (vgl. Abs. 2 Nr. 1). Schriftform (§ 126 BGB) ist erforderlich (vgl. dabei auch die Möglichkeit des § 45 Satz 2) und nach § 23 Abs. 1 VwVfG wohl auch die Wahrung der deutschen Sprache.[6] Eine bestimmte zeitliche Nähe der Antragstellung zum Erwerbsvorgang gibt das Gesetz für die Antragstellung nicht ausdrücklich vor (vgl. Abs. 2 Nr. 1). Der Antrag muss sich auf **bestimmte Wertpapiere** beziehen (vgl. oben Rn. 2). Dabei sind indes nicht die strengen Anforderungen des sachenrechtlichen Bestimmtheitsgrundsatzes anzuwenden. Es dürfte genügen, wenn der Antrag im Voraus für ein bestimmtes Bestandsvolumen gestellt wird (vgl. Rn. 6). Fraglich ist, ob der Antrag im Hinblick auf **einzelne** der in Abs. 1 enumerierten Tatbestände gestellt werden kann oder stets pauschal alle dort vorgesehenen Fälle erfasst. In der sachlichen Beschränkung des Antrags auf einzelne Freistellungen dürfte jedoch ein Selbstwiderspruch liegen,[7] da die einschlägigen Wertpapiere entweder dem strategischen Bestand des Bietes zugerechnet werden, dann greifen aber einheitlich die Rechtsfolgen sämtlicher in Absatz 1 genannter Normen, oder eben nicht.

Der Freistellungstatbestand ist **abschließend**; die BAFin kann darüber hin- **5** aus auch nicht auf der Grundlage des § 4 Abs. 1 Satz 3 Dispens erteilen. Ferner trifft die BAFin eine **gebundene Entscheidung**. Dies folgt aus dem Wortlaut der Norm (Abs. 1: „lässt") sowie aus dem System der tatbestandlich klar abgegrenzten Entscheidungsvoraussetzungen (Abs. 2) und Rechtsfolgen (Abs. 1).[8] Insbesondere bleibt der BAFin auch kein Ermessen, antragswidrig einzelne der in Abs. 1 enumerierten Befreiungen zu gewähren und andere nicht.

Die **Befreiung** wird nach Antrag für bestimmte Papiere und richtiger Auf- **6** fassung nach auch durch einen mittels entsprechender Kontoführung oder einen Höchstbetrag definierten Wertpapierbestand erteilt.[9] Sie kann nicht für

---

[6] *Hirte* in Kölner Komm. Rn. 18.
[7] *Hirte* in Kölner Komm. Rn. 23.
[8] *Hirte* in Kölner Komm. Rn. 26.
[9] *Hirte* in Kölner Komm. Rn. 38.

einzelne der in Abs. 1 genannten Tatbestände erteilt werden (Rn. 5). Nach einer Auffassung kann die Befreiung höchstens für ein Jahr erteilt werden.[10] Diese Zahl entbehrt indes der rechtlichen Grundlage. Bedenkt man den regulären Lauf eines öffA nach § 16 Abs. 1 und 2, darf der Bieter im Zweifel davon ausgehen, dass die Ausnahme regelmäßig für zwölf Wochen gilt und in den Fällen der gesetzlichen Fristverlängerung (§ 16 Rn. 6) weiter fortbesteht. Dies dürfte auch vorliegend maßgeblich sein. Die Befreiung greift unmittelbar ein; ein Wahlrecht – analog § 23 Abs. 1 Satz 1 WpHG – besteht nach dem klaren Wortlaut des § 20 Abs. 1 WpÜG nicht.[11] Nach dem Zweck der Norm **endet die Befreiungswirkung** für die Aktien, wenn der Antragsteller sie an ein anderes Wertpapierdienstleistungsunternehmen veräußert oder wenn er sie aus dem Handelsbestand entfernt und in ein zu strategischen Zwecken gehaltenes Depot einstellt oder umbucht.

7   Erfolgt die Befreiungsentscheidung nach dem Erwerb der Aktien durch den Antragsteller, tritt wohl zugleich eine **Strafaufhebung** für eine andernfalls verwirkte **Ordnungswidrigkeit** nach § 60 Abs. 1 lit. b iVm. § 23 ein. Die weiteren **Rechtsfolgen** bestehen darin, dass der Antragsteller als Bieter eines öffA die freigestellten Papiere in seiner Angebotsunterlage nicht im Rahmen der nach § 2 AngebotsVO vorgesehenen ergänzenden Angaben angeben muss. Die erworbenen Wertpapiere beeinflussen auch die nach § 23 zu veröffentlichende Anzahl der Wertpapiere nicht.

8   Sie zählen ferner nicht mit, wenn es darum geht, ob der Bieter im Wege des öffA die Kontrollschwelle des § 29 Abs. 2 erreicht und damit ein öffÜA abgibt. Problematisch erscheint, dass sich das Unterbleiben der Zurechnung auf diesen Fall beschränkt. Davon unabhängig kommt es auf die Zurechnung nämlich auch an, wenn der Bieter die in § 18 Abs. 1 iVm. § 16 Abs. 2 Satz 2 gesetzte **Mindesterwerbsschwelle** zur Bedingung des Angebots gemacht hat. Der exklusive Katalog und die auf ihm gründende gebundene Entscheidung lassen indes keine Ausweitung im Wege der Analogie zu. Der Bieter muss folglich seine Bedingung in der Angebotsunterlage so formulieren, dass Anteile aus seinem freigestellten Handelsbestand nicht mitgerechnet werden (vgl. auch § 18 Rn. 5).

9   Weiter tritt eine Befreiung von den inhaltlichen Vorgaben für die **Gestaltung der Gegenleistung** bei einem öffÜA ein. Damit lässt das Gesetz erkennen, dass die Faktoren der Preisbildung im Anwendungsbereich des § 20 nicht mit denen nach § 31 Abs. 3 Nr. 1 bzw. § 4 AngebotsVO zu vergleichen sind. Entsprechende Vor-, Parallel- und Nacherwerbe des Bieters binden diesen deshalb hinsichtlich des öffÜA nicht. Die Freistellung umfasst richtiger Auffassung nach auch **§ 31 Abs. 6 und 7**. Beide Normen beziehen sich ausschließlich auf die ausgenommenen Tatbestände und müssten folglich im Text des § 20 Abs. 1 nicht ausdrücklich erwähnt werden. Im Übrigen wäre es widersinnig, wenn die gesetzlichen Vorgaben im Hinblick auf die Bemessung der Gegenleistung keine Anwendung fänden, die Ausführungsvorschriften dazu nach Abs. 7 aber von der Freistellungswirkung nicht erfasst werden könnten. Es handelt sich insoweit wohl um ein **Redaktionsversehen**.

---

[10] *Hirte* in Kölner Komm. Rn. 51.
[11] *Hirte* in Kölner Komm. Rn. 34.

4. Stimmrechtsausübungsverbot (Abs. 3). **a) Tatbestandsvorausset-**   **10**
zungen. Das Stimmrechtsausübungsverbot beruht auf einer Selbstbindung
des Antragstellers, die auf seine Erklärung gemäß Abs. 2 Nr. 2 zurückgeht;
Abs. 3 stellt deren Rechtsfolgen unmissverständlich klar. Dem Wortlaut der
Norm nach bezieht es sich auf **Aktien**. Diese Einschränkung gegenüber § 2
Abs. 2 rechtfertigt sich aus dem Zweck der Norm: Es geht – vgl. auch § 20
Abs. 2 Nr. 2 – allein um konkret stimmberechtigte Anteile (also auch Vorzugs-
aktien, bei denen das Stimmrecht nach § 140 Abs. 2 AktG wieder aufgelebt ist).
Die Befreiungswirkung darf nicht entfallen sein. Dies ist regelmäßig der Fall,
wenn die Voraussetzungen des Abs. 2 wegfallen.

Darüber hinaus kommt es auf eine **hypothetische Betrachtung** an: Der   **11**
Aktienbestand des Bieters muss, würden ihm die nach § 20 Abs. 1 freigestellten
Stücke zugerechnet (§ 30), die Voraussetzungen des § 29 Abs. 1 erfüllen. § 35
Abs. 1 Satz 1 und Abs. 2 Satz 1 knüpfen an die gleichen Voraussetzungen an; of-
fensichtlich werden diese Normen nur erwähnt, um den Zweck von Abs. 3 zu
verdeutlichen.

b) Ruhen der Stimmrechte. Rechtsfolge ist der Eintritt eines Ruhens   **12**
der Stimmrechte. Teilweise wird vertreten, dass diese Rechtsfolge sich nur auf
solche Stimmrechte bezieht, **die der Bieter theoretisch** *selbst* **ausüben kann.**
Problematisch ist dies dort, wo dem Bieter nach § 30 Abs. 1 Stimmrechte Dritter zugerechnet werden, die von ihm praktisch nicht geltend gemacht werden
können. Die dadurch entstehenden Regelungslücken in Konzernsachverhalten
nimmt diese Auffassung als nicht zu schließende Regelungslücke in § 20 hin.[12]
Dagegen sprechen jedoch eine Reihe von Gründen: Zum einen legt der Wortlaut des § 20 Abs. 3 eine solche einschränkende Interpretation nicht nahe, weil
dort nicht von Stimmrechten des Bieters die Rede ist. Zum anderen entspricht
die Erstreckung des Ruhens von Mitgliedschaftsrechten auf Aktien Dritter, die
in Konzernsachverhalten zugerechnet werden, auch ansonsten der Rechtslage
(§§ 71d Satz 4 iVm. 71b AktG!). Schließlich kann es nicht von der im Innenverhältnis zwischen Bieter und Dritten arrangierten Ausübungsmöglichkeit abhängen, ob die Rechtsfolge der Norm eintritt oder nicht. Sonst würden nicht
überprüfbare Spielräume für Missbräuche entstehen. Fraglich ist weiter, welche Stimmrechte dem Ausübungsverbot nach § 20 Abs. 3 unterfallen: Sämtliche oder nur diejenigen, die zur Überwindung der Schwelle des § 29 Abs. 2
führen. Letztlich kann kein vernünftiger Zweifel daran bestehen, dass sich das
Verbot auf sämtliche freigestellten Papiere bezieht. Denn andernfalls eröffneten sich Missbrauchsmöglichkeiten des Bieters dadurch, dass die betroffenen
und nicht betroffenen Wertpapiere für Außenstehende nicht mehr zu unterscheiden wären.[13] Eine Abspaltung der Stimmrechte durch Einräumung einschlägiger Rechte an Dritte ist wie in vergleichbaren Fällen[14] untersagt. Zwar
fällt die Überlassung der Aktie an einen Dritten zum Zwecke der Ausübung
des Stimmrechts **nicht unter § 405 Abs. 3 Nr. 5 AktG**. Doch dürfte ein solches Rechtsgeschäft unmittelbar wegen Verstoßes gegen § 20 Abs. 3 nach § 134

---

[12] *Hirte* in Kölner Komm. Rn. 45.

[13] Ähnlich *Hirte* in Kölner Komm. Rn. 46 ff.

[14] Vgl. zur Parallelproblematik bei § 71b AktG *Hüffer* § 71b Rn. 5; *Lutter* in Kölner Komm. § 71b AktG Rn. 3 ff.; MünchKommAktG/*Oechsler* § 71b Rn. 9 ff.

BGB nichtig sein. Wegen der offensichtlichen Umgehungsgefahr ist wohl auch ein gutgläubiger Erwerb durch einen Dritten ausgeschlossen. Der Antragsteller verliert nur die Stimmrechte, **nicht aber die sonstigen Verwaltungs- und Vermögensrechte**, also etwa nicht die Anfechtungsbefugnisse. Insbesondere bleibt auch die Verfügungsbefugnis erhalten; denn anders könnte der Zustand nicht beseitigt werden.

13   **5. Beendigung des Stimmrechtsausübungsverbots (Abs. 4).** Das Verbot endet, wenn eine der beiden Voraussetzungen des Abs. 3 entfällt. Es kommt also entweder darauf an, dass der Bieter durch Veräußerung oder Verlust anderer Stücke nicht mehr die Voraussetzungen des § 29 Abs. 1 erfüllt oder die Freistellungsvoraussetzungen nach Abs. 2 wegfallen. Letzteres ist der Fall, wenn der Antragsteller die Aktien veräußert. In der Person des Erwerbers lebt das Stimmrecht dann wieder auf. Nach Abs. 4 Satz 1 der Norm gilt dasselbe, wenn der Antragsteller die Stücke aus einem Handelsbestand aus- und in das Depot der strategisch gehaltenen Anteile der Zielgesellschaft einbucht. Dann geht die Befreiungswirkung nach Abs. 1 unter und die Zurechnung gegenüber dem Bieter erfolgt unmittelbar. Den Bieter trifft in diesem Fall eine Anzeigepflicht gegenüber der BAFin. Aus Abs. 4 Satz 2 folgt, dass im nachträglichen Wegfall der Befreiungsvoraussetzungen grundsätzlich ein Widerrufsgrund nach § 49 Verwaltungsverfahrensgesetz liegen kann. Die Norm schränkt aber ihrem Wortlaut nach das Ausübungsermessen der BAFin nicht ein. Eine § 23 Abs. 3 Satz 4 WpHG vergleichbare Antragssperre nach erfolgtem Widerruf kennt § 20 nicht; sie gilt deshalb auch nicht aus allgemeinen Rechtsgedanken.[15]

14   **6. Befreiung der Zielgesellschaft und der Personen nach § 2 Abs. 5?** Die Freistellungsvoraussetzungen des § 20 Abs. 1 passen nicht auf die Zielgesellschaft und die Personen, deren Verhalten ihr nach § 2 Abs. 5 und 6 zugerechnet werden. Handelt die Zielgesellschaft in ihren eigenen Aktien, kommt eine Freistellung vom Verbot des § 33 Abs. 1 Satz 1 nur auf der Grundlage von § 71 Abs. 1 Nr. 7 AktG in Betracht. Die gemeinsam handelnden Personen hingegen (§ 2 Abs. 5) unterliegen dem Verbot des § 33 Abs. 1 Satz 1 nicht unmittelbar. Für sie gilt allein § 71d Satz 2 iVm. § 71 Abs. 1 Nr. 7 AktG.

§ 21 Änderung des Angebots

(1) **Der Bieter kann bis zu einem Werktag vor Ablauf der Annahmefrist**

1. die Gegenleistung erhöhen,

2. wahlweise eine andere Gegenleistung anbieten,

3. den Mindestanteil oder die Mindestzahl der Wertpapiere oder den Mindestanteil der Stimmrechte, von dessen Erwerb der Bieter die Wirksamkeit seines Angebots abhängig gemacht hat, verringern oder

4. auf Bedingungen verzichten.

---

[15] *Hirte* in Kölner Komm. Rn. 33 f.

Für die Wahrung der Frist nach Satz 1 ist auf die Veröffentlichung der Änderung nach Absatz 2 abzustellen.

(2) Der Bieter hat die Änderung des Angebots unter Hinweis auf das Rücktrittsrecht nach Absatz 4 unverzüglich gemäß § 14 Abs. 3 Satz 1 zu veröffentlichen. § 14 Abs. 3 Satz 2 und Abs. 4 gilt entsprechend.

(3) § 11 Abs. 1 Satz 2 bis 5, Abs. 3, §§ 12, 13 und 15 Abs. 1 Nr. 2 gelten entsprechend.

(4) Im Falle einer Änderung des Angebots können die Inhaber von Wertpapieren der Zielgesellschaft, die das Angebot vor Veröffentlichung der Änderung nach Absatz 2 angenommen haben, von dem Vertrag bis zum Ablauf der Annahmefrist zurücktreten.

(5) Im Falle einer Änderung des Angebots verlängert sich die Annahmefrist um zwei Wochen, sofern die Veröffentlichung der Änderung innerhalb der letzten zwei Wochen vor Ablauf der Angebotsfrist erfolgt. Dies gilt auch, falls das geänderte Angebot gegen Rechtsvorschriften verstößt.

(6) Eine erneute Änderung des Angebots innerhalb der in Absatz 5 genannten Frist von zwei Wochen ist unzulässig.

Schrifttum: *Busch*, Die Frist für den Bedingungsverzicht nach § 21 Abs. 1 WpÜG, ZIP 2003, 102.

Übersicht

1   **1. Normzweck.** Abs. 1 der Norm beruht wie die §§ 17 und 18 auf dem
Rechtsgedanken, dass die besondere Belastung der Zielgesellschaft durch ein
öffA nur dann gerechtfertigt ist, wenn der Bieter rechtsgeschäftlich fest an die
Angebotsbedingungen gebunden wird (§ 17 Rn. 1).[1] Folglich sind nachträgliche Änderungen stets nur zugunsten der Aktionäre der Zielgesellschaft unter
Ausweitung der rechtsgeschäftlichen Verpflichtung des Bieters möglich. Das
Rücktrittsrecht nach Abs. 4 gewährleistet, dass dem Aktionär diese Änderung
nicht gegen seinen Willen aufgedrängt wird (str., unten Rn. 17 f.). Abs. 5 soll
verhindern, dass mit einer knapp terminierten Änderung Druck zur raschen
Entscheidung auf die Aktionäre ausgeübt wird. Abs. 6 beschränkt die Änderungsmöglichkeit zum Schutz der Zielgesellschaft vor Verfahrensverschleppung (§ 3 Abs. 4 Satz 2) und ihrer Aktionäre bei der Bewertung des Angebots.
Systematisch muss § 21 von den **Änderungs-, Berichtigungs- und Aktua-
lisierungspflichten des Bieters** unterschieden werden: Bis zur Veröffentlichung der Angebotsunterlage im Zeitpunkt des § 14 Abs. 3 kann der Bieter den
Text der Angebotsunterlage im Hinblick auf Änderungen der Tatsachenlage,
aber auch des Umfangs der rechtsgeschäftlichen Verpflichtung ändern; dies ist
ab Übermittlung an die BAFin (§ 14 Abs. 1 Satz 1) allerdings nur noch mit deren Zustimmung möglich (§ 11 Rn. 5). Nach der Veröffentlichung der Angebotsunterlage muss der Bieter Fehler, die bereits zu diesem Zeitpunkt bestanden, nach § 12 Abs. 3 Nr. 3 berichtigen; die Norm findet nach hier vertretener
Auffassung aber auch analoge Anwendung, wenn infolge nachträglicher tatsächlicher Veränderungen aus Sicht der Aktionäre der Zielgesellschaft Fehlver-
ständnisse entstehen können, die durch einen aktualisierenden Publizitätsakt
beseitigt werden müssen (§ 12 Rn. 13 ff.). Gegenüber diesen Tatbeständen erfasst § 21 Abs. 1 nur Änderungen, die unmittelbar den Inhalt der vom Bieter
abgegebenen Willenserklärung umfassen. Zwar berühren auch nachträgliche
tatsächliche Veränderungen, die der Aktualisierungspflicht nach § 12 Abs. 3
Nr. 3 analog unterfallen, den praktischen Umfang und die wirtschaftliche Bedeutung der rechtlichen Verpflichtung. Dies geschieht aber nicht wie im Fall
des § 21 dadurch, dass der Wortlaut der vom Bieter abgegebenen Willenserklärung verändert wird.

1a   Die zum Teil befürwortete **analoge Anwendung der Norm auf eine Vorankündigung** nach § 10 Abs. 1, die über den gesetzlichen Mindestumfang
hinaus konkrete Angebotsbedingungen in Aussicht stellt,[2] ist **abzulehnen**,
weil sie den rechtsgeschäftlichen Grundlagen des Verfahrens nach §§ 10 ff.
nicht ausreichend Rechnung trägt. Das WpÜG formalisiert nämlich den Vorgang der Erklärung des rechtsgeschäftlichen Willens in den §§ 14 Abs. 2 Satz 1,
15 Abs. 3 Satz 1: So richtet sich ein mögliches Verbot der BAFin gegen die Veröffentlichung der Angebotsunterlage als öffA und damit die *Erklärung*, die den

---

[1] RegE BT-Drucks. 14/7034 S. 47; DiskEntw ÜG S. 327; WÜG-RefE S. 462.
[2] *Hasselbach* in Kölner Komm. Rn. 11.

rechtsgeschäftlichen Verpflichtungswillen des Bieters erst zur Willen*serklärung* komplettiert. Daraus folgt, dass Äußerungen des Bieters vor und außerhalb dieses Erklärungsvorgangs von einem objektiven Beobachter in der Person eines Aktionärs der Zielgesellschaft nach §§ 133, 157 BGB nicht als wirksame Verpflichtungserklärungen angesehen werden können. Dafür spricht nicht zuletzt, dass die BAFin nicht nach § 14 Abs. 2 die Möglichkeit hatte, diese Angaben vor ihrer Publizierung am Maßstab des § 15 Abs. 1 zu prüfen. Der entscheidende Sachunterschied zur Gegenmeinung liegt aber im Erhalt eines größeren und flexibler auszuschöpfenden Entscheidungsspielraums des Bieters: Kommt § 21 Abs. 1 auch nicht analog zur Anwendung, kann der Bieter – was auch ökonomisch geboten erscheint – sein Angebot noch frei den spontanen Marktreaktionen auf seine Vorankündigung hin anpassen. Vorankündigungen, die bestimmte Angebotsbedingungen in Aussicht stellen, sind dennoch kapitalmarktrechtlich nicht irrelevant, weil sie einschlägige Erwartungen der Marktteilnehmer wecken und Grundlage ihrer Entscheidungen werden können. Sie sind deshalb nach § 15 WpHG – und wenn diese Norm keine Anwendung findet – aus einem Rechtsgedanken aus § 12 Abs. 3 Nr. 3 heraus zu veröffentlichen (§ 10 Rn. 27).

2. Erlaubte Änderungsmöglichkeiten. a) Erhöhung der Gegenleistung (Nr. 1). Das Tatbestandsmerkmal „Gegenleistung" bezieht sich auf das vom Bieter gemäß § 11 Abs. 2 Satz 2 Nr. 4 Angebotene. Fraglich ist, ob die Änderungsmöglichkeit von vornherein dadurch entfällt, dass der Bieter in der Angebotsunterlage ausdrücklich auf sie verzichtet („**no-increase-statement**"). Dies wird mit der überzeugenden Überlegung verneint, dass § 21 Abs. 1 Nr. 1 nicht nur die Erhöhung der Gegenleistung erlaube, sondern auch die vorgelagerte Ankündigung, auf eine solche zu verzichten.[3] Den dadurch vorübergehend ausgelösten Irritationen des Marktes[4] wird durch § 21 Abs. 2 Rechnung getragen; notfalls haftet der Bieter wegen der letztlich nicht eingehaltenen Selbstbindung nach den Grundsätzen über die culpa in contrahendo (§ 10 Rn. 13). Als **Erhöhung** – dies folgt im Umkehrschluss aus § 21 Abs. 1 Nr. 2 – kommt nur eine quantitative Veränderung zugunsten der Aktionäre der Zielgesellschaft in Betracht, keine qualitative: Nach Nr. 1 kann folglich nur das Barangebot bzw. die Zahl der zum Tausch angebotenen Aktien des Bieters heraufgesetzt werden. Ein **Übergang vom Bar- zum Tauschangebot ist nicht möglich**; andernfalls liefe § 21 Abs. 1 Nr. 2 leer. Auch wären angesichts der schwierigen Bewertung eines Tausch- gegenüber einem Barangebot langwierige Rechtsstreitigkeiten hinsichtlich des Eintritts einer Wertsteigerung vorprogrammiert, die das Gesetz zum Schutze aller Verfahrensbeteiligten gerade verhindern will. Die **rechtspolitische Kritik** sieht in Normen wie § 21 Abs. 1 Nr. 1 eine Ermutigung gegenüber dem Bieter zu knapper Kalkulation des öffA, weil ihm bei mangelndem Aktionärsinteresse eine Abänderungsmöglichkeit offensteht.[5] Allerdings ist für ihn mit jeder Änderung die Gefahr einer Lösung der bereits verkaufswilligen Aktionäre der Zielgesellschaft nach

---

[3] *Thun* in *Geibel/Süßmann* Rn. 22.
[4] Diese stellt eher skeptisch *Hasselbach* in Kölner Komm. Rn. 23 in den Mittelpunkt.
[5] *Peltzer* S. 231.

§ 21 Abs. 4 verbunden, was den Handlungsspielraum des Bieters einengen kann.

3   **b) Angebot einer alternativen Gegenleistung (Nr. 2).** Als andere Gegenleistung iSd. § 11 Abs. 2 Satz 2 Nr. 4 kommt eine rein **quantitative Erniedrigung der Gegenleistung** nicht in Betracht. Dies ergibt sich im Umkehrschluss aus § 21 Abs. 1 Nr. 1; andernfalls liefe die in dieser Vorschrift enthaltene Beschränkung auf *Erhöhungen* der Gegenleistung leer. Ernstlich fraglich ist hingegen, ob eine **rein quantitative Erhöhung** (mehr Bargeld, mehr Tauschaktien) auch unter Nr. 2 fallen kann. Die Materialien sind insoweit nicht eindeutig.[6] Wirtschaftlich machte eine Erhöhung der Gegenleistung nach Nr. 2 insbesondere dann für den Bieter Sinn, wenn ihre Wahl durch den Aktionär der Zielgesellschaft unter besondere, zB zeitliche, Beschränkungen gestellt werden könnte. Solche Prämien für rasche Entscheidungen sind jedoch gerade im Hinblick auf das Tatbestandsmerkmal „wahlweise" und den Zweck der Norm problematisch. Gegen sie spricht auch der systematische Zusammenhang zu Nr. 1, nachdem quantitative Erhöhungen der Gegenleistung unbedingt erfolgen sollen.

4   In Betracht kommen daher nur **qualitative Veränderungen** der Gegenleistung wie der Übergang vom Bar- zu einem Tauschangebot oder einer Kombination aus Barzahlung und Aktientausch und umgekehrt. **Fraglich** ist, ob das neu offerierte Alternativangebot **höherwertiger** sein muss als der Gegenstand des ersten Gebots. Nimmt man rein quantitative Erhöhungen einmal aus (oben Rn. 3), wird man diese Frage nach dem System des WpÜG verneinen müssen. Denn zum einen will die einfache Struktur des § 21 Abs. 1 komplizierte, den Ausgang des öffA hinausschiebende Rechtsstreitigkeiten um die Bewertung von Bar- gegenüber Tauschangeboten vermeiden. Zum anderen bleibt es den Aktionären überlassen, sich ein Urteil zu bilden; denn wahlweise bleibt ihnen ja die alte Leistung erhalten.

5   Fraglich ist allerdings das Verhältnis zwischen **§ 21 Abs. 1 Nr. 2 und § 31** beim öffÜA. § 31 will den Aktionär vor Ausbeutung in solchen Situationen schützen, in denen er das Angebot des Bieters praktisch nicht mehr ablehnen kann (§ 31 Rn. 1 ff.). Diese Gefahr besteht indes nicht, wenn den Aktionären der Zielgesellschaft wahlweise ein weiteres Angebot gemacht wird, dessen Ausgestaltung der Norm nicht entspricht. Voraussetzung dürfte zum einen ein kurzer Hinweis sein, dass der Bieter keine Verantwortung dafür übernimmt, dass das Alternativangebot § 31 genügt und zum anderen, dass das erste Angebot den Erfordernissen des § 31 entspricht, die Aktionäre sich also in jedem Fall für eine mit § 31 vereinbare Gegenleistung entscheiden können. Ist der Bieter daher nach § 31 Abs. 3 zum Barangebot verpflichtet und hat er ein solches unterbreitet, spricht nichts dagegen, dass er im Wege des § 21 Abs. 1 Nr. 2 nachträglich noch eine Tauschofferte als Alternative präsentiert. Dadurch entsteht für die Aktionäre der Zielgesellschaft kein Druck, sondern ihre Wahlfreiheit vergrößert sich gerade.

---

[6] Vgl. noch WÜG-RefE S. 462, wo im Zusammenhang mit der ehemaligen Nr. 2 ganz allgemein von der Möglichkeit zur Erhöhung der Akzeptanz des öffA die Rede ist.

Die andere Gegenleistung muss **wahlweise** angeboten werden. Nach den **6** Zwecken der Norm wird man darunter die freie Wahl durch den Aktionär der Zielgesellschaft verstehen. Insbesondere darf der Aktionär **nicht** durch eine besondere Leistungsalternative **unter Entscheidungsdruck** gesetzt werden. Denkbar wäre ja theoretisch die Befristung einer besonders günstigen Leistungsalternative, sozusagen als Prämie für die Entscheidungsfreudigkeit des Aktionärs. Solche Anreize widersprechen jedoch dem Gleichbehandlungsgrundsatz (§ 3 Abs. 1), nach dem einzelne Aktionäre vom Bieter nicht deshalb bevorzugt werden dürfen, weil sie über die Veräußerung ihrer Anteile an der Zielgesellschaft irrationale Entscheidungen treffen (§ 3 Rn. 7). Dass auf die Aktionäre kein Zeitdruck ausgeübt werden darf, ergibt sich als allgemeiner Rechtsgedanke auch aus Einzelnormen wie §§ 16 Abs. 2, 21 Abs. 5. Insbesondere sind Befristungen, die über § 16 Abs. 1 hinausgehen, unzulässig (§ 18 Rn. 12). Deshalb muss sich die Wahl des Aktionärs über die ganze Laufzeit des ursprünglichen Angebots, inklusive der Frist nach § 16 Abs. 2, erstrecken.

c) Herabsetzung der Beteiligungsschwelle (Nr. 3). § 16 Abs. 2 Satz 2 **7** erlaubt es dem Bieter ausdrücklich, das öffA durch das Erreichen einer Beteiligungsschwelle zu bedingen (vgl. auch zu den in der Praxis üblichen Schwellen § 18 Rn. 5). Zum Tatbestandsmerkmal Wertpapier vgl. § 2 Abs. 1; zum Begriff Stimmrecht § 29 Rn. 7. Eine **Verringerung** iSd. § 21 Abs. 1 Nr. 3 setzt daher voraus, dass das Erreichen einer Beteiligungsschwelle wirksam zur Bedingung des Angebots gemacht wurde (§ 11 Abs. 2 Satz 2 Nr. 5 iVm. § 18 Abs. 1) und dass der Zähler der in der Bedingung genannten Bruchzahl im Wege der Änderung numerisch herabgesetzt wird. Nach Zweck und System des § 21 Abs. 1 ist eine darüber hinausgehende **inhaltliche Veränderung bei der Gestaltung der Beteiligungsquote ausgeschlossen.** Denn andernfalls könnte der Bieter im nachhinein die Bindungswirkung seines Angebots doch wieder zu Lasten der Aktionäre der Zielgesellschaft lockern. Nicht möglich ist der Übergang auf eine andere Berechnungsart (Übergang von einer bestimmten Zahl zu erreichender *Stimmrechte* auf bloße *Wertpapiere*), wenn dadurch das Erreichen der Schwelle erschwert wird. Gerade weil es bei solchen qualitativen Veränderungen schwer zu entscheiden ist, ob die Schwelle herauf- oder herabgesetzt wird, dürften diese im Zweifel nicht erlaubt sein. Der Gesetzgeber wollte ja durch Reduktion der Änderungsmöglichkeiten auf wenige klar abgegrenzte Tatbestände auch die Gefahr komplizierter, das Ergebnis des öffA auf lange Zeit hinausschiebender Rechtsstreitigkeiten vermeiden. Die BAFin darf daher nach § 21 Abs. 3 iVm. § 15 Abs. 1 Nr. 2 die Veröffentlichung einer Änderung auch dann untersagen, wenn Unklarheiten im Hinblick auf die *Herabsetzung* der Schwelle verbleiben.

d) Bedingungsverzicht (Nr. 4). Voraussetzung ist, dass im öffA eine Bedingung gemäß §§ 11 Abs. 2 Satz 2 Nr. 5 iVm. 18 Abs. 1 Satz 1 wirksam festgesetzt ist. Der Begriff der Bedingung entspricht dabei § 158 BGB. Der Begriff des **Verzichts** ist hingegen iSd. § 397 Abs. 1 BGB zu verstehen. In der Praxis ist seit langem die Möglichkeit eines einseitigen Verzichts auf Bedingungen in Verfügungsgeschäften anerkannt, wenn die Bedingung ausschließlich der verzichtenden Partei nützt.[7] Fraglich ist deshalb, ob auch der in § 397 Abs. 1 BGB

---

[7] BGH NJW 1958, 1231; kritisch *Staudinger/Rieble* § 397 BGB Rn. 72.

„selbstverständlich" vorausgesetzte **Teilverzicht**[8] nach § 21 Abs. 1 Nr. 4 möglich ist. Dagegen scheint zunächst § 21 Abs. 1 Nr. 3 zu sprechen, der einen Sonderfall des Teilverzichts auf eine Bedingung („Verringerung" der Quote) vorsieht. Dennoch dürften weder System noch Zweck des § 21 Abs. 1 Nr. 4 gegen die Möglichkeit einer teilweisen Herabsetzung der Bedingungsanforderungen beziehungsweise eines Verzichts auf Teilbedingungen sprechen. Denn wie in § 397 Abs. 1 BGB impliziert die Rechtsmacht zum vollständigen Erlass stets auch die zum teilweisen. Nach dem Zweck der Norm kann es den Aktionären der Zielgesellschaft aber nur nützen, wenn der Bieter ihnen möglichst, wenngleich nicht vollständig entgegenkommen kann.

9 **e) Weitere Voraussetzungen und Rechtsfolgen (Satz 1 und 2).** Die Änderung kann einen Werktag (§ 193 BGB) vor Ablauf der Annahmefrist erfolgen. Nach Satz 2 kommt es dabei auf die Veröffentlichung gemäß Abs. 2 an. Dem natürlichen Wortsinn entsprechend müssen daher beide Teile des Publikationsakts nach § 21 Abs. 2 iVm. § 14 Abs. 3 Satz 1 Nr. 1 und 2 abgeschlossen sein. Änderungen, die gegen § 21 Abs. 1 Satz 1 und 2 verstoßen, sind nach § 134 BGB nichtig. Die BAFin kann ihre Veröffentlichung nach § 21 Abs. 3 iVm. § 15 Abs. 1 Nr. 2 untersagen bzw. gegen ihre praktische Durchführung auch nach § 4 Abs. 1 Satz 2 und 3 vorgehen.

10 **f) Abgrenzungsfragen und Problemfälle. aa) Individuelle Änderungsverträge mit einzelnen Veräußerern.** Fraglich ist, ob der Bieter während des Angebotsverfahrens mit einzelnen Veräußerern Vereinbarungen treffen darf, die andere als die nach § 21 Abs. 1 zulässigen Änderungen gegenüber dem öffA beinhalten. Zunächst besteht nach dem WpÜG kein Zwang, dass der Bieter alle Wertpapiere ausschließlich im Wege eines öffA erwirbt: Der Börsenerwerb und insbesondere das individuelle Aushandeln von Kauf- und Tauschverträgen über ein Aktienpaket bleiben weiterhin möglich (vgl. nur § 31 Abs. 4). Gegenüber Aktionären der Zielgesellschaft, die über ein öffA angesprochen werden, wird der Gestaltungsspielraum des Bieters jedoch nach § 3 Abs. 1 beschränkt: Er darf nicht diejenigen Aktionäre der Zielgesellschaft gegenüber den übrigen bevorzugen, die sich zu einer potentiell irrationalen Verkaufsentscheidung provozieren lassen (§ 3 Rn. 7 ff.). Deshalb dürfte es unzulässig sein, Interessenten, die sich auf ein öffA gemeldet haben, gezielt zu einer Änderung gegenüber dem ursprünglichen Angebotsinhalt zu bewegen. Überhaupt dürfte die massenhafte Offerte „individuell" abzuschließender Änderungsverträge als Umgehung des § 21 Abs. 1 anzusehen sein (vgl. zur Unzulässigkeit von Abreden über den Nichtverkauf von Aktien § 19 Rn. 9 und über die Herabsetzung der Gegenleistung § 31 Rn. 57).

11 **bb) Änderungen durch Verfügungen seitens der BAFin.** Die BAFin prüft die Angebotsunterlage nach §§ 14 Abs. 2, 15 Abs. 1 vor ihrer Veröffentlichung. Nach Ablauf der zehntägigen Prüffrist ist sie mit rechtlichen Monita gegen das öffA präkludiert (§ 14 Abs. 2 Satz 1). Allein unter den Voraussetzungen des § 4 Abs. 1 Satz 2 – wenn ein zunächst unbemerkt gebliebener Rechtsverstoß als ein Missstand erscheint, der die ordnungsgemäße Durchführung des Verfahrens beeinträchtigt – kann die BAFin nach § 4 Abs. 1 Satz 3 eine Ver-

---

[8] So *Rieble* (Fn. 7) Rn. 20.

botsverfügung erlassen. Die mit dieser einhergehenden Änderungen werden
von § 21 Abs. 1 nicht mehr erfasst (§ 15 Rn. 10).

cc) Mehrere dicht aufeinander folgende Änderungen. Im Umkehr- **12**
schluss aus § 21 Abs. 6 folgt, dass es dem Bieter offensteht, der ersten Änderung
eine oder mehrere weitere Modifikationen folgen zu lassen, sofern diese nicht
in die Zweiwochenfrist des § 21 Abs. 5 fallen.[9] Eine Grenze dürfte sich hier
allein aus dem in § 3 Abs. 5 ausgesprochenen Verbot der Marktverzerrungen ergeben, wenn infolge der dichten Abfolge von Änderungen der Eindruck entsteht, dass die jeweils vorgelagerte Offerte gar nicht ernst gemeint war (Schein
eines Angebots) und möglicherweise darüber hinaus die definitiven Bedingungen des Bieters für die Aktionäre der Zielgesellschaft nur schwer zu identifizie-
ren sind. In einem solchen Fall muss die BAFin die Veröffentlichung einer weiteren Änderung nach §§ 21 Abs. 3, 3 Abs. 5 iVm. 15 Abs. 1 Nr. 2 untersagen.

dd) Korrektur rechtswidriger Inhalte des öffA durch den Bieter. **13**
Nach § 12 Abs. 3 Nr. 3 ist der Bieter zugleich ermächtigt und verpflichtet, Unrichtigkeiten und Unvollständigkeiten der Angebotsunterlage nachträglich
durch Veröffentlichung zu berichtigen. Diese Norm bezieht sich jedoch nur auf
im Angebot enthaltene Rechtsverstöße bzw. auf tatsächliche Veränderungen
seit seiner Publizierung. Als tatsächliche Veränderung kommt nicht etwa eine
Neubesinnung des Bieters im Hinblick auf den Umfang des eigenen rechtsgeschäftlichen Verpflichtungswillens in Betracht. Insoweit ist § 21 Abs. 1 speziel-
ler. Die Korrektur rechtlicher Fehler im Wege des § 12 Abs. 3 Nr. 3 belastet die
Aktionäre der Zielgesellschaft nicht, weil sie durch den Hinweis auf eine für sie
günstige, jedoch rechtswidrige Bestimmung (zum Beispiel eine über § 16
Abs. 2 hinausgehende, wegen § 3 Abs. 4 Satz 1 aber unzulässige Annahmefrist)
keinen *Rechts*verlust erleiden.

ee) Zeitlich dicht nachfolgendes neues öffA (street sweep). Die Be- **14**
schränkung der Änderungsmöglichkeit verbietet nicht die aus dem Recht der
Vereinigten Staaten bekannte Praxis des street sweeps: Danach offeriert der
Bieter erst einen niedrigen Preis und erwirbt einen Teil der Aktien. In einem
zweiten öffA wird ein höherer Preis geboten und der Markt „leergefegt".[10] Die
Zulässigkeit ergibt sich insbesondere aus einem Umkehrschluss aus § 26.

3. Veröffentlichung (Abs. 2). Gegenstand der Veröffentlichung ist die Än- **15**
derung als solche sowie ein Hinweis auf das nach § 21 Abs. 4 bestehende Rücktrittsrecht. Die formale Gestaltung wird durch § 21 Abs. 3 iVm. § 11 Abs. 1 Satz
2 bis 5 noch näher konkretisiert. Die Veröffentlichung erfolgt in Gestalt eines
doppelten Publikationsakts nach § 14 Abs. 3 Satz 1 Nr. 1 und 2. Von dieser ist ein
Beleg an die BAFin zu übersenden (§ 14 Abs. 3 Satz 3) und dem Vorstand der
Zielgesellschaft Mitteilung zu machen, der seinerseits die Arbeitnehmerschaft
der Zielgesellschaft unterrichtet (§ 14 Abs. 4). Erstaunlicherweise verweisen
weder Abs. 2 noch Abs. 3 auf **§ 14 Abs. 2 Satz 3**, wonach die Änderung nicht
vor der Veröffentlichung nach § 14 Abs. 3 Satz 1 **bekanntgegeben** werden
darf. Die Norm dient der gleichmäßigen Information der Aktionäre und soll

---

[9] *Hasselbach* in Kölner Komm. Rn. 14.
[10] *Becker* in Börsenreform S. 791.

einem Vertrauensverlust in die Funktionsfähigkeit der Kapitalmärkte durch unregelmäßige Informationsverteilung vorbeugen. Ihr Regelungszweck passt auch im Rahmen des § 21 Abs. 2. Die Nichterwähnung dürfte daher auf einem Redaktionsversehen beruhen. Die Norm ist daher analog heranzuziehen.

16   **4. Analoge Anwendung der Vorschriften über die Angebotsunterlage (Abs. 3).** Die Vorschrift sorgt dafür, dass die wesentlichen Formgebote für öffA nicht im Wege der nachträglichen Änderung der Angebotsunterlage umgangen werden können. Dies gilt für die wesentlichen Formalien der Angebotsunterlage (§ 11 Abs. 1 Satz 2 bis 5) und dort enthaltene zentrale Angaben (§ 11 Abs. 3). Für Änderungen des Inhalts der Angebotsunterlage wird ebenso gehaftet wie für den Inhalt des Originals (§ 12). Ihre Finanzierung muss ebenso sichergestellt (§ 13 Abs. 1 Satz 1) und gewährleistet werden (§ 13 Abs. 1 Satz 2 und Abs. 2). Die BAFin kann die Veröffentlichung der Änderung wegen **offensichtlicher Rechtswidrigkeit** nach § 15 Abs. 1 Nr. 2 verbieten.

17   **5. Rücktrittsrecht (Abs. 4). a) Zweck und dogmatische Einordnung.** Der Zweck des Rücktrittsrechts ist umstritten. Nach der **Vorstellung des Gesetzgebers** soll es ermöglichen, dass der (frühere) Aktionär der Zielgesellschaft sich vom Vertrag mit dem Bieter lösen kann, um die veränderte Willenserklärung des Bieters anzunehmen.[11] Eine mögliche Begründung dieser Sichtweise für öffÜA liefern *Assmann/Bozenhardt*:[12] Da es dem Bieter um den Erwerb der Kontrollmehrheit gehe, träten die Aktionäre ihm gegenüber als Gesamtverkäufer auf. Die Nachbesserung durch den Bieter stelle daher quasi ein Eingeständnis dar, dass der für das Gesamtgut Kontrolle abgegebene Preis bislang zu niedrig bemessen war, weshalb ein Lösungsrecht des Gesamtverkäufers begründet sei.

18   Diese Betrachtungsweise begegnet indes zu Recht der **Kritik**: Sie unterstellt nämlich im Rahmen des § 21 Abs. 1 eine Rechtsfolge, die einerseits mit § 3 Abs. 1, andererseits mit den rechtsgeschäftlichen Grundlagen nicht zu vereinbaren ist.[13] Zum einen steht nämlich § 3 Abs. 1 der Möglichkeit entgegen, dass der Bieter die Änderung auf diejenigen Aktionäre beschränken könnte, die noch keinen Kaufvertrag mit ihm abgeschlossen haben. Eine Änderung nach § 21 Abs. 1 bezieht sich daher stets auch auf alle bereits bestehenden Kaufverträge mit dem Bieter. Dogmatisch handelt es sich um einen Antrag des Bieters an den jeweiligen Verkäufer auf Änderung des Kaufvertrags, den dieser annehmen muss. Da aber die nach § 21 Abs. 1 zulässigen Änderungen die Rechtsstellung der Bieter ausschließlich verbessern, ist nach §§ 133, 157 BGB eine Auslegung dahingehend möglich, dass die Verkäufer diesen Antrag jeweils nach § 151 BGB stillschweigend annehmen, sofern sie nicht gerade das Gegenteil erklären bzw. von ihrem Rücktrittsrecht nach § 21 Abs. 4 Gebrauch machen. Dies rückt § 21 Abs. 4 aber in die Nähe zum Regelungszweck des § 333 BGB: Wie dort braucht sich der Verkäufer einen vermeintlich vorteilhaften Anspruch nicht gegen seinen Willen aufdrängen zu lassen. Der praktische Unterschied zu der in den Materialien skizzierten Betrachtungsweise liegt darin, dass die Ver-

---

[11] RegE BT-Drucks. 14/7034 S. 49; WÜG-RefE S. 463.
[12] *Assmann/Bozenhardt* S. 92.
[13] Ähnlich wie hier bereits *Hasselbach* in Kölner Komm. Rn. 16 f.

käufer gegenüber dem Bieter nicht aktiv tätig werden bzw. nachweisen müssen, dass sie wirksam gekündigt und das erneuerte Angebot wieder angenommen haben, wenn sie die erweiterten Bedingungen in Anspruch nehmen. Die Beweislast, dass zu ihren Gunsten das geänderte Angebot gilt, trägt danach der Bieter.

b) Tatbestand. Voraussetzung ist zunächst eine **Änderung des Angebots**. **19** Dabei muss es sich regelmäßig um eine nach § 21 Abs. 1 zulässige Änderung handeln, weil nur diese rechtsgeschäftlich wirksam zustande kommt. Fraglich ist, ob die Norm nicht **analoge Anwendung** findet, wenn die BAFin nachträglich auf der Grundlage des § 4 Abs. 1 Satz 3 einen bestimmten für die Veräußerer günstigen Inhalt der Angebotsunterlage **für rechtlich unwirksam erklärt** bzw. der Bieter selbst nach § 12 Abs. 3 Nr. 3 eine rechswidrige Regelung als solche berichtigt. Gegen eine Regelungslücke spricht, dass – rechtlich gesehen – für die Aktionäre der Zielgesellschaft von vornherein keine Chance bestand, auch über die rechtswidrigen Bedingungen mit dem Bieter zu kontrahieren. Schwerer wiegt indes, dass sich aus Sicht der Aktionäre der Gesamtgegenstand des Angebots praktisch verändert hat. Ergibt eine hypothetische Betrachtung, dass sie bei Kenntnis der Rechtslage mit dem Bieter nicht kontrahiert hätten, müssen sie sich lösen können. Denn § 21 Abs. 4 will gerade verhindern, dass allein der frühe Entscheidungszeitpunkt des Veräußerers darüber entscheidet, zu welchen Bedingungen der Bieter erwerben kann.

Festzustellen ist schließlich, dass das Rücktrittsrecht **nicht an Sachgründe** **20** gebunden ist. Es kann vom Aktionär auch dann ausgeübt werden, wenn der Bieter die Bedingungen genau so verändert, wie dies der Aktionär zuvor von ihm gefordert hat. So kann der Aktionär die Änderung nach § 21 Abs. 4 schlicht dazu nutzen, sich ganz vom Bieter abzukehren, obwohl eine Annahme des veränderten Angebots seine Stellung gegenüber dem früheren Stand nur verbessern würde. Teleologisch lässt sich dieses Recht mit einer präventiven Wirkung gegenüber dem Bieter rechtfertigen: Diesem soll die Möglichkeit genommen werden, das Angebot zunächst bewusst knapp zu Lasten der Aktionäre der Zielgesellschaft zu kalkulieren, weil er sich einer komplikationslosen Änderungsmöglichkeit gewiß ist. So gestaltet das Gesetz jede Abänderung des öffA für den Bieter zum Risikogeschäft, weil er bereits sicher gebunden geglaubte Aktionäre als Geschäftspartner verlieren kann. Eine Parallele dazu findet sich im Recht der USA. Hier existiert ein allgemeines Rücktrittsrecht der Aktionäre nach Sec. 14(d)(5) SEA, das in SEC-Rule 14d-7 näher ausgestaltet ist: Danach kann der Aktionär während der gesamten Laufzeit des Tender Offer zurücktreten.

Berechtigt sind Inhaber von Wertpapieren (§ 2 Abs. 2) der Zielgesellschaft **21** (§ 2 Abs. 3), die das Angebot bereits angenommen haben. Dies setzt praktisch voraus, dass der Berechtigte die vom Bieter nach § 2 Nr. 4 AngebotsVO festgesetzten Maßnahmen (§ 11 Rn. 40) ergriffen hat. Die Annahme muss **vor der Veröffentlichung** der Änderung erfolgt sein. Da der Veröffentlichungstatbestand nach § 21 Abs. 2 iVm. § 14 Abs. 3 Satz 1 aus zwei Einzelakten besteht, kommt es darauf an, dass beide veröffentlicht wurden. Das Rücktrittsrecht geht mit dem **Ablauf der Annahmefrist** unter. Fraglich erscheint, ob damit die Frist nach § 16 Abs. 1 Satz 1 oder auch die *weitere* Annahmefrist nach § 16 Abs. 2 Satz 1 bezeichnet ist. Dem Wortlaut des § 21 Abs. 5 lässt sich zwar eine

Tendenz gegen die Einbeziehung der Frist des § 16 Abs. 2 Satz 1, bei weitem aber kein eindeutiges Ergebnis entnehmen. Entscheidend kommt es daher auf den Zweck der Vorschriften an. Die Frist des § 16 Abs. 2 Satz 1 soll den der Zielgesellschaft besonders loyal verbundenen Aktionären ein Abwarten der regulären Frist erlauben, ohne dass sie Gefahr laufen, infolge unterlassener Veräußerung in den Status eines Minderheitsgesellschafters hineinzugeraten. Mit ihrer Hilfe können die allgemeinen Lösungsrechte wie etwa auch § 22 Abs. 3 nicht erweitert werden. Deshalb zählt zur Annahmefrist iSd. § 21 Abs. 4 die **gesamte** – auch infolge gesetzlicher Verlängerungen (§ 16 Rn. 6) – **den Aktionären der Zielgesellschaft zur Verfügung stehende Frist.**

22   Wenn nach § 21 Abs. 4 der Rücktritt bis zum Ablauf der Annahmefrist möglich ist, bedeutet dies **nicht**, dass **ein wiederholter Rücktritt** bis zu diesem Zeitpunkt möglich wäre. Tritt der Aktionär zurück und nimmt er darauf das geänderte Angebot an, besteht kein weiteres Rücktrittsrecht mehr. Dafür spricht der Wortlaut des § 21 Abs. 4, der das Recht auf das alte Angebot beschränkt sowie die mit der Annahme des geänderten Angebots verbundene (Selbst-)Bindung.

23   **c) Rechtsfolgen.** Mit dem Rücktritt finden die §§ 346 ff. BGB Anwendung. Bereits empfangene Leistungen (zB das Eigentum an Aktien) haben die Parteien einander folglich nach § 346 Abs. 1 BGB zurückzugewähren und haften nach § 346 Abs. 2 BGB auf Wertersatz, wenn die empfangenen Leistungen nicht mehr in natura zurückgegeben werden können. Fraglich ist, wie zu verfahren ist, wenn der **Bieter die vom Veräußerer empfangenen Tauschaktien zu einem ungünstigeren Kurs veräußert hat.** Nach § 346 Abs. 2 Nr. 3 zweiter Halbsatz BGB haftet er schon insoweit nicht auf Wertersatz, als die Verschlechterung der empfangenen Leistung durch ihre bestimmungsgemäße Ingebrauchnahme eingetreten ist. Das Eigentum an der Aktie ist aber gerade durch deren Fungibilität gekennzeichnet (vgl. § 31 Rn. 10 ff.), und nach § 31 Abs. 2 Satz 1 sollen ihm gerade *liquide* Wertpapiere verschafft werden. Veräußert der Aktionär die empfangenen Tauschaktien, macht er von der Tauschsache deshalb gerade bestimmungsgemäß Gebrauch iSd. § 346 Abs. 2 Nr. 3 zweiter Halbsatz BGB und erscheint insoweit nicht ersatzpflichtig. Auch wenn man dem nicht folgt, dürfte der Wertersatzanspruch in der Mehrzahl der Fälle am eingeschränkten Verantwortungsmaßstab des § 346 Abs. 3 Nr. 3 BGB scheitern. Eine echte Schadensersatzpflicht kommt nach §§ 280 Abs. 1 Satz 1, 346 Abs. 4 BGB hingegen nur in Betracht, wenn der vormalige Aktionär der Zielgesellschaft beim Verkauf der Tauschaktie bereits weiß, dass der Bieter zurückgetreten ist. Dagegen haftet der Bieter wohl stets verschärft nach §§ 280 Abs. 1 Satz 1, 346 Abs. 4 BGB, weil er es ausschließlich in der Hand hat, einen Rücktrittsgrund nach § 21 Abs. 4 WpÜG eintreten zu lassen.

24   **6. Verlängerung der Annahmefrist (Abs. 5).** Die Verminderung des zeitlichen Entscheidungsdrucks auf die Aktionäre der Zielgesellschaft ist ein ausdrückliches gesetzliches Regelungsanliegen (§ 2 Abs. 2).[14] Durch Abs. 5 soll dem Bieter die Möglichkeit genommen werden, durch rasche Veränderung der

---

[14] Vgl. auch RegE BT-Drucks. 14/7034 S. 49 f; DiskEntw ÜG S. 328; WÜG-RefE S. 463.

Bedingungen eine ebenso rasche wie unüberlegte Entscheidung der Aktionäre der Zielgesellschaft zu provozieren.[15] Das Tatbestandsmerkmal **Änderung** bezieht sich auf § 21 Abs. 1. Wie aber § 21 Abs. 5 Satz 2 klarstellt, werden auch **rechtswidrige Änderungen** erfasst. Dadurch soll vermieden werden, dass ein Streit über die Zulässigkeit eines geänderten Angebots am Markt Unklarheit über die Angebotsfrist auslöst.[16]

Das Tatbestandsmerkmal **Ablauf der Angebotsfrist** muss allerdings anders konkretisiert werden als im Falle des Abs. 4 (vgl. Rn. 21). Denn eine Änderung des Angebots ist rechtsgeschäftlich überhaupt nur möglich, solange die reguläre Frist des § 16 Abs. 1 Satz 1 – inklusive einer möglichen gesetzlichen Verlängerung nach §§ 16 Abs. 3 Satz 1, 22 Abs. 2 Satz 1 – noch nicht abgelaufen ist. Nach Fristablauf kann das öffA zwar noch gemäß § 16 Abs. 2 Satz 1 kraft gesetzlicher Verlängerung *angenommen* werden, aus Sicht des Bieters hingegen ist seine Geltungsdauer beendet, so dass der weitere Gegenstand der im öffA enthaltenen Verpflichtung seiner Disposition entzogen ist. Die **Veröffentlichung** liegt vor, wenn der letzte der beiden nach § 14 Abs. 3 Satz 1 erforderlichen Publikationsakte abgeschlossen ist.

7. Verbot einer zweiten Änderung (Abs. 6). Die Norm dient nach den Vorstellungen des Gesetzgebers dem Schutz der Zielgesellschaft vor zeitlich unbegrenzter Lähmung ihrer Geschäftsführung (vgl. § 33 Abs. 1 Satz 1) durch eine Abfolge von Änderungen.[17] Dies entspricht § 3 Abs. 4 Satz 2. Zugleich soll die Norm sicherstellen, dass den Aktionären „für ihre Entscheidung über das Angebot in jedem Fall zwei Wochen nach der letzten Änderung des Bieters verbleiben".[18] Aus ihr lässt sich indes kein **allgemeines Verbot der mehrmaligen Änderung des öffA** entnehmen. Dies ist folglich erlaubt (Rn. 12). Im Übrigen findet § 21 Abs. 6 keine Anwendung im Falle konkurrierender Angebote nach § 22, weil sich in einer Auktionssituation raschen gegenseitigen Überbietens gerade der Zweck des § 22 verwirklicht (§ 22 Rn. 7).

Das Tatbestandsmerkmal **Änderung** bezieht sich auf § 21 Abs. 1. Die Unterbreitung eines völlig neuen öffA ist hingegen – arg. e § 26 – nicht verwehrt. Unzulässig ist die Änderung **innerhalb der in Absatz 5 genannten Frist von zwei Wochen**. In Abs. 5 fällt der Begriff „zwei Wochen" zweimal. Nach dem Willen des Gesetzgebers bezieht sich die Sperrwirkung auf den Zeitraum „während der zweiwöchigen Verlängerung der Annahmefrist".[19] Abs. 6 verbietet eine erneute Änderung nur innerhalb dieses Zeitraums.

15 *Assmann/Bozenhardt* S. 86, 91.
16 RegE BT-Drucks. 14/7034 S. 50; DiskEntw ÜG S. 328; WÜG-RefE S. 463.
17 RegE BT-Drucks. 14/7034 S. 50; DiskEntw ÜG S. 328; WÜG-RefE S. 463 f.
18 RegE BT-Drucks. 14/7034 S. 50; DiskEntw ÜG S. 328; WÜG-RefE S. 464.
19 RegE BT-Drucks. 14/7034 S. 50; WÜG-RefE S. 464.

§ 22 Konkurrierende Angebote

(1) **Konkurrierende Angebote sind Angebote, die während der Annahmefrist eines Angebots von einem Dritten abgegeben werden.**

(2) **Läuft im Falle konkurrierender Angebote die Annahmefrist für das Angebot vor Ablauf der Annahmefrist für das konkurrierende Angebot ab, bestimmt sich der Ablauf der Annahmefrist für das Angebot nach dem Ablauf der Annahmefrist für das konkurrierende Angebot. Dies gilt auch, falls das konkurrierende Angebot geändert oder untersagt wird oder gegen Rechtsvorschriften verstößt.**

(3) **Inhaber von Wertpapieren der Zielgesellschaft, die das Angebot angenommen haben, können bis zum Ablauf der Annahmefrist vom Vertrag zurücktreten, sofern der Vertragsschluss vor Veröffentlichung der Angebotsunterlage des konkurrierenden Angebots erfolgte.**

Schrifttum: *Fleischer*, Konkurrenzangebote und Due Diligence, ZIP 2002, 651; *Kalss*, Konkurrenzangebot und Rücktritt bei der Unternehmensübernahme, Österreichisches Recht der Wirtschaft, 1999, 4b, 269, *Lipuscek*, Konkurrierende Angebote nach dem WpÜG, Diss. Potsdam 2003.

Übersicht

1 **1. Normzweck.** Der Normzweck erschließt sich aus dem systematischen Zusammenhang zu § 33 Abs. 1 Satz 2 zweite Alternative. Während der Vorstand der Zielgesellschaft ansonsten einen Übernahmeversuch durch den Bieter nicht

ohne Autorisierung durch den Aufsichtsrat (§ 33 Abs. 1 Satz 2) oder die Hauptversammlung abwehren darf (§ 33 Abs. 2), erlaubt ihm das Gesetz stets die
Suche nach einem konkurrierenden Angebot. Der Zweck dieser Freistellung
liegt wie der des § 22 in der Eröffnung eines Auktionsverfahrens, das die Ent-
scheidungsmöglichkeiten der Aktionäre erweitern und zu einem Wettbewerb
bei der Bewertung der Anteile der Zielgesellschaft führen soll.[1] § 22 Abs. 2 und
3 lockern die rechtsgeschäftlichen Mechanismen, um einen Wettbewerb beider
Bieter zu ermöglichen. Die dem ersten Bieter bereits im Wort stehenden Verkaufsinteressenten bleiben dadurch für die Offerte des Konkurrenten erreich-
bar. Hier zeigt sich der der Vorschrift **zugrunde liegende Rechtsgedanke**:
Im Wettbewerb der Bieter soll nicht die Zufälligkeit der zeitlichen Reihenfolge, sondern allein der Wert des Angebots den Ausschlag geben. Die **Kritik**
weist demgegenüber auf die massiven Folgen der Bieterschlachten in den Vereinigten Staaten[2] sowie auf die Verteuerung der Übernahmen hin, die praktisch nur äußerst finanzmächtige Bieter überstehen könnten.[3] Dagegen wird
regelmäßig wettbewerbspolitisch argumentiert: „Eine Übernahme, die sich
auf dem Kapitalmarkt nicht finanzieren lässt, kann aus gesamtwirtschaftlichen
Gründen nicht vorteilhaft sein".[4] Eine besondere wettbewerbliche Herausfor-
derung stellt zweifellos das Phänomen der positiven externen Effekte (**Tritt-
brettfahrereffekt**) dar (dazu noch unten Rn. 14).

2. Begriff des konkurrierenden Angebots (Abs. 1). a) Angebot. Der   2
Begriff des Angebots richtet sich nach § 2 Abs. 1. Sonstige inhaltliche Vorgaben
macht das Gesetz nicht. Deshalb kann auch ein **Teilangebot** iSd. § 19 zu einem
echten Übernahmeangebot iSd. § 29 Abs. 1 in eine nach § 22 Abs. 1 relevante
Konkurrenz treten. Unerheblich muss es auch sein, ob das konkurrierende
Angebot vermeintlich bessere oder **schlechtere Konditionen** beinhaltet als
die erstplatzierte Offerte.[5] Dies bleibt der Entscheidung der angesprochenen
Aktionäre überlassen. Für dieses Ergebnis spricht auch ein systematisches **Argument aus § 22 Abs. 2 Satz 2**: Der Gesetzgeber will die gesetzlich angeordnete Fristverlängerung möglichst nicht von Fragen der rechtlichen Wirksamkeit des konkurrierenden Angebots abhängig machen. Dann verbietet es sich
aber auch, sie von den nicht minder komplizierten Fragen der Bewertung in
Abhängigkeit zu bringen. Andernfalls hinge der Fristverlauf für alle Beteiligten von der zunächst ungeklärten Frage der Bewertung des konkurrierenden
Angebots ab. Aus ähnlichen Erwägungen können auch so genannte **verhindernde Konkurrenzangebote**[6] nicht untersagt werden, deren einziges Motiv
darin besteht, das Erreichen eines vom Bieter gesetzten Ziels, zB das Erreichen
einer zur Bedingung des öffÜA gemachten Beteiligungsschwelle, zu verhindern.

---

[1] RegE BT-Drucks. 14/7034 S. 50; DiskEntw ÜG S. 328 f.; WÜG–RefE S. 464;
Baums ZIP 1997, 1310, 1314.
[2] *Immenga/Noll* 1990, 60 f.; *Peltzer* S. 207.
[3] *Kalss* Österreichisches Recht der Wirtschaft 1999, 270.
[4] *Houben* WM 2000, 1878.
[5] Dagegen allerdings vor dem Hintergrund des Entwurfs zur Takeover-Richtlinie *Kuhr* S. 99.
[6] Dazu *Kalss* Österreichisches Recht der Wirtschaft 1999, 276.

3   Fraglich ist darüber hinaus, ob auch ein von der Zielgesellschaft legalerweise
betriebener **Rückerwerb eigener Aktien** als konkurrierendes Angebot anzusehen ist. Nach der hier vertretenen Auffassung findet das WpÜG auf den
Rückerwerb eigener Aktien insoweit Anwendung, als die Spezialregeln des
§ 71 Abs. 1 Nr. 8 AktG nicht entgegenstehen (§ 2 Rn. 6 ff.). Für die Anwendung
des § 22 spricht insbesondere die wettbewerbliche Waffengleichheit zwischen
Bieter und AG um die Aktien. Die in Abs. 2 und 3 der Norm ausgesprochenen
Rechtsfolgen tragen aber gerade der Wettbewerbssituation mehrerer Bieter
Rechnung und sollen faire Wettbewerbsbedingungen gewährleisten. Fallkonstellationen wie SEC v. Carter Hawley Hale Stores Inc.[7] zeigen gerade, dass
durch Rückerwerbsprogramme ein direkter Wettbewerb mit dem Bieter angestrebt werden kann: Dann müssen zugunsten und zu Lasten aller Beteiligten
die den fairen Wettbewerb verbürgenden Regelungen von § 22 Abs. 2 und 3
gelten. Fraglich ist schließlich, ob § 22 auch auf Fälle des **Paketerwerbs** anwendbar ist. Dagegen spricht, dass der Begriff des Angebots nach § 2 Abs. 1
solche individuell ausgehandelten Verträge über den Aktienkauf oder -tausch
gerade nicht erfasst. Für die Anwendbarkeit ließe sich immerhin anführen, dass
der Paketkäufer möglicherweise um dieselben Interessenten wirbt wie der
öffentliche Bieter. Letztlich muss dennoch der einschränkende Wortlaut des
§ 22 Abs. 1 den Ausschlag geben. Die Rechtsfolge der § 22 Abs. 2 und 3 bildet
nämlich einen scharfen Einschnitt in die rechtsgeschäftliche Bindungswirkung
(pacta sunt servanda), der nicht auf individuell ausgehandelte Austauschverträge anwendbar ist. Andernfalls bereitete auch die Klärung der Frage Schwierigkeiten, welche Paketverträge von einem nachfolgenden Angebot gemäß
§ 22 Abs. 2 und 3 erfasst werden; denn erstere kennen idR keine noch laufenden Annahmefristen usw. Erst Recht fällt der Erwerb von Aktien über die
Börse nicht unter den Anwendungsbereich des § 22.

4   **b) Während der Annahmefrist abgegeben.** Nach dem Normwortlaut
muss das konkurrierende Angebot während der Annahmefrist des Erstangebots abgegeben werden. Fraglich ist, ob darunter nur die Frist nach § 16 Abs. 1
Satz 1 oder auch die so genannte **weitere Annahmefrist** nach § 16 Abs. 2 Satz 1
fällt. Für die zweite Möglichkeit spricht der Zweck des § 22, den Wettbewerb
zwischen den Bietern nicht durch die zufällige zeitliche Reihenfolge ihres Auftretens einzuschränken. Allerdings soll die weitere Annahmefrist nach § 16
Abs. 2 Satz 1 lediglich den Entscheidungsdruck auf solche Aktionäre einschränken, die der Zielgesellschaft loyal verbunden sind (idR Belegschaftsaktionäre)
und die deshalb den Erfolg des Übernahmeangebots abwarten dürfen, bis sie
sich zum Verkauf entscheiden.[8] Die Frist läuft also gerade nicht mehr zugunsten der bereits gebundenen Aktionäre. Deshalb sollte diesen auch nicht bei
Gelegenheit eines konkurrierenden Übernahmeangebots eine Lösungsmöglichkeit eröffnet werden. Ferner dürften über den Wortlaut des § 22 Abs. 1 hinaus konkurrierende Angebote auch dann vorliegen, wenn ihr Lauf **am selben
Tag** beginnt.[9] Denn durch diese Zufälligkeit dürfen die einen fairen Wettbe-

---

[7] 760 F.2d 945; 9th Cir. 1985; dazu § 2 Rn. 5.
[8] RegE BT-Drucks. 14/7034 S. 46; WÜG-RefE S. 456.
[9] *Hasselbach* in Kölner Komm. Rn. 14; *Thun* in *Geibel/Süßmann* Rn. 14.

werb verbürgenden Normen der § 22 Abs. 2 und 3 nicht außer Kraft gesetzt werden.

c) Dritter. Das Angebot muss von einem Dritten abgegeben werden. Dem **5** Normzweck entsprechend darf das Angebot deshalb nicht vom Erstbieter selbst oder einer mit ihm gemeinsam handelnden Person (§ 2 Abs. 5) stammen. Wird auf diese Weise der Eindruck zweier unabhängiger öffentlicher Übernahmeangebote und damit eines Auktionssystems erweckt, besteht die Gefahr einer Marktverzerrung nach § 3 Abs. 5, die zum Einschreiten der BAFin nach § 4 Abs. 1 Satz 3 bzw. § 15 Abs. 1 Nr. 2 verpflichtet. Denn die Aktionäre der Zielgesellschaft können über die vermeintliche Günstigkeit des höheren Angebots in die Irre geführt werden. In den **USA** können solche Praktiken unter den Missbrauchstatbestand von Sec. 14(e) SEA fallen, was zur Unzulässigkeit des Konkurrenzangebots führt.[10] Aufgrund allgemeiner Erwägungen werden sie auch in Großbritannien als unzulässig angesehen.[11]

3. Gesetzliche Fristverlängerung (Abs. 2). a) Normzweck. Die Norm **6** garantiert einen fairen Wettbewerb zwischen beiden Angeboten, indem sie insbesondere dem ersten Bieter die Möglichkeit gibt, solange in das Marktgeschehen (etwa durch Änderungen nach § 21 Abs. 1) einzugreifen wie seine Konkurrenten. Würde die Annahmefrist eines zeitlich früher platzierten Angebots eher auslaufen als die des konkurrierenden, wäre dies nicht möglich. Allerdings ist der Tatbestand der Norm zu eng. Bliebe der gesetzliche Anwendungsbereich auf ihn beschränkt, könnte leicht der Konkurrent durch den Erstbieter benachteiligt werden.

b) Tatbestand. Es muss ein Fall **konkurrierender Angebote** vorliegen, **7** was unter den Voraussetzungen von Abs. 1 zu bejahen ist. Die Annahmefrist des Erstangebots muss auslaufen. Ob das Gesetz mit dem Merkmal **Annahmefrist** des konkurrierenden Angebots allerdings allein die Frist nach § 16 Abs. 1 Satz 1 oder auch die weitere Annahmefrist nach § 16 Abs. 2 Satz 1 bezeichnet, ist offen. Konkurrieren zwei öffÜA, spielt dies keine Rolle, da aus Gründen der Wettbewerbsgleichheit beide zum selben Tag enden müssen. Ist das Erstangebot ein öffA iSd. § 2 Abs. 1, das konkurrierende hingegen ein öffÜA iSd. § 29 Abs. 1, kann aus Gründen der wettbewerblichen Chancengleichheit nichts anderes gelten. Der **Wortlaut der Norm ist im Übrigen zu eng**; durch ihn droht dem Konkurrenten Schädigungsgefahr. Nach dem Normzweck sollen beide Angebote zeitlich gleichlaufen, um Wettbewerbsverzerrungen zu vermeiden. Der erste Bieter hätte es aber aufgrund der Rechtsfolge des § 22 Abs. 2 Satz 1 in der Hand, innerhalb der letzten Woche eine Änderung seines Angebots herbeizuführen, die nach § 21 Abs. 5 zu einer weiteren Verlängerung der Frist zur Annahme seiner Offerte führte, an der der Konkurrent aufgrund des engen Wortlautes des § 22 Abs. 2 Satz 1 nicht teilnähme. Dies ist zweifellos nicht beabsichtigt. Das Gegenargument, der Konkurrent könne in diesem Fall jederzeit sein eigenes Angebot verbessern, um dann zu seinen Gunsten die Wirkung des § 21 Abs. 5 herbeizuführen,[12] überzeugt nicht, weil sie verkennt,

---

[10] *Knoll* S. 103.
[11] *Knoll* S. 136.
[12] *Hasselbach* in Kölner Komm. Rn. 25, mit Einschränkung in Rn. 26.

dass die Norm bei einer solchen Auslegung nicht **wettbewerbsneutral** ist, sondern den Erstbieter gegenüber dem Zweitbieter begünstigt: Ändert der Zweitbieter sein Angebot nach § 21 Abs. 1 und verlängert sich die Annahmefrist für ihn nach § 21 Abs. 5, nimmt der Erstbieter an dieser Verlängerung nach dem Wortlaut des § 22 Abs. 2 Satz 1 automatisch teil, *ohne* selbst zu einer Verbesserung seines Angebotes gezwungen zu sein. Diese Möglichkeit muss dem Zweitbieter im Verhältnis zum Erstbieter aber ebenfalls zustehen.[13] Die Materialien zeigen vielmehr, dass der Gesetzgeber bei der Fassung des Wortlauts von einer gewissen Sachverhaltstypik ausging und unterstellte, dass die Annahmefrist des konkurrierenden Angebots regelmäßig zu einem späteren Zeitpunkt auslaufe als die der ersten Offerte, weil es ja auch später veröffentlicht werde.[14] An eine einseitige Benachteiligung des Konkurrenten gegenüber dem Erstbieter war nie gedacht. Sie macht auch angesichts der gesetzlichen Zwecksetzung (Parallellauf der Annahmefristen) wenig Sinn. Die Norm ist daher **analog** auch auf den Fall anwendbar, dass die **Annahmefrist des konkurrierenden Angebots vor der des Erstgebots endet**. Dann lässt sich auch der Fall zweier zugleich veröffentlichter öffA (vgl. oben Rn. 4) ohne Probleme lösen. Mit dem Fall des gegenseitigen und raschen Sich-Überbietens verwirklicht sich im Übrigen gerade der Zweck des § 22 (Rn. 1); deshalb überzeugt auch die Auffassung, dass hier die Norm des § 21 Abs. 6 im Wege einer teleologischen Reduktion keine Anwendung finden darf; denn durch sie würde das Auktionsverfahren gerade eingeschränkt.[15]

8   **Satz 2** stellt zunächst die nach Satz 1 eigentlich selbstverständliche Regelung klar, dass eine zugunsten des konkurrierenden Angebots eintretende Fristverlängerung bei Änderung nach § 21 Abs. 5 zu einer entsprechenden Verlängerung beim Erstangebot führt. Darüber hinaus kommt es ähnlich wie im Fall des § 21 Abs. 5 Satz 2 nicht auf die Rechtmäßigkeit des konkurrierenden Angebots an. Dadurch „soll vermieden werden, dass Streitigkeiten über nicht ordnungsgemäße konkurrierende Übernahmeangebote zu Zweifelsfragen bei der Bestimmung des Ablaufs der Annahmefrist des ursprünglichen Übernahmeangebots führen".[16] Nach hier vertretener Auffassung (Rn. 7) gilt Satz 2 entsprechend für das Erstangebot, wenn es um eine Fristverlängerung für das konkurrierende Angebot geht.

9   **c) Rechtsfolge.** Nach hier vertretener Auffassung (Rn. 7) liegt die Rechtsfolge von § 22 Abs. 2 Satz 1 im **beiderseitigen Gleichklang der Fristen für die Annahme des Erst- und des konkurrierenden Angebots**. Insbesondere die gesetzliche Fristverlängerung nach § 21 Abs. 5 Satz 1 führt zu einer gleichmäßigen Verlängerung der Fristen, gleichgültig ob sie sich unmittelbar auf das konkurrierende oder das Erstangebot bezieht.

10   **4. Rücktrittsrecht der Aktionäre (Abs. 3). a) Normzweck.** Im rechtsgeschäftlichen Mechanismus von Antrag und Annahme (§§ 145 ff. BGB) kommt die Verpflichtungswirkung in dem Augenblick zustande, indem sich

---

[13] Ähnlich wie hier *Thun* in *Geibel/Süßmann* Rn. 24 f.
[14] RegE BT-Drucks. 14/7034 S. 50; DiskEntw ÜG S. 328 f.; WÜG-RefE S. 464.
[15] *Thun* in *Geibel/Süßmann* Rn. 28; *Hasselbach* in Kölner Komm. Rn. 27.
[16] RegE BT-Drucks. 14/7034 S. 50; DiskEntw ÜG S. 329; WÜG-RefE S. 464.

zwei Willenserklärungen decken. Aus Sicht des Bieters erscheint dieser Zeitpunkt zufällig, handelt es sich beim öffA doch aus seiner Sicht um einen gestreckten Erwerbsvorgang: In welchem Umfang das gesetzte Erwerbsziel insgesamt erreicht ist, stellt sich erst im Verlauf der Annahmefrist durch den Eingang einzelner Willenserklärungen der Aktionäre der Zielgesellschaft heraus. Ein konkurrierendes Angebot muss aber scheitern, wenn das Erstangebot zufällig bereits von so vielen Aktionären der Zielgesellschaft angenommen wurde, dass die Ziele der Konkurrenzofferte nicht mehr erreicht werden können. Ganz im Sinne des wettbewerbspolitischen Konzepts des Gesetzes (§ 3 Rn. 7 ff.) soll nach § 22 Abs. 3 aber nicht dasjenige Angebot erfolgreich sein, das zufällig zuerst platziert und angenommen wurde, sondern dasjenige, das den Wert der Anteile aus Sicht der Veräußerer am höchsten bewertet. Folglich ist das Rücktrittsrecht „Voraussetzung dafür, dass überhaupt ein ökonomisch sinnvolles Konkurrenzangebot abgegeben wird, da sich der Dritte nur dann Chancen auf Verwirklichung seines Angebotsziels ausrechnen kann".[17]

b) Tatbestand. Zu den Tatbestandsmerkmalen Wertpapiere vgl. § 2 Abs. 2, **11** Zielgesellschaft § 2 Abs. 3. Mit Inhaberschaft ist hier die rechtliche Herrschaft an den Papieren (idR Eigentum) gemeint. Voraussetzung ist eine wirksame Annahme unter den vom Bieter nach § 2 Nr. 4 AngebotsVO genannten Bedingungen. Die **Veröffentlichung der Angebotsunterlage** über die konkurrierende Offerte erfolgt nach § 14 Abs. 3 Satz 1 in einem Doppelakt. Vor Vollendung *beider* Einzelakte kann von einer Unterrichtung der Aktionäre der Zielgesellschaft nicht ausgegangen werden, und ihre Schutzwürdigkeit iSd. § 22 Abs. 3 besteht weiter fort. Der **Vertragsschluss** muss vor dieser Veröffentlichung erfolgt sein. Problematisch daran erscheint, dass der Vertrag zwischen Bieter und Veräußerer erst mit dem Zugang der Willenserklärung zustande kommt. Wird die Willenserklärung zum Abschluss des Vertrages vor der Veröffentlichung abgesendet und geht sie nach dieser zu, erscheint der Aktionär nicht minder schutzwürdig. Eine ähnliche Blickrichtung deutet sich übrigens in den Materialien an.[18] Man wird den Begriff Vertragsschluss nicht technisch im Sinne der Rechtsgeschäftslehre auslegen dürfen, sondern entsprechend dem Normzweck auf die **Abgabe der Willenserklärung** seitens des Aktionärs abstellen müssen.[19]

Fraglich ist, ob auch ein **Rücktritt vom Konkurrenzangebot** möglich ist. **12** Praktisch stellt sich diese Frage, wenn ein Aktionär der Zielgesellschaft das Konkurrenzangebot angenommen hat, dann aber von einer noch günstigeren Änderung des Erstangebots überrascht wird.[20] Der Zweck der Norm, Wettbewerbsverzerrungen durch die zufällige zeitliche Abfolge einzelner rechtsgeschäftlicher Akte zu vermeiden, spricht hier – wie im Rahmen des Abs. 2 –

---

[17] *Kalss* Österreichisches Recht der Wirtschaft 1999, 274; ähnlich *Assmann/Bozenhardt* S 92; kritisch allerdings mit Nachweis des amerikanischen Diskussionsstandes *Lipuscek*, Konkurrierende Übernahmeangebote passim.

[18] RegE BT-Drucks. 14/7034 S. 50, rechte Spalte, erster Absatz: „sofern die Annahme ... erfolgte"; ähnlich DiskEntw ÜG S. 329; WÜG-RefE S. 464.

[19] AA *Hasselbach* in Kölner Komm. Rn. 31.

[20] *Thun* in Geibel/Süßmann Rn. 45; *Steinmeyer/Häger* § 21 Rn. 17; *Oechsler* NZG 2001, 825.

für eine analoge Anwendung. Die Gegenansicht, die eine Analogie verneint,[21] argumentiert etwas verkürzt allein mit dem Schutz der Aktionäre der Zielgesellschaft vor Übereilung: Diese könnten sich selbst dadurch schützen, dass sie den Lauf der Angebotsfrist bis zum Ende abwarteten. Dies ist zwar richtig, verhindert aber nicht, dass ein gegenteiliges Verhalten zu einem Ergebnis führt, das mit der wettbewerbsrechtlichen Zwecksetzung des § 22 Abs. 3 nicht in Einklang steht (Rn. 10): Die Wertpapiere erwirbt dann nämlich durch einen Zufall der erste und nicht der beste Bieter!

13   **c) Rücktrittsbeschränkende Vereinbarungen (Break-Fee-, No-Shop-, Lock-Up-Vereinbarungen).**[22] Nach Rule 4.3 City Code bedürfen rechtsgeschäftliche Vereinbarungen des Bieters, die das Rücktrittsrecht des veräußernden Aktionärs beschränken (irrevocable commitments), der Zustimmung durch das Panel. Die Aufnahme sogenannter **No Shop**-Klauseln in die Angebotsunterlage, die ein Übergehen zum konkurrierenden Bieter inklusive Rücktritt ausdrücklich untersagen,[23] dürfte nach deutschem Recht, das eine ähnliche Kompetenz der BAFin nicht vorsieht, grundsätzlich unwirksam sein. Denn § 22 Abs. 3 ist für Bieter und Aktionär nicht disponibel, schützt die Norm doch nicht nur deren Interessen, sondern auch die des konkurrierenden Bieters, der mit seiner Offerte auch die Aktionäre ansprechen können soll, die dem Erstbieter bereits im Wort stehen. Schwieriger ist die Einschätzung so genannter **Break Fee**-Vereinbarungen, nach denen die Aktionäre eine Ersatzleistung schulden, falls sie sich einem konkurrierenden Bieter zuwenden (vgl. auch zum möglichen Verstoß gegen § 71a AktG § 13 Rn. 30).[24] Zielen diese darauf ab, die Ausübung des Rechts nach § 22 Abs. 3 praktisch zu vereiteln, dürften sie regelmäßig nach § 307 Abs. 1 BGB (zur Anwendbarkeit der §§ 305 ff. BGB § 11 Rn. 50) unwirksam sein. Gleiches gilt für so genannte **Lock Up**-Klauseln,[25] die dem Bieter im Falle der Ausübung des Rücktrittsrechts ein Vorkaufsrecht zusichern.

14   **5. Das Verhältnis der Bieter untereinander. a) Positive externe Effekte (Trittbrettfahrerproblematik).** Die Kosten der Erstellung einer Angebotsunterlage (Due Diligence, Prospekterstellung usw) können aus der Marktbeziehung Bieter-Aktionäre externalisiert werden, wenn ein konkurrierender Bieter die Angebotsunterlage des ersten Offerenten unter Ersparung eigener Kostenanstrengungen einfach nur übernimmt und den dadurch erlangten Kostenvorteil an die Aktionäre der Zielgesellschaft im Wege einer höheren Gegenleistung weitergibt.[26] Das Gesetz verwehrt dem Erstbieter die Möglichkeit, diesen Effekt durch Zurückhaltung von Informationen zu unterbinden. Vielmehr ist er etwa nach § 2 Nr. 3 AngebotsVO zur Offenbarung aller analytischen Einsichten verpflichtet, die bei der Prospektvorbereitung eine Rolle spielten. Zu seinem Schutz wird man jedoch **§ 1 UWG**, und hier die

---

[21] *Hasselbach* in Kölner Komm. Rn. 36.
[22] Allgemein nun auch *Fleischer* ZIP 2002, 651.
[23] *Hutter/Lawrence* in DAI S. 113 f.
[24] *Hutter/Lawrence* S. 114; *Sieger/Hasselbach* BB 2000, 625.
[25] *Hutter/Lawrence* S. 114.
[26] *Immenga/Noll* 1990, 60 f.; *Herkenroth* S. 344; *Peltzer* S. 207.

Fallgruppe des Sittenverstoßes durch **unmittelbare Leistungsübernahme**, anwenden können. Bieter und Konkurrent stehen in einem Wettbewerbsverhältnis; übernimmt der Konkurrent die Angebotsunterlage des Bieters, handelt er zu Zwecken des Wettbewerbs. Die Umstände, die dort das Urteil der Sittenwidrigkeit begründen, rechtfertigen es auch im vorliegenden Fall:[27] Es kommt im Wege einer Interessenabwägung auf die Erheblichkeit der vom Erstbieter aufgewendeten Kosten an, auf den Wettbewerbsvorsprung, den der Konkurrent durch Übernahme der fremden Leistung erzielt, auf die Frage, inwieweit der Bieter um die Früchte seiner Arbeit gebracht wird und jeden Anreiz zu künftigen Initiativen in diese Richtung verliert. Entscheidend kommt es aber auf die Übernahme der fremden Vorlage durch den Konkurrenten ohne Eigenleistung an.

b) Bieterkartell. § 1 GWB verbietet Wettbewerbern, die aus eigener Kraft **15** in der Lage sind, ein Angebot abzugeben, eine Verhaltensabstimmung mit Konkurrenten. Gehen also zwei Unternehmen, von denen jeder allein eine Offerte abgeben könnte, eine Bietergemeinschaft ein, ist dies im Hinblick auf das Kartellverbot rechtswidrig. Gleiches gilt für Bieter, die konkurrierende Vereinbarungen getroffen haben, danach aber ihr Verhalten konzertieren. Bei der Zulassung der Angebotsunterlage prüft die BAFin zwar nach § 15 Abs. 1 Nr. 2 nur Verstöße gegen das WpÜG, nicht das GWB, und selten dürfte ein Verstoß gegen § 1 GWB offensichtlich und liquide beweisbar sein (vgl. § 15 Rn. 6). Es ist indes in jedem Fall nach § 7 Abs. 1 zur Mitteilung an das Bundeskartellamt verpflichtet und kann eine Verhaltenskonzertierung untersagen, wenn von ihr eine Marktverzerrung (§ 4 Abs. 1 Satz 3 iVm. § 3 Abs. 5) ausgeht. Davon wird beispielsweise bei Preis- und Konditionenabreden regelmäßig auszugehen sein.

c) Bezugnahme auf das konkurrierende Angebot durch Bedingun- 16 gen; verhindernde Konkurrenzangebote. Nach hier vertretener Auffassung ist es zulässig, ein öffA auflösend durch die Abgabe eines Konkurrenzangebots zu bedingen (§ 18 Rn. 6). Gerade bei so genannten verhindernden Konkurrenzangeboten, bei denen es beim konkurrierenden Bieter allein darum geht, das Erreichen einer vom ersten Bieter zur Bedingung gemachten Beteiligungsschwelle zu vereiteln, können Bedingungen des Konkurrenzangebots allerdings auch auf problematische Weise zum Einsatz kommen.[28] Besteht eine auflösende Bedingung des Konkurrenzangebots darin, dass das ursprüngliche Angebot wirksam wird, kann das Ergebnis für den Aktionär verwirrend verlaufen: Hat er zunächst das erste Angebot angenommen, ist aber bei Veröffentlichung des Konkurrenzangebots zurückgetreten, bleibt er bei Eintritt der Bedingung gegen seinen Willen Gesellschafter der Zielgesellschaft. Lässt sich hier der Aktionärsschutz noch durch ausreichende Information in der Angebotsunterlage bewerkstelligen,[29] erweist sich eine weitere Bedingung als wesentlich problematischer: Ist das **Konkurrenzangebot auflösend bedingt durch die Unwirksamkeit des Erstangebots**, wird die Absicht des Konkur-

---

[27] Vgl. hier nur *Baumbach/Hefermehl* Wettbewerbsrecht § 1 UWG Rn. 501.
[28] *Kalss* Österreichisches Recht der Wirtschaft 1999, 276 f.
[29] *Kalss* (Fn. 28), 277.

renten offensichtlich, allein die Zielsetzung des ersten zu durchkreuzen. Damit erspart er sich überdies die Kosten, die typischerweise beim verhindernden Angebot anfallen, weil er keine Wertpapiere beim Scheitern des Erstangebots aufkaufen muss. Wegen der für die Aktionäre unabsehbaren Folgen werden solche Angebote teilweise als unsachliche Beeinflussung angesehen.[30] Allerdings gilt es zu bedenken, dass § 22 Abs. 1 keine inhaltlichen Anforderungen an das abzugebende Angebot, etwa im Hinblick auf bestimmte Ziele, abgibt. Die Grenze der Zulässigkeit dürfte im Bereich der Marktverzerrung (§ 3 Abs. 5) durch Täuschung der Anleger liegen.

17   **d) Rücktrittsrecht vom eigenen Angebot.** Das WpÜG kennt keine gesetzliche Rücktrittsmöglichkeit des Bieters. Aus den §§ 17, 18 und 21 lässt sich überdies ein allgemeiner Rechtsgedanke entnehmen, dem Bieter jede nachträgliche Lockerung der einmal eingegangenen rechtsgeschäftlichen Bindung zu verwehren. Dennoch wird hier die Auffassung vertreten, dass der Bieter nach den Grundsätzen über den **Wegfall der Geschäftsgrundlage** vom öffA zurücktreten kann, wenn durch ein konkurrierendes Angebot seine Kalkulationsgrundlage entfallen ist (§ 11 Rn. 53). Im Übrigen kann der Bieter eine einschlägige auflösende Bedingung nach § 18 Abs. 1 in sein Angebot aufnehmen (§ 18 Rn. 16).

18   **e) Andienungsrecht gegenüber dem Konkurrenten.** Fraglich ist, ob einem Bieter das Recht zusteht, die einmal erworbenen Stücke dem Konkurrenten anzudienen. Dafür spricht der Charakter des konkurrierenden Angebots als öffentlich und der Umstand, dass der Bieter ein Aktionär der Zielgesellschaft ist wie alle anderen. Nach §§ 19, 32 verbietet sich zudem die Möglichkeit, die vom konkurrierenden Bieter gehaltenen Aktien vom Angebot auszunehmen. Folglich steht dem Konkurrenten ein Andienungsrecht zu. Angesichts der Rücktrittsrechte der ihn beliefernden Käufer nach § 22 Abs. 3 besteht allerdings die Gefahr, dass er die Offerte des Bieters überzeichnet und nachträglich wegen Unmöglichkeit haftet.

19   **f) Informationspflichten zwischen Konkurrenten?** Auch wenn ein reibungslos funktionierendes Auktionsverfahren zwischen konkurrierenden Bietern dem Gesetzgeber wünschenswert erscheint, lässt sich eine Verpflichtung zu gegenseitigen Mitteilungen über den Angebotsinhalt oder dessen Änderungen mangels ausdrücklicher Regelung nicht begründen. Auch eine allgemeine Rechtspflicht dürfte zu verneinen sein, zumal konkurrierende Bieter in keiner Sonderrechtsbeziehung stehen.[31] Dies ist im Recht der Vereinigten Staaten anders; der Angebotsinhalt nach Schedule 14d-1 muss danach auch den konkurrierenden Anbietern übersandt werden.[32]

---

[30] *Kalss* Österreichisches Recht der Wirtschaft 1999, 277.
[31] *Assmann/Bozenhardt* S. 82; *Weber* ZHR 155 (1991), 126 f.
[32] *Merkt* Rn. 1086.

§ 23 Veröffentlichungspflichten des Bieters nach Abgabe des Angebots

(1) Der Bieter ist verpflichtet, die Anzahl sämtlicher ihm, den mit ihm gemeinsam handelnden Personen und deren Tochterunternehmen zustehenden Wertpapiere der Zielgesellschaft einschließlich der Höhe der jeweiligen Anteile und der ihm zustehenden und nach § 30 zuzurechnenden Stimmrechtsanteile sowie die sich aus den ihm zugegangenen Annahmeerklärungen ergebende Anzahl der Wertpapiere, die Gegenstand des Angebots sind, einschließlich der Höhe der Wertpapier- und Stimmrechtsanteile

1. nach Veröffentlichung der Angebotsunterlage wöchentlich sowie in der letzten Woche vor Ablauf der Annahmefrist täglich,

2. unverzüglich nach Ablauf der Annahmefrist und

3. unverzüglich nach Ablauf der weiteren Annahmefrist gemäß § 14 Abs. 3 Satz 1 zu veröffentlichen und der Bundesanstalt mitzuteilen. § 14 Abs. 3 Satz 2 und § 31 Abs. 6 gelten entsprechend.

(2) Erwerben bei Übernahmeangeboten, bei denen der Bieter die Kontrolle über die Zielgesellschaft erlangt hat, und bei Pflichtangeboten der Bieter, mit ihm gemeinsam handelnde Personen oder deren Tochterunternehmen nach der Veröffentlichung der Angebotsunterlage und vor Ablauf eines Jahres nach der Veröffentlichung gemäß Absatz 1 Nr. 2 außerhalb des Angebotsverfahrens Aktien der Zielgesellschaft, so hat der Bieter die Höhe der erworbenen Aktien und Stimmrechtsanteile unter Angabe der Art und Höhe der für jeden Anteil gewährten Gegenleistung unverzüglich gemäß § 14 Abs. 3 Satz 1 zu veröffentlichen und der Bundesanstalt mitzuteilen. § 31 Abs. 6 gilt entsprechend.

Übersicht

1. Normzweck. „Absatz 1 soll während des Übernahmeverfahrens am **1** Markt Transparenz über die Beteiligung des Bieters und der mit ihm gemeinsam handelnden Personen an der Zielgesellschaft sowie über die Akzeptanz des Angebots schaffen."[1] Die sog. Wasserstandsmeldungen erleichtern den Aktionären der Zielgesellschaft die Einschätzung der Erfolgsaussichten des öffA (Abs. 1 Nr. 1) bzw. die Kenntnis von dessen endgültigem Erfolg oder Misserfolg

---

[1] RegE BT-Drucks. 14/7034 S. 50; WÜG-RefE S. 465; DiskEntw ÜG S. 329.

(Abs. 1 Nr. 2 und 3). Die Norm zielt also darauf ab, die Koordinationsschwierig-keiten der Aktionäre der Zielgesellschaft untereinander zu vermindern: Diese sollen nicht allein deshalb veräußern, weil sie davon ausgehen, dass alle übri-gen Wertpapierinhaber sich im Zweifel ähnlich verhalten (Gefangenendi-lemma, § 3 Rn. 14).[2] So knüpft an die Veröffentlichung nach Abs. 1 Nr. 2 auch der Beginn der erweiterten Annahmefrist beim öffÜA an (§ 16 Abs. 2), der den Unentschlossenen Zeit für eine Verkaufsentscheidung eröffnen soll. Dem-gegenüber erleichtert Abs. 2 den Aktionären der Zielgesellschaft vor allem die Durchsetzung ihrer Nachbesserungsansprüche nach § 31 Abs. 4 bzw. 5.

2   **2. Veröffentlichungspflichten während und zum Abschluss des Ver-fahrens (Abs. 1).** Die Norm setzt zunächst ein wirksames Angebotsverfahren voraus. Scheitert das Verfahren infolge eines Bedingungseintritts oder des Ver-streichens einer gesetzlichen Frist (zB § 25), gehen auch die Publikationspflich-ten unter, weil kein schutzwürdiges Interesse der „Veräußerer" an einschlägiger Information besteht. Für den Fall des **Scheiterns des Angebotsverfahrens** trifft das WpÜG keine Regelung. Hier dürfte sich – außerhalb der Fälle des § 15 Abs. 1 – eine Publikationspflicht unmittelbar auf der Grundlage des § 15 WpHG ergeben. Letztlich ist die Publikation in vier Teilbereiche gegliedert:

3   **(1)** Der Bieter (§ 2 Abs. 4) muss zunächst die **Anzahl sämtlicher Wert-papiere** (§ 2 Abs. 2) **der Zielgesellschaft** (§ 2 Abs. 3) veröffentlichen, die ihm im weitesten Sinne zuzurechnen sind und nicht nur derjenigen, auf die er sein Angebot zulässigerweise (§ 19) eingeschränkt hat. Dadurch soll den Angebots-empfängern ein „umfassendes Bild über die Beteiligungsverhältnisse an der Zielgesellschaft" verschafft werden.[3] Die Pflicht bezieht sich auf die Wertpa-piere, die dem Bieter, den mit ihm gemeinsam handelnden Personen (§ 2 Abs. 5) sowie den Tochterunternehmen (§ 2 Abs. 6) dieser Personen gehören. Eine Trennung nach Zurechnungstatbeständen erscheint dabei durch den Wortlaut der Norm nicht zwingend geboten.[4] Darüber hinaus werden auch solche Wertpapiere erfasst, auf deren Übereignung der Bieter einen **obligato-rischen Anspruch** bzw. eine Option erworben hat (§ 23 Abs. 1 Satz 2 iVm. § 31 Abs. 6).

4   **(2)** Ausgehend von dieser Zahl muss der Bieter die daraus resultierende **Höhe der Anteile** (Beteiligungsquote) am Gesamtkapital und **(3)** die Höhe der **Stimmrechtsanteile** publizieren, wobei im Rahmen öffÜA die Zurech-nungsvorschrift des § 30 zu beachten ist.

5   **(4)** Gesondert ist schließlich die **Anzahl** der Wertpapiere zu veröffentlichen, die Gegenstand des öffA sind und von dem Bieter aufgrund von Annahme-erklärungen der Aktionäre der Zielgesellschaft erworben wurden. „Hierdurch soll den Empfängern des Angebots ein **Überblick über die Akzeptanz des Angebots** vermittelt werden".[5] Hinsichtlich dieser Stücke sind wiederum Wertpapieranteile (Beteiligungsquote) und Stimmrechtsanteile gesondert auf-zuführen, wobei im Hinblick auf letztere abermals die Vorschrift des § 30 zu beachten ist, wenn es sich um ein öffÜA handelt. Entscheidend kommt es in

---

[2] Anschaulich *Thun* in *Geibel/Süßmann* Rn. 1 f.
[3] RegE BT-Drucks. 14/7034 S. 50; WÜG-RefE S. 465.
[4] *Thun* in *Geibel/Süßmann* Rn. 12.
[5] RegE BT-Drucks. 14/7034 S. 50; WÜG-RefE S. 465.

jedem der Fälle darauf an, dass dem Bieter die Annahmeerklärung persönlich oder über einen Empfangsvertreter oder -boten bereits zugegangen ist.[6]

Während des Verfahrens ist nach **Nr. 1** ein wöchentlicher Veröffentlichungs- **6** rhythmus, beginnend mit dem Tag der Veröffentlichung der Angebotsunterlage (§ 14 Abs. 3 Satz 1), einzuhalten. Dabei muss der Bieter den Publikationsakt so organisieren, dass innerhalb der Geschäftszeiten, aber auch kurzfristig vor der Veröffentlichung eingehende Informationen noch berücksichtigt werden können. Die Veröffentlichung der Angebotsunterlage erfolgt nach § 14 Abs. 3 Satz 1 durch einen doppelten Publikationsakt; es kommt dabei auf die Vollendung des letzten Teilaktes an. Der Übergang zum **täglichen Veröffentlichungsrhythmus** in der letzten Woche vor dem Ablauf der Annahmefrist (§§ 11 Abs. 2 Satz 2 Nr. 6; 16 Abs. 1 Satz 1) „trägt dem Umstand Rechnung, dass ein Großteil der Wertpapierinhaber, insbesondere die institutionellen Investoren, regelmäßig erst sehr kurz vor Ablauf der Frist eine Entscheidung über die Annahme des Angebots treffen".[7] Da die Angebotsfrist nach § 188 Abs. 2 BGB endet, beginnt die letzte Woche von diesem Tag an zurückgerechnet. Teilweise soll Nr. 1 analog auch den Fall der weiteren Annahmefrist analog angewendet werden, weil auch hier die Schutzzwecke der Norm (Koordinationsbedarf der Aktionäre, Milderung des Verkaufsdrucks) einschlägig seien.[8] Dies überzeugt nicht: § 16 Abs. 2 (Zaunkönigregel) ermöglicht den Aktionären bei einem öffÜA bereits, die Entscheidung über die vom Bieter gesetzte Frist hinauszuschieben und zielt deshalb wie § 23 Abs. 1 Nr. 1 auf eine Kompensation der Koordinationsprobleme der Aktionäre der Gesellschaft zur Milderung des Verkaufsdrucks. Es besteht deshalb kein Anlass, den durch § 16 Abs. 2 bedingten schweren Eingriff in den Mechanismus des Vertragsschlusses noch dadurch zu verschärfen, dass den Aktionären eine weitere Möglichkeit zur Verzögerung ihrer Entscheidung innerhalb der weiteren Frist eröffnet wird.[9]

Nr. 2 statuiert eine **unverzügliche**, dh ohne schuldhaftes Zögern (§ 121 **7** Abs. 1 Satz 1 BGB) erfolgende Veröffentlichung nach Ablauf der Annahmefrist (§§ 11 Abs. 2 Satz 2 Nr. 6; 16 Abs. 1 Satz 1). Durch sie „soll der Markt unverzüglich über den endgültigen Ausgang des Angebotsverfahrens informiert werden. Bei erfolgreichen Übernahmeangeboten werden die Aktionäre durch die Veröffentlichung zugleich informiert, dass nunmehr die Möglichkeit einer erneuten Annahme innerhalb der weiteren Annahmefrist nach § 16 Abs. 2 besteht."[10]

Die Veröffentlichungspflicht nach **Nr. 3** gilt nur für öffÜA (§ 29 Abs. 1), **8** nicht für öffA; dies ergibt sich aus dem eingeschränkten Anwendungsbereich der Regelung über die erweiterte Annahmefrist (§ 16 Abs. 2 Satz 1).[11] „Die Pflicht besteht nicht, sofern der Bieter das Übernahmeangebot vom Erwerb

---

[6] Die von *Möllers* in Kölner Komm. Rn. 60 vorgenommene Differenzierung zwischen Empfangsbote und -vertreter trifft übrigens nicht zu; die Willenserklärung ist dem Boten nach allgM auch dann zugegangen, wenn er sie nicht an den Bieter weiterleitet.

[7] RegE BT-Drucks. 14/7034 S. 50; WÜG-RefE S. 465.

[8] *Möllers* in Kölner Komm. Rn. 82.

[9] Ähnlich *Thun* in *Geibel/Süßmann* Rn. 82.

[10] RegE BT-Drucks. 14/7034 S. 50; WÜG-RefE S. 465.

[11] Ausdrücklich RegE BT-Drucks. 14/7034 S. 50; WÜG-RefE S. 465.

eines Mindestanteils der Aktien abhängig gemacht hat und dieser Mindestanteil nicht erreicht wurde, da in diesem Fall eine weitere Annahmefrist nicht vorgesehen ist."[12]

9   Die **Veröffentlichung** muss in der Form des § 14 Abs. 3 Satz 1 erfolgen. Sie ersetzt – soweit es um den Anteilserwerb geht – die Ad-hoc-Publikation nach **§ 15 WpHG**. Dies folgt zwar nicht unmittelbar aus § 23, ergibt sich jedoch aus den identischen Zwecken beider Vorschriften. Nach § 23 Abs. 1 Satz 1 ist von der Veröffentlichung der BAFin **Mitteilung** zu machen. Damit kann – wie sich aus § 23 Abs. 1 Satz 1 ergibt – nur die Übersendung des Belegs in sinngemäßer Anwendung des **§ 14 Abs. 3 Satz 2** gemeint sein. Die Kumulation aus Mitteilung und Übersendung des Belegs macht ansonsten keinen Sinn. Hier dürfte daher ein Redaktionsversehen vorliegen. Diese Pflicht ersetzt die Mitteilungspflicht nach **§ 21 WpHG**; denn die BAFin und die Zielgesellschaft werden über den fortschreitenden Beteiligungsgrad sogar noch über das in dieser Vorschrift vorausgesetzte Maß hinaus im Detail unterrichtet. Eine persönliche Mitteilung gegenüber der Zielgesellschaft auf der Grundlage des § 21 Abs. 1 Satz 1 WpHG scheint deshalb entbehrlich, weil diese mit einer Veröffentlichung iSd. § 23 Abs. 1 Satz 1 WpÜG rechnen muss.

10   **3. Veröffentlichungspflichten außerhalb des Verfahrens (Abs. 2). a) Normzweck.** „Die Informationspflichten betreffen Transaktionen des Bieters und mit ihm gemeinsam handelnder Personen ‚außerhalb des Angebotsverfahrens'. Gemeint sind hiermit Erwerbsvorgänge, die während des Übernahmeverfahrens erfolgen, deren Grundlage aber nicht Annahmeerklärungen von Aktionären auf das Übernahmeangebot des Bieters sind, und zum anderen solche Erwerbsvorgänge, die innerhalb eines Jahres nach Veröffentlichung des Ergebnisses nach Absatz 1 Nr. 2 erfolgen. Die in Absatz 2 geforderten Informationen sind für die von einer Übernahme betroffenen Aktionäre im Hinblick auf die in § 31 Abs. 4 und 5 enthaltenen Nachbesserungsansprüche von Bedeutung."[13] **Rechtspolitische Kritik** fordert allerdings der Umfang der dem Bieter aufgebürdeten Publikationspflicht heraus. Nach dem Wortlaut der Norm löst bereits der Erwerb einer einzelnen Aktie über die Börse während des kritischen Zeitraums die aufwendige Publikationspflicht nach § 14 Abs. 3 Satz 1 aus (vgl. unten Rn. 12).

11   **b) Tatbestand.** Vgl. zu den Tatbestandsmerkmalen Übernahmeangebot § 29 Abs. 1, Bieter § 2 Abs. 4, Zielgesellschaft § 2 Abs. 3, Pflichtangebot § 35 Abs. 2, gemeinsam handelnde Personen § 2 Abs. 5 und Tochterunternehmen § 2 Abs. 6. Die Veröffentlichung der Angebotsunterlage richtet sich nach § 14 Abs. 3 Satz 1. Für den Beginn des Fristenlaufs gilt folglich § 187 Abs. 1 BGB. Probleme bereitet das Merkmal „**Kontrolle erlangt**". Denn § 31 ist bereits auf Angebote anwendbar, die auf Erwerb der Kontrolle iSd. § 29 Abs. 2 *gerichtet* sind, gleichgültig, ob der Bieter nachträglich die Kontrollmehrheit erreicht oder nicht. Der Zweck des § 23 Abs. 3, Ansprüche nach § 31 Abs. 4 und 5 beziffern zu können, spricht dafür, die Norm über ihren Wortlaut hinaus auch auf den Fall des öffÜA anzuwenden, das sein Ziel verfehlt. Voraussetzung ist allerdings,

---

12 RegE BT-Drucks. 14/7034 S. 50; WÜG-RefE S. 465 f.
13 RegE BT-Drucks. 14/7034 S. 51; WÜG-RefE S. 466.

dass das öffÜA nicht wegen Bedingungseintritts unwirksam wird.[14] Der Erwerb muss vor Ablauf der Jahresfrist und **außerhalb des Angebotsverfahrens** stattgefunden haben. Dem Zweck der Norm entsprechend kann es nur auf eine **formale Betrachtungsweise** ankommen. Die Norm soll die Veräußerer über möglicherweise außerhalb des Angebotsverfahrens gewährte günstigere Sonderbedingungen informieren. Deshalb fällt darunter jeder rechtsgeschäftliche Tatbestand, im Rahmen dessen die Verpflichtung des Bieters nicht durch die Veröffentlichung der Angebotsunterlage und die des Veräußerers nicht durch eine Annahmeerklärung iSd. § 2 Nr. 4 AngebotsVO zustande gekommen ist. Nach dem Wortlaut geht es um **Aktien der Zielgesellschaft**. Diese Beschränkung gegenüber § 2 Abs. 2 entspricht § 31 Abs. 4 und 5, auf den sich die Norm bezieht. Dabei stellt der Verweis in **§ 23 Abs. 2 Satz 2** auf § 31 Abs. 6 klar, dass auch die während des Zeitraums begründeten obligatorischen Ansprüche auf Aktienerwerb und damit ein Teil der in § 2 Abs. 2 Nr. 2 definierten Wertpapiere erfasst werden.

Die Mitteilungspflicht bezieht sich auf die Höhe der **Aktienanteile** (Beteiligungsquote) und die Höhe der **Stimmrechtsanteile**; beide Angaben sind   **12** indes im Hinblick auf die Ansprüche nach § 31 Abs. 4 und 5 von geringem Belang. Entscheidend kommt es auf die vom Bieter gewährte **Gegenleistung** an: Mitzuteilen ist folglich deren Art (Bar-, Tausch-, gemischtes Angebot) und **Höhe**, wobei das Gesetz ausdrücklich keine pauschalen Angaben zulässt, sondern eine Zuordnung jeder einzelnen Gegenleistung zu jedem Anteil erzwingt. Jeder Erwerb ist **unverzüglich** – d.h. ohne schuldhaftes Zögern (§ 121 Abs. 1 Satz 1 BGB) – nach § 14 Abs. 3 Satz 1 zu veröffentlichen und der BAFin mitzuteilen. Im Rahmen des **Verschuldensmaßstabes** muss allerdings der großen Belastung Rechnung getragen werden, die von der Publikationspflicht des § 23 Abs. 2 Satz 1 für den Bieter ausgeht. Man wird schwerlich erwarten dürfen, dass jeder Börsenerwerb, möglicherweise noch unterhalb des vormals offerierten Angebotspreises, binnen kürzester Zeit mitgeteilt wird. Die Veräußerer interessieren überhaupt nur **Überschreitungen** der in der Angebotsunterlage vorgesehenen Gegenleistung durch parallele bzw. spätere Transaktionen. Deshalb wird der Bieter richtiger Auffassung nach alle unzweifelhaft unterhalb dieser Grenze liegenden Transaktionen sammeln und mit Ablauf der Jahresfrist veröffentlichen dürfen. Bei Abschlüssen, bei denen die Gegenleistung eine Tauschkomponente beinhaltet, kann deren Bewertung im Verhältnis zum alten Angebotspreis allerdings Zweifel aufwerfen, die eine zeitnahe Veröffentlichung erzwingen. Hat der Bieter über dem alten Angebotspreis erworben, weiß aber vom baldigen Abschluss einer Transaktion innerhalb der Jahresfrist, in der die Gegenleistung noch höher ausfallen wird, darf er sicherlich beide Fälle gemeinsam veröffentlichen, da den ehemaligen Veräußerern ohnehin nur an der **höchsten gezahlten Gegenleistung** gelegen ist.

Die Publikationspflicht nach § 23 Abs. 2 Satz 1 dürfte aufgrund ihrer besonderen   **13** deren Zwecksetzung und ihres Gegenstandes (Angabe der Gegenleistung) andere gesetzliche Veröffentlichungspflichten – etwa nach **§ 15 WpHG** – nicht ersetzen. Denkbar ist indes, dass beiden Publikationsanforderungen in einer Veröffentlichung Genüge getan wird. Allerdings dürfte sich die Meldepflicht

---

[14] *Thun* in *Geibel/Süßmann* Rn. 36 ff.

nach § 21 **WpHG** durch die Mitteilungspflicht nach § 23 Abs. 2 Satz 1 oft praktisch erübrigen, wenn der Erwerb zeitnah angezeigt wird. Die BAFin und die Zielgesellschaft sind dann noch über das in § 21 WpHG vorausgesetzte Maß hinaus im Hinblick auf den fortschreitenden Beteiligungsgrad des Bieters unterrichtet. Eine persönliche Mitteilung gegenüber der Gesellschaft scheint dann entbehrlich, weil diese auf die Veröffentlichung nach § 23 Abs. 2 Satz 1 vorbereitet sein muss.[15]

14 **4. Verstöße.** Verletzungen der Publizitätspflicht begründen eine Ordnungswidrigkeit nach § 60 Abs. 1 Nr. 1 b. Zur Auswirkung falscher Publikationen auf § 16 Abs. 2 vgl. § 16 Rn. 9. Die teilweise erwogene **Haftung des Bieters** aus § 12 WpÜG analog[16] kommt wohl **nicht** in Betracht: Zum einen passt das Haftungsprivileg des § 12 Abs. 2 nicht, da der Bieter im Rahmen des § 23 keinen dem Fall des § 12 vergleichbaren Prospekt erstellt und deshalb nicht vor den Folgen der hohen Fehleranfälligkeit von Prospekten geschützt werden muss. Aber auch eine Haftung aus culpa in contrahendo (§§ 280 Abs. 1 Satz 1, 241 Abs. 2, 311 Abs. 2 BGB) dürfte regelmäßig daran scheitern, dass die Pflicht nicht die individuellen Vermögensinteressen des einzelnen Aktionärs schützt (vgl. § 4 Rn. 11).

§ 24 Grenzüberschreitende Angebote

Hat der Bieter bei grenzüberschreitenden Angeboten zugleich die Vorschriften eines anderen Staates außerhalb des Europäischen Wirtschaftsraums einzuhalten und ist dem Bieter deshalb ein Angebot an alle Inhaber von Wertpapieren unzumutbar, kann die Bundesanstalt dem Bieter auf Antrag gestatten, bestimmte Inhaber von Wertpapieren mit Wohnsitz, Sitz oder gewöhnlichem Aufenthalt in dem Staat von dem Angebot auszunehmen.

Schrifttum: *Behnke*, Erste praktische Erfahrungen mit dem Ausschluss ausländischer Anteilsinhaber nach § 24 WpÜG, WM 2002, 2229; *Holzborn*, Ausschluss ausländischer Aktionäre nach § 24 WpÜG, BKR 2002, 67; *Lenz/Linke*, Das WpÜG in der aufsichtsrechtlichen Praxis, AG 2002, 361.

Übersicht

1 **1. Normzweck.** Die Norm trägt einem praktischen Kollisionsproblem mit fremden Rechtsordnungen Rechnung, das der deutsche Gesetzgeber vor allem im Verhältnis zum Recht der Vereinigten Staaten sieht:[1] Werden bspw.

---

[15] Andere Tendenz *Möllers* in Kölner Komm. Rn. 35.

[16] *Möllers* in Kölner Komm. Rn. 99.

[1] Der RegE BT-Drucks. 14/7034 S. 51 bezieht sich ausdrücklich auf die „Cross-Border Tender and Exchange Offers, Business Combinations and Rights Offerings" der US-amerikanischen Börsen- und Wertpapieraufsichtsbehörde SEC vom 24. Januar 2000.

amerikanischen Aktionären Tauschaktien angeboten, müssten diese theoretisch zunächst nach § 5 SA bei der SEC registriert werden, was angesichts einer möglicherweise kleinen Zahl amerikanischer Aktionäre oft unpraktikabel erscheint. Allerdings liegen die Voraussetzungen des § 24 nicht bei jeder Berührung mit dem amerikanischen Recht vor; hier ist eine differenzierende Betrachtung im Einzelfall geboten (unten Rn. 4).[2] Die Rechtsfolgen der Norm reichen nämlich besonders weit, weil sie eine Diskriminierung der Aktionäre der Zielgesellschaft entgegen § 3 Abs. 1 ermöglichen und im Extremfall dem Bieter in Abweichung von § 32 Teilangebote zur Erlangung der Kontrolle gestatten. Der Normtatbestand beinhaltet zu dieser Ausnahme **zwei zentrale Wertungen:** Eine Ausnahme kommt erstens nicht für Aktionäre aus dem Bereich des EWR in Betracht; zweitens setzt sie zwingend Unzumutbarkeit für den Bieter voraus.

Die Vorschrift entstammt dem **Regierungsentwurf**; im Referentenentwurf fand sich unter § 24 noch folgende Regelung: „Sind Wertpapiere einer Zielgesellschaft, die Gegenstand eines Angebots sind, an einem organisierten Markt in einem anderen Staat des Europäischen Wirtschaftsraums zugelassen, so hat der Bieter die ihn nach diesem Gesetz bestehenden Veröffentlichungspflichten entsprechend den dort geltenden Regelungen in jedem dieser Staaten zu erfüllen." Hieran zeigt sich die Tendenz zu einer verstärkt nationalen Betrachtungsweise.   **2**

2. Begründung des Antrags gegenüber der BAFin. Eine Gestattung   **3** kommt nur bei **grenzüberschreitenden Angeboten** in Betracht. Dies ist nach dem Zweck der Norm dann der Fall, wenn Aktionäre der Zielgesellschaft ihren Wohnsitz oder ihre Niederlassung außerhalb des EWR haben.[3] Dies muss der Bieter in seinem Antrag darlegen und insbesondere plausibel machen, auch wenn die Lokalisierung der Aktionäre gerade bei Inhaberpapieren Schwierigkeiten bereitet:[4] Der **BAFin** genügt als Nachweis, dass die Aktien der Zielgesellschaft an einer entsprechenden ausländischen Börse notiert sind; ansonsten muss der Bieter die Ergebnisse der Befragung deutscher Depotbanken beifügen, Auszüge aus dem Aktienregister (bei Namensaktien) präsentieren, sich auf Stimmrechtsmeldungen nach § 21 WpHG oder Teilnehmerlisten der Hauptversammlung beziehen und notfalls einen Spezialisten beauftragen, der entsprechende Aktionäre ermittelt. Führt dies nicht weiter, kann notfalls auch das Vorhandensein von Betriebsstätten der Zielgesellschaft im Ausland als Indiz für ein Grenzüberschreiten genügen. Die bloße Befürchtung des unerwarteten Auftretens fremder Aktionäre genügt richtiger Auffassung nach nicht, soweit eine nach rechtsstaatlichen Grundsätzen verfahrende Rechtsordnung berührt ist: Denn im Rahmen dieser ist davon auszugehen, dass der Bieter regelmäßig nur nach Verschuldensgrundsätzen für Übertretungen zur Verantwortung gezogen wird.[5]

Ferner muss dem Bieter ein Angebot an alle Aktionäre **unzumutbar** sein.   **4** Zu diesem Tatbestandsmerkmal heißt es in den Materialien: „Dabei führt eine

---

[2] *Behnke* WM 2002, 2229, 2232.
[3] *Behnke* WM 2002, 2229, 2231 f.
[4] Dazu und zum Folgenden *Behnke* WM 2002, 2229, 2231.
[5] *Behnke* WM 2002, 2229, 2232.

aus der grenzüberschreitenden Wirkung seines Angebots resultierende finanzielle Mehrbelastung des Bieters nicht bereits zur Unzumutbarkeit. Erforderlich ist vielmehr, dass es für den Bieter – zB aufgrund der erforderlichen Mitwirkung ausländischer Aufsichtsbehörden und deren Entscheidungspraxis – bereits zu Beginn des Verfahrens vorhersehbar ist, dass er auch bei Anwendung aller Sorgfalt nicht in der Lage sein wird, die rechtlichen Vorgaben einzuhalten. Unzumutbar ist ein solches Angebot stets, wenn es dem Bieter unmöglich ist, die rechtlichen Vorgaben einzuhalten."[6] In der Tat rechtfertigt die **finanzielle Mehrbelastung** des Bieters die Unzumutbarkeit allein **nicht**; entscheidend dürfte es vielmehr darauf ankommen, dass dem Bieter die Einhaltung der ausländischen Vorschriften schlicht unmöglich ist, insbesondere weil diese dem WpÜG widersprechen.[7] Letzteres ist der Fall, wenn eine aufsichtsrechtliche Prüfung nach der ausländischen Rechtsordnung dazu führt, dass der Bieter die nach dem WpÜG gesetzten Fristen nicht einhalten kann (zB §§ 14 Abs. 1 Satz 1, 16 Abs. 1). Die BAFin verfährt hier nicht pauschal, sondern differenziert danach, ob die fremde Rechtsordnung Ausnahmevorschriften im Falle der geringfügigen Beteiligung inländischer Aktionäre an einer ausländischen Gesellschaft kennt.[8]

5　　**USA**: Prinzipiell beanspruchen der Securities Act (SA) von 1933 und der Securities Exchange Act (SEA) von 1934 Geltung, wenn die Aktien der Zielgesellschaft zum Börsenhandel in den USA zugelassen sind (§§ 12, 14(d)(1) SEA) oder wenn als Gegenleistung Aktien des Bieters gegenüber in den USA ansässigen Aktionären offeriert werden. Im ersten Fall darf die Angebotsunterlage nur präsentiert werden, wenn ein registration statement bei der SEC eingereicht worden ist. In letzterem Fall berührt das Tauschangebot die Registrierungspflicht nach § 5 SA. Im Verhältnis zum Recht des Vereinigten Königreichs akzeptieren die US-Bundesgerichte bislang, dass in den USA ansässige Aktionäre vom Übernahmeangebot ausgeschlossen werden,[9] um die Parallelität zweier Verfahren nach WpÜG und SA/SEA zu vermeiden.[10] Nach Auffassung der BAFin kommt es indes entscheidend darauf an, ob die **Ausnahme nach Rule 14d-1**[11] Anwendung findet oder nicht. Diese schafft in Tier I bei einer Beteiligung unter 10 % bereits ausreichende Erleichterungen für Bar-, nicht aber für Tauschangebote.[12] Für letztere ist eine genaue Einzelfallprüfung erforderlich. Ähnliches gilt für **Kanada**,[13] während die Freistellungen nach **australischem Recht** offensichtlich genügen sollen und § 24 weitgehend ausschließen.[14]

6　　Der Antrag nach § 24 kann **frühestens nach der Vorankündigung** gemäß § 10 und muss spätestens bei der Übermittlung der Angebotsunterlage gestellt

---

6　RegE BT-Drucks. 14/7034 S. 51.

7　*Behnke* WM 2002, 2229, 2232.

8　*Behnke* WM 2002, 2229, 2232 ff.

9　The Plessey Company plc v. The General Electric Company plc, 628 F.Supp. 477, 494 ff. (D. Del. 1986); *Krause* AG 1996, 210 mwN.

10　*Krause* AG 1996, 210.

11　http://www.law.uc.edu/CCL/34ActRls/rule14sd-1.html.

12　*Behnke* WM 2002, 2229, 2233 f.

13　*Behnke* WM 2002, 2229, 2233.

14　*Behnke* WM 2002, 2229, 2233 f.; vgl. auch *Holzborn* BKR 2002, 62, 75.

werden und muss die genaue, später in der Angebotsunterlage verwendete Formulierung beinhalten.[15] Die Ausnahme muss sich auf **bestimmte Inhaber** beziehen. Durch dieses Tatbestandsmerkmal wird das Ermessen der BAFin inhaltlich eingeschränkt. In den Materialien fehlt eine Begriffsbestimmung. Einen Anhaltspunkt ergibt der Wortlaut: Die Ausnahme bezieht sich nämlich auf bestimmte Wertpapierinhaber mit Wohnsitz usw. im betreffenden Staat. Für den Bieter macht die Ausnahmegenehmigung nach § 24 aber nur dann Sinn, wenn er *alle* Aktionäre mit Wohnsitz im einschlägigen Staat ausnehmen darf; andernfalls müsste er die in diesem Staat vorgesehenen Sonderverfahren für noch weniger (nach der Gestattung verbleibende) Aktionäre durchführen.[16] Dann bedeutet das Tatbestandsmerkmal „bestimmte" aber eine absolute Einschränkung im Hinblick auf die Zahl der insgesamt freistellbaren Aktionäre. Gerade wenn man die Gefahren von Teilangeboten bedenkt, von denen § 24 eine Ausnahme gewährt (vgl. § 3 Rn. 14; § 19; § 32), scheidet die Möglichkeit aus, zehn oder gar zwanzig Prozent der Aktionäre auf der Grundlage dieser Norm zu übergehen. Dann eröffnete § 24 die willkommene Gelegenheit, das Lager der Aktionäre im Sinne einer Bieterstrategie zu spalten. § 24 eröffnet daher nicht die Möglichkeit, ein international angelegtes Übernahmeverfahren zu einem nationalen zurechtzuschrumpfen. Fraglich ist daher, wann noch von „bestimmten Inhabern" iSd. Norm die Rede sein kann. Hier bietet sich ein systematisches Argument aus § 21 Abs. 1 Satz 1 WpHG und § 327a Abs. 1 AktG an. Nach diesen Vorschriften sind Beteiligungen unterhalb der Schwelle von 5 Prozent in ihrem Bestand zum einen weniger geschützt (§ 327a Abs. 1 Satz 1 AktG) und entfalten zum anderen eine kapitalmarktrechtlich eher untergeordnete Bedeutung (§ 21 Abs. 1 Satz 1 WpHG).[17] Die vorerwähnte Rule 14d-1 (Rn. 4) geht dagegen von einer Höchstzahl von 10 Prozent aus.

3. Vertriebsbeschränkungen (Disclaimer-Problematik). Während der   7
Anwendungszeit des Übernahmekodexes verbanden Bieter mit ihren Angebotsunterlagen sog. Disclaimer, in denen untersagt wurde, die Angebotsunterlage in bestimmten Staaten zu verbreiten.[18] Erkennbar dienten diese Bestimmungen einem § 24 vergleichbaren Regelungszweck: Die Anwendbarkeit fremder Rechtsordnungen sollte ausgeschlossen werden. Nunmehr ist die **Wirksamkeit** einschlägiger Festsetzungen des Bieters indes **zweifelhaft**, weil durch sie ein faktischer Ausschluss derjenigen Aktionäre droht, die in den unter das Vertriebsverbot fallenden Ländern ihren Wohnsitz oder ihre Niederlassungen haben (§§ 3 Abs. 1, 19, 32). Im Umkehrschluss aus § 24 erscheint diese Verfahrensweise nicht hinnehmbar, weil der Gesetzgeber das zugrunde liegende Kollisionsproblem auf eine Weise löst, bei der die BAFin zwischen Bieter- und Aktionärsinteressen eine Entscheidung trifft. Der dadurch verbürgte Interessenausgleich erscheint bei der einseitigen Stellung von Klauseln durch den Bieter nicht in gleichem Maße gewährleistet. Im Übrigen droht ein Verstoß gegen die Gleichbehandlung der Aktionäre (§ 3 Abs. 1) und die Informationseffizienz (§ 3 Abs. 2). Richtiger Auffassung nach genügt es nicht, dass die in den ein-

---

[15] *Behnke* WM 2002, 2229, 2230.
[16] So auch RegE BT-Drucks. 14/7034 S. 51.
[17] AA *Behnke* WM 2002, 2229, 2232.
[18] *Holzborn* BKR 2002, 67, 69.

schlägigen Ländern wohnenden Aktionäre in jedem Fall über die Internetveröffentlichung nach § 14 Abs. 3 Nr. 1 Kenntnis vom Inhalt der Angebotsunterlage nehmen können.[19] Denn darin liegt ein **Selbstwiderspruch**: Durch den Disclaimer soll ja gerade die Verbreitung in den einschlägigen Staaten verhindert werden; dass dies im Internet faktisch nicht durchsetzbar ist, kann der Bieter nicht zu seiner Rechtfertigung anführen. Entscheidend kommt es vielmehr darauf an, dass ein objektiver Beobachter in der Situation des Aktionärs eine auf seinen Staat bezogene Vertriebsbeschränkung regelmäßig so verstehen muss, dass das Angebot sich gerade *nicht* an ihn richtet.[20] Bereits vernünftige Zweifel des Aktionärs berühren den Schutzzweck von § 3 Abs. 1 und 2 und sind folglich nicht hinnehmbar. Einschlägige Vertriebsverbote dürften daher regelmäßig unzulässig sein.

§ 25 Beschluss der Gesellschafterversammlung des Bieters

Hat der Bieter das Angebot unter der Bedingung eines Beschlusses seiner Gesellschafterversammlung abgegeben, hat er den Beschluss unverzüglich, spätestens bis zum fünften Werktag vor Ablauf der Annahmefrist, herbeizuführen.

Übersicht

1   **1. Normzweck.** Der Regelungsgehalt der Norm steht in systematischem Zusammenhang mit § 10 Abs. 1 Satz 2. Hat die Geschäftsführung des Bieters den Willen zur Abgabe eines öffA gebildet, darf sie nach § 10 Abs. 1 Satz 2 eine Zustimmung der Hauptversammlung regelmäßig nicht abwarten, sondern muss ihren Entschluss vorher veröffentlichen. Aus diesem Grund kann das öffA durch das Zustandekommen eines positiven Beschlusses der Gesellschafterversammlung des Bieters abweichend von § 18 Abs. 1 bedingt werden. § 25 setzt dem dadurch entstehenden Schwebezustand zeitliche Grenzen und dient damit dem Schutz der Zielgesellschaft vor zeitlicher Verschleppung bzw. einer Beanspruchung durch ein unseriös konzipiertes Angebotsverfahren (vgl. § 3 Abs. 4). Die Norm verpflichtet den Bieter schließlich dazu, den Beschluss als solchen *herbeizuführen*, nicht aber für ein bestimmtes Ergebnis zu sorgen.[1]

2   **2. Tatbestand.** Der Bieter muss das Übernahmeangebot unter der Bedingung eines **wirksamen Beschlusses seiner Gesellschafterversammlung** abgegeben haben. Dies setzt zunächst die Festsetzung der Bedingung in der Angebotsunterlage nach § 11 Abs. 2 Satz 2 Nr. 5 voraus. Nach hier vertretener

---

[19] So aber und noch weiterführend *Holzborn* BKR 2002, 67, 70 f.

[20] *Behnke* WM 2002, 2229, 2236.

[1] Die teleologische Einschränkung von *Hasselbach* in Kölner Komm. Rn. 4, 7 erübrigt sich daher.

Auffassung (§ 18 Rn. 11) muss der Beschluss der Gesellschafterversammlung des Bieters darüber hinaus **rechtlich erforderlich** sein. Dies ist praktisch nur beim Beschluss von Kapitalmaßnahmen bzw. der Ermächtigung nach § 71 Abs. 1 Nr. 8 Satz 1 AktG zur Durchführung von Tauschangeboten der Fall (vgl. unten Rn. 4 ff.). Der Beschluss muss **unverzüglich**, d.h. ohne schuldhaftes Zögern (§ 121 Abs. 1 Satz 1 BGB), herbeigeführt werden. § 25 gibt dabei nur eine Grenze für das Scheitern der Bedingung vor. Zu den Vorstandspflichten dürfte es zählen, die Gesellschafterversammlung unmittelbar **nach der Veröffentlichung** der Entscheidung über die Abgabe eines öffA gemäß § 10 Abs. 3 Satz 1 zu laden. Eine frühere Ladung ist wegen § 10 Abs. 3 Satz 3 untersagt und erfüllt einen Bußgeldtatbestand (§ 60 Abs. 1 Nr. 3); sie darf indes bereits heimlich vorbereitet werden. Die Annahmefrist läuft nach § 188 Abs. 2 BGB aus.

Bei **Versäumnis der Frist von fünf Werktagen** vor Ablauf der Annahme- **3** frist ist das **öffA nicht gescheitert**. Dies ergibt sich richtiger Auffassung nach im Umkehrschluss aus § 21 Abs. 1 Nr. 4: Der Bieter könnte nämlich noch bis zum letzten Tag der Annahmefrist auf die Bedingung verzichten.[2] Entscheidend dürfte es darauf ankommen, dass der Beschluss überhaupt innerhalb der Annahmefrist zustande kommt. Ein Hinauszögern über diesen Zeitpunkt hinaus widerspräche im Falle des öffÜA etwa den Zwecksetzungen des § 16 Abs. 2, weil die Frage eines Minderheitenstatus für die Aktionäre weiterhin offen bliebe. Auch § 21 Abs. 1 Nr. 4 legt den letzten Tag der regulären Annahmefrist als maßgeblich nahe. Verlängert sich indes die Annahmefrist kraft Gesetzes (§§ 21 Abs. 5, 22 Abs. 2), spricht vieles dafür, dass der letzte Tag dieser verlängerten Frist genügt. Denn arg e § 21 Abs. 1 Nr. 4 muss die Wirksamkeit des öffA für die Aktionäre erst zum letzten Tag der regulären Annahmefrist feststehen. Das Überschreiten der Frist des § 25 löst keine Ordnungswidrigkeit nach § 60 aus, kann aber ein Einschreiten der BAFin nach § 4 Abs. 1 Satz 2 und 3 rechtfertigen.[3] Nimmt der Bieter erst gar keine entsprechende Bedingung auf oder verzichtet er nachträglich auf diese, besteht indes die Gefahr, dass die Finanzierung des öffA letztlich unseriös vorbereitet wird: Denn die Schaffung von Tauschaktien ist dann nicht notwendig gesichert. Dies erscheint gerade bei Tauschangeboten problematisch, weil hier die Aktionäre der Zielgesellschaft nicht nach § 13 Abs. 1 Satz 2 iVm. Abs. 2 abgesichert sind. Notfalls muss deshalb die BAFin auf der Grundlage von § 4 Abs. 1 Satz 2 und 3 wegen **Verletzung der Finanzierungspflichten des Bieters nach § 13 Abs. 1 Satz 1** einschreiten. Denn das Amt muss die Zielgesellschaft vor unseriösen, auf Verschleppungstaktiken beruhenden, in der Sache aber unrealistischen Angebotsverfahren schützen (§ 3 Abs. 4). Die Erhebung der Anfechtungsklage gegen den Beschluss beeinflusst die Wirksamkeit der Bedingung nur dann, wenn ihr Unterbleiben als Bedingungsgegenstand in der Angebotsunterlage festgesetzt wird.[4]

---

[2] *Hasselbach* in Kölner Komm. Rn. 13; ähnlich *Schröder* in *Haarmann/Riehmer/Schüppen* Rn. 10.

[3] *Hasselbach* in Kölner Komm. Rn. 13 f.; *Schröder* in *Haarmann/Riehmer/Schüppen* Rn. 10.

[4] Ähnlich *Hasselbach* in Kölner Komm. Rn. 15 f.

4   **3. Konzernbildungskontrolle durch die Hauptversammlung des Bieters?** Kontrovers wird die Frage diskutiert, ob ein als AG organisierter Bieter
zur Abgabe eines öffÜA der Zustimmung der Hauptversammlung bedarf. In
Ermangelung einer ausdrücklichen Zuständigkeit nach § 119 Abs. 1 AktG
kommt nur eine ungeschriebene Kompetenz nach den Grundsätzen der *Holzmüller*-Entscheidung[5] in Betracht. Dann müsste es sich bei der Abgabe von
Übernahmeangeboten um „grundlegende Entscheidungen" handeln, „die …
so tief in die Mitgliedsrechte der Aktionäre und deren im Anteilseigentum ver-
körpertes Vermögensinteresse eingreifen, dass der Vorstand vernünftigerweise
nicht annehmen kann, er dürfe sie in ausschließlich eigener Verantwortung
treffen". Ein **Teil des Schrifttums** bejaht die Voraussetzungen einer Analogie
zwischen der bekannten Holzmüller-Konstellation und dem Fall der Abgabe
eines öffÜA. Hier wie dort gehe es darum, dass Betriebsvermögen aus der
Muttergesellschaft in die Zielgesellschaft hinein verlagert werde und die Gesellschafter der Muttergesellschaft allein durch diesen Umstand bereits benachteiligt seien, auch wenn diese alle Anteile an der Zielgesellschaft halte. Denn in
der Zielgesellschaft übe künftig der Vorstand alle Gesellschaftsrechte aus, während die Rechte der Aktionäre nach § 119 Abs. 1 AktG leerliefen. Der Vorstand
dürfe folglich nicht einfach dadurch Vermögen der Bietergesellschaft aus der
Gesellschaft heraustransferieren, dass er Anteile eines anderen Unternehmens
aufkaufe.[6]

5   Die **Gegenmeinung** stützt sich indes auf die **überzeugenderen Argumente**.[7] Danach finden die Interessen der Aktionäre im Rahmen der einzelnen
Vorbereitungsmaßnahmen eines öffÜA ausreichend Berücksichtigung. Dies
gilt ganz offensichtlich beim Beschluss über den Bezugrechtsausschluss nach
§ 186 Abs. 3 AktG, wenn neue Aktien als Akquisitionswährung im Wege der
Barkapitalerhöhung geschaffen werden oder wenn bei der Erteilung einer Ermächtigung nach § 71 Abs. 1 Nr. 8 Satz 1 AktG zum Rückerwerb eigener
Aktien das Bezugsrecht der Aktionäre ausgeschlossen wird[8] (vgl. nämlich
Satz 5 dieser Vorschrift). Ähnliches gilt für die Beteiligungsrechte nach §§ 192
Abs. 1 Nr. 1, 221 Abs. 1 Satz 1 AktG. Löst der Vorstand zur Finanzierung des öffÜA aber freie Reserven auf oder nimmt Darlehen auf, sind ganz offensichtlich
keine grundlegenden Entscheidungen iSd. Holzmüller-Rechtsprechung berührt.

6   Zu Recht stellt die hM jedoch darauf ab, dass der Beteiligungserwerb nur
zulässig ist, wenn er durch den Satzungszweck des Bieters ausdrücklich gedeckt ist.[9]

---

[5] BGHZ 83, 122, 131.

[6] *Kuhr* S. 187 ff.; *Knoll* S. 157; vgl. auch *Lutter,* FS Stimpel, 1985, S. 825, 850.

[7] *Assmann/Bozenhardt* S. 64; *Mertens* in Kölner Komm. § 76 Rn. 51; *Gross* AG
1994, 266, 271; *Timm* ZIP 1993, 114, 117; *Busch* AG 2002, 145, 148.

[8] Zu diesem MünchKommAktG/*Oechler* § 71 Rn. 209.

[9] *Assmann/Bozenhardt* S. 62 mwN; *Koppensteiner* in Kölner Komm. Vor § 291
AktG Rn. 26; *Kuhr* S. 190 f.; offengelassen: BGHZ 83, 122, 130 – Holzmüller.

§ 26 Sperrfrist

(1) **Ist ein Angebot nach § 15 Abs. 1 oder 2 untersagt worden, ist ein erneutes Angebot des Bieters vor Ablauf eines Jahres unzulässig. Gleiches gilt, wenn der Bieter ein Angebot von dem Erwerb eines Mindestanteils der Wertpapiere abhängig gemacht hat und dieser Mindestanteil nach Ablauf der Annahmefrist nicht erreicht wurde. Die Sätze 1 und 2 gelten nicht, wenn der Bieter zur Veröffentlichung nach § 35 Abs. 1 Satz 1 und zur Abgabe eines Angebots nach § 35 Abs. 2 Satz 1 verpflichtet ist.**

(2) **Die Bundesanstalt kann den Bieter auf schriftlichen Antrag von dem Verbot des Absatzes 1 Satz 1 und 2 befreien, wenn die Zielgesellschaft der Befreiung zustimmt.**

Übersicht

1. Normzweck. Die Vorschrift schützt die Zielgesellschaft vor dauernder **1** Beanspruchung (§ 3 Abs. 4 Satz 2) durch Bieter, die nicht in der Lage sind, den gesetzlichen Anforderungen zu genügen, bzw. die mit ihren Erwerbsplänen mangels Interesses der Gegenseite gescheitert sind. „In beiden Fällen überwiegt das Interesse der Zielgesellschaft an einer ungestörten Fortführung ihrer Geschäftstätigkeit das Interesse des Bieters, kurze Zeit später erneut ein Angebotsverfahren durchzuführen."[1] Die Vorschrift verbietet so genannte **Nachfolgeangebote** allerdings nicht generell. Daraus folgt ein bedeutendes gesetzliches Prinzip: Ein erstes öffA kann durchaus von einem zweiten gefolgt werden, wenn nicht ausnahmsweise die Voraussetzungen des § 26 Abs. 1 vorliegen. Dies entspricht im Übrigen der Rechtslage in den USA.[2] Eher als Reflex der Rechtsfolge des § 26 Abs. 1 Satz 1 denn als unmittelbarer Normzweck erscheint die Sanktionierung von Rechtsverstößen des Bieters.[3] Dafür spricht bereits, dass die Rechtsfolge auch im Falle des Satzes 2 eintritt, wo der Bieter sich rechtmäßig verhalten hat. Deshalb darf die BAFin spezial- oder generalpräventive Überlegungen nicht zum Gegenstand ihrer Entscheidung nach § 26 Abs. 2 machen.

2. Verbotstatbestand. Das Gesetz setzt in Abs. 1 Satz 1 voraus, dass ein An- **2** gebot (§ 2 Abs. 1) nach § 15 Abs. 1 oder 2 von der BAFin untersagt worden ist. Dies ist unproblematisch der Fall, wenn die Untersagung durch die BAFin in Bestandskraft erwachsen ist. Wird eine Untersagungsverfügung hingegen mit

---

[1] RegE BT-Drucks. 14/7034 S. 51; WÜG-RefE S. 467; vgl. auch *Assmann/Bozenhardt* S. 151.

[2] *Knoll* S. 110 f.

[3] *Seydel* in Kölner Komm. Rn. 5; aA *Angerer* in *Geibel/Süßmann* Rn. 5.

Rechtsbehelfen bzw. Rechtsmitteln angegriffen, bleibt sie so lange bestehen, wie sie nicht durch einen Widerspruch oder ein (möglicherweise nur vorläufig vollstreckbares) Urteil kassiert wird. Dies muss für den Tatbestand des § 26 Abs. 1 Satz 1 genügen. Denn anderfalls liefen die §§ 42, 49 WpÜG, die dem Widerspruch und der Beschwerde keine aufschiebende Wirkung zugestehen, leer. Konsequenterweise liegt dann aber eine Untersagung iSd. § 26 nicht vor, wenn Widerspruch und Beschwerde durch Entscheidung des Beschwerdegerichts nach **§ 50 Abs. 3** gerade **aufschiebende Wirkung** zuerkannt wird.[4] Wird während der Zeit der Suspension der Untersagungsfolgen ein Angebot eingereicht, wird dieses auch nicht nachträglich dadurch unwirksam, dass die aufschiebende Wirkung entfällt oder die Untersagung in Bestandskraft erwächst. Denn für das neuerliche Angebot kommt es wie bei jedem anderen Rechtsgeschäft auf den Zeitpunkt der Vornahme an.[5] Keine Untersagung iSd. § 26 Abs. 1 Satz 1 liegt hingegen vor, wenn die Verfügung der BAFin nichtig ist (§ 43 Abs. 3 VwVfG). Nach § 25 Abs. 1 Satz 2 kommt es hingegen darauf an, dass der Bieter das Angebot vom Erwerb eines Mindestanteils der Wertpapiere abhängig gemacht hat (vgl. auch § 16 Abs. 2 Satz 2). Dies setzt voraus, dass eine entsprechende **Beteiligungsschwelle** nach § 11 Abs. 2 Satz 2 Nr. 5 als Bedingung in der Angebotsunterlage festgesetzt wurde und sie den Anforderungen des § 18 Abs. 1 genügt. Ferner darf der Bieter auf diese Bedingung nicht nach § 21 Abs. 1 Nr. 3 teilweise oder nach Nr. 4 ganz verzichtet haben. Satz 3 nimmt ferner die Fälle des Pflichtangebots aus. Sonst könnte der Bieter durch Präsentation einer rechtswidrigen Angebotsunterlage die Rechtsfolge des § 35 Abs. 2 für spätere Übernahmetaktiken abwenden. Dies aber widerspräche dem Schutz der Aktionäre.[6] Im Übrigen kommt es nach diesem Schutzzweck nicht darauf an, wann der Bieter die Voraussetzungen des § 35 Abs. 2 Satz 1 erfüllt, im Anschluss an die Untersagung oder bereits während eines darauf gerichteten Verfahrens.

3   Die Rechtsfolge der Norm greift so stark in die Handlungsfreiheit des Bieters ein, dass sich eine analoge Anwendung auf ähnliche Fälle verbietet, auch wenn gerade der enge Tatbestand des § 26 Abs. 1 Satz 1 rechtspolitisch fragwürdig erscheint.[7] § 26 gilt also nicht beim Rücktritt des Bieters vom Angebot nach den Grundsätzen über den Wegfall der Geschäftsgrundlage (§ 11 Rn. 53) bzw. beim Eintritt einer sonstigen vom Bieter vorgegebenen auflösenden Bedingung. Schließlich ist die Norm richtiger Auffassung nach auch dann nicht anwendbar, wenn die BAFin nach Billigung der Angebotsunterlage und deren Veröffentlichung die weitere Durchführung des Angebotsverfahrens ausnahmsweise nach § 4 Abs. 1 Satz 2 und 3 unterbinden müsste. Denn in diesem Fall hat der Bieter die Seriositätsschwelle der §§ 14 Abs. 2 Satz 1, 15 Abs. 1 und 2 genommen, so dass der Zielgesellschaft eine weitere Auseinandersetzung mit ihm zumutbar erscheint.

4   **3. Rechtsfolge.** Ein erneutes Angebot ist **vor Ablauf eines Jahres** unzulässig. Der Zweck der Norm, die Zielgesellschaft effektiv zu schützen, dürfte dafür sprechen, jeweils für den Fristbeginn auf den Zeitpunkt abzustellen, in

---

[4] *Seydel* in Kölner Komm. Rn. 20.
[5] *Seydel* in Kölner Komm. Rn. 21.
[6] RegE BT-Drucks. 14/7034 S. 51; WÜG-RefE S. 467.
[7] *Seydel* in Kölner Komm. Rn. 23; aA *Steinmeyer/Häger* Rn. 3.

dem das Scheitern des öffA offenbar wird. Dies ist im Falle der Untersagung der Veröffentlichung nach § 15 Abs. 1 oder 2 der Tag der Zustellung des Bescheids beim Bieter nach den Vorschriften des VwZG, auch wenn die aufschiebende Wirkung nach § 50 Abs. 3 angeordnet ist.[8] Im Falle des § 26 Abs. 1 Satz 2 kommt der Tag, an dem der Nichteintritt der aufschiebenden Bedingung bzw. der Eintritt der auflösenden endgültig bekannt gemacht wird. Dadurch wird Anreiz zur raschen Publizität geschaffen sowie sichergestellt, dass der Fristbeginn für die BAFin unkompliziert zu ermitteln ist. Es muss sich ferner um ein Angebot des Bieters handeln. Entsprechend dem Zweck der Norm muss für das Verbot auch ein **Angebot einer mit ihm gemeinsam handelnden Person** (§ 2 Abs. 5) genügen, weil das Verbot andernfalls zu leicht zu umgehen wäre. Die Nichtaufnahme dieses Merkmals in den Tatbestand dürfte daher auf einem redaktionellen Versehen des Gesetzgebers beruhen. Dadurch tritt allerdings – soweit der Ordnungswidrigkeittatbestand des § 60 Abs. 1 Nr. 7 betroffen ist – eine Normenspaltung ein: Das strafrechtliche Analogieverbot dürfte der Möglichkeit entgegenstehen, den Tatbestand im Rahmen eines Ordnungswidrigkeitsverfahrens entgegen dem klaren Wortlaut und der Systematik des Gesetzes im Übrigen, wo Bieter und gemeinsam handelnde Personen stets eigens genannt werden, auf die nicht genannten gemeinsam handelnden Personen anzuwenden. Für das Verbot nach § 15 Abs. 1 Nr. 1 aber besteht ein solches Analogieverbot nicht zwingend.[9] Verboten ist ein erneutes Angebot innerhalb der Jahresfrist. Die BAFin wird deshalb einer unberechtigten Vorankündigung nach § 10 auf der Grundlage des § 4 Abs. 1 Satz 2 und 3 nur entgegenwirken können, wenn ein öffA auf diese hin nicht innerhalb der Frist des § 14 Abs. 1 Satz 1 abgegeben werden könnte; der Bieter muss aber nicht auch mit der Vorankündigung die Jahresfrist abwarten.[10] Die Veröffentlichung einer vor Fristablauf bei der BAFin eingereichten Angebotsunterlage dieses Bieters muss von der Behörde nach § 15 Abs. 1 Nr. 2 untersagt werden. Denn entgegen teilweise vertretener Auffassung[11] verstoßen dann die in der Angebotsunterlage enthaltenen Angaben gegen das WpÜG: Die Angebotsunterlage beinhaltet ja in diesen Fällen eine Offerte nach § 11 Abs. 2 Satz 1 Nr. 3 und 4, die zum Zeitpunkt ihrer Übermittlung an die BAFin (§ 14 Abs. 1) gegen § 26 Abs. 1 Satz 1 oder 2 verstößt.[12] Zugleich ist eine Ordnungswidrigkeit nach § 60 Abs. 1 Nr. 7 verwirklicht. Konsequenterweise muss dann aber auch die **Nichtigkeitssanktion des § 134 BGB** eintreten, wenn das Verbot verletzt wird. Denn im Rahmen des § 134 BGB kommt es entscheidend darauf an, dass sich eine Verbotsnorm iSd. Norm gegen die Vornahme des Rechtsgeschäfts richtet. Dagegen kommt es richtiger Auffassung nach nicht mehr darauf an, dass das Verbot sich nur gegen einen der beiden am Rechtsgeschäft Beteiligten richtet.[13] Wenn das Verbot des § 26 Abs. 1 Satz 1 und 2 daher nur gegenüber dem

---

[8] *Seydel* in Kölner Komm. Rn. 30.

[9] AA *Seydel* in Kölner Komm. Rn. 36 ff., der auch § 60 Abs. 1 Nr. 7 anwenden will.

[10] Ähnlich *Seydel* in Kölner Komm. Rn. 35; zu weitgehend *Steinmeyer/Häger* Rn. 2.

[11] *Angerer* in *Geibel/Süßmann* Rn. 28.

[12] Im Ergebnis wie hier *Seydel* in Kölner Komm. Rn. 59 f.

[13] *Staudinger/Sack* § 134 Rn. 35.

Bieter, nicht aber gegenüber der Zielgesellschaft (arg. e Abs. 2) besteht, steht dies der Anwendung des § 134 BGB also nicht entgegen.[14] § 134 BGB kann allerdings nur greifen, wenn eine Veröffentlichung des öffA nach § 14 Abs. 2 Satz 1 erfolgt ist; vor diesem Zeitpunkt steht der BAFin die Untersagungsbefugnis nach **§ 15 Abs. 1 Nr. 2** zu (dazu § 11 Rn. 56).

5   **4. Ausnahme (Abs. 2).** Die Vorschrift steht in engem Zusammenhang mit § 33 Abs. 1 Satz 2 zweiter Fall. Vgl. dazu die **Materialien:** „In der Praxis können Fälle auftreten, bei denen sich die Sperrfrist auf Grund unerwarteter Entwicklungen bei der Zielgesellschaft als unbillig erweisen kann. So kann beispielsweise ein Bieter, dessen eigenes Angebot vor einigen Monaten erfolglos war, von der Zielgesellschaft, die dem Versuch einer Übernahme durch einen Dritten ausgesetzt ist, gebeten werden, als **weißer Ritter** ein konkurrierendes Angebot abzugeben. Hier schafft die in Abs. 2 enthaltene Regelung die Möglichkeit für die Bundesanstalt, von dem Verbot eines erneuten Angebots eine Ausnahme zu bewilligen. Voraussetzung ist in jedem Fall, dass die Zielgesellschaft, die durch die Sperrfrist geschützt werden soll, der Befreiung zustimmt. Da die Gefahr besteht, dass die Zustimmung der Zielgesellschaft, die durch den Vorstand vertreten wird, von sachfremden Erwägungen, beispielsweise von der Inaussichtstellung einer lukrativen Position nach einer erfolgreichen Übernahme, beeinflusst wird, steht die Befreiung im Ermessen der Bundesanstalt, die bei ihrer Entscheidung eine umfassende Interessenabwägung vorzunehmen hat."[15]

6   Allerdings dürfte sich der Freistellungszweck nicht auf die Fälle des § 33 Abs. 1 Satz 2 beschränken. Allgemein muss die BAFin den **Restrukturierungsabsichten von Bieter und Zielgesellschaft** zustimmen, wenn es dafür Sachgründe erkennen und die Gefahr einer Interessenkollision zu Lasten der Aktionäre der Zielgesellschaft ausschließen kann. Dies dürfte etwa der Fall sein, wenn der Bieter mit seinem ersten Angebot aufgrund einer unvorhersehbar dramatischen Marktentwicklung gescheitert ist und deren Auswirkungen nun entweder abgeklungen oder im Zweitangebot berücksichtigt werden. Maßgeblich für die Entscheidung der BAFin dürfte vor allem die Zustimmung der Zielgesellschaft sein, soweit an den Motiven der insoweit erklärenden Vorstandsmitglieder keine Zweifel (§ 11 Abs. 2 Satz 3 Nr. 3!) bestehen. Denn § 26 Abs. 1 Satz 1 und 2 dient überwiegend dem Schutz der Zielgesellschaft. Ein Verbot kommt trotz Zustimmung wohl allenfalls in den Fällen des § 3 Abs. 5 (Marktverzerrung) in Betracht, weil diese Norm nicht zur Disposition der Zielgesellschaft steht: Denkbar ist dies, wenn der Bieter mehrere zeitlich dicht hintereinander gestaffelte Offerten abgibt, die eine Gleichbehandlung der Aktionäre (§ 3 Abs. 1) in der Zeit gefährden. Sonstigen, etwa kartellrechtlichen Zwecken dient § 26 Abs. 1 Satz 1 und 2 nicht; diese dürfen folglich auch nicht in die Entscheidung nach Abs. 2 einfließen. Die Zustimmung muss durch den Vorstand der Zielgesellschaft erteilt werden; § 49 Abs. 1 HGB (Prokura) verleiht hier keine Vertretungsmacht zu Lasten der Zielgesellschaft.[16] Die

---

14 AA aber *Seydel* in Kölner Komm. Rn. 61.
15 RegE BT-Drucks. 14/7034 S. 51 f.; WÜG-RefE S. 467.
16 *Seydel* in Kölner Komm. Rn. 47.

Entscheidung nach § 26 Abs. 2 dient im Übrigen nicht dem Schutz der einzelnen Aktionäre (§ 4 Abs. 2; dazu § 4 Rn. 11).[17] Im Umkehrschluss aus § 93 AktG folgt, dass diesen keine unmittelbaren Schadensersatzansprüche gegenüber dem Vorstand zustehen. Der Antrag bei der BAFin ist schriftlich zu stellen, wobei § 45 richtiger Auffassung nach Anwendung findet.[18]

§ 27 Stellungnahme des Vorstands und Aufsichtsrats der Zielgesellschaft

(1) Der Vorstand und der Aufsichtsrat der Zielgesellschaft haben eine begründete Stellungnahme zu dem Angebot sowie zu jeder seiner Änderungen abzugeben. Die Stellungnahme muss insbesondere eingehen auf

1. die Art und Höhe der angebotenen Gegenleistung,

2. die voraussichtlichen Folgen eines erfolgreichen Angebots für die Zielgesellschaft, die Arbeitnehmer und ihre Vertretungen, die Beschäftigungsbedingungen und die Standorte der Zielgesellschaft,

3. die vom Bieter mit dem Angebot verfolgten Ziele,

4. die Absicht der Mitglieder des Vorstands und des Aufsichtsrats, soweit sie Inhaber von Wertpapieren der Zielgesellschaft sind, das Angebot anzunehmen.

(2) Übermitteln der zuständige Betriebsrat oder, sofern ein solcher nicht besteht, unmittelbar die Arbeitnehmer der Zielgesellschaft dem Vorstand eine Stellungnahme zu dem Angebot, hat der Vorstand unbeschadet seiner Verpflichtung nach Absatz 3 Satz 1 diese seiner Stellungnahme beizufügen.

(3) Der Vorstand und der Aufsichtsrat der Zielgesellschaft haben die Stellungnahme unverzüglich nach Übermittlung der Angebotsunterlage und deren Änderungen durch den Bieter gemäß § 14 Abs. 3 Satz 1 zu veröffentlichen. Sie haben die Stellungnahme gleichzeitig dem zuständigen Betriebsrat oder, sofern ein solcher nicht besteht, unmittelbar den Arbeitnehmern zu übermitteln. Der Vorstand und der Aufsichtsrat der Zielgesellschaft haben der Bundesanstalt unverzüglich einen Beleg über die Veröffentlichung gemäß § 14 Abs. 3 Satz 1 Nr. 2 zu übersenden.

Schrifttum: *Berding,* Gesellschafts- und kapitalmarktrechtliche Grundsätze im Übernahmerecht, WM 2002, 1149; *Ebenroth/Daum,* Die Kompetenzen des Vorstands einer Aktiengesellschaft bei der Durchführung und Abwehr unkoordinierter Übernahmen, DB 1991, 1105 (Teil I), 1157 (Teil II); *Engelmeyer,* Die Informationsrechte des Betriebsrats und der Arbeitnehmer bei Strukturänderungen, DB 1996, 2542; *Grobys,* Arbeitsrechtliche Aspekte des Wertpapiererwerbs- und Übernahmegesetzes, NZA 2002, 1; *Hopt,* Übernahmen, Geheimhaltung und Interessenkonflikte: Probleme für Vorstände, Aufsichtsräte und Banken, ZGR 2002, 333; *ders.,* Verhaltenspflichten des

---

[17] *Seydel* in Kölner Komm. Rn. 50.
[18] *Seydel* in Kölner Komm. Rn. 44.

Vorstands der Zielgesellschaft bei feindlichen Übernahmen – Zur aktien- und übernahmerechtlichen Rechtslage in Deutschland und Europa, FS Lutter, 2000, S. 1361; *Kort*, Rechte und Pflichten des Vorstands der Zielgesellschaft bei Übernahmeversuchen, FS Lutter, 2000, S. 1421; *Krause*, Das neue Übernahmerecht, NJW 2002, 705; *Maier/Reimer*, Verhaltenspflichten des Vorstands der Zielgesellschaft bei feindlichen Übernahmen, ZHR 165 (2001), 258; *Merkt*, Verhaltenspflichten des Vorstands der Zielgesellschaft bei feindlichen Übernahmen, ZHR 165 (2001), 224; *Rasner*, Die Pflichten der Zielgesellschaft bei unfreundlichen Übernahmen nach dem neuen Wertpapiererwerbs- und Übernahmegesetz (WpÜG), Diss. Gießen 2003; *Seibt*, Arbeitsrechtliche Aspekte des Wertpapiererwerbs- und Übernahmegesetzes, DB 2002, 529; *van Aubel*, Vorstandspflichten bei Übernahmeangeboten, 1995.

Übersicht

I. Regelungsgegenstand und -zweck

1. Stellungnahme- und Veröffentlichungsverpflichtung. Die Stel- **1**
lungnahme- und Veröffentlichungsverpflichtung richtet sich dem Gesetzestext
zufolge nicht an die Zielgesellschaft, sondern an deren Verwaltungsorgane.
Darin unterscheidet sich die Vorschrift äußerlich von sonstigen kapitalmarktrechtlichen Publizitätspflichten (vgl. beispielsweise §§ 10, 11, 35 Abs. 1, § 15
Abs. 1, WpHG). Gegenstand der Regelung ist mithin eine *gesellschaftsrechtliche
Informationspflicht*. Ähnlich wie § 33 statuiert die Vorschrift darüber hinaus eine
kapitalmarktrechtliche Verhaltenspflicht der Zielgesellschaft als solchen.[1] Dass die
Stellungnahme – im Gegensatz zur bisherigen aktienrechtlichen Lage[2] – zu
veröffentlichen und dadurch auch Nichtaktionären zugänglich zu machen ist,
lässt zwar noch nicht auf die Zugehörigkeit der Norm zum Kapitalmarktrecht
schließen.[3] Doch kann die Rechtsnatur des § 27 kaum anders zu beurteilen sein
als die des § 33 (vgl. dort Rn. 7). Denn beide Normen befassen sich mit den
Reaktionen des Vorstands der Zielgesellschaft auf ein Übernahmeangebot (vgl.
§ 34), und beide sind Gegenstand der Kapitalmarktaufsicht (vgl. § 40 Abs. 2).

---

[1] Zutreffend *Röh* in *Haarmann/Riehmer/Schüppen* Rn. 12 („kapitalmarkt- und verbandsrechtliche Doppelnatur"); für kapitalmarktrechtliche Qualifikation auch *Hirte*
in Kölner Komm. Rn. 1, 16; *Hopt* ZHR 166 (2002), 383, 421.
[2] Zur Stellungnahmepflicht des Vorstands nach aktienrechtlichen Grundsätzen
Mertens in Kölner Komm. § 76 Rn. 26; *Hopt* in GroßKommAktG § 93 Rn. 129 f.;
ders. ZHR 161 (1997), 368, 411.
[3] Anders *Hopt* ZHR 166 (2002), 383, 430; *Merkt* ZHR 165 (2001), 224, 246;
ihm folgend *Schwennicke* in *Geibel/Süßmann* Rn. 7.

2   § 27 konkretisiert das **Transparenzgebot des § 3 Abs. 2.** Sein Zweck ist die Versorgung der Aktionäre der Zielgesellschaft mit denjenigen Informationen, die sie benötigen, um über das Angebot kompetent entscheiden zu können.[4] Denn zum einen gilt es, der Gefahr einseitiger Information durch den Bieter zu begegnen, die vor allem bei unfreundlichen Übernahmeversuchen nahe liegt.[5] Dagegen steht der Abbau von Informationsasymmetrien zwischen Management und Aktionären im Vordergrund, wenn Bieter und Vorstand zum Zwecke einer freundlichen Übernahme zusammenwirken. Die Pflicht zur Abgabe einer Stellungnahme ist auch in **Ziff. 3.7 DCGK** hervorgehoben, dort allerdings nur anlässlich eines Übernahmeangebots. Damit bleibt der Corporate-Governance-Kodex hinter dem Standard des § 27 zurück, der sich auch auf einfache Erwerbsangebote bezieht (Rn. 10).

3   Die im Diskussionsentwurf vom 29. 6. 2000 noch nicht enthaltene **Beifügungspflicht** (Abs. 2) findet im bisherigen Aktienrecht keine Entsprechung. Sie beruht auf einem Vorschlag des Deutschen Gewerkschaftsbundes, der sich mit seiner Ansicht durchgesetzt hat, der Informationsbedarf der Aktionäre beziehe sich auch auf die Einschätzung von Übernahmefolgen durch die Belegschaft.[6] Die Regelung schießt über das Ziel hinaus, weil sie sich nicht auf Übernahmeangebote beschränkt und zu überflüssigen Ablauferschwernissen führt[7] (Rn. 35 f.). Außerdem übertrifft der mit Abs. 2 intendierte Arbeitnehmerschutz noch den des Umwandlungsrechts, obwohl der Schutzbedarf in Umwandlungsfällen höher ist.[8] Auch wenn man dieser rechtspolitischen Kritik nicht folgt, bleiben Fragen offen. So leuchtet nicht unbedingt ein, warum man neben den Betriebsräten nicht auch den Sprecherausschüssen das Recht zugebilligt hat, ihre Ansicht den Aktionären zu unterbreiten.

4   **2. Schutzzweck. a) Meinungsstand.** Wessen Schutz die Pflicht zur Stellungnahme dient, ist umstritten. Im Wesentlichen lassen sich drei Meinungen unterscheiden: (1) Dem aktienrechtlichen Begründungsansatz entspricht die Annahme einer Organpflicht zum *Schutze der Zielgesellschaft.*[9] Für das WpÜG begründen manche dieses Ergebnis mit der in § 3 Abs. 3 geregelten Interessenbindung von Vorstand und Aufsichtsrat.[10] (2) Nach einer zweiten Auffassung zielt die Verpflichtung ausschließlich oder jedenfalls auch auf den Schutz der Informationsadressaten, mithin auf den (individuellen) *Schutz der Aktionäre* der Zielgesellschaft. Diese seien die eigentlich Betroffenen, während

---

[4] Begr. RegE BT-Drucks. 14/7034 S. 52. Anders offenbar *Hirte* in Kölner Komm. Rn. 31: Veröffentlichung im Interesse der Zielgesellschaft, § 3 Abs. 3.

[5] *Mertens* in Kölner Komm. § 76 Rn. 26; *Steinmeyer/Häger* Rn. 1.

[6] *Seibt* DB 2002, 529, 534. Kritisch aus rechtspolitischer Sicht *Wackerbarth* WM 2001, 1741, 1744 f.

[7] Kritisch auch *Hopt* ZHR 161 (1997), 368, 412; *Wackerbarth* WM 2001, 1741, 1744 f.

[8] *Seibt* DB 2002, 529, 530.

[9] Bisher hM, vgl. *Hopt* in GroßKommAktG § 93 Rn. 129; *Mertens* in Kölner Komm. § 76 Rn. 26, jeweils m. w. N.; *Assmann/Bozenhardt* S. 103 ff.; *Kort*, FS Lutter, 2000, S. 1421, 1438 f.

[10] *Hirte* in Kölner Komm. Rn. 31; *Steinmeyer/Häger* Rn. 7.

die Gesellschaftsinteressen durch eine Änderung des Aktionärskreises nur in Ausnahmefällen berührt seien.[11] (3) Beide Ansichten stoßen auf Ablehnung bei denjenigen, die die Pflicht zur Stellungnahme dem Kapitalmarktrecht zuordnen.[12] Nach dieser dritten Auffassung steht der *Schutz der kapitalmarktlichen Mechanismen* (so genannter „Funktionenschutz") im Vordergrund. „Schutzadressat" ist danach das Anlegerpublikum in seiner Gesamtheit, nicht der einzelne Anleger als Individuum,[13] es sei denn, die Rechtsordnung gibt zu erkennen, dass der kapitalmarktrechtliche Anlegerschutz auch den Individualschutz umfasst.[14] Einigkeit besteht darin, dass trotz der arbeitsrechtlichen Teilprägung der Norm der *Schutz einzelner Arbeitnehmer* nicht bezweckt ist.[15]

b) Stellungnahme. Aufgrund der gesellschafts- und kapitalmarktrecht- 5
lichen Doppelnatur der Vorschrift (Rn. 1) lassen sich die zweite und dritte Auffassung dahin kombinieren, dass sowohl der kapitalmarktliche Funktionenschutz als auch der Individualschutz der Aktionäre bezweckt sind. Die Rechtslage verhält sich parallel zum Vereitelungsverbot des § 33 Abs. 1 S. 1: Beide Vorschriften sollen den Angebotsempfängern den Weg zur Wahrnehmung ihrer Verkaufsoption ebnen, deshalb wäre es nicht überzeugend, den Schutzzweck des § 27 anders zu qualifizieren (vgl. § 33 Rn. 3). Hier wie bei § 33 mag zwar der Schutz der Zielgesellschaft eine Rolle spielen, wenn die Stellungnahme des Managements der Gefahrenabwehr dient oder wenn zu erwarten ist, dass die Übernahme die wirtschaftliche Situation der Zielgesellschaft eindeutig verbessert (§ 33 Rn. 9; zu den haftungsrechtlichen Konsequenzen s. Rn. 43). Dagegen sind die Gesellschaftsinteressen typischerweise nicht betroffen, wenn die Stellungnahme durch ein einfaches Erwerbsangebot ohne Übernahmeabsicht veranlasst ist.

3. Rechtsvergleichende Hinweise. a) City Code. Rule 25 des City Code 6
fordert eine Stellungnahme des Board, die – im Unterschied zu § 27 – nicht zu veröffentlichen, sondern den Aktionären der Zielgesellschaft gegenüber abzugeben ist (Rules 25.1, 30.2). Die Belange der Arbeitnehmer sind dabei zu berücksichtigen (Rule 25.2); die Beifügung einer Stellungnahme der Belegschaft ist nicht vorgesehen. Die inhaltlichen Vorgaben des City Code sind in vielfacher Hinsicht umfänglicher und detaillierter als die des § 27 Abs. 1. Das betrifft vor allem die Offenlegung gewisser Beteiligungen der Zielgesellschaft und der mit ihr zusammenwirkenden Personen (Rule 25.3), Informationen über Dienstleistungsverträge zwischen Zielgesellschaft und ihrem Management (Rule 25.4) sowie die Sorgfaltsanforderungen bei der Verabschiedung von Gewinnprognosen (Rule 28) und bei der Bewertung von Aktivvermögen (Rule 29). Generell verlangt der City Code auch Negativmeldungen, wenn es keine offenzulegenden Beteiligungen oder Verträge gibt (Rule 25.3, b; 25 c, iii; 25.4).

---

[11] *van Aubel*, Vorstandspflichten bei Übernahmeangeboten, 1995, S. 172 f.; ihm folgend *Mülbert* IStR 1999, 83, 88.
[12] *Berding* WM 2002, 1149, 1150.
[13] *Schwennicke* in *Geibel/Süßmann* Rn. 8.
[14] In diese Richtung wohl *Merkt* ZHR 165 (2001), 224, 246 f.
[15] *Grobys* in *Geibel/Süßmann* Rn. 124; *ders.* NZA 2002, 1, 6; *Hopt,* FS Lutter, 2000, S. 1361, 1397 f.

7   **b) Sonstige Länder.** Im **italienischem Recht** ergibt sich eine Pflicht der Zielgesellschaft zur Stellungnahme aus Art. 103 Abs. 3 Testo Unico della intermediazione finanziaria (Decreto legislativo no. 58/1998). Zusammen mit allen Informationen, die zur Beurteilung des Angebots notwendig sind, soll der Vorstand seine eigene Bewertung abgeben. In **Spanien** fordert Art. 20 Real Decreto 1197/1991 sobre régimen de ofertas públicas de aquisición de valores eine detaillierte Stellungnahme des Vorstandes. Nach **französischem Recht** kann die Zielgesellschaft eine Stellungnahme ihres Vorstandes veröffentlichen. Gem. Art. 6 Réglement n⁰ 2002-04 de la Commission des Opérations (COB) relatif aux offres publiques d'acquisition kann sie dabei auf die Vorteile des Angebots und die Konsequenzen für die Zielgesellschaft sowie deren Aktionäre und Arbeitnehmer eingehen. Nach **österreichischem Recht** ergibt sich aus § 14 Abs. 1 öÜG eine Pflicht des Vorstands zur unverzüglichen Stellungnahme. In seiner Beurteilung soll der Vorstand neben den Interessen der Aktionäre auch die Interessen der Arbeitnehmer, der Gläubiger sowie das öffentliche Interesse berücksichtigen. Auch wenn der Vorstand keine abschließende Empfehlung ausspricht, ist er verpflichtet, Argumente für oder gegen die Annahme des Angebots zu benennen.

II. Pflicht zur Stellungnahme nach Abs. 1

8   **1. Verpflichtete Organe.** Verpflichtet sind die Mitglieder des **Vorstands** und des **Aufsichtsrats** der Zielgesellschaft. Die Verpflichtung des Aufsichtsrats war im Regierungsentwurf noch nicht vorgesehen und beruht auf der Beschlussempfehlung des Finanzausschusses.[16] Eine nennenswerte Verbesserung des Informationsgehaltes ist hiervon nicht zu erwarten, weil der Aufsichtsrat seinerseits auf die Informationen des Vorstands angewiesen ist. Hauptsächlich geht es wohl darum, dass die Interessen der Belegschaft in mitbestimmten Gesellschaften besser zur Geltung kommen. In praktischer Hinsicht wirft die Vorschrift Probleme auf, weil die operativen Möglichkeiten des Aufsichtsrats hinter denen des Vorstands zurückbleiben.[17] Das kann sich auf die Sorgfaltsanforderungen bei der Vorbereitung der Stellungnahme (Rn. 23) auswirken.[18] Unentbehrlich ist die Mitwirkung des Aufsichtsrats, wenn es sich um ein MBO handelt, wenn also Mitglieder des Managements ein Erwerbs- oder Übernahmeangebot unterbreiten[19] (Rn. 10).

9   Für die **Art und Weise der Entscheidungsfindung** gilt: Der Vorstand verabschiedet die Stellungnahme einstimmig, sofern nichts anderes bestimmt ist (§ 77 Abs. 1 AktG). Der Aufsichtsrat entscheidet durch Beschluss nach dem Mehrheitsprinzip (§ 108 Abs. 1 AktG). Die Veröffentlichung abweichender **Sondervoten** einzelner Organmitglieder ist nicht vorgeschrieben,[20] aber zur

---

[16] BT-Drucks. 14/7477 S. 68.

[17] *Schwennicke* in *Geibel/Süßmann* Rn. 5.

[18] So mit Recht *Schwennicke* in *Geibel/Süßmann* Rn. 5; aA *Röh* in *Haarmann/Riehmer/Schüppen* Rn. 35.

[19] *Steinmeyer/Häger* Rn. 4.

[20] *Seibt* DB 2002, 529, 534; aA *Hopt* ZGR 2002, 333, 354 f. (extensive Auslegung); wohl auch *ders.* ZHR 166 (2002), 383, 419. Anders im Regelfall das englische Recht, siehe Note 2 on Rule 25.1.

Vermeidung der persönlichen Haftung zulässig.[21] Vorstand und Aufsichtrat können eine **gemeinsame Stellungnahme** abgeben.[22]

2. Anlass der Stellungnahme. Die Verpflichtung zur Stellungnahme **10** wird durch ein **Erwerbs-, Übernahme- oder Pflichtangebot** ausgelöst (vgl. §§ 34, 39).[23] Unanwendbar ist die Vorschrift, wenn die Zielgesellschaft selbst das Erwerbsangebot unterbreitet hat. Das versteht sich von selbst, wenn man Aktienrückkaufprogramme nicht nach den §§ 10, 11 beurteilt,[24] gilt aber auch im umgekehrten Falle, weil der Vorstand sonst sein eigenes Angebot kommentieren müsste[25] (vgl. auch § 11 Rn. 47). Treten dagegen einzelne Vorstandsmitglieder als Bieter auf, so bleibt es grundsätzlich bei der Verpflichtung gem. Abs. 1, die durch die übrigen Vorstandsmitglieder wahrzunehmen ist.[26] Genügt deren Anzahl nicht der gesetzlich oder satzungsmäßig vorgeschriebenen Besetzung,[27] so liegt die Verantwortung nach Abs. 1 allein beim Aufsichtsrat. Ändert der Bieter sein Angebot gemäß § 21, so bedarf es einer wiederholten Stellungnahme, die sich grundsätzlich auf die geänderten Teile beschränkt.[28] Von dieser Verpflichtung ist der Aufsichtsrat nicht ausgenommen.[29]

Liegen **konkurrierende Angebote** vor, so bedarf es der Stellungnahme zu **11** jedem Angebot (ebenso Rule 25.1 des City Code). Die inhaltlichen Anforderungen verschärfen sich hierdurch nicht.[30]

3. Inhalt der Stellungnahme. a) Allgemeines. „Stellungnahme" ist **12** mehr als Informationsweitergabe. Vorstand und Aufsichtsrat dürfen sich also nicht darauf beschränken, den Inhalt des Angebots zu wiederholen, sondern sind verpflichtet, ihn zu kommentieren und den Kommentar zu begründen („begründete Stellungnahme"). Dabei sind grundsätzlich sämtliche Informationen zu offenbaren, die die Aktionäre zur Vorbereitung auf ihre Entscheidung benötigen[31] (zu den Grenzen siehe Rn. 20). Vorstand und Aufsichtsrat sind nicht darin festgelegt, ob sie dem Angebot ablehnend oder befürwortend gegenüberstehen, ob sie den Aktionären eine bestimmte Entscheidung emp-

---

[21] Begr. RegE BT-Drucks. 14/7034 S. 52.

[22] Begr. RegE BT-Drucks. 14/7034 S. 52.

[23] Wenn das Pflichtangebot durch einen Kontrollerwerb kraft Verschmelzung veranlasst ist (§ 35 Rn. 31), ist zusätzlich ein Verschmelzungsbericht abzufassen. Kritisch hierzu aus rechtspolitischer Sicht *Seibt/Heiser* ZHR 165 (2001), 466, 475.

[24] *Süßmann* AG 2002, 424, 433; aA. *Lenz/Linke* AG 2002, 420, 422; *Fleischer/Körber* BB 2001, 2589, 2595.

[25] *Hirte* in Kölner Komm. Rn. 14.

[26] Ähnlich Note 4 on Rule 25.1 des City Code, der sich mit MBO's beschäftigt.

[27] Die Regeln der organschaftlichen Vertretung gelten hier entsprechend, vgl. BGH DStR 2002, 1312; *Hüffer* AktG, § 78 Rn. 11; *Mertens* in Kölner Komm. § 78 Rn. 63.

[28] *Schwennicke* in *Geibel/Süßmann* Rn. 23; *Röh* in *Haarmann/Riehmer/Schüppen* Rn. 33.

[29] *Hirte* in Kölner Komm. Rn. 25; aA. *Schwennicke* in *Geibel/Süßmann*, Rn. 5, 23; *Thiel* in *Semler/Volhard* ÜN Hdb. § 54 Rn. 23.

[30] aA offenbar *Schwennicke* in *Geibel/Süßmann* Rn. 16, der eine Verpflichtung annimmt, eines der Angebote zu empfehlen. Vgl. aber Rn. 15.

[31] *Schwennicke* in *Geibel/Süßmann*, Rn. 6 mwN; *Assmann/Bozenhardt* S. 105.

fehlen oder hiervon absehen.[32] Rät der Vorstand zur Ablehnung eines Übernahmeangebots, so verstößt er nicht gegen das Vereitelungsverbot des § 33
Abs. 1 Satz 1, denn § 27 hat Vorrang.

13   Umfang und Präzision der Stellungnahme lassen sich nicht über die Kriterien des Abs. 1 Satz 2 Nr. 1–4 hinaus abstrakt festlegen. Sie richten sich nach der
Art und Qualität des Angebots und nach den durch das Beschleunigungsgebot
(Abs. 3 Satz 1; § 3 Abs. 2) belassenen zeitlichen Möglichkeiten. Die Stellungnahme unterliegt dem **Begründungszwang** (Rn. 12) sowie dem **Wahrheits-
und Vollständigkeitsgebot**, deren Missachtung in § 60 Abs. 1 Nr. 1 sanktioniert ist. Zu Umständen, die im Streitfalle nicht beweisbar sind, brauchen sich
die Organe der Zielgesellschaft nicht zu äußern. Dieser Aspekt gewinnt vor
allem im Hinblick auf die Ziele des Bieters Bedeutung (Rn. 16). Aus dem
Transparenzziel (Rn. 2) lässt sich ableiten, dass die wertenden Elemente,
insbesondere das Ergebnis der Stellungnahme von den zugrunde gelegten Tatsachenmitteilungen klar erkennbar zu trennen sind.[33] Der maßgebliche Beurteilungszeitpunkt richtet sich nach dem **Beschleunigungsgebot**: Nach Erfüllung
der Veröffentlichungspflicht eintretende Veränderungen der Beurteilungsgrundlage bleiben unberücksichtigt, es sei denn, die Änderung betrifft das Angebot selbst, so dass eine wiederholte Stellungnahme abzugeben ist (Rn. 10).

14   **b) Art und Höhe der angebotenen Gegenleistung (Abs. 1 Satz 2
Nr. 1).** Nr. 1 ist erst nachträglich auf Vorschlag des Finanzausschusses eingefügt
worden. Zugrunde liegt die Vorstellung, dass Art und Höhe der vom Bieter
angebotenen Gegenleistung für die Entscheidungsfindung der Angebotsadressaten von herausgehobener Bedeutung ist.[34] Für die betroffenen Organe ist die
Vorschrift vor allem dann problematisch, wenn das Zielunternehmen am
Markt deutlich unterbewertet ist, wenn also der wahre Anteilswert nach ihrer
Meinung den Angebotspreis (Börsenkurs + Zuschlag) übersteigt. Die Einlassung der Verwaltungsorgane kann dann leicht iS einer – unter Umständen später nicht einzuhaltenden – Gewinnprognose für die Zielgesellschaft aufgefasst
werden. Deshalb sind die Anforderungen an die Erfüllung der in Abs. 1 Satz 1
verankerten Begründungspflicht nicht zu überspannen. Grundsätzlich muss es
genügen, wenn Vorstand und Aufsichtsrat die **Höhe der Gegenleistung** als
angemessen oder als zu niedrig bezeichnen und dies statt mit einer Prognose
mit den ihr zugrunde liegenden Tatsachen begründen[35] (zur Kollision mit der
Verschwiegenheitspflicht Rn. 24). *Wenn* allerdings eine Gewinnprognose abgegeben wird,[36] so ist sie unter Angabe aller entscheidungserheblichen Daten

---

[32] Begr. RegE BT-Drucks. 14/7034 S. 52; zweifelnd AnwK-AktienR/*Haouache*,
Kap. 15 Rn. 3.

[33] *Hirte* in Kölner Komm. Rn. 50.

[34] Begr. BT-Finanzausschuss in ZIP 2001, 2102, 2103.

[35] Vgl. *Maier-Reimer* ZHR 165 (2001), 258, 263. Nach AnwK-AktienR/*Haouache*,
Kap. 15 Rn. 4 ist das „Stand-alone-Prinzip" zugrunde zu legen. Dem ist nur zu folgen, wenn es sich um ein Erwerbs- oder Übernahmeangebot handelt, nicht aber
bei Pflichtangeboten durch die Kontrollinhaber.

[36] In Anlehnung an das englische Recht dürfte zu fordern sein, dass die Stellungnahme den Verzicht auf eine Gewinnprognose deutlich zum Ausdruck bringt, vgl.
Rule 28.6 des City Code.

und Grundannahmen sorgfältig zu begründen.[37] Die **Art der Gegenleistung**
spielt vor allem bei Umtauschangeboten eine Rolle. Die Äußerungspflicht erstreckt sich dann auf die mögliche Wertentwicklung der Bieteraktien sowie
auf deren Liquidität[38] (zur Notwendigkeit einer Due-Diligence-Prüfung in
diesen Fällen siehe Rn. 22). Zur „Art" eines Barangebots gehört auch dessen Finanzierung. Die Stellungnahme hat sich daher auch auf die „ergänzenden Angaben" des Bieters gemäß § 11 Abs. 2 Satz 3 Nr. 1 zu erstrecken.

c) Voraussichtliche Folgen für die Zielgesellschaft (Satz 2 Nr. 2). Infor-   **15**
mationsbedarf besteht regelmäßig nur bei beabsichtigter Kontrollerlangung
durch den Bieter, nicht bei einfachen Erwerbsangeboten.[39] Die Stellungnahme
hat sich in erster Linie an den veröffentlichten Zielvorstellungen des Bieters zu
orientieren (Nr. 3 Rn. 16). Einzugehen ist unter anderem auf die Folgen einer
Übernahme für die betrieblichen Standorte und auf eventuelle Änderungen, die
für die Arbeitnehmer, ihre Vertretungen und für die Beschäftigungsbedingungen zu erwarten sind[40] (siehe dazu § 11 Rn. 20). Die möglichen Vor- und Nachteile gegenüber konkurrierenden Angeboten sind ggf. in die Darstellung einzubeziehen. Offenzulegen und zu kommentieren sind Veränderungen, die sich
aus der künftigen Einbindung der Zielgesellschaft in einen Konzernverbund
ergeben, beispielsweise die Umstellung der Rechnungslegung auf IAS, die Notwendigkeit einer Berichterstattung nach § 312 AktG oder die Entstehung syner-
getischer Effekte für das operative Geschäft. Hat die Zielgesellschaft ihren Vertragspartnern für den Fall eines Kontrollwechsels bestimmte Rechte (zB Kaufoptionen, Kündigungsrechte) zugesagt (§ 33 Rn. 112), so ist hierzu Stellung zu
nehmen.[41] Einzubeziehen sind auch solche Vereinbarungen, von denen das
Management selbst betroffen ist, so zB Zusagen des Bieters an Vorstands- oder
Aufsichtsratsmitglieder der Zielgesellschaft iSd. § 11 Abs. 2 Satz 3 Nr. 3.[42]

d) Vom Bieter mit dem Angebot verfolgte Ziele (Satz 2 Nr. 3). Die   **16**
Stellungnahme hat sich auf die Absichtserklärungen des Bieters iSd. § 11 Abs. 2
Satz 3 Nr. 2 zu beziehen (siehe § 11 Rn. 19 ff.). Im Mittelpunkt wird hier regelmäßig die Frage stehen, ob und unter welchen Bedingungen die Absichten des
Bieters praktisch und rechtlich umsetzbar sind. Fraglich ist, ob Vorstand und
Aufsichtsrat auch unveröffentlichte Zielvorstellungen des Bieters kommentieren müssen, die ihnen auf informellem Wege, beispielsweise anlässlich vor-
angegangener Verhandlungen über eine freundliche Übernahme, bekannt
geworden sind. Das bisherige Schrifttum scheint in diese Richtung zu tendie-
ren.[43] In der Tat vermag ein entgegenstehendes Interesse des Bieters oder eine

---

[37] Vgl. die detaillierte Regelung in Rule 28 des City Code.
[38] *Maier-Reimer* ZHR 165 (2001), 258, 263; aA *Thiel* in *Semler/Volhard*, ÜN
Hdb. § 54 Rn. 21.
[39] *Steinmeyer/Häger* Rn. 9.
[40] Vgl. *Röh* in *Haarmann/Riehmer/Schüppen*, Rn. 25 mit Beispielen (Wegfall von
Mitbestimmungsrechten als mögliche Folge einer Übernahme).
[41] Ebenso *Schwennicke* in *Geibel/Süßmann* Rn. 15.
[42] *Schwennicke* in *Geibel/Süßmann*, Rn. 22; *Hopt*, FS Lutter, 2000, S. 1361, 1381.
Ob diese Vereinbarung iSv. § 33 Abs. 3 rechtmäßig ist oder nicht, ist unerheblich
(vgl. § 33 Rn. 123).
[43] Vgl. *Hopt* , FS Lutter, 2000, S. 1361, 1381; ihm folgend *Schwennicke* in *Geibel/*

zwischen ihm und der Zielgesellschaft getroffene Vertraulichkeitsvereinbarung die Bindung an das Vollständigkeitsgebot (Rn. 13) nicht zu beseitigen oder zu lockern. Andererseits dürfte den Verwaltungsorganen der Zielgesellschaft eine Stellungnahme zu den Zielen des Bieters nur zuzumuten sein, soweit sie die Existenz dieser Zielvorstellung im Streitfalle konkret darlegen und beweisen können. Letzteres wird im Zweifel nicht gelingen, wenn die Angebotsunterlage hierzu schweigt, denn der Bieter wird sich leicht auf den Standpunkt zurückziehen können, er habe seine ursprünglichen Absichten geändert. An ein während der Übernahmeverhandlungen erklärtes Geheimhaltungsversprechen (§ 33 Rn. 15) ist die Verwaltung nach Veröffentlichung der Angebotsunterlage nicht mehr gebunden, denn § 27 Abs. 1 dient dem Schutz der Aktionäre und kann nicht durch Vereinbarung zwischen dem Bieter und der Zielgesellschaft abbedungen werden.

17   **e) Absichten der Vorstands- und Aufsichtsratsmitglieder als Aktionäre (Satz 2 Nr. 4).** Die Vorschrift begründet für jedes einzelne Vorstands- und Aufsichtsratsmitglied die Verpflichtung, Nachforschungen über die Anteilsinhaberschaft der jeweils anderen Mitglieder zu betreiben[44] und sich organintern gegebenenfalls zu den eigenen Verkaufsabsichten zu äußern.[45] Unterschiedliche Absichten einzelner Betroffener sind in der Stellungnahme zum Ausdruck zu bringen,[46] ebenso die (innere) Tatsache einer noch vorhandenen Unentschlossenheit. Offenzulegen ist nur die Absicht, nicht die Anzahl der von einem Organmitglied gehaltenen Anteile, deren Publizität sich nach § 15 a WpHG richtet. Die Stellungnahme ist zu wiederholen, wenn der Bieter ein verbessertes Angebot vorlegt und ein Organmitglied bislang seinen ablehnenden Standpunkt bekundet hatte.[47]

18   Die Vorschrift unterliegt **rechtspolitischer Kritik**, weil ihr Nutzen iSd. Transparenzzieles denkbar gering ist: Absichten können sich ändern, ohne dass hierdurch eine Pflicht zur wiederholten Stellungnahme ausgelöst wird (Rn. 10, 13). Absichtsbekundungen vermögen das Organmitglied im Hinblick auf sein künftiges Verhalten als Anleger nicht zu binden,[48] und ihr (historischer) Wahrheitsgehalt wird einem Beweis oft schwer zugänglich sein. Andererseits erhöht die Pflicht zur Vorabveröffentlichung (angeblicher) Verkaufs- oder Bleibeintentionen das Risiko manipulativer Praktiken – je nach dem, ob die Verwaltung der Zielgesellschaft „übernahmefreundliche" oder „übernahmefeindliche" Signale aussenden will (vgl. auch § 33 Rn. 14). Obendrein verbleibt ein gewisser Wertungswiderspruch zu § 15 a WpHG, der sich aus ge-

---

Süßmann Rn. 22 betreffend Vereinbarungen zwischen Bieter und Vorstand über die künftige Gestaltung oder die persönlichen Verhältnisse des Vorstands.

[44] Die in § 15 a WpHG angeordnete Offenlegung von „Directors Dealings" bietet dabei eine – wenn auch nicht vollständige – Hilfestellung, vgl. *Fleischer* ZIP 2002, 1217.

[45] Zu den organinternen Mitwirkungspflichten vgl. allgemein *Mertens* in Kölner Komm. § 76 Rn. 65, 67; *Hopt* in GroßKommAktG, § 93 Rn. 133, 137.

[46] *Schwennicke* in *Geibel/Süßmann* Rn. 19.

[47] *Schwennicke* in *Geibel/Süßmann* Rn. 20.

[48] So mit Recht *Hirte* in Kölner Komm. Rn. 48; *Schwennicke* in *Geibel/Süßmann* Rn. 20.

nannten Gründen auf die Pflicht zur Ex-Post-Veröffentlichung durchgeführter An- und Verkäufe beschränkt.[49]

f) Sonstige Mitteilungen. Die Aufzählung in Abs. 1 Satz 2 ist nicht ab- **19** schließend („insbesondere"). Weitere Gegenstände der Stellungnahme können beispielsweise Verfahrens- oder sonstige Rechtsverstöße sein, die dem Bieter bei der Angebotsunterbreitung unterlaufen sind,[50] ferner die Frage, ob das Management im Falle eines Kontrollwechsels willens und in der Lage ist, seine Leitungsfunktionen weiterhin wahrzunehmen. Ob sich die Organe der Zielgesellschaft hierzu äußern, steht – im Unterschied zu den Regelbeispielen des Abs. 1 Satz 2 – in ihrem pflichtgemäßen Ermessen (vgl. im Übrigen Rn. 43 zur Unanwendbarkeit der Business Judgement Rule). Unverzichtbar ist allerdings regelmäßig die Offenlegung von Interessenkonflikten, etwa von Abwehrmaßnahmen oder deren Planung, sofern die Verkaufsentscheidung der Aktionäre hiervon betroffen ist.[51] Stets offenzulegen sind auch Zahlungsversprechen der Zielgesellschaft an den Bieter für den Fall des Scheiterns der Übernahme (§ 33 Rn. 16). Denn der Umstand, dass sich der Vorstand in dieser Weise in der Entscheidung zur Unterstützung des Übernahmeangebots festgelegt hat, ist für die Einschätzung des Wertes seiner Stellungnahme wichtig.[52] Entsprechendes gilt, wenn Vorstandsmitglieder der Zielgesellschaft an der Bietergesellschaft oder einer ihrer Tochtergesellschaften maßgeblich beteiligt oder wenn die Verwaltungsorgane von Bieter- und Zielgesellschaft personell verflochten sind.[53]

g) Grenzen der Stellungnahmepflicht ergeben sich vor allem aus dem **20** Gesichtspunkt der **Verschwiegenheitspflicht**, jedoch nur, soweit die Preisgabe von Geheimnissen und vertraulichen Angaben nicht durch einen entsprechenden Informationsbedarf der Aktionäre gerechtfertigt ist (Rn. 24). Noch weitgehend ungeklärt ist die Frage, ob und inwieweit **Befangenheitsgründe** zu einer Befreiung führen, beispielsweise wenn ein Aufsichtsratsmitglied gleichzeitig dem Vorstand der Bank angehört, die die Übernahme finanziert (vgl. auch Rn. 8). Im Interesse der Aktionäre spricht einiges dafür, das betroffene Organmitglied zwar von seiner Pflicht zur inhaltlichen Stellungnahme zu entbinden, dies jedoch unter Offenlegung der Ursache (Bestehen eines Interessenkonfliktes) zu begründen.[54] Diese Lösung entspricht zudem Rule 25.1 des City Code.[55]

---

[49] Vgl. *Fleischer* ZIP 2002, 1217, 1227. Andere Wertungstendenz bei *Witte* BB 2000, 2161, 2164, der die Frage nach der Zumutbarkeit von Absichtsbekundungen aufwirft und verfassungsrechtliche Bedenken äußert; dagegen mit Recht *Hirte* in Kölner Komm. Rn. 45.

[50] *Steinmeyer/Häger* Rn. 7.

[51] *Steinmeyer/Häger* Rn. 7; aA (nur fakultativ) *Röh* in *Haarmann/Riehmer/Schüppen* Rn. 30.

[52] *Hopt* ZGR 2002, 333, 361 ff.

[53] *Herrmann*, Zivilrechtliche Abwehrmaßnahmen gegen unfreundliche Übernahmeversuche in Deutschland und Großbritannien, 1993, S. 89 f.

[54] Ähnlich *Hopt* ZGR 2002, 333, 371 f.; *ders.* ZHR 166 (2002), 383, 420; für Mitwirkung des betreffenden Organmitglieds bei entsprechender Offenlegung *Hirte* in Kölner Komm. Rn. 22.

[55] Vgl. dort Note 4.

21   **4. Sorgfaltspflichten. a) Vorstand.** Grundlage der Stellungnahme sind nach den Vorstellungen des Gesetzgebers „insbesondere" die Angaben des Bieters in der Angebotsunterlage.[56] Die darin genannten Daten und die aus ihnen gezogenen Schlussfolgerungen hat der Vorstand sorgfältig in rechtlicher und wirtschaftlicher Hinsicht zu überprüfen. Die Inanspruchnahme externer Berater (zB Investmentbanken, Rechtsanwälte, Wirtschaftsprüfer) ist in der Regel zu empfehlen, aber nicht vorgeschrieben;[57] insofern verbleibt ein nicht unwesentlicher Unterschied zu anderen Rechtsordnungen (zB Rule 25.1 des City Code; §§ 13, 14 Abs. 2 öÜbG). Von Rechts wegen genügt eine **Plausibilitätsprüfung** anhand der dem Vorstand bekannten bzw. ohne nennenswerten Aufwand zugänglichen Daten und Informationen. Die Prüfungspflicht erstreckt sich auch auf die nach Abs. 2 beizufügende Stellungnahme des Betriebsrats oder der Arbeitnehmer. Diese darf der Vorstand zwar nicht verändern, er hat sie aber gegebenenfalls mit dem Ziel der Richtigstellung zu kommentieren.

22   Die Verankerung weitergehender Sorgfaltspflichten, etwa der **Pflicht zur Nachforschung** im Hinblick auf den Wahrheitsgehalt oder der ständigen Marktbeobachtung zu Vorsorgezwecken,[58] würde den Bogen überspannen und nur dazu beitragen, dass der Vorstand von seinen erwerbswirtschaftlichen Aufgaben zu sehr abgelenkt wird.[59] Eine Nachforschungspflicht besteht auch nicht im Falle eines Umtauschangebots. Zwar erhöht sich hier der Informationsbedarf im Hinblick auf die Verdopplung des Bewertungsrisikos, doch sind die Aktionäre vor den Folgen bieterseitiger Falschinformationen bereits nach § 12 geschützt. Einschätzungsrelevante Unternehmensdaten, die der Bieter freiwillig zur Verfügung stellt oder die er pflichtgemäß veröffentlicht hat, muss der Vorstand aber auswerten. Das kann auch die Notwendigkeit einer Due-Diligence-Prüfung im Unternehmen des Bieters nach sich ziehen, soweit innerhalb des engen vorgegebenen Zeitrahmens machbar.

23   **b) Aufsichtsrat.** Aufgabe des Aufsichtsrats ist die Kontrolle des Vorstands, Abs. 1 macht hiervon keine Ausnahme. Die Prüfungspflicht des Aufsichtsrats erstreckt sich deshalb auch auf die Stellungnahme des Vorstands. Hält diese einer Plausibilitätskontrolle stand, so muss es andererseits genügen, wenn sich der Aufsichtsrat anschließt. Zu weitergehenden Prüfungshandlungen, die eine Analyse der Angebotsunterlage parallel zu den Recherchen des Vorstandes umfassen, ist der Aufsichtsrat grundsätzlich nicht verpflichtet[60] (vgl. Rn. 8). Anderes kann ausnahmsweise gelten, wenn absehbar ist, dass der Vorstand zur „unverzüglichen" Veröffentlichung nach Abs. 3 voraussichtlich nicht in der Lage sein wird. Im Übrigen wird die Sorgfalt des Aufsichtsrats daran zu messen

---

[56] Begr. RegE BT-Drucks. 14/7034.

[57] *Schwennicke* in *Geibel/Süßmann* Rn. 12; *Hopt*, FS Lutter, 2000, S. 1361, 1379; *ders.* ZGR 2002, 333, 355; aA AnwK-AktienR/*Haouache*, Kap. 15 Rn. 3.

[58] Dafür *Kort*, FS Lutter, 2000, S. 1421, 1438; ihm folgend *Röh* in *Haarmann/Riehmer/Schüppen* Rn. 16, 29; wohl auch *Hirte* in Kölner Komm. Rn. 17, 32. Dass der Praxis dringend anzuempfehlen ist, auf den Fall eines Übernahmeversuchs durch rechtzeitige Aufbereitung der eigenen Daten vorbereitet zu sein, steht auf einem anderen Blatt, siehe hierzu *Seibt* DB 2002, 529, 534.

[59] Ebenso *Schwennicke* in *Geibel/Süßmann* Rn. 11.

[60] Weitergehend *Hirte* in Kölner Komm. Rn. 17.

sein, ob er seine Informationsrechte gegenüber dem Vorstand ausgeschöpft hat und ob die organisatorischen Vorkehrungen für eine rechtzeitige Meinungsbildung durch den Vorsitzenden getroffen sind. Die Übertragung der Aufgaben aus § 27 Abs. 1 auf einen Ausschuss ist möglich.[61]

5. Verhältnis zu anderen Vorschriften. a) Verschwiegenheitspflicht   24
(§§ 93 Abs. 1 Satz 2, 116 AktG). Streitig ist, ob Vorstand und Aufsichtsrat ihre sehr weitreichende **Verschwiegenheitspflicht** nach §§ 93 Abs. 1 Satz 2, 116 AktG[62] auch bei der Wahrnehmung der Stellungnahmepflicht zu beachten haben. Die Frage ist wegen der Sanktionsbewehrtheit beider Verpflichtungen (Ordnungswidrigkeit nach § 60 Abs. 1 Nr. 1 einerseits, Strafbarkeit nach § 404 AktG andererseits) von herausgehobener praktischer Bedeutung. Ein Teil der älteren Literatur bejaht sie, um das Interesse der Zielgesellschaft zu schützen.[63] Nach der Gegenmeinung muss sich das zuständige Organ im Interesse der Aktionäre ausnahmsweise über Belange der Gesellschaft hinwegsetzen können, sofern und soweit es sich um preisrelevante Informationen handelt.[64] Andere wiederum differenzieren anhand solcher Vorschriften, in denen der Gesetzgeber dem Informationsinteresse des Aktionärs Vorrang eingeräumt hat. In diesem Zusammenhang werden Analogien zu § 131 Abs. 3 AktG[65] oder § 293a AktG[66] vorgeschlagen. Der zweiten Auffassung ist jedenfalls für das neue Recht zu folgen, das die Verpflichtung zur Stellungnahme im Interesse der Aktionäre ausdrücklich anordnet (siehe oben Rn. 2).[67] Die Befreiung von der Verschwiegenheitspflicht reicht allerdings nicht weiter als der Informationsbedarf der Aktionäre. Dieser bestimmt sich nach dem Ziel der Informationsparität (Rn. 4 f.), also letztlich danach, ob und inwieweit der Bieter selbst geheimhaltungsbedürftige Themen angeschnitten hat.[68] Der Informationsbedarf ist also nach dem Einzelfall, nicht anhand einer Gesetzesanalogie zu bestimmen.

b) Insiderrecht. Die Übermittlung der Angebotsunterlage wird die Ge-   25
fahr von Verstößen gegen die Insidervorschriften durch Organe der Zielgesellschaft im Regelfall nicht erhöhen, weil hierdurch keine neuen Insidertatsachen

---

[61] *Hirte* in Kölner Komm. Rn. 21.

[62] Die Verschwiegenheitspflicht betrifft praktisch alle wesentlichen Einzelheiten des betrieblichen Leistungsprogramms, der Finanzierung und der Organisation, soweit sie nicht in den Jahresabschlüssen oder auf sonstige Weise offen zulegen sind, vgl. *Hopt* in GroßKommAktG § 93 Rn. 191 ff., 206 ff. mwN.

[63] *Hopt*, FS Lutter, 2000, S. 1381, 1394; auch für das neue Recht *Schwennicke* in *Geibel/Süßmann* Rn. 13; *Hirte* in Kölner Komm. Rn. 31; *Ebenroth/Daum* DB 1991, 1157, 1159.

[64] *Assmann/Bozenhardt* S. 105.

[65] *Herrmann*, Zivilrechtliche Abwehrmaßnahmen gegen unfreundliche Übernahmeversuche in Deutschland und Großbritannien, 1993, S. 91.

[66] *Hirte* in Kölner Komm. Rn. 17.

[67] Allgemein zu den Grenzen der Verschwiegenheitspflicht in diesem Zusammenhang *Hopt* in GroßKommAktG § 93 Rn. 206 ff.

[68] Das gilt gerade auch dann, wenn der Bieter die Ergebnisse einer vorangegangenen Due-Diligence-Prüfung preisgibt und hierdurch eine zwischen ihm und der Zielgesellschaft getroffene Geheimhaltungsvereinbarung verletzt.

geschaffen werden.[69] In der Stellungnahme brauchen Insidertatsachen nicht gemieden zu werden, weil sie gemäß Abs. 3 zur unverzüglichen Veröffentlichung bestimmt sind; darin liegt zugleich eine die Anwendung des § 15 Abs. 3 WpHG ausschließende Spezialnorm. Das ist zwar – im Gegensatz zu § 10 Abs. 6 – nicht ausdrücklich geregelt, doch kann für das Verhältnis von Stellungnahmepflicht und **Ad-hoc-Publizitätspflicht** nichts anderes gelten[70] (vgl. § 10 Rn. 27). Aus demselben Grund ist der Vorstand der Zielgesellschaft von der Prüfung befreit, ob er auf das Angebot noch vor der Veröffentlichung nach Abs. 3 mit einer Ad-hoc-Meldung iSd. § 15 Abs. 1 Satz 1 WpHG reagieren muss.

26   **c) Werbefreiheit, § 28.** Die Anwendungsbereiche der §§ 27, 28 überschneiden sich, da in der Stellungnahme auch werbende Elemente enthalten sein können. Enthält also die Darstellung unrichtige oder irreführende Angaben, so kann die Aufsichtsbehörde dagegen nach § 28 einschreiten.[71]

27   **d) Verbote unwahrer bzw. manipulativer Aussagen.** Das Gesetz enthält an mehreren Stellen Verbote unwahrer bzw. manipulativer Aussagen, die sich auf das Verhalten der Anleger auswirken können, zB §§ 263, 264 a StGB (Kapitalanlagebetrug); §§ 20 a, 39 Abs. 1 WpHG (Kurs- und Marktpreismanipulation); § 400 Abs. 1 Nr. 1 AktG (unrichtige Darstellungen von Vorstand und Aufsichtsrat); § 4 UWG (irreführende Werbung). Ihr Verhältnis zueinander ist unklar.[72] Vgl. im Übrigen § 60 Abs. 1 Nr. 1 b und die Kommentierung dort.

III. Stellungnahme des Betriebsrats oder der Arbeitnehmer (Abs. 2)

28   **1. Allgemeines zur Beifügungspflicht.** Abs. 2 befasst sich mit der Verpflichtung des Vorstands, eine ihm übermittelte Stellungnahme des Betriebsrats oder der Arbeitnehmer seiner eigenen Stellungnahme beizufügen. Bei mitbestimmten AG findet also eine doppelte Repräsentation der Arbeitnehmerinteressen statt, wobei Abs. 2 der Belegschaft die Möglichkeit eröffnet, auch zu den sozialen und personellen Auswirkungen des Anteilserwerbs bzw. einer Übernahme (statt vorwiegend zu den wirtschaftlichen) gehört zu werden. Eine Beifügungspflicht des Aufsichtsrats ist nicht vorgesehen. Auch begründet die Vorschrift keine Stellungnahmepflicht des Betriebsrats oder der Arbeitnehmer.[73] Überhaupt ist das **Betriebsverfassungsrecht nicht Regelungsgegenstand** des Abs. 2.[74] Die Beifügungspflicht des Vorstands erweitert also nicht die Zuständigkeiten des Betriebsrats nach BetrVG. Betriebsrat oder eine im Betrieb vertretene Gewerkschaft können auch nicht nach § 23 Abs. 3 BetrVG vorgehen, indem sie beim Arbeitsgericht einen Antrag auf Anordnung

---

[69] Vgl. zu dieser Frage *Kümpel* in *Assmann/U. H. Schneider* WpHG § 15 Rn. 40 a; *Geibel* in *Schäfer* WpHG/BörsG § 15 WpHG Rn. 41 f., jeweils mwN.

[70] Im Ergebnis ebenso *Hopt* ZGR 2002, 333, 346 f.

[71] *Hirte* in Kölner Komm. Rn. 16; aA *Schwennicke* in *Geibel/Süßmann* Rn. 2.

[72] Näher *Ekkenga* NZG 2001, 1, 5 f.

[73] Eine solche Pflicht ist auch nicht im Arbeitsrecht vorgesehen, vgl. *Grobys* in *Geibel/Süßmann* Rn. 27.

[74] „Trennungsprinzip", vgl. *Seibt* DB 2002, 529; für das Verhältnis von Umwandlungs- und Betriebsverfassungsrecht *Willemsen* NZA 1996, 791, 796.

der Beifügung oder Untersagung der Stellungnahme ohne Beifügung stellen[75] (zu den Folgen einer Pflichtverletzung vgl. im Übrigen Rn. 37).

Nicht Gegenstand der Regelung ist die Frage, ob und inwieweit der Betriebs-   **29**
rat **Sachverständige** hinzuziehen darf und ob die Zielgesellschaft die hierdurch
anfallenden **Kosten** übernehmen muss. Die Antwort richtet sich nach Betriebsverfassungsrecht. Danach bedarf es einer vorherigen Vereinbarung mit der Zielgesellschaft.[76] Generell hat der Betriebsrat den Grundsatz der Erforderlichkeit
und Verhältnismäßigkeit zu beachten, dh. er muss den jeweils kostengünstigsten
Weg wählen.[77] An der Erforderlichkeit fehlt es beispielsweise, wenn der Betriebsrat ein Wirtschaftsprüfer-Gutachten über die künftige Entwicklung des
Shareholder Value einholt, weil diese Beurteilung nicht in seiner Kompetenz
liegt. Für Aufwendungen, die den Arbeitnehmern bei der Vorbereitung einer
Stellungnahme entstehen, sieht das Gesetz eine Erstattungspflicht nicht vor.[78]

2. Gegenstand der Beifügungspflicht. a) Stellungnahme des Be-   **30**
triebsrats. Die Stellungnahme löst keine Beifügungspflicht aus, wenn sie den
gesetzlichen Minimalanforderungen nicht entspricht (vgl. Rn. 33). Der Betriebsrat muss **zuständig** sein. Das ist nicht der Fall, wenn ein Gesamtbetriebsrat existiert oder nach den Vorschriften des BetrVG hätte errichtet werden müssen.[79] Besteht ein Konzernbetriebsrat, so ist er zuständig, weil die Übernahme
der Konzernspitze stets auch das Schicksal der Tochtergesellschaften betrifft.[80]
Die Beifügungspflicht umfasst nicht die Stellungnahme des Betriebsrats einer
Tochtergesellschaft. Hat sich ein unzuständiges Organ geäußert, so hat der Vorstand zu prüfen, ob dies auf Veranlassung derjenigen Arbeitnehmer geschehen
ist, die nach Abs. 2 ihrerseits stellungnahmeberechtigt sind (Rn. 31). In übernahmerechtlicher Hinsicht ist **Schriftlichkeit** der Stellungnahme zu fordern.[81] Ferner muss der Inhalt der Stellungnahme für einen Außenstehenden
aus sich heraus verständlich sein (**Klarheitsgebot**). Dazu gehört auch, dass
deutlich wird, kraft welcher Kompetenz sich der Betriebsrat zu den möglichen
Folgen einer Übernahme äußert.

---

[75] Das geht auch aus dem Wortlaut des § 23 Abs. 3 Satz 1 BetrVG hervor („...bei
groben Verstößen des Arbeitgebers gegen seine Verpflichtungen aus diesem
Gesetz..."); wie hier *Grobys* NZA 2002, 1, 6; *ders.* in *Geibel/Süßmann* § 10 Rn. 124 ff.,
126 mwN; für das Umwandlungsrecht *Engelmeyer* DB 1996, 2542, 2545; aA *Buchner*
NJW 1995, 2881, 2886.

[76] § 80 Abs. 3 Satz 1 BetrVG, vgl. *Grobys* in *Geibel/Süßmann* Rn. 28 mwN; *Simon*
in *Semler/Volhard* ÜN Hdb. § 55 Rn. 30. Zur Kostentragungspflicht des Arbeit-
bers siehe § 40 Abs. 1 BetrVG.

[77] BAG NZA 1993, 86, 88; *Grobys* in *Geibel/Süßmann* Rn. 28.

[78] Näher hierzu *Grobys* in *Geibel/Süßmann* Rn. 31.

[79] Nach der Rechtsprechung des BAG fällt die Regelungskompetenz des (fehlenden) Gesamtbetriebsrats nicht an die Einzelbetriebsräte zurück (BAG NZA 1994,
554, 556; BAG DB 1976, 1290, 1291). Die aA von *Grobys* NZA 2002, 1, 2 f.; *Seibt* DB
2002, 529, 532 betrifft nur die übernahmerechtliche Pflicht des Vorstands zur
Unterrichtung der Beschäftigten über die Bieterentscheidung und ist auf die Beifügungspflicht des Abs. 2 nicht übertragbar.

[80] Begr. RegE zu § 10 Abs. 5, vgl. BT-Drucks. 14/7034 S. 40; *Röh* in *Haarmann/
Riehmer/Schüppen* Rn. 39; *Grobys* NZA 2002, 1, 3; aA *Seibt* DB 2002, 529, 532.

[81] *Grobys* in *Geibel/Süßmann* Rn. 25.

31   **b) Stellungnahme der Arbeitnehmer.** Eine Stellungnahme der Arbeit-
nehmer ist beizufügen, wenn **kein Betriebsrat** besteht. Begünstigt sind auch
Beschäftigte, für die ein Betriebsrat wegen Zugehörigkeit zu einem anderen
Betrieb nicht zuständig ist, sofern ein Gesamtbetriebsrat nicht gebildet ist
(Rn. 30), ferner Angehörige nicht betriebsratsfähiger Kleinstbetriebe bei vor-
handenem Gesamtbetriebsrat.[82] Urheber der Stellungnahme sind nach dem
Gesetz „die Arbeitnehmer". Gegenstand der Beifügungspflicht ist mithin **eine
kollektiv verfasste Stellungnahme**, die die Belegschaft von sich aus – etwa
im Rahmen einer Betriebsversammlung – organisieren muss.[83] Nach aA hat
der Vorstand dagegen auch Stellungnahmen einzelner Arbeitnehmer zu berücksichtigen und gegebenenfalls im Bündel weiterzuleiten[84] – eine Lösung,
die durch den Normtext nicht veranlasst ist und offensichtlich zu sinnwid-
rigen, der Markttransparenz eher abträglichen Ergebnissen führt. Auch für die
Stellungnahme der Arbeitnehmer gilt das Gebot der **Schriftlichkeit** und
Klarheit.[85]

32   **3. Durchführung.** „Beifügung" bedeutet kommentarlose Veröffentlichung
ohne inhaltliche Veränderung oder Ergänzungen (zu den Grenzen siehe
Rn. 33 ff.). „Beifügung" bedeutet ferner, dass die Veröffentlichung der Stellungnahme auf gleichem Wege erfolgen muss wie die eigene Veröffentlichung
des Vorstands[86] (siehe Rn. 39). Erreicht die Stellungnahme der Belegschaft einen Umfang, der eine Veröffentlichung auf dem gesetzlich vorgesehenen Wege
als unzweckmäßig erscheinen lässt, so darf der Vorstand von diesem Prinzip
ausnahmsweise abweichen (Rn. 33). Auf die Geltung des Veränderungsverbots
hat das keinen Einfluss.

33   **4. Grenzen der Beifügungspflicht. a) Gegenständliche Grenzen.** Die
Beifügungspflicht entfällt, wenn die Stellungnahme nicht die in Rn. 30 genannten **inhaltlichen und formalen Minimalanforderungen** erfüllt. Un-
zweckmäßige oder (nach Meinung des Vorstands) unrichtige Äußerungen sind
zu veröffentlichen, wenn auch unter Beifügung eines ergänzenden bzw. be-
richtigenden Kommentars in der eigenen Stellungnahme (Rn. 21). Das gilt
auch für offensichtlich unrichtige Darstellungen, denn eine Differenzierung
nach dem Kriterium der Evidenz ist im Gesetz nicht vorgesehen und würde zu
große Rechtsunsicherheit verursachen.[87] Außerdem wird der Mangel in der
Regel nur einen Teil der Stellungnahme betreffen, so dass entweder dem Publikum der beanstandungsfreie Teil vorenthalten würde oder der Vorstand gezwungen wäre, die Stellungnahme unter Durchbrechung des Veränderungsverbots zu verkürzen. Im Übrigen bewendet es dabei, dass Rechtsverstößen
des Betriebsrats oder der Arbeitnehmer gegebenenfalls mit Mitteln des Be-
triebsverfassungsrechts zu begegnen ist (Rn. 28). Übersteigt der Umfang der

---

[82] *Grobys* NZA 2002, 1, 3.
[83] Ebenso *Thiel* in *Semler/Volhard* ÜN Hdb. § 54 Rn. 35; *Seibt* DB 2002, 529,
535.
[84] *Grobys* in *Geibel/Süßmann* Rn. 29.
[85] *Grobys* in *Geibel/Süßmann* Rn. 30.
[86] *Grobys* in *Geibel/Süßmann* Rn. 32.
[87] AA. *Grobys* in *Geibel/Süßmann* Rn. 33; *Seibt* DB 2002, 529, 534.

Stellungnahme den Rahmen des Vertretbaren, so genügt der Vorstand seiner Beifügungspflicht, indem er statt des Volltextes eine ihm mitgelieferte Zusammenfassung oder eine allgemein und kostenfrei zugängliche Informationsquelle (zB eine Internetadresse) veröffentlicht.[88]

Die **Zumutbarkeitsgrenze** ist erreicht, wenn die Stellungnahme Äußerungen enthält, die das Persönlichkeitsrecht anderer verletzen oder die Interessen der AG gefährden. Beispiele sind Beleidigungen oder der Verrat von Betriebsgeheimnissen. In einem solchen Fall hat der Vorstand auf eine Korrektur der Stellungnahme durch den Urheber hinzuwirken oder gegebenenfalls die Beifügung zu unterlassen. Die im Schrifttum vorgeschlagene weitergehende Analogie zu § 126 Abs. 2 AktG[89] würde jedoch die Zumutbarkeitsschwelle zu sehr absenken und ist aus den unter Rn. 33 genannten Gründen abzulehnen.   **34**

b) Zeitliche Grenzen. Die Beifügungspflicht endet mit Ablauf der dem Vorstand nach Abs. 3 zur Verfügung stehenden Vorbereitungszeit, mithin spätestens dann, wenn der Zeitpunkt der „unverzüglichen" Veröffentlichung gekommen ist.[90] Denn die „Unverzüglichkeit" bestimmt sich nach dem Zeitpunkt der Übermittlung der Angebotsunterlagen, nicht nach dem Empfang der Stellungnahme iSd. Abs. 2 (Abs. 3 Satz 1), und die Einrechnung der Vorbereitungszeit für Betriebsrat und Arbeitnehmer bei der Bemessung der Unverzüglichkeit findet im Gesetz keine Stütze. Darin mag man eine gewisse Benachteiligung der Belegschaft sehen, die aufgrund unzureichender Vorkenntnis uU. mehr Vorbereitungsaufwand betreiben muss als der Vorstand. Dieser Nachteil ist jedoch unter dem Regime des Beschleunigungsgrundsatzes (§ 3 Abs. 4 Satz 1) hinzunehmen, anderenfalls wären die Aktionäre als eigentliche Schutzadressaten benachteiligt.   **35**

Eine „**nachträgliche Beifügungspflicht**" in dem Sinne, dass der Vorstand eine ihm verspätet, aber noch vor Ablauf der Annahmefrist zugeleitete Stellungnahme isoliert veröffentlichen muss,[91] dürfte nicht der Intention des Gesetzgebers entsprechen. Denn das Gebot der unverzüglichen Veröffentlichung hat auch den Sinn, den Anlegern Gewissheit zu verschaffen, dass sie nach Ablauf der verkehrsüblichen Vorbereitungsphase über alle entscheidungsrelevanten Informationen verfügen. Dem widerspräche es, müssten sie damit rechnen, dass bis zum Ablauf der Annahmefrist noch weiteres Material „nachgeschoben" wird.[92] In diesem Sinne ist die Stellungnahme der Belegschaft rechtzeitig, wenn ihre unverzügliche Veröffentlichung noch möglich ist, und sei auch die   **36**

---

[88] *Grobys* in *Geibel/Süßmann* Rn. 35.

[89] *Grobys* in *Geibel/Süßmann* Rn. 33; *ders.* NZA 2002, 1, 6; *Seibt* DB 2002, 529, 534; dagegen mit Recht *Hirte* in Kölner Komm. Rn. 62.

[90] Stellungnahme des Handelsrechtsausschusses des DAV e.V. vom April 2001, NZG 2001, 420, 427; *Seibt* DB 2002, 529, 534.

[91] Dafür *Grobys* in *Geibel/Süßmann* Rn. 36 ff.; *ders.* NZA 2002, 1, 6; *Hirte* in Kölner Komm. Rn. 65; *Thiel* in *Semler/Volhard* ÜN Hdb. § 54 Rn. 34; differenzierend *Steinmeyer/Häger* Rn. 12: Pflicht zur nachträglichen Veröffentlichung, wenn sich der Vorstand nicht rechtzeitig um die Einholung einer Stellungnahme der Arbeitnehmerseite bemüht hat.

[92] Ebenso Stellungnahme des Handelsrechtsausschusses des DAV e.V. vom April 2001, NZG 2001, 420, 427; *Röh* in *Haarmann/Riehmer/Schüppen* Rn. 43.

Stellungnahme des Vorstands bereits erfolgt. Dieser hat sich – ebenso wie der Aufsichtsrat – seinerseits um die rechtzeitige Einholung der Stellungnahme zu bemühen.[93]

37　　**5. Sanktionen.** Eine Verletzung der Beifügungspflicht ist in den Bußgeldvorschriften nicht expressis verbis genannt, dürfte aber als fehlerhafte Veröffentlichung iSd. Abs. 3 Satz 1 zu qualifizieren sein und somit eine Ordnungswidrigkeit nach § 60 Abs. 1 Nr. 1 b darstellen. Betriebsverfassungsrechtliche Rechtsbehelfe oder Erzwingungsmöglichkeiten stehen der Belegschaft und ihren Vertretern aufgrund des Trennungsprinzips (Rn. 28) nicht zur Verfügung. Zu den haftungsrechtlichen Konsequenzen einer Pflichtverletzung siehe Rn. 43 ff.

IV. Veröffentlichungs- und Mitteilungspflicht (Abs. 3)

38　　**1. Unverzügliche Veröffentlichung (Satz 1). a) Vorstand.** Sobald der Vorstand die Mitteilung der Angebotsveröffentlichung nach § 14 Abs. 4 Satz 1 erhalten hat, muss er seine Stellungnahme „unverzüglich", dh. ohne schuldhaftes Zögern (vgl. § 121 Abs. 1 Satz 1 BGB) veröffentlichen. Entsprechendes gilt, wenn er Mitteilung über eine Angebotsänderung erhalten hat (vgl. hierzu Rn. 10). Für die Bemessung der Frist gelten weniger strenge Maßstäbe als bei § 15 Abs. 1 Satz 1 WpHG, weil „Stellungnahme" mehr ist als bloße Informationsweitergabe und der Vorstand entsprechend mehr Vorbereitungszeit benötigt. Eine Streckung der Frist zur Vorbereitung von Äußerungen der Belegschaft oder ihrer Vertreter ist allerdings nicht angebracht (Rn. 35). Grundsätzlich wird, wenn nicht Gründe für eine besondere Erschwernis vorliegen, eine Veröffentlichung innerhalb von 2 Wochen zu fordern sein.[94] Eine absolute Grenze ergibt sich aus § 3 Abs. 2, d.h. die Veröffentlichung darf nicht später als 3–4 Börsentage vor Ablauf der Annahmefrist erfolgen. Eine „verfrühte" Stellungnahme ist nicht rechtswidrig, sie kann daher auch gleichzeitig mit der Angebotsunterlage des Bieters veröffentlicht werden.[95]

39　　Hinsichtlich der **Art und Weise der Veröffentlichung** verweist Abs. 3 auf § 14 Abs. 3 Satz 1, vgl. dort Rn. 11 f. Bei verspäteter Veröffentlichung droht ein Bußgeld nach § 60 Abs. 1 Nr. 2 c).

40　　**b) Aufsichtsrat.** Die Bemessung der vom Aufsichtsrat einzuhaltenden Frist bereitet erhebliche Schwierigkeiten. Keineswegs gelten für ihn die gleichen Maßstäbe wie für den Vorstand. Denn zum einen hat es der Gesetzgeber versäumt, dem Bieter in § 14 Abs. 4 Satz 1 eine Übermittlung der Angebotsun-

---

[93] Begr. RegE BT-Drucks. 14/7034 S. 52. Der Vorstand kann dem Betriebsrat auch eine Antwortfrist setzen (vgl. *Grobys* in *Geibel/Süßmann* Rn. 39), der zeitliche Umfang der Beifügungspflicht wird hierdurch jedoch nicht beeinflusst.

[94] *Krause* NJW 2002, 705, 711; *Hopt* ZHR 166 (2002), 383, 421. Ebenso noch Art. 18 des Übernahmekodex sowie Rule 30.2 des City Code. Strenger noch *Hopt*, FS Lutter, 2000, S. 1361, 1382 („sofort"). Vgl. auch § 14 Abs. 3 öÜbG (Veröffentlichung innerhalb von 10 Börsentagen).

[95] So ausdrücklich Begr. RegE BT-Drucks. 14/7034 S. 52; anders noch *Hopt*, FS Lutter, 2000, S. 1361, 1382.

terlage konsequenterweise auch an den Aufsichtsrat aufzuerlegen. Dadurch erhält der Vorstand einen gesetzlich institutionalisierten Kenntnisvorsprung, den der Aufsichtsrat uU. erst mit aktienrechtlichen Mitteln ausgleichen muss.[96] Zum anderen ist der Aufsichtsrat ein Kollegialorgan, das durch Beschluss entscheidet und hierfür wiederum Vorbereitungszeit benötigt. Es bietet sich daher an, die in § 110 Abs. 1 Satz 2 AktG vorgesehene Regelfrist für die Einberufung des Aufsichtsrats bei der Konkretisierung des Merkmals „unverzüglich" zu berücksichtigen.[97] Nähme man die dem Vorstand zugestandene regelmäßige Prüfungs- und Überlegungsfrist hinzu, so gelangte man allerdings in gefährliche Nähe des Ablaufs der Annahmefrist, vor allem wenn diese auf das gesetzliche Minimum von 4 Wochen festgesetzt ist (§ 16 Abs. 1 Satz 1). Andererseits sind die Prüfungsaufgaben des Aufsichtsrats in mancherlei Hinsicht weniger weitreichend als die des Vorstands (Rn. 23). Es mag daher ausreichen, wenn der Aufsichtsrat seine Stellungnahme innerhalb einer Woche nach Veröffentlichung der Stellungnahme des Vorstands bekannt gibt. Zur Art und Weise der Veröffentlichung und zu den Sanktionen siehe Rn. 39.

2. Gleichzeitige Benachrichtigung des Betriebsrats oder der Arbeit- **41** **nehmer (Satz 2).** Die Vorschrift stellt klar, dass Vorstand und Aufsichtsrat ihre Stellungnahme dem Betriebsrat oder den Arbeitnehmern auf gesondertem Wege übermitteln müssen. Die Bekanntgabe im Internet (Abs. 3 Satz 1 iVm. § 14 Abs. 3 Satz 1 Nr. 1) genügt also nicht. Die Belegschaftsmitglieder dürfen hierdurch keinen − insiderrechtlich unter Umständen problematischen − Informationsvorsprung gegenüber den Aktionären erhalten, deshalb hat die Übermittlung „gleichzeitig" zu erfolgen. Zu übermitteln ist die gesamte Stellungnahme, also nicht nur jener Teil, der sich mit den voraussichtlichen Folgen des Angebots für die Arbeitnehmer und ihre Vertretungen befasst.[98] Zur Art und Weise der Übermittlung siehe Kommentierung zu §§ 10, 14. Die Pflicht der Zielgesellschaft zur Unterrichtung des Wirtschaftsausschusses nach § 106 Abs. 2 BetrVG bleibt unberührt.[99] Bei Missachtung der Übermittlungspflicht droht ein Bußgeld nach § 60 Abs. 1 Nr. 2 c).

3. Unverzügliche Benachrichtigung der Aufsichtsbehörde (S. 3). Vgl. **42** hierzu Kommentierungen zu §§ 10, 14. Ein Zugang der Nachricht innerhalb von drei Werktagen seit der Veröffentlichung ist noch rechtzeitig, die Übersendung des Belegs erst eine Woche nach der Veröffentlichung nicht.[100] Bei Missachtung der Benachrichtigungspflicht droht ein Bußgeld nach § 60 Abs. 1 Nr. 5.

---

[96] *Hirte* in Kölner Komm. Rn. 67 plädiert für eine Weiterleitungspflicht des Vorstands in Anlehnung an § 14 Abs. 4 Satz 2.

[97] So *Rasner*, Die Pflichten der Zielgesellschaft bei unfreundlichen Übernahmeangeboten nach dem neuen Wertpapiererwerbs- und Übernahmegesetz (WpÜG), 2003.

[98] *Seibt* DB 2002, 529, 535.

[99] *van Aubel*, Vorstandspflichten bei Übernahmeangeboten, 1995, S. 34 f., 174.

[100] OLG Frankfurt NZG 2003, 638.

V. Haftungsfragen

43   **1. Haftung der Vorstandsmitglieder. a) Haftung gegenüber der AG.**
Wenn und soweit die Ordnungsmäßigkeit der Stellungnahme im Interesse der
AG liegt (Rn. 4), kommt eine Organhaftung der Vorstandsmitglieder gem. § 93
Abs. 2 AktG in Betracht. Haftungsgrund können das pflichtwidrige Unterlassen
oder die verspätete Abgabe einer Stellungnahme sein, ferner die Verbreitung unzutreffender oder irreführender Informationen.[101] Ein Beurteilungsspielraum
steht den Vorstandsmitgliedern insoweit nicht zu, so dass diese ihre Informati-
onspolitik nicht unter Berufung auf die sog. **business judgement rule** verteidigen können.[102] Enthält die Stellungnahme des Betriebsrats bzw. der Arbeitnehmer einen solchen Fehler, so haftet das Vorstandsmitglied, wenn es seiner Prüfungspflicht nicht nachgekommen ist[103] (Rn. 21, 33). Die Gesellschaft kann auf
diesem Wege vor allem ihren Regressschaden liquidieren, den sie aufgrund ihrer
Haftung gegenüber den Aktionären erleidet (Rn. 46). Auszugleichen sind darüber hinaus vermeidbare Honoraraufwendungen für Dienstleistungen Dritter
oder Nachteile, die ihr aufgrund des Kontrollwechsels entstehen und die bei
ordnungsgemäßer Stellungnahme hätten verhindert werden können.[104]

44   **b) Haftung gegenüber den Aktionären und sonstigen Dritten.** Die
wohl hM zum alten Recht tendierte dazu, die Stellungnahme des Vorstands als
haftungsbegründenden „Prospekt" iSd. *allgemeinen zivilrechtlichen Prospekthaftung*
zu qualifizieren.[105] Andere präferieren eine *verbandsrechtliche Drittthaftung* der Vorstandsmitglieder aus dem Gesichtspunkt einer Treuepflichtverletzung gegenüber den eigenen Aktionären.[106] Vorzugswürdig ist demgegenüber − wie bei
§ 33 (siehe dort Rn. 37) − der Weg über die *deliktsrechtliche Drittthaftung*, konkret:
die Instrumentalisierung des **§ 27 als Schutzgesetz iSd. § 823 Abs. 2 BGB**.[107]
Im Ergebnis läuft das in der Tat auf eine prospekthaftungsähnliche Lösung hin-

---

[101] Vgl. *Maier-Reimer* ZHR 165 (2001), 258, 263: Abgabe zu günstiger/zu
ungünstiger Prognosen für die Zielgesellschaft.

[102] *Hopt* ZHR 166 (2002), 383, 430; aA *Röh* in *Haarmann/Riehmer/Schüppen*
Rn. 17, 21.

[103] AA, jedoch ohne Begründung, *Schwennicke* in *Geibel/Süßmann* Rn. 53.

[104] Zu weitgehend *Röh* in *Haarmann/Riehmer/Schüppen* Rn. 47; *van Aubel*, Vorstandspflichten bei Übernahmeangeboten, 1995, S. 56, die die Möglichkeit einer
Schadensentstehung zu Lasten der AG prinzipiell in Abrede stellen.

[105] *Hopt*, FS Lutter, 2000, S. 1361, 1398 f.; *Merkt* ZHR 165 (2001), 224, 246 f.;
für das neue Recht nunmehr *Hopt* ZHR 166 (2002), 383, 431; *Hirte* in Kölner
Komm. Rn. 27; *Röh* in *Haarmann/Riehmer/Schüppen* Rn. 50.

[106] In diesem Sinne *van Aubel*, Vorstandspflichten bei Übernahmeangeboten,
1995, S. 172 f.; ihm folgend *Mülbert* IStR 1999, 83, 88. Beide Autoren befürworten
eine originäre Treuepflicht der Vorstandsmitglieder gegenüber den Aktionären,
keine verbandsbezogene Treuepflicht mit Schutzwirkung zu Gunsten der Aktionäre. Zum gleichen Ergebnis gelangt *Hirte* in Kölner Komm. Rn. 27.

[107] Ebenso *Röh* in *Haarmann/Riehmer/Schüppen* Rn. 53; AnwK-AktienR/*Haouache* Kap. 15 Rn. 12; *Aha* AG 2002, 160; aA *Schnorbus* WM 2003, 657, 663. Eine Haftung nach § 823 Abs. 1 BGB kommt dagegen nicht in Betracht, weil die Vereitelung
eines günstigen Aktienverkaufs durch Abgabe einer falschen Stellungnahme keinen
Eingriff in das Mitgliedschaftsrecht des Gesellschafters als „sonstiges Recht" iSd.
Vorschrift darstellt, vgl. hierzu § 33 Rn. 37.

aus. Der hiergegen gerichtete Einwand, der Gesetzgeber habe die übernahme-rechtliche Direkthaftung für Fehlinformationen in § 12 abschließend gere-gelt,[108] vermag letztlich nicht zu überzeugen. Denn zum einen ist der von § 12 betroffene Kreis von Norm- und Schutzadressaten ein gänzlich anderer. Zum anderen wäre nicht einzusehen, warum die Haftungsfolgen einer Verletzung der Stellungnahmepflicht prinzipiell anders beurteilt werden sollten als die einer Verletzung des Vereitelungsverbots. Handelt es sich um eine vorsätzliche Pflichtverletzung, so ist die Dritthaftung ausdrücklich gesetzlich vorgesehen (vgl. § 117 Abs. 1 Satz 2 AktG, § 826 BGB).[109] Gehaftet wird nicht nur für die Abgabe einer falschen oder irreführenden Stellungnahme, sondern auch bei Unterlassung bzw. bei verspäteter Veröffentlichung.[110] Eine Direkthaftung ge-genüber sonstigen Dritten, insbesondere gegenüber dem Bieter oder den Ar-beitnehmern der Zielgesellschaft, kommt nicht in Betracht[111] (Rn. 4).

2. Haftung der Aufsichtsratsmitglieder. Das zur Haftung der Vorstands- **45** mitglieder Gesagte gilt entsprechend, allerdings bei geänderten Sorgfaltsan-forderungen (Rn. 23). Gegenüber der Gesellschaft wird gemäß §§ 116, 93 Abs. 2 AktG gehaftet, gegenüber den Aktionären aus dem Gesichtspunkt der Schutzgesetzverletzung.[112]

3. Haftung der AG. Die AG haftet für Fehler ihrer Organe gemäß § 31 **46** BGB. Das gilt bei Verletzungen der Stellungnahmepflicht ebenso wie bei Ver-stößen gegen das Vereitelungsverbot des § 33 Abs. 1 Satz 1. Der Grundsatz der Kapitalerhaltung steht dem nicht entgegen, obwohl die Zurechnung des Organverschuldens einen gewinnunabhängigen Rückfluss gebundener Mittel an die Aktionäre zur Folge hat[113] (hierzu näher § 33 Rn. 39).

4. Haftung der Arbeitnehmer. Nach zutreffender Auffassung von *Hirte* **47** eröffnet das Kapitalmarktrecht keinen Haftungsfreiraum für Arbeitnehmer. Beschäftigte und/oder Betriebsratsmitglieder, die von der Möglichkeit zur öffentlichen Stellungnahme nach Abs. 2 Gebrauch machen, haften ebenso wie Organmitglieder für fahrlässige Falschangaben. Dass Abs. 2 statt einer Äuße-rungspflicht ein Äußerungsrecht statuiert, ist kein Argument für eine Haf-tungsfreistellung.[114]

---

[108] So *Schwennicke* in *Geibel/Süßmann* Rn. 51; zweifelnd *Hopt* ZGR 2002, 333, 356, der umgekehrt eine Analogie zu § 12 nicht ausschließt; unklar auch *ders.* ZHR 166 (2002), 383, 430 f.

[109] Auch § 400 AktG ist Schutzgesetz zu Gunsten der Aktionäre: BGH NJW 2001, 3622, 3624 „Bremer Vulkan"; OLG München WM 2003, 70, 75; *Mertens* in Kölner Komm. § 93 Rn. 171 mwN.

[110] Letzteres lässt sich auch mit § 60 Abs. 1 Nr. 1 b begründen, der die Bußgeldan-drohung auf den Fall der Nichtvornahme erstreckt und ebenfalls als Schutzgesetz iSd. § 823 Abs. 2 BGB zu qualifizieren ist.

[111] *Röh* in *Haarmann/Riehmer/Schüppen* Rn. 54; *Hopt* ZHR 166 (2002), 383, 430.

[112] AA *Schwennicke* in *Geibel/Süßmann* Rn. 54.

[113] *Hirte* in Kölner Komm. Rn. 27; *Röh* in *Haarmann/Riehmer/Schüppen* Rn. 56; aA *van Aubel*, Vorstandspflichten bei Übernahmeangeboten, 1995, S. 90 mwN.

[114] *Hirte* in Kölner Komm.AktG Rn. 27 a.E. (allerdings nur unter der Prämisse, dass für grobe Fahrlässigkeit gehaftet wird); aA *Schwennicke* in *Geibel/Süßmann* Rn. 53; AnwK-AktienR/*Haouache* Kap. 15 Rn. 14 Haftung nur für vorsätzliche Schädigung gemäß § 826 BGB.

§ 28 Werbung

(1) **Um Missständen bei der Werbung im Zusammenhang mit Angeboten zum Erwerb von Wertpapieren zu begegnen, kann die Bundesanstalt bestimmte Arten der Werbung untersagen.**

(2) **Vor allgemeinen Maßnahmen nach Absatz 1 ist der Beirat zu hören.**

Schrifttum: *Ekkenga*, Kapitalmarktrechtliche Aspekte der „Investor Relations", NZG 2001, 1; *Möller*, Das neue Werberecht der Wertpapierfirmen, ZBB 1999, 134.

Übersicht

I. Allgemeines

1   **1. Regelungsgegenstand und -zweck.** Die Vorschrift konkretisiert § 4 Abs. 1 Satz 3. Sie enthält eine spezielle *Ermächtigungsgrundlage* für ein Einschreiten der BAFin gegen rechtswidriges Werbeverhalten der Marktakteure. Regelungszweck ist die Unterbindung von Beeinflussungsversuchen, die der Markttransparenz abträglich sein können; insofern besteht ein enger Zusammenhang mit § 3 Abs. 2.[1] Da § 28 ein Einschreiten nur bei „Missständen" erlaubt, ist die Norm Ausdruck des Grundsatzes der Werbefreiheit. Die Anhörung des Beirats (vgl. § 5) nach Abs. 2 soll die vorherige Hinzuziehung der betroffenen beteiligten Institutionen gewährleisten und dafür sorgen, dass der wirtschaftliche Sachverstand der Beiratsmitglieder in die Entscheidung des BAFin einfließt. Die Vorschrift ist § 23 KWG und § 36 b WpHG nachgebildet[2] – problematischerweise, denn die dortigen Rechtsfolgeaussagen sind in mancherlei Hinsicht für die übernahmerechtliche Aufsicht ungeeignet (Rn. 18, 20).

2. Verhältnis zum Gesellschaftsrecht. Kein Regelungsgegenstand ist die **2** gesellschaftsrechtliche Frage, ob und in welchem Umfang die Organe der Bieter- oder Zielgesellschaft für das Ergreifen von Werbemaßnahmen zuständig sind (siehe hierzu § 33 Rn. 94), denn die Missbrauchsaufsicht betrifft das Marktverhalten der Akteure, nicht deren Organisation. Nicht Gegenstand der Regelung ist weiter die Einhaltung gesellschaftsrechtlicher Vorschriften zum Schutze des Aktionärs. So darf die BAFin ihr Einschreiten nicht etwa damit begründen, die Zielgesellschaft verstoße gegen das ihr gemäß § 67 Abs. 6 Satz 4 AktG auferlegte Verbot, Investor Relations zum Zwecke der Werbung gegen den Widerspruch der Gesellschafter zu unterhalten.[3] Anders ist es wiederum, wenn die gezielte Ansprache einzelner Aktionäre den Gleichbehandlungsgrundsatz verletzt, denn er ist nicht nur gesellschaftsrechtlich (§ 53 a AktG), sondern auch übernahmerechtlich relevant (§ 3 Abs. 1). Aus dem Gleichbehandlungsgrundsatz wird zT auch die Pflicht der Zielgesellschaft abgeleitet, dem Bieter die Konversation mit ihren Aktionären durch Übermittlung der hierfür benötigten Daten zu ermöglichen.[4]

3. Rechtsvergleichende Hinweise. Im Gegensatz zum deutschen Recht **3** enthält das **britische Recht** im City Code ein Werbeverbot: Nach Rule 19.4 sind Werbemaßnahmen im Zusammenhang mit bestehenden oder potenziellen Übernahmeangeboten untersagt, soweit sie nicht unter einen der Ausnahmetatbestände (zB Produktwerbung) fallen oder vom Panel genehmigt sind. Die Verschiedenheit zwischen der deutschen und der englischen Regelung führt zu unterschiedlichen Rahmenbedingungen bei Unternehmensübernahmen: Englische Bieter dürfen deutsche Aktionäre umwerben, umgekehrt aber deutsche Bieter englische Aktionäre nicht. Dem sollte im Rahmen der geplanten Übernahmerichtlinie Rechnung getragen werden. In Rule 19.5 findet sich zudem eine spezielle Regelung für die telephonische Kontaktaufnahme mit den Aktionären der Zielgesellschaft. Sie darf – vorbehaltlich einer anderslautenden Genehmigung des Panels – nur durch sachverständige Mitarbeiter eines Fi-

---

[1] *Hirte* in Kölner Komm. Rn. 2.
[2] Begr. RegE BT-Drucks. 14/7034 S. 53.
[3] Vgl. dazu MünchKommAktG/*Bayer* § 67 Rn. 135. Dass die HV der Ergreifung von Werbemaßnahmen nicht zugestimmt hat, rechtfertigt für sich nicht die Annahme eines Eingriffs in das Mitgliedschaftsrecht des Aktionärs, vgl. LG Düsseldorf WM 2000, 528, 529 ff. = AG 2000, 233, 234 f. „Vodafone/Mannesmann"; *Krause* AG 2000, 217, 220 f.; *Liebscher* ZIP 2001, 853, 867; *Witte* BB 2000, 2163; str.; aA *Kort*, FS Lutter, 2000, S. 1421, 1440.
[4] *Noack* DB 2001, 27, 29.

nanzberaters durchgeführt werden. In **Frankreich** werden Veröffentlichungen durch Art. 7 Réglement n° 2002-04 de la Commission des Opérations beschränkt. In **Italien** bestimmen die Art. 17 ff. Delibera CONSOB n. 12745 vom 6. April 2000 die Anforderungen für Werbemaßnahmen. Im **spanischen Recht** gibt es keine Regulierung von Werbung bei Übernahmeangeboten.

II. Werbung

4   **1. Begriff.** „Werbung" im Sinne der Vorschrift ist jedes Verhalten, das darauf abzielt oder geeignet ist, die Entscheidung der Aktionäre oder sonstiger Wertpapierinhaber über die Annahme eines Erwerbs- oder Übernahmeangebots zu beeinflussen. Im Unterschied zu den Leitbildern der §§ 23 KWG, 36 b WpHG geht es also nicht um die Kundenwerbung an den Leistungsmärkten (Reklame),[5] sondern ausschließlich um die Anlegerwerbung am Kapitalmarkt. Die **Öffentlichkeit** der Werbung ist nicht entscheidend. Gegenstand der Regelung sind daher neben der „klassischen" Pflege der *Public Relations* auch der Aufbau und Unterhalt von Gesprächskontakten mit den eigenen Aktionären (*Investor Relations*), etwa Präsentationen der wirtschaftlichen Ergebnisse und Chancen gegenüber einem begrenzten Personenkreis („Road-Shows"[6]). Zu den **Werbeinhalten** siehe unter Rn. 6.

5   Zu den möglichen **Werbetreibenden** im Sinne der Vorschrift gehören der Bieter und die Zielgesellschaft. Ob diese die Werbung selbst betreiben oder sie durch Dritte durchführen lassen, spielt keine Rolle. Solche Auftragnehmer (zB Rundfunk- und TV-Anstalten, Presse, Internet-Provider, nicht aber der Vermieter einer Konzert- oder Messehalle) können zudem ihrerseits behördlich belangt werden.[7] Die Missbrauchsaufsicht erstreckt sich weiter auf die werbende Unterstützung Dritter, beispielsweise eines konzernverbundenen Unternehmens oder eines an einem bestimmten Übernahmeergebnis interessierten Aktionärs.[8] Die nicht von geschäftlichen oder kapitalmarktlichen Interessen getragene Sympathiewerbung Dritter (zB Solidaraktion einer politischen Gruppierung, die aus ideellen Gründen an der Erhaltung der Zielgesellschaft interessiert ist) dürfte allerdings von § 28 nicht mehr erfasst sein[9] (Rn. 6).

6   **2. Abgrenzungsfragen.** Gegen reine *Meinungsäußerungen* darf die BAFin grundsätzlich nicht einschreiten[10] (vgl. aber Rn. 15). Eine inhaltliche Abgrenzung gegen Werbeaussagen ist allerdings kaum möglich, so dass primär danach zu differenzieren ist, ob jemand eine Äußerung erkennbar „privat" bzw. aus ideellen Gründen oder aus geschäftlichem oder kapitalmarktlichem Interesse ge-

---

[5] Die Rechtsprechung des BVerfG zum grundrechtlichen Schutz der Werbefreiheit (Art. 12 GG, vgl. BVerfGE 85, 248, 256 ff.; 94, 372, 389 ff.) kann daher entgegen *Hirte* in Kölner Komm. Rn. 14 nicht ohne weiteres auf § 28 übertragen werden.

[6] Vgl. *Röh* in *Haarmann/Riehmer/Schüppen* Rn. 9; aA *Schwennicke* in *Geibel/Süßmann* Rn. 10; anders im Ergebnis auch *Hirte* in Kölner Komm. Rn. 22. Zur parallelen Entwicklung bei der Auslegung des § 3 UWG siehe *Gloy*, Handbuch des Wettbewerbsrechts, 2. Aufl. 1997, § 49 Rn. 3 f.

[7] *Hirte* in Kölner Komm. Rn. 18.

[8] *Hirte* in Kölner Komm. Rn. 18.

[9] Anders *Hirte* in Kölner Komm. Rn. 18.

[10] *Hirte* in Kölner Komm. Rn. 15.

tätigt hat.[11] Vertreten wird weiter die Ansicht, die Weitergabe von *Informationen* ohne wertenden Zusatz sei nicht Regelungsgegenstand.[12] Das trifft selbstverständlich insofern zu, als die pflichtgemäße Verbreitung wahrer Informationen (zB nach § 15 Abs. 1 WpHG, § 27 WpÜG) schlechterdings keine Aufsichtsmaßnahme nach § 28 nach sich ziehen kann. Ist allerdings die Stellungnahme nach § 27 inhaltlich zu beanstanden, so kann gemäß § 28 – parallel zum Verbot nach § 15 bei fehlerhafter Angebotsunterlage – eine Untersagungsverfügung ergehen.[13]

III. Im Zusammenhang mit Angeboten zum Erwerb von Wertpapieren.

1. Sachlicher Zusammenhang. § 28 meint Werbung „im Zusammen- **7** hang mit" einfachen *Erwerbs-, Übernahme- und Pflichtangeboten.* Das ergibt sich aus der systematischen Anordnung der Vorschrift im 3. Abschnitt einerseits und aus den Verweisungsvorschriften der §§ 34, 39 andererseits. Werbemaßnahmen des Bieters werden regelmäßig auf Unterstützung seines Angebots, solche der Zielgesellschaft auf die Ablehnung desselben gerichtet sein. Den Gegensatz bilden Maßnahmen der laufenden Werbung für die unternehmenseigenen Produkte und Dienstleistungen.[14] Sie sind nicht nach § 28, sondern nach allgemeinen Regeln, insbesondere nach §§ 1 ff. UWG zu beurteilen. Entsprechendes gilt für die allgemeine Öffentlichkeitsarbeit zur Unterstützung des Standings an den Leistungs- und Kreditmärkten.[15] Anders ist es wiederum dann, wenn sich die Präsentation der eigenen Angebotsqualität bzw. die PR-Botschaft erkennbar nicht an den Absatzmarkt, sondern an den Kapitalmarkt richtet, wenn also Inhalte gewöhnlicher Werbung oder Selbstdarstellung zur Beeinflussung des Anlegerverhaltens eingesetzt werden.

2. Zeitlicher Zusammenhang. Nach den Materialen meint § 28 keinen **8** zeitlichen Zusammenhang in dem Sinne, dass nur Werbemaßnahmen während des Angebotsverfahrens erfasst werden. Vielmehr sei auch die Werbung „im Vorfeld" von Angeboten betroffen.[16] Damit dürfte vor allem die Zeit von der Veröffentlichung der Angebotsentscheidung bis zur Veröffentlichung der Angebotsunterlage gemeint sein. Jedenfalls sind noch früher einsetzende Werbekampagnen kaum realistisch, wenn sich der Bieter an die ihm in der Pre-Bid-Phase auferlegte Stillhalteverpflichtung hält (§ 10 Abs. 3 Satz 3).

3. Persönlicher Zusammenhang. Die Missbrauchsaufsicht beschränkt **9** sich auf Werbeaussagen solcher Personen, die an der Beeinflussung des Anlegerverhaltens ein geschäftliches oder kapitalmarktliches Interesse haben (Rn. 5).

---

[11] Gleichsinnig die Rechtsprechung zu § 3 UWG, vgl. *Gloy,* Handbuch des Wettbewerbsrechts, 2. Aufl. 1997, § 49 Rn. 22 ff.
[12] *Schwennicke* in *Geibel/Süßmann* Rn. 9; AnwK-AktienR/*Haouache* Kap. 15 WpÜG Rn. 4.
[13] Zutr. *Hirte* in Kölner Komm. Rn. 20; aA offenbar *Röh* in *Haarmann/Riehmer/ Schüppen* Rn. 8.
[14] *Schwennicke* in *Geibel/Süßmann* Rn. 10.
[15] *Schwennicke* in *Geibel/Süßmann* Rn. 10; aA. *Hirte* in Kölner Komm. Rn. 19.
[16] Begr. RegE BT-Drucks. 14/7034 S. 52; auch *Hirte* in Kölner Komm. Rn. 17.

IV. Missstand

10   **1. Begriff.** Ein „Missstand" liegt vor, wenn die Gefahr besteht, dass die Anleger zu einem erheblichen Teil außer Stand gesetzt werden, über die Angebotsannahme kompetent zu entscheiden – sei es, dass man ihnen falsche oder unvollständige *Informationen* verabreicht, sei es, dass sie ihrer Entscheidung unsachliche *Motive* zugrunde legen.[17] Die Gefahr muss sich noch nicht (teilweise) realisiert haben; die BAFin „begegnet" dem Missstand vielmehr auch dadurch, dass sie *vorbeugende Maßnahmen* trifft.[18] Die Störung muss eine gewisse *Breitenwirkung* entfalten.[19] Die Fehlleitung einiger weniger Kleinaktionäre reicht daher nicht aus, andererseits verlangt § 28 nicht die Irreführung des überwiegenden Teils oder gar der Gesamtheit aller Werbeadressaten.[20]

11   **2. Missstand durch unlautere Werbung. a) Grenzen der kapitalmarktlichen Werbefreiheit.** Das WpÜG definiert nicht die Grenzen der Werbefreiheit am Kapitalmarkt. Deren Beschreibung obliegt aber deshalb nicht der Aufsichtsbehörde; nichts deutet darauf hin, dass der Gesetzgeber der BAFin einen dahingehenden Beurteilungsspielraum einräumen wollte. Vielmehr ist auf die spezialgesetzlich vorgegebenen Einzelkriterien und hilfsweise auf die im Wettbewerbsrecht entwickelten Grundsätze zurückzugreifen. Im Vordergrund steht das in §§ 3, 4 UWG verankerte *Wahrheitsgebot*, dessen Kernaussagen freilich nicht aus dem Wettbewerbsrecht schematisch übernommen werden dürfen.[21] Vielmehr ist den Besonderheiten des kapitalmarktlichen Geschehens unter Berücksichtigung der im Verhältnis zum UWG spezielleren §§ 264 a StGB, 20a iVm. 39 Abs.1 WpHG nF (mit erheblichen Änderungen im Vergleich zum früheren § 88 BörsG)[22] im Einzelfall Rechnung zu tragen[23] (Rn. 12). Daneben tritt das wettbewerbsrechtliche *Sachlichkeitsgebot* mit seinen Ausprägungen in den zu §§ 1, 2 UWG gefundenen Erkenntnissen.

12   **b) Beurteilungskriterien.** Ob die Gefahr einer Fehlleitung besteht, richtet sich grundsätzlich *nicht* nach dem vom Verbraucherschutzrecht her geläufigen Vorstellungsbild vom gänzlich fachunkundigen, uninformierten und unerfahrenen Durchschnittsadressaten. Eine ergebnisorientierte oder auch nur tendenzielle Gleichsetzung von Kunden- und Anlegerschutz, wie sie durch die Anlehnung der textlichen Ausgestaltung an die §§ 36b WpHG, 23 KWG nahe liegen mag, wäre ein Irrweg. Sie ließe außer Betracht, dass die an das Publikum gerichteten marktwichtigen Informationen und Präsentationen ihrerseits Gegenstand rechtlich verfasster (vgl. §§ 31, 32 WpHG) Informationsmärkte sind,

---

[17] Ähnlich *Hirte* in Kölner Komm. Rn. 22.

[18] *Hirte* in Kölner Komm. Rn. 21.

[19] Anders *Hirte* in Kölner Komm. Rn. 22, der in diesem Zusammenhang den nicht gleichbedeutenden Begriff der „Intensität" verwendet.

[20] Ebenso zu § 3 UWG *Baumbach/Hefermehl* Wettbewerbsrecht, 22. Aufl. 2001, § 3 UWG Rn. 27 mwN.

[21] Entsprechendes gilt für die Übernahme der zu § 36b WpHG, § 23 KWG gefundenen Auslegungsergebnisse, vgl. Rn.18. Zu pauschal daher *Röh* in *Haarmann/Riehmer/Schüppen* Rn. 10; *Hirte* in Kölner Komm. Rn. 22.

[22] Begr. RegE BT-Drucks. 14/8017 S. 89 ff.

[23] Ausführlicher *Ekkenga* NZG 2001, 1, 5 ff.

an denen professionelle Anbieter – zumeist Effektenbanken – teilnehmen. Deren Aufgabe ist es, die beschafften Informationen anlegergerecht aufzubereiten und zu vermitteln, ggf. mit haftungsrechtlichen Konsequenzen. Zu beanstanden ist deshalb ein öffentliches Werbeverhalten, das den sachkundigen Informationsmittlern die Bewältigung ihrer Verteilungsaufgabe (auch unter Kostengesichtspunkten) erschwert.[24] Bei nicht öffentlichen (individuellen) Werbekontakten im Rahmen von „Investor Relations" wird es auf die Frage ohnehin oft nicht ankommen, weil solche Gespräche durchweg mit professionellen Anlegern (zB Fondsverwaltern) geführt werden. Vgl. im Übrigen Rn. 16.

3. Einzelne Beanstandungsgründe. a) Unwahre Werbeaussagen. Un- **13** wahre öffentliche Behauptungen sind stets ein Grund zur Beanstandung, es sei denn, der Fehler liegt offen zutage oder betrifft einen im Vergleich zu den übrigen Werbeaussagen untergeordneten Aspekt, der für sich genommen keinen nennenswerten Publikumseffekt erwarten lässt. Auch die Verbreitung von Fehlinformationen in Einzelgesprächen oder nicht öffentlichen Präsentationen kann eine unerwünschte Breitenwirkung entfalten, wenn – wie es bei der Kontaktpflege im Rahmen von Investor Relations normalerweise der Fall ist – Paketaktionäre zu den Empfängern gehören. Auf die Anzahl der Betroffenen und auf die Häufung der Werbeaussagen kommt es nicht an,[25] entscheidend ist allein das Gewicht des Informationsinhalts. Die Abgrenzung unzutreffender Tatsachenmitteilungen von wertenden Äußerungen, die sich einer Qualifizierung als „richtig" oder „falsch" weitgehend entziehen, bereitet gerade auf dem Kapitalmarktsektor oft erhebliche Schwierigkeiten.[26]

b) Verbreitung irreführender Analysen und Prognosen. Wertende **14** Äußerungen wie werbliche Anpreisungen allgemeiner Art oder die analytische Verarbeitung marktwichtiger Daten werden nicht allzu häufig gegen das Wahrheitsgebot verstoßen. Zwar ist nicht zu verkennen, dass auch sie durchaus geeignet sein können, uneingeweihten Anlegern die Erkennung entscheidungsrelevanter Faktoren zu erschweren oder sie fehlzuleiten. Maßgeblich ist aber aus den unter Rn. 12 genannten Gründen der Erkenntnishorizont professioneller Marktmittler, die besser als ihre Kunden in der Lage sind, Unstimmigkeiten oder manipulative Elemente aufzudecken.[27] Insbesondere lässt sich der vom allgemeinen Wettbewerbsrecht her geläufige Topos von der Ausnutzung der Unerfahrenheit des Werbeadressaten[28] auf die Verhältnisse am Kapitalmarkt nicht übertragen. Statt dessen ist aber stets ein Verstoß gegen das Sachlichkeitsgebot in Betracht zu ziehen.

c) Unsachliche Äußerungen. Unlauter sind Werbeaussagen, die beim **15** Anleger Angstgefühle wecken oder ihn einem erhöhten Entscheidungsdruck aussetzen sollen. Die Maßstäbe im allgemeinen Wettbewerbsrecht sind tenden-

---

[24] Weiterführend *Ekkenga,* Anlegerschutz, Rechnungslegung und Kapitalmarkt, 1998, S. 436.
[25] AA Hirte in Kölner Komm. Rn. 22.
[26] *Ekkenga* NZG 2001, 1, 6 f.
[27] *Ekkenga* NZG 2001, 1, 7.
[28] Vgl. *Baumbach/Hefermehl* Wettbewerbsrecht, 22. Aufl. 2001, § 1 UWG Rn. 194 ff.

ziell streng. So gelten bereits Warnungen als wettbewerbswidrig, die auf die Vorzugswürdigkeit von Kapitalanlageangeboten wegen der Gefahr inflationsbedingter Geldverluste hinweisen.[29] In einer Übernahmesituation dürfte beispielsweise die Drohung des Bieters, im Falle seines Scheiterns die für die Zielgesellschaft existenzwichtige Geschäftsbeziehung abzubrechen, gegen das Sachlichkeitsgebot verstoßen. Entsprechendes gilt für die Zielgesellschaft, die dem Bieter destruktives Verhalten unterstellt, obwohl weder die Angebotsunterlage noch sonstige Umstände auf eine Zerschlagungsabsicht hindeuten.[30] Die durch derartige Kampagnen erzeugten Grundstimmungen sind auch durch professionelle Anlageberatung nicht beherrschbar und daher Anlass für ein aufsichtsbehördliches Einschreiten.

16   **d) Gebrauch unzulässiger Werbemethoden.** Bieter und Zielgesellschaft dürfen nicht die Mittlerfunktion der Beratungsinstitute systematisch ausschalten, indem sie an die Publikumsanleger unaufgefordert direkt herantritt. Das breitflächige „Cold Calling" (überraschende Anrufe von Privatpersonen, Telefaxsendungen,[31] Zusendung unerbetener E-Mails[32] oder SMS[33]) ist daher unzulässig, ebenso die Haustür- und Briefkastenwerbung.[34] Das bedeutet aber nicht, dass die Zielgesellschaft während des Angebotsverfahrens darauf festgelegt ist, Werbung ausschließlich überindividuell-öffentlich zu betreiben; die Ansprache ausgewählter Aktionäre muss ihr gestattet bleiben. Die gesellschaftsrechtlichen Grenzen des § 67 Abs. 6 Sätze 3–5 AktG sind dabei zu beachten, ihre Übertretung rechtfertigt aber keine behördliche Maßnahme nach § 28 (Rn. 2). Wird die Presse eingeschaltet, so ist – den Richtlinien der Verlegerorganisationen entsprechend – für eine getrennte Darstellung von Werbung und redaktionellem Text zu sorgen.

17   **e) Übermäßiger Umfang.** Nach verbreiteter Ansicht kann auch der Werbeumfang zu beanstanden sein, sofern er Ausmaße annimmt, die sich mit dem Sachlichkeitsgebot nicht mehr vereinbaren lassen.[35] Unter dem Gesichtspunkt der Waffengleichheit soll jedoch zugunsten des einen Beteiligten (zB der Zielgesellschaft) eine Ausnahme gelten, wenn ein anderer (zB der Bieter) zu ähnlich aufwendigen Mitteln greift.[36] Dem ist nur für den Fall zu folgen, dass die Waffengleichheit nicht durch gleichmäßiges Einschreiten der BAFin hergestellt werden kann, zB weil es sich bei dem Bieter um ein ausländisches Unternehmen handelt.

---

[29] *Baumbach/Hefermehl* Wettbewerbsrecht, 22. Aufl. 2001, § 1 UWG Rn. 176 a.

[30] Auch „Mudsliding" genannt, siehe *Hirte* in Kölner Komm. Rn. 22.

[31] Vgl. BGH GRUR 1996, 208; *Ebnet* NJW 1992, 2985.

[32] Vgl. LG Berlin NJW-CoR 1998, 431; *Hoeren* WRP 1997, 993, 994f., 996.

[33] Vgl. *Schmittmann* MMR 1998, 346.

[34] *Hirte* in Kölner Komm. Rn. 22 ebenso zu § 36 b WpHG *Koller* in *Assmann/Schneider* WpHG, 2. Aufl. 1999, § 36 b Rn. 1.

[35] *Hirte* in Kölner Komm. Rn. 27 mwN.; *Schwennicke* in *Geibel/Süßmann* Rn. 15; *Röh* in *Haarmann/Riehmer/Schüppen* Rn. 10.

[36] *Schwennicke* in *Geibel/Süßmann* Rn. 15.

V. Untersagung

1. Gegenstand der Untersagung. Nach Abs. 1 kann die BAFin „be-   **18**
stimmte Arten der Werbung" untersagen. Der Text ist – ebenso wie der Bezug
auf die „allgemeinen Maßnahmen" in Abs. 2 – verunglückt.
Man hat ihn aus
§ 23 KWG, § 36 b WpHG unverändert übernommen, ohne zu beachten, dass
diese Vorschriften in einem völlig anderen Regelungszusammenhang stehen:
Dort geht es um die *dauerhafte Kontrolle* des Werbeverhaltens eines im wesentlichen feststehenden Kreises von Anbietern, während § 28 die *situationsabhängige
Werbung Einzelner* erfasst, die nur aufgrund des Erwerbs- oder Übernahmeangebots und nur vorübergehend möglicher Adressat einer Untersagungsverfügung sind. Ein Verbot bestimmter Werbe-„Arten" macht hier ebenso wenig
Sinn wie die Ergreifung „allgemeiner" Gegenmaßnahmen, weil Gegenstand
der Untersagung ohnehin nur kurzfristige Einzelaktionen sein werden. Vor
diesem Hintergrund kann mit „Art der Werbung" nur die Selbstverständlichkeit gemeint sein, dass die BAFin nicht die Werbemaßnahme als solche, sondern die darin enthaltene Werbeaussage oder die Art und Weise der Veröffentlichung bzw. Übermittlung beanstandet.[37]

2. Untersagungsverfügung. Die BAFin entscheidet nach pflichtgemä-   **19**
ßem Ermessen, ob sie eine Untersagungsverfügung erlässt. Sie kann auch vor-
beugend tätig werden[38] (Rn. 10). Die Untersagungsverfügung ist ein *Einzel-
VA* iSd. § 35 Satz 1 VwVfG. Die Einzelheiten des Verfahrens richten sich nach
dem VwVfG (zur Anhörung des Beirats siehe Rn. 20). Gegen die Untersagung
kann nach § 41 Abs. 1 iVm. § 70 Abs. 1 VwGO innerhalb von vier Wochen
schriftlich oder zur Niederschrift Widerspruch eingelegt werden, der keine
aufschiebende Wirkung hat (§ 42). Verstöße gegen die Untersagung sind nach
§ 60 Abs. 2 Nr. 1 zu ahnden. Der Erlass einer *Allgemeinverfügung* wird regelmäßig nicht veranlasst sein (vgl. Rn. 18).

3. Anhörung des Beirats (Abs. 2). a) Tatbestand. Gemäß Abs. 2 ist „vor   **20**
allgemeinen Maßnahmen" der Beirat (vgl. § 5) zu hören. Der Entwurfsbegründung zufolge sind damit aufsichtsbehördliche Verfügungen gemeint, die „nicht
nur einzelnen Werbemaßnahmen begegnen, sondern auch generell bestimmte
Werbemaßnahmen oder Werbemethoden untersagen".[39] Versteht man unter
„generell" das Gegenteil von „individuell", so scheint die historische Auslegung
zu ergeben, dass „allgemeine Maßnahmen" gleichzusetzen sind mit personenbezogenen Allgemeinverfügungen iSd. § 35 Satz 2 VwVfG. In diesem Sinne
äußert sich denn auch die bisherige Kommentarliteratur.[40] Dabei wird aber
übersehen, dass es im Übernahmeverfahren unter der angenommenen Prämisse an einem konkreten („bestimmten") Anlass zum Einschreiten fehlt: Entweder die Maßnahme richtet sich gegen die Werbung anlässlich eines bestimm-

---

[37] Ebenso *Schwennicke* in *Geibel/Süßmann* Rn. 16; anders offenbar *Hirte* in Kölner
Komm. Rn. 25.

[38] Begr. RegE BT-Dr. 14/7034 S. 52.

[39] Begr. RegE BT-Dr. 14/7034 S. 52.

[40] *Hirte* in Kölner Komm. Rn. 26; *Schwennicke* in *Geibel/Süßmann* Rn. 17; *Röh* in
Haarmann/Riehmer/Schüppen Rn. 16.

ten Angebotsverfahrens, dann steht der Adressatenkreis fest und es bedarf keiner Allgemeinverfügung. Oder die BAFin nimmt gewisse Werbemethoden oder -aussagen auch für künftige Angebotsfälle ins Visier, dann ist der Anlass in Wahrheit nicht konkret („bestimmt"), sondern abstrakt, und die Grenze von der Allgemeinverfügung zur Rechtsnorm ist überschritten[41] (anders in den Fällen der gleichlautenden § 23 Abs. 2 KWG, § 36b Abs. 2 WpHG, siehe Rn. 18). Da die BAFin keine Normgebungskompetenz hat, verbleibt für § 28 Abs. 2 letztlich kein Anwendungsbereich – es sei denn, man setzt die „allgemeinen Maßnahmen" mit der Untersagung von „Arten der Werbung" gleich, erstreckt also die Mitwirkungsbefugnis des Beirats auf sämtliche (Einzel-)Verfügungen iSd. Abs. 1.

21   **b) Rechtsfolgen.** Unterbleibt entgegen Abs. 2 die Anhörung, so ist die Untersagungsverfügung nicht ordnungsgemäß erlassen worden und rechtswidrig.[42] Bis zum Abschluss des Anfechtungsverfahrens kann die BAFin die nicht ordnungsgemäß durchgeführte Anhörung des Beirats nachholen (§ 45 Abs. 1 Nr. 4, Abs. 2 VwVfG) oder die Verfügung – auch nach Eintritt der Bestandskraft – zurücknehmen (§ 48 Abs. 1 VwVfG).

---

[41] Zutr. *Röh* in *Haarmann/Riehmer/Schüppen* Rn. 15; *Kopp/Ramsauer* VwVfG, 7. Aufl. 2000, § 35 Rn. 104; *Stelkens/Stelkens* in *Stelkens/Bonk/Sachs* VwVfG, 6. Aufl. 2001, § 35 Rn. 215.
[42] *Röh* in *Haarmann/Riehmer/Schüppen* Rn. 16.

Abschnitt 4. Übernahmeangebote

§ 29 Begriffsbestimmungen

(1) **Übernahmeangebote sind Angebote, die auf den Erwerb der Kontrolle gerichtet sind.**

(2) **Kontrolle ist das Halten von mindestens 30 Prozent der Stimmrechte an der Zielgesellschaft.**

Schrifttum: *Fleischer*, Zum Begriff des öffentlichen Angebots im WpÜG, ZIP 2001, 1653; *Harbarth*, Kontrollerlangung und Pflichtangebot, ZIP 2002, 321; *Mülbert*, Übernahmerecht zwischen Kapitalmarktrecht und Aktien(konzern)recht – die konzeptionelle Schwachstelle des RegE WpÜG, ZIP 2002, 1221.

Übersicht

1. Normzweck. Die Regelungen über das einfache öffA (§ 2 Abs. 1) bezwecken den Erhalt der wettbewerblichen Funktionsfähigkeit des Kapitalmarktes: Dem Bieter dürfen nicht dadurch wettbewerbsfremde Anreize zum öffA erwachsen, dass ihm ein Kollektiv von Veräußerern gegenübersteht, das zu einer Koordination seines Marktverhaltens und damit zu einer wirksamen Wahrnehmung seiner Interessen nicht in der Lage ist (§ 3 Rn. 14 f.). Dieser Schutzzweck ist auch bei öffÜA berührt. Hier entsteht jedoch weiterer Regelungsbedarf aus dem Umstand, dass der Bieter auf die Kontrolle der Zielgesellschaft zielt und deshalb den verbleibenden übrigen Aktionären ein Minderhei-

1

tenstatus mit allen negativen wirtschaftlichen Folgen droht (vgl. auch § 3 Rn. 16 f.). Hier erscheint es gerade möglich, dass der Markt den Erfolg des öff-ÜA während des Angebotsverfahrens bei der Kursentwicklung der Aktie der Zielgesellschaft vorwegnimmt und die künftig **aus dem Minderheitenstatus zu erwartenden Nachteile** bereits jetzt vom Preis diskontiert (§ 3 Rn. 15). Dann wird die Aktie der Zielgesellschaft tendenziell schwerer verkäuflich, woraus den Aktionären Schwierigkeiten erwachsen, gegenüber dem Bieter auf einen fairen Wertausgleich zu bestehen. Nicht unproblematisch ist auch die Bezifferung dessen, was den „inneren" Wert der Aktie der Zielgesellschaft eigentlich ausmacht. Denn erst in der Hand des Bieters vereinigen sich die Einzelanteile zu einer Kontrollmacht, die den Zugriff auf das Vermögen der AG und nicht nur auf die Dividende erlaubt. Ein Marktpreis für diesen **Kontrollwert** existiert aber nicht; insbesondere lässt er sich nicht einfach mit dem aktuellen Börsenkurs gleichsetzen (§ 3 Rn. 8 f.; § 31 Rn. 2). Durch diese Umstände entstehen für den Bieter wettbewerbsfremde Konzentrationsanreize: Das öffÜA könnte sich nämlich deshalb als preisgünstige Anlage erweisen, weil hier nicht für den vollen Gegenwert der „übernommenen" Zielgesellschaft gezahlt werden muss. Diesen Gefahren beugt die Sonderregelung über die Bemessung der Gegenleistung vor (§ 31). Auch nach den Wertungen des WpÜG (vgl. aber auch den Streit um die Konzernbildungskontrolle § 3 Rn. 16 und § 35) sollen die **Aktionäre nicht gegen ihren Willen in eine Minderheitsposition gedrängt** werden: Deshalb muss der Bieter sein öffÜA an alle Mitglieder der Zielgesellschaft richten (§ 32) bzw. ist verpflichtet, deren Anteile nach Erlangung der Kontrolle zu erwerben (§§ 35 ff.). Die **Funktion des § 29** besteht in der Ermittlung der Frage, ob ein öffA iSd. § 2 Abs. 1 diese zusätzlichen Gefahren aufwirft und daher durch die §§ 30 bis 39 einer ergänzenden Regelung unterworfen werden muss.

2   **2. Das öffÜA. a) Tatbestand des öffÜA.** Die gesetzliche Definition zeigt eine klare Struktur. Ein Angebot (§ 2 Abs. 1) muss auf den Erwerb der Kontrolle (§ 29 Abs. 2) gerichtet sein. Fragen wirft das Tatbestandsmerkmal „**gerichtet**" auf. Vor Entstehung des WpÜG begegnete die Auffassung, es komme auf die subjektive Absicht des Bieters an, die Kontrollschwelle zu erreichen.[1] Der Normzweck des § 29 legt allerdings einen **objektiven Maßstab** wesentlich näher.[2] Entscheidend dürfte daher sein, dass das Angebot nach seinem inhaltlichen Zuschnitt die Erwartung nahelegt, dass der Bieter genug Verkaufsinteressenten werben wird, um insgesamt die Kontrollmehrheit zu erlangen. Dabei geht es nicht nur um diejenigen Fällen, in denen das Angebot seinem Volumen nach 30 Prozent der stimmberechtigten Aktien umfasst, sondern auch um diejenigen, in denen die Kontrollschwelle dadurch überschritten wird, dass der Bieter und die ihm nach § 30 zuzurechnenden Personen unter Hinzurechnung der durch das Angebot aufgenommenen Anzahl von Stimmrechten die Kontrollschwelle erreichen; dies kann auch bei passivem Verhalten des Bieters eintreten.[3] Maßgeblich kommt es also auf eine Prognose an. Und

---

[1] *Basaldua* ZGR-Sonderheft 9, 1990, S. 170.
[2] *Kuhr* S. 86 ff.; *von Bülow* in Kölner Komm. Rn. 37.
[3] *Harbarth* ZIP 2002, 321, 325.

diese dürfte im **Zeitpunkt der Veröffentlichung** nach § 14 Abs. 2 Satz 1 zu erstellen sein; denn wie für jedes andere Rechtsgeschäft kommt es auch beim öffÜA im Hinblick auf die Wirksamkeit auf den Zeitpunkt seiner Vornahme an. Treten **später außergewöhnliche Umstände** hinzu, die entgegen der Annahmen im Zeitpunkt der Veröffentlichung zu einem Überschreiten der Kontrollschwelle führen, wird das Angebot nicht etwa nachträglich rechtswidrig, sondern löst die Verpflichtung nach § 35 Abs. 2 (Pflichtangebot) aus. Problematisch erscheint daran allein, dass sich der Bieter im Rahmen des ersten Angebotes bei der Bemessung der Gegenleistung nicht am Maßstab des § 31 orientieren musste. Dies kann dazu führen, dass die Aktionäre in zwei Lager gespalten werden – in solche, denen eine Gegenleistung unterhalb des Maßstabs von § 31 angeboten wird, und solche, denen später im Pflichtangebot durchaus die gesetzlichen Konditionen offeriert werden müssen. Vieles spricht dafür, in solchen Fällen **§ 31 Abs. 5 (Maßgeblichkeit des Nacherwerbs für die Gegenleistung) analog** auf den ersten Teil der Aktionäre anzuwenden und die ihnen vom Bieter gewährten Konditionen nachträglich denen des Pflichtangebots anzupassen. An die Stelle der Veröffentlichung nach § 23 Abs. 1 Satz 1 Nr. 2 träte dann entsprechend die Veröffentlichung nach § 35 Abs. 1. Unberührt davon bleibt die Möglichkeit des Bieters, sein Angebot gegenüber der ersten Gruppe der Aktionäre nach § 21 Abs. 1 Nr. 1 auf das nach § 31 Geschuldete hin zu erhöhen und damit freiwillig den Erfordernissen an die Gegenleistung Rechnung zu tragen.

b) Kein Zwang zum öffÜA bis zur Erreichung der Kontrollmehrheit. Das WpÜG zwingt den Aktienerwerber in den §§ 29 ff. nicht zu einer bestimmten Erwerbsform. Eine Kontrollmehrheit muss also nicht durch öffÜA erworben werden, sondern kann theoretisch auch durch Paketerwerb, Börsenkauf oder durch eine Mischung mehrerer Erwerbsformen angestrebt werden. Nur der fünfte Abschnitt des WpÜG kennt Pflichtangebote, und insbesondere § 35 Abs. 2 sieht eine Pflicht zur Unterbreitung eines öffÜA ab dem Überschreiten der Kontrollschwelle vor. Nach verbreiteter und zutreffender Überzeugung bestehen für den Erwerbsinteressierten allerdings erhebliche **ökonomische Anreize**, bei einer Zielgesellschaft mit Streubesitz die Übernahme der Kontrollmehrheit gerade durch öffA anzustreben, da der Erwerb über die **Börse** (open market purchase) für die Aufnahme der erforderlichen Aktienkontingente als zu unberechenbar eingeschätzt wird und dort unter Umständen ein dramatischer Kursanstieg droht, wenn sich die Nachfrage nach der Aktie der Zielgesellschaft verfestigt. Den **Paketerwerb** charakterisiert demgegenüber vor allem die regelmäßig höhere Gegenleistung (Paketzuschlag).[4] Zur Verteuerung trägt dabei nicht zuletzt § 4 AngebotsVO bei, wonach der höchste außerhalb des Verfahrens gezahlte Gegenwert auch für den Preis im Rahmen des späteren Pflichtangebots in voller Höhe maßgeblich wird.

Insgesamt orientiert sich das deutsche Recht am System des **City Code,**   4
das ebenfalls unterhalb der Kontrollschwelle keinen Formzwang kennt und erst nach Überschreitung dieser Grenze zum öffÜA verpflichtet (Rule 9

---

[4] *Assmann/Bozenhardt* S. 10; *Busch* S. 50; *Kuhr* S. 16; aA *Herkenroth* S. 160.

City Code).[5] **Rechtspolitisch** ist diese Entscheidung nicht völlig zweifelsfrei. Erwirbt der Interessent nämlich zunächst anonym über die Börse, droht die Gefahr einer Ungleichbehandlung der Aktionäre in der Zeit: Während die zuerst Veräußernden noch nichts vom Rückkaufvolumen wissen und daher einen vergleichsweise niedrigen Preis erzielen, können die über die Nachfragebewegung informierten späteren Veräußerer möglicherweise eine Prämie auf den Preis vereinnahmen. Der in den Anteilen verkörperte Wert (Kontrollprämie, § 3 Rn. 8, § 31 Rn. 2) wird daher ungleich zwischen den Aktionären verteilt.[6] Aus diesem Grund beschränkt das Recht der Vereinigten Staaten in **Sec. 13(d) SEA** den Erwerb außerhalb des öffÜA:[7] Bei einem Erwerb von mindestens fünf vom Hundert der öffentlich gehandelten Anteile besteht eine binnen zehn Tagen zu erfüllende Anzeigepflicht gegenüber der Zielgesellschaft, gegenüber der Börse, an der die Aktien der Zielgesellschaft gehandelt werden, und gegenüber der SEC. In Deutschland nimmt die **Mitteilungspflicht nach § 21 WpHG** teilweise eine vergleichbare Warnfunktion zugunsten der Veräußerer wahr, was die Gefahr von Ungleichbehandlungen der Aktionäre der Zielgesellschaft zumindest abmildert.[8]

5   **c) Anwendungsfragen. aa) Feindliches ÜA.** Die Bezeichnung „**feindliches ÜA**" ist kein Gesetzesbegriff. Sie findet in der Praxis Anwendung auf öffÜA, die nicht auf einer vorausgegangenen Absprache mit der Verwaltung der Zielgesellschaft beruhen bzw. deren Widerspruch herausfordern.[9] In den Vereinigten Staaten hat sich die Praxis des feindlichen Übernahmeangebots herausgebildet, weil dort die Fusion zweier Gesellschaften der Zustimmung beider Board of Directors bedarf: Ist die Zustimmung des Boards der Zielgesellschaft nicht zu erlangen, muss dieses aus Sicht des Bieters durch Übernahme der Kontrollmehrheit abgelöst werden.[10]

6   **bb) Dawn Raids (Erwerb bis dicht an die Schwelle des § 29 Abs. 2).** Die vor allem aus dem englischen Recht bekannte Problematik des Dawn Raid besteht darin, dass ein Bieter innerhalb kürzester Zeit über mehrere Börsenmakler Anteile unterhalb der Schwelle von 30 % erwirbt und damit die verbleibenden Aktionäre der Zielgesellschaft im Hinblick auf ein anschließendes öffÜA bewusst unter Druck setzt. Als besonders problematisch gilt, dass das Lager der Aktionäre in zwei Teile gespalten wird: den Teil, der durch die Dawn Raid-Strategie überrumpelt zu einem zu niedrigen Preis (nämlich dem aktuellen Börsenkurs) veräußert und dem zweiten Teil der Kleinaktionäre, der von dieser Veräußerungsmöglichkeit „faktisch ausgeschlossen" ist, weil er nicht schnell genug auf das Angebot reagieren kann.[11] Diesem verbleibenden Teil gegenüber muss der Bieter im Hinblick auf die Gegenleistung auch nicht sonderlich konzessionsbereit sein, da er die Kontrollschwelle mit großer Sicherheit

---

[5] *Knoll* S. 121.
[6] *Otto* AG 1994, 167; kritisch *Assmann/Bozenhardt* S. 65 f. mwN.
[7] Vgl. etwa *Herkenroth* S. 135 ff.
[8] Ähnlich bereits zur alten Rechtslage *Assmann/Bozenhardt* S. 67.
[9] Vgl. nur *Assmann/Bozenhardt* S. 8.
[10] *Herkenroth* S. 128 f.
[11] *Roßkopf* S. 137.

erreichen wird und der Markt den daraus resultierenden Minderheitenstatus der verbleibenden Aktionäre vom Börsenkurs diskontieren wird.[12] Hier hilft auch die an Vorerwerbe des Bieters anknüpfende Preisuntergrenze von § 4 AngebotsVO wenig, wenn der Börsenkurs zuvor besonders niedrig war. Hinzu kommt, dass der Zielgesellschaft eine realistische Möglichkeit zur Gegenwehr genommen wird, weil jede beschlossene und unternommene Gegenmaßnahme im Hinblick auf ihre Erfolgschancen höchst zweifelhaft erscheint. Das englische Recht kennt daher ein Verbot des Council for the Securities, und zwar die **Industry Rules Governing Substantial Acquisition of Shares**, die diese Möglichkeit einschränken.[13] Auch der **City Code** schränkt die Möglichkeit des Paketerwerbs ein. Dieser darf nach Rule 5.1 innerhalb von sieben Tagen nur einmal erfolgen, es sei denn, der Bieter habe die Absicht bekundet, später ein öffÜA zu unterbreiten (Rule 5.2). Weitere Paketkäufe werden stark eingeschränkt (Rule 5.3). Das WpÜG kennt keine entsprechenden Regeln und setzt daher die Aktionäre der Zielgesellschaft erheblichen Überrumpelungs- und Erpressungsgefahren aus. Als Ausweg bleibt bei der geltenden Rechtslage allein **das Verbot der Veröffentlichung der Angebotsunterlage durch die BAFin nach § 4 Abs. 1 Satz 2 und 3 iVm. § 3 Abs. 5 wegen Marktverzerrung**.[14] Ist nämlich erkennbar, dass die Dawn Raid-Strategie allein dazu dient, einem Teil der Aktionäre die in einem öffÜA zu offerierende Gegenleistung vorzuenthalten und damit die anderen Teil im Hinblick auf die Gegenleistung unter Druck zu setzen, wird der Preisbildungsmechanismus des Marktes unter Ausnutzung der Uninformiertheit eines Teils der Aktionäre und der Erpressbarkeit des anderen Teils bewusst außer Kraft gesetzt. Lässt die BAFin das auf den Resterwerb gerichtete öffÜA nicht zu, kann es zumindest einen Teil dieser Strategie durchkreuzen. Allerdings bliebe es dem Erwerbsinteressenten dann ohne weiteres möglich, ein zusätzliches Paket von irgendeinem Aktionär der Zielgesellschaft zu erwerben, wobei abermals das Drohpotential des künftigen Minderheitenstatus ins Spiel gebracht werden könnte. Um dies zu verhindern, muss die BAFin ermächtigt sein, nach **§ 4 Abs. 1 Satz 3 iVm. § 3 Abs. 5** ein **Erwerbsverbot** (möglicherweise unter Auflagen: Rückübertragung auf die ehemaligen Aktionäre der Zielgesellschaft) auszusprechen.

cc) Erwerb von Vorzugsaktien ohne Stimmrecht und andere Wert-   7 papiere iSd. § 2 Abs. 2. Da öffÜA mindestens auf einen Gesamtanteil von 30 % der Stimmrechte der Zielgesellschaft (§ 29 Abs. 2) gerichtet sind, zählen Vorzugsaktien, soweit das Stimmrecht des Inhabers ruht (vgl. § 140 Abs. 2 Satz 1 AktG), nicht mit. Auch wenn stimmrechtslose Vorzugsaktien in Höhe von 30 Prozent des Grundkapitals erworben werden, finden daher die §§ 29 ff. keine Anwendung. Eine ähnliche Regelung traf Art. 1 Abs. 1 GS 2000;[15] im RLE 2002 ist der Begriff des Wertpapiers nach Art. 2 Abs. 1 lit. e auf Stimmrechte beschränkt. Das Gleiche gilt für alle anderen Wertpapiere iSd. § 2 Abs. 2 außer Aktien, da auch diese keine Stimmrechte verbriefen.

---

[12] Vgl. hier nur *Immenga* in *Kreuzer* ÖffÜA S. 22 f. sowie hier § 3 Rn. 15.
[13] *Herkenroth* S. 263.
[14] § 15 Abs. 1 Nr. 2 ist in diesen Fällen nicht anwendbar, weil nicht der *Inhalt* der Angebotsunterlage gegen das WpÜG verstößt.
[15] *Pötzsch/Möller* S. 6.

8   **dd) Austausch des Mehrheitsgesellschafters.** Gelegentlich wird die Frage
aufgeworfen, ob die §§ 29 ff. auch dann anwendbar sind, wenn die Aktionäre
sich bereits in einer Minderheitsposition befinden und durch das öffÜA nur
die Person des Mehrheitsgesellschafters ausgetauscht wird.[16] Dies wird man
bejahen müssen, da gerade mit der Person des Mehrheitsgesellschafters für die
Minderheitsgesellschafter entscheidende Interessenkonflikte verbunden sein
können und sie daher ein Interesse daran haben, nicht unfreiwillig ihre Interessen nun einer anderen Person unterordnen zu müssen.[17]

9   **ee) Bieter selbst bleibt Minderheitsaktionär.** Die Anwendbarkeit der
§§ 29 ff. wird auch für den Fall diskutiert, dass der Bieter zwar die Schwelle des
§ 29 Abs. 2 erreicht, dennoch selbst in einer Minderheitsposition verharrt. Beispiel: Ein Gesellschafter der Ziel-AG hält einen Anteil von 45 % an den
Stimmrechten; der Bieter erreicht nach Abschluss des öffÜA 31 %. Hier kann
die BAFin zunächst auf der Grundlage von § 9 Satz 2 Nr. 2 AngebotsVO eine
Befreiung von der Verpflichtung zum Übernahmeangebot erteilten. Damit ist
indes nicht geklärt, ob auf den Bieter auch die §§ 31, 32 Anwendung finden.[18]
Wäre dies der Fall, müsste der Bieter bei jedem weiteren Erwerb auch dem
Mehrheitsaktionär ein Angebot auf Erwerb seiner Stücke unterbreiten. Zu
Recht wird für diese Fälle eine teleologische Reduktion der Norm befürwortet.[19] Denn die Kleinaktionäre der Zielgesellschaft befinden sich in diesem Fall
in Abhängigkeit vom Großaktionär und nicht vom Bieter. Es steht nicht zu
befürchten, dass der Bieter auf sie den Druck erhöhen könnte, eine niedrigere
Gegenleistung zu akzeptieren oder sie durch Teilangebote in eine Minderheitenposition zu drängen vermag. Die §§ 30 ff. passen auf solche Fälle nicht, so
dass die BAFin wohl regelmäßig eine Ausnahme nach § 9 Satz 2 Nr. 2 AngebotsVO gewähren muss. Anwendbar bleiben allerdings die §§ 10 bis 28.

10   **ff) Bloße Verstärkung der Kontrolle; Umstrukturierungen.** Fraglich
ist, ob das Gesetz auch auf Übernahmeangebote Anwendung findet, die einer
Verstärkung der Kontrolle durch den bereits herrschenden Gesellschafter
dienen. Nach teilweise vertretener Ansicht passt gerade § 35 nur auf die erstmalige Erlangung der Kontrolle, nicht aber ihren Ausbau.[20] Dies wird mit der
Entstehungsgeschichte der Norm begründet: Ein Vorschlag der CDU/CSU-
Fraktion, nach dem bei bereits erreichtem Stimmrechtsanteil von 30 % ein
weiterer Stimmenzuwachs von 2 Prozentpunkten die Pflicht zum erneuten
Übernahmeangebot aktivieren sollte, war im Finanzausschuss abgelehnt worden.[21] Ein Blick in den City Code zeigt indes, dass es auch oberhalb von 30 %
Regelungsbedarf gibt, auf den § 29 Abs. 1 seinem Zweck nach anwendbar ist.
So kennt der Code einen Zwang zum Pflichtangebot, wenn eine Beteiligung
zwischen 30 bis 50 Prozent innerhalb von 12 Monaten um 2 Prozent erhöht
wird (Rule 9).[22] Dem wird man den auch auf das deutsche Recht übertrag-

---

[16] *Houben* WM 2000, 1877 f.
[17] Ebenso *Hommelhoff*, FS Semler, 1993, S. 455, 460 f.
[18] Dies übersieht *Harbath* ZIP 2002, 321, 323, Fn. 17.
[19] *Kuhr* S. 94; *Peltzer* S. 193.
[20] *Harbarth* ZIP 2002, 321, 324.
[21] BT-Drucks. 14/7477 S. 5.
[22] *Knoll* S. 121.

baren Rechtsgedanken entnehmen können, dass eine **substantielle Stärkung** der Stimmenmacht des Mehrheitsgesellschafters die rechtliche Stellung der verbleibenden Aktionäre weiter schwächt. Dies gilt insbesondere bei Überschreiten von 50 % (arg. e § 21 Abs. 1 Satz 1 WpHG), 75 %, des mehrfach im UmwG vorgesehenen Mehrheitserfordernisses, und für die Schwelle von 95 % für den Squeeze-out nach § 327a Abs. 1 AktG. Die §§ 31 f. passen dann insbesondere auch nach ihrem Regelungszweck: Denn die Kleinaktionäre der Zielgesellschaft werden im Hinblick auf die Gegenleistung weiter erpressbar (§ 31), können in zwei Lager gespalten werden (§ 32). Allerdings dürfte in einem solchen Fall die Autorisierung von Abwehrmaßnahmen nach § 33 Abs. 2 aus praktischen Gründen scheitern. Unterhalb dieser Schwellen aber dürfte bereits der Tatbestand des § 29 nicht anwendbar sein: Will der Bieter also nur eine begrenzte Anzahl von Stücken hinzuerwerben, ist dies nach § 19 möglich und bedeutet keinen Verstoß gegen § 32. Auch muss sich der Bieter nicht an § 31 orientieren, weil die Norm ihrem Zweck nach nicht passt: Der Bieter verfügt bereits über die Kontrolle an der AG und den Kontroll*wert*. Dann muss er diesen den übrigen Aktionären nicht ersetzen (vgl. § 31 Rn. 2). Diese Beurteilung gilt erst für nachträgliche **Umstrukturierungen innerhalb eines Konzerns nach Kontrollerwerb:** Erwirbt der Bieter bspw. von seinem Tochterunternehmen Aktien, die ihm zuvor nach § 30 Abs. 1 Satz 1 Nr. 1 zugerechnet wurden, kann dies nicht erneut die Verpflichtungen nach §§ 31 ff. auslösen. Für die übrigen Aktionäre ändert sich nämlich dadurch nichts.[23] § 31 Abs. 5 Satz 2 greift einen Teilaspekt dieser Problematik auf.

gg) Übernahme durch Emissionsbegleiter bei Börseneinführung. 11
Zur Vorbereitung des Börsengangs schließt der Emittent in der Praxis mit der ihn begleitenden Emissionsbank bzw. einem Konsortium aus Emissionsbanken sogenannte Übernahmeverträge nach amerikanischem Vorbild.[24] Darin verpflichten sich die Emissionsbanken regelmäßig, die Aktien zum Nennbetrag vom Emittenten zu erwerben. Diese Verträge fallen als Individualverträge nicht unter § 29 Abs. 1 iVm. § 2 Abs. 1, auch wenn sie ihrem Volumen nach die Kontrollschwelle des § 29 Abs. 2 überschreiten. Zwar kann die Emissionsbank auf diesem Wege die Kontrollschwelle nach § 29 Abs. 2 AktG erreichen, doch dürfte hier eine teleologische Einschränkung des Begriffs des „Haltens" von Stimmrechten geboten sein (Rn. 14).

hh) Gegenangebot der Zielgesellschaft auf Rückerwerb der Aktien. 12
Das von der Zielgesellschaft auf der Grundlage von § 71 Abs 1 Nr. 8 Satz 1 AktG iVm. § 33 Abs. 1 oder 2 WpÜG abgegebene Gegenangebot auf Rückerwerb der Aktien[25] ist legalerweise nur über ein Volumen iHv. 10 Prozent des Grundkapitals möglich (§ 71 Abs. 2 Satz 1 AktG). Darüber hinausgehende Kaufverträge sind nach § 71 Abs. 4 Satz 2 AktG nichtig. Dies gilt jedoch nicht für den dinglichen Aktienerwerb (§ 71 Abs. 4 Satz 1 AktG). Sollten deshalb rechtswidrigerweise so viele Aktien zurückerworben werden, dass die Kontrollschwelle des § 29 Abs. 2 überschritten wird, sind die §§ 29 ff. zum Schutze

---

[23] *Liebscher* ZIP 2002, 1005, 1014 f.
[24] *Technau* AG 1998, 445; *Hein* WM 1996, 1; *Hoffmann-Becking,* FS Lieberknecht, 1997, S. 25; *Trapp* AG 1997, 119.
[25] Dazu, allerdings zum alten Rechtsstand, *Assmann/Bozenhardt* S. 9.

der Aktionäre anwendbar, weil die Zielgesellschaft durch rechtswidriges Verhalten keine privilegierte Stellung erlangen darf (vgl. etwa § 11 Rn. 47).

13   **3. Kontrolle (Abs. 2). a) Normzweck.** Der Gesetzgeber begründet die Entscheidung für eine Kontrollschwelle von 30 % mit rechtsvergleichenden Überlegungen. Als Vorbild erkennt er die insoweit gleichlaufenden Rechtsordnungen Frankreichs, Italiens, Österreichs, der Schweiz und des Vereinigten Königreichs an. Maßgeblich für sämtliche Regelungen dürfte indes Rule 9.1 lit. a City Code gewesen sein. Weiter war für den Gesetzgeber die Praxis der Präsenzen in den Hauptversammlungen börsennotierter AG ausschlaggebend.[26] Diese Einschätzung wird durch die Praxis bestätigt: Nach einer Erhebung der Deutschen Schutzvereinigung für den Wertpapierbesitz lagen die Anwesenheiten Ende der neunziger Jahre in den Hauptversammlungen bei den DAX-Werten im Durchschnitt bei 63, 4 Prozent, so dass durchschnittlich eine Schwelle von 31, 7 Prozent zur Kontrollausübung genügte.[27] Eine niedrigere Kontrollschwelle – der Gesetzgeber erwägt in den Materialien ausdrücklich 25 Prozent – würde wegen des Zwangs zum Pflichtangebot den Erwerb von Minderheitsbeteiligungen unmöglich machen.[28] Die **Kritik** zweifelt an der normativen Aussagekraft der Zahl von 30 % generell.[29] Daran überzeugt allein die **fehlende systematische Abstimmung mit § 17 Abs. 2 AktG.** Beide Vorschriften beziehen sich auf dieselbe Fragestellung. Bei der Auslegung des § 17 Abs. 1 AktG dürfte die Schwelle des § 29 Abs. 2 WpÜG künftig von erheblicher Bedeutung sein und die des § 17 Abs. 2 AktG möglicherweise weitgehend erübrigen. Umgekehrt aber hat die Rechtsprechung den Begriff der Abhängigkeit in § 17 Abs. 1 AktG nicht durch Einführung starrer Quoten konkretisiert, sondern auf die tatsächliche Fähigkeit des Aktionärs abgestellt, über einen längeren Zeitraum Beschlüsse der AG mit einfacher Mehrheit durchsetzen zu können.[30] Deshalb besteht die Möglichkeit, dass die Praxis im Einzelfall auf der Grundlage des § 17 Abs. 1 AktG eine Abhängigkeit unterhalb der Schwelle des § 29 Abs. 2 bejaht. Dass dem Gewinn an Rechtssicherheit durch die Pauschalregelung Probleme der Einzelfallgerechtigkeit gegenüberstehen,[31] folgt zwar aus dem Wesen der Pauschale; allerdings sind Wertungswidersprüche dieser Art im System des Gesellschaftsrechts schwer erträglich.[32] Art. 16 des freiwilligen Übernahmekodex der Börsensachverständigenkommission sah deshalb nicht ohne Grund mehrere alternative Kontrolltatbestände vor. Auf der Grundlage des geltenden Rechts lassen sich die Widersprüche indes nicht auflösen.

14   **b) Tatbestand.** Die Norm setzt das **Halten** einer bestimmten Anzahl von Stimmrechten voraus. Darunter ist zunächst die Inhaberschaft des Bieters zu

---

[26] RegE BT-Drucks. 14/7034 S. 53; WÜG-RefE S. 470; DiskEntw ÜG S. 289.

[27] *Baums* in DAI S. 170; *ders.* ZIP 1997, 1311; *Strenger* WM 2000, 952.

[28] RegE BT-Drucks. 14/7034 S. 53; WÜG-RefE S. 470.

[29] *Grunewald* WM 1991, 1362; *Hommelhoff/Kleindiek* AG 1990, 107. Vgl. zur Auseinandersetzung auch *Assmann* AG 1995, 563, 571; *Hopt* ZHR 161 (1997), 368, 384 ff.; *Mülbert* ZIP 2001, 1221, 1225; *Schiessl* AG 1999, 442, 450.

[30] BGHZ 135, 107, 114 = ZIP 1997, 887; dazu in einschlägigem Zusammenhang *Mülbert* ZIP 2001, 1221, 1225.

[31] Vgl. ein Beispiel bei *Munscheck* RIW 1995, 999 f.

[32] *Mülbert* ZIP 2001, 1221, 1226.

verstehen. Der Begriff ist indes auch im Hinblick auf die Zurechnungsvorschrift des § 30 auszulegen. Fraglich ist, ob zwischen dauerhafter und **vorübergehender Inhaberschaft** differenziert werden kann.[33] Übernimmt ein Dritter Aktien nur vorübergehend – etwa im Rahmen eines Übernahmevertrages zur Vorbereitung der Börseneinführung der Aktien oder vorübergehend als Kreditsicherheit zum Zwecke der Sanierung der AG – stellt sich die Frage, ob § 29 Abs. 2 passt. Eine vergleichbare Differenzierung wurde bereits im Bereich des § 17 AktG vorsichtig erwogen,[34] von der hM aber mit guten Gründen verneint.[35] Eine Ausnahme ist jedoch für die Ausgabe mittelbarer Bezugsrechte nach § 186 Abs. 5 AktG weithin anerkannt, und zwar im Hinblick auf das eingeschaltete Kreditinstitut.[36] Diese Konstellation dürfte wegen der Vergleichbarkeit der Sachverhalte auf **Übernahmeverträge mit einem Emissionsbegleiter zur Börseneinführung** anwendbar sein. Wegen der ansonsten unlösbaren Abgrenzungsschwierigkeiten, die dem Willen des Gesetzgebers zur Schaffung „klarer, für den Markt erkennbarer Vorgaben"[37] gerade zuwiderliefen, kommt eine darüber hinausgehende Einschränkung nicht in Betracht.[38] Der Anwendbarkeit des § 29 Abs. 2 dürfte ferner nicht entgegenstehen, wenn die vom Bieter kontrollierten Stimmrechte kurzfristig unter die 30-Prozent-Schwelle fallen, solange sich das Angebot nur von Anfang an zum dauerhaften Überschreiten der Schwelle eignet.[39]

Gehalten werden müssen **Stimmrechte**, nicht Wertpapiere iSd. § 2 Abs. 2. **15** Das Tatbestandsmerkmal bezieht sich auf § 134 AktG. Soweit ausländische Gesellschaftsrechtsordnungen bei börsennotierten Unternehmen Höchst- und Mehrstimmrechte zulassen, kommt es auf diese an (vgl. dazu auch § 5 Abs. 1 Satz 1 EGAktG). Regelmäßig kommt es auf das Eigentum des Bieters an den Aktien der Zielgesellschaft selbst an; daneben werden ihm nach § 30 weitere Stimmrechte zugerechnet. Schwierigkeiten kann die Zurechnung bei Miteigentum bzw. **Gesamthandseigentum** bereiten. Unabhängig von der dogmatischen Konstruktion der Berechtigung wird man dem Bieter hier die Stimmrechte nur in Höhe seines wirtschaftlich realisierbaren Anteils nach Teilung zurechnen können; dies gebietet der Zweck des § 29 Abs. 2, bei dem es auf eine tatsächlich ausübbare Kontrolle ankommt: Ist der Bieter daher Mitglied einer Erbengemeinschaft, sind ihm – obwohl Volleigentümer an allen in den Nachlass fallenden Stimmrechten – doch nur Rechte in dem seinem Teilungsanspruch entsprechenden Umfang zurechenbar.[40] Bei **Namensaktien** kommt es allein auf die Eigentümerstellung, nicht auf die Eintragung ins Aktienregister an.[41] Denn diese lässt sich jederzeit nachholen, so dass die Einflussnahme des Bieters nicht mehr von Dritten gehindert werden kann. Fraglich ist die Be-

---

[33] Dazu kritisch *Kuhr* S. 84 f.

[34] *Rittner* DB 1976, 1469.

[35] BGH NJW 1997, 943; MünchKomm AktG/*Bayer* § 17 AktG Rn. 62 mwN.

[36] AllgM vgl. *Bayer* (Fn. 35) mwN.

[37] RegE BT-Drucks. 14/7034 S. 53, linke Spalte, vorletzter Absatz, letzter Satz; WÜG-RefE S. 470; DiskEntw ÜG S. 289.

[38] *Kuhr* S. 85; ähnlich *von Bülow* in Kölner Komm. Rn. 115.

[39] *von Bülow* in Kölner Komm. Rn. 26.

[40] *von Bülow* in Kölner Komm. Rn. 94.

[41] *von Bülow* in Kölner Komm. Rn. 97.

handlung von Aktien, auf die mangels Leistung der Einlage nach **§ 134 Abs. 2 AktG** kein Stimmrecht entfällt. Von der Systematik des AktG ausgehend, müsste man im Hinblick auf diese Aktien ein Stimmrecht verneinen bzw. nach Satz 4 der Norm nur in Höhe der geleisteten Einlagen bejahen. Kann der Bieter aber die fällige Einlage jederzeit erbringen und damit das Stimmrecht entstehen lassen, besteht die Gefahr einer Umgehung des § 29 Abs. 2. Dies spricht dafür, solche Aktien nach § 134 Abs. 2 AktG regelmäßig miteinzubeziehen. Fraglich ist, ob § 29 Abs. 2 angewendet werden kann, **wenn der Bieter in der Stimmrechtsausübung gebunden ist,** etwa durch einen Stimmrechtspool nach § 135 Abs. 9 Nr. 1 AktG, in den er als Rechtsnachfolger des Veräußerers eingetreten ist. Hier wird man die Zurechnung aus zwei Gründen befürworten: Zum einen verschafft dem Bieter das Stimmrecht die Möglichkeit, die Entscheidung des Pools zu beeinflussen; zum anderen geht es dem Gesetzgeber im Rahmen des § 29 Abs. 2 um die Schaffung „klarer, für den Markt erkennbarer Vorgaben".[42] Diesem Regelungsanliegen stünde die Miteinbeziehung schwer durchsichtiger schuldrechtlicher Vereinbarungen des Bieters im Innenverhältnis zu Dritten entgegen. Schließlich werden **stimmrechtslose Vorzugsaktien** (§ 139 Abs. 1 AktG) regelmäßig in § 29 Abs. 2 nicht einbezogen; etwas anders gilt jedoch, wenn das in ihnen verkörperte Stimmrecht nach § 140 Abs. 2 AktG aufgelebt ist. Das Stimmrecht nach § 141 Abs. 3 AktG kommt im Rahmen des § 29 richtiger Auffassung nach wegen seiner engen sachlichen Beschränkung (Sonderbeschlüsse) nicht in Betracht.[43] Nicht zu berücksichtigen sind schließlich Aktien, deren Stimmrecht **nach §§ 71d Satz 4 iVm. 71b AktG** (eigene Aktien in Konzernverbindungen) **ruht.**[44] Dafür spricht ein systematisches Argument zu § 20 Abs. 2 WpÜG: In beiden Fällen ruhen die Stimmrechte, solange die Aktien vom Bieter gehalten werden. Wenn der Gesetzgeber diese Rechtsfolge aber in § 20 WpÜG als ausreichend ansieht, um die aus den Aktien erwachsenden Stimmrechte nicht zuzurechnen, muss dies auch für § 71b AktG gelten.

16   Die **Grenze von 30 Prozent** bezieht sich auf die absolute Zahl der Stimmrechte, nicht auf die Hauptversammlungspräsenzen der jeweiligen Gesellschaft. Dadurch will der Gesetzgeber für den Markt klare Vorgaben schaffen und die Ermittlung der Beteiligungsverhältnisse erleichtern.[45] Ausgehend von 100 % der bestehenden Stimmrechte stellt sich die Frage, ob 30 % vom Bieter gehalten werden, wenn man die in seinem Vermögen befindlichen, aber nach § 20 Abs. 3 ruhenden Stimmrechte in Abzug bringt.[46]

17   Die Vorschrift begründet **eine unwiderlegbare Vermutung,** so dass im Einzelfall kein Beweis darüber geführt werden kann, dass keine Kontrollmehrheit besteht. Eine Ausnahme besteht, wenn der Bieter die Kontrollschwelle überschreitet, selbst aber gegenüber einem anderen Aktionär in einer Minderheitsposition verbleibt (oben Rn. 9).

---

[42] RegE BT-Drucks. 14/7034 S. 53, linke Spalte, vorletzter Absatz, letzter Satz; WÜG-RefE S. 470; DiskEntw ÜG S. 289.

[43] *Harbarth* ZIP 2002, 321, 325; *von Bülow* in Kölner Komm. Rn. 84.

[44] *Fleischer/Körber* BB 2001, 2589, 2593; *Harbarth* ZIP 2002, 321, 326; aA *von Bülow* in Kölner Komm. Rn. 129; *Kremer/Oesterhaus* in Kölner Komm. Rn. 38.

[45] Vgl. vor allem RegE BT-Drucks. 14/7034 S. 53, linke Spalte, vorletzter Absatz, letzter Satz; DiskEntw ÜG S. 289; WÜG-RefE S. 470.

[46] *von Bülow* in Kölner Komm. Rn. 78.

§ 30 Zurechnung von Stimmrechten

(1) **Stimmrechten des Bieters stehen Stimmrechte aus Aktien der Zielgesellschaft gleich,**

1. **die einem Tochterunternehmen des Bieters gehören,**

2. **die einem Dritten gehören und von ihm für Rechnung des Bieters gehalten werden,**

3. **die der Bieter einem Dritten als Sicherheit übertragen hat, es sei denn, der Dritte ist zur Ausübung der Stimmrechte aus diesen Aktien befugt und bekundet die Absicht, die Stimmrechte unabhängig von den Weisungen des Bieters auszuüben,**

4. **an denen zugunsten des Bieters ein Nießbrauch bestellt ist,**

5. **die der Bieter durch eine Willenserklärung erwerben kann,**

6. **die dem Bieter anvertraut sind, sofern er die Stimmrechte aus diesen Aktien nach eigenem Ermessen ausüben kann, wenn keine besonderen Weisungen des Aktionärs vorliegen.**

Für die Zurechnung nach Satz 1 Nr. 2 bis 6 stehen dem Bieter Tochterunternehmen des Bieters gleich. Stimmrechte des Tochterunternehmens werden dem Bieter in voller Höhe zugerechnet.

(2) **Dem Bieter werden auch Stimmrechte eines Dritten aus Aktien der Zielgesellschaft in voller Höhe zugerechnet, mit dem der Bieter oder sein Tochterunternehmen sein Verhalten in Bezug auf die Zielgesellschaft auf Grund einer Vereinbarung oder in sonstiger Weise abstimmt; ausgenommen sind Vereinbarungen über die Ausübung von Stimmrechten in Einzelfällen. Für die Berechnung des Stimmrechtsanteils des Dritten gilt Absatz 1 entsprechend.**

Übersicht

1 **1. Normzweck.** Die Zurechnungsvorschrift des § 30 bezieht sich auf die Feststellung einer Kontrollmehrheit nach § 29 Abs. 2 und lehnt sich an die Regelung des **§ 22 WpHG** an, „modifiziert diese[n] allerdings in mehrfacher Hinsicht. Die Modifikationen sind durch die . . . in der Praxis gewonnenen Erfahrungen veranlasst."[1] Die erwähnten Veränderungen beziehen sich darauf, dass nicht nur kontrollierte Unternehmen erfasst werden, sondern ganz allgemein Tochtergesellschaften, zu deren Lasten nach § 30 Abs. 1 Satz 2 WpÜG auch eine viel umfangreichere Zurechnung eintritt. Auch schafft § 30 Abs. 1 Nr. 3 Rechtsklarheit im Falle des Sicherungseigentums (unten Rn. 14). Bei den Beratungen zum GS 2000 war schließlich die Frage der Zurechnung von Stimmrechten beim Bieter in Anlehnung an Art. 7 und 8 der **Transparenzrichtlinie,**[2] die ansonsten beide durch § 22 WpHG in deutsches Kapitalmarktrecht umgesetzt wurden,[3] äußerst umstritten.[4] Im GS 2000 kam die Transparenzrichtlinie deshalb nur eingeschränkt zu Anwendung (vgl. auch nun Art. 5 Abs. 3 RLE 2002).[5] Dies entsprach nicht den Vorstellungen der deutschen Kommission, die einen vollständigen Gleichklang zwischen Übernahme- und Kapitalmarktrecht in diesem Punkt bevorzugte. Der deutsche Gesetzgeber folgt nun – nach dem vorläufigen Scheitern der RL – einer an der Transparenzrichtlinie ausgerichteten Konzeption des § 30,[6] was ausdrücklich begrüßt werden muss. Mit dem In-Kraft-Treten des WpÜG wurde auch § 22 WpHG reformiert und den Regelungen des § 30 WpÜG angepasst.[7] § 30 WpÜG erweist sich somit als Fall **überschießender Richtlinienumsetzung:**[8] Damit werden Normen bezeichnet, die eine Richtlinie zwar nicht unmittelbar umsetzen, sich aber im Rahmen der Regelung einer von der Richtlinie nicht erfassten Materie an deren Maßstäben orientieren. Denn § 30 WpÜG nimmt über § 22 WpHG mittelbar auf die Transparenzrichtlinie Bezug. Bisweilen wird gar ein gemeinschaftsrechtliches Interesse angenommen, auch solche Regelungen einheitlich, d.h. richtlinienkonform auszulegen.[9] Dies dürfte zumin-

---

[1] RegE BT-Drucks. 14/7034 S. 53; WÜG-RefE S. 470 f.

[2] Richtlinie 88/627/EWG vom 12.12.1988, ABl. EG Nr. L 348, 62.

[3] *Neye* AG 2000, 290.

[4] *Pötzsch/Möller* S. 12.

[5] *Neye* AG 2000, 290, 291.

[6] Vgl. bereits zuvor *Peltzer* S. 228.

[7] Art. 2 des Gesetzes zur Regelung von öffentlichen Angeboten zum Erwerb von Wertpapieren und von Unternehmensübernahmen, BGBl. I 2001 S. 3822 ff.; dazu *Sudmeyer* BB 2002, 685.

[8] Grundlegend dazu *Habersack/Mayer* JZ 1999, 913 und besonders für § 30 WpÜG *Franck* BKR 2002, 709, 712.

[9] *Roth*, FS 50 Jahre BGH, 2000, S. 847, 883 f.

dest im Falle des § 30 WpÜG zu weit gehen. Für eine einheitliche Auslegung von §§ 22 WpHG und 30 WpÜG spricht zwar die Einheit der Rechtsordnung. Doch sind die Zwecke beider Normen nicht identisch: Während § 22 WpHG auf Transparenz der Beteiligungsverhältnisse zielt, geht es in § 30 WpÜG um die Messung der Stimmenmacht des Bieters. Schließt der Bieter einen Kaufvertrag über ein Aktienpaket, ist aber die Übereignung noch nicht erfolgt, mag dies daher bereits vor Übereignung der Aktien den Transparenzschutz des § 22 WpHG berühren (str.), kaum aber § 30 WpÜG, weil dem Bieter noch keine messbare Stimmenmacht zugewachsen ist (unten Rn. 16). Trägt man den unterschiedlichen teleologischen Voraussetzungen beider Normen Rechnung, kann die Transparenzrichtlinie letztlich in eingeschränktem Maße doch Maßstab für die Interpretation des § 30 WpÜG geben. Von daher dürfte auch keine Vorlagepflicht nach Art. 234 EGV bestehen, wenn die Auslegung des § 30 WpÜG eine Interpretationsfrage berührt, die auch die Transparenzrichtlinie und ihre Umsetzung in § 22 WpHG betreffen kann.[10] Systematische Parallelen zum Regelungsgegenstand des § 30 WpÜG bestehen im Übrigen zur so genannten **benificial ownership** nach Sec. 13(d)(1) SEA und zu **Rule 9.1** des City Code.

2. Tatbestand (Satz 1). a) Allgemein. Vgl. zu den Tatbestandsmerkmalen   2
Stimmrechte vgl. § 29 Rn. 15, Bieter § 2 Abs. 4, Zielgesellschaft § 2 Abs 3. Ferner sind Ausnahmen auf der Grundlage von § 20 zu beachten. Zur Frage der Kettenzurechnung vgl. Rn. 6. Im Übrigen kommt die Zurechnung eines Stimmrechts gegenüber dem Bieter nur einmal in Betracht, gleichgültig, ob für dieses Stimmrecht mehrere Zurechnungstatbestände nach § 30 Abs. 1 Satz 1 bestehen oder nicht; denn die Norm will die tatsächliche Stimmstärke des Bieters messen.[11]

b) Tochterunternehmen (Nr. 1). Zum Begriff des Tochterunternehmens   3
vgl. § 2 Abs 6. Nach dem Willen des Gesetzgebers geht die Definition bewusst über den Begriff des kontrollierten Unternehmens iSd. § 22 Abs. 3 WpHG aF hinaus. Das dort obwaltende „Control-Konzept" sollte vorliegend um Elemente des „Konzernkonzepts" erweitert werden;[12] es fand auch in die Neufassung des § 22 WpHG Eingang. Ausschlaggebend waren wohl Anwendungsschwierigkeiten des § 22 Abs. 3 WpHG aF. **Gehören** bedeutet Zustehen der Stimmrechte aufgrund Eigentums an den Aktien[13] oder aufgrund eines sonstigen Tatbestandes (zB aufgrund einer rechtsgeschäftlichen Stimmbindung). Zu beachten ist auch die über § 30 Abs. 1 Satz 2 erfolgende Zurechnung von Aktien an das Tochterunternehmen, die wiederum nach dem vorliegenden Tatbestand dem Bieter zugerechnet werden (**Kettenzurechnung**).

c) Halten für Rechnung des Bieters (Nr. 2). aa) Tatbestand und Re-   4
gelfälle. Die Norm folgt § 22 Abs. 1 Nr. 1 WpHG aF (nunmehr Nr. 2). Zu den Besonderheiten zählt, dass sie nicht auf den Tatbestand des § 2 Abs. 5 rekurriert,

---

[10] Für eine Vorlage*möglichkeit Franck* BKR 2002, 709, 716 im Anschluss an *Habersack/Mayer* JZ 1999, 913, 915 ff.

[11] Ähnlich *von Bülow* in Kölner Komm. Rn. 28.

[12] RegE BT-Drucks. 14/7034 S. 53; WÜG-RefE S. 471.

[13] Etwas ungenau RegE (Fn. 12); WÜG-RefE (Fn. 12).

obwohl dieser einen Großteil des Anwendungsbereichs abdecken dürfte, sondern einen eigenen Tatbestand schafft. Das Recht der Vereinigten Staaten kennt in sogenannten **benificial ownership** (Sec. 13(d)(1) SEA) ein ähnliches Institut. Danach werden zu den Aktien des Bieters all diejenigen in Dritteigentum stehenden Stücke hinzugerechnet, aus denen dem Bieter aufgrund tatsächlicher Einzelumstände ein Stimmrecht (voting power) zusteht. Als Gründe für die Zurechnung kommen in Betracht:[14] Der Abschluss von Gesellschaftsverträgen über **Vorschaltgesellschaften**, deren zentraler Zweck in der Wahrung der Bieterinteressen liegt,[15] jedwede treuhänderische Verbindung zum Bieter durch Kommissions- (§§ 383 ff. HGB) oder Treuhandverträge (§ 675 Abs. 1 BGB). Eine Ausnahme besteht allenfalls in den Fällen **gesetzlicher Treuhandverhältnisse** (§ 1629 BGB), in denen der Treuhänder nur eine Verfügungsbefugnis, aber kein Eigentum am Treugut erwirbt: Hier werden die Aktien dem Treugeber unmittelbar zugerechnet, dem Treunehmer nur, wenn im Verhältnis zum Treugeber die Voraussetzungen des § 30 Abs. 2 bejaht werden können.[16]

5   Beim Erwerb **für Rechnung des Bieters** ist die Mehrdeutigkeit des Normwortlautes zu beachten. Rein semantisch kann sich der Relativsatz auf die Aktien beziehen oder auf die Stimmrechte: Im letzteren Fall würden die Stimmrechte für Rechnung des Bieters gehalten. Dies widerspricht dem Wortlaut vergleichbarer Normen wie etwa § 71a Abs. 2 AktG und passt nicht zum Wortlaut der übrigen Tatbestände des § 30 Abs. 1 Satz 1; es korrespondiert jedoch genau mit dem Wortlaut von Art. 7 Spiegelstrich 1 der Transparenzrichtlinie: Dort geht es um „Stimmrechte, die von anderen Personen in ihrem eigenen Namen für Rechnung" des Mitteilungspflichtigen gehalten werden. Unabhängig von dem missglückten Wortlaut der Norm dürfte es im Rahmen des § 30 Abs. 1 Satz 1 Nr. 2 anders als bei § 71a Abs. 2 AktG beim Handeln für Rechnung des Bieters nicht um die Verteilung der mit der Aktie verbundenen Gewinn- und Verlustchancen gehen,[17] sondern um die Frage, **wessen Interessen für die Ausübung des Stimmrechts maßgeblich** sind. Dafür spricht gerade der englische Text der Transparenzrichtlinie („on behalf").[18] Nur wenn der Dritte seine Interessen denen des Bieters unterordnet, liegt ein Fall von Nr. 2 vor.[19] Typischerweise begegnet diese Interessenlage bei Abschluss eines Geschäftsbesorgungsvertrages (§ 675 BGB), eines Auftrags (§ 662 BGB) oder eines Kommissionsgeschäfts (§ 383 HGB) – **also bei Treuhandverhältnissen.**[20]

6   Die Stimmrechte (und nicht notwendig die Aktien Rn. 5) müssen dem **Dritten** gehören.[21] Fraglich ist, ob darüber hinaus eine sog. **Kettenzurechnung**

---

[14] *Knoll* S. 63 f.

[15] *Riehmer* in *Haarmann/Riehmer/Schüppen* Rn. 37; aA *von Bülow* in Kölner Komm. Rn. 64, der auf die formale Trennung von Gesellschafts- und Gesellschaftervermögen abstellt.

[16] *Riehmer* in *Haarmann/Riehmer/Schüppen* Rn. 32.

[17] *Lutter* in Kölner Komm. § 71a AktG Rn. 82; MünchKommAktG/*Oechsler* § 71a Rn. 43.

[18] *Franck* BKR 2002, 709, 714.

[19] Ähnlich für § 22 WpHG *Assmann/Schneider* § 22 WpHG Rn. 26; *Opitz* in *Schäfer* § 22 WpHG Rn. 12.

[20] Vgl. auch *Opitz* in *Schäfer* § 22 WpHG Rn. 13 ff.

[21] Vgl. jeweils zu Nr. 1: RegE BT-Drucks. 14/7034 S. 53; WÜG-RefE S. 471.

in Betracht kommt, wenn der Dritte seinerseits einen Vierten gebunden hat, der Aktien der Zielgesellschaft im Interesse des Dritten hält. Dagegen spricht zunächst der Wortlaut von Nr. 2: Danach erfolgt eine Zurechnung nur hinsichtlich der Aktien, die dem Dritten *gehören* und nicht Aktien, die ihm ebenfalls nach der Norm zugerechnet werden. Auch regelt Nr. 2 nur die Zurechnung gegenüber dem Bieter, nicht gegenüber dem Dritten, so dass der Tatbestand allenfalls analog auf das Verhältnis zwischen Drittem und Viertem angewendet werden könnte. Fraglich ist indes, ob die dazu erforderliche Regelungslücke vorhanden ist: Der Gesetzgeber hat das Problem der Kettenzurechnung nämlich in § 30 Abs. 1 Satz 2 gesehen und für den Fall des Tochterunternehmens geregelt, nicht aber allgemein auf Dritte ausgeweitet. Dies spricht dafür, dass eine allgemeine Kettenzurechnung nicht in Betracht kommt.[22] Immerhin sind **Missbrauchsfälle** denkbar, in denen das Eigentum an den Stimmrechten bewusst verschachtelt wird, um der Anwendung des § 30 Abs. 1 Satz 1 Nr. 2 zu entgehen: Der Dritte erwirbt die Stimmrechte dann nicht selbst, sondern verpflichtet entsprechend den Vierten. In solchen Fällen liegt indes die Anwendung des § 30 Abs. 2 nahe: In Betracht kommt nämlich, dass der Vierte mit dem Bieter − vertreten durch den Dritten − sein Verhalten in Bezug auf die Zielgesellschaft abstimmt. Da § 30 Abs. 2 keinen Vertragsschluss zwischen Bieter und Viertem voraussetzt, kommt es auf den faktischen Einfluss des Bieters auf den Vierten an.[23]

bb) Equity Swap. Fraglich ist, ob auch in den Fällen des sogenannten **7** Equity Swap[24] ein Handeln für Rechnung des Bieters vorliegt. Beim Equity Swap geht der Bieter mit einem Finanzdienstleister eine schuldrechtliche Vereinbarung ein, aufgrund derer er so gestellt werden soll, als habe er eigene Aktien erworben. Dies bedeutet, dass er im Innenverhältnis zwischen den Vertragsparteien Ausgleichszahlungen schuldet bzw. Arbitrage in Form von Zahlungsansprüchen geltend machen kann, tatsächlich aber keine Aktien hält. Hier sind **zwei Fälle** voneinander unterscheidbar: Hält der Swap-Partner zum Zwecke des Risikoausgleichs Aktien der Zielgesellschaft, muss § 30 Abs. 1 Nr. 2 im Regelfall anwendbar sein, um Umgehungsmöglichkeiten zu verschließen. Denn nur vordergründig steht hier die Risikoausgleichs- bzw. Hedgingfunktion im Vordergrund. Tatsächlich trägt der Bieter die wirtschaftlichen Risiken und Chancen, die mit dem Rückerwerb und dem Halten der Aktien verbunden sind. Deshalb spricht zumindest eine tatsächliche Vermutung dafür, dass er entsprechenden Einfluss nimmt. Fraglich ist allein, ob dies auch für den **weiteren Fall** gilt, dass der Swap-Partner seinerseits kein Aktionär ist. Geht man davon aus, dass die Tatbestände des § 30 Abs. 1 Satz 1 einer allgemeinen Kettenzurechnung nicht zugänglich sind (Rn. 6), hängt dies von der Anwendbarkeit des § 30 Abs. 2 und der Beantwortung der Frage ab, ob der Bieter selbst diesen Aktionär mittelbar über den Swap-Partner zu einem abgestimmten Verhalten veranlasst hat.

---

[22] *Liebscher* ZIP 2002, 1005, 1009 f.; aA *von Bülow* in Kölner Komm. Rn. 27.
[23] *Riehmer* in Haarmann/Riehmer/Schüppen Rn. 24.
[24] *Mick* DB 1999, 1202 und 1203 ff.; MünchKommAktG/*Oechsler* § 71a Rn. 47.

8   **cc) Familienmitglieder des Bieters.** Die in den Vereinigten Staaten übliche Berücksichtigung **familiärer Bindungen** (familiy relationships)[25] als Zurechnungstatbestand dürfte im Rahmen des § 30 Abs. 1 Satz 1 Nr. 2 nicht möglich sein. Ähnlich wie im Steuerrecht kann wegen Art. 6 und 7 GG aus einer Ehe bzw. einer Verwandtschaftsbeziehung allein noch keine tatsächliche Vermutung für die Umgehung der Vorschriften des WpÜG im Wege heimlicher Zusammenarbeit gefolgert werden.[26] Dies würde den grundgesetzlich verbürgten besonderen Schutz dieser Institute gerade in sein Gegenteil verkehren. Entsprechende Zurückhaltung ist deshalb auch bei der Anwendung des § 30 Abs. 2 geboten.[27]

9   **dd) Geschäftsführung ohne Auftrag.** Fraglich ist, ob dies auch für Fälle der **Geschäftsführung ohne Auftrag** zutrifft. Erwirbt ein Dritter ohne Auftrag eigene Aktien für den Bieter, kommt es nach § 683 Satz 1 BGB neben seinem objektiv zu konkretisierenden Interesse auf den mutmaßlichen Willen des Bieters an: Nur wenn diesem daran gelegen ist, die Schwelle des § 29 Abs. 2 zu erreichen, kann ein entsprechender Wille vermutet werden. Gegen seine Absichten kann einem Bieter jedoch nicht im Wege der Geschäftsführung ohne Auftrag die Kontrollübernahme zugerechnet werden. Doch kann der Bieter die unberechtigte Geschäftsführung ohne Auftrag nach **§ 684 Satz 2 BGB** genehmigen, was dann zur Zurechnung führt.

10   **ee) Kursgarantien.** Hier kommt es für die Anwendbarkeit richtiger Auffassung nach[28] auf den genauen Garantieinhalt an. Dieser muss dem Bieter ein Weisungsrecht gegenüber der Gegenseite verschaffen. Dies ist nicht bereits der Fall, wenn der Bieter als Stillhalter einer Kaufoption auftritt,[29] wohl aber, wenn die andere Seite aufgrund der konkreten Ausgestaltung der Vereinbarung bei der Ausübung des Stimmrechts auf den Bieter Rücksicht nehmen muss.

11   **ff) Pensionsgeschäfte.** Beim echten Pensionsgeschäft vereinbaren die Parteien Kauf und Rückkauf von Aktien zu bestimmten Terminen, wobei dem Pensionsgeber (Erstverkäufer und Rückkäufer) das Recht eingeräumt werden kann, den Rückkauftermin später zu bestimmen. Der Erstkäufer (Pensionsnehmer) behält richtiger Auffassung nach bis zur Erfüllung des Rückkaufs das Stimmrecht an den Aktien.[30] Dies gilt erst recht beim **unechten Pensionsgeschäft**, wo dem Pensionsgeber nur eine Option eingeräumt wird, ein Rückkaufsrecht zustande zu bringen.[31] Nr. 2 ist also nicht anwendbar; dieses Ergebnis folgt auch im Umkehrschluss aus § 30 Abs. 1 Satz 1 Nr. 5.

12   **gg) Vorstandsmitglieder des Bieters.** Art. 4 Abs. 2 des Vorschlags zur 13. Richtlinie von 1990 sah noch die Zurechnung der von den Vorstandsmit-

---

[25] Nachweis bei *Knoll* S. 64.
[26] Vgl. *Schmidt* EStG, 20. Aufl. 2001, § 4 Rn. 520 mwN.
[27] Andere Tendenz *Riehmer* in *Haarmann/Riehmer/Schüppen* Rn. 63.
[28] *Opitz* in *Schäfer* § 22 WpHG Rn. 12.
[29] *Opitz* (Fn. 28).
[30] *Riehmer* in *Haarmann/Riehmer/Schüppen* Rn. 38; *Opitz* in *Schäfer* § 22 WpHG Rn. 26; aA *Kümpel/Peters* AG 1994, 529.
[31] *Opitz* (Fn. 28) Rn. 28.

gliedern des Bieters gehaltenen Aktien vor. Dies wurde im deutschen Schrifttum abgelehnt.[32] Die neutraler ausgestaltete Stellung des Vorstands nach § 76 Abs. 1 AktG solle jedenfalls einer regelmäßigen Vermutung der Interessenkonzertierung entgegenstehen. Indessen wird man eine Zurechnung nicht generell verneinen können, sondern auf einen Anscheinsbeweis zugunsten eines Handelns dieser Personen für Rechnung des Bieters verzichten müssen. Entscheidend dürfte es auf die Indizienlage im Einzelfall ankommen. Darin liegt auch die Linie des amerikanischen Rechts.[33]

hh) Wertpapierleihe. Dabei handelt es sich um ein Sachdarlehen nach **13** § 607 BGB, dessen Gegenstand Aktien der Zielgesellschaft sein können, wobei als Darlehensentgelt eine Gebühr zu entrichten ist. Der Rechtsnatur des Darlehens entsprechend, erwirbt der „Entleiher" Eigentum an den Aktien. Deshalb stehen ihm auch die Stimmrechte daran zu.[34] „Verleiht" der Bieter folglich Aktien der Zielgesellschaft, begründet die Rückübertragungspflicht des „Entleihers" noch kein Halten für Rechnung des Bieters. Auch kann nicht regelmäßig davon ausgegangen werden, dass der „Entleiher" auf die Ausübung des Stimmrechts verzichtet.[35] Dies folgt auch im Umkehrschluss aus § 30 Abs. 1 Satz 1 Nr. 5.

d) Sicherheitsübertragung auf den Dritten (Nr. 3). Im Rahmen der **14** Parallelvorschrift des § 22 Abs. 1 Nr. 3 WpHG umfasst das Tatbestandsmerkmal der Sicherungsübertragung nach hM die Sicherungsübereignung, also die treuhänderische Übertragung des Volleigentums zur Sicherung einer Forderung, und die **Verpfändung** von Aktien.[36] Dem ist auch für § 30 Abs. 1 Satz 1 Nr. 3 zu folgen, da das Gesetz nicht den Begriff der Sicherungsübereignung verwendet, auch wenn die Verpfändung eine Belastung und keine Übertragung beinhaltet. Für § 22 Abs. 1 Nr. 3 WpHG wird dies aus dem Wortlaut des Art. 7 fünfter Spiegelstrich Transparenzrichtlinie (oben Rn. 1) entnommen („Stimmrechte…, die als Sicherheit verwahrt werden").[37] Nach hM ist weder der Sicherungseigentümer noch der Pfandgläubiger Inhaber des Stimmrechts.[38] Bezeichenderweise erfasst die Norm daher auch nicht den Fall, dass der Bieter selbst Sicherungseigentum erwirbt. In der Mehrzahl der Fälle dürfte die Zurechnung im Übrigen bereits aus § 30 Abs. 1 Nr. 2, und zwar aus der zugrunde liegenden Treuhand- oder Sicherungsabrede folgen. Praktische Relevanz gewinnt § 30 jedoch dadurch, dass die Sicherungsnehmer sich in der Praxis gelegentlich die tatsächliche Stimmrechtsausübung zur Verbesserung ihrer Stellung sichern.[39] Fraglich ist, wie die **Bekundung einer entsprechenden Absicht des Sicherungsnehmers zur Ausübung der Stimmrechte** praktisch erfolgen muss. Aus Gründen der Transparenz wird man den

---

[32] *Kuhr* S. 91; *Peltzer* S. 192.

[33] Schedule 13D, Item 5, dazu *Knoll* S. 57.

[34] *Assmann/Schneider* § 22 WpHG Rn. 45; *Opitz* in *Schäfer* § 22 WpHG Rn. 30; aA *Kümpel/Peters* AG 1994, 529.

[35] *Opitz* (Fn. 34); aA *Kümpel/Peters* (Fn. 34).

[36] *Assmann/Schneider* § 22 WpHG Rn. 89; *Opitz* in *Schäfer* § 22 WpHG Rn. 55.

[37] Vgl. auch *Opitz* (Fn. 36).

[38] *Assmann/Schneider* (Fn. 36); *Opitz* (Fn. 36).

[39] *Opitz* (Fn. 36).

Bieter für verpflichtet halten, diese Aktien in seinen Veröffentlichungen nach § 23 aufzuführen und dabei die Darlegung der Absicht des Sicherungsnehmers kurz mit zu publizieren. Sollte die Absicht nicht unwiderruflich erteilt sein, müssen die Aktien in jeder der nach § 23 Abs. 1 erforderlichen Publikation aufgeführt werden. Wird die Absicht vom Dritten aufgegeben (Wegfall des Sicherungszwecks), müssen die Aktien in den nach § 23 Abs. 1 zu publizierenden Bestand eingerechnet werden und fallen unter die nach § 29 Abs. 2 relevanten Stücke. Die Bekundung der Absicht führt dazu, dass die Stimmrechte nun dem Sicherungsnehmer und nicht dem Sicherungsgeber zugerechnet werden. Die Regelung entspricht systematisch der Freistellungsmöglichkeit nach **§ 9 Satz 1 Nr. 4 AngebotsVO:** Auch hier geht der Verordnungsgeber davon aus, dass dem Sicherungsnehmer im Zweifel keine Stimmrechte zustehen.[40] **Erwirbt** hingegen **der Bieter Sicherungseigentum**, ist im Rahmen des § 30 Abs. 1 Satz 1 zunächst Nr. 2 anwendbar: Eine Zurechnung kommt dann in Betracht, wenn der Sicherungsgeber das Stimmrecht für Rechnung des Bieters ausübt; Erwirbt der Bieter hingegen ausnahmsweise auch das Stimmrecht, ist § 29 Abs. 2 unmittelbar anwendbar, ohne dass es auf § 30 ankäme. Ob der Bieter in diesem Fall das Stimmrecht aufgrund der treuhänderischen Bindung nur eingeschränkt ausüben *darf*, kann es angesichts des Regelungszwecks von § 29 Abs. 2 nicht ankommen, weil er es in jedem Fall im eigenen Interesse ausüben *kann* (arg. e § 137 Satz 1 BGB).

15   **e) Nießbrauch (Nr. 4).** Nach hM steht dem Nießbrauchsberechtigten das Stimmrecht *nicht* zu.[41] Im Rahmen des § 22 Abs. 1 Nr. 5 WpHG, an den diese Norm angelehnt ist, führt dies insoweit zu einer systematischen Besonderheit, als eine Mitteilung erfolgen muss, obwohl dem Mitteilungspflichtigen aus den Aktien kein Stimmrecht erwächst. Lässt sich dies dort noch mit der zwingenden Vorgabe von Art. 7 Spiegelstrich 6 rechtfertigen, besteht dafür im Rahmen des § 30, der nicht an diese Vorgaben gebunden ist, eigentlich keine Notwendigkeit. Der Wortlaut ist schon deshalb eng auszulegen. In Betracht kommt nur ein echter Nießbrauch iSd. § 1030 Abs. 1 BGB und nicht etwa obligatorische Nutzungsvereinbarungen (Pacht).

16   **f) Aktien, die der Bieter durch eine Willenserklärung erwerben kann (Nr. 5).** Nach dem Willen des Gesetzgebers umfasst die Norm nur rechtsgeschäftliche Gestaltungen, bei denen die Mitwirkung eines Dritten nicht erforderlich ist.[42] Entscheidend kommt es auf den **dinglichen Erwerb** an. Dies folgt aus dem Tatbestandsmerkmal **„erwerben":** Dieses wird im System des WpÜG nur für den Eigentumserwerb und nicht für die Begründung eines persönlichen (schuldrechtlichen) Anspruchs verwendet. Soweit das Gesetz nämlich auf die Begründung von Übereignungs*ansprüchen* abstellt, trifft es regelmäßig ausdrückliche Bestimmungen (§ 31 Abs. 6, § 23 Abs. 1 Satz 2, Abs. 2 Satz 2).[43] Teleologisch rechtfertigt der Gesetzgeber diese insgesamt überzeugende Einschränkung mit der einschneidenden Rechtsfolge des § 35 Abs. 2

---

[40] AA *Franck* BKR 2002, 709, 715.
[41] *Hüffer* § 16 Rn. 7; *Opitz* in *Schäfer* § 22 WpHG Rn. 59.
[42] RegE BT-Drucks. 14/7034 S. 54; WÜG-RefE S. 472.
[43] RegE (Fn. 42); WÜG-RefE (Fn. 42).

WpÜG, die nur dann gerechtfertigt erscheint, „wenn der Bieter über eine Position verfügt, die die Ausübung der Stimmrechte nicht von Unwägbarkeiten abhängig macht, die der Bieter nicht beeinflussen kann. Diese können beispielsweise darauf beruhen, dass dem Verkäufer Einwendungen oder ein Rücktrittsrecht zustehen oder er seine Lieferverpflichtungen nicht erfüllen kann".[44] Dadurch blendet Nr. 5 einen Großteil der bekannten **Aktienoptionstypen** (Wandel-, Options- und Umtauschanleihen, Bezugsrechte) aus, weil der Berechtigte dort überhaupt erst einen Kaufvertrag über Aktien zustande bringen muss.[45] Dies begegnete gerade im Schrifttum zu § 22 WpHG aF der Kritik, weil die dort verfolgten Transparenzzwecke es vermeintlich auch gebieten, das „Schnüren" von Paketen und nicht nur deren Erwerb zu erfassen.[46] Für § 30, der einer anderen Zwecksetzung verpflichtet ist, muss es hingegen auf die tatsächlich bestehende Kontrollmöglichkeit des Bieters ankommen. Diese ist bei einem persönlichen Anspruch auf das Stimmrecht noch nicht in dem Maße vorhanden, wie es in den anderen Tatbeständen des § 30 Abs. 1 vorausgesetzt ist.[47]

Erforderlich ist **eine Willenserklärung**. Die Mehrdeutigkeit des Wortlauts, **17** ob eine Willenserklärung des Bieters oder des Berechtigten gemeint sein kann, wird in den Materialien richtiggestellt: Es geht allein um eine Willenserklärung des Bieters.[48] Auch dürfte es nicht darauf ankommen, ob – technisch gesehen – eine oder mehrere Willenserklärungen des Bieters abgegeben werden müssen. Nach dem Normzweck genügt es, wenn dem dinglichen Erwerb nichts anderes als Willenserklärungen des Bieters entgegenstehen. Die Norm ist unmittelbar anwendbar, wenn der Eigentümer der Aktie dem Bieter bereits die Übereinung nach § 929 Satz 1 BGB angeboten hat. Analog dürfte die Norm im Falle einer aufschiebend bedingten Übereignung greifen, wenn es sich aus Sicht des Bieters um eine Potestativbedingung handelt und diese durch Realakt (zB Auszahlung des Kaufpreises) herbeigeführt werden kann. Diese Möglichkeit scheidet allerdings im Rahmen der Ahndung von Ordnungswidrigkeitsdelikten aus, weil hier ein Analogieverbot gilt (Normspaltung).

g) Dem Bieter anvertraute Aktien (Nr. 6). Die Vorschrift unterscheidet **18** sich von § 22 Abs. 1 Nr. 7 WpHG aF dadurch, dass die Aktien nicht zur Verwahrung anvertraut sein müssen – eine Einschränkung, die die Regelung des WpHG in der Praxis untauglich gemacht hat.[49] Dies beeinflusst die Auslegung des Tatbestandsmerkmals **„anvertraut".** Hier wird kein besonderes Verwahrungsverhältnis vorausgesetzt,[50] wohl aber Besitz des Bieters iSd. § 854 Abs. 1 BGB.

---

[44] RegE BT-Drucks. 14/7034 S. 54; WÜG-RefE S. 472.

[45] Vgl. nur *von Bülow* in Kölner Komm. Rn. 96; Ähnlich zur Parallelvorschrift des § 22 Abs. 1 Nr. 6 WpHG, wo die Bedeutung des Tatbestandsmerkmals „Erwerb" in diesem Punkt umstritten ist: Vgl. den Überblick bei *Opitz* in *Schäfer* § 22 WpHG Rn. 61 f., 67.

[46] *Burgard* BB 1995, 2069, 2076; *Schneider* in *Assmann/Schneider* § 22 Rn. 112; dazu auch *Franck* BKR 2002, 709, 711.

[47] Ähnlich *Riehmer* in *Haarmann/Riehmer/Schüppen* Rn. 49.

[48] RegE BT-Drucks. 14/7034 S. 54: „die Bieter durch eine Willenserklärung erwerben kann"; WÜG-RefE S. 472.

[49] *Opitz* in *Schäfer* § 22 WpHG Rn. 70.

[50] RegE BT-Drucks. 14/7034 S. 54; WÜG-RefE S. 473.

19   Ferner muss das Stimmrecht **nach eigenem Ermessen** ausgeübt werden. Dies kann nur bedeuten, dass die Interessen und Vorstellungen des Bieters und nicht die des Eigentümers bei der Ausübung des Stimmrechts maßgeblich sind. Dann scheidet aber das in § 135 AktG geregelte **Stimmrecht der Depotbanken** aus, weil diese nach § 135 Abs. 5 AktG bei fehlender Weisung durch den Aktionär Abstimmvorschläge unterbreiten müssen.[51]

20   Die Norm ist nicht anwendbar, wenn **besondere Weisungen durch den Aktionär** erteilt wurden. Das Tatbestandsmerkmal dürfte dem des § 135 Abs. 5 AktG entsprechen. Entscheidend kommt es darauf an, dass der Aktionär den Bieter in seinem Abstimmverhalten festgelegt hat. Dies muss in **besonderer** Weise geschehen, worunter man – dem Normzweck des § 30 Abs. 1 Satz 1 Nr. 6 entsprechend – eine inhaltliche Konkretheit der Weisung erwarten muss, die keinen Spielraum mehr für ein Abstimmverhalten des Bieters nach eigenem Ermessen lässt. Fraglich ist, wie zu verfahren ist, wenn ausgerechnet **eine an den Bieterinteressen orientierte Weisung erteilt wird** (zB die Weisung, stets so wie der Bieter abzustimmen). Insoweit wird man eine *besondere* Weisung im Sinne der Vorschrift verneinen können, weil das Ermessen des Bieters durch sie nicht beschränkt wird.

21   **3. Zurechnung von Aktien der Tochterunternehmen (Abs. 1 Satz 2 und 3).** Die Regelung verallgemeinert im Vergleich zu § 22 Abs. 1 Nr. 1 bis 3 und 6 WpHG aF die Zurechnung von Aktien des Tochterunternehmens gegenüber der Mutter.[52] Zum Begriff des Tochterunternehmens vgl. § 2 Abs. 6. Die Aktien können folglich nach Nr. 2 auch für Rechnung der Tochter gehalten werden, nach Nr. 3 von der Tochter zur Sicherheit übertragen worden sein, an ihnen kann nach Nr. 4 ein Nießbrauch zugunsten der Tochter bestellt sein, nach Nr. 5 genügt es, wenn die Tochter sie durch Willenserklärung erwerben kann. In **Nr. 6** kann eine der Tochter anvertraute Aktie von dieser bei der Abstimmung in freiem Ermessen ausgeübt werden; denkbar ist jedoch auch, dass eine der Tochter gehörende Aktie vom Bieter, dem sie anvertraut wurde, ausgeübt wird. § 30 Abs. 1 **Satz 3** stellt das bereits aus Satz 2 folgende Zurechnungsverhältnis noch einmal ausdrücklich klar.

22   **4. Konzertierung des Abstimmverhaltens mit Dritten (Abs. 2). a) Zweck und systematische Stellung.** Die Norm erfasst unter anderem Verhaltensweisen, „die international unter dem Begriff des ‚**acting in concert**' zusammengefasst werden".[53] Offensichtlich orientiert sich der Gesetzgeber am Vorbild von Sec. 13(d)(3) SEA sowie Rule 9.1(a) City Code. Von der Sache her geht es um eine Konzertierung von Stimmrechten zum Nutzen des Bieters. Typischerweise beruhen diese auf Vereinbarungen oder abgestimmte Verhaltensweisen iSd. § 2 Abs. 5. Der Gesetzgeber nimmt in der Begründung auch ausdrücklich auf diese Norm Bezug.[54] Dass der Gesetzgeber dem Bieter

---

[51] *von Bülow* in Kölner Komm. Rn. 105; streitig für § 22 Abs. 1 Nr. 7 WpHG: wie hier *Assmann/Schneider* § 22 WpHG Rn. 115 ff.; *Opitz* in *Schäfer* § 22 WpHG Rn. 71 ff.; anderer Auffassung, d.h. für Anwendbarkeit auf das Depotstimmrecht: *Burgard* BB 1995, 2076; *Witt* AG 1998, 176; *Junge*, FS Semler, 1993, S. 473.

[52] RegE BT-Drucks. 14/7034 S. 54; WÜG-RefE S. 473.

[53] RegE BT-Drucks. 14/7034 S. 54; WÜG-RefE S. 473.

[54] RegE BT-Drucks. 14/7034 S. 54; WÜG-RefE S. 473.

nicht einfach die Aktien zurechnet, die von dem mit ihm gemeinsam handelnden Unternehmen gehalten werden, hat möglicherweise mit der Absicht zu tun, die Konzeptionsschwächen des § 22 Abs. 1 Nr. 3 WpHG[55] durch eine mittlerweile auf praktischer Erfahrung gründende vollständige Umschreibung der Zurechnungsvoraussetzungen zu überwinden.[56]

b) Tatbestand. Vgl. zu den Tatbestandsmerkmalen Bieter § 2 Abs. 4, Toch-   **23** terunternehmen § 2 Abs. 6; im Übrigen bestehen Parallelen zu § 2 Abs. 5. Entscheidend kommt es auf eine **Abstimmung in Bezug auf die Zielgesellschaft** an. Unter Abstimmung wird man eine Vereinheitlichung der inhaltlichen Entscheidungsmaßstäbe verstehen müssen, die für das spätere Abstimmverhalten maßgeblich sind. Eine wirksame rechtsgeschäftliche Vereinbarung ist – wie etwa im insoweit vergleichbaren Tatbestand des § 1 GWB – aus Gründen des Umgehungsschutzes nicht erforderlich; die Norm ist also auch auf Gentlemen's Agreements anwendbar.[57] Diese Abstimmung muss **in Bezug auf die Zielgesellschaft** erfolgen. Dieses Tatbestandsmerkmal ist sprachlich wohl bewusst weit gefasst. Es ist nicht erforderlich, dass die Abstimmung sich auf einen festen Kanon von Maßnahmen bezieht, die der Kontrollerlangung durch den Bieter dienen. Ausreichend dürfte vielmehr sein, dass die Personal-, Unternehmens- und Geschäftspolitik der Zielgesellschaft im weitesten Sinne ganz oder teilweise zum Gegenstand der Abstimmung gemacht werden. Für die Weite des Tatbestandes spricht hier der Vergleich mit § 23: Gerade in den Fällen der Veröffentlichung nach § 23 Abs. 1, die zu § 30 in engem systematischen Verhältnis steht, darf der Bieter nicht bestimmte Aktien zurückhalten (und damit die Aktionäre der Zielgesellschaft über den Erfolg seiner Übernahmestrategie täuschen), indem er inhaltliche Zweifelsfälle konstruiert. Im Übrigen wird durch den weiten Tatbestand Umgehungsstrategien zur Erlangung der Kontrolle vorgebeugt: Der Bieter soll nicht über vermeintlich unbedenkliche Konzertierungsmaßnahmen dennoch unbemerkt einen Teil der Kontrolle erlangen. Andererseits unterscheidet sich die Sachlage im Rahmen des § 30 Abs. 2 WpÜG vom bekanntesten Fall der abgestimmten Verhaltensweisen, § 1 GWB: Während in der Hauptversammlung der AG ein Parallelverhalten der Aktionäre bei Abstimmungen gerade üblich ist, erscheint dies unter Wettbewerbern als Ausnahmefall. Deshalb müssen sich im Falle des § 30 Abs. 2 besondere Indizien zu einem den gewöhnlichen Grad strategischer Konzertierung übersteigenden Maß verdichtet haben.[58]

Im Umkehrschluss aus **Abs. 2 Satz 1 zweiter Halbsatz** folgt, dass diese   **24** Vereinbarung weiterhin **nicht einzelfallbezogen** sein darf.[59] Dies erinnert an das Tatbestandsmerkmal der langfristigen Verfolgung gemeinsamer Ziele in § 22 Abs. 1 Nr. 3 WpHG aF. Wie dort wird man darauf abstellen, dass die Vereinbarung oder das tatsächliche Konzertieren von vornherein auf eine bestimmte zeitliche Intensität hin angelegt ist. Im Rahmen des § 22 Abs. 1 Nr. 3 WpHG aF ging eine starke Meinung davon aus, dass sich die Abstimmung über

---

[55] Vgl. zu diesen nur *Opitz* in *Schäfer* § 22 WpHG Rn. 37 ff.
[56] Vgl. auch RegE BT-Drucks. 14/7034 S. 53; WÜG-RefE S. 471 f.
[57] *Riehmer* in *Haarmann/Riehmer/Schüppen* Rn. 62.
[58] *Liebscher* ZIP 2002, 1005, 1007 f.
[59] RegE BT-Drucks. 14/7034 S. 54; WÜG-RefE S. 473.

die Dauer von zwei Hauptversammlungen erstrecken müsse.[60] Für die davon abweichenden Zwecke des § 30 Abs. 2 Satz 1 wird man hingegen eher berücksichtigen müssen, ob der Bieter beispielsweise für die kritische erste Zeit der Kontrollerlangung das Abstimmverhalten des Dritten systematisch und nicht nur punktuell in seinem Sinne kontrollieren kann.

25   Praktisch erfasst die Norm zunächst **Stimmbindungsvereinbarungen.** Dabei ist es ohne Belang, ob die zugrunde liegende Vereinbarung wirksam ist oder nicht, da wie im Falle des § 2 Abs. 5 auch eine Abstimmung in sonstiger, d.h. nicht rechtsgeschäftlicher Weise nach § 30 Abs. 2 Satz 1 erfolgen kann (§ 2 Rn. 13). Weiterhin findet die Norm auch auf die **Poolung** von Stimmen Anwendung (vgl. auch § 135 Abs. 9 AktG). Im Recht der Vereinigten Staaten setzt die ähnliche Zurechnung zu einer **Group** nach Sec. 13(d)(3) SEA voraus, dass eine gemeinsame Absicht („purpose"), gerichtet auf den Erwerb der Aktien der Zielgesellschaft („acquiring"), besteht und diese in die Tat umgesetzt wird („acting in concert").

§ 31 Gegenleistung

(1) **Der Bieter hat den Aktionären der Zielgesellschaft eine angemessene Gegenleistung anzubieten. Bei der Bestimmung der angemessenen Gegenleistung sind grundsätzlich der durchschnittliche Börsenkurs der Aktien der Zielgesellschaft und Erwerbe von Aktien der Zielgesellschaft durch den Bieter, mit ihm gemeinsam handelnder Personen oder deren Tochterunternehmen zu berücksichtigen.**

(2) **Die Gegenleistung hat in einer Geldleistung in Euro oder in liquiden Aktien zu bestehen, die zum Handel an einem organisierten Markt zugelassen sind. Werden Inhabern stimmberechtigter Aktien als Gegenleistung Aktien angeboten, müssen diese Aktien ebenfalls ein Stimmrecht gewähren.**

(3) **Der Bieter hat den Aktionären der Zielgesellschaft eine Geldleistung in Euro anzubieten, wenn er, mit ihm gemeinsam handelnde Personen oder deren Tochterunternehmen**

1. **in den drei Monaten vor der Veröffentlichung gemäß § 10 Abs. 3 Satz 1 insgesamt mindestens 5 Prozent der Aktien oder Stimmrechte an der Zielgesellschaft oder**

2. **nach der Veröffentlichung gemäß § 10 Abs. 3 Satz 1 und vor Ablauf der Annahmefrist insgesamt mindestens 1 Prozent der Aktien oder Stimmrechte an der Zielgesellschaft**
gegen Zahlung einer Geldleistung erworben haben.

(4) **Erwerben der Bieter, mit ihm gemeinsam handelnde Personen oder deren Tochterunternehmen nach Veröffentlichung der Angebotsunterlage und vor der Veröffentlichung gemäß § 23 Abs. 1 Satz 1 Nr. 2 Aktien der Zielgesellschaft und wird hierfür wertmäßig eine höhere als**

---

[60] So im Hinblick auf Art. 1 Abs. 1 lit. d Satz 1 der 7. Richtlinie über den konsolidierten Abschluss vom 18. 7. 1983, ABl. EG Nr. L 193, 1; *Assmann/Schneider* § 22 Rn. 78; *Burgard* BB 1995, 2075; zweifelnd *Opitz* in *Schäfer* § 22 WpHG Rn. 47.

die im Angebot genannte Gegenleistung gewährt oder vereinbart, erhöht sich die den Angebotsempfängern der jeweiligen Aktiengattung geschuldete Gegenleistung wertmäßig um den Unterschiedsbetrag.

(5) Erwerben der Bieter, mit ihm gemeinsam handelnde Personen oder deren Tochterunternehmen innerhalb eines Jahres nach der Veröffentlichung gemäß § 23 Abs. 1 Satz 1 Nr. 2 außerhalb der Börse Aktien der Zielgesellschaft und wird hierfür wertmäßig eine höhere als die im Angebot genannte Gegenleistung gewährt oder vereinbart, ist der Bieter gegenüber den Inhabern der Aktien, die das Angebot angenommen haben, zur Zahlung einer Geldleistung in Euro in Höhe des Unterschiedsbetrages verpflichtet. Satz 1 gilt nicht für den Erwerb von Aktien im Zusammenhang mit einer gesetzlichen Verpflichtung zur Gewährung einer Abfindung an Aktionäre der Zielgesellschaft und für den Erwerb des Vermögens oder von Teilen des Vermögens der Zielgesellschaft durch Verschmelzung, Spaltung oder Vermögensübertragung.

(6) Dem Erwerb im Sinne der Absätze 3 bis 5 gleichgestellt sind Vereinbarungen, auf Grund derer die Übereignung von Aktien verlangt werden kann. Als Erwerb gilt nicht die Ausübung eines gesetzlichen Bezugsrechts auf Grund einer Erhöhung des Grundkapitals der Zielgesellschaft.

(7) Das Bundesministerium der Finanzen kann durch Rechtsverordnung, die nicht der Zustimmung des Bundesrates bedarf, nähere Bestimmungen über die Angemessenheit der Gegenleistung nach Absatz 1, insbesondere die Berücksichtigung des durchschnittlichen Börsenkurses der Aktien der Zielgesellschaft und der Erwerbe von Aktien der Zielgesellschaft durch den Bieter, mit ihm gemeinsam handelnder Personen oder deren Tochterunternehmen und die hierbei maßgeblichen Zeiträume sowie über Ausnahmen von dem in Absatz 1 Satz 2 genannten Grundsatz und die Ermittlung des Unterschiedsbetrages nach den Absätzen 4 und 5 erlassen. Das Bundesministerium der Finanzen kann die Ermächtigung durch Rechtsverordnung auf die Bundesanstalt übertragen.

Verordnung über den Inhalt der Angebotsunterlage, die Gegenleistung bei Übernahmeangeboten und Pflichtangeboten und die Befreiung von der Verpflichtung zur Veröffentlichung und zur Abgabe eines Angebots (WpÜG-Angebotsverordnung)

vom 27. Dezember 2001 (BGBl. I S. 4263)
geändert durch Gesetz vom 29. April 2002 (BGBl. I S. 1495)

§ 3. Grundsatz
Bei Übernahmeangeboten und Pflichtangeboten hat der Bieter den Aktionären der Zielgesellschaft eine angemessene Gegenleistung anzubieten. Die Höhe der Gegenleistung darf den nach den §§ 4 bis 6 festgelegten Mindestwert nicht unterschreiten. Sie ist für Aktien, die nicht derselben Gattung angehören, getrennt zu ermitteln.

§ 4. Berücksichtigung von Vorerwerben

Die Gegenleistung für die Aktien der Zielgesellschaft muss mindestens dem Wert der höchsten vom Bieter, einer mit ihm gemeinsam handelnden Person oder deren Tochterunternehmen gewährten oder vereinbarten Gegenleistung für den Erwerb von Aktien der Zielgesellschaft innerhalb der letzten drei Monate vor der Veröffentlichung nach § 14 Abs. 2 Satz 1 oder § 35 Abs. 2 Satz 1 des Wertpapiererwerbs- und Übernahmegesetzes entsprechen. § 31 Abs. 6 des Wertpapiererwerbs- und Übernahmegesetzes gilt entsprechend.

§ 5. Berücksichtigung inländischer Börsenkurse

(1) Sind die Aktien der Zielgesellschaft zum Handel an einer inländischen Börse zugelassen, muss die Gegenleistung mindestens dem gewichteten durchschnittlichen inländischen Börsenkurs dieser Aktien während der letzten drei Monate vor der Veröffentlichung nach § 10 Abs. 1 Satz 1 oder § 35 Abs. 1 Satz 1 des Wertpapiererwerbs- und Übernahmegesetzes entsprechen.

(2) Sind die Aktien der Zielgesellschaft zum Zeitpunkt der Veröffentlichung nach § 10 Abs. 1 Satz 1 oder § 35 Abs. 1 Satz 1 des Wertpapiererwerbs- und Übernahmegesetzes noch keine drei Monate zum Handel an einer inländischen Börse zugelassen, so muss der Wert der Gegenleistung mindestens dem gewichteten durchschnittlichen inländischen Börsenkurs seit der Einführung der Aktien in den Handel entsprechen.

(3) Der gewichtete durchschnittliche inländische Börsenkurs ist der nach Umsätzen gewichtete Durchschnittskurs der der Bundesanstalt für Finanzdienstleistungsaufsicht (Bundesanstalt) nach § 9 des Wertpapierhandelsgesetzes als börslich gemeldeten Geschäfte.

(4) Sind für die Aktien der Zielgesellschaft während der letzten drei Monate vor der Veröffentlichung nach § 10 Abs. 1 Satz 1 oder § 35 Abs. 1 Satz 1 des Wertpapiererwerbs- und Übernahmegesetzes an weniger als einem Drittel der Börsentage Börsenkurse festgestellt worden und weichen mehrere nacheinander festgestellte Börsenkurse um mehr als 5 Prozent voneinander ab, so hat die Höhe der Gegenleistung dem anhand einer Bewertung der Zielgesellschaft ermittelten Wert des Unternehmens zu entsprechen.

§ 6. Berücksichtigung ausländischer Börsenkurse

(1) Sind die Aktien der Zielgesellschaft ausschließlich zum Handel an einem organisierten Markt im Sinne des § 2 Abs. 7 des Wertpapiererwerbs- und Übernahmegesetzes in einem anderen Staat des Europäischen Wirtschaftsraums im Sinne des § 2 Abs. 8 des Wertpapiererwerbs- und Übernahmegesetzes zugelassen, muss die Gegenleistung mindestens dem durchschnittlichen Börsenkurs während der letzten drei Monate vor der Veröffentlichung nach § 10 Abs. 1 Satz 1 oder § 35 Abs. 1 Satz 1 des Wertpapiererwerbs- und Übernahmegesetzes des organisier-

ten Marktes mit den höchsten Umsätzen in den Aktien der Zielgesellschaft entsprechen.

(2) Sind die Aktien der Zielgesellschaft zum Zeitpunkt der Veröffentlichung nach § 10 Abs. 1 Satz 1 oder § 35 Abs. 1 Satz 1 des Wertpapiererwerbs- und Übernahmegesetzes noch keine drei Monate zum Handel an einem Markt im Sinne des Absatzes 1 zugelassen, so muss der Wert der Gegenleistung mindestens dem durchschnittlichen Börsenkurs seit Einführung der Aktien in den Handel an diesem Markt entsprechen.

(3) Der durchschnittliche Börsenkurs ist der Durchschnittskurs der börsentäglichen Schlussauktion der Aktien der Zielgesellschaft an dem organisierten Markt. Wird an dem organisierten Markt nach Absatz 1 keine Schlussauktion durchgeführt, ist der Durchschnittskurs auf der Grundlage anderer, zur Bildung eines Durchschnittskurses geeigneter Kurse, die börsentäglich festgestellt werden, zu bestimmen.

(4) Werden die Kurse an dem organisierten Markt nach Absatz 1 in einer anderen Währung als in Euro angegeben, sind die zur Bildung des Mindestpreises herangezogenen Durchschnittskurse auf der Grundlage des jeweiligen Tageskurses in Euro umzurechnen.

(5) Die Grundlagen der Berechnung des durchschnittlichen Börsenkurses sind im Einzelnen zu dokumentieren.

(6) § 5 Abs. 4 ist anzuwenden.

§ 7. Bestimmung des Wertes der Gegenleistung

Besteht die vom Bieter angebotene Gegenleistung in Aktien, sind für die Bestimmung des Wertes dieser Aktien die §§ 5 und 6 entsprechend anzuwenden.

Schrifttum: *Habersack,* Auf der Suche nach dem gerechten Preis – Überlegungen zur § 31 WpÜG, ZIP 2003, 1123; *Krieger,* Das neue Übernahmegesetz: Preisfindung beim Übernahmeangebot und Neutralitätspflicht des Vorstands der Zielgesellschaft, in Gesellschaftsrecht 2001, S. 289; *Lappe,* Unternehmensbewertungen nach dem WpÜG, BB 2002, 2185; *Rodewald/Siems,* Der Preis ist heiß – Zur Angemessenheit der Gegenleistung bei Übernahmeangeboten, ZIP 2002, 926; *Technau,* Übernahmerechtliche Austrittsrechte in Verschmelzungsfällen, AG 2002, 260.

Übersicht

I. Grundlagen

1   **1. Normzweck.** § 31 gilt für freiwillige Übernahmeangebote ebenso wie für Pflichtangebote iSd. §§ 35 Abs. 2, 39. Die gesetzliche Rahmenregelung der Gegenleistung ist, soweit freiwillige ÜA betroffen sind, keine Selbstverständlichkeit.[1] Vielmehr bedeutet sie eine Marktergebniskontrolle, deren Rechtfer-

---

[1] Vgl. nur die Kritik von *Mülbert* ZIP 2001, 1221, 1223 ff.: Verstoß gegen die nach Art. 2 Abs. 1 GG gewährte allgemeine Handlungsfreiheit und gegen die nach Art. 43 ff., 56 ff. EGV geschützte Niederlassungs- und Kapitalverkehrsfreiheit.

tigung in Strukturdefiziten des Kapitalmarktes zu suchen ist. Diesbezüglich finden sich verschiedene Erklärungsansätze:

Nach der von den amerikanischen Autoren *Berle* und *Means* entwickelten **2** **Corporate Asset-Theorie**[2] gebührt der Wert der Kontrolle über die AG allen Aktionären gleichermaßen. Zugrunde liegt die Überlegung, dass aus steuerrechtlichen und unternehmenspolitischen Motiven ein beträchtlicher Teil des Jahresüberschusses im Gesellschaftsvermögen verbleibt. Ein Kleinanleger kann auf diese Reserven allerdings nicht zugreifen, weil ihm die Kontrolle über die AG und ihre Geschäftsführung fehlt. Folglich drückt sich im Preis für die einzelne Aktie nicht der Wert aus, der entsteht, wenn verschiedene Aktien zu einer Kontrollbeteiligung zusammengefasst werden, die ihrerseits den Zugriff auf die Reserven der AG eröffnet. Dies beschreibt aber gerade den für das öffÜA typischen Fall: Dieses eignet sich für einen Bieter vor allem zur Aufnahme von Streubesitz, um daraus erstmals eine Kontrollbeteiligung zu formen. Bevor es dazu kommt diskontiert der Markt noch im Börsenkurs „die Unfähigkeit der Einzelaktionäre, ihren Anteil am Unternehmen jemals zu realisieren".[3] Anders erscheint in dieser Situation den Paketzuschlag bzw. die **Kontrollprämie** auf den Börsenkurs als Gegenleistung für den erleichterten Zugriff auf diese dem Kleinanleger entzogenen Werte. Gegenstand der Corporate Asset-Theorie ist daher die Forderung, dass der Bieter, der sich den Kontrollwert einverleibe, die veräußernden Aktionäre an ihm beteiligen müsse. In der vereinzelt gebliebenen Entscheidung **Perlman v. Feldman** (219 F.2d 173, 177 (2d Cir. 1955)[4] erkannte die amerikanische Praxis aus ähnlichen Überlegungen heraus einen Zahlungsanspruch des Minderheitsaktionärs auf Teilhabe an dem dem veräußernden Großaktionär gezahlten Paketaufschlag an. Das **BVerfG** verneint einen verfassungsrechtlich geschützten Anspruch vergleichbaren Inhalts (vgl. dazu im Originalzitat § 3 Rn. 10).[5] Im **Schrifttum** war ähnlich lautende Kritik vorangegangen,[6] der sich noch der Referentenentwurf in § 4 AngebotsVO anschloß: Tätigte der Bieter daher vor der Unterbreitung des öffÜA ein Einzelgeschäft, sollte nicht der ganze Kaufpreis als Bemessungsgrenze für die in der Angebotsunterlage festzusetzende Gegenleistung dienen, sondern nur 85 % des Preises. Damit sollten Paketaufschläge herausgerechnet werden.[7] Nach dem **Regierungsentwurf** soll den Aktionären die Möglichkeit eröffnet werden, „an Paketzuschlägen, die im Vorfeld von Übernahmen mit einzelnen

---

[2] The Modern Corporation and Private Property, 1932, S. 216 f.; dazu und zu alternativen Ansätzen im amerikanischen Recht *Herkenroth* S. 124.

[3] *Busch* S. 88; vgl. vor allem auch *Lenel*, Die Ursachen der Konzentration unter besonderer Berücksichtigung der deutschen Verhältnisse, 1962, S. 158; *Immenga* in *Kreuzer* ÖffÜA S. 15; *Kuhr* S. 172; *Reul* in Jahrbuch S. 18 ff.; *Houben* WM 2000, 1874.

[4] Vgl. *Herkenroth* S. 121 ff.

[5] BVerfG ZIP 1999, 1436, 1441-DAT/Altana.

[6] *Assmann/Bozenhardt* S. 67; *Koppensteiner* in Kölner Komm. § 305 Rn. 37; *Hommelhoff/Kleindiek* AG 1990, 108; *Mülbert* ZIP 2001, 1221, 1224 sowie *Lutter* ZHR 153 (1989) 460; *Kuhr* S. 63; *Schiessl* AG 1999, 442, 450; Handelsrechtsausschuss des DAV NZG 2001, 420, 428; *Houben* WM 2000, 1873, 1882; *Kremer/Oesterhaus* in Kölner Komm. Anh. § 31 Rn. 23.

[7] WÜG-RefE S. 528.

Aktionären vereinbart wurden, zu partizipieren".[8] Letztlich erscheint es als eine Wertungsfrage, wem der Kontrollwert zusteht: dem veräußernden Kleinaktionär oder dem später die Kontrolle begründenden Bieter. Jedenfalls konnte der veräußernde Kleinaktionär diese Kontrolle nie selbst ausüben und daher auch auf dem Markt keine Gegenleistung durchsetzen. Andererseits weist die Rechtsordnung das mit seinem Anteil verbundene Kontroll*potential*, das sich erst bei Vereinigung seiner Anteile mit anderen zur Kontrollmehrheit als tatsächliche Macht entfaltet, vor der Übereignung an den Bieter ihm als einzig in Betracht kommenden Eigentümer iSd. Art. 14 Abs. 1 GG zu. Dass ein Dritter durch bloßes Zusammenfügen der einzelnen Gesellschaftsanteile den überschießenden Kontrollwert ohne eigene Gegenleistung verwirklichen können soll, erscheint daher bedenklich. Die im Regierungsentwurf gefundene Lösung ist daher zu begrüßen.

3   Nach einer **wettbewerbstheoretisch** begründeten Ansicht darf der Bieter keine Vorteile daraus ziehen, dass er es auf der Verkäuferseite nicht mit einem einzigen Verkäufer des Unternehmens, sondern mit einer Vielzahl von Anlegern zu tun hat.[9] Bräuchte er in dieser Situation nur so viele Anteile zu erwerben, wie er nach dem Mehrheitsprinzip des § 133 Abs. 1 AktG benötigte, könnte er die beim Verkauf miteinander konkurrierenden Aktionäre in seinem Sinne unter Preisdruck setzen. In zweifacher Hinsicht bestünde die Gefahr eines **Kontrollerwerbs „zum halben Preis":**[10] Der Bieter benötigte nämlich erstens nur die § 29 Abs. 2 entsprechende Menge an Stimmrechten und könnte für diese zweitens einen unter dem inneren Wert liegenden Marktpreis anbieten, wenn er den Angebotsübergang an Verkaufsangeboten der Aktionäre der Zielgesellschaft gegenüber seiner quantitativ beschränkten Nachfrage entsprechend ausnutzte. Dadurch entstünde ein **wettbewerbsfremder Konzentrationsanreiz**: Denn aus Sicht des Bieters folgte die Motivation zum öffÜA nicht notwendig aus einer Unterbewertung der Zielgesellschaft (§ 3 Rn. 2 und 13 f.), sondern einfach daraus, dass die Kosten für die Kontrolle über die Zielgesellschaft im Vergleich zu den zu erwartenden Erträgen absolut und im Verhältnis zu anderen Investitionsobjekten konkurrenzlos günstig ausfielen. Diese „Kostenersparnis" des Bieters belastet aber die Allokationseffizienz des Marktes: Denn die Anteile an der Zielgesellschaft fielen letztlich nicht dem Marktteilnehmer zu, der ihren Wert bei voller Information am höchsten einschätzte, sondern gelangten an solche Bieter, die – unabhängig vom konkreten Wert der Anteile der Zielgesellschaft im Einzelfall – die ihnen zur Verfügung stehenden Mittel andernorts nicht so günstig investieren könnten. § 32 verhindert deshalb, dass der Bieter den Aktionären der Zielgesellschaft für ihn „kostensparende" Teilangebote unterbreiten darf, die einen intensiven Preisdruck auf die Veräußerer ausüben. § 31 beseitigt darüber hinaus den Preisdruck durch Vorgabe von Mindestgrenzen, die sich am Marktwert der Anteile der Zielgesellschaft orientieren.

4   Auf im Ergebnis ähnlichen Überlegungen beruht die Auffassung, dem Aktionär müsse die Möglichkeit der **Desinvestition unter Auszahlung des**

---

[8] RegE BT-Drucks. 14/7034 S. 80, linke Spalte, erster Absatz.
[9] Vgl. nur *Baums* in DAI S. 174.
[10] So kritisch *Assmann/Bozenhardt* S. 49.

objektiven Gegenwertes in solchen Fällen gewährt werden, in denen er nicht verhindern könne, dass die von ihm geleistete Einlage gegen sein Interesse verwaltet werde.[11] § 31 bildet dabei das Herzstück der sogenannten „**Konzernbildungskontrolle**".[12] Dem Wesen des Übernahmerechts entsprechend kann diese Kontrolle nicht in das Gesellschaftsinnere hineinreichen, sondern muss in dem mit der Übernahme einhergehenden Austauschvorgang selbst integriert sein. Der Kaufpreis tritt dabei an die Stelle der in anderem Zusammenhang zu zahlenden Abfindung. Fällt er zu niedrig aus, besteht wiederum ein wettbewerbsfremder Konzentrationsanreiz,[13] denn dann lohnte sich plötzlich das öffÜA als Transaktionsform gegenüber dem Beherrschungsvertrag, weil hier Abfindungslasten erspart werden könnten. § 31 tritt damit in ein systematisches Verhältnis zur **Abfindung der Gesellschafter der Zielgesellschaft in anderen Fällen** (§§ 305, 320b AktG). Die gleichmäßige Ausgestaltung dieser Institute – etwa der nach § 31 zu entrichteten Gegenleistung und der nach § 305 AktG zu zahlenden Abfindung – verhindert entscheidend, dass vom öffÜA oder der Begründung eines Vertragskonzerns wettbewerbsfremde Anreize ausgehen, weil für den Übernehmer durch die Wahl einer Rechtsform Kosten gespart werden können. In sämtlichen Fällen stellt der Börsenkurs für die Minderheitsaktionäre den maßgeblichen Wert ihrer Aktie dar.[14] Die Rechtsprechung des BVerfG zur Abfindung im Vertragskonzern oder bei der Eingliederung[15] ist deshalb auch im Rahmen des § 31 – unter veränderten Vorzeichen – beachtlich (Rn. 10 ff.). Dies wird im **Schrifttum** indes gerade bezweifelt, und zwar mit dem Argument, bei einem öffÜA werde nicht so stark in die Stellung der Aktionäre eingegriffen wie beim Abschluss eines Beherrschungs- und Gewinnabführungsvertrages.[16] Bedenkt man indes, dass nach der Rechtsprechung des BVerfG das Wesen des Aktieneigentums in seiner Fungibilität gründet (Rn. 10), lässt sich diese Unterscheidung wohl nicht aufrechterhalten: Gerade wenn die Aktien der Zielgesellschaft mit steigender Erfolgsaussicht des Bieters im Rahmen eines Übernahmeangebots zusehends unverkäuflich werden (Rn. 5), erfolgt auch hier ein drittwirkender „Eingriff" (im Verhältnis Bieter-Aktionär) in die Fungibilität und damit das Aktieneigentums, der ähnliche Rechtsfolgen auslösen muss wie der Abschluss eines Beherrschungsvertrags. Zurecht weist dagegen die rechtspolitische Kritik auf eine andere Lücke des WpÜG gegenüber § 305 AktG hin: Es fehlt an einer Kontrolle des Preises durch eine neutrale Spruchstelle.[17]

Ein vierter analytischer Ansatz stellt die **individuelle Schädigungsgefahr** 5 **der Aktionäre** der Zielgesellschaft nach Abgabe eines öffÜA in den Vorder-

---

[11] *Hommelhoff/Kleindiek* AG 1990, 108; *Kuhr* S. 200; *Beckmann* DB 1995, 2407.

[12] *Kuhr* S. 200; *Hopt* in *Hommelhoff/Hopt/Lutter* (Hrsg.), Konzernrecht und Kapitalmarktrecht, 2001, S. 279, 287; *Hommelhoff/Kleindiek* AG 1990, 106, 108; *Hommelhoff*, FS Semler, 1993, S. 455, 460 ff.; *Mülbert* ZIP 2001, 1221, 1226; *Beckmann* DB 1995, 2407 und 2409; vgl. auch § 3 Rn. 16 f.

[13] *Kuhr* (Fn. 12).

[14] *Houben* WM 2000, 1876.

[15] BVerfG ZIP 1999, 1436–DAT/Altana.

[16] *Habersack* ZIP 2003, 1123, 1127; *Krieger*, Gesellschaftsrecht 2001, S. 289, 298; *Kremer/Oesterhaus* in Kölner Komm. Anh. § 31 Rn. 4.

[17] *Kuhr* (Fn. 12); *Hommelhoff/Kleindiek* AG 1990, 109.

grund der Überlegungen. Auf die Aktionäre der Zielgesellschaft entsteht nämlich dann besonderer Entscheidungsdruck, wenn als Reaktion auf das öffÜA **eine zunehmende Unverkäuflichkeit** ihrer Anteile auf dem Markt eintritt, weil dort der Erfolg des Bieters antizipiert wird und vom Wert der Aktien der Zielgesellschaft bereits die Nachteile einer künftigen Minderheitsposition diskontiert werden. Angesichts sinkender Aktienkurse werden die Aktionäre der Zielgesellschaft in einer solchen Situation erpressbar, und es kann nicht mehr unterstellt werden, dass sie ein unter dem inneren Wert ihrer Anteile liegendes Angebot noch ablehnen können.[18] § 31 will das Entstehen solcher Zwangssituationen bereits im Ansatz verhindern.

6   Der GS 2000 regelte die Frage der Gegenleistung in Art. 5 nur in Grundzügen und auch nur für das **Pflichtangebot**. Nach **Art. 5 Abs. 1 Satz 2 GS 2000** musste das Pflichtangebot allen Wertpapierinhabern für alle ihre Wertpapiere zu einem angemessenen Preis unterbreitet werden. Dem entspricht § 31 Abs. 1 Satz 1. Nach Art. 5 Abs. 1 Satz 3 GS 2000 war ein **alternatives Barangebot erforderlich**, wenn die Gegenleistung nicht aus liquiden Wertpapieren besteht, die auf einem geregelten Markt (vgl. dazu § 2 Abs. 7) zugelassen sind. Hier findet sich in § 31 Abs. 2 Satz 1 eine Parallele. Die Regelung des **Art. 5 Abs. 4 RLE 2002** (Grundsatz der Angemessenheit der Gegenleistung und Maßgeblichkeit von Vorerwerben) geht darüber deutlich hinaus (siehe noch Rn. 8 und 27).

7   **2. Der Grundsatz der Angemessenheit der Gegenleistung (Abs. 1, § 3 AngebotsVO).** § 31 Abs. 1 Satz 1 hat programmatischen Charakter. Die Norm lehnt sich ursprünglich an Art. 5 Abs. 1 Satz 2 GS 2000 (vgl. nun noch weitergehend Art. 5 Abs. 4 RLE 2002) an.[19] Ihre Konkretisierung erfolgt jedoch ausschließlich in den nachfolgenden Sätzen und Abschnitten sowie in den §§ 3 ff. AngebotsVO. Danach bedeutet Angemessenheit der Gegenleistung die Einhaltung der gesetzlichen Preisuntergrenzen. Dazu der **Gesetzgeber**: „Von einer näheren gesetzlichen Regelung der Höhe der Gegenleistung im Gesetz wird abgesehen. Vorbild hierfür sind die umwandlungsrechtlichen Regelungen zur Barabfindung (§ 29 Abs. 1 Satz 1, § 207 Abs. 1 Satz 1 UmwG), die ebenfalls auf das Erfordernis einer Barabfindung verweisen, ohne im Einzelnen auszuführen, welche Kriterien zur näheren Bestimmung der Angemessenheit heranzuziehen sind. Bei Übernahmeverfahren bestehen jedoch enge zeitliche Vorgaben für die Verfahrensbeteiligten. Zudem ist sowohl für die Praxis als auch die Aufsicht aus Gründen der Rechtssicherheit und zur Vermeidung von Rechtsstreitigkeiten die rechtsverbindliche Festlegung von Eckpunkten zur Bestimmung der Angemessenheit wünschenswert."[20] § 31 Abs. 1 Satz 2 unterscheidet deshalb **zwei verschiedene Arten von Preisuntergrenzen**: den Börsenkurs und die vom Bieter selbst oder von ihm zurechenbaren Personen vereinbarten Gegenleistungen außerhalb des öffÜA. Die Vorschriften über den

---

[18] *Immenga* in *Kreuzer* ÖffÜA S. 22 f.; *Sandberger* DZWiR 1993, 321; *Houben* WM 2000, 1874; vgl. auch *Assmann/Bozenhardt* S. 11 f.; *Busch* S. 60 f. und 87 f.; *Herkenroth* S. 341; *Kuhr* S. 23; *Pietzke*, FS Fikentscher, 1998, S. 612 ff.

[19] Vgl. noch WÜG-RefE S. 474.

[20] RegE BT-Drucks. 14/7034 S. 55, linke Spalte, dritter Absatz; WÜG-RefE S. 474.

Börsenkurs finden sich in §§ 5 ff. AngebotsVO; die Maßgeblichkeit von Vorerwerben richtet sich nach § 4 AngebotsVO, die von Parallelerwerben nach § 31 Abs. 4 und die von nachgeschalteten Erwerben nach § 31 Abs. 5. Maßgeblicher Zeitpunkt für die Wertbemessung ist die Veröffentlichung des öffÜA nach § 14 Abs. 2 Satz 1.[21] Wie bei jedem Rechtsgeschäft kommt es auch beim öffÜA für die Wirksamkeit nämlich auf den Zeitpunkt der Vornahme an.

Beide Arten von Preisuntergrenzen gelten **grundsätzlich.** Zur Auslegung 8 dieses Tatbestandsmerkmals schweigen die Materialien, wenngleich dort ein allgemeines Bedürfnis nach flexibler Anpassung und rascher Veränderung genannt wird, dem durch die Ermächtigungsgrundlage in Abs. 7 Rechnung getragen werden soll.[22] Dennoch wird man den oben im Wortlaut wiedergegebenen Passagen den gesetzgeberischen Willen entnehmen können, dass die beiden Preisuntergrenzen nicht durch andere Bewertungsmethoden ersetzt werden dürfen.[23] Denn in Gestalt von Börsenkurs und vom Bieter vereinbarten Gegenleistungen schafft das Gesetz zwei inhaltliche Grenzen, die wenig Anlass zu streitiger Auseinandersetzung zwischen den Parteien bieten. Dies trägt dem insgesamt auf rasche und sichere Abwicklung angelegten Übernahmeverfahren (vgl. nur § 15 Abs. 1) in besonderer Weise Rechnung, so dass eine Abweichung nur unter besonderen Umständen geboten erscheint. Interessanterweise kennt jedoch **Art. 5 Abs. 4 Satz 2 RLE 2002** Ausnahmen vom Erfordernis des angemessenen Preises, „wenn beispielsweise der Höchstpreis in einer Vereinbarung zwischen Käufer und Verkäufer gemeinsam festgelegt worden ist, wenn die Marktpreise der betreffenden Wertpapiere manipuliert worden sind, wenn die Marktpreise allgemein oder im Besonderen durch außergewöhnliche Umstände beeinflusst worden sind, oder um die Rettung eines Unternehmens aus Schwierigkeiten zu ermöglichen." Die Möglichkeit einer individualvertraglichen Vereinbarung neben dem öffÜA sind indes nach hier vertretener Auffassung durch die Schutzzwecke des Verfahrens stark beschränkt (Rn. 57); auch trägt das System aus § 31 und §§ 4 ff. AngebotsVO Abfindungsspekulationen bereits in abstrakter Weise Rechnung, so dass für eine Abweichung im Einzelfall wenig Raum ist (Rn. 23 f.). Denkbar erscheint eine Ausnahme jedoch tatsächlich im Fall des **Beteiligungserwerbs zu Sanierungszwecken:**[24] Ist die Zielgesellschaft von Insolvenz bedroht, können naheliegende Sachgründe dafür sprechen, dass der auf Sanierung zielende Bieter den Aktionären nicht nach § 4 AngebotsVO eine Gegenleistung anbieten muss, die dem Preis eines Vorerwerbs vor drei Monaten entspricht. Als weiterer Ausnahmefall erscheint hier das öffÜA im **Fall des Management Buyouts** (vgl. bereits § 11 Rn. 33): Nutzen die Mitglieder der Verwaltung der Zielgesellschaft ihr Wissen um die internen Wertpotentiale der Gesellschaft für ein Übernahmeangebot aus, dürfen sie sich gegenüber den Aktionären nicht auf das Angebot des Börsenpreises beschränken, sondern müssen ihre Kenntnisse offenlegen: Denn zu diesen sind im Rahmen einer interessenwahrenden Tätigkeit für die Aktionäre gelangt. Der

---

[21] *Kremer/Oesterhaus* in Kölner Komm. Rn. 16.
[22] RegE BT-Drucks. 14/7034 S. 55; WÜG-RefE S. 474.
[23] Ebenso *Habersack* ZIP 2003, 1123, 1125 ff.; *Kremer/Oesterhaus* in Kölner Komm. Rn. 16.
[24] *Kremer/Oesterhaus* in Kölner Komm. Rn. 16.

Rechtsgedanke der §§ 675 Abs. 1, 667 BGB gebietet, dass sie das aus der Geschäftsführung Erlangte an den Geschäftsherrn herausgeben: Man wird deshalb im Falle des Mangement Buyouts vom Bieter zunächst nach § 11 Abs. 2 Satz 2 Nr. 4 eine methodische Unternehmensbewertung erwarten (§ 11 Rn. 34 f.), auf deren Grundlage eine Gegenleistung angeboten wird. Weitere Ausnahmefälle bestehen nach hier vertretener Auffassung beim **nicht erheblichen Nacherwerb** (Rn. 42) und bei Erwerben, im Rahmen derer der Bieter durch den Kauf nur seine **Beteiligungsquote** an der Zielgesellschaft **wahrt** (Rn. 58).

9 § 3 **AngebotsVO** wiederholt in Satz 1 den Grundsatz des § 31 Abs. 1 Satz 1 und stellt in Satz 2 ausdrücklich fest, dass das Gesetz nur Untergrenzen für die Bemessung der Gegenleistung kennt. Aus Satz 3 ergibt sich, dass die Gegenleistung für **jede Aktiengattung** (§ 11 Satz 2 AktG) getrennt zu ermitteln ist.

II. Bemessungsuntergrenzen für die Gegenleistung

10 **1. Der Börsenkurs. a) Verfassungsrechtliche Vorgaben und Berechnung bei anderen Abfindungsansprüchen.** Nach Auffassung des **BVerfG** macht die **Fungibilität** den wirtschaftlichen Kern des Eigentums an Aktien iSd. Art. 14 Abs. 1 GG aus: „Die Verkehrsfähigkeit als Eigenschaft des Aktieneigentums darf bei der Wertbestimmung des Eigentumsobjekts nicht außer Betracht bleiben." Deshalb „muss die Abfindung so bemessen sein, dass die Minderheitsaktionäre jedenfalls nicht weniger erhalten, als sie bei einer freien Desinvestitionsentscheidung zum Zeitpunkt des Unternehmensvertrags oder der Eingliederung erlangt hätten".[25] Deshalb „darf ein existierender **Börsenkurs** bei der Ermittlung des Werts der Unternehmensbeteiligung nicht unberücksichtigt bleiben".[26] Allerdings bedeutet dies nicht, „dass er [der Börsenkurs] stets allein maßgeblich sein müsse. Eine Überschreitung ist verfassungsrechtlich unbedenklich. Es kann aber auch verfassungsrechtlich beachtliche Gründe geben, ihn zu unterschreiten. Da Art. 14 Abs. 1 GG keine Entschädigung zum Börsenkurs, sondern zum ‚wahren' Wert, mindestens aber zum Verkehrswert verlangt, kommt eine Unterschreitung dann in Betracht, wenn der Börsenkurs ausnahmsweise nicht den Verkehrswert der Aktie widerspiegelt".[27] Als Beispiel nennt das Gericht die auf einen Eingliederungsbeschluss folgende Marktenge, wenn mindestens 95 % der Aktien unverkäuflich werden.[28]

11 Wie der **Bewertungsstichtag** festzusetzen ist, gibt die Verfassung nach Auffassung des Gerichts nicht vor. Durch die Wahl eines entsprechenden Referenzkurses müsse jedoch einem Missbrauch beider Seiten begegnet werden. Die Zivilgerichte „können insoweit etwa auf einen Durchschnittskurs im Vorfeld der Bekanntgabe des Unternehmensvertrags zurückgreifen. Zwar muss die angemessene Barabfindung die Verhältnisse der Gesellschaft ‚im Zeitpunkt der Beschlussfassung der Hauptversammlung' über den Vertrag (§ 305 Abs. 3 Satz 2 AktG) oder die Eingliederung (§ 320a Abs. 1 Satz 5 AktG) berücksichtigen. Zu den im Berücksichtigungszeitpunkt maßgeblichen Verhältnissen gehört aber

---

[25] BVerfG ZIP 1999, 1436, 1440–DAT/Altana.
[26] BVerfG ZIP 1999, 1441.
[27] BVerfG ZIP 1999, 1441.
[28] BVerfG ZIP 1999, 1442.

nicht nur der Tageskurs, sondern auch ein auf diesen Tag bezogener Durchschnittswert.“[29] Bei **Tauschaktien** ist es verfassungsrechtlich nicht geboten,
einen etwa existierenden Börsenwert der herrschenden Gesellschaft oder der
Hauptgesellschaft als Obergrenze der Bewertung dieser Gesellschaft heranzuziehen.[30]

Nach **Auffassung des BGH**[31] ist im Anschluss an diese verfassungsrecht-
lichen Maßstäbe ein Durchschnittskurs von drei dem Stichtag (§ 305 Abs. 3
Satz 2 AktG) vorgelagerten Monaten zu bilden. Mit dem Durchschnittskurs
soll der **Gefahr von Manipulationen** vorgebeugt werden. Aus dem Umstand, dass der Referenzkurs auf den Stichtag zu beziehen sei, ergibt sich das
Erfordernis einer „größtmöglichen Nähe zum Stichtag“. Das Erfordernis dieser
Nähe lässt es geboten erscheinen, einen relativ kurzen Zeitraum zu wählen.“[32]
Nach Auffassung des Gerichtes kommt ein Herabsetzen des Börsenkurses auch
dann nicht in Betracht, wenn in diesem bereits künftige Verbundvorteile ausgedrückt werden oder er durch „**Abfindungsspekulation**“ zustande gekommen ist. Die Rechtsprechung entspricht **§ 5 AngebotsVO**, der ebenfalls einen
dreimonatigen Bemessungszeitraum vorsieht. **12**

b) Berücksichtigung inländischer Börsenkurse (§ 5 AngebotsVO). **13**
§ 5 Abs. 1 AngebotsVO setzt voraus, dass die Aktien der Zielgesellschaft (§ 2
Abs. 3) an einer inländischen Börse zugelassen sind. Dieser gegenüber § 2
Abs. 7 WpÜG besonders enge Tatbestand ist bewusst gewollt. Noch im RegE
war vorgesehen, dass die Aktien an einem organisierten Markt iSd. § 2 Abs. 7
WpÜG zugelassen sein sollten. Nun kommen alle unter den weiten Börsenbe-
griff fallenden Märkte (**auch der Freiverkehr**) in Betracht. Dafür spricht, dass
es letztlich allein um die Ermittlung einer Vergleichsgröße geht und auch im
Freiverkehr eine ordnungsgemäße Durchführung des Handels und der Ge-
schäftsabwicklung gewährleistet ist und – was hier vor allem interessiert –
Börsenpreise gebildet werden (arg. e § 57 Abs. 2 BörsG). Voraussetzung ist, dass
die **Börsenzulassung** wenigstens drei Monate vor dem Zeitpunkt der Veröffentlichung nach § 10 Abs. 1 Satz 1 bzw. § 35 Abs. 1 Satz 1 erfolgt ist. Dies ergibt sich im Umkehrschluss aus § 5 Abs. 2, der andernfalls eine Sonderregelung
vorsieht. In diesem Fall muss die Gegenleistung mindestens dem gewichteten
durchschnittlichen inländischen Börsenkurs entsprechen, und zwar in einem
Zeitraum von drei Monaten vor der Veröffentlichung über die Entscheidung
zur Abgabe eines öffÜA nach § 10 Abs. 1 Satz 1 bzw. der Veröffentlichung
über die Kontrollerlangung nach § 35 Abs. 1 Satz 1. Die beiden Zeitpunkte
markieren die jeweils ersten öffentlichen Schritte auf dem Weg zum freiwilligen Angebot (§ 10 Abs. 1 Satz 1) bzw. zum Pflichtangebot (§ 35 Abs. 1 Satz 1).
Ab diesen Stichtagen besteht wegen des Bekanntwerdens der Bieterabsichten
die Gefahr der Spekulation gegen den Bieter und die Möglichkeit der Einrechnung künftiger mit der Übernahme verbundener Synergieeffekte in den Börsenkurs der Aktie, die den Aktionären der Zielgesellschaft bei der Abfindung

---

[29] BVerfG ZIP 1999, 1442.
[30] BVerfG ZIP 1999, 1442; vgl. auch BVerfG ZIP 1999, 1804.
[31] BGH ZIP 2001, 734, 737 – DAT/Altana; vgl. auch BGH ZIP 2003, 387, 389
Macroton.
[32] BGH (Fn. 31) 737.

nicht zugute kommen sollen. Deshalb zählen **die beiden Stichtage selbst** bei richtiger Betrachtung auch *nicht* zur Dreimonatsfrist mit. Die Frist läuft vielmehr jeweils einen Tag vor diesen Stichtagen aus. Ansonsten bleibt kein Raum zur Berücksichtigung von Abfindungsspekulationen (Rn. 23 f.).

14 Nach § 5 Abs. 3 ist **der gewichtete durchschnittliche inländische Börsenkurs** der nach Umsätzen gewichtete Durchschnittskurs der der Bundesanstalt nach § 9 WpHG als börslich gemeldeten Geschäfte. Die **Berechnung** erfolgt nach der **Formel**: Gesamtumsatz im Berechnungszeitraum in Euro dividiert durch den Gesamtnennwert der Aktien (Gesamtzahl der umgesetzten Aktien) im Berechnungszeitraum. Die erforderlichen Berechnungsgrundlagen erhalten Bieter und Aktionäre der Zielgesellschaft auf der Grundlage der Meldepflicht gemäß **§ 9 WpHG**. Nach dieser Vorschrift sind die Kreditinstitute, Finanzdienstleister und Unternehmen mit einer Erlaubnis zum Eigenhandel nach § 53 Abs. 1 Satz 1 KWG hinsichtlich aller Handelsbewegungen die in Ausführung einer Wertpapierdienstleistung (§ 2 Abs. 3 WpHG) oder als Eigengeschäft stattgefunden haben, zu einer Meldung an dem auf den Geschäftsabschluss folgenden Werktag verpflichtet. Nach § 9 Abs. 2 Nr. 3 WpHG sowie § 5 der Verordnung über die Meldepflichten beim Handel mit Wertpapieren und Derivaten vom 12. 12. 1995[33] müssen die nach § 9 WpHG Meldepflichtigen u. a. Kurs, Stückzahl und Nennbetrag der gehandelten Wertpapiere nebst Kalenderdatum (§ 4 der VO) angeben. Nach den **Vorstellungen des Gesetzgebers** sei „eine zeitnahe Veröffentlichung der Kurse durch das Bundesaufsichtsamt vorgesehen".[34] Man wird eine entsprechende **Veröffentlichungspflicht der BAFin auch** auf der Grundlage von § 4 Abs. 1 Satz 3 iVm. § 3 Abs. 5 WpÜG für erforderlich halten, wenn der Bieter eine Vorankündigung nach § 10 Abs. 1 Satz 1 abgibt und Anzeichen dafür bestehen, dass die Kontrollschwelle des § 29 Abs. 2 angestrebt wird.

15 Nach **§ 5 Abs. 2 AngebotsVO** wird ein gewichteter durchschnittlicher Börsenkurs auch dann berechnet, wenn die Zulassung der Zielgesellschaft zu einem organisierten Markt (§ 2 Abs. 7) weniger als drei Monate vor der Ankündigung des freiwilligen öffÜA (§ 10 Abs. 1 Satz 1) bzw. der Veröffentlichung der Kontrollerlangung (§ 35 Abs. 1 Satz 1) erfolgt ist. Maßgeblich für den Beginn des Beobachtungszeitraums ist dann der Tag der Börsenzulassung. Fraglich ist nur, **bis zu welcher Grenze** diese Berechnung möglich ist. Denn auf der Grundlage von wenigen Tagen ergibt sich kein Bild des wahren Wertes der Wertpapiere der Zielgesellschaft. Ein Argument lässt sich dabei aus § 5 Abs. 4 AngebotsVO ziehen, der den gewichteten durchschnittlichen inländischen Börsenkurs nicht ausreichen lässt, wenn im Zeitraum von drei Monaten nur an weniger als einem Drittel der Börsentage Börsenkurse gebildet wurden. Überträgt man diese Drittelschwelle auf die Verhältnisse des § 5 Abs. 2 AngebotsVO, so reicht eine Zulassung von weniger als einem Monat nicht aus, wenn die weiteren Voraussetzungen des Abs. 4 (Abweichung von mehr als fünf Prozent mehrerer nacheinander festgestellter Börsenkurse) vorliegen. In solchen Fällen ist nach Abs. 4 analog zu verfahren.

---

[33] BGBl. I S. 2094, 1996 I S. 220, geändert durch VO vom 17. 3. 1998, BGBl. I S. 519.
[34] RegE BT-Drucks. 14/7034 S. 80; WÜG-RefE S. 529.

§ 5 Abs. 4 AngebotsVO beinhaltet eine Ausnahmeregelung für den Fall, **16** dass ein kontinuierlicher Handel mit Anteilen der Zielgesellschaft nicht stattfindet. Die **rechtspolitische Zweckhaftigkeit** dieser Regelung ist mit der scharfsinnigen Überlegung in Frage gestellt worden, dass § 5 Abs. 4 AngebotsVO eine Konstellation voraussetze, bei der es an Schutzbedürftigkeit auf der Verkäuferseite mangele: Wenige größere Pakete befänden sich hier in festen Händen, die der Bieter kaum ohne angemessene Gegenleistung akquirieren könne.[35] Am Ergebnis dieser Einschätzung ändert auch die Überlegung nichts, dass die Norm ebenso auf eine Zielgesellschaft in der Krise passt, deren Anteile aufgrund besonderer Markt- oder Finanzbedingungen unverkäuflich geworden sind; denn dies ist gerade ein Fall, im Rahmen dessen von der „grundsätzlichen" Anwendung der Maßstäbe des § 31 abgesehen werden kann (Rn. 8). Als Anwendungsfall bleibt deshalb nur die Konstellation, dass allein der inländische Kapitalmarkt nicht liquide ist und sich der Handel in den Wertpapieren der Zielgesellschaft vor allem im Ausland vollzieht. § 6 AngebotsVO ist in diesem Fall nicht anwendbar, weil die Norm voraussetzt, dass die Aktien der Zielgesellschaft *ausschließlich* zum Handel an einem organisierten Markt zugelassen sind. Tatbestandsvoraussetzung der Norm ist, dass im Beobachtungszeitraum nach Abs. 1 an weniger als einem Drittel der **Börsentage** Börsenkurse **festgestellt** wurden. Dabei ist dem Zweck der Norm nach auf die tatsächlich im Beobachtungszeitraum stattgefundenen Börsentage und die Vornahme von Kursfeststellungen abzustellen. Fraglich ist, ob auch **Taxkurse** (Schätzkurse) in Betracht kommen. Dafür spricht zunächst der Wortlaut der Norm, in dem nicht darauf abgestellt wird, ob tatsächlich Umsätze getätigt wurden. Dennoch dürfte dieser Möglichkeit ein Argument aus § 6 Abs. 1 entgegenstehen: Danach bildet im Zweifel der Markt mit den höchsten Umsätzen die Referenz, was dafür spricht, dass der Gesetzgeber auch in § 5 Abs. 4 unterstellt, dass den Feststellungen des Börsenkurses tatsächliche Umsätze zugrunde liegen.[36] Zusätzlich müssen mehrere nacheinander festgestellte Börsenkurse um mehr als fünf Prozent voneinander abweichen. Dies gilt richtigerweise auch bei einer sog. **Schaukelbörse**, bei der der Ausschlag in die eine Richtung wieder zurückschwingt, so dass sich in der Summe die gegenläufigen Entwicklungen in Höhe des Ausgangswertes der Kursentwicklungen aufheben:[37] Entscheidend dürfte nämlich nicht die Richtung der Entwicklung sein, sondern die Abwesenheit von Kontinuität und Stabilität in der Konsens- und Wertbildung der Marktteilnehmer, die gerade daran zweifeln lässt, dass sich im Börsenkurs die allgemeinen Wertvorstellungen über die Zielgesellschaft abbilden. Mehrere bedeutet im Wortsinne mehr als zwei,[38] also mindestens drei. Diese Börsenkurse müssen als Börsenpreise gemäß § 24 Abs. 2 BörsG in unmittelbarer zeitlicher Reihenfolge festgestellt worden sein und Schwankungen von mehr als fünf Prozent aufweisen. In solchen Fällen hat die Bestimmung der Höhe der Gegenleistung auf der Grundlage einer **Unternehmensbewertung**

---

[35] *Krieger*, Gesellschaftsrecht 2001, S. 289, 298.
[36] Für diese Überlegung danke ich meinem Assistenten *Michael Jünemann.*
[37] AA *Kremer/Oesterhaus* in Kölner Komm. Rn. 23.
[38] *Thun* in *Geibel/Süßmann* Rn. 98; aA *Kremer/Oesterhaus* in Kölner Komm. Rn. 22.

der **Zielgesellschaft** zu erfolgen. Diese folgt den Methoden, die bereits beim Erstellen der Angebotsunterlage zu beachten sind; vgl. § 11 Rn. 34 f.

17   **c) Berücksichtigung ausländischer Börsenkurse (§ 6 AngebotsVO).** Vgl. zu den ausländischen organisierten Märkten im Rahmen des EWR § 2 Rn. 20. Im Übrigen entsprechen die Tatbestandsvoraussetzungen weitgehend § 5 AngebotsVO. Auch hier wird ein **durchschnittlicher Börsenkurs** ermittelt (Rn. 14). Von mehreren ausländischen Märkten kommt derjenige mit den **höchsten Umsätzen** in Betracht. Darunter ist nicht etwa der Markt mit den höchsten Umsatzwerten, sondern der mit der höchsten Anzahl an gehandelten Aktien der Zielgesellschaft zu verstehen. Dies folgt aus den Gesetzesmaterialien[39] und ergibt sich im Übrigen aus dem Normzweck, den inneren Wert des Anteils zum Zwecke einer gerechten Abfindung festzustellen. Bewusst sieht die VO dabei von einer **Gewichtung** ab, weil nicht in allen Ländern Informationen wie die nach § 9 WpHG gemeldeten zur Hand sein müssen.[40] Nach **§ 6 Abs. 3 AngebotsVO** ist stattdessen der Kurs der börsentäglichen **Schlussauktion** zugrunde zu legen. Dies ist im Übrigen nicht unproblematisch, weil gerade Schlussauktionen für Spekulationen genutzt werden. Fehlt es an einer Schlussauktion, ist der Durchschnittskurs auf der Grundlage anderer, zur Bildung eines Durchschnittskurses geeigneter Kurse, die täglich festgestellt werden, zu bestimmen. Das Gesetz kennt nur zwei inhaltliche Maßgaben: Zugrunde zu legen sind **Börsenkurse**, und diese müssen **börsentäglich gebildet werden.** Bei der Errechnung der Durchschnittskurse sind die ermittelten Tageskurse nach **§ 6 Abs. 4 VO** zuerst in **Euro** umzurechnen. Dann ist auf ihrer Grundlage der Durchschnittswert auszurechnen. Die Grundlagen der Berechnung müssen dabei nach § 6 Abs. 5 AngebotsVO so dokumentiert werden, dass eine Prüfung durch die BAFin möglich ist. Letztlich zählen diese Angaben zu den nach § 2 Nr. 3 AngebotsVO in der Angebotsunterlage niederzulegenden Informationen. Die BAFin muss auf Grundlage der Angaben entscheiden, ob ein Rechtsverstoß nach § 15 Abs. 1 Nr. 2 WpÜG vorliegt.

18   Die Vorschrift des **§ 6 Abs. 2 AngebotsVO** entspricht § 5 Abs. 2 AngebotsVO.[41] Zu § 6 Abs. 6 AngebotsVO vgl. § 5 Abs. 4 AngebotsVO.

19   **d) Bewertung von Tauschaktien (§ 7 AngebotsVO). aa) Ökonomischer Hintergrund.**[42] Das Angebot von Tauschaktien wird vor allem bei der Übernahme von Börsenunternehmen mit einer großen Marktkapitalisierung attraktiv, wenn die Organisation der Fremdfinanzierung eines Barangebots mit erheblichen Kostenbelastungen verbunden ist.[43] Dies gilt in besonderem Maße für junge und schnell wachsende Bieterunternehmen, die ihren Finanzbedarf nicht so leicht durch Fremdkapital befriedigen können; so erklärt sich die vorübergehend große Bedeutung von Tauschangeboten im Technologiebereich.[44]

---

[39] RegE BT-Drucks. 14/7034 S. 80: „Börse ..., an der die höchsten Umsätze in den Aktien (Anzahl der gehandelten Aktien) zu verzeichnen waren."; WÜG-RefE S. 530.

[40] RegE (Fn. 39); WÜG-RefE (Fn. 39).

[41] RegE BT-Drucks. 14/7034 S. 80; WÜG-RefE S. 530.

[42] Vgl. zum Folgenden *Schmitz* in DAI S. 319 f.

[43] Zur Bedeutung bei den so genannten Mega-Deals *Schmitz* in DAI S. 319 f.

[44] *Schmitz* in DAI S. 320 f.

Zwar bietet das Barangebot für den Verkäufer den Vorteil freier Verfügbarkeit („Cash is King"), doch wird dem Verkäufer auch in hohem Maße das Risiko der Bewertung der Gegenleistung aufgebürdet. Beim Tauschangebot mildert sich dies, weil der Verkäufer an den Ergebnissen der Übernahme mit beteiligt wird. Auch fällt den Beteiligten eine Einigung über die Höhe der Gegenleistung leichter, weil eine relative Bewertung aus Sicht beider Seiten möglich ist. Aus Sicht des Bieters kann die eigene Aktie als **Akquisitionswährung** eine strategische Schlüsselrolle einnehmen. Voraussetzung ist, dass das Verhältnis vom Börsenkurs zum Gewinn pro Aktie des Bieters größer ist als das bei der Zielgesellschaft. Hier steigt – ohne Einrechnung von Synergieeffekten – der Gewinn pro Aktie stets dann, wenn das „bezahlte" Kurs-Gewinn-Verhältnis (also das der Zielgesellschaft) geringer ist als das bietereigene.[45]

bb) Gesetzliche Vorgaben. Das BVerfG hat sich zur Bewertung von **20** Tauschangeboten nur im Hinblick auf eine spezielle Frage geäußert: Es anerkennt keinen verfassungsrechtlich geschützten Anspruch des Abfindungsberechtigten, dass die Aktien des herrschenden Unternehmens *höchstens* mit dem Börsenwert zu berücksichtigen sind. Vielmehr ist auch hier ein höherer Wert ansetzbar.[46] Als zentrale gesetzliche Vorgabe verdient **§ 255 Abs. 2 AktG** Beachtung: Danach darf der Ausgabebetrag der Aktien, der sich aus einer Kapitalerhöhung gegen Einlagen ergibt, nicht **unangemessen niedrig** sein: Die Norm setzt der Möglichkeit des Bieters Grenzen, den Aktionären der Zielgesellschaft eine Prämie auf den Börsenkurs anzubieten, um sie zum Verkauf zu bewegen. Denn bei einem Tauschangebot bedeutet eine „Prämie", dass die Bieteraktien im Verhältnis zu den Aktien der Zielgesellschaft in einem Wertverhältnis angesetzt werden, das sich ungünstiger gestaltet als das am Markt gebildete. In einem solchen Fall drohen die Aktien des Bieters also unangemessen niedrig angeboten zu werden. § 255 Abs. 2 AktG beruht nach hM auf dem sog. **Vollwertprinzip**: Die Aktien dürfen nur zu ihrem vollen Wert ausgegeben werden, und dieser entspricht dem für die Abfindung nach § 305 Abs. 3 AktG zu ermittelnden Wert, der die wahre Verschmelzungswertrelation wiedergibt.[47] Allerdings erkennt die hM an, dass etwa bei der Börseneinführung junger Aktien ein Bewertungsabschlag auf den Börsenkurs hinzunehmen ist, weil die neuen Stücke andernfalls nicht marktfähig wären.[48] An diese und ähnliche Einschränkungen des Vollwertprinzips knüpft eine zu § 31 WpÜG vertretene Auffassung an,[49] die die Aktionäre des Bieters ausreichend durch das Eigeninteresse des Bieters an einer möglichst günstigen Tauschrelation gewahrt sieht und eine Unterbietung der an der Börse bestehenden Wertrelationen in Kauf nehmen will, um ökonomisch sinnvolle Tauschangebote überhaupt erst zu ermöglichen. Demgegenüber bleibt indes festzuhalten, dass § 255 Abs. 2 AktG einer freien Bestimmung der Tauschrelation seitens des Bietervorstands durch Festsetzung eines Mindestbetrags im Kapitalerhöhungsbeschluss oder

---

45 Beispiel bei *Schmitz* in DAI S. 321 f.

46 BVerfG ZIP 1999, 1442-DAT/Altana; BGH ZIP 2001, 738-DAT/Altana.

47 BGHZ 71, 40, 51 = NJW 1978, 1316; MünchKommAktG/*Hüffer* § 255 Rn. 15.

48 MünchKommAktG/*Hüffer* § 255 Rn. 18.

49 *Kremer/Oesterhaus* in Kölner Komm. Anh. § 31 Rn. 8 ff. im Anschluss an *Decher*, FS Wiedemann, 2002, S. 787, 796 ff.

durch Bestimmung des Ausgabewertes enge Grenzen setzt. Dies erklärt, warum der Bieter eine Prämie auf den Börsenkurs häufig in Form **einer in bar zu leistenden Zuzahlung** offerieren muss. Unabhängig von dieser Fragestellung setzt § 31 nicht zwingend voraus, dass der Bieter seine eigenen Aktien offeriert; in Betracht kommen auch die Aktien eines anderen Unternehmens.[50] Richtiger Auffassung nach können auch **Aktien eines kontrollierten Unternehmens** angeboten werden, solange nur ihre Liquidität iSd. § 31 Abs. 2 verbürgt ist (Rn. 49).[51] Dafür spricht die Funktion der Tauschaktien: Diese sollen den Verkäufer nicht neue strategische Anlagen verschaffen, sondern als „Akquisitionswährung" die rasche Deinvestition durch Verkauf ermöglichen. Ist dies mit der angebotenen Aktie möglich, kommt es auf eine mögliche Abhängigkeit des Unternehmens nicht an.

21   Nach § 7 **AngebotsVO** gelten die §§ 5 und 6 AngebotsVO entsprechend. Das bedeutet Folgendes: Für die Bieteraktien und für die Aktien der Zielgesellschaft ist nach Maßgabe des § 5 Abs. 1 und 3 AngebotsVO ein gewichteter durchschnittlicher inländischer Börsenkurs zu bilden. Beide Kurse sind dann in ein Verhältnis zu setzen und ergeben das Umtauschverhältnis. Maßgeblich kann unter den Voraussetzungen des § 5 Abs. 2 AngebotsVO ein verkürzter Beobachtungszeitraum zur Bildung des Durchschnittswertes der Bieteraktie sein; fehlt es an ausreichenden Börsendaten, kommt diesbezüglich auch eine sonstige Bewertung nach Maßgabe des § 5 Abs. 4 AngebotsVO in Betracht.

22   Bei der Berechnung des Umtauschverhältnisses nach § 7 AngebotsVO können **Vorerwerbe nach § 4 AngebotsVO nicht** berücksichtigt werden, „da andernfalls der Bieter durch den Erwerb eigener Aktien zu überhöhten Preisen die Bewertung seiner Aktien künstlich erhöhen und dadurch den Wert der anzubietenden Gegenleistung verringern könnte."[52]

23   **e) Marktverzerrungen.** Zu Lasten des Bieters bestehen bei der Errechnung des Durchschnittskurses zwei prinzipielle Gefahren: In den relevanten Kurs können bereits die vom Markt erwarteten **Synergieeffekte der Übernahme** für das künftig beherrschte Unternehmen eingehen. Gegen die Zugrundelegung eines insoweit erhöhten Kurses spricht die Überlegung, dass der abzufindende Aktionär entschädigt, nicht aber an den Verbundvorteilen beteiligt werden soll, an denen er gerade nicht mehr teilnimmt.[53] Im Falle der nach § 305 AktG zu zahlenden Abfindung verneint der BGH indes die Möglichkeit, einen vermuteten Synergieeffekt aus der Abfindung herauszurechnen. Ausschlaggebend ist für das Gericht die praktische Unmöglichkeit, diese Effekte exakt zu beziffern.[54] Fraglich ist, ob Synergieeffekte im Rahmen des § 31 Abs. 1 Satz 2 WpÜG iVm. §§ 5 ff. AngebotsVO negativ zu berücksichtigen, d.h. herauszurechnen, sind. Dagegen spricht der in den §§ 5 ff. AngebotsVO

---

[50] *Kremer/Oesterhaus* in Kölner Komm. Rn. 23.

[51] *Technau* AG 2002, 260, 265.

[52] RegE BT-Drucks. 14/7034 S. 80.

[53] MünchKommAktG/*Bilda* § 305 Rn. 82; *Hüffer* AktG § 305 Rn. 22; *Koppensteiner* in Kölner Komm. § 305 AktG Rn. 33; ablehnend insbesondere BGH ZIP 1998, 691; vgl. aber auch die Darstellung neuer betriebswirtschaftlicher Bewertungsmethoden bei *Fleischer* ZGR 1997, 368 ff.; *ders.* ZGR 2001, 27.

[54] BGH ZIP 2001, 737.

vom Gesetzgeber festgelegte Referenzzeitraum: Dieser endet nämlich bereits mit dem ersten öffentlichen Schritt des Bieters in Richtung Übernahmeangebot, der Vorankündigung nach § 10 Abs. 1 Satz 1 bzw. der Ankündigung eines Aktienerwerbers nach § 35 Abs. 1 Satz 1, in seiner Person die Voraussetzungen des Pflichtangebots zu erfüllen. Erst ab diesem Zeitpunkt wird eine Öffentlichkeit hergestellt, deren Erwartungen sich in einem Kursanstieg niederschlagen kann. Durch diese Regelung hat der Gesetzgeber den Spekulationsgefahren gegen den Bieter bereits ausreichend Rechnung getragen, so dass **im Regelfall kein Abzug von Synergieeffekten** stattfinden kann. Allerdings gilt der Börsenkurs nach § 31 Abs. 1 Satz 2 nur grundsätzlich und die BAFin muss nach § 4 Abs. 1 Satz 2 und 3 gegen Marktverzerrungen (§ 3 Abs. 5) vorgehen bzw. ein öffÜA, das Marktverzerrungen beinhaltet, nach § 15 Abs. 1 Nr. 2 untersagen. Denkbar ist dies in Ausnahmefällen, insbesondere bei **Insiderverstößen**, wenn Organwalter oder Mitarbeiter des Bieters bei der Due Diligence ihre Kenntnis von Tatsachen iSd. § 13 Abs. 1 WpHG dazu benutzen, Aktien der Zielgesellschaft zu erwerben und dabei den Kurs erkennbar nach oben drücken. Bringt der Bieter die möglichen Auswirkungen dieser Verstöße in der Angebotsunterlage gegenüber dem erhöhten Börsenkurs zum Abzug, kann diese nicht nach § 15 Abs. 1 Nr. 2 wegen Verstoßes gegen § 31 Abs. 1 Satz 2 untersagt werden. Problematisch ist jedoch die Bezifferung der Kursfolgen; dabei muss der BAFin bei ihrer Entscheidung nach § 15 Abs. 1 Nr. 2 eine § 287 ZPO vergleichbare Schätzungsbefugnis zustehen.

Aus dem Bereich der Abfindungsverpflichtungen nach §§ 305, 320b AktG **24** ist das Problem der sogenannten **Abfindungsspekulationen** bekannt, im Rahmen derer die späteren Abfindungsberechtigten den Aktienkurs bewusst in die Höhe treiben, um später ein höheres Umtauschverhältnis in Ansatz bringen zu können.[55] Nach Auffassung des BGH müssen solche Effekte nur dann bereinigt werden, wenn sie zu Börsenkursmanipulationen führen:[56] Entwickeln sich jedoch höhere Börsenpreise aufgrund der Erwartung der Marktteilnehmer, infolge des Abschlusses des Unternehmensvertrages eine günstigere Abfindung erreichen zu können, beruhe das auf dem Marktgesetz. Im Rahmen des § 31 Abs. 1 Satz 2 WpÜG iVm. §§ 5 ff. AngebotsVO greifen dieselben Überlegungen wie bei der Berücksichtigung von Synergieeffekten (gerade oben Rn. 23): Durch die Vorverlegung des Referenzzeitraums auf den Zeitpunkt vor Öffentlichwerden der Bieterabsichten beugt das Gesetz solchen Spekulationen abstrakt vor. Daneben kommt keine Korrektur des Börsenkurses nur noch im Einzelfall in Betracht. Ausnahmen sind auch hier auf der Grundlage von § 31 Abs. 1 Satz 2 sowie §§ 4 Abs. 1 Satz 2 und 3 iVm. 3 Abs. 5 bei Insiderverstößen denkbar.

f) Rechtsfolgen bei Verstößen gegen § 31 Abs. 1 Satz 2, §§ 5 ff. Ange- 25 botsVO. Der Bieter muss die Gegenleistung sowie die Methoden, die ihrer Berechnung zugrunde liegen, nach § 11 Abs. 2 Satz 2 Nr. 4 WpÜG iVm. § 2 Nr. 3 AngebotsVO angeben. Die BAFin wiederum überprüft die Angebotsunterlage vor ihrer Veröffentlichung auf **offensichtliche Verstöße gegen das**

---

[55] Dazu *Wilm* NZG 1999, 239; *Wilsing* FAZ vom 16. 5. 2001 S. 28.
[56] BGH ZIP 1999, 737 f.

WpÜG (§ 15 Abs. 1 Nr. 2). Da nach § 9 WpHG der BAFin Informationen über inländische Börsenkurse vorliegen, dürfte die Wahl eines falsch gewichteten durchschnittlichen Börsenkurses ein offensichtlicher Fehler sein, der zur Abweisung führt. Ansonsten muss sich die BAFin in der gebotenen Zeit (§ 14 Abs. 2 Satz 1 und 3) bemühen, nach § 8 WpÜG mit ausländischen Stellen zusammenzuarbeiten, um den maßgeblichen Referenzkurs nach § 6 AngebotsVO in Erfahrung zu bringen. Bei Verstößen kann die BAFin eine Abhilfsfrist nach § 14 Abs. 2 Satz 3 setzen oder die Veröffentlichung der Angebotsunterlage untersagen.

26   Übersieht die BAFin einen Verstoß gegen § 31 Abs. 1 Satz 2, scheidet **Amtshaftung** wegen § 4 Abs. 2 idR wohl aus. Der Aktionär muss vielmehr den Bieter in Höhe der Differenz in Anspruch nehmen. § 31 Abs. 1 Satz 2 iVm. §§ 5 ff. AngebotsVO gesteht den Veräußerern nämlich einen vertraglichen Mindestinhalt zu, der ihnen kraft Kauf- oder Tauschvertrages gegenüber dem Bieter zusteht.[57] Die **Gegenauffassung**,[58] die § 31 als objektive Ordnungsnorm versteht (vgl. § 4 Abs. 2), wird dem Schutzzweck nicht gerecht, wie gerade ein Blick auf § 31 Abs. 5 zeigt: Nach dieser Norm kann sich der geschuldete Kaufpreis bzw. die Tauschwertrelation noch bis zu einem Jahr nach Verfahrensabschluss verändern, also lange, nachdem die BAFin die Verfahrenskontrolle eingebüßt hat. Stünden in diesem Fall den Aktionären keine vor Gericht durchsetzbaren Individualansprüche zu, bliebe der Nacherwerb für den Bieter letztlich ohne praktische Konsequenzen. Fraglich ist, ob der Aktionär ein laufendes Übernahmeverfahren im Wege des **einstweiligen Rechtsschutzes** nach §§ 935, 940 ZPO unterbrechen darf. Als Verfügungsanspruch kommt sein vertraglicher Mindestanspruch gegen den Bieter in Betracht, als Verfügungsgrund die Gefahr, dass die Erfüllung dieses Anspruchs nicht gesichert ist: Dies ist vor allem im Falle eins Barangebots dann der Fall, wenn die den Veräußerer schützende Haftung nach § 13 Abs. 1 Satz 2 und Abs. 2 die rechtmäßig geschuldete Gegenleistung nicht in voller Höhe abdeckt. Liefert der Bieter eine erhöhte Finanzierungsbestätigung nach, entfällt der Verfügungsanspruch nachträglich.

27   **2. Berücksichtigung anderer Erwerbsvorgänge. a) Grundsätzliches.** Nach **Auffassung des BVerfG** hat ein im Rahmen der §§ 305, 320b AktG Abfindungsberechtigter keinen Anspruch darauf, für seine Anteile dieselbe Gegenleistung zu erhalten wie andere Vertragspartner, die dem herrschenden Unternehmen ihre Anteile im Rahmen besonderer Einzeltransaktionen verkauft haben. Das Gericht nennt dafür zwei Gründe: Zum einen zahle das herrschende Unternehmen den Inhabern von Aktienpaketen häufig besondere Aufschläge, die den Wert der mit dem Aktienpaket verbundenen Kontrollmöglichkeit widerspiegelten, und zum anderen sei das herrschende Unternehmen in der Vorphase einer Strukturmaßnahme oft im Einzelfall zu besonders hohen Gegenleistungen bereit, um seine Pläne verwirklichen zu können. Der einzelne Aktionär habe aber keinen Anspruch darauf, gerade an das herrschende Unternehmen zu diesen günstigen Bedingungen verkaufen zu kön-

---

[57] *Kremer/Oesterhaus* in Kölner Komm. Rn. 74; *Thun* in *Geibel/Süßmann* Rn. 52; *Haarmann* in *Haarmann/Riehmer/Schüppen* Rn. 138.
[58] *Lappe* BB 2002, 2185, 2189 f.

nen.[59] Ihm bleibe nach Art. 14 Abs. 1 GG allein das Recht, zum Börsenkurs abgefunden zu werden.[60] Diese Überlegungen lassen sich indes **auf ein öff-ÜA nicht übertragen.** Denn nach dem dem Gesetz zugrunde liegenden Marktmodell wird ein öffÜA regelmäßig durch eine **Unterbewertung der Aktie an der Börse** ausgelöst (§ 3 Rn. 2, 14 f.): Gerade weil der Börsenkurs den Wert der Aktie nicht zutreffend wiedergibt, lohnt es sich für einen Bieter, den Aktionären der Zielgesellschaft auf den Börsenkurs eine Prämie anzubieten. Dann bedeutet aber eine Entschädigung der Aktionäre zum Börsenkurs eigentlich eine Entschädigung unter Wert. Nun verbietet die wirtschaftliche Handlungsfreiheit der Marktteilnehmer, dass Verwaltungsbehörden und Gerichte ihre Meinung vom gerechten Preis an die Stelle der subjektiven Einschätzungen der Parteien setzen. Die subjektive Wertbildung auf freien Märkten schließt es vielmehr gerade aus, dass Dritte und nicht die beiden Marktseiten über den Wert der Anteile der Zielgesellschaft entscheiden. Mit dem Marktmechanismus kompatibel erscheint es indes, den Bieter an seinen eigenen Bewertungen außerhalb des Übernahmeverfahrens festzuhalten. So beruhen die Preisuntergrenzen aus § 4 AngebotsVO, § 31 Abs. 4 und 5 auf dem **Gedanken der Selbstbindung des Bieters durch eigene rechtsgeschäftliche Dispositionen.** Soweit der Bieter sich selbst auf eine bestimmte über dem Börsenkurs liegende Gegenleistung einlässt, kann er an ihr festgehalten werden, solange der Zurechnungszusammenhang trägt. Diese Selbstbindung findet indes ihre Grenzen in einer **möglichen Unwirksamkeit des öffÜA**: Kommt dieses nicht wirksam zustande, bestehen auch mögliche Aufstockungs- und Zahlungsansprüche der veräußernden Aktionäre nicht. Das bloße Scheitern des Bieters an der Schwelle des § 29 Abs. 2 genügt indes nicht; hinsichtlich der erworbenen Teile trägt er nämlich prinzipiell das Verwendungsrisiko. Allerdings kann er das Erreichen einer Beteiligungsschwelle zur Bedingung nach § 18 Abs. 1 erheben (arg. e § 21 Abs. 1 Nr. 3). Beachtung verdient ferner, dass der **RLE 2002** in Art. 5 Abs. 4 nur eine Selbstbindung durch Vorerwerbe kennt, die in einem Zeitraum von sechs bis zwölf Monaten vor dem Angebot offeriert wurden. Würde der umgesetzt, wäre also insbesondere § 4 AngebotsVO richtlinienkonform auszulegen, während § 31 Abs. 4 (Parallelerwerbe) und § 31 Abs. 5 (Nacherwerbe) keine gemeinschaftsrechtlichen Vorgaben entsprechen müßten. Zu den Ausnahmen vgl. oben Rn. 8.

b) Berücksichtigung von Vorerwerben (§ 4 AngebotsVO). aa) Die höchste Gegenleistung (Abs. 1 Satz 1 und 2). Der Bieter (§ 2 Abs. 4) oder eine mit ihm gemeinsam handelnde Person (§ 2 Abs. 5) oder deren Tochterunternehmen (§ 2 Abs. 6) muss eine Gegenleistung für den Erwerb von Aktien der Zielgesellschaft vereinbart oder gewährt haben. Darunter fallen nur Kaufverträge (vgl. nämlich § 7 AngebotsVO) des Bieters bzw. der ihm zuzurechnenden Personen. Des Verweises in § 4 Satz 2 AngebotsVO auf § 31 Abs. 6 WpÜG bedarf es nur zum Teil: Vereinbarungen und dingliche Aktienerwerbe werden ohnehin bereits gleichermaßen vom Wortlaut des § 4 Satz 1 AngebotsVO erfasst. Bedeutsam ist der Verweis nur für die Ausübung des Bezugsrechts in den Fällen des § 31 Abs. 6 Satz 2.

28

---

59 BVerfG ZIP 1999, 1441–DAT/Altana.
60 BVerfG (Fn. 59) 1440.

29   Es muss eine Gegenleistung für den **Erwerb von Aktien** gezahlt werden.
Dies bedeutet nicht, dass es innerhalb dieses Zeitraums zum Erwerb gekommen sein muss. Die Verwendung des Merkmals „Aktien der Zielgesellschaft"
bedeutet gegenüber § 2 Abs. 2 (Wertpapiere) eine Einschränkung. Dennoch
dürfte wegen § 31 Abs. 6 Satz 1 der Fall typischer **Aktienoptionsgeschäfte**
miterfasst sein; dies gilt aufgrund der auf Umgehungsschutz zielenden Zwecksetzung der Norm wohl auch für Wandelschuldverschreibungen und Optionsanleihen.[61] Das Tatbestandsmerkmal „erwerben" bezeichnet im System des
WpÜG den sachenrechtlichen Eigentumserwerb; nach § 31 Abs. 6 Satz 1 sind
indes auch obligatorische Geschäfte miterfasst (vgl. auch unten Rn. 35).[62] Problematisch ist, ob auch die Rechtsgeschäfte darunter fallen, die den **Tatbeständen des § 30** zugrunde liegen, in denen der Aktienerwerb Dritter dem Bieter
wie ein eigener zugerechnet wird. Dagegen spricht das gesetzgeberische Verständnis vom Begriff des Erwerbs, das auf die sachenrechtliche Übereignung
beschränkt ist.[63] Hinzu kommt, dass die Zwecke beider Normen – § 30 und
§ 31 – nicht vergleichbar sind. Im Falle des § 30 geht es um die Frage, ob der
Bieter die in § 29 Abs. 2 vorausgesetzte Stimmenmacht erreicht, im Rahmen
des § 31 Abs. 4 und 5 WpÜG, § 4 AngebotsVO aber kommt es darauf an, ob er
sich durch eine Disposition im Hinblick auf die Höhe der angemessenen
Gegenleistung (§ 31 Abs. 1 Satz 1) selbst gebunden hat. Die in § 30 enumerierten Fälle sind daher im Hinblick auf die Bemessung der Gegenleistung dem in
§ 4 AngebotsVO vorausgesetzten Eigentumserwerb nicht vollständig vergleichbar. Vielmehr bleiben sie sämtlich im Hinblick auf den vom Bieter angestrebten Wert und damit auch die Gegenleistung dahinter zurück. Fraglich ist
dennoch, ob nicht ein **Erst-Recht-Schluss im Rahmen des § 31 Abs. 1
Satz 2** möglich ist. Wenn der Bieter „nur" für die treuhänderische Ausübung
des Stimmrechts (§ 30 Abs. 1 Nr. 2) oder den Nießbrauch (Nr. 4) eine Gegenleistung vereinbart, die über dem Kaufpreis für die Aktien liegt, legt er sich eigentlich genauso fest wie durch einen höheren Kaufpreis. Für die Einrechnung
dieser Tatbestände in den Erwerbsbegriff spricht auch eine andernfalls im Rahmen des § 31 zu befürchtende **Umgehungsgefahr:** Da der Bieter um die Folgen einer höheren Kaufpreisvereinbarung weiß, könnte er diese im Referenzzeitraum der §§ 4 AngebotsVO, 31 Abs. 4 und 5 WpÜG durch Vereinbarung
rechtsgeschäftlicher Gestaltungen iSd. § 30 Abs. 1 umgehen.

30   Fraglich ist, **ob die vom Bieter geschlossenen Rechtsgeschäfte wirksam sein müssen.** Dagegen spricht die Alternativität von Vereinbarung und
Gewährung der Gegenleistung im Tatbestand. Nach dem Wortlaut genügt vermeintlich auch das faktische Gewähren der Gegenleistung. Der Gesetzgeber
geht in dem insoweit gleichbedeutenden § 31 Abs. 4 davon aus, dass „stets ein
bestehender bzw. bereits erfüllter Anspruch auf die Gegenleistung" vorliegen
müsse.[64] Indes wird man im Hinblick auf den Normzweck (oben Rn. 29) differenzieren müssen: Die Rechtsfolge von § 4 AngebotsVO knüpft an eine frei-

---

[61] AA *Kremer/Oesterhaus* in Kölner Komm. Rn. 9.

[62] RegE BT-Drucks. 14/7034 S. 54, linke Spalte, vierter Absatz; WÜG-RefE
S. 472.

[63] RegE (Fn. 62); WÜG-RefE (Fn. 62).

[64] RegE BT-Drucks. 14/7034 S. 56; WÜG-RefE S. 476.

willige Selbstbindung des Bieters im Hinblick auf eine gegenüber dem Börsenkurs höhere Gegenleistung an. Wo Unwirksamkeits- bzw. Nichtigkeitsgründe einer solchen Selbstbindung nicht entgegenstehen, reicht auch ein unwirksames oder nichtiges Rechtsgeschäft aus (Beispiel: Der Verkäufer tritt wegen Zahlungsverzugs des Bieters zurück, ficht wegen arglistiger Täuschung durch den Bieter seine Willenserklärung an). Der Zurechnungszusammenhang ist nur dort unterbrochen, wo die Einwendungen gegen die Wirksamkeit des Rechtsgeschäfts gerade die Willenserklärung des Bieters betreffen: Wird diese wegen Erklärungsirrtums wirksam angefochten (§ 119 Abs. 1 BGB), wurde der Bieter nicht wirksam vertreten bzw. die Vertretungsmacht entgegen § 242 BGB zu seinen Lasten missbraucht, seine Unterschrift gefälscht, war er nicht geschäftsfähig, fehlt es am Zurechnungszusammenhang. Das Gleiche dürfte gelten, wenn sich der Bieter ein **vertragliches Rücktrittsrecht** vorbehalten hat und von diesem Gebrauch gemacht hat. Dann war seine Bindung von vornherein auflösend bedingt; mit Eintritt der Bedingung kann er an ihr nicht mehr festgehalten werden.

Der Erwerb muss innerhalb eines **Zeitraums von drei Monaten** seit der   **31** Veröffentlichung der Angebotsunterlage über das freiwillige (§ 14 Abs. 2 Satz 1) bzw. pflichtige öffÜA (§ 35 Abs. 2 Satz 1) erfolgt sein. Der Fristbeginn liegt – um dilatorische Taktiken des Bieters zu verhindern – bereits im Zeitpunkt des ersten Teilakts des zweigliedrigen Publikationsvorgangs nach § 14 Abs. 3 Satz 1. Diese Stichtage selbst zählen zur Dreimonatsfrist nicht mit, weil von ihnen an die Annahmefrist nach § 16 Abs. 1 Satz 2 zu laufen beginnt und deshalb die Sonderregelung § 31 Abs. 4 greift.

Die spätere Angebotsunterlage muss die **höchste Gegenleistung** beinhal   **32** ten, die zuvor vereinbart oder gewährt wurde. Der Begriff ist nicht restlos klar und wird in den Materialien nicht weiter erörtert. Offensichtlich geht der Gesetzgeber dort vom einfachsten Fall eines Barangebots im öffÜA aus, das durch eine vorangegangene Kaufpreisvereinbarung bestimmt wird.[65] Ausgangspunkt der Überlegungen muss aber zunächst die **Art der vom Bieter** iSd. § 11 Abs. 2 Satz 2 Nr. 4 **angebotenen Gegenleistung** sein. Offeriert er später in der Angebotsunterlage ein Barangebot, muss dieses sich am höchsten im Referenzzeitraum vereinbarten Kaufpreis oder der Sachleistung (zum Wert im Zeitpunkt des Vorerwerbs[66]) orientieren, wobei im Zweifel eine Umrechnung in Euro erforderlich wird (arg. e § 6 Abs. 4 AngebotsVO). Bietet er Tauschaktien an, findet § 4 AngebotsVO wegen § 7 AngebotsVO keine Anwendung. Probleme bereitet nur, ob bei einem später offerierten *Bar*angebot auch die im Referenzzeitraum vereinbarten Aktientausche wertmäßig berücksichtigt werden müssen. Letztlich lassen sich jedoch Tauschangebote und Barzahlungen nicht zweifelsfrei miteinander vergleichen. Ob ein bestimmtes Umtauschverhältnis einem bestimmten, in der Angebotsunterlage offerierten Kaufpreis entspricht, dürfte eine im Einzelfall nur schwer zu klärende Frage darstellen. Erkennbar geht es dem Gesetzgeber jedoch bei der Gestaltung der Mindesthöhe der Gegenleistung nach § 31 Abs. 1 Satz 2 um eine klare, möglichst zweifelsfreie Grenzziehung. Die BAFin soll über offensichtliche Rechtsverletzungen ent-

---

[65] Vgl. noch WÜG-RefE S. 528.
[66] *Kremer/Oesterhaus* in Kölner Komm. Anh. § 31 Rn. 17.

scheiden (§ 15 Abs. 1 Nr. 2): Dazu zählt etwa eine Abweichung des Barangebots von einem zuvor gezahlten Kaufpreis, nicht aber von einem Aktientausch. Auch sollen durch die klare Grenzziehung Streitigkeiten zwischen den Parteien über die angemessene Höhe der Gegenleistung vermieden werden, die das Übernahmeverfahren verzögern oder möglicherweise sogar vereiteln. Spricht dies bereits gegen die Berücksichtigung der Vorerwerbe von anderer Art als das öffÜA, ergibt sich ein **systematisches Argument auch aus § 31 Abs. 3**: Nur unter den Voraussetzungen dieser Norm kann der Bieter auf eine bestimmte Art von Angebot gegen seinen Willen festgelegt werden; ansonsten bleibt er diesbezüglich in der Gestaltung frei. Dann wird man ihn auch nicht verpflichten dürfen, Vorerwerbe von anderer Gegenleistungsart in seine Kalkulationen miteinzubeziehen bzw. die Aktionäre so zu stellen, als offeriere er ihnen eine Gegenleistung von anderer Art als der im öffÜA niedergelegten. Berücksichtigungsfähig sind indes **geldwerte Nebenleistungen,** die der Bieter zusätzlich zum eigentlich Geschuldeten erbringt; dies ist allein zur Vermeidung von Umgehungen der Norm erforderlich.[67] Allerdings gebietet ein Argument aus § 15 Abs. 1 Nr. 2, dass der Geldwert der Nebeleistung offensichtlich erkennbar und leicht zu berechnen sein muss. Ist die Fälligkeit der Kaufpreiszahlung hinausgeschoben, muss gegebenfalls eine Abzinsung erwogen werden, um zwischen dem Gegenwert für die Aktien und dem für die Stundung unterscheiden zu können.[68]

33 **bb) Rechtsfolge.** Der in der Angebotsunterlage nach § 11 Abs. 2 Satz 2 Nr. 4 festgesetzte Preis darf den Wert der höchsten Gegenleistung nicht unterschreiten. Entgegen dem Referenten-[69] und Diskussionsentwurf[70] folgt der Regierungsentwurf der Corporate Asset-Theorie, indem er die Aktionäre ausdrücklich auch an im Vorfeld gezahlten Paketaufschlägen partizipieren lässt (Rn. 2).[71] Dies entspricht in etwa der Regelung im **City Code** in Rule 9.5: Danach ist stets der höchste Preis zugrunde zu legen, den der Bieter oder eine mit ihm gemeinsam handelnde Person während der Laufzeit des Angebots bzw. in einem Zeitraum von zwölf Monaten gezahlt hat.[72] Vgl. zu den **Rechtsfolgen einer rechtswidrigen Festsetzung** oben Rn. 25 ff.

34 **c) Berücksichtigung von Parallelerwerben (Abs. 4). aa) Normzweck.** Nach dem Übernahmerecht der Vereinigten Staaten (SEC-Rule 10b-13) darf der Bieter während eines laufenden Übernahmeverfahrens Aktien nicht außerhalb des Verfahrens auf andere Weise erwerben. Dies wird mit der Selbstbindung des Bieters, dem Schutz der Aktionäre vor Ungleichbehandlung[73] sowie der Verhinderung von Marktmanipulationen begründet.[74] Seit jeher begegnet diese Regelung in Deutschland der Kritik,[75] weil in der Parallelität der Er-

---

[67] *Kremer/Oesterhaus* in Kölner Komm. Rn. 69.
[68] *Thun* in *Geibel/Süßmann* Rn. 50; *Kremer/Oesterhaus* in Kölner Komm. Rn. 67.
[69] WÜG-RefE S. 528.
[70] DiskEntw ÜG S. 280, 316.
[71] RegE BT-Drucks. 14/7034 S. 80, linke Spalte, erster Absatz.
[72] *Baums* in DAI 173; *Strenger* WM 2000, 952.
[73] *Knoll* S. 85 und 97 f.
[74] *Becker* in Börsenreform S. 792.
[75] *Immenga* in *Kreuzer* ÖffÜA S. 27.

werbsvorgänge letztlich nur der Marktcharakter zum Ausdruck komme und
den beschriebenen Gefahren auf mildere Weise begegnet werden könne. Zum
Vorbild des § 31 Abs. 4 wurde daher die Regelung des City Code, der Parallelerwerbe nur für den Fall verbietet (Rule 16), dass der Erwerber die anlässlich
der Markttransaktionen bezahlten höheren Preise den übrigen Adressaten des
öffÜA nicht gleichermaßen anbietet (Rule 6.2, 32.3).[76] Damit zwingt das englische Recht den Bieter indirekt zum Änderungsvertrag gegenüber den Veräußerern, während das deutsche Recht eine Änderung des rechtsgeschäftlichen
Inhaltes kraft Gesetzes eintreten lässt. Nach Rule 8.1 ist der Bieter ferner zur
Anzeige des Erwerbs verpflichtet. § 23, der die Mitteilungspflicht im deutschen Recht regelt, ist allerdings diesbezüglich lückenhaft, da er den Bieter zur
Offenbarung der Stückzahl, nicht aber der dafür aufgebrachten Gegenleistung
verpflichtet.

bb) Tatbestand. Der Bieter (§ 2 Abs. 4), mit ihm gemeinsam handelnde   **35**
Personen (§ 2 Abs. 5) oder deren Tochterunternehmen (§ 2 Abs. 6) müssen nach
der Veröffentlichung der Angebotsunterlage (§ 14 Abs. 3 Satz 1) und vor der
Veröffentlichung über den Stand des Wertpapiererwerbs unmittelbar nach Ablauf der Annahmefrist (§ 23 Abs. 1 Nr. 2, § 16 Abs. 1) Aktien der Zielgesellschaft
erwerben. Das Tatbestandsmerkmal „erwerben" bezeichnet im System des
WpÜG stets den sachenrechtlichen Eigentumserwerb und nicht die Begründung einer schuldrechtlichen Verpflichtung.[77] Die vermeintliche Abweichung
des Tatbestandes gegenüber § 4 AngebotsVO wird indes durch § 31 Abs. 6
Satz 1, der auch die Verpflichtung miteinbezieht, wieder aufgefangen. Das Tatbestandsmerkmal bezeichnet also sowohl den sachenrechtlich ausgestalteten
Erfüllungsvorgang als auch die zeitlich eventuell vorgeschaltete Begründung
einer Pflicht, ein Rechtsgeschäft betreffend den Erwerb von Aktien der Zielgesellschaft abgeschlossen zu haben. Die Norm ist also auch dann anwendbar,
wenn der Kauf- oder Tauschvertrag vor Beginn des Referenzzeitraums geschlossen wurde, das Eigentum an den Aktien aber innerhalb des Zeitraums
erworben wird. Bei Konkurrenzen zu § 4 AngebotsVO ist diese Norm so auszulegen, dass der in der Normenhierarchie höherrangige § 31 Abs. 6 vorgeht.
Zur Frage, ob das **Rechtsgeschäft wirksam** sein muss, gilt das zum Vorerwerb Gesagte (Rn. 30). Dabei muss eine wertmäßig höhere Gegenleistung als
die im Angebot genannte (§ 11 Abs. 2 Satz 2 Nr. 4) **gewährt oder vereinbart**
werden. Hier geht es wie beim Vorerwerb um eine Selbstbindung des Bieters
durch rechtsgeschäftliche Begründung, wobei auch der Tatbestand des § 30
eingeschränkt zu berücksichtigen ist (oben Rn. 29). Wie beim Vorerwerb scheidet ein Vergleich zwischen Bar- und Tauschleistung aus (Rn. 32).

cc) Rechtsfolge. Die den Angebotsempfängern geschuldete Gegenleis-   **36**
tung erhöht sich kraft Gesetzes um den **Unterschiedsbetrag** zwischen der
nach § 11 Abs. 2 Nr. 4 festgesetzten und der im Einzelfall vereinbarten bzw. gezahlten Höchstleistung. Es tritt also **eine gesetzliche Vertragsänderung** zugunsten der Aktionäre der Zielgesellschaft ein, unabhängig davon, ob die

---

[76] *Knoll* S. 134 f.; *Herkenroth* S. 262 f.
[77] RegE BT-Drucks. 14/7034 S. 54, linke Spalte, vierter Absatz von oben;
WÜG-RefE S. 472.

Kaufverträge mit ihnen zustande gekommen bzw. bereits sogar erfüllt wurden. Der Begriff Unterschiedsbetrag scheint sich auf eine Zahlungspflicht zu beziehen. In den Materialien wird indes klargestellt, dass die Rechtsfolge des § 31 Abs. 4 **keine Änderung der Art der Gegenleistung** einschließt.[78] Folglich kann mit Unterschiedsbetrag bei einem in der Angebotsunterlage festgesetzten Tauschangebot nicht eine Geldzahlung, sondern nur das Angebot weiterer Tauschaktien gemeint sein. Der Anspruch auf den Unterschiedsbetrag wird mit dem Anspruch auf die Gegenleistung fällig.[79]

37   Das **weitere Verfahren der Anpassung der Angebotsunterlage** regelt das Gesetz nicht. Ob der Bieter in Analogie zu § 21 Abs. 1 Nr. 1 eine veränderte Angebotsunterlage erstellen und diese nach § 14 Abs. 3 Satz 1 veröffentlichen muss, erscheint erörterungswürdig. Doch gebietet es die Einheitlichkeit der Veröffentlichungen zum Schutze der Aktionäre der Zielgesellschaft, dass der Weg über § 14 Abs. 3 Satz 1 beschritten wird: Dieser ist für die Publikation der Angebotsunterlage ebenso erforderlich wie für ihre freiwilligen Änderungen durch den Bieter (§ 21 Abs. 2). Dann müssen die in § 21 Abs. 2 genannten Vorschriften auch für gesetzliche Änderungen gelten. Nach hier vertretener Auffassung ist der Bieter also zur Veröffentlichung einer Änderung der Angebotsunterlage nach § 21 Abs. 2 analog verpflichtet.[80]

38   Für die in der publizierten Änderung enthaltenen Unrichtigkeiten haftet er entsprechend den Aktionären der Zielgesellschaft nach **§ 12** analog. Die BAFin muss schließlich die Möglichkeit haben, die Änderungen nach § 21 Abs. 3 iVm. **§ 15 Abs. 1 Nr. 2** wegen offensichtlichen Gesetzesverstoßes zu verwerfen.

39   Fraglich ist darüber hinaus, ob der Bieter bei einer Barofferte die **Finanzierungsbestätigung nach** § 13 Abs. 1 Satz 2 auf den überschießenden Betrag hinaus ausdehnen muss. Das Gesetz sieht eine solche Pflicht wiederum nicht ausdrücklich vor. Aus den andernfalls bestehenden Hinweispflichten auf Fehler und Veränderungen (§ 12 Abs. 3 Nr. 3) bzw. Änderungsmöglichkeiten (§ 21) lässt sie sich auch nicht unmittelbar herleiten. Hier dürfte indes abermals eine unbeabsichtigte Regelungslücke vorliegen. Der Gesetzgeber erstrebt nach § 13 Abs. 1 Satz 2 eine vollumfängliche Absicherung der Veräußerer und sieht die Erstreckung in den Fällen der freiwilligen Änderung des öffÜA durch den Bieter nach § 34 iVm. § 21 Abs. 3 ausdrücklich vor. Es erschiene daher systemwidrig, wenn im Fall der gesetzlichen Vertragsänderung, die in besonderer Weise dem Schutz des Schuldners dient, § 13 Abs. 1 Satz 2 nicht anwendbar wäre. Insoweit ist die Garantieerklärung in Höhe des Differenzbetrages vom Bieter durch die BAFin einzufordern.

40   **d) Nachgeschaltete Erwerbsvorgänge (Abs. 5). aa) Überblick.** Nach SEC-Rule 13e-4(f)(8)(i) darf der Bieter zehn Tage auf ein Tender Offer keine Individualvereinbarungen über den Kauf von Aktien treffen (so genanntes cooling off), um die Regelungen über das öffÜA nicht zu unterlaufen. Der City Code kennt eine vergleichbare Regelung nicht. Statt dessen übt er durch die so genannte **Best Price-Rule** wirtschaftlichen Druck auf den Bieter aus,

---

[78] RegE BT-Drucks. 14/7034 S. 56.
[79] *Kremer/Oesterhaus* in Kölner Komm. Rn. 77.
[80] Ebenso *Berrar* ZBB 2002, 174, 179.

indem er im Anschluss an nachgeschaltete Individualvereinbarungen die im
öffÜA geschuldete Gegenleistung auf das gleiche Niveau erhöht. Im Gegensatz
zum deutschen Recht wird hier jedoch differenziert: Der bessere Preis wird
nur dann bei Pflichtangeboten (Rule 9), im Falle einer Verpflichtung zum Barangebot (Rule 11(a)) und wenn es das Panel eigens anordnet (Rule 11(b)), auf
alle Aktionäre erstreckt.[81] Der deutsche Gesetzgeber fasst § 31 Abs. 5 vor allem
als **Umgehungstatbestand** auf: Der Bieter soll nicht durch nachgeschaltete
Erwerbe den Grundsatz der Gleichbehandlung der Gesellschafter (§ 3 Abs. 1)
aushebeln können.[82] Zur analogen Anwendung der Norm auf den Fall eines
öffA, das aufgrund nicht vorhersehbarer Umstände zum Übernahmeangebot
wird vgl. § 29 Rn. 2.

bb) Tatbestand. Der Bieter (§ 2 Abs. 4), mit ihm gemeinsam handelnde   **41**
Personen (§ 2 Abs. 5) oder deren Tochterunternehmen (§ 2 Abs. 6) müssen
innerhalb eines Jahres nach der Veröffentlichung zum Abschluss des Übernahmeverfahrens (§ 23 Abs. 1 Nr. 2) Aktien der Zielgesellschaft außerhalb der
Börse erwerben (vgl. zum Begriff Erwerben oben Rn. 35). Entscheidend
kommt es also darauf an, dass der Bieter Eigentum an den Aktien – möglicherweise sogar im Vorgriff auf die Erfüllung eines späteren Kaufvertrags – erwirbt
oder eine Verpflichtung zur Eigentumsverschaffung zu seinen Gunsten begründet wird (§ 31 Abs. 6 Satz 1). Wie im Falle des § 31 Abs. 4 spielen die Tatbestände des § 30 beim Erwerbsbegriff eine Rolle (Rn. 29). Zur Frage, ob das
Rechtsgeschäft wirksam sein muss, gilt das dort Gesagte (Rn. 30). Dabei muss
eine wertmäßig höhere Gegenleistung als die im Angebot genannte (§ 11
Abs. 2 Satz 2 Nr. 4) gewährt oder vereinbart werden. Wie beim Vorerwerb
scheidet hier ein Vergleich zwischen Bar- und Tauschleistung aus (Rn. 32). Bei
der Bestimmung des Unterschiedsbetrags müssen Wertveränderungen der
Aktien, die von der Zielgesellschaft veranlasst wurden (Kapitalerhöhung aus
Gesellschaftsmitteln, Aktiensplit), herausgerechnet werden, damit überhaupt
eine Vergleichsgrundlage zum öffÜA gebildet werden kann.[83] Zins- und **Bör-
senkursschwankungen** können indes nicht berücksichtigt werden; dagegen
steht der Gesetzeswortlaut.[84] Nicht zuletzt dadurch steigen die Anforderungen
an die Zurechnung des Verhaltens Dritter an den Bieter nach § 2 Abs. 5 und 6:
Das Gesetz sieht eigentlich in diesem Zusammenhang keine **Erheblichkeitsschwelle** vor, so dass bereits der Erwerb einer einzigen Aktie den Anspruch
auslösen könnte. Weil der Bieter das Verhalten der unter § 2 Abs. 5 und 6 zusammengefassten Personen, deren Verhalten ihm zuzurechnen ist, in diesem
Sinne kaum verlässlich steuern kann, liegt darin eine bedenkliche Lücke;[85]
diese muss im Einzelfall über § 31 Abs. 1 Satz 2 geschlossen werden, wonach
auch der Maßstab des § 31 Abs. 5 nur „grundsätzlich" gilt: Dort wo das Verhalten eines Dritten nach Abschluss des Übernahmeverfahrens den Zurechnungszusammenhang durchbricht und nicht mehr von einer Selbstbindung des Bieters (Rn. 27) ausgegangen werden kann, muss daher den Verkäufern der

---

[81] *Herkenroth* S. 282 f.
[82] RegE BT-Drucks. 14/7034 S. 56; DiskEntw ÜG S. 333; WÜG-RefE S. 477.
[83] *Kremer/Oesterhaus* in Kölner Komm. Rn. 85.
[84] *Kremer/Oesterhaus* in Kölner Komm. Rn. 86 f.
[85] *Kremer/Oesterhaus* in Kölner Komm. Rn. 82.

Anspruch im Einzelfall versagt sein. Der Erwerb muss **außerhalb der Börse**
erfolgen. Richtiger Auffassung nach wird deshalb ein Anspruch aus § 31 Abs. 5
nicht begründet, wenn der Bieter zwar außerbörslich, jedoch zum Börsen*kurs*
erwirbt.[86] Hätten die Verkäufer einen Börsenerwerb gleichen Inhalts hinnehmen müssen, kann der Zufall der *Art* des Abschlusses bei gleichem Inhalt nicht
anspruchsbegründend wirken.

42   **cc) Rechtsfolge.** Nach dem Gesetzeswortlaut ist der Bieter gegenüber den
„Inhabern der Aktien, die das Angebot angenommen haben", zur Zahlung
einer Geldleistung in Euro in Höhe des Unterschiedsbetrages verpflichtet. Danach erwerben die Veräußerer **einen selbständigen Anspruch**, der durch die
gesetzliche Erhöhung der in der Angebotsunterlage festgesetzten Gegenleistung (§ 11 Abs. 2 Satz 2 Nr. 4) begründet ist.[87] Eine Absicherung vergleichbar
§ 13 Abs. 1 Satz 2 besteht für diesen Anspruch nicht. Auch muss der Bieter kein
Finanzierungskonzept iSd. § 13 Abs. 1 Satz 1 unterbreiten.

43   Fraglich ist nur, warum der Bieter in jedem Fall zu einer **Geldleistung** verpflichtet sein soll. Dies macht gerade beim Tauschangebot, wo ein im Verhältnis zur Angebotsunterlage höheres Umtauschverhältnis offeriert wird, keinen
Sinn. Die Materialien nehmen dazu keine Stellung. Allerdings äußert der Gesetzgeber im Hinblick auf § 31 Abs. 4, dass als Rechtsfolge dieser Norm die Art
der Gegenleistung nicht verändert werde.[88] Dieser Rechtsgedanke muss auch
für die nicht anders geartete Rechtsfolge des § 31 Abs. 5 gelten. Deshalb dürfte
es sich ganz offensichtlich um ein **Redaktionsversehen** handeln. Danach wäre
ganz allgemein der Unterschied zwischen dem im öffÜA offerierten und dem
im nachgeschalteten Erwerbsvorgang vereinbarten Betrag zu ersetzen.

44   **dd) Ausnahme (Satz 2). (1) Normzweck und Kritik.** Nach den **Vorstellungen des Gesetzgebers** gilt die Selbstbindung des Bieters (oben
Rn. 27) nicht für „Strukturänderungen, bei denen den Inhabern aufgrund
gesetzlicher Anordnung eine Gegenleistung gegen den Erwerb von Aktien zu
gewähren ist. Dabei kann die dort erfolgende Bewertung der Gegenleistung
von der Bewertung der Gegenleistung nach diesem Gesetz abweichen. Auch
steht die endgültige Höhe der Gegenleistung häufig erst nach einem mehrjäh-
rigen gerichtlichen Spruchverfahren fest. Dies spricht dafür, Erwerbsvorgänge
im Zusammenhang mit strukturändernden Maßnahmen aus dem Anwendungsbereich des Nachbesserungsanspruchs auszunehmen. Hierdurch wird
vermieden, dass der Bieter über einen unverhältnismäßig langen Zeitraum unkalkulierbaren Kosten im Hinblick auf einen übernahmerechtlichen Nachbesserungsanspruch ausgesetzt ist, falls er im Anschluss an das Übernahmeangebot die oben genannte Strukturänderung mit der Folge einer gesetzlich vorgeschriebenen Abfindung vornimmt. Ein zwingendes Schutzbedürfnis der
Aktionäre, das einen Nachbesserungsanspruch rechtfertigen könnte, ist nicht
erkennbar. Die Möglichkeit strukturändernder Maßnahmen im Anschluss an
Übernahmen besteht generell, ohne dass hieraus eine besondere Benachteiligung der Aktionäre abzuleiten ist. Diejenigen Aktionäre, die das Übernahme-

---

[86] *Kremer/Oesterhaus* in Kölner Komm. Rn. 88.
[87] RegE BT-Drucks. 14/7034 S. 56; WÜG-RefE S. 477.
[88] RegE BT-Drucks. 14/7034 S. 56; WÜG-RefE S. 477.

angebot annehmen, werden hinreichend durch die dortige Preisregelung geschützt; während der Schutz derjenigen Aktionäre, die das Angebot abgelehnt
haben, bei der folgenden Strukturmaßnahme durch die Normen des Aktien-
und Umwandlungsrechts erfolgt."[89] Vor allem die Art der Argumentation fordert **Kritik** heraus, weil sie zwischen der Abfindung in den Fällen der §§ 305,
320b, 327a AktG und der Gegenleistung nach § 31 unterscheiden will. Dagegen sprechen gleich mehrere Überlegungen: Zum einen darf das öffÜA nicht
zu einer gegenüber dem Abschluss eines Beherrschungsvertrages **verbilligten
Konzernierungsmaßnahme** geraten. Sonst werden künstliche Konzentrationsanreize geschaffen. Die aktienrechtlichen Abfindungsnormen im Kon-
zernbildungsbereich und § 31 beruhen vielmehr auf dem einheitlichen Rechtsgedanken der Desinvestition der Minderheitsaktionäre zum wahren Wert ihrer
Beteiligung: Deshalb ist die vom Gesetzgeber implizierte Möglichkeit konkurrierender Bewertungsprinzipien in beiden Regelungskomplexen als wettbewerbspolitisch verfehlt abzulehnen. Andernfalls könnte der Bieter die Aktionäre entgegen § 3 Abs. 1 im Hinblick auf die zu zahlende Gegenleistung in
zwei Lager teilen, wie es für die Two Tier-Angebote des amerikanischen Rechts
typisch ist. Die Langwierigkeit der Rechtsdurchsetzung für den Bieter ist kein
ernsthaftes Argument für die Ausnahme, weil diese im Rahmen der §§ 305,
320b, 327a AktG systemimmanent ist und auch andernorts materielle Ansprüche nicht deshalb aberkannt werden, weil deren prozessuale Bewährung Probleme bereitet. Gerade weil der Squeeze Out (§ 327a AktG) bzw. die Abfindung aufgrund des Umwandlungsgesetzes typischerweise hinter ein öffÜA
geschaltet werden, erscheint eine Preisspaltung intolerabel. **Rechtspolitisch
ist die Ausnahme also höchst fragwürdig.**

(2) Tatbestand. Der Bieter (§ 2 Abs. 4) muss Aktien der Zielgesellschaft   **45**
(§ 2 Abs. 3) aufgrund einer gesetzlichen **Verpflichtung zur Abfindung an
Aktionäre der Zielgesellschaft** erworben haben. Darunter fallen nach dem
gesetzgeberischen Willen die Abfindung bei Abschluss eines Beherrschungs-
und Gewinnabführungsvertrags (§ 305 AktG), bei Eingliederung (§ 320b
AktG) und beim Squeeze Out (§ 327a AktG). Alternativ dazu findet Satz 1
auch nicht auf den Erwerb des ganzen oder teilweisen Vermögens der Zielgesellschaft durch Verschmelzung (§§ 2 ff. UmwG), Spaltung (§ 123 UmwG)
und Vermögensübertragung (§ 174 UmwG) Anwendung. Zum Teil hat der
Verweis auf das Umwandlungsrecht nur klarstellende Bedeutung. Denn im
Rahmen des § 31 Abs. 5 Satz 1 WpÜG sind allein Rechtsgeschäfte bezüglich des
Erwerbs von Aktien der Zielgesellschaft relevant. Darum handelt es sich jedoch bei der Vermögensübertragung nach § 174 Abs. 1 UmwG gerade nicht.

(3) Rechtsfolge. Die in den Fällen der §§ 305, 320b, 327a AktG gezahlte   **46**
Abfindung bzw. das Tauschverhältnis bei der Verschmelzung oder der Abspaltung auf die Zielgesellschaft(!) bleiben bei der Bemessung der Gegenleistung
im Rahmen des öffÜA außer Betracht. Anders als in den Fällen des § 31 Abs. 5
Satz 1 entsteht also kein Zahlungsanspruch gegen den Bieter. Die Vorschrift
steht aber nicht der Möglichkeit entgegen, bei der Berechnung einer Abfindung nach diesen Vorschriften die Wertungen des § 31 zu übertragen.

---

[89] RegE BT-Drucks. 14/7034 S. 56; WÜG-RefE S. 477 f.

III. Inhaltliche Anforderungen an die Gegenleistung

47 **1. Liquidität der Gegenleistung (Abs. 2). a) Normzweck.** Die Norm erklärt sich aus der in § 31 angelegten **Kontrolle der Konzernbildung**: Die von einer Minderheitsposition bedrohten Aktionäre sollen nicht gegen ihren Willen in der Zielgesellschaft festgehalten werden, sondern desinvestieren können. § 31 Abs. 2 sorgt dafür, dass ihnen eine praktikable Desinvestitionsmöglichkeit eröffnet wird. Dazu ist es erforderlich, dass die Gegenleistung beim Barangebot in einer leicht konvertiblen Währung und beim Tauschangebot durch Tauschaktien erfolgt, die der Erwerber jederzeit leicht weiterveräußern kann, um nicht gegen seinen Willen an den Bieter gebunden zu sein.[90] **Art. 5 Abs. 5 RLE 2002** sieht deshalb vor, dass die Gegenleistung zunächst in liquiden Wertpapieren bestehen kann (Satz 1). Fehlt es an der Liquidität, muss zumindest wahlweise eine Barleistung angeboten werden (Satz 2).

48 **b) Tatbestand.** Eine Geldleistung muss auf **Euro** lauten; dadurch sollen den Kleinaktionären Währungsrisiken und Wechselkosten erspart werden.[91] Bei Tauschangeboten sind liquide Aktien anzubieten, die zum Handel an einem **organisierten Markt** (§ 2 Abs. 7) zugelassen sind. Damit beschränkt sich die Möglichkeit von Tauschaktien auf die an einem geregelten Markt im EWR zugelassenen Papiere. Andere, mindestens ebenso leicht zugängliche Märkte sind damit bewusst ausgenommen. Die zugrunde liegende gesetzgeberische Entscheidung orientierte sich an Art. 5 Abs. 1 Satz 3 iVm. Art. 1 Abs. 1 GS 2000 (nunmehr Art. 5 Abs. 1 Satz 2 RLE 2002). Im Referentenentwurf wird diese Entscheidung so begründet: „Die Mitgliedstaaten der Europäischen Union haben sich auf diese Regelung verständigt, da für die Zulassung von Wertpapieren an einem geregelten Markt in der EU europäische Mindeststandards gelten müssen. Diese Standards gewährleisten einen Mindestanlegerschutz. Europäische Anleger sollten im Übrigen auf europäische Standards vertrauen können und nicht auf außereuropäische Vorschriften, deren Anforderungen unter Umständen deutlich geringer sind, verwiesen werden."[92] Unternehmen mit Sitz außerhalb des EWR werden ermutigt, eine Börsennotierung im Bereich des EWR bzw. Deutschlands anzustreben.[93] Daran wird **der rein wirtschaftspolitische Charakter** der Vorschrift deutlich. Dass der Anlegerschutz etwa an der New York Stock Exchange weniger intensiv ausgebildet wäre als am Thessaloniki Stock Exchange Centre lässt sich als Aussage nicht ernsthaft aufrechterhalten. Ginge es daher nur um den Anlegerschutz, hätte das Gesetz ein Anerkennungsverfahren für ausländische Börsen mit gleichem Schutzstandard unter der Regie der BAFin vorsehen müssen.[94]

49 Fraglich ist, ob über den Zulassungsort hinaus noch weitere Anforderungen an die **Liquidität der Aktie** zu stellen sind. Dies legt der Wortlaut der Norm

---

[90] *Riehmer* NZG 2000, 822.

[91] RegE BT-Drucks. 14/7034 S. 55; WÜG-RefE S. 475.

[92] WÜG-RefE S. 475; DiskEntw ÜG S. 315. Ähnlich dann der RegE BT-Drucks. 14/7034 S. 55, trotz Scheiterns der Übernahmerichtlinie.

[93] RegE (Fn. 92); DiskEntw ÜG (Fn. 92); WÜG-RefE (Fn. 92).

[94] Zur Kritik auch *Haarmann* in *Haarmann/Riehmer/Schüppen* Rn. 90; *Kremer/Oesterhaus* in Kölner Komm. Rn. 28.

nahe, indem er die Liquidität und die Zulassung an einem organisierten Markt kumulativ als Tatbestandmerkmale erwähnt. Die Untergrenze dürfte in § 5 Abs. 4 AngebotsVO festgelegt sein. Die Norm ist zwar nicht unmittelbar anwendbar, konkretisiert aber für andere Zwecke eine börsennotierte und dennoch illiquide Aktie:[95] Für sie darf nur an weniger als einem Drittel der Börsentage überhaupt ein Börsenkurs festgestellt worden sein, und die festgestellten Börsenkurse müssen in unmittelbarer zeitlicher Abfolge Differenzen von mehr als fünf Prozent aufweisen. In solchen Fällen wird man im Rahmen des § 31 Abs. 2 Satz 1 sicher sagen können, dass die Tauschaktie für den Aktionär der Zielgesellschaft praktisch nicht verkäuflich ist und ihm daher eine Desinvestition der Verkäufer nicht erlaubt. Tatsächlich dürfte das vom Bieter geschuldete Maß an Liquidität allerdings über dem Extremfall des § 5 Abs. 4 AngebotsVO liegen: Entscheidend kommt es darauf an, ob der Markt die angebotene Menge Tauschaktien tatsächlich aufnehmen kann, wenn sich alle Aktionäre der Zielgesellschaft zu deren raschen Verkauf entscheiden.[96] Einschlägige Aussagen dürfte das bisherige Volumen der Geschäfte mit Tauschaktien erlauben, über das die BAFin nach § 9 WpHG informiert ist. Die Liquidität beurteilt sich danach im **Zeitpunkt** der Veröffentlichung des öffÜA nach § 14 Abs. 2 Satz 1, weil es für das Übernahmeangebot als Willenserklärung auf den Zeitpunkt der Erklärung ankommt.

Erlaubt ist das Angebot einer **illiquiden Gegenleistung** (Zahlung in   **50** anderer Währung, Angebot von Aktien einer geschlossenen AG usw.), wenn sie alternativ zu einer iSd. § 31 Abs. 2 liquiden Gegenleistung offeriert werden.[97]

Inhabern **stimmberechtigter Aktien** müssen als Gegenleistung wiederum   **51** stimmberechtigte Aktien angeboten werden. Damit begegnet das Gesetz dem Problem der sogenannte **A-Shares**, das aus der frühen Rechtsentwicklung des englischen Übernahmerechts bekannt ist.[98] Indem den Aktionären der Zielgesellschaft stimmrechtslose Aktien angeboten wurden, konnten sie als bloße Dividendenempfänger in der Bietergesellschaft ausgeschaltet werden. Dadurch wurde es möglich, dass Zielgesellschaften durch wesentlich kleinere Bieter im Wege von Tauschangeboten übernommen wurden, ohne dass es zu einem Kontrollwechsel beim Bieter kam.[99] Der Begriff des Stimmrechts richtet sich nach § 134 AktG. Deshalb dürfen auch keine Aktien angeboten werden, für die das Stimmrecht nach § 134 Abs. 2 AktG (Nichterbringung der Einlage) noch nicht entstanden ist. Das Gesetz verlangt nicht, dass dem Verkäufer durch die Tauschaktien eine identische Beteiligungsquote vermittelt wird; nicht schädlich ist, wenn in der neuen Gesellschaft Mehrstimmrechte oder Aktien verschiedener Klassen bestehen.[100] Aus der Norm ist **kein Umkehrschluss** möglich: Den Inhabern von stimmrechtslosen Vorzugsaktien (§ 139 Abs. 2 AktG) dürfen durchaus stimmberechtigte Aktien angeboten werden.

---

[95] So bereits *Thoma* NZG 2002, 105, 108.

[96] *Krieger*, Gesellschaftsrecht 2001, 289, 296; *Haarmann* in *Haarmann/Riehmer/Schüppen* Rn. 87; *Kremer/Oesterhaus* in Kölner Komm. Rn. 26.

[97] WÜG-RefE S. 474.

[98] *Roßkopf* S. 98.

[99] *Roßkopf* (Fn. 98).

[100] *Haarmann* in *Haarmann/Riehmer/Schüppen* Rn. 81; *Kremer/Oesterhaus* in Kölner Komm. Rn. 32.

52   **2. Pflicht zum Barangebot (Abs. 3). a) Normzweck.** Vgl. die **Materia-**
lien: „Absatz 3 ist Ausdruck des Gleichbehandlungsgrundsatzes der Aktionäre
der Zielgesellschaft. Der Bieter wird hiernach verpflichtet, den Minderheitsaktionären der Zielgesellschaft zumindest wahlweise als Gegenleistung eine
Geldleistung in Euro anzubieten, sofern er oder mit ihm gemeinsam handelnde Personen oder deren Tochterunternehmen in zeitlicher Nähe zu dem
Übernahmeangebot oder während des Übernahmeverfahrens Aktien der Zielgesellschaft gegen Geld erwerben."[101] Nach **englischem Recht** (Rule 11.1
City Code) muss ein Barangebot erfolgen, wenn der Bieter oder die mit ihm
gemeinsam handelnden Personen während des Übernahmeverfahrens oder in
einem Zeitraum von zwölf Monaten vor diesem Zeitpunkt stimmberechtigte
Aktien der Zielgesellschaft in Höhe von 10 % erworben haben. Der Grund
wird in einem Schutz der Aktionäre der Zielgesellschaft vor Täuschungen über
den Wert ihrer Aktie gesehen.[102] In einer Stellungnahme des **Rechtsausschus-**
ses des EP in Beratung des GS 2000[103] wurde ebenfalls die Forderung erhoben, der Bieter müsse ein Barangebot offerieren, wenn er in den letzten zwölf
Monaten mehr als 10 % der Aktien der Zielgesellschaft erworben habe. Nach
Art. 5 Abs. 5 Satz 3 RLE 2002 ist hingegen ein Barangebot erforderlich,
wenn der Bieter mehr als 5 % der Wertpapiere oder Stimmrechte der Zielgesellschaft in einem Zeitraum von mindestens drei Monaten vor Bekanntmachung gegen Barzahlung erwirbt. Das englische Recht verhindert daher
langfristig geplante Übernahmestrategien, im Rahmen derer der Bieter die
Aktionäre der Zielgesellschaft in zwei Lager aufspalten will: Ein zu einer Barleistung bei Marktbedingungen abgefundenes Lager und ein anderes, das
durch den Erwerb dieses Pakets unter Druck gerät, weil das Gelingen der
Übernahme wahrscheinlicher wird, und deshalb im Zweifel bereitwilliger auf
ein nicht so günstig bemessenes Tauschangebot eingeht.[104] Demgegenüber verhindert die deutsche Regelung in § 31 Abs. 3 allenfalls kurzfristige Überrum-
pelungstaktiken, weil der Beobachtungszeitraum stark eingeschränkt (drei
Monate) und der darin zu erwerbende Anteil (5 %) vergleichsweise gering bemessen ist. Beide Tatbestände des § 31 Abs. 3 sind aber streng voneinander zu
trennen; eine wie auch immer bewerkstelligte „Gesamtschau" oder Addition
kommt nicht in Betracht.[105]

53   **b) Anschleichen (Nr. 1).** Der Bieter (§ 2 Abs. 4) oder eine gemeinsam mit
ihm handelnde Person (§ 2 Abs. 5) oder deren Tochterunternehmen (§ 2
Abs. 6) müssen drei Monate vor der Veröffentlichung der Absicht des Bieters,
ein öffÜA abzugeben (§ 10 Abs. 3 Satz 1), insgesamt 5 Prozent der Aktien oder
Stimmrechte (§ 134 AktG) erworben haben. Zum Normzweck äußern sich
die **Materialien:** „Die Vorschrift soll ein ‚Anschleichen' an die Zielgesellschaft
unter Ausgrenzung der Minderheitsaktionäre verhindern und erlaubt dem

---

[101] RegE BT-Drucks. 14/7034 S. 55; WÜG-RefE S. 476; ähnlich DiskEntw ÜG
S. 315.
[102] *Knoll* S. 129.
[103] ZIP-aktuell Nr. 213, 2000, Heft 43, S. VIII.
[104] *Schneider/Burgart* DB 2001, 963, 965 sprechen insoweit von einem „faktischen
squeeze-out".
[105] *Kremer/Oesterhaus* in Kölner Komm. Rn. 46.

Bieter zugleich Ankäufe in geringem Ausmaß."[106] Die gleichzeitige Erwähnung von **Aktien und Stimmrechten** (§ 134 AktG) „ist im Hinblick auf die Vorzugsaktien und gegebenenfalls vorhandenen Mehrstimmrechte erforderlich".[107] Die Regelung bezieht also den Erwerb von Vorzugsaktien ausdrücklich mit ein, weil auch hier die Gefahr einer § 3 Abs. 1 widerlaufenden Spaltung der Aktionäre in zwei Lager besteht. Entscheidend ist, dass das Paket in Höhe von 5 % **erworben** worden sein muss. Ob diese Grenze erreicht ist, muss im Zeitpunkt der Wirksamkeit des öffÜA beurteilt werden – also bei Veröffentlichung nach § 14 Abs. 2 Satz 1; vorherige oder nachträgliche Schwankungen in der Anzahl der insgesamt bestehenden Stimmrechte durch Kapitalmaßnahmen sind deshalb ohne Belang.[108] Es kommt also nicht darauf an, wie viele Aktien der Bieter bereits insgesamt hält. Der Erwerb muss gegen **Zahlung einer Geldleistung** erfolgt sein. Darunter fällt nicht eine Kombination aus Bar- und Tauschangebot; ausnahmsweise kann jedoch eine geldähnliche Leistung erfasst werden, wie bspw. die „Bezahlung" mittels einer Forderung gegen einen zweifelsfrei liquiden Schuldner.[109] Fraglich ist, ob die Geldleistung ihrer Höhe nach dem Marktwert der gekauften Anteile entsprechen muss (**gemischte Schenkung**). Dies wird man wohl aus mehreren Gründen verneinen müssen: Zum einen sieht der Wortlaut der Norm eine solche Einschränkung nicht vor. Zum anderen geht es hier nicht um eine Preisuntergrenze, die in einer den Aktionär der Zielgesellschaft schützenden Höhe angesiedelt sein muss, sondern allein um die Frage des „Ob" eines Barangebots. Schließlich prüft die BAFin nach § 15 Abs. 1 Nr. 2 nur offensichtliche Rechtsverstöße; von ihm wird daher bei der Überprüfung der Voraussetzungen des § 31 Abs. 3 Nr. 1 keine Äquivalenz- bzw. Preiskontrolle verlangt. Relevant ist auch ein Erwerb, im Rahmen dessen dem Verkäufer die Geldleistung nur wahlweise angeboten wurde, weil sich auch hier der Bieterwillen dokumentiert, die Aktien der Zielgesellschaft gegen Geld zu erwerben.[110] Die **Erwerbsfrist** beginnt schließlich – schon um dilatorische Taktiken des Bieters zu vermeiden – mit dem ersten der beiden in § 10 Abs. 3 Satz 1 vorgesehenen Publikationsakte.[111]

Rechtsfolge ist, dass der Bieter ein **Barangebot** nach § 11 Abs. 2 Satz 2 **54** Nr. 4 in der Angebotsunterlage zwingend festsetzen muss; auch im Rahmen seiner Ausführungen zur Ermittlung der Gegenleistung nach § 11 Abs. 2 Satz 2 Nr. 3 muss der Vorerwerb angegeben werden, weil er nicht nur die Art der Gegenleistung nach § 31 Abs. 3 Nr. 1, sondern auch deren Höhe nach § 4 AngebotsVO beeinflussen kann. Daran zeigt sich im Übrigen, dass § 31 Abs. 3 Nr. 1 die Rechtsfolge des § 4 AngebotsVO nicht verdrängt. Neben dem Barangebot kann **wahlweise auch ein Tauschangebot** unterbreitet werden. Letzteres entspricht nicht nur den Vorstellungen des Gesetzgebers,[112] sondern auch dem

---

[106] RegE BT-Drucks. 14/7034 S. 55; WÜG-RefE S. 476.
[107] RegE BT-Drucks. 14/7034 S. 55, rechte Spalte, letzter Absatz; WÜG-RefE S. 476.
[108] Andere Tendenz *Kremer/Oesterhaus* in Kölner Komm. Rn. 40 f.
[109] *Kremer/Oesterhaus* in Kölner Komm. Rn. 54.
[110] *Kremer/Oesterhaus* in Kölner Komm. Rn. 56.
[111] *Kremer/Oesterhaus* in Kölner Komm. Rn. 42.
[112] RegE BT-Drucks. 14/7034 S. 55; WÜG-RefE S. 474 (unten); vgl. auch *Haar-*

Schutzzweck der Norm, der lediglich eine einseitige Spaltung der Aktionäre in zwei Lager verhindern, nicht aber deren Wahlmöglichkeiten beschränken will. Die BAFin überprüft die Angebotsunterlage vor ihrer Veröffentlichung auf **offensichtliche Verstöße gegen das WpÜG (§ 15** Abs. 1 Nr. 2). Dazu zählt auch ein Verstoß gegen § 31 Abs. 3 Nr. 1, dessen Voraussetzungen auf der Grundlage der Informationen des Bieters nach § 2 Nr. 7 AngebotsVO überprüft werden können. Notfalls muss sich die BAFin in der gebotenen Zeit (§ 14 Abs. 2 Satz 1 und 3) bemühen, nach § 8 WpÜG mit ausländischen Stellen zusammenzuarbeiten bzw. auf der Grundlage der Informationen nach § 9 WpHG zu recherchieren. Bei Verstößen des Bieters kann die BAFin eine Abhilfsfrist nach § 14 Abs. 2 Satz 3 setzen oder die Veröffentlichung der Angebotsunterlage gleich untersagen. Übersieht die BAFin einen Verstoß gegen § 31 Abs. 3 Nr. 1, scheidet **Amtshaftung** nach § 4 Abs. 2 aus. Der Aktionär muss vielmehr den Bieter auf Geldzahlung in Anspruch nehmen. Fraglich ist, ob die Aktionäre ein laufendes Übernahmeverfahren durch **einstweiligen Rechtsschutz** nach §§ 935, 940 ZPO unterbrechen können. Als Verfügungsanspruch kommt ein Barzahlungsanspruch gegen den Bieter in Betracht, als **Verfügungsgrund** die Gefahr, dass die Erfüllung dieses Anspruchs nicht nach § 13 Abs. 1 Satz 2 und Abs. 2 gesichert ist. Erst wenn der Bieter eine Garantieerklärung nachliefert, ist diese Gefahr gebannt.

55   **c) Parallelerwerb (Nr. 2).** Nach den **Vorstellungen des Gesetzgebers** soll eine Zahlung außerhalb des Übernahmeverfahrens auch den anderen Aktionären zugute kommen.[113] Der Bieter (§ 2 Abs. 4), eine mit ihm gemeinsam handelnde Person (§ 2 Abs. 5) oder deren Tochterunternehmen (§ 2 Abs. 6) muss Aktien oder Stimmrechte der Zielgesellschaft (§ 2 Abs. 3) im Zeitraum zwischen der Veröffentlichung der Vorankündigung nach § 10 Abs. 3 Satz 1 und vor Ablauf der **Annahmefrist** (§ 16 Abs. 1 Satz 1) gegen Zahlung einer Geldleistung erworben haben. Der Fristbeginn dürfte im Zeitpunkt des ersten der beiden in § 10 Abs. 3 Satz 1 geregelten Publikationsakte liegen,[114] schon um dilatorische Taktiken des Bieters zu vermeiden. Fristverlängerungen nach § 21 Abs. 5 und § 22 Abs. 2 sind ferner beachtlich, weil sie die Gesamtlaufzeit der Annahmefrist betreffen. Ein Erwerb im Rahmen der *weiteren* Annahmefrist nach § 16 Abs. 2 dürfte hingegen schon dem Wortlaut nach nicht mehr unter die Norm fallen. Während des Laufs dieser Frist ist ja das Verfahren bereits abgeschlossen, so dass die Gefahr einer Ungleichbehandlung durch den Bieter nach § 3 Abs. 1 nicht mehr besteht. Der Erwerb muss innerhalb der Frist mindestens ein Prozent der **Aktien oder Stimmrechte** an der Zielgesellschaft erfassen. Diese Erheblichkeitsschwelle gelangte erst während der Beratungen im Bundestag in das Gesetz. Der Wortlaut der Norm erzwingt nicht, dass die erforderliche Menge in einem einzigen Erwerbsakt erworben wird. Entscheidend kommt es allein darauf an, dass die Menge während des gesetzlich vorgegebenen Zeitraums erreicht wird. Der Erwerb von **Wandel- und Options-**

---

mann in *Haarmann/Riehmer/Schüppen* Rn. 96; *Kremer/Oesterhaus* in Kölner Komm. Rn. 33; *Thun* in *Geibel/Süßmann* Rn. 21.

[113] RegE BT-Drucks. 14/7034 S. 55 f.; WÜG-RefE S. 476.
[114] *Kremer/Oesterhaus* in Kölner Komm. Rn. 47.

anleihen soll hingegen nicht unter die Norm fallen.[115] Dies leuchtet mit Blick in § 31 Abs. 6 und den Zweck der Norm nicht ein: Entscheidend kommt es darauf an, dass der Bieter für den potentiellen Erwerb von Stimmrechten zu einer Geldleistung bereit ist. Zu den Tatbestandsmerkmalen *Zahlung* einer Gegenleistung vgl. oben Rn. 53 und Stimmrecht die Kommentierung des § 29 Abs. 2.

Die **Rechtsfolge** der Vorschrift divergiert, je nach dem Zeitpunkt, zu dem **56** der Bieter das Bargeschäft vorgenommen bzw. die gesetzliche Mindestmenge überschritten hat. Erfolgt dies vor Veröffentlichung der Angebotsunterlage nach § 14 Abs. 3 Satz 1, muss der Bieter bei der Festsetzung der Gegenleistung gem. § 11 Abs. 2 Satz 2 Nr. 4 nach Maßgabe des § 31 Abs. 3 Nr. 2 verfahren und ein Barangebot festsetzen. Erfolgt der Erwerb bzw. das Überschreiten der Mindestgrenze nach Veröffentlichung der Angebotsunterlage, tritt eine gesetzliche Änderung der vom Bieter abgegebenen Willenserklärung bzw. auch einer bereits mit einem veräußernden Aktionär getroffenen Vereinbarung ein. Die Lage ist derjenigen des § 31 Abs. 4 vergleichbar. Wie dort (Rn. 36 ff.) regelt das Gesetz auch hier das **weitere Verfahren der Anpassung der Angebotsunterlage** nicht. Deshalb muss der Bieter die Änderung der Angebotsunterlage auch hier nach § 21 Abs. 2 iVm. § 14 Abs. 3 Satz 1 analog publizieren. Für die in der publizierten Änderung enthaltenen Unrichtigkeiten haftet er entsprechend den Aktionären der Zielgesellschaft nach **§ 12 iVm. § 21 Abs. 3** analog. Der BAFin muss ferner die Möglichkeit zustehen, die Änderungen nach § 21 Abs. 3 iVm **§ 15 Abs. 1 Nr. 2** wegen offensichtlichen Gesetzesverstoßes zu verwerfen. Und schließlich muss der Bieter eine **Finanzierungsbestätigung nach § 13 Abs. 1 Satz 2** für das nunmehr erforderliche Barangebot vorlegen.[116] Richtiger Auffassung nach verdrängt § 31 Abs. 3 Nr. 2 die Rechtsfolge des § 31 Abs. 4 nicht,[117] da beide Normen unterschiedliche Regelungsfragen (Art und Höhe der Gegenleistung) betreffen.

3. Variabler Preisrahmen, Wahlleistungen. Fraglich ist, ob der Bieter stets **56a** einen festen Preis offerieren kann oder auch variabler gestalten darf. Denkbar ist ein Preisrahmen wie er als sog. Dutch Auction[118] bekannt ist. Dies kommt im Rahmen des § 31 allerdings nur in Betracht, wenn der Bieter eine feste Preisuntergrenze offeriert, die den Anforderungen der Norm genügt. Dann widerspricht eine nach oben bewegliche Grenze wohl auch nicht § 17 (vgl. § 17 Rn. 3).[119] Neben der nach § 31 vorgeschriebenen Gegenleistung kann der Bieter auch eine andersbemessene Leistung zur Alternative stellen.[120] Voraussetzung dürfte allerdings sein, dass erstens die Wahl der Aktionäre zwischen den

---

[115] So allerdings mit Einschränkung für den Mißbrauchsfall: *Kremer/Oesterhaus* in Kölner Komm. Rn. 50.

[116] Vgl. *Oechsler* NZG 2001, 817, 826.

[117] *Kremer/Oesterhaus* in Kölner Komm. Rn. 59; aA *Haarmann* in *Haarmann/Riehmer/Schüppen* Rn. 150.

[118] MünchKommAktG/*Oechsler* § 71 Rn. 15, 203.

[119] *Kremer/Oesterhaus* in Kölner Komm. Rn. 18.

[120] RegE BT-Drucks. 14/7034 S. 55; WÜG-RefE S. 474 (unten); vgl. auch *Haarmann* in *Haarmann/Riehmer/Schüppen* Rn. 96; *Kremer/Oesterhaus* in Kölner Komm. Rn. 33; *Thun* in *Geibel/Süßmann* Rn. 21.

Alternativen völlig frei ausgestaltet ist und dass diese zweitens darüber informiert sind, dass die Alternative nicht notwendig den Anforderungen des § 31 genügt. Dies gebietet § 11 Abs. 2 Satz 2 Nr. 3, der volle Transparenz über die Berechnung der Gegenleistung voraussetzt (vgl. auch § 3 Abs. 2).

IV. Sonstiges

57 **1. Umgehungsgeschäfte (Abs. 6 Satz 1); Abbedingung.** Zum **Normzweck** vgl. die Materialien: „Um Umgehungen der in Absatz 3 bis 5 enthaltenen Mindestanforderungen an die Gegenleistung, beispielsweise durch Abschluss eines Kaufvertrages mit herausgeschobenem Erfüllungszeitpunkt zu vermeiden, ordnet Absatz 6 Satz 1 an, dass dem Erwerb, dh. der Erlangung des Eigentums, Vereinbarungen gleichstehen, aufgrund derer die Übereignung von Aktien verlangt werden kann. Auch der Abschluss entsprechender Verträge zum Erwerb von Aktien löst somit die in Absatz 3 bis 5 genannten Rechtsfolgen aus. Einbezogen werden sowohl Kauf- als auch Tauschverträge als auch der Abschluss von Optionsgeschäften, die zum Bezug der Aktien berechtigen."[121] Zur Frage, ob die Rechtsgeschäfte rechtlich wirksam sein müssen, vgl. oben Rn. 30. Richtiger Auffassung nach kann beim **Optionskauf** nicht einfach der Kaufpreis als maßgebliche Gegenleistung im Rahmen des § 31 zugrunde gelegt werden. Vielmehr ist hier zwischen der Gegenleistung für die Option und der Gegenleistung für den Bezug der Aktien zu unterscheiden.[122] Denn nach § 31 haben die Verkäufer nur einen Anspruch darauf, an der vom Bieter für den Aktienerwerb gezahlten Gegenleistung teilzuhaben; soweit die Gegenleistung für die Option selbst gezahlt wird, fällt sie aus dem Anwendungsbereich der Norm. Fraglich ist ferner, ob der Bieter § 31 durch **Vereinbarung mit den Aktionären abbedingen** kann. Dies ist wohl nur dort möglich, wo das WpÜG keine Anwendung findet, also außerhalb von öffentlichen, auf Übernahme der Kontrollmehrheit gerichteten Angebotsverfahren iSd. § 2 Abs. 1 (vor allem Paket- und Börsenkauf).[123] Ansonsten sorgt das formalisierte Verfahren des § 14 Abs. 1 und 2 dafür, dass im Rahmen eines öffÜA nur das als Verpflichtungswillen des Bieters erklärt werden kann, was zuvor die Kontrolle der BAFin passiert hat und in der vorgesehenen Form publiziert wurde. Beide Normen zielen nicht ohne Grund auf eine Formalierung der Erklärung des Verpflichtungswillens; sie wollen verhindern, dass der Bieter Vereinbarungen am Gesetz und der behördlichen Kontrolle vorbei trifft. In einer Angebotsunterlage, die auf ein öffÜA gerichtet ist, müsste aber eine Abweichung von § 31 zur Untersagung nach § 15 Abs. 1 Nr. 2 führen. Deshalb kommt eine „Ergänzung" der Angebotsbedingungen durch vorformulierte Klauseln des Bieters außerhalb des Angebotsverfahrens bzw. auch durch Individualabreden nicht in Betracht. Dies erscheint nicht zuletzt auch nach § 3 Abs. 1 gerechtfertigt: Der Bieter darf den vergleichsweise schlechten Informationsstand der Aktionäre der Zielgesellschaft und ihre begrenzte Fähigkeit zu koordiniertem Verhalten nicht zu deren Lasten ausnutzen und

---

[121] RegE BT-Drucks. 14/7034 S. 57; WÜG-RefE S. 478 f.
[122] *Kremer/Oesterhaus* in Kölner Komm. Rn. 97.
[123] Großzügiger *Kremer/Oesterhaus* in Kölner Komm. Rn. 3.

einen Teil unter den gesetzlich vorgesehenen Wertgrenzen abfinden (§ 3 Rn. 13 ff.).

2. Ausnahme für die Ausübung von Bezugsrechten nach § 186 AktG **58** **(Abs. 6 Satz 2).** Vgl. zum **Normzweck** die Materialien: „Satz 2 nimmt Aktienerwerbe, die aufgrund der Ausübung eines gesetzlichen Bezugsrechts im Rahmen einer Erhöhung des Grundkapitals der Zielgesellschaft erfolgen, von den in Absatz 3 bis 5 enthaltenen Regelungen aus. Derartige Erwerbsvorgänge durch den Bieter oder andere vom Anwendungsbereich der Normen betroffene Personen ermöglichen diesen nur, ihre Beteiligungen an der Zielgesellschaft bei einer Kapitalerhöhung im bisherigen Umfang beizubehalten und sind daher nicht mit Erwerbsvorgängen gleich zu setzen, die auf eine Erhöhung der Beteiligung bzw. des Stimmrechtsanteils gerichtet sind."[124] Der Rechtsgedanke, dass der Bieter ohne Nachteil seine **Beteiligungsquote wahren** dürfe, ist aber nicht allein auf den Fall des § 186 AktG beschränkt. Er greift bspw. auch, wenn die AG eigene Aktien veräußert (§ 71 Abs. 1 Nr. 8 Satz 3 AktG!). Auf einen einschlägigen im Gesetzgebungsverfahren vorgetragenen Vorschlag[125] ist der Gesetzgeber aber im Rahmen des § 31 Abs. 6 Satz 2 nicht eingegangen. Dies verlegt die Möglichkeit zu einer Analogie.[126] Bedenkt man indes, dass nach § 31 Abs. 1 Satz 2 die in der Norm geregelten Maßstäbe nur „grundsätzlich" gelten, besteht schon nach dem Gesetzeswortlaut die Möglichkeit, im Einzelfall eine Ausnahme zu machen, wenn der Bieter allein deshalb und auch nur in einem solchen Umfang erwirbt, dass seine Beteiligungsquote erhalten bleibt.

3. Ermächtigungsgrundlage (Abs. 7). Das Bundesministerium der Fi- **59** nanzen hat von der Ermächtigungsgrundlage in den §§ 4 bis 7 der Verordnung über den Inhalt der Angebotsunterlage, die Gegenleistung bei Übernahmeangeboten und Pflichtangeboten und die Befreiung von der Verpflichtung zur Veröffentlichung und zur Abgabe eines Angebots (WpÜG-Angebotsverordnung) vom 27. Dezember 2001[127] Gebrauch gemacht.

§ 32 Unzulässigkeit von Teilangeboten

Ein Übernahmeangebot, das sich nur auf einen Teil der Aktien der Zielgesellschaft erstreckt, ist unbeschadet der Vorschrift des § 24 unzulässig.

Schrifttum: *Houben,* Die Gestaltung des Pflichtangebots unter dem Aspekt des Minderheitenschutzes und der effizienten Allokation der Unternehmenskontrolle, WM 2000, 1873; *Land/Hasselbach,* Das neue Übernahmegesetz- Einführung und kritische Anmerkungen zum Diskussionsentwurf-, DB 2000, 1747; *Liebscher,* Das Übernahmeverfahren nach dem neuen Übernahmegesetz, ZIP 2001, 853; *Riehmer/Schrö-*

---

[124] RegE BT-Drucks. 14/7034 S. 57; WÜG-RefE S. 479.
[125] Stellungnahme des Handelsrechtsausschusses des DAV, NZG 2001, 420, 428 f.; vgl. auch *Krieger,* Gesellschaftsrecht 2001, S. 289, 302.
[126] *Kremer/Oesterhaus* in Kölner Komm. Rn. 100.
[127] BGBl. I S. 4263.

der, Der Entwurf des Übernahmegesetzes im Lichte von Vodafone/Mannesmann, NZG 2000, 820; *dies.,* Praktische Aspekte bei der Planung, Durchführung und Abwicklung eines Übernahmeangebots, BB 2001, Beilage 5, 1 ff.

Übersicht

I. Regelungsgegenstand und -zweck

1   **1. Verpflichtung zum Vollangebot.** Die Vorschrift verpflichtet den Bieter, ein Übernahmeangebot als Vollangebot abzugeben.[1] Sie schränkt also die dem Bieter bei öffentlichen Erwerbsangeboten belassene Abschlussfreiheit (§ 19) weiter ein. Maßgeblich hierfür sind zwei Gründe: Zum einen geht es um die Garantie preislicher *Gleichbehandlung* der Angebotsadressaten. Dürfte nämlich der Bieter sein Übernahmeangebot auf die zur Kontrollerlangung erforderliche Stückzahl beschränken, so könnte er den Aufwand der angestrebten Übernahme minimieren, indem er nach Eintritt des Übernahmeerfolges den jetzt einsetzenden Kursverlust der übrigen Stücke abwartet und den Restbestand mit Hilfe eines Zweitangebots zu einem wesentlich verminderten Preis nachkauft.[2] Zum Zweiten wäre der Bieter bei Eintritt des Übernahmeerfolges ohnehin verpflichtet, den Minderheitsaktionären ein *Pflichtangebot* zu unterbreiten (§ 35). Vor diesem Hintergrund erschien es dem Gesetzgeber sinnvoller, ihm die Last des Vollangebots von vornherein aufzubürden und ihm die (doppelte) Unannehmlichkeit des Pflichtangebots zu erlassen (§ 35 Abs. 3).[3]

2   Der **Nachteil der Regelung** besteht darin, dass bleibewillige Aktionäre der Zielgesellschaft einem erheblichen Verkaufsdruck ausgesetzt werden. Denn Vollangebote können leicht ein zwangsweises Delisting der Zielgesellschaft

---

[1] Begr. RegE BT-Drucks. 14/7034 S. 57.

[2] Sog. „Front-end loaded-offer", siehe *Liebscher* ZIP 2001, 853, 856; *Hommelhoff/Kleindiek* AG 1990, 106, 107; *Stoll* BB 1989, 1489, 1490. Mit Hilfe einer „Verhältnis wahrenden Zuteilung" iSd. § 19, die allen Aktionären gleiche Startbedingungen zur Wahrnehmung eines limitierten Angebots einräumt, ließe sich das Problem nicht lösen; unberechtigt daher die rechtspolitische Kritik von *Vogel* in *Haarmann/Riehmer/Schüppen* Rn. 2.

[3] Begr. RegE BT-Drucks. 14/7034 S. 30.

zur Folge haben, wenn die Übernahme weitgehend erfolgreich verläuft und der Börsenhandel daraufhin zum Erliegen kommt.[4]

2. Rechtsvergleichende Hinweise. Nach **britischem Recht** sind Teil- **3** angebote auch dann nicht verboten, wenn der Bieter beabsichtigt, 30 % der Anteile an der Zielgesellschaft oder mehr zu erwerben. Allerdings hat der Bieter zuvor die Zustimmung des Panel on Takeovers and Mergers einzuholen (Rule 36.1 City Code). Diese unterbleibt, wenn der Bieter oder mit ihm gemeinsam handelnde Personen in den letzten 12 Monaten vor Antragstellung bereits Aktien der Zielgesellschaft erworben haben oder wenn der Bieter Vorerwerbe durchgeführt hat, nachdem es in seinem Hause bereits Übernahmepläne gab (Rule 36.2 City Code). Die Zustimmung wird ferner versagt, wenn die Wirksamkeit des Teilangebots nicht vom Erreichen einer Mindesterwerbsquote abhängig und nicht dadurch bedingt ist, dass mindestens 50 % derjenigen Aktionäre, die nicht mit dem Bieter gemeinsam handeln, der Limitierung des Angebots zustimmen (Rule 36.5 City Code).[5] Das britische Recht ist insoweit mehr kapitalmarktrechtlich orientiert als das deutsche und weniger auf den Minderheitenschutz bedacht.[6] Man sollte den Unterschied aber nicht überschätzen, weil der Bieter ohnehin der Vollangebotspflicht unterliegt, sobald er die Kontrollschwelle von 30 % erreicht hat. Dafür sorgt die Pflichtangebotsregel der Rule 9.1 City Code und das Fehlen einer dem § 35 Abs. 3 entsprechenden Ausschlussklausel (vgl. Note 9 on Rule 9.1 City Code).

Nach **italienischem Recht** besteht in bestimmten Fällen die Möglichkeit, **4** Teilangebote auf 60 % oder mehr des Grundkapitals zu erstrecken, Art. 107 Testo Unico della intermediazione finanziaria (Decreto legislativo no. 58/1998). Hierbei handelt es sich um eine Ausnahmeregelung. Prinzipiell besteht bei Überschreiten der 30 %-Schwelle eine Vollangebotspflicht, Art. 106 Abs. 1, 107 Testo Unico della intermediazione finanziaria.[7] In **Frankreich** besteht nach Art. 5-1-2. Règlement général du Conseil des Marchés Financiers grundsätzlich die Pflicht zur Abgabe eines Vollangebots. In **Spanien** können sich nach Art. 1 Real Decreto 1197/1991 sobre régimen de ofertas públicas de aquisición de valores Übernahmeangebote auf einen Teil der Aktien der Zielgesellschaft erstrecken. Hierbei sind für verschiedene Schwellenwerte unterschiedliche Mindestmengen von Aktien zu beachten, auf die sich das Teilangebot beziehen muss.

II. Teilangebot

1. Begriff. a) Limitierung des Angebots. Den Begriff „Teilangebot" **5** definiert die Vorschrift als „Übernahmeangebot, das sich nur auf einen Teil der Aktien der Zielgesellschaft erstreckt". Das weicht von der Legaldefinition des § 19 (vgl. dort Rn. 3) insofern ab, als die Limitierung auf einen bestimmten Anteil (Höchstquote) neben der Begrenzung der Stückzahl nicht ausdrücklich genannt ist. Doch ist dieser Unterschied lediglich auf eine handwerkliche

---

[4] Vgl. § 38 Abs. 3 BörsG sowie *Land/Hasselbach* DB 2000, 1747, 1751.
[5] S. zum Ganzen *Hasselbach* in Kölner Komm. § 19 Rn. 5 ff.; *Zinser* RIW 2001, 481, 485.
[6] *Hasselbach* in Kölner Komm. § 19 Rn. 5.
[7] Ausführlich *Diemer/Hasselbach* NZG 2000, 824, 829 f.

Nachlässigkeit des Gesetzgebers zurückzuführen und im Ergebnis ohne Bedeutung. Ebenfalls unerheblich ist, wie der Bieter die Limitierung zum Ausdruck bringt. Eine unzulässige Stückzahlbegrenzung liegt beispielsweise auch dann vor, wenn sich das Übernahmeangebot nur auf alle Aktien einer bestimmten Gattung (zB nur auf Stamm- oder nur auf Vorzugsaktien) bezieht.[8] Auf die Begrenzungsabsicht des Bieters oder sein Wissen kommt es nicht an. Ein Übernahmeangebot kann beispielsweise unzulässig beschränkt sein, wenn sich die Erwerbsofferte an alle Stammaktionäre richtet und die Zielgesellschaft nach Veröffentlichung der Angebotsunterlage erstmals Vorzugsaktien ausgibt (vgl. Rn. 14). **Keine Limitierung** liegt vor, wenn der Bieter vom Angebot solche Aktien ausnimmt, die schon von Rechts wegen nicht vom Vollangebot erfasst sind (dazu sogleich unter Rn. 8 ff.). Umgekehrt kann von einem Teilangebot nicht gesprochen werden, wenn sich die Offerte ausschließlich an die Inhaber nicht börsennotierter Anteile wendet. Denn auf derartige Angebote ist das WpÜG von vornherein nicht anwendbar (§ 1).[9]

6   **b) Übernahmeabsicht.** Das Verbot des § 32 meint nur Teilangebote, denen eine Übernahmeabsicht (vgl. § 29 Abs. 1) zugrunde liegt. Das Übernahmeangebot muss also bei objektiver Betrachtung trotz der Limitierung des Angebotsumfanges als solches zu erkennen sein. Regelmäßig wird es darauf ankommen, ob das Angebotsvolumen den Kontrollerwerb durch den Bieter erwarten lässt. Dabei bleiben stimmrechtlose Vorzugsaktien außer Betracht; andererseits sind die über § 30 zurechenbaren Stimmanteile mit zu berücksichtigen (§ 29 Rn. 2). Maßgeblicher Beurteilungszeitpunkt ist der Beginn der Annahmefrist.[10] Ein unzulässiges Teilangebot wird also nicht deshalb nachträglich zulässig, weil sich die Aussichten der Kontrollerlangung − beispielsweise durch Wegfall eines Kontrollmittlers iSd. § 30 oder durch Veräußerung von Stimmanteilen durch den Bieter − während der Angebotsfrist verschlechtern.[11] Umgekehrt wird ein einfaches Erwerbsangebot nicht dadurch unzulässig, dass ein Überschreiten der Kontrollschwelle nachträglich zu erwarten ist oder der Bieter nach Beginn der Annahmefrist den Entschluss fasst, sein Angebotsvolumen aufzustocken.[12] Der Bieter ist in diesem Fall jedoch verpflichtet, ein erneutes Angebotsverfahren einzuleiten, das den Erfordernissen des 4. Abschnitts (§§ 29 ff.) genügen muss.[13]

7   **2. Abgrenzung vom Vollangebot. a) Begriff.** Der Begriff des Vollangebots ist im WpÜG nicht legaldefiniert. Er ist durch negative Abgrenzung vom Begriff des Teilangebots einerseits und per teleologischer Auslegung des § 32 andererseits zu entwickeln.[14]

---

[8] *Hasselbach* in Kölner Komm. § 19 Rn. 12; *Thoma* NZG 2002, 105, 112. Eingrenzungen des Kreises der Angebotsempfänger (zB anhand der Wertpapier-Kennnummern) sind schon nach § 19 unzulässig, vgl. *Steinmeyer/Häger* § 19 Rn. 5 f. mit Beispielen.

[9] *Angerer* in *Geibel/Süßmann* § 1 Rn. 82 ff.

[10] *von Bülow* in Kölner Komm. § 29 Rn. 41.

[11] *von Bülow* in Kölner Komm. § 29 Rn. 60.

[12] Letzteres kann auch noch im Anschluss an das Verteilungsverfahren nach § 19 geschehen, vgl. *Hasselbach* in Kölner Komm. § 19 Rn. 21 ff.

[13] Einzelheiten bei *von Bülow* in Kölner Komm. § 29 Rn. 61 ff., 67.

[14] Anders die übrige Kommentarliteratur, die bei Einschränkungen mit dem

b) Angebotsobjekte. Das Vollangebot umfasst grundsätzlich Aktien jeder **8**
Gattung und Ausstattung. Für eine Unterscheidung nach Stamm- und Vorzugsaktien, Inhaber- und Namensaktien oder Nennbetrags- und Quoten-
oder Stückaktien ist kein Raum.[15] Eine Ausnahme dürfte allerdings für solche
Marktobjekte gelten, die mit einem Rechtsmangel behaftet sind, etwa für ver-
pfändete Stücke oder nicht valutierte und folglich mit einer Einlageverbind-
lichkeit belastete Anteile.[16] Denn deren preisliche Gleichsetzung mit sonstigen
Titeln erscheint nicht gerechtfertigt, und § 3 Satz 3 AngebotsVO, der lediglich
eine preisliche Ungleichbehandlung verschiedener Gattungen erlaubt, reicht
zum Schutze des Bieters nicht aus.

Nach noch hM erstreckt sich das Vollangebot auch auf **nicht an einem** **9**
organisierten Markt iSd. § 2 Abs. 7 zugelassene Aktien der Zielgesellschaft.[17] Begründet wird das mit dem Gleichbehandlungsgebot und dem –
eher formalen – Hinweis, dass die Börsennotierung kein Gattungsmerkmal
iSd. § 11 AktG sei, welches allein eine Andersbehandlung nach § 3 Abs. 1 rechtfertigen könne.[18] Zu bedenken ist aber, dass die Inhaber nicht börsennotierter
Aktien vom Schutzbereich des WpÜG von vornherein ausgenommen sind
(§ 1). Diese differenzierende Wertung des Gesetzgebers kann bei der Konkretisierung des Gleichheitssatzes nicht unberücksichtigt bleiben.[19] Außerdem
beachtet die hM nicht genügend die Interessen des Bieters. Dieser ist benachteiligt, wenn er zum Erwerb von Anteilen gezwungen ist, die mangels Börsennotierung nicht die im Übernahmerecht typischerweise vorausgesetzte Fungibilität aufweisen. Mangels Gelegenheit zum Wiederverkauf müsste er mit
einem erhöhten, unter Umständen unverhältnismäßigen Finanzierungsauf-
wand rechnen.[20] Zu folgen ist daher der Ansicht von *Hasselbach*, der sich gegen
die Einbeziehung nicht börsennotierter Anteile in das Vollangebot ausspricht.[21]

Instrument der teleologischen Reduktion arbeitet, vgl. etwa *Hasselbach* in Kölner
Komm. Rn. 7 f.; *Geibel* in *Geibel/Süßmann* § 18 Rn. 30. Dessen bedarf es aber nicht,
weil sich § 32 mit dem Begriff des Vollangebots, wie ausgeführt, gar nicht befasst.

[15] Unstreitig, vgl. *Thun* in *Geibel/Süßmann* Rn. 2; *Hasselbach* in Kölner Komm.
Rn. 4; *Vogel* in *Haarmann/Riehmer/Schüppen* Rn. 9; *Land* DB 2001, 1707, 1711; *Baum*
ZBB 2003, 9, 10.

[16] Zu deren Handelbarkeit an organisierten Märkten siehe § 5 Abs. 2 Nr. 1 Börs-
ZulV, ferner MünchKommHGB/*Ekkenga* Effektengeschäft Rn. 18 f.

[17] *Thun* in *Geibel/Süßmann* Rn. 2; *ders.* ebenda § 31 Rn. 78; *Angerer* in *Geibel/Süß-
mann* § 1 Rn. 86; *Vogel* in *Haarmann/Riehmer/Schüppen* Rn. 9; *Lohrmann/von Dryander*,
German Takeover Law, 2002, Section 32 Rn. 1.

[18] *Angerer* (Fn. 17).

[19] Auch die Gegenansicht erkennt an, dass das WpÜG nicht eingreift, wenn das
Angebot auf den Erwerb nicht zum Handel zugelassener Anteile beschränkt ist,
siehe *Angerer* (Fn. 17) Rn. 82 ff.

[20] Dieses Szenario meint nicht nur den Fall, dass der Bieter seinen Anteil auf
den zum Erhalt der Kontrollposition erforderlichen Mindestumfang zurückführen
möchte. Sein Verkaufsinteresse kann vielmehr auch damit zu tun haben, dass er an
das Übernahmeangebot gebunden ist, obwohl er sich von seinen Übernahmeplänen inzwischen zurückgezogen hat.

[21] *Hasselbach* in Kölner Komm. Rn. 7; vgl. auch *Kalss* in *Semler/Volhard* ÜN
Hdb. § 51 Rn. 60 für das Pflichtangebot nach § 35.

10   Das Vollangebot bezieht sich nur auf Aktien der Zielgesellschaft, nicht auf von ihr ausgegebene **sonstige Wertpapiere iSd**. § 2 Abs. 2. Daran lässt der Gesetzestext keinen Zweifel. Der Bieter ist also darin frei, ob er in seine Angebotsunterlage auch *Wandelschuldverschreibungen*, auf den Erwerb von Aktien gerichtete *Optionsscheine* oder *Genussscheine* aufnimmt (vgl. § 11 Abs. 2 Nr. 3).[22] Allerdings plädiert die übrige Kommentarliteratur einhellig für eine Erweiterung des Tatbestandes auf Zertifikate, die an einer ausländischen (in der Praxis meist an einer US-amerikanischen) Börse notiert sind und die Aktien einer inländischen Zielgesellschaft vertreten (Depositary oder American Depositary Receipts, ADR).[23] Da die Inhaber von ADR's meist amerikanische Anleger sind, wäre die Folge, dass der Bieter die von ihm gewünschte Beschränkung erst im Verfahren nach § 24 erwirken müsste. Für diese Lösung spricht, dass die Mitgliedschaftsrechte in der Praxis durchweg nicht von der Depositary Bank als Aktionärin, sondern von den ADR-Inhabern wahrgenommen werden.[24] Diese erwerben indes keinen Aktionärsstatus,[25] so dass sich die Gleichstellung von ADR's und Aktien nur mit einer Analogie zu § 32 begründen ließe.[26] Doch unterliegt die Vorschrift einem strafrechtlichen Analogieverbot, weil ihre Missachtung eine Ordnungswidrigkeit nach § 60 darstellt. Der hM ist daher nicht zu folgen.

11   **c) Angebotsadressaten.** Zu den Angebotsadressaten gehört, wer **Aktionär der Zielgesellschaft** ist oder diesen Status spätestens bis zum Ablauf der Angebotsfrist (Rn. 14) erlangt hat. Zwar könnte auch ein Nichtaktionär die Kaufofferte annehmen in der Absicht, sich nach Fristablauf mit den benötigten Stücken einzudecken.[27] Doch wäre das damit verbundene Risiko spekulativer Leerverkäufe für den Bieter untragbar (Rn. 15). Nicht in das Vollangebot einbezogen sind auch die (außen stehenden) **Aktionäre einer Tochtergesellschaft der Zielgesellschaft**. Denn zum einen wäre diese Rechtsfolge vom Wortlaut des § 32 nicht gedeckt, zum anderen besteht im Hinblick auf das dem Bieter kraft mittelbarer Kontrollerlangung (§ 30 Abs. 1 Nr. 1) auferlegte Pflichtangebot nach § 35 auch kein dahin gehendes Bedürfnis.[28]

12   Vom Kreis der Angebotsadressaten ausgenommen ist die **Zielgesellschaft**, so dass sich das Vollangebot nicht auf deren eigene Aktien erstreckt. Entsprechendes gilt für **Dritte im Konzern- und Zurechnungsverbund der Zielgesellschaft** (§ 35 Rn. 62). Diese Konsequenz ergibt sich aus dem Wunsch des

---

[22] *Hasselbach* in Kölner Komm. Rn. 10; *Thun* in *Geibel/Süßmann* Rn. 8 ff.; *Steinmeyer/Häger* Rn. 6 f.; kritisch aus rechtspolitischer Sicht *Houben* WM 2000, 1873, 1879, 1881. Zur übernahmerechtlichen Beurteilung von Genussrechten s. *Baum* ZBB 2003, 9, 13 ff.

[23] *Hasselbach* in Kölner Komm. Rn. 11; *Steinmeyer/Häger* Rn. 8; implizit auch *Vogel* in *Haarmann/Riehmer/Schüppen* Rn. 11.

[24] *Wienecke* AG 2001, 504, 513.

[25] *Wienecke* (Fn. 24) S. 508.

[26] So in der Tat *Hasselbach, Steinmeyer/Häger,* jew. aaO.

[27] Insoweit unzutreffend *Vogel* in *Haarmann/Riehmer/Schüppen* Rn. 9.

[28] *Hasselbach* in Kölner Komm. Rn. 9; aA. offenbar *Cahn/Senger* Finanz Betrieb 2002, 277, 292, die allerdings von der Annahme ausgehen, die Freistellung nach § 35 Abs. 3 erstrecke sich auch auf die Angebotspflicht gegenüber den Aktionären von Tochtergesellschaften. Dem ist aber nicht zu folgen, vgl. § 35 Rn. 69.

Gesetzgebers, den Umfang des Übernahmeangebots dem des Pflichtangebots nach Möglichkeit anzugleichen. Sie lässt sich mit einer Analogie zu § 35 Abs. 2 Satz 3 begründen.[29] Die Mitglieder der Verwaltungsorgane der Zielgesellschaft und ihrer Verbündeten sind von der Ausnahme nicht betroffen (vgl. § 33 Rn. 120 ff. zum Verbot der Vorteilsgewährung gem. § 33 Abs. 3). Nicht einbezogen sind weiter konkurrierende Bieter sowie Dritte, die Aktien ausschließlich für Rechnung des Bieters halten (vgl. § 35 Rn. 63). Ausgenommen sind schließlich diejenigen **Aktienkäufer**, die ihre Anteile während der Annahmefrist vom Bieter selbst erworben haben. Denn anderenfalls wäre der Bieter de facto an der Weiterveräußerung derjenigen Anteile gehindert, die er zum Erhalt seiner Kontrollposition in der Zielgesellschaft nicht benötigt.[30] Zur Ausnahme bestimmter Neuaktionäre vom Vollangebot siehe unter Rn. 15.

Eine – praktisch bedeutsame – Ausnahme vom Verbot des Teilangebots sieht **13** § 24 vor, auf den § 32 ausdrücklich verweist. Danach kann der Bieter mit Erlaubnis der BAFin **im Ausland wohnende – bzw. sesshafte Aktionäre** unter Umständen vom Angebot ausnehmen (näher § 24 Rn. 3 ff.).

d) Zeitliche Grenzen. Maßgeblicher Zeitpunkt für die Beurteilung des **14** Angebotsumfanges ist nach zutreffender Auffassung der **Ablauf der Angebotsfrist.** Angebotsadressaten sind danach grundsätzlich auch solche Aktionäre, die ihre Anteile erst nach Veröffentlichung der Angebotsunterlage erworben haben.[31] Nach anderer Meinung verdienen diese dagegen keinen Schutz, weil sie regelmäßig in Kenntnis der Übernahmeabsicht oder des bereits eingetretenen Übernahmeerfolges gehandelt hätten.[32] Die Frage der Schutzwürdigkeit lässt sich aber nicht durch Vorverlagerung des maßgeblichen Beurteilungszeitpunktes für die Neuaktionäre generell verneinen, sondern verlangt nach einer differenzierenden Antwort (siehe Rn. 15). Entscheidend sind der Ablauf der regulären Angebotsfrist nach § 16 Abs. 1 iVm. § 34, bei nachträglicher Angebotsänderung der Ablauf der gemäß § 21 Abs. 5 verlängerten Frist. Neuerwerbe während der weiteren Annahmefrist nach der „Zaunkönigregel" des § 16 Abs. 2 Satz 1 iVm. § 34 haben dagegen eine Entlastung des Bieters zur Folge. Denn diese Nachfrist ist lediglich zum Schutze derjenigen eingerichtet, die das Angebot schon während der regulären Frist hätten annehmen können.[33]

Zu den **Neuaktionären,** gegen deren Einbeziehung in den Schutzbereich **15** des § 32 keine Bedenken bestehen, gehören sicher die Kontrahenten der Zielgesellschaft selbst. Dabei handelt es sich zum einen um *Inhaber von Optionsrechten* (Options- oder Wandelanleihen, Naked Warrants), die ihre Option erst während der Angebotsfrist ausgeübt haben, denn sie realisieren lediglich den Erfolg eines zurückliegenden Erwerbsgeschäfts.[34] Geschützt sind zum an-

---

[29] *Hasselbach* in Kölner Komm. Rn. 8; *Thun* in *Geibel/Süßmann* Rn. 7; *Steinmeyer/Häger* Rn. 4 f.; *Vogel* in *Haarmann/Riehmer/Schüppen* Rn. 10.

[30] So mit Recht *Vogel* in *Haarmann/Riehmer/Schüppen* Rn. 10.

[31] *Hasselbach* in Kölner Komm. Rn. 5; *Thun* in *Geibel/Süßmann* Rn. 14; *Vogel* in *Haarmann/Riehmer/Schüppen* Rn. 9.

[32] *Geibel* in *Geibel/Süßmann* § 18 Rn. 30: Volenti non fit iniuria.

[33] *Hasselbach* in Kölner Komm. Rn. 6; *Thun* in *Geibel/Süßmann* 2002, Rn. 15 f.

[34] *Hasselbach* in Kölner Komm. Rn. 10, der mit Recht hervorhebt, dass die Option vor Ablauf der Annahmefrist ausgeübt worden sein muss, siehe dazu

deren unter den gleichen Bedingungen die Zeichner bzw. *Ersterwerber neuer Aktien aus einer Kapitalerhöhung.*[35] Denn anderenfalls wäre die − der Zielgesellschaft durch § 33 prinzipiell eröffnete − Möglichkeit der Selbstverteidigung via Schaffung zusätzlichen Kapitals (§ 33 Rn. 96 f., 112) hinfällig. Grundsätzlich nicht einzubeziehen sind dagegen Neuaktionäre, die ihre Anteile nachträglich am Zirkulationsmarkt erworben haben. Sie werden regelmäßig einer der drei folgenden Personengruppen zuzuordnen sein: (1) *Käufer des Bieters* (dazu Rn. 12); (2) *Konkurrenzbieter*, die den für die Kontrollübernahme anfallenden Paketzuschlag zu zahlen bereit sind, mithin ihrerseits der Angebotspflicht aus § 32 unterliegen (vgl. § 35 Rn. 63). (3) Schließlich darf dem Bieter nicht das Risiko aufgebürdet werden, dass auf seine Kosten während der Annahmefrist *Leerverkäufe* getätigt werden. Dem lässt sich aber begegnen, indem man die Ausschlusswirkung des § 16 Abs. 1 auf alle Kapitalmarktteilnehmer erstreckt, die bei Ablauf der Annahmefrist noch nicht Anteilsinhaber waren.[36]

III. Rechtsfolgen unzulässiger Teilangebote

16 Die in § 32 angeordnete Rechtsfolge der Unzulässigkeit bedeutet nicht etwa, dass das unterbreitete Übernahmeangebot wegen Verstoßes gegen ein gesetzliches Verbot (§ 134 BGB) nichtig ist. Vielmehr ist das Übernahmeangebot von Rechts wegen Vollangebot. Die obligatorischen Angaben in der Angebotsunterlage (§ 11 Abs. 2 Nr. 3) sind dann allerdings falsch − mit entsprechenden haftungs- (§ 12) und ordnungsstrafrechtlichen (§ 60) Konsequenzen. In der Regel wird es jedoch zur Veröffentlichung nicht mehr kommen, weil die BAFin das Angebot zuvor gemäß § 15 Abs. 1 Nr. 2 untersagt hat.

§ 33 Handlungen des Vorstands der Zielgesellschaft

(1) **Nach Veröffentlichung der Entscheidung zur Abgabe eines Angebots bis zur Veröffentlichung des Ergebnisses nach § 23 Abs. 1 Satz 1 Nr. 2 darf der Vorstand der Zielgesellschaft keine Handlungen vornehmen, durch die der Erfolg des Angebots verhindert werden könnte. Dies gilt nicht für Handlungen, die auch ein ordentlicher und gewissenhafter Geschäftsleiter einer Gesellschaft, die nicht von einem Übernahmeangebot betroffen ist, vorgenommen hätte, für die Suche nach einem konkurrierenden Angebot sowie für Handlungen, denen der Aufsichtsrat der Zielgesellschaft zugestimmt hat.**

(2) **Ermächtigt die Hauptversammlung den Vorstand vor dem in Absatz 1 Satz 1 genannten Zeitraum zur Vornahme von Handlungen, die in die Zuständigkeit der Hauptversammlung fallen, um den Erfolg**

Rn. 10; ferner *Thun* in *Geibel/Süßmann* Rn. 11; *Vogel* in *Haarmann/Riehmer/Schüppen* Rn. 9. Auf die Frage, ob der Erwerb neue Aktien betrifft oder − wie bei den Covered Warrents − zirkulierende Papiere, kommt es in diesem Zusammenhang nicht an.

[35] *Hasselbach* in Kölner Komm. Rn. 5; aA *Geibel* in *Geibel/Süßmann* Rn. 48.

[36] Ebenso wohl *Vogel* in *Haarmann/Riehmer/Schüppen* Rn. 9.

von Übernahmeangeboten zu verhindern, sind diese Handlungen in der Ermächtigung der Art nach zu bestimmen. Die Ermächtigung kann für höchstens 18 Monate erteilt werden. Der Beschluss der Hauptversammlung bedarf einer Mehrheit, die mindestens drei Viertel des bei der Beschlussfassung vertretenen Grundkapitals umfasst; die Satzung kann eine größere Kapitalmehrheit und weitere Erfordernisse bestimmen. Handlungen des Vorstands auf Grund einer Ermächtigung nach Satz 1 bedürfen der Zustimmung des Aufsichtsrats.

(3) **Dem Bieter und mit ihm gemeinsam handelnden Personen ist es verboten, Vorstands- oder Aufsichtsratsmitgliedern der Zielgesellschaft im Zusammenhang mit dem Angebot ungerechtfertigte Geldleistungen oder andere ungerechtfertigte geldwerte Vorteile zu gewähren oder in Aussicht zu stellen.**

Schrifttum: *Adams,* Was spricht gegen eine unbehinderte Übertragbarkeit der in Unternehmen gebundenen Ressourcen durch ihre Eigentümer?, AG 1990, 243; *Altmeppen,* Neutralitätspflicht und Pflichtangebot nach dem neuen Übernahmerecht, ZIP 2001, 1073; *van Aubel,* Vorstandspflichten bei Übernahmeangeboten, 1996; *Bästlein,* Zur Feindlichkeit öffentlicher Übernahmeangebote, 1997; *Banerjea,* Der Schutz von Übernahme- und Fusionsplänen, DB 2003, 1489; *Bayer,* Vorsorge- und präventive Abwehrmaßnahmen gegen feindliche Übernahmen, ZGR 2002, 588; *Becker,* Verhaltenspflichten des Vorstands der Zielgesellschaft bei feindlichen Übernahmen, ZHR 165 (2001), 280; *Binnewies,* Die Konzerneingangskontrolle in der abhängigen Gesellschaft, 1996; *Bungert,* Pflichten des Managements bei der Abwehr von Übernahmeangeboten nach US-amerikanischem Gesellschaftsrecht, AG 1994, 297; *Busch,* Die Notwendigkeit der spezialgesetzlichen Regelung von öffentlichen Übernahmeangeboten in Deutschland, 1996; *Buxbaum,* Die feindliche Übernahme der anderen Art, FS Lutter, 2000, S. 1295; *Daum,* Die unkoordinierte Übernahme einer Aktiengesellschaft nach deutschem Recht, 1993; *Dietrich,* Die Tender Offer im Bundesrecht der Vereinigten Staaten, 1975; *Dimke/Heiser,* Neutralitätspflicht, Übernahmegesetz und Richtlinienvorschlag 2000, NZG 2001, 241; *Drygala,* Die neue deutsche Übernahmeskepsis und ihre Auswirkungen auf die Vorstandspflichten nach §33WpÜG, ZIP 2001, 1861; *Dumler,* Die Übernahme der GmbH: Takeover-Strategien und ihre Abwehr im Rahmen von M&A-Transaktionen, 1993; *Ebenroth/Daum,* Die Kompetenzen des Vorstands einer Aktiengesellschaft bei der Durchführung und Abwehr unkoordinierter Übernahmen, DB 1991, 1105, 1157; *Ebenroth/Rapp,* Abwehr von Unternehmensübernahmen, DWiR 1991, 2; *Ekkenga,* §33 WpÜG: Neutralitätsgebot oder Grundsatz des Abwehrbereitschaft?, FS Kümpel, 2003, S. 95; *Hahn,* Die feindliche Übernahme von Aktiengesellschaften, 1992; *Harbarth,* Abwehr feindlicher Übernahmen in den USA, ZVglRWiss 100 (2001), 275; *ders.,* Abwehr feindlicher Übernahmen in den USA, DAJV 2001, 94; *Harrer/Grabowski,* Abwehrtechniken bei feindlichen Übernahmeversuchen, DStR 1992, 1326; *Hauschka/Roth,* Übernahmeangebote und deren Abwehr im deutschen Recht, AG 1988, 181; *Heinle,* City Code und Übernahmekodex – eine Rechtsvergleichung, 2001; *Herrmann,* Zivilrechtliche Abwehrmaßnahmen gegen unfreundliche Übernahmeversuche in Deutschland und Großbritannien, 1993; *Hirte,* Verteidigung gegen Übernahmeangebote und Rechtsschutz des Aktionärs gegen die Verteidigung, ZGR 2002, 623; *Hirte/Schander,* Organpflichten bei Unternehmensübernahmen, in von Rosen/Seifert, Die Übernahme börsennotierter Unternehmen, 1999, 341; *Hopt,* Verhaltenspflichten des Vorstands der Zielgesellschaft bei feindlichen Übernahmen, FS Lutter, 2000, S. 1361; *ders.,* Europäisches und deutsches Übernahmerecht, ZHR 161 (1997), 368; *ders.,* Aktionärskreis und Vorstandsneutralität, ZGR 1993, 534; *Immenga,* Öffentliche Übernahme-

angebote, in Kreuzer, Öffentliche Übernahmeangebote, 1992, 11; *Immenga/Noll,*
Feindliche Übernahmeangebote aus wettbewerbspolitischer Sicht, 1990; *Kallmeyer,*
Neutralitätspflicht des Vorstands und Entscheidungsbefugnis der Hauptversammlung im Übernahmerecht, AG 2000, 553; *Kiem,* Der Hauptversammlungsentscheid
zur Legitimation von Abwehrmaßnahmen, ZIP 2000, 1509; *Kirchner,* Neutralitäts-
und Stillhaltepflicht des Vorstands der Zielgesellschaft im Übernahmerecht, AG
1999, 481; *ders.,* Szenarien einer „feindlichen" Unternehmensübernahme: Alternative
rechtliche Regelungen im Anwendungstest, BB 2000, 105; *ders.,* Managementpflichten bei „feindlichen" Übernahmeangeboten, WM 2000, 1821; *Klein,* Abwehrmöglichkeiten gegen feindliche Übernahmen in Deutschland, NJW 1997, 2085; *Klug,*
Der Erwerb eigener Aktien als Instrument zur Abwehr feindlicher Übernahmen,
2001; *Knoll,* Die Übernahme von Kapitalgesellschaften, 1992; *Koch, Bastian*: Die
Neutralitätspflicht des Vorstandes bei einer börsennotierten Aktiengesellschaft bei
Abwehrmaßnahmen gegen feindliche Übernahmeangebote, Diss. Kiel 2001; *Koch,*
Hindernisse für öffentliche Übernahmeangebote im deutschen und britischen
Recht, 1995; *Körner,* Die Neuregelung der Übernahmekontrolle nach deutschem
und europäischem Recht – insbesondere zur Neutralitätspflicht des Vorstands, DB
2001, 367; *Kort,* Rechte und Pflichten des Vorstands der Zielgesellschaft bei Übernahmeversuchen, FS Lutter, 2000, S. 1421; *Krause,* Zur Gleichbehandlung der Aktionäre bei Übernahmeangeboten und Beteiligungserwerb, WM 1996, 845, 893; *ders.,*
Übernahmekampf und Organzuständigkeit für Abwehrmaßnahmen, AG 2000, 217;
Kuhner/Schilling, Maßnahmen der Unternehmensleitung zur Abwehr von Unternehmensübernahmen in der rechts- und wirtschaftspolitischen Diskussion, BFuP 2002,
445; *Lammers,* Verhaltenspflichten von Verwaltungsorganen in Übernahmeauseinan-
dersetzungen, 1994; *Liebscher* Konzernbildungskontrolle, 1995; *ders.,* Das Übernahmeverfahren nach dem neuen Übernahmegesetz, ZIP 2001, 853; *Lüttmann,* Kontrollwechsel in Kapitalgesellschaften, 1992; *Maier-Reimer,* Verhaltenspflichten des
Vorstand der Zielgesellschaft bei feindlichen Übernahmen, ZHR 165 (2001), 258;
Martens, Der Einfluß von Vorstand und Aufsichtsrat auf Kompetenzen und Struktur
der Aktionäre- Unternehmensverantwortung contra Neutralitätspflicht, FS Beusch,
1993, S. 529; *Merkt,* Verhaltenspflichten des Vorstands der Zielgesellschaft bei feindlichen Übernahmen, ZHR 165 (2001), 224; *Michalski,* Abwehrmechanismen gegen
unfreundliche Übernahmeangebote („unfriendly takeovers") nach deutschem Aktienrecht, AG 1997, 152; *Möller/Pötzsch,* Das neue Übernahmerecht – Der Regierungsentwurf vom 11. Juli 2001, ZIP 2001, 1256; *Mülbert,* Die Zielgesellschaft im
Vorschlag 1997 einer Takeover-Richtlinie – zwei folgenreiche Eingriffe ins deutsche
Aktienrecht, IStR 1999, 83; *Otto,* Übernahmeversuche bei Aktiengesellschaften und
Strategien der Abwehr, Beilage 12 DB 1988; *Paefgen,* Kein Gift ohne Gegengift: Sor-
timentserweiterung in der Bereitschaftsapotheke gegen idiosynkratische Unterneh-
menskontrollwechsel. Statuarische Gestaltungsmöglichkeiten zur Herstellung der
Waffengleichheit im Übernahmekampf, AG 1991, 189; *Peltzer,* Prophylaktische Ver-
teidigungsstrategien gegen unerwünschte Übernahmeversuche, ZfK 1988, 577; *Röh-
rich,* Feindliche Übernahmeangebote, 1992; *Rojo,* Das öffentliche Übernahmeange-
bot im spanischen Recht, AG 1994, 16; *Reul,* Die Pflicht zur Gleichbehandlung der
Aktionäre bei privaten Kontrolltransaktionen, 1991; *Rümker,* Übernahmeangebote –
Verhaltenspflichten des Vorstandes der Zielgesellschaft und Abwehrmöglichkeiten,
FS Heinsius, 1991, S. 683; *Salje,* „Feindliche Übernahmen" – Gegenstrategien und
Regulierung im zukünftigen europäischen Binnenmarkt, JA 1990, 321; *Schaefer/
Eichner,* Abwehrmöglichkeiten des Vorstands von börsennotierten Aktiengesell-
schaften bei feindlichen Übernahmeversuchen – ein Rechtsvergleich zwischen
Deutschland und den USA, NZG 2003, 150; *Schander,* Abwehrstrategien gegen
feindliche Übernahmen und ihre Zulässigkeit im Lichte der Aktienrechtsreform, BB
1997, 1801; *Schander/Posten,* Zu den Organpflichten bei Unternehmensübernahmen,
ZIP 1997, 1534; *Scheider/Burghard,* Übernahmeangebote und Konzerngründung –

Zum Verhältnis von Übernahmerecht, Gesellschaftsrecht und Konzernrecht, DB 2001, 963; *Schilling,* Takeover Treupflicht & Shareholder Value – Einige Anmerkungen zu dem Übernahmeversuch Krupp – Hoesch/Thyssen, BB 1997, 1909; *Schindera,* Die Kompetenzverteilung der Organe einer Aktiengesellschaft im Übernahmeverfahren, Diss. Tübingen 2002; *Seydel,* Konzernbildungskontrolle bei der Aktiengesellschaft, 1995; *Sieber/Stein,* Unternehmensakquisitionen – Strategien und Abwehr, JURA 1999, 181; *Sünner,* Zur Abwehr feindlicher Unternehmensübernahmen in Deutschland, FS Quack, 1991, S. 457; *Thaeter,* Zur Abwehr feindlicher Übernahmeversuche im RegE eines Gesetzes zur Regelung von öffentlichen Angeboten zum Erwerb von Wertpapieren und von Unternehmensübernahmen (WÜG-RegE), NZG 2001, 798; *Thümmel,* Haftungsrisiken von Vorständen und Aufsichtsräten bei der Abwehr von Übernahmeversuchen, DB 2000, 461; *Wackerbarth,* Von golden shares und poison pills: Waffengleichheit bei internationalen Übernahmeangeboten, WM 2001, 1741; *Wagner,* Standstill Agreements zur Abwehr feindlicher Übernahmen nach US-amerikanischem und deutschem Recht, 1999; *Weimar/Breuer,* International verwendete Strategien der Abwehr feindlicher Übernahmeversuche im Spiegel des deutschen Aktienrechts, BB 1991, 2309; *Weisner,* Verteidigungsmaßnahmen gegen unfreundliche Übernahmeversuche in den USA, Deutschland und nach europäischem Recht, 2000; *Weisser,* Feindliche Übernahmeangebote und Verhaltenspflichten der Leitungsorgane, 1994; *Werner,* Probleme „feindlicher" Übernahmeangebote im Aktienrecht, 1989, *Wiese/Demisch,* Abwehrmaßnahmen gegen feindliche Unternehmensübernahmen, DB 2001, 849; *Witte,* Diskussionsentwurf zur Regelung von Unternehmensübernahmen: Abwehrmöglichkeiten des Vorstands der Zielgesellschaft, BB 2000, 2161; *Winter/Harbarth,* Verhaltenspflichten von Vorstand und Aufsichtsrat der Zielgesellschaft bei feindlichen Übernahmeangeboten nach dem WpÜG, ZIP 2002, 1; *Wolf,* Konzerneingangsschutz bei Übernahmeangeboten, AG 1998, 212. *Zinser,* Übernahmeangebote („takeover bids") im englischen und deutschen Recht, 2000.

Übersicht

I. Entstehungsgeschichte

1   Die Entwicklungsstadien der Vorschrift kennzeichnen das konsequente Bemühen um eine Erweiterung der Handlungsspielräume abwehrbemühter Vorstände: Der Diskussions- und Referentenentwurf folgte noch weitgehend dem Gemeinsamen Standpunkt des Europäischen Rats zum Entwurf der EU-Übernahmerichtlinie vom 19. 6. 2000, der das an den Vorstand der Zielgesellschaft gerichtete **Einmischungsverbot ("Neutralitätsgebot")** konsequent hervorhob.[1] Abwehrmaßnahmen sollten nach § 33 Abs. 3 Nr. 2 RefE grundsätzlich nur zulässig sein, wenn die HV den Vorstand nach Veröffentlichung des Übernahmeangebots ermächtigt hatte. Eine gewisse Lockerung dieses Prinzips war für die Ausgabe neuer Aktien unter Wahrung des gesetzlichen Bezugsrechts der Aktionäre vorgesehen.[2] Nachdem aus Kreisen der inländischen Wirtschaft der Wunsch nach einer Aufgabe bzw. Abmilderung des Neutralitätsgebotes geäußert und die Europäische Übernahmerichtlinie auf entsprechendes Betreiben Deutschlands gescheitert war (siehe Einl Rn. 15), entschlossen sich die Betreiber der Gesetzesreform zu einer **ersten Lockerung des Verbotsprinzips**, indem sie im RegE vom 5. 10. 2001 der HV die zusätzliche Möglichkeit eröffneten, den Vorstand schon vor Angebotsveröffentlichung zur Vornahme von Abwehrmaßnahmen zu ermächtigen, sog. **Vorratsermächtigung**. Daneben sollte der Vorstand – wie schon nach dem RefE – allein berechtigt sein, nach einem konkurrierenden Angebot zu suchen und verteidigungswirksame Maßnahmen zu ergreifen, sofern dies der sorgfältigen Führung der laufenden Geschäfte im Interesse der Gesellschaft entsprach. Ungeachtet der immer lauter werdenden Kritik im Schrifttum, die sich gegen eine allzu weitreichende, über den europäischen Standard weit hinaus führende Freigabe der Abwehrmöglichkeiten richtete,[3] wurde der Erlaubniskatalog durch Einfügung von Abs. 1 Satz 2, 3. Fall jetziger Textfassung abermals erweitert, indem der Gesetzgeber einer überraschend und "in letzter Minute" nachgeschobenen Empfehlung des Bundestagsfinanzausschusses folgte: Der noch in § 33 Abs. 1 Satz 1 des RegE enthaltene Ermächtigungsvorbehalt zugunsten der HV wurde nunmehr gestrichen. Stattdessen entschloss man sich zur **Freigabe von Verteidigungsmaßnahmen, denen der Aufsichtsrat zugestimmt hat.** Neben der von der Großindustrie angestrebten Festigung von Managementpositionen dürfte es vor allem um das gewerkschaftlich forcierte Ziel gegangen sein, der Arbeitnehmer-Mitbestimmung in den Aufsichtsräten mehr Nachdruck zu verleihen.[4] Zugleich erfuhr die Ermächtigung der HV zur Fassung von Vorratsbe-

---

[1] Das Verbot richtete sich darüber hinaus ausdrücklich an den Aufsichtsrat, vgl. *Altmeppen* ZIP 2001, 1073, 1074 f.

[2] RefE vom 12. 3. 2001, siehe bei *Altmeppen* ZIP 2001, 1073, 1074 f.

[3] Siehe statt anderer *Drygala* ZIP 2001, 1861, 1867 ff.

[4] *Ekkenga*, FS Kümpel, 2002, S. 95, 96; *Seibt* DB 2002, 529, 531.

schlüssen eine Erweiterung: Anders als nach dem RegE müssen die Abwehrhandlungen des Vorstands im Ermächtigungsbeschluss nicht „im Einzelnen", sondern nurmehr „der Art nach" bestimmt werden.[5]

II. Regelungsgegenstand und -zweck

1. Problemstellung. Regelungsgegenstand und -zweck der Norm sind in mehrfacher Hinsicht unklar. Offen ist bereits die Frage, ob es sich (nur) um eine *gesellschaftsrechtliche Spezialvorschrift* handelt, die sich mit der verbandsinternen Ordnung der Organpflichten und -kompetenzen in der Zielgesellschaft befasst,[6] oder ob es (auch) um die Konkretisierung von Verhaltensstandards der Zielgesellschaft am Kapitalmarkt geht, also um eine genuin *kapitalmarktrechtliche Regelung*, die dem öffentlichen Recht zuzurechnen ist.[7] Von der Beantwortung hängt ab, welches Gewicht und welchen Inhalt man dem *Neutralitätsgrundsatz* de lege lata zuschreibt: Hat sich die Zielgesellschaft kraft Kapitalmarktrechts aus dem Handelsgeschehen herauszuhalten, so versteht sich das Einmischungsverbot ihrer Organe von selbst. Andererseits bedarf es einer Kompetenzverteilung zwischen Vorstand, Aufsichtsrat und HV und der Beschreibung von Organpflichten nur, soweit man der „angegriffenen" AG im Außenverhältnis zum Bieter und zu den anderen Kapitalmarktteilnehmern das Recht auf Selbstverteidigung zugesteht. Die Konkretisierung des gesellschaftsrechtlichen (organbezogenen) Neutralitätsprinzips (dazu unter Rn. 4 f.) beruht also auf einer kapitalmarktrechtlichen Prämisse, nämlich der des *Grundsatzes der Abwehrbereitschaft* (dazu unter Rn. 8).[8] Die Unterscheidung zwischen Gesellschaftsund Kapitalmarktrecht beeinflusst außerdem die Bemessung der Rechtsfolgen. Das gilt für die Befugnisse der Aufsichtsbehörde (Rn. 34), aber auch für die haftungsrechtlichen Konsequenzen der Einleitung verbotener Abwehrmaßnahmen (Rn. 37 ff.).

2. Grundsatz der Neutralität im Übernahmekampf. a) Allgemeines. Ein einheitlich verwendbarer Neutralitätsbegriff existiert nicht. Adressat des Einmischungsverbotes können Vorstand und/oder Aufsichtsrat (dazu Rn. 4), die HV der Zielgesellschaft (dazu Rn. 5) oder – bei kapitalmarktrechtlicher Interpretation – die Zielgesellschaft selbst sein (dazu Rn. 7). Die aktienrechtliche Diskussion konzentrierte sich bisher auf den Vorstand. Er überschreitet nach hM seine Geschäftsführungsbefugnis und verstößt gegen den Gleichbehandlungsgrundsatz des § 53 a AktG, wenn er den freien Handel der Anteile be- oder verhindert und dadurch den Mitgliederbestand beeinflusst.[9]

---

[5] Siehe Empfehlung des Finanzausschusses nebst Begründung, ZIP 2001, 2102, 2104.

[6] Dafür *Röh* in *Haarmann/Riehmer/Schüppen* Rn. 46.

[7] *Hirte* in Kölner Komm. Rn. 3 spricht wenig präzise von einem „allgemeinen gesellschaftsrechtlichen Pflichtenkanon", der „zugleich in ein öffentlich-rechtliches Gewand gekleidet" sei.

[8] Zum Ganzen *Ekkenga*, FS Kümpel, 2003, S. 95, 96 ff.

[9] *Röh* in *Haarmann/Riehmer/Schüppen* Rn. 5 ff.; *Hopt* in Großkomm. AktG § 93 Rn. 122 ff.; *Winter/Harbarth* ZIP 2002, 1, 2; *Krause* AG 2002, 133, 136; *ders.* AG 2000, 217, 218 f., jeweils mwN; *Merkt* ZHR 165 (2001), 224, 234, 247 ff.; *Maier-Reimer* ZHR 165 (2001), 258, 259 ff.; *Krieger* in *Henze/Hoffmann-Becking*, RWS-Forum 20,

Dieses „Neutralitätsgebot"[10] lässt sich im Wesentlichen auf zwei Gründe zurückführen: Zum einen eröffnen Übernahmeangebote den Aktionären der Zielgesellschaft erfahrungsgemäß die Chance, ihren Anteil zu einem Preis oberhalb des Börsenkurses zu verkaufen. Dieser „Kontroll- oder Paketzuschlag" prägt den Marktwert des mitgliedschaftlichen Vermögensrechts, so dass die Unterbindung der Verkaufsgelegenheit durch den Vorstand auf einen Eingriff in das Anteilseigentum hinausläuft. Der im Schrifttum gezogene Vergleich mit dem „Enteignungseffekt" eines Bezugsrechtsausschlusses bei Ausgabe neuer Anteile[11] meint dasselbe, darf aber nicht darüber hinwegtäuschen, dass der Aktionär mehr als Kapitalanleger denn als Verbandsmitglied betroffen ist. Zum Zweiten gilt die verbandsexterne Kontrolle des Managements via Kapitalmarkt mittlerweile als notwendige Ergänzung zur verbundsinternen Kontrolle durch den Aufsichtsrat. Dieser Kontrollmechanismus dürfe nicht außer Kraft gesetzt werden, indem man den Vorständen dabei behilflich ist, ihre Organstellung durch Errichtung institutioneller Eintrittsschranken gegen das Eindringen Dritter in den Gesellschafterkreis abzusichern.[12]

4   **b) Begrenzte Neutralitätspflicht von Vorstand und Aufsichtsrat.** Nach Abs. 1 S. 1 unterliegt der Vorstand während des Übernahmekampfes einem Vereitelungsverbot. Abs. 1 Satz 2 formuliert drei Ausnahmen („Dies gilt nicht für Handlungen, ..."). Die Textfassung deutet also darauf hin, dass der Gesetzgeber die aktienrechtliche Tradition fortgeführt und eine Grundentscheidung gegen Abwehrinitiativen der AG-Verwaltung getroffen hat[13] (zur Erstreckung des Verbots auf den Aufsichtsrat Rn. 24). Zweifel sind allerdings insofern angebracht, als die Verbotsnorm des Abs. 1 Satz 1 durch die Ausweitung der „Ausnahmetatbestände" in Abs. 1 Satz 2 immer mehr ausgehöhlt worden ist, und es ist eine offene Frage, ob der Gesetzgeber die Konsequenzen, nämlich die Rückstufung des Verbotsprinzips zu einer Art normativen Restgröße in der Hektik des Geschehens (Rn. 1) überhaupt ausreichend bedacht hat. Vor allem die nachgeschobene Öffnungsklausel des Abs. 1 Satz 2, 3. Fall ist bei wortgetreuer Auslegung geeignet, den Neutralitätsgrundsatz bis an den Rand der praktischen Bedeutungslosigkeit zu relativieren.[14] Abs. 1 gilt deshalb nicht nur als rechtspolitischer, sondern auch als regelungstechnischer Missgriff.[15] Jedenfalls

---

Gesellschaftsrecht 2001, S. 289, 303 f. Zur Ableitung des Neutralitätsgebotes aus dem Gleichbehandlungsgrundsatz vgl. auch § 3 Rn. 2.

[10] Die Bezeichnung „Neutralitätsgebot oder -pflicht" hat sich durchgesetzt, trifft aber nicht den Kern, weil es dem Vorstand keineswegs ausnahmslos oder auch nur grundsätzlich verwehrt ist, auf die Zusammensetzung des Mitgliederkreises Einfluss zu nehmen, siehe statt anderer *Hirte* in Kölner Komm. Rn. 26; *Bayer* ZGR 2002, 588, 599.

[11] *Dimke/Heiser* NZG 2001, 241, 250 f.; vgl. auch *Winter/Harbarth* ZIP 2002, 1, 9; krit. zu dem „Prämienargument" *Merkt* ZHR 165 (2001), 224, 238; *Mülbert/Birke* WM 2001, 705, 711.

[12] *Kuhner/Schilling* BfuP 2002, 445, 461, 472; *Dimke/Heiser* NZG 2001, 241, 254; krit. *Schneider* AG 2002, 125, 126.

[13] Vgl. *Winter/Harbarth* ZIP 2002, 1, 3.

[14] Näher hierzu *Ekkenga/Hofschroer* DStR 2002, 724, 733 f.

[15] *Winter/Harbarth* ZIP 2002, 1, 3; zum RegE bereits *Drygala* ZIP 2001, 1861, 1867 f.

bringt erst die Auslegung der in Abs. 1 Satz 2 katalogisierten Erlaubnistatbestände Aufschluss darüber, ob nicht der Gesetzgeber das Verbotsprinzip in Wirklichkeit aufgegeben und durch den Grundsatz der Abwehrbereitschaft ersetzt hat (vgl. auch § 3 Rn. 23). Gänzlich zurückgedrängt ist das Verbot durch Abs. 1 Satz 2, 1. Fall, soweit es kampfneutrale Geschäftsführungsmaßnahmen aufgreift. Einfacher wäre es deshalb gewesen, auf den ersten Erlaubnistatbestand zu verzichten und das Einmischungsverbot – dem Aktienrecht entsprechend – von vornherein auf abwehrgerichtete (Verteidigungs-)Maßnahmen zu beschränken[16] (Rn. 44).

c) Keine Erstreckung des Neutralitätsgrundsatzes auf die HV. Die 5 Anwendung des Neutralitätsgrundsatzes auf Vorstand *und* HV bedeutet den Verzicht auf jegliche Verteidigung, so dass jeder Aktionär als Angebotsempfänger für sich zu entscheiden hat, ob er durch Veräußerung seines Anteils zum Gelingen des Übernahmeversuches beiträgt. In der Tat tendiert das aktienrechtliche Schrifttum teilweise zu einer begrenzten Erstreckung des Neutralitätsprinzips auf die HV.[17] Dem mag man zugute halten, dass die Summe individueller Abwanderungsentscheidungen unter dem Aspekt der Managementkontrolle im Zweifel effizienter ist als die Herbeiführung einer Mehrheitsentscheidung in der HV.[18] Andererseits gibt es gewichtige ökonomische Argumente für die Aufrechterhaltung einer grundsätzlichen Abwehrbereitschaft über die HV als zuständiges Organ.[19] Denn anderenfalls sind die verkaufswilligen Aktionäre mangels Möglichkeit ausreichender Entscheidungskoordination einem nicht unerheblichen Entscheidungsdruck ausgesetzt (sog. Gefangenendilemma, siehe hierzu § 3 Rn. 14 f.). Außerdem drohen den bleibewilligen Aktionären, wenn der Übernahmeversuch Erfolg hat, Nachteile aus der Abdrängung in eine Minderheitenposition sowie aus einer ungleichen Verteilung der Kontrollprämie (dazu § 3 Rn. 8 ff., 11).[20] Der Gesetzgeber hat sich denn auch im Kern gegen eine Neutralitätsbindung der HV entschieden,[21] wenngleich er das in Abs. 2 nur unvollkommen zum Ausdruck gebracht hat (Rn. 6, 76).

d) Organisationsrechtlicher Gehalt des Neutralitätsgebots. In der Lite- 6 ratur wird darüber gestritten, ob das Neutralitätsgebot **Organpflicht oder Kompetenznorm** ist: Als Organpflicht beschränke es (lediglich) die Ge-

---

[16] *Ekkenga,* FS Kümpel, 2003, S. 95, 101 mit Formulierungsvorschlag.

[17] Vgl. zum genehmigten Kapital *Ekkenga* AG 2001, 567, 573; ferner *Schwennicke* in *Geibel/Süßmann* Rn. 77; andererseits *Bayer* ZGR 2002, 588, 604, jew. mwN.

[18] *Dimke/Heiser* NZG 2001, 241, 254.

[19] Im Vergleich zur managementgestützten Abwehrbereitschaft ist der Schutz geringer, weil der Bieter selbst unter Umständen über ein erhebliches Stimmengewicht verfügt, mit dessen Hilfe er HV-Beschlüsse zu Verteidigungszwecken blockieren kann, siehe *U.H. Schneider/Burgard* DB 2001, 963, 968.

[20] *Kirchner* AG 1999, 481, 486; *ders.* WM 2000, 1821, 1824; *Schneider/Burgard* DB 2001, 963, 965; *Schneider* AG 2002, 125, 126; ablehnend *Maier-Reimer* ZHR 165 (2001), 258, 261. Mit Recht weisen allerdings *Mülbert/Birke* WM 2001, 705, 714 darauf hin, dass diese Problematik auch bei freundlichen Übernahmen auftritt.

[21] Zutr. *Hirte* in Kölner Komm. Rn. 46.

schäftsführungsbefugnis des Vorstands,[22] als Kompetenznorm enthalte es die (weitergehende) Aussage, dass an Stelle des Vorstands die HV berufen sei, Abwehrinitiativen zu ergreifen[23] oder – so die Gegenthese – dass sich die Vorstandskompetenzen auf Beschluss des Aufsichtsrats zu Lasten der HV erweiterten.[24] Die Unterstellung einer All- oder Auffangkompetenz der HV zur Einleitung von Abwehrmaßnahmen findet jedoch im WpÜG keine Stütze (Rn. 77 f.). Noch weniger besteht Anlass zur Annahme, der Aufsichtsrat könne die Kompetenzordnung zu Lasten der HV auf den Vorstand umschichten. Immerhin folgt eine gewisse Veränderung der aktienrechtlichen Kompetenzordnung aus den Öffnungsklauseln in Abs. 1 Satz 2 und Abs. 2, und zwar insofern, als sowohl der Verwaltung als auch der HV die Möglichkeit eingeräumt wird, die Beteiligungsstruktur zu beeinflussen (Rn. 57, 78). Überschreitet der Vorstand die ihm in Abs. 1 Satz 2 eingeräumten Handlungsbefugnisse und ist dies als Kompetenzübergriff zu Lasten der HV zu werten, so erweitert sich der **Umfang des Aktionärsschutzes** gemäß § 122 AktG.[25] Im Hinblick auf die Zulassung der Aktionärsklage bestehen hingegen keine Unterschiede. Sie kommt nach der Rechtsprechung des BGH gerade auch dann in Betracht, wenn sie sich gegen eine Geschäftsführungsmaßnahme richtet, sofern nur der Vorstand (ausnahmsweise) verpflichtet gewesen wäre, die Zustimmung der HV einzuholen.[26]

7   **e) Kein kapitalmarktrechtliches Neutralitätsgebot.** Das Vereitelungsverbot des § 33 Abs. 1 richtet sich an den Vorstand der Zielgesellschaft, nicht an diese selbst. Das spricht gegen die Annahme eines kapitalmarktrechtlichen Neutralitätsgebots, ohne dass es darauf ankommt, ob die Aktionäre der Zielgesellschaft von den Folgen der Übernahmeabwehr als Gesellschafter oder als Kapitalanleger betroffen sind.[27] Andererseits bedarf der Klärung, warum der Gesetzgeber „die Einhaltung der Pflichten nach ... § 33" ausdrücklich zum Gegenstand der aufsichtsbehördlichen Kontrolle erklärt hat, § 40 Abs. 2. Da kaum vorstellbar ist, dass die BAFin die *verbandsinterne* Kompetenz- und Pflichtenordnung der Zielgesellschaft im öffentlichen Interesse überwacht (§ 4 Abs. 2), liegt die Annahme nicht fern, dass § 33 – ungeachtet seines gesellschaftsrechtlichen Kerns – auch eine kapitalmarktrechtliche Aussage trifft. Soweit sich das der wenig geglückten Gesetzessystematik entnehmen lässt, dürfte sich diese allerdings weniger auf die Neutralität der Zielgesellschaft als vielmehr – im Gegenteil – auf ihre Abwehrbereitschaft im Übernahmekampf beziehen.

8   **3. Grundsatz der Abwehrbereitschaft im Übernahmekampf.** Da die Einrichtung einer verbandsinternen Kompetenzordnung nur Sinn macht,

---

[22] So *Schwennicke* in *Geibel/Süßmann* Rn. 18 mwN; *van Aubel*, Vorstandspflichten bei Übernahmeangeboten, 1995, S. 155 ff.; *Mülbert* IStR 1999, 83, 88; wohl auch *Hopt*, FS Lutter, 2000, S. 1361, 1386.

[23] *Röh* in *Haarmann/Riehmer/Schüppen* Rn. 49; *Merkt* ZHR 165 (2001), 224, 245; *Mülbert* IStR 1999, 83, 88 (iE allerdings ablehnend); *Altmeppen* ZIP 2001, 1073, 1076; *Winter/Harbarth* ZIP 2002, 1, 17.

[24] *Röh* in *Haarmann/Riehmer/Schüppen* Rn. 121.

[25] *Hopt* ZHR 166 (2002), 383, 424.

[26] Vgl. hierzu *Ekkenga/Hofschroer* DStR 2002, 724, 731 sowie näher unten Rn. 41.

[27] Näher *Ekkenga*, FS Kümpel, 2003, S. 95, 96 ff.

wenn der Verband selbst handlungsbefugt ist (Rn. 2), verbirgt sich hinter dem gesellschaftsrechtlichen Kern des § 33 ein zusätzliches kapitalmarktrechtliches Element, nämlich der an die Adresse der Zielgesellschaft gerichtete Grundsatz der Abwehrbereitschaft. Dessen Grenzen ergeben sich aus den Handlungs- und Entscheidungsbefugnissen, die der Gesetzgeber Vorstand, Aufsichtsrat und HV zuerkannt hat.[28] Nur so lässt sich erklären, warum die BAFin berufen ist, die Einhaltung der Grundsätze aus § 33 zu überwachen (Rn. 7). Die (auch) kapitalmarktrechtliche Qualität der Vorschrift ist vor allem für die Haftung der AG bzw. ihrer Verwaltungsorgane gegenüber Dritten, insbesondere dem Bieter (Rn. 37, 40), und gegenüber den eigenen Aktionären von Bedeutung (Rn. 37, 39).

4. Schutzzweck. a) Schutz des Zielunternehmens. Das an den Vor- 9
stand gerichtete Vereitelungsverbot des Abs. 1 ist nicht zum Schutz der Zielgesellschaft eingerichtet, sondern dient dem Individualschutz der Aktionäre
(Rn. 11 f.). Allerdings können sich die Verbotsfolgen mittelbar auch zum Vorteil der Gesellschaft auswirken, etwa wenn die vom Bieter angekündigten ge-
schäftspolitischen Absichten (§§ 11 Abs. 2 Satz 3 Nr. 2 iVm. § 34) die Annahme
rechtfertigen, dass sich die Ertragslage künftig verbessern wird. Die Bindung
von Vorstand und Aufsichtsrat an das **Unternehmensinteresse** („Interesse der
Zielgesellschaft" iSd. § 3 Abs. 3, siehe dort Rn. 21 ff.)[29] ist grundsätzlich geeignet, abwehrgerichtete Maßnahmen des Managements zu rechtfertigen (Rn. 47,
58; siehe aber auch § 3 Rn. 22 f.). Für die HV existiert dagegen keine vergleichbare Interessenbindung. Denn das Unternehmensinteresse als Inbegriff der in
der AG zusammentreffenden Partikularinteressen umfasst neben den Belangen
der Aktionäre auch diejenigen der „Stakeholder" (insbes. Arbeitnehmer, Gläubiger[30]). Deren – oftmals disparate – Schutzbelange zu wahren, ist nicht Aufgabe der in der HV beschließenden Anteilseigner.[31]

Damit nicht zu verwechseln ist das **Gesellschaftsinteresse**, dessen Inhalt 10
sich nach dem Gesellschafts- oder Verbandszweck bestimmt und das typischerweise auf die langfristige Gewinnmaximierung gerichtet ist.[32] Am Gesellschaftsinteresse sind sowohl die Geschäftsführungsmaßnahmen als auch die
Beschlüsse der HV zu messen. Doch ist diese Zweckbindung nur eingeschränkt
justiziabel, so dass beiden Organen eine erhebliche Entscheidungsautonomie
(genauer: Leitungs- bzw. Beschlussautonomie) zukommt (vgl. Rn. 47 ff.).
Mehr Bedeutung hat die Zweckbindung als Rechtfertigungsgrund im Rahmen der Eingriffskontrolle. Das betrifft die inhaltliche Überprüfung abwehr-
wirksamer bzw. abwehrgerichteter Entscheidungen von Vorstand, Aufsichtsrat
und HV (Rn. 61 f., 83, 86).

---

[28] *Ekkenga*, FS Kümpel, 2003, S. 95, 99 unter Berufung auf die Organtheorie.

[29] Krit. aus rechtspolitischer Perspektive *Merkt* ZHR 165 (2001), 224, 240.

[30] Zum Schutzbedarf der Versicherten bei der Übernahme eines Versicherungs-
unternehmens *Winter* VersR 2000, 1453, 1460.

[31] Vgl. *Schwennicke* in *Geibel/Süßmann* Rn. 57; *Kirchner* AG 1999, 481, 488; *Thae-
ter/Barth* NZG 2001, 545, 549; *Kiem* ZIP 2000, 1509, 1515; aA *Jürgenmeyer*, Das
Unternehmensinteresse, 1984, S. 44.

[32] Vgl. *Zöllner* in Kölner Komm. Einl. Rn. 105 ff., 129 ff.; *Merkt* ZHR 165
(2001), 224, 239; *Mülbert* ZGR 1997, 129, 140 ff.

11 **b) Schutz der Aktionäre der Zielgesellschaft.** Das Vereitelungsverbot bewahrt die Aktionäre der Zielgesellschaft davor, dass ihnen die Möglichkeit zum Verkauf ihrer Aktie zu einem besonders günstigen Preis genommen wird. Diese Verkaufsmöglichkeit ist Gegenstand eines schutzwerten **Vermögensinteresses.** Zwar handelt es sich nicht um eine mitgliedschaftliche, sondern um eine *marktliche Schutzposition*, weil der Aktionär in seiner Eigenschaft als Kapitalanleger betroffen ist.[33] Insofern verbleibt ein gewisser Unterschied zum Wertverlust, den der Aktionär bei Eingriffen in sein gesetzliches Bezugsrecht erleidet (zu dieser Parallele siehe Rn. 3). Damit ist aber die Annahme eines individuellen, die Person des Aktionärs selbst betreffenden Schutzzweckes nicht ausgeschlossen.[34] Keineswegs beschränkt sich die Ratio der Vorschrift darauf, die Funktionsfähigkeit des Kapitalmarktes oder eines „Marktes für Unternehmenskontrolle" zu sichern[35] (zu den haftungsrechtlichen Konsequenzen Rn. 37, 39). Dagegen sind Werteinbußen, die der Aktionär aufgrund pflichtwidriger Unterlassung von Abwehrmaßnahmen erleidet, nur eine reflexartige Folge der Missachtung des Gesellschaftsinteresses.[36] Aus dem „Gefangenendilemma" der Aktionäre in einer Übernahmesituation (Rn. 5) lässt sich kein hinreichend quantifizierbares Vermögensinteresse ableiten, das durch Aufrechterhaltung der Abwehrbereitschaft individuell zu schützen wäre. Die individuellen Vermögensinteressen der Aktionäre sind nicht nur vom Vorstand, sondern auch von der HV zu beachten (Rn. 104).

12 Mitgliedschaftlichen Ursprungs ist das **Kontrollinteresse** der Aktionäre, kraft ihres Stimmrechts in der HV über die Einleitung von Abwehrmaßnahmen mitbestimmen zu können. In diese *mitgliedschaftliche Individualposition* greift der Vorstand ein, wenn er unter Missachtung der HV-Kompetenzen eigenmächtig handelt.[37] Nach zutreffender Auffassung ist allerdings nicht schon jede Missachtung des Vereitelungsverbots mit einem solchen Kompetenzübergriff verbunden (Rn. 6).

13 **c) Schutz des Bieters.** Nach hM bezweckt das Vereitelungsverbot nicht den Schutz des Bieters.[38] Bei ausschließlich gesellschaftsrechtlicher Interpretation des § 33 ließe sich ein stringenter Drittschutz zugunsten des Bieters in der Tat allenfalls über Kunstfiguren wie die „vorwirkende Treuepflicht" zugunsten des „werdenden" oder „potentiellen" Aktionärs begründen.[39] Denn bei einem feindlichen Übernahmeversuch fehlt es in aller Regel an einer Anknüpfung für die Annahme rechtsgeschäftlich begründeter Rücksichtnahmepflichten. An-

---

[33] Zutr. *Merkt* ZHR 165 (2001), 224, 249 f.

[34] Überzeugend *Dimke/Heiser* NZG 2001, 241, 250 f.

[35] *Maier-Reimer* ZHR 165 (2001), 258, 260 f.

[36] Ausführlich *van Aubel*, Vorstandspflichten bei Übernahmeangeboten, 1996, S. 103 ff.

[37] Ebenso *Dimke/Heiser* NZG 2001, 241, 251.

[38] *Maier-Reimer* ZHR 165 (2001), 258, 260 f.; *Cahn* ZHR 167 (2003), 262, 283; *Thiel* in *Semler/Volhard* ÜN Hdb. Bd. 1, § 31 Rn. 115; zweifelnd *Thaeter* NZG 2001, 789, 791.

[39] *Berding* WM 2002, 1149, 1152. Für die Erstreckung verbandsinterner Treuebindungen auf den potentiellen Aktionär spricht allerdings immerhin, dass die Schutzwirkung wohl kaum von der Zufälligkeit abhängen kann, ob der Bieter im Schädigungszeitpunkt bereits Anteile an der Zielgesellschaft besitzt oder nicht.

dererseits lässt sich nicht bestreiten, dass die Verteidigung nicht nur den Übernahmeversuch vereiteln und damit das Vermögensinteresse der Aktionäre beeinträchtigen, sondern auch das **Äquivalenzinteresse** des Bieters an der Erlangung eines preisangemessenen Kaufobjekts tangieren kann. Unter der Prämisse, dass man das Vereitelungsverbot auch auf die Verhinderung des *wirtschaftlichen* Übernahmeerfolges (Rn. 21) erstreckt, lässt sich daher die Schutzbetroffenheit des Bieters nicht schlechthin leugnen.[40] Die Umsetzung des Drittschutzes richtet sich dabei nicht nach gesellschaftsrechtlichen, sondern nach kapitalmarktrechtlichen Grundsätzen (Rn. 8).

5. Kein übernahmerechtliches Unterstützungsverbot. a) Einvernehmliche („freundliche") Übernahme. Das Neutralitätsprinzip wendet sich   **14** gegen die Abwehr feindlicher Übernahmeversuche. Grundsätzlich unbedenklich ist es dagegen, wenn der Vorstand der Zielgesellschaft auf eine freundliche Übernahme hinwirkt.[41] In Abs. 1 Satz 2, 2. Fall ist das für die Einholung eines Konkurrenzangebots ausdrücklich ausgesprochen[42] (Rn. 53 ff.). Allerdings darf der Vorstand das Interesse der Aktionäre an der Erzielung eines höchstmöglichen Veräußerungsgewinnes nicht beeinträchtigen, indem er im Einvernehmen mit dem Bieter dafür sorgt, dass die Übernahme „billiger" wird. Unzulässig, weil mit dem Neutralitätsgrundsatz unvereinbar ist es bspw., wenn Vorstandsmitglieder dem Bieter zusagen, ihm ihre eigenen Aktien zu einem besonders vorteilhaften Preis zu veräußern und dies nach § 27 Abs. 1 Satz 2 Nr. 4 zu veröffentlichen, um bei den übrigen Anlegern eine entsprechende Signalwirkung auszulösen.[43] Zur Unterstützung des Übernahmeversuchs bedarf der Vorstand normalerweise weder der Zustimmung der HV noch eines Ermächtigungsbeschlusses.[44]

b) Vorbereitung von Übernahmevereinbarungen. Jenseits des Neutra-   **15** litätsprinzips gibt es eine Anzahl zwingender Vorschriften über die Gestaltung und Vorbereitung von Übernahmevereinbarungen.[44a] Schon der – regelmäßig durch ein unverbindliches Absichtspapier (Letter of Intent) dokumentierte – Eintritt in die Übernahmeplanung ist Gegenstand einer *Geheimhaltungspflicht,* die sich für den Bieter aus Gesellschafts- oder Vertragsrecht, für die Zielgesellschaft (zusätzlich) aus Insiderrecht (§ 14 Abs. 1 Nr. 2 WpHG) ableitet.[45] Solange

---

[40] *Ekkenga/Hofschroer* DStR 2002, 724, 732; zust. *Hirte* in Kölner Komm. Rn. 3. Entgegen *Cahn* ZHR 167 (2003), 262, 283 lässt sich nicht einwenden, das Verhinderungsverbot – und damit der Schutz des Bieters – könne nicht nach § 33 Abs. 2 zur Disposition der HV stehen. Denn die HV beschließt grundsätzlich nicht in Angelegenheiten der Geschäftsführung, siehe Rn. 77 f.

[41] *Hopt* ZGR 1993, 534, 557. UU kann ihn sogar eine dahin gehende Pflicht treffen, wenn sein Unternehmen allein nicht überlebensfähig ist, siehe *Schneider* AG 2002, 125, 130.

[42] Vgl. hierzu *Maier-Reimer* ZHR 165 (2001), 258, 264 f. Abs. 1 Satz 2, 2. Fall normiert deshalb keine echte Ausnahme vom Vereitelungsverbot, siehe Rn. 43.

[43] Zutr. *Immenga* SAG 1975, 89, 94; ihm folgend *van Aubel*, Vorstandspflichten bei Übernahmeangeboten, 1995, S. 37 f.

[44] AA *Kallmeyer* AG 2000, 553, 554.

[44a] Ausführlich *Banerjea* DB 2003, 1489.

[45] Näher *Assmann/Cramer* in *Assmann/Schneider* § 14 WpHG Rn. 79 ff.; insbes. 86; *Hopt* ZGR 2002, 333, 336 ff.

die Geheimhaltung andauert (näher § 27 Rn. 16), trifft beide Parteien darüber hinaus eine *Exklusivitätspflicht*. So macht sich der Bieter idR wegen Beihilfe zum Insiderhandel (§§ 14 Abs. 1 Nr. 1, 38 Abs. 1 Nr. 1 WpHG) strafbar, wenn er mit Dritten gemeinsam handelt oder zum Zwecke des „Warehousing" zusammenwirkt.[46] Umgekehrt ist die Zielgesellschaft insiderrechtlich gehindert, sich frühzeitig auf die Suche nach einem Konkurrenzbieter zu begeben, um bessere Konditionen auszuhandeln[47] (zur Suche nach einem Konkurrenzbieter in der Post-Bid-Phase siehe Rn. 53 ff.). Wird sie jedoch ihrerseits von einem Konkurrenzbieter angesprochen, so darf sie sich dem aus Gründen der Gleichbehandlung nicht verweigern; insbesondere hat sie dem Konkurrenzbieter ggf. ebenfalls die Vornahme einer Due-Diligence-Prüfung zu gestatten[48] (Rn. 54; zur Due Diligence siehe § 10 Rn. 28 ff.). Von der *Offenlegungspflicht* aus § 15 Abs. 1 WpHG ist der Bieter während der Planungsphase gemäß § 10 Abs. 6 entbunden.[49] Die Zielgesellschaft kann erst dann publizitätspflichtig werden, wenn ihr „Tätigkeitsbereich" von der Übernahmeabsicht betroffen ist, etwa wenn sie das Übernahmeangebot in Kooperation mit dem Bieter vorbereitet (vgl. § 10 Rn. 27 aE).[50] Steht zu erwarten, dass der Bieter auf die Gesellschaft einen nachteiligen Einfluss ausüben wird, so muss der Vorstand der Zielgesellschaft seine Mitwirkung aufgrund seiner *organschaftlichen Treuepflicht* einstellen[51] (Schädigungsverbot, siehe Rn. 60).

16 **c) Gestaltungsgrenzen.** Der Inhalt von Übernahmevereinbarungen unterliegt übernahme- und aktienrechtlichen Schranken. Das gilt vor allem für Leistungsversprechen des Bieters, die mit geldwerten Vorteilen zugunsten der Vorstands- oder Aufsichtsratsmitglieder der Zielgesellschaft verbunden sind (Abs. 3, Rn. 120 ff.). Der Vorstand darf die Zielgesellschaft nur innerhalb des ihm durch § 76 Abs. 1 AktG vorgegebenen Rahmens verpflichten, sich auf eine bestimmte Geschäftspolitik langfristig festzulegen; insbesondere darf die Übernahmevereinbarung nicht auf die rechtsgeschäftliche Veräußerung von Leitungsmacht hinauslaufen.[52] Zuwendungen der Zielgesellschaft an den Bieter, die diesem die Übernahme, insbes. die Finanzierung erleichtern, sind ge-

---

[46] *Assmann/Cramer* in *Assmann/Schneider* § 14 WpHG Rn. 84. Nach *Assmann* ZGR 2002, 697, 703 ist der Bieter – obgleich die Planung für ihn keine Insidertatsache darstellt – sogar Haupttäter iSd. § 14 Abs. 1 Nr. 2 WpHG (Weitergabeverbot).

[47] Nach wie vor zutr. *Assmann/Cramer* in *Assmann/Schneider* § 14 WpHG Rn. 88; aA *Hopt* ZGR 2002, 333, 357 sowie jetzt auch *Assmann* ZGR 2002, 697, 706, 708 unter Hinweis auf die Erlaubnisklausel des Abs. 1 Satz 2, 2. Fall. Diese bezieht sich aber gerade nicht auf die Pre-Bid-Phase und ist einer Analogie nicht zugänglich, siehe Rn. 31.

[48] Über das Gleichbehandlungsgebot wird sich die Zielgesellschaft auch nicht durch eine Exklusivitätsvereinbarung im Letter Of Intent hinwegsetzen können.

[49] Die Verdrängung des § 15 WpHG durch § 10 Abs. 6 ist in einem umfassenden Sinne zu verstehen, vgl. *Assmann* ZGR 2002, 697, 713 f.

[50] Näher *Hopt* ZGR 2002, 333, 347.

[51] Näher hierzu, insbes. zu mögl. Rechtsbehelfen des Aktionärs gegen die Zielgesellschaft und/oder den Bieter *Schneider* AG 2002, 125, 132 mwN Amtshaftungsansprüche wegen mangelhafter Überprüfung der Angebotsunterlagen sind entgegen *Schneider* aaO S. 133 gemäß § 4 Abs. 2 ausgeschlossen, siehe § 4 Rn. 8.

[52] *Mertens* in Kölner Komm. § 76 AktG Rn. 45.

mäß § 71a AktG untersagt. Handelt es sich um Leistungen, die letztlich den veräußernden Aktionären zufließen, so kommt eine Anwendung der allgemeinen Kapitalschutzregeln (insbes. § 57 Abs. 3 AktG) in Betracht.[53] Gegen das aktienrechtliche Neutralitätsgebot verstoßen Schuldversprechen, Vertragsstrafen oder Schadensersatzpauschalen, die darauf abzielen, dem Erstbieter einen zusätzlichen Anreiz zur Unterbreitung eines (freundlichen) Übernahmeangebots zu vermitteln und den Konkurrenzbieter hierdurch zu benachteiligen.[54]

6. Andere europäische Rechtsordnungen. a) City Code. Für das *briti-* **17** *sche Recht* findet sich im City Code on Takeovers and Mergers eine strenge Neutralitätspflicht für den Vorstand der Zielgesellschaft (*board*). Sobald der Vorstand annehmen muss, dass ein Angebot bevorsteht, darf er nach *General Principle* 7 ohne die Zustimmung der Hauptversammlung (*general meeting*) keine Maßnahmen ergreifen, die geeignet sind, ein Angebot zu verhindern oder den Aktionären die Annahme des Angebots zu verwehren. Rule 21.1 benennt mit der Durchführung von Kapitalmaßnahmen (lit. a–c), dem Erwerb und der Veräußerung von wesentlichen Vermögensgegenständen (lit. d) sowie dem Abschluss von außergewöhnlichen Geschäften (lit. e) nur exemplarisch einige zustimmungspflichtige Maßnahmen. Die Erfüllung bereits zuvor geschlossener Verträge ist nach *Rule* 21.1 von der Zustimmungspflicht explizit ausgenommen. Daneben können unter besonderen Umständen auch Maßnahmen mit Einwilligung des *Panels* durchgeführt werden. Abwehrmaßnahmen erschöpfen sich in Großbritannien daher im Wesentlichen in dem Versuch, die Aktionäre von der Ablehnung des Angebots zu überzeugen sowie der ggf. möglichen Einschaltung der Kartellbehörden und der Suche nach einem „white knight".[55]

b) Sonstige Länder. Nach *italienischem Recht* ergibt sich ein Neutralitäts- **18** gebot für den Vorstand aus Art. 104 Testo Unico della intermediazione finanziaria (Decreto legislativo no. 58/1998). Danach können Abwehrmaßnahmen nur mit Zustimmung der Hauptversammlung ergriffen werden.[56] Auch in *Spanien* unterliegt der Vorstand einem Neutralitätsgebot. Nach Art. 14 Real Decreto 1197/1991 sobre régimen de ofertas públicas de aquisición de valores ist der Vorstand verpflichtet, alle Maßnahmen zu unterlassen, die nicht zur gewöhnlichen Geschäftsführung gehören oder primär dazu dienen, das Angebotsverfahren zu behindern. Das *französische Recht* kennt kein vergleichbares, an den Vorstand gerichtetes Neutralitätsgebot, so dass der Spielraum für Abwehrmaßnahmen weiter ist. Nach Art. 4 Réglement n° 2002-04 de la Commission des Opérations (COB) relatif aux offres publiques d'acquisition hat der Vorstand die COB über Maßnahmen zu informieren, die der gewöhnlichen Geschäftsführung nicht entsprechen. Die COB stellt sicher, dass die Öffentlich-

---

[53] *Lutter/Wahlers* AG 1989, 1, 8 ff.; *Kessler* AG 1995, 120, 121; speziell zum MBO *Gondesen* WM 1989, 201, 206.

[54] *Hopt* ZGR 2002, 333, 362 f.

[55] Vgl. *Gower/Davies*, Principles of Modern Company Law, 6. Aufl. 1997, S. 783 f.

[56] Vgl. *Schmid* AG 1999, 402, 406 f.

keit informiert wird. Sie kann ihre Ansicht über die Maßnahme ebenfalls veröffentlichen. Für den Fall, dass eine Maßnahme von der Hauptversammlung (assemblée générale) beschlossen wurde, besteht keine Informationspflicht. Der Handel mit eigenen Aktien ist stark beschränkt.

III. Das Vereitelungsverbot des Abs. 1 Satz 1

19   **1. Verbotsgegenstand. a) Abwehrgeeignete Handlungen.** Die Vorschrift meint Abwehrmaßnahmen, die sich gegen *Übernahmeangebote* richten sowie gegen *Pflichtangebote*, auf die § 33 über die Verweisung in § 39 anwendbar ist. Sonstige *öffentliche Erwerbsangebote* sind dagegen nach der systematischen Anordnung der Vorschrift nicht einbezogen.[57] Das Verbot bezieht sich nur auf *rechtmäßige Angebote*. Es stellt auf die *objektive Eignung* der Abwehrmaßnahme ab, nicht die dahinter stehende *Vereitelungsabsicht*.[58] Darin liegt eine Verschärfung gegenüber der aktienrechtlichen Neutralitätspflicht, die nach wohl hM auf das Verbot gezielter Abwehrhandlungen beschränkt ist.[59] Eine übernahmerechtliche Differenzierung zwischen **abwehrgeeigneten und abwehrgerichteten Maßnahmen** findet sich erst im Zusammenhang mit den unterschiedlich weit ausgreifenden Erlaubnistatbeständen des Abs. 1 Satz 2 (Rn. 45 f., 56).

20   Erfasst sind Handlungen, „durch die der Erfolg des Angebots verhindert werden könnte". Das Verbot beschränkt sich also nicht auf nachweislich **abwehrwirksame Maßnahmen**, sondern es greift auch dann ein, wenn sich noch nicht absehen lässt, ob sich der Bieter von seinen Übernahmeplänen zurückzieht oder nicht.[60] Selbst nachweislich abwehrunwirksame Maßnahmen, die eine **Mehrheitsübernahme** durch den Bieter nicht (mehr) verhindern können, sind vom Verbot nicht ausdrücklich ausgenommen. Nach der Textfassung handelt es sich sogar um den gesetzlichen Regelfall, weil der Verbotstatbestand die Unterbreitung des Übernahmeangebots voraussetzt und der Bieter an dieses grundsätzlich gebunden ist – es sei denn, er hat von der Möglichkeit Gebrauch gemacht, sein Angebot an die Bedingung der Nichtvornahme von Verteidigungsmaßnahmen zu knüpfen[61] (vgl. § 18 Abs. 1 sowie dort Rn. 8). Andererseits kann bei Vorliegen eines verbindlichen Übernahmeangebots ein Vereitelungseffekt, wie ihn die hM versteht, nicht mehr eintreten. Denn die Aktionäre der Zielgesellschaft können den „Erfolg des Angebots" herbeiführen, indem sie es annehmen und den Kontrollzuschlag vereinnahmen; sie sind nicht schutzwürdig.[62] Zu erwägen ist deshalb eine teleologische Reduktion

---

[57] *Röh* in *Haarmann/Riehmer/Schüppen* Rn. 50. Für analoge Anwendung allerdings *Hirte* in Kölner Komm. Rn. 31.

[58] *Winter/Harbarth* ZIP 2002, 1, 3 f.; *Krause* NJW 2002, 705, 712.

[59] *Krieger* in *Henze/Hoffmann-Becking*, RWS-Forum 20, Gesellschaftsrecht 2001, S. 289, 305; *Mülbert* IStR 1999, 83, 87; *Drygala* ZIP 2001, 1861, 1866; differenzierend *Maier-Reimer* ZHR 165 (2001), 258, 269 f.

[60] Begr. RegE BT-Drucks. 14/7034 S. 57; *Winter/Harbarth* ZIP 2002, 1, 3 f.

[61] Weitergehend *Geibel/Süßmann* BKR 2002, 52, 66: Lockerung der Bindungswirkung nach den Grundsätzen über den Wegfall der Geschäftsgrundlage; dagegen *Ekkenga/Hofschroer* DStR 2002, 768, 769.

[62] Vgl. *Busch* AG 2002, 145, 148 ff. Zum Sonderfall der Schaffung öffentlich-rechtlicher Hindernisse nach Unterbreitung des Übernahmeangebots siehe Rn. 105.

des Verbotstatbestandes auf die verbleibenden Fälle des (noch) nicht verbindlichen, dh. des lediglich vorangekündigten bzw. „freibleibenden" Übernahmeangebots.[63]

Eine rechtserhebliche **Verhinderung des Angebotserfolges** ist auch dann   **21** anzunehmen, wenn die Anteilsübernahme zwar gelingt, für den Bieter jedoch wirtschaftlich unattraktiv geworden ist, weil die Abwehrmaßnahme den mit der Mehrheitsübernahme normalerweise verbundenen **Macht- oder Kontrollerwerb** einschränkt oder unterbindet (Rn. 91 ff.).[64] Denn der Umfang des dem Vorstand der Zielgesellschaft zur Verfügung gestellten Handlungsspielraums kann schwerlich davon abhängen, ob der Bieter sein Übernahmeangebot mit einer auflösenden Bedingung versieht. Außerdem würde die Abschottung der Zielunternehmen vor Übernahmeversuchen entgegen dem Verbotszweck eher befördert, wenn der Vorstand mit der Einleitung von Gegenmaßnahmen nur abzuwarten brauchte, bis die Frist zur Veröffentlichung der Angebotsunterlage verstrichen ist und der Bieter sich verbindlich festgelegt hat.[65] Die textgetreue Anwendung des Abs. 1 Satz 1 rechtfertigt allerdings den Schluss, dass die Verbotsregelung nicht nur die Interessen der Aktionäre, sondern auch die des Bieters schützt (Rn. 13).

b) Konkrete Abwehreignung. Aus der in Abs. 1 Satz 1 enthaltenen Einschränkung (Vorliegen eines öffentlichen Übernahmeangebots oder wenigstens einer Ankündigung desselben) lässt sich ferner ableiten, dass das Verbot nur **repressive Abwehrmaßnahmen** erfasst, die sich gegen einen *bestimmten* Übernahmeversuch eines *bestimmten* Bieters richten. Verteidigungsprophylaxen durch **präventive Verteidigungsvorkehrungen** sind nach Abs. 2 bzw. weiterhin nach Aktienrecht zu beurteilen (Rn. 28 f.). Die Rechtswidrigkeit einer Abwehrmaßnahme lässt sich daher nicht mit Abs. 1 Satz 1 begründen, wenn zwar ein Übernahmeangebot abgegeben ist, die Maßnahme jedoch ihrer Art nach den dahinter stehenden Initiator nicht abschrecken kann.[66]   **22**

c) „Verhinderung" und Behinderung. Ausdrücklich erwähnt sind nur   **23** Handlungen, durch die der Erfolg des Angebots „verhindert" werden könnte. Nach wohl einhelliger Meinung ist die Formulierung jedoch nicht dahin zu verstehen, dass bloße Erschwernisse nicht verbotsbetroffen wären. Verhinderung und Behinderung stehen grundsätzlich gleich.[67] Allerdings findet der Verbotstatbestand dort seine Grenze, wo mit legitimen Mitteln, das heißt vor allem mit Hilfe des Asset Management versucht wird, den Wert des Zielunternehmens zu steigern und dadurch den Übernahmeaufwand für den Bieter zu verteuern (Rn. 93).

d) Verbotsbetroffenes Organ. Verbotsbetroffen ist regelmäßig der **Vor-**   **24** **stand**. Der **Aufsichtsrat** ist – anders als noch in den Vorentwürfen einschließ-

---

[63] Vgl. zur Problematik *Ekkenga/Hofschroer* DStR 2002, 724, 732.

[64] Enger – jedoch ohne Begründung – *Schwennicke* in *Geibel/Süßmann* Rn. 19 aE.

[65] *Ekkenga/Hofschroer* DStR 2002, 724, 732; zust. *Hirte* in Kölner Komm. Rn. 3.

[66] Beispiel: Veräußerung wesentlicher Vermögensteile („Kronjuwelen", siehe Rn. 113), auf die der Bieter nach dem in den Angebotsunterlagen verlautbarten geschäftlichen Konzept ohnehin keinen Wert legt.

[67] Vgl. statt anderer *Schwennicke* in *Geibel/Süßmann* Rn. 10.

lich RegE – nicht erwähnt. Ursache ist wohl ein schlichtes Versehen des Gesetzgebers: Bei der Aufweichung des Vereitelungsverbots durch die Erlaubnisklausel des Abs. 1 Satz 2, 3. Fall wurde nicht bedacht, dass der Aufsichtsrat mitunter zuständiges Initiativorgan, nicht lediglich Kontrollorgan ist.[68] Das betrifft vor allem bestandssichernde Maßnahmen, die sich mit der Amtsdauer der Vorstandsmitglieder befassen (Rn. 106), interessiert aber auch im Hinblick auf § 112 AktG, etwa wenn geplant ist, dass der Vorstand oder eine von ihm maßgeblich beherrschte Gesellschaft[69] wesentliche Teile des Gesellschaftsvermögens („Kronjuwelen") erwirbt, sobald eine Kontrollübernahme bei der Zielgesellschaft stattgefunden hat.[70] Das rechtfertigt, die Verbotsklausel des Abs. 1 Satz 1 auf den Aufsichtsrat analog anzuwenden.[71] Zur Verbotsbetroffenheit der **Hauptversammlung** s. Rn. 5.

25   Der **Vorstand einer Tochtergesellschaft** des Zielunternehmens ist nicht Adressat des Vereitelungsverbots. Demgegenüber vertritt *Hirte* die Auffassung, die konzerndimensionale Erstreckung des Verbotstatbestandes sei erforderlich, um zu verhindern, dass sein Zweck unterlaufen werde.[72] Dem ist aber durch Anwendung des Verbots auf verbundinterne Weisungen und sonstige Einflussnahmen seitens der Muttergesellschaft vollauf genügt, so dass es der Erweiterung nicht bedarf.

26   **2. Verbotsdauer. a) Während der Laufzeit des Übernahmeangebots.** Das Verbot erstreckt sich von der Veröffentlichung der Entscheidung zur Abgabe eines Angebots (§ 10 Abs. 1 Satz 1, Abs. 3 Satz 1)[73] bis zur Veröffentlichung des Ergebnisses nach § 23 Abs. 1 Satz 1 Nr. 2. Die **reguläre Beendigung** des Vereitelungsverbots richtet sich mithin nach dem Zeitpunkt, der einer „unverzüglichen" Veröffentlichung des Übernahmeerfolgs nach Ablauf der Annahmefrist entspricht (siehe § 23 Rn. 7). Abs. 1 Satz 1 verweist nicht auf § 23 Abs. 1 Satz 1 Nr. 3. Die Verbotsdauer umfasst demnach nicht eine sich eventuell anschließende weitere Annahmefrist iSd. § 16 Abs. 2. Das macht allerdings nur Sinn, wenn die Verlängerung der Annahmefrist auf diejenigen Fälle beschränkt ist, in denen nach Ablauf der regulären Annahmefrist eine Kontrollübernahme tatsächlich stattgefunden hat, und spricht für eine teleologische Reduktion des zu weit gefassten Gesetzestextes.[74] Verlängert sich die Annahmefrist dagegen infolge einer Angebotsänderung gemäß § 21 Abs. 5, so erstreckt sich das Vereitelungsverbot auch auf die weitere Annahmefrist iSd. § 23 Nr. 3.[75]

27   Eine **vorzeitige Beendigung** des Vereitelungsverbots ist anzunehmen, wenn einer der Untersagungsgründe nach § 15 Abs. 1 vorliegt, insbes. also bei

---

[68] *Hirte* ZGR 2002, 623, 628 f.

[69] Vgl. hierzu *Mertens* in Kölner Komm. § 112 AktG Rn. 14; *Werner* ZGR 1989, 369, 372 ff.

[70] Fall des Management Buy-Out (MBO).

[71] Ebenso iE *Röh* in *Haarmann/Riehmer/Schüppen* Rn. 128; *Hirte* ZGR 2002, 623, 629.

[72] *Hirte* in Kölner Komm. Rn. 53; *ders.* ZGR 2002, 623, 630.

[73] *Röh* in *Haarmann/Riehmer/Schüppen* Rn. 52. Problematisierend *Hirte* in Kölner Komm. Rn. 32 ff. auf der Grundlage der Annahme, dass es entscheidend auf die Kenntnis des Vorstands ankomme.

[74] *Ekkenga/Hofschroer* DStR 2002, 768, 769.

[75] *Hirte* ZGR 2002, 623, 627.

Missachtung der Veröffentlichungsfrist des § 14 Abs. 1 Satz 1 durch den Bieter. Maßgeblich ist der Zeitpunkt der Tatbestandserfüllung nach § 15 Abs. 1, nicht der der Untersagungsverfügung, weil es sich um eine gebundene Entscheidung handelt und der Handlungsspielraum des Zielunternehmens nicht danach variieren kann, wie lange das Bundesaufsichtsamt für die Untersagung benötigt.[76] Die Rechtmäßigkeit der Abwehrmaßnahme richtet sich dann nach den Grundsätzen, die außerhalb der Laufzeit von Übernahmeangeboten gelten (Rn. 28 ff., 32).

b) Rechtslage vor Veröffentlichung der Angebotsentscheidung. Abs. 1   **28**
Satz 1 bezieht sich ausdrücklich nicht auf Abwehrmaßnahmen im Vorfeld eines Übernahmeangebots. Die Fortgeltung **aktienrechtlicher Beschränkungen** ist deshalb nicht ausgeschlossen; keinesfalls erlaubt Abs. 1 Satz 1 den gegenteiligen Umkehrschluss.[77] Die Begründung zum RegE besagt nichts anderes. Dort heißt es lediglich, die Vorschrift stehe „vorbeugenden Maßnahmen des Managements zur Verhinderung oder Erschwerung von Übernahmen nicht entgegen."[78] Die praktische Bedeutung der Frage sollte allerdings nicht überschätzt werden, da die meisten Präventivmaßnahmen ohnehin in die Zuständigkeit der HV fallen.[79] Und diejenigen Vorbereitungshandlungen des Vorstands, die nötig sind, um der HV zu einer kompetenten Entscheidung über die Abwehrmaßnahme zu verhelfen, sind von der Neutralitätspflicht jedenfalls nicht erfasst.[80]

Hinsichtlich der aktienrechtlichen Zulassung **abwehrgerichteter Präven-**   **29**
tivmaßnahmen des Vorstands gehen die Meinungen auseinander; Gegner und Befürworter halten sich in etwa die Waage.[81] Nach einer vermittelnden Auffassung sollen dem Vorstand solche präventiven Schutzvorkehrungen verwehrt sein, die sich ihrem Inhalt nach erst auswirken können, wenn ein konkretes Übernahmeangebot unterbreitet ist. Das betrifft bspw. die Veräußerung von „Kronjuwelen" oder die Einrichtung von „Golden Parachutes" unter der

---

[76] Ebenso *Schwennicke* in *Geibel/Süßmann* Rn. 39.

[77] Unklar hierzu *Krieger* in *Henze/Hoffmann-Becking*, RWS-Forum 20, Gesellschaftsrecht 2001, S. 289, 312; wie hier *Röh* in *Haarmann/Riehmer/Schüppen* Rn. 53; *Bayer* ZGR 2002, 588, 618; *Hirte* ZGR 2002, 623, 627; *ders.* in Kölner Komm.WpÜG, 2003, Rn. 27, 44; *Körner* DB 2001, 367, 369.

[78] Begr. RegE BT-Drucks. 14/7034 S. 58.

[79] Vgl. die Zusammenstellung bei *Schwennicke* in *Geibel/Süßmann* Rn. 62 ff., *Krause* AG 2002, 133, 137 ff.; andererseits aber auch *Hopt* ZGR 1993, 534, 559; *ders.*, FS Lutter, 2000, S. 1361, 1399, 1400.

[80] *Hopt* ZGR 1993, 534, 559.

[81] Unzutr. Darstellung bei *Schwennicke* in *Geibel/Süßmann* Rn. 61, teils unter Verwendung von Fehlzitaten. Gegen die Zulassung *Winter/Harbarth* ZIP 2001, 1, 4; wohl auch *Merkt* ZHR 165 (2001), 224, 251, 257, beide unter Hinweis auf die Gefahr, dass das übernahmerechtliche Vereitelungsverbot des Abs. 1 S. 1 sonst leer laufen könnte; ferner die Verfechter einer uneingeschränkten aktienrechtlichen Neutralitätspflicht, vgl. bspw. *Immenga* AG 1992, 79, 81 ff.; für eine weitgehende Freigabe *Richter* in *Semler/Volhard* ÜN Hdb. § 52 Rn. 51 ff. *Schwennicke* in *Geibel/Süßmann* Rn. 12 ff., 61. Weitere Nachweise zum Streitstand, insbes. auch zur Fundamentalkritik gegen das aktienrechtliche Neutralitätsgebot bei *Hopt* in Großkomm-AktG, § 93 Rn. 122.

Bedingung einer Kontrollübernahme.[82] Zur Begründung wird vor allem auf die sonst aufgeworfenen Probleme einer Abgrenzung verbotener Abwehrmaßnahmen und allgemeiner Geschäftsführungsmaßnahmen hingewiesen.[83] Dem ist zuzustimmen. Allerdings dürfte das Verbot dann auch auf Verteidigungsstrategien zu erstrecken sein, die ein derartiges Ausmaß angenommen haben, dass sie dem laufenden Geschäftsbetrieb schlechterdings nicht mehr zugeordnet werden können.[84]

30   **Repressive Abwehrmaßnahmen** sind vor Beginn der Verbotsphase nach Abs. 1 Satz 1 denkbar, wenn die noch unveröffentlichte Übernahmeabsicht des Bieters dem Vorstand der Zielgesellschaft vorzeitig bekannt wird. Solche Verteidigungshandlungen bleiben nach Aktienrecht verboten, das schon bisher nicht danach differenziert hat, ob das Angebot bereits veröffentlicht ist.[85] Dem lässt sich nicht entgegenhalten, dass das Verhalten des Bieters, dessen Entscheidung feststeht, regelmäßig mit einer Pflichtverletzung nach § 10 Abs. 1 Satz 1 einhergehen wird und ihm daraus keine Vorteile entstehen dürfen. Denn die Nachteile einer Angebotsvereitelung treffen vor Beginn des Übernahmekampfes nicht ihn, sondern die Aktionäre der Zielgesellschaft. Ein Verstoß gegen die Organpflichten kann auch darin liegen, dass der Vorstand einen Konkurrenzbieter behindert, indem er dem Erstbieter Vorteilszuwendungen für den Fall verspricht, dass der Übernahmeversuch scheitert[86] (vgl. Rn. 16).

31   Vereinzelt wird eine **Verbotsbefreiung analog Abs. 1 Satz 2** gefordert, da sonst ein Wertungswiderspruch drohe: Was der Vorstand während des Übernahmekampfes dürfe, müsse ihm vor Beginn desselben erst recht gestattet sein.[87] Dem ist zu widersprechen, weil das aktienrechtliche Einmischungsverbot anders wirkt als das übernahmerechtliche: Es wendet sich nicht (lediglich) gegen die Vereitelung des Angebotserfolgs, sondern schon gegen die Vereitelung der Angebotsunterbreitung. Dementsprechend höher ist der Schutzbedarf der Aktionäre, die nach Beginn des Übernahmekampfes immerhin darauf hoffen können, dass der Bieter an der Rücknahme seines Angebots gehindert ist (Rn. 20). Die analoge Anwendung des Abs. 1 Satz 2, 2. Fall (Suche nach einem Konkurrenzbieter) in der Pre-Bid-Phase scheidet außerdem schon aus insiderrechtlichen Gründen aus (Rn. 15). Die Rechtfertigung prophylaktischer Abwehrmaßnahmen beschränkt sich deshalb insgesamt auf die schon bisher aktienrechtlich anerkannten Situationen, namentlich auf die Fälle der Gefahrenabwehr[88] (Rn. 68 ff.).

---

[82] *Hopt*, FS Lutter, 2000, S. 1361, 1399, 1400; vgl. auch Rn. 113, 117.

[83] *Hopt* ZGR 1993, 534, 559.

[84] IdS etwa *Mülbert* IStR 1999, 83, 88 mit Fn. 46, ferner *Winter/Harbarth* ZIP 2002, 1, 4, wenn die Gesellschaft zur „uneinnehmbaren Festung" gemacht wird.

[85] Zur parallelen Diskussion während der Vorbereitungen zum Erlass einer europäischen Übernahmerichtlinie siehe *Merkt* ZHR 165 (2001), 224, 250; ferner Börsensachverständigenkommission, Standpunkt der Börsensachverständigenkommission zur künftigen Regelung von Unternehmensübernahmen, 1999, S. 23 f.

[86] *Hopt* ZGR 2002, 333, 362 f.

[87] *Krause* AG 2002, 133, 136, 144; *Bayer* ZGR 2002, 588, 618 f.; dagegen mit Recht *Röh* in *Haarmann/Riehmer/Schüppen* Rn. 53 mit Fn. 77. Die Verbotsbefreiung zielt naturgemäß auf Abs. 1 Satz 2, 3. Fall, siehe dazu Rn. 57.

[88] Vgl. die Zusammenstellung bei *Hopt* in GroßKommAktG § 93 Rn. 124 ff.

c) Rechtslage nach Ablauf der Annahmefrist. Hat ein Mehrheitser-   32
werb stattgefunden, so darf der Vorstand diesen nicht nachträglich bekämpfen,
indem er den Eintritt einer Wirksamkeitsbedingung iSd. § 18 Abs. 1 herbei-
führt (Beisp.: Unterlassen der Einholung einer kartellrechtlichen Genehmigung). Insofern entfaltet des Vereitelungsverbot des Abs. 1 Satz 1 Nachwir-
kung.[89]

3. Rechtsfolgen bei Verbotsübertretung. a) Ordnungswidrigkeit. Die   33
Missachtung des Vereitelungsverbots ist eine Ordnungswidrigkeit iSd. § 60
Abs. 1 Nr. 8,[90] siehe Kommentierung dort.

b) Maßnahmen der BAFin. Wie aus § 40 Abs. 2 unzweideutig hervor-   34
geht, ist die Beachtung des Vereitelungsverbots Gegenstand der Kapitalmarktaufsicht. Kontrollobjekt ist nicht der Vorstand als Organ, sondern die Zielgesellschaft selbst, deren rechtmäßiges Abwehrverhalten überwacht wird (Rn. 8).
Die BAFin darf nur einschreiten, wenn und soweit die Bekämpfung der Übernahmeabwehr im öffentlichen Interesse geeignet und erforderlich ist, § 4 Abs. 1
Satz 3, Abs. 2. Letzteres dürfte nicht zuletzt von der Größe der Zielgesellschaft
und vom Umfang ihres „Free Float" sowie von der öffentlichen Anteilnahme
an dem Übernahmegeschehen abhängen, ferner davon, ob das Gesetz im Übrigen hinreichende Sanktionen vorsieht.[91]

c) Zivilrechtliche Folgen. Die **Wirksamkeit rechtsgeschäftlicher Ab-**   35
wehrmaßnahmen ist durch Abs. 1 Satz 1 grundsätzlich nicht tangiert. Das
Vereitelungsverbot fällt nicht unter § 134 BGB, weil diese Vorschrift auf solche
Verbote zugeschnitten ist, die sich auch an die andere Partei richten.[92] Dass der
Vorstand den Umfang seiner Geschäftsführungsbefugnis überschreitet, wirkt
sich auf die Rechtswirksamkeit seines Handelns nach außen nicht aus,[93] es sei
denn, die Grundsätze über den Missbrauch der Vertretungsmacht zeitigen ein
anderes Ergebnis.[94]

Verbotsübertretungen führen zur **Haftung der Vorstandsmitglieder ge-**   36
genüber der Gesellschaft (§ 93 Abs. 2 AktG). Der Schaden der Gesellschaft
wird regelmäßig gleichzusetzen sein mit dem Abwehraufwand, der das Be-
triebsergebnis mindert.[95]

---

[89] *Hirte* ZGR 2002, 623, 628.

[90] Ob Inhalt und Entstehung der Vorschrift dem GG entsprechen, ist allerdings
zweifelhaft, vgl. *Hirte* in Kölner Komm. Rn. 165 f.

[91] *Cahn* ZHR 167 (2003), 262, 283 lehnt ein Eingreifen der BAFin gemäß § 4
Abs. 1 Satz 3 ab, weil das Vereitelungsverbot keine Interessen verbandsexterner Dritter schütze. Dem ist jedoch nicht zu folgen, siehe Rn. 13.

[92] Vgl. BGHZ 46, 24, 26; BGH NJW 1981, 1204, 1205; st. Rspr.

[93] Vgl. § 82 AktG sowie *Schwennicke* in *Geibel/Süßmann* Rn. 85; *Kort*, FS Lutter,
2000, S. 1446; aA *Immenga* in *Kreuzer* ÖffÜA S. 11, 32; zweifelnd *Thaeter* NZG 2001,
789, 791. Dagegen nimmt *Hirte* in Kölner Komm. Rn. 137 Handeln ohne Vertretungsmacht an.

[94] *Schwennicke* in *Geibel/Süßmann* Rn. 85; *Hopt* ZGR 1993, 534, 559.

[95] *Schwennicke* in *Geibel/Süßmann* Rn. 87; *Thümmel* DB 2000, 461, 462; *van Aubel*,
Vorstandspflichten bei Übernahmeangeboten, 1996, S. 51 ff. (mit Beispielen). Zu den
schadensrechtlichen Besonderheiten bei rechtswidriger Ausnutzung eines genehmigten Kapitals mit Bezugsrechtsausschluss siehe *Hirte* in Kölner Komm. Rn. 158.

37   Bei *kapitalmarktrechtlicher* Interpretation des § 33 (Rn. 8) kommt darüber hinaus eine **Außenhaftung der Vorstandsmitglieder gegenüber Dritten**, insbesondere gegenüber den Aktionären bzw. dem Bieter (Rn. 13) in Betracht. Gehaftet wird gem. § 823 Abs. 2 BGB schon für einfache Fahrlässigkeit, denn § 33 ist Schutzgesetz im Sinne jener Vorschrift,[96] ebenso der Ordnungswidrigkeitentatbestand des § 60 Abs. 1 Nr. 8.[97] Die Individualposition der Aktionäre ist insofern betroffen, als ihnen die Entscheidung über das „Exit" und der damit verbundene Veräußerungsgewinn genommen wird. Sie können deshalb Schadensersatz für die ihnen entgangenen Verkaufsvorteile (Rn. 11) fordern (zur Haftung der Gesellschaft gegenüber den Aktionären s. Rn. 39). Dagegen ist die rechtswidrige Vereitelung des Angebotserfolgs kein Eingriff in das deliktsrechtlich geschützte *Mitgliedschaftsrecht* iSv. § 823 Abs. 1 BGB.[98] Das gilt selbst für die Fälle, in denen die Verbotsübertretung mit einem Kompetenzübergriff zu Lasten der HV einhergeht. Der damit verbundene Eingriff in das Mitverwaltungsrecht des Gesellschafters rechtfertigt nach ständiger Rechtsprechung des BGH seit dem „Holzmüller"-Urteil Ansprüche gegen die Gesellschaft, nicht jedoch gegen einzelne Organmitglieder.[99] Eine *gesellschaftsrechtlich* gestützte Dritthaftung des Vorstands[100] wegen fahrlässiger Treuepflichtverletzung ist bislang nicht anerkannt.[101] Bei vorsätzlicher Verbotsübertretung kommt dagegen unstreitig eine Direkthaftung des Vorstands gegenüber den Aktionären nach Maßgabe von § 826 BGB und/oder § 823 Abs. 2 BGB iVm. § 266 StGB in Betracht.[102] Für die Geltendmachung des Gesellschaftsschadens schließlich sind die Aktionäre nicht aktiv legitimiert, auch nicht aus dem Gesichtspunkt der actio pro societate.[103]

38   Für die **Haftung der Aufsichtsratsmitglieder** gilt Gleiches wie für die Haftung der Vorstandsmitglieder (vgl. § 116 AktG).

39   Da die Missachtung des Vereitelungsverbots einen Eingriff in das individuelle Entscheidungs- und Vermögensrecht des Aktionärs darstellt (Rn. 11 f.), begründet sie eine **Haftung der Zielgesellschaft gegenüber ihrem Gesell-**

---

[96] AA *Schwennicke* in *Geibel/Süßmann* Rn. 88; *Steinmeyer/Häger* Rn. 46; wie hier *Röh* in *Haarmann/Riehmer/Schüppen* Rn. 154; *van Aubel*, Vorstandspflichten bei Übernahmeangeboten, 1996, S. 128 ff.; *Thaeter* NZG 2001, 789, 791.

[97] *Hirte* ZGR 2002, 623, 654 f.; aA *Winter/Harbarth* ZIP 2002, 1, 16.

[98] HM; vgl. *Hopt* in GroßKommAktG § 93 Rn. 470 ff. mwN; aA *Mertens* in Kölner Komm. § 93 Rn. 173; *Hirte* ZGR 2002, 623, 654; *Schwennicke* in *Geibel/Süßmann* Rn. 89; *Winter/Harbarth* ZIP 2002, 1, 16.

[99] Nicht überzeugend daher *Merkt* ZHR 165 (2001), 224, 246; wie hier *Hopt* in GroßKommAktG § 93 Rn. 473; *Steinmeyer/Häger* Rn. 47.

[100] Dazu und zu den unterschiedlichen Lösungsvorschlägen umfassend *van Aubel*, Vorstandspflichten bei Übernahmeangeboten, 1996, S. 117 ff.

[101] Für eine treuepflichtgestützte Direkthaftung allerdings *van Aubel* (Fn. 100) S. 128 ff.; ihm folgend *Mülbert* IStR 1999, 83, 89; abl. *Kort*, FS Lutter, 2000, S. 1421, 1438 f.

[102] *Schwennicke* in *Geibel/Süßmann* Rn. 90; speziell zur Haftung nach § 823 Abs. 2 BGB iVm. § 266 StGB *van Aubel* (Fn. 99) S. 133 ff.

[103] Ganz hM, siehe *Hopt* in GroßKommAktG § 93 Rn. 469; *Cahn* ZHR 164 (2000), 113, 119, jew. mwN. Zu den diesbezüglichen Reformbestrebungen siehe *Baums* (Hrsg.), Bericht der Regierungskommission Corporate Governance, 2001, Rn. 72 f.

schafter, wobei das Verschulden des Managements der Gesellschaft nach § 31 BGB zugerechnet wird.[104] Der Anspruch ist gerichtet auf Ersatz des entgangenen Veräußerungsgewinns und, da der Schaden mit dem der Gesellschaft *nicht* deckungsgleich ist,[105] auf Zahlung an den Aktionär (nicht auf Zahlung an die Gesellschaft).[106] Da der Haftpflichtschaden der Zielgesellschaft zugleich den Anteilswert der anspruchsberechtigten Aktionäre belastet, ist diesen allerdings i. E. nur geholfen, wenn es der Zielgesellschaft gelingt, sich im Regresswege bei den Vorstandsmitgliedern zu erholen.[107] Ein Verstoß gegen das Rückzahlungsverbot des § 57 AktG ist mit der Haftung der Zielgesellschaft nicht verbunden, weil die Aktionäre der Gesellschaft bei kapitalmarktrechtlicher Interpretation des § 33 (Rn. 8) als Dritte (Gläubiger), nicht als Mitglieder gegenübertreten.[108] Dagegen stieße die Zurechnung nach § 31 BGB auf Schwierigkeiten, wenn man die Haftung gesellschaftsrechtlich herleiten wollte.[109] Hier geht nach hM der Grundsatz der Kapitalerhaltung vor.[110]

Aus kapitalmarktrechtlicher Sicht versteht sich die auf § 823 Abs. 2 BGB gestützte **Haftung der Zielgesellschaft gegenüber dem Bieter** von selbst, wenn man dem hier vertretenen Standpunkt folgt, dass es keinen tragfähigen Grund gibt, den Bieter vom Schutzbereich des § 33 auszunehmen[111] (Rn. 13). Bei gesellschaftsrechtlicher Betrachtung wäre dagegen zu beachten, dass das Vereitelungsverbot „Binnenrecht" der AG ist. Die Anspruchsberechtigung des Bieters hinge dann in der Konsequenz der hM davon ab, ob er (zufällig) auch Aktionär der Zielgesellschaft ist (Rn. 13 mit Fn. 46).   **40**

d) Vorbeugender Rechtsschutz. Nach den Grundsätzen des „Holzmüller"-Urteils des BGH ist eine auf **Unterlassung gerichtete Aktionärsklage gegen die AG** zuzulassen, wenn − und nur wenn − die Missachtung des Vereitelungsverbots mit einem Eingriff in das mitgliedschaftliche Mitbestimmungsrecht des Gesellschafters einhergeht.[112] Diese Prämisse trifft indes auf   **41**

---

[104] *Hirte* ZGR 2002, 623, 655. Auch dieser Anspruch beruht auf Delikt (BGHZ 110, 323, 327 f. f. Verein).

[105] Näher hierzu *Röh* in *Haarmann/Riehmer/Schüppen* Rn. 151; aA *Hirte* ZGR 2002, 623, 655.

[106] Insofern übereinstimmend *Hirte* ZGR 2002, 623, 655; auch *Winter/Harbarth* ZIP 2002, 1, 17 f.

[107] Das Insolvenzrisiko tragen also (auch) die Aktionäre, vgl. *Cahn* ZHR 164 (2000), 113, 150 f.

[108] Es verhält sich ähnlich wie bei der börsengesetzlichen Prospekthaftung. Hier steht die hM auf dem Standpunkt, dass der Grundsatz der Kapitalerhaltung einer Haftung der AG als Emittentin nicht entgegensteht, vgl. die Nachweise bei *Hamann* in *Schäfer*, BörsG/WpHG, 1999, §§ 45, 46 BörsG aF Rn. 48; *Groß* Kapitalmarktrecht, 2. Aufl. 2002, §§ 45, 46 BörsG Rn. 8 ff.

[109] Zu den Begründungsmöglichkeiten siehe BGHZ 90, 92, 95 f. (f. Verein); *Hopt* in GroßKommAktG § 93 Rn. 473; *van Aubel*, Vorstandspflichten bei Übernahmeangeboten, 1996, S. 89 ff.

[110] *Mertens* in Kölner Komm., 2. Aufl. 1988, § 76 Rn. 74, § 93 Rn. 171; *van Aubel* (Fn. 109) S. 90.

[111] Ablehnend *Röh* in *Haarmann/Riehmer/Schüppen* Rn. 155.

[112] BGHZ 83, 122, 133 ff., insbes. 134; vgl. neuerdings LG Duisburg NZG 2002, 643 „Babcock Borsig".

Abs. 1 Satz 1 nicht durchweg zu. Denn dem an den Vorstand gerichteten Handlungsverbot korrespondiert keineswegs eine auf die Vornahme von Abwehrmaßnahmen gerichtete Zuständigkeit der HV (Rn. 6), so dass es an dem für die
Zulassung der Aktionärsklage konstitutiven Kompetenzübergriff fehlt.[113] Damit nicht zu verwechseln ist der Fall, dass der Vorstand eine Geschäftsführungsmaßnahme eigenmächtig vornimmt, obwohl nach Maßgabe von „Holzmüller" ausnahmsweise die HV hätte zustimmen müssen. Zwar rechtfertigt
auch diese Form der Eigenmächtigkeit eine gegen die AG gerichtete Unterlassungsklage des Aktionärs.[114] Doch ist für eine solche „Holzmüller-Kompetenz"[115] übernahmerechtlich jedenfalls dort kein Raum, wo der Gesetzgeber
einen Zustimmungsvorbehalt zugunsten des Aufsichtsrats eingerichtet hat (näher Rn. 64). Die Bewilligung vorbeugenden Rechtsschutzes ist demnach auf
rechtswidrige Eigenmächtigkeiten des Vorstands im Rahmen der Erlaubnisklausel des Abs. 1 Satz 2, 1. Fall (Rn. 40 f.) sowie der Ausübung von HV-Ermächtigungen unter veränderten Umständen[116] beschränkt.[117]

42   Aus den genannten Gründen scheidet auch eine **vorbeugende Unterlassungsklage des Bieters** aus, sofern er nicht bereits Aktionär der Zielgesellschaft ist.[118] Zwar ist der Bieter auch als Dritter in den Schutzzweck des
Vereitelungsverbotes einbezogen (Rn. 13), doch scheitert seine Unterlassungsklage daran, dass sie sich nur gesellschaftsrechtlich begründen lässt.

43   **e) Vorläufiger Rechtsschutz.** Ist ein Übernahmeangebot unterbreitet, so
wird der Aktionär seinen Unterlassungsanspruch regelmäßig im Wege einstweiliger Verfügung durchsetzen können.[119] Er muss dann allerdings auch die
Haftungsrisiken aus § 945 ZPO tragen.[120]

IV. Die Ermächtigungstatbestände des Abs. 1 Satz 2

44   **1. Handlungen eines ordentlichen und gewissenhaften Geschäftsleiters (Abs. 1 Satz 2, 1. Fall). a) Allgemeines.** Das Verbotsprinzip gilt nicht
für Handlungen, die auch ein ordentlicher und gewissenhafter Geschäftsleiter
einer Gesellschaft, die nicht von einem Übernahmeangebot betroffen ist, vorgenommen hätte. Die Regelung soll verhindern, dass die AG als Folge des

---

[113] Ebenso LG Düsseldorf AG 2000, 233, 234 f. „Mannesmann/Vodafone";
Krause AG 2000, 217 ff.; *Liebscher* ZIP 2001, 853, 867; *Schwennicke* in *Geibel/Süßmann*
Rn. 86; aA *Hirte* in Kölner Komm. Rn. 147; *Bayer* NJW 2000, 2609, 2611; *Winter/
Harbarth* ZIP 2002, 1, 17.

[114] Einzelheiten bei *Ekkenga* AG 2001, 567, 576 ff.; zu undifferenziert demgegenüber *Merkt* ZHR 165 (2001), 224, 246; gegen ihn *Ekkenga/Hofschroer* DStR 2002,
724, 731.

[115] Die Bezeichnung ist insofern irreführend, als es sich gerade nicht um eine
ungeschriebene (richterrechtlich begründete) Mitwirkungskompetenz der HV handelt, siehe *Ekkenga* AG 2001, 567, 577.

[116] Vgl. zu diesen Fällen *Ekkenga* AG 2001, 567, 578 f.

[117] Ähnlich wie hier *Schwennicke* in *Geibel/Süßmann* Rn. 86 am Ende.

[118] AA *Hirte* in Kölner Komm. Rn. 147.

[119] Vgl. hierzu *Ekkenga* AG 2001, 615, 620 mwN.

[120] Vgl. *Cahn* ZHR 164 (2000), 113, 118; *Krieger* ZHR 163 (1999), 343, 355 aA.
Hirte in Kölner Komm. Rn. 149.

Übernahmekampfes in ihrer Handlungsfähigkeit eingeschränkt oder gar „gelähmt" wird. Dem Vorstand sind daher die Fortführung des Tagesgeschäfts und die Verfolgung bereits eingeschlagener Unternehmensstrategien gestattet, selbst wenn dies den Erfolg des Übernahmeangebots gefährdet oder vereitelt.[121] Abs. 1 Satz 2 ermächtigt den Vorstand zu nichts, was ihm nicht nach Aktienrecht ohnehin gestattet wäre, befreit ihn aber andererseits nicht von den dort verankerten Verhaltensstandards, insbes. nicht vom Verbot, die Vermögensinteressen der Gesellschaft zu schädigen.[122] Es handelt sich daher nicht wirklich um einen Ermächtigungstatbestand, sondern um eine klarstellende Regelung. Ihrer hätte es nicht bedurft, wenn das Vereitelungsverbot des Abs. 1 Satz 1 von vornherein auf abwehrgerichtete Maßnahmen beschränkt wäre (Rn. 4). Der Verhaltensstandard nach **Ziff. 3.7. DCGK** weicht von der Regelung insofern ab, als er bei Handlungen außerhalb des gewöhnlichen Geschäftsverkehrs eine Ermächtigung der HV oder die Zustimmung des Aufsichtsrats verlangt.

b) Ermächtigungsumfang. Der Verhaltensstandard des Abs. 1 Satz 2, 1. Fall **45** bezieht sich auf den hypothetischen Fall einer nicht von einem Übernahmeangebot betroffenen Gesellschaft. Die Ermächtigung umfasst also **nur abwehrgeeignete Maßnahmen ohne Verteidigungsintention**; abwehrgerichtete Maßnahmen (Verteidigungsmaßnahmen) sind nach den übrigen Erlaubnistatbeständen, insbes. nach Abs. 1 Satz 2, 3. Fall (Rn. 56 ff.), unter dem Aspekt der Gefahrenabwehr (Rn. 68 ff.) oder kraft Ermächtigung durch die HV (Rn. 67, 75 ff.) zu rechtfertigen. Gemäß Abs. 1 Satz 2, 1. Fall darf der Vorstand nicht nur das Tagesgeschäft weiterführen, sondern auch eine außerordentliche Maßnahme ergreifen, bspw. eine seit längerem geplante Akquisition, die den Bestand an liquiden Mitteln spürbar verringert, oder eine Sachkapitalerhöhung, die aus der Sicht des Bieters zur Erhöhung des Übernahmeaufwandes führt[123] (vgl. aber Rn. 51).

Die **Abgrenzung abwehrgeeigneter und abwehrgerichteter Maß-** **46** **nahmen** ist schwierig, wenn sie sich nicht aus dem Inhalt bzw. aus den Begleitumständen ergibt (Rn. 92), denn ein Außenstehender wird kaum jemals Einblick in die internen Planungsvorgänge des Managements haben. Vorstand und Zielgesellschaft müssen deshalb, wenn sie sich auf den Ermächtigungstatbestand berufen, darlegen und beweisen, dass die Maßnahme auf Planungen vor Beginn der Übernahmesituation zurückgeht.[124] Gelingt dies nicht, so

---

[121] Begr. RegE BT-Drucks. 14/7034 S. 58; *Winter/Harbarth* ZIP 2002, 1, 5.

[122] *Hirte* ZGR 2002, 623, 638; *Drygala* ZIP 2001, 1861, 1866 f.; *Altmeppen* ZIP 2001, 1073, 1078.

[123] *Hirte* in Kölner Komm. Rn. 70; *Winter/Harbarth* ZIP 2002, 1, 6; *Schneider* AG 2002, 125, 129 mit weit. Beispielen; einschränkend, aber wenig überzeugend *Steinmeyer/Häger* Rn. 15 ff., 17: keine Ermächtigung zu Maßnahmen, die eine Änderung der Unternehmensstrategie (?) implizieren.

[124] Auf die Frage, ob die Planungsentscheidung dokumentiert ist, kommt es materiellrechtlich nicht an, doch kommt der Dokumentation eine erhebliche Beweisfunktion zu, vgl. *Hirte* ZGR 2002, 623, 636; *ders.* in Kölner Komm. Rn. 70 (das dort für die Gegenmeinung angeführte Zitat *Ekkenga/Hofschroer* DStR 2002, 724, 733 ist unzutreffend); *Hopt* ZHR 166 (2002), 383, 426 f.; strenger wohl *Winter/ Harbarth* ZIP 2002, 1, 5 f.

bedarf der Begründung, warum der Vorstand erst während des Übernahmekampfes und nicht schon vorher tätig geworden ist.[125] Lediglich abwehrgeeignet ist die Maßnahme jedenfalls dann, wenn mit ihr Vertrags- oder sonstige Rechtspflichten erfüllt werden sollen, die vor Beginn des Übernahmekampfes begründet wurden.[126]

47   **c) Bindung des Vorstands an das Unternehmensinteresse.** Der in Abs. 1 Satz 2, 1. Fall zum Ausdruck gebrachte Kontinuitätsgedanke bedeutet, dass der Vorstand seine Entscheidungen wie stets am Unternehmensinteresse[127] ausrichten muss, ohne dass sich abstrakt festlegen ließe, dass er einem der darin zusammentreffenden Gruppeninteressen (Aktionärs-, Arbeitnehmer-, Gläubigerinteresse) Vorrang einzuräumen hätte[128] (vgl. § 3 Rn. 21 ff.). Im Unterschied zum 3. Ermächtigungstatbestand (Rn. 58) folgt daraus ein weitreichendes **Beurteilungs- und Entschließungsermessen**, das in Ermangelung rechtlicher Beurteilungsmaßstäbe nur in engen Grenzen überprüfbar ist.[129] Solange der Vorstand die Grenzen dieses Ermessens nicht überschreitet (Rn. 48), entzieht sich die Maßnahme auch der **richterlichen Eingriffskontrolle** auf inhaltliche Angemessenheit. Denn wenn der Gesetzgeber die Grundentscheidung getroffen hat, dass die AG ihre Geschäftspolitik wegen der Übernahmesituation gerade nicht umstellen muss, so bedeutet das in der Umkehrung, dass die Aktionäre die mit der Vereitelungswirkung verbundenen Nachteile hinnehmen müssen.

48   Zur Bestimmung der **Ermessensgrenzen** ist auf die Standards des **BGH** im **ARAG-Urteil** zurückzugreifen. Danach kommt eine Ermessensüberschreitung erst in Betracht, wenn die Grenzen verantwortungsbewussten unternehmerischen Handelns „deutlich überschritten sind, die Bereitschaft, unternehmerische Risiken einzugehen, in unverantwortlicher Weise überspannt worden ist oder das Verhalten des Vorstandes aus anderen Gründen als pflichtwidrig gelten muss".[130] Letzteres ist bspw. dann der Fall, wenn der Vorstand die ihm von der HV gesetzten Ermächtigungsgrenzen missachtet (Rn. 50 f.) oder wenn er Maßnahmen ergreift, die Nachteile für die Vermögens-, Finanz- und Ertragslage erwarten lassen (Schädigungsverbot, siehe Rn. 60).

49   Die gegen die Anwendung der ARAG-Standards gerichtete **Kritik** verweist auf die vom BGH nicht erwähnte, aber wohl implizit zugrunde gelegte Prämisse, dass der Vorstand seine Entscheidung unbefangen treffen könne. Diese Grundannahme entfalle, wenn der Vorstand – wie typischerweise im Übernahmekampf – um sein Amt fürchten müsse.[131] Jedoch greifen die Bedenken

---

[125]   Vgl. *Ekkenga/Hofschroer* DStR 2002, 724, 733.

[126]   *Schwennicke* in *Geibel/Süßmann* Rn. 46.

[127]   Vgl. Begr. RegE RegE BT-Drucks. 14/7034 S. 58.

[128]   Entscheidend ist daher allein, wie ein nicht übernahmebetroffener Vorstand hätte handeln dürfen, nicht, wie er gehandelt hätte, vgl. *Hirte* ZGR 2002, 623, 634 f.; *Winter/Harbarth* ZIP 2002, 1, 6; aA *Thaeter* NZG 2001, 789.

[129]   Vgl. zum Unternehmensinteresse *Hüffer* AktG § 76 Rn. 12; *Mertens* in Kölner Komm. AktG § 76 Rn. 10 ff., 18, jew. mwN; rechtspolitische Kritik bei *Drygala* ZIP 2001, 1861, 1867 f.

[130]   BGHZ 135, 244, 253 f.; vgl. *Winter/Harbarth* ZIP 2002, 1, 6 f.

[131]   Vgl. *Hirte* ZGR 2002, 623, 635; *Drygala* ZIP 2001, 1861, 1866 ff.; *Winter/Harbarth* ZIP 2002, 1, 7 (iE allerdings ablehnend).

nicht durch, wenn es – wie in Abs. 1 Satz 2, 1. Fall – von vornherein nur um abwehrgeeignete Maßnahmen geht, denen keine Verteidigungsabsicht zugrunde liegt. Denn Letztere sind gerade dadurch gekennzeichnet, dass sie auf Entscheidungen aus der Zeit vor Beginn des Übernahmekampfes – und damit vor Entstehen des beschriebenen Interessenkonfliktes – zurückzuführen sind[132] (Rn. 46).

d) Verhältnis zur Beschlusskompetenz der HV. Nach den Materialien   50
zu Abs. 1 soll das Übernahmerecht weder die aktienrechtlichen Zuständigkeiten der HV beschneiden noch den Vorstand an der Ausübung ihm nach Aktienrecht erteilter Ermächtigungen hindern.[133] Daraus folgt zweierlei: Zum einen ersetzt die gesetzliche Ermächtigung des Abs. 1 Satz 2, 1. Fall nicht einen nach Aktienrecht erforderlichen **Ermächtigungsbeschluss** der HV, bspw. die Bewilligung eines genehmigten Kapitals nach § 202 AktG oder die Ermächtigung zum Aktienrückkauf gemäß § 71 Abs. 1 Nr. 8 AktG. Zum anderen hindert der Beginn des Übernahmekampfes den Vorstand nicht daran, durch Ausübung einer HV-Ermächtigung seiner bisherigen Geschäftspolitik weiter nachzugehen, selbst wenn der Ermächtigungsbeschluss nicht den Anforderungen des Abs. 2, insbes. nicht dem dort verankerten Bestimmtheitserfordernis genügt. Denn die dort geregelte Vorratsermächtigung zur Durchführung *abwehrgerichteter* Maßnahmen hat mit dem Prinzip der Geschäftsführungskontinuität nach Abs. 1 Satz 2, 1. Fall nichts zu tun, und eine Sperrwirkung soll Abs. 2 ausweislich der Materialien gerade nicht entfalten.[134]

Eine eigenmächtige **Umwidmung des Ermächtigungsbeschlusses** in   51
eine Verteidigungsmaßnahme, etwa durch Zuteilung der durch das genehmigte Kapital geschaffenen Aktien an einen „White Squire" (Rn. 101) statt an eine emissionsbegleitende Bank, ist dem Vorstand dagegen nicht – auch nicht nach Abs. 1 Satz 2, 3. Fall – gestattet.[135] Die gegenteilige Auffassung[136] beruft sich darauf, dass Abs. 1 Satz 2, 3. Fall die aktienrechtliche Geschäftsführungsbefugnis insofern ausweite, als der Vorstand die ihm zur Verfügung gestellten Mittel auch zu Abwehrzwecken einsetzen dürfe. Das ist zwar richtig (Rn. 57), gilt aber eben nur im Rahmen der dem Vorstand verliehenen originären Geschäftsführungsbefugnis. Macht der Vorstand dagegen von einer HV-Ermächtigung Gebrauch, so handelt er kraft entliehener Kompetenz, folglich richtet sich der Umfang seiner Ausübungsbefugnis in erster Linie nach dem Ermächti-

---

[132] *Hirte* in Kölner Komm. Rn. 69; *Ekkenga/Hofschroer* DStR 2002, 724, 733 (von *Hirte* aaO fälschlich als Gegenansicht zitiert); *Winter/Harbarth* ZIP 2002, 1, 7; gegen sie zu Unrecht *Krause* BB 2002, 1053, 1058. Ausführlich zur Busines Judgement Rule in diesem Zusammenhang *Trockels* AG 1990, 139, 141 ff.

[133] So jedenfalls die Empfehlung des Finanzausschusses zur Änderung des RegE, ZIP 2001, 2102, 2104.

[134] *Schwennicke* in *Geibel/Süßmann* Rn. 51; aA *Hirte* in Kölner Komm. Rn. 92; *ders.* ZGR 2002, 623, 647 f.; *Bayer* ZGR 2002, 588, 617; wie hier *Winter/Harbarth* ZIP 2002, 1, 8; *Thoma* NZG 2002, 105, 110.

[135] *Steinmeyer/Häger* Rn. 40; *Bayer* ZGR 2002, 588, 612 ff; AnwK-AktienR/ *Haouache* Kap. 15 Rn. 9.

[136] *Schwennicke* in *Geibel/Süßmann* Rn. 51; *Röh* in *Haarmann/Riehmer/Schüppen* Rn. 112; *Krause* AG 2002, 133, 137; *ders.* BB 2002, 1053, 1055; *Thoma* NZG 2002, 105, 110.

gungsbeschluss und erst in zweiter Linie nach dem Gesetz[137] (vgl. auch Rn. 67 sowie zu den Rechtsfolgen bei Missachtung der HV-Kompetenz Rn. 41).

52 **e) Zustimmung des Aufsichtsrats.** Die Zustimmung des Aufsichtsrats ist für lediglich abwehrgeeignete Maßnahmen nicht generell vorgesehen (vgl. aber Rn. 62, 84), sie kann jedoch kraft freiwilliger Regelung (§ 111 Abs. 4 Satz 2 AktG, Ziff. 3.7. DCGK)[138] oder bei bestimmten Maßnahmen aktienrechtlich erforderlich sein (zB § 204 Abs. 1 Satz 2 AktG). An das Vereitelungsverbot des Abs. 1 Satz 1 ist der Aufsichtsrat nicht gebunden; das folgt aus der Kontrollfunktion seiner Zustimmungskompetenz[139] (anders, wenn der Aufsichtsrat selbst initiativ wird, siehe Rn. 24). Da es sich gleichwohl um eine unternehmerische Entscheidung handelt, gebührt dem Aufsichtsrat der gleiche Ermessensspielraum wie dem Vorstand.[140]

53 **2. Suche nach einem konkurrierenden Angebot (Abs. 1 Satz 2, 2. Fall). a) Allgemeines.** Abs. 1 Satz 2, 2. Fall ermächtigt den Vorstand, sich um die Gewinnung eines Konkurrenzanbieters (auch: „Weißer Ritter" oder „White Knight") zu bemühen.[141] Grundgedanke ist die Förderungswürdigkeit von „Auktionen" im Interesse der Aktionäre, die von der hierdurch ausgelösten Preiserhöhung profitieren.[142] Insofern stellt die Vorschrift nur klar, dass dem übernahmerechtlichen Vereitelungsverbot kein Unterstützungsverbot korrespondiert[143] (Rn. 14). Eine gewisse Eingriffswirkung mag sich allerdings dann einstellen, wenn das Erstangebot als Folge des Konkurrenzangebots hinfällig wird und die Aktionäre – bspw. aufgrund eines Umtauschangebots – lieber mit dem ersten Bieter kontrahiert hätten.[144]

54 **b) Ermächtigungsumfang.** Die Ermächtigung umfasst **in sachlicher Hinsicht** die „Suche" nach einem konkurrierenden Angebot. Dazu gehören zunächst alle Handlungen, mit denen ein Zweitbieter angeworben werden soll. Die dem Vorstand nach § 28 ohnehin gestatteten Werbemaßnahmen dürfen also auch auf die Gewinnung eines bestimmten Investors gerichtet sein. Jenseits des Anwerbens zieht allerdings das Aktien- und Kapitalmarktrecht dem Vorstand enge Grenzen (Rn. 15 f.). Das gilt vor allem für die Zeitspanne,

---

[137] *Ekkenga* AG 2001, 567, 569.

[138] *Kort*, FS Lutter, 2000, S. 1421, 1444 f.

[139] Anders *Winter/Harbarth* ZIP 2002, 1, 11, die stattdessen eine Rechtfertigung nach Maßgabe von Abs. 1 Satz 2, 3. Fall in Erwägung ziehen, wenn der Aufsichtsrat – im Gegensatz zum Vorstand – Verteidigungsabsichten hegt.

[140] BGHZ 135, 244, 255; *Winter/Harbarth* ZIP 2002, 1, 10.

[141] Die Übernahme durch einen Konkurrenzanbieter wird oft auch als „Abwehrfusion" bezeichnet, siehe *Schwennicke* in *Geibel/Süßmann* Rn. 48.

[142] *Hopt* in GroßKommAktG Rn. 126; *Winter/Harbarth* ZIP 2002, 1, 4; krit. *Dimke/Heiser* NZG 2001, 241, 258.

[143] *Steinmeyer/Häger* Rn. 18; *Winter/Harbarth* ZIP 2002, 1, 4; *Hopt*, FS Lutter, 2000, S. 1361, 1391; für Qualifizierung als Ausnahme vom Vereitelungsverbot dagegen *Hirte* ZGR 2002, 623, 638. Die Grenze von der Förderungs- zur Vereitelungsstrategie ist sicher überschritten, wenn der Vorstand den Konkurrenzbieter mit (neuen) Aktien der Zielgesellschaft bedient und dieser dadurch zum „White Squire" mutiert, vgl. *Röh* in *Haarmann/Riehmer/Schüppen* Rn. 119.

[144] Vgl. *Oechsler* NZG 2001, 817, 822.

in der sich ein konkretes Übernahmeangebot bereits abzeichnet und dem Vorstand bekannt geworden, aber noch nicht veröffentlicht ist.[145] Gegen die Unterstützung des Konkurrenzbieters im Rahmen einer Due-Diligence-Prüfung bestehen keine grundsätzlichen Bedenken (§ 10 Rn. 32 ff.), doch gilt dies nur unter dem Vorbehalt, dass auch der Erstbieter Einblick erhält. Das gebietet der kapitalmarktrechtliche Gleichbehandlungsgrundsatz, und zwar unabhängig davon, ob der Bieter schon Aktionär ist (dann gilt § 3 Abs. 1) oder nicht.[146] Unterwirft man **Aktienrückkäufe der Zielgesellschaft** den §§ 10 ff., so können auch sie nach Abs. 1 Satz 2, 2. Fall gerechtfertigt sein (Rn. 95).

In zeitlicher Hinsicht ist der Ermächtigungsumfang – entgegen dem   **55** insoweit missverständlichen Gesetzestext – nicht auf die Phase des Übernahmekampfes beschränkt. Denn es besteht kein vernünftiger Anlass, den Vorstand an der Anwerbung von Konkurrenzbietern zu hindern, wenn er schon vor der Angebotsankündigung von der Übernahmeabsicht des Bieters erfährt. Ebenso muss der Vorstand vorbeugende Vorkehrungen dafür treffen dürfen, dass bei Bekanntwerden des Übernahmeangebots rasch ein Konkurrenzangebot unterbreitet werden kann.[147]

3. Maßnahmen mit Zustimmung des Aufsichtsrats (Abs. 1 Satz 2,   **56** **3. Fall). a) Allgemeines.** Die auf Anraten des Finanzausschusses nachträglich eingefügte Ermächtigungsklausel (Rn. 1) bezieht sich auf **abwehrgerichtete Maßnahmen** (Verteidigungsmaßnahmen) repressiver Art. Eine Ausnahme gilt für Verteidigungsmaßnahmen zum Zwecke der **Gefahrenabwehr**, die weiterhin nach Aktienrecht zu beurteilen sind (Rn. 68 ff.). Nicht erfasst sind ferner (lediglich) **abwehrgeeignete Maßnahmen**, deren Rechtmäßigkeit sich nach Abs. 1 Satz 2, 1. Fall richtet[148] (Rn. 45).

b) Ermächtigungsumfang. Der **sachliche Ermächtigungsumfang** be-   **57** schränkt sich auf Aktivitäten, die nach Aktienrecht Gegenstand der Geschäftsführung sind. Abs. 1 Satz 2, 3. Fall stützt mithin im Wesentlichen die Übernahmeabwehr im Wege vermögensverwaltender Maßnahmen (Rn. 113 ff.), während kapitaländernde Entscheidungen zu Verteidigungszwecken primär der HV obliegen (Abs. 2, siehe Rn. 63, 96 ff., 102). Abs. 1 Satz 2, 3. Fall erweitert auch nicht die dem Vorstand von der HV verliehene Ausübungskompetenz – etwa mit der Folge, dass jener ein ihm zu Finanzierungszwecken genehmigtes Kapital nunmehr zu Abwehrzwecken einsetzen könnte (Rn. 51). Eine Erweiterung erfährt die Geschäftsführungskompetenz des Vorstands allerdings insofern, als er aktienrechtlich zur gezielten Einwirkung auf das Aktionariat keineswegs – auch nicht unter Beschränkung auf Maßnahmen der Mittelverwendung – berufen ist (Rn. 6). Der **zeitliche Ermächtigungsumfang** ist

---

[145] Gefahr der Strafbarkeit wegen Verstoßes gegen § 14 WpHG, vgl. *Assmann/Cramer* in *Assmann/Schneider* § 14 WpHG Rn. 88.

[146] Sehr str.; vgl. *Hirte* ZGR 2002, 623, 640; aA *Assmann* ZGR 2002, 697, 708; *Hopt*, FS Lutter, 2000, S. 1361, 1396. Umgekehrt hat der Konkurrenzbieter Anspruch auf Gleichbehandlung, wenn dem Erstbieter vor dem Scheitern der Übernahmeverhandlungen Informationen zugeflossen sind, vgl. *Maier-Reimer* ZHR 165 (2001), 258, 264; rechtsdogmatische Einzelheiten bei *Fleischer* ZIP 2002, 651, 654.

[147] *Winter/Harbarth* ZIP 2002, 1, 5.

[148] Ebenso *U. H. Schneider* AG 2002, 125, 129.

begrenzt auf die Dauer des Übernahmekampfes. Eine analoge Anwendung der Vorschrift im Vorfeld kommt nicht in Betracht (Rn. 31).

58 **c) Bindung des Vorstands an das Unternehmensinteresse.** In den Fällen des Abs. 1 Satz 2, 3. Fall ist der Vorstand – ebenso wie bei der Fortführung des Unternehmens während des Übernahmekampfes (Rn. 47) – an das Unternehmensinteresse gebunden, da er seine Zuständigkeit nicht von der HV ableitet, sondern kraft eigener Geschäftsführungsbefugnis handelt. Anders jedoch als bei Abs. 1 Satz 2, 1. Fall (Rn. 47 ff.) unterliegt die Entscheidung der **vollen richterlichen Überprüfung**. Die Zuerkennung eines Ermessensspielraumes nach Maßgabe des ARAG-Urteils des BGH[149] kommt nicht in Betracht, weil diese Grundsätze nicht passen, wenn sich der Vorstand in einem Interessenkonflikt befindet.[150] Ein solcher Konflikt ist typischerweise anzunehmen, wenn sich das Übernahmeverfahren kontrovers entwickelt und der Vorstand Maßnahmen ergreift, die nicht im Tagesgeschäft bzw. in der Geschäftsplanung bereits angelegt sind.

59 Den hiergegen im Schrifttum geäußerten **Bedenken** ist nicht zu folgen. Insbesondere wird man nicht durchweg danach differenzieren können, ob nach den Umständen des Einzelfalles ein Interessenkonflikt vorliegt oder nicht.[151] Denn die Konfliktvermutung meint den Vorstand als Organ, während die möglichen „Entlastungsgründe" regelmäßig einzelne Vorstandsmitglieder betreffen werden.[152] Ein gewisser Widerspruch verbleibt allerdings insofern, als die in § 3 Abs. 3 angeordnete „Bindung" an das Unternehmensinteresse (siehe dort Rn. 21 ff.) insofern missverständlich ist, als sie gerade keine Einschränkung, sondern eher eine Ausweitung des Entscheidungsspielraums bewirkt. Das liegt an der komplexen Natur dieses Beurteilungskriteriums, namentlich daran, dass es für die Gewichtung einzelner von ihm umfasster Partikularinteressen (shareholder value, Arbeitnehmer- oder Gläubigerinteressen) keine allgemein verbindliche Rangordnung gibt.[153] Dieses Problem lässt sich nur lösen, indem man dem Anteilseignerinteresse in bestimmten Situationen (ausnahmsweise) den Vorrang einräumt (näher Rn. 60).

60 Die **Inhaltskontrolle** umfasst stets eine **Zweckmäßigkeitsprüfung**, das heißt die Maßnahme muss zur Bewahrung und Förderung des erwerbswirtschaftlichen Gesellschaftszwecks **geeignet** sein. Erforderlich und ausreichend ist eine dahingehende Plausibilitätskontrolle anhand der vom Vorstand darzulegenden entscheidungserheblichen Umstände.[154] Dabei wird er sich auf die nach § 11 Abs. 3 Nr. 3 publizierten geschäftlichen Absichten des Bieters bezie-

---

[149] BGHZ 135, 244, 253.

[150] Ebenso *Steinmeyer/Häger* Rn. 22; *Hopt* ZHR 166 (2002), 383, 428; *Hirte* ZGR 2002, 623, 642; *Winter/Harbarth* ZIP 2002, 1, 9.

[151] So aber *Winter/Harbarth* ZIP 2002, 1, 9 f.

[152] Siehe die Beispiele bei *Winter/Harbarth* ZIP 2002, 1, S. 9: Erwartung des alsbaldigen Ruhestands; umfangreicher Aktienbesitz einzelner Vorstandsmitglieder.

[153] Eben weil die Bindung an das Unternehmensinteresse zu einem Machtzuwachs der Verwaltung führt, steht das Bewertungskriterium in der Kritik, siehe § 3 Rn. 21.

[154] Ebenso *Winter/Harbarth* ZIP 2002, 1, 10, die jedoch weitergehend die Darlegung eines „dringenden Interesses" verlangen.

hen können. Es lässt sich wie folgt abstufen: (1) Droht eine substantielle Schädigung der Zielgesellschaft durch den Bieter, so ist das Verhalten des Vorstands bereits unter dem Aspekt der Gefahrenabwehr gerechtfertigt (Rn. 68 ff.). (2) Zweckmäßig im Sinne des Shareholder-value-Gedankens ist die Abwehrmaßnahme vor allem dann, wenn die Pläne des Bieters im Vergleich zu denen der Zielgesellschaft eine Verschlechterung der Ertragslage erwarten lassen.[155] (3) Führt die Vergleichsbetrachtung zu keinem eindeutigen Ergebnis, so wird man dem Vorstand nicht verwehren können, die Maßnahme mit sonstigen Schutzbelangen, insbes. mit der drohenden Vernichtung von Arbeitsplätzen zu begründen. (4) Ist dagegen das Bieterkonzept betriebswirtschaftlich überlegen, so muss der darin vorgesehene Personalabbau hingenommen werden, denn die Anteilseignerinteressen haben Vorrang.[156] (5) Erst recht hat die Maßnahme zu unterbleiben, wenn sie ihrerseits zu Vermögensnachteilen der Zielgesellschaft führt (Schädigungsverbot). Die Verfolgung einer „Politik der verbrannten Erde", etwa durch Veräußerung wertvoller Aktiva unter Wert für den Fall der Kontrollübernahme (Rn. 113), ist dem Vorstand daher schlechthin untersagt.[157]

Wenn – und nur wenn – sich die Verteidigung tatsächlich zum Nachteil der   **61**
verkaufsbereiten Aktionäre auswirkt,[158] schließt sich eine **Eingriffskontrolle** an. Deren Maßstäbe richten sich nach den allgemeinen Grundsätzen.[159] Der mit der Erfolgsvereitelung verbundene Eingriff in die individuelle Rechtsposition der Aktionäre (Rn. 11) bedarf also der sachlichen Rechtfertigung. Der von der beklagten Partei darzulegende Verteidigungsgrund muss nicht nur **geeignet** sein iSd. Zweckmäßigkeitskontrolle. Er muss auch **erforderlich** sein, was nicht der Fall ist, wenn das Verteidigungsziel auch durch eine weniger einschneidende Maßnahme erreicht werden könnte. Schließlich muss die Abwehr unter Berücksichtigung der beschriebenen Eingriffswirkung **angemessen** sein, dh. es bedarf einer Abwägung der individuellen Aktionärsinteressen gegen das Interesse der Gesellschaft.[160] Im Ergebnis muss das Gesellschaftsinteresse deutlich überwiegen.[161] Für die Gewichtung des Aktionärsinteresses kommt es vor allem auf das Maß der Behinderung an, die von der Maßnahme ausgeht,[162] ferner auf die Höhe bzw. Attraktivität der vom Bieter angebotenen Gegenleistung.[163]

---

[155] In der Sache übereinstimmend *Maier-Reimer* ZHR 165 (2001), 258, 267.

[156] *Dimke/Heiser* NZG 2001, 241, 245; ähnlich *Winter/Harbarth* ZIP 2002, 1, 10; wohl auch *Schwennicke* in *Geibel/Süßmann* Rn. 17.

[157] *Maier-Reimer* ZHR 165 (2001), 258, 265; *Hopt*, FS Lutter, 2000, S. 1361, 1389.

[158] Das ist anhand der unter Rn. 20 genannten Kriterien zu überprüfen.

[159] Vgl. zB zur Inhaltskontrolle der Ausübungsentscheidung nach § 203 Abs. 2 Satz 1 AktG (Ausschluss des gesetzlichen Bezugsrechts auf Aktien) *Hüffer* AktG § 203 Rn. 35 mwN.

[160] Ebenso *Winter/Harbarth* ZIP 2002, 1, 10; ausführlich zu den Abwägungskriterien *Maier-Reimer* ZHR 165 (2001), 258, 266 ff.; allgemein *Schwennicke* in *Geibel/Süßmann* Rn. 21 ff.

[161] *Winter/Harbarth* ZIP 2002, 1, 10.

[162] *Maier-Reimer* ZHR 165 (2001), 258, 267.

[163] Ebenso – wenngleich in anderem Zusammenhang – *Maier-Reimer* ZHR 165 (2001), 258, 272 f.

62   **d) Zustimmung des Aufsichtsrats.** Die nach Abs. 1 Satz 2, 3. Fall einzu-
holende Zustimmung des Aufsichtsrats ist eine unternehmerische Entscheidung, an die die gleichen Maßstäbe anzulegen sind wie an die Entscheidung
des Vorstands.[164] Ein kontrollfreier Beurteilungsspielraum steht dem Aufsichtsrat ebenso wenig zu wie dem Vorstand.[165] Die Delegation der Entscheidung an einen Ausschuss ist zulässig.[166] Die Zustimmung muss vorher erteilt
sein; eine nachträgliche Billigung genügt nicht.[167] Eine im Vorhinein erteilte
Generalzustimmung entspricht ebenfalls nicht den gesetzlichen Anforderungen, weil die für die Interessenabwägung maßgeblichen Aspekte zu diesem
Zeitpunkt noch nicht bekannt sind und sich der Aufsichtsrat seiner Kontrollfunktion daher selbst begeben würde.[168] Eine Zustimmungsersetzung durch
die HV analog § 111 Abs. 4 Satz 3 bis 5 AktG kommt nicht in Betracht.[169] Der
direkte Anwendungsbereich der Vorschrift lässt sich jedoch durch Rezeption
des gesetzlichen Zustimmungsvorbehalts per Bestimmung des Aufsichtsrats
oder per Satzung eröffnen (§ 111 Abs. 4 Satz 2 AktG).[170]

63   **e) Verhältnis zur Beschlusskompetenz der HV.** Die Abwehrermäch-
tigung nach Abs. 1 Satz 2, 3. Fall ersetzt nicht einen nach Aktienrecht erforderlichen **Ermächtigungsbeschluss** der HV;[171] insofern verhält es sich wie bei
Abs. 1 Satz 2, 1. Fall (Rn. 50). Im Gegensatz zu dort muss aber der Ermächtigungsbeschluss stets außerdem den Anforderungen des Abs. 2 genügen. Eine
nicht auf den Verteidigungsfall ausgerichtete Ermächtigung, bspw. die Bewilligung eines genehmigten Kapitals zu Finanzierungszwecken, reicht nicht aus
(Rn. 51). Die Zustimmung des Aufsichtsrats ist dann aufgrund Abs. 2 Satz 4
einzuholen. Abs. 1 Satz 2, 3. Fall ist damit auf Maßnahmen beschränkt, die,
würden sie nicht zu Verteidigungszwecken eingesetzt, Gegenstand der aktienrechtlichen Geschäftsführungsbefugnis wären (Rn. 57). Zur Kompetenz der
HV für ad hoc gefasste **Initiativbeschlüsse** siehe Rn. 77 f., 89.

64   Die Annahme einer „Holzmüller-Kompetenz" der HV für die Fassung von
Legitimationsbeschlüssen liegt insofern nahe, als die Vereitelung der Anteilsübernahme in individuelle Vermögensinteressen der Aktionäre eingreift[172]
(siehe Rn. 11). Demnach hätte der Vorstand die Zustimmung der HV zu einer

---

[164] Ähnlich verhält es sich im Falle des § 111 Abs. 4 Satz 2 AktG, vgl. BGHZ
135, 254 f. „ARAG"; *Winter/Harbarth* ZIP 2002, 1, 11.

[165] *Winter/Harbarth* ZIP 2002, 1, 11; *Krause* BB 2002, 1053, 1059.

[166] *Hirte* ZGR 2002, 623, 645; *Seibt* DB 2002, 529, 531; aA *Steinmeyer/Häger*
Rn. 39: Ausschlussgrund analog § 107 Abs. 3 Satz 2 AktG.

[167] *Röh* in *Haarmann/Riehmer/Schüppen* Rn. 129; *Winter/Harbarth* ZIP 2002, 1, 8;
aA *Hirte* ZGR 2002, 623, 644.

[168] *Winter/Harbarth* ZIP 2002, 1, 8; großzügiger *Hirte* ZGR 2002, 623, 644, der
eine auf bestimmte Bedingungen zugeschnittene Pauschalermächtigung akzeptiert.

[169] *Ekkenga*, FS Kümpel, 2003, S. 95, 109.

[170] *Hirte* in Kölner Komm. Rn. 71.

[171] Zutr. *Hirte* in Kölner Komm. Rn. 82; *Geibel/Süßmann* BKR 2002, 52, 66; aA
wohl *Röh* in *Haarmann/Riehmer/Schüppen* Rn. 121: Zustimmung des Aufsichtsrates
bewirkt Übergang der Kompetenz von der HV auf den Vorstand.

[172] Hierzu bereits *Ekkenga* AG 2001, 567, 574 zu § 33 RegE; *Dimke/Heiser* NZG
2001, 241, 250 f.

abwehrgerichteten Maßnahme stets dann einzuholen, wenn zu erwarten ist, dass sich der Bieter alsdann von seinem Übernahmeangebot zurückzieht. Die von der HV in den „Holzmüller-Fällen" ausgeübte Kontrollfunktion ist jedoch nach dem Willen des Gesetzgebers vom Aufsichtsrat wahrzunehmen. Abs. 1 Satz 2, 3. Fall ist eine Spezialregelung, die die Anwendung der Holzmüller-Doktrin ausschließt, sofern die Mitwirkungsbefugnis der HV mit dem Vereitelungseffekt selbst begründet werden soll.[173] Denn ein Nebeneinander von HV- und Aufsichtsratskompetenz macht offenbar keinen Sinn und widerspräche dem organisationsrechtlichen Prinzip der Ausschließlichkeit von Kompetenzzuweisungen.[174] Dem Vorstand bleibt es unbenommen, nach § 119 Abs. 2 AktG von sich aus auf einen Legitimationsbeschluss der HV hinzuwirken.[175] Er kann sich zu diesem Zweck der verfahrenstechnischen Erleichterungen des § 16 Abs. 3, 4 bedienen. Nach Ziff. **3.7 DCGK** „sollte" der Vorstand „in angezeigten Fällen" diesen Weg gehen.[176]

An den Vorstand gerichtete **satzungsmäßige Vereitelungsverbote**[177] sind   **65** unzulässig, wenn man der hier vertretenen Ansicht folgt, dass die Entscheidung über das Ob der Verteidigung gemäß Abs. 1 Satz 2, 3. Fall grundsätzlich von der Geschäftsführungsbefugnis gedeckt ist (Rn. 6). Denn in den Umfang der dem Vorstand verliehenen Leitungsmacht kann durch die Satzung nicht eingegriffen werden.[178]

f) Verfassungsmäßigkeit. Im Schrifttum wird diskutiert, ob die Allein-   **66** kompetenz von Vorstand und Aufsichtsrat, ohne Zustimmung der HV in vermögenswerte Positionen der Aktionäre einzugreifen, mit Art. 14 GG vereinbar ist. Die Frage stellt sich vor allem für Gesellschaften mit mitbestimmten Aufsichtsräten, von denen die Bereitschaft zur Wahrnehmung von Anteilseignerinteressen noch weniger zu erwarten ist.[179] Letztlich dürfte zu unterscheiden sein: Materiellrechtliche Nachteile haben die betroffenen Aktionäre nicht zu befürchten, wenn man die Entscheidung von Vorstand und Aufsichtsrat mit der hier vertretenen Ansicht der richterlichen Eingriffskontrolle unterwirft (Rn. 61). Das bringt den schutzbetroffenen Gesellschaftern aber nur dann einen Nutzen, wenn ihnen die gleichen Klagemöglichkeiten zuteil werden, die ihnen gegenüber einem zustimmenden HV-Beschluss eröffnet wären.[180]

---

[173] *Ekkenga/Hofschroer* DStR 2002, 724, 734; aA *Hopt* ZHR 166 (2002), 383, 425; *Zschocke* DB 2002, 79, 83; *Geibel/Süßmann* BKR 2002, 52, 66; unentschlossen *Winter/Harbarth* ZIP 2002, 1, 9.

[174] Ähnlich wohl *Merkt* ZHR 165 (2001), 224, 253 („systemfremde Besonderheit des Übernahmerechts"); *Grunewald* AG 2001, 288, 290.

[175] Zu den Konsequenzen, insbes. zur Frage, ob der Vorstand daraufhin gemäß § 83 Abs. 2 AktG einer Ausführungspflicht unterliegt, siehe Rn. 78.

[176] Kritisch im Hinblick auf die weiche Formulierung *Hopt* ZHR 166 (2002), 383, 428 f.

[177] *Mülbert/Birke* WM 2001, 705, 710: „Sitting-Duck"-Klausel.

[178] *Mertens* in Kölner Komm. Vorb. § 76 Rn. 21; ebenso *Steinmeyer/Häger* Rn. 31.

[179] *Steinmeyer/Häger* Rn. 23; *Winter/Harbarth* ZIP 2002, 1, 8; *Hirte* ZGR 2002, 623, 643; für Verfassungswidrigkeit: *Zschocke* DB 2002, 79, 82 f.; Bedenken auch bei *Cahn/Senger* Finanz Betrieb 2002, 277, 289; dagegen *Schneider* AG 2002, 125, 129.

[180] Zu diesen Zusammenhängen *Ekkenga* AG 2001, 567, 577.

V. Sonstige Ermächtigungstatbestände

67   **1. Ermächtigung durch die HV.** Handelt der Vorstand in Ausübung einer HV-Ermächtigung, so bestimmt sich der Umfang seiner Ausübungsbefugnis grundsätzlich nach den Vorgaben im Ermächtigungsbeschluss. Der Umfang der dem Vorstand originär zuerkannten Geschäftsführungsbefugnis ist dagegen nicht maßgeblich.[181] Daraus folgt: (1) Richtet sich die Ermächtigung auf eine (lediglich) abwehrgeeignete Maßnahme, bspw. auf eine Kapitalerhöhung zu Finanzierungszwecken oder auf einen Aktienrückkauf zum Zwecke des Liquiditätsabbaus, so ist Rechtsgrundlage seiner Entscheidung der Ermächtigungsbeschluss, nicht die ihm kraft Gesetzes verliehene Geschäftsführungsbefugnis. Abs. 1 Satz 2, 1. Fall ist dann nicht Ermächtigungsgrundlage, sondern stellt nur klar, dass der Beginn des Übernahmekampfes nicht schon per se ein Ausübungshindernis darstellt (Rn. 50). (2) Beabsichtigt der Vorstand, eine zunächst kampfneutrale Ermächtigung nach Beginn des Übernahmekampfes zu Abwehrzwecken auszunutzen, so bedarf er hierfür einer weiteren, legitimierenden HV-Ermächtigung, die allerdings nicht den Anforderungen des Abs. 2 genügen muss (Rn. 89). Abs. 1 Satz 2, 3. Fall kann die zweite Ermächtigung nicht ersetzen (Rn. 51). (3) Kann der Vorstand auf einen präventiven Ermächtigungsbeschluss nach Abs. 2 zurückgreifen, so ist sein Handlungsspielraum wegen des dort verankerten Bestimmtheitsgrundsatzes im Zweifel geringer. Seine Entscheidung unterliegt der richterlichen Eingriffskontrolle, so als hätte die HV selbst entschieden (Rn. 86). Die **Zustimmung des Aufsichtsrats** ist nur in Abs. 2 Satz 4 ausdrücklich vorgesehen, sie wird aber auch in sonstigen Fällen oft erforderlich sein (siehe zB § 204 Abs. 1 Satz 2 AktG).

68   **2. Aktienrechtliche Ermächtigung zur Gefahrenabwehr. a) Rechtsgrundlage.** Zu den aktienrechtlichen Aufgaben des Vorstandes gehört es, die Gesellschaft vor Nachteilen zu bewahren, die ihr im Falle der Übernahme durch den Bieter zugefügt werden könnten. Gemäß § 93 Abs. 1 Satz 1 AktG besteht nicht nur eine dahingehende Handlungsermächtigung, sondern eine **Schutzpflicht**, für deren Verletzung der Vorstand der AG haftet.[182] Das WpÜG enthält hierzu keine Regelung, sondern belässt es bei der Anwendung des Aktienrechts. Ein Zustimmungsvorbehalt zugunsten des Aufsichtsrats nach Abs. 1 Satz 2, 3. Fall besteht nicht, da sich der Aufsichtsrat einer aus Gründen der Gefahrenabwehr gebotenen Maßnahme ohnehin nicht verschließen darf.[183]

69   **b) Mögliche Gefährdungstatbestände.**[184] Die Schutzpflicht greift ein, wenn das **Vermögensinteresse** der Gesellschaft betroffen ist. Die Mehrheits-

---

[181] *Ekkenga* AG 2001, 567, 569 f.

[182] *Hopt* in GroßKommAktG § 93 Rn. 122 ff., 125; *Mertens* in Kölner Komm. § 76 Rn. 26, jew. mwN.

[183] Ebenso *Schwennicke* in *Geibel/Süßmann* Rn. 16; *Ekkenga/Hofschroer* DStR 2002, 724, 733; aA *Steinmeyer/Häger* Rn. 22; *Winter/Harbarth* ZIP 2002, 1, 4.

[184] Umfassender Überblick bei *van Aubel,* Vorstandspflichten bei Übernahmeangeboten, 1996, S. 42 ff.

und/oder Kontrollübernahme muss konkret erwarten lassen, dass der AG erhebliche Nachteile drohen, die ihr der Bieter als Außenstehender nicht zufügen könnte[185] (Rn. 70 ff.). Keineswegs reicht es aus, dass der Eintritt einer Abhängigkeitslage im Sinne des § 17 AktG – und damit eine Bedrohung der **Autonomieinteressen** der Gesellschaft – bevorsteht. Anderenfalls wäre das Vereitelungsverbot des Abs. 1 Satz 1 vollständig ausgehebelt, da allein der Mehrheitsbesitz die Abhängigkeitsvermutung des § 17 Abs. 2 AktG auslöst. „Gefahrenabwehr" wäre dann praktisch gleichbedeutend mit „Übernahmeabwehr".[186] Ebenfalls nicht schutzbedürftig ist das **Bestandsinteresse** der Gesellschaft, wenn der Bieter ihre Existenz mit systemkonformen Mitteln (Herbeiführung eines Auflösungsbeschlusses, Verschmelzung auf eine andere Gesellschaft) beendigen möchte. Denn dann gibt es schon im (sonstigen) Aktien- und Umwandlungsrecht ausreichende Mittel, um die Betroffenen vor Benachteiligungen zu schützen,[187] und ein eventuelles Interesse der Öffentlichkeit am Fortbestand der Gesellschaft vermag eine Übernahmeabwehr nicht zu rechtfertigen.[188]

c) Drohende Beeinträchtigung von Vermögensinteressen. Eine Vermögensgefährdung liegt auf der Hand, wenn im Falle einer Übernahme **Wettbewerbsnachteile** für die Zielgesellschaft zu befürchten sind, die mit einem schlechten „Standing" des Bieters zu tun haben. Besonders krasse Beispiele sind Expansionsbestrebungen einer internationalen Verbrechensorganisation oder eines Geldwäscheinstituts,[189] ferner Übernahmeabsichten eines Bieters, der dafür bekannt ist, dass er zu den „schwarzen Schafen" der Branche gehört.[190]   **70**

Streitig ist, ob und inwieweit schon die **Gefahr einer schädigenden Einflussnahme des Bieters** auf die Geschicke des Zielunternehmens den Verteidigungsfall auslöst. Die wohl hM nimmt an, dass der Vorstand jedenfalls bei **drohenden Gesetzesverstößen** einschreiten darf, so wenn der Bieter sich anschickt, zum Zwecke der Kaufpreisfinanzierung auf das Vermögen der Zielgesellschaft zuzugreifen,[191] oder wenn seine Strategie aus anderen Gründen die Ausübung einer vermögensschädigenden und nach §§ 311 ff. AktG gesetzes-   **71**

---

[185] *Hopt* in GroßKommAktG § 93 Rn. 125; *ders.* ZGR 1993, 534, 554.

[186] *Dimke/Heiser* NZG 2001, 241, 247; *Hopt* in GroßKommAktG § 93 Rn. 124; *Mülbert* IStR 1999, 83, 89; wohl auch *Mertens* in Kölner Komm. § 76 Rn. 26; *Altmeppen* ZIP 2001, 1073, 1075 f.

[187] MünchKommAktG/*Oechsler* § 71 Rn. 106; *Hopt* in GroßKommAktG § 93 Rn. 124, jew. mwN. Aus dem gleichen Grund sind Auflösungs- und Umwandlungsbeschlüsse von einer Inhaltskontrolle nach Zweckmäßigkeitskriterien ausgenommen, s. BGHZ 103, 184, 189 ff. „Linotype".

[188] *Hopt* in GroßKommAktG § 93 Rn. 124; *ders.* ZGR 1993, 534, 552 f.; *Mülbert* IStR 1999, 84; aA *Kort*, FS Lutter, 2000, S. 1435.

[189] *Mertens* in Kölner Komm. § 76 Rn. 26; *Hopt* in GroßKommAktG § 93 Rn. 125; aA *Dimke/Heiser* NZG 2001, 241, 247; *Rümker*, FS Heinsius, 1991, S. 691.

[190] *Maier-Reimer* ZHR 165 (2001), 258, 271; *Hopt* ZGR 1993, 534, 535; *Kort*, FS Lutter, 2000, S. 1421, 1436 f.

[191] Verstoß gegen § 71a AktG, vgl. *Hüffer* AktG § 71a Rn. 3; *Lutter/Wahlers* AG 1989, 1, 8 ff. Für Abwehrbefugnis in solchen Fällen *Mertens* in Kölner Komm. § 76 Rn. 26; *Maier-Reimer* ZHR 165 (2001), 258, 272; ablehnend *Rümker*, FS Heinsius, 1991, S. 683, 691 f.

widrigen Konzernherrschaft erwarten lässt.[192] Dem wird entgegengehalten, Gesetzesverstöße seien nach den für sie geschaffenen Bestimmungen zu ahnden, nicht aber mit Hilfe des Übernahmerechts zu unterbinden.[193] Jedoch schließt die Sanktionsbewehrtheit einer rechtmäßigen Konzernherrschaft die grundsätzliche Akzeptanz einer **präventiven Konzerneingangskontrolle** nicht aus. Das WpÜG leistet einen solchen Präventivschutz im Interesse der Aktionäre der Zielgesellschaft namentlich in § 32, und es ist nicht einzusehen, warum das Interesse der Zielgesellschaft hier außen vor bleiben sollte[194] (§ 3 Abs. 3; siehe aber dort Rn. 17 f.).

72   Zu weit geht es allerdings, dem Vorstand immer dann grünes Licht zu erteilen, wenn nach seiner Meinung die bevorstehende Abhängigkeitslage (vgl. § 17 AktG) **nachteilige Auswirkungen auf die Vermögens-, Finanz- und Ertragslage** der Zielgesellschaft befürchten lässt.[195] Kontroversen um die Vor- oder Nachteile beabsichtigter Strukturänderungen, eines Branchenwechsels oder bestimmter Geschäftsstrategien sind nach Maßgabe von §§ 27, 28 auszutragen. Will der Vorstand die Übernahme verhindern in der Überzeugung, dass seine Politik derjenigen des Bieters überlegen ist, so muss er nach Abs. 1 Satz 2, 3. Fall vorgehen und um die Zustimmung des Aufsichtsrats nachsuchen (Rn. 60).

73   Für die **richterliche Überprüfbarkeit** der Gefahrenabwehr ist auf die Ausführungen zu Abs. 1 Satz 2, 3. Fall zu verweisen (Rn. 58 f.). Grundsätzlich geeignet iSd. Zweckmäßigkeitskontrolle sind Abwehrmaßnahmen, die sich gegen eine Einflussnahme des Bieters nach Vollzug der Mehrheitsübernahme richten. Anders ist es, wenn die Gefahr vom Eintritt des Bieters in den Mitgliederkreis selbst ausgeht (Rn. 70), so dass schon der Mehrheitserwerb unterbunden werden muss. Eine Einschätzungsprärogative des Vorstands ist ebenso wenig anzuerkennen wie in den sonstigen Fällen abwehrgerichteter Maßnahmen. Der mit der Angebotsvereitelung verbundene Eingriff in das Vermögensinteresse der Aktionäre ist durch die Gefahrenlage per se gerechtfertigt, denn dieses Vermögensinteresse ist nicht schutzwürdig, sofern es auf die Vorteilserlangung zum Schaden der Gesellschaft gerichtet ist.[196] Keineswegs geht es an, die Handlungsbefugnis des Vorstands davon abhängig zu machen, ob das Interesse des Aktionärs am „Exit" das Schutzinteresse der AG nach den Umständen des Einzelfalles überwiegt.[197] Anderenfalls wäre bspw. die Übernahme durch eine Mafiaorganisation hinzunehmen, sofern nur der von dieser angebotene Kaufpreis hoch genug ist.

---

[192] Für Abwehrbereitschaft bei drohender Ausplünderung *Hopt* in GroßKomm-AktG § 93 Rn. 125; *Maier-Reimer* ZHR 165 (2001), 258, 272.

[193] *Altmeppen* ZIP 2001, 1073, 1075 f.; *Assmann/Bozenhardt* S. 113 f.; *Adams* AG 1990, 243, 246; *Ebenroth/Daum* DB 1991, 1157, 1160; *Rümker*, FS Heinsius, 1991, S. 692; *van Aubel*, Vorstandspflichten bei Übernahmeangeboten, 1996, S. 49; krit. hierzu *Krause* WM 1996, 893, 897 f.

[194] Im Ergebnis auch *Mülbert* IStR 1999, 83, 89.

[195] So aber *Krieger* in *Henze/Hoffmann-Becking* (Hrsg.), Gesellschaftsrecht 2001, 289, 303 f.; anders mit Recht *Hopt*, FS Lutter, 2000, S. 1361, 1392; *van Aubel*, Vorstandspflichten bei Übernahmeangeboten, 1996, S. 45 f.

[196] *Schander/Posten* ZIP 1997, 1534, 1537; zust. *Merkt* ZHR 165 (2001), 224, 253.

[197] So aber offenbar *Maier-Reimer* ZHR 165 (2001), 258, 266 f., 272 f.

d) Ermächtigungsdauer. Im Unterschied zur Textfassung des Abs. 1 **74**
Satz 2 ist die aktienrechtliche Befugnis zur Gefahrenabwehr nicht auf die
Dauer des Übernahmekampfes beschränkt. Der Vorstand kann und muss schon
vor Unterbreitung eines Übernahmeangebots einschreiten, sofern ihm die
Identität des Übernahmeinteressenten und dessen spätere Absichten in bezug
auf die Zielgesellschaft bekannt sind.

VI. HV-Kompetenzen nach Abs. 2

1. Überblick, Abgrenzungsfragen. Organisationsrechtlich ist zwischen **75**
Ermächtigungs- und Sachentscheidungskompetenzen der HV zu unterscheiden. Abs. 2 befasst sich nur mit **Ermächtigungsbeschlüssen**, die dem Vorstand einen gewissen Handlungsspielraum verschaffen, den er kraft originärer
Zuständigkeit nicht hat. Die Ermächtigungskompetenz ist gegenüber dem bisherigen Aktienrecht insofern erweitert, als die HV nunmehr **keinerlei Neutralitätsbindung** mehr unterliegt (Rn. 76) und **Vorratsbeschlüsse** fassen
kann, mit denen sie dem Vorstand zu Präventionszwecken weitgehend freie
Hand gibt[198] (dazu unter Rn. 76). Auf präventive **Einzelermächtigungen**
und **Ad-hoc-Beschlüsse** zu repressiven Verteidigungszwecken ist Abs. 2 dagegen nicht anwendbar (dazu Rn. 89 f.). Allerdings lässt sich Abs. 2 entnehmen, dass der Gesetzgeber Sachentscheidungskompetenzen der HV zur Einleitung einer Abwehrmaßnahme (zB Kapitalerhöhung) oder Erteilung einer nach
§ 83 Abs. 2 AktG verbindlichen Handlungsanweisung an den Vorstand als
selbstverständlich vorausgesetzt (dazu Rn. 88). **Durchführungsbeschlüsse** in
diesem Sinne sind nur **Initiativbeschlüsse**, nicht auch **Legitimationsbeschlüsse**, mit denen die HV einer Abwehrinitiative des Vorstands lediglich zustimmt; letztere haben Ermächtigungscharakter, weil sie den Vorstand nicht
zum Handeln verpflichten (Rn. 78).

2. Kompetenzumfang. a) Ermächtigungskompetenzen. Abs. 2 Satz **76**
1–3 befasst sich mit **Vorratsermächtigungen zum Zwecke der präventiven Übernahmeabwehr.** Die Norm statuiert keine übernahmerechtliche
Sonderzuständigkeit der HV, sondern setzt deren Kompetenz nach Aktienrecht als gegeben voraus („Vornahme von Handlungen, die in die Zuständigkeit der Hauptversammlung fallen,…."; streitig, näher Rn. 77 f.). Allerdings
erfährt die aktienrechtliche Kompetenz eine Erweiterung in zweierlei Hinsicht: Zum einen entfallen diejenigen Beschränkungen, die die hM der
Hauptversammlung bislang aufgrund des Neutralitätsgebotes auferlegt hat;
insofern lässt sich von einer Ausweitung der Sachentscheidungskompetenz
sprechen (Rn. 6). Zum anderen kann die HV ihre aktienrechtliche Ermächtigungskompetenz – bspw. die Befugnis zur Bewilligung eines genehmigten

---

[198] Zutr. *Krause* BB 2002, 1053, 1056 f.; *Bayer* ZGR 2002, 588, 611. Nach Aktienrecht kann die HV zwar unter Umständen eine Kapitalerhöhung zu Abwehrzwecken beschließen, diese Entscheidungsbefugnis aber keinesfalls via genehmigtes
Kapital an den Vorstand weitergeben, vgl. *Lutter* in Kölner Komm. § 186 Rn. 71;
Ekkenga AG 2001, 615, 618.

Kapitals − nunmehr auch zu abwehrgerichteten Zwecken gebrauchen,[199] was ihr die hM bisher versagte.[200] Von Abs. 2 wohl nicht mehr gedeckt ist allerdings die Annahme einer allumfassenden Ermächtigungskompetenz, die der HV erlaubte, jede beliebige, ihr nach Aktienrecht überantwortete Sachentscheidung zu Abwehrzwecken an den Vorstand zu delegieren.[201] Der Einsatz abwehrgeeigneter Mittel aus sonstigem Anlass − so zB die Bewilligung eines genehmigten Kapitals zu Finanzierungszwecken − ist durch Abs. 2 nicht tangiert; die Vorschrift entfaltet insoweit auch keine Sperrwirkung für den Vorstand (Rn. 50).

77   **b) Sachentscheidungskompetenzen.** Manche Interpretationen des Abs. 2 lesen sich, als billigte man der HV eine Art **All- oder Auffangzuständigkeit** für alle Maßnahmen zu, die der Vorstand nicht nach Abs. 1 von sich aus durchführen darf.[202] Zugrunde liegt offenbar die Annahme, die aus dem Vereitelungsverbot resultierenden Handlungsbeschränkungen für den Vorstand seien gerade darauf zurückzuführen, dass es den Aktionären selbst überlassen bleiben müsse, über Annahme oder Ablehnung des Übernahmeangebots zu entscheiden.[203] Somit drohe, wenn es keine Auffangzuständigkeit der HV gebe, ein „Kompetenzvakuum" mit der Folge der Handlungsunfähigkeit der Zielgesellschaft.[204] Eine zweite Auffassung neigt dazu, der HV eine **konkurrierende Zuständigkeit** zuzuerkennen, die ihre Wirkung dann entfalte, wenn der Vorstand aufgrund seiner Interessenbindung an einer Abwehrmaßnahme gehindert sei. Insbes. könne die HV − anders als der Vorstand − ihre Entscheidungen ohne Rücksicht auf das Unternehmensinteresse

---

[199] Zutr. *Hirte* in Kölner Komm. Rn. 105.

[200] Vgl. zB zum genehmigten Kapital *Lutter* in Kölner Komm. § 186 Rn. 71; *Ekkenga* AG 2001, 615, 618.

[201] Anders *Steinmeyer/Häger* Rn. 26 ff.; auch *Schneider* AG 2002, 125, 131: Ermächtigung zur Entscheidung über den Bilanzgewinn oder Vorabgenehmigung eines abzuschließenden Unternehmensvertrages. Das Argument von *Steinmeyer/Häger* Rn. 28, nach der engen Auslegung hätte man auf die ausdrückliche Zulassung von Vorratsbeschlüssen auch verzichten können, ist allerdings nicht ganz von der Hand zu weisen. Das führt aber lediglich zu der Erkenntnis, dass die Zubilligung der Ermächtigungskompetenz neben der Erweiterung der Geschäftsführungsbefugnis in Abs. 1 Satz 2, 3. Fall lediglich klarstellende Funktion hat, vgl. *Ekkenga/Hofschroer* DStR 2002, 724, 733 f.

[202] Vgl. etwa *Hirte* ZGR 2002, 623, 646: „Wenn man ...... Abwehrmaßnahmen mit bloßer Zustimmung des Aufsichtsrats schon mangels dessen Kompetenz für unzulässig hält, folgt daraus zwingend, dass eine Hauptversammlung, die die Kompetenz besitzt, zulässig sein muss." Ähnlich wohl *Schwennicke* in *Geibel/Süßmann* Rn. 58, 75; *Winter/Harbarth* ZIP 2002, 1, 17; *Schneider* AG 2002, 125, 132 (Zuständigkeit der HV folge aus Abs. 1 Satz 1).

[203] Deutlich *Maier-Reimer* ZHR 165 (2001), 258, 275.

[204] *Schwennicke* in *Geibel/Süßmann* Rn. 15; vgl. oben Rn. 6; zur Fragwürdigkeit dieses Arguments siehe oben Rn. 5. Nach einer isoliert gebliebenen Auffassung von *Maier-Reimer* ZHR 165 (2001), 258, 275 ff. ist in solchen Fällen nicht „die HV" zuständig, sondern eine im Gesetz nicht vorgesehene „Versammlung der Angebotsadressaten", die mit einfacher Mehrheit entscheidet. Vgl. auch *Schwennicke* in *Geibel/ Süßmann* Rn. 76: „Ermächtigung zur Veräußerung wesentlicher Vermögensbestandteile"; ebenso *Steinmeyer/Häger* Rn. 32.

treffen.[205] Praktisch bedeutsam dürfte diese Theorie – soviel ist hinzuzufügen – vor allem dann werden, wenn von Seiten der Aktionäre einem „freundlichen" Übernahmeversuch begegnet werden soll, wenn also der Vorstand Abwehrmaßnahmen ablehnt. Ein dritter Begründungsansatz schließlich verweist auf die Rechtsprechung des BGH zur sog. **„Holzmüller-Kompetenz"** der HV.[206] Der Unterschied zu den beiden erstgenannten Auffassungen besteht vor allem darin, dass die Zuständigkeit der HV auf die Legitimation einer vorstandsseitigen Abwehrinitiative beschränkt ist, also keine eigene Abwehrinitiative erlaubt.[207] Erteilt die HV ihre Zustimmung, so ist der Vorstand nach hM gemäß § 83 Abs. 2 AktG zur Durchführung der Abwehrmaßnahme verpflichtet.[208]

Der letztgenannten Auffassung gebührt der Vorzug,[209] allerdings mit der **78** Maßgabe, dass der Vorstand in der Ausführung frei ist, wenn die HV ihre Zustimmung erteilt. Der Legitimationsbeschluss gehört nicht zu den „beschlossenen Maßnahmen" iSd. § 83 Abs. 2 AktG, sondern ist eine Reaktion der HV auf eine beschlossene Maßnahme des Vorstands. Dieser hätte die Initiative auch unterlassen können, so dass die Ausführungspflicht als Rechtsfolge nicht passt. Sachzuständigkeiten für Initiativbeschlüsse sind dagegen im Aktienrecht abschließend geregelt,[210] so dass es ggf. einer ausdrücklichen Ergänzungsregelung im WpÜG bedurft hätte. Abs. 2 enthält eine solche Regelung nicht; vielmehr wollte der Gesetzgeber die Vorschrift so verstanden wissen, dass die aktienrechtlichen Organzuständigkeiten im Wesentlichen übernommen werden.[211] Das Aktienrecht kennt indes **keine Allzuständigkeit bzw. Auffangkompetenz der HV in Übernahmefragen.** Im Gegenteil: Die hM tendiert dazu, die HV-Kompetenzen weiter einzugrenzen, etwa wenn es um die „Umwidmung" von Finanzierungsmaßnahmen zum Zwecke der Übernahmeabwehr geht. Das Recht zu einer solchen Umwidmung soll der HV nach hM

---

[205] So ausdrücklich *Schwennicke* in *Geibel/Süßmann* Rn. 57, 75; *Merkt* ZHR 165 (2001), 224, 253; *Kiem* ZIP 2000, 1509, 1515.

[206] BGHZ 83, 122.

[207] *Dimke/Heiser* NZG 2001, 241, 250 f.; *Mülbert* IStR 1999, 83, 87 ff.; *Kirchner* AG 1999, 481, 486.

[208] Vgl. statt anderer *Hüffer* AktG § 83 Rn. 5; *Mertens* in Kölner Komm. § 83 Rn. 7. Die Kommentierungen beziehen sich ausdrücklich nur auf die freiwillige Vorlage gemäß § 119 Abs. 2 AktG. Unter dieser Prämisse müsste aber den Vorstand eine Ausführungspflicht erst recht treffen, wenn er die Angelegenheit nach „Holzmüller" der HV vorlegen *muss*.

[209] Zur eingeschränkten Anwendbarkeit der „Holzmüller-Doktrin" im Rahmen der Öffnungsklausel des Abs. 1 Satz 2, 3. Fall siehe allerdings Rn. 64.

[210] Ebenso *Mülbert* IStR 1999, 83, 88.

[211] Gegen diese Grundannahme erhebt sich – soweit ersichtlich – bislang kein Widerspruch. Anders war wohl § 31 Abs. 3 Nr. 2 des Diskussionsentwurfes zu verstehen, der lautete: „Als Verstoß gegen die Pflicht nach Abs.1 gelten nicht Handlungen aufgrund eines Beschlusses der HV der Zielgesellschaft, der nach Veröffentlichung der Angebotsunterlage getroffen wurde." Als Pflichtverstoß bezeichnete Abs. 2 Nr. 3 insbesondere den „Abschluss von Rechtsgeschäften, die zur Folge hätten, dass der Aktiv- oder Passivbestand der Zielgesellschaft in bedeutender Weise geändert würde." (gleichlautend § 33 des RefE, dazu *Kiem* ZIP 2000, 1509, 1511, 1515).

nur zustehen, wenn für die AG Gefahr im Verzug ist.[212] An diesem Neutralitätsgebot für die HV hält der Gesetzgeber zwar, wie sich Abs. 2 mittelbar entnehmen lässt (Rn. 6), nicht mehr fest. Das bedeutet aber nicht, dass die HV fortan neben dem Vorstand oder an seiner Stelle über die Durchführung von Maßnahmen entscheiden kann, die Gegenstand der Geschäftsführungsbefugnis sind. Die Historie ist insoweit eindeutig: § 33 Abs. 1 Satz 1 der von der Bundesregierung Entwurfsfassung sah noch vor, dass Abwehrhandlungen von Vorstand und Aufsichtsrat unter den Vorbehalt einer Ermächtigung der HV gestellt werden sollten. Diese Allkompetenz hat man sodann auf Vorschlag des Finanzausschusses durch einen Zustimmungsvorbehalt zugunsten des Aufsichtsrats ersetzt[213] (Rn. 1).

79 **3. Anforderungen an den Ermächtigungsbeschluss. a) Formelle Anforderungen.** Präventive Vorratsbeschlüsse bedürfen einer **qualifizierten Mehrheit,** die mindestens $^3/_4$ des bei der Beschlussfassung vertretenen Grundkapitals umfasst, es sei denn, die Satzung bestimmt eine größere Kapitalmehrheit und/oder weitere Erfordernisse (Abs. 2 Satz 3). Eigenständige Bedeutung hat die Vorschrift nur dort, wo das Aktienrecht nicht ohnehin eine Kapitalmehrheit von $^3/_4$ vorschreibt, insbes. also für die Ermächtigung zum Aktienrückkauf nach § 71 Abs. 1 Nr. 8 AktG.[214] Verfügt der Bieter bereits über Stimmanteile, so kann er mitstimmen. Der zwischen Bieter und abwehrbereiten Gesellschaftern bestehende Interessenkonflikt reicht für die Annahme eines Stimmverbots nicht aus.[215] Kein formelles Beschlusserfordernis verbindet sich mit der **zeitlichen Begrenzung** bis zum Beginn des Übernahmekampfes in Abs. 2 Satz 1 („...vor dem in Absatz 1 Satz 1 genannten Zeitraum....“). Denn die HV kann auch nach Beginn des Übernahmekampfes beschließen (Rn. 89); ihre Einberufung unterliegt dann den erleichterten Voraussetzungen des § 16 Abs. 4 (§ 16 Rn. 21 ff.). Ist der Ermächtigungsbeschluss zugleich eine Satzungsänderung,[216] so kann die Einholung einer **aufsichtsbehördlichen Genehmigung** erforderlich sein.[217]

80 Geht es um ein Genehmigtes Kapital unter Ausschluss des gesetzlichen Bezugsrechts, so ist der Ermächtigungsbeschluss durch **schriftlichen Vorstandsbericht** über den Grund des Bezugsrechtsausschlusses vorzubereiten (§ 186 Abs. 4 Satz 2 iVm. § 203 Abs. 1 Satz 1, Abs. 2 Satz 2 AktG). Die „Siemens/Nold“-Judikatur des BGH, wonach eine allgemeine Umschreibung der Maßnahme gegenüber der HV genügt,[218] lässt sich auf die nach Abs. 2 Satz 1 erteilte

---

[212] Vgl. zum genehmigten Kapital *Ekkenga* AG 2001, 567, 573 mwN zum Meinungsstand, weitere Nachw. bei *Schwennicke* in *Geibel/Süßmann* Rn. 77.

[213] *Ekkenga,* FS Kümpel, 2003, S. 95, 104.

[214] Vgl. *Hüffer* AktG § 71 Rn. 19 d. Beim genehmigten Kapital ist die Rechtslage dagegen gleich, siehe § 202 Abs. 2 Satz 2, 3 AktG.

[215] *Winter/Harbarth* ZIP 2002, 1, 14; *Krieger* in *Henze/Hoffmann-Becking,* RWS-Forum 20, Gesellschaftsrecht 2001, S. 289, 315; krit. aus rechtspolitischer Sicht *Zschocke* DB 2002, 79, 82 f.

[216] Problematisierend *Hirte* in Kölner Komm. Rn. 112 f.

[217] Für Versicherungsunternehmen *Winter* VersR 2000, 1453, 1459 f. (Genehmigung kein Wirksamkeitserfordernis).

[218] BGHZ 136, 133, 139.

Ermächtigung nicht übertragen, weil abwehrgerichtete Kapitalmaßnahmen – im Gegensatz zu sonstigen – „der Art nach zu bestimmen" sind (Rn. 82). Im Hinblick auf die Eingriffswirkung der Übernahmeabwehr (Rn. 11) erscheint es gerechtfertigt, eine Berichtspflicht des Vorstands analog § 186 Abs. 4 Satz 2 AktG auch bei sonstigen Ermächtigungen anzunehmen, selbst wenn das Aktienrecht – wie etwa in den Fällen des Aktienrückkaufs (§ 71 Abs. 3 Satz 1 AktG) – lediglich eine Berichterstattung nach Ausübung vorsieht.[219] Der notwendige Berichtsinhalt bemisst sich nach den Kriterien des Bestimmtheitsgebotes nach Abs. 2 Satz 1. Insoweit sind die Lockerungen der Berichtspflicht, die der BGH im „Siemens/Nold"-Urteil dem Vorstand beim genehmigten Kapital zugestanden hat,[220] durch Abs. 2 Satz 1 überlagert.

b) Inhaltliche Anforderungen. Gemäß Abs. 2 Satz 2 beträgt die **Höchst-**   **81** **dauer der Ermächtigung** 18 Monate. Die Aufnahme der Zeitangabe im Ermächtigungsbeschluss ist zwingend; fehlt sie, so ist der Beschluss gemäß § 243 Abs. 1 AktG anfechtbar.[221] Keinesfalls geht es an, der HV die Absicht zu unterstellen, die Maximaldauer von 18 Monaten ausschöpfen zu wollen.[222]

Nach dem **Bestimmtheitsgebot** des Abs. 2 Satz 1 sind die Abwehrhandlun-   **82** gen im Beschluss „der Art nach zu bestimmen". Die im RegE ursprünglich vorgesehene, schärfere Formulierung, die Maßnahme sei „im Einzelnen" zu bestimmen, wurde auf Vorschlag des Bundesrates fallen gelassen.[223] Sinn und Zweck der Norm ist es, Blankettermächtigungen auszuschließen,[224] andererseits soll das Bestimmtheitsgebot dem Bieter nicht zu unerwünschten Einblicken in die Abwehrstrategie der Zielgesellschaft verhelfen.[225] Die Beschreibung ist daher nicht auf die Art der Abwehrhandlung zu beziehen. Das wäre auch ganz sinnlos, weil sich diese aus den aktienrechtlichen Vorgaben (Kapitalerhöhung, Rückkauf von Aktien) ohnehin ergibt.[226] Für die beschließenden Gesellschafter kommt es vielmehr darauf an, sich auf bestimmte Verteidigungsanlässe festzulegen. Als solche kommen in Betracht: Gefahrenabwehr (vgl. Rn. 68 ff.), Beibehaltung der bisherigen Geschäftsziele und – da die HV ihre Entscheidung nicht zwangsläufig am Unternehmensinteresse ausrichten

---

[219] *Hirte* in Kölner Komm. Rn. 116; *Schwennicke* in *Geibel/Süßmann* Rn. 60; *Herrmann*, Zivilrechtliche Abwehrmaßnahmen gegen unfreundliche Übernahmeversuche in Deutschland und Großbritannien, 1993, S. 113 f.; *Kort*, FS Lutter, 2000, S. 1432; aA *Weisner*, Verteidigungsmaßnahmen gegen unfreundliche Übernahmeversuche in den USA, Deutschland und nach europäischem Recht, 2000, S. 203 f.

[220] *Hüffer* AktG § 203 Rn. 11 mwN.

[221] AA *Hirte* in Kölner Komm. Rn. 121; *Schwennicke* in *Geibel/Süßmann* Rn. 78: Nichtigkeit gemäß § 241 Nr. 3 AktG.

[222] Insoweit übereinstimmend *Schwennicke* in *Geibel/Süßmann* Rn. 78.

[223] Stellungnahme des Bundesrates, BT-Drucks. 14/7034 S. 85.

[224] Begr. RegE BT-Drucks. 14/7034 S. 58.

[225] Stellungnahme des Bundesrates, BT-Drucks. 14/7034 S. 85.

[226] AA *Röh* in *Haarmann/Riehmer/Schüppen* Rn. 105; *Schwennicke* in *Geibel/Süßmann* Rn. 76; *Steinmeyer/Häger* Rn. 32, alle jedoch unter der impliziten (unzutreffenden) Annahme, die Ermächtigungskompetenz der HV umfasse auch Maßnahmen der Vermögensverwaltung, für die nach Aktienrecht der Vorstand zuständig ist, vgl. hierzu Rn. 77 f.

muss – allgemein der Schutz vor einer drohenden Abhängigkeitslage iSv. § 17 AktG[227] (vgl. aber auch Rn. 83).

83   Für eine **Eingriffskontrolle** von Vorratsbeschlüssen iSd. Abs. 2 Satz 1 besteht insofern Anlass, als schon die Existenz der Ermächtigung einen angebotsvereitelnden Abschreckungseffekt entfalten kann (Rn. 88). Doch fehlt es an Beurteilungskriterien, weil die für die Interessenabwägung maßgeblichen Daten (zB Person/Geschäftspläne des Bieters, Höhe des Übernahmeangebots) im Zeitpunkt der Beschlussfassung noch unbekannt sind.[228] Die damit einhergehende „Selbstentmachtung" der Gesellschafter ist durch inhaltliche Überprüfung der Ausübungsentscheidung auszugleichen (Rn. 86).

84   **4. Ermächtigungswirkung. a) Beginn der Ausübungsbefugnis.** Der Beginn der Ausübungsbefugnis ist – im Gegensatz zu den in Abs. 1 Satz 2 geregelten Fällen – nicht gesetzlich festgelegt. Sofern der Ermächtigungsbeschluss hierzu keine Bestimmung enthält, dürfte es auf den Zeitpunkt der **Veröffentlichung der Angebotsunterlage** ankommen. Denn erst jetzt sind diejenigen Daten bekannt, die der Vorstand für die Abwägung der mit der Verteidigung verbundenen Vor- und Nachteile benötigt.[229] Der Gebrauch einer Vorratsermächtigung bedarf nach Abs. 2 Satz 4 stets der **Zustimmung des Aufsichtsrats.** Bevor die Zustimmung erteilt ist, darf der Vorstand nicht handeln, selbst wenn der Aufsichtsrat später genehmigt[230] (vgl. Rn. 62). In den übrigen Fällen richtet sich die Zustimmungsbedürftigkeit nach Aktienrecht (vgl. § 204 Abs. 1 Satz 2 AktG) bzw. nach den Statuten (vgl. § 111 Abs. 4 Satz 2 AktG).

85   **b) Umfang der Ausübungsbefugnis.** Der Umfang der Ausübungsbefugnis richtet sich nach dem Umfang der Ermächtigung. Rechtswidrige Ermächtigungsbeschlüsse darf der Vorstand jedenfalls dann nicht ausführen, wenn er selbst pflichtwidrig auf den Beschluss – bspw. durch einen unzureichenden Vorstandsbericht – hingewirkt hat. In sonstigen Fällen darf der Vorstand ausführen, wenn der Beschluss wegen Ablaufs der Anfechtungsfrist bestandskräftig geworden ist und der Vorstand nicht verpflichtet war, von seiner Anfechtungsbefugnis gemäß § 245 Nr. 4 AktG Gebrauch zu machen.[231] Die Geschäftsführungsbefugnis ist dagegen nicht maßgeblich, da der Vorstand – im Gegensatz zu den Fällen des Abs. 1 Satz 2, 3. Fall – nicht kraft eigener, sondern kraft entliehener Kompetenz der HV handelt.[232]

86   Das wirkt sich vor allem auf die **Art der Interessenbindung** aus, denn als verlängerter Arm der HV hat der Vorstand seine Entscheidung nicht am Unternehmensinteresse, sondern an das Gesellschaftsinteresse im engeren Sinn, mithin am Gedanken des „Shareholder Value" auszurichten. Der Entscheidungsspielraum des Vorstands ist deshalb enger, nicht weiter als in Angelegenheiten der Geschäftsführung, namentlich des Abs. 1 Satz 2, 3. Fall (Rn. 59). Für die

---

[227] Anders die wohl hM im Aktienrecht, vgl. *Hüffer* AktG § 186 Rn. 32 mwN.

[228] Vgl. *Winter/Harbarth* ZIP 2002, 1, 12; zum Parallelfall des Genehmigten Kapitals *Ekkenga* AG 2001, 615, 617.

[229] *Winter/Harbarth* ZIP 2002, 1, 14.

[230] *Röh* in *Haarmann/Riehmer/Schüppen* Rn. 110; zweifelnd *Hirte* in Kölner Komm. Rn. 137.

[231] Näher hierzu *Mertens* in Kölner Komm. § 93 Rn. 117 ff.

[232] Näher *Ekkenga* AG 2001, 567, 569.

Durchführung der Zweckmäßigkeits- und Eingriffskontrolle bedeutet das: Die Verteidigungsmaßnahme lässt sich mit der Aussicht auf eine Verschlechterung der Ertragslage, nicht jedoch mit der Gefährdung von Arbeitsplätzen im Falle einer Übernahme oder sonstigen Bestandsschutzerwägungen rechtfertigen (zur abweichenden Rechtslage bei Abs. 1 Satz 2, 3. Fall siehe Rn. 60). Die drohende Abhängigkeit der Zielgesellschaft ist für sich genommen kein Rechtfertigungsgrund[233] (Rn. 69).

c) Informationspflichten des Vorstands. Nach einer Mindermeinung [87] darf der Vorstand ein Genehmigtes Kapital nur ausüben, wenn er zuvor seine Beweggründe in einem Bericht offen gelegt hat, damit die klageberechtigten Aktionäre die Möglichkeit erhalten, diese Beweggründe im Hinblick auf ihre Stichhaltigkeit gerichtlich überprüfen zu lassen.[234] Nach hM lässt sich eine solche **Pflicht zur Vorabberichterstattung** aus dem Gesetz nicht ableiten, und zwar weder aktienrechtlich aus §§ 203 Abs. 2 Satz 2, 186 Abs. 4 Satz 2 AktG noch übernahmerechtlich aus einer analogen Anwendung letztgenannter Vorschrift.[235] In der Tat ist die Berichtspflicht (lediglich) notwendiges Korrektiv desjenigen Entscheidungsspielraums, den der BGH dem Vorstand seit der „Siemens/Nold"-Entscheidung einräumt. Dagegen bedarf es keines Korrektivs, wenn dieser Spielraum spezialgesetzlich − wie in Abs. 2 Satz 1 durch das Bestimmtheitserfordernis − eingeengt ist.[236] Im Anschluss an „Siemens/Nold" ist allerdings zu fordern, dass der Vorstand der nächsten ordentlichen HV **Rechenschaft** ablegt.[237] Für den Fall des Aktienrückkaufs ist das in § 71 Abs. 3 Satz 1 AktG ausdrücklich vorgesehen.

VII. Sonstige HV-Kompetenzen

1. Überblick. Der Regelungsbereich des Abs. 2 ist in dreifacher Hinsicht [88] begrenzt: (1) Nach zutreffender Auffassung ist die **Sachentscheidungskompetenz** der HV nicht unmittelbar Regelungsgegenstand (näher Rn. 77 f.). Allerdings setzt die der HV in Abs. 2 zuerkannte Ermächtigungskompetenz die Befugnis zur Selbstvornahme als selbstverständlich voraus,[238] es sei denn, der Gesetzgeber hat dem Vorstand eine „überschießende Ausübungskompetenz" zugebilligt.[239] Außerdem wird der Gebrauch der Ermächtigungskompetenz die Sachentscheidung oft de facto einschließen, weil schon die Existenz der Ermächtigung (nicht erst die Ausübung durch den Vorstand) geeignet ist, potentielle Bieter von Übernahmeversuchen abzuschrecken.[240] (2) Abs. 2 sagt

---

[233] AA *Mülbert* IStR 1999, 83, 90 mit Nachw. zum aktienrechtlichen Streitstand; aA auch zur neuen Rechtslage *Krause* BB 2002, 1053, 1056.

[234] *Lutter* in Kölner Komm. § 203 Rn. 31; *Meilicke/Heidel* DB 2000, 2358, 2359; *Ekkenga* AG 2001, 615, 619 f.; speziell zum Übernahmerecht *Kiem* ZIP 2000, 1509, 1514 f.

[235] *Hüffer* AktG § 203 Rn. 36 ff. mit umfassenden Nachw.

[236] AA *Kiem* ZIP 2000, 1509, 1514.

[237] BGHZ 136, 133, 140 f.

[238] *Schwennicke* in Geibel/Süßmann Rn. 77.

[239] *Ekkenga* AG 2001, 567, 569.

[240] Dahingehende Andeutungen auch bei *Winter/Harbarth* ZIP 2002, 1, 12 bei Fn. 83.

ferner nichts zur Kompetenzordnung während des in Abs. 1 definierten Zeit-raums. Dennoch ist nicht mehr zweifelhaft, dass die HV repressive Abwehr-maßnahmen im Wege der **Ad-hoc-Beschlussfassung** einleiten kann, nach-dem der Gesetzgeber das aktienrechtliche Neutralitätsgebot für die HV aufge-hoben hat, soweit es Maßnahmen in ihrem Zuständigkeitsbereich betrifft[241] (Rn. 6). Die in Abs. 2 enthaltene zeitliche Begrenzung bedeutet lediglich, dass die HV während des Übernahmekampfes an die dort verankerten formellen Bedingungen (Bestimmtheitsgebot, qualifizierte Mehrheit) nicht gebunden ist (näher sogleich unter 2.). (3) Schließlich betrifft Abs. 2 keine **Einzelermäch-tigungen**, was sich auf seinen Anwendungsbereich aber kaum auswirkt (dazu unter Rn. 90).

89   **2. Ad-hoc-Beschlüsse** zur Einleitung repressiver Abwehrmaßnahmen können Durchführungsbeschlüsse (zB effektive Kapitalerhöhung) oder auch Ermächtigungsbeschlüsse (zB Bewilligung eines Genehmigten Kapitals) ein-schließlich Legitimationsbeschlüsse[242] sein. Abs. 2 gilt nicht, es genügt also die einfache Stimmenmehrheit nach § 133 Abs. 1 AktG, sofern die Rechtsordnung im Übrigen keine weitergehenden Anforderungen stellt.[243] Nach Unterbrei-tung des Übernahmeangebots (ad hoc) gefasste Ermächtigungsbeschlüsse sind – im Unterschied zu den Vorratsbeschlüssen – der richterlichen Inhaltskon-trolle zugänglich (vgl. Rn. 83). Da der Bestimmtheitsgrundsatz des Abs. 2 Satz 1 nicht gilt, bewendet es bei der Berichtspflicht des Vorstands, ohne dass der Berichtsinhalt in den Ermächtigungsbeschluss aufgenommen werden muss (vgl. Rn. 70).

90   **3. Einzelermächtigungen.** Abs. 2 gilt nicht für Einzelermächtigungen, denn die darin vorgesehenen verschärften Anforderungen an den Ermäch-tigungsbeschluss haben ausschließlich den Zweck, einer Selbstentmündigung der Gesellschafter durch Vorratsbeschlüsse zu begegnen.[244] Der Anwendungs-bereich des Abs. 2 ist dadurch allerdings kaum eingeschränkt, weil Ermäch-tigungen, die nicht per Ad-hoc-Beschluss erteilt werden (Rn. 89), allein auf-grund ihres Präventivcharakters Vorratsermächtigungen sind. Für die **Abgren-zung von Einzel- und Vorratsermächtigungen** kommt es nämlich nicht – wie nach früherem Recht – auf die Mehrzahl der dem Vorstand bewilligten Handlungsoptionen an, sondern auf das Fehlen eines konkreten Übernahme-angebots – und damit einer Beurteilungsgrundlage – im Ermächtigungszeit-punkt.[245] Konsequenterweise gilt das dann auch für Legitimationsbeschlüsse nach der „Holzmüller-Doktrin", die mangels Bindungswirkung iSd. § 83

---

[241] Im Ergebnis übereinstimmend *Hirte* in Kölner Komm. Rn. 89; *Bayer* ZGR 2002, 588, 606; *Hopt* ZHR 166 (2002), 383, 423; *Schneider* AG 2002, 125, 131; *Krause* NJW 2002, 705, 713.

[242] Zur system. Zuordnung von Legitimationsbeschlüssen siehe Rn. 75.

[243] *Hirte* in Kölner Komm. Rn. 89; *Winter/Harbarth* ZIP 2002, 1, 14. Zur Streit-frage, welcher Mehrheit die sog. „Holzmüller-Beschlüsse" bedürfen, siehe *Hüffer* AktG § 119 Rn. 20. Zur Genehmigungsbedürftigkeit von Satzungsänderungen nach Versicherungsaufsichtsrecht siehe Rn. 79.

[244] Begr. RegE BT-Drucks. 14/7034 S. 58; aA *Röh* in *Haarmann/Riehmer/Schüppen* Rn. 98.

[245] Zutr. *Krause* AG 2002, 133, 136.

Abs. 2 AktG ebenfalls den Ermächtigungsbeschlüssen, nicht den Durchführungsbeschlüssen zuzuordnen sind (Rn. 75). Umgekehrt sanktioniert Abs. 2 keine Konzeptbeschlüsse, mit denen die HV dem Vorstand für einen bestimmten Veräußerungs- oder Erwerbsvorgang grünes Licht erteilt, ohne die vertraglichen Einzelheiten zu benennen.[246] Auch die aktienrechtliche Streitfrage, ob und inwieweit „Holzmüller"-Beschlüsse auf Vorrat gefasst werden können, um dem Management mehr Handlungsspielraum zu geben,[247] ist durch Abs. 2 nicht geklärt.

VIII. Abwehrmaßnahmen

1. Überblick. Die folgende Gesamtdarstellung möglicher Abwehrmaß- **91** nahmen orientiert sich in erster Linie an der grundlegenden **Unterscheidung zwischen Übernahme- und Übernahmefolgenabwehr.** Durchweg gegen die **Mehrheitsübernahme** – und damit gegen die Unterbreitung bzw. Beibehaltung des Übernahmeangebots – gerichtet sind Maßnahmen, die auf die Errichtung wirtschaftlicher und/oder rechtlicher Erwerbshindernisse abzielen (dazu unter Rn. 93 ff., 99 ff.). Maßnahmen zur Erschwerung bzw. Vereitelung der **Kontrollübernahme** (dazu Rn. 106 ff.) sowie Schutzvorkehrungen zur Schaffung von **Verwässerungseffekten** für den Fall der Kontrollübernahme (dazu Rn. 112 ff.) lassen sich dagegen nicht eindeutig zuordnen. Ihr Inhalt eignet sich primär zur Erfolgsvereitelung, doch können sie auch zur Abschreckung potentieller Bieter eingesetzt werden. Hierzu bedarf es ihrer Offenlegung gegenüber dem Anlegerpublikum – sei es freiwillig, sei es kraft kapitalmarkt- und gesellschaftsrechtlicher Publizität. Zu den (lediglich) erfolgsvereitelnden Abwehrmaßnahmen, die einen Anteilserwerb durch den Bieter nicht verhindern können, gehören die meisten **der den Bieter selbst betreffenden Verhinderungsstrategien** (dazu Rn. 118 f.). Die Übernahmefolgenabwehr steht auch meist im Mittelpunkt, wenn von so genannten **„Giftpillen"** bzw. **„Poison Pills"** die Rede ist.[248] Ein einheitliches Begriffsverständnis hat sich noch nicht herausgebildet, so dass sich die Terminologie zur Hervorhebung der systematischen Unterschiede nicht eignet.

Die dem Gesetz zugrunde liegende Unterscheidung zwischen **repressiven** **92** **und präventiven Abwehrmaßnahmen** eignet sich weniger gut für eine systematische Gesamtdarstellung, weil die Art der Zweckwidmung in der Regel nicht vom Inhalt, sondern vom Zeitpunkt der Maßnahme abhängt. Ebenfalls ungeeignet ist die Differenzierung zwischen **abwehrgeeigneten und abwehrgerichteten Maßnahmen**, auf die der Erlaubniskatalog des Abs. 1 Satz 2 gründet. Denn der Verteidigungszweck ist ebenfalls in der Regel kein inhaltlich-objektives, sondern ein subjektives Kriterium. Nur ausnahmsweise ergibt sich die Intention der Übernahmeabwehr bereits aus der Maßnahme selbst (vgl. zur „Change-of-control-Klausel" Rn. 112).

---

[246] Vgl. *Winter/Harbarth* ZIP 2002, 1, 16.

[247] *Martens* ZHR 147 (1983), 377, 390 ff.; *Grunewald* AG 1990, 133, 134; *Lutter/ Leinekugel* ZIP 1998, 805, 815 f.

[248] Der Begriff stammt aus dem amerikanischen Recht, vgl. etwa *Schwennicke* in *Geibel/Süßmann* Rn. 33; *Bungert* AG 1994, 297, 299 ff.; *Paefgen* AG 1991, 189; *Weimar/Breuer* BB 1991, 2309, 2314 ff.

93 **2. Errichtung wirtschaftlicher Übernahmehindernisse. a) Überblick.** Die Verteuerung des Übernahmeaufwands durch **Herbeiführung von Kurssteigerungen** entspricht grundsätzlich einer ordnungsgemäßen, am Shareholder Value orientierten Geschäftsführung und ist übernahmerechtlich irrelevant – es sei denn, der Kursanstieg beruht nicht auf Leistungserfolgen des Zielunternehmens, sondern auf außergeschäftlichen, „künstlichen" Einflüssen (vgl. auch § 3 Abs. 5 sowie dort Rn. 30 ff.). Als von vornherein unbedenklich, weil noch dem Ziel einer erwerbswirtschaftlichen Unternehmensführung verhaftet gelten deshalb strukturändernde Maßnahmen selbst größeren Umfanges wie die Umschichtung von Aktivvermögen (Teilverkäufe, Großinvestitionen, Ausgliederung von Betriebsteilen), Änderungen der Kapitalstruktur zur Einsparung von Kapitalkosten und Fusionen.[249] Abs. 1 Satz 2, 1. Fall stellt dies ausdrücklich klar (Rn. 45). Rechtfertigungsbedarf besteht erst, wenn diese Instrumente nach ihrem Inhalt oder nach den Umständen zu Verteidigungszwecken eingesetzt werden. In Betracht kommt vor allem die **Belebung der Nachfrage** durch Kurspflege – sei es über Kontakte mit den Anteilseignern bzw. die Nutzung vorhandener Kontakte zu Werbezwecken (dazu Rn. 94), sei es durch direkten Eingriff in das Marktgeschehen (Aktienrückkauf, dazu Rn. 95). Die Alternative besteht darin, eine Verteuerung des Übernahmeaufwandes durch **Ausweitung des Angebotsvolumens** zu bewirken. Das geschieht durch Ausgabe neuer Aktien nach Kapitalerhöhung (dazu Rn. 96 f.) oder durch Liquidation vorhandener Bestände in eigenen Aktien (dazu Rn. 98).

94 **b) Werbemaßnahmen.** Die Öffentlichkeitsarbeit ist alleinige Sache des Vorstands. Zu ihr gehört nicht nur die Reklame an den Leistungsmärkten, sondern auch die Werbung für die Qualität des eigenen Leistungsprogramms an den Kapitalmärkten einschließlich der Kontaktaufnahme und -pflege zu bzw. mit den eigenen Aktionären („Investor Relations"). Der Vorstand darf bspw. Presse- und Analystenkonferenzen abhalten und den Investoren sein Geschäftskonzept in „Roadshows" präsentieren.[250] Die kapitalmarktrechtlichen Grenzen der Werbefreiheit sind zu beachten. Insbesondere darf der Vorstand keine Falschmeldungen verbreiten und kein Insiderwissen über neue Projekte, Technologien und Produkte preisgeben.[251] In diesem Rahmen besteht Werbefreiheit auch während des Übernahmekampfes, wie sich § 28 entnehmen lässt.[252] Die übernahmerechtlichen Besonderheiten sind aber nunmehr zu beachten, das heißt der Aufsichtsrat muss nach Abs. 1 Satz 2, 3. Fall zustimmen.[253]

95 **c) Stützungskäufe der Zielgesellschaft.** Mit Hilfe des **Aktienrückerwerbs** lassen sich Kursstützungs- bzw. -steigerungseffekte erzielen. Dennoch ist die Maßnahme zu Abwehrzwecken nur bedingt geeignet, weil der

---

[249] Vgl. *Becker* ZHR 165 (2001), 280, 285; *Merkt* ZHR 165 (2001), 224, 249.

[250] *Becker* ZHR 165 (2001), 280, 284; *Merkt* ZHR 165 (2001), 224, 248.

[251] *Ekkenga* NZG 2001, 1, 3 ff.; zu großzügig *Becker* ZHR 165 (2001), 280, 284.

[252] *Winter/Harbarth* ZIP 2002, 1, 16. Der Werbeaspekt spielte im Übernahmekampf Mannesmann/Vodafone die Hauptrolle. Vgl. zu dieser Diskussion die Nachweise bei *Merkt* ZHR 165 (2001), 224, 248.

[253] AnwK-AktienR/*Haouache* Kap. 15 Rn. 3.

Bieter eigene Aktien der Zielgesellschaft analog § 35 Abs. 2 Satz 3 vom Übernahmeangebot ausnehmen kann (§ 32 Rn. 12), so dass der Preisanstieg durch eine Reduzierung des Angebotsvolumens jedenfalls teilweise kompensiert wird.[254] Erforderlich ist in der Regel eine HV-Ermächtigung an den Vorstand nach näherer Maßgabe von § 71 Abs. 1 Nr. 8 AktG.[255] Das dort in Satz 2 verankerte Handelsverbot steht einem Aktienrückkauf zu Abwehrzwecken nicht entgegen.[256] § 33 Abs. 2 ist zu beachten.[257] Nach einer im Vordringen begriffenen Auffassung sind im Rahmen eines Rückkaufprogrammes außerdem die Verfahrensregeln der §§ 10 ff. einzuhalten.[258] Folgt man dem, so liegt es nahe, Aktienrückkäufe als gemäß Abs. 1 Satz 2, 2. Fall (Konkurrenzangebotsregel) per se gerechtfertigt anzusehen.[259] (Sonstige) kapitalmarktrechtliche Schranken bestehen nicht, insbes. verstößt die Kurspflege durch Stützungskäufe nicht ohne weiteres gegen das Verbot des Insiderhandels.[260] Zur Veräußerung eigener Aktien siehe Rn. 98. Für **Stützungskäufe durch beauftragte Dritte**, insbes. durch ein Kreditinstitut oder eine Tochtergesellschaft gilt Entsprechendes, vgl. § 71 d Satz 1-4 AktG[261] (zur Zuteilung von Aktien an einen beauftragten Dritten siehe Rn. 101 ff.).

d) Erhöhung des Angebotsvolumens durch Kapitalerhöhung. Eine effektive Erhöhung des Grundkapitals unter Wahrung des gesetzlichen Bezugsrechts kann dazu dienen, die Anzahl der angebotsrelevanten Aktien zu erhöhen und dadurch den Übernahmeaufwand zu Lasten des Bieters zu verteuern.[262] Ob die jungen Aktien vom Prinzip des Vollangebots nach § 32 ausgenommen sind oder nicht,[263] spielt für die objektive Eignung im Sinne der

96

---

[254] Dieser Aspekt wird von der Gegenmeinung (*Hirte* in Kölner Komm. Rn. 61; *Röh* in *Haarmann/Riehmer/Schüppen* Rn. 85; *Richter* in *Semler/Volhard* ÜN Hdb. § 52 Rn. 129) nicht berücksichtigt. Auf das Ruhen des Stimmrechts gemäß § 71 b AktG kommt es dagegen nicht an, weil das nach § 32 obligatorische Vollangebot auch stimmrechtslose Anteile einschließt; insofern unzutreffend *Geibel/Süßmann* BKR 2002, 52, 65.

[255] AA *Steinmeyer/Häger* Rn. 41: Unzulässig mangels Ermächtigungskompetenz der HV. Ausnahmsweise ist auch ein Rückkauf zum Zwecke der Gefahrenabwehr nach § 71 Abs. 1 Nr. 1 AktG denkbar, vgl. *Schneider* AG 2002, 125, 130; *Schander* ZIP 1998, 2087, 2088; *Michalski* AG 1997, 152, 155; *Aha* AG 1992, 218, 219 f.; ablehnend MünchKommAktG/ *Oechsler* § 71 Rn. 112.

[256] *Ekkenga* WM 2002, 317, 319 f.

[257] *Bayer* ZGR 2002, 588, 613; aA *Berror/Schnorbus* ZGR 2003, 59, 105 f.

[258] Vgl. § 11 Rn. 46. Ferner *Lenz/Linke* AG 2002, 420; *Fleischer/Körber* BB 2002, 2589, 2595; *Paefgen* ZIP 2002, 1509, 1519; für analoge Anwendung einzelner Vorschriften *Baums/Stöcker*, FS Wiedemann, 2002, S. 703, 753 f.; ablehnend *Berror/ Schnorbus* ZGR 2003, 59, 85; *Koch* NZG 2003, 61, 70; *Süßmann* AG 2002, 424, 433.

[259] Zu dieser Parallele vgl. auch *Steinmeyer/Häger* Rn. 76.

[260] *Ekkenga* WM 2002, 317, 323. Anders allerdings, wenn dem Vorstand die noch nicht veröffentlichte Übernahmeabsicht des Bieters vorab bekannt wird, siehe *Assmann/Cramer* in *Assmann/Schneider* § 14 WpHG Rn. 88.

[261] *Ekkenga* WM 2002, 317, 320 ff.

[262] *Schwennicke* in *Geibel/Süßmann* Rn. 24; *Krause* NZG 2000, 905, 911. Die Wirkung lässt sich noch steigern, indem die Zielgesellschaft statt Stammaktien stimmrechtslose Vorzugsaktien ausgibt, siehe Rn. 111.

[263] Dafür *Geibel* in *Geibel/Süßmann* § 18 Rn. 48, siehe § 32 Rn. 15.

Verbotsklausel des Abs. 1 Satz 1 grundsätzlich keine Rolle. Anders ist es nur dann, wenn es sich um stimmrechtslose Anteile handelt, deren Erwerb es zur Herbeiführung der Kontrollübernahme nicht bedarf. Doch bleibt stets zu berücksichtigen, dass die durch die Emission bewirkte Kapitalverwässerung für den Bieter Nachteile schafft, die ihn zur Abstandnahme von seinen Übernahmeplänen veranlassen könnten (Rn. 112). Im Übrigen hängt die objektive Eignung zur Übernahmeabwehr davon ab, ob das Erhöhungsvolumen groß genug ist, um auf den Bieter abschreckend zu wirken. Die Bagatellschwelle dürfte bei 10 % des Grundkapitals überschritten sein.[264] Zuständig ist die HV, die den Vorstand nach Maßgabe von Abs. 2 ermächtigt oder selbst beschließt. Der Beschluss bzw. die auf ihn gründende Ausübungsentscheidung des Vorstands unterliegen der Eingriffskontrolle ungeachtet der Tatsache, dass das Bezugsrecht nicht ausgeschlossen ist (Rn. 83, 86, 89; zur Kapitalerhöhung mit Bezugsrechtsausschluss siehe Rn. 102). HV wie Vorstand müssen sich an das allgemeine Schädigungsverbot halten, was die Festsetzung eines unangemessen niedrigen Ausgabepreises ausschließt.[265]

97   **Bedingte Kapitalerhöhungen** zur Bedienung von Options- oder Wandelanleihen ("Wandelschuldverschreibungen", vgl. § 192 Abs. 2 Nr. 1 AktG)[266] bewirken eine Quotenverwässerung zum Nachteil des Bieters, wenn sie auf die Ausgabe neuer Aktien an die Anleihegläubiger nach Vollzug der Kontrollübernahme abzielen oder diese zur Folge haben können. Dadurch kann der Bieter gezwungen sein, das Angebot auf die Wandelschuldverschreibungen zu erstrecken,[267] was die Übernahme erschweren bzw. vereiteln könnte.[268] Hiergegen ist der Bieter aktienrechtlich nicht geschützt, selbst wenn das Übernahmeangebot für ihn bindend geworden ist. Denn § 216 Abs. 3 AktG ist auf diesen Fall nicht – auch nicht analog – anwendbar,[269] und die nachträgliche Korrektur bereits abgewickelter Erwerbsvorgänge ist im börslichen Massengeschäft nicht durchweg möglich. Gleichwohl unterliegen weder der von der HV nach § 221 Abs. 1 AktG zu fassende Ausgabebeschluss noch die bedingte Kapitalerhöhung nach § 192 Abs. 1 AktG einer übernahmerechtlichen Inhaltskontrolle, sofern die Anteilsübernahme als solche nicht behindert oder vereitelt wird, sofern also die Wirkung der Maßnahme auf Verwässerungseffekte beschränkt ist. Entsprechendes gilt für Entscheidungen, mit denen der Vorstand von einer Ermächtigung nach § 221 Abs. 2 AktG Gebrauch macht.

---

[264] Im Ergebnis wie hier *Schwennicke* in *Geibel/Süßmann* Rn. 25. Auf den Stimmquotenanteil der neuen Aktien kommt es dagegen nicht an, weil dieser sich auf den Übernahmeaufwand nicht auswirkt; insofern aA *Schwennicke* aaO.

[265] *Winter/Harbarth* ZIP 2002, 1, 15; *Altmeppen* ZIP 2001, 1073, 1078 f.

[266] Dazu vgl. *Hüffer* AktG § 192 Rn. 13.

[267] Eine solche Erstreckung ist nicht schon kraft Gesetzes vorgesehen, vgl. § 32 Rn. 10.

[268] Siehe *Schwennicke* in *Geibel/Süßmann* Rn. 26, 66.

[269] Zwar ist die Vorschrift analogiefähig, wenn der Verwässerungseffekt von einer effektiven Kapitalerhöhung ausgeht, doch erstrecken sich die Rechtsfolgen dann nicht auf Rechtsbeziehungen zwischen den Aktionären und einem Dritten, vgl. *Hüffer* AktG § 216 Rn. 16, 19 mwN.

e) Verkauf eigener Aktien. Der Verkauf eigener Aktien vermag den   **98**
Übernahmeaufwand nur zu erhöhen, wenn erst hierdurch der Angebotszwang
nach § 32 ausgelöst wird.[270] Darüber hinaus ist das Behinderungspotential
wegen der Höchstmenge von 10 % des Grundkapitals (§ 71 Abs. 1 Nr. 8; Abs. 2
Satz 1 AktG) ohnehin marginal, sofern nicht durch besondere Zuteilung dafür
gesorgt wird, dass der Bieter vom Erwerb ausgeschlossen ist[271] (Rn. 103). Zuständig ist der Vorstand, der unter Beachtung von Abs. 1 Satz 2, 3. Fall entscheidet. Nach Durchführung der Veräußerung hat der Vorstand der nächsten HV
nach Maßgabe von § 71 Abs. 3 Satz 1 AktG zu berichten.

3. Schaffung rechtlicher Erwerbshindernisse. a) Veräußerungsbe-   **99**
schränkungen. Eine nachträgliche **Vinkulierung** zum Zwecke der Übernahmeabwehr wird wegen des Zustimmungserfordernisses nach § 180 Abs. 2
AktG oft nicht durchführbar sein.[272] Existiert bereits eine satzungsmäßige
Vinkulierungsklausel iSd. § 68 Abs. 2 Satz 1 AktG und bedarf es des Erwerbs
der vinkulierten Aktien zur Erreichung der Kontrollschwelle, so kann der Vorstand die Übernahme allerdings durch Verweigerung der Zustimmung nach
§ 68 Abs. 2 Satz 2 AktG verhindern. Die Rechtsprechung und ein Teil der Literatur erheben dagegen keine aktienrechtlichen Einwände.[273] Die Entscheidung treffen Vorstand oder, sofern die Satzung das vorsieht, Aufsichtsrat bzw.
HV (§ 68 Abs. 2 Satz 3 AktG). Übernahmerechtlich bedarf die Zustimmungsverweigerung eines sachlichen Grundes (Rn. 61), selbst wenn die Satzung
hierzu schweigt (vgl. § 68 Abs. 2 Satz 4 AktG). Da die vinkulierten Anteile für
den Börsenhandel nur geeignet sind, wenn der Vorstand die hierfür erforderliche Blankettversicherung zur Gewährleistung der Fungibilität abgegeben hat
und sich auch daran hält, kann die Zustimmungsverweigerung die Börsenzulassung gefährden.[274] Dingliche Vorkaufs- und Erwerbsvorrechte sind im
Hinblick auf § 54 Abs. 1 AktG unzulässig.[275]

Der Abschluss schuldrechtlicher **Stillhalteabkommen** (auch: „Standstill-   **100**
Agreements" oder „Lock-Up-Vereinbarungen") unter Aktionären ist uneinge-
schränkt zulässig, zumal der Vorstand hier allenfalls eine begleitende Rolle
(Hinwirkung auf die Bildung von Koalitionen) spielt.[276] Stillhalteabkommen

---

[270] Insofern besteht durchaus ein signifikanter Unterschied zur Ausnutzung eines
genehmigten Kapitals; aA *Schwennicke* in *Geibel/Süßmann* Rn. 22 unter Hinweis auf
Maier-Reimer ZHR 165 (2001), 258, 268; *Krause* NZG 2000, 905, 912.

[271] *Schwennicke* in *Geibel/Süßmann* Rn. 22.

[272] Einzelheiten bei *Krause* AG 2002, 133, 137.

[273] LG Aachen, AG 1992, 410, 412 f. = WuB II A. § 68 AktG 1.93 mit Anm. *Wie-*
demann/Walther; dazu *Harrer/Grabowski* DStR 1992, 1326, 1327; eine nicht börsennotierte Gesellschaft betreffend RGZ 132, 149 (Victoria); BGH NJW 1987, 1019 f.; aus
der Lit. *Richter* in *Semler/Volhard* ÜN Hdb. § 52 Rn. 65; *Schwennicke* in *Geibel/Süß-*
mann Rn. 55 mwN; *Hüffer* AktG § 68 Rn. 15; *Lutter* AG 1992, 369, 374; *Wirth* DB
1992, 617, 619; *Krause* AG 2002, 133, 138; aA *Assmann/Bozenhardt* S. 117 f.; *Schanz*
NZG 2000, 337, 341; *Immenga* AG 1992, 79, 82 f.; *Marquardt* WiB 1994, 538.

[274] MünchKommHGB/*Ekkenga* Effektengeschäft Rn. 17 mwN.

[275] *Lutter* in Kölner Komm. § 54 Rn. 16; *Henze* in GroßKommAktG § 54
Rn. 47; *Krause* AG 2002, 133, 137.

[276] Unstr., siehe *Lutter* in Kölner Komm. § 68 Rn. 27; *Maier-Reimer* ZHR 165
(2001), 258, 263; *Krause* AG 2000, 217, 220; *W. Müller*, FS Semler, 1993, S. 195, 214.

zwischen Vorstand und einzelnen Aktionären sind dagegen aktienrechtlich nicht unbedenklich, sollten aber in den Grenzen des § 71 Abs. 1 Nr. 8 AktG zugelassen werden, sofern die HV zustimmt.[277] Erforderlich ist mithin ein Ermächtigungsbeschluss der HV; die weiteren Details richten sich nach den Grundsätzen zu Abs. 2. Entsprechendes gilt für schuldrechtlich begründete **Vorkaufs– und Erwerbsvorrechte.**[278] Die Entgeltlichkeit einer gegenüber der AG begründeten Stillhalteverpflichtung ist durch den Grundsatz der Kapitalerhaltung und das Gleichbehandlungsgebot ausgeschlossen.[279]

101   **b) Parken von Aktienpaketen bei einem hilfsbereiten Dritten.** Zu den gängigen Abwehrstrategien gehört es, Aktienpakete dem Zugriff des Bieters zu entziehen, soweit dies zur Sicherung einer Sperrminorität nötig ist. Dies kann geschehen durch Kapitalerhöhung mit Bezugsrechtsausschluss und anschließender Ausgabe der neuen Aktien an eine dritte Person, die zum Stillhalten bereit oder verpflichtet ist. Ähnlich liegt es, wenn die HV den außerbörslichen Verkauf eigener Aktien der Zielgesellschaft an einen ausgesuchten Stillhalter beschließt oder zulässt. Käufer kann ein kooperationswilliger Aktionär sein, sogenannter **White Squire.**[280] In Betracht zu ziehen ist ferner die Begründung einer wechselseitigen Beteiligung, indem die neuen oder eigenen Aktien bei einer **Tochtergesellschaft** des Zielunternehmens geparkt werden,[281] oder die Einschaltung einer **Sicherungsgesellschaft,** die sich auf die Übernahmeabwehr spezialisiert hat und von der Zielgesellschaft selbst mitgegründet sein kann.[282]

102   Die **Kapitalerhöhung mit Bezugsrechtsausschluss** ist als Abwehrinstrument in § 16 Abs. 4 Satz 5 indirekt anerkannt. Über sie bzw. über ein entsprechendes **Genehmigtes Kapital** beschließt die HV mit mindestens $^3/_4$ Kapitalmehrheit (§§ 186 Abs. 3 Satz 2, 202 Abs. 2 Satz 2 AktG). Erhöhungs- und Ermächtigungsbeschluss müssen dem Bestimmtheitsgebot des Abs. 2 Satz 1 genügen; einen nicht abwehrgerichteten Ermächtigungsbeschluss kann der Vorstand nicht unter Berufung auf Abs. 1 Satz 2, 3. Fall eigenmächtig „umwidmen" (Rn. 51). Der Aufsichtsrat muss der Kapitalerhöhung und dem Bezugsrechtsausschluss zustimmen (Abs. 2 Satz 4; § 204 Abs. 1 Satz 2 AktG). Inhaltlich ist die Ausübungsbefugnis des Vorstands durch § 56 Abs. 3 AktG eingeschränkt, der die Ausgabe der neuen Aktien an einen treuhänderisch tätigen White Squire nicht zulässt.[283] Die Zuteilung der jungen Aktien an eine Tochtergesellschaft ist nach § 56 Abs. 2 Satz 1 AktG verboten, doch führt das

---

[277] Arg. e. § 71 d Satz 1 AktG; näher hierzu *Ekkenga* WM 2002, 317, 321 mwN. Zur bezahlten Stillhalteverpflichtung („„Green Mailing" siehe Rn. 118).

[278] BayObLG WM 1989, 138 = WuB II A. § 68 AktG 1.89 *Marsch-Barner.*

[279] Vgl. *Altmeppen* ZIP 2001, 1073, 1078.

[280] Hierzu und zu den erheblichen Durchführungsrisiken *Weimar/Breuer* BB 1991, 2309, 2318 f.; *Sünner*, FS Quack, 1991, S. 457, 459 ff. Zur Frage, ob und inwieweit der White Squire nach § 35 selbst angebotspflichtig wird, siehe § 37 Rn. 26.

[281] Dazu *Schwennicke* in *Geibel/Süßmann* Rn. 67; *Sünner*, FS Quack, 1991, S. 457, 459 f.; *Assmann/Bozenhardt* S. 134 ff.

[282] *Krause* AG 2002, 133, 139 f.

[283] *Ekkenga* WM 2002, 317, 320 f. Wird die Vorschrift missachtet, so gehen die Rechtsfolgen einseitig zu Lasten des zeichnenden Treuhänders, vgl. *Lutter* in Kölner Komm. § 56 Rn. 44 ff.

nicht zur Unwirksamkeit des Übernahme- bzw. Zeichnungsvertrages (§ 56 Abs. 2 Satz 2 AktG). Deshalb ist durch das Verbot die Funktionsfähigkeit der wechselseitigen Beteiligung als Abwehrinstrument nicht restlos beseitigt.[284] Zur sachlichen Rechtfertigung der Ermächtigungs- und Ausübungsentscheidung siehe Rn. 104. Zu weiteren Modalitäten der Ausübung (Vorstandsbericht) siehe Rn. 80.

Der Gestaltungsspielraum bei der **Veräußerung eigener Aktien an einen** **103** **Stillhalter** ist noch weiter eingeschränkt. Es gilt die Höchstgrenze von 10 % des Grundkapitals (§ 71 Abs. 1 Nr. 8, Abs. 2 Satz 1 AktG), die auch beim Erwerb durch einen für Rechnung der Zielgesellschaft handelnden Dritten bzw. durch ein Tochterunternehmen einzuhalten ist (§ 71 d Satz 1, 2 AktG).[285] Die Missachtung dieser Vorschriften lässt wiederum die Wirksamkeit des Übertragungsgeschäfts unberührt (§§ 71 d Satz 4, 71 Abs. 4 AktG; zu den problematischen Konsequenzen siehe Rn. 102). Gemäß § 71 Abs. 1 Nr. 8 Satz 5 bedarf es eines HV-Beschlusses oder einer Ermächtigung an den Vorstand. Dass die Ermächtigungskompetenz neben der Sachentscheidungskompetenz – anders als bei der Einziehung gemäß § 71 Abs. 1 Nr. 8 Satz 6 AktG – nicht ausdrücklich erwähnt ist, gilt bisher als unbedenklich.[286]

Sowohl die Ausgabe neuer Aktien unter Bezugsrechtsausschluss als auch der **104** selektive Verkauf eigener Aktien bergen die Gefahr einer Kapitalverwässerung zum Nachteil der vom Erwerb ausgeschlossenen Aktionäre (Rn. 112). Nach gefestigter Ansicht bedarf es deshalb der Rechtfertigung durch einen sachlichen Grund nach den Kriterien der Geeignetheit, Erforderlichkeit und Verhältnismäßigkeit.[287] Der mit der Übernahmevereitelung uU verbundene Verlust der Verkaufsoption ist ein zusätzliches, mit dem Verwässerungseffekt nicht zu verwechselndes Belastungsmoment (Rn. 61). Theoretisch lässt sich daher zwischen **aktien- und übernahmerechtlicher Eingriffskontrolle** trennen, doch weichen die Kriterien nicht signifikant voneinander ab: Aktienrechtlich geht die Tendenz dahin, den Verteidigungszweck nur ausnahmsweise (bei drohenden Nachteilen für das Zielunternehmen oder drohender Zerschlagung) als Rechtfertigungsgrund zuzulassen;[288] nicht wesentlich anders verhält es sich übernahmerechtlich (Rn. 86). Unter keinem Gesichtspunkt reicht es aus, allein auf die drohende Abhängigkeit der Zielgesellschaft zu verweisen[289] (Rn. 69).

---

[284] Näher hierzu *Assmann/Bozenhardt* S. 135 f.

[285] Zur Rechtslage bei der Sicherungsgesellschaft siehe *Krause* AG 2002, 133, 139 f.

[286] *Markwardt* BB 2002, 1108, 1110 (ohne Begründung); ausführlich *U. Huber*, FS Kropff, 1997, S. 102, 119; *Reichert/Harbarth* ZIP 2001, 1441, 1446.

[287] Die Einzelheiten sind im Anschluss an das Siemens/Nold-Urteil (BGHZ 136, 133, 137) wieder umstritten, siehe *Hüffer* AktG § 186 Rn. 25 mwN. Ebenfalls noch ungeklärt ist, ob die Grundsätze des Siemens/Nold-Urteils für die Veräußerung nach § 71 Abs. 1 Nr. 8 AktG entsprechend gelten, vgl. *Krause* BB 2002, 1053, 1060. Gegen eine Eingriffskontrolle *Steinmeyer/Häger* Rn. 70.

[288] *Ekkenga* AG 2001, 567, 573 f. mwN; noch restriktiver *Richter* in *Semler/Volhard* ÜN Hdb. § 52 Rn. 108 f. (Rechtfertigung nur bei Sachkapitalerhöhung denkbar).

[289] AA *Mülbert* IStR 1999, 83, 90 mwN (aus aktienrechtlicher Sicht); *Krause* BB 2002, 1053, 1059 (aus übernahmerechtlicher Sicht).

105   **c) Schaffung kartellrechtlicher Hindernisse.** Auch nach Abgabe eines bindenden Kaufangebots durch den Bieter kann die Übernahme ausnahmsweise scheitern, wenn öffentlich-rechtliche Vorschriften, insbes. das Ergebnis einer **kartellrechtlichen Fusionskontrolle** dem entgegenstehen. Der Vorstand der Zielgesellschaft kann auf ein solches Rechtshindernis hinwirken, indem er ein Unternehmen erwirbt, welches mit dem des Bieters in direktem Wettbewerb steht.[290] Die objektive Eignung zu Abwehrzwecken ist bei derartigen Maßnahmen grundsätzlich gegeben, selbst wenn im Einzelfall eine Freigabe des Zusammenschlusses unter Auflagen in Betracht kommt.[291] Der Unternehmenserwerb kann allerdings auch zur Folge haben, dass den Bieter im Falle der Übernahme ein Wettbewerbsverbot trifft,[292] so dass es der Fusionskontrolle nicht bedarf. In solchen Fällen ist die Rechtmäßigkeit der Verteidigung nach den Grundsätzen über die wirtschaftliche Zweckvereitelung zu beurteilen (dazu Rn. 112 ff.).

106   **4. Vereitelung der Kontrollübernahme. a) Bestandsschutz für den Vorstand.** Die Kontrollübernahme durch den Bieter hängt maßgeblich davon ab, ob es ihm gelingt, das Management der Zielgesellschaft auszuwechseln. Hierzu bedarf es grundsätzlich der vorzeitigen Abberufung durch den Aufsichtsrat aus wichtigem Grund (§ 84 Abs. 3 AktG). Ein Misstrauensvotum der HV ist möglich, bindet jedoch den Aufsichtsrat nicht.[293] In Erwägung zu ziehen wäre deshalb eine vorzeitige Neubestellung der Vorstandsmitglieder (§ 84 Abs. 1 AktG) mit dem Ziel einer übernahmeresistenten Amtszeitverlängerung.[294] Eine solche Maßnahme ist jedoch rechtswidrig, weil sie gegen das Vereitelungsverbot analog Abs. 1 Satz 1 verstößt (Rn. 24) und das Gesetz eine Befreiung hiervon für den Aufsichtsrat – im Gegensatz zum Vorstand – nicht vorsieht.[295] Abgesehen davon wäre sie auch wenig effektiv, weil der Machtwechsel ohne Einflussnahme bzw. Neubesetzung des Aufsichtsrats letztlich nicht vollzogen werden kann (Rn. 107).

107   **b) Bestandsschutz für die Mitglieder des Aufsichtsrats** vollzieht sich vor allem über die Erhöhung von Beschlussquoten für die Abberufung, ggf. auch für die Neubestellung (Rn. 109). Flankierend kann die HV durch vorzeitige Abberufung und Wiederbestellung (§§ 101 Abs. 1, 103 Abs. 1 AktG) dafür sorgen, dass die Aufsichtsratsmitglieder im Zeitpunkt des drohenden Mehrheitserwerbs mit der längstmöglichen Amtsdauer ausgestattet sind.[296] Eine

---

[290] Nennenswerte praktische Bedeutung dürfte diese Fallgruppe wegen der knappen Zeitvorgaben kaum erlangen, vgl. *Assmann/Bozenhardt* S. 147.

[291] Ebenso *Schwennicke* in *Geibel/Süßmann* Rn. 32.

[292] Vgl. *Schneider/Burgard* DB 2001, 963, 967 mit Nachw. in Fn. 48.

[293] Zu den Einzelheiten siehe *Weimar/Breuer* BB 1991, 2309, 2313.

[294] Hierzu krit. aus aktienrechtlicher Sicht *Götz* AG 2002, 305 mwN.

[295] Zur Begründung näher *Hirte* ZGR 2002, 623, 629, der mit Recht darauf hinweist, dass es keine Instanz gibt, die Abwehrmaßnahmen des Aufsichtsrats kontrollieren könnte. Im Schrifttum wird diese Problematik bisweilen übergangen, vgl. *Krause* AG 2002, 133, 142.

[296] Dies kann auch mit Hilfe gestaffelter Amtszeiten geschehen, vgl. hierzu BGHZ 99, 211 ff.; *Krause* AG 2002, 133, 141 mwN; *Michalski* AG 1997, 152, 155 ff.

solche Maßnahme dürfte von **Nr. 5.1.2 DCGK** gedeckt sein, der lediglich das „Vorliegen besonderer Umstände" verlangt.[297]

c) (Selbst-)Beschneidung von HV-Kompetenzen. In engen Grenzen **108** lässt das Aktienrecht Satzungsgestaltungen zu, durch die sich die HV gewisser Entscheidungskompetenzen begibt. Das gilt für **Personalentscheidungen**, die die HV durch Begründung eines Entsendungsrechts nach § 101 Abs. 2 AktG auf bestimmte Aktionäre oder auf die jeweiligen Inhaber bestimmter Aktien überträgt. Derartige Maßnahmen lassen sich vor allem bei mitbestimmten Gesellschaften zu Abwehrzwecken einsetzen.[298] Die HV kann auch ihren Entscheidungsspielraum für die Zukunft einengen, indem sie besondere persönliche Voraussetzungen für Aufsichtsratsmitglieder in der Satzung verankert (§ 100 Abs. 4 AktG).[299] Schutz vor einem Kontrollerwerb Dritter bieten solche Beschlüsse allerdings nur, wenn sie mit einer Erhöhung des Beschlussquorums für Satzungsänderungen kombiniert werden.[300] Als abwehrgerichtete Maßnahmen unterliegen sie, wenn sie nach den Umständen zur Abschreckung des Bieters geeignet sind,[301] der richterlichen Inhaltskontrolle. Noch der Klärung bedarf, inwieweit die HV Beschlüsse fassen darf, durch die sie ihre **Zustimmung zu Maßnahmen der Geschäftsführung „auf Vorrat"** erteilt und dadurch im Ergebnis Mitwirkungskompetenzen, die ihr gemäß § 119 Abs. 2 AktG oder nach der „Holzmüller"-Doktrin verliehen sind, zur Erweiterung der Handlungsbefugnisse des Managements aufgibt (Rn. 90).

d) Vorkehrungen gegen Minderheitsentscheidungen. Die Kontroll- **109** erlangung durch den Bieter lässt sich erschweren oder vereiteln, indem die HV eine Satzungsänderung beschließt, wonach **strukturändernde Maßnahmen** eines gegenüber dem Gesetz erhöhten Beschlussquorums bedürfen. Da für die wichtigsten Strukturentscheidungen (zB Abschluss von Unternehmensverträgen, Eingliederung, Ausgliederung und Verschmelzung nach dem UmwG) ohnehin eine Kapitalmehrheit von $^{3}/_{4}$ vorgesehen ist, geht es in der Regel um die Bestärkung von Stimmminoritäten bis hin zur 100 %-Klausel.[302] Der Eingriffskontrolle unterliegt die Maßnahme nur, wenn nach den Umständen anzunehmen ist, dass der Bieter von der Unterbreitung eines Übernahmeangebots abgeschreckt wird; die bloße Vereitelung der Kontrollübernahme reicht nicht aus (vgl. Rn. 61).

Die Vereitelung oder Erschwerung eines **Machtwechsels im Aufsichts- 110 rat** lässt sich in erster Linie durch Erhöhung der für den Regelfall vorgesehenen $^{3}/_{4}$-Stimmmehrheit (§ 103 Abs. 1 Satz 2 AktG) verwirklichen. Die Erhöhung

---

[297] Zur aktienrechtlichen Zulässigkeit und zu den Grenzen siehe *Mertens* in Kölner Komm. § 102 Rn. 17. Zur Staffelung der Amtszeiten von Vorstand und Aufsichtsrat siehe *Assmann/Bozenhardt* S. 137 f.

[298] *Assmann/Bozenhardt* S. 138 f.; *Krause* AG 2002, 133, 142.

[299] *Assmann/Bozenhardt* S. 140.

[300] Vgl. hierzu *Hüffer* AktG § 179 Rn. 17. Das Entsendungsrecht kann dem Berechtigten dagegen nur mit seiner Zustimmung wieder entzogen werden, vgl. *Krause* AG 2002, 133, 142.

[301] Insoweit skeptisch *Krause* AG 2002, 133, 142.

[302] Hierzu und zu den beträchtlichen Folgerisiken *Weimar/Breuer* BB 1991, 2309, 2314.

des Beschlussquorums für die Wiederbestellung (§ 101 Abs. 1 Satz 1 AktG) ist dagegen zur Verhinderung des Kontrollerwerbs weder erforderlich noch geeignet, wenn die HV ohnehin an Wahlvorschläge des bisherigen Aufsichtsrats gebunden ist (vgl. § 101 Abs. 1 Satz 2 AktG). Bei mitbestimmten Gesellschaften lassen sich darüber hinaus die personellen Wünsche des Bieters selbst bei vollzogenem Machtwechsel im Aufsichtsrat nur schwer und unter Inkaufnahme erheblicher Verzögerungen durchsetzen.[303] Handelt es sich um eine paritätisch mitbestimmte Gesellschaft und ist demzufolge nur die Hälfte der Aufsichtsratssitze von den Anteilseignern zu besetzen, so kann die – nach § 133 Abs. 2 AktG zulässige – Ersetzung des reinen Mehrheitsprinzips durch eine Verhältniswahl dazu führen, dass allein die Anteilsmehrheit des Bieters für die Herbeiführung eines Machtwechsels nicht ausreicht.[304]

111 **e) Verschiebung der Stimmrechtsquote zu Lasten der Anteilsmehrheit.** Stimmrechtsquoten lassen sich durch Einschränkungen zu Lasten der Anteilsmehrheit (**Höchststimmrechte**) und durch Ausstattung einzelner Mitgliedschaften mit Privilegien (zB **Mehrfachstimmrechte)** beeinflussen. Bei börsennotierten Gesellschaften ist beides unzulässig (§§ 12 Abs. 2, 134 Abs. 1 Satz 1 AktG; (insoweit übereinstimmend Nr. 2.1.2. DCGK).[305] Die Ausgabe **stimmrechloser Vorzugsaktien** ist kein geeignetes Mittel gegen einen drohenden Kontrollerwerb Dritter, solange eine für die Kontrollerlangung ausreichende Zahl von Stammaktien erhältlich ist.[306] Allerdings erhöht sich für den Bieter der Übernahmeaufwand unter Umständen beträchtlich (§ 32 Rn. 15), so dass die Maßnahme unter dem Blickwinkel präventiver Schutzinstrumente zu würdigen ist (Rn. 96). **Abstimmungsvereinbarungen** der Aktionäre untereinander vermögen die Kontrollerlangung durch den Bieter zu verhindern, wenn und soweit die Beteiligten zusammen eine Sperrminorität oder gar 50 % der Stimmanteile erreichen. Solche Vereinbarungen sind grundsätzlich zulässig[307] und von § 33 von vornherein nicht erfasst (zur Zulässigkeit von Vorbereitungshandlungen des Vorstands siehe Rn. 28).

112 **5. Kapital- und Vermögensverwässerung. a) Überblick.** Kapitalverwässerungen durch **Ausgabe neuer Aktien** erhöhen in der Regel den zur Kontrollerlangung erforderlichen Aufwand und sind bereits im Zusammenhang mit der Errichtung wirtschaftlicher und rechtlicher Übernahmehindernisse erörtert (Rn. 96 f., 102). Als **vermögensverwässernde Maßnahmen**

---

[303] Einzelheiten bei *Weimar/Breuer* BB 1991, 2309, 2313 f.

[304] Der Grund: Die Verhältniswahl führt zur Besetzung mindestens eines Aufsichtsratspostens durch die Anteilsminderheit, so dass die Anteilsmehrheit auf die Minderheit angewiesen ist, um ihre Interessen im Aufsichtsrat über das Zweitstimmrecht des Vorsitzenden (§ 29 Abs. 2 MitbestG) durchsetzen zu können. Vgl. hierzu auch *Assmann/Bozenhardt* S. 139; *Peltzer* ZfgK 1988, 577, 582.

[305] Krit. hierzu aus rechtspolitischer Perspektive *U.H. Schneider/Burgard* DB 2001, 963, 967; *Zöllner/Noack* AG 1991, 117 ff.; anders *Hopt*, FS Lutter, 2000, S. 1361, 1362.

[306] Auf die Frage, ob die Stammaktien börsennotiert sind oder nicht, kommt es nicht an; insoweit aA *Schwennicke* in *Geibel/Süßmann* Rn. 64; vgl. auch *Assmann/Bozenhardt* S. 125 f.; *Rümker*, FS Heinsius, 1991, S. 683, 700 f.

[307] *Hüffer* AktG § 133 Rn. 27 mwN.

lassen sich die Übertragung besonders bedeutsamer Aktiva auf einen Dritten (dazu Rn. 113 ff.) sowie die Veranlassung von Liquiditätsabflüssen an Dritte (dazu Rn. 116 f.) bezeichnen. Im Unterschied zu den Fällen der Kapitalverwässerung handelt es sich um originäre Geschäftsführungsmaßnahmen, die nicht der registerlichen Publizität unterliegen und daher nicht von vornherein auf die Abschreckung potentieller Bieter angelegt sind. Im Gegenteil: Oftmals ergibt sich aus den Vertragsbedingungen, dass die vereinbarte Vermögensveränderung erst eintreten soll, wenn eine Kontrollerlangung durch den Bieter stattgefunden hat. Solche **Change-of-Control-Klauseln** lassen zum einen die Vermutung zu, dass die Maßnahme bis zu ihrer Offenlegung gegen das wirtschaftliche Erfolgsinteresse des Bieters statt gegen das Veräußerungsinteresse der Aktionäre gerichtet ist. Zum anderen kann nicht durchweg unterstellt werden, dass es sich um abwehrgerichtete Maßnahmen iSd. Abs. 1 Satz 2, 3. Fall handelt. Vielmehr ist im Einzelfall zu prüfen, ob die Klausel auf Wunsch des jeweiligen Vertragspartners vereinbart wurde, so dass ihre Rechtfertigung davon abhängt, ob ihre Durchführung den Anforderungen an eine ordentliche und gewissenhafte Geschäftsleitung iSd. Abs. 1 Satz 2, 1. Fall entspricht.

b) Veräußerung wesentlicher Vermögensbestandteile („Kronjuwe-　**113** **len").** Der Verkauf wesentlicher Vermögensbestandteile unterfällt, wenn er einen potentiellen Bieter abschrecken oder dessen wirtschaftlichen Übernahmeerfolg vereiteln kann, der Verbotsklausel des Abs. 1 Satz 1.[308] Ob das Kaufobjekt „wesentlich" ist, richtet sich weder nach den bilanziellen Wertrelationen noch überhaupt nach festen Prozentsätzen,[309] sondern danach, ob sich – ggf. unter Berücksichtigung einer geplanten Reinvestition des Liquidationserlöses – die Art des Geschäftsbetriebs dauerhaft verändert (Beisp.: Betriebsaufgabe, Branchenwechsel, Umwandlung betrieblicher Funktionen in eine reine Holdingfunktion). Handelt es sich um eine abwehrgerichtete Maßnahme, so bestimmt sich die Rechtmäßigkeit nach Abs. 1 Satz 2, 3. Fall, d.h. der Vorstand bedarf (lediglich) der Zustimmung des Aufsichtsrats. Liegt der Maßnahme dagegen keine Verteidigungsabsicht zugrunde, so entscheidet der Vorstand nach Abs. 1 Satz 2, 1. Fall. Eine Zustimmung des Aufsichtsrats ist dann grundsätzlich nicht erforderlich, wohl aber uU ein Legitimationsbeschluss der HV, sofern die Bedeutung der Maßnahme die Anwendung der sogenannten „Holzmüller-Doktrin" rechtfertigt.[310] In jedem Fall – also unabhängig vom Vorliegen einer Verteidigungsabsicht – ist der Vorstand an das Schädigungsverbot gebunden (Rn. 60). Die Veräußerung von Kronjuwelen zu einem unangemessen niedrigen Preis ist daher stets rechtswidrig.[311]

---

[308] Begr. RegE BT-Drucks. 14/7034 S. 58.

[309] So aber *Schwennicke* in *Geibel/Süßmann* Rn. 30: Eingreifen der Verbotsklausel, wenn der Wert des Vermögensbestandteils 10 % der Bilanzsumme oder 10 % der Marktkapitalisierung der Zielgesellschaft übersteigt oder wenn es sich um einen Betriebsteil handelt, dem mehr als 10 % des Betriebsergebnisses zuzurechnen sind.

[310] Vgl. hierzu LG Frankfurt ZIP 1993, 830; *Schwennicke* in *Geibel/Süßmann* Rn. 30 mwN; *Michalski* AG 1997, 152, 159.

[311] Keine „Politik der verbrannten Erde", vgl. *Steinmeyer/Häger* Rn. 61; *Winter/Harbarth* ZIP 2002, 1, 15; *Maier-Reimer* ZHR 165 (2001), 258, 265; *Michalski* AG 1997, 152, 159 f.

114 Die Annahme einer **Verteidigungsabsicht** liegt bspw. dann nahe, wenn ein Vorstandsmitglied der Zielgesellschaft mehr als 50 % der Anteile an der Käufergesellschaft besitzt oder wenn die Durchführung des Kaufvertrages durch den Kontrollerwerb eines Dritten aufschiebend bedingt ist und keine Anzeichen dafür vorliegen, dass die Change-of-Control-Klausel auf ein Verlangen des Käufers zurückgeht[312] (Rn. 112). In der Praxis häufig anzutreffen ist aber auch der umgekehrte Fall: Ein konkurrierender Bieter („White Knight", Rn. 53) erwirbt das Kronjuwel unter der Bedingung, dass sich sein Angebot durchsetzt, dass also keine Kontrollübernahme durch den Erstbieter stattfindet.[313] Diente die Vermögensveräußerung dazu, den White Knight überhaupt erst zur Abgabe eines Konkurrenzangebotes zu bewegen, so dürfte die Maßnahme bereits nach Maßgabe der Grundsätze zu Abs. 1 Satz 2, 2. Fall gerechtfertigt sein.

115 Denkbar ist weiterhin das vorübergehende **Parken wertvoller Vermögensgegenstände** durch Übertragung an einen Dritten, der als Treuhänder der Zielgesellschaft fungiert. Die Abwehreignung iSd. Verbotsklausel des Abs. 1 Satz 1 ist allerdings nicht gegeben, wenn sich die Kontrollerlangung im Falle der Übernahme auch auf den Treuhänder erstreckt, so zB durch Einbringung der Kronjuwelen in eine Tochtergesellschaft.[314] Derartige Vorgänge stehen deshalb meist im Zusammenhang mit weiteren Maßnahmen, die dazu dienen, die Konzernherrschaft des Bieters für den Fall eines Kontrollerwerbs zu beschneiden, namentlich die Töchter der Zielgesellschaft nicht zu Enkelgesellschaften werden zu lassen.[315]

116 **c) Liquiditätsabbau.** In anderen Ländern, namentlich in den USA, kennt man eine Reihe von Maßnahmen, die für den Fall der Kontrollübernahme oder bei sonstigen, übernahmebezogenen Anlässen einen **Rückfluss liquider Mittel an die Altaktionäre** unter Ausklammerung des Bieters bewirken. Derartige Maßnahmen sind nach deutschem Aktienrecht unzulässig, weil sie entweder gegen das Gleichbehandlungsprinzip oder gegen den Grundsatz der Kapitalerhaltung verstoßen[316] (zum Rückkauf eigener Aktien in diesem Zusammenhang vgl. Rn. 95). **Übernahmebedingte Auszahlungen an Dritte** kann der Vorstand auf Abs. 1 Satz 2, 1. Fall stützen, wenn sie einem legitimen Interesse des Empfängers entsprechen. Ein Beispiel ist das Rückzahlungsbegehren einer kreditgebenden Bank, die ihre Rechte aus einem vertraglich vereinbarten Change-of-Control-Vorbehalt geltend macht.[317]

---

[312] Beispiel: Die Zielgesellschaft hatte die wertvolle Beteiligung (das „Kronjuwel") ursprünglich vom Käufer erworben. Für den Fall einer Kontrollübernahme hatte sich der Käufer ein Rückkaufsrecht ausbedungen, weil er nachteilige Auswirkungen auf den Wert der Beteiligung befürchtete.

[313] *Weimar/Breuer* BB 1991, 2309, 2319 f. mit Beisp.

[314] Vgl. hierzu BGHZ 83, 122 „Holzmüller".

[315] Beispiel: Ausgabe neuer Anteile an der erwerbenden Tochtergesellschaft und Zuteilung an einen White Knight oder einen White Squire. Näher hierzu *Weimar/Breuer* BB 1991, 2309, 2320.

[316] Näher hierzu *Weimar/Breuer* BB 1991, 2309, 2315 f.

[317] Im Ergebnis ebenso („Neutralitätspflicht im allgemeinen nicht verletzt") *Krause* AG 2002, 133, 143. AA *Hirte* ZGR 2002, 623, 631.

Abfindungszahlungen an Vorstands- und Aufsichtsratsmitglieder   117
(„Golden Parachutes") sind – im Gegensatz zu Abfindungsversprechen des
Bieters (Abs. 3) – übernahmerechtlich im Allgemeinen irrelevant.[318] Denn je
höher die Abfindungsbeträge sind, desto näher liegt die Vermutung, dass sich
die Maßnahme nicht gegen eine Kontrollübernahme wendet, sondern sich im
Gegenteil dazu eignet, die Bereitschaft der Verwaltungsorgane an einer Unterstützung des Kontrollerwerbs zu fördern.[319] Solche Abfindungsklauseln unterliegen jedoch einer strengen aktienrechtlichen Überprüfung nach Maßgabe
von § 87 Abs. 1 AktG.[320]

6. Den Bieter betreffende Maßnahmen. a) (Rück-)Erwerb der Ak-   118
tien vom Bieter („Green Mailing"). Dem Versuch, den Bieter durch geld-
liche Leistungen von seinem Übernahmevorhaben abzubringen, sind enge
Grenzen gesetzt. Das gilt vor allem für den Rückkauf im Besitz des Bieters be-
findlicher Aktien der Zielgesellschaft, für den ein Maximalvolumen von 10 %
des Grundkapitals vorgegeben ist (§ 71 Abs. 1 Nr. 8 AktG). Im Übrigen verbietet § 57 Abs. 1, Abs. 3 AktG einen Rückerwerb gegen Preisaufschlag, ohne den
der Bieter kaum einlenken wird.[321] Als weitere Variante des „Green Mailing"
mag man die Einholung eines Stillhalteversprechens gegen Entgelt anse-
hen.[322] Solche Maßnahmen sind wohl nur in engen Grenzen nach den zu
Abs. 1 Satz 2, 3. Fall entwickelten Grundsätzen zu rechtfertigen.

b) Gegenangriff auf das Unternehmen des Bieters. Gelingt es der Ziel-   119
gesellschaft, eine qualifizierte Minderheitsbeteiligung von mehr als 25 % am
Unternehmen des Bieters zu erwerben und ihm dies anzuzeigen, bevor der
Bieter zu entsprechenden Ergebnissen bei der Zielgesellschaft gelangt ist und
ihr dies angezeigt hat, so ist dessen Kontrollerwerb nach Maßgabe von § 328
Abs. 1, 2 AktG blockiert, dh. der Bieter kann maximal 25 % aller Stimmrechte
bei der Zielgesellschaft ausüben. Erlangt diese gar die Mehrheitsbeteiligung an
der Bietergesellschaft, so ist Letztere von der Stimmrechtsausübung gänzlich
ausgeschlossen, § 71 d Satz 2, 4 iVm. § 71 b AktG. Gegenangebote der Zielgesellschaft auf Aktien des Bieters sind daher unstreitig geeignet, den Kontrollerwerb durch den Bieter oder – über den Abschreckungseffekt – die
Übernahme selbst zu vereiteln, und unterfallen der Verbotsklausel des Abs. 1
Satz 1.[323] Zuständig ist der Vorstand, der nach Abs. 1 Satz 2, 3. Fall mit Zustim-

---

[318] Ebenso iE *Dreher* AG 2002, 214, 217.

[319] Vgl. hierzu *Schneider* AG 2002, 125, 127; *Mülbert/Birke* WM 2001, 705, 709.

[320] *Michalski* AG 1997, 152, 160.

[321] *Schwennicke* in *Geibel/Süßmann* Rn. 28; *Hopt*, FS Lutter, 2000, S. 1361, 1388;
Weimar/Breuer BB 1991, 2309, 2317 f. Zur Frage, ob und inwieweit das nur an den
Bieter gerichtete Kaufangebot gegen den aktien- und übernahmerechtlichen
Gleichbehandlungsgrundsatz verstößt, siehe *Richter* in *Semler/Volhard*, ÜN Hdb.
§ 52 Rn. 134 ff.

[322] Vgl. MünchKommAktG/*Oechsler* § 71 Rn. 113; *Weisner*, Verteidigungsmaßnahmen gegen unfreundliche Übernahmeversuche in den USA, Deutschland und
nach europäischem Recht, S. 259. Vgl. auch Rn. 100.

[323] Vgl. *Schwennicke* in *Geibel/Süßmann* Rn. 52 mwN; *Hirte* ZGR 2002, 623,
632; *Krause* AG 2002, 133, 140.

mung des Aufsichtsrats entscheidet.[324] Ein Legitimationsbeschluss der HV ist nicht vorgesehen und lässt sich für Investitionsentscheidungen größeren Umfanges auch nicht aus der „Holzmüller"-Judikatur ableiten.[325] Angesichts des erheblichen Investitionsvolumens wird es dem Vorstand allerdings oft schwer fallen, dem Vorwurf verschwenderischen Umganges mit dem Gesellschaftsvermögen zu begegnen. Gegenangriffe auf das Unternehmen des Bieters sind vielmehr wegen Verstoßes gegen das Schädigungsverbot rechtswidrig, wenn sie ausschließlich verteidigungsstrategisch statt (auch) betriebswirtschaftlich begründbar sind.[326]

IX. Verbot von Sonderzuwendungen (Abs. 3)

120   **1. Regelungsgegenstand. a) Überblick.** Abs. 3 verbietet dem Bieter und mit ihm gemeinsam handelnden Personen, Vorstands- oder Aufsichtsratsmitgliedern der Zielgesellschaft im Hinblick auf das Übernahmeangebot geldwerte Vorteile zu gewähren oder in Aussicht zu stellen. Die Vorschrift erfasst – im Unterschied zu Abs. 1 und 2 – die Situation der „freundlichen Übernahme". Sie soll den Bieter davon abhalten, die Verwaltungsorgane der Zielgesellschaft „auf ihre Seite zu ziehen" und dadurch in einen Interessenkonflikt zu bringen. Die Regelung ergänzt das Aktienrecht insofern, als Vorstand und Aufsichtsrat ohnehin keine Sondervorteile von dritten Personen annehmen dürfen.[327] Erst die Erstreckung der Verbotsklausel auf den Bieter rechtfertigt allerdings die Rechtsfolge der Nichtigkeit verbotswidriger Rechtsgeschäfte gemäß § 134 BGB (Rn. 123).

121   **b) Verbotsadressaten.** Das Verbot richtet sich gegen den Bieter sowie gegen die gemeinsam mit ihm handelnden Personen iSd. § 2 Abs. 5 (§ 2 Rn. 12 ff.). Für Vorstand und Aufsichtsrat der Zielgesellschaft gilt ein spiegelbildliches Verbot aufgrund ihrer organschaftlichen Interessenbindung (Rn. 120). Das gilt auch dann, wenn sie selbst Aktionäre und als solche Adressaten des Übernahmeangebots sind, es sei denn, der ihnen versprochene geldwerte Vorteil entspricht dem an alle Aktionäre gerichteten Übernahmeangebot.

122   **c) Verbotene Vorteilsgewährungen und -zusagen.** Unter das Verbot fallen ungerechtfertigte Geldleistungen oder andere ungerechtfertigte geldwerte Vorteile. Gemeint sind Leistungen und Zusagen, mit denen die Verwaltungsorgane der Zielgesellschaft zu einem nicht am Interesse ihrer Gesellschaft und ihrer Anteilseigner orientierten Verhalten bewegt werden sollen.[328] Das

---

[324] Unzutr. *Geibel/Süßmann* BKR 2002, 52, 65 unter Verwendung zahlreicher Fehlzitate: Geschäftsführungsmaßnahme ohne Zustimmungsvorbehalt gemäß Abs. 1 Satz 2.

[325] *Schwennicke* in *Geibel/Süßmann* Rn. 54; *Geibel/Süßmann* BKR 2002, 52, 65; *Assmann/Bozenhardt* S. 145; aA *Maier-Reimer* ZHR 165 (2001), 258, 273; differenzierend *Hopt*, FS Lutter, 2000, S. 1361, 1389 f.

[326] Ebenso *Assmann/Bozenhardt* S. 146; differenzierend *Maier-Reimer* ZHR 165 (2001), 258, 273 f.

[327] *Hopt* in GroßKommAktG § 93 Rn. 181. Krit. deshalb *ders.*, FS Lutter, 2000, S. 1361, 1379.

[328] So ausdrücklich Begr. RegE BT-Drucks. 14/7034 S. 59. Krit. hierzu *Schüppen*

geht insofern am Kern der Sache vorbei, als die „Gegenleistung" der angesprochenen Organe regelmäßig nicht in einem Verhalten, sondern in einem Unterlassen befürchteter Abwehrmaßnahmen bestehen wird. Die Honorierung eines solchen Verhaltens durch den Bieter ist grundsätzlich rechtswidrig, selbst wenn der Zielgesellschaft hierdurch ein erheblicher Verteidigungsaufwand erspart geblieben ist. Gerechtfertigt bleiben nach der Gesetzesbegründung Zusagen, die dem Vorstand der Zielgesellschaft eine Weiterbeschäftigung in Aussicht stellen. Denn die Weiterbeschäftigung könne sich auf die Bewertung des Zielunternehmens und damit auf die Höhe des Übernahmeangebots maßgeblich auswirken.[329] Überzeugender ist der Vorschlag, dem Bieter solche Zusagen zu gestatten, die sich die Verwaltung von der Zielgesellschaft selbst hätte versprechen lassen können. Die Verbotsgrenzen des Abs. 3 stimmen dann im Ergebnis mit denen nach § 87 AktG überein.[330]

2. Rechtsfolgen. Abs. 3 ist gesetzliches Verbot iSv. § 134 BGB.[331] Verbotswidrige Leistungsversprechen des Bieters sind also nichtig, gewährte Leistungen sind nach Maßgabe von §§ 812 ff. BGB zurückzugewähren. Zweifelhaft ist, ob ein Ausschluss der Rückforderung nach § 817 Satz 2 BGB in Betracht kommt.[332] Dagegen spricht, dass der „Bestechungserfolg" im Widerspruch zur Ratio des Abs. 3 iE perpetuiert würde.[333] Die Veröffentlichungspflicht des Bieters nach § 11 Abs. 2 Satz 3, Nr. 3 besteht unabhängig davon, ob das Angebot des geldwerten Vorteils nach Abs. 3 gerechtfertigt ist oder nicht.[334] Eine Bußgeldandrohung ist nicht vorgesehen. **123**

§ 34 Anwendung der Vorschriften des Abschnitts 3

Für Übernahmeangebote gelten die Vorschriften des Abschnitts 3, soweit sich aus den vorstehenden Vorschriften nichts anderes ergibt.

I. Regelungsgegenstand und -zweck

Die Vorschrift ist Ausdruck des dem WpÜG zugrunde liegenden Staffelungsprinzips, wonach das Übernahmeangebot iSd. Abschnitts 4 (§§ 29 ff.) eine besondere Art des öffentlichen Erwerbsangebots iSd. Abschnitts 3 darstellt. Die Vorschrift beruht auf einer Konzeptänderung während des Gesetz- **1**

WPg 2001, 958, 971 f. Die Frage, ob auch unverbindliche Zusagen erfasst sind (dafür AnwK-AktienR/*Haouache*, Kap. 15 Rn. 20), hat mangels Bußgeldandrohung (Rn. 123) keine praktische Bedeutung.

[329] Begr. RegE BT-Drucks. 14/7034 S. 59; dazu kritisch *Hirte* in Kölner Komm. Rn. 187.

[330] *Röh* in *Haarmann/Riehmer/Schüppen* Rn. 165.

[331] Begr. RegE BT-Drucks. 14/7034 S. 59.

[332] Dafür *Röh* in *Haarmann/Riehmer/Schüppen* Rn. 167; AnwK-AktienR/*Haouache* Kap. 15 Rn. 21; dagegen *Hirte* in Kölner Komm. Rn. 190; *Schwennicke* in *Geibel/Süßmann* Rn. 84; *Steinmeyer/Häger* Rn. 50.

[333] Vgl. hierzu MünchKommBGB/*Lieb*, 3. Aufl. 1997, § 817 Rn. 9 ff., 13 mwN zum Streitstand.

[334] Vgl. hierzu Begr. RegE BT-Drucks. 14/7034 S. 42; aA *Steinmeyer/Häger* Rn. 50; *Krause* NJW 2002, 705, 713.

gebungsverfahrens: Erst der Referentenentwurf[0] bezog einfache Erwerbsangebote mit ein, während sich der Diskussionsentwurf[1] auf Übernahme- und Pflichtangebote beschränkt hatte. Die rechtstechnische Umsetzung dieser Änderung ist nur sehr eingeschränkt gelungen. Denn einerseits hat der Gesetzgeber Vorschriften aus dem Diskussionsentwurf im 3. Abschnitt belassen, obwohl sie auf einfache Erwerbsangebote nicht passen. Beispiele sind die Regelungen der §§ 11 Abs. 2 Satz 3 Nr. 2, 14 Abs. 4, 16 Abs. 2, 23 Abs. 2, 27, 28, wohl auch die Regelungen der §§ 17 und 18.[2] Umgekehrt geht aus der Verweisungsnorm nicht hinreichend deutlich hervor, dass bestimmte Regelungen nicht rezipierfähig sind, weil sie ausschließlich auf einfache Erwerbsangebote zugeschnitten sind (Rn. 2).

II. Umfang der Verweisung

2   Die Verweisung erstreckt sich grundsätzlich auf sämtliche Vorschriften des Abschnitts 3 – es sei denn, Abschnitt 4 enthält eine speziellere Regelung. So ist die Anwendung der Zuteilungsregel (§ 19) gemäß § 32 (Unzulässigkeit des Teilangebots im Übernahmeverfahren) ausgeschlossen. Infolgedessen bedarf es keinerlei Angaben über das Zuteilungsverfahren in der Angebotsunterlage.[3]

---

[0] Abgedruckt bei *Fleischer/Kalss*, Das neue Wertpapiererwerbs- und Übernahmegesetz, 2002, S. 374 ff.

[1] Abgedruckt bei *Fleischer/Kalss* (Fn. 1) S. 237 ff.

[2] Siehe *Vogel* in *Haarmann/Riehmer/Schüppen* Rn. 3.

[3] *Vogel* in *Haarmann/Riehmer/Schüppen* Rn. 5.

Abschnitt 5. Pflichtangebote

§ 35 Verpflichtung zur Veröffentlichung und zur Abgabe eines Angebots

(1) **Wer unmittelbar oder mittelbar die Kontrolle über eine Zielgesellschaft erlangt, hat dies unter Angabe der Höhe seines Stimmrechtsanteils unverzüglich, spätestens innerhalb von sieben Kalendertagen, gemäß § 10 Abs. 3 Satz 1 und 2 zu veröffentlichen. Die Frist beginnt mit dem Zeitpunkt, zu dem der Bieter Kenntnis davon hat oder nach den Umständen haben musste, dass er die Kontrolle über die Zielgesellschaft erlangt hat. In der Veröffentlichung sind die nach § 30 zuzurechnenden Stimmrechte für jeden Zurechnungstatbestand getrennt anzugeben. § 10 Abs. 2, 3 Satz 3 und Abs. 4 bis 6 gilt entsprechend.**

(2) **Der Bieter hat innerhalb von vier Wochen nach der Veröffentlichung der Erlangung der Kontrolle über eine Zielgesellschaft der Bundesanstalt eine Angebotsunterlage zu übermitteln und nach § 14 Abs. 2 Satz 1 ein Angebot zu veröffentlichen. § 14 Abs. 2 Satz 2, Abs. 3 und 4 gilt entsprechend. Ausgenommen von der Verpflichtung nach Satz 1 sind eigene Aktien der Zielgesellschaft, Aktien der Zielgesellschaft, die einem abhängigen oder im Mehrheitsbesitz stehenden Unternehmen der Zielgesellschaft gehören, und Aktien der Zielgesellschaft, die einem Dritten gehören, jedoch für Rechnung der Zielgesellschaft, eines abhängigen oder eines im Mehrheitsbesitz stehenden Unternehmens der Zielgesellschaft gehalten werden.**

(3) **Wird die Kontrolle über die Zielgesellschaft auf Grund eines Übernahmeangebots erworben, besteht keine Verpflichtung nach Absatz 1 Satz 1 und Absatz 2 Satz 1.**

Schrifttum: *Altmeppen,* Neutralitätspflicht und Pflichtangebot nach dem neuen Übernahmerecht, ZIP 2001, 1073; *Assmann,* Erwerbs-, Übernahme- und Pflichtangebote nach dem Wertpapiererwerbs- und Übernahmegesetz aus Sicht der Bietergesellschaft, AG 2002, 114; *ders.,* Verhaltensregeln für freiwillige öffentliche Übernahmeangebote, AG 1995, 563; *Berding* Gesellschafts- und kapitalmarktrechtliche Grundsätze im Übernahmerecht, WM 2002, 1149; *Böttcher/Krömker,* Das Risiko von Pflichtangeboten bei fusionskontrollrechtlicher Anmeldepflicht, DB 2003, 1831; *Doralt,* Übernahme, Verschmelzung, Konzern und die City Code, GesRZ 2000, 197; *Ekkenga/Hofschroer,* Das Wertpapiererwerbs- und Übernahmegesetz (Teil II), DStR 2002, 768; *Fleischer,* Schnittmengen des WpÜG mit benachbarten Rechtsmaterien – eine Problemskizze, NZG 2002, 545; *Grabbe/Fett,* Pflichtangebot im Zuge von Verschmelzungen? NZG 2003, 755; *Harbarth,* Kontrollerlangung und Pflichtangebot, ZIP 2002, 321; *Heiser,* Interessenkonflikte in der Aktiengesellschaft und ihre Lösung am Beispiel des Zwangsangebots, 1999; *Holzborn/Israel,* Einflüsse wettbewerbsrechtlicher Regelungen auf das Übernahmerecht, BKR 2002, 982; *Houben,* Die Gestaltung des Pflichtangebots unter dem Aspekt des Minderheitenschutzes und der effizienten Allokation der Unternehmenskontrolle, WM 2000, 1873; *Kaindl,* Das Pflichtangebot im Übernahmegesetz, 2001 (Österreich); *Kallmeyer,* Pflichtangebote nach dem Übernahmekodex und dem neuen Vorschlag 1997 einer Takeover-Richtlinie, ZIP 1997, 2147; *Kalls/Winner,* Umgründungs- und Übernahmerecht –

Versuch einer Synthese, ÖBA 2000, 51; *Karollus/Geist*, Das österreichische Übernahmegesetz – (k)ein Papiertiger?! – eine Fallstudie, NZG 2000, 1145; *Kleindiek*, Funktion und Geltungsanspruch des Pflichtangebots nach dem WpÜG, ZGR 2002, 546;
Krause, Das obligatorische Übernahmeangebot: Eine juristische und ökonomische
Analyse, 1996; *ders.*, Zur Gleichbehandlung der Aktionäre bei Übernahmeangeboten
und Beteiligungserwerb (Teil I u. Teil II), WM 1996, 845 u. 893; *Letzel*, Das Pflichtangebot nach dem Übernahmekodex – mit Vorschau auf das Pflichtangebot nach dem
ÜbG, NZG 2001, 260; *ders.*, Das Pflichtangebot nach dem WpÜG, BKR 2002, 293;
Liebscher, Das Übernahmeverfahren nach dem neuen Übernahmegesetz, ZIP 2001,
853; *ders.*, Die Zurechnungstatbestände des WpHG und WpÜG, ZIP 2002, 1005;
Loritz/Wagner, Das „Zwangsübernahmeangebot" der EG-Takeover-Richtlinie aus
verfassungsrechtlicher Sicht, WM 1991, 709; *Mertens*, Förderung von, Schutz vor,
Zwang zu Übernahmeangeboten?, AG 1990, 252; *Mülbert*, Übernahmerecht zwi-
schen Kapitalmarktrecht und Aktien(konzern)recht – die konzeptionelle Schwachstelle des RegE WpÜG, ZIP 2001, 1221; *Munscheck*, Das Übernahmeangebot als Konzernbildungskontrolle, RIW 1995, 998; *Seibt/Heiser*, Regelkonkurrenz zwischen
neuem Übernahmerecht und Umwandlungsrecht, ZHR 165 (2001), 466; *Technau*,
Übernahmerechtliche Austrittsrechte in Verschmelzungsfällen, AG 2002, 260; *Vetter*,
Pflichtangebot nach Kontrollerwerb im Wege der Verschmelzung oder Spaltung?,
WM 2002, 1999; *Weber-Rey/Schütz*, Zum Verhältnis von Übernahmerecht und Umwandlungsrecht, AG 2001, 325; *Winter*, Öffentliches Übernahmeangebot bei Versicherungsunternehmen – Aufsichtsrechtliche Überlegungen, VersR 2000, 1453;
Wirth/Weiler, Änderung des Übernahmekodex ab 1. 1. 1998: Das erweiterte Pflichtan-
gebot, DB 1998, 117; *Wolf*, Konzerneingangsschutz bei Übernahmeangeboten, AG
1998, 212; *Wymeersch*, Übernahmeangebote und Pflichtangebote, ZGR 2002, 520;
Zietsch/Holzborn, Freibrief für pflichtangebotsfreie Unternehmensübernahmen?,
WM 2001, 1753; *Zinser*, Pflichtangebotsregelungen in europäischen Staaten, NZG
2000, 573; *Zollner*, Kontrollwechsel und Kontrollerlangung, 2002.

Übersicht

I. Regelungsgegenstand und -zweck

1   **1. Veröffentlichungs- und Angebotsverpflichtung.** Wer mindestens 30 % der Stimmrechte an der Zielgesellschaft erworben und damit die gesetzlich festgelegte Kontrollschwelle erreicht oder überschritten hat (§ 29 Abs. 2), muss (auch) den verbliebenen Aktionären ein Erwerbsangebot unterbreiten (Abs. 2) und gilt somit als „Bieter" (§ 2 Abs. 4). Das Erreichen oder Überschreiten der Kontrollschwelle steht der Angebotsentscheidung iSd. § 10 Abs. 1 Satz 1 gleich und ist – in Ergänzung zu den Meldepflichten nach § 21 Abs. 1 Satz 1 WpHG – unverzüglich zu veröffentlichen (Abs. 1). Hat der Bieter die Kontrolle aufgrund eines Übernahmeangebots erlangt, so ergeben sich die Rechtsfolgen nicht aus § 35 (siehe dessen Abs. 3), sondern aus den allgemeinen Vorschriften, insbesondere aus der Pflichtangebotsregel des § 32. Über die Zulassung weiterer Ausnahmen entscheidet die Aufsichtsbehörde nach §§ 36, 37. Der Gesetzgeber wollte mit § 35 zu den Standards in anderen europäischen Ländern aufschließen.[1] Er hat sich aber wohl vor allem an Rule 9 des City Code orientiert, die mit den gleichen Tatbestandsmerkmalen (Schwellenwert 30 %, Fiktion der Kontrollerlangung statt Vermutungsregel) ausgestattet ist (Rn. 7).

2   Der Regelungsbereich erstreckt sich nicht auf so genannte **Altfälle**, die dadurch gekennzeichnet sind, dass der Bieter die Kontrolle über das Zielunternehmen bei In-Kraft-Treten des Gesetzes (1. Januar 2002) bereits erlangt hatte. Zu den „Altfällen" in diesem Sinne zählt auch der spätere Kontrollerwerb kraft Universalsukzession, wenn der Rechtsvorgänger die Kontrollposition vor dem genannten Stichtag erworben hatte (s. Rn. 17 zum Kontrollerwerb kraft Erbschaft und Rn. 28 zum Kontrollerwerb kraft verschmelzender Umwandlung). Vgl. im Übrigen die Übergangsregelung des § 68 Abs. 3 und die dortige Kommentierung.

3   **2. Normzweck. a) Meinungsstand.** § 35 gewährt den übrigen Aktionären individuellen Schutz, indem er ihnen die Möglichkeit zum geregelten Austritt („Exit") durch Verkauf ihrer Anteile zu fairen und gleichen Konditionen einräumt. Die in Abs. 1 geregelte Veröffentlichungspflicht stellt die dafür benötigten Rahmenbedingungen her. Dieser Individualschutz wird ganz überwiegend *gesellschaftsrechtlich* verstanden, und zwar im Sinne einer **präventiv wirkenden Konzerneingangskontrolle**: Den Angebotsempfängern solle das Schicksal erspart bleiben, entweder in der Position als Minderheitsgesell-

---

[1] Begr. RegE BT-Drucks. 14/7034 S. 30.

schafter im Konzern zu verharren oder Preisnachteile auf sich zu nehmen, die mit einem Verkauf nach Bekanntwerden der Kontrollübernahme aufgrund des dann einsetzenden Kursrückganges verbunden sind.[2] Auch die bislang geäußerte rechtspolitische Kritik zielt nicht zuletzt gegen den konzernrechtlichen Präventivschutz. Eingewandt wird vor allem, dass das Aktienrecht bereits über ausreichende Mittel des Konzerneingangs- und -leitungsschutzes verfüge. Das Institut des Pflichtangebots greife daher unnötig in die Vertragsabschlussfreiheit des Bieters ein.[3] An freien Kapitalmärkten gebe es außerdem kein schutzwertes Interesse der Publikumsaktionäre, sich vor dem Risiko nachträglicher, gegen sie gerichteter Mehrheitsbildungen komplett abschirmen zu lassen.[4]

Versteht man den Individualschutz dagegen *kapitalmarktrechtlich*, so ist er – **4** anders als der gesellschaftsrechtliche Minderheitenschutz – nicht Selbstzweck, sondern Mittel zur Verwirklichung eines weiter gesteckten Zieles, des kapitalmarktlichen Funktionenschutzes.[5] Die Angebotspflicht präsentiert sich dann als Instrument zur Bekämpfung von Fehlallokationen, die sich als Folge preislicher Übervorteilungen der außenstehenden Aktionäre durch den Bieter ergeben können[6] (näher § 3 Rn. 6). Die Bekämpfung geschieht mit Hilfe des **kapitalmarktrechtlichen Gleichbehandlungsgrundsatzes** (§ 3 Abs. 1), den § 35 nur konkretisiert: Den Angebotsempfängern soll die gleiche Kontrollprämie zuteil werden, die der Bieter zur Kontrollerlangung an die bereits ausgeschiedenen Aktionäre gezahlt hat (§ 3 Rn. 8 ff.).[7] Wo ein solcher Vergütungsbedarf nicht anfällt, weil der Käufer die Zielgesellschaft schon vor dem

---

[2] *von Bülow* in Kölner Komm. Rn. 4; *Hommelhoff/Witt* in *Haarmann/Riehmer/Schüppen* Vor §§ 35 bis 39 Rn. 31; *Meyer* in *Geibel/Süßmann* Rn. 1; *Fleischer/Kalss*, Das neue Wertpapiererwerbs- und Übernahmegesetz, 2002, S. 131 f.; *Hopt* ZHR 166 (2002), 383, 386, 415; *Harbarth* ZIP 2002, 321, 322; *Ekkenga/Hofschroer* DStR 2002, 768, 771; *Liebscher* ZIP 2001, 853, 866; *Altmeppen* ZIP 2001, 1073, 1082; *Mülbert* ZIP 2001, 1221, 1223 ff.; *Berding* WM 2002, 1149, 1157. Ausführlich zur Gefahr der Ausbeutung durch den Bieter und zu den rechtspolitischen Folgerungen *Krause*, Das obligatorische Übernahmeangebot, 1996, S. 105 ff.

[3] *Altmeppen* ZIP 2001, 1073, 1082; *Mülbert* ZIP 2001, 1221, 1229; *Assmann* AG 1995, 563, 570; *Kallmeyer* ZHR 161 (1997), 435, 436 ff.; *Mertens* AG 1990, 252, 257 f.; skeptisch zum konzernrechtlichen Minderheitenschutz dagegen *Berding* WM 2002, 1149, 1157 mwN; *Houben* WM 2000, 1873, 1875; *Habersack/Mayer* ZIP 1997, 2141, 2144; *Hopt* ZHR 161 (1997), 368, 387 f.; *Krause* WM 1996, 893, 897 f.; *Wolf* AG 1998, 212, 219 f.; *Weber* EuZW 1998, 464, 468.

[4] *Altmeppen* ZIP 2001, 1073, 1082; vgl. auch die vergleichenden Betrachtungen zum amerikanischen Recht bei *Wymeersch* ZGR 2002, 520, 542 f.

[5] So vor allem *Kleindiek* ZGR 2002, 546, 560.

[6] *Houben* WM 2000, 1873, 1874; umgekehrtes Funktionsverständnis bei *Hommelhoff/Witt* in *Haarmann/Riehmer/Schüppen* Vor §§ 35 bis 39 Rn. 28: Minderheitenschutz komme auch der Funktionsfähigkeit des Kapitalmarktes zugute; unklar *Meyer* in *Geibel/Süßmann* Rn. 9 unter Vermengung konzern- und kapitalmarktrechtlicher Aspekte; zur rechtspolitischen Diskussion ausführlich *Krause*, Das obligatorische Übernahmeangebot, 1996, S. 107 ff.

[7] Kritisch aus rechtspolitischer Sicht *Hommelhoff/Witt* in *Haarmann/Riehmer/Schüppen*, Vor §§ 35 bis 39 Rn. 27; *Ekkenga/Hofschroer* DStR 2002, 768. 770; *Letzel* BKR 2002, 293, 297; *Wymeersch* ZGR 2002, 520, 539 ff. Zwingend ist die kapitalmarktrechtliche Interpretation des Gleichbehandlungsgrundsatzes allerdings nicht; möglich bleiben auch die Anwendung des gesellschaftsrechtlichen Gleichbehand-

Anteilserwerb kontrollierte, tritt das Interesse der Anleger an preislicher Gleichbehandlung zurück. In derartigen Fällen besteht deshalb die Möglichkeit der Befreiung (vgl. § 36 Nr. 2, 3). Der für die Gleichbehandlung zu zahlende „Preis" – und zugleich Anlass rechtspolitischer Kritik – ist die Gefahr, dass der Bieter u.U. zu millionenschweren Fehlinvestitionen gezwungen wird und dadurch betrieblich nutzbare Mittel gebunden werden, die woanders besser investiert wären.[8] In die umgekehrte Richtung zielt die Befürchtung, die Drohkulisse des Pflichtangebots werde potentielle Investoren abschrecken und so wirtschaftlich sinnvolle Konzentrationsbewegungen unterbinden.[9]

5   **b) Stellungnahme.** Die konzernrechtliche Interpretation findet in der Entwurfsbegründung keine Stütze.[10] Auch sonst spricht nichts für die Annahme, dass § 35 materielles Konzernrecht enthält:[11] Da „Bieter" iSd. § 2 Abs. 4 neben den „Unternehmen" iSd. §§ 15 ff. AktG auch Privatpersonen sein können, fehlt es bereits am entscheidenden konzernspezifischen Regelungsansatz. Das hat u.a. zur Konsequenz, dass eine teleologische Reduktion des § 35 ausscheidet, wenn nach Lage des Einzelfalles kein *konzernrechtlicher* Schutzbedarf besteht, beispielsweise wenn der Kontrollerwerber Erbe ohne eigene unternehmerische Ambitionen ist (Rn. 16). Dem Konzernrecht fremd ist auch die Fiktion der Kontrollerlangung bei Erreichen der 30 %-Schwelle[12] (vgl. auch § 29 Rn. 13). Sie führt geradewegs zur Konzerneintrittspflicht, weil der Bieter über 50 % der Anteile erwerben muss. Es wäre aber wertungswidersprüchlich, eine Norm, die unbestreitbar ein Medium der – wenn auch uU nur vorübergehenden – *Konzernzwangsbildung*[13] ist, gleichzeitig als Instrument des *präventiven Konzerneingangsschutzes* zu qualifizieren. Erklärungsbedürftig wäre zudem, warum der Gesetzgeber Minderheiten nicht börsennotierter oder im Ausland beheimateter Gesellschaften, die nicht unter das WpÜG fallen, vom Konzerneingangsschutz ausgenommen hat.[14] Vor allem aber berücksichtigen die Verfechter des herrschenden konzernrechtlichen Erklärungsansatzes nicht genügend, dass zwischen den Pflichtangebotsregeln des § 32 und § 35 *Funktionsgleichheit* besteht (Rn. 1). § 32 ist jedoch Ausfluss des Gleichbehandlungsgrundsatzes[15] (§ 32 Rn. 1).

---

lungsgebots (§ 53a AktG, vgl. § 3 Rn. 1) oder der Rückgriff auf die Treuepflicht des Bieters gegenüber den Mitgesellschaften (dazu *Berding* WM 2002, 1149, 1157).

   [8] *Houben* WM 2000, 1873, 1878.

   [9] Vgl. Stellungnahme des DAV-Handelsrechtsausschusses zum RegE, ZIP 2001, 1736, 1739 f. Zu den möglichen Synergieeffekten einer Übernahme siehe *Krause*, Das obligatorische Übernahmeangebot, 1996, S. 99 ff.

   [10] Begr. RegE BT-Drucks. 14/7034 S. 58.

   [11] So aber *Hopt* ZHR 166 (2002), 383, 386.

   [12] Vgl. demgegenüber § 17 AktG: widerlegliche Vermutung der konzernrechtlichen Abhängigkeit bei Erwerb der Stimmrechtsmehrheit. Bedenkenswert immerhin *Liebscher* ZIP 2002, 1005, 1009, 1011: Wegen der Kopplung des Pflichtangebotstatbestands an das Ordnungswidrigkeitenrecht sei für Vermutungs- und Anscheinsregeln und Beweiserleichterungen nach konzernrechtlichen Vorbildern kein Raum.

   [13] Dazu *Hommelhoff/Witt* in *Haarmann/Riehmer/Schüppen* Vor §§ 35 bis 39 Rn. 36.

   [14] So *Hopt* selbst in ZHR 166 (2002), 383, 398.

   [15] *Hopt* ZHR 166 (2002), 383, 400.

3. Rechtsnatur. Die Vorschrift ist dem *aufsichtsrechtlichen Teil* des WpÜG, **6** also dem öffentlichen Recht zuzuordnen. Sie unterwirft den Bieter einer Verhaltenspflicht, deren Einhaltung die BAFin im öffentlichen Interesse (§ 4 Abs. 2) zu überwachen hat. Das erschließt sich unzweideutig aus § 40 Abs. 1 Nr. 1, der die BAFin mit den hierzu benötigten Ermittlungsbefugnissen ausstattet. Die *zivilrechtlichen Beziehungen* zwischen Bieter und (Pflicht-)Angebotsadressaten sind dagegen nicht Gegenstand der Regelung; sie entstehen regelmäßig erst dann, wenn der Bieter seine Angebotspflicht erfüllt hat. Die Pflichtangebotsregel wirkt sich jedoch mehrfach zivilrechtlich aus − vor allem im Hinblick auf § 59 und die möglichen Haftungsfolgen (Rn. 74 ff.).

4. Rechtsvergleichende Hinweise. a) City Code. Auch Rule 9 des eng- **7** lischen City Code gilt als Ausprägung eines kapitalmarktrechtlichen Gleichbehandlungsprinzips. Zugleich wird die Bedeutung der Pflichtangebotsregel für den Konzerneingangsschutz hervorgehoben, weil das englische Recht einen dem deutschen Recht vergleichbaren Minderheitenschutz im Konzernverbund nicht kennt.[16] Im Unterschied zu § 35 sieht Rule 9.1 (a) eine Angebotspflicht auch dann vor, wenn ein Anteilspaket in der Größenordnung zwischen 30 % und 50 % durch Zukauf weiterer Stimmanteile aufgestockt wird (vgl. hierzu auch § 29 Rn. 19). Grundsätzlich hat der Bieter das Pflichtangebot unter der Bedingung abzugeben, dass er und mit ihm gemeinsam handelnde Personen im Ergebnis mehr als 50 % der Anteile erwerben (Rule 9.3, a). Tritt die Bedingung nicht ein, so sind zwischenzeitlich erworbene Anteile zurückzugewähren, bis der Status quo ante erreicht ist.[17] Erwerbsgeschäfte, durch die der Bieter die pflichtauslösende Kontrollschwelle von 30 % überschreitet, haben zu unterbleiben, wenn die Gesellschafterversammlung dem Pflichtangebot, wäre es ein freiwilliges Übernahmeangebot, zustimmen müsste (Rule 9.3, a). Die besonders einschneidenden Regeln über die Angebotspflicht bei mittelbarem Kontrollerwerb (Rn. 35 ff.) sind dem City Code in dieser Rigidität unbekannt.[18] Flexibilität erlangt die Pflichtangebotsregel wie nach deutschem Recht erst durch die Möglichkeit der Befreiung durch den Takeover Panel.

b) Sonstige Länder.[19] Nach *französischem* Recht wird die Angebotspflicht **8** durch Erwerb eines Stimmanteils von mehr als $^1/_3$ an einer börsennotierten Gesellschaft ausgelöst; gleichgestellt ist der Erwerb von mehr als $^1/_3$ am Grundkapital (Art. 5-5-2 RCMF = Règlement général du Conseil des Marchés Financiers). „Erwerb" ist auch die Kontrollerlangung über eine Gesellschaft, die ihrerseits zu mehr als $^1/_3$ an der Zielgesellschaft beteiligt ist (Art. 5-5-3 RCMF). Der Rat der Finanzmärkte (CMF = Conseil des Marchés Financiers) kann uU Befreiungen erteilen.[20] In *Italien* gilt gemäß Art. 106 Abs. 1 Testo Unico della intermediazione finanziaria (Decreto legislativo no. 58/1998) wie in Deutschland eine 30 %-Grenze. Außerdem kann das Überschreiten einer Beteiligungsschwelle von 90 % gemäß Art. 108 Abs. 1 Testo Unico della inter-

---

[16] *Doralt* GesRZ 2000, 197, 201 f.
[17] *Zinser* RIW 2001, 481, 484.
[18] Einzelheiten bei *von Bülow* in Kölner Komm. Rn. 18.
[19] Neuerer Überblick bei *Wymeersch* ZGR 2002, 520, 525 ff.
[20] *Klein/Stucki* RIW 2001, 488, 490.

mediazione finanziaria ein Pflichtangebot auslösen.[21] *Österreich* operiert statt mit einem starren Fiktionssystem mit einer flexiblen Vermutungsregel: Bis zum Beweis des Gegenteils gilt die pflichtbegründende Kontrolle als erlangt, wenn der Bieter 30 % der Stimmanteile erwirbt oder eine Beteiligung zwischen 20 % und 30 % hält, die ihm in jeder der letzten drei ordentlichen Hauptversammlungen zur einfachen Beschlussmehrheit verholfen hat (§ 2 Abs. 1, 3 Abs. 1 der 1. öÜbV iVm. § 22 Abs. 5 öÜbG).[22] Eine gewisse Sonderstellung nimmt das *belgische Recht* ein. Es schreibt ein Pflichtangebot erst dann vor, wenn der Kontrollinhaber für die Aktien einen Preis bezahlt hat, der über dem Marktpreis lag.[23] In den *Vereinigten Staaten, Kanada* und *Australien* ist das Institut des Pflichtangebots unbekannt.[24]

II. Verfassungsmäßigkeit

9 **1. Allgemeines.** Schon vor In-Kraft-Treten des Gesetzes haben manche die Verfassungsmäßigkeit der Pflichtangebotsregel bezweifelt bzw. in Abrede gestellt.[25] Wohl vor allem auf die Befreiungsmöglichkeiten nach §§ 36, 37 ist es zurückzuführen, dass die Kritik inzwischen weitgehend verstummt ist.[26] Nach wie vor gibt es indes Rechtfertigungsbedarf, der jedenfalls mehr Argumentationsaufwand erfordert als nur den Hinweis, im Vergleich zum Gewicht des Anlegerschutzes sei der Bieter einer „vergleichsweise marginalen Beeinträchtigung" ausgesetzt.[27] Der Zwang zum Erwerb von bis zu 70 % der Anteile an einer börsennotierten Gesellschaft bedeutet nicht nur einen gesetzlichen Eingriff in die Privatautonomie vordem ungekannten Ausmaßes.[28] In Anbetracht der dem Bieter drohenden Folgen – er ist u. U. gezwungen, sich millionenschwere Schuldenbeträge aufzuladen, seine einzige Chance ist die zu seinen Gunsten ausfallende Ermessensentscheidung der Bundesanstalt nach § 37 – markiert die Vorschrift nicht weniger als eine **rechtsethische Zäsur** in der Gesetzgebungsgeschichte des deutschen Vertrags- und Kapitalmarktrechts.[29] Das muss man nicht von vornherein negativ werten, sollte aber Anlass genug sein, sich vor dem Gebrauch formelhafter Erklärungsmuster zu hüten. Zu ihnen gehört vor allem die bis zum Überdruss wiederholte, allerdings

---

[21] *Hommelhoff/Witt* in *Haarmann/Riehmer/Schüppen* Vor §§ 35 bis 39 Rn. 8 f.

[22] Weitere Einzelheiten bei *von Bülow* in Kölner Komm. Rn. 20; *Karollus/Geist* NZG 2000, 1145, 1146 ff.; *Kaindl*, Das Pflichtangebot im Übernahmegesetz, 2001, S. 80 ff.

[23] *Wymeersch* ZGR 2002, 520, 531.

[24] *Wymeersch* ZGR 2002, 520, 522.

[25] *Kallmeyer* ZHR 161 (1997), 435, 436 ff.; *Thoma* ZIP 1996, 1725, 1731 ff.; *Loritz/Wagner* WM 1991, 709 ff.; aA nach ausführlicher Analyse *Krause*, Das obligatorische Übernahmeangebot, 1996, S. 162 ff., 211.

[26] Vgl. vor allem *Meyer* in *Geibel/Süßmann* Rn. 10 ff.; etwas kritischer *Steinmeyer/Häger* Rn. 31 ff.

[27] So die verharmlosende Formulierung von *Meyer* in *Geibel/Süßmann* Rn. 22.

[28] So zu Recht *Altmeppen* ZIP 2001, 1073, 1082 f., der das Pflichtangebot als „ungeheuren Eingriff in die Privatautonomie des Aktionärs" bezeichnet.

[29] Ablehnend bereits zur Pflichtangebotsregelung des Übernahmekodex *Assmann* AG 1995, 563, 570 f.; im Entwurf einer Europäischen Übernahmerichtlinie *Mertens* AG 1990, 252, 254 ff.

bisher nicht einmal ansatzweise präzisierte oder gar fundierte These, die Pflichtangebotsregel müsse zur Stützung des Standortvorteils in Deutschland eingeführt werden, weil sie in anderen europäischen Ländern gang und gäbe sei.[30]

2. Grundrechtswidriger Eingriff zu Lasten des Bieters? Der dem Bie-   **10** ter auferlegte *Erwerbszwang* reicht nach wohl hM nicht aus, um einen verfassungswidrigen Eingriff in das **Grundrecht auf Eigentum (Art. 14 GG)** anzunehmen. Art. 14 GG schütze nämlich grundsätzlich nur bestehende Vermögenspositionen, nicht aber die „negative" Freiheit, kein Eigentum hinzuerwerben zu müssen. Dass dies Vermögensnachteile aufgrund verpasster Chancen und Verdienstmöglichkeiten zur Folge haben könne, sei eigentumsrechtlich unerheblich.[31] Keine besondere Beachtung schenkt die hM der Kehrseite des Erwerbszwanges, nämlich dem damit verbundenen Verlust der Verfügungsbefugnis über das vorhandene Vermögen. Dem mag die Annahme zugrunde liegen, dass der *Investitionszwang* ergebnisneutral sei, also die Vermögenssubstanz des Bieters nicht schmälere und allenfalls die Aussichten auf die Höhe künftiger Erträge beeinflusse, zumal es dem Bieter freisteht, die Aktien nach dem Zwangserwerb wieder am Markt zu liquidieren. Indes lässt sich nicht bezweifeln, dass die Zwangsinvestition verlustreich sein kann, wenn der Bieter aus Gründen der Gleichbehandlung gemäß § 4 AngebotsVO verpflichtet ist, einen Preis über dem aktuellen Marktniveau zu zahlen (Rn. 57). Der Schutzbereich des Art. 14 GG ist also durchaus tangiert. Daneben tritt der Schutz der **Vertragsabschluss- und -gestaltungsfreiheit (Art. 2 GG)**, ferner der Schutz der **Berufsfreiheit (Art. 12 GG)**, wenn das dem Bieter belassene freie Vermögen nicht mehr ausreicht, um den Zugang zur eigentlich gewünschten selbständigen Berufstätigkeit weiterhin behalten oder finden zu können.[32]

Über die Verfassungskonformität entscheidet deshalb eine **Interessenabwä-**   **11** **gung**, die darüber Aufschluss gibt, ob der Gesetzgeber die Grenzen des ihm zustehenden Gestaltungsspielraumes eingehalten, insbesondere ob er das Gebot der Verhältnismäßigkeit beachtet hat. Zu berücksichtigen sind sowohl das Interesse der Allgemeinheit an der Schaffung und Unterhaltung funktionsfähiger Kapitalmärkte als auch dasjenige der Angebotsadressaten an der Gewährleistung eines werterhaltenden Individualschutzes (Rn. 4). Beide Anliegen sind als verfassungskonforme Inhalts- und Schrankenbestimmungen des Eigentums im Prinzip anerkannt. Ebenso unstreitig ist, dass ihre Umsetzung

---

[30] Siehe statt anderer *von Bülow* in Kölner Komm. Rn. 25; *Meyer* in *Geibel/Süßmann* Rn. 16. Zweifel an der Richtigkeit der These, die Qualität des Finanzplatzes Deutschland hänge vom Pflichtangebot ab, äußert beispielsweise *Letzel* BKR 2002, 293, 296, der mit Recht hervorhebt, dass der US-amerikanische Kapitalmarkt seine weltweite Spitzenposition auch ohne Pflichtangebot behauptet. Kritisch auch *Assmann* AG 1995, 563, 570.

[31] *Meyer* in *Geibel/Süßmann* Rn. 18 unter Bezugnahme auf BVerfGE 30, 292, 334 f.; ebenso *Steinmeyer/Häger* Rn. 33; *Krause,* Das obligatorische Übernahmeangebot, 1996, S. 170 ff.; *Stumpf* NJW 2003, 9, 15; aA noch *Loritz/Wagner* WM 1991, 709, 717 ff.; *Thoma* ZIP 1996, 1725, 1732.

[32] Ebenso *Steinmeyer/Häger* Rn. 33; zu restriktiv *Meyer* in *Geibel/Süßmann* Rn. 21 f.

im Wege der Pflichtangebotsregel keinen per se unzulässigen Eingriff in die Freiheitsrechte des Bieters darstellt.[33] Doch gilt es zu beachten, dass das Substanzerhaltungs- und Freiheitsinteresse des Bieters in bestimmten Fällen besonders schutzwürdig sein kann, vor allem wenn ihm die pflichtbegründende Kontrollposition kraft Gesetzes oder durch das Verhalten eines Dritten aufgezwungen wurde[34] (Rn. 16). Dem lässt sich im Befreiungsverfahren nach § 37 gerecht werden, indem man den Ermessensspielraum der BAFin entsprechend reduziert.[35]

12   **3. Grundrechtswidriger Eingriff zu Lasten veräußerungswilliger (Paket-)Aktionäre?** Die Angebotspflicht des Kontrollinhabers wird Erwerbsinteressenten oft abschrecken und dazu führen, dass Anteilspakete, namentlich solche im Volumen von 30 % oder mehr, faktisch unverkäuflich sind. Darin liegt aber kein verfassungswidriger Eingriff in das nach Art. 14 GG geschützte Eigentum des Paketaktionärs. Denn ihm bietet sich immerhin der Ausweg, das Paket in Tranchen zu weniger als 30 % zu zerlegen und an verschiedene Abnehmer zu veräußern.[36]

III. Der Tatbestand der Kontrollerlangung (Abs. 1 Satz 1)

13   **1. Allgemeines.** Ob der Bieter über die **Kontrolle** der Zielgesellschaft verfügt, richtet sich nach **§§ 29 Abs. 2, 30 iVm. § 39**; auf die dortige Kommentierung ist zu verweisen. Maßgeblich ist allein der formelle Aspekt, dass der Bieter 30 % der Stimmanteile selbst oder über Dritte besitzt. Ob er die Kontrolle tatsächlich ausübt oder ausüben kann, ist dagegen unerheblich, findet aber Berücksichtigung in den Befreiungsmöglichkeiten nach **§§ 36, 37** (vgl. Kommentierung dort). Umgekehrt besteht keine Möglichkeit einer Tatbestandserstreckung, wenn der Bieter die Kontrolleingangsschwelle von 30 % knapp unterschreitet und die Umstände dafür sprechen, dass er auf die Geschicke der Zielgesellschaft de facto maßgeblich einwirken kann (näher und zu den weiteren Konsequenzen § 29 Rn. 6). Mögliche Kriterien einer Befreiung sind ferner die **Art und Weise sowie die Dauer der Kontrollerlangung** (näher sogleich Rn. 15 ff., 18). Generell ausgenommen sind nach **Abs. 3** allerdings solche Bieter, die ein **freiwilliges Übernahmeangebot** abgegeben haben; ihre Erwerbspflicht richtet sich nicht nach § 35, sondern nach § 32 (Rn. 1 und unten 67 ff.). Nicht betroffen sind ferner diejenigen, die die Kontrolle vor In-Kraft-Treten des WpÜG am 1. 1. 2002 erlangt haben (Rn. 2).

14   **2. Kontrollerlangung. a) Allgemeines.** Der Begriff der „Kontrollerlangung" ist umfassend zu verstehen; wie die Kontrolle erlangt wurde und für wie lange, spielt grundsätzlich keine Rolle. Das Gesetz lässt bewusst keinen Raum für Differenzierungen nach den konkreten Umständen; vielmehr ist es nach §§ 36, 37 Sache der Aufsichtsbehörde, der Gefahr einer Überregulierung durch

---

[33] Näher hierzu *Meyer* (Fn. 32) Rn. 13 ff.

[34] Damit ist die ironische Prophezeiung von *Mertens* AG 1990, 252, 256 f., die als Persiflage auf eine ausufernde Reglementierung und Bürokratisierung des Übernahmerechts gemeint war, Rechtswirklichkeit geworden.

[35] Übereinstimmend *Steinmeyer/Häger* Rn. 34.

[36] *Steinmeyer/Häger* Rn. 32.

Einzelbefreiungen zu begegnen. Insoweit sind auch keine Per-se-Befreiungen im Wege **teleologischer Reduktion** des zu weit gefassten Erwerbstatbestandes zuzulassen.[37] Möglich bleiben aber Per-se-Befreiungen, die sich auf verallgemeinerungsfähige Ausnahmekriterien beziehen (Beispiele: Sonderstellung der KGaA im Pflichtangebotsrecht, Rn. 20; Kontrollwechsel durch Erwerb der Stimmanteile von der eigenen Tochtergesellschaft, siehe Rn. 19). Davon klar zu trennen ist die Frage, ob § 35 zurücktritt, weil das ihm zugrunde liegende Prinzip der formellen Gleichbehandlung einem höherrangigen Prinzip oder einem anderweit geschützten Rechtsinstitut weichen muss. Letzteres ist beispielsweise dann anzunehmen, wenn die Angebotsverpflichtung dazu führen würde, dass dem Kontrollerwerber die Wahrnehmung gesetzlich anerkannter Interessen oder (Markt-)Funktionen unmöglich gemacht wird (Rn. 18). Entsprechendes gilt für den Fall der Normkollision, wenn eine Vollübernahme der Zielgesellschaft auf kartell-, bank- versicherungs- umwelt- oder medienrechtliche Bedenken stößt[38] (Rn. 20) oder wenn der Bieter antritt, um ein nach § 33 geschütztes Abwehrinteresse der Zielgesellschaft zu wahren (§ 37 Rn. 26). Keine Normkollision resultiert aus dem Insiderhandelsverbot des § 14 Abs. 1 Nr. 2 WpHG, wenn der Bieter den Kontrollerwerb nach Durchführung einer Due-Diligence-Prüfung bei der Zielgesellschaft vollzogen hat (Rn. 52).

b) Art und Weise. Regelfall der Kontrollerlangung ist der **rechts-** **15** **geschäftliche Anteilserwerb** durch börslichen oder außerbörslichen Bezug von Stammaktien, sei es am Zirkulationsmarkt, sei es im Rahmen einer Erstplatzierung nach Kapitalerhöhung (vgl. § 37 Rn. 24, ferner unten Rn. 72) oder aufgrund einer Sachdividende (§ 58 Abs. 5 AktG). Entscheidend ist der dingliche Erwerb, wie sich aus § 30 Abs. 1 Nr. 5 folgern lässt,[39] doch können schuldrechtliche Erwerbs- und Abstimmungsvereinbarungen zur Kontrollerlangung kraft Zurechnung nach § 30 führen (siehe Kommentierung dort). Es muss sich grundsätzlich um einen Vollrechtserwerb handeln; der Erwerb eines beschränkten dinglichen Rechts an der Aktie reicht nicht aus, es sei denn, er ist dem Vollrechtserwerb in § 30 gleichgestellt (vgl. § 30 Rn. 14 f.).[40] Neben dem rechtsgeschäftlichen kommt ein **gesetzlicher Erwerb** in Betracht, etwa der Rechtsübergang kraft verschmelzender Umwandlung gemäß § 20 Abs. 1 Nr. 3 UmwG (Rn. 31).

Erfasst ist auch der **passive Kontrollerwerb kraft Rechtsgeschäfts**, bei- **16** spielsweise kraft letztwilliger Verfügung, ferner der **passive Kontrollerwerb kraft Gesetzes**[41] (beispielsweise aufgrund gesetzlicher Erbfolge oder gesetzlich veranlasster Verschiebung der Stimmrechtsquoten, siehe Rn. 17 und 22 ff.).

---

[37] Streitig; anders nach § 29 Rn. 9 für den Fall, dass es außer dem Bieter einen zweiten Großaktionär gibt, der über ein größeres Anteilspaket verfügt. Wie hier *Letzel* BKR 2002, 293, 300.

[38] Beispiele bei *Versteegen* § 37 Rn. 55, der allerdings nicht für eine Per-se-Befreiung eintritt; ferner *von Bülow* in Kölner Komm. § 39 Rn. 46 ff.

[39] *Hommelhoff/Witt* in Haarmann/Riehmer/Schüppen Rn. 17; unnötig problematisierend, aber letztlich gleicher Ansicht *Harbarth* ZIP 2002, 321, 323.

[40] Ebenso *Steinmeyer/Häger* § 37 Rn. 22.

[41] *Letzel* BKR 2002, 293, 300 f.

Auf die Kenntnis des Bieters oder auf ein „Kennenmüssen" kommt es nicht an. Besondere praktische Bedeutung gewinnt die passive Kontrollerlangung durch die Zurechnungstatbestände des § 30, also im Zusammenhang mit der mittelbaren Kontrollerlangung (Rn. 35 ff.). Das betrifft vor allem die Zurechnung von Anteilserwerben durch solche Kontrollmittler, auf deren Entscheidung der Bieter keinen Einfluss hat, namentlich die Zurechnung im Rahmen eines Stimmrechtskonsortiums iSd. § 30 Abs. 2.[42]

17 Beruht die Kontrollerlangung auf einem **Erwerb von Todes wegen** (näher hierzu § 36 Rn. 19), so macht die Anwendung des § 35 vor Annahme der Erbschaft bzw. Ablauf der Ausschlagungsfrist (§ 1944 Abs. 1, 3 BGB) offenbar keinen Sinn. Die Konsequenz lautet aber nicht: Verpflichtung der Aufsichtsbehörde zur Befreiung des Erben nach Maßgabe von §§ 36, 37,[43] sondern vorläufiges Ruhen der Angebotspflicht. Denn anderenfalls wäre jener einem erbrechtlich kaum hinnehmbaren Handlungsdruck ausgesetzt, die Erbschaft unter Verzicht auf die Überlegungsfrist des § 1944 BGB frühzeitig auszuschlagen.[44] Konsequenterweise ruht auch die Veröffentlichungspflicht nach Abs. 1, weil sie nur Mittel zum Zwecke einer geordneten Vollübernahme ist. Führt der Erwerb von Todes wegen zu einem Kontrollwechsel und war der Erblasser aufgrund der **Übergangsregelung** (Rn. 2) von der Angebotsverpflichtung freigestellt, so ist auch der Erbe befreit, als hätte er die Kontrollposition bereits vor dem In-Kraft-Treten des WpÜG (1. Januar 2002) erworben. Das folgt aus dem Prinzip der Universalsukzession, kraft dessen der Erbe in sämtliche Rechtspositionen des Erblassers einschließlich des für Altfälle eingerichteten Freistellungsvorteils eintritt.

18 **c) Dauer.** Grundsätzlich unerheblich ist auch die Dauerhaftigkeit der Kontrollerlangung (§ 29 Rn. 14).[45] Das versteht sich von selbst, wenn man die Angebotsverpflichtung vor allem in den Dienst einer gleichmäßigen Erlösverteilung stellt (Rn. 4 f.), rechtfertigt sich aber auch nach dem konzernrechtlichen Erklärungsansatz (Rn. 3). Zwar passt das nur vorübergehende Halten der Stimmanteile zu spekulativen Zwecken nicht zum konzernrechtlichen Vorstellungsbild des Einfluss nehmenden Unternehmergesellschafters,[46] doch ist dem nicht bei der Anwendung des § 35, sondern im Antragsverfahren nach § 20 Rechnung zu tragen (zur Befreiung von der Angebotspflicht bei nachträglichem Unterschreiten der Kontrollschwelle siehe § 37 Rn. 27 f.). Anders ist es, wenn die gesetzlich geschützten Funktionen und Interessen des Kontrollerwerbers beeinträchtigt werden könnten (Rn. 14). So dürfte § 35 auf den vo-

---

[42] Zutreffend die Beobachtung von *Steinmeyer/Häger* Rn. 34, zu den verfassungsrechtlichen Konsequenzen siehe Rn. 10.
[43] So aber *Harbarth* ZIP 2002, 321, 324, der als bisher einziger das Problem anspricht.
[44] Zuzugeben ist, dass die sechswöchige Überlegungsfrist wegen der Summe aus Veröffentlichungs- und Angebotsfristen in § 35 Abs. 1 Satz 1, Abs. 2 Satz 1 nur um eine Woche verkürzt wird. Das ändert aber nichts am erbrechtlichen Schutzprinzip und kann anders liegen, wenn die Frist ausnahmsweise sechs Monate beträgt (§ 1944 Abs. 3 BGB).
[45] *von Bülow* in Kölner Komm. Rn. 88, 144; aA. *Süßmann* in *Geibel/Süßmann* § 29 Rn. 17.
[46] Insofern zutr. *Süßmann* in *Geibel/Süßmann* § 29 Rn. 17.

rübergehenden Aktienerwerb durch eine emissionsbegleitende Bank[47] oder auf das kurzfristige Überschreiten des Schwellenwertes durch Handelsaktivitäten eines Wertpapierdienstleistungsunternehmens von vornherein unanwendbar sein.[48] Zum Erlöschen der Veröffentlichungs- und Angebotspflicht bei nachträglichem Fortfall der Kontrollposition siehe Rn. 50 und 66.

d) Varianten. Ob es sich um eine **erstmalige Kontrollerlangung** handelt oder um einen **Kontrollwechsel**, spielt prinzipiell keine Rolle[49] (§ 29 Rn. 8). Eine Ausnahme ist allerdings zuzulassen, wenn der bisherige Kontrollinhaber seinerseits vom Kontrollnachfolger beherrscht wird, wenn also mittelbarer Anteilsbesitz durch unmittelbaren Anteilsbesitz abgelöst wird (Beispiel: Die Kontrollvorgängerin ist eine Tochtergesellschaft des Kontrollnachfolgers). Dann nämlich führt der Kontrollwechsel nicht zu einer Änderung der tatsächlichen Herrschaftsverhältnisse[50] (vgl. oben Rn. 14). Ebenso verhält es sich in den Fällen, in denen eine Zurechnungsgemeinschaft iSd. § 30 Abs. 2 endet, weil ein Gemeinschaftsmitglied die Anteile der übrigen Mitglieder erwirbt.[51] Eine **wiederholte Kontrollerlangung** löst dann − und nur dann − eine (erneute) Angebotsverpflichtung aus, wenn der Bieter seine Kontrollposition zwischenzeitlich aufgegeben bzw. verloren hatte[52] (zur Befreiung gemäß Abs. 3 siehe Rn. 67). Der kontrollerweiternde Ausbau einer bestehenden Beteiligung dürfte dagegen − anders als nach Rule 9.1 des City Code − nicht ausreichen (vgl. aber auch § 29 Rn. 10).

e) Das Zielunternehmen als Kontrollobjekt. Kontrollobjekt iSd. § 35 Abs. 1 Satz 1 kann **nur eine börsennotierte AG** sein.[53] Eine **KGaA** ist kein mögliches Zielunternehmen, weil sich die Kontrolle über sie nicht via Aktionariat, sondern durch Einflussnahme auf den Komplementär bzw. die Komplementär-GmbH gewinnen lässt.[54] Dass das WpÜG insoweit nicht differenziert, sondern im Gegenteil AG und KGaA grundsätzlich gleichstellt (§ 2 Abs. 3), zwingt ausnahmsweise nicht dazu, es bei der Angebotsverpflichtung zu belassen und den Bieter als Kommanditaktionär auf den Weg der Einzelbefreiung

---

[47] Arg. § 186 Abs. 5 AktG, vgl. *Ekkenga/Hofschroer* DStR 2002, 768, 773 sowie § 29 Rn. 11, 14.

[48] Insoweit letztlich übereinstimmend *Süßmann* in *Geibel/Süßmann* § 29 Rn. 18; aA *Riehmer* in *Haarmann/Riehmer/Schüppen* § 29 Rn. 31, der § 20 Abs. 2 anwenden will.

[49] *von Bülow* in Kölner Komm. Rn. 87; *Kleindiek* ZGR 2002, 546, 547, 559, der mit Recht hervorhebt, dass sich die Erheblichkeit des Kontrollwechsels nicht gesellschaftsrechtlich, sondern nur kapitalmarktrechtlich begründen lässt; *Letzel* BKR 2002, 293, 301 f., der allerdings den Veräußerer nicht in den Kreis der Angebotsadressaten einbeziehen will, falls er einen Teil des Aktienpakets zurückbehalten hat.

[50] *von Bülow* in Kölner Komm. Rn. 92; *Liebscher* ZIP 2002, 1005, 1015; ebenso *Hommelhoff/Witt* in *Haarmann/Riehmer/Schüppen* Rn. 23 für den Fall, dass der Bieter Anteile von einer Mittelsperson iSd. § 30 Abs. 1 Satz 1 Nr. 4 (Inhaber von Aktien, an denen zugunsten des Bieters ein Nießbrauch bestellt ist) erwirbt.

[51] *Liebscher* ZIP 2002, 1005, 1015.

[52] *Steinmeyer/Häger* 2002, § 35 Rn. 8.

[53] Problematisierend im Hinblick auf das Erfordernis der Börsennotierung *von Bülow* in Kölner Komm. Rn. 28 ff.

[54] Siehe statt anderer MünchKommAktG/*Bayer* § 17 Rn. 126.

nach § 37 zu verweisen. Denn das Ziel der Rechtssicherheit, das der weiten Fassung des Pflichtangebotstatbestandes zugrunde liegt, trifft auf die komplette Exemption der KGaA aufgrund ihrer Rechtsform nicht zu.[55] Ist die Zielgesellschaft ein **Bank- oder Versicherungsunternehmen**, so ruht die Angebotsverpflichtung – und mit ihr die Veröffentlichungspflicht (Rn. 17) –, bis die Aufsichtsbehörde über ein eventuelles Erwerbsverbot entschieden hat bzw. bis die in § 2b Abs. 1a KWG bzw. §§ 7a Abs. 2, 104 Abs. 1 Satz 5 VAG hierfür vorgesehene 3-Monats-Frist abgelaufen ist.[56] Entsprechendes gilt für Angebotsverpflichtungen, deren Erfüllung einen der **Fusionskontrolltatbestände** des § 37 GWB auslöst. Ausschlaggebend ist hier der Gedanke der Normkollision, wie sich dem Vollzugsverbot des § 41 Abs. 1 Satz 1, 2 GWB unmittelbar entnehmen lässt.[57]

21   **f) Minderheitsgesellschafter als Kontrollobjekt?** Erweitert sich der Gesellschafterkreis durch das Hinzutreten weiterer Minderheitsgesellschafter, so löst das keine Angebotspflicht des Mehrheitsgesellschafters aus, selbst wenn seine Beteiligungsquote weiterhin 30 % oder mehr beträgt. Denn nach § 35 Abs. 1 Satz 1 kommt es nicht auf den Kontrollgewinn gegenüber den Neuaktionären an, sondern auf den Einfluss auf das Zielunternehmen, der durch die Ausgabe neuer Anteile an Dritte eher geschwächt wird.[58] Daran ist auch dann festzuhalten, wenn die Neuaktionäre ohne oder gegen ihren Willen in die Minderheitsposition gedrängt worden sind, wie es sich in bestimmten Verschmelzungsfällen ereignen kann. Der gelegentlich geäußerten Gegenmeinung, die auf eine analoge Anwendung der Pflichtangebotsregel hinaus will, ist wegen der Bußgeldbewehrtheit derselben nicht zu folgen (Rn. 33).

22   **3. Problemfälle. a) Passive Kontrollerlangung.** Die Angebotspflicht kann auch dadurch ausgelöst werden, dass sich die Stimmrechtsquote eines Gesellschafters ohne dessen eigenes Zutun mit oder ohne Veränderung des Aktionariats bis zur 30 %-Grenze oder darüber hinaus erhöht.[59] Unproblematisch ist die Konstellation des **fremdveranlassten Stimmrechtserwerbs**

---

[55] *Steinmeyer/Häger* § 29 Rn. 30 ff.; § 35 Rn. 10 f.; aA *von Bülow* in Kölner Komm. Rn. 44; *Süßmann* in *Geibel/Süßmann* § 29 Rn. 23; *Kleindiek* ZGR 2002, 546, 547; implizit *Hommelhoff/Witt* in *Haarmann/Riehmer/Schüppen* Rn. 25.

[56] AA *Versteegen* in Kölner Komm. § 37 Rn. 55 f.; differenzierend *von Bülow* in Kölner Komm. § 39 Rn. 53, 55. Speziell zur Übernahme von Versicherungsunternehmen, insbesondere zu der Frage, ob der Bieter zwischenzeitlich erworbene Anteile nach behördlicher Untersagung der Übernahme zurückzugewähren hat, siehe *Winter* VersR 2000, 1453, 1457, 1459.

[57] Für ein Ruhen der Angebotspflicht auch *Fleischer* NZG 2002, 545, 551 mit Begründungsvorschlägen, auch aus rechtsvergleichender Sicht. Im Ergebnis übereinstimmend *Lenz/Behnke* BKR 2003, 43, 47 f., die jedoch ein den Kontrolltatbestand ausschließendes rechtliches Hindernis annehmen. Wieder anders *Holzborn/Israel* BKR 2002, 982, 986 ff., die dem Bieter ausnahmsweise die Aufnahme einer Bedingungsklausel abverlangen wollen. Siehe zu § 39 Rn. 6. Zu den Übernahmehindernissen, die sich aus der EU-FusionskontrollVO ergeben, vgl. *von Bülow* in Kölner Komm. § 39 Rn. 48 f.

[58] *Ekkenga/Hofschroer* DStR 2002, 768, 774.

[59] *Harbarth* ZIP 2002, 321, 325; *Ekkenga/Hofschroer* DStR 2002, 768, 773 f.; *Fleischer/Körber* BB 2001, 2589, 2593 f.

aufgrund letztwilliger Verfügung oder kraft Gesetzes (zu den damit aufgeworfenen erbrechtlichen Fragen siehe Rn. 17). Praktisch bedeutsam ist vor allem der Fall, dass die Zielgesellschaft Vorzugsrechte nicht bedient und das Stimmrecht aus Vorzugsaktien, die bei der Berechnung der Stimmquote ursprünglich nicht mitzählten (§ 29 Rn. 7), gemäß § 140 Abs. 2 AktG auflebt.[60]

Beruht die Quotenverschiebung dagegen auf einem **Stimmrechtsverlust** **23** **anderer Aktionäre**, so ist zu unterscheiden: Ist der Verlust statutarisch veranlasst, beruht er also auf einer strukturellen Veränderung, gelten keine Besonderheiten. So können Quotenerhöhungen nach einer Einziehung von Aktien aufgrund effektiver Kapitalherabsetzung (§ 237 Abs. 1 AktG) oder – in Ausnahmefällen – nach einer Kraftloserklärung gemäß § 226 Abs. 1 Satz 2 AktG[61] eine Angebotspflicht auslösen (zur Möglichkeit der Befreiung in diesen Fällen siehe § 37 Rn. 19). Anders ist es bei vorübergehenden Quotenverschiebungen, die darauf zurückgehen, dass Mitaktionäre kraft Gesetzes an der Ausübung ihres Stimmrechtes gehindert sind. Vorübergehende Ausübungshindernisse lassen nämlich den Zählwert der hiervon betroffenen Stimmanteile bei der Quotenberechnung unberührt, wie die Begründung des Regierungsentwurfes ausdrücklich hervorhebt.[62] Als Beispiele sind zu nennen: Ausschluss des Stimmrechts bei ausstehender Einlageerbringung (§ 134 Abs. 2 AktG, siehe § 29 Rn. 15) oder bei bestimmten Beschlussfassungen (§ 136 Abs. 1 AktG); Ruhen des Stimmrechts wegen Verletzung von Mitteilungspflichten nach dem WpHG (§ 28 WpHG) oder wegen Verletzung der Veröffentlichungs- und Angebotspflicht gemäß § 35 (§ 59 Satz 1); Stimmverbot nach kartellrechtswidrigem Anteilserwerb gemäß Art. 7 Abs. 2 FKVO.

Beruht der Stimmverlust auf einem Aktienrückkauf durch die Zielgesell- **24** schaft (§ 71 b AktG), so erhöht sich hierdurch die Beteiligungsquote der anderen Aktionäre nicht, weil es sich ebenfalls nur um ein zeitweiliges Ausübungshindernis handelt. Die Gegenmeinung argumentiert, der Gesetzgeber habe die (quotenerhöhende) Herausrechnung rückerworbener Aktien an anderer Stelle, nämlich in § 16 Abs. 3 Satz 2 AktG, § 290 Abs. 4 Satz 2 HGB ausdrücklich angeordnet.[63] Daraus lässt sich aber, wie das Gegenbeispiel der Schwellenwertermittlung nach § 21 Abs. 1 AktG zeigt, kein verallgemeinerungsfähiger Rechtsgedanke ableiten.[64] Außerdem führt die Gegenmeinung zu Ergebnissen, die missliebige Agency-Konflikte geradezu herausfordern könnten: Der an der Zielgesellschaft beteiligte Vorstand, der sich wegen schlechter Ertragsaussichten aus der Gesellschaft entfernen möchte, veranstaltet mit einem Großaktionär ein „Squeeze-in", indem er dessen Stimmanteil durch Aktienrückkauf über die 30 %-Grenze manipuliert.[65] Entsprechendes gilt konsequenterweise

---

[60] *von Bülow* in Kölner Komm. Rn. 61; *Cahn/Senger* Finanz Betrieb 2002, 277, 290.

[61] Normalerweise hat eine effektive Kapitalherabsetzung keinen Einfluss auf die Beteiligungsquoten der Aktionäre, siehe MünchKommAktG/*Oechsler* § 222 Rn. 44.

[62] Begr.RegE BT-Drucks. 14/7034 S. 53.

[63] *Fleischer/Körber* BB 2001, 2589, 2593; ihnen folgend *Harbarth* ZIP 2002, 321, 326; *Cahn/Senger* Finanz Betrieb 2002, 277, 285.

[64] Einzelheiten bei *Ekkenga/Hofschroer* DStR 2002, 768, 773.

[65] *Ekkenga/Hofschroer* DStR 2002, 768, 773 f.; ebenso *Berrar/Schnorbus* ZGR 2003, 59, 88 ff., die für eine Beurteilung nach § 37 plädieren.

für Stimmrechtseinbußen, die darauf beruhen, dass der Anteilsinhaber von der Zielgesellschaft abhängig ist oder für ihre Rechnung handelt, § 71 d Satz 1-4 AktG, sowie für Stimmrechtsbegrenzungen kraft wechselseitiger Beteiligung gemäß § 328 Abs. 1 AktG.[66]

25   Unterliegen Mitaktionäre einer **Ausübungsbeschränkung kraft Stimmrechtsvereinbarung**, so erhöht sich die Beteiligungsquote der nicht vertragsbeteiligten Aktionäre, wenn man vertraglich begründete Ausübungshindernisse dem statutarisch veranlassten Stimmrechtsverlust gleichstellt (Rn. 23). Hierfür mag sprechen, dass es sich es sich regelmäßig um eine dauerhafte, nicht lediglich um eine vorübergehende Einschränkung der Stimmrechtsausübung handelt. Andererseits wirken derartige Vereinbarungen nach der „Acting-in-Concert"-Regel des § 30 Abs. 2 nicht kontrollmindernd, sondern kontrollverstärkend, und zwar gerade weil sie nicht nur für den Einzelfall gelten (siehe § 29 Rn. 15). Ist der Bieter selbst vertragsbeteiligt, so trägt er den Nachteil der Angebotsverpflichtung. Dann muss ihm umgekehrt der Entlastungsvorteil zufließen, wenn Dritte ihre Stimmrechte vertraglich bündeln. Das bedeutet im Ergebnis, dass vertraglich gebündelte Stimmrechte Dritter wie vorübergehend ruhende Stimmrechte bei der Quotenermittlung zu berücksichtigen sind.

26   **b) Kontrollerlangung durch Umwandlung.** Ein bloßer **Rechtsformwechsel des Bieters iSd.** §§ 190, 191 UmwG führt nicht zur Kontrollerlangung, da sich hierdurch die rechtliche Identität des kontrollierenden Rechtsträgers nicht ändert.[67] Es bedarf daher nicht der Einleitung eines Befreiungsverfahrens nach § 36 Nr. 2 (siehe dort Rn. 22). Anders verhält es sich bei einem Kontrollerwerb des Bieters kraft **verschmelzender Umwandlung** ohne Beteiligung der Zielgesellschaft, siehe dazu Rn. 29 ff.).

27   Erwirbt eine nicht börsennotierte AG nachträglich die Qualifikation als Zielgesellschaft iSd. §§ 1, 2 Abs. 3, indem sie ihre Börseneinführung betreibt, so erlangt der Großaktionär allein hierdurch „die Kontrolle über eine Zielgesellschaft", wenn seine Beteiligungsquote trotz des Börsenganges oberhalb der 30 %-Schwelle verbleibt. Solche Vorgänge, die man untechnisch und in Anlehnung an die Terminologie der §§ 190 ff. UmwG als **Rechtsformwechsel der Zielgesellschaft** bezeichnen mag,[68] kommen häufiger im Konzernverbund vor, wenn die Konzernspitze den **Börsengang einer Tochtergesellschaft** veranlasst.[69] Dennoch können derartige Fälle mit der Pflichtangebotsregel nicht gemeint sein. Denn zum einen ändert sich nicht die Identität des Kontrollinhabers, sondern die „Identität" oder genauer: Qualifikation des „Kontrollobjektes", ohne dass sich dadurch der Schutzbedarf für die übrigen

---

[66] *Süßmann* in *Geibel/Süßmann* § 29 Rn. 29. Beachtlich ist die Stimmrechtsbeschränkung dagegen, wenn sie auf eine Verteidigungsmaßnahme der Zielgesellschaft („Pac-man-Strategie") zurückgeht. Ist der Bieter hiervon selbst betroffen, so ist aufgrund des 25 %-Limits ein Kontrollerwerb durch ihn ausgeschlossen, vgl. *Ekkenga/Hofschroer* DStR 2002, 768, 773.

[67] Begr. RegE BT-Drucks. 14/7034 S. 60.

[68] Vgl. *Seibt/Heiser* ZHR 165 (2001), 466, 487 für den umgekehrten Fall des Delisting.

[69] Vgl. dazu *Fleischer* ZHR 165 (2001), 513, 515 ff.

Aktionäre merklich erhöhte. Und zum anderen müsste die Muttergesellschaft bei Anwendung der Pflichtangebotsregel auch die zum Börsenhandel zugelassenen Aktien erwerben (Rn. 61), was auf eine schwer vorstellbare gesetzliche Platzierungsgarantie hinausliefe.[70] § 35 bedarf daher insoweit einer teleologischen Reduktion (vgl. Rn. 14. Zum Wechsel des Kontrollobjektes bei verschmelzender Umwandlung siehe sogleich Rn. 32).

c) Kontrollerlangung durch Verschmelzung. Der **Kontrollerwerb**   **28**
durch Verschmelzung ohne Beteiligung der Zielgesellschaft löst grundsätzlich eine Angebotsverpflichtung der aufnehmenden Gesellschaft aus;[71] allerdings besteht eine Freistellungsmöglichkeit analog § 36 Nr. 2, wenn übertragende und aufnehmende Gesellschaft von ein und derselben Person beherrscht werden (siehe dort Rn. 24 aE). Eine weitere Erleichterung folgt aus dem Prinzip der Universalsukzession, wenn es sich um einen Fall des Kontrollwechsels handelt und die übertragende Gesellschaft die Kontrollposition bereits vor dem 1. Januar 2002 erlangt hatte. Die Rechtslage ist insoweit nicht anders als beim Kontrollerwerb kraft Erbrechts (siehe dort Rn. 17).

Schwieriger zu beurteilen ist der **Kontrollerwerb durch Verschmelzung**   **29**
der Zielgesellschaft. Ist nämlich an einer Verschmelzung iSd. § 2 UmwG eine börsennotierte AG beteiligt und geraten die Mitglieder einer der beteiligten Gesellschaften hierdurch in eine Minderheitenposition, so stellt sich die Frage nach der Anwendbarkeit der übernahmerechtlichen neben der umwandlungsrechtlichen Pflichtangebotsregel, mithin nach dem **Konkurrenzverhältnis des § 35 Abs. 2 zu § 29 Abs. 1 UmwG**. Beide Regelungen unterscheiden sich erheblich voneinander: Führt beispielsweise die Aufnahme einer GmbH durch eine börsennotierte AG (§ 2 Nr. 1 UmwG) dazu, dass der Mehrheitsgesellschafter der GmbH als Ersatz für seine untergegangene GmbH-Beteiligung mindestens 30 % der AG-Anteile erwirbt (§ 20 Abs. 1 Nr. 3 UmwG), so erhalten die *Altaktionäre* bei Anwendung des § 35 Abs. 2 eine Verkaufsoption gegenüber dem *neuen Mitgesellschafter* als Kontrollerwerber, der für die Nichteinlösung haftet (Rn. 75). Nach § 29 Abs. 1 Satz 1 UmwG hat dagegen die *AG als aufnehmender Rechtsträger* den widersprechenden *Neuaktionären*, die mit den ehemaligen GmbH-Minderheitsgesellschaftern identisch sind, den Erwerb ihrer Anteile gegen angemessene Barabfindung anzubieten;[72] eine dem § 35 vergleichbare Haftungsmöglichkeit besteht nicht.[73] Für die Preisbemessung ist übernahmerechtlich auf die Wertentwicklung der Aktien (§§ 39, 31 Abs. 1), umwandlungsrechtlich hingegen auf die Wertverhältnisse bei der GmbH als übertragenden Rechtsträger abzustellen (§ 30 Abs. 1 Satz 1 UmwG).

---

[70] Vgl. *Ekkenga/Hofschroer* DStR 2002, 768, 774.

[71] *von Bülow* in Kölner Komm. Rn. 71.

[72] Nach Ansicht von *Hommelhoff/Witt* in *Haarmann/Riehmer/Schüppen* Rn. 29 können sich die Neuaktionäre wahlweise auch vom Bieter (Kontrollerwerber) abfinden lassen.

[73] Unterbleibt das Angebot, so ist der Verschmelzungsvertrag fehlerhaft, so dass der Registerrichter die Eintragung regelmäßig verweigern und damit die Herbeiführung der Verschmelzungswirkung nach § 20 Abs. 1 UmwG verhindern wird, siehe *Grunewald* in *Lutter* UmwG, 2. Aufl. 2000, § 29 Rn. 21. Vgl. im Übrigen §§ 34, 305 ff. UmwG.

30   Die bisherige, kontrovers geführte **Diskussion im Schrifttum** ist weithin von der Vorstellung geprägt, zwischen § 29 UmwG und § 35 bestehe ein
aufzulösender Normenkonflikt. Ältere, auch in Deutschland viel beachtete Erfahrungen mit dem österreichischen Übernahmerecht[74] führten alsbald zu der
kategorischen Einschätzung, § 29 UmwG berücksichtige ausreichend die Interessen der Minderheitsgesellschafter, § 35 sei daher auf Kontrollerwerbe im
Zuge von Verschmelzungen nicht anwendbar.[75] Wie jedoch unter Rn. 29 dargelegt, gibt es zwischen den Regelungsbereichen beider Vorschriften keine
Überschneidungen, schon weil sie unterschiedliche Schutzadressaten (§ 29
UmwG: Neuaktionäre; § 35: Altaktionäre) bedienen. Die Gegenmeinung
steht deshalb mit Recht auf dem Standpunkt, dass es sich in Wahrheit nicht um
einen Normenkonflikt, sondern um eine Frage korrekter Normanwendung
handelt.[76] Und angesichts der weiten Textfassung des § 35 bestehen keine
grundsätzlichen Bedenken dagegen, den Tatbestand der Kontrollerlangung
auf einen Anteilserwerb kraft Verschmelzung (§ 20 Abs. 1 Nr. 3 UmwG) zu
stützen.[77]

31   Demzufolge gilt: Führt die Verschmelzung zum **Erwerb einer Kontrollposition in der aufnehmenden AG gem. § 20 Abs. 1 Nr. 3 UmwG,** so hat
der Erwerber den Altaktionären ein Kaufangebot nach § 35 Abs. 2 zu unterbreiten (vgl. § 37 Rn. 21). Die (übrigen) Neuaktionäre – also die Minderheitsgesellschafter der übertragenden Gesellschaft – haben ein Austrittsrecht nach
näherer Maßgabe von § 29 Abs. 1 Satz 1 UmwG, wenn es sich um eine Mischverschmelzung handelt, wenn also übertragender Rechtsträger zB eine GmbH
ist, während sich die Minderheitsgesellschafter einer übertragenden AG
grundsätzlich mit dem Erwerb der Tauschaktien bescheiden müssen (vgl. § 29
Abs. 1 Satz 2 UmwG). Darin mag man ein gewisses Schutzdefizit erkennen, das
sich aber nicht mit Hilfe des Übernahmerechts beheben lässt. Keinesfalls kann
der Kontrollinhaber gezwungen werden, sein Kaufangebot auch an die übrigen Neuaktionäre zu richten. Denn diese waren schon vor der Verschmelzung
in einer Minderheitenposition, und der bloße Wechsel des Kontrollobjektes
(Rechtsnachfolge der übertragenden Gesellschaft durch die aufnehmende AG)
begründet nicht den Tatbestand der Kontrollerlangung.[78]

---

[74] Dazu *Kleindiek* ZGR 2002, 546, 565 f.; *Nowotny* RdW 2000, 330 f. (Vorrang des
Verschmelzungsrechts); anders *Kalss/Winner* ÖBA 2000, 52, 53 ff.; *Karollus/Geist*
NZG 2000, 1145, 1147; weit. Nachw. bei *Doralt* GesRZ 2000, 197. Die Diskussion geht
auf den Fusionsfall Bank Austria/Bayerische Hypo Vereinsbank zurück, vgl. Stellungnahme der österreichischen Übernahmekommission GesRZ 2000, 171.

[75] *Weber-Rey/Schütz* AG 2001, 325, 329 f.; ihnen folgend *Angerer* in *Geibel/Süß-
mann* § 1 Rn. 106. Ebenso, aber mit abweichender Begründung *Vetter* WM 2002,
1999, 2001 ff., 2010; *Grabbe/Fett* NZG 2003, 755, 763.

[76] *Technau* AG 2002, 260, 262.

[77] Ebenso *von Bülow* in Kölner Komm. Rn. 74 ff.; *Hommelhoff/Witt* in *Haarmann/
Riehmer/Schüppen* Rn. 28; *Kleindiek* ZGR 2002, 546, 568 f.; *Seibt/Heiser* ZHR 165
(2001), 466, 480; *Fleischer* NZG 2002, 545, 549; *Technau* AG 2002, 260, 261 f.

[78] *von Bülow* in Kölner Komm. Rn. 78; *Technau* AG 2002, 260, 262; *Seibt/Heiser*
ZHR 165 (2001), 466, 479 f.; abw. *Hommelhoff/Witt* in *Haarmann/Riehmer/Schüppen*
Rn. 28 f.: Ausschluss des § 35 nur, wenn der übertragende Teil eine börsennotierte
AG ist, ansonsten Wahlrecht der Neuaktionäre, sich entweder übernahmerechtlich
oder umwandlungsrechtlich abfinden zu lassen.

Wenn die Verschmelzung dagegen den **Erwerb einer Minderheitenposi-** 32
tion in der aufnehmenden AG gem. § 20 Abs. 1 Nr. 3 UmwG zur Folge
hat, so ist dies übernahmerechtlich von vornherein unerheblich (Beispiel: AG 1
überträgt ihr Vermögen auf die börsennotierte AG 2, deren Großaktionär
vor und nach der Fusion mehr als 30 % der Anteile an AG 2 hält). Denn die
für § 35 maßgebliche Kontrollposition − die Kontrolle über die aufnehmende
AG − hatte der Großaktionär schon vor der Verschmelzung,[79] und auf einen
Kontrollgewinn gegenüber den neu hinzutretenden Mitgliedern der übertragenden Gesellschaft kommt es nicht an[80] (Rn. 21). Daran ist selbst dann festzuhalten, wenn den Neuaktionären obendrein der Vorteil der Börsennotierung
verloren geht, weil nur die übertragende, nicht aber die aufnehmende AG börsennotiert ist (sog. „Kaltes Delisting"). Zwar hinterlässt § 29 Abs. 1 Satz 2
UmwG hier eine Schutzlücke, weil er das Austrittsrecht der Altaktionäre ausdrücklich auf die Fälle der Mischverschmelzung beschränkt. Diese Lücke ist
aber nicht über eine erweiternde oder analoge Anwendung des § 35, sondern
mit den vorhandenen Instrumentarien des Umwandlungsrechts zu schließen.[81]

Führt die Verschmelzung gemäß § 20 Abs. 1 Nr. 3 UmwG zu einer **Erset-** 33
zung börsennotierter Anteile durch börsennotierte Anteile an einer
kontrollierten AG, so liegt der Verdacht einer Umgehung der Pflichtangebotsregel nicht fern: Der soeben (Rn. 32) festgestellte Verlust des
Austrittsrechts beruht allein auf dem Umstand, dass man der kontrollierten
AG die Rolle des aufnehmenden Teils zuerkannt hat. Hätte man den umgekehrten Weg gewählt (die kontrollierte AG wird auf die bisher kontrollfreie
AG verschmolzen), so bestünde an der Angebotsverpflichtung des Kontrollerwerbers kein Zweifel (Rn. 31). Angesichts der nur rechtstechnischen Unterschiedlichkeit beider Fusionsverfahren plädiert ein Teil des Schrifttums für eine
analoge Anwendung des § 35.[82] Gegen die Analogiefähigkeit der Vorschrift

---

[79] Dieses Argument greift allerdings nicht, wenn mehrere übertragende Rechtsträger beteiligt sind (§ 2 Nr. 1 UmwG) oder wenn die Variante einer Verschmelzung
zur Neugründung (§ 2 Nr. 2 UmwG) gewählt worden ist und einer der beiden
übertragenden Rechtsträger von einem Aktionär kontrolliert wird, der gemäß § 20
Abs. 1 Nr. 3 UmwG eine Kontrollposition in der aufnehmenden bzw. neugegründe-
ten Gesellschaft erwirbt. Doch fehlt es auch hier an der Schutzbedürftigkeit der
hinzutretenden Neuaktionäre, wenn ihre Anteile bisher nicht börsennotiert waren,
vgl. *Technau* AG 2002, 260, 263.
[80] *von Bülow* in Kölner Komm. Rn. 73; *Hommelhoff/Witt* in *Haarmann/Riehmer/*
Schüppen Rn. 26; *Seibt/Heiser* ZHR 165 (2001), 466, 48.
[81] *Hommelhoff/Witt* in *Haarmann/Riehmer/Schüppen* Rn. 27; wohl auch *Kopp/von*
Dryander in *Apfelbauer/Barthelmess/Buhl/von Dryander*, German Takeover Law − A
Commentary, 2002, Section 35 Rn. 3; aA *Kleindiek* ZGR 2002, 546, 574. *Seibt/Hei-*
ser ZHR 165 (2001), 466, 485 ff. diskutieren ein Austrittsrecht aus wichtigem
Grunde analog §§ 29, 207 UmwG mit dem Hinweis, dass das Delisting einen der
formwechselnden Umwandlung vergleichbaren Vorgang darstelle. Sie verneinen
die Analogie aber letztlich wegen Fehlens einer Regelungslücke, insbesondere
wegen der Drittschutzwirkung des § 43 Abs. 4 BörsG aF (= § 38 Abs. 4 BörsG nF).
[82] *Seibt/Heiser* ZHR 165 (2001), 466, 481 f.; *Kleindiek* ZGR 2002, 546, 571 f.; aA
von Bülow in Kölner Komm. Rn. 79 ff.; *Weber-Rey/Schütz* AG 2001, 325, 328;
Ekkenga/Hofschroer DStR 2002, 768, 774; *Technau* AG 2002, 260, 264.

bestehen jedoch wegen ihrer Einbindung in das Recht der Ordnungswidrigkeiten (§ 60 Abs. 1) und das dort geltende Analogieverbot grundsätzliche
Bedenken.[83] Auch ist der Nachweis einer planwidrigen Gesetzeslücke bislang
nicht geführt. Im Gegenteil sprechen die Fassung des § 29 Abs. 1 UmwG sowie die Einschränkung der Pflichtangebotsregel in § 35 Abs. 3 dafür, dass der
Gesetzgeber Aktionären durchaus bewusst zumutet, in bestimmten Situationen die Nachteile einer Minderheitsposition ohne Austrittsrecht auf sich zu
nehmen.[84]

34   **d) Kontrollerlangung durch Spaltung.** Für die Kontrollerlangung im
Wege der Spaltung gilt das zur Verschmelzung Gesagte entsprechend. Die
Angebotspflicht kann *zum einen* den Gesellschafter treffen, dessen Kontrollposition in der übertragenden Gesellschaft sich aufgrund einer Auf- oder
Abspaltung gemäß § 123 Abs. 1 Nr. 1, Abs. 2 Nr. 1 UmwG an der oder den aufnehmenden Gesellschaft(en) fortsetzt, sofern diese schon vor der Spaltung börsennotiert war(en). Auf die Frage, ob die übertragende Gesellschaft aufgrund
des Spaltungsvorganges – wie bei der Fusion – erlischt (Aufspaltung) oder
nicht (Abspaltung), kommt es nicht an.[85] *Zum anderen* kann die übertragende
Gesellschaft selbst angebotsverpflichtet sein, so bei der Ausgliederung von Vermögen auf eine börsennotierte AG (§ 123 Abs. 3 Nr. 1 UmwG).[86] Spaltungen
zur Neugründung sind in allen drei Varianten (§ 123 Abs. 1 Nr. 2, Abs. 2 Nr. 2,
Abs. 3 Nr. 2 UmwG) übernahmerechtlich irrelevant, weil das Listing der aufnehmenden Rechtsträger, sofern überhaupt gewünscht, der Spaltung selbst
und damit der Kontrollerlangung stets nachfolgt.[87]

35   **e) Mittelbare Kontrollerlangung.** Im Gegensatz zu § 29 Abs. 2 erwähnt
§ 35 Abs. 1 Satz 1 ausdrücklich die Möglichkeit der mittelbaren Kontrollerlangung. Der Gesetzgeber meinte damit den Kontrollerwerb über Dritte, deren
Stimmanteile an der Zielgesellschaft dem Bieter gem. § 30 iVm. § 39 zuzurechnen sind.[88] Die mittelbare Kontrollerlangung vollzieht sich entweder durch
das Hinzutreten eines Kontrollmittlers, der die Zielgesellschaft unmittelbar
kontrolliert, oder durch den unmittelbaren Kontrollerwerb eines vorhandenen
Kontrollmittlers.[89] **Kontrollmittler** kann, wie aus den Materialien ebenfalls
klar hervorgeht, nicht nur ein (nicht börsennotiertes) Tochterunternehmen des
Bieters oder eine sonstige, seinem „Lager" angehörende Mittelsperson sein.
Kontrollmittler kann vielmehr auch die vom Bieter unmittelbar kontrollierte
Zielgesellschaft selbst sein, wenn sie ihrerseits ein Tochterunternehmen kon-
trolliert, das hierdurch zur Enkelgesellschaft des Bieters wird. Die mittelbare

---

[83] *Ekkenga/Hofschroer* DStR 2002, 768, 774; zust. *Liebscher* ZIP 2002, 1005, 1016.

[84] Ausführlich *Technau* AG 2002, 260, 264 f.

[85] Unklar *Seibt/Heiser* ZHR 165 (2001), 466, 489, die die Frage nach einem Kontrollwechsel in der sich spaltenden (fortbestehenden) Gesellschaft aufwerfen, ohne
hierfür Beispiele zu benennen.

[86] Davon zu unterscheiden ist der Fall, dass die Tochter ihrerseits kontrollrele-
vante Stimmanteile übernimmt und hierdurch angebotspflichtig wird, s. dazu *Liebscher* ZIP 2002, 1005, 1014 f.

[87] Vgl. *Technau* AG 2002, 260, 263.

[88] Begr. RegE BT-Drucks. 14/7034 S. 59.

[89] *Hommelhoff/Witt* in *Haarmann/Riehmer/Schüppen* Rn. 19 mit Beispielen.

Kontrolle dieser Enkelgesellschaft, die übernahmerechtlich als „zweite" Zielgesellschaft neben das Mutterunternehmen tritt,[90] beruht wiederum auf § 30 Abs. 1 Satz 1 Nr. 1: Der Bieter muss sich die Stimmanteile der von ihm unmittelbar kontrollierten Muttergesellschaft an der Enkelin als eigene zurechnen lassen.[91]

Kontrollmittler des Bieters können dessen Tochterunternehmen oder die **36** in § 30 Abs. 1 Nr. 2 bis 6, Abs. 2 genannten Personen sein (s. Erl. dort). Tochterunternehmen sind gem. § 2 Abs. 6 neben den in § 290 HGB beschriebenen Gesellschaften solche, auf die ein beherrschender Einfluss ausgeübt werden kann. Auf die Rechtsform des Kontrollmittlers kommt es nach der Legaldefinition nicht an. Handelt es sich allerdings um eine börsennotierte AG, so gilt ergänzend die Fiktion des § 29 Abs. 2, dh. die Tochtereigenschaft wird in Abweichung vom Konzernrecht übernahmerechtlich durch das Erreichen der 30%-Schwelle begründet (Rn. 37). Entsprechendes gilt für die Zurechnung der Stimmanteile eines Gemeinschaftsunternehmens im Mehrmütterkonzern. Allein auf ein abgestimmtes Verhalten der am Gemeinschaftsunternehmen beteiligten Kooperationspartner kann aber die Zurechnung kraft gemeinsamer Beherrschung nicht gestützt werden.[92] Darüber hilft auch die „Acting-in-Concert"-Klausel des § 30 Abs. 2 nicht hinweg.[93]

Gewisse Besonderheiten sind zu beachten, wenn **Kontrollmittler eine** **37** **börsennotierte AG** ist, die ihrerseits als „Zielgesellschaft 1" iSd. § 2 Abs. 3 vom Bieter unmittelbar kontrolliert wird. Zwar erwirbt dieser die mittelbare Kontrolle am Tochterunternehmen der Zielgesellschaft („Zielgesellschaft 2") auch hier über die Zurechnungsnorm des § 30 Abs. 1 Nr. 1 iVm. § 39 (Rn. 35), doch ist der Zurechnungstatbestand gem. § 29 Abs. 2 iVm. § 39 erweitert: Zum „Tochterunternehmen des Bieters" im Sinne dieser Vorschrift wird die Zielgesellschaft 1 schon dann, wenn der Bieter wenigstens 30% ihrer Stimmanteile erwirbt. Das wird im Schrifttum bislang bestritten,[94] folgt aber zwingend aus der historisch belegten Absicht des Gesetzgebers, börsennotierte AG's, also Zielgesellschaften im übernahmerechtlichen Sinne unter den Begriff „Tochterunternehmen des Bieters" iSd. § 30 Abs. 1 S. 1 Nr. 1 zu fassen.[95] Das hierdurch geschaffene Belastungspotential ist allerdings beträchtlich und erreicht aus der Sicht des Bieters schwer erträgliche Ausmaße, wenn er – so der Extremfall – über die Zurechnungsklausel verpflichtet ist, mehrere 70%-Pakete auf verschiedenen Konzernstufen zu erwerben[96] (vgl. § 37 Rn. 40). Der Ausschluss der Angebotsverpflichtung nach Abs. 3 erfasst nur die vom Übernahmeange-

---

[90] *Hommelhoff/Witt* in *Haarmann/Riehmer/Schüppen* Rn. 20.
[91] Begr. RegE BT-Drucks. 14/7034 S. 59.
[92] *Koppensteiner* in Kölner Komm. § 17 AktG Rn. 70, 74.
[93] So mit ausführlicher Begründung *Liebscher* ZIP 2002, 1005, 1012 f.
[94] *von Bülow* in Kölner Komm. Rn. 53, 55; *Hommelhoff/Witt* in *Haarmann/Riehmer/Schüppen* Rn. 20 Fn. 6; *Liebscher* ZIP 2002, 1005, 1011; *Harbarth* ZIP 2002, 321, 323 Fn. 20; DAV- Handelsrechtsausschuss ZIP 2001, 1736, 1739; im Ergebnis auch *Cahn/Senger* Finanz Betrieb 2002, 277, 291; zweifelnd *Meyer* in *Geibel/Süßmann* Rn. 29 f.
[95] Begr. RegE BT-Drucks. 14/7034 S. 59; dazu *Ekkenga/Hofschroer* DStR 2002, 768, 775; *Krause* NJW 2002, 705, 713.
[96] *Ekkenga/Hofschroer* DStR 2002, 768, 776.

bot betroffenen Anteile an der Zielgesellschaft 1, nicht die der mittelbar kontrollierten Zielgesellschaft 2 (Rn. 69).

38   In den Fällen des **Kontrollwechsels** ist zu unterscheiden: Der *mittelbare Kontrollerwerb* als solcher löst ausnahmsweise keine Angebotspflicht aus, wenn der Kontrollerwerber die unmittelbare Kontrolle der Zielgesellschaft schon vorher maßgeblich beeinflussen konnte (Rn. 19). Veräußert der Kontrollinhaber beispielsweise seine Stimmanteile an der Zielgesellschaft an seine Tochtergesellschaft oder überträgt er sie ihr im Wege der Ausgliederung (§ 123 Abs. 3 UmwG), so tauscht er lediglich die unmittelbare durch eine mittelbare Kontrolle. Er selbst unterliegt daher nicht der Angebotspflicht, wohl aber die Tochtergesellschaft aufgrund des *unmittelbaren Kontrollerwerbs*, die sich gem. § 36 Nr. 2 befreien lassen kann.[97] Gegenbeispiel: § 35 ist erfüllt, wenn der Bieter die mittelbare Kontrolle dadurch erlangt, dass er die Anteilsmehrheit an der Konzernmutter der Zielgesellschaft erwirbt.

39   Ähnlich verhält es sich, wenn der Kontrollwechsel mit einem **Wechsel des Kontrollmittlers** einhergeht. Das betrifft vor allem Erwerbsvorgänge innerhalb eines Konzernverbundes ohne Beteiligung der Konzernspitze, also zB die Übertragung der Beteiligung an der Zielgesellschaft von Tochtergesellschaft 1 auf Tochtergesellschaft 2. Auch hier gilt: Per-se-Freistellung der Muttergesellschaft als mittelbare Kontrollinhaberin und Freistellungsmöglichkeit der erwerbenden Tochter im Verfahren nach § 36 Nr. 2[98] (s. dort Rn. 23 f.). Übernahmerechtlich vollkommen wirkungsneutral sind Stimmrechtsübertragungen innerhalb einer Zurechnungsgemeinschaft iSd. § 30 Abs. 2, ohne dass sich hierdurch der Kreis der Gemeinschaftsmitglieder erweitert, ferner der Umstieg von einer konzernrechtlichen Kontrollmittlung auf ein Acting-in-Concert iSd. § 30 Abs. 2, so wenn das an der Zielgesellschaft unmittelbar beteiligte Joint Venture durch eine Stimmbindungsvereinbarung ersetzt wird – es sei denn, der Vereinbarung treten außer den (vormaligen) Muttergesellschaften weitere Teilnehmer bei, die auf diese Weise mittelbaren Einfluss gewinnen.[99]

40   **4. Rechtsgeschäftlicher Ausschluss der Kontrollerlangung?** Noch kaum diskutiert ist die Frage, ob und inwieweit sich der Inhaber eines kontrollrelevanten Anteils vor der Angebotsverpflichtung schützen kann, etwa indem er auf die Stimmrechtsausübung gegenüber der Zielgesellschaft rechtsgeschäftlich verzichtet. Im Konzernrecht sind solche **Entherrschungsvereinbarungen** überwiegend anerkannt,[100] so dass jedenfalls die Möglichkeit besteht, die mittelbare Kontrollerlangung durch entsprechende Verzichtserklärungen gegenüber dem Kontrollmittler (der Tochtergesellschaft) zu verhindern. Ob diese Technik auch übernahmerechtlich im Verhältnis Bieter/Zielgesellschaft zum Ziel führt, ist allerdings nicht unzweifelhaft.[101] Denn Kontrollhindernisse rechtfertigen nach dem Willen des Gesetzgebers grundsätzlich keine Per-se-

---

[97] *Liebscher* ZIP 2002, 1005, 1014 f. Vgl. § 36 Rn. 25.

[98] *Ekkenga/Hofschroer* DStR 2002, 768, 774; *Seibt/Heiser* ZHR 165 (2001), 466, 492; *Hommelhoff/Witt* in *Haarmann/Riehmer/Schüppen* § 36 Rn. 20.

[99] Zum Ganzen ausführlich *Liebscher* ZIP 2002, 1005, 1015 f.

[100] MünchKommAktG/*Bayer* § 17 AktG Rn. 99 mwN.

[101] Verneinend *Harbarth* ZIP 2002, 321, 331 f.; für Anwendung des § 37 Abs. 1 *von Bülow* in Kölner Komm. Rn. 45; *Steinmeyer/Häger* § 37 Rn. 38, 63.

Befreiung, sondern einen behördlichen Dispens nach § 37 Abs. 1. Andererseits beziehen sich die dort genannten Befreiungsgründe nur auf „tatsächliche", nicht auch auf rechtliche (vertraglich begründete) Hindernisse – eine Unterscheidung, die vor dem Hintergrund des Rechtssicherheitsarguments (Rn. 14) ohne weiteres einleuchtet. Für die übernahmerechtliche Anerkennung von Entherrschungsvereinbarungen spricht auch die kontrollauslösende Relevanz von Abstimmungsvereinbarungen nach § 30 Abs. 2 (§ 29 Rn. 15): Es wäre wertungswidersprüchlich, den Bieter einerseits mit den Folgen vertraglich begründeter Einflussrechte zu belasten, ihm aber andererseits den umgekehrten Weg des Verzichts zu versperren. Konsequenterweise gelten dann die tatbestandlichen Kriterien des § 30 Abs. 2 spiegelbildlich, d.h. Entherrschungsverträge beugen einer Angebotspflicht nur dann wirksam vor, wenn sie nicht nur für „Einzelfälle" gelten (siehe dazu § 30 Rn. 24 f.).

IV. Veröffentlichungspflicht (Abs. 1)

1. Inhalt. Sobald der Tatbestand der Kontrollerlangung erfüllt ist, hat der   **41** Bieter dies unverzüglich nach näherer Maßgabe von § 10 Abs. 2–6 zu veröffentlichen. Er hat also die in § 10 Abs. 2 vorgeschriebenen Vorabmitteilungen an die betroffenen Börsen und an die Bundesanstalt zu veranlassen, die Tatsache der Kontrollerlangung in einem überregionalen Börsenpflichtblatt oder über ein elektronisch betriebenes Informationsverbreitungssystem zu veröffentlichen (§ 10 Abs. 3 Satz 1), diese Veröffentlichung als Beleg den (vorab informierten) Börsen und der Bundesanstalt unverzüglich zu übersenden (§ 10 Abs. 4 Satz 1) und den Vorstand der Zielgesellschaft zu informieren (§ 10 Abs. 5 Satz 1). Die Höhe des Stimmrechtsanteils an der Zielgesellschaft ist anzugeben.[102] Hat der Bieter Stimmrechtsanteile mittelbar (per Zurechnung gemäß § 30) erlangt, so sind diese für jeden Zurechnungstatbestand getrennt anzugeben (Abs. 1 Satz 3).[103] Den eigenen Personalien bzw. Firmendaten und denen der Zielgesellschaft sind auch Name und Anschrift der Kontrollmittler iSd. § 30 beizufügen, denn anderenfalls kann die Bundesanstalt die Richtigkeit der Meldung nicht überprüfen.[104] Für den Inhalt der Veröffentlichung gilt konsequenterweise das Gleiche, da sie direkt an den Inhalt der Mitteilung nach § 10 Abs. 2 anknüpft (§ 10 Rn. 17). Ist ein Befreiungsantrag nach § 36 oder § 37 gestellt oder beabsichtigt, so ist dies in der Veröffentlichung ebenfalls bekanntzugeben (§ 36 Rn. 6).[105]

2. Veröffentlichungsfrist. a) Unverzügliche Veröffentlichung. Das Ge-   **42** setz sieht eine Maximalfrist von 7 Kalendertagen vor (Abs. 1 Satz 1), die nach

---

[102] Die Mitteilung der Wertpapier-Kenn-Nummern empfiehlt sich, siehe *von Bülow* in Kölner Komm. Rn. 102.

[103] Nach *Hommelhoff/Witt* in *Haarmann/Riehmer/Schüppen* Rn. 37 sind sowohl der prozentuale Stimmrechtsanteil als auch die absolute Anzahl der Stimmrechte zu nennen.

[104] AA *von Bülow* in Kölner Komm. Rn. 103; *Hommelhoff/Witt* in *Haarmann/Riehmer/Schüppen* Rn. 36.

[105] Anders *von Bülow* in Kölner Komm. Rn. 105, der lediglich eine dahin gehende Empfehlung ausspricht. Zu den weiteren Einzelheiten vgl. die Kommentierung zu § 10. Abdruck eines Musterformulars bei *von Bülow* in Kölner Komm. Rn. 15.

den §§ 187 ff. BGB zu berechnen ist (§ 31 Abs. 1 VwVfG). Die Kalenderfrist wird durch das Gebot „unverzüglicher" Veröffentlichung überspielt, so dass die Reaktionszeit im Regelfall erheblich kürzer ist. „Unverzüglich" bedeutet „ohne schuldhaftes Zögern" (§ 121 Abs. 1 Satz 1 BGB), so dass grundsätzlich eine Veröffentlichung binnen 2–3 Tagen zu fordern sein wird.[106] Ein längeres Zuwarten bis zu 7 Tagen kann gerechtfertigt sein, wenn der Bieter auf sachkundigen Rat angewiesen ist.[107] Seiner Meldepflicht nach Abs. 1 Satz 4 iVm. § 10 Abs. 2 hat der Bieter so rechtzeitig nachzukommen, dass die (anschließende) Veröffentlichung noch fristgerecht möglich ist. Maßgeblich für die Fristwahrung ist die Veröffentlichung, nicht die Einleitung der zur Veröffentlichung erforderlichen Schritte.[108]

43   **b) Fristbeginn.** Die Veröffentlichungsfrist beginnt gemäß Abs. 1 Satz 2, sobald der Bieter von der Kontrollerlangung **Kenntnis** erhalten hat oder nach den Umständen hätte haben müssen. Die Kenntnis muss sich lediglich auf die Umstände der Kontrollerlangung beziehen, nicht auf deren Rechtsfolgen. Sie ist in den Fällen des unmittelbaren aktiven Kontrollerwerbs immer gegeben, weil die Kenntnis des für den Bieter handelnden Organs diesem ohne weiteres zuzurechnen ist.[109] Kenntnis eines Kontrollmittlers iSd. § 30 ist dagegen nicht ohne weiteres gleichzusetzen mit einer Kenntnis des Bieters.[110] Insbesondere ist das keine notwendige Konsequenz der Lehre von der **Wissenszurechnung**, selbst wenn es sich bei dem Kontrollmittler um eine Tochtergesellschaft des Bieters handelt. Denn eine Wissenszurechnung „über die Grenzen der juristischen Person hinweg" ist bislang allenfalls unter besonderen Umständen anerkannt und de lege lata auch nur schwer zu begründen.[111] Regelmäßig wird sich die Annahme des Fristbeginns dann jedoch mit fahrlässiger Unkenntnis (Rn. 44) begründen lassen.

44   Im Schrifttum gewinnt die Auffassung an Boden, dass die Veröffentlichungsfrist praktisch immer im Zeitpunkt der Kontrollerlangung oder unwesentlich später zu laufen beginne, weil dem Bieter mindestens **fahrlässige Unkenntnis** vorzuhalten sei. Behauptet oder impliziert wird in diesem Zusammenhang die Existenz umfassender Sorgfalts- und Organisationspflichten, die den Bieter in seiner Eigenschaft als Paketaktionär träfen und die sich ggf. auch auf die Beobachtung der Erwerbsvorgänge in den Unternehmen der Kontrollmittler iSd. § 30 richteten.[112] Die pauschale Annahme einer Marktbeobachtungspflicht, die über die Auswertung allgemein verfügbarer Datenquellen

---

[106] *Meyer* in *Geibel/Süßmann* Rn. 34.

[107] *Hommelhoff/Witt* in *Haarmann/Riehmer/Schüppen* Rn. 38.

[108] *von Bülow* in Kölner Komm. Rn. 118.

[109] Das folgt aus der Organtheorie. Dazu und zu jüngeren Tendenzen, die sich gegen die Per-se-Zurechnung der Kenntnisse von Organmitgliedern wenden, siehe allerdings *Fassbender/Neuhaus* WM 2002, 1253, 1255 mwN.

[110] So aber offenbar *Steinmeyer/Häger* Rn. 14.

[111] Die Einzelheiten sind umstritten; neuerer Überblick über den Stand der Diskussion siehe *Fassbender/Neuhaus* WM 2002, 1253 mzN. Speziell zur Wissenszurechnung im Konzern siehe die gleichnamige Monographie von *W. Schüler*, S. 128 ff.; ferner *Drexl* ZHR 161 (1997), 491 ff.

[112] Vgl. etwa *Steinmeyer/Häger* Rn. 14; zu § 21 WpHG *Opitz* in *Schäfer*, Börsengesetz/WpHG, 1999, § 21 WpHG Rn. 26 ff.

hinausreicht und dem Bieter ständige Nachforschungen abverlangt, geht aber sicherlich zu weit.[113] Das gilt erst recht für die Verfolgung unternehmensinterner Erwerbsvorgänge eines Kontrollmittlers iSd. § 30. Fahrlässige Unkenntnis im Zeitpunkt der Kontrollerlangung kommt hier überhaupt nur in Betracht, wenn der Bieter, sofern er nicht über informelle Informationsquellen verfügt, gegen den Kontrollmittler ein jederzeit einlösbares Auskunftsrecht hat. Ein solches steht der Muttergesellschaft gegenüber der Tochter im Vertragskonzern zu, nicht aber unbedingt auch gegenüber einem nur faktisch verbundenen Tochterunternehmen.[114] Ist Kontrollmittler ein Vertragspartner iSd. § 30 Abs. 2, so wird man allerdings eine Obliegenheit des Bieters annehmen können, sich im eigenen Interesse ausreichende vertragliche Auskunftsrechte zu sichern.[115]

c) Keine Fristhemmung oder -unterbrechung bei Antragstellung **45** **nach §§ 36, 37.** Eine Fristhemmung oder -unterbrechung für den Fall, dass der Bieter gemäß §§ 36, 37 um Befreiung nachsucht, sieht das Gesetz nicht vor. Ein solcher Suspensiveffekt lässt sich auch nicht nachträglich hineinkonstruieren,[116] weil er den ungestörten Ablauf des Pflichtangebotsverfahrens nicht unerheblich gefährden könnte[117] und deshalb einer gesetzgeberischen Entscheidung vorbehalten bleiben muss. Gegen die uU recht harten Konsequenzen kann sich schützen, wer die Kontrollposition in der Zielgesellschaft freiwillig erwirbt und daher die Möglichkeit eines vorgezogenen Befreiungsantrags hat (vgl. § 8 AngebotsVO sowie § 36 Rn. 9 und § 37 Rn. 5). Beim passiven Kontrollerwerb ist dieser Weg versperrt; hier ist mit Hilfe vorläufiger Regelungen nach Möglichkeit Abhilfe zu schaffen (§ 36 Rn. 15; zu den erbrechtlichen Besonderheiten in diesem Zusammenhang siehe Rn. 17).[118] Immerhin wird man davon auszugehen haben, dass das nachträgliche Ersuchen um Befreiung in den Fällen des passiven Kontrollerwerbs einen hinreichenden Grund darstellt, um die volle 7-Tages-Frist auszuschöpfen.[119]

---

[113] *von Bülow* in Kölner Komm. Rn. 116.

[114] Der Grund: Die Auskunft ist aus Gründen der Gleichbehandlung nur in der nächsten HV zu erteilen, wenn die Tochter eine AG ist. Zu den streitigen Einzelheiten vgl. *Decher* ZHR 158 (1994), 473, 480 ff. Im GmbH-Recht gibt es eine solche Bindung an die Gesellschafterversammlung nicht, vgl. § 51 a GmbHG und die Kommentarliteratur.

[115] *von Bülow* in Kölner Komm. Rn. 117.

[116] *Versteegen* in Kölner Komm. § 37 Rn. 66 f.; *von Bülow* in Kölner Komm. Rn. 110. Anders *Meyer* in *Geibel/Süßmann*, § 36 Rn. 4; § 37 Rn. 15 ff.; *Schnorbus* WM 2003, 657, 662; *Cahn* ZHR 167 (2003), 262, 294. Auch die BAFin scheint von einer Suspensivwirkung der Antragstellung auszugehen, siehe *Lenz/Linke* AG 2002, 361, 366.

[117] Es würde ein erheblicher Manipulationsspielraum eröffnet, weil sich die anzubietende Gegenleistung nach der Entwicklung des Börsenkurses bemisst und der Bieter den Berechnungszeitpunkt beeinflussen könnte, vgl. *Harbarth* ZIP 2002, 321, 331, 332. Die deshalb von *Meyer* (Fn. 115) § 37 Rn. 8, 9 geforderte Ergänzung der Frist durch das Erfordernis „unverzüglicher" Geltendmachung vermag diesem Problem nicht abzuhelfen.

[118] Vgl. auch *Steinmeyer/Häger* Rn. 16.

[119] AA *Meyer* in *Geibel/Süßmann* § 37 Rn. 8, der in Anlehnung an Abs. 1 Satz 1 vom Erfordernis „unverzüglicher" Antragstellung ausgeht, weil er dem Antrag Suspensivwirkung beimisst.

46   **d) Fristbeginn bei Wegfall einer Befreiung nach § 37 Abs. 1.** Eine Befreiung nach § 37 Abs. 1 kann nachträglich fortfallen, weil ihre Erteilung befristet oder auflösend bedingt war, weil die BAFin sie widerrufen hat oder weil sie erfolgreich angefochten wurde. Folge ist nicht das erstmalige Entstehen der Veröffentlichungs- und Angebotspflicht, sondern das Wiederaufleben der durch die Kontrollerlangung entstandenen, durch die Befreiung vorübergehend außer Kraft gesetzten Verpflichtung.[120] Konsequenterweise ist anzunehmen, dass die Veröffentlichungsfrist erst zu laufen beginnt, wenn der Bieter den Wegfall kennt oder kennen muss.[121] Die Veröffentlichungspflicht besteht fort bis zur Erwirkung einer erneuten Befreiung. Das gilt selbst dann, wenn der Bieter die Kontrollschwelle des § 29 Abs. 2 zwischenzeitlich wieder unterschreitet. Er wird in diesem Falle allerdings darauf zu achten haben, dass er durch die Offenlegung seiner Angebotspflicht keine Fehlvorstellungen über die derzeitige Höhe seiner Beteiligungsquote verbreitet.

47   **3. Normadressat. a) Bieter.** Die Veröffentlichungspflicht trifft natürliche Personen, juristische Personen oder Personengesellschaften, die das WpÜG als „Bieter" bezeichnet (§ 2 Abs. 4). Gemeint sind rechtsfähige Personengesellschaften (§ 14 Abs. 2 BGB), zu denen nach Ansicht des BGH auch die Gesellschaft bürgerlichen Rechts gehört.[122] Für die sog. Scheinauslandsgesellschaft gilt nichts anderes mehr, wie der BGH jüngst festgestellt hat.[123] Bei einem Kontrollerwerb durch sonstige Gesamthandsgemeinschaften wie die Erben- oder Gütergemeinschaft oder durch eine Bruchteilsgemeinschaft ist hingegen nicht auf die Gemeinschaft als solche, sondern auf die Kontrollposition der Mitglieder als Individualrechtsträger abzustellen.[124] Die gesamthänderische Verbundenheit führt dabei lediglich zu einer quotalen Zuordnung, so dass es nur dann zu einer Bieterdopplung (Rn. 48) kommt, wenn mehrere Mitglieder für sich einen Anteil von mindestens 30 % erreichen oder wenn eine Zurechnung wegen abgestimmten Verhaltens nach § 30 Abs. 2 iVm. § 39 stattfindet.[125]

48   **b) Mehrheit von Bietern – Meinungsstand.** Die Bestimmung des Veröffentlichungspflichtigen ist problematisch, wenn es sich um einen Fall der mittelbaren Kontrollerlangung handelt und der Kontrollmittler allein über genügend Stimmanteile verfügt, um die unmittelbare Kontrolle über die Zielgesellschaft ausüben zu können. Kontrollmittler (zB ein Tochterunternehmen) und mittelbar Beteiligter (zB deren Muttergesellschaft) erfüllen dann jeweils für sich die Qualifikationsmerkmale eines veröffentlichungspflichti-

---

[120] *von Bülow* in Kölner Komm. Rn. 66.
[121] Ähnlich *Cahn* ZHR 167 (2003), 262, 295. Auf die Kenntnis bzw. das Kennenmüssen des Kontrollerwerbs kann nicht abgestellt werden, denn anderenfalls wären die Fristen im Zeitpunkt des Wegfalls häufig bereits abgelaufen.
[122] BGHZ 146, 342 = NJW 2001, 1056; *von Bülow* in Kölner Komm. Rn. 41.
[123] BGH BB 2002, 2031 m. Anm. *Gronstedt*; dazu *Leible/Hoffmann* DB 2002, 2203.
[124] *von Bülow* in Kölner Komm. Rn. 39 f.; s. § 29 Rn. 15.
[125] HM; vgl. *von Bülow* in Kölner Komm. § 29 Rn. 94 mit Überblick über den Meinungsstand (auch zu § 21 WpHG).

gen „Bieters".[126] Das kann eine unerwünschte Verdopplung von Pflichtveröffentlichungen und -angeboten nach sich ziehen, die weder der Markttransparenz zuträglich noch im Interesse der Angebotsempfänger erforderlich ist. Vorgeschlagen wird deshalb die Anwendung des Absorptionsprinzips zugunsten derjenigen Kontrollinhaber, deren Stimmrechtsausübung ohnehin von dem oder einem der anderen Kontrollinhaber beherrscht wird. So sei die Veröffentlichungspflicht des Tochterunternehmens durch die Inpflichtnahme der Muttergesellschaft[127] oder jedenfalls durch deren Pflichtwahrnehmung absorbiert.[128] In einem Stimmrechtspool sei die Inpflichtnahme auf dasjenige Mitglied zu beschränken, das sich im Innenverhältnis gegenüber den anderen durchsetzen könne.[129] Nach einer zweiten Auffassung haben Mutter- und Tochterunternehmen die Wahl, wer von beiden die Veröffentlichung mit befreiender Wirkung für sich und den anderen vornimmt.[130] Von dritter Seite wird schließlich gefordert, es bei der gesetzlich angelegten Pflichtenverdopplung zu belassen und das Weitere der BAFin im Befreiungsverfahren nach § 37 zu überantworten.[131]

c) Stellungnahme. Mit der dritten Auffassung ist die Anwendung des   **49** Absorptionsprinzips abzulehnen. Dafür spricht zum einen, dass der Gesetzgeber das Duplizitätsproblem durchaus gesehen, von einer Regelung nach dem Leitbild des § 24 WpHG aber offenbar bewusst abgesehen hat.[132] Zum anderen führt die Anerkennung von Bietermehrheiten keineswegs zu einer Angebotsverdopplung, sondern zur Unterbreitung mehrerer Angebote verschiedener Personen. Da jeder Aktionär nur ein Angebot annehmen kann,[133] kann von einer ungerechtfertigten Begünstigung des Anlegerinteresses nicht die Rede sein. Wer den Aktionären als Kaufgarant gegenübertritt, kann wohl kaum der Entscheidung der Pflichtadressaten überlassen bleiben. Deren Interesse ist dadurch teilweise Rechnung getragen, dass sich der Übernahmeaufwand des Bieters reduziert, soweit die Aktionäre das Kaufangebot seines Mitbieters vorziehen. Im Übrigen wird die BAFin im Befreiungsverfahren nach § 37 ggf. zu

---

[126] *Ekkenga/Hofschroer* DStR 2002, 768, 775 mit Beispielen.

[127] *Steinmeyer/Häger* Rn. 37.

[128] *Ekkenga/Hofschroer* DStR 2002, 768, 775 f., die eine Befreiung der Tochtergesellschaft analog § 24 WpHG befürworten, wenn die Muttergesellschaft ihrer Veröffentlichungspflicht nachkommt; zust. *von Bülow* in Kölner Komm. Rn. 133, 171. Wiederum anders *Kopp/von Dryander* in *Apfelbauer/Barthelmess/Buhl/von Dryander*, German Takeover Law – A Commentary, 2002, Section 35 Rn. 12: Freistellung der Mutter, wenn sie für die Tochter bürgt.

[129] *Krause* NJW 2002, 705, 713 f.: Inpflichtnahme des Inhabers mit dem höchsten Stimmanteil; anders *Steinmeyer/Häger* Rn. 38: Inpflichtnahme desjenigen, dem ein „Letztentscheidungsrecht" zustehe; aA *Kopp/von Dryander* in *Apfelbauer/Barthelmess/ Buhl/von Dryander*, German Takeover Law – A Commentary, 2002, Section 35 Rn. 13.

[130] *Meyer* in *Geibel/Süßmann* Rn. 27.

[131] *Hommelhoff/Witt* in *Haarmann/Riehmer/Schüppen* Rn. 33 f.; *Kleindiek* ZGR 2002, 546, 576.

[132] *Hommelhoff/Witt* (Fn. 131) Rn. 33. Die abweichende Ansicht in DStR 2002, 768, 775 f. wird aufgegeben.

[133] Zum Ausschluss von Leerverkäufen näher § 32 Rn. 11.

prüfen haben, ob nicht das Verhältnis der Bieter untereinander eine Ausnahme von der Regel rechtfertigt (§ 37 Rn. 32).

50   **4. Erlöschen.** Der Fortbestand der Veröffentlichungspflicht ist grundsätzlich nicht davon abhängig, dass die Voraussetzungen für das Erreichen der Kontrollschwelle nach § 29 Abs. 2 dauerhaft vorliegen (Rn. 18). Befreit ist der Bieter erst dann, wenn er eine Befreiungsverfügung erwirkt hat, die das Unterschreiten der Kontrollschwelle zur Folge hat (§§ 20, 36, näher dazu § 36 Rn. 13) oder die ihn von der Angebotspflicht entbindet (§ 37). Die Befreiung führt als „kursrelevante Tatsache" zu einer Meldepflicht der Zielgesellschaft nach § 15 WpHG, ggf. auch zu einer solchen der Bietergesellschaft (näher Rn. 53, ferner § 10 Rn. 12), und zwar auch dann, wenn noch keine Veröffentlichung nach § 35 Abs. 1 erfolgt ist. Daneben entscheidet die BAFin nach pflichtgemäßem Ermessen, ob sie die Anleger informiert (§ 44), was sich vor allem dann anbietet, wenn der Bieter nicht publizitätspflichtig iSd. § 15 WpHG ist.[134] Zu den Folgen der Befreiung für die Angebotspflicht nach Abs. 2 siehe Rn. 66.

51   **5. Verhältnis zu den Verhaltenspflichten nach dem WpHG. a) Insiderrecht.** Die Kontrollerlangung über die Zielgesellschaft dürfte nicht zuletzt im Hinblick auf die daran anknüpfende Verkaufsoption der übrigen Aktionäre regelmäßig geeignet sein, den Kurs der Aktien der Zielgesellschaft erheblich zu beeinflussen. Sie ist dann eine **Insidertatsache** iSd. § 13 Abs. 1 WpHG.[135] Entsprechendes ist für die Aktien einer börsennotierten Bietergesellschaft anzunehmen, wenn das Volumen der ihr auferlegten Zwangsinvestition im Verhältnis zu ihrem sonstigen Geschäftsumfang erheblich ist. Die Veröffentlichungspflicht nach Abs. 1 Satz 1 hat damit eine der Ad-hoc-Publizität nach § 15 WpHG vergleichbare Doppelfunktion, die neben der Herstellung von Markttransparenz auch die vorbeugende Bekämpfung des Insiderhandels umfasst.

52   Beruht die Kontrollerlangung auf einer Erwerbsabsicht des Bieters und hat dieser zuvor Insiderkenntnisse über eine **Due-Diligence-Prüfung** bei der Zielgesellschaft erhalten (§ 10 Rn. 34), so lässt sich die Übernahme der restlichen Anteile nicht ohne weiteres mit dem Pflichtcharakter des Erwerbs rechtfertigen, denn das Handelsverbot des § 14 Abs. 1 Nr. 1 WpHG klammert – im Gegensatz zum Weitergabeverbot des § 14 Abs. 1 Nr. 2 WpHG – das „befugte" Handeln nicht ausdrücklich aus. *Von Bülow* sieht deshalb zwischen der Angebotspflicht und dem insiderrechtlichen Handelsverbot einen Konflikt, den der Bieter durch den Kontrollerwerb selbst verursacht habe und aus dem er sich selbst heraushelfen müsse, indem er auf die Durchführung einer Due Diligence verzichte, auf rechtzeitige Veröffentlichung gemäß § 15 Abs. 1 WpHG hinwirke oder den Preis anbiete, der im Falle der Veröffentlichung marktgerecht wäre.[136] Zu sinnvollen Ergebnissen führt allenfalls der dritte Vorschlag, wenn er denn – woran erhebliche Zweifel bestehen – mit vertretbarem Aufwand

---

[134] Nach *von Bülow* in Kölner Komm. § 36 Rn. 54 ist grundsätzlich eine dahin gehende Verpflichtung der BAFin anzunehmen.

[135] *Assmann* ZGR 2002, 697, 711.

[136] *von Bülow* in Kölner Komm. Rn. 176, 178.

realisierbar ist.[137] Es besteht daher kein Anlass, von der hM zum WpHG abzuweichen. Danach ist ein Verstoß gegen das Handelsverbot abzulehnen, weil der
Bieter seine Insiderkenntnis nicht im Sinne der Vorschrift ausnutzt, wenn er
seinen ursprünglich gefassten Erwerbsplan lediglich ausführt.[138]

b) Ad-hoc-Publizität. Es ist zu unterscheiden: Eine *Meldepflicht des Bieters* **53**
nach § 15 WpHG entfällt, soweit es um die Tatsache der Kontrollerlangung
geht, nach der Subsidiaritätsklausel des § 10 Abs. 6, auf die Abs. 1 Satz 4 ausdrücklich verweist. Das dürfte auch für Umstände und Begebenheiten „im
Vorfeld" gelten, die eine Vollendung des Kontrolltatbestandes – und damit die
Auslösung einer Angebotspflicht – demnächst erwarten lassen.[139] Hiervon unberührt bleibt die WpHG-Haftung des Bieters wegen Verletzung der Veröffentlichungspflicht nach Abs. 1 Satz 1 (Rn. 79). Andererseits dürfte der Tatbestand
der Kontrollerlangung schon für sich genommen geeignet sein, eine *Ad-hoc-
Meldepflicht der Zielgesellschaft* auszulösen: Im Unterschied zur Übernahmeabsicht bzw. zur freiwilligen Angebotsentscheidung des Bieters handelt es sich
nicht um ein externes Marktdatum, das von vornherein außerhalb des „Tätig-
keitsbereichs" der Emittentin steht und daher gemäß § 15 Abs. 1 Satz 1 WpHG
unbeachtlich ist.[140] Dass Erwerbsvorgänge am Kapitalmarkt primärer Gegenstand anderer Publizitätsregeln sind (§§ 21 ff. WpHG), schließt die Inpflichtnahme der Zielgesellschaft nicht aus. Denn es leuchtet nicht ein, warum diese
mit der Offenlegung der Änderung ihres Aktionariats soll warten können, bis
der Bieter die ihm gegebene Kontrollmöglichkeit durch Ausübung
des Stimmrechts tatsächlich ausnutzt, bis also der Tätigkeitsbereich eines ihrer
Organe – der HV – akut betroffen ist.[141] (vgl. Rn. 51). Die Subsidiaritätsklausel des § 10 Abs. 6 greift hier nicht ein: Ihr Sinn und Zweck – Vermeidung
einer unnötigen Verdopplung inhaltsgleicher Veröffentlichungen – trifft die
Situation nicht, weil sich die Veröffentlichungen nach Abs. 1 und § 15 Abs. 1
WpHG an unterschiedliche Zielgruppen (die Gesellschafter des Bieters einer-

---

[137] Die präzise Ermittlung „hypothetischer Marktwerte" auf der Grundlage fikti-
ver Markttransparenz ist, wie sich auch im Rahmen der Haftung bei unterlassener
Ad-hoc-Meldung nach § 37 b WpHG herausstellt, eine nur schwer lösbare Aufgabe,
vgl. *Groß* WM 2002, 477, 486; *Fleischer* BB 2002, 1869, 1873.
[138] *Hopt* in *Schimansky/Bunte/Lwowski*, BankR-Hdb., Bd. III, 2. Aufl. 2001,
§ 107 Rn. 61; *Assmann/Cramer* in *Assmann/Schneider* § 14 WpHG Rn. 31 mwN.
[139] Vgl. *Assmann* ZGR 2002, 697, 713.
[140] Vgl. hierzu *Kümpel* in *Assmann/Schneider*, § 15 Rn. 40, 40 a. Schon die Qualifizierung der bloßen Übernahmeabsicht ist in diesem Zusammenhang streitig, vgl.
Thiel in *Semler/Volhard* ÜN Hdb. Bd. 1, 2001, § 31 Rn. 110 mwN.
[141] Übernahmeabsichten sind sicher geeignet, den Kursverlauf der Aktien der
Zielgesellschaft zu beeinflussen. Sie lösen jedoch nach wohl hM keine Ad-hoc-Meldepflicht der Zielgesellschaft aus, weil sie nicht „in deren Tätigkeitsbereich eingetreten" sind. Das ändert sich spätestens dann, wenn der Kontrolltatbestand erfüllt,
der Übernahmeerfolg also tatsächlich eingetreten ist. Dann nämlich ist die Übernahme kein reines „Marktdatum" mehr, sondern ein Internum der Zielgesellschaft,
deren HV ihre weitere „Tätigkeit" auf vielfältige Weise mitbestimmt (zur Abgrenzung des Begriffs „Tätigkeitsbereich" von reinen Marktdaten und zur Notwendigkeit einer extensiven Auslegung dieses Begriffs siehe *Kümpel* in *Assmann/Schneider*
§ 15 Rn. 40 a). AA, aber ohne überzeugende Begründung *von Bülow* in Kölner
Komm. Rn. 130.

seits und die der Zielgesellschaft andererseits) wenden. Die Meldepflicht der
Zielgesellschaft betrifft insbesondere auch den Fall, dass der Bieter die Kontrollschwelle nachträglich wieder unterschreitet, ferner die Tatsache einer
behördlichen Befreiung nach §§ 20, 36 oder 37 bzw. ihres nachträglichen Fort-
falles (§ 37 Rn. 17), sofern nicht die BAFin die Publizität bereits gemäß § 44
hergestellt hat.

54   **c) Meldepflicht nach § 21 Abs. 1 WpHG.** Die Meldepflicht nach § 21
Abs. 1 WpHG besteht neben der Veröffentlichungspflicht nach Abs. 1 Satz 1.[142]

IV. Angebotspflicht (Abs. 2)

55   **1. Übermittlung einer Angebotsunterlage an die BAFin (Abs. 2 Satz 1,
1. Halbsatz). a) Tatbestand.** In einem zweiten Schritt – also nach Veröffentlichung der Kontrollerlangung – hat der Bieter eine Angebotsunterlage vorzubereiten und sie der BAFin zum Zwecke der Prüfung zu übermitteln.
Pflichtbegründend ist wiederum die Kontrollerlangung selbst, nicht etwa deren Veröffentlichung, denn anderenfalls könnte sich der Bieter der Angebotsverpflichtung durch pflichtwidrige Unterlassung der Veröffentlichung entziehen.[143] Durch die Kontrollerlangung ist der Bieter demjenigen gleichgestellt,
der die Entscheidung zur Unterbreitung eines freiwilligen Erwerbsangebots
veröffentlicht hat. Der Gesetzgeber bringt das in § 39 durch selektive Verweisung auf § 14 Abs. 1 Satz 2 und 3 zum Ausdruck.[144] Die BAFin hat daher dem
Bieter trotz der missverständlichen Textfassung den Tag des Eingangs der
Angebotsunterlage gemäß § 14 Abs. 1 Satz 2 zu bestätigen.[145]

56   Beruht die Annahme der Kontrollerlangung auf einem Irrtum, so ist der
Scheinbieter zur Unterbreitung des Pflichtangebots nicht allein deshalb verpflichtet, weil er eine falsche Kontrollmeldung nach Abs. 1 Satz 1 veröffentlicht
hat. Vielmehr ist der Sachverhalt so zu beurteilen, als hätte sich der Scheinbieter
von einer nach § 10 publizierten Angebotsentscheidung nachträglich wieder
zurückgezogen. Er haftet den Aktionären der Zielgesellschaft also nicht auf das
Erfüllungsinteresse, wohl aber auf den Ersatz des Vertrauensschadens, wenn er
den Irrtum rechtzeitig hätte bemerken können und wenn eine Rechtspflicht
zur Veröffentlichung bestand (§ 10 Rn. 11, 13 sowie unten Rn. 75). Die Aufdeckung des Irrtums ist eine kursrelevante Tatsache iSd. § 15 Abs. 1 WpHG, für
deren Veröffentlichung jedenfalls die Zielgesellschaft, uU auch der Scheinbieter selbst zu sorgen hat (Rn. 53). Die im Schrifttum vereinzelt befürwortete,
weitergehende Rechtsscheinhaftung auf Erfüllung[146] führt dagegen zu weit,
selbst wenn die Kontrollmeldung nach Abs. 1 Satz 1 eine ausdrückliche Ankündigung des Angebots enthielt.[147] Eine versehentlich veröffentlichte Angebotsunterlage hat allerdings Bindungswirkung; mit der Erwirkung einer nachträg-

---

[142] *von Bülow* in Kölner Komm. Rn. 134.

[143] Zutreffend *von Bülow* in Kölner Komm. Rn. 138; *Steinmeyer/Häger* Rn. 35.

[144] Die selektive Verweisung auf § 14 in Abs. 2 Satz 2 ist deshalb rechtstechnisch
verunglückt und taugt nicht für einen Umkehrschluss.

[145] *von Bülow* in Kölner Komm. Rn. 154; *Hommelhoff/Witt* in *Haarmann/Riehmer/
Schüppen* Rn. 43.

[146] *von Bülow* in Kölner Komm. Rn. 139 ff., 143.

[147] AA *von Bülow* in Kölner Komm. Rn. 141.

lichen Befreiung (Rn. 66) ist dieser Fall nicht zu vergleichen.[148] Es gelten die allgemeinen Grundsätze zur Irrtumsanfechtung und zum Wegfall der Geschäftsgrundlage (§ 11 Rn. 49, 53 ff.).

b) Angebotsunterlage. Für Form und Inhalt der Angebotsunterlage gelten über § 39 die allgemeinen Vorschriften, sofern in Abschnitt 5 nichts Besonderes bestimmt ist. Zu beachten sind daher § 11 und die ergänzenden Regelungen der AngebotsVO (§ 11 Rn. 3 ff.). Dass Pflichtangebote wie Erwerbs- und Übernahmeangebote stets bindend sein müssen (§§ 17, 39) und nicht unter dem Vorbehalt des Widerrufs oder Rücktritts abgegeben werden dürfen (§§ 18 Abs. 2, 39), versteht sich von selbst. Darüber hinaus sind alle Angebotsinhalte zu eliminieren, die an die Freiwilligkeit von Erwerbs- und Übernahmeangeboten anknüpfen. Insbesondere ist über die Ausschlussklausel des § 39 die Aufnahme auch solcher Bedingungen ausgeschlossen, die nach § 18 Abs. 1 für sonstige Angebote zulässig wären.[149] Da das Gesetz keine Differenzierungen vorsieht, gilt das für sämtliche Bedingungen, auf deren Eintritt der Bieter keinen Einfluss hat.[150] Erst recht darf der Bieter das Angebot nicht unter der Bedingung abgeben, dass seine Gesellschafterversammlung zustimmt (§§ 39, 25). Teilangebote sind wie bei freiwilligen Übernahmeangeboten gem. §§ 32, 39 ausgeschlossen (zur Reichweite des Pflichtangebots näher Rn. 61 ff.). Art und Höhe der Gegenleistung bestimmen sich nach §§ 31, 39, die Finanzierung derselben nach §§ 13, 39. Gem. § 4 Satz 1 AngebotsVO muss die Höhe der Gegenleistung „mindestens" dem höchsten Entgelt entsprechen, das der Bieter oder eine Mittelsperson innerhalb der letzten 3 Monate vor der Veröffentlichung der Angebotsunterlage nach Abs. 2 Satz 1, 2. Halbsatz gewährt oder vereinbart hat. Diese Vorerwerbsklausel bedeutet für den Angebotspflichtigen eine besondere Härte, da die Angebotsverpflichtung durch den Vorerwerb – die aktive Kontrollerlangung – regelmäßig erst ausgelöst wird.[151] Aus dem gleichen Grund ist dem Angebotspflichtigen die freiwilligen Anbietern offen stehende

---

[148] Insofern übereinstimmend *von Bülow* in Kölner Komm. Rn. 140.

[149] Wenn absehbar ist, dass ein potentieller Bieter demnächst die Kontrollschwelle überschreiten wird, mag sich deshalb eine Prophylaxe anbieten: Der Bieter befreit sich selbst von der Angebotsverpflichtung gem. Abs. 3, indem er ein freiwilliges Übernahmeangebot abgibt, das er in den Grenzen des § 18 mit Bedingungsklauseln versehen kann, vgl. *Meyer* in *Geibel/Süßmann* Rn. 53.

[150] *Hommelhoff/Witt* in *Haarmann/Riehmer/Schüppen* Rn. 50; einschränkend *Steinmeyer/Häger* Rn. 48: Zulässig blieben Bedingungen, die den Erwerb von der Erteilung einer ausstehenden behördlichen Genehmigung, etwa durch das Bundeskartellamt oder die Europäische Kommission, abhängig machen (ebenso *Kopp/von Dryander* in *Apfelbauer/Barthelmess/Buhl/von Dryander*, German Takeover Law – A Commentary, 2002, Section 35 Rn. 16). In solchen Fällen ist jedoch richtigerweise von einem Ruhen der Angebotsverpflichtung auszugehen, siehe Rn. 20.

[151] Konsequenterweise wird man aus der Textfassung („mindestens") abzuleiten haben, dass der 3-monatige Referenzzeitraum zur Bemessung der Höhe der Gegenleistung bereits mit der Kontrollerlangung, nicht erst bei Veröffentlichung der Angebotsunterlage beginnt. Denn anderenfalls könnte der Bieter das Pflichtangebot durch geschicktes, wenn auch rechtswidriges Hinauszögern der Veröffentlichung kraft eigener Vollkommenheit verbilligen, siehe *Ekkenga/Hofschroer* DStR 2002, 768, 777.

Option des Umtauschangebots in den allermeisten Fällen abgeschnitten, § 31 Abs. 3 Nr. 1.[152] Die Bemessung der Annahmefrist richtet sich nach § 16 Abs. 1, eine Verlängerung nach § 16 Abs. 2 ist gemäß § 39 ausgeschlossen.

58   **c) Frist.** Nach Abs. 2 Satz 1, 1. Halbsatz hat der Bieter die Angebotsunterlage „innerhalb von 4 Wochen nach der Veröffentlichung der Erlangung der Kontrolle über eine Zielgesellschaft" bei der BAFin einzureichen. Gemeint ist nicht die tatsächliche, sondern die pflichtgemäße Veröffentlichung (Rn. 53). Die 4-Wochen-Frist beginnt mithin an dem Tag, der auf den Tag der pflichtgemäßen Veröffentlichung nach Abs. 1 Satz 1 folgt oder an dem diese Veröffentlichung spätestens hätte vorgenommen werden müssen[153] (vgl. § 31 Abs. 1 VwVfG iVm. § 187 Abs. 1 BGB). Im Regelfall beträgt die Vorbereitungsfrist demnach 4 Wochen plus 2–3 Tage, längstens jedoch 4 Wochen plus 7 Tage (Rn. 42). Gemäß § 14 Abs. 1 Satz 3 kann der Bieter bei der BAFin um Fristverlängerung bis zu 4 Wochen nachsuchen. Diese Möglichkeit besteht auch beim Pflichtangebot, wie sich aus der Verweisungsklausel des § 39 ergibt.[154]

59   **2. Pflicht zur Veröffentlichung der Angebotsunterlage (Abs. 2 Satz 1, 2. Halbsatz, Satz 3). a) Tatbestand.** Gemäß Abs. 2 Satz 1, 2. Halbsatz hat der Bieter die von der BAFin freigegebene Angebotsunterlage nach Maßgabe von § 14 Abs. 2 Satz 1, das heißt „unverzüglich" zu veröffentlichen. Die Verfahrensvorschriften des § 14 Abs. 2–4 sind einzuhalten (Abs. 2 Satz 2). Die Angebotsunterlage ist also ins Internet einzustellen und entweder in einem überregionalen Börsenpflichtblatt abzudrucken oder zur kostenlosen Ausgabe bei einer geeigneten Stelle im Inland bereitzuhalten (§ 14 Abs. 3 Satz 1). Der BAFin ist unverzüglich ein Beleg über den Abdruck bzw. über den Quellennachweis zu übersenden (§ 14 Abs. 3 Satz 2). Dem Vorstand der Zielgesellschaft ist die Angebotsunterlage unverzüglich nach ihrer Veröffentlichung zu übermitteln (§ 14 Abs. 4 Satz 1). Der Pflichtcharakter des Angebots schließt die Möglichkeit nicht aus, dass die BAFin die Veröffentlichung der Angebotsunterlage untersagt (§§ 15, 39).[155] Der Bieter hat dann schon die Übermittlungspflicht nach Abs. 2 Satz 1, 1. Halbsatz nicht erfüllt. Allerdings bleibt ihm die Möglichkeit, dies innerhalb einer eventuell verbleibenden Frist nachzuholen; § 26 (Sperrfrist) gilt nicht (§ 39).

60   **b) Frist.** Der Bieter muss die Angebotsunterlage unverzüglich, das heißt ohne schuldhaftes Zögern (§ 121 Abs. 1 Satz 1 BGB) veröffentlichen (Abs. 2 Satz 1, 2. Halbsatz iVm. § 14 Abs. 2 Satz 1). Die Wartefrist umfasst jedenfalls den Zeitraum, den die BAFin bis zur Gestattung der Veröffentlichung benötigt bzw. in dem sie die Gestattung spätestens hätte aussprechen müssen (10 Tage, vgl. im Einzelnen die Kommentierung zu § 14). Beabsichtigt die BAFin eine Untersagung des Angebots, so kann sie die Regelfrist nach Maßgabe von § 14 Abs. 2 Satz 3 um bis zu 5 Werktage verlängern. Dass dieser Teil der allgemeinen

---

[152] Ausnahme: Die Vorerwerbe sind nicht geldlich vergütet worden, beispielsweise im Falle einer Anteilzeichnung gegen Sacheinlage.

[153] *Hommelhoff/Witt* in *Haarmann/Riehmer/Schüppen* Rn. 41; *Steinmeyer/Häger* Rn. 47.

[154] *Hommelhoff/Witt* in *Haarmann/Riehmer/Schüppen* Rn. 42.

[155] So ausdrücklich Begr. RegE BT-Drucks. 14/7034 S. 45 ff., 61; vgl. *Hommelhoff/Witt* in *Haarmann/Riehmer/Schüppen* Rn. 45.

Verfahrensvorschriften in der (ohnehin überflüssigen, vgl. § 39) Verweisungs-klausel des Abs. 2 Satz 2 nicht genannt ist, beruht auf einer handwerklichen Nachlässigkeit und rechtfertigt keinen Umkehrschluss, zumal es schlechter-dings keinen einleuchtenden Grund gibt, ausgerechnet dem Angebotspflich-tigen die Verfahrenserleichterung des § 14 Abs. 2 Satz 3 zu versagen.[156]

3. Umfang des Pflichtangebots (Abs. 2 Satz 3). a) Grundsatz. Gemäß **61** §§ 32, 39 unterliegt auch der Angebotspflichtige dem für freiwillige Übernah-meangebote geltenden Einschränkungsverbot, d.h. das Pflichtangebot erstreckt sich de jure auf sämtliche börsennotierten[157] Aktien der Zielgesellschaft[158] und ggf. ihrer börsennotierten Tochter,[159] sofern das WpÜG nicht die Ausklamme-rung bestimmter Anteile zulässt (vgl. im Einzelnen die Kommentierung zu § 32). Der Begriff „Aktien" ist – wie bei freiwilligen Übernahmeangeboten – wörtlich zu nehmen, das heißt wertpapiermäßig verbriefte Erwerbsrechte wie Optionsscheine auf Aktien sind vom Pflichtangebot nicht erfasst.[160] In das Pflichtangebot einbezogen sind auch neue Aktien, die die Zielgesellschaft nach Entstehung der Angebotspflicht emittiert[161] (vgl. § 32 Rn. 15), die Anteile eines Paketaktionärs, dessen Beteiligungsquote die des Bieters annähernd er-reicht oder gar übersteigt.[162] Eine Ausnahme ist nur dann zuzulassen, wenn der Paketaktionär seinerseits eine Kontrollposition erlangt hat und daher ange-botspflichtig ist, denn in diesem Fall ist er nicht iSd. Pflichtangebotsrechts schutzwürdig (Rn. 63). Entsprechendes gilt, wenn der Paketaktionär selbst dem Bieter zum Kontrollerwerb verholfen hatte, indem er ihm einen Teil seines Anteilspakets veräußerte.[163]

b) Ausnahmen. Vom Pflichtangebot gemäß Abs. 2 Satz 3 ausdrücklich aus- **62** genommen sind **Aktien im Konzern- und Zurechnungsverbund der Ziel-gesellschaft.** Auch insoweit besteht kein Unterschied zum freiwilligen Über-nahmeangebot (§ 32 Rn. 12). Die Ausnahmeregelung knüpft an den in § 71 d Satz 2 AktG umschriebenen Personenkreis an, statt auf die Legaldefinition der „Tochterunternehmen" in § 2 Abs. 6 zurückzugreifen. Ausgenommen sind (1) ei-

---

[156] *Hommelhoff/Witt* in *Haarmann/Riehmer/Schüppen* Rn. 46; *Meyer* in *Geibel/Süß-mann* Rn. 48.

[157] *von Bülow* in Kölner Komm. § 39 Rn. 24 ff.; *Kalss* in *Semler/Volhard*, ÜN Hdb., § 51 Rn. 60; weitergehend – für Erstreckung des Pflichtangebots auch auf nicht zugelassene Aktien – zu Unrecht *Lenz/Behnke* BKR 2003, 43, 49; siehe zu § 32 Rn. 9.

[158] Vorzugsaktien ohne Stimmrecht sind nicht ausgenommen, *Kopp/von Dryander* in *Apfelbauer/Barthelmess/Buhl/von Dryander*, German Takeover Law – A Commen-tary, 2002, Section 35 Rn. 15; zu Unrecht zweifelnd *Letzel* BKR 2002, 293, 302.

[159] *von Bülow* in Kölner Komm. Rn. 172.

[160] *Hommelhoff/Witt* in *Haarmann/Riehmer/Schüppen* Rn. 47; *Ekkenga/Hofschroer* DStR 2002, 768, 771; *Schüppen* WPg 2001, 958, 961; weitergehend *von Bülow* in Köl-ner Komm. § 39 Rn. 35 f. (auch Zwischenscheine).

[161] *von Bülow* in Kölner Komm. § 39 Rn. 29 ff.

[162] *Altmeppen* ZIP 2001, 1073, 1082; *Thoma* NZG 2002, 105, 111; aA *Oechsler* NZG 2001, 817, 825.

[163] So mit Recht *Letzel* BKR 2002, 293, 302, der darauf aufmerksam macht, dass der Paketaktionär schon anlässlich dieses Verkaufs Gelegenheit hatte, seine Interes-sen zu wahren.

gene Aktien der Zielgesellschaft, (2) Aktien der Zielgesellschaft, die einer ihrer Tochtergesellschaften gehören, und (3) Aktien der Zielgesellschaft, die einem Dritten gehören, der Sachwalterfunktionen für die Zielgesellschaft oder eine ihrer Tochtergesellschaften ausübt. Die Einschränkung erklärt sich daraus, dass der Bieter wegen § 30 ohnehin verpflichtet ist, die „Tochtergesellschaft(en)" – soll heißen: die Aktien der außenstehenden Minderheitsgesellschafter zuzüglich zu den Aktien der Muttergesellschaft – zu erwerben (Rn. 35).[164]

63   Nicht ausdrücklich geregelt ist die Frage, ob sich das Pflichtangebot auch auf **Aktien im Konzern- und Zurechnungsverbund des Bieters** erstreckt. Die Ansichten hierzu sind geteilt. Eine verbreitete, wenngleich nicht unumstrittene Meinung plädiert auch insoweit für eine (ungeschriebene) Ausnahmeregelung, deren Reichweite sich allerdings – im Unterschied zur Regelung in Abs. 2 Satz 3 – nicht an § 71d Satz 2 AktG, sondern am Katalog möglicher Kontrollmittler in § 30 orientieren soll.[165] Dem liegt offenbar die Überlegung zugrunde, dass der Bieter nicht zum Erwerb solcher Aktien verpflichtet sein könne, die ihm nach den Wertungen des Gesetzgebers wirtschaftlich bereits zustehen.[166] Vorgeschlagen wird deshalb auch, nach der „Intensität" der Zurechnung zu differenzieren: Angebotsbetroffen bleiben danach diejenigen Anteile iSd. § 30, auf die der Bieter zwar einen Zugriff hat, die sich aber noch in der alleinigen Verfügungsgewalt des Dritten befinden.[167] Auf das Kriterium der „wirtschaftlichen Zurechnung" kommt es indes nach dem Sinn und Zweck der Pflichtangebotsregel nicht an. Entscheidend ist vielmehr die Schutzbedürftigkeit des Pflichtangebotsadressaten (Rn. 4 f.). Dieses Schutzbedürfnis kann den Kontrollmittlern iSd. § 30 nicht von vornherein abgesprochen werden: Die Tochtergesellschaft des Bieters hat ein Interesse an der Beteiligung der Kontrollprämie ebenso wie der Sicherungsgeber, dessen Aktie mit einem Nießbrauch des Bieters belastet ist. Zu differenzieren ist deshalb richtigerweise danach, ob dem Kontrollmittler ein eigenes schutzwertes Äquivalenzinteresse zuzubilligen ist oder nicht. Das ist zu verneinen für solche Dritte, die Aktien *ausschließlich* für Rechnung des Bieters halten (§ 30 Abs. 1 Nr. 2), ferner für Kontrollmittler, die ihrerseits angebotspflichtig sind (Rn. 48 f.).

64   Sonstige gesetzlich zugelassene Ausnahmen betreffen **Aktien ausländischer Anleger.** Vgl. hierzu die Kommentierung zu § 24.

65   **4. Angebotspflichtige Personen.** Angebotspflichtig ist, wer der Veröffentlichungspflicht nach Abs. 1 unterliegt. Existiert eine Bietermehrheit, so

---

[164] Eine Unstimmigkeit verbleibt insofern, als der in § 30 Abs. 1 Satz 1 Nr. 1 verwendete Begriff des „Tochterunternehmens" weiter ist als der konzernrechtliche Begriff der Tochtergesellschaft (vgl. § 2 Abs. 6).

[165] *Meyer* in *Geibel/Süßmann* Rn. 49; *Mülbert* ZIP 2001, 1221, 1223; aA *von Bülow* in Kölner Komm. § 39 Rn. 34; *Steinmeyer/Häger* Rn. 42. Für § 32 spielt der Zurechnungsgedanke keine Rolle, da es insoweit nicht auf den Tatbestand, sondern auf die Absicht der Kontrollerlangung ankommt.

[166] So jedenfalls *Hommelhoff/Witt* in *Haarmann/Riehmer/Schüppen* Rn. 49.

[167] So offenbar *Hommelhoff/Witt* in *Haarmann/Riehmer/Schüppen* Rn. 49. Sie beziehen sich beispielhaft auf die Fälle des § 30 Abs. 1 Nr. 5, da es hier ausschließlich vom Willen des Bieters abhänge, ob der Aktionär seine Anteile veräußern könne. Das trifft allerdings nicht zu, wenn das Erwerbsrecht auf einem Kaufvertrag beruht, kraft dessen der Aktionär als Verkäufer Erfüllung verlangen kann.

ist jeder Bieter in vollem Umfange angebotspflichtig (Rn. 48 f.), so dass sich der Angebotsadressat aussuchen kann, auf wessen Offerte er eingeht. Wird ein Bieter hierdurch von seiner Angebotspflicht ungerechtfertigt entlastet,[168] so ist ein entsprechender Ausgleich im Innenverhältnis der Bieter untereinander herbeizuführen. Dieser richtet sich primär nach den vertraglichen Vereinbarungen (Beispiel: Aufteilungsplan eines Stimmrechtskonsortiums iSd. § 30 Abs. 2[169]) oder gesetzlichen Vorschriften (Beispiel: Nachteilsausgleich der mittelbar beteiligten Mutter durch Aufwandserstattung an den von ihr abhängigen Kontrollmittler, §§ 311, 317 AktG), soweit vorhanden. In den verbleibenden Fällen dürfte analog der flexiblen Regelung des § 426 BGB zu verfahren sein. Zwar sind die Bieter, solange sie keine Kaufofferte abgegeben haben, nicht Gesamtschuldner iSd. Vorschrift. Doch ist der in § 426, insbesondere in dessen Abs. 1 zum Ausdruck gebrachte Rechtsgedanke einer quotalen Aufteilung im Innenverhältnis dem weniger flexiblen bereicherungsrechtlichen Regress vorzuziehen und zudem einer entsprechenden Anwendung auf öffentlich-rechtliche Pflichten zugänglich.[170]

5. Erlöschen der Angebotspflicht. Vgl. zunächst Rn. 50. Ergeht die Befreiungsverfügung der BAFin erst nach öffentlicher Unterbreitung des Übernahmeangebots, so dürfte ausnahmsweise ein Widerrufs- oder Rücktrittsrecht des Bieters anzunehmen sein, der die Möglichkeit der Rückabwicklung bereits geschlossener Kaufverträge einschließt.[171] Einer zunehmend verbreiteten Auffassung zufolge ist Letzteres den Regeln über den Wegfall der Geschäftsgrundlage zu entnehmen.[172] Vorzugswürdig ist demgegenüber die Annahme eines (ausnahmsweise zulässigen) vertraglichen Rücktrittsvorbehalts, den der Bieter ausdrücklich oder konkludent erklärt, indem er das Befreiungsersuchen oder eine dahingehende Absicht in die Veröffentlichung nach Abs. 1 aufnimmt oder eine entsprechende Meldung nachschiebt (Rn. 41). **66**

VI. Befreiungstatbestände

1. Befreiung aufgrund vorausgegangenen Übernahmeangebots (Abs. 3). a) Unmittelbare Befreiung. Die Veröffentlichungs- und Angebotsverpflichtung entfällt, wenn der Bieter die Kontrolle über die Zielgesellschaft aufgrund eines Übernahmeangebots erworben hat. Dann nämlich sind die Aktionäre der Zielgesellschaft nicht mehr schutzbedürftig, weil sie bereits Gelegenheit hatten, ihre Anteile nach Maßgabe der WpÜG-Schutzvorschriften zu veräußern.[173] Befreiend wirken nur rechtmäßig abgegebene und ab- **67**

---

[168] Die Entlastung beruht darauf, dass der angesprochene Aktionär nur ein Angebot annehmen kann, siehe Rn. 49.

[169] Vgl. *Steinmeyer/Häger* Rn. 38.

[170] *Palandt* BGB, 62. Aufl. 2003, § 426 Rn. 3 a mwN.

[171] AA *von Bülow* in Kölner Komm. Rn. 168. Unklar *Steinmeyer/Häger* § 36 Rn. 6: Folge sei das „Untergehen des zivilrechtlichen Anspruchs".

[172] Vgl. § 11 Rn. 53 ff. sowie *Grobys/Geibel* in *Geibel/Süßmann* § 10 Rn. 130; kritisch *Ekkenga/Hofschroer* DStR 2002, 768, 769.

[173] Begr. RegE BT-Drucks. 14/7034 S. 60. Rechtspolitische Kritik hierzu bei *Hommelhoff/Witt* in *Haarmann/Riehmer/Schüppen* Rn. 56, die nicht zu Unrecht darauf hinweisen, dass die Rahmenbedingungen eines freiwilligen Übernahmeange-

gewickelte Übernahmeangebote.[174] Das **Kausalitätserfordernis** (Kontrollerwerb „auf Grund eines Übernahmeangebots") berücksichtigt, dass sich der
Kreis der Schutzadressaten seit Unterbreitung des Übernahmeangebots bis
zum Eintritt des Übernahmeerfolges (Kontrollerwerb) geändert haben kann.
Ein Kontrollerwerb vor Abgabe des freiwilligen Übernahmeangebots führt
also nicht zur Befreiung, zumal statt des Übernahmeangebotes ein Pflichtangebot hätte abgegeben werden müssen.[175] Andererseits muss ein zeitlicher
Zusammenhang genügen, denn die Interessen der Angebotsadressaten sind dadurch gewahrt, dass sie ihre Anteile veräußern konnten. Ob sie von diesem
Recht Gebrauch gemacht und dem Bieter dadurch zum Kontrollerwerb verholfen haben, ist gänzlich irrelevant. Abs. 3 ist mithin auch dann erfüllt, wenn
der Bieter die Kontrolle außerhalb des Übernahmeverfahrens – beispielsweise
durch Erwerb eines 30 %-Pakets per „Face-to-face"-Geschäft – erworben hat,
sofern nur der Kontrollerwerb der Unterbreitung des freiwilligen Übernahmeangebots nachfolgt.[176]

68 **b) Mittelbare Befreiung.** Abs. 3 befreit auch von der Angebotspflicht
kraft mittelbarer Kontrollerlangung, sofern diese auf einer **freiwilligen
Übernahme der Zielgesellschaft durch den Kontrollmittler** beruht. Die
Vorschrift entfaltet also über § 30 iVm. § 39 Drittwirkung.[177] Die Befreiung
kommt ferner dem **Erben** zugute, wenn der Erblasser die Kontrolle aufgrund
eines Übernahmeangebots erworben hatte (vgl. auch Rn. 17).

69 Beruht die (mittelbare) Kontrollerlangung auf einer **freiwilligen Übernahme des Kontrollmittlers** (Beispiel: A übernimmt 40 % der Anteile an
der Zielgesellschaft 1, die ihrerseits Mehrheitsgesellschafterin der börsennotierten Zielgesellschaft 2 ist, vgl. § 30 Abs. 1 Nr. 1 sowie oben Rn. 35), so liegt bei
wörtlicher Auslegung des Abs. 3 ein Befreiungsgrund nicht nur im Verhältnis
zu den Aktionären des Kontrollmittlers (Zielgesellschaft 1), sondern auch im
Verhältnis zu denen der mittelbar kontrollierten Gesellschaft (Zielgesellschaft
2) vor. Dieses Ergebnis kann jedoch nicht gewollt sein, weil die Aktionäre der
Zielgesellschaft 2 an dem vorausgegangenen Übernahmeverfahren nicht partizipieren konnten.[178] Abs. 3 ist somit einschränkend dahin auszulegen, dass sich
die Befreiung lediglich auf die Ebene des Kontrollmittlers (Zielgesellschaft 1),

---

bots einerseits und die des Pflichtgebots andererseits aus der Sicht des Angebotsadressaten nicht in jeder Hinsicht miteinander vergleichbar seien.

[174] Fehler, die die BAFin hätte beanstanden können, aber nicht beanstandet hat,
schaden nicht, vgl. *von Bülow* in Kölner Komm. Rn. 183.

[175] *Meyer* in *Geibel/Süßmann* Rn. 52.

[176] So mit Recht *von Bülow* in Kölner Komm. Rn. 185; für analoge Anwendung
des Abs. 3 *Lenz/Behnke* BKR 2003, 43, 48; enger *Hommelhoff/Witt* in *Haarmann/Rieh-
mer/Schüppen* Rn. 54; *Geibel/Süßmann* BKR 2002, 52, 53.

[177] Anderenfalls hätte der Zurechnungsadressat iSd. § 30 lediglich die Nachteile,
aber keine Vorteile aus der Bietermehrheit wegen fehlender Absorption, siehe
Rn. 48 f. Ebenso im Ergebnis, allerdings mit abweichender Begründung *von Bülow*
in Kölner Komm. Rn. 181.

[178] AA wohl *Cahn/Senger* Finanz Betrieb 2002, 277, 292, die in diesem Zusammenhang eine Befreiung nach § 37 in Betracht ziehen und von der Annahme ausgehen, dass auch das freiwillige Übernahmeangebot gemäß § 32 „konzerndimensio-
nal" aufzufassen sei. Siehe hierzu § 32 Rn. 11.

nicht aber auch auf die des mittelbar kontrollierten Tochterunternehmens (Zielgesellschaft 2) erstreckt.[179]

c) Übergangsregelung. Eine Übergangsregelung enthält § 68 Abs. 3   **70** Satz 1 für die Fälle, in denen das freiwillige Übernahmeangebot vor In-Kraft-Treten des WpÜG am 1. Januar 2002 veröffentlicht wurde, vgl. Kommentierung dort.

2. Sonstige Befreiungsgründe. Neben der gesetzlichen Befreiung nach   **71** Abs. 3 und dem Dispens nach § 37 gibt es keine Pauschalbefreiungen; das System ist abschließend. Stellt sich noch während des Veröffentlichungs- oder Pflichtangebotsverfahrens heraus, dass die Beteiligungsquote des Bieters wieder unter die 30 %-Schwelle herabgesunken ist, so hat das auf seine Pflichtenstellung zunächst keinen Einfluss. Vielmehr ist es an ihm, aufgrund **Verlusts der Kontrollposition** auf eine behördliche Befreiung gem. § 37 Abs. 1, 3. Alternative hinzuwirken.[180] Steigt die Quote anschließend wieder über 30 % und hatte die BAFin eine Befreiung erteilt, so unterliegt er erneut der Veröffentlichungs- und Angebotspflicht, gegebenenfalls mit der Möglichkeit eines weiteren Dispenses. War ihm hingegen schon der erste Dispens versagt worden, so kann er sich nunmehr auf den Befreiungsgrund des Abs. 3 berufen.[181]

In seltenen Ausnahmefällen mag man zugunsten des Bieters eine **Befreiung**   **72** **kraft Verzichts** in Erwägung ziehen, wenn die Kontrollerlangung vom rechtsgeschäftlichen Willen sämtlicher Schutzadressaten getragen wird. Eine theoretisches Beispiel ist die Kontrollerlangung kraft Umwandlung, wenn sämtliche Aktionäre der aufnehmenden Zielgesellschaft dem Fusionsbeschluss zugestimmt haben,[182] oder der Erwerb junger Aktien, die aufgrund eines einstimmig gefassten Kapitalerhöhungsbeschlusses ausgegeben worden sind. Doch lässt eine derartige Zustimmung keinesfalls das Schutzbedürfnis der Aktionäre entfallen, wenn man dieses mit deren Interesse an preislicher Gleichbehandlung begründet. Noch weniger gerechtfertigt ist es, die Annahme eines Verzichts auf individuelle Rechtspositionen auf einen Mehrheitsbeschluss zu stützen (zum Ganzen näher § 37 Rn. 22). Schließlich verträgt sich eine Befreiung kraft Rechtsgeschäfts nicht mit dem öffentlich-rechtlichen Charakter der Angebotspflicht (Rn. 6).

VII. Sanktionen

1. Befugnisse der Bundesanstalt. Die Bundesanstalt kann gegen den   **73** Bieter ein **Bußgeld** verhängen, wenn er die Veröffentlichung der Kontrollerlangung nach Abs. 1 S. 1 unterlässt (§ 60 Abs. 1 Nr. 1 a), der Bundesanstalt nicht gem. Abs. 2 Satz 1 rechtzeitig eine den Vorschriften des Gesetzes entspre-

---

[179] *von Bülow* in Kölner Komm. Rn. 182; *Hasselbach* in Kölner Komm. § 32 Rn. 9; *Hommelhoff/Witt* in *Haarmann/Riehmer/Schüppen* Rn. 54; *Steinmeyer/Häger* Rn. 51; wohl auch *Cahn/Senger* Finanz Betrieb 2002, 277, 292.

[180] *Ekkenga/Hofschroer* DStR 2002, 768, 771.

[181] Ebenso *Steinmeyer/Häger* Rn. 41.

[182] Vgl. *Fleischer* NZG 2002, 545, 550; *Lenz/Linke* AG 2002, 361, 367 f.

chende Angebotsunterlage übermittelt (§ 60 Abs. 1 Nr. 2 a) oder seine Pflicht zur Veröffentlichung der von der Bundesanstalt akzeptierten Angebotsunterlage gemäß Abs. 2 Satz 1 verletzt (§ 60 Abs. 1 Nr. 1 a). Vgl. im Übrigen die Kommentierung zu § 60. Zur Durchsetzung der Angebotspflicht kann die Bundesanstalt nach näherer Maßgabe von § 4 **Verwaltungszwang** anwenden;[183] hierzu kann sie sich der in § 40 Abs. 1, 2 geregelten Ermittlungsbefugnisse bedienen. Ob und inwieweit die Bundesanstalt hiervon Gebrauch macht, steht in ihrem pflichtgemäßen Ermessen.

74 **2. Rechtsverlust gegenüber der Zielgesellschaft.** Gemäß § 59 führen Pflichtverletzungen nach Abs. 1 und 2 zum (ggf. zeitweiligen) Verlust von Rechten an der Zielgesellschaft. Betroffen sind Rechte aus Aktien, die dem Bieter oder einem seiner Kontrollmittler gehören. In erster Linie geht es um das Stimmrecht, bei vorsätzlicher Pflichtverletzung auch um sonstige Mitgliedschaftsrechte (vgl. Kommentierung zu § 59). Versäumnisse des Bieters sind also uU mit Eingriffen in Mitgliedschaftsrechte Dritter (der Kontrollmittler) verbunden und können deliktsrechtliche Regressansprüche nach sich ziehen.[184] Die Effektivität der Rechtsverlustregel ist – wie schon die ihrer aktien- und kapitalmarktrechtlichen Vorgänger – kritisch zu beurteilen, solange Stimmrechte mit Hilfe der Depotbanken anonym ausgeübt werden können.[185]

75 **3. Haftung gegenüber den Aktionären der Zielgesellschaft. a) Haftungsgrundlagen.** Gemäß §§ 12, 39 haftet der Bieter den Aktionären der Zielgesellschaft für die Richtigkeit und Vollständigkeit der Angebotsunterlage (siehe Kommentierung zu § 12). Ergänzend (vgl. § 12 Abs. 6) kommen deliktische Ansprüche der Aktionäre in Betracht, denn § 35 ist nach zutreffender Auffassung Schutzgesetz iSd. § 823 Abs. 2 BGB.[186] Für diese Qualifikation ist nicht ausschlaggebend, ob man § 35 als spezialgesetzliche Ausformung einer konzernrechtlichen Treuepflicht qualifiziert oder ob man ihn systematisch dem Kapitalmarktrecht zuordnet (Rn. 3 ff.), denn auch die kapitalmarktrechtlichen Normen des WpÜG haben individualschützenden Charakter (§ 27 Rn. 5, § 33 Rn. 37). Im Unterschied zur Haftung nach §§ 12, 39 umfasst die deliktische Haftung auch das Unterlassen einer (rechtzeitigen) Veröffentlichung nach Abs. 1 Satz 1 und/oder Abs. 2 Satz 1 (vgl. Rn. 56). Aktivlegitimiert sind zudem nicht nur Anteilsverkäufer, sondern auch diejenigen Aktionäre der Zielgesellschaft, deren Verkaufsoption sich der Bieter pflichtwidrig verweigert hat.

76 **b) Haftungsfolgen.** Zur Schadensermittlung und -abwicklung im Rahmen des § 12 siehe dort Rn. 17 f. Bei deliktischer Haftung ist auch der Schaden

---

[183] Begr. RegE BT-Drucks. 14/7034 S. 68; ausführlich *Cahn* ZHR 167 (2003), 262, 265 ff.

[184] Die Einzelheiten sind umstritten, vgl. *Kremer/Oesterhaus* in Kölner Komm. § 59 Rn. 46 ff.

[185] Vgl. *Burgard* AG 1992, 41, 45. Ebenfalls kritisch, aber aus anderen Gründen *Meyer* in *Geibel/Süßmann* Rn. 37.

[186] *von Bülow* in Kölner Komm. Rn. 199; *Hommelhoff/Witt* in *Haarmann/Riehmer/Schüppen* Rn. 61; aA *Tschauner* in *Geibel/Süßmann* § 59 Rn. 77 ff.; *Schnorbus* WM 2003, 657, 663.

zu ersetzen, der den Aktionären der Zielgesellschaft dadurch entsteht, dass sie ihre Aktien nicht zu den im WpÜG festgelegten Preiskonditionen veräußern können. Dabei dürfte ihnen – wie im übrigen Kapitalmarktrecht – ein Wahlrecht zuzubilligen sein: Der Anleger kann entweder seine Aktie behalten und die Wertdifferenz zum (vormals) höheren Verkaufserlös liquidieren oder den vollen Verkaufswert gegen Übertragung der Anteile verlangen.[187]

Daneben bedarf es nicht der Konstruktion eines **individuellen Erfül-**   **77** **lungsanspruchs kraft Gesetzes**, wie er im Schrifttum mittlerweile diskutiert wird.[188] Ein solcher Anspruch lässt sich aus der aufsichtsrechtlichen Vorschrift des § 35 nicht ableiten: Solange die Angebotsunterlage nicht veröffentlicht ist, lässt sich im Hinblick auf das Wahlrecht des Bieters nach §§ 31 Abs. 2, 39 kein Anspruchsinhalt bestimmen.[189] Der Anspruch könnte zudem aus Gründen der Gleichbehandlung aller Schutzbetroffenen allenfalls auf Veröffentlichung der Angebotsunterlage, keinesfalls aber auf Abschluss einzelner Kaufverträge gerichtet sein. Er müsste folglich innerhalb der knappen Veröffentlichungs- und Mitteilungsfristen des § 35 realisiert werden und wäre somit schon aus Zeitgründen mit Hilfe der Zivilgerichte nicht durchsetzbar.

Eine Sonderregelung enthält § 38, der den Aktionären der Zielgesellschaft   **78** einen **Zinsanspruch** einräumt, dessen Höhe sich nach der Dauer des Verstoßes bemisst (siehe Kommentierung zu § 38).

4. Haftung gegenüber den eigenen Gesellschaftern. Ist der Bieter eine   **79** börsennotierte AG und versäumt er die rechtzeitige und ordnungsgemäße Veröffentlichung der Kontrollerlangung, so haftet er seinen Aktionären nach Maßgabe von §§ 37 b, 37 c WpHG auf Schadensersatz. Diese Vorschriften sind zwar auf den Tatbestand der Ad-hoc-Publizität (§ 15 WpHG) zugeschnitten, passen aber auch auf die Veröffentlichungspflicht des Abs. 1 S. 1, die die allgemeine Meldepflicht nach § 15 WpHG verdrängt (Rn. 53). Daneben (vgl. §§ 37 b Abs. 5, 37 c Abs. 5 WpHG) kommt wiederum eine deliktische Haftung des Bieters in Betracht,[190] was im Hinblick auf die unterschiedlichen Verjährungsfristen von Bedeutung sein kann.[191] All dies gilt nicht, wenn der Bieter kein Emittent im kapitalmarktrechtlichen Sinne ist. Dessen Haftung gegenüber den eigenen Gesellschaftern richtet sich dann ausschließlich nach Gesellschaftsrecht.

---

[187] Vgl. MünchKommHGB/*Ekkenga* Effektengeschäft Rn. 236.

[188] Bejahend *Steinmeyer/Häger* Rn. 28 f.; *Ihrig* ZHR 167 (2003), 315, 348 f. unter fälschlichem Hinweis auf *Ekkenga/Hofschroer* DStR 2002, 768, 777; dagegen mit Recht OLG Frankfurt DB 2003, 1371, 1372; AnwK-AktienR/*von Lingelsheim*, Kap. 15 Rn. 1; *Schnorbus* WM 2003, 657, 663.

[189] Das räumt auch die Gegenansicht ein, siehe *Steinmeyer/Häger* Rn. 29. Zur geringfügigen Bedeutung des Umtauschangebots in diesem Zusammenhang vgl. allerdings Rn. 57.

[190] Das gilt im Verhältnis zwischen dem Bieter und seinen Gesellschaftern allerdings nur dann, wenn man sich der kapitalmarktrechtlichen Interpretation des § 35 anschließt (Rn. 5), denn gesellschaftsrechtlich betrachtet ist die Veröffentlichungspflicht kein Schutzgesetz zu Gunsten der Bieter-Aktionäre.

[191] Nach §§ 37 b Abs. 4, 37 c Abs. 4 WpHG kann der Anspruch schon nach einem Jahr ab Kenntniserlangung verjähren, nach BGB dagegen erst nach 3 Jahren (§ 195 BGB).

§ 36 Nichtberücksichtigung von Stimmrechten

**Die Bundesanstalt lässt auf schriftlichen Antrag zu, dass Stimm-
rechte aus Aktien der Zielgesellschaft bei der Berechnung des Stimmrechtsanteils unberücksichtigt bleiben, wenn die Aktien erlangt wurden durch**

1. **Erbgang, Erbauseinandersetzung oder unentgeltliche Zuwendung
   unter Ehegatten, Lebenspartnern oder Verwandten in gerader Linie
   und bis zum dritten Grade oder durch Vermögensauseinandersetzung aus Anlass der Auflösung einer Ehe oder Lebenspartnerschaft,**
2. **Rechtsformwechsel oder**
3. **Umstrukturierungen innerhalb eines Konzerns.**

Schrifttum: Siehe zu § 37.

Übersicht

I. Regelungsgegenstand und -zweck

1 **1. Befreiungsgründe.** § 36 erfasst Fälle, in denen es ausnahmsweise nicht
gerechtfertigt erscheint, an eine Kontrollerlangung iSd. § 29 Abs. 2 die weitreichende Rechtsfolge der Angebotsverpflichtung nach § 35 zu knüpfen. Ausnah-
megrund ist *zum einen* eine pauschale Höhergewichtung des Bieterinteresses bei
Erwerbsvorgängen im Rahmen familieninterner Vermögensverschiebungen
(Nr. 1). *Zum anderen* ist in sämtlichen Befreiungsfällen das Schutzinteresse der
Anleger vergleichsweise gering. Das hat in den Fällen der Nrn. 2 und 3 damit

zu tun, dass die tatsächlichen Machtverhältnisse in der Zielgesellschaft trotz des formal vollzogenen Kontrollwechsels weitgehend unberührt bleiben. § 36 ist aber deshalb nicht notwendig dem Regelungswerk des präventiven Konzerneingangsschutzes zuzuordnen. Vielmehr beeinflusst der Machtaspekt auch das Gleichbehandlungsinteresse der Anleger: Von Transaktionen, die sich von vornherein außerhalb des Kapitalmarktes abspielen und die keinen tatsächlichen Kontrollwechsel herbeiführen, haben die Anleger legitimerweise keine preisliche Benachteiligung zu befürchten (§ 35 Rn. 4 f.). Der Katalog der Befreiungsgründe ist abschließend.[1]

2. Durchführung der Befreiung. Die Befreiung erfolgt nicht kraft Gesetzes, sondern bedarf einer Befreiungsverfügung der BAFin. Da es sich – anders als in den Fällen des § 37 – um eine gebundene Entscheidung handelt, ist der Zweck dieses Verfahrens sehr begrenzt. Er erschöpft sich darin, den Eintritt der Befreiungswirkung aus Gründen der Rechtssicherheit unter den Vorbehalt zu stellen, dass eine Behörde das Vorliegen eines der Befreiungsgründe zuvor geprüft und anerkannt hat.[2]   2

3. Ausländisches Recht. Das britische Recht kennt keine entsprechende Vorschrift. Die Notes On Rule Nine des City Code sehen zwar Befreiungsmöglichkeiten durch die Aufsichtsbehörde (Panel On Take Overs And Mergers) vor, doch handelt es sich weder um gebundene Entscheidungen, noch sind die Befreiungsgründe mit denen des § 36 vergleichbar.[3] Auch in Frankreich gibt es die Möglichkeit der Dispenserteilung nach Ermessen des CMF (Conseil des Marchés Financiers), doch aus anderen Gründen.[4] Italien arbeitet demgegenüber teilweise mit Per-se-Befreiungen.[5] Andererseits richten sich die Entscheidungsbefugnisse der Behördenaufsicht CONSOB auf die Erstreckung des Pflichtangebots in bestimmten Fällen, beispielsweise bei nacherwerbsbedingten Quotenerhöhungen.[6] Per-Se-Befreiungen für den Fall konzerninterner Umstrukturierungen finden sich im spanischen Recht.[7]   3

II. Verfahren

1. Allgemeines. Das Verfahren richtet sich nach den allgemeinen Vorschriften des VwVfG. Bestimmte Modifikationen betreffen die Zulässigkeit des   4

---

[1] Begr. RegE BT-Drucks. 14/7034 S. 60.

[2] Ob der gesetzliche Zuschnitt der Befreiungsgründe einen derartigen Prüfungsvorbehalt wirklich herausfordert, erscheint allerdings nicht zuletzt im Vergleich mit den in § 37 geregelten Befreiungsgründen mehr als fraglich. Mit Recht kritisch auch *Steinmeyer/Häger* Rn. 2.

[3] Überblick *Prentice* in *Hommelhoff/Hopt/Lutter*, Konzernrecht und Kapitalmarktrecht, 2001, S. 99, 121 f.

[4] *Helms* in *Hommelhoff/Hopt/Lutter*, Konzernrecht und Kapitalmarktrecht, 2001, S. 69, 92.

[5] Beispiel: Ein Dritter beherrscht die Gesellschaft, siehe *Kindler* in *Hommelhoff/Hopt/Lutter*, Konzernrecht und Kapitalmarktrecht, 2001, S. 123, 151.

[6] *Kindler* (Fn. 5) S. 152.

[7] *Peris* in *Hommelhoff/Hopt/Lutter*, Konzernrecht und Kapitalmarktrecht, 2001, S. 243, 273. Überblick über Regelungen in sonstigen Ländern der EU bei *Wymeersch* ZGR 2002, 520, 530.

Befreiungsantrags (siehe unter Rn. 5 ff.) sowie die Entscheidung der BAFin (siehe unter Rn. 12 ff.). Die Antragstellung hat keine Suspensivwirkung[8] (§ 35 Rn. 45), doch kann die BAFin eine vorläufige Befreiung aussprechen (Rn. 15).

5 **2. Antragstellung. a) Form.** Der Antrag ist an die BAFin zu richten. Die Schriftform ist einzuhalten, vgl. § 45. Gemäß § 45 Satz 2 ist auch die Übermittlung per elektronischer Datenfernübertragung zulässig.[9] Der Antrag ist in deutscher Sprache abzufassen, § 23 Abs. 1 VwVfG. Bei Einreichung fremdsprachlicher Befreiungsanträge ist nach § 23 Abs. 2 bis 4 VwVfG zu verfahren.

6 **b) Frist.** Eine Antragsfrist ist nicht vorgesehen. Der Bieter ist also nicht gehindert, den Antrag erst nach Ablauf der Veröffentlichungsfrist nach § 35 Abs. 1 Satz 1 zu stellen, selbst wenn das Publikum zuvor über das Bestehen einer Angebotspflicht informiert worden ist.[10] Die damit einhergehende Gefahr einer Verunsicherung der Anleger hat der Gesetzgeber offenbar bewusst in Kauf genommen; sie ist angesichts der kurz bemessenen Fristen des § 35 ohnehin systemimmanent. Abzuhelfen ist dem aber nicht durch eine Gleichschaltung der Antrags- mit der Veröffentlichungsfrist.[11] Vielmehr obliegt es dem Bieter, schon die Absicht der Antragstellung nach § 35 Abs. 1 mit zu veröffentlichen (§ 35 Rn. 41). Im Übrigen erhöht sich das Haftungsrisiko des Bieters immer mehr, je länger er mit der Antragstellung zuwartet. Das gilt vor allem für den Extremfall, dass er erst nach Unterbreitung des Pflichtangebots um Befreiung nachsucht, ohne seine diesbezügliche Absicht zuvor offengelegt zu haben (§ 35 Rn. 66).

7 **c) Antragsbefugnis.** Antragsbefugt ist, wer behauptet, ein Recht auf Befreiung zu haben (vgl. § 48 Abs. 3 Satz 1). Das trifft auf jeden zu, den die Freistellung von den Folgen einer Kontrollerlangung entlastet. Kontrollerlangung ist auch mittelbarer Kontrollerwerb. Antragsbefugt ist also beispielsweise die Tochtergesellschaft zwecks Abwendung der Zurechnung nach § 30, nachdem ihre Schwestergesellschaft Anteile an der Zielgesellschaft auf die Enkelin übertragen hat (Rn. 25 aE).[12] Nicht antragsbefugt ist dagegen die Muttergesellschaft, die ihre Anteile an der Zielgesellschaft auf ihre Tochtergesellschaft übertragen hat, weil sie hierdurch ohnehin nicht angebotspflichtig wird (Rn. 25). Gehören die kontrollrelevanten Stimmanteile zum Vermögen einer nicht rechtsfähigen Gesamthandsgemeinschaft (zB Erbengemeinschaft), so obliegt das Pflichtangebot nicht der Gemeinschaft als solcher, sondern demjeni-

---

[8] Ebenso *von Bülow* in Kölner Komm. Rn. 50.

[9] AA *Meyer* in *Geibel/Süßmann* § 37 Rn. 5 für § 37 Abs. 1, der – insoweit gleichlautend mit § 36 – eine Befreiung „auf schriftlichen Antrag" in Aussicht stellt, ohne die Möglichkeit der elektronischen Datenfernübermittlung zu erwähnen.

[10] Der Lauf der Veröffentlichungsfrist kann sich allerdings in den Fällen der Nr. 1 hinausschieben, so lange die Erbe die Erbschaft nicht angenommen hat, siehe § 35 Rn. 17.

[11] AA *Meyer* in *Geibel/Süßmann* Rn. 8; wohl auch AnwK-AktienR/*von Lingelsheim* Kap. 15 § 37 Rn. 2. Der Gegenauffassung ist zuzugeben, dass ein Grund für die unterschiedliche Handhabung der Antragsfrist in § 36 einerseits und § 37 andererseits nicht ersichtlich ist. Angesichts der Klarheit der Regelung bleibt aber die wünschenswerte Angleichung dem Gesetzgeber vorbehalten.

[12] Ebenso *Hommelhoff/Witt* in *Haarmann/Riehmer/Schüppen* Rn. 22; zweifelnd, im Ergebnis aber übereinstimmend *von Bülow* in Kölner Komm. Rn. 16 ff.

gen Mitglied, das die Mindestquote von 30 % erreicht oder überschreitet (§ 35 Rn. 47). Dementsprechend ist das Mitglied abweichend von § 2038 Abs. 1 Satz 1 BGB allein antragsbefugt. In Sonderfällen sind auch **Dritte** antragsbefugt, beispielsweise bei vorsorglicher Anfrage für einen nach § 123 Abs. 3 UmwG neu zu gründenden Rechtsträger.[13]

d) Notwendiger Antragsinhalt. Der Antrag muss auf die Ausnahme bestimmter Anteile an der Zielgesellschaft von „der Berechnung des Stimmrechtsanteils" gerichtet sein.[14] Grundsätzlich ist darunter, wie sich aus Sinn und Zweck der Vorschrift und ihrer systematischen Anordnung ergibt, die Ausnahme eines Stimmrechtsanteils zu verstehen, dessen Berücksichtigung das Erreichen der Kontrollschwelle nach § 29 Abs. 2 zur Folge hat. Der Antrag muss also in der Sache auf die **Abwendung der Angebotspflicht** gerichtet sein.[15] Beispielsweise fehlt dem Antragsteller das Sachbescheidungsinteresse, wenn er zwar Befreiung in Höhe von 30 % oder mehr beantragt, ihm aber selbst bei Stattgabe in voller Höhe noch so viele Stimmanteile verbleiben, dass er nach wie vor die Kontrollschwelle überschreitet (s. Rn. 13 sowie ergänzend Rn. 10). In dem Antrag ist deshalb anzugeben, für welche Aktien welcher Zielgesellschaft Befreiung erstrebt wird und welche stimmberechtigten Anteile der Antragsteller darüber hinaus besitzt.[16] **8**

Nach dem Gesetzestext muss der Antragsteller darlegen, die betreffenden Anteile bereits erworben zu haben.[17] Eine **vorsorgliche Freistellung für den Fall eines künftigen Erwerbs** ist nicht ausdrücklich vorgesehen.[18] Insofern besteht ein praktisch bedeutsamer Unterschied zum Verfahren nach § 37 (vgl. § 8 Satz 2 AngebotsVO), für den ein sachlicher Grund schlechterdings nicht erkennbar ist, wie vor allem ein Vergleich der thematisch verwandten Befreiungsgründe in Erbfällen (§ 36 Nr. 1 einerseits, § 9 Satz 1 Nr. 1 AngebotsVO andererseits) ergibt. Mit der hM ist deshalb von der Statthaftigkeit eines Antrages auf vorsorgliche Freistellung auszugehen,[19] so wie anerkannt ist, dass die Behörde generell zur Anordnung vorläufiger Regelungen befugt ist (Rn. 15). Das gilt aber grundsätzlich nicht, wenn lediglich ein Anteilserwerb unter 30 % konkret zu erwarten ist. **9**

---

[13] *von Bülow* in Kölner Komm. Rn. 45; *Steinmeyer/Häger* Rn. 3, 23.

[14] Die Stellung eines Hilfsantrages neben dem Antrag nach § 37 ist zulässig, siehe *von Bülow* in Kölner Komm. Rn. 47.

[15] Insofern besteht kein Unterschied zu § 37. Siehe *Hommelhoff/Witt* in Haarmann/Riehmer/Schüppen Rn. 1; *von Bülow* in Kölner Komm. Rn. 20. Anders, aber unklar *Steinmeyer/Häger* Rn. 1.

[16] In Bezug auf Letzteres aA *Hommelhoff/Witt* in Haarmann/Riehmer/Schüppen Rn. 25.

[17] „.... wenn die Aktien erlangt wurden....."; siehe demgegenüber die Formulierung in § 20 Abs. 2 Nr. 1 „Wertpapiere halten oder zu halten beabsichtigen....." sowie die Kommentierung dort Rn. 2.

[18] So in der Tat die Praxis der BAFin, siehe *Lenz/Linke* AG 2002, 361, 366; *Lenz/Behnke* BKR 2003, 43, 50.

[19] *von Bülow* in Kölner Komm. Rn. 48; *Hommelhoff/Witt* in Haarmann/Riehmer/Schüppen Rn. 24; *Steinmeyer/Häger* Rn. 4; *Meyer* in Geibel/Süßmann Rn. 8; *Fuhrmann/Oltmanns* NZG 2003, 17, 18; aA AnwK-AktienR/*von Lingelsheim* Kap. 15 § 37 Rn. 2.

10   Fraglich ist, ob der Antragsteller den Befreiungsgrund Nr. 3 geltend machen kann, um bei eingetretener Angebotspflicht die **Abwendung der Preisbindung bei Vorerwerben** (§ 4 AngebotsVO iVm. § 31 Abs. 7) zu erreichen (Beispiel: Tochtergesellschaft T kauft von ihrer Mutter M Anteile von 10 % und beabsichtigt, in einem Monat weitere 31 % von einem konzernexternen Dritten hinzuzuerwerben. Sie begehrt Freistellung für die 10 %, obwohl sie die Auslösung der Angebotspflicht dadurch nicht verhindern kann). Dafür spricht, dass eine preisliche Gleichbehandlung veräußerungswilliger Anleger mit verbundangehörigen Veräußerern offensichtlich unangebracht ist.[20] Andererseits handelt es sich nicht um eine Frage der „Berechnung des Stimmrechtsanteils". Sinnvoller erscheint es, die Vorerwerbsklauseln des § 31 Abs. 4 und § 4 AngebotsVO in diesem Fall auch ohne behördliche Entscheidung nicht anzuwenden, gerade weil nach dem Wortlaut des § 36 kein behördlicher Entscheidungsvorbehalt besteht.

11   **e) Beifügung von Unterlagen.** Gemäß § 26 Abs. 2 Satz 2 VwVfG hat der Antragsteller dem Antrag sämtliche Unterlagen beizufügen, die die BAFin kennen muss, um die Begründetheit des Befreiungsantrags prüfen zu können.[21] Die BAFin ermittelt den Sachverhalt von Amts wegen, vgl. § 24 Abs.1, 2 VwVfG sowie § 37 Rn. 10.

12   **3. Entscheidung der BAFin. a) Allgemeines.** Die Befreiungsverfügung ist ein rechtsgestaltender, nicht lediglich ein feststellender Verwaltungsakt.[22] Im Unterschied zur Befreiungsverfügung nach § 37 handelt es sich um eine gebundene Entscheidung. Nebenbestimmungen dürfen deshalb nur aufgenommen werden, wenn dadurch die Einhaltung der gesetzlichen Voraussetzungen gesichert sein soll (§ 36 Abs. 1 VwVfG). Bedeutung hat das vor allem für die vorläufige Freistellung, siehe Rn. 15. Siehe im Übrigen § 37 Rn. 10.

13   **b) Wirkung.** Aufgrund der Befreiungsverfügung sind die **Anteile des Antragstellers** an der Zielgesellschaft diesem nicht (mehr) zuzurechnen. Wird die Kontrollschwelle dadurch (wieder) unterschritten, entfällt die Angebotspflicht (§ 35 Rn. 50). Die Berechnung richtet sich nicht nach der Gesamtzahl der Stimmanteile, sondern dem Restbestand der von der Befreiung nicht betroffenen Stimmanteile. Das gereicht dem Antragsteller zum Nachteil, wenn er auch nach der Befreiung über einen kontrollwirksamen Teil dieses Restbestandes verfügt. Beispiel:[23] Der Antragsteller ist von der Anrechnung geerbter Anteile in Höhe von 45 % gemäß Nr. 1 befreit, hält aber darüber hinaus ein weiteres Paket in Höhe von 29 %. Dessen Verhältnis zum restlichen Free Float (26 %) beträgt bei Herausrechnung der geerbten Anteile über 50 %, so dass der Antragsteller von der Angebotspflicht nach § 35 im Ergebnis nicht befreit ist.[24]

---

[20] Vgl. auch *Oechsler* zu § 20 Rn. 9 für den Fall, dass die Kontrollausübung nicht beabsichtigt ist.

[21] Vgl. *Lenz/Linke* AG 2002, 361, 366.

[22] *Harbarth* ZIP 2002, 321, 328.

[23] Nach *Harbarth* ZIP 2002, 321, 330.

[24] *Hommelhoff/Witt* in *Haarmann/Riehmer/Schüppen* Rn. 3; *Harbarth* ZIP 2002, 321, 330.

Die Befreiung kann **Drittwirkung** entfalten, so wenn die Muttergesell- **14** schaft den Antrag gestellt hat, um die Fiktion der mittelbaren Kontrolle nach § 30 zu unterbinden und die Tochtergesellschaft hierdurch als unmittelbar Betroffene entlastet wird. Entsprechendes gilt, wenn die Tochtergesellschaft ihrerseits die Freistellung erwirkt hat.[25]

c) Einstweilige Regelung. Die BAFin kann nach den Grundsätzen des **15** Allgemeinen Verwaltungsrechts eine vorläufige Regelung treffen, um die Pflicht des Bieters zur Veröffentlichung nach § 35 Abs. 1 Satz 1 zu suspendieren.[26] Dieser Schritt kann zur Abwendung verzögerungsbedingter Nachteile im Interesse des Bieters, aber auch zur Vermeidung von Irritationen des Anlegerpublikums geboten sein. Anlass ist entweder eine vorsorgliche Antragstellung (Rn. 9) oder der Umstand, dass die Befreiungsverfügung bei sorgfältiger Prüfung der Rechtslage nicht mehr vor Ablauf der Wartefristen des § 35 ergehen kann. Letzterenfalls wird man jedenfalls dann, wenn eine überwiegende Erfolgsaussicht des Antragstellers besteht, sogar von der Notwendigkeit der vorläufigen Regelung ausgehen müssen.[27] Die vorläufige Freistellung ist gemäß § 36 Abs. 1, 2. Alternative, Abs. 2 Nr. 2 VwVfG auflösend bedingt durch die endgültige Entscheidung über den gestellten Antrag.[28]

d) Rechtsschutz. Bei Ablehnung des Antrags findet das Widerspruchsver- **16** fahren statt, § 41. Gegen die Ablehnung des Widerspruchs ist die Beschwerde vor dem OLG Frankfurt am Main statthaft, siehe § 48 Abs. 3, 4. Dritte können die Befreiungsverfügung auf gleichem Wege anfechten (hierzu und zu den verfahrensrechtlichen Folgen § 48 Rn. 13 ff.). Rechtsmittel Dritter haben jedoch keine aufschiebende Wirkung (argumentum e contrario § 49, siehe im Übrigen die Kommentierung dort). Von alle dem unberührt bleibt die Möglichkeit einer einstweiligen Anordnung analog § 123 VwGO[29] (§ 50 Rn. 35).

III. Befreiungstatbestände

1. Erwerb kraft Erb- oder Familienrechts (Nr. 1). Sinn und Zweck 17 der Vorschrift ist es, Familienunternehmen zu privilegieren. Ihre familieninterne Übertragung soll ohne Pflichtangebot möglich sein, weil der Nachfolger sonst oft außerstande wäre, das Unternehmen unter Aufbringung der hohen Erwerbskosten fortzuführen.[30] Auf die Frage, ob schon der Erblasser bzw. Veräußerer Inhaber einer Kontrollposition war oder ob diese erst durch den Erwerbsvorgang in der Hand des Erwerbers entsteht, kommt es in diesem

[25] *Hommelhoff/Witt* in *Haarmann/Riehmer/Schüppen* Rn. 22; gegen die Annahme von Drittwirkungen allerdings *von Bülow* in Kölner Komm. Rn. 62.
[26] Vgl. statt anderer *Kopp/Ramsauer* Verwaltungsverfahrensgesetz, 7. Aufl. 2000, § 9 Rn. 18: Rechtsanalogie zu Einzelbestimmungen des Besonderen Verwaltungsrechts und zu § 123 VwGO.
[27] *von Bülow* in Kölner Komm. Rn. 51, 55.
[28] *von Bülow* in Kölner Komm. Rn. 55.
[29] *Hommelhoff/Witt* in *Haarmann/Riehmer/Schüppen* Rn. 28; aA *Schnorbus* WM 2003, 657, 662; offen gelassen von OLG Frankfurt ZIP 2003, 1251, 1252 „Wella AG"; OLG Frankfurt ZIP 2003, 1297, 1298 „Pro Sieben AG".
[30] Begr. RegE BT-Drucks. 14/7034 S. 60.

Zusammenhang nicht an.[31] Andererseits ist Nr. 1 nach seinem eindeutigen
Wortlaut nicht auf die Fälle der Unternehmens- oder Betriebsnachfolge beschränkt. Vielmehr greift die Vorschrift auch bei Vererbung oder Übertragung
singulärer Stimmanteile ein.

18   Nr. 1 begünstigt nur Erwerber, die in einem besonderen familienrechtlichen
Näheverhältnis zum Rechtsvorgänger stehen. Das gilt unabhängig davon, ob
es sich um einen erbrechtlichen Erwerb oder eine Schenkung handelt.[32] Außer
dem **Ehegatten** bzw. **Lebenspartner** (§ 1 LPartG) sind **Verwandte** in gerader
Linie und bis zum dritten Grade antragsbefugt. Hierzu gehören neben den
eigenen Kindern, Enkeln und Urenkeln die Eltern, Großeltern und Urgroß-
eltern (vgl. § 1589 BGB). Bei Erbgängen oder Schenkungen zugunsten sonstiger Dritter (zB Geschwister) kommt eine Befreiung nach § 9 Satz 1 Nr. 1, 2
AngebotsVO in Betracht (§ 37 Rn. 19 f.).

19   Der **Erbgang** umfasst die gesetzliche und testamentarisch verfügte Erbfolge
einschließlich Nach- und Ersatzerbschaft. Da schon der Erbfall als solcher die
Angebotspflicht auslöst (näher § 35 Rn. 17), wird die Befreiungsverfügung
meist an die Mitglieder einer *Erbengemeinschaft* zu richten sein. Antrags- und frei-
stellungsberechtigt ist das einzelne Mitglied als Individualrechtsträger (§ 35
Rn. 47), deshalb kommt es, was die Qualifikationsmerkmale der Nr. 1 anbelangt, auf seine Person an. Hingegen scheitert die Befreiung nicht daran, dass die
Gemeinschaft nicht durchweg aus nahen Angehörigen iSd. Vorschrift besteht.
Die (weitere) Befreiung aufgrund Erwerbs kraft **Erbauseinandersetzung**[33]
kommt allerdings nur Familienmitgliedern iSd. Definition zugute. Der Erwerb
aufgrund Vermächtnisses oder Auflage steht gleich,[34] wohl auch der Erwerb aufgrund eines Pflichtteilsrechts,[35] nicht jedoch der Erwerb im Wege der vorweg-
genommenen Erbfolge.[36] Kein Befreiungsbedarf besteht, wenn der Erblasser
gemäß § 35 Abs. 3 von der Angebotspflicht freigestellt war, denn dieses Vorzugs-
recht setzt sich kraft Universalsukzession zugunsten der Erben fort. Entsprechendes gilt für die Vererbung von Kontrollpositionen in der Zielgesellschaft,
die der Erblasser vor In-Kraft-Treten des WpÜG erworben hatte (§ 35 Rn. 17).

20   Familieninterne Transaktionen aufgrund Rechtsgeschäfts unter Lebenden
sind privilegiert, wenn die Zuwendung unentgeltlich erfolgt, wenn es sich also
um eine **Schenkung** handelt. Diese Verengung ist – gemessen am Regelungszweck (Rn. 17) – der Rechtswirklichkeit nicht angemessen. Denn der Unter-
nehmensnachfolger muss vor Zwangsinvestitionen gerade auch dann bewahrt
werden, wenn ihn der Erwerb etwas gekostet hat[37] – und sei es die Erbringung
von Versorgungsleistungen an den veräußernden Ruheständler. Mehr noch:

---

[31] *von Bülow* in Kölner Komm. Rn. 22; *Harbarth* ZIP 2002, 321, 329.

[32] Begr. RegE BT-Drucks. 14/7034 S. 60; *Hommelhoff/Witt* in *Haarmann/Rieh-
mer/Schüppen* Rn. 11.

[33] Näher hierzu *Harbarth* ZIP 2002, 321, 329.

[34] *Steinmeyer/Häger* Rn. 14.

[35] Leistung an Erfüllungs Statt gemäß § 364 Abs. 1 BGB, vgl. *Hommelhoff/Witt*
in *Haarmann/Riehmer/Schüppen* Rn. 12.

[36] Er ist nach den Regeln über die Schenkung (Rn. 20) zu beurteilen; aA insoweit *Steinmeyer/Häger* Rn. 14; wie hier *Hommelhoff/Witt* in *Haarmann/Riehmer/Schüp-
pen* Rn. 13.

[37] AA *von Bülow* in Kölner Komm. Rn. 29.

Ein striktes Beharren auf der „Unentgeltlichkeit" des Erwerbs ginge an der Praxis der familieninternen Unternehmensnachfolge weitgehend vorbei, so dass die Befreiungsklausel insoweit leer liefe. Als „Schenkung" sollten deshalb auch anerkannt werden: Zuwendungen zwecks Vorwegnahme der Erbfolge, selbst wenn sich der Begünstigte im Gegenzug verpflichtet, an den Veräußerer alters- oder krankheitsbedingte Pflegedienste zu leisten,[38] ferner Zuwendungen unter Ehegatten oder Lebenspartnern, selbst wenn die Unternehmensfortführung der Verwirklichung der Lebensgemeinschaft dient.[39]

Die **Vermögensauseinandersetzung** aus Anlass der Auflösung einer Ehe   **21** oder Lebenspartnerschaft kann zum Alleinerwerb vormals gemeinschaftlich gehaltener Aktien führen. Im Regelfall wird es sich um die Abwicklung einer Bruchteilsgemeinschaft handeln, deren Mitglieder gemäß § 69 Abs. 1 AktG dem Zwang zur gemeinschaftlichen Rechtsausübung unterliegen. Die nunmehr begründete Alleinherrschaft des erwerbenden Teilhabers[40] könnte, wenn die Freistellung unterbleibt, eine Angebotspflicht auslösen. Nicht privilegiert sind vergleichbare Auseinandersetzungen unter den Partnern einer (mischgeschlechtlichen) nichtehelichen Lebensgemeinschaft, wohl aber nach der Entwurfsbegründung Auflösungen ausländischer Ehen und (gleichgeschlechtlicher) Lebenspartnerschaften.[41]

2. Rechtsformwechsel (Nr. 2). Der **Begriff „Rechtsformwechsel"**   **22** führt aus zwei Gründen in die Irre: (1) Er ist insofern zu weit, als die an anderer Stelle als „Formwechsel" bezeichneten Fälle identitätswahrender Umwandlung (§§ 190 ff. UmwG) gerade nicht gemeint sind, weil sie schon nicht den Tatbestand der „Kontrollerlangung" erfüllen[42] (siehe § 35 Rn. 26). Gemeint sind vielmehr Fälle, in denen ein Wechsel des kontrollierenden Rechtsträgers stattfindet und sich dennoch an den tatsächlichen Herrschaftsverhältnissen nichts ändert. (2) Andererseits ist der Begriff zu eng, weil mit ihm herkömmlich eine Vollrechtsnachfolge assoziiert wird.[43] Das Schutzinteresse der Anleger am Kapitalmarkt tritt aber auch dann zurück, wenn der von denselben Personen beherrschte Kontrollnachfolger nur die Teilrechtsnachfolge antritt, indem er beispielsweise die Stimmanteile erwirbt. Da ein solcher Fall mit einem „Rechtsformwechsel" selbst im umgangssprachlichen Sinn nichts mehr zu tun hat, wird man § 36 Nr. 2 analog anwenden müssen.

Erfasst ist die **rechtsgeschäftliche Übertragung** des gesamten Vermögens   **23** des vormaligen Kontrollinhabers auf den Kontrollnachfolger (*Asset Deal*) – vorausgesetzt, an beiden Gesellschaften sind dieselben Personen zu gleichen Verhältnissen beteiligt.[44] Analog § 36 Nr. 2 ist unter den nämlichen Bedingungen

---

[38] AA *Hommelhoff/Witt* in *Haarmann/Riehmer/Schüppen* Rn. 13.

[39] Vgl. hierzu *Palandt/Weidenkaff* BGB, 62. Aufl. 2003, § 516 Rn. 10 mwN.

[40] Transaktionen zugunsten dritter Personen, die in keinem familienrechtlichen Näheverhältnis zu den Ehe- oder Lebenspartnern stehen, sind nicht erfasst, siehe *Harbarth* ZIP 2002, 321, 328.

[41] Begr. RegE BT-Drucks. 14/7034 S. 60.

[42] Begr. RegE BT-Drucks. 14/7034 S. 60; *von Bülow* in Kölner Komm. Rn. 33; *Meyer* in *Geibel/Süßmann* Rn. 12.

[43] Vgl. *Steinmeyer/Häger* Rn. 18.

[44] *Meyer* in *Geibel/Süßmann* Rn. 12.

auch die einfache Stimmrechtsübertragung ohne Vollrechtsnachfolge erfasst. Vermögens- oder Einzelrechtsübertragungen innerhalb eines Konzernverbundes fallen nicht unter Nr. 2, sondern unter Nr. 3. Nr. 2 ist daher nicht anwendbar, wenn die am Kontrollvorgänger und Kontrollnachfolger gleichermaßen beteiligten Personen „Unternehmen" im konzernrechtlichen Sinne sind. Ist der Konzernverbund nicht Grundlage, sondern Folge der Anteilsübertragung (so uU beim *Share Deal*), so wird man die Analogie konsequenterweise auch auf diesen Fall erstrecken müssen, wenn der oder die Veräußerer die (nachmalige) Konzernmutter beherrschen, ohne ihrerseits „Unternehmen" zu sein (Beispiel: A überträgt seine 30 %-Beteiligung an der börsennotierten Zielgesellschaft auf die X-GmbH, deren alleiniger Gesellschafter er ist).

24   Erfasst ist weiter der **Rechtsübergang kraft Gesetzes**. In Betracht kommt namentlich der Anteilserwerb durch ein oder mehrere Mitglied(er) einer Personengesellschaft, wenn die übrigen Mitglieder ausscheiden und ihre Gesellschaftsanteile dem oder den verbliebenen Gesellschafter(n) gemäß § 738 Abs. 1 Satz 1 BGB (ggf. iVm. §§ 105 Abs. 3, 161 Abs. 2 HGB) kraft *Anwachsung* zufallen. Auf die Übereinstimmung der Beteiligungsverhältnisse bei Rechtsvorgänger und -nachfolger kommt es nicht an, wenn sich an den tatsächlichen, vor dem Rechtsübergang bestehenden Herrschaftsverhältnissen nichts geändert hat (Beispiel: Das Vermögen einer GmbH & Co. KG wird alleiniges Vermögen der GmbH, indem die KG erlischt, nachdem alle Kommanditisten ausgeschieden sind oder ihre Beteiligungen als Sacheinlage in die GmbH eingebracht haben).[45] Unter derselben Prämisse ist der Rechtsübergang kraft *Verschmelzung* (§ 20 Abs. 1 UmwG) freistellungsfähig (Beispiel: A beschließt als Alleingesellschafter der X-GmbH, diese auf die Y-GmbH zu verschmelzen, die ihm ebenfalls allein gehört).[46]

25   **3. Konzerninterne Umstrukturierungen (Nr. 3).** Der **Begriff „Umstrukturierung"** steht für die Übertragung kontrollrelevanter Anteile zwischen zwei Unternehmen ein und desselben Konzerns. Die historisch-genetische Auslegung ergibt, dass der Konzern im aktienrechtlichen Sinne gemeint ist.[47] Sinn und Zweck der Norm sprechen aber mehr für eine Rezeption der Begriffsbildung in § 2 Abs. 6, also des weiter gefassten übernahmerechtlichen Konzernbegriffs.[48] Die Umstrukturierung führt zu keiner erheblichen Veränderung der Herrschaftsverhältnisse, wenn die Muttergesellschaft hierbei unmittelbare Kontrolle erlangt (Beispiel 1: Übertragung der kontrollrelevan-

---

[45] *von Bülow* in Kölner Komm. Rn. 36; aA *Meyer* in *Geibel/Süßmann* Rn. 12: Übereinstimmung der Beteiligungsverhältnisse erforderlich. Anders, wenn die GmbH aufgrund der Sacheinlage zur Tochter eines der vormaligen Kommanditisten wird, siehe *von Bülow* aaO Rn. 37.

[46] Zu eng *von Bülow* in Kölner Komm. Rn. 34, der sämtliche Fälle des UmwG von § 36 Nr. 2 ausnehmen will. Eine Befreiung nach Nr. 3 dürfte demgegenüber nicht in Betracht kommen, selbst wenn man A als „Gesellschafter mit multiplem Beteiligungsbesitz" als herrschendes Unternehmen qualifiziert (vgl. MünchKomm-AktG/*Bayer* § 15 Rn. 17 ff.), da die Konzernsituation mit Erlöschen der X-GmbH endet, siehe sogleich Rn. 27.

[47] Begr. RegE BT-Drucks. 14/7034 S. 60; *Lenz/Behnke* BKR 2003, 43, 50.

[48] *von Bülow* in Kölner Komm. Rn. 40.

ten Stimmanteile „upstream" von der Tochter- auf die Muttergesellschaft) oder ihre unmittelbare in eine mittelbare Kontrollposition umwandelt (Beispiel 2: Übertragung der Stimmanteile „downstream" von der Mutter- auf die Tochtergesellschaft). Anlass der Freistellung ist stets der unmittelbare Kontrollerwerb, sie ist also in Beispiel 1 von der Mutter, in Beispiel 2 von der erwerbenden Tochtergesellschaft nachzusuchen. Führt der unmittelbare Kontrollerwerb lediglich zu einem Wechsel des Kontrollmittlers (Beispiel 3: Übertragung der Stimmanteile von Tochter 1 auf Tochter 2 oder von einer Enkelin auf ihre Schwestergesellschaft), so bleibt der Vorgang für den Inhaber der mittelbaren Kontrollposition wirkungsneutral, das heißt die Mutter ist schon nicht angebotspflichtig nach § 35 und bedarf deshalb nicht der Freistellung (§ 35 Rn. 39). Dagegen bedarf auch der mittelbare Kontrollerwerb der Freistellung, wenn er gerade auf der „Umstrukturierung" beruht (Beispiel 4: Tochter 2 erwirbt die mittelbare Kontrolle durch den Erwerb der Stimmanteile von Enkelin 2).

Die Umstrukturierung kann sich durch **Übertragung von Stimmrechts-** **26** **anteilen** an der Zielgesellschaft vollziehen (siehe die Beispiele 1–4) oder durch **Übertragung von Anteilen an einer Konzerngesellschaft**, sofern dies den (erstmaligen) Erwerb einer mittelbaren Kontrollposition zur Folge hat (Beispiel 5: Tochter 2 erwirbt von Tochter 1 die Anteilsmehrheit an Enkelin 1, die ihrerseits die Stimmanteile an der Zielgesellschaft behält). Unerheblich ist ferner, ob die **Übertragung kraft Rechtsgeschäfts oder per Gesamtrechts-** **nachfolge** geschieht. Eine „konzerninterne Umstrukturierung" ist also zB auch dann gegeben, wenn Enkelin 1 als Inhaberin der unmittelbaren Kontrolle auf Enkelin 2 oder Tochter 2 verschmolzen wird.[49]

Gemäß Nr. 3 muss die Umstrukturierung **innerhalb eines Konzerns** statt- **27** finden. Anteilsübertragungen, die einen Konzern oder eine Konzernstufe erst begründen oder eine bestehende Konzernverbindung beenden, sind also bei wörtlicher Auslegung nicht freistellungsfähig.[50] Das macht Sinn, wenn die Begründung der Konzernstruktur den erstmaligen Erwerb einer (mittelbaren) Kontrollposition zur Folge hat (Beispiel 6: Der Bieter ist uneingeschränkt angebotspflichtig, weil er die Anteilsmehrheit an der Konzernmutter der Zielgesellschaft erworben hat, siehe § 35 Rn. 38 aE) bzw. wenn der Beendigungseffekt darauf beruht, dass eine Tochter im Wege des *Equity Carve Out* in die Unabhängigkeit entlassen wird (Beispiel 7: Enkelin 1 wird nicht deshalb angebotspflichtig, weil sie ihre unmittelbare Kontrolle über die Zielgesellschaft erstmals unbeeinflusst von außen ausüben kann, nachdem Tochter 1 ihre Mehrheitsbeteiligung in diverse Minderheitstranchen zerlegt und diese an verbundexterne Dritte veräußert hat).

Andererseits ist die analoge Anwendung der Vorschrift auf **Konzerngrün-** **28** **dungen und –erweiterungen** angebracht, wenn sie eine bestehende Kontrollposition lediglich mediatisiert, statt sie zu verstärken oder eine entsprechende Position neu zu begründen. So dürfte die Anteilsübertragung im Wege der Ausgliederung nach § 123 Abs. 3 UmwG dem unter Rn. 25 erwähnten Beispiel 2 gleichstehen, was den Mangel an Schutzbedürftigkeit der Aktionäre

---

[49] Siehe *Holzborn/Blank* NZG 2002, 948, 950.

[50] *Kopp/von Dryander* in *Apfelbacher/Barthelmess/Buhl/von Dryander*, German Takeover Law, 2002, Section 36 Anm. 4.

der Zielgesellschaft anbelangt[51] (§ 35 Rn. 38. Zu den Konsequenzen im Antragsverfahren siehe Rn. 7 aE). Entsprechendes gilt für **Verschmelzungsvorgänge mit konzernbeendigender Wirkung**, beispielsweise für die Verschmelzung der an der Zielgesellschaft mehrheitlich beteiligten Tochter auf die Muttergesellschaft.

29 **4. Sonstige Befreiungsgründe.** Gem. §§ 20, 39 ist auf Antrag eine Einzelfreistellung auch für solche Aktien der Zielgesellschaft zu erteilen, die zur kurzfristigen Weiterveräußerung zwecks Erzielung von Kursgewinnen bestimmt sind (vgl. Kommentierung zu § 20).

§ 37 Befreiung von der Verpflichtung zur Veröffentlichung und zur Abgabe eines Angebots

(1) **Die Bundesanstalt kann auf schriftlichen Antrag den Bieter von den Verpflichtungen nach § 35 Abs. 1 Satz 1 und Abs. 2 Satz 1 befreien, sofern dies im Hinblick auf die Art der Erlangung, die mit der Erlangung der Kontrolle beabsichtigte Zielsetzung, ein nach der Erlangung der Kontrolle erfolgendes Unterschreiten der Kontrollschwelle, die Beteiligungsverhältnisse an der Zielgesellschaft oder die tatsächliche Möglichkeit zur Ausübung der Kontrolle unter Berücksichtigung der Interessen des Antragstellers und der Inhaber der Aktien der Zielgesellschaft gerechtfertigt erscheint.**

(2) **Das Bundesministerium der Finanzen kann durch Rechtsverordnung, die nicht der Zustimmung des Bundesrates bedarf, nähere Bestimmungen über die Befreiung von den Verpflichtungen nach § 35 Abs. 1 Satz 1, Abs. 2 Satz 1 erlassen. Das Bundesministerium der Finanzen kann die Ermächtigung durch Rechtsverordnung auf die Bundesanstalt übertragen.**

Verordnung über den Inhalt der Angebotsunterlage, die Gegenleistung bei Übernahmeangeboten und Pflichtangeboten und die Befreiung von der Verpflichtung zur Veröffentlichung und zur Abgabe eines Angebots
(WpÜG-Angebotsverordnung)
vom 27. 12. 2001 (BGBl. I S. 4263),
geändert durch Gesetz vom 29. 4. 2002 (BGBl. I S. 1495)
Auszug

Vierter Abschnitt. Befreiung von der Verpflichtung zur Veröffentlichung und zur Abgabe eines Angebots
§ 8. Antragstellung
Der Antrag auf Befreiung von der Pflicht zu Veröffentlichung nach § 35 Abs. 1 Satz 1 des Wertpapiererwerbs- und Übernahmegesetzes und zur Abgabe eines Angebots nach § 35 Abs. 2 Satz 1 des Wertpapiererwerbs- und Übernahmegesetzes ist vom Bieter bei der Bun-

---

[51] Für direkte Anwendung offenbar *Steinmeyer/Häger* Rn. 22 f.

desanstalt zu stellen. Der Antrag kann vor Erlangung der Kontrolle über die Zielgesellschaft und innerhalb von sieben Kalendertagen nach dem Zeitpunkt gestellt werden, zu dem der Bieter Kenntnis davon hat oder nach den Umständen haben musste, dass er die Kontrolle über die Zielgesellschaft erlangt hat.

§ 9. Befreiungstatbestände
Die Bundesanstalt kann insbesondere eine Befreiung von den in § 8 Satz 1 genannten Pflichten erteilen bei Erlangung der Kontrolle über die Zielgesellschaft

1. durch Erbschaft oder im Zusammenhang mit einer Erbauseinandersetzung, sofern Erblasser und Bieter nicht verwandt im Sinne des § 36 Nr. 1 des Wertpapiererwerbs- und Übernahmegesetzes sind,

2. durch Schenkung, sofern Schenker und Bieter nicht verwandt im Sinne des § 36 Nr. 1 des Wertpapiererwerbs- und Übernahmegesetzes sind,

3. im Zusammenhang mit der Sanierung der Zielgesellschaft,

4. zum Zwecke der Forderungssicherung,

5. auf Grund einer Verringerung der Gesamtzahl der Stimmrechte an der Zielgesellschaft,

6. ohne dass dies vom Bieter beabsichtigt war, soweit die Schwelle des § 29 Abs. 2 des Wertpapiererwerbs- und Übernahmegesetzes nach der Antragstellung unverzüglich wieder unterschritten wird.

Eine Befreiung kann ferner erteilt werden, wenn
1. ein Dritter über einen höheren Anteil an Stimmrechten verfügt, die weder dem Bieter noch mit diesem gemeinsam handelnden Personen gemäß § 30 des Wertpapiererwerbs- und Übernahmegesetzes gleichstehen oder zuzurechnen sind,

2. auf Grund des in den zurückliegenden drei ordentlichen Hauptversammlungen vertretenen stimmberechtigten Kapitals nicht zu erwarten ist, dass der Bieter in der Hauptversammlung der Zielgesellschaft über mehr als 50 Prozent der vertretenen Stimmrechte verfügen wird,

3. auf Grund der Erlangung der Kontrolle über eine Gesellschaft mittelbar die Kontrolle an einer Zielgesellschaft im Sinne des § 2 Abs. 3 des Wertpapiererwerbs- und Übernahmegesetzes erlangt wurde und der Buchwert der Beteiligung der Gesellschaft an der Zielgesellschaft weniger als 20 Prozent des buchmäßigen Aktivvermögens der Gesellschaft beträgt.

§ 10. Antragsinhalt
Der Antrag muss folgende Angaben enthalten:
1. Name oder Firma und Wohnsitz oder Sitz des Antragstellers,

2. Firma, Sitz und Rechtsform der Zielgesellschaft,

3. **Anzahl der vom Bieter und den gemeinsam handelnden Personen bereits gehaltenen Aktien und Stimmrechte und die ihnen nach § 30 des Wertpapiererwerbs- und Übernahmegesetzes zuzurechnenden Stimmrechte,**

4. **Tag, an dem die Schwelle des § 29 Abs. 2 des Wertpapiererwerbs- und Übernahmegesetzes überschritten wurde, und**

5. **die den Antrag begründenden Tatsachen.**

§ 11. Antragsunterlagen
Die zur Beurteilung und Bearbeitung des Antrags erforderlichen Unterlagen sind unverzüglich bei der Bundesanstalt einzureichen.

§ 12. Prüfung der Vollständigkeit des Antrags
Die Bundesanstalt hat nach Eingang des Antrags und der Unterlagen zu prüfen, ob sie den Anforderungen der §§ 10 und 11 entsprechen. Sind der Antrag oder die Unterlagen nicht vollständig, so hat die Bundesanstalt den Antragsteller unverzüglich aufzufordern, den Antrag oder die Unterlagen innerhalb einer angemessenen Frist zu ergänzen. Wird der Aufforderung innerhalb der von der Bundesanstalt gesetzten Frist nicht entsprochen, gilt der Antrag als zurückgenommen.

Schrifttum: *Bredow/Liebscher*, Befreiung vom Pflichtangebot nach WpÜG bei Selbstverpflichtung zur Durchführung eines Squeeze-out, DB 2003, 1368; *Cahn*, Verwaltungsbefugnisse der Bundesanstalt für Finanzdienstleistungsaufsicht im Übernahmerecht und Rechtsschutz Betroffener, ZHR 167 (2003), 262; *Fuhrmann/ Oltmanns*, Pflichtangebot bei konzerninternen Umstrukturierungen? Praktische Erfahrungen mit § 36 Nr. 3 und § 37 WpÜG, NZG 2003, 17; *Harbarth*, Kontrollerlangung und Pflichtangebot, ZIP 2002, 321; *Holzborn/Blank*, Die Nichtzurechnung nach §§ 20, 36 WpÜG und die Befreiung vom Pflichtangebot nach § 37 WpÜG, §§ 8 ff. WpÜGAngVO, NZG 2002, 948; *Holzborn/Friedhoff*, Die Befreiung vom Pflichtangebot bei Sanierung der Zielgesellschaft nach § 37 WpÜG; § 9 Satz 1 Nr. 3 RVWpÜG, BKR 2001, 114; *Ihrig*, Rechtsschutz Drittbetroffener im Übernahmerecht, ZHR 167 (2003), 315; *Lenz/Linke*, Die Handhabung des WpÜG in der aufsichtsrechtlichen Praxis, AG 2002, 361; *Riehmer/Schröder*, Praktische Aspekte bei der Planung, Durchführung und Abwicklung eines Übernahmeangebots, BB 2001, Beilage 5, 1

Übersicht

I. Regelungsgegenstand und –zweck

1. Überblick. Abs. 1 ermöglicht die Befreiung von der Angebotsverpflich- **1**
tung aus Gründen, die nach Lage des Einzelfalles eine Entlastung des Bieters
rechtfertigen können. Die BAFin hat insoweit ein Entschließungs- und Aus-

wahlermessen, das sie unter Berücksichtigung der Bieter- und Anlegerinteressen ausübt. Darin unterscheidet sich die Norm von den §§ 20, 36, die eine gebundene Entscheidung vorsehen. Die behördliche Bewilligung nach Ermessen ist unter verfassungsrechtlichen Aspekten nicht unproblematisch.[1] Immerhin mag die Entscheidung des Gesetzgebers damit zu rechtfertigen sein, dass die in § 37 Abs. 1 genannten Befreiungsgründe unsicher oder vergänglich sind, so dass es sinnvoll erscheint, die Befreiung an eine Nebenbestimmung zu knüpfen. Ferner mag es angebracht sein, die Behörde von Fall zu Fall prüfen zu lassen, ob eine Umgehungsabsicht besteht. Näheres zum Verfahren und zu den Befreiungsgründen ist im Vierten Abschnitt der AngebotsVO (§§ 8-12) geregelt, die das Bundesministerium der Finanzen aufgrund der Ermächtigung in Abs. 2 erlassen hat.

2   **2. Rechtsvergleichende Hinweise.** Nach Rule 9 des englischen City Code kann der Panel On Takeovers And Mergers Befreiungen zulassen. Manche Befreiungsgründe entsprechen im Ansatz denen des WpÜG, so der Kontrollerwerb zum Zwecke der Sanierung der Zielgesellschaft oder das Vorhandensein eines weiteren Großaktionärs.[2] Einen sonstigen, im deutschen Recht nicht ausdrücklich vorgesehenen Befreiungsanlass erwähnen die „Notes On Dispensations From Rule 9". Danach entfällt die Angebotspflicht mit Billigung des Panel, wenn der Bieter die Kontrolle aufgrund Erwerbs junger Aktien nach einer Kapitalerhöhung erlangt hat und die Gesellschafter der Zielgesellschaft der Befreiung per Beschluss zustimmen, sog. „Whitewash"-Regel. Entsprechend ist zu verfahren, wenn mindestens 50 % der Anteilsinhaber auf das Übernahmeangebot schriftlich verzichten oder wenn der Bieter das Ziel verfolgt, eine ihm eingeräumte Sicherheit zu realisieren.[3] Zu den möglichen Befreiungstatbeständen in Frankreich, Italien und Spanien siehe § 36 Rn. 3.

II. Verfahren

3   **1. Allgemeines.** Das Verfahren richtet sich primär nach den §§ 8, 10–12 AngebotsVO, in zweiter Linie nach den allgemeinen Vorschriften des VwVfG. Die Antragstellung hat keine Suspensivwirkung, siehe § 35 Rn. 45.

4   **2. Antragstellung. a) Form.** Vgl. hierzu § 36 Rn. 5.

5   **b) Frist.** Gemäß § 8 Satz 2 AngebotsVO ist eine Frist von 7 Tagen einzuhalten, die der Bieter voll ausschöpfen kann. Da eine „unverzügliche" Fristwahrung – anders als bei § 35 Abs. 1 Satz 1 – nicht verlangt ist, kann der Antrag unter Umständen auch nach Veröffentlichung der Kontrollerlangung gestellt werden. Die BAFin entscheidet dann (nur) über die Befreiung von der Angebotspflicht nach § 35 Abs. 2.[4] Der Bieter hat die Möglichkeit, sich von dem Fristendruck zu entlasten, indem er bereits vor Kontrollerlangung einen **vorsorglichen Antrag** stellt

---

[1] Rechtspolitische Kritik bei *Steinmeyer/Häger* Rn. 2; *Ekkenga/Hofschroer* DStR 2002, 768, 772.

[2] Vgl. den Überblick bei *Versteegen* in Kölner Komm. Rn. 9. Großaktionär ist allerdings nur, wer mindestens 50 % der Stimmrechte oder mehr hält, vgl. *Versteegen* aaO.

[3] *Versteegen* in Kölner Komm. Rn. 9.

[4] *Versteegen* in Kölner Komm. Anh. § 37, § 8 AngebotsVO Rn. 6 f.; aA *Meyer* in

(§ 8 Satz 2 AngebotsVO). Maßgeblich für die Einhaltung der Frist ist die Stellung eines formgültigen Antrags, nicht die Vollständigkeit der Antragsbegründung. Bei bloßer Unvollständigkeit setzt die BAFin gemäß § 12 S. 2 AngebotsVO eine **Nachfrist** zur Beibringung. Verstreicht diese ungenutzt, so gilt der Antrag als zurückgenommen, § 12 Satz 3 AngebotsVO. Die Fiktionswirkung tritt allerdings nicht ein, wenn die Nachforderung zur Herstellung der Schlüssigkeit nicht erforderlich ist. Bei Fristversäumnis kommt in Ausnahmefällen eine Wiedereinsetzung nach Maßgabe von § 32 VwVfG in Betracht.

c) Antragsbefugnis. Antragsbefugt ist nach § 8 Satz 1 AngebotsVO der 6 „Bieter". Das ist insofern unpräzise, als der Antrag nach Satz 2 schon vor Kontrollerlangung gestellt werden kann, wenn der Antragsteller noch nicht „Bieter" iSd. § 2 Abs. 4 ist.[5] Man wird daher wie bei § 36 darauf abzustellen haben, ob der Antragsteller für sich einen Befreiungsgrund iSd. § 37 reklamiert (siehe § 36 Rn. 7).

d) Antragsinhalt. Das **Antragsbegehren** ist zu richten auf Befreiung 7 von der Angebotspflicht oder – wenn es sich um einen Antrag iSd. § 8 Satz 2 AngebotsVO handelt – auf Befreiung von der demnächst zu erwartenden Angebotspflicht.[6] Der Antragsteller muss hinreichend konkrete Umstände darlegen, die eine Kontrollerlangung in absehbarer Zeit erwarten lassen. Die Antragstellung zur bloßen Klärung der Rechtslage für eine ungewisse Eventualität in der Zukunft ist unzulässig, denn die BAFin ist keine Rechtsauskunftei.[7] Andererseits schließt § 8 Satz 2 AngebotsVO die Möglichkeit ein, dass der Antragsteller das Befreiungsverfahren dazu nutzt, sich Klarheit über die wirtschaftliche Sinnhaftigkeit einer erst geplanten Maßnahme zu verschaffen und seine endgültige Entscheidung über den Kontrollerwerb vom Ergebnis seines Antrags abhängig zu machen.

Gemäß § 10 AngebotsVO muss der Antrag **weitere Angaben** enthalten, 8 nämlich: (1) Name oder Firma und Wohnsitz oder Sitz des Antragstellers, (2) Firma, Sitz und Rechtsform der Zielgesellschaft. Es muss sich um eine AG handeln, die KGaA ist keine Zielgesellschaft iSd. 5. Abschnitts (vgl. § 35 Rn. 20).[8] (3) Die Anzahl der vom Bieter gehaltenen und ihm gemäß § 30 zuzurechnenden Aktien und Stimmrechte. Die Angaben über Anteile an der Zielgesellschaft sind zu präzisieren, soweit dies erforderlich ist, um ihre Richtigkeit behördlich überprüfen zu können. Dazu gehört jedenfalls eine Unterscheidung zwischen unmittelbaren Anteilen und solchen, die einem Kontrollmittler iSd. § 30 gehören. Ferner bedarf es der Aufschlüsselung nach einzelnen Tatbeständen des § 30 Abs. 1.[9] Gesonderte Angaben über die „gemeinsam handelnden

---

Geibel/Süßmann Rn. 8 f.: Erfordernis unverzüglicher Antragstellung analog § 35 Abs. 1 Satz 1. Vgl. hierzu § 35 Rn. 45.

[5] *Steinmeyer/Häger* Rn. 5; *Lenz/Linke* AG 2002, 361, 366.

[6] Die Stellung als Hilfsantrag neben einem sonstigen Befreiungsantrag ist zulässig, vgl. *von Bülow* in Kölner Komm. Rn. 47.

[7] Beispiel: Der Kontrollerwerb setzt einen HV-Beschluss des Bieters voraus, ob dieser gefasst wird, ist offen, vgl. *Lenz/Linke* AG 2002, 361, 366.

[8] AA *Steinmeyer/Häger* Rn. 8.

[9] Arg. § 2 Nr. 5 AngebotsVO. Vgl. auch *Steinmeyer/Häger* Rn. 8; *Meyer* in *Geibel/Süßmann* Rn. 12.

Personen" des Bieters sind entgegen dem missverständlichen Wortlaut nicht erforderlich, wohl aber solche über die Abstimmungspartner iSd. § 30 Abs. 2.[10]
(4) Der Tag, an dem die Kontrollschwelle des § 29 Abs. 2 überschritten wurde. Diese Angabe entfällt bei Stellung eines vorsorglichen Antrags iSd. § 8 Satz 2 AngebotsVO. Stattdessen ist das voraussichtliche Erwerbsdatum mitzuteilen.[11]
(5) Eine hinreichend substantiierte Darlegung des Befreiungsgrundes.

9   Sämtliche Angaben sind durch Beifügung von **Antragsunterlagen** zu belegen, § 11 AngebotsVO. Vorzulegen sind Vertragsdokumente, sonstige Urkunden sowie die einschlägige Korrespondenz. Gemäß § 26 Abs. 1 Satz 2 Nr. 3 VwVfG kann die BAFin Urkunden und Akten beiziehen.

10   **3. Entscheidung der BAFin. a) Vorbereitende Maßnahmen.** Gem. § 12 Satz 1 AngebotsVO hat die BAFin zu prüfen, ob Antrag und beigefügte Unterlagen den formalen Anforderungen der §§ 10, 11 AngebotsVO entsprechen. Ist dies nicht der Fall, so hat die BAFin den Antragsteller „unverzüglich" aufzufordern, den Antrag bzw. die Unterlagen innerhalb einer angemessenen Frist zu ergänzen (§ 12 Satz 2 AngebotsVO). Da die BAFin den Sachverhalt von Amts wegen ermittelt (§ 24 Abs. 1, 2 VwVfG), hat sie nach pflichtgemäßen Ermessen zu entscheiden, ob sie innerhalb der Nachfrist zusätzliche Informationen anfordert. Die Entscheidungsvorbereitung unterliegt dem Beschleunigungsgebot. Das ist zwar nur für die Nachforderung von Unterlagen in § 12 Satz 2 AngebotsVO ausdrücklich hervorgehoben („unverzüglich"), gilt aber darüber hinaus für sämtliche Maßnahmen der BAFin, vgl. § 71 b VwVfG.[12] Die nach § 13 Abs. 1 Nr. 4 iVm. Abs. 2 VwVfG grundsätzlich gegebene Möglichkeit der Beiladung Dritter − beispielsweise der Aktionäre der Zielgesellschaft − scheidet im WpÜG-Verfahren im Hinblick auf die Öffentlichkeitsklausel des § 4 Abs. 2 aus,[13] es sei denn, die Drittinteressen sind durch Rechtssätze außerhalb des Gesetzes geschützt.[14]

11   **b) Befreiungsverfügung.** Eine Ablehnung des Befreiungsantrags aus formalen Gründen ist rechtswidrig, wenn der Formmangel für die Entscheidung keine entscheidende Rolle mehr spielt, wenn also eine Sachentscheidung iSd. Antragstellers gleichwohl möglich ist[15] (zur richterlichen Überprüfbarkeit

[10] Die Textfassung des § 10 AngebotsVO dürfte insoweit auf einem Versehen beruhen, zutreffend *Versteegen* in KölnKomm. Anh. § 37, § 10 AngebotsVO Rn. 3.

[11] *Steinmeyer/Häger* Rn. 9.

[12] Ebenso im Ergebnis *Meyer* in *Geibel/Süßmann* Rn. 20. § 13 des Verordnungsentwurfes, der dem Bundesaufsichtsamt auferlegte, „unverzüglich über den Antrag zu entscheiden" (BT-Drucks. 14/7034 S. 82), ist in die Endfassung nicht aufgenommen worden, wohl weil sich das Beschleunigungsgebot bereits aus den Grundsätzen des Allgemeinen Verwaltungsrechts ergibt (vgl. *Kopp/Ramsauer* VwVfG, 7. Aufl. 2000, § 10 Rn. 17 ff.).

[13] OLG Frankfurt ZIP 2003, 1251, 1253 „Wella AG"; OLG Frankfurt ZIP 2003, 1297, 1299 „Pro Sieben AG"; OLG Frankfurt ZIP 2003, 1392, 1394 „Wella AG II" = DB 2003, 1782 m. Anm. *Zschocke/Rahlf*; *Möller* ZHR 167 (2003), 301, 308 ff.

[14] *Schnorbus* WM 2003, 616, 622 mit Anwendungsbeispiel. Weitergehend *Ihrig* ZHR 167 (2003), 315, 343; *Cahn* ZHR 167 (2003), 262, 297, beide aufgrund der − hier nicht geteilten − Annahme, dass das Pflichtangebot nach § 35 einen gesetzlichen Anspruch der Aktionäre gegen den Bieter verknüpft sei (siehe § 35 Rn. 77), so dass die Befreiung hiervon Gestaltungswirkung zu ihren Lasten entfalte.

[15] Zur Unbeachtlichkeit einer Verfristung der Antragstellung, wenn die Voraus-

siehe Rn. 41; zum Auswahl- und Entschließungsermessen der BAFin siehe unten Rn. 42).

Nebenbestimmungen sind gemäß § 36 Abs. 2 VwVfG zulässig und auf-   **12** grund des Zuschnitts der Befreiungsgründe wohl auch prinzipiell geboten (Rn. 1). Die BAFin hat jedoch das *Auswahlermessen* über die Bewilligung einer unbeschränkten oder einer durch Auflage, Widerrufs- bzw. Auflagenvorbehalt beschränkten Befreiung.[16] Letzterenfalls behält die BAFin das Geschehen weiterhin unter Kontrolle; bei einer Änderung der Verhältnisse bzw. Nichterfüllung der Auflage kann sie die Befreiung widerrufen (Rn. 14). In Betracht kommen ferner die Befristung und wohl auch die Aufnahme einer Bedingung, die die Befreiung bei Eintritt eines ungewissen künftigen Ereignisses per se hinfällig werden lässt. Zwar besteht für die potentiellen Angebotsadressaten ein erheblicher Bedarf an Rechtssicherheit, die sich im Falle des Befreiungswiderrufs durch dessen Veröffentlichung (§ 44) herstellen lässt. Sieht die BAFin hiervon ab, so unterliegt indes die Zielgesellschaft, gegebenenfalls auch der Bieter selbst der Ad-hoc-Meldepflicht nach § 15 WpHG (siehe § 35 Rn. 53).

c) Vorläufige Regelung. Auch im Verfahren nach § 37 kann – wie bei   **13** § 36 – eine vorläufige Regelung zur Abwendung schwerer Nachteile des Antragstellers oder im Interesse der Kapitalmarktteilnehmer geboten sein, siehe § 36 Rn. 15.

d) Wirkung. Entscheidet die BAFin im vorläufigen Verfahren, bevor der   **14** Kontrollerwerb des Antragstellers stattgefunden hat (Rn. 5), so ergeht ein feststellender VA. In den übrigen Fällen hat die Befreiungsverfügung rechtsgestaltenden Charakter, und zwar in der Weise, dass die Veröffentlichungs- und Angebotspflicht *rückwirkend* erlischt (das ist bedeutsam für die Zinsverpflichtung des Bieters aus § 38, siehe dort Rn. 10). Rücknahme und Widerruf der Befreiungsverfügung richten sich nach den allgemeinen Regeln der §§ 48, 49 VwVfG.

e) Rechtsschutz. Vgl. die Kommentierung zu § 36, dort Rn. 16. Im Wi-   **15** derspruchsverfahren besteht die Möglichkeit, eine erneute Ermessensausübung zu erwirken.[17] Im Beschwerdeverfahren unterliegt die Ermessensausübung der richterlichen Überprüfung in den Grenzen des § 56 Abs. 4, siehe Kommentierung dort.

III. Befreiungsgründe

1. Allgemeines. a) Arten. Abs. 1 benennt *abstrakte Befreiungsgründe*, die das   **16** Bundesministerium der Finanzen auf der Grundlage von Abs. 2 durch **§ 9 AngebotsVO** inzwischen konkretisiert hat (*konkrete Befreiungsgründe*). Der Unterschied zeigt sich darin, dass die Benennung konkreter Befreiungsgründe bereits ein Präjudiz enthält, dessen Hintanstellung im Einzelfall der Begründung bedarf (näher Rn. 43). Die Aufzählung der konkreten Befreiungsgründe

---

setzungen eines verspätet angemeldeten Anspruchs gegeben sind, siehe *Badura* in *Erichsen/Ehlers*, Allgemeines Verwaltungsrecht, 12. Aufl. 2002, § 36 Rn. 7 (S. 517).

[16] *Steinmeyer/Häger* Rn. 44; einschränkend *Versteegen* in Kölner Komm. Rn. 74.

[17] *Steinmeyer/Häger* Rn. 42.

in § 9 AngebotsVO ist nicht abschließend (Satz 1: „insbesondere"), wohl aber der Katalog der abstrakten Befreiungsgründe in § 37 Abs. 1.[18] Daraus folgt vor allem, dass eine drohende finanzielle Überforderung des Bieters für sich genommen eine Befreiung nicht rechtfertigt. Nicht primär ausschlaggebend sind ferner die Interessen der Zielgesellschaft, zB wenn die Kontrollerlangung Teil eines (zulässigen) Abwehrplanes ist. Allerdings kann dieser Aspekt unter Umständen im Rahmen der Ermessensausübung zu berücksichtigen sein, siehe Rn. 42.

17   **b) Dauer, nachträglicher Fortfall.** Zur notwendigen Dauer des Befreiungsgrundes äußert sich der Gesetzgeber nicht. Einige der in § 9 AngebotsVO definierten Befreiungsgründe sind einer nachträglichen Veränderung zugänglich (vgl. insbesondere Satz 1 Nr. 5, 6; Satz 2 Nr. 1–3), andere nicht (vgl. Satz 1 Nr. 1, 2). Um dem zu begegnen, hat die BAFin die Möglichkeit, die Befreiung nach dem Kalender zu befristen und den Fortbestand derselben an eine Bedingung zu knüpfen[19] (Rn. 12). Geschieht dies nicht, so bleibt die Befreiung bestehen, selbst wenn der Befreiungsgrund nachträglich weggefallen ist.[20] Die BAFin darf dann die Befreiung nach § 49 Abs. 2 Nr. 3 VwVfG widerrufen, um eine Gefährdung des öffentlichen Interesses zu vermeiden.[21] Davon unberührt bleibt die Möglichkeit des Widerrufs aufgrund Widerrufsvorbehalts oder mangels Erfüllung einer Auflage (§ 49 Abs. 2 Nr. 1, 2 VwVfG). Endigt der Dispens aufgrund Widerrufs, Befristung oder Eintritts einer auflösenden Bedingung, so ist nunmehr das in § 35 vorgeschriebene Verfahren einzuleiten.

18   **2. Art der Kontrollerlangung. a) Allgemeines.** Unter dem Oberbegriff „Art der Erlangung" lassen sich *einerseits* die Fälle des unwillentlichen (passiven) Kontrollerwerbs erfassen, die für den Bieter im Hinblick auf die weittragende Angebotpflicht besonders problematisch sind (§ 35 Rn. 16 f.; dazu sogleich Rn. 19). Zum anderen geht es um Situationen, in denen das zu schützende Interesse der Aktionäre als potentielle Angebotsadressaten typischerweise nicht gegeben oder herabgemindert ist. Das betrifft *unentgeltliche* Erwerbsvorgänge, die für die übrigen Gesellschafter der Zielgesellschaft einen Bedarf an preislicher Gleichbehandlung naturgemäß nicht aufkommen lassen.[22] Im Unterschied zu § 36 Nr. 1, der vergleichbare Erwerbsvorgänge privilegiert, geht es dabei aber nicht um den besonderen Schutz familieninterner Transaktionen (siehe sodann Rn. 20). Ferner ist an die Möglichkeit zu denken, dass das Aktionärsinteresse bereits anderweit geschützt ist (dazu Rn. 21) und

---

[18] *Versteegen* in Kölner Komm. Rn. 54; *Meyer* in *Geibel/Süßmann* Rn. 24 f.; *Harbarth* ZIP 2002, 321, 330; aA *Hommelhoff/Witt* in *Haarmann/Riehmer/Schüppen* Rn. 2.

[19] Weitergehend – für die Behandlung der Befreiungsverfügung als „gegenstandslos" in bestimmten Fällen – *Steinmeyer/Häger* Rn. 47.

[20] *Meyer* in *Geibel/Süßmann* Rn. 54.

[21] *Meyer* in *Geibel/Süßmann* Rn. 51.

[22] In der Entwurfsbegründung heißt es demgegenüber, bei der Schenkung gehe es wie bei der Erbschaft um die Erhaltung kleinerer und mittlerer Unternehmen (BT-Drucks. 14/7034 S. 81). Das eine hat jedoch mit dem anderen nichts unmittelbar zu tun, siehe hierzu § 36 Rn. 20. Kritisch insoweit auch *Versteegen* in Kölner Komm. Rn. 39; *Meyer* in *Geibel/Süßmann* Rn. 27.

dass sich die Aktionäre mit dem Kontrollerwerb einverstanden erklärt haben (dazu Rn. 22).

b) Passiver Kontrollerwerb. Die AngebotsVO benennt drei Fälle: (1) Der **19** *Erwerb durch Erbschaft* ist privilegiert, soweit nicht schon nach § 36 Nr. 1 ein Recht auf Befreiung besteht (**§ 9 Satz 1 Nr. 1 AngebotsVO**, näher § 36 Rn. 17 ff.). Entscheidend ist das Fehlen eigener Erwerbsinitiativen des Bieters. Ob dieser mit dem Erblasser in einer persönlichen, einem Verwandtschaftsverhältnis vergleichbaren Beziehung steht, ist dagegen unerheblich.[23] Umgekehrt sind willentliche Erwerbsvorgänge nicht allein deshalb gleichgestellt, weil sie unter Verwandten stattfinden.[24] Möglicher Befreiungsgrund ist ferner (2) der *Quotenzuwachs nach Einziehung von Aktien*, **§ 9 Satz 1 Nr. 2 AngebotsVO**, siehe § 35 Rn. 23. Im Vordergrund steht auch hier nach der Entwurfsbegründung die Überlegung, dass die Art der Kontrollerlangung nicht typischerweise auch auf einen entsprechenden Kontrollwillen schließen lässt. Naheliegend sei deshalb eine Befristung der Befreiung, um dem Antragsteller Gelegenheit zu geben, seine Quote innerhalb einer gewissen Zeitspanne wieder unter die Kontrollschwelle zu senken.[25] Der Rückkauf eigener Aktien führt nicht zu einer Angebotspflicht des durch den Quotenzuwachs Begünstigten (§ 35 Rn. 24), deshalb ist der Vorgang auch im Rahmen des § 37 Abs. 1 unerheblich.[26] (3) Aus dem gleichen Grunde sind *sonstige Fälle des passiven Kontrollerwerbs* privilegiert, sofern der Bieter die Kontrollschwelle des § 29 Abs. 2 „nach der Antragstellung unverzüglich wieder unterschreitet" (§ 9 Satz 1 Nr. 6 AngebotsVO; vgl. hierzu unten Rn. 27 f.).

c) Unentgeltlicher Kontrollerwerb. Erfasst sind im Wesentlichen Erwerbe kraft *Erbauseinandersetzung* (**§ 9 Satz 1 Nr. 1 AngebotsVO**) und *Schenkung* (**§ 9 Satz. 1 Nr. 2 AngebotsVO**), sofern nicht bereits ein Befreiungsgrund nach § 36 Nr. 1 vorliegt (siehe dort Rn. 19 f.). Anders als nach jener Vorschrift kommt dem Merkmal der „Unentgeltlichkeit" im Rahmen des § 37 Abs. 1 entscheidendes Gewicht zu. Seinem Sinn und Zweck nach dürfte § 9 Satz 1 Nr. 2 AngebotsVO aber auch dann eingreifen, wenn der Erwerb „im Wesentlichen" unentgeltlich erfolgt.[27]

d) Anderweitiger Aktionärsschutz. Die AngebotsVO erwähnt nicht die **21** Möglichkeit, dass die Aktionäre der Zielgesellschaft am Pflichtangebot kein anerkennenswertes Interesse haben, weil sie schon durch andere Vorschriften geschützt sind. Im Schrifttum wird in diesem Zusammenhang die Befreiung des Hauptgesellschafters der übertragenden Gesellschaft im Rahmen einer **Verschmelzung** nach § 20 Abs. 1 Nr. 3 UmwG (§ 35 Rn. 30) diskutiert[28] – zu

---

[23] Jedenfalls dürfte die Erbeinsetzung an sich schon genügen, ein derartiges Näheverhältnis zu unterstellen; aA *Holzborn/Blank* NZG 2002, 948, 950.

[24] AA *Harbarth* ZIP 2002, 321, 331.

[25] BT-Drucks. 14/7034 S. 81.

[26] AA *Holzborn/Blank* NZG 2002, 948, 951; *Berrar/Schnorbus* ZGR 2003, 59, 94 ff.

[27] Vgl. *Steinmeyer/Häger* Rn. 19. Zu den Einzelheiten siehe die BGB-Kommentare zur Abgrenzung der Schenkung von entgeltlichen Verträgen, zB *Palandt/Weidenkaff* BGB, 62. Aufl. 2003, § 516 Rn. 8 ff., 13 ff.

[28] *Versteegen* in Kölner Komm. Rn. 34; *Lenz/Linke* AG 2002, 361, 368.

Unrecht, denn das in § 29 UmwG gewährte Austritts- bzw. Umtauschrecht ist gerade nicht an die Aktionäre der Zielgesellschaft als potentielle Angebots-empfänger adressiert, sondern an die übrigen Mitglieder der übertragenden Gesellschaft (näher § 35 Rn. 29; siehe ferner sogleich Rn. 22). Anders verhält es sich, wenn der Bieter geltend machen kann, dass die **Begründung eines Vertragskonzerns** bevorsteht, so dass die außenstehenden Aktionäre der Zielgesellschaft gemäß §§ 304 ff. AktG ausreichend abgesichert sind. Diese noch im Übernahmekodex vorgesehene Befreiungsmöglichkeit[29] ist zwar in der AngebotsVO nicht ausdrücklich erwähnt. Dem offenen Ermessen der BAFin ist sie deshalb aber nicht entzogen.[30] Bei bevorstehender **Begründung eines faktischen Konzerns** existiert dagegen kein anderweitiger Aktionärsschutz. Denn die AG ist prinzipiell „konzernoffen", so dass den Minderheitsaktionären kein Unterlassungs- oder Schadensersatzanspruch gegen den Mehrheitsgesellschafter zusteht, wenn dieser von seiner Möglichkeit zur Einflussnahme Gebrauch macht.[31]

22   **e) Schutzverzicht.** Bereiten die Aktionäre der Zielgesellschaft dem Kontrollerwerb durch den Bieter den Weg, indem sie einen **Verschmelzungsbeschluss gemäß § 13 Abs. 1 UmwG** oder einen **Kapitalerhöhungsbeschluss** zur Ausgabe neuer Aktien an den Bieter fassen, so hat das nicht das Erlöschen der Angebotspflicht nach § 35 Abs. 2 zur Folge. Dabei ist unerheblich, ob der Beschluss einstimmig oder mit qualifizierter Mehrheit zustande gekommen ist (§ 35 Rn. 72). Doch kommt eine Befreiung nach § 37 Abs. 1 unter dem Gesichtspunkt der fehlenden bzw. herabgeminderten Schutzbedürftigkeit in Betracht.[32] Dafür mag sprechen, dass das Gesetz an anderer Stelle, nämlich in § 33 Abs. 2, der HV durchaus gestattet, mit qualifizierter Mehrheit auf eine Unterbindung des Übernahmeangebots hinzuwirken und dadurch auch in geschützte Individualinteressen der Minderheitsgesellschafter einzugreifen. Der mit dem Zustimmungsbeschluss zum Ausdruck gebrachte „Verzicht" betrifft aber allenfalls die Kontrollerlangung selbst, nicht das Interesse der Mitaktionäre an preislicher Gleichbehandlung – im Gegenteil: Die Auslösung der Angebotspflicht kann gerade das ausschlaggebende Motiv für die Zustimmung sein. Die Befreiung ließe sich deshalb nicht einmal dann überzeugend begründen, wenn man den Zweck der Angebotspflicht konzernrechtlich interpretierte statt – im Einklang mit der hier vertretenen Ansicht – kapitalmarktrechtlich.[33]

23   **3. Ziel des Kontrollerwerbs. a) Allgemeines.** § 37 Abs. 1 ermöglicht weiter eine Befreiung aufgrund der besonderen Begleitumstände, die einem

---

[29] *Meyer* in *Geibel/Süßmann*, 2002, § 35 Rn. 3; *Riehmer/Schröder* BB 2001, Beil. 5, 1, 10.

[30] AA offenbar *Hommelhoff/Witt* in *Haarmann/Riehmer/Schüppen* Vor §§ 35–39 Rn. 34; *Süßmann* in *Geibel/Süßmann* § 29 Rn. 21.

[31] Str.; wie hier *Hopt* ZHR 166 (2002), 383, 422 mwN; aA *Schneider* AG 1990, 56, 62 bei statutarischer Vorprägung in der Satzung der Zielgesellschaft, insbes. bei statutarischen Stimmrechtsbeschränkungen.

[32] So in der Tat *Versteegen* in Kölner Komm. Rn. 34 f.; *von Bülow* in Kölner Komm. Rn. 82, 86; ähnlich die „Whitewash"-Regelung des britischen City Code, siehe Rn. 2.

[33] Im Ergebnis wie hier *Lenz/Linke* AG 2002, 361, 368.

„zielgerichteten" Kontrollerwerb zugrunde liegen. Das ist gemeint, wenn der Gesetzgeber auf „die mit der Erlangung der Kontrolle beabsichtigte Zielsetzung" abhebt.[34] Die Fälle des passiven Kontrollerwerbs (Rn. 19) sind mithin nicht betroffen. Entscheidungserheblich kann das Interesse des Bieters sein, ferner das der Zielgesellschaft, sofern ein gegenläufiges Interesse ihrer Aktionäre nach den Gegebenheiten des Einzelfalles nicht schutzwürdig ist (dazu Rn. 24). Liegen solche besonderen Begleitumstände nicht vor, so lässt sich die Befreiung allein mit einem dahingehenden Eigeninteresse der Zielgesellschaft grundsätzlich nicht rechtfertigen; insoweit ist der Wortlaut des § 37 Abs. 1 eindeutig. Hiervon wird man aber dann eine Ausnahme zulassen müssen, wenn die Befreiung erforderlich ist, um die durch das WpÜG anderweit geschützten Interessen der Zielgesellschaft zu wahren (Rn. 26).

b) Sanierung der Zielgesellschaft. Das Pflichtangebot ist geeignet, In- **24** vestoren abzuschrecken, die grundsätzlich bereit sind, sich gegen Einlage neuer Mittel zu 30 % oder mehr an der Zielgesellschaft zu beteiligen (zur Zeichnung neuer Anteile als Erwerbsgrund s. § 35 Rn. 15). Das führt zu wirtschaftlichen Nachteilen für die Zielgesellschaft, wenn sie ihrer Möglichkeiten der Eigenfinanzierung beraubt wird und zum (teureren) Mittel der Fremdfinanzierung greifen muss. Da es andererseits auf das Interesse der Zielgesellschaft nicht entscheidend ankommt (Rn. 16, 42), ist auf die Belange ihrer Aktionäre abzustellen: Ihnen ist bei sonst drohender Absenkung der Rendite mit einer Befreiung eher gedient als mit der starren Regelung der Angebotspflicht.[35] Vor diesem Hintergrund erscheint **§ 9 Satz 1 Nr. 3 AngebotsVO** als zu eng, weil er die Befreiungsmöglichkeit auf den Sanierungsfall beschränkt. Es bietet sich daher an, den unbestimmten Begriff der „Sanierung" weit auszulegen. Die Befreiung ist dann nicht nur zur Abwendung einer bevorstehenden Insolvenz (dauerhafte *Illiquidität* oder *Überschuldung*) auszusprechen, sondern auch zur (Wieder-)Herstellung der Rentabilität, wenn die Zielgesellschaft Marktchancen mangels Ressourcen sonst nicht wahrnehmen kann („*Unterliquidität*").[36] Der Antragsteller hat den Sanierungsgrund und die Umstände darzulegen, die den Erfolg seines Engagements erwarten lassen.[37]

c) Sicherung einer Forderung. Das Pflichtangebot ist weiter geeignet, **25** Fremdkapitalgeber abzuschrecken, die bereit wären, Aktien der Zielgesellschaft als Sicherheit für ihre Forderung zu akzeptieren. Der Befreiungsantrag

---

[34] Zu den sprachlichen Defiziten dieses Gesetzgebungsproduktes bereits kritisch *Ekkenga/Hofschroer* DStR 2002, 766, 771 (Fn. 145).

[35] *Steinmeyer/Häger* Rn. 20. Unklar die Entwurfsbegründung (BT-Drucks. 14/7034 S. 81), die außerdem die Interessen der Arbeitnehmer hervorhebt, obwohl diese nach der klaren Textfassung des § 37 Abs. 1 gerade nicht zu den Schutzadressaten gehören.

[36] Im Ergebnis ebenso *Versteegen* in Kölner Komm. Anh. § 37, § 9 AngebotsVO Rn. 14; *Lenz/Linke* AG 2002, 361, 367; ähnlich auch *Holzborn/Blank* NZG 2002, 948, 950 f.

[37] Insbesondere: Sanierungsfähigkeit der Zielgesellschaft, vgl. *Hommelhoff/Witt* in *Haarmann/Riehmer/Schüppen* Rn. 11; *Lenz/Linke* AG 2002, 361, 367; *Holzborn/Friedhoff* BKR 2001, 114 ff. Ggf. ist eine Sanierungsprüfung vorzunehmen und das Ergebnis zu begutachten, vgl. dazu *Friedrich/Flintrop* DB 2003, 223.

kann deshalb nach **§ 9 Satz 1 Nr. 4 AngebotsVO** darauf gestützt werden, dass
der Kontrollerlangung kein Anlageinteresse, sondern ein Sicherungsinteresse
des Bieters zugrunde liegt.[38] „Erwerb" in diesem Zusammenhang meint nicht
die Inpfandnahme, denn sie führt nicht zum Kontrollerwerb iSd. § 29 Abs. 2
und löst keine Angebotspflicht aus (§ 35 Rn. 15).[39] Auch Sicherungseigentum
ist nur ausnahmsweise erfasst, nämlich dann, wenn der Sicherungsnehmer das
Stimmrecht weisungsfrei ausüben darf und eine Zurechnung des Stimmanteils zu Lasten des Sicherungsgebers deshalb gemäß § 30 Abs. 1 Nr. 3 ausscheidet.[40] Als Sicherungszweck genügt jedenfalls eine Forderung des Bieters gegen die Zielgesellschaft. Darüber hinaus deckt der Wortlaut des § 9 Satz 1 Nr. 4
AngebotsVO alle Sicherungsgeschäfte in Aktien der Zielgesellschaft einschließlich solcher, denen eine Verbindlichkeit dritter Personen zugrunde
liegt. Für eine derart weitherzige Handhabung mag wiederum sprechen, dass
es entscheidend auf die Würdigung des Bieterinteresses, weniger auf die Belange der (am Grund- und Sicherungsgeschäft nicht beteiligten) Zielgesellschaft ankommt. Die Befreiung rechtfertigt sich dann aus der Überlegung,
dass das Interesse des Sicherungsnehmers an den Aktien der Zielgesellschaft
nur ein vorübergehendes ist.[41] Die Befreiung sollte allerdings in einem solchen Fall mit einer Nebenbestimmung versehen sein, die den Fortfall oder
Widerruf vorsieht, sobald der Sicherungsgeber zur Ausübung seiner Kontroll-
rechte übergeht.

26   **d) Abwehr unfreundlicher Übernahmeversuche.** In der AngebotsVO
nicht erfasst ist der Fall, dass der Bieter ein kontrollwirksames Anteilspaket
übernimmt, um der Zielgesellschaft bei der Abwehr einer unfreundlichen
Übernahme behilflich zu sein. Die Inpflichtnahme eines solchen *White Squire*
nach § 35 würde diesen in die Rolle eines Konkurrenzbieters zwingen, das der
Zielgesellschaft nach § 33 zur Verfügung gestellte Verteidigungsarsenal (§ 33
Rn. 101) wäre um ein Element ärmer. Dieser Wertungswiderspruch lässt sich
aber nicht mit Hilfe des § 37 Abs. 1 auflösen, denn die Aufrechterhaltung der
Verteidigungsbereitschaft liegt primär im Interesse der Zielgesellschaft, auf das
sich eine Befreiungsverfügung jedenfalls dann nicht stützen lässt, wenn ein
Konflikt mit den Aktionärsinteressen anzunehmen oder nicht auszuschließen
ist (Rn. 16, 42). Stattdessen ist ausnahmsweise eine Per-se-Freistellung anzunehmen (§ 35 Rn. 14).

27   **4. Nachträgliches Unterschreiten der Kontrollschwelle. a) Allgemeines.** Die Kurzfristigkeit der Kontrollerlangung allein rechtfertigt eine Befreiung nur nach § 20 unter den dort genannten Voraussetzungen (§ 35 Rn. 18).
Darüber hinaus besteht nach **§ 9 Satz 1 Nr. 6 AngebotsVO** die Möglichkeit

---

[38] Die ungestörte Fremdkapital-Aufnahme liegt selbstverständlich auch im
Interesse der Aktionäre der Zielgesellschaft. Verfehlt demgegenüber *Versteegen* in
Kölner Komm. Rn. 43 („für die Aktionäre der Zielgesellschaft irrelevant").
[39] Unzutreffend insoweit die Entwurfsbegründung, BT-Drucks. 14/7034 S. 81.
[40] Grundsatz der ausschließlichen Zuordnung, siehe *Schneider* in *Assmann/Schnei-
der* WpHG § 22 Rn. 90 zur Parallelvorschrift des § 22 Abs. 1 Nr. 4 WpHG. Wie hier
Meyer/Bundschuh WM 2003, 960, 964 ff. Vgl. im Übrigen § 30 Rn. 14.
[41] *Steinmeyer/Häger* Rn. 21.

zum Dispens, wenn der (vorübergehende) Kontrollerwerb nicht auf einer *Erwerbsabsicht* beruhte, also in den Fällen des passiven Kontrollerwerbs. Voraussetzung ist stets, dass die Kontrollschwelle „unverzüglich" nach Antragstellung wieder unterschritten wird. „Unverzüglich" bedeutet ohne schuldhaftes Zögern, § 121 Abs. 1 Satz 1 BGB. Daraus wird man eine Frist von maximal 7 Tagen ableiten können.[42] Gleich zu behandeln ist der nicht ausdrücklich angesprochene Fall, dass eine vorübergehende Überschreitung der Kontrollschwelle schon bei Antragstellung wieder beendet war. In den Fällen des § 9 Satz 1 Nr. 6 AngebotsVO bietet sich an, die Befreiung unter einer Nebenbestimmung (Auflage oder Bedingung des alsbaldigen Abbaus der Beteiligung) zu erteilen.[43]

b) Anwendungsbeispiele. Praktische Bedeutung entfaltet § 9 Satz 1 Nr. 6 **28** AngebotsVO vor allem beim Erwerb einer mittelbaren Kontrollposition, wenn der Erwerber seinerseits erstmals angebotspflichtig wird (§ 35 Rn. 35).[44] Die Entwurfsbegründung nennt als weitere Beispiele: Kompetenzüberschreitungen durch Mitarbeiter des Bieters,[45] ferner „Fehlbuchungen bei Befreiung des Handelsbestandes des Bieters nach § 20 WpÜG"[46] und Fehleingaben in elektronische Handelssysteme.[47]

5. Beteiligungsverhältnisse an der Zielgesellschaft. a) Allgemeines. **29** Mit der Bezugnahme auf „die Beteiligungsverhältnisse an der Zielgesellschaft" eröffnet § 37 Abs. 1 eine besonders weit gefasste, unbestimmte Dispensklausel. Gemeint ist jedenfalls nicht das Interesse des Bieters an ungestörter Kontrollausübung, das zwar aufgrund der Beteiligungsverhältnisse beeinträchtigt sein kann, das aber schon über den abstrakten Befreiungsgrund einer fehlenden „Möglichkeit der tatsächlichen Kontrollausübung" geschützt wird, vgl. dazu Rn. 34 ff. Stattdessen dürfte das **Entlastungsinteresse des Bieters** im Vordergrund stehen, sofern er geltend machen kann, durch die Angebotspflicht wegen der Beteiligungsverhältnisse an der Zielgesellschaft finanziell überfordert zu sein – ein Gedanke, der sich allerdings nicht in der Entwurfsbegründung zu § 37,[48] sondern nur in den Materialien zu § 9 Satz 2 Nr. 3 AngebotsVO wieder-

---

[42] *Holzborn/Blank* NZG 2002, 948, 952.

[43] Entwurfsbegründung BT-Drucks. 14/7034 S. 81; *Steinmeyer/Häger* Rn. 46.

[44] Illustratives Fallbeispiel bei *Steinmeyer/Häger* Rn. 25; ferner *Versteegen* in Köln Komm. Rn. 27 f.

[45] Gemeint ist offenbar der Fall, dass der Anteilserwerb ungeachtet der Kompetenzüberschreitung nach vertretungsrechtlichen Grundsätzen für und gegen den Bieter wirkt. Das impliziert zwangsläufig, dass eine Wissenszurechnung iSd. Vertretungsrechts nicht stattfindet, denn sonst wäre der Erwerb aus der Sicht des Bieters nie unabsichtlich (unzutreffend deshalb *Versteegen* in Kölner Komm. Anh. § 37, § 9 AngebotsVO Rn. 19). Begünstigt ist aber auch der Mitarbeiter selbst, wenn er als falsus procurator eintritt, da ihm die Absicht zum Eigenerwerb fehlte.

[46] Beispiel: Der Erwerber hat eine Beteiligung von 20 % an der Zielgesellschaft und kauft in spekulativer Absicht weitere 10 % hinzu. Diese werden versehentlich (ebenfalls) im Anlagevermögen gebucht, so dass die Stellung eines Befreiungsantrags nach § 20 unterbleibt.

[47] BT-Drucks. 14/7034 S. 81.

[48] BT-Drucks. 14/7034 S. 81 f. nennt als Anwendungsbeispiel nur den in § 9 Satz 2 Nr. 1 AngebotsVO normierten Befreiungsgrund (Vorhandensein eines zwei-

findet.[49] Sonstige finanzielle Hindernisse, die ausschließlich mit der Größe der
Zielgesellschaft und dem dadurch bedingten Volumen des Pflichtangebots zu
tun haben, bilden dagegen keinen selbständigen Befreiungsgrund. In Betracht
zu ziehen ist ferner, dass die Beteiligungsverhältnisse auf ein **reduziertes
Schutzinteresse der Anleger** hindeuten können. Auch hier geht es um die
Abgrenzung zum Befreiungsgrund der fehlenden Kontrollmöglichkeit (dazu
siehe unter Rn. 33), uU spielt auch die Geringfügigkeit des Free float eine
Rolle (Rn. 33 a).

30   **b) Ausweitung der Angebotspflicht auf mittelbar kontrollierte Zielgesellschaften.** Eine exorbitante und für den Bieter gefährliche Belastung
droht vor allem in den Fällen der mittelbaren Kontrollerlangung iSd. § 30, sofern die unmittelbar kontrollierte Tochter selbst Zielgesellschaft ist, sofern also
die Verpflichtung besteht, statt einer zwei oder gar drei und mehr[50] Zielgesellschaften zu übernehmen (§ 35 Rn. 37). **§ 9 Satz 2 Nr. 3 AngebotsVO** sieht
deshalb für diesen Fall unter bestimmten Voraussetzungen (Rn. 31) eine Befreiung vor.[51] Die Abwendung der finanziellen Überforderung des Bieters ist kein
Selbstzweck. Vielmehr soll der Gefahr vorgebeugt werden, dass wirtschaftlich
sinnvolle Übernahmen unterbleiben, nachdem sich der Bieter von der Erstreckung des Pflichtangebots auf börsennotierte Tochtergesellschaften der Zielgesellschaft hat abschrecken lassen.[52] Daraus folgen zwei Einschränkungen:
Nicht gemeint ist zum einen die mittelbare Kontrollerlangung durch eine nicht
börsennotierte Tochtergesellschaft des Bieters.[53] Die zweite Einschränkung
betrifft den Fall, dass der Bieter die unmittelbare Kontrolle über die (börsennotierte) Tochtergesellschaft nicht aufgrund eines freiwilligen Übernahmeangebots, sondern auf sonstige Weise erlangt hat und somit eine Angebotspflicht nicht nur im Hinblick auf die Enkelin (Zielgesellschaft 2), sondern auch
auf die Tochtergesellschaft (Zielgesellschaft 1) besteht. Die Befreiung betrifft
dann nur die Angebotspflicht gegenüber den (außen stehenden) Aktionären
der Enkelin (Zielgesellschaft 2), nicht auch die gegenüber den Mitgesellschaf-
tern der Tochtergesellschaft (Zielgesellschaft 1).[54]

31   Die Befreiung hängt gem. § 9 Satz 2 Nr. 3 AngebotsVO von der **Geringfügigkeit des Beteiligungswertes** ab: Sie ist zu bewilligen, wenn „der Wert
der Tochtergesellschaft gegenüber dem Gesamtwert der Muttergesellschaft in
den Hintergrund tritt".[55] Nur dann nämlich „wird die Tochtergesellschaft

---

ten Großaktionärs mit höherem Stimmanteil). Der aber betrifft, wie soeben ausgeführt, die Behinderung der tatsächlichen Kontrollausübung.

[49] BT-Drucks. 14/7034 S. 81.

[50] Speziell hierzu *Versteegen* in Kölner Komm. Anh. § 37, § 9 AngebotsVO Rn. 37.

[51] Die systematische Zuordnung ist nicht eindeutig. Vertretbar erscheint auch
die Annahme, dass der Befreiungsgrund die „Zielsetzungen" des Bieters (siehe unter
Rn. 23) betrifft, vgl. *Hommelhoff/Witt* in Haarmann/Riehmer/Schüppen Rn. 19; *Versteegen* in Kölner Komm. Rn. 31.

[52] Begründung zu § 9 Satz 2 Nr. 3 AngebotsVO, BT-Drucks. 14/7034 S. 81.

[53] AA *Steinmeyer/Häger* Rn. 34; *Holzborn/Blank* NZG 2002, 948, 953.

[54] Wenn also § 37 Abs. 1 von Beteiligungsverhältnissen „an" der, nicht von solchen „der" Zielgesellschaft spricht, ist mit „Zielgesellschaft" die mittelbar kontrollierte Enkelin, nicht die unmittelbar kontrollierte Tochter gemeint.

[55] Entwurfsbegründung BT-Drucks. 14/7034 S. 81.

häufig nicht das eigentliche Ziel der Übernahme des Bieters sein".[56] Die AngebotsVO legt eine typisierende Betrachtungsweise zugrunde. Danach rechtfertigt der Wertevergleich eine Befreiung, wenn der Beteiligungswert des Kontrollmittlers (Zielgesellschaft 1) an der mittelbar kontrollierten Zielgesellschaft (Zielgesellschaft 2) weniger als 20 % seines buchmäßigen Aktivvermögens beträgt. Die VO erklärt den *Buchwert* der Beteiligung für maßgebend, vermutlich unter der Prämisse, dass der Antragsteller über die Höhe der von seiner AG (der Zielgesellschaft 1) gehaltenen stillen Reserven nicht informiert ist und nach Aktienrecht auch kein diesbezügliches Auskunftsrecht hat (§ 131 Abs. 3 Nr. 3 AktG).[57] Auf börsennotierte Kontrollmittler – und nur um sie geht es in § 9 Satz 2 Nr. 3 AngebotsVO – trifft diese Annahme jedoch spätestens dann nicht mehr zu, wenn die EG-RechnungslegungsVO in Kraft tritt und börsennotierte Unternehmen ihre konsolidierten Abschlüsse nach IAS erstellen müssen. Fällt die Zielgesellschaft 2 in den Konsolidierungskreis der Zielgesellschaft 1, so ist schon nach geltendem Bilanzrecht eine Offenlegung stiller Reserven vorgesehen.[58] In all diesen Fällen wird man statt auf den Buchwert im Einzelabschluss auf die (höheren) Werte im Konzernabschluss abzustellen haben.[59] Der dem Beteiligungswert gegenüberzustellende Wert des übrigen Vermögens entspricht der Summe aller Aktiva abzüglich aktive Rechnungsabgrenzungsposten (§ 250 Abs. 1 HGB) und Bilanzierungshilfen wie zB die nach § 269 HGB gebildeten.[60]

Überschreitet der Beteiligungswert den in § 9 Satz 2 Nr. 3 AngebotsVO **32** definierten Schwellenwert, so kommt eine **Befreiung aus sonstigen Gründen** in Betracht, die darauf schließen lassen, dass die Erstreckung des Pflichtangebots auf die Ebene der mittelbar kontrollierten Zielgesellschaft unverhältnismäßig wäre. Es bietet sich an, ersatzweise auf andere Vergleichskriterien zurückzugreifen, beispielsweise auf den Anteil der Tochter am Umsatz, Ertrag oder der personellen Ausstattung.[61] Zu denken ist weiter an eine Befreiung der Tochtergesellschaft – auch einer nicht börsennotierten – wegen fehlender **Absorption** der Angebotspflicht (§ 35 Rn. 48 f.). Abzustellen ist insoweit jedoch nicht auf die „Beteiligungsverhältnisse an der Zielgesellschaft",[62] sondern auf den Gesichtspunkt der „tatsächlichen Kontrollausübung" (Rn. 36).

---

[56] Entwurfsbegründung (Fn. 55).

[57] Daran geht die Kritik von *Steinmeyer/Häger* Rn. 35 vorbei. Weiterführend *Kübler* ZHR 159 (1995), 550, 565 f., der eine Pflichtveröffentlichung der stillen Reserven gem. § 15 Abs. 1 WpHG vorschlägt; dazu kritisch *Ekkenga*, Anlegerschutz, Rechnungslegung und Kapitalmarkt, 1998, S. 452.

[58] Vgl. § 301 HGB und die Kommentierung von *Förschle/Deubert* in Beck'scher Bilanzkommentar, 4. Aufl. 1999, § 301 HGB Rn. 5.

[59] Offener *Holzborn/Blank* NZG 2002, 948, 953: Notwendig sei die Angabe sonstiger Tatsachen, die den Schluss darauf zulassen, dass es dem Bieter nicht auf den mittelbaren Erwerb ankommt.

[60] *Lenz/Behnke* BKR 2003, 43, 50.

[61] Vgl. Handelsrechtsausschuss des Deutschen Anwaltsvereins NZG 2001, 1003, 1007.

[62] AA *Hommelhoff/Witt* in *Haarmann/Riehmer/Schüppen* Rn. 18.

33   **c) Einbeziehung von Großaktionären in den Kreis der Schutzadressaten.** Gem. § 9 Satz. 2 Nr. 1 AngebotsVO kann die Befreiung grundsätzlich darauf gestützt werden, dass ein Dritter über einen höheren Stimmanteil an der Zielgesellschaft verfügt als der Bieter. Wie sich aus der Entwurfsbegründung ergibt, ist damit allerdings primär der abstrakte Befreiungsgrund eines Fehlens der Kontrollmöglichkeit gemeint[63] (Rn. 35). Besitzt der Dritte eine gleich hohe Quote oder ist sein Anteilspaket geringfügig kleiner als das des Bieters, so kommt unter Umständen eine Befreiung nach § 9 Satz 2 Nr. 2 AngebotsVO in Betracht (Rn. 37 f.). Daneben ist zu erwägen, ob die „personalistische" Prägung der Beteiligungsstruktur die Annahme rechtfertigt, dass die Aktionäre nicht oder nur in eingeschränktem Maße schutzwürdig sind. Auf den Dritten selbst trifft diese Annahme insofern zu, als das Übernahmerecht faire Rahmenbedingungen gerade für das anonyme Massengeschäft in Kleinanteilen („Free Float") schaffen will.[64] Die übrigen (Klein-)Anleger erscheinen um so weniger schutzbedürftig, je mehr sie in der Vergangenheit Gelegenheit hatten, ihre Belange zu wahren, beispielsweise durch Annahme eines von dem Dritten vor kurzem unterbreiteten Übernahmeangebots. Da es an einer konkreten Benennung dieses Befreiungsgrundes in der AngebotsVO fehlt, ist die Behörde darin frei, wie sie ihr Entschließungsermessen ausübt (näher Rn. 42).

33a   **d)** Umgekehrt kann eine **Befreiung wegen Geringfügigkeit der Minderheitsbeteiligungen** in Betracht kommen. Im Schrifttum wird in diesem Zusammenhang etwa diskutiert, ob der Erwerber einer Mehrheitsbeteiligung von über 95 % einen Befreiungsgrund selbst herbeiführen kann, indem er die alsbaldige Durchführung eines Squeeze-out gegen angemessene Barabfindung (§ 327 a AktG) verbindlich zusagt.[65]

34   **6. Fehlende Möglichkeit der tatsächlichen Kontrollausübung. a) Allgemeines.** Eine Behinderung der tatsächlichen Kontrollausübung kann ihre Ursache in den Verhältnissen der Zielgesellschaft oder in denen des Bieters haben (hierzu s. Rn. 39). Nur mit erstgenannter Fallgruppe beschäftigt sich die AngebotsVO ausdrücklich. Zu unterscheiden ist wiederum zwischen unternehmensintern errichteten Kontrollhindernissen, die den Einfluss der stimmberechtigten Anteilsinhaber auf das Geschehen in der Zielgesellschaft vermindern (Beispiele: Erschwerung von Mehrheitsentscheidungen in der HV oder Beschneidung von HV-Kompetenzen, Einrichtung bestandssichernder Strukturen für das Management; Einzelheiten s. § 33 Rn. 106 ff.), und „tatsächlichen" Hindernissen, die mit der Verteilung der Stimmanteile und dem Abstimmungsverhalten ihrer Inhaber zu tun haben. Korporativ verankerte Hindernisse sind, sofern sie die individuellen Stimmanteile der Aktionäre tangieren, schon im Rahmen des § 29 Abs. 2 erheblich (s. dort Rn. 15) und fallen nicht

---

[63] BT-Drucks. 14/7034 S. 81; anders Begr. RegE aaO S. 61 zu § 37.

[64] Von vornherein nicht berücksichtigungsfähig sind die Interessen Dritter, die (obwohl Aktionäre der Zielgesellschaft) ohnehin keine potentiellen Adressaten sind, die also vom Gebot des Vollangebots per se ausgenommen sind. Dazu gehören Dritte im Konzern- und Zurechnungsverbund der Zielgesellschaft (näher § 35 Rn. 62) und Paketaktionäre, die ihrerseits angebotspflichtig sind (§ 35 Rn. 63).

[65] Bejahend *Bredow/Liebscher* DB 2003, 1368, 1369.

unter § 37 Abs. 1. Von den möglichen tatsächlichen Hinderungsgründen benennt § 9 AngebotsVO zwei, nämlich die Konkurrenz mit einem überlegenen Anteilsinhaber (Satz 2 Nr. 1) und die bisherige Entscheidungspraxis in der HV (Satz 2 Nr. 2). Unerwähnt bleibt hingegen die rechtliche Selbstbindung des Bieters, von seinem Stimmrecht nicht oder nur in bestimmter Weise Gebrauch zu machen. Das macht Sinn, weil Abstimmungsvereinbarungen bereits zu einer Per-se-Befreiung von der Angebotsverpflichtung führen, wenn sie auf eine „Entherrschung" der Zielgesellschaft abzielen (§ 35 Rn. 40).[66]

b) Vorhandensein eines Dritten mit höherem Stimmanteil. Eine Befreiung ist nach **§ 9 Satz 2 Nr. 1 AngebotsVO** grundsätzlich dann zu gewähren, wenn ein Dritter über einen höheren Stimmanteil an der Zielgesellschaft verfügt. Der weitergehende Vorbehalt, dass Dritter und Bieter nicht „gemeinsam handelnde Personen" (vgl. § 2 Abs. 5) sein dürfen, beruht auf einem Redaktionsversehen und ist als nicht geschrieben zu betrachten. Trifft nämlich der Vorbehalt zu, so sind die Anteile des Dritten dem Bieter nach § 30 Abs. 2 zuzurechnen, so dass dessen Beteiligungsquote niemals kleiner sein kann als die des Dritten.[67] Ist der Anteil des Dritten gleich groß[68] oder geringfügig kleiner oder sind mehrere kleinere Paketaktionäre vorhanden, so muss der Bieter weitere Umstände darlegen, die auf ein tatsächliches Hindernis der Kontrollausübung schließen lassen. Zu denken ist beispielsweise an eine Abstimmungsvereinbarung, deren Beteiligte insgesamt eine höhere Beteiligungsquote erreichen. Es handelt sich dann allerdings nur um einen abstrakten Befreiungsgrund, so dass keine Regelvermutung für die Notwendigkeit einer Freistellung streitet. Hat die Paketbildung eine atypisch hohe HV-Präsenz zur Folge, so gilt § 9 Satz 2 Nr. 2 AngebotsVO (Rn. 37). Für die BAFin bietet sich an, die Befreiungsverfügung unter der Bedingung zu erteilen, dass der Stimmanteil des Dritten in Zukunft nicht wesentlich herabsinkt, oder einen entsprechenden Widerrufsvorbehalt auszusprechen.[69]

Fraglich ist, ob **„Dritter"** auch sein kann, wer zum Konzern- und Zurechnungsverbund des Bieters iSd. § 30 gehört.[70] Das dürfte jedenfalls dann nicht der Fall sein, wenn der Bieter als Konzernspitze das Kontrollverhalten des Dritten in der Zielgesellschaft maßgeblich beeinflussen kann. Ist als Folge des Konzern- und Zurechnungsverbundes auch der Dritte angebotsverpflichtet, so besteht zwar eine Parallele zum Fall des § 9 Satz 2 Nr. 1 AngebotsVO insofern, als der Bieter gezwungen ist, den Übernahmeerfolg mit dem Dritten zu teilen (§ 35 Rn. 48 f.). Die BAFin hat aber nicht die Aufgabe, eine – für die Aktionäre der Zielgesellschaft prinzipiell vorteilhafte – Konkurrenzsituation durch Befreiung eines der Wettbewerber zu unterbinden. Die Situation ist nicht anders zu beurteilen, als hätte die Zielgesellschaft von sich aus einen Konkurrenzbieter

35

36

---

[66] AA *Steinmeyer/Häger* Rn. 38; *Harbarth* ZIP 2002, 321, 331 f., die eine Befreiung gemäß Abs. 1 in Erwägung ziehen.

[67] *Steinmeyer/Häger* Rn. 27 f.

[68] Für Anwendung des § 9 Satz 2 Nr. 1 AngebotsVO auch auf diesen Fall *Versteegen* in Kölner Komm. Anh. § 37, § 9 AngebotsVO Rn. 28.

[69] *Steinmeyer/Häger* Rn. 29, 44.

[70] Implizit bejahend *Versteegen* in Kölner Komm. Rn. 53: Erheblichkeit eines Beherrschungsvertrages, wenn die Konzernmutter als „Dritte" mit dem Bieter „in irgendeiner Form verbunden" ist.

als „White Knight" eingeschaltet. Zum Einfluss des Komplementärs einer KGaA und den sich daraus ergebenden Konsequenzen siehe § 35 Rn. 20.

37   **c) Atypisch hohe Präsenz der übrigen Aktionäre in der Hauptversammlung.** Dass die unwiderlegliche Kontrollvermutung des § 29 Abs. 2 schon bei einer Beteiligung von 30 % statt erst bei einer Mehrheitsbeteiligung einsetzt, liegt an der typischerweise niedrigen Präsenz der übrigen Stimmberechtigten in der HV: Erreicht die Summe aller in der HV vertretenen Stimmanteile nicht das Doppelte der vom Bieter gehaltenen Quote, so kann dieser auch mit einer Beteiligung von 50 % oder weniger Mehrheitsbeschlüsse durchsetzen.[71] Trifft diese Prämisse nicht zu, so ist gemäß **§ 9 Satz 2 Nr. 2 AngebotsVO** auf Antrag grundsätzlich eine Befreiung auszusprechen. Befreiungsgrund ist die Erwartung, dass in den künftigen HVen mit einer atypisch hohen Präsenz der übrigen Aktionäre zu rechnen ist. Hierfür spricht eine Vermutung, wenn der Antragsteller entsprechend hohe Präsenzen in den vergangenen drei ordentlichen HVen darlegen kann. Befreiungen nach § 9 Satz 2 Nr. 2 AngebotsVO sollen möglichst befristet erteilt werden, da sich HV-Präsenzen jederzeit ändern können.[72]

38   **d) Sonstige Hindernisse der tatsächlichen Kontrollausübung** Für ein tatsächliches Kontrollhindernis können auch sonstige, in der AngebotsVO nicht ausdrücklich genannte Umstände sprechen. Zu ihnen gehört beispielsweise die Tatsache, dass mehrere Aktionäre ihre Stimmrechte aufgrund einer kürzlich getroffenen Vereinbarung in einen Pool eingebracht haben. Da der konkrete Befreiungsgrund des § 9 Satz 2 Nr. 2 AngebotsVO nicht vorliegt, hat die BAFin eine Prognoseentscheidung zu treffen und gegebenenfalls ihr Entschließungsermessen auszuüben.[73] Ähnlich sind abwehrgerichtete Satzungsbestimmungen der Zielgesellschaft zu beurteilen, die die Einflussrechte der Inhaber von Stimmmehrheiten beschneiden.[74]

39   **e) Fehlende Entscheidungsautonomie des Bieters.** Abgesehen von den Fällen des § 9 Satz 2 Nr. 1, 2 AngebotsVO ist eine Befreiung zugunsten einer Tochtergesellschaft zu erwägen, wenn sie neben ihrer Konzernmutter angebotspflichtig ist und wenn sie von Letzterer fremdbeherrscht wird, so dass ihr die für eine Kontrollausübung nötige Entscheidungsautonomie fehlt. In der AngebotsVO ist dieser Befreiungsgrund nicht erwähnt, er ergibt sich aber aus der Ablehnung einer Absorption bei Vorhandensein mehrerer Bieter.[75] Da es sich um einen abstrakten Befreiungsgrund handelt, ist für die Annahme einer Ermessensbindung (unten Rn. 43) kein Raum.

40   **7. Finanzielle Überforderung des Bieters.** Unter den abschließenden Katalogmerkmalen des § 37 Abs. 1 ist das Risiko einer finanziellen Überforderung nicht genannt, so dass eine Befreiung allein aus diesem Grund nicht in

---

[71] *Steinmeyer/Häger* Rn. 31 mit Berechnungsbeispiel.

[72] Entwurfsbegründung BT-Drucks. 14/7034 S. 81.

[73] Im Ergebnis ebenso *Steinmeyer/Häger* Rn. 36.

[74] Beispiele bei *Opitz* in *Schäfer*, WpHG/BörsG, 1999, § 22 WpHG Rn. 7.

[75] § 35 Rn. 48 f. Weitergehend *Versteegen* in Kölner Komm. Rn. 37; *Harbarth* ZIP 2002, 321, 331: Befreiung der Mutter- oder Tochtergesellschaft.

Betracht kommt. Sofern der Bieter den Kontrollerwerb aktiv betrieben hat, ist er wohl auch nicht schutzwürdig.[76] Anders verhält es sich, wenn die Belastung des Bieters mit dem Pflichtangebot dazu führen könnte, dass wünschenswerte Übernahmen oder Investitionen bei der Zielgesellschaft unterbleiben (Rn. 24). In den Fällen des passiven Kontrollerwerbs ist das Entlastungsinteresse des Bieters in den Grenzen des § 9 Satz 1 Nr. 1, 2 AngebotsVO erheblich.

IV. Entscheidungsspielräume und Ermessensausübung

1. Kein tatbestandlicher Beurteilungsspielraum. Die Entscheidung der 41 BAFin, ob ein abstrakter oder konkreter Befreiungsgrund (zu dieser Unterscheidung Rn. 16) gegeben ist, unterliegt der vollen richterlichen Kontrolle. Für die Annahme eines gerichtlich nur eingeschränkt überprüfbaren Beurteilungsspielraumes besteht kein hinreichender Anlass. Denn zum einen handelt es sich bei der Befreiung von der Angebotsverpflichtung um einen höchst „grundrechtssensiblen" Bereich der Erlaubnisverwaltung (§ 35 Rn. 10 ff.), dessen Befrachtung mit Elementen des behördlichen Ermessens ohnehin problematisch ist.[77] Zum anderen fehlt es an Hinweisen darauf, dass der Gesetzgeber der BAFin in Ermangelung objektiver Überprüfungskriterien einen derartigen Beurteilungsspielraum zuerkennen wollte. Allein die Verwendung einer Reihe unbestimmter Rechtsbegriffe im Tatbestand des § 37 Abs. 1 rechtfertigt die Annahme einer dahingehenden Ermächtigung nicht,[78] ebenso wenig die Tatsache, dass die Erkennung auf das Vorliegen eines Befreiungsgrundes bisweilen eine Prognoseentscheidung verlangt[79] (so etwa bei § 9 Satz 2 Nr. 2 AngebotsVO, siehe Rn. 37).

2. Entschließungs- und Auswahlermessen. a) Grundsatz. Ermessens- 42 abhängig ist nach dem Gesetzestext (die Behörde „kann...befreien") die Entscheidung über das „Ob" der Befreiung. Dieses *Entschließungsermessen* umfasst gemäß § 36 Abs. 2 VwVfG die weitere Entscheidung, ob die Befreiung mit einer Nebenbestimmung (Befristung, Bedingung, Widerrufsvorbehalt, Auflage, Auflagenvorbehalt) versehen werden soll (*Auswahlermessen*). Die bei der pflichtgemäßen Ermessensausübung zu berücksichtigenden Aspekte sind durch § 37 Abs. 1 vorgegeben: Gegen das *Interesse des Bieters* an einer Befreiung von der Angebotspflicht sind die *Interessen der Aktionäre der Zielgesellschaft* an der Unterbreitung des Pflichtangebots abzuwägen.[80] Letztere wiegen desto schwerer, je mehr die vom Bieter verfolgten Ziele Anlass geben zu einer Neubewertung der von ihm zu erwerbenden Aktien.[81] Das *Interesse der Zielgesellschaft* am Entscheidungsergebnis ist dagegen in § 37 Abs. 1 nicht erwähnt, ebenso wenig ein

---

[76] *Versteegen* in Kölner Komm. Rn. 20.

[77] *Ekkenga/Hofschroer* DStR 2002, 768, 772. Vgl. auch BVerfGE 88, 40, 59; *Schulze-Fielitz* JZ 1993, 772 ff.

[78] Vgl. BVerwGE 87, 332, 361; *Kopp/Ramsauer* VwVfG, 7. Aufl. 2000, § 40 Rn. 73 mwN.

[79] Letzteres ist in den Details umstritten, wie hier *Kopp/Ramsauer* VwVfG, 7. Aufl. 2000, § 40 Rn. 18 mwN.

[80] Unklar *Steinmeyer/Häger* Rn. 40 ff., die in der Interessenabwägung offenbar eine der Ermessensausübung vorgelagerte Entscheidung sehen wollen. Beides ist jedoch nicht zu trennen, weder tatsächlich noch rechtlich, vgl. § 40 VwVfG.

[81] *Meyer* in Geibel/Süßmann Rn. 38.

eventuelles Interesse sonstiger Dritter, beispielsweise der Arbeitnehmer. Derartige Belange vermögen daher die Annahme eines Befreiungsgrundes nicht zu stützen. Das schließt jedoch ihre Mitberücksichtigung bei der Ermessensausübung nicht aus, weil nicht ersichtlich ist, dass der Gesetzgeber auch die ermessensleitenden Gesichtspunkte in § 37 Abs. 1 abschließend regeln wollte.[82]

43   **b) Beschränkungen.** § 37 Abs. 1 sieht zwar grundsätzlich ein **offenes Ermessen** vor, dessen Ausübung nur an die allgemeinen Vorgaben des § 40 VwVfG (vgl. § 56 Abs. 4) gebunden ist. Allerdings hat die Exekutive das Ergebnis der von ihr zu leistenden Interessenabwägung in § 9 AngebotsVO schon weitgehend antizipiert. Das führt insofern zu einer Ermessensbeschränkung, als eine Abweichung von dieser Vorentscheidung im Einzelfall schon aus Gründen der Gleichbehandlung rechtfertigungsbedürftig ist. Im Geltungsbereich der in § 9 AngebotsVO formulierten konkreten Befreiungstatbestände ist daher die Ermessensausübung an den Grundsatz gebunden, dass die Bewilligung der Befreiung die Regel, die Ablehnung hingegen die Ausnahme sein muss (**gebundenes Ermessen**).[83] Ergibt der Sachverhalt keinerlei Anhaltspunkte für eine atypische Lage der Dinge, so ist von einer **Ermessensreduzierung** auf Null auszugehen.[84] Für sonstige, aus den abstrakten Tatbestandsmerkmalen des § 37 Abs. 1 abzuleitende Befreiungsgründe bewendet es dagegen bei den allgemeinen Grundsätzen.

§ 38 Anspruch auf Zinsen

Der Bieter ist den Aktionären der Zielgesellschaft für die Dauer des Verstoßes zur Zahlung von Zinsen auf die Gegenleistung in Höhe von fünf Prozentpunkten auf das Jahr über dem jeweiligen Basiszinssatz nach § 247 des Bürgerlichen Gesetzbuchs verpflichtet, wenn

1. er entgegen § 35 Abs. 1 Satz 1 keine Veröffentlichung gemäß § 10 Abs. 3 Satz 1 vornimmt,

2. er entgegen § 35 Abs. 2 Satz 1 kein Angebot gemäß § 14 Abs. 3 Satz 1 abgibt oder

3. ihm ein Angebot im Sinne des § 35 Abs. 2 Satz 1 nach § 15 Abs. 1, Nr. 1, 2 oder 3 untersagt worden ist.

Übersicht

---

[82] Vgl. BVerwGE 16, 224, 226; *Kopp/Ramsauer* VwVfG, 7. Aufl. 2000, § 40 Rn. 43.

[83] Vgl. *Kopp/Ramsauer* VwVfG, 7. Aufl. 2000, § 40 Rn. 45 mwN; anders *Versteegen* in Kölner Komm. Anh. § 37, § 9 AngebotsVO Rn. 1; offenbar auch *Steinmeyer/Häger* Rn. 41.

[84] Anders (wesentlich zurückhaltender) *Versteegen* in Kölner Komm. Rn. 61; *Steinmeyer/Häger* Rn. 43.

I. Regelungsgegenstand und -zweck

1. Regelungsgegenstand. Die Vorschrift ergänzt das Sanktionensystem **1**
der §§ 59 und 60 für den Fall, dass der Bieter seiner Veröffentlichungs- und
Angebotspflicht nach § 35 nicht nachkommt. Solange der Pflichtverstoß andauert, ist der Bieter „den Aktionären der Zielgesellschaft" zu Zinszahlungen
verpflichtet. Der Zinssatz entspricht dem Standard des Bürgerlichen Rechts
für Verzugszinsen bei Verbrauchergeschäften, vgl. § 288 Abs. 1 Satz 2 BGB. Die
Vorschrift ist – ebenso wie die Haftungsnorm des § 12 – zivilrechtlicher Natur.
Ihre Durchsetzung ist daher nicht Gegenstand der Kapitalmarktaufsicht, sondern der Initiative der Anspruchsinhaber überlassen. Die Regelung wird im
Schrifttum als unverhältnismäßig kritisiert und bisweilen sogar verfassungsrechtlich in Zweifel gezogen.[1]

2. Regelungszweck. a) Meinungsstand. Der Sinn und Zweck der **2**
Norm ist nicht leicht zu ergründen und wird in der auffallend sparsam formulierten Entwurfsbegründung[2] auch nicht näher erläutert. Im Schrifttum
herrscht die Auffassung vor, es handele sich um eine Art „Sanktion", doch ver-
bergen sich dahinter sehr unterschiedliche Vorstellungen. Es gibt drei mögliche
Interpretationen: (1) Einige nehmen an, § 38 ergänze lediglich den bürgerlich-
rechtlichen Anspruch auf Verzugszinsen (§ 288 Abs. 1 Satz 1 BGB), indem er
die Verzinslichkeit auf den vorvertraglichen Berechnungszeitraum erstrecke.
Zur Entstehung gelange der Zinsanspruch erst mit Begründung der Hauptforderung, also des gegen den Bieter gerichteten Kaufpreisanspruchs.[3] Aktiv
legitimiert sei also nur, wer das schließlich doch unterbreitete Pflichtangebot
angenommen habe.[4] (2) Andere betonen den „strafähnlichen Charakter" der
Zinszahlungspflicht.[5] Nach dieser Auffassung lässt sich die Vorschrift in das
bürgerlich-rechtliche System von Haupt- und Nebenansprüchen nicht ein-

---

[1] *Kremer/Oesterhaus* in Kölner Komm. Rn. 3; vgl. dazu auch § 35 Rn. 9 ff.
[2] BT-Drucks. 14/7034 S. 61.
[3] *Steinmeyer/Häger* Rn. 3.
[4] *Steinmeyer/Häger* Rn. 3; im Ergebnis ebenso *Hommelhoff/Witt* in *Haarmann/
Riehmer/Schüppen* Rn. 21 f.; AnwK-AktienR/*von Lingelsheim* Kap. 15 Rn. 1.
[5] *Hommelhoff/Witt* in *Haarmann/Riehmer/Schüppen* Rn. 2, 12; AnwK-AktienR/
von Lingelsheim Kap. 15 Rn. 1.

fügen: Der Zinsanspruch begründet eine selbständige Hauptforderung, die in § 38 erwähnte „Gegenleistung" bezeichnet lediglich die Bemessungsgrundlage für die Berechnung der Zinshöhe.[6] Für eine Beschränkung der Anspruchsberechtigten auf die verkaufsbereiten Aktionäre besteht danach kein – jedenfalls kein rechtsdogmatischer – Anlass.[7] (3) Zu ähnlichen Konsequenzen führt es, wenn man „Sanktion" im Sinne eines Druckmittels versteht, durch das der Bieter zur pünktlichen Erfüllung seiner Pflichten aus § 35 angehalten werden soll.[8]

3   **b) Stellungnahme.** § 38 etabliert weder einen bürgerlich-rechtlichen Zinsanspruch noch „Strafzinsen", sondern ist ein spezielles übernahmerechtliches Druckmittel im Sinne der dritten Interpretation. Dafür spricht immerhin die Wendung in der Entwurfsbegründung, die Zinszahlungspflicht ziele darauf ab, den Übernahmeaufwand zu Lasten des säumigen Bieters zu verteuern.[9] Die Annahme eines Nebenanspruchs im Sinne des ersten Begründungsansatzes hat zwar den Vorteil, dass er der Gefahr einer Ausuferung der Zinszahlungspflicht, die die verunglückte Fassung des § 38 zweifellos heraufbeschwört (näher Rn. 9), durch eine Begrenzung des Kreises der Anspruchsberechtigten von vornherein begegnet. Doch vermag die Gegenauffassung nicht zu erklären, warum die Verzinslichkeit schon mit der Entstehung der Veröffentlichungspflicht nach § 35 Abs. 1 Satz 1 beginnt (Nr. 1) – also zu einem Zeitpunkt, in dem ein Vergütungsanspruch gegen den Bieter selbst bei dessen pflichtgemäßem Verhalten noch nicht entstanden sein konnte. Vor allem aber kann es nicht angehen, dass der Bieter in die Lage versetzt wird, die Entstehung der Zinsverpflichtung kraft eigener Vollkommenheit zu verhindern. Zu denken ist etwa an den Fall, dass der Bieter nachträglich eine Befreiung nach § 20 erwirkt, so dass die Angebotspflicht endet und mit ihr die Verzinslichkeit (Rn. 10). Mangels Abschluss von Kaufverträgen gingen die aus § 38 Anspruchsberechtigten auch für die Vergangenheit leer aus. Die Vorstellung einer strafähnlichen, gleichwohl auf zivilrechtlichem Wege beförderten Sanktionsnorm schließlich ist der deutschen Rechtsordnung fremd und lässt sich den Materialien nicht mit hinreichender Deutlichkeit entnehmen.

4   **3. Ausländische Rechtsordnungen.** Ein § 38 vergleichbarer Zinsanspruch der Aktionäre findet sich in den Rechtsordnungen der übrigen EU-Mitgliedsstaaten nicht.

II. Anspruchsvoraussetzungen

5   **1. Entstehung. a) Pflichtverletzung.** Der Zinsanspruch entsteht erstmals, sobald der Bieter die **rechtzeitige Veröffentlichung der Kontrollerlangung gemäß § 35 Abs. 1 Satz 1 versäumt (Nr. 1).** Der Beginn der Pflichtverletzung entspricht in den Fällen der Nr. 1 dem Ablauf der in § 35 Abs. 1 Satz 1, 2 vorgesehenen Frist. Bei Publikationsfehlern ist zu differenzie-

---

[6] So im Ergebnis *Kremer/Oesterhaus* in Kölner Komm. Rn. 1, 25.

[7] *Kremer/Oesterhaus* in Kölner Komm. Rn. 42. Letztere Schlussfolgerung ziehen *Hommelhoff/Witt* (Fn. 4) allerdings nicht, siehe oben Fn. 4.

[8] Dieser Gedanke klingt nur gelegentlich an, vgl. *Steinmeyer/Häger* Rn. 1.

[9] Begr. RegE BT-Drucks. 14/7034 S. 61.

ren: Eine Veröffentlichung in einem anderen als dem in § 10 Abs. 2 vorgeschriebenen Medium löst den Anspruch nach § 38 Nr. 1 aus, während lediglich
formale Mängel (falsche Anschrift, fehlende Internetadresse, Rechenfehler)
unerheblich sind.[10]

Der Zinsanspruch setzt sich fort, wenn der Bieter die **rechtzeitige Veröf-** 6
**fentlichung einer Angebotsunterlage gemäß § 35 Abs. 2 Satz 1 versäumt
(Nr. 2).** Gemeint ist nur der Fall, dass die rechtzeitige und ordnungsgemäße
Publikation der Angebotsunterlage unterbleibt, nachdem der Bieter die Kontrollerlangung veröffentlicht hat. Eine weiterreichende Auslegung (Zinszah-
lungsverpflichtung auch bei fehlender Vorveröffentlichung nach § 35 Abs. 1
Satz 1) hätte nämlich zur Folge, dass sich die Zinszahlungen nach Nr. 1 und Nr. 2
kumulierten. Dass dies gewollt war, ist nicht anzunehmen.[11] Das Verfahren gemäß § 14 Abs. 3 Satz 1 ist einzuhalten (vgl. im Übrigen Rn. 5). Die Pflichtverletzung beginnt nach Ablauf einer Gesamtfrist von 38 Tagen, bestehend aus der
4-Wochen-Frist des § 35 Abs. 2 Satz 1 zuzüglich einer unterstellten Bearbei-
tungszeit der BAFin von 10 Tagen (vgl. § 35 Rn. 60). § 38 Nr. 2 ist auch dann verwirklicht, wenn die eingereichte Angebotsunterlage fehlerhaft ist (Rn. 10).[12]

Weiterer Entstehungsgrund ist die **Einreichung einer nicht ordnungs-** 7
gemäßen Angebotsunterlage, sofern die BAFin deren Veröffentlichung
daraufhin gemäß § 15 Abs. 1 untersagt **(Nr. 3)**. Der Zinsanspruch entsteht bei
Zugang der Untersagungsverfügung.[13] Das Verhältnis der Vorschrift zu den
Nr. 1 und 2 ist unklar: Ergeht ein Verbot, so muss die Veröffentlichung nach
§ 15 Abs. 3 unterbleiben, so dass der Bieter normalerweise schon nach Nr. 2
haftet.[14] Auch wenn sich der Bieter über das Veröffentlichungsverbot hinwegsetzt, wird er wegen der Fehlerhaftigkeit der Angebotsunterlage regelmäßig
nach Nr. 2 haften (Rn. 6). Da eine Kumulation von Zinshaftungstatbeständen
ausscheidet (Rn. 6), beschränkt sich die praktische Bedeutung der Nr. 3 neben
Nr. 2 wohl auf den theoretischen Fall, dass die BAFin die Angebotsunterlage zu
Unrecht beanstandet und der Bieter diese verbotswidrig veröffentlicht. Der
Widerspruch und die Beschwerde gegen die Untersagungsverfügung haben
keine aufschiebende Wirkung (vgl. §§ 42, 48), hindern also die Entstehung der
Zahlungsverpflichtung nicht.

b) Verschulden. Die Kommentarliteratur tendiert dazu, § 38 im Sinne 8
einer Verschuldenshaftung (Haftung für Vorsatz und Fahrlässigkeit) zu inter-
pretieren, obwohl dergleichen aus dem Gesetzestext nicht hervorgeht.[15] Teilweise wird das aus verfassungsrechtlichen Erwägungen abgeleitet.[16] Die
Bedeutung der Frage ist dadurch abgemildert, dass ohne Kenntnis bzw. Kennenmüssen des pflichtbegründenden Tatbestandes die Fristen nach § 35 Abs. 1

---

[10] Einzelheiten *Kremer/Oesterhaus* in Kölner Komm. Rn. 11 ff.

[11] *Kremer/Oesterhaus* in Kölner Komm. Rn. 32; AnwK-AktienR/*von Lingelsheim*
Kap. 15 Rn. 3; aA *Steinmeyer/Häger* Rn. 9.

[12] AA *Kremer/Oesterhaus* in Kölner Komm. Rn. 19.

[13] *Kremer/Oesterhaus* in Kölner Komm. Rn. 30.

[14] Zutreffend *Steinmeyer/Häger* Rn. 11.

[15] *Hommelhoff/Witt* in *Haarmann/Riehmer/Schüppen* Rn. 12; *Kremer/Oesterhaus* in
Kölner Komm. Rn. 24.

[16] *Kremer/Oesterhaus* in Kölner Komm. Rn. 24.

Satz 1, Abs. 2 Satz 1 nicht laufen.[17] Das Verschuldenserfordernis gewinnt aber an Bedeutung, wenn der Zinsanspruch auf die Einreichung einer fehlerhaften Angebotsunterlage gestützt wird und der Bieter den Fehler bei Beachtung der im Verkehr erforderlichen Sorgfalt nicht erkennen konnte, ferner wenn sich die Erwirkung einer Befreiungsverfügung nach §§ 20 iVm. 39, § 36 oder § 37 aus Gründen, die der Bieter nicht zu vertreten hat, hinauszögert.

9   **c) Aktivlegitimation.** Anspruchsberechtigt sind grundsätzlich die Aktionäre, denen der Bieter ein Pflichtangebot unterbreiten musste, also die potentiellen Angebotsadressaten. Zu ihnen gehört nicht, wer dem Konzern- und Zurechnungsverbund der Zielgesellschaft zuzurechnen ist[18] oder wer vom Kreis der Schutzadressaten ausgenommen ist, weil er „im Lager des Bieters" steht (Einzelheiten § 35 Rn. 62 f.). Auf die Frage, ob der Aktionär überhaupt an den Bieter verkaufen will oder ob er das später unterbreitete Angebot angenommen hat, kommt es nicht an (Rn. 2 f.). Andererseits ist der Gefahr zu begegnen, dass die Haftung des Bieters aufgrund des fortwährenden Handels in Aktien der Zielgesellschaft ausufert: Die Zinsbelastung könnte sich verdoppeln oder gar potenzieren, wenn die Anteile ein- oder mehrfach den Inhaber wechseln, während der Pflichtverstoß andauert. Deshalb ist anzunehmen, dass die Anspruchsberechtigung auf den jeweiligen (Dritt-)Käufer übergeht. Der Verkäufer wird hierdurch nicht benachteiligt, da er die Möglichkeit hat, den Wert der bis zum Verkauf angesammelten Zinsen über den zwischenzeitlich gestiegenen Aktienkurs zu liquidieren (zu den weiteren Folgerungen für die Handhabung der Mindestpreisregelung des § 5 AngebotsVO siehe Rn. 14).

10   **2. Erlöschen.** Eine Beendigung kommt aus drei Gründen in Betracht: (1) Bei *ordnungsgemäßer Nacherfüllung* der Pflichten aus § 35 Abs. 1 Satz 1, Abs. 2 Satz 1.[19] Eine Veröffentlichung der Angebotsunterlage ohne vorherige Veröffentlichung der Kontrollerlangung reicht zur Beendigung nicht aus.[20] Auch die Veröffentlichung einer unzutreffenden Angebotsunterlage genügt nicht, um die Haftung nach Nr. 2 zu beenden. Denn anderenfalls entstünde eine Lücke: Nr. 3 greift nur ein, wenn die BAFin auf die Einreichung einer falschen Angebotsunterlage mit einem Verbot reagiert hat.[21] Die ordnungsgemäße Nacherfüllung bewirkt die Beendigung des Zinsanspruchs, also ein Erlöschen ex nunc. (2) Entfällt nachträglich die Angebotsverpflichtung wegen *Erlasses einer Befreiungsverfügung*, so erlischt auch hierdurch die Zinszahlungspflicht,[22] im Gegensatz zur Nacherfüllung jedoch rückwirkend.[23] (3) Wird die Verbotsverfügung nach § 15 im Widerspruchs- oder Beschwerdeverfahren *aufgehoben*, so erlischt die Zahlungsverpflichtung aus Nr. 3 ebenfalls ex tunc.[24]

---

[17] *Hommelhoff/Witt* in *Haarmann/Riehmer/Schüppen* Rn. 12.

[18] *Kremer/Oesterhaus* in Kölner Komm. Rn. 43; aA *Steinmeyer/Häger* Rn. 2.

[19] *Hommelhoff/Witt* in *Haarmann/Riehmer/Schüppen* Rn. 7, 13.

[20] *Steinmeyer/Häger* Rn. 7.

[21] *Hommelhoff/Witt* in *Haarmann/Riehmer/Schüppen* Rn. 9; aA *Kremer/Oesterhaus* in Kölner Komm. Rn. 19; *Steinmeyer/Häger* WpÜG, 2002, Rn. 10.

[22] *Hommelhoff/Witt* in *Haarmann/Riehmer/Schüppen* Rn. 13, 14.

[23] *Kremer/Oesterhaus* in Kölner Komm. Rn. 22.

[24] AA *Steinmeyer/Häger* Rn. 13.

III. Rechtsfolgen

1. Zinsanspruch. Nach dem Gesetzestext sind „Zinsen auf die Gegenleis- 11
tung" zu zahlen. Das erscheint insofern problematisch, als der Anspruch jedenfalls in den Fällen der Nr. 1 und 2 gerade voraussetzt, dass der Bieter keine
Gegenleistung angeboten hat. Es muss also mit einem fiktiven, nach den
Marktgegebenheiten konstruierten **Basiswert** gearbeitet werden. Dabei ist
stets vom Mindestgebot auszugehen, denn anderenfalls wäre der preislich
offensive Bieter noch benachteiligt.[25] Beruht die Zinszahlungspflicht auf einer
Untersagung nach § 15 und wollte der Bieter ein Umtauschangebot unterbreiten oder hat er ein (nicht ordnungsgemäßes) Umtauschangebot abgegeben, so
bleibt auch der höhere Wert der Umtauschaktien außer Ansatz, soweit er das
Mindestgebot übersteigt. Rechnerisch ist also stets von einem Barangebot auszugehen.[26]

Der **Zinssatz** beträgt fünf Prozentpunkte auf das Jahr über dem jeweiligen 12
Basiszinssatz iSd. § 247 BGB. Der Zinssatz ist variabel, d.h. er verändert sich
je nach periodischer Neufestsetzung des Referenzzinssatzes.[27]

2. Fälligkeit. Der Zinsanspruch ist dem Grunde nach sofort, nicht erst nach 13
Beendung der fortgesetzten Pflichtverletzung fällig (§ 271 BGB).[28]

3. Wirkung auf die Preisbemessung für das Pflichtangebot. Die 14
Aktionäre erhalten aufgrund der Zinszahlung eine vorgezogene Rendite, die
ihnen unter Umständen zusätzlich zur Jahresdividende zufließt. Erfahren ihre
Aktien hierdurch eine Kurssteigerung, so muss diese bei der Bemessung der
Mindestvergütung nach § 5 Abs. 1 AngebotsVO außer Betracht bleiben. Denn
anderenfalls müsste der Bieter wiederum „doppelt zahlen".

§ 39 Anwendung der Vorschriften des Abschnitts 3 und 4

**Für Angebote nach § 35 Abs. 2 Satz 1 gelten mit Ausnahme von § 10
Abs. 1 Satz 1, § 14 Abs. 1 Satz 1, § 16 Abs. 2, § 18 Abs. 1, §§ 19, 25, 26 und
34 die Vorschriften der Abschnitte 3 und 4 sinngemäß.**

Übersicht

---

[25] *Kremer/Oesterhaus* in Kölner Komm. Rn. 36.

[26] AA *Hommelhoff/Witt* in *Haarmann/Riehmer/Schüppen* Rn. 20; *Steinmeyer/Häger*
Rn. 2.

[27] Ebenso *Palandt/Heinrichs* BGB, 62. Aufl. 2003, § 288 Rn. 4 zu § 288 Abs. 1
BGB; aA – für gleichbleibenden, zu Beginn der Pflichtverletzung ermittelbaren
Zinssatz *Hommelhoff/Witt* in *Haarmann/Riehmer/Schüppen* Rn. 19.

[28] *Kremer/Oesterhaus* in Kölner Komm. Rn. 40.

I. Regelungsgegenstand und -zweck

1   § 39 stellt klar, dass für das Pflichtangebot die Vorschriften über das
Erwerbsangebot (3. Abschnitt) sowie die über das Übernahmeangebot (4. Abschnitt) entsprechend gelten. Anders als in § 34 finden die Vorschriften des
3. Abschnitts ausdrückliche Erwähnung, deren Anwendung nicht in Betracht
kommt.[1]

II. Umfang der Verweisung

2   Die pauschale Verweisung auf die Vorschriften der Abschnitte 3 und 4 darf
nicht darüber hinwegtäuschen, dass der Inhalt einzelner Bezugsnormen den
Besonderheiten des Pflichtangebots angepasst werden muss. Das betrifft vor
allem (1) die *Verpflichtung zur Unterbreitung eines Barangebots* in den Fällen des § 31
Abs. 3. Ob ein Vor- oder Parallelerwerb im Sinne dieser Vorschrift vorliegt,
richtet sich beim Pflichtangebot nach der erstmaligen Entstehung der Veröffentlichungspflicht iSd. § 35 Abs. 1 Satz 1. Denn die bei freiwilligen Angeboten obligatorische Veröffentlichung der Angebotsentscheidung, auf die es normalerweise ankommt, ist für Pflichtangebote nicht vorgeschrieben.[2]

     (2) die *Abwehrmaßnahmen der Zielgesellschaft* gemäß § 33, insbesondere die dem
Bieter gemäß § 33 Abs. 3 insoweit auferlegte Zurückhaltungsverpflichtung.
Die unveränderte Übertragung dieser Vorschrift auf das Pflichtangebot würde
ihren Sinn geradezu ins Gegenteil verkehren, denn der Angebotspflichtige hat
normalerweise kein Interesse daran, sich das Wohlwollen der Zielgesellschaft
durch das Versprechen geldwerter Vorteile zu erkaufen. Eher hat er ein Interesse
daran, auf die Einleitung von Abwehrmaßnahmen hinzuwirken, um die Ziel-
aktionäre möglichst an einem Verkauf ihrer Anteile zu hindern. *Hierfür* darf
er – so kann die Verweisung nur verstanden werden – der Verwaltung der
Zielgesellschaft keine Geldleistungen oder sonstige Vorteile gewähren oder
versprechen.

---

[1] Kritisch zu dieser Verweisungstechnik *Hommelhoff/Witt* in *Haarmann/Riehmer/
Schüppen* Rn. 2, nach deren Ansicht insoweit eine Verweisung auf § 34 genügt
hätte.

[2] *von Bülow* in Kölner Komm. Rn. 22.

III. Nicht anwendbare Vorschriften

1. § 10 Abs. 1 Satz 1 (Veröffentlichung der Angebotsentscheidung). 3
Die Unanwendbarkeit des § 10 Abs. 1 Satz 1 versteht sich von selbst, weil das
Verfahren bei Pflichtangeboten eben nicht durch die freiwillige Angebotsentscheidung, sondern durch das Erreichen der Kontrollschwelle iSd. § 29 Abs. 2
ausgelöst wird.[3] Denklogisch ist damit die Anwendung des § 10 Abs. 1 insgesamt ausgeschlossen.[4] § 10 Abs. 2 bis 6 ist dagegen auch auf das Pflichtangebot
anzuwenden, wie sich aus den spezielleren Verweisungsvorschriften des § 35
Abs. 1 Satz 1, 4 ergibt.

2. § 14 Abs. 1 Satz 1 (Übermittlung der Angebotsunterlage an die BA- 4
Fin). Die Pflicht des Bieters zur Übermittlung einer Angebotsunterlage an die
BAFin ergibt sich bereits aus § 35 Abs. 2 Satz 1, so dass für die § 14 Abs. 1 Satz 1
kein Anwendungsbereich verbleibt. Dies ist in § 39 ausdrücklich klargestellt.
Im Übrigen bewendet es bei den allgemeinen Regeln des § 14. Der Gesetzgeber hat dies durch ausdrückliche Verweisung in § 35 Abs. 2 Satz 1, 2 noch ausdrücklich hervorgehoben. Dass es sich dabei um eine selektive Bezugnahme
handelt (§ 14 Abs. 2 Satz 3 ist nicht erfasst), ist wegen § 39 im Ergebnis unerheblich. Jedenfalls ist das Zusammenspiel der Verweisungsnormen in § 35
Abs. 2 Satz 2 einerseits und § 39 andererseits rechtstechnisch verunglückt, so
dass sich aus der zu engen Fassung des § 35 Abs. 2 Satz 2 kein Umkehrschluss
ableiten lässt (§ 35 Rn. 55).

3. § 16 Abs. 2 (sog. „Zaunkönigregel"). Die Verlängerung der An- 5
nahmefrist nach § 16 Abs. 2 S. 1 soll den Aktionären der Zielgesellschaft dazu
verhelfen, ihre Verkaufsentscheidung in Kenntnis der Kontrollerlangung treffen zu können, wenn der Eintritt des Übernahmeerfolges bei Ablauf der regulären Annahmefrist noch ungewiss ist.[5] Diese Unsicherheit kann im Falle des
Pflichtangebots grundsätzlich nicht eintreten, weil dieses durch den Tatbestand
der Kontrollerlangung erst ausgelöst wird. Einer Verlängerung der Annahmefrist bedarf es daher nicht – es sei denn, der Pflichtbieter hat seine Kontrollposition vor Ablauf der regulären Annahmefrist wieder verloren. Da dieser
Verlust auf den Fortbestand der Angebotsverpflichtung keinen Einfluss hat
(§ 35 Rn. 50, 66), erscheint es angebracht, § 16 Abs. 2 ausnahmsweise analog
anzuwenden.[6]

4. § 18 Abs. 1 (Abgabe des Angebots unter einer Bedingung). Nach 6
§ 18 Abs. 1 darf das Angebot nicht an Bedingungen geknüpft werden, auf
deren Eintritt der Bieter maßgeblichen Einfluss hat (siehe im Einzelnen die
Kommentierung dort). Wenn § 39 die Anwendbarkeit jener Vorschrift auf das
Pflichtangebot ausschließt, so ist das dahin zu verstehen, dass das Pflichtangebot uneingeschränkt bedingungsfeindlich ist. Zwar könnte sich der Bieter
auch bei Geltung des § 18 Abs. 1 seiner Angebotsverpflichtung keineswegs kraft

---

3 Begr. RegE BT-Drucks. 14/7034 S. 61.
4 *Hommelhoff/Witt* in *Haarmann/Riehmer/Schüppen* Rn. 8; *von Bülow* in Kölner
Komm. Rn. 12.
5 Begr. RegE BT-Drucks. 14/7034 S. 61.
6 Ebenso *von Bülow* in Kölner Komm. Rn. 44.

eigener Vollkommenheit entziehen.[7] Die Absicht des Gesetzgebers ging aber offenbar dahin, jede Relativierung bzw. Abschwächung der Angebotsverpflichtung, wie sie durch eine Bedingungsklausel in der Angebotsunterlage herbeigeführt werden könnte, zu vermeiden. Eine Ausnahme soll nach den Materialien allerdings dann gelten, wenn die Vollübernahme der Zielgesellschaft auf kartellrechtliche Bedenken stößt. Der Bieter soll in einem solchen Fall nicht nur berechtigt, sondern sogar verpflichtet sein, eine Bedingungsklausel für den Fall einer kartellbehördlichen Intervention aufzunehmen.[8] Vorzugswürdig ist demgegenüber die Annahme eines Ruhens der Angebotsverpflichtung (§ 35 Rn. 20). Entsprechendes hat konsequenterweise zu gelten, wenn die Vollübernahme bestimmten bank-, versicherungs-, umwelt- oder medienrechtlichen Vorschriften genügen muss.[9] *Keine* Ausnahme ist eingeplant für den Fall der Mangelhaftigkeit: Der Bieter ist verpflichtet, den überhöhten Preis eines an der Börse überbewerteten Zielunternehmens zu zahlen, ohne die Möglichkeit zu erhalten, sich durch eine Bedingungsklausel vor den Risiken einer Äquivalenzstörung abzusichern. Das ist im Hinblick auf die Unsicherheit, ob und unter welchen Umständen dem Bieter Gewährleistungsrechte gegen den Anleger-Verkäufer zustehen (§ 11 Rn. 51, 53), nicht unproblematisch.[10]

7 **5. § 19 (Zuteilungsverfahren bei Teilangeboten).** Die Anwendung des § 19 erübrigt sich, weil Pflichtangebote – wie auch sonstige Übernahmeangebote (§ 32) – stets Vollangebote sind (§ 35 Rn. 61).

8 **6. § 25 (Vorbehalt der Zustimmung der Gesellschafterversammlung).** Die Anwendung des § 25 erübrigt sich, weil das Pflichtangebot grundsätzlich bedingungsfeindlich ist (Rn. 6), somit nicht unter den Vorbehalt der Zustimmung der Gesellschafterversammlung des Bieters gestellt werden kann.

9 **7. § 26 (Sperrfrist nach Untersagung eines Erwerbs- oder Übernahmeangebotes).** Die Sperrfrist des § 26 gilt nach dem eindeutigen Wortlaut dieser Vorschrift gerade nicht für den Fall, dass die BAFin eine nach § 35 Abs. 2 erstellte Angebotsunterlage beanstandet und nach § 15 untersagt hat (§ 26 Abs. 1 Satz 3). Die Aufnahme des § 26 in den Ausnahmekatalog des § 39 ist daher ein evidenter Redaktionsfehler und als nicht geschrieben zu betrachten. Gemeint ist selbstverständlich, dass der Bieter sogleich nach der Untersagung eine ordnungsgemäße Angebotsunterlage einzureichen und zu veröffentlichen hat.[11]

10 **8. § 34 (Anwendung der Vorschriften des 3. Abschnitts).** § 39 ist die gegenüber § 34 speziellere Norm. Dies hat der Gesetzgeber im Gesetzestext ausdrücklich klargestellt.

---

[7] Insoweit unzutreffend die Annahme in der Begründung des Regierungsentwurfs, siehe BT-Drucks. 14/7034 S. 62.

[8] Begr. RegE BT-Drucks. 14/7034 S. 62. Ebenso *Holzborn/Israel* BKR 2002, 982, 986 ff.; gegen sie mit Recht *Lutz/Behnke* BKR 2003, 43, 47 f.

[9] Mehr Einzelheiten hierzu bei *von Bülow* in Kölner Komm. Rn. 46 ff.

[10] Vgl. *D. Horn/J. Schneider,* Rechtsprobleme der derivativen Gründung, in *Fritsch/Niese,* Gründungsprozess und Gründungserfolg – Interdisziplinäre Beiträge zum Entrepreneurship Research, 2003, unter 3.1., Fn. 9, erscheint demnächst.

[11] *von Bülow* in Kölner Komm. Rn. 68.

9. Ungeschriebene Ausnahmen. Die pauschale Verweisung auf die Vor-　11
schriften der Abschnitte 3 und 4 lässt außer Betracht, dass einzelne Regelungen, die im Ausnahmekatalog des § 39 nicht genannt sind, auf das Pflichtangebot nicht passen und deshalb nicht anzuwenden sind. Das betrifft

(1) die *Untersagung des Angebots wegen Nichterfüllung bestimmter Mitteilungs- und
Veröffentlichungspflichten* (§ 15 Abs. 1 Nr. 3, 4). Denn im Unterschied zum freiwilligen (Übernahme-)Angebot besteht die angemessene Reaktion in der
behördlichen Erzwingung, nicht in der Untersagung des Pflichtangebots,[12]

(2) die *nachträgliche Änderung des Angebots durch Verzicht des Bieters auf die Erreichung einer Mindesterwerbsquote* (§ 21 Abs. 1 Nr. 3), weil die Verknüpfung des
Pflichtangebots mit einer derartigen Erfolgsbedingung ohnehin unzulässig
ist,[13]

(3) die *nachträgliche Änderung durch Verzicht des Bieters auf die Bedingtheit des Angebots* (§ 21 Abs. 1 Nr. 4), weil Pflichtangebote von vornherein bedingungsfeindlich sind.[14] Für Rechtsbedingungen, die eine Kollision des Pflichtangebots mit
aufsichtsbehördlichen Zustimmungsvorbehalten vermeiden sollen, gilt nichts
anderes[15] (§ 35 Rn. 20),

(4) die *Veröffentlichungspflicht nach Ablauf der weiteren Annahmefrist* (§ 23 Abs. 1
Nr. 3), es sei denn, eine derartige Fristverlängerung kommt trotz Unanwendbarkeit des § 16 Abs. 2 ausnahmsweise in Betracht (Rn. 5).

---

[12] Ebenso *von Bülow* in Kölner Komm. Rn. 16 für § 15 Abs. 1 Nr. 3.
[13] § 18 Abs. 1 ist in § 39 für unanwendbar erklärt. Ebenso *von Bülow* in Kölner
Komm. Rn. 18; *Hommelhoff/Witt* in *Haarmann/Riehmer/Schüppen* Rn. 19.
[14] *von Bülow* in Kölner Komm. Rn. 19; *Hommelhoff/Witt* in *Haarmann/Riehmer/
Schüppen* Rn. 19.
[15] AA insoweit wohl *von Bülow* in Kölner Komm. Rn. 18.

Abschnitt 6. Verfahren

§ 40 Ermittlungsbefugnisse der Bundesanstalt

(1) Der Bieter, die mit ihm gemeinsam handelnden Personen sowie deren Tochterunternehmen haben auf Verlangen der Bundesanstalt Auskünfte zu erteilen und Unterlagen vorzulegen, die die Bundesanstalt benötigt zur Überwachung der Einhaltung der Pflichten

1. nach § 10 Abs. 1 bis 5 Satz 1, § 14 Abs. 1 bis 4 Satz 1, § 21 Abs. 2, §§ 23, 27 Abs. 2 und 3 und § 31 Abs. 1 bis 6 oder auf Grund einer nach § 31 Abs. 7 erlassenen Rechtsverordnung, § 35 Abs. 1 und 2 Satz 1 und 2 und

2. nach § 11 Abs. 1 oder zur Prüfung, ob die Angebotsunterlage die Angaben enthält, die nach § 11 Abs. 2 oder einer auf Grund des § 11 Abs. 4 und 5 erlassenen Rechtsverordnung erforderlich sind.

(2) Die Zielgesellschaft hat auf Verlangen der Bundesanstalt Auskünfte zu erteilen und Unterlagen vorzulegen, die die Bundesanstalt zur Überwachung der Einhaltung der Pflichten nach § 10 Abs. 5 Satz 2, § 14 Abs. 4 Satz 2, §§ 27 und 33 benötigt.

(3) Die Zielgesellschaft, deren Aktionäre und ehemaligen Aktionäre sowie Wertpapierdienstleistungsunternehmen haben auf Verlangen der Bundesanstalt Auskünfte zu erteilen und Unterlagen vorzulegen, die die Bundesanstalt zur Überwachung der Einhaltung der Pflichten nach § 31 Abs. 1, auch in Verbindung mit einer Rechtverordnung nach Abs. 7, und § 35 Abs. 1 und 2 benötigt. Dies gilt entsprechend für Personen und Unternehmen, deren Stimmrechte dem Bieter nach § 30 zuzurechnen sind.

(4) Die inländischen Börsen haben auf Verlangen der Bundesanstalt Auskünfte zu erteilen und Unterlagen vorzulegen, die die Bundesanstalt zur Überwachung der Einhaltung der Pflichten nach § 31 Abs. 1, 4 und 5, jeweils auch in Verbindung mit einer Rechtsverordnung nach Abs. 7, benötigt.

(5) Der zur Erteilung einer Auskunft Verpflichtete kann die Auskunft auf solche Fragen verweigern, deren Beantwortung ihn selbst oder einen der in § 383 Abs. 1 Nr. 1 bis 3 der Zivilprozessordnung bezeichneten Angehörigen der Gefahr strafgerichtlicher Verfolgung oder eines Verfahrens nach dem Gesetz über Ordnungswidrigkeiten aussetzen würde. Der Verpflichtete ist über sein Recht zur Verweigerung der Auskunft zu belehren.

Übersicht

Ehricke

I. Allgemeines

§ 40 regelt die **aufsichtsrechtlichen Ermittlungsbefugnisse** der BAFin,   **1**
die sie im Rahmen des Verwaltungsverfahrens zur Überwachung der Einhaltung des WpÜG hat. Danach kann die BAFin zum Zwecke der Einhaltung verschiedener zentraler Pflichten im Zusammenhang mit einem Angebotsverfahren die Erteilung von Auskünften und die Vorlage von Unterlagen fordern. Es handelt sich bei den Befugnissen der Sache nach um Aufsichtsbefugnisse und nicht um Ermittlungsbefugnisse in einem strafverfahrensrechtlichen Sinn; der Wortlaut der amtlichen Überschrift ist insoweit missverständlich.[1]

Sinn und Zweck der Norm ist es, der BAFin die rechtliche Handhabe   **2**
dafür zu geben, Unterlagen von den dazu nach dem Gesetz verpflichteten Personen anfordern zu können, um die Grundlage für eine Nachprüfung zu erlangen, ob Tatbestände vorliegen, welche die Veröffentlichung eines Pflichtangebotes notwendig machten. Zudem erhält die BAFin damit die Befugnis zu einer Verifizierung der im Verfahren gemachten Aussagen, insbesondere ob Angaben in den Angebotsunterlagen – vor allem im Hinblick auf die Gegenleistung – richtig und vollständig sind.[2]

§ 40 ist **lex specialis** zur allgemeinen Befugnisnorm des § 4 Abs. 1 S. 3, so   **3**
dass keine weiteren Befugnisse aus der allgemeineren Norm abgeleitet werden können.[3] Die Regelung ist im Wesentlichen § 29 Abs. 1 WpHG nachgebildet und gehört in die Gruppe der aufsichtsrechtlichen Ermittlungsnormen der §§ 44 ff. KWG und § 59 GWB. Im Gegensatz zu § 59 GWB und zu § 16 Abs. 3

---

[1] Vgl. *Süßmann* in *Geibel/Süßmann* Rn. 3.

[2] S. *Schäfer* in Kölner Komm. Rn. 3; *Süßmann* in *Geibel/Süßmann* Rn. 1; vgl. auch *Land* DB 2001, 1707, 1713.

[3] *Stögmüller* in *Haarmann/Riehmer/Schüppen* Rn. 1 und 17; *Schäfer* in Kölner Komm. Rn. 58.

WpHG enthält § 40 keine Befugnis der Bediensteten der BAFin, zur Wahrnehmung ihrer Aufgaben die Grundstücke und Geschäftsräume des Bieters, der mit ihnen gemeinsam handelnden Personen und deren Tochterunternehmen sowie der Zielgesellschaft zu betreten. Eine solche Regelung war zwar zunächst in Abs. 5 des Diskussions- und Referentenentwurfes vorgesehen, ist dann aber im Regierungsentwurf wieder gestrichen worden.

II. Umfang der Ermittlungsbefugnisse

4 Die **Ermittlungsbefugnisse** nach § 40 Abs. 1 bis 4 beziehen sich nur auf die Erteilung von Auskünften (unten Rn. 5) und die Vorlage von Unterlagen (unten Rn. 6). Diese müssen zudem für die BAFin zur Überwachung der Einhaltung der im einzelnen spezifizierten Pflichten erforderlich sein (unten Rn. 7 ff.). Voraussetzung ist weiter, dass die BAFin die Auskunftserteilung bzw. die Unterlagenvorlage verlangt (unten Rn. 10).

5 **1. Auskünfte und Unterlagen. a) Auskünfte.** Der Begriff der Auskunft ist im WpÜG nicht definiert. Im Hinblick auf die Notwendigkeit, der BAFin ein weitreichendes Spektrum an Informationen zur Verfügung zu stellen, um ihre aufsichtsrechtlichen Aufgaben effektiv wahrnehmen zu können, ist von einem weiten Begriff auszugehen. Dieser umfasst neben Mitteilungen von Tatsachen auch die Übermittlung subjektiver Einschätzungen.[4]

6 **b) Unterlagen.** Ebenso wie der Begriff der Auskünfte ist der der Unterlagen **weit zu verstehen**, damit die Überwachungtätigkeit der BAFin effektiv ausgestaltet werden kann. Unter Unterlagen sind zunächst Schriftstücke jeder Art, also auch und insbesondere diejenigen mit informellem Charakter, wie Aktennotizen und „Schmierzettel" sowie Sitzungsmitschriften zu verstehen. Gleiches gilt für Dokumente mit internem Charakter (zB Dienstanweisungen). Ferner gehören zu den Unterlagen auch Dateien, unabhängig davon, ob sie auf einer Festplatte oder extern gespeichert sind und visuelle und Audio-Materialien (zB Folien, Fotographien, Tonband- oder Diktaphonmitschnitte, Anrufbeantworteraufzeichnungen).[5]

7 **c) Erforderlichkeit.** § 40 Abs. 1 bezieht sich nur auf Auskünfte und Unterlagen, die die BAFin zur Überwachung der Einhaltung der gesetzlichen Pflichten „benötigt". Begrifflich weicht diese Vorschrift von der entsprechenden Regelung des § 29 Abs. 1 WpHG ab, die von „erforderlich" spricht. Inhaltlich ist das gleiche gemeint.[6] Es handelt sich bei der Frage, ob bestimmte Auskünfte oder Unterlagen benötigt werden, um einen unbestimmten Rechtsbegriff, der der BAFin einen Beurteilungsspielraum einräumt.[7]

---

[4] Ebenso *Schäfer* in Kölner Komm. Rn. 12 und für das KWG *Boos/Fischer/Schulte-Mattler/Braun* § 44 KWG Rn. 15; anders *Steinmeyer/Häger* Rn. 4.

[5] Vgl. auch *Schäfer* in Kölner Komm. Rn. 13 f.; zum KWG: *Reischauer/Kleinhans* § 44 KWG Rn. 5.

[6] *Schäfer* in Kölner Komm. Rn. 15.

[7] Allgemeine Meinung: *Steinmeyer/Häger* Rn. 4; *Süßmann* in *Geibel/Süßmann*, Rn. 24; *Schäfer* in Kölner Komm. Rn. 15; *Stögmüller* in *Haarmann/Riehmer/Schüppen* Rn. 10.

Das Ermessen konkretisiert sich in zweierlei Hinsicht. Zum einen muss das **8**
Verlangen nach Auskünften oder Unterlagen einen **konkreten Bezugspunkt**
haben. Ermittlungen „ins Blaue hinein" sind nicht zulässig.[8] Das ergibt sich daraus, dass das Gesetz von einer kausalen Verknüpfung von Verlangen und Überwachung hinsichtlich konkreter Pflichten ausgeht („zur Überwachung"). Daher
liegt eine „Erforderlichkeit" dann vor, wenn die BAFin den Erlass einer Verfügung zur Wahrnehmung ihrer Aufsichtspflichten anstrebt oder jedenfalls ernsthaft in Betracht zieht.[9] Soweit in der Literatur davon ausgegangen wird, dass die
Erforderlichkeit bereits dann anzunehmen sei, wenn die Behörde bei sorgfältiger Prüfung von der Notwendigkeit der Erforderlichkeit überzeugt ist, unabhängig davon, ob sich die erlangten Informationen oder Unterlagen im konkreten Fall als sachdienlich erweisen,[10] so dürfte diese Auffassung praktisch keinen
Unterschied machen. Denn es ist in der Praxis kaum ein Fall vorstellbar, in dem
die BAFin von der Notwendigkeit der Erforderlichkeit von Informationen oder
Unterlagen überzeugt ist und ihr nicht zugleich der Erlass einer Verfügung
zumindest möglich erscheint. Andernfalls gäbe es für sie nämlich auch gerade
keinen Grund, die betreffenden Informationen nachzufragen. Neben dem konkreten Bezugspunkt muss das Ermessen zum anderen dahingehend ausgeübt
werden, dass **das Verlangen verhältnismäßig** ist. Das ist dann der Fall, wenn
erstens das Auskunfts- bzw. Vorlageersuchen geeignet und erforderlich ist, um
das Ziel, nämlich die Erlangung der Auskünfte bzw. der Unterlagen über die
vom Bieter einzuhaltenden Pflichten zu erreichen und das Verlangen zweitens so
hinreichend konkretisiert ist, dass der Adressat des Verlangens exakt weiß, welche
Auskünfte bzw. Unterlagen er übermitteln soll.[11] Daher ist ein Verlangen nach
Auskunft oder Vorlage, das aufgrund seiner fehlenden Eingrenzung einer Ausforschung nahe kommt, unverhältnismäßig, so dass insoweit eine fehlerhafte
Ermessensausübung vorliegt, die zur Unzulässigkeit des Verlangens führt.

Ob die BAFin Erteilung von Auskünften oder die Vorlage von Unterlagen **9**
wählt, liegt ebenfalls in ihrem **Ermessen**.[12] Auch insoweit hat sie das Ermessen nach den vorstehend genannten Kriterien auszuüben. Eine pauschale Annahme, dass die Erteilung einer Auskunft das mildere Mittel zur Vorlage von
Unterlagen ist, lässt sich nicht aufstellen.[13] Vielmehr ist im Einzelfall zu prüfen, welches Mittel für den zu verfolgenden Zweck geeignet ist und zugleich
die berechtigten Interessen des Adressaten am wenigsten tangiert.

d) Verlangen. § 40 Abs. 1 erfordert im Hinblick auf die Auskunftsertei- **10**
lung oder die Vorlage von Unterlagen ein „Verlangen" der BAFin. Welche formalen Kriterien an eine solche Form des Ersuchens zu stellen sind, ist dem Gesetz nicht zu entnehmen. Während die Ermessenentscheidung das „Ob"

---

[8] S. *Stögmüller* in *Haarmann/Riehmer/Schüppen* Rn. 10; *Steinmeyer/Häger* Rn. 4;
nur im Ansatz wie hier *Schäfer* in Kölner Komm. Rn. 16, wonach die BAFin keine
Auskünfte oder Unterlagen „aufs Geratewohl" verlangen darf.

[9] In diesem Sinne auch *Stögmüller* in *Haarmann/Riehmer/Schüppen* Rn. 10; *Steinmeyer/Häger* Rn. 4.

[10] *Schäfer* in Kölner Komm. Rn. 16.

[11] Vgl. *Süßmann* in *Geibel/Süßmann* Rn. 25.

[12] *Schäfer* in Kölner Komm. Rn. 22; *Stögmüller* in *Haarmann/Riehmer/Schüppen*
Rn. 11.

[13] So aber *Stögmüller* in *Haarmann/Riehmer/Schüppen* Rn. 11.

der Auskunftserteilung oder der Unterlagenvorlage betrifft, bezieht sich das Verlangen auf das „Wie" der Umsetzung dieser Entscheidung. Dabei ist zu beachten, dass das Ersuchen auf den gesetzlich zugelassenen Inhalt beschränkt ist und dem Adressaten deutlich macht, was er aus welchem Rechtsgrund und zu welchem Zweck zu tun hat. Formal lässt der Begriff des „Verlangen" zwar durchaus auch ein mündliches oder telefonisches Ersuchen zu, doch wird – vor allem aus Rechtssicherheitserwägungen – eine schriftliche oder elektronische Form erforderlich sein.[14]

11   **2. Verpflichtete Personen. a) Bieter, gemeinsam handelnde Personen und deren Tochterunternehmen (§ 40 Abs. 1).** § 40 Abs. 1 nennt als **Normadressaten** den Bieter, mit ihm gemeinsam handelnde Personen sowie deren Tochterunternehmen, weil diese Personen in besonderem Maße über Wissen und Unterlagen, wie etwa Aktionärsvereinbarungen, Aktienkaufverträge oder Depotauszüge, verfügen, die für die BAFin zur Überwachung der in Abs. 1 genannten Pflichten von Belang sein können.[15] Dabei differenziert die Vorschrift nicht danach, ob es sich um in- oder ausländische Bieter, mit ihnen gemeinsam handelnde Personen oder Tochtergesellschaften handelt. Ähnlich wie bei § 29 WpHG ist auch im Hinblick auf § 40 Abs. 1 WpÜG davon auszugehen, dass völkerrechtlich die Befugnisse der BAFin gegenüber ausländischen Personen begrenzt sind.[16]

12   Im Hinblick auf die in Abs. 1 genanten Adressaten besteht die **Befugnis, Auskunft zu verlangen** oder Unterlagen vorgelegt zu bekommen, nur im Hinblick auf die Überwachung der enumerativ aufgezählten Pflichten. In Nr. 1 sind die Pflichten genannt, die typischerweise den Schwerpunkt der Auskunfts- und Vorlageersuchen der BAFin darstellen:[17]

– Veröffentlichung der Entscheidung zur Abgabe eines Angebots (§ 10 Abs. 1 bis 5 S. 1)
– Übermittlung und Veröffentlichung der Angebotsunterlage (§ 14 Abs. 1 bis 4 S. 1)
– Veröffentlichung der Änderung des Angebots (§ 21 Abs. 2)
– Veröffentlichungspflichten des Bieters nach Abgabe des Angebots (§ 23)
– Festsetzung der Gegenleistung sowie der Entscheidung, ob als Gegenleistung eine Geldleistung anzubieten ist (§ 31 Abs. 1 bis 6 bzw. § 31 Abs. 7 in Verbindung mit §§ 3 ff. AngebotsVO)
– Verpflichtung zur Veröffentlichung und zur Abgabe eines Angebots (§ 35 Abs. 1 und Abs. 2 S. 1 und 2).

Der in § 40 Abs. 1 **zusätzlich enthaltene Verweis** auf § 27 Abs. 2 und Abs. 3 ist offenbar ein Redaktionsversehen, weil es sich in § 27 Abs. 2 und Abs. 3 um Pflichten handelt, die die Zielgesellschaft betreffen und daher der Bieter der falsche Normadressat ist.[18]

---

[14] Vgl. dazu *Steinmeyer/Häger* Rn. 4; *Stögmüller* in *Haarmann/Riehmer/Schüppen* Rn. 11; *Schäfer* in Kölner Komm. Rn. 20 f.

[15] S. *Süßmann* in *Geibel/Süßmann* Rn. 4.

[16] *Süßmann* in *Geibel/Süßmann* Rn. 4; zum WpÜG vgl. *Schäfer/Opitz* § 29 WpHG Rn. 5.

[17] *Schäfer* in Kölner Komm. Rn. 24.

[18] *Schäfer* in Kölner Komm. Rn. 30; *Süßmann* in *Geibel/Süßmann* Rn. 6.

In § 40 Abs. 1 Nr. 2 sind Regelungen im Hinblick auf die Auskunftserteilung **13** und die Unterlagenvorlage enthalten, die sich auf die Pflichten des § 11 Abs. 1, Abs. 2 oder auf Grund des § 11 Abs. 4 und Abs. 45 erlassenen Rechtsverordnungen im Hinblick auf die Angebotsunterlagen beziehen. Damit werden praktisch alle Unterlagen erfasst, die geeignet sein können, die in den Angebotsunterlagen enthaltenen Informationen zu verifizieren.[19]

b) Zielgesellschaft (§ 40 Abs. 2). Die Zielgesellschaft ist im Hinblick auf **14** die Einhaltung verschiedener, gerade ihr obliegender Pflichten Adressat von Auskunft- und Vorlagepflichten. Betroffen sind ausschließlich börsennotierte, inländische Aktiengesellschaften oder KGaA unabhängig von ihrem Börsenplatz (§ 2 Abs. 4). Es handelt sich um folgende Pflichten:
– Unterrichtung der Arbeitnehmer bzw. des Betriebsrates der Zielgesellschaft durch den Vorstand der Zielgesellschaft (§ 10 Abs. 5 S. 2)
– Übermittlung der Angebotsunterlagen an einen Arbeitnehmer oder Betriebsrat der Zielgesellschaft durch den Bieter (§ 14 Abs. 4 S. 2)
– Stellungnahme des Vorstandes und des Aufsichtsrates der Zielgesellschaft (§ 27)
– Handlungen des Vorstandes der Zielgesellschaft (zulässige Abwehrmaßnahmen) (§ 33).

c) Weitere Auskunfts- bzw. Vorlageverpflichtete (§ 40 Abs. 3). **15** **aa) Allgemeines.** § 40 Abs. 3 regelt Auskunfts- und Vorlagepflichten, um die zur Abgabe eines Pflichtangebots verpflichteten Personen zu ermitteln und damit zur Durchsetzung eines Kernelementes des Gesetzes beizutragen.[20] Zugleich ist in diese Vorschrift die Erfahrung mit der Überwachung der Einhaltung der Meldepflicht nach den §§ 21, 22 WpHG eingeflossen, wonach eine **effektive Aufsicht über die Beteiligungsverhältnisse** an Unternehmen nur möglich ist, wenn nicht nur bei dem Pflichtigen, sondern auch bei anderen Aktionären oder ehemaligen Aktionären und der betroffenen Gesellschaft Ermittlungen angestellt werden können.[21] Bei allen Adressaten des Abs. 3 bezieht sich die Auskunfts- und Vorlagepflicht auf die Überwachung der Pflichten nach § 31 Abs. 1, auch in Verbindung mit einer Verordnung nach § 31 Abs. 7, und nach § 35 Abs. 1 und Abs. 2.

bb) Zielgesellschaft. Die Zielgesellschaft ist auch Adressat nach Abs. 3. **16** Diese Vorschrift ergänzt damit die der BAFin bereits nach Abs. 2 zustehenden Befugnisse.[22]

cc) Aktionäre und ehemalige Aktionäre. Auskunftsverpflichtet sind **17** alle Aktionäre, und zwar unabhängig von ihrem Anteil. Diese Pflicht besteht gleichermaßen für in- und für ausländische Aktionäre. Um eine lückenlose Rückverfolgung von Transaktionen zu ermöglichen, werden in den Kreis der Auskunftspflichtigen auch die ehemaligen Aktionäre einbezogen. Eine solche

---

[19] *Schäfer* in Kölner Komm. Rn. 32; *Stögmüller* in *Haarmann/Riehmer/Schüppen* Rn. 12.
[20] BT-Drucks. 14/7034.
[21] Begr. RegE BT-Drucks. 14/7034.
[22] *Schäfer* in Kölner Komm. Rn. 40.

Einbeziehung hat zudem den Vorteil, dass die von ihnen enthaltenen Informationen für die Berechnung des Mindestpreises von Relevanz sein können.[23] Nicht in den Adressatenkreis des Abs. 3 fallen die Mitarbeiter von Aktionären oder ihnen nahestehende Personen.[24]

18   **dd) Personen, die dem Bieter zuzurechnen sind.** Nach § 40 Abs. 3 S. 2 gelten Auskunfts- und Vorlagepflichten auch für Personen und Unternehmen, deren Stimmrechte dem Bieter gem. § 30 zuzurechnen sind. Diese Vorschrift ist unklar formuliert, denn der von ihr erfasste Personenkreis ist bereits Aktionär. Etwas anderes gilt nur dann, wenn man Stimmbindungsverträge mit Nichtaktionären für wirksam erachtet.[25] Ob von § 40 Abs. 3 S. 2 auch Personen und Unternehmen, *denen* Stimmrechte zuzurechnen sind, erfasst werden, ist strittig.[26]

19   **ee) Wertpapierdienstleistungsunternehmen.** Zur Auskunft und Vorlage verpflichtet sind auch Wertpapierdienstleitungsunternehmen, weil sie – aufgrund ihrer obligatorischen Hinzuziehung nach § 13 und ihrer starken Einbindung in die jeweiligen Geschäfte – Auskünfte zu Geschäften in Aktien der Zielgesellschaft geben können. Die Vorschrift des § 40 Abs. 3 berechtigt Wertpapierdienstleistungsunternehmen bei Vorliegen eines Auskunftsersuchens der BAFin von der mit den Kunden vereinbarten Verschwiegenheitspflicht abzuweichen.[27]

20   Der **Begriff des Wertpapierdienstleistungsunternehmens** wird in § 40 Abs. 3 nicht definiert. Er entspricht inhaltlich dem des § 13. Die Gesetzesbegründung hat im Rahmen des § 13 auf § 2 Abs. 4 WpHG Bezug genommen.[28] Auch § 2 Abs. 4 WpHG enthält keine allgemeingültige Definition des Begriffes Wertpapierdienstleistungsunternehmen.[29] Es fallen aber zweifellos alle inländischen Kreditinstitute und alle inländischen Finanzdienstleistungsinstitute (§§ 1 und 1 a KWG) sowie diejenigen ausländischen Kreditinstitute, die über eine inländische Zweigstelle (§§ 53, 53 b, 53 c KWG) Dienstleistungen erbringen, zu denen Wertpapierdienstleistungen zählen,[30] unter diesen Begriff.

21   **d) Inländische Börsen.** Nach § 40 Abs. 4 sind auch inländische Börsen Adressaten der Auskunfts- und Vorlagepflichten. Hintergrund dieser Regelung ist, dass es für die Überwachung der Einhaltung der Regelungen über die Gegenleistung für die BAFin notwendig ist, alle Börsenkurse und Umsätze eines Wertpapiers für den fraglichen Zeitraum übermittelt zu bekommen. Diese Daten liegen den Börsen vor und sind verhältnismäßig einfach aufzube-

---

[23] S. *Steinmeyer/Häger* Rn. 22; *Schäfer* in Kölner Komm. Rn. 42.

[24] Vgl. *Süßmann* in *Geibel/Süßmann* Rn. 13.

[25] Vgl. dazu *Schäfer* in Kölner Komm. Rn. 43, Fn. 23; *Süßmann* in *Geibel/Süßmann* Rn. 14; zum vergleichbaren Problem in § 22 WpHG: *Schäfer/Opitz* § 22 WpHG Rn. 42.

[26] Bejahend *Schäfer* in Kölner Komm. Rn. 43; verneinend *Steinmeyer/Häger* Rn. 25.

[27] *Süßmann* in *Geibel/Süßmann* Rn. 16.

[28] Begr. RegE BT-Drucks. 14/7034 S. 44.

[29] Ausführlich dazu *Süßmann* in *Geibel/Süßmann* Rn. 20.

[30] *Süßmann* in *Geibel/Süßmann* Rn. 20.

reiten und zu übermitteln.[31] Nicht erfasst werden ausländische Börsen, da es aus völkerrechtlichen Gründen nicht möglich ist, diese durch eine hoheitliche Verfügung der deutschen BAFin zu einem Tun oder Unterlassen zu verpflichten.[32]

Die Auskunfts- und Vorlagepflichten beziehen sich auf die Pflichten nach § 31 Abs. 1, Abs. 4 und Abs. 5, jeweils auch in Verbindung mit einer Rechtsverordnung nach § 31 Abs. 7.   **22**

3. Auskunftsverweigerungsrecht (§ 40 Abs. 5). § 40 Abs. 5 gibt dem   **23** Auskunftspflichtigen oder einem Angehörigen nach § 383 Abs. 1 Nr. 1 bis 3 ZPO ein Auskunftsverweigerungsrecht, wenn und soweit sich diese Person durch die Beantwortung der Gefahr strafrechtlicher Verfolgung oder eines ordnungswidrigkeitsrechtlichen Verfahrens aussetzen würde.

Von der **Auskunftspflicht betroffen** sind auch Rechtsanwälte, Wirt-   **24** schaftsprüfer, Steuerberater und andere Personen, die zur Berufsverschwiegenheit verpflichtet sind. Ihr Verweigerungsrecht kann sich jedoch nur auf § 53 StPO analog stützen.[33] Etwas anderes gilt dann, wenn sie in der Rolle eines Treuhänders auftreten; hier treten insoweit die Berufspflichten zurück.[34]

Über sein Auskunftsverweigerungsrecht ist der Verpflichtete gem. § 40   **25** Abs. 5 S. 2 vorab zu belehren.

Der Wortlaut des Abs. 5 bezieht sich ausdrücklich nur auf die Verweigerung   **26** von Auskünften, nicht jedoch auch auf die **Verweigerung der Vorlage von Unterlagen.** Ob die Vorschrift über den Wortlaut hinaus im Sinne eines Vorlageverweigerungsrechts ausgelegt werden kann, bedarf der Klärung. Vom Sinn und Zweck des Abs. 5 her wäre dies durchaus zu bejahen, denn auch durch die Vorlagepflicht besteht die Gefahr einer ordnungswidrigkeitsrechtlichen oder strafrechtlichen Verfolgung.[35] Auf der anderen Seite lässt sich argumentieren, dass Sinn und Zweck des § 40 eine enge Auslegung erforderten, damit der BAFin eine effektive Überwachung ermöglicht werde.[36]

III. Verfahren

Ein Auskunfts- oder Vorlageverlagen der BAFin stellt einen **belastenden**   **27** **Verwaltungsakt** dar. Dieser muss nach den allgemeinen Regeln grundsätzlich begründet werden.[37] Die zu beantwortenden Fragen oder die vorzulegenden Unterlagen sind in dem Schreiben der BAFIn korrekt zu bezeichnen. Zur Durchsetzung des Auskunfts- oder Vorlageverlangens stehen der BAFIn die Mittel des Verwaltungszwangs, insbesondere das Zwangsgeld (§ 46 S. 4), zur Verfügung. Die Nichterfüllung der aus § 40 resultierenden Pflichten ist nach § 60 Abs. 2 Nr. 2 bußgeldbewährt.

---

[31] Begr. RegE BT-Drucks. 14/7034.

[32] S. *Steinmeyer/Häger* Rn. 25.

[33] Vgl. *Schäfer* in Kölner Komm. Rn. 48; *Süßmann* in *Geibel/Süßmann* Rn. 27.

[34] So *Schäfer* in Kölner Komm. Rn. 48; differenzierter *Süßmann* in *Geibel/Süß-mann* Rn. 28 f.

[35] Vgl. *Rönnau* in *Haarmann/Riehmer/Schüppen* § 60 Rn. 82.

[36] *Schäfer* in Kölner Komm. Rn. 49.

[37] Vgl. *Schäfer* in Kölner Komm. Rn. 51 f.; *Stögmüller* in *Haarmann/Riehmer/Schüppen* Rn. 11; anders *Steinmeyer/Häger* Rn. 8.

28   Gegen das Auskunfts- oder Vorlageverlangen der BAFin kann ein **Anfechtungswiderspruch** im Widerspruchsverfahren nach § 41 angestrengt werden. Ein Widerspruch hat nach § 42 jedoch **keine aufschiebende Wirkung**.

§ 41 Widerspruchsverfahren

(1) **Vor Einlegung der Beschwerde sind Rechtmäßigkeit und Zweckmäßigkeit der Verfügungen der Bundesanstalt in einem Widerspruchsverfahren nachzuprüfen.** Einer solchen Nachprüfung bedarf es nicht, wenn der Abhilfebescheid oder der Widerspruchsbescheid erstmalig eine Beschwer enthält. Für das Widerspruchsverfahren gelten die §§ 68 bis 73 der Verwaltungsgerichtsordnung, soweit in diesem Gesetz nichts Abweichendes geregelt ist.

(2) **Die Bundesanstalt trifft ihre Entscheidung innerhalb einer Frist von zwei Wochen ab Eingang des Widerspruchs.** Bei besonderen tatsächlichen oder rechtlichen Schwierigkeiten oder bei einer Vielzahl von Widerspruchsverfahren kann die Bundesanstalt die Frist durch unanfechtbaren Beschluss verlängern.

(3) **Die Beteiligten haben an der Aufklärung des Sachverhaltes mitzuwirken, wie es einem auf Förderung und raschen Abschluss des Verfahrens bedachten Vorgehen entspricht.** Den Beteiligten können Fristen gesetzt werden, nach deren Ablauf weiterer Vortrag unbeachtet bleibt.

(4) **Der Widerspruchsausschuss kann das Verfahren ohne mündliche Verhandlung dem Vorsitzenden durch unanfechtbaren Beschluss zur alleinigen Entscheidung übertragen.** Diese Übertragung ist nur zulässig, sofern die Sache keine wesentlichen Schwierigkeiten in tatsächlicher und rechtlicher Hinsicht aufweist und die Entscheidung nicht von grundsätzlicher Bedeutung sein wird.

Übersicht

I. Allgemeines

§ 41 ist Teil des **zweistufigen Rechtsschutzsystems**, das im WpÜG gegen **1** Verfügungen der BAFin vorgesehen ist. Auf der ersten Stufe sind Verfügungen außergerichtlich im Rahmen eines **Widerspruchsverfahrens** auf ihre Recht- und Zweckmäßigkeit hin zu überprüfen. Daran anschließend kann die Beschwerde nach den §§ 48 ff. erhoben werden. Die Durchführung des Widerspruchsverfahrens ist Voraussetzung für das **Beschwerdeverfahren**.[1] Zentrale Vorschrift des Widerspruchverfahrens ist § 41. Das Widerspruchsverfahren ist dem Widerspruchsverfahren des Verwaltungsrechts nachgebildet und steht parallel zu den entsprechenden Verfahren nach dem WpHG und dem KWG.[2] Es unterscheidet sich hingegen von dem Rechtsbehelfverfahren des GWB, das ohne Widerspruchsverfahren zwei gerichtliche Instanzen vorsieht.

Das Widerspruchsverfahren ist ein **förmliches Verwaltungsverfahren**, das **2** sich dem Verwaltungsverfahren vor dem BAFin anschließt.[3] Es wird entweder durch Antrag oder von Amts wegen (zB § 4 Abs. 1 Satz 3, § 40) angestrengt und ist auf Erlass einer Verfügung gerichtet. Einzelheiten des Widerspruchsverfahrens sind nicht im WpÜG geregelt. In § 41 Abs. 1 Satz 3 findet sich statt dessen ein Verweis auf die allgemeinen Regeln der §§ 68 bis 73 VwGO, soweit nicht im WpÜG etwas anderes geregelt ist.[4]

Sinn und Zweck des Widerspruchsverfahrens ist vorrangig die **Selbstkon-** **3** **trolle der Verwaltung**. Darüber hinaus trägt es zur Entlastung der Gerichte durch Vermeidung überflüssiger Rechtsstreitigkeiten bei und verbessert den Rechtsschutz der an einem Verfahren nach dem WpÜG Beteiligten.[5] Damit kommt dem Widerspruch im WpÜG-Verfahren eine Doppelfunktion zu, die

---

[1] Vgl. *Giesberts* in Kölner Komm. Rn. 24.
[2] Vgl. *Schüppen/Schweizer* in *Haarmann/Riehmer/Schüppen* Rn. 2.
[3] Vgl. *Stelkens/Bonk/Sachs* § 79 VwVfG Rn. 2 und 6.
[4] Dazu vgl. unten Rn. 24 ff.
[5] BT-Drucks. 14/7034 S. 37; vgl. *Süßmann* in *Geibel/Süßmann* Rn. 7.

sich auch darin widerspiegelt, dass es sich beim Widerspruchsverfahren der Sache nach um einen Bereich der Exekutive handelt, die Verweise hinsichtlich der verfahrensrechtlichen Einzelheiten sich jedoch auf die Gerichtsordnung in Verwaltungssachen, aber nicht auf das VwVfG, insbesondere nicht auf die §§ 79 f. VwVfG, beziehen.[6]

4   Im Gegensatz zum allgemeinen Verwaltungsrecht hat die Einlegung des Widerspruchs nach § 41 **keinen Devolutiveffekt**, weil das Verfahren zur Entscheidung nicht an die nächsthöhere Instanz weitergeleitet wird, sondern dieselbe Instanz selbst über den Widerspruch entscheidet (vgl. unten Rn. 27 ff.). Auch die Regeln über den Suspensiveffekt der Einlegung eines Widerspruchs variieren im WpÜG-Widerspruchsverfahren zum allgemeinen Verwaltungsverfahren nach § 80 Abs. 1 Satz 1 VwGO. Zwar hat auch im WpÜG-Verfahren die Einlegung eines Widerspruchs grundsätzlich aufschiebende Wirkung, jedoch sieht § 42 davon weitreichende Ausnahmen vor.

II. Voraussetzungen

5   **1. Statthaftigkeit.** Die Einlegung des Widerspruchs ist **nur gegen Verfügungen der BAFin** möglich. Der Begriff der Verfügung in § 41 umfasst sämtliche von der BAFin in Ausführung des WpÜG erlassene Verwaltungsakte.[7] Dabei ist es der Sache nach unerheblich, ob für die Kontrolle der Verfügungen eine Zuständigkeit des Widerspruchsausschusses gem. § 6 besteht.[8] Bedeutung erhält die Zuständigkeit des Widerspruchsausschusses insoweit, als er gem. § 6 Abs. 1 Satz 2 für Widersprüche nach § 4 Abs. 1 Satz 3, § 10 Abs. 1 Satz 3, § 10 Abs. 2 S. 3, § 15 Abs. 1, § 15 Abs. 2, § 20 Abs. 1, §§ 24, 28 Abs. 1, § 36 und § 37 zuständig ist. In den anderen Fällen ist die BAFin als Bundesoberbehörde (§ 3 Abs. 1 WpHG) selbst Widerspruchsbehörde (vgl. § 73 Abs. 1 Nr. 1 VwGO).[9] Es ist auch unerheblich, ob der Widerspruchsführer die Aufhebung eines belastenden oder eines begünstigenden Verwaltungsaktes begehrt. Ebenso wie § 68 VwGO differenziert § 41 nicht zwischen Anfechtungs- und Verpflichtungswiderspruch.[10]

6   Eine **isolierte Anfechtbarkeit von Nebenbestimmungen** und eine Teilanfechtung sind möglich, so dass insoweit auch ein Widerspruchsverfahren statthaft ist[11]

7   Keine Widerspruchsbefugnis besteht gegen **schlicht hoheitliche Tätigkeiten** und Verlautbarungen der BAFin, da es sich insoweit nicht um Verfügungen handelt.[12] Ebenso besteht keine Widerspruchsbefugnis im Hinblick auf noch ausstehende Verfügungen. § 41 setzt voraus, dass das Widerspruchsobjekt bereits besteht.[13] Schließlich besteht auch keine Widerspruchsbefugnis hinsicht-

---

[6] *Giesberts* in Kölner Komm. Rn. 23.
[7] S. *Süßmann* in *Geibel/Süßmann* Rn. 1
[8] Vgl. *Giesberts* in Kölner Komm. Rn. 1.
[9] S. *Süßmann* in *Geibel/Süßmann* Rn. 6.
[10] *Steinmeyer/Häger* Rn. 9; *Giesberts* in Kölner Komm. Rn. 25.
[11] *Schüppen/Schweizer* in *Haarmann/Riehmer/Schüppen* Rn. 9.
[12] *Giesberts* in Kölner Komm. Rn. 25.
[13] Vgl. aus dem allgemeinen verwaltungsrechtlichen Schrifttum: *Wolff/Bachof/Stober*, Verwaltungsrecht, II. Band, 6. Aufl. § 63 Rn. 7.

lich bereits erledigter Verwaltungsakte;[14] in diesen Fällen ist direkt eine Fortsetzungsfeststellungbeschwerde möglich, die kein Vorverfahren kennt. Zwar wird von einigen Stimmen in der allgemeinen verwaltungsrechtlichen Literatur gleichwohl gefordert, dass auch insoweit ein Vorverfahren für die Erhebung der Klage notwendig sei,[15] doch kann dies für das WpÜG-Verfahren nicht richtig sein. Denn das WpÜG räumt der zügigen Abwicklung von Verfahren an allen Stellen einen entscheidenden Platz ein, welches dem Bedürfnisse der Praxis nach schneller Rechtssicherheit Rechnung trägt. Dieses Ziel würde mit dem Erfordernis eines Vorverfahrens ad absurdum geführt. Zudem ist ein solches Vorverfahren beim Rechtsschutz gegen erledigte Verwaltungsakte prozessökonomisch wenig sinnvoll.

2. Widerspruchsbefugnis. a) Allgemeines. Das Erfordernis einer Widerspruchsbefugnis ist in § 41 nicht geregelt. Es ergibt sich jedoch aus dem Verweis in § 41 Abs. 1 Satz 3 auf die §§ 68 ff. VwGO. Es handelt sich nicht um ein objektives Beanstandungsverfahren,[16] vielmehr muss der Beschwerdeführer geltend machen, durch die Rechtswidrigkeit oder die Unzweckmäßigkeit der Verfügung in seinen subjektiven Rechten verletzt worden zu sein (vgl. § 42 Abs. 2 VwGO).[17] Es reicht dabei schon aus, dass der Widerspruchsführer vorträgt, dass die Möglichkeit bestehe, dass er durch die Verfügung in seinen eigenen Rechten beeinträchtigt sein könnte. Ob tatsächlich eine Rechtsverletzung vorliegt, ist keine Frage der Zulässigkeit, sondern eine der Begründetheit des Widerspruchs. **8**

b) Widerspruch eines unmittelbar Betroffenen. Der Adressat einer Verfügung ist beim Anfechtungswiderspruch in seinen **subjektiven Rechten** berührt, denn es besteht dadurch zumindest eine Beeinträchtigung seiner allgemeinen Handlungsfreiheit aus Art. 2 Abs. 1 GG.[18] In erster Linie sind bei Anfechtungswidersprüchen die Bieter widerspruchsbefugt, weil sie regelmäßig Adressat der Verfügungen der BAFin sind. Aber auch die Zielgesellschaft, deren Aktionäre und ehemaligen Aktionäre (vgl. die Fälle der §§ 36 und 40) und Wertpapierdienstleistungsunternehmen (§ 40) können Adressat einer solchen Verfügung sein. **9**

Bei einem **Verpflichtungswiderspruch** muss der Widerspruchsführer ein Recht auf Erlass der beantragten Verfügung geltend machen. Dafür ist es jedoch Voraussetzung, dass er sich auf einen Rechtssatz beruft, der zumindest auch dem Individualinteresse dienen soll.[19] Als Beispiele kommen § 36 und § 37 Abs. 1 in Betracht.[20] **10**

---

[14] Im Ergebnis ebenso *Giesberts* in Kölner Komm. Rn. 27.

[15] *Schoch/Dolde* § 68 VwGO Rn. 23; *Kopp* DVBl. 1992, 1493, 1494; *Dreier* NvWZ 1987, 474, 477.

[16] *Giesberts* in Kölner Komm. Rn. 28; *Schüppen/Schweizer* in *Haarmann/Riehmer/Schüppen* Rn. 12.

[17] Allgem. Meinung; s. nur *Süßmann* in *Geibel/Süßmann* Rn. 8; *Schüppen/Schweizer* in *Haarmann/Riehmer/Schüppen* Rn. 12; *Giesberts* in Kölner Komm. Rn. 28.

[18] *Schüppen/Süßmann* in *Geibel/Süßmann* Rn. 12; *Giesberts* in Kölner Komm. Rn. 29.

[19] Vgl. BVerwGE 92, 313, 317 (Schutznormtheorie).

[20] *Schüppen/Schweizer* in *Haarmann/Riehmer/Schüppen* Rn. 12.

11   Der Widerspruchsführer ist Antragssteller im Sinne des § 13 Abs. 1 Nr. 1 VwVfG und damit Hauptbeteiligter des Widerspruchsverfahrens, ohne auf die Hinzuziehung der Behörde im Sinne von § 13 Abs. 1 Nr. 4 VwVfG angewiesen zu sein.[21]

12   **c) Widerspruch eines Dritten.** Ein Dritter, der nicht Adressat der Verfügung ist, kann nur dann einen statthaften Widerspruch einlegen, wenn er durch die Verfügung, jedenfalls mittelbar, in **eigenen subjektiven Rechten** verletzt worden ist. Dafür muss die Norm, deren Verletzung geltend gemacht wird, drittschützende Wirkung haben.[22] § 4 Abs. 2 steht allerdings einer generellen drittschützenden Wirkung der Normen aus dem WpÜG entgegen.[23] Diese Norm macht es Dritten unmöglich, sich gegen eine Verfügung mit der Begründung zu wehren, dass Vorschriften des Übernahmegesetzes verletzt worden seien.[24] Daher haben weder **Konkurrenten** (Mitbieter) noch Bieter die Möglichkeit zum Widerspruch.[25] Dasselbe gilt grundsätzlich auch für die Zielgesellschaften.[26] Allerdings ist es in seltenen **Ausnahmefällen** denkbar, dass eine Verfügung an den Adressaten zu einer Existenzgefährdung der Zielgesellschaft führt oder führen kann. In diesem Fall liegt eine subjektive Betroffenheit vor, so dass hier ausnahmsweise auch die Widerspruchsbefugnis gestattet sein muss.[27]

13   **d) Ausschluss des Widerspruchsinteresses (Rechtsschutzbedürfnis).** Aus Gründen der Verfahrensökonomie ist der Weg des Widerspruchsverfahrens dann nicht eröffnet, wenn es an einem Widerspruchsinteresse des Widerspruchsführers fehlt. Der Widerspruchsführer hat nach allgemeinen verwaltungsrechtlichen Grundsätzen dann kein Widerspruchsinteresse, wenn er der behördlichen Entscheidung zur Verwirklichung seines Rechts nicht bedarf oder die beantragte Sachentscheidung offensichtlich nutzlos ist.[28] Ein Widerspruchsinteresse fehlt auch dann, wenn der Widerspruchsführer kein gegenwärtiges Interesse an einer Sachentscheidung (mehr) hat oder wenn er die Tätigkeit der BAFin missbräuchlich in Anspruch nimmt.[29]

---

[21] So *Giesberts* in Kölner Komm. Rn. 29; *Schnorbus* ZHR 166 (2002) 72, 100.

[22] *Giesberts* in Kölner Komm. Rn. 30; *Schüppen/Schweizer* in *Haarmann/Riehmer/Schüppen* Rn. 13; vgl. auch *Schnorbus* ZHR 166 (2002), 72, 95.

[23] *Süßmann* in *Geibel/Süßmann*, Rn. 8; *Schüppen/Schweizer* in *Haarmann/Riehmer/Schüppen* Rn. 13; vgl. *Schnorbus* ZHR 166 (2002), 72, 82 ff.; *Schüppen* WPg 2001, 958, 972.

[24] *Schüppen/Schweizer* in Rn. 13; *Süßmann* in *Geibel/Süßmann* Rn. 4; *Zschocke* DB 2002, 79, 84. Vgl. auch den im Ergebnis ganz ähnlichen Ansatz von *Schnorbus* ZHR 166 (2002) 72, 78 ff.

[25] So auch *Schüppen/Schweizer* in Rn. 13; *Süßmann* in *Geibel/Süßmann* Rn. 8; etwas anders *Giesberts* in Kölner Komm. Rn. 32 f.

[26] Einhellige Meinung, *Giesberts* in Kölner Komm. Rn. 34; *Schüppen/Schweizer* in *Haarmann/Riehmer/Schüppen* Rn. 13.

[27] So auch *Giesberts* in Kölner Komm. Rn. 34. Zurückhaltender *Süßmann* in *Geibel/Süßmann* Rn. 8.

[28] Vgl. BVerwGE 48, 242, 247.

[29] *Giesberts* in Kölner Komm. Rn. 36 unter Bezugnahme auf OVG Münster NuR 1998, 329, 330.

3. Form des Widerspruchs und Widerspruchsfrist. a) Form. Der Wi- **14**
derspruch muss **schriftlich** oder **zur Niederschrift** bei der BAFin erhoben
werden (§ 41 Abs. 1 Satz 3 in Verbindung mit § 70 Abs. 1 VwGO). Es ist unschädlich, wenn er direkt beim Widerspruchsausschuss eingelegt wird, solange
er die zuständige Widerspruchsbehörde ist.[30] Der Schriftform gleichgestellt ist
eine telegrafische (Telegramm, Telex) Erhebung des Widerspruchs und ein Erhebung mittels Telekopie, Telebrief und Telefax.[31] Der Schriftform genügend
ist ebenfalls die Übermittlung mittels Computer mit eingescannter Unterschrift auf das Faxgerät der Behörde und die Erhebung des Widerspruchs durch
e-mail unter Berücksichtigung der Voraussetzungen des Gesetzes zur digitalen
Signatur (vgl. § 126 a und b BGB).[32] Gem. § 86 a VwGO dürfen vorbereitende
Schriftsätze und deren Anlagen, Anträge und Erklärungen der Parteien sowie
Auskünfte, Aussagen, Gutachten und Erklärungen Dritter, für die das Gesetz
Schriftform vorschreibt, auch als elektronisches Dokument aufgezeichnet werden, soweit dies für die Bearbeitung durch das Gericht geeignet ist und wenn
das betreffende Dokument mit einer elektronischen Signatur versehen ist.[33]

Ein **mündlich eingelegter Widerspruch** genügt nicht der Form, selbst **15**
dann nicht, wenn über das entsprechende Gespräch bei der BAFin ein Akten-
vermerk aufgenommen worden ist.[34]

Der **Widerspruch ist erhoben**, wenn er der Widerspruchsbehörde zugeht. **16**
Im Fall des WpÜG-Verfahrens ist es unerheblich, ob der Widerspruch der
BAFin direkt als Widerspruchsbehörde oder dem Widerspruchsausschuss zu-
geht.[35] Die Widerspruchsfrist ist nach §§ 187 ff. BGB zu bestimmen; auf diese
Vorschriften wird sowohl durch § 57 VwGO in Verbindung mit § 222 ZPO als
auch durch § 79, 31 ff. VwVfG verwiesen.

Der Widerspruch muss in **deutscher Sprache** abgefasst sein, oder dann, **17**
wenn er in einer fremden Sprache eingelegt ist, mit einer deutschen Übersetz-
zung versehen sein (vgl. § 23 VwVfG). Vom Inhalt her muss der Widerspruch zumindest deutlich machen, von wem er gestellt worden ist und dass der Widerspruchsführer die Nachprüfung eines bestimmten Verwaltungsaktes begehrt.[36]
Es gelten auch hier die Regeln der §§ 133, 157 BGB, so dass die Widerspruchsbehörde nach dem wirklichen Willen des Widerspruchsführers forschen muss.

b) Frist. Entsprechend § 70 VwGO muss der Widerspruch in einer Frist **18**
von **einem Monat nach Bekanntgabe** der Verfügung erhoben werden. Aufgrund der Verweisung in § 70 Abs. 2 VwGO auf die §§ 58 und 60 VwGO ist
unter den dort genannten Voraussetzungen bei schuldloser Fristversäumung
auch eine Wiedereinsetzung bei Versäumen der Widerspruchsfrist möglich.[37]
Bei unterlassener Rechtsmittelbelehrung verlängert sich die Widerspruchsfrist

---

[30] *Giesberts* in Kölner Komm. Rn. 49.
[31] *Redeker/v. Oertzen* § 70 VwGO Rn. 1a iVm. § 81 VwGO Rn. 4 ff.; NK-
VwGO/*Geis* § 79 VwGO Rn. 9; vgl. auch BVerfG, NJW 1987, 2067.
[32] *Giesberts* in Kölner Komm. Rn. 50.
[33] Vgl. *Kuhla/Hüttenbrink* DVBl. 2002, 85, 86 f.
[34] Näheres bei *Kopp/Schenke* § 70 VwGO Rn 2.
[35] *Giesberts* in Kölner Komm. Rn. 52.
[36] *Kopp/Schenke* § 70 VwGO Rn. 5.
[37] *Süßmann* in *Geibel/Süßmann* Rn. 10.

auf ein Jahr (§ 70 Abs. 2 in Verbindung mit § 58 Abs. 1 Satz 1 VwGO). Die Widerspruchsfrist beginnt mit der Bekanntgabe der Verfügung (§ 41 Abs. 1
VwVfG). Ein Widerspruch gegen eine nicht bekannt gegebene Verfügung ist
ohne eine Befristung möglich, es sei denn, es greift der Einwand der Verwirkung ein.[38]

III. Ausnahmen der Pflicht zur Durchführung von Widerspruchs-
verfahren (§ 41 Abs. 1 Satz 2)

19   **1. Gesetzliche Ausnahmen.** Das Widerspruchsverfahren ist in § 41 Abs 1
Satz 1 als **zwingender Rechtsbehelf** ausgestaltet. In § 41 Abs. 1 Satz 2 ist eine
Ausnahme davon vorgesehen. Einer Nachprüfung im Widerspruchsverfahren
bedarf es dann nicht, wenn ein Abhilfebescheid oder ein Widerspruchsbescheid
erstmalig eine Beschwer enthält. Dieser Vorschrift hätte es allerdings vor dem
Hintergrund des Verweises von § 41 Abs. 1 Satz 3 auf § 68 Abs. 1 S. 2 Nr. 2
VwGO nicht bedurft. Ihr kommt daher deklaratorischer Charakter zu. Regelungsziel ist, dass der Widerspruchsführer nach bereits eingelegtem Widerspruch nicht mit einer erneuten Widerspruchseinlegung belastet werden soll,
weil bereits eine Selbstkontrolle der Verwaltung stattgefunden hat. Damit
kommt es zu einer Verfahrensbeschleunigung.[39]

20   Eine **erstmalige Beschwer** liegt vor, wenn der Betroffene zuvor noch gar
nicht beschwert war und wenn im Widerspruchsverfahren zusätzlich eine Beschwer liegt, die über die Beschwer im Ausgangsbescheid hinausgeht.[40]

21   In der Literatur wird zum Teil vertreten, dass aus der Existenz des § 41 Abs. 1
Satz 2 abzuleiten sei, dass der Gesetzgeber selbst von der Existenz drittschützender Normen ausgegangen sei. Im Lichte der Grundrechte sei daher von
möglichem **Drittschutz** innerhalb des Gesetzes auszugehen.[41] Eine solche
Auffassung lässt sich indes weder mit dem Wortlaut des § 41 Abs. 1 Satz 2 noch
mit dem durch § 4 Abs. 2 zum Ausdruck kommenden gesetzgeberischen Willen vereinbaren. Der Satz 2 bezieht sich eindeutig auf die Regelung in Satz 1, so
dass die Ausnahmen auch nur für diejenigen Fälle in Betracht kommen, die
auch in den Anwendungsbereich des Satzes 1 fallen. Nur soweit ganz ausnahmsweise auch ein Dritter die Verletzung eigener subjektiver Rechte rügen
kann und nach Satz 1 befugt ist, Widerspruch einzulegen, kann ihn auch die
Ausnahmeregelung des Satzes 2 treffen. Es ist daher nicht möglich, Satz 2
gleichsam selbständig zu sehen und dann aus dem Hinweis der erstmaligen Beschwer eine Einbeziehung von Dritten zu folgern. Zudem widerspräche eine
derartige Sichtweise nicht nur der Systematik des § 41 Abs. 1, sondern stünde
auch im Widerspruch zu der klaren Position des § 4 Abs. 2, der einen Drittschutz ausdrücklich nicht zulassen will.

22   **2. Weitere Ausnahmen.** In dem verwaltungsgerichtsrechtlichen Schrifttum und in der Rechtsprechung werden über die gesetzlich geregelten Aus-

---

[38] BVerwG 44, 294, 298 ff.

[39] *Giesberts* in Kölner Komm. Rn. 38.

[40] Vgl. aus dem allgemeinen verwaltungsgerichtsrechtlichem Schrifttum *Eyer-
mann/Rennert* § 68 VwGO Rn. 26.

[41] *Giesberts* in Kölner Komm. Rn. 40.

nahmen weitere Ausnahmetatbestände – zum Teil kontrovers – diskutiert. So soll nach Auffassung des BVerwG und des BGH aus Gründen der Verfahrensschnelligkeit und der Prozessökonomie ein Widerspruchsverfahren dann entbehrlich sein, wenn die Behörde im gerichtlichen Verfahren das Fehlen des Vorverfahrens nicht rügt.[42] Dasselbe soll dort gelten, wo sich aus dem Verhalten der Widerspruchsbehörde eindeutig ergäbe, dass sie dem Widerspruch mit großer Wahrscheinlichkeit nicht entsprechen werde.[43] Nach ganz überwiegender Auffassung in Literatur und Rechtsprechung bedarf es keines erneuten Widerspruchsverfahrens, wenn gegen eine Verfügung bereits ein Widerspruchsverfahren erfolglos stattgefunden hat und dieser durch eine neue Verfügung (Zweitbescheid) wiederholt, ersetzt oder abgeändert wird, soweit der Streitgegenstand in tatsächlicher und rechtlicher Hinsicht im Wesentlichen derselbe bleibt.[44] Schließlich soll es dort keines Widerspruchsverfahrens bedürfen, wo Verwaltungsakte im Zusammenhang mit dem Vorverfahren ergangen sind.[45]

Unklar ist die Rechtslage, wenn ein Betroffener eine Verfügung der BAFin   **23** begehrt, diese aber untätig bleibt. Die VwGO kennt **keinen Untätigkeitswiderspruch**, sondern sie räumt nach § 75 Satz 2 VwGO eine Klagemöglichkeit ein. Auf diese Vorschrift wird in § 41 Abs. 1 Satz 3 nicht verwiesen, so dass daraus der Schluss gezogen werden könnte, dass im Anwendungsbereich des WpÜG ein Widerspruchsverfahren durchzuführen wäre.[46] Vor dem Hintergrund, dass § 48 Abs. 3 deutlich macht, dass der Gesetzgeber Rechtsschutz gegen die Nichtvornahme einer beantragen Verfügung zulassen möchte und es prozessökonomisch wenig sinnvoll erscheint, gegen die Untätigkeit der BAFin wiederum zunächst einen Widerspruch einlegen zu müssen, sollten hier trotz des fehlenden Verweises die allgemeinen Wertungen der VwGO insoweit übernommen werden.[47]

IV. Widerspruchsverfahren (§ 41 Abs. 1 Satz 3)

1. Allgemeines. Das Widerspruchsverfahren richtet sich in WpÜG-Sachen   **24** aufgrund des Verweises in § 41 Abs. 1 Satz 3 nach den §§ 68 bis 73 VwGO. **Keine Anwendung** finden daher die Vorschriften der VwGO bezüglich der Klagefrist, der Untätigkeitsklage (zur Übernahme der Wertung des § 75 Satz 2 VwGO s. oben Rn. 23), der Ausschließlichkeit des Widerspruchsverfahrens, des richtigen Beklagten und des Gegenstandes der Anfechtungsklage.

---

[42] S. BVerwGE 15, 306, 310; BVerwGE 18, 300, 301; BVerwGE 64, 325, 330; BGHZ 88, 1, 2. Dagegen ein großer Teil des verwaltungsrechtlichen Schrifttums: *Schoch/Dolde* § 68 Rn. 29; *Wolff/Bachof/Stober*, Verwaltungsrecht II, § 63 Rn. 11; NK-VwGO/*Geis* § 68 Rn. 162.

[43] BVerwG DVBl. 1967, 773, 774; BVerwG DVBl. 1981, 190, 191; dagegen Teile des Schrifttums, zB *Kopp/Schenke* § 68 Rn. 32; NK-VwGO/*Geis* § 68 Rn. 167.

[44] *Giesberts* in Kölner Komm. Rn. 44; BVerwGE 32, 243, 247; BVerwGE 65, 167, 169; NK-VwGO/*Geis*, § 68 VwGO Rn. 169.

[45] Vgl. BVerwGE 44, 124, 126; zustimmend *Giesberts* in Kölner Komm. Rn. 45.

[46] So *Giesberts* in Kölner Komm. Rn. 46.

[47] Ebenso *Giesberts* in Kölner Komm. Rn. 46.

25   Das Widerspruchsverfahren beginnt mit der Erhebung des Widerspruchs gegen die Verfügung. Eine bedingte Widerspruchseinlegung ist unzulässig.[48] Es endet durch Rücknahme, Verzicht, Erledigung oder Entscheid.[49]

26   **2. Anhörung.** Die BAFin oder der Widerspruchsausschuss ist im Rahmen des Widerspruchsverfahrens grundsätzlich zur Anhörung des Betroffenen verpflichtet,[50] wenn mit dem Erlass des Abhilfe- oder Widerspruchsbescheides erstmalig eine Beschwer verbunden ist (§ 41 Abs. 1 Satz 3 in Verbindung mit § 71 VwGO). Damit wird der verfassungsrechtliche Grundsatz des **rechtlichen Gehörs** umgesetzt und dem Betroffenen die Möglichkeit gegeben, sich zu den wesentlichen Entscheidungsgrundlagen zu äußern. Die Form der Anhörung steht im pflichtgemäßen Ermessen der Widerspruchsstelle. Dabei ist das Interesse des Betroffenen zur angemessenen Äußerung gegen das Interesse an einem zügigen Verfahrensablauf (vgl. § 10 VwVfG) abzuwägen.[51]

27   **3. Abhilfeverfahren.** Im Abhilfeverfahren nach § 41 Abs. 1 Satz 3 in Verbindung mit § 72 VwGO ist **Teil des Widerspruchsverfahrens**, wenn die Zuständigkeit des Widerspruchsausschusses gegeben ist. Im Rahmen dieses Verfahrensabschnitts kann die BAFin überprüfen, ob sie den Widerspruch für begründet hält, ihm abhilft und über die Kosten entscheidet. Tut sie das, so muss sie die angegangene Verfügung ganz oder teilweise aufheben bzw. den begehrten Verwaltungsakt ganz oder teilweise erlassen. Hält die BAFin diese Rechtsfolgen für rechtlich unzutreffend, so muss zwingend in das Widerspruchsverfahren übergegangen werden. Das Abhilfeverfahren dient der **Selbstkontrolle** und der **Beschleunigung des Verfahrens**.

28   Auch in dem Fall, in dem die **Zuständigkeit** bei dem Widerspruchsausschuss liegt, muss die BAFin prüfen, ob sie vor Einleitung in das Widerspruchsverfahren dem Widerspruch abhilft. Zwar ist der Widerspruchsausschuss Teil der BAFin, jedoch handelt es sich bei ersterem um ein selbständiges Entscheidungsgremium. Hilft die BAFin dem Widerspruch nicht ab, so wird der Widerspruchsausschuss mit dem Widerspruch befasst.[52] Wird der Widerspruch beim Widerspruchsausschuss eingelegt, so muss dieser die BAFin um Abhilfe bitten. Unterbleibt dies, liegt ein Verfahrensfehler vor, der zu einer isolierten Anfechtung des Widerspruchsbescheides berechtigt.[53]

29   Hat die BAFin eine **eigene Entscheidungszuständigkeit** über den Widerruf, so entfällt das formelle Abhilfeverfahren, weil Ausgangs- und Widerspruchsstelle identisch sind. Eine dem Widerspruchsbescheid vorausgehende Nichtabhilfeentscheidung wäre überflüssig und würde das Verfahren nur unnütz belasten.[54]

---

[48] Vgl. *Eyermann/Rennert* § 69 VwGO Rn. 2.

[49] S. dazu ausführlich *Giesberts* in Kölner Komm. Rn. 19 ff.

[50] Wenngleich § 71 VwGO als „Soll-Vorschrift" formuliert ist, ist sie grundsätzlich als „Muß-Vorschrift" zu verstehen; s. *Redeker/v. Oertzen* § 71 VwGO Rn. 2; *Schoch/Dolde* § 71 VwGO Rn. 8.

[51] *Giesberts* in Kölner Komm. Rn. 58.

[52] Ebenso *Giesberts* in Kölner Komm. Rn. 59.

[53] S. zum allgemeinen Verwaltungsprozessrecht *Eyermann/Rennert* § 72 VwGO Rn. 9 und BVerwGE 82, 336, 338.

[54] Vgl. *Schoch/Dolde* § 72 VwGO Rn. 6.

Von der Abhilfeentscheidung ist die **Rücknahme der Verfügung** durch die **30**
BAFin zu unterscheiden. Eine solche Rücknahme ergeht nicht als Rechts-
behelfsbescheid und führt zur Erledigung des Widerspruchverfahrens.[55]

4. Widerspruchsbescheid. Hilft der Widerspruchsausschuss oder die **31**
BAFin dem Widerspruch nicht ab, so ergeht ein Widerspruchsbescheid (§ 41
Abs. 1 Satz 3 in Verbindung mit § 73 VwGO). Zuvor muss der Ausgangsbescheid umfassend in **tatsächlicher und in rechtlicher Hinsicht überprüft**
werden, wobei auch neues Vorbringen zu berücksichtigen ist. Maßgebliche
Entscheidungsgrundlage ist die Sach- und Rechtslage zum Zeitpunkt der
eigenen Widerspruchsentscheidung.[56] Änderungen, die während des Widerspruchsverfahrens eintreten, sind vom Widerspruchsausschuss oder von der
BAFin zu berücksichtigen. Eine **reformatio in peius** durch die Widerspruchsbehörde ist zulässig, soweit ein Identität von Ausgangs- und Widerspruchsbehörde gegeben ist.[57] Das ist daher nicht der Fall, wenn der Widerspruchsausschuss nach § 6 Abs. 1 zuständig ist.[58]

Der Widerspruchsbescheid wird von der BAFin und im Zuständigkeitsbe- **32**
reich des § 6 vom Widerspruchsausschuss erlassen. Er modifiziert die ursprüngliche Verfügung dergestalt, dass anstelle der betreffenden Verfügung ein durch
den Widerspruchsbescheid gestalteter Verwaltungsakt tritt.[59]

Der Widerspruchsbescheid muss zwingend die Entscheidung, die **Begrün-** **33**
dung der Entscheidung, die **Kostenentscheidung** und eine **Rechtsmittel-**
belehrung enthalten.[60] Die Begründung muss deutlich werden lassen, von
welchen rechtlichen und tatsächlichen Voraussetzungen und Überlegungen die
BAFin oder der Widerspruchsausschuss bei ihrer bzw. seiner Entscheidung ausgegangen ist. Die Begründung muss es für den Betroffenen möglich machen,
die Entscheidung zu treffen, ob eine Beschwerde mit einer sachgemäßen Begründung zu erheben ist. Zugleich muss aufgrund der Begründung das Beschwerdegericht in die Lage versetzt werden können, die Entscheidung über
den Widerspruch inhaltlich zu beurteilen.[61] Aus letzterem Grund darf die Begründung auch dann nicht fehlen, wenn dem Betroffenen die Gründe, die zu
dem Erlass eines Widerspruchsbescheides geführt haben, vorab bereits mitgeteilt wurden.[62]

Die **Kostentragungspflicht** bemisst sich nach § 80 VwVfG, da § 73 VwGO **34**
selbst keine Regelung über die Kostentragung beinhaltet.[63]

---

[55] Näheres bei *Giesberts* in Kölner Komm. Rn. 63.

[56] *Schüppen/Schweizer* in *Haarmann/Riehmer/Schüppen* Rn. 17; *Giesberts* in Kölner
Komm. Rn. 16.

[57] Ausführlich zur Verböserungskompetenz der Widerspruchsbehörde *Pietzner*
VerwArch 1990, 261, 268 ff., 271; 279 ff., 281.

[58] S. auch *Schüppen/Schweizer* in *Haarmann/Riehmer/Schüppen* Rn. 19. Tendenziell
anders *Giesberts* in Kölner Komm. Rn. 15.

[59] *Giesberts* in Kölner Komm. Rn. 64.

[60] *Süßmann* in *Geibel/Süßmann* Rn. 23; *Giesberts* in Kölner Komm. Rn. 65.

[61] Vgl. *Giesberts* in Kölner Komm. Rn. 65; *Süßmann* in *Geibel/Süßmann* Rn. 24.
Aus der verwaltungsprozessrechtlichen Literatur statt vieler *Kopp/Schenke* § 73
Rn. 12; *Redeker/v. Oertzen* § 73 VwGO Rn. 22.

[62] Vgl. *Giesberts* in Kölner Komm. Rn. 65.

[63] *Süßmann* in *Geibel/Süßmann* Rn. 25.

35 Der Widerspruchsbescheid bedarf der **Schriftform und muss zugestellt werden** (§ 41 Abs. 1 Satz 3 in Verbindung mit § 73 Abs. 3 Satz 1 VwGO).

36 Wird der **Widerspruch zurückgenommen**, so ist das Verfahren einzustellen und der Betroffene über die Einstellung des Verfahrens zu unterrichten.[64]

37 **5. Rücknahme, Verzicht, Erledigung, Beendigung.** Der Widerspruchsführer kann bis zur Entscheidung durch die Widerspruchsbehörde den eingelegten Widerspruch zurücknehmen. Nach der Rücknahme ist das Widerspruchsverfahren **ohne Kostenentscheidung** einzustellen. Eine Kostenentscheidung wird deshalb nicht getroffen, weil die Kostenentscheidung gem. § 73 Abs. 3 VwGO erst mit dem Widerspruchsbescheid ergeht. Das Widerspruchsverfahren endet dann mit einer Einstellung, über die eine formlose Mitteilung gemacht wird.[65]

38 Ein **Verzicht** bewirkt, dass der Ausgangsbescheid sofort unanfechtbar wird. Ein Verzicht ist regelmäßig erst nach Bekanntgabe des Verwaltungsaktes wirksam. Vor der Bekanntgabe kann ein Verzicht nur unter der auflösenden Bedingung erklärt werden, dass der noch zu erlassende Verwaltungsakt einen genau bezeichneten Inhalt haben wird.[66]

39 Eine **Erledigung** tritt ein, wenn das mit dem Widerspruch begehrte Ziel nicht oder nicht mehr zu erreichen ist. In diesem Fall kann der Widerspruchsführer eine negative Feststellungsbeschwerde erheben. Mit der Erledigung endet das Widerspruchsverfahren.

40 Das **Widerspruchsverfahren endet** in der Regel mit dem Zugang des Abhilfe- oder Widerspruchsbescheides.

V. Fristen für die Entscheidungen (§ 41 Abs. 2)

41 **1. Fristbestimmung (§ 41 Abs. 2 Satz 1).** Das Gesetz sieht für die Entscheidung der BAFin bzw. des Widerspruchsausschusses nur eine **Frist von zwei Wochen** ab Eingang des Widerspruches vor. Die Entscheidung über den Widerspruch muss allerdings nicht in einer Frist von zwei Wochen auch dem Widerspruchsführer bekannt gegeben werden.[67] Obwohl der Wortlaut der Norm nur die BAFin betrifft, sind damit Widersprüche gemeint, die sowohl in den Zuständigkeitsbereich der Bundesanstalt als auch in den der Widerspruchsbehörde fallen. Das ergibt sich aus dem Umstand, dass die kurze Frist zur Entscheidung über die Widersprüche zur allgemeinen Verfahrensbeschleunigung vorgesehen ist.[68] Dieses Ziel könnte nicht erreicht werden, wenn die große Anzahl von Widersprüchen, die in den Anwendungsbereich des § 6 Abs. 1 fallen, von § 41 Abs. 2 Satz 1 nicht erfasst würden.[69]

42 Es bleibt indes fraglich, ob das vom Gesetzgeber angestrebte Ziel, innerhalb der Zwei-Wochenfrist zu einem Ergebnis zu kommen, sich **in der Praxis bewährt**. Zweifel gibt es deshalb, weil innerhalb dieser, nur maximal zehn

---

[64] *Giesberts* in Kölner Komm. Rn. 67.
[65] *Giesberts* in Kölner Komm. Rn. 21.
[66] Näheres bei *Giesberts* in Kölner Komm. Rn. 20.
[67] So zu Recht *Süßmann* in Geibel/Süßmann Rn. 14.
[68] S. Begr. RegE BT-Dr. 14/7034 S. 63.
[69] In diesem Sinne auch *Schüppen/Schweizer* in *Haarmann/Riehmer/Schüppen* in *Haarmann/Riehmer/Schüppen* Rn. 20; *Giesberts* in Kölner Komm. Rn. 68.

Werktage umfassenden, Frist sowohl das Abhilfeverfahren als auch das Widerspruchsverfahren durchlaufen sein müssen. Das erscheint **äußerst knapp** bemessen, insbesondere wenn man bedenkt, dass nach dem Untersuchungsgrundsatz die Verfügung umfassend auf ihre Recht- und Zweckmäßigkeit untersucht werden muss und die Betroffenen auch ein Anhörungsrecht mit der Möglichkeit der Stellungnahme haben.[70]

2. Ausnahmen (§ 41 Abs. 2 Satz 2). Gem. § 41 Abs. 2 Satz 2 kann die   43
BAFin durch unanfechtbaren Beschluss die **Frist verlängern**. Ein solcher fristverlängernder Beschluss setzt aber in jedem Fall voraus, dass besondere tatsächliche oder rechtliche Schwierigkeiten in einem Verfahren auftreten oder eine Vielzahl von Widerspruchsverfahren zu bearbeiten sind. Die Begründung zum Regierungsentwurf nennt als Beispiel die Notwendigkeit umfangreicher Sachverhaltsaufklärungen oder das Abwarten von Auskünften ausländischer Aufsichtsbehörden.[71]

Besondere tatsächliche Schwierigkeiten liegen vor, wenn wegen der er-   44
heblichen Komplexität der Sache oder aufgrund umfangreicher Ermittlungen oder wegen langwieriger Informationsbeschaffung eine längere Zeit für die Feststellung der Tatsachen benötigt wird, die über dem zeitlichen Durchschnitt liegt.

Von besonderen rechtlichen Schwierigkeiten lässt sich sprechen, wenn der   45
Widerspruch nur durch eine umfangreiche und über dem normalen Maß liegende, problematische rechtliche Prüfung zu entscheiden ist.

Der dritte Grund für eine Verlängerung, nämlich das **Vorliegen einer Viel-**   46
zahl von Widerspruchsverfahren, ist ausgesprochen **diffus**. Hintergrund ist die Vorstellung, dass der BAFin nicht zugemutet werden soll, dass aufgrund eines besonders hohen Arbeitsaufkommens oder durch Kapazitätsprobleme in der Behörde Widersprüche in nur zwei Wochen zu entscheiden sind. Aufgrund der notorischen Arbeitsüberlastung und dauerhaften personellen Kapazitätsengpässe dürfte diese Variante der Ausnahmebestimmungen das Einfallstor für generelle Fristverlängerungen sein. Zugleich dürfte damit aber auch der Grund gelegt sein, dass der Beschleunigungsansatz im § 41 Abs. 2 Satz 2 fehlschlägt.

Eine Frist für die Verlängerung der Entscheidungsfrist ist im Gesetz nicht   47
angegeben. Insoweit kommt – abgeleitet aus dem Verhältnismäßigkeitsgrundsatz – eine **„angemessene" Frist** in Betracht.[72] Bei der Beurteilung der Angemessenheit ist zu berücksichtigen, dass die Norm der Verfahrensbeschleunigung dienen soll. Daher muss im Rahmen der Interessenabwägung zwischen zeitlichem Spielraum für die Entscheidung der Widerspruchsstelle und dem Interesse an einem schnellen Verfahren die Entscheidung für letzteres fallen und die Möglichkeit zur Fristverlängerung restriktiv gehandhabt werden. So ist eine **mehrfache Verlängerung** ebenso nur in extremen Ausnahmefällen möglich wie eine ganz erhebliche, zB doppelt so lang, bemessene Frist zur Entscheidung. Da der Beschluss über die Verlängerung unanfechtbar ist, läuft diese

---

[70] Diese Kritik wird weitgehend geteilt, s. *Süßmann* in *Geibel/Süßmann* Rn. 21 f.; *Giesberts* in Kölner Komm. Rn. 68; *Schüppen/Schweizer* in *Haarmann/Riehmer/Schüppen* Rn. 20.

[71] Begr. Reg. Entw. BT-Drucks. 14/7034 S. 63.

[72] *Steinmeyer/Häger* Rn. 31, *Giesberts* in Kölner Komm. Rn. 72.

Einengung jedoch praktisch leer, weil die Sicherstellung des Ausnahmecharakters nicht justiziabel ist.[73]

48   Kommt die BAFin oder der Widerspruchsausschuss innerhalb der gesetzlichen oder der selbst gesetzten Frist nicht zu einer Entscheidung, so ist eine Beschwerde nach § 48 Abs. 3 statthaft.[74]

VI. Verfahrensförderungspflicht und Fristsetzung (§ 43 Abs. 3)

49   **1. Verfahrensförderungspflicht (§ 41 Abs. 3 Satz 1).** § 41 Abs. 3 Satz 1 statuiert eine **Verfahrensförderungspflicht für alle Verfahrensbeteiligten**. Sie müssen an der Aufklärung des Sachverhaltes mitwirken, wie es einem auf Förderung und raschen Abschluss des Verfahrens bedachten Vorgehen entspricht. Diese Vorschrift ist getragen von der zügigen Durchführung des gesamten Verfahrens.[75] Diese Regelung ist offensichtlich eher als **Maxime des Widerspruchsverfahrens** im WpÜG-Verfahren mit appellativem Charakter gemeint, weil diese Regelung als solche keine unmittelbaren Rechtsfolgen bzw. Sanktionen kennt.

50   **2. Fristsetzung und Präklusion (§ 41 Abs. 3 Satz 2).** Als Ausprägung des in Satz 1 zugrundegelegten Grundsatzes sieht Satz 2 konkreter vor, dass dem Widerspruchsführer Fristen gesetzt werden können, nach deren Ablauf ein weiterer Vortrag unbeachtet bleibt. Diese Regel orientiert sich an der Vorschrift des § 113 Abs. 2 Satz 2 GWB. Der Wortlaut des Satzes 2 macht deutlich, dass es sich um eine „Muss-Vorschrift" handelt. Allenfalls dort, wo es um die Belastung von Rechten Dritter geht, besteht keine Pflicht, den verspäteten Vortrag nicht zu beachten.[76] Insoweit steht dies im pflichtgemäßen Ermessen des Gerichts.[77]

51   Die **Länge der Fristsetzung** steht im pflichtgemäßen Ermessen des Gerichts und orientiert sich an den Umständen des Einzelfalles, insbesondere an der Komplexität von Sachverhalt und rechtlicher Lage.[78] Insoweit besteht eine Parallelität zu § 41 Abs. 1 Abs. 2 Satz 2. Als Richtwert für die Frist in durchschnittlich schwierigen Sachverhalten ist in den Fällen des § 41 Abs. 2 Satz 1 höchstens eine Woche anzunehmen. Denn im Anschluss an ein etwaiges Vorbringen muss dem Gericht zumindest ebenfalls eine Woche Zeit bleiben, um eine Entscheidung zu fällen. Die Größe des Schwierigkeitsgrades, die nach § 41 Abs. 2 Satz 2 eine Verlängerung erlaubt, schlägt auch auf die Fristsetzung nach § 41 Abs. 3 Satz 2 durch.

52   Die Vorschrift des § 41 Abs. 3 Satz 2 sieht eine **formelle Präklusion** vor. Das hat zur Folge, dass nach Ablauf der Frist etwaige Einwendungen nicht mehr im Rahmen des Widerspruchsverfahrens gehört werden. Sie sind allerdings nicht im Beschwerdeverfahren ausgeschlossen.[79]

---

[73] *Schüppen/Schweizer* in *Haarmann/Riehmer/Schüppen* Rn. 21.

[74] *Steinmeyer/Häger* Rn. 21; *Giesberts* in Kölner Komm. Rn. 73.

[75] *Schüppen/Schweizer* in *Haarmann/Riehmer/Schüppen* Rn. 21; *Giesberts* in Kölner Komm. Rn. 74.

[76] *Giesberts* in Kölner Komm. Rn. 75.

[77] *Steinmeyer/Häger* Rn. 39.

[78] *Giesberts* in Kölner Komm. Rn. 77; *Süßmann* in *Geibel/Süßmann* Rn. 19 und 22.

[79] *Schüppen/Schweizer* in *Haarmann/Riehmer/Schüppen* Rn. 21.

Das WpÜG sieht gegen die Entscheidung über eine Fristsetzung bzw. über   **53**
die Nichtberücksichtung verspäteten Vorbringens **keinen Rechtsschutz** vor.
Im Vergleich mit Abs. 2 Satz 2 und Abs. 4 Satz 1 fehlt in Abs. 3 Satz 2 ein ausdrücklicher Hinweis darauf, dass der entsprechende Beschluss unanfechtbar ist.
Daraus ließe sich folgern, dass im Fall des Abs. 3 Satz 2 eine Anfechtung möglich ist. Aus der Regierungsbegründung zum Gesetzentwurf des WpÜG wird
jedoch sehr deutlich, dass verspätetes Vorbringen nach freier Überzeugung zu-
rückgewiesen werden kann und nicht gesondert angreifbar ist.[80] Damit soll
die Verzögerung durch Einlegung von Rechtsmitteln verhindert werden.[81]
Daraus folgt, dass gegen eine Entscheidung des Gerichts im Hinblick auf eine
Fristsetzung kein Rechtsmittel möglich ist. Der Umstand, dass nicht auch in
Abs. 3 Satz 2 ein Hinweis auf einen unanfechtbaren Beschluss gegeben ist,
dürfte ein redaktionelles Versehen sein.

VII. Übertragung der Entscheidung auf den Vorsitzenden (§ 41 Abs. 4)

1. Grundsatz (§ 41 Abs. 4 Satz 1).
§ 41 Abs. 4 sieht vor, dass dann, wenn   **54**
der Widerspruchsausschuss nach § 6 Abs. 1 für Widersprüche zuständig ist, die
Entscheidung über den Widerspruch dem Vorsitzenden des Widerspruchsausschusses ausschließlich übertragen werden kann. Mit dieser Regelung soll zur
Beschleunigung des Verfahrens beigetragen werden. Vor allem in Standard-
fällen oder bei Dringlichkeit ist damit die Möglichkeit zu einer schnellen und
effektiven Entscheidung gegeben.[82]

Die Entscheidung, die Kompetenz zur Entscheidung der Widersprüche zu   **55**
übertragen, wird von dem **gesamten Widerspruchsausschuss** getroffen.[83]
Sie ergeht durch Beschluss. Dabei ist auch die telefonische oder schriftliche Beschlussfassung oder die Nutzung elektronischer Datenfernübertragungen
möglich.[84]

2. Einschränkungen (§ 41 Abs. 4 Satz 2).
Eine Einschränkung des Über-   **56**
tragungsrechts sieht Satz 2 vor. Es besteht dann nicht, wenn die Sache wesentliche **Schwierigkeiten in tatsächlicher oder rechtlicher Hinsicht** aufweist
oder wenn **die Entscheidung von grundsätzlicher Bedeutung** ist. Das
Vorliegen von Schwierigkeiten und die grundsätzliche Bedeutung müssen
nicht kumulativ vorliegen. Das machen die vom Gesetz vorgesehenen unterschiedlichen Bezugsobjekte (Sachverhalt und Entscheidung) deutlich.

Was unter **Schwierigkeiten in tatsächlicher und rechtlicher Hinsicht** zu   **57**
verstehen ist, ergibt sich aus der Regelung des Abs. 2 Satz 2 (s. oben Rn. 43 ff.). Von
grundsätzlicher Bedeutung ist die Entscheidung dann, wenn sie über den Einzelfall hinaus Bedeutung hat, wobei sich die Grundsätzlichkeit auf die tatsächlichen
oder auf die rechtlichen Aspekte der Entscheidung beziehen können.[85]

---

[80] Begr. RegE BT-Drucks. 14/7034 S. 63.
[81] *Giesberts* in Kölner Komm. Rn. 77.
[82] *Giesberts* in Kölner Komm. Rn. 78.
[83] Vgl. *Schüppen/Schweizer* in *Haarmann/Riehmer/Schüppen* Rn. 22.
[84] Begr. RegE BT-Drucks. 14/7034 S. 63.
[85] Aus dem allgemeinen Verwaltungsprozessrecht s. *Eyermann/Geiger* § 6 VwGO
Rn. 17; *Kopp/Schenke* § 6 VwGO Rn. 9.

Wesentlicher Fall ist die vorgesehene Abweichung von der Rechtsprechung oder von der bisherigen Verwaltungspraxis.

58   Der Beschluss des Widerspruchsausschusses ist nach Abs. 4 S. 2 **unanfechtbar.** Das dient der Beschleunigung des Widerspruchsverfahrens.

§ 42 Sofortige Vollziehbarkeit

Der Widerspruch gegen Maßnahmen der Bundesanstalt nach § 4 Abs. 1 Satz 3, § 15 Abs. 1 oder 2, § 28 Abs. 1 oder § 40 Abs. 1 bis 4 hat keine aufschiebende Wirkung.

Übersicht

I. Allgemeines

1   § 42 bestimmt, dass der Widerspruch gegen bestimmte Maßnahmen der BAFin **keinen Suspensiveffekt** entfaltet und ordnet damit die sofortige Vollziehbarkeit an. Damit soll verhindert werden, dass durch die Einlegung eines Widerspruchs gegen belastende Verfügungen der Bundesanstalt der Schutz der Aktionäre der Zielgesellschaft, der im Regelfall bei den in diesem Zusammenhang maßgeblichen Entscheidungen den Interessen des Bieters vorgeht, durch die Nichtvollziehung der Verfügungen gefährdet wird.[1] Zudem könnte bei Widersprüchen gegen Auskunfts- und Vorlageersuche gem. § 49 eine aufschiebende Wirkung zu einer Verzögerung der Sachverhaltsaufklärung führen und damit eine zügige Umsetzung des Verfahrens behindern.[2]

2   § 42 enthält damit eine nach § 80 Abs. 2 Nr. 3 VwGO zulässige Ausnahme vom Grundsatz der aufschiebenden Wirkung von Widersprüchen gem. § 80 Abs. 1 VwGO, die durch ein öffentliches Interesse an der Zügigkeit des Verfahrens, das das individuelle Rechtsschutzinteresse überwiegt, gerechtfertigt ist. Zum Verhältnis zur aufschiebenden Wirkung der Einlegung von Beschwerden gem. § 49 s. § 49 Rn. 10.

II. Ausschluss des Suspensiveffekts

3   **1. In § 52 genannte Fälle der sofortigen Vollziehbarkeit.** Die in § 42 aufgezählten Fälle, in denen die Einlegung des Widerspruchs keine aufschiebende Wirkung hat, sind **enumerativ.** Erfasst werden folgende Verfügungen:

---

[1] Begr. RegE BT-Drucks. 14/7034 S. 63.
[2] Begr. RegE BT-Drucks. 14/7034 S. 63

– gem. § 4 Abs. 1 Satz 3 Anordnungen, die geeignet und erforderlich sind, **4**
Missstände zu beseitigen oder zu verhindern, welche die ordnungsgemäße
Durchführung des Verfahrens beeinträchtigen oder erhebliche Nachteile für
den Wertpapiermarkt bewirken können ("Missstandsaufsicht").
– gem. § 15 Abs. 1 Untersagungen des Angebots aus Gründen fehlender oder
rechtswidriger Angaben, mangelnder Angebotsübermittlung an die BAFin
oder mangelnder Angebotsveröffentlichung
– gem. § 15 Abs. 2 Untersagungen des Angebots, wenn der Bieter die Veröffentlichung nicht in der in § 14 Abs. 3 Satz 1 vorgeschriebenen Form vornimmt.
– gem. § 28 Abs. 1 Untersagungen, um Missständen bei der Werbung im
Zusammenhang mit Angeboten zum Erwerb von Wertpapieren zu begegnen
– gem. § 40 Abs. 1 bis 4 Verfügungen im Rahmen der allgemeinen Ermitt-
lungsbefugnis, und damit im Einzelnen: Auskunfts- und Unterlagenverlangen gegenüber dem Bieter (Abs. 1), Auskunfts- und Unterlagenverlangen
gegenüber der Zielgesellschaft (Abs. 2); Auskunfts- und Unterlagenverlangen gegenüber Zielgesellschaften, deren Aktionäre sowie Wertpapierdienstleistungsunternehmen (Abs. 3); Auskunfts- und Unterlagenverlangen gegenüber inländischen Börsen (Abs. 4).

2. Weitere Fälle der sofortigen Vollziehbarkeit. Der Widerspruch gegen **5**
die Androhung und Festsetzung von Zwangsmitteln nach dem VwVfG hat
gem. § 46 S. 3 ebenfalls keine aufschiebende Wirkung. Dasselbe gilt für Kostenbescheide gem. § 47 iVm. § 80 Abs. 1 Nr. 2 VwGO.[3]

Die BAFin kann eine sofortige Vollziehung auch in allen Fällen anordnen, **6**
die nicht in § 42 genannt sind, und zwar bereits mit Erlass der Verfügung oder
später im Widerspruchsverfahren (§ 50 Abs. 2 iVm. § 50 Abs. 1).[4] Voraussetzung
dafür ist gem. § 50 Abs. 1, dass ein besonderes Vollzugsinteresse bestehen muss.
Das ist dann der Fall, wenn der Sofortvollzug im öffentlichen Interesse oder im
überwiegenden Interesse eines Beteiligten geboten ist.[5] Dieses besondere
Interesse am sofortigen Vollzug muss als Begründung zur Anordnung der sofortigen Vollziehung ausdrücklich dargelegt werden.[6] Ordnet die BAFin irr-
tümlich die sofortige Vollziehung an, obwohl die aufschiebende Wirkung
durch § 42 bereits ausgeschlossen ist, so ist dies unschädlich.[7]

3. Drittwiderspruch. Im Diskussionsentwurf und im Referentenentwurf **7**
war noch in einem Abs. 2 vorgesehen, dass bestimmte **Widersprüche Dritter**
gegen einen den Adressaten begünstigenden Verwaltungsakt, wie zB nach
§ 15 Abs. 2 und 3, § 20 Abs. 1, § 36 oder § 37 Abs. 1, keine aufschiebende Wirkung haben sollten.[8] Begründet wurde dies mit den vorzugswürdigen Interes-

---

[3] Vgl. *Schüppen/Schweizer* in *Haarmann/Riehmer/Schüppen* Rn. 2; *Süßmann* in *Gei-
bel/Süßmann* Rn. 4.
[4] Vgl. *Giesberts* in Kölner Komm. Rn. 10; *Schüppen/Schweizer* in *Haarmann/Rieh-
mer/Schüppen* Rn. 3.
[5] Dazu im Einzelnen unten § 50 Rn. 5 ff.
[6] S. dazu unten § 50 Rn. 11 f.
[7] Näher *Giesberts* in Kölner Komm. Rn. 11.
[8] Zum Diskussionsentwurf NZG 2000, 844, 852; zum RegE BT-Drucks. 14/
7034 S. 64.

sen des Begünstigten vor dem Aussetzungsinteresse des Dritten. Vor dem Hintergrund der Grundentscheidung in § 4 Abs. 2, der die Drittgerichtetheit des WpÜG ausschließt, wurde die Möglichkeit eines Drittwiderspruchs gestrichen, um eine insoweit bestehende Widersprüchlichkeit aufzuheben.[9] Daher ist die Einlegung eines Widerspruches durch einen Dritten mangels möglicher Schutznormverletzungen unzulässig.[10]

8   **4. Wiederherstellung der aufschiebenden Wirkung.** Hat die BAFin die Anordnung der sofortigen Vollziehung verfügt, so kann der Betroffene nach § 50 Abs. 3 vom Beschwerdegericht auf Antrag den Suspensiveffekt wiederherstellen lassen. Die **Anordnung bzw. Wiederherstellung der aufschiebenden Wirkung** wird ergehen, wenn anhand des bekannten Sachverhaltes nach einer summarischen Prüfung seitens des Gerichts festgestellt wird, dass die Voraussetzungen für eine behördliche Anordnung nicht bestanden, ernstliche Zweifel an der Rechtmäßigkeit der angegriffenen Verfügung bestehen oder die Vollziehung für den Betroffenen eine unbillige, nicht durch überwiegende öffentliche Interessen gebotene Härte zur Folge hätte.[11]

§ 43 Bekanntgabe und Zustellung

(1) **Verfügungen, die gegenüber einer Person mit Wohnsitz oder einem Unternehmen mit Sitz außerhalb des Geltungsbereichs dieses Gesetzes ergehen, gibt die Bundesanstalt der Person bekannt, die als Bevollmächtigte benannt wurde. Ist kein Bevollmächtigter benannt, so erfolgt die Bekanntgabe durch öffentliche Bekanntmachung im Bundesanzeiger.**

(2) **Ist die Verfügung zuzustellen, so erfolgt die Zustellung bei Personen mit Wohnsitz oder Unternehmen mit Sitz außerhalb des Geltungsbereichs dieses Gesetzes an die Person, die als Bevollmächtigte benannt wurde. Ist kein Bevollmächtigter benannt, so erfolgt die Zustellung durch öffentliche Bekanntmachung im Bundesanzeiger.**

Übersicht

---

[9] Vgl. *Schüppen/Schweizer* in *Haarmann/Riehmer/Schüppen* Rn. 5; *Giesberts* in Kölner Komm. Rn. 3; *Süßmann* in Kölner Komm. Rn. 5 f.

[10] S. *Süßmann* in *Geibel/Süßmann* Rn. 5 f.; *Giesberts* in Kölner Komm. Rn. 3.

[11] Einzelheiten unten § 50 Rn. 17 ff.; vgl. auch *Giesberts* in Kölner Komm. Rn. 13; *Süßmann* in *Geibel/Süßmann* Rn. 7.

I. Allgemeines

§ 43 enthält Vorschriften über die Bekanntgabe und die Zustellung von Ver- **1**
fügungen der BAFin gegenüber einer Person mit Wohnsitz oder einem Unternehmen mit Sitz außerhalb des Geltungsbereichs des WpÜG. Er konkretisiert
die Bestimmungen der §§ 41, 43 VwVfG über die Bekanntgabe und damit das
Wirksamwerden von Verwaltungsakten der BAFin, indem er eine nach § 41
Abs. 3 Satz 1 VwVfG **zulässige Sonderbestimmung** trifft. Zweck der Regelung ist es, das Verfahren zu beschleunigen, weil eine andere Art der Bekanntgabe bzw. der Zustellung gegenüber den benannten Personen zu erheblichen
Verzögerungen führen könnte.[1]

II. Bekanntgabe

1. Gegenstand, Adressaten. Von der Regelung des § 43 Abs. 1 erfasst wer- **2**
den **Verfügungen der BAFin**. Damit sind alle Verwaltungsakte zu verstehen,
die von der Behörde erlassen werden.[2]

Adressaten sind dem Wortlaut nach Personen und Unternehmen. Dem Sinn **3**
und Zweck der Regelung nach sind beide Begriffe weit auszulegen. Unter
„Personen" sind daher auch juristische Personen einschließlich der des öffentlichen Rechts[3] zu verstehen.[4] Der Unternehmensbegriff ist ebenfalls weit
auszulegen entsprechend dem funktionalen Unternehmensbegriff.[5]

2. Wohnsitz, Sitz. Der Wohnsitz oder Sitz der Adressaten müssen sich **4**
außerhalb des Geltungsbereichs des WpÜG, also außerhalb der Staatsgrenzen
der Bundesrepublik Deutschland, befinden.

Der **Begriff Wohnsitz** ist nach deutschem Recht zu qualifizieren und daher **5**
weiter zu verstehen als der aus dem anglo-amerikanischen Recht stammende
Begriff des Domizils.[6] Nach § 7 BGB ist unter dem Wohnsitz der Ort zu verstehen, an dem der räumliche Mittelpunkt der gesamten Lebensverhältnisse
einer Person auf eine gewisse Dauer oder mit einer Regelmäßigkeit liegt.[7]

Der **Sitz eines Unternehmens** oder einer juristischen Person besteht am **6**
Ort des tatsächlichen Verwaltungssitzes. Für Unternehmen ist dafür maßgebend der Ort, wo nach außen erkennbar die grundlegenden Entscheidungen
der Unternehmensleitung effektiv in laufende Geschäftsführungsakte umge-

---

[1] Vgl. Begr. RegE BT-Drucks. 14/7034 S. 64.

[2] *Schäfer* in Kölner Komm. Rn. 10.

[3] Vgl. auch *Schäfer* in Kölner Komm. Rn. 10, der meint, dass dem Umstand, dass
juristische Personen des öffentlichen Rechts in den Anwendungsbereich des § 43
Abs. 1 fallen, keine praktische Bedeutung zukomme, weil diese ihren Sitz im Inland
haben. Tatsächlich ist aber sehr gut möglich, dass ausländische juristische Personen
des öffentlichen Rechts Aktien börsennotierter Unternehmen halten und damit
Adressaten von Verfügungen der BAFin werden können.

[4] S. *Süßmann* in *Geibel/Süßmann* Rn. 1; *Stögmüller* in *Haarmann/Riehmer/Schüppen*
Rn. 10; *Schäfer* in Kölner Komm. Rn. 12.

[5] Vgl. dazu *Immenga/Mestmäcker/Zimmer* § 1 GWB Rn. 24 ff.

[6] Zur Abgrenzung vgl. statt vieler *Kropholler*, IPR, 4. Aufl. 2001, § 37 I; *Scoles/
Hay/Borchers/Symeonides*, Conflict of Laws, 3. ed. 2000, S. 228 ff. und 267 ff.

[7] *Palandt/Heinrichs*, BGB, 62. Aufl. 2003, § 7 BGB Rn. 1 f.

setzt werden.[8] Damit kommt es nicht auf den internen Ort der Willensbildung an; der Sitz eines Unternehmens, das seinerseits abhängiges Unternehmen in einem Unternehmensverbund ist, ist deshalb nicht am tatsächlichen Verwaltungssitz des Mutterunternehmens.[9] Bei juristischen Personen (des öffentlichen Rechts), die keine Unternehmen sind, kommt es auf den Ort an, an dem die zentrale Entscheidungsebene angesiedelt ist (vgl. auch § 24 BGB und § 17 Abs. 1 S. 2 ZPO).[10] Dem Ort, der durch Gesetz, Gesellschaftsvertrag, Satzung oder Errichtungsakt festgelegt ist, kommt dabei eine (wesentliche) Indizfunktion zu; er ist aber nicht per definitonem der für die Anknüpfung maßgebliche Ort.[11] Eine ausländische, nach dem Recht des Sitzstaates mit Rechtsfähigkeit ausgestattete Organisation wird auch im Inland als juristische Person anerkannt; eines besonderen Aktes der „Anerkennung" bedarf es nicht.[12]

7 **3. Akt der Bekanntgabe.** Nach § 43 Abs. 1 gibt die BAFin die Verfügung gegenüber einer Person bekannt, die als **Bevollmächtigte** benannt wurde.[13] Die Benennung muss gegenüber der BAFin geschehen. Die Behörde kann die Benennung eines Empfangsbevollmächtigten verlangen, sie muss es aber nicht (vgl. § 15 VwVfG).[14] Als **Empfangsbevollmächtigte** kommen natürliche und juristische Personen in Betracht,[15] die eine inländische Zustelladresse haben müssen.[16] Sie handeln als Vertreter des Adressaten der Verfügung, so dass die Bekanntmachung dem Vertretenen gegenüber wirkt und insbesondere die Verjährung in Gang setzt. Die Empfangsbevollmächtigten haben allerdings nur passive Verfahrenspflichten.[17] Die Bekanntgabe an den Bevollmächtigten sperrt nicht die Möglichkeit, zusätzlich dem Adressaten der Verfügung diese selbst bekannt zu geben.[18]

8 **4. Veröffentlichung im Bundesanzeiger.** Für den Fall, dass kein Bevollmächtigter benannt worden ist, muss gem. § 43 Abs. 1 Satz 2 die Bekanntgabe durch öffentliche Bekanntmachung im Bundesanzeiger erfolgen; eine zusätzliche Bekanntgabe in anderen Medien (z.B. Internet) ist unschädlich. Die BAFin kann zusätzlich dem Adressaten der Verfügung eine Ausfertigung der Verfügung zusenden, wobei für den Beginn der Rechtsbehelfsfrist jedoch die

---

[8] BGHZ 97, 269, 272.

[9] Vgl. BGHZ 53, 181, 184; BGHZ 97, 269; RGZ 92, 73, 74; *Zöller/Vollkommer* § 18 ZPO Rn. 9 f.

[10] Vgl. *Kopp/Ramsauer* § 3 VwVfG Rn. 34; *Knack/H. Meyer* § 3 VwVfG § 3 Rn. 25.

[11] S auch *Schäfer* in Kölner Komm. Rn. 14 vgl. aus der verwaltungsrechtlichen Literatur: *Kopp/Ramsauer* § 3 VwVfG Rn. 34; *Knack/H. Meyer* § 3 VwvfG Rn. 25.

[12] BGHZ 25, 134, s. dazu ferner *Kropholler*, IPR, 4. Aufl., 2001, § 55 I 2; *Staudinger/Großfeld* IntGesR Rn. 219 ff.

[13] Im Gegensatz zu § 41 Abs. 1 S. 2 VwVfG ist die Bekanntgabe gegenüber einem benannten Bevollmächtigten obligatorisch, s. *Steinmeyer/Häger* Rn. 3; *Schäfer* in Kölner Komm. Rn. 19.

[14] *Schäfer* in Kölner Komm. Rn. 16.

[15] *Schäfer* in Kölner Komm. Rn. 17; *P. Stelkens/U. Stelkens* in *Stelkens/Bonk/Sachs* § 41 VwVfG Rn. 51 und 55.

[16] Vgl. *Steinmeyer/Häger* Rn. 4.

[17] *Schäfer* in Kölner Komm. Rn. 19.

[18] *Steinmeyer/Häger* Rn. 3, Fn. 4; *Schäfer* in Kölner Komm. Rn. 20.

öffentliche Bekanntgabe maßgeblich ist (§ 41 Abs. 4 Satz 3 VwVfG iVm. § 70 VwGO).[19]

III. Zustellung (§ 43 Abs. 2)

Die Zustellung ist ein besonderes, formalisiertes Verfahren zur Bekannt- **9** gabe, dass eine höhere Gewähr für die Kenntnisnahme der bekannt gegebenen Verfügung bietet. Daher sind Verwaltungsakte der BAFin, die eine besondere Bedeutung haben, nicht nur bekannt zu machen, sondern zuzustellen. Dazu gehören etwa Widerspruchsbescheide (§ 41 Abs. 1 Satz 3 iVm. § 73 Abs. 3 Satz 1 VwGO) oder die Androhung von Zwangsmitteln (§ 46 iVm. § 13 Abs. 7 Satz 1 VwVfG). Wegen §§ 14 und 15 VwZG gibt es besondere Anforderungen bei der Zustellung im Ausland, so dass § 43 Abs. 2 zur Beschleunigung der Zustellung die Zustellung an Personen, die als Bevollmächtigte benannt sind, erlaubt.[20]

Bei der Zustellung an Bevollmächtigte gelten dieselben Grundsätze wie bei **10** der Bekanntgabe an Bevollmächtigte nach Abs. 1.

§ 44 Veröffentlichungsrecht der Bundesanstalt

Die Bundesanstalt kann ihre Verfügungen nach § 4 Abs. 1 Satz 3, § 10 Abs. 2 Satz 3, § 15 Abs. 1 und 2, § 20 Abs. 1, § 28 Abs. 1, § 36 oder § 37 Abs. 1, auch in Verbindung mit einer Rechtsverordnung nach Abs. 2, auf Kosten des Adressaten der Verfügung im Bundesanzeiger veröffentlichen.

Übersicht

I. Allgemeines

§ 44 schafft die rechtliche Grundlage dafür, dass die BAFin bestimmte ihrer **1** Verfügungen im Bundesanzeiger öffentlich bekannt machen kann. **Zweck dieser Veröffentlichung** ist die Information der Finanzmärkte, die objektive und sachliche Informationen über das laufende Verfahren erhalten sollen.[1] Die Vorschrift ist dagegen nicht vorgesehen, um Missstände anzuprangern oder

---

[19] *Stögmüller* in *Haarmann/Riehmer/Schüppen* Rn. 10; *Schäfer* in Kölner Komm. Rn. 21.
[20] Vgl. Begr. RegE BT-Drucks. 14/7034 S. 64.
[1] Begr. RegE BT-Drucks. 14/7034 S. 64.

den an einem Übernahmeverfahren Beteiligten Informationen zu verschaffen, die sie zur Durchsetzung ihrer zivilrechtlichen Ansprüche benötigen.[2]

II. Anwendungsbereich

2 Das Veröffentlichungsrecht umfasst folgende **Verfügungen**:
   - § 4 Abs. 1 S. 3: Anordnungen, um Missstände zu beseitigen oder zu verhindern, die die ordnungsgemäße Durchführung des Verfahrens beeinträchtigen oder erhebliche Nachteile für den Wertpapiermarkt bewirken können.
   - § 10 Abs. 2 S. 1: Gestattung der gleichzeitigen Vornahme der Mitteilung mit der Veröffentlichung
   - § 15 Abs. 1 und Abs. 2: Untersagung eines Angebots
   - § 20 Abs. 1: Befreiung des Handelsbestandes
   - § 28 Abs. 1: Untersagung, um Missständen bei der Werbung entgegenzuwirken
   - § 36: Befreiung mit der Folge der Nichtberücksichtigung von Stimmrechten
   - § 37 Abs. 1: Befreiung von der Verpflichtung zur Veröffentlichung und Abgabe eines Angebots.

3 Um dem Interesse an der **wahrheitsgemäßen Unterrichtung der Öffentlichkeit** möglichst vollständig zu entsprechen, sind unter Verfügungen nicht nur die Ausgangsbescheide zu verstehen, sondern auch die von der BAFin erlassenen Widerspruchsbescheide. Andernfalls bestünde die Gefahr, dass die Kapitalmärkte durch differierende Informationen irre geführt werden könnten.[3]

4 Die Regelung des § 44 ist **abschließend**, soweit eine Kostentragung durch die jeweiligen Adressaten gewollt ist. Daher darf die BAFin keine anderen als die aufgezählten Verwaltungsakte veröffentlichen und den Adressaten dabei die Kosten auferlegen.[4] Dagegen verbietet es § 44 nicht, dass die BAFin Handlungen, die keine Verwaltungsakte darstellen, veröffentlichen darf. Darunter fallen z.B. Rundschreiben, Hinweise, Warnungen oder Anfragen, soweit diese nicht unter § 40 fallen. Die rechtliche Grundlage für die Veröffentlichung dieser Verlautbarungen ist § 4.[5] Die Kosten trägt dann die BAFin. Entsprechend stützt sich die Veröffentlichung von Angebotsunterlagen, bei denen die Beteiligten eingewilligt haben, auf der Internetseite der BAFin auf § 4.[6]

III. Veröffentlichungsermessen

5 Die BAFin hat bei der Entscheidung, eine Verfügung zu veröffentlichen, anders als bei § 62 GWB ein **Entschließungsermessen**. Sie hat zu beurteilen, ob die Veröffentlichung geeignet und zweckmäßig ist, dem öffentlichen Informationsbedürfnis nachzukommen. Dabei hat sie in ihre Abwägung einzubeziehen, ob bereits eine öffentliche Bekanntgabe gem. § 43 erfolgt ist, welche

[2] S. *Stögmüller* in *Haarmann/Riehmer/Schüppen* Rn. 10; *Schäfer* in Kölner Komm. Rn. 1.

[3] S. *Steinmeyer/Häger* Rn. 3; *Schäfer* in Kölner Komm. Rn. 8.

[4] Vgl. *Schäfer* in Kölner Komm. Rn. 9 f.; anders *Steinmeyer/Häger* Rn. 3.

[5] Dazu s. oben § 4 Rn. 2 und 3 ff.

[6] *Schäfer* in Kölner Komm. Rn. 12.

Relevanz die Information für die Kapitalmärkte haben und welche Informationen bereits auf den Kapitalmärkten vorhanden sind.[7]

Es besteht **kein Anspruch** des Bieters, der Zielgesellschaft oder von Aktionären auf die Veröffentlichung oder Nichtveröffentlichung einer Verfügung der BAFin.[8] Allerdings kann sich in Ausnahmefällen das Ermessen der BAFin auf Null reduzieren.[9] Das dürfte dann der Fall sein, wenn durch die Veröffentlichung schützenswerte Interessen des Adressaten, insbesondere Geheimhaltungsinteressen, wesentlich beeinträchtigt würden oder wenn die Nichtveröffentlichung zu schwerwiegenden Marktverzerrungen führen würde. **6**

Will die BAFin eine Verfügung veröffentlichen, bestimmt sie den **Umfang** und den **Inhalt** der Veröffentlichung. Dazu steht ihr ein breites Spektrum von Möglichkeiten zur Verfügung, das von der Veröffentlichung des Entscheidungstenors bis zum Vollandruck des Verfügungstextes reicht.[10] Eine sachliche Information der Öffentlichkeit verlangt jedoch zumindest die Nennung von Bieter und Zielgesellschaft.[11] **7**

IV. Veröffentlichung

Die Veröffentlichung muss gem. § 44 **im Bundesanzeiger** erfolgen. Eine Veröffentlichung in anderen Medien wird dadurch allerdings nicht ausgeschlossen. Jedoch ist die Rechtsgrundlage dafür § 4, und die Kosten werden nicht von dem Adressaten getragen.[12] **8**

Die BAFin kann die Veröffentlichung bereits mit dem Erlass der Verfügung vornehmen. Es kommt nicht auf deren Bestandskraft an. Im Hinblick auf die möglichst umfassende und objektive Information der Kapitalmärkte ist in die Veröffentlichung der Hinweis auf ein etwaig eingelegtes Rechtsmittel aufzunehmen.[13] Diesbezüglich ist jedoch besonders ein mögliches Geheimhaltungsinteresse der Betroffenen zu berücksichtigen. **9**

V. Kostentragung

Die **Kosten der Veröffentlichung** nach § 44 sind von dem Adressaten zu tragen. Sie werden von der BAFin festgesetzt und umfassen die Inseratskosten und die möglicherweise insoweit in der BAFin angefallenen Bearbeitungskosten und Auslagen. Für die Erhebung der Kosten gelten die allgemeinen Grundsätze. Die Inrechnungstellung erfolgt mittels eines **Kostenbescheides**, und die Durchsetzung ergibt sich aus den Vorschriften nach dem VwVG.[14] Nach § 41 kommt gegen den Kostenbescheid ein Widerspruch in Betracht. Dieser entfaltet wegen § 80 Abs. 2 Nr. 1 VwGO keine aufschiebende Wirkung. **10**

---

[7] Vgl. dazu *Süßmann* in *Geibel/Süßmann* Rn. 3; *Schäfer* in Kölner Komm. Rn. 15 f.

[8] *Schäfer* in Kölner Komm. Rn. 14.

[9] S. *Schäfer* in Kölner Komm. Rn. 14

[10] S. *Steinmeyer/Häger* Rn. 4; *Schäfer* in Kölner Komm. Rn. 20; zum GWB: *Bechtold* § 63 GWB Rn. 3.

[11] Vgl. *Steinmeyer/Häger* Rn. 4; *Schäfer* in Kölner Komm. Rn. 21.

[12] Dazu ausführlicher *Schäfer* in Kölner Komm. Rn. 23 f.

[13] So auch *Steinmeyer/Häger* Rn. 3.

[14] *Schäfer* in Kölner Komm. Rn. 26 f.

Ein etwaiger ablehnender Widerspruchsbescheid kann mit der Anfechtungsbeschwerde angefochten werden.[15]

VI. Rechtsschutz

11 Eine Veröffentlichung im Bundesanzeiger hat **keine Regelungswirkung**, so dass es sich dabei nicht um eine Verfügung im Sinne des § 41 Abs. 1 handelt. Sie kann daher nicht mit einem Widerspruch oder einer Anfechtungsbeschwerde angegangen werden. Es handelt sich vielmehr um schlichtes Verwaltungshandeln. Als Rechtsmittel gegen die korrekte Veröffentlichung käme die vorbeugende Unterlassungsbeschwerde in Betracht. Gegen die Rücknahme einer korrekten Veröffentlichung oder die Rücknahme bzw. Berichtigung einer unrichtigen Veröffentlichung könnte die allgemeine Leistungsbeschwerde eingelegt werden.[16]

§ 45 Mitteilungen an die Bundesanstalt

Anträge und Mitteilungen an die Bundesanstalt haben in schriftlicher Form zu erfolgen. Eine Übermittlung im Wege der elektronischen Datenfernübertragung ist zulässig, sofern der Absender zweifelsfrei zu erkennen ist.

Übersicht

I. Allgemeines

1 § 45 Satz 1 statuiert die **allgemeine Regel für ein Schriftformerfordernis** bei Anträgen und Mitteilungen an die BAFin.[1] In Satz 2 wird die Nutzung moderner Kommunikationsmittel ausdrücklich zugelassen.

II. Schriftformerfordernis (§ 45 Satz 1)

2 **1. Anwendungsbereich.** Das Schriftformerfordernis nach § 45 Satz 1 bezieht sich in der ersten Variante auf Anträge. Dieser Begriff ist **verwaltungsrechtlich** zu verstehen[2] und muss von Anregungen oder dem Ersuchen, einen

---

[15] *Schäfer* in Kölner Komm. Rn. 31.
[16] *Steinmeyer/Häger* Rn. 5; differenzierter *Schäfer* in Kölner Komm. Rn. 29 f., der einer Rücknahme einer richtigen Veröffentlichung skeptisch gegenüber steht (Rn. 29).
[1] Die Voraussetzung eines schriftlichen Antrags findet sich zudem auch in speziellen Vorschriften wie zB § 26 Abs. 2, § 36 und § 37 Abs. 1.
[2] Ausführlich *Schäfer* in Kölner Komm. Rn. 10 ff.

Sachverhalt zu prüfen, unterschieden werden. Anträge an die BAFin sind ausdrücklich in folgenden Fällen erforderlich:

- Gestattung der Veröffentlichung erst nach dem Beschluss der Gesellschafterversammlung (§ 10 Abs. 1 S. 3)
- Fristverlängerung hinsichtlich der Übermittlung der Angebotsunterlagen (§ 14 Abs. 1 S. 3)
- Befreiung des Handelsbestandes (§ 20 Abs. 1 und Abs. 2)
- Befreiung von der Sperrfrist (§ 26 Abs. 2)
- Nichtberücksichtigung von Stimmrechten (§ 36)
- Befreiung von der Verpflichtung zur Veröffentlichung und zur Abgabe eines Angebots (§ 37 Abs. 1)

Nicht ausdrücklich im Gesetz vorgesehen, aber aus dem Sachzusammenhang ergibt sich, dass auch § 10 Abs. 2 S. 3 einen Antrag voraussetzt. Dies wird insbesondere durch § 2 Nr. 1 GebührenVO unterstrichen.[3]

In der zweiten Variante bezieht sich das Schriftformerfordernis auf Mitteilungen. Damit sind die vom WpÜG ausdrücklich oder inzident geforderten Mitteilungen gemeint. Außerdem werden darunter diejenigen Informationen erfasst, die die BAFin ausdrücklich einfordert.[4] **3**

2. Schriftform. Unter Schriftform ist nicht notwendigerweise nur die Schriftform im Sinne des § 126 Abs. 1 BGB zu verstehen, wonach die Urkunde vom Aussteller eigenhändig durch Namensunterschrift oder mittels notariell beglaubigten Handzeichens unterzeichnet werden muss.[5] Dem § 45 liegt vielmehr ein **verwaltungsrechtlich geprägtes Schriftformverständnis** zu Grunde, dass auch Kommunikationsformen zulässt, die hinsichtlich der Verkörperung der Willenserklärung und der Zuordnung zum Urheber vergleichbar sind.[6] Damit sind Anträge und Mitteilungen per Telegramm oder Telefax zulässig. Es reicht auch aus, wenn der BAFin auf dem Faxweg eine Computerdatei mit eingescannter Unterschrift übermittelt wird, die dann auf dem Faxgerät der BAFin als Schriftstück ausgedruckt wird.[7] **4**

Der **Schriftform genügt es jedoch nicht**, wenn Anträge und Mitteilungen telefonisch übermittelt werden und diese von Seiten der BAFin als Telefonvermerk aufgezeichnet werden.[8] Eine solche Verfahrensweise würde das Risiko eines fehlerhaften Antrages oder einer fehlerhaften Mitteilung interessenwidrig auf die Seite der BAFin verschieben und zudem im Zweifel zu unüberwindlichen Beweisschwierigkeiten führen. **5**

III. Elektronische Datenübertragung (§ 45 Satz 2)

§ 45 Satz 2 schafft die Möglichkeit, dass die Beteiligten eines Verfahrens moderne Kommunikationsmittel für ihre Anträge und Mitteilungen an die **6**

---

[3] So *Schäfer* in Kölner Komm. Rn. 16.

[4] *Schäfer* in Kölner Komm. Rn. 17.

[5] Einhellige Meinung, *Stögmüller* in *Haarmann/Riehmer/Schüppen* Rn. 9; *Süßmann* in *Geibel/Süßmann* Rn. 1; *Schäfer* in Kölner Komm. Rn. 20 ff., insbes. 23.

[6] *Schäfer* in Kölner Komm. Rn. 20 und 24.

[7] Vgl. GmS-OGB NJW 2000, 2340; *Süßmann* in *Geibel/Süßmann* Rn. 2; *Schäfer* in Kölner Komm. Rn. 24.

[8] *Schäfer* in Kölner Komm. Rn. 26.

BAFin nutzen. Damit sollen die knappen Fristen effektiv ausgeschöpft werden können.[9] Voraussetzung ist jedoch, dass der Absender zweifelsfrei zu erkennen ist. Die vom Gesetz geforderte Erkennbarkeit des Absenders ist bei Nutzung elektronischer Signaturen gewährleistet.[10] Geregelt sind elektronische Signaturen im Signaturgesetz vom 16. Mai 2001.[11] Dabei wird unterschieden in die elektronische Signatur (§ 2 Nr. 1 SigG) und in die qualifizierte elektronische Signatur (§ 2 Nr. 3 SigG).[12] Während im BGB gem. § 126a BGB eine qualifizierte elektronische Signatur erforderlich ist, reicht im Anwendungsbereich des § 45 eine einfache elektronische Signatur aus. Dies ergibt sich aus der Begründung zum Regierungsentwurf. Außerdem folgt aus dem Wortlaut des § 45 S. 2 keine weitere qualifizierte Anforderung an die elektronische Signatur.[13] Soweit dem entgegengehalten wird, das auf Grund der Sensibilität der in einem Übernahmeverfahren kommunizierten Daten – entgegen des unpräzisen Ausdrucks durch den Gesetzgeber[14] – eine qualifizierte elektronische Signatur erforderlich ist,[15] ist dies nicht überzeugend. Denn hinsichtlich des Schriftformerfordernisses in Satz 1 geht es ebenfalls um empfindliche Daten und gleichwohl werden weit weniger strenge Formvorschriften für zulässig erachtet als zB im bürgerlichen Recht. Es ist kein Differenzierungskriterium erkennbar, warum dies bei dem Erfordernis einer digitalen Signatur anders gehandhabt werden sollte.

§ 46 Zwangsmittel

Die Bundesanstalt kann Verfügungen, die nach diesem Gesetz ergehen, mit Zwangsmitteln nach den Bestimmungen des Verwaltungs-Vollstreckungsgesetzes durchsetzen. Sie kann auch Zwangsmittel gegen juristische Personen des öffentlichen Rechts anwenden. Widerspruch und Beschwerde gegen die Androhung und Festsetzung der Zwangsmittel nach den §§ 13 und 14 des Verwaltungs-Vollstreckungsgesetzes haben keine aufschiebende Wirkung. Die Höhe des Zwangsgeldes beträgt abweichend von § 11 des Verwaltungs-Vollstreckungsgesetzes bis zu 500 000 Euro.

Übersicht

---

[9] Begr. RegE BT-Drucks. 14/7034 S. 64.

[10] Begr. RegE BT-Drucks. 14/7034 S. 64.

[11] BGBl. 2001 I S. 876.

[12] Vgl. zur qualifizierten elektronischen Signatur *Rossnagel* NJW 2001, 1820; vgl. auch *Bizer/Miedbrodt*, in *Kröger/Gimmy*, Internetrecht, 2000, S. 143.

[13] So auch *Stögmüller* in *Haarmann/Riehmer/Schüppen* Rn. 10.

[14] So *Schäfer* in Kölner Komm. Rn. 27, Fn. 18.

[15] *Schäfer* in Kölner Komm. Rn. 27.

I. Allgemeines

§ 46 enthält die gesetzliche Grundlage dafür, dass die BAFin bei Nichtbefol- **1** gung seiner Verfügung diese mit Zwangsmitteln nach den Bestimmungen des Verwaltungs-Vollstreckungsgesetzes durchsetzen kann. Die Vorschrift entspricht in weiten Teilen den Vorschriften der §§ 10 WpHG und 50 KWG und findet eine Entsprechung in § 92 VAG.

II. Anwendbarkeit des VwVG (§ 46 Satz 1)

1. Anwendungsbereich. Die Durchsetzung mit Zwangsmitteln ist nur **2** im Hinblick auf Verfügungen der BAFin, die durch das WpÜG ergehen, gestattet. **Keine Anwendung findet § 46** daher auf Verfügungen der BAFin, die zB auf der Grundlage des WpHG ergehen. Dabei kann es sich um Handlungs-, Unterlassungs- oder Duldungspflichten handeln.[1] In den Anwendungsbereich des § 46 fallen folgende Verfügungen der BAFin:
- Maßnahmen gem. § 4 Abs. 1 Satz 3
- § 10 Abs. 1 Satz 3
- § 10 Abs. 2 Satz 3
- Untersagungen nach § 15 Abs. 1 und Abs. 2
- § 20 Abs. 1
- § 24
- § 26 Abs. 2
- § 28 Abs. 1
- § 36
- § 37
- Ermittlungsmaßnahmen nach § 40 Abs. 1 bis 4

Die Beitreibung von Kosten und Gebühren bestimmt sich nach § 47 iVm. der Verordnung über Gebühren nach dem WpÜG.[2]

2. Adressaten. Adressaten der Zwangsmittel sind diejenigen, denen in den **3** Verfügungen eine Handlungs-, Duldungs- oder Leistungspflicht auferlegt worden ist. Der Adressatenkreis wird durch § 46 S. 2 konkretisiert (s. dazu unten Rn. 11.).

3. Zwangsanwendung. a) Grundlage. Die Anwendung von Zwangs- **4** mitteln hat das Ziel, konkrete Verfügungen durchzusetzen und von dem Betroffenen ein Handeln, Dulden oder Unterlassen zu erzwingen, was nicht

---

[1] Vgl. *Süßmann* in *Geibel/Süßmann* Rn. 3.
[2] BGBl. 2001 I S. 4267.

freiwillig erfolgt.[3] § 46 Satz 1 verweist dafür auf das Verwaltungs-Vollstreckungsgesetz, das allgemein die Durchsetzung von Verwaltungsakten regelt. Diese Verweisung ist deklaratorischer Natur, weil sich die Anwendbarkeit des VwVG zur zwangsweisen Durchsetzung von Verwaltungsakten aus §§ 6 Abs. 1 und 7 VwVG selbst ergibt.[4] Aus diesen Vorschriften ergeben sich zudem unter anderem auch die Arten der Zwangsmittel und die Anforderungen, die an die durchzusetzende Verfügung zu stellen sind.

5   **b) Voraussetzungen.** Die Ausübung von Verwaltungszwang **setzt regelmäßig voraus**, dass die zu vollstreckende Verfügung einen Verwaltungsakt im Sinne des § 35 Satz 1 VwVfG darstellt und dass sie vollziehbar ist, also entweder unanfechtbar ist oder die sofortige Vollziehung angeordnet worden ist oder ein Rechtsmittel keine aufschiebende Wirkung hat (vgl. § 6 VwVG). Da gem. § 42 Maßnahmen der BAFin nach den §§ 4, 15 Abs. 1 und Abs. 2, 28 und 40 Abs. 1 bis 4 auch bei Einlegung eines Rechtsmittels keine aufschiebende Wirkung haben, sind diese sofort zwangsweise durchsetzbar. Dasselbe gilt für Kostenbescheide, bei denen die aufschiebende Wirkung von Rechtsbehelfen wegen § 80 Abs. 2 Satz 1 Nr. 1 VwGO entfällt. In den anderen Fällen muss die sofortige Vollziehung gem. § 50 Abs. 1 und Abs. 2 angeordnet werden.[5]

6   Nach § 6 Abs. 2 VwVG können Zwangsmittel auch **ohne vorangegangenen Grundverwaltungsakt** vollzogen werden, wenn dies zur Verhinderung einer rechtswidrigen Ttat oder eines Bußgeldtatbestandes oder zur Abwehr einer drohenden Gefahr notwendig ist und die Behörde dabei innerhalb ihrer Befugnisse handelt. Praktisch dürfte dieser Fall im Rahmen von Wertpapiererwerbs- und Übernahmevorgängen kaum von Bedeutung sein.[6]

7   Die Anwendung von Zwangsmitteln liegt, wie der Wortlaut des § 46 Satz 1 deutlich macht, **im Ermessen** der BAFin. Sie kann dabei aber nur zwischen den Zwangsmitteln Ersatzvornahme (§ 10 VwVG), Zwangsgeld (§ 11 VwVG) und unmittelbarer Zwang (§ 12 VwVG) wählen.[7] Die Anwendung von Zwangsmitteln muss dabei stets in einem angemessenen Verhältnis zu dem mit ihm verfolgten Zweck stehen (vgl. § 9 Abs. 2 Satz 1 VwVG).

8   Voraussetzung für die Anwendung von Zwangsmitteln ist, dass sie vorher **schriftlich angedroht** worden sind (§ 13 Abs. 1 VwVG), wobei die Androhung mit der Verfügung verbunden werden soll, wenn ein Rechtsmittel gegen die Verfügung keine aufschiebende Wirkung hat (§ 13 Abs. 2 Satz 2 VwVG). Die Androhung muss sich konkret auf ein bestimmtes Zwangsmittel beziehen (§ 13 Abs. 3 VwVG) und inhaltlich hinreichend bestimmt sein.[8] Nach § 13 Abs. 1 Satz 2 VwVG ist eine angemessene Frist zu bestimmen, innerhalb derer der Vollzug dem Betroffenen zugemutet werden kann. Die Angemessen-

---

    [3] *Giesberts* in Kölner Komm. Rn. 8.
    [4] Vgl. *Stögmüller* in *Haarmann/Riehmer/Schüppen* Rn. 10; *Giesberts* in Kölner Komm. Rn. 9.
    [5] Vgl. hierzu *Giesberts* in Kölner Komm. Rn. 12; *Süßmann* in *Geibel/Süßmann* Rn. 4.
    [6] Ebenso *Süßmann* in *Geibel/Süßmann* Rn. 5.
    [7] Ausführlicher zu den einzelnen Zwangsmitteln *Giesberts* in Kölner Komm. Rn. 16 ff.; *Süßmann* in *Geibel/Süßmann* 9 ff.
    [8] Ausführlicher dazu *Giesberts* in Kölner Komm. Rn. 23.

heit der Frist bestimmt sich nach dem konkreten Einzelfall. Vor dem Hintergrund des Zieles eines beschleunigten Verfahrens im WpÜG ist auch eine knapp bemessene Fristsetzung durch die BAFin angemessen.[9] Die Androhung muss nach den Vorschriften des VwZG zugestellt werden (vgl. § 13 Abs. 7 VwVG).

Ist die festgesetzte Frist erfolglos verstrichen, so muss das konkrete Zwangsmittel nach § 14 VwVG festgesetzt werden, bevor dann nach § 15 VwVG auf dieser Grundlage das Zwangsmittel angewendet wird.   **9**

III. Juristische Personen des öffentlichen Rechts (§ 46 Satz 2)

Verwaltungszwang ist gem. § 17 VwVG nur in ausdrücklich gesetzlich geregelten Fällen zulässig. § 46 Satz 2 stellt eine solche gesetzliche Regelung dar und erweitert damit den Adressatenkreis der Befugnisse nach Satz 1 auch auf juristische Personen des öffentlichen Rechts. Dies ist vor allem vor dem Hintergrund der erheblichen wirtschaftlichen Betätigung von juristischen Personen des öffentlichen Rechts gerechtfertigt.[10]   **10**

IV. Sofortige Vollziehbarkeit (§ 46 Satz 3)

§ 46 Satz 3 regelt, dass ein Widerspruch und eine Beschwerde gegen die Androhung und Festsetzung der Zwangsmittel nach §§ 13 und 14 VwVG keine aufschiebende Wirkung haben. Mit dieser Regelung soll erreicht werden, dass die Maßnahmen der BAFin schnell durchgesetzt werden können.[11]   **11**

V. Höhe des Zwangsgeldes (§ 46 Satz 4)

§ 46 Satz 4 stellt eine **Abweichung von der allgemeinen Regelung** des § 11 Abs. 3 VwVG dar, wonach ein Zwangsgeld höchstens 1.000 Euro betragen darf. Im Hinblick auf die wirtschaftlichen Interessen der Adressaten der Verwaltungsakte hat der Gesetzgeber ein wesentlich höheres Zwangsgeld für angemessen erachtet und das Höchstmaß des Zwangsgeldes auf Euro 500.000 festgelegt. Diese Summe ist, insbesondere im Hinblick auf den damit verbundenen **Abschreckungseffekt**, auch sachgerecht.[12] Die BAFin hat das Zwangsgeld nach pflichtgemäßem Ermessen festzusetzen und diese Festsetzung zu begründen (vgl. § 39 Abs. 1 S. 3 VwVG). Dabei muss sich die Entscheidung an der Bedeutung des verfolgten Zweckes, der Leistungsfähigkeit des Adressaten und dem Grundsatz der Gleichbehandlung orientieren.[13]   **12**

---

[9] So auch *Giesberts* in Kölner Komm. Rn. 24.

[10] *Giesberts* in Kölner Komm. Rn. 30.

[11] Begr. RegE BT-Drucks. 14/7034 S. 64.

[12] Vgl. *Süßmann* in *Geibel/Süßmann* Rn. 15; *Stögmüller* in *Haarmann/Riehmer/ Schüppen* Rn. 13; *Giesberts* in Kölner Komm. Rn. 32.

[13] *Giesberts* in Kölner Komm. Rn. 33.

§ 47 Kosten

Die Bundesanstalt erhebt für Amtshandlungen auf Grund von § 10 Abs. 2 Satz 3, §§ 14 und 15 Abs. 1 oder 2, §§ 20, 24, 28 Abs. 1, §§ 36, 37 Abs. 1, auch in Verbindung mit einer Rechtsverordnung nach Abs. 2, oder § 41 in Verbindung mit § 6 Kosten (Gebühren und Auslagen). Das Bundesministerium der Finanzen bestimmt die Kostentatbestände im Einzelnen und die Höhe der Kosten durch Rechtsverordnung, die nicht der Zustimmung des Bundesrates bedarf. Das Bundesministerium der Finanzen kann die Ermächtigung durch Rechtsverordnung auf die Bundesanstalt übertragen.

Übersicht

I. Allgemeines

1   § 47 schafft die **Grundlage für die Erhebung von Kosten und Gebühren** durch die BAFin. Er wird ergänzt durch die Regelungen des Verwaltungskostengesetzes. Die Abwälzung von Kosten und die Erhebung von Gebühren auf die von einem Übernahmeverfahren betroffenen Unternehmen und Personen ist getragen von dem Gedanken, dass die Tätigkeit der BAFin im Ergebnis den an Wertpapiererwerbs- und Übernahmevorgängen beteiligten Akteuren zugute kommt und dort zu Transaktionskostensenkungen führt. Diese rechtfertigen es, dass sich die Akteure **solidarisch** an der staatlichen Beaufsichtigung solcher Vorgänge beteiligen.[1] In der Regierungsbegründung wird darauf verwiesen, dass die Beteiligung der betroffenen Unternehmen und Personen an den Kosten der Beaufsichtigung sachgerecht sei, dass die Einführung einer staatlichen Beaufsichtigung von Verfahren zum Erwerb von Wertpapieren aufgrund eines öffentlichen Angebots die Transparenz am Kapitalmarkt erhöhe. Dies diene unter anderem den Interessen der Zielgesellschaft wie denen des Bieters, insbesondere da Letzterer einen besonderen Nutzen aus der Erhöhung der Vertrauenswürdigkeit und Transparenz seines Angebots ziehe. Die An-

---

[1] S. Begr. RegE BT-Drucks. 14/7034 S. 64; vgl. auch *Süßmann* in *Geibel/Süßmann* Rn. 3; *Schäfer* in Kölner Komm. Rn. 2; *Stögmöller* in *Haarmann/Riehmer/Schüppen* Rn. 10.

knüpfung an Amtshandlungen der BAFin sichere die praktikable und sachgerechte Aufteilung der Kosten der Aufsicht zwischen den Beteiligten.[2]

II. Voraussetzungen

1. Amtshandlungen. § 47 knüpft die Kostenregelung an Amtshandlungen, die auf der Grundlage der in § 47 Satz 1 genannten Vorschriften ergangen sind. Der Begriff der „Amtshandlung" stammt aus dem Verwaltungskostenrecht, in dem anerkannt ist, dass er weiter zu verstehen ist als der Begriff des Verwaltungsaktes.[3] Er umfasst **jede Handlung mit Außenwirkung**, die in Ausübung hoheitlicher Befugnisse vorgenommen worden ist.[4] Dazu gehört auch das sogenannte schlichte Verwaltungshandeln.[5] Behördeninterne Mitwirkungsakte sind nicht kostenpflichtig, weil es ihnen an der Außenwirkung fehlt, jedoch können die der Behörde insoweit angefallenen Auslagen ersetzt verlangt werden (vgl. § 10 Abs. 1 Nr. 7 VwKostG). Kosten entstehen auch bei rechtswidrigen Amtshandlungen, nicht jedoch bei nichtigen, weil aufgrund der Wirkung der Nichtigkeit von der Inexistenz der Handlung ausgegangen wird.[6]

2. Grundlage der Amtshandlung. Das Gesetz relativiert den durch das Abstellen auf Amtshandlungen grundsätzlich weiten Spielraum für die Kostenerhebung dadurch, dass nur bestimmte Tatbestände Kostentragungspflichten auslösen.[7] Dabei sind sowohl begünstigende als auch belastende Amtshandlungen kostenpflichtig.[8] Diese sind:

– Befreiung von der Pflicht, die Entscheidung über die Abgabe des Angebots vor der Veröffentlichung den Börsen zu übermitteln (§ 10 Abs. 2 Satz 3)
– Gestattung der Veröffentlichung der Angebotsunterlagen (§ 14)
– Untersagung von Angeboten (§ 15)
– Befreiung des Handelsbestandes (§ 20)
– Befreiung bei grenzüberschreitenden Angeboten (§ 24)
– Untersagung von bestimmten Arten von Werbung (§ 28)
– Befreiung von der Zurechnung von Stimmrechtsanteilen (§ 36)
– Befreiung von der Pflicht zur Veröffentlichung und zur Abgabe eines Angebotes (§ 37)

3. Schuldner. Die Kostentragungspflicht trifft die Adressaten der Amtshandlung. Auch **die Rechtsnachfolger** eines Antragstellers sind Kostenschuldner, wenn eine Amtshandlung auch für oder gegen sie wirkt.[9] Besteht der Adressat der Amtshandlung aus einer Personenmehrheit, so sind alle Personen gesamtschuldnerisch verpflichtet. Das ergibt sich aus der allgemeinen Kostenvorschrift des § 13 Abs. 2 VwKostG. Zudem wird ein etwaiges Nichtleis-

2

3

4

---

[2] Begr. RegE BT-Drucks. 14/7034 S. 64.
[3] S. *Schlabach* § 1 VwKostG Rn. 8.
[4] *Schlabach* § 1 VwKostG Rn. 9.
[5] *Schlabach* § 1 VwKostG Rn. 9.
[6] *Schlabach* § 1 VwKostG Rn. 15.
[7] Kritisch *Schäfer* in Kölner Komm. Rn. 15.
[8] S. *Süßmann* in *Geibel/Süßmann* Rn. 2.
[9] Vgl. *Schäfer* in Kölner Komm. Rn. 17; *Steinmeyer/Häger* Rn. 4.

tungsrisiko von der BAFin auf die übrigen Personen abgewälzt, die im Innenausgleich die Kostentragung zu regeln haben.[10] Gem. § 8 VwKostG sind Bund, Länder, Gemeinden und andere in dieser Vorschrift genannten juristischen Personen von der Zahlung von Gebühren für Amtshandlungen befreit.[11]

5   **4. Festsetzung. a) Gebühren und Auslagen.** Unter Kosten versteht § 47 Gebühren und Auslagen. Gebühren sind öffentlich-rechtliche Abgaben, die eine Gegenleistung für eine besondere Inanspruchnahme oder Leistung der Verwaltung darstellen.[12] Auslagen sind die baren Auslagen der Verwaltung, die im Zusammenhang mit einer Amtshandlung entstehen.[13] Typischerweise sind dies Aufwendungen für Abschriften bzw. Kopien, Fernsprech- und Faxgebühren und Kosten, die durch eine öffentliche Bekanntmachung entstehen (zB Inseratkosten).

6   **b) Kostenverordnung (§ 47 Satz 2, 3).** Die Erhebung von Kosten bedarf gem. § 47 Satz 2 der Festsetzung der Kostenhöhe und der Kostentatbestände in einer Rechtsverordnung, die ohne Zustimmung des Bundesrates erlassen werden kann. Durch die Regelung von Einzelheiten in einer Verordnung soll dem Kostenrecht eine für die Praxis notwendige Elastizität verliehen werden.[14] Mit der Verordnung über Gebühren nach dem Wertpapiererwerbs- und Übernahmegesetz (**WpÜG-GebührenVO**) vom 27. Dezember 2001 hat das Ministerium von der Ermächtigung Gebrauch gemacht.[15] Gem. § 47 Satz 3 hätte allerdings auch die Möglichkeit bestanden, die Ermächtigung durch Rechtsverordnung auf die Bundesanstalt zu übertragen.

7   In WpÜG-GebührenVO sind nahezu ausschließlich Fälle geregelt, in denen die BAFin Gebühren erheben darf. Die Erstattung von Auslagen darf die BAFin nur nach Maßgabe der § 3 WpÜG-GebührenVO verlangen (Auslagen für die Veröffentlichung von Verfügungen der BAFin nach § 44; Kosten, die den Mitgliedern des Widerspruchsausschusses für die Teilnahme an den Sitzungen entstehen). Der Verweis auf § 10 VwKostG lässt jedoch eine weitergehende Erhebung von Auslagen zu.[16]

8   Die BAFin erhebt für die Gestattung der Angebotsunterlagen nach § 14, für die Untersagung des Angebotes (§ 15 Abs. 1 und Abs. 2) und für die Bescheidung eines Widerspruchs nach § 41 iVm. § 6 einen Vorschuss von 50% der Gebühr nach § 4 WpÜG-GebührenVO (§ 5 WpÜG-GebührenVO).

9   **c) Bemessungshöhe.** Die BAFin hat dem Wortlaut des § 47 Satz 1 nach **kein Ermessen bei der Frage, ob Kosten erhoben werden.**[17] Ein Ermessen besteht aber im Hinblick auf die konkrete Bemessung. Bemessungsgrundlagen ergeben sich aus der WpÜG-GebührenVO. Die BAFin hat bei der Bemessungshöhe demnach das Kostendeckungsprinzip (vgl. § 1 WpÜG-GebührenVO),

[10] Vgl. *Schäfer* in Kölner Komm. Rn. 18.
[11] S. *Süßmann* in *Geibel/Süßmann* Rn. 6; *Schäfer* in Kölner Komm. Rn. 19.
[12] *Schlabach* § 1 VwKostG Rn. 7.
[13] *Schlabach* § 1 VwKostG Rn. 1.
[14] Begr. RegE BT-Drucks. 14/7034 S. 64.
[15] BGBl. 2001 I S. 4267.
[16] So *Schäfer* in Kölner Komm. Rn. 28.
[17] S. *Schäfer* in Kölner Komm. Rn. 20.

das Äquivalenzprinzip und bestimmte Kriterien im Hinblick auf den Einzelfall gem. § 9 Abs. 1 Nr. 1 und Nr. 2 VwKostG zu berücksichtigen.[18]

Die **Höhe der Gebühren** richtet sich gestaffelt nach den einzelnen, in § 2 WpÜG-GebührenVO genannten Amtshandlungen. Sie sind in § 4 WpÜG-GebührenVO geregelt. **10**

d) Kostenbescheid. Die Kostenfestsetzung erfolgt von Amts wegen. Sie kann gemeinsam mit der Sachentscheidung oder getrennt von ihr ergehen. Eine Berichtigung des Kostenbescheides ist bis zum Eintritt der Verjährung möglich.[19] Gem. § 17 VwKostG werden die Kosten mit dem im Bescheid genannten Datum fällig. Ist kein Fälligkeitsdatum angegeben, so tritt die Fälligkeit mit der Bekanntgabe an den Kostenschuldner ein. Der Anspruch auf Zahlung der Kosten verjährt nach drei Jahren, spätestens mit dem Ablauf des vierten Jahres nach der Entstehung des Anspruchs. Die Verjährung beginnt mit Ablauf des Kalenderjahres, in dem der Anspruch fällig geworden ist.[20] **11**

III. Rechtsschutz

Der Kostenbescheid ist ein belastender Verwaltungsakt, der ggf. als selbständiger Teil eines Verwaltungsaktes isoliert mit Widerspruch und Anfechtungsklage angefochten werden kann. Gem. § 80 Abs. 2 Satz 1 Nr. 1 VwGO haben Widerspruch und Anfechtungsklagen gegen Kostenbescheide keine aufschiebende Wirkung. **12**

---

[18] Für Einzelheiten s. *Schäfer* in Kölner Komm. Rn. 30 ff.
[19] Vgl. *Schlabach* § 14 VwKostG Rn. 5.
[20] *Schäfer* in Kölner Komm. Rn. 36 ff.

Abschnitt 7. Rechtsmittel

§ 48 Statthaftigkeit, Zuständigkeit

(1) Gegen Verfügungen der Bundesanstalt ist die Beschwerde statthaft. Sie kann auch auf neue Tatsachen und Beweismittel gestützt werden.

(2) Die Beschwerde steht den am Verfahren vor der Bundesanstalt Beteiligten zu.

(3) Die Beschwerde ist auch gegen die Unterlassung einer beantragten Verfügung der Bundesanstalt statthaft, auf deren Vornahme der Antragsteller ein Recht zu haben behauptet. Als Unterlassung gilt es auch, wenn die Bundesanstalt den Antrag auf Vornahme der Verfügung ohne zureichenden Grund in angemessener Frist nicht beschieden hat. Die Unterlassung ist dann einer Ablehnung gleich zu erachten.

(4) Über die Beschwerde entscheidet ausschließlich das für den Sitz der Bundesanstalt in Frankfurt am Main zuständige Oberlandesgericht.

Übersicht

I. Allgemeines

1. Grundlagen. § 48 eröffnet gegen eine Verfügung der BAFin das 1
Rechtsmittel der **Beschwerde** und stellt die zentrale Vorschrift im Gesamtge-
füge des Rechtsschutzes gegen Verfügungen der BAFin dar. Sie ist während
des gesamten Gesetzgebungsprozesses im wesentlichen unverändert geblieben[1] und wurde nur nach Maßgabe der Vorschläge des Finanzausschusses
leicht geändert (§ 49, § 52 und § 57 Abs. 2 S. 4). Auch die geplante EG-Richtlinie auf dem Gebiet des Gesellschaftsrechts betreffend Übernahmeangebote
vom 19. 6. 2000[2] ließ den Mitgliedstaaten noch große Freiräume zur Ausgestaltung der Rechtsschutzregelungen (vgl. Erwägungsgrund 12 und Art. 4
Abs. 6 RichtlinienEntw.)[3]

Die Regelungen des Beschwerdeverfahrens orientieren sich an denen des 2
Beschwerdeverfahrens im Kartellrecht (§§ 63 ff. GWB). Zugleich sind auch
Parallelen zum FGG-Verfahren nicht von der Hand zu weisen (vgl. §§ 19 ff.
FGG), wenngleich es sich bei dem Beschwerdeverfahren nach WpÜG und
nach dem GWB um echte Verwaltungsstreitverfahren[4] handelt, die vor dem
OLG ausgetragen werden.[5] In beiden Fällen handelt es sich nämlich um Ver-
waltungsstreitigkeiten, die trotz des Umstandes, dass die BAFin hoheitlich
handelt, auf Grund ihres starken Bezuges zum Zivilrecht ausschließlich den
Zivilgerichten zugewiesen sind.[6] Dem Beschwerdeverfahren ist noch **ein Widerspruchsverfahren vorgeschaltet.** Gleichwohl kommt eine ergänzende
Zuständigkeit der Verwaltungsgerichte nicht in Betracht, weil ansonsten das
Bemühen des Gesetzgebers unterlaufen wird, sämtliche Rechtsstreitigkeiten
nach diesem Gesetz an den Zivilgerichten zu konzentrieren.[7]

Der verwaltungsrechtliche Weg der Durchsetzung des Wertpapiererwerbs- 3
und Übernahmerechts, dessen Kontrolle § 48 ermöglicht, ist im Zusammenspiel mit den ordnungswidrigkeitsrechtlichen Möglichkeiten der BAFin (Bußgeldbescheide) und den zivilrechtlichen Durchsetzungsmöglichkeiten mittels
Ansprüchen der Beteiligten gegeneinander zu sehen. Die Rechtsschutzmög-
lichkeiten der §§ 48 ff. gegen das verwaltungsrechtliche Handeln gehen einher
mit dem Schutz im Ordnungswidrigkeitsverfahren nach §§ 62 ff. und des zivilrechtlichen Rechtsweges nach § 66. Allen Verfahren ist gemeinsam, dass sie
vor Zivilgerichten geführt werden.[8] Eine derartige Bündelung findet ihr Vor-

---

[1] S. zB den Diskussionsentwurf NZG 2000, 844.
[2] ABl. EG Nr. C 23 v. 24. 1. 2001, S. 1.
[3] *Schüppen/Schweizer* in *Haarmann/Riehmer/Schüppen* Rn. 6, *Pohlmann* in Kölner
Komm. Rn. 6 ff.
[4] S. *Zehetmeier-Müller/Grimmer* in *Geibel/Süßmann* Rn. 5; *Schüppen/Schweizer* in
Haarmann/Riehmer/Schüppen Rn. 1.
[5] Vgl. *Pohlmann* in Kölner Komm. Rn. 17; vgl. auch *Schüppen/Schweizer* in *Haar-
mann/Riehmer/Schüppen* Rn. 1.
[6] So zu Recht *Pohlmann* in Kölner Komm. Rn. 17; vgl. auch *Zehetmeier-Müller/
Grimmer* in *Geibel/Süßmann* Rn. 3; anders aber *Schüppen/Schweizer* in *Haarmann/
Riehmer/Schüppen* Rn. 1.
[7] *Geibel/Süßmann/Zehetmeier-Müller/Grimmer* Rn. 3: zum GWB *Langen/Bunte/
Kollmorgen* Rn. 63 GWB Rn. 18; *Bechtold* § 63 GWB Rn. 1.
[8] Vgl. *Pohlmann* in Kölner Komm. Rn. 1 ff.

bild in den entsprechenden Vorschriften des GWB. Als Gründe für diese entsprechende Regelung hebt die Gesetzesbegründung die Sachnähe zum Fusi-
onskontrollverfahren, die besondere Sachkunde des OLG bei der Beurteilung
wirtschaftlicher Sachverhalte und die langjährige Bewährung der GWB-Re-
geln in der Praxis hervor.[9]

4   **Ziel** der Verfahrensvorschriften ist es, die auch mit anderen Normen des
WpÜG bezweckte[10] zügige Durchführung der Verfahren nach §§ 10 ff., 29 ff.
und 35 ff. zu erreichen.[11] Aus diesem Grund sieht das Gesetz neben der Beschwerde nach § 48 keine weitere Rechtsbeschwerde mehr vor, da Beschwerdeverfahren auf Grund der engen Zeitvorgaben des Gesetzes bei öffentlichen
Angeboten zügig durchzuführen sind.[12] Diese Beschränkung auf den Rechtsschutz in nur einer Instanz ist verfassungsrechtlich unbedenklich und verstößt
nicht gegen Art. 19 Abs. 4 GG, denn die prozessuale Ausgestaltung der Rechts-
weggarantie ist Sache des Gesetzgebers, der sich auch für einen einzügigen
Rechtsweg entscheiden kann.[13]

5   Aus der **Kongruenz zu den Vorschriften der §§ 63 ff. GWB** darf nicht
geschlossen werden, dass diese Vorschriften *ohne weiteres* zur Auslegung der
entsprechenden Normen des WpÜG herangezogen werden können.[14] Zum
einen verfolgen das GWB und das WpÜG nicht gleichlaufende Ziele, insbesondere die Wertpapiererwerbs- und Übernahmeaufsicht unterstreichen die
eigenständige Funktion des WpÜG. Zudem sind die konkreten Ausgestaltun-
gen des GWB und des WpÜG unterschiedlich. Das GWB kennt im Gegensatz
zum WpÜG kein Widerspruchsverfahren, hat dafür aber eine Rechtsbeschwerde. Zudem ist die Verfahrensbeteiligung in den beiden Gesetzen unterschiedlich geregelt und die Möglichkeit des Drittschutzes ist im GWB bereits
im Gesetz angelegt.[15] Diese besondere Ausgestaltung der Verfahrensvorschriften des WpÜG führt dazu, dass sie grundsätzlich autonom anhand des Geset-
zeszweckes und der Systematik des WpÜG auszulegen sind. Dabei spielen neben dem Zweck der Verfahrensvorschriften (oben Rn. 4) auch die allgemeinen
Ziele des WpÜG, wie zB die Schaffung eines fairen und geordneten Angebotsverfahrens, die Information und Transparenz für Wertpapierinhaber und
Arbeitnehmer, Stärkung der Stellung der Minderheitsaktionäre und die
Orientierung an den international üblichen Standards eine Rolle.[16] Darüber
hinaus können die Vorschriften des GWB dort herangezogen werden, wo die
jeweiligen Normen und Regelungsziele gleichartig sind. Subsidiär finden
auch die allgemeinen Regeln der VwGO (§ 40 Abs. 1 VwGO wird von den

---

[9] BT-Drucks. 14/7034 zu § 49 Abs. 4 aF.
[10] Vgl. §§ 3 Abs. 4, 10 Abs. 1 S. 1, 10 Abs. 4 S. 1, 10 Abs. 5 S. 1, 14 Abs. 1 S. 1, 14
Abs. 2 S. 1, 16 Abs. 1, 35 Abs. 2 S. 1.
[11] Begr. RegE BT-Drucks. 14/7034 S. 27 und 29.
[12] *Pötzsch/Möller*, WM Sonderbeilage 2/2000, S. 29; *Geibel/Süßmann/Zehetmeier-
Müller/Grimmer* Rn. 1.
[13] Vgl. BVerfGE 4, 74, 94; BVerfGE 11, 232, 233.
[14] Vgl. *Schüppen* WPg 2001, 958, 972; *Schüppen/Schweizer* in *Haarmann/Riehmer/
Schüppen* Rn. 3 ff.; *Pohlmann* in Kölner Komm. Rn. 14.
[15] Zu alledem *Pohlmann* in Kölner Komm. Rn. 14.
[16] BT-Drucks. 14/7034 S. 27 f.

§§ 48 ff. als lex specialis verdrängt[17]), der ZPO (dazu vgl. § 58) und des FGG Anwendung.[18]

2. Überblick. Gegen Maßnahmen der BAFin sind **verschiedene Be-** 6 **schwerdearten** möglich. § 48 Abs. 1 S. 1 regelt die **Anfechtungsbeschwerde**, mit der gegen eine Verfügung der BAFin vorgegangen werden kann, die diese bereits erlassen hat. § 48 Abs. 3 S. 1 erlaubt die Verpflichtungsbeschwerde. Sie kann erhoben werden gegen die einen Antrag ablehnende Verfügung der BAFin mit dem Ziel, die BAFin zum Erlass der begehrten Verfügung zu verpflichten. Nach § 48 Abs. 3 S. 2 kann eine Beschwerde dagegen erhoben werden, dass die BAFin ohne zureichenden Grund in angemessener Frist einen Antrag auf Vornahme nicht beschieden hat (**Untätigkeitsbeschwerde**). Darüber hinaus ergeben sich aus dem Grundsatz des effektiven Rechtsschutzes gegen Verwaltungshandeln auch weitere, in § 48 nicht vorgesehene Beschwerdearten. Dazu gehört die allgemeine Leistungsbeschwerde, mit der ein Anspruch auf schlichtes Verwaltungshandeln geltend gemacht werden kann.[19] Ferner kommt eine vorbeugende Unterlassungsbeschwerde gegen ein erst noch bevorstehendes schlichtes Verwaltungshandeln, wenn dieses rechtswidrig wäre, in Betracht.[20] Aus § 56 Abs. 2 S. 2 ergibt sich, dass auch eine Fortsetzungsfeststellungsbeschwerde möglich ist. Diese ist dann statthaft, wenn sich eine Beschwerde nach ihrer Einlegung und vor der Entscheidung des Beschwerdegerichts erledigt, der Beschwerdeführer seine Beschwerde jedoch mit einem Antrag zur Feststellung der Rechtswidrigkeit des beanstandeten Handelns bzw. des Unterlassens der BAFin weiterverfolgt.[21] Für eine **allgemeine Feststellungsbeschwerde** gibt es auf Grund der Subsidiarität dieses Rechtsmittels vor dem Hintergrund der einschlägigen möglichen Beschwerdearten kein Anwendungsfeld mehr.[22] Allerdings ist die Einlegung einer allgemeinen Feststellungsbeschwerde nicht rechtlich ausgeschlossen, sondern dann statthaft, wenn der erforderliche Rechtsschutz auf keinem anderen Weg zu erreichen ist.[23]

II. Anfechtungsbeschwerde (§ 48 Abs. 1, 2)

1. Gegenstand. Gegenstand einer Anfechtungsbeschwerde sind Verfü- 7 gungen der BAFin, die auf der Grundlage des WpÜG erlassen werden, und

---

[17] S. u. a. *Zehetmeier-Müller/Grimmer* in *Geibel/Süßmann* Rn. 4.

[18] Vgl. dazu auch *Schüppen/Schweizer* in *Haarmann/Riehmer/Schüppen* Rn. 2 ff.; *Pohlmann* in Kölner Komm. Rn. 14 ff.

[19] *Zehetmeier-Müller/Grimmer* in *Geibel/Süßmann* Rn. 12; *Pohlmann* in Kölner Komm. Rn. 18; *Schüppen/Schweizer* in *Haarmann/Riehmer/Schüppen* Rn. 24.

[20] S. *Zehetmeier-Müller/Grimmer* in *Geibel/Süßmann* Rn. 13; *Schüppen/Schweizer* in *Haarmann/Riehmer/Schüppen* Rn. 24.

[21] *Schüppen/Schweizer* in *Haarmann/Riehmer/Schüppen* Rn. 25; *Geibel/Süßmann/ Zehetmeier-Müller/Grimmer* Rn. 14; *Pohlmann* in Kölner Komm. Rn. 18.

[22] So auch *Pohlmann* in Kölner Komm. Rn. 18; *Zehetmeier-Müller/Grimmer* in *Geibel/Süßmann* Rn. 15.

[23] *Pohlmann* in Kölner Komm. Rn. 18, für das GWB *Immenga/Mestmäcker/K. Schmidt* § 63 GWB Rn. 11.

zwar grundsätzlich unabhängig davon, ob gegen sie in der ursprünglichen Form oder in der Form, die sie durch den Widerspruchsbescheid erlangt haben, vorgegangen wird. Verfügungen in diesem Sinne sind alle Verwaltungsakte der BAFin im Sinne des § 35 VwVfG, also alle Regelungen eines Einzelfalls mit unmittelbarer Rechtswirkung nach außen, die auf Grund einer öffentlich-rechtlichen Befugnis erfolgen. Dabei ist es gleichgültig, wie sie im Gesetz bezeichnet werden (zB Gestattung in § 10 Abs. 1, Untersagung in § 15 Abs. 1 oder Befreiung in § 26 Abs. 2). Gegenstand der Beschwerde können begünstigende und belastende Verwaltungsakte sein.[24] Zu unterscheiden sind Verfügungen in der Hauptsache und Verfügungen in der Nebensache.

8   **Verfügungen in der Hauptsache** sind in erster Linie die Verfügungen der BAFin nach §§ 4 Abs. 1 S. 3, 10 Abs. 1 S. 3, 10 Abs. 2 S. 3, 15 Abs. 1, 15 Abs. 2, 20 Abs. 1, 24, 28 Abs. 1, 36 und 37. Darüber hinaus kommt auch die Gestattung der Veröffentlichung der Angebotsunterlagen gem. § 14 Abs. 2 S 1, 1. Alt. in Betracht. Dagegen stellt das Unterlassen der Untersagung nach § 14 Abs. 2 S. 1, 2. Alt. keine fingierte positive Entscheidung und damit keine Verfügung der BAFin dar.[25]

9   **Verfügungen im Nebenverfahren** sind ebenfalls mit der Beschwerde angreifbar. Dazu gehören etwa § 40 Abs. 1 bis 4 (Auskunftsverlangen), § 26 Abs. 2 (Befreiung von der Sperrfrist), § 47 iVm. der WpÜG-Gebührenverordnung (Gebührenbescheide), § 46 iVm. § 18 VwVG, das auf die Rechtsmittel des WpÜG zurückverweist (Zwangsmittel).[26]

10   **Nebenbestimmungen**, die die BAFin erlassen darf,[27] sind nach den allgemeinen Regeln des Verwaltungsprozessrechts dann selbständig angreifbar, wenn diese von der Verfügung abtrennbar sind.[28] Daher sind selbständige Auflagen anfechtbar, nicht dagegen unselbständige Auflagen, Bedingungen und Befristungen. Hinsichtlich der Frage, ob es sich um eine selbständige oder unselbständige Nebenbestimmung handelt, kommt es nicht auf die Bezeichnung, sondern auf den Inhalt an.[29]

11   **Schlichtes Verwaltungshandeln der BAFin** ist keine Verfügung im Sinne des § 48. Darunter fallen Erklärungen, Handlungen ohne Regelungs- und Bindungswillen, einfache Mitteilungen, Absichtserklärungen, Auskünfte, Informationen, Hinweise, Empfehlungen, Vorschläge und verfahrensleitende oder verfahrensausgestaltende Anordnungen, die lediglich das Verfahren konkretisieren, ohne aber materielle Regelungen zu enthalten (Ladung zur Anhörung, Aufforderung zur Spezifizierung von Angaben).[30]

12   Eine **Teilanfechtung** ist möglich, wie § 51 Abs. 4 zeigt. Voraussetzung ist, dass es sich um eine teilbare Verfügung handelt, so dass der verblei-

---

[24] S. *Zehetmeier-Müller/Grimmer* in *Geibel/Süßmann* Rn. 6.

[25] *Zehetmeier-Müller/Grimmer* in *Geibel/Süßmann* Rn. 8; *Pohlmann* in Kölner Komm. Rn. 20.

[26] *Pohlmann* in Kölner Komm. Rn. 21.

[27] Vgl. BR-Drucks. 574/01 S. 151.

[28] *Schüppen/Schweizer* in *Haarmann/Riehmer/Schüppen* Rn. 8; *Pohlmann* in Kölner Komm. Rn. 22; *Zehetmeier-Müller/Grimmer* in *Geibel/Süßmann* Rn. 7; zum GWB s. *Immenga/Mestmäcker/K. Schmidt* § 65 GWB Rn. 18.

[29] *Schüppen/Schweizer* in *Haarmann/Riehmer/Schüppen* Rn. 8.

[30] Zu alledem *Zehetmeier-Müller/Grimmer* in *Geibel/Süßmann* Rn. 7.

bende Teil der Verfügung nicht seinen Sinn und seine Grundlage verliert.[31]

§ 41 Abs. 1 S. 2 bestimmt, dass im Rahmen des Beschwerdeverfahrens neue Tatsachen und Beweismittel eingeführt werden können. Dies ist Ausfluss der Aufklärungspflicht des Beschwerdegerichts, der es widersprechen würde, wenn es sich im Rahmen der Anfechtungsbeschwerde ausschließlich um eine reine Rechtmäßigkeitskontrolle des status quo zum Zeitpunkt des Erlasses der Verfügung oder des Widerspruchsbescheides handeln würde.

2. Beschwerdebefugnis. a) Allgemeines. Die Frage der Beschwerdebe- **13** fugnis ist derzeit **nahezu gänzlich ungeklärt**.[32] Der Grund für die große Anzahl an Einzelproblemen ist die mangelhafte Abstimmung zwischen dem Verwaltungsverfahren und dem Gerichtsverfahren im WpÜG. Darüber hinaus sind auch Abstufungen bei der Beschwerdebefugnis im Hinblick auf die verschiedenen Beschwerdearten vorzunehmen. Insbesondere wirkt es sich sehr nachteilig aus, dass der Gesetzgeber im WpÜG Verfahrensbestimmungen aus anderen Rechtsgebieten herangezogen hat, die auf Grund ihrer Besonderheiten nicht auf die Belange des WpÜG-Verfahrens passen. Wesentliche Probleme liegen in Folgendem: Welche Voraussetzungen sind an die Beschwerdebefugnis geknüpft? Wie insbesondere sind Dritte zu behandeln? Reicht allein eine Beschwerdebefugnis oder bedarf es zusätzlich einer formellen und materiellen Beschwer? Wenn dem so ist, in welchem Umfang gewährt das WpÜG subjektive Rechte, deren Verletzung eine Beschwer darstellen kann? Grundsätzlich ist zur Klärung der angedeuteten Probleme zu sagen, dass es im Hinblick auf die Praxis ratsam erscheint, derzeit zum einen gleichsam nur den Plafond der rechtlichen Voraussetzungen zu klären und Einzelheiten der Kautelarpraxis zu überlassen, im Zweifel Kriterien herauszuarbeiten versteht, die den – auch erst mit der Zeit entstehenden – Bedürfnissen der Praxis entsprechen und die verschiedenen Interessen im wesentlichen gerecht werden. Zum anderen sollte man sich aus dogmatisch-methodischen Erwägungen – bei aller Unvollkommenheit des Gesetzes – darauf besinnen, was der Gesetzgeber mit ihm bewirken wollte und welche Vorbilder er vor Augen hatte.

b) Gesetzliche Bestimmung in § 48 Abs. 2. Die gesetzliche Bestim- **14** mung des § 48 Abs. 2 bezieht sich auf die **Anfechtungsbeschwerde**[33] und bestimmt, dass die Beschwerdebefugnis allen am Verfahren der BAFin Beteiligten zusteht. Der Beteiligtenbegriff (im Widerspruchsverfahren und im Verfahren vor der BAFin) ist nicht definiert. Nach den Subsidiaritätsgrundsätzen findet daher § 13 Abs. 1 und Abs. 2 VwVfG Anwendung.[34] Demnach sind jedenfalls beschwerdebefugt der Antragsteller, derjenige, gegen den die BAFin

---

[31] *Schüppen/Schweizer* in *Haarmann/Riehmer/Schüppen* Rn. 9; allgemein: *Eyermann/Happ* § 42 VwGO Rn. 17.
[32] Vgl. ausführlich dazu *Pohlmann* in Kölner Komm. Rn. 29 ff.; *Steinmeyer/Häger* Rn. 13 ff.; *Schnorbus* ZHR 166 (2002), 104 ff.
[33] S. *Aha* AG 2002, 160, 161; *Schnorbus* ZHR 166 (2002), 72, 94 f.
[34] Allg. Meinung s. nur *Zehetmeier-Müller/Grimmer* in *Geibel/Süßmann* Rn. 17 f.; *Pohlmann* in Kölner Komm. Rn. 31; *Steinmeyer/Häger* Rn. 13 ff.; *Schnorbus* ZHR 166 (2002) 72, 98; *Möller* AG 2002, 170.

einen Verwaltungsakt richten will oder gerichtet hat, die von der BAFin Hinzugezogenen und derjenige, der einen Widerspruch eingelegt hat. Die Beschwerdebefugnis des Antragsgegners öffentlichen Angeboten vor der BAFin nach § 13 Abs. 1 Nr. 1 VwVfG kann dem Bieter bei Anträgen der Zielgesellschaft oder deren Aktionären zukommen.[35] Zudem wären nach § 13 Abs. 1 Nr. 3 auch diejenigen, mit denen die BAFin einen öffentlich-rechtlichen Vertrag schließen will oder geschlossen hat, Beteiligte. Es dürfte nach der Ausrichtung des WpÜG aber allenfalls in ganz extremen Ausnahmefällen zu derartigen Verträgen kommen, so dass diese Beteiligungseigenschaft eher theoretischer Natur bleiben dürfte.

15   Die **Hinzuziehung von Personen** ist in § 13 Abs. 2 VwVfG vorgesehen. Demnach kann die BAFin ausdrücklich oder konkludent Dritte zum Verfahren hinzuziehen. Es ist dabei zu unterscheiden zwischen der einfachen und der notwendigen Hinzuziehung. Eine einfache Hinzuziehung liegt vor, wenn die BAFin einen Dritten (Personen oder Personengruppen) zum Verfahren hinzuzieht, dessen rechtliche Interessen durch den Ausgang des Verfahrens berührt werden. Nicht ausreichend ist, dass nur eine mittelbare Auswirkung auf den Dritten zu erwarten ist.[36] Hinsichtlich der einfachen Hinzuziehung besteht ein Ermessen der BAFin. Ziel ist es, denjenigen, deren rechtliche Interessen unmittelbar berührt sein können, die Möglichkeit zu geben, ihre Rechte oder rechtlichen Interessen bereits im Verwaltungsverfahren einbringen zu können.[37] Eine notwendige Hinzuziehung liegt dann vor, wenn die verfahrensabschließende Entscheidung für eine Person oder eine Personenvereinigung rechtsgestaltende Wirkung hat. Insoweit ist die Hinzuziehung zwingend, weil die betreffende Person oder Personenvereinigung durch Teilnahmerechte an dem Verfahren zur Geltendmachung eigener Interessen befähigt sein muss.[38] Wer im Rahmen des Verfahrens durch die BAFin zu Recht hinzugezogen worden ist, ist Beteiligter im Sinne des § 48 Abs. 2 und daher beschwerdebefugt.[39]

16   **c) Erweiterung der Beschwerdebefugnis.** Fraglich ist, ob eine Erweiterung der zur Beschwerde Befugten möglich ist. Die wohl h.M. geht im Anschluss an die Stellungnahme des Finanzausschusses vom 14. 11. 2001 und der anschließenden Begründung des Regierungsentwurfes, wonach Betroffene, zB Aktionäre, der beteiligten Gesellschaften, die nicht am Widerspruchsverfahren beteiligt waren, gegen den Widerspruchsbescheid keine Rechtsmittel einlegen können,[40] davon aus, dass eine Erweiterung der Beschwerdebefugnis über den Wortlaut des § 48 Abs. 2 hinaus grundsätzlich nicht möglich ist. Einzige Ausnahmen davon sind, dass derjenige, der notwendig von der BAFin hätte hinzugezogen werden müssen, fälschlicherweise nicht hinzugezogen wurde[41] und dass ein Dritter durch den Widerspruchsbescheid erstmalig be-

---

[35] Vgl. aber *Zehetmeier-Müller/Grimmer* in *Geibel/Süßmann* Rn. 17.

[36] Vgl. *Kopp/Ramsauer* § 13 VwVfG Rn. 18.

[37] *Zehetmeier-Müller/Grimmer* in *Geibel/Süßmann* Rn. 18.

[38] Ausführlich zur notwendigen Beiladung im Verwaltungsverfahren, s. *Bonk/ Schmitz* in *Stelkens/Bonk/Sachs* § 13 VwVfG Rn. 38 ff.

[39] So *Schüppen/Schweizer* in *Haarmann/Riehmer/Schüppen* Rn. 13 aE, *Zehetmeier-Müller/Grimmer* in *Geibel/Süßmann* Rn. 18.

[40] BT-Drucks. 14/7034 S. 65.

[41] *Zehetmeier-Müller/Grimmer* in *Geibel/Süßmann* Rn. 19.

schwert wird.[42] Die Beschwerdebefugnis besteht in beiden Fällen allerdings nur wenn und soweit der Betroffene eine Verletzung seiner Rechte behaupten kann.

Diskutiert wird, ob es einen **Drittschutz** insoweit gibt, als der Erlass einer **17** den Bieter begünstigenden Verfügung von einem Dritten, z.B. der Zielgesellschaft oder deren Aktionären, angegriffen werden kann oder wenn umgekehrt ein Dritter den Erlass einer den Bieter oder einen sonstigen Adressaten belastenden Verfügung (zB Anordnung nach § 4 Abs. 1 S. 3 oder ein Unterlassen nach §§ 15 Abs. 1, 15 Abs. 2 oder 28) erreichen möchte.[43] Im Hinblick auf § 4 Abs. 2 geht die h. M. zu Recht davon aus, dass kein Drittschutz vorgesehen ist.[44] Dies entspricht gleichgelagerten Regeln in anderen Aufsichtsgesetzen.[45] Unterstrichen wird dies auch durch die Gesetzgebungsgeschichte. Im Gesetzgebungsverfahren wurde die Schadensersatzregel des § 42 RegE gestrichen mit der Begründung, dass es für sie keine praktische Bedeutung gäbe, weil Dritte durch Verfügungen der Aufsichtsbehörde nicht in ihren Rechten verletzt sein könnten.[46] Ebenso wurden die von der BAFin Hinzugezogenen aus dem Kreis der Beteiligten nach § 52 gestrichen, weil eine Hinzuziehung Dritter nicht erfolgte.[47] Anderes könnte dort gelten, wo bestimmte Normen des WpÜG drittschützende Wirkung entfalten mit der Folge, dass eine Verletzung eines eigenen Rechts von Dritten vorläge. Ob dem so ist, ist derzeit noch völlig unklar. Unter anderem wird hinsichtlich folgender Vorschriften ein drittschützender Charakter diskutiert:[48] § 4 Abs. 1 S. 3 bezüglich einer ermessensfehlerfreien Entscheidung im Hinblick auf § 10 Abs. 5 und § 14 Abs. 4;[49] § 15 Abs. 1 und Abs. 2;[50] § 12 Abs.1 und § 13 Abs. 3.[51]

d) Formelle und materielle Beschwer. Zu der Feststellung der **Be- 18 schwerdebefugnis** kommt als zusätzliche Voraussetzung, dass der Beschwerdebefugte sowohl formell als auch materiell beschwert sein muss.[52] Das ergibt sich aus dem Rechtsschutzinteresse als allgemeine Zulässigkeitsvoraussetzung für eine Beschwerde.[53] Danach ist erforderlich, dass der Antragsteller zur Dar-

---

[42] *Steinmeyer/Häger* Rn. 22.

[43] Vgl. *Pohlmann* in Kölner Komm. Rn. 63 ff.; *Steinmeyer/Häger* Vor §§ 41 ff. Rn. 7; *Zschocke* DB 2002, 79, 84; *Schnorbus* ZHR 166 (2002), 72, 86 f.; *Liebscher* ZIP 2001, 853, 858; *Cahn* ZHR 167 (2003), 262, 290 ff.

[44] S. *Steinmeyer/Häger* Vor §§ 41 ff. Rn. 7; *Pohlmann* in Kölner Komm. Rn. 68; *Geibel/Süßmann/Schwennike*, § 4 Rn. 12; *Ihrig* ZHR 167 (2003), 315, 324; *Zschocke* DB 2002, 79, 84; *Liebscher* ZIP 2001, 853, 858; differenzierend *Cahn* ZHR 167 (2003), 262, 292 ff.

[45] Nachweise bei *Giesberts* in KK § 4 Rn. 54 ff.; S. zudem oben § 4 Rn. 9 ff.

[46] Begr. Rechtsausschuss, zu § 42 RegE.

[47] Begr. Rechtsausschuss, zu § 42 RegE.

[48] Ausführlich *Pohlmann* in Kölner Komm. Rn. 73 ff.; *Schnorbus* ZHR 166 (2002), 72, 108 ff.

[49] *Schnorbus* ZHR 166 (2002), 72, 108; *Pohlmann* in Kölner Komm. Rn. 73.

[50] *Aha* AG 2002, 160, 162; *U. H. Schneider* AG 2002, 125, 133; *Pohlmann* in Kölner Komm. Rn. 74.

[51] *Pohlmann* in Kölner Komm. Rn. 76; *Schnorbus* ZHR 166 (2002), 72, 108.

[52] *Zehetmeier-Müller/Grimmer* in *Geibel/Süßmann* Rn. 22; *Steinmeyer/Häger* Rn. 26.

[53] Vgl. *Kopp/Schenke* § 40 VwGO Rn. 30.

legung seines Rechtsschutzinteresses eine formelle und materielle Beschwer durch die Maßnahmen oder deren Unterlassung behauptet.[54] Die Beschwer braucht nur behauptet zu werden; eine Begründetheitsprüfung ist nicht im Rahmen der Beschwerdebefugnis vorwegzunehmen.

19   Bei der **Anfechtungsklage liegt eine formelle Beschwer** dann vor, wenn die BAFin von einem Antrag des Beschwerdeführers abweichend oder zumindest – bei einem fehlenden Antrag – entgegen der Zielrichtung des Beschwerdeführers entschieden hat, es sei denn, er ist zuvor nicht Beteiligter des Verwaltungsverfahrens gewesen. Eine formelle Beschwer liegt, wo die BAFin von Amts wegen tätig wird, auch dort vor, wo einer Person oder einer Personengruppe durch eine Verfügung der BAFin ein Tun oder ein Unterlassen auferlegt wird.[55]

20   Eine **materielle Beschwer** liegt jedenfalls vor, wenn diese Abweichung ihn in seinen geschützten Rechten verletzt. Unklar ist, ob vor dem Hintergrund der in § 48 Abs. 2 geregelten formalisierten Beschwerdebefugnis die Behauptung einer materiellen Beschwer tatsächlich gefordert werden darf. Dies wird bezweifelt mit dem Hinweis, dass dann die formalisierte Beschwerdebefugnis im Ergebnis leer laufe. Statt dessen solle man auf die Behauptung einer nachteiligen wirtschaftlichen Auswirkung abstellen und nur bei denjenigen, die nicht auch Beteiligte am Verfahren vor der BAFin waren, die Behauptung einer Rechtsverletzung fordern.[56] Zutreffenderweise wird man mit der h.M., die sich zum Kartellverfahren herausgebildet hat,[57] an dem **Erfordernis der Behauptung einer Rechtsverletzung** festhalten.[58] Zu berücksichtigen ist nämlich, dass ein Rechtsschutzverfahren dann sinnentleert würde, wenn es in Anspruch genommen werden könnte, ohne dass ein schutzwürdiges Interesse verfolgt wird, das den (rechtsstaatlichen) Anspruch auf eine gerichtliche Sachentscheidung hat. Wenn eine von einem Antrag abweichende Maßnahme nicht einmal eine (behauptete) Rechtsverletzung für den Betroffenen darstellt, stellt sich dessen Zustand für ihn nicht schlechter dar als der Zustand ex ante, und er bedarf deshalb keines Schutzes vor solchen Maßnahmen, da sich durch ihn seine rechtliche Position nicht verbessern würde. Allein auf eine **wirtschaftliche Betroffenheit abzustellen,** greift zu kurz, weil es nicht ausgeschlossen ist, dass ein Adressat einer Verfügung der BAFin durch sie keine wirtschaftliche Einbuße erleidet, sehr wohl aber in seinen Rechten verletzt wird. Zudem könnte es zum Teil schwierig werden, im Zeitpunkt der Beschwerdeeinlegung schon eine wirtschaftliche Einbuße festzustellen, da sich diese erst später mani-

---

[54] S. BGH WuW/E BGH 2077, 2078; *Zehetmeier-Müller/Grimmer* in *Geibel/Süßmann* Rn. 20.

[55] *Steinmeyer/Häger* Rn. 24 f.; vgl. *Zehetmeier-Müller/Grimmer* in *Geibel/Süßmann* Rn. 21; *Pohlmann* in Kölner Komm. Rn. 36, die allerdings die hier vorgenommene Differenzierung offenbar nicht teilt.

[56] Vgl. *Zehetmeier-Müller/Grimmer* in *Geibel/Süßmann* Rn. 22 im Anschluss an *Immenga/Mestmäcker/K. Schmidt* § 63 GWB Rn. 27; ebenfalls ablehnend, wenn auch mit einer anderen Begründung *Pohlmann* in Kölner Komm. Rn. 54 ff.

[57] Nachweise bei *Immenga/Mestmäcker/K. Schmidt* § 63 Rn. 27.

[58] Wie hier mit ausführlicher Begründung *Schnorbus* ZHR 166 (2002), 72, 104 ff.; im Ergebnis jedenfalls insoweit ähnlich *Pohlmann* in Kölner Komm. Rn. 39.

festieren kann. Schließlich wird mit der Übernahme des Erfordernisses einer Verletzung wirtschaftlichen Interesses unzulässigerweise ein nur für das Kartellverfahren typisches Element auf das Verfahren nach dem WpÜG übernommen. Die Schwelle für die materielle Beschwer liegt im Hinblick auf § 13 Abs. 1 Nr. 4 iVm. § 13 Abs. 2 VwVfG bei der Verletzung eines rechtlichen und nicht nur eines wirtschaftlichen Interesses.[59] Das Erfordernis einer Rechtsverletzung drückt zudem den allgemeinen Grundsatz aus, dass derjenige Schutz vor Verwaltungsakten begehren kann, der durch sie in seiner Rechtsposition beeinträchtigt wird, unabhängig davon, welche Konsequenzen dies für ihn hat, denn der Schutz vor Rechtsverletzungen ist stets ein abstrakter und kein ergebnisorientierter Schutz, weil eine Rechtsverletzung per se nicht hinzunehmen ist.[60] Mit dieser Anforderung wird auch nicht die formalisierte Beschwerdebefugnis nach § 48 Abs. 2 ausgehöhlt. Diese Vorschrift besagt nämlich nur, wem der Weg der Beschwerde grundsätzlich eröffnet ist, sie sagt aber nichts darüber aus, welche Anforderungen erfüllt werden müssen. Anders gewendet: § 48 Abs. 2 trifft nur eine (formalisierte) Entscheidung über den Personenkreis, der befugt ist, eine Beschwerde einzulegen. Eine ganz andere Frage ist, unter welchen Voraussetzungen die in § 48 Abs. 2 bezeichneten Personen eine Beschwerde einlegen können. Die Antwort darauf ist im WpÜG nicht geregelt und ergibt sich aus den allgemeinen Vorschriften des Verwaltungsprozessrechts. Abzustellen ist insoweit sinngemäß auf § 42 Abs. 2 VwGO.[61] Danach muss die Verletzung eines Rechts geltend gemacht werden. Das entspricht einer materiellen Beschwer. Im Rahmen des § 42 Abs. 2 VwGO ist eine formelle Beschwer freilich grundsätzlich nicht erforderlich, doch wird man an diesem Erfordernis im Rahmen des WpÜG festhalten müssen, um damit zu vermeiden, dass in den Fällen, in denen die Verfügung der BAFin nicht von dem Antrag abweicht und daher genau dem entspricht, was der Antragsteller begehrt hat, dieser noch die Möglichkeit hat, nachträglich bei für ihn daraus resultierenden rechtlichen Nachteilen gegen die Verfügung anzugehen.[62] In diesen Fällen muss sich der Antragssteller darauf verweisen lassen, dass es in seinem eigenen Verantwortungs- und Risikobereich liegt, einen Antrag zu stellen, der sich für ihn nunmehr als rechtlich nachteilig herausstellt.

III. Verpflichtungsbeschwerde (§ 48 Abs. 3)

1. Statthaftigkeit. § 48 Abs. 3 erlaubt die Beschwerde gegen die Unterlas- 　21 sung einer beantragten Verfügung der BAFin, auf deren Vornahme der Antragsteller ein Recht zu haben behauptet. Dabei wird differenziert nach der **Ver-**

---

[59] S. *Schnorbus* ZHR 166 (2002), 72, 105 ff.

[60] Dieser Grundsatz liegt dem § 42 Abs. 2 VwGO zugrunde. Vgl. dazu allgemein *Kopp/Schenke* § 42 VwGO Rn. 59 ff.; *Eyermann/Happ* § 42 VwGO Rn. 71 ff., jeweils m. w. N.

[61] Vgl. *Steinmeyer/Häger* Rn. 34; insoweit übereinstimmend auch *Pohlmann* in Kölner Komm. Rn. 42 und 51, der überzeugend darlegt, dass die Vorbildnorm des § 63 Abs. 2 GWB hier auf Grund eigener erheblicher Mängel nicht zur (entsprechenden) Anwendung kommen kann, Rn. 41 ff.

[62] Vgl. *Pohlmann* in Kölner Komm. Rn. 54, die diese Konstellation im Rahmen des Rechtsschutzbedürfnisses prüfen will.

sagungsbeschwerde gem. § 48 Abs. 3 S. 1 und der **Untätigkeitsbeschwerde** nach § 48 Abs. 3 S. 2 und 3. Bei letzterer wird der Ablauf einer angemessenen Frist ohne hinreichenden Grund für die Verzögerung vorausgesetzt. Typischer Fall der Versagungsbeschwerde ist der Antrag, einen die beantragte Verfügung ablehnenden Bescheid der BAFin zum Erlass des Verwaltungsaktes auszusprechen oder der Antrag, dass das Gericht die ablehnende Verfügung der BAFin aufhebt und zur Neuentscheidung über den Antrag des Beschwerdeführers verpflichtet (**Bescheidungsbeschwerde**).[63]

22   **2. Beschwerdebefugnis.** Bei der Verpflichtungsbeschwerde setzt die Beschwerdebefugnis nicht – wie bei der Anfechtungsbefugnis – die Teilnahme am Verwaltungsverfahren voraus, sondern einen (geltend gemachten) Anspruch auf die Verfügung.[64] Dieser Anspruch muss sich in einem Antrag manifestieren, der bei der BAFin gestellt worden ist. Damit wird sicher gestellt, dass die BAFin vor Einlegung der Verpflichtungsbeschwerde die Gelegenheit hatte, eine Entscheidung zu treffen.[65] Ausfluss der Beschwerdebefugnis ist, dass mit der Einlegung der Beschwerde der Beschwerdeführer behaupten muss, auf die von ihm beantragte und in der Folge nicht oder nicht so erlassene Verfügung ein Recht zu haben.[66]

23   **3. Beschwer.** Auch für die Verpflichtungsbeschwerde bedarf es einer formellen und materiellen Beschwer.[67] Die **formelle Beschwer** besteht darin, dass die BAFin eine beantragte Verfügung abgelehnt hat. Die **materielle Beschwer** liegt vor, wenn der Beschwerdeführer behaupten kann, dass er durch die Ablehnung oder das Unterlassen der Verfügung in seinen Rechten verletzt worden ist und daher einen Anspruch auf Erlass der beantragten Verfügung hat.[68] Eine materielle Beschwer liegt nach allgemeinen Grundsätzen schon dann nicht vor, wenn offensichtlich und nach keiner Betrachtungsweise das vom Beschwerdeführer behauptete Recht besteht oder ihm zustehen kann.[69] Maßstab für die Beurteilung, ob ein behauptetes Recht besteht, ist das WpÜG, welches Auskunft darüber erteilt, ob dem Beschwerdeführer ein subjektives-öffentliches Recht auf eine bestimmte Verfügung zusteht.[70] Ebenfalls liegt

---

[63] *Schüppen/Schweizer* in *Haarmann/Riehmer/Schüppen* Rn. 16 f.; vgl. auch *Pohlmann* in Kölner Komm. Rn. 24.

[64] *Pohlmann* in Kölner Komm. Rn. 32.

[65] *Zehetmeier-Müller/Grimmer* in *Geibel/Süßmann* Rn. 24; *Schüppen/Schweizer* in *Haarmann/Riehmer/Schüppen* Rn. 18; vgl. auch *Steinmeyer/Häger* Rn. 33 ff.

[66] *Schüppen/Schweizer* in *Haarmann/Riehmer/Schüppen* Rn. 18.

[67] Vgl. *Schnorbus* ZHR 166 (2002) 72, 106 ff.; *Zehetmeier-Müller/Grimmer* in *Geibel/Süßmann* Rn. 23 f.

[68] S. *Schüppen/Schweizer* in *Haarmann/Riehmer/Schüppen* Rn. 19; *Zehetmeier-Müller/Grimmer* in *Geibel/Süßmann* Rn. 24; für das GWB: *Immenga/Mestmäcker/K. Schmidt* § 63 GWB Rn. 31.

[69] *Schüppen/Schweizer* in *Haarmann/Riehmer/Schüppen* Rn. 18; *Zehetmeier-Müller/Grimmer* in *Geibel/Süßmann* Rn. 24; zum GWB: *Langen/Bunte/Kollmorgen* § 63 GWB Rn. 29; BGH WuW/E BGH 1556.

[70] Vgl. *Zehetmeier-Müller/Grimmer* in *Geibel/Süßmann* Rn. 24; anders zum GWB *Immenga/Mestmäcker/K. Schmidt* § 63 GWB Rn. 32 ff., der allein die Verfahrensbeteiligung ausreichen lassen will.

keine materielle Beschwer bei einem Verpflichtungsantrag eines Dritten vor, da Verfügungen nicht im Drittinteresse erlassen werden.[71]

4. Weitere Voraussetzungen bei der Untätigkeitsbeschwerde. Neben   24 den allgemeinen Voraussetzungen, die bei der Untätigkeitsbeschwerde wie bei einer Versagungsbeschwerde vorliegen müssen, setzt das Gesetz in § 48 Abs. 3 Satz 2 voraus, dass der Antrag des Beschwerdeführers **nicht in angemessener Frist beschieden** worden ist. Wie lange eine angemessene Frist anzusetzen ist, ist bislang ungeklärt. Zwar lehnt sich die Regierungsbegründung ausdrücklich an § 75 VwGO an, wonach die angemesse Frist drei Monate beträgt, doch wird dies in der Begründung dadurch relativiert, indem darauf hingewiesen wird, dass im Hinblick auf das Bedürfnis nach schnellen Entscheidungen die Dreimonatsfrist regelmäßig als zu lang angesehen wird.[72] Die Praxis wird sich **am Einzelfall zu orientieren** haben. Dabei sollte das Bedürfnis nach einer schnellen Entscheidung abgewogen werden mit den Kapazitätsgrenzen der BAFin und dem Anspruch auf eine sauber gearbeitete und rechtlich wohl begründete Entscheidung. Regelmäßig dürfte eine angemessene Frist bei ca. 4 Wochen liegen.

Selbst wenn man diese Frist als zu knapp empfinden sollte, so sieht § 48   25 Abs. 3 Satz 2 ein Regulativ vor, denn eine **Fristüberschreitung** kann immer durch einen „zureichenden Grund" gerechtfertigt werden. Als solche Gründe kommen insbesondere die rechtliche Schwierigkeit des Falles, fehlende Mitwirkung des Antragsstellers sowie Probleme bei der Sachverhaltserstellung durch die BAFin oder beim Sachverhaltsverständnis in Betracht. Nur in Ausnahmesituationen dürfte eine Kapazitätsüberlastung ein zureichender Grund sein, denn zunächst wird man davon ausgehen müssen, dass die Verwaltung ausreichend Kapazitäten vorhält, um die ihr durch Gesetz auferlegten Aufgaben und Pflichten zu erfüllen.

IV. Andere Beschwerdearten

1. Leistungsbeschwerde. Rechtsschutz **gegen schlichtes Verwaltungs-**   26 **handeln** besteht in der Leistungsbeschwerde. Beschwerdebefugt ist die Person oder die Personengruppe, die von dem Handeln oder Unterlassen der BAFin, welches nicht in Form einer Verfügung im Sinne des § 48 Abs. 1 (s. oben Rn. 7 ff.) erfolgt ist, unmittelbar betroffen ist. Für die Beschwer reicht die substantiierte Behauptung aus, nach der eine Rechtsgutsbeeinträchtigung möglich erscheint.[73]

2. Vorbeugende Unterlassungsbeschwerde. Beschwerdebefugt ist der-   27 jenige, der von dem Verwaltungshandeln, dessen Unterlassen er begehrt, unmittelbar betroffen ist. Eine Beschwer ist **nur unter strengen Voraussetzungen** gegeben, die naturgemäß (noch) nicht in einer Rechtsverletzung liegen

---

[71] *Schüppen/Schweizer* in *Haarmann/Riehmer/Schüppen* Rn. 18; vgl. auch *Aha* AG 2002, 160, 161.

[72] Begr. RegE BR-Drucks. 574/01 S. 161.

[73] *Zehetmeier-Müller/Grimmer* in *Geibel/Süßmann* Rn. 26; vgl. auch KG WuW/E OLG 1967, 1968.

können. Es muss daher ein qualifiziertes, gerade auf die Inanspruchnahme des vorbeugenden Rechtsschutzes gerichtetes Interesse bestehen,[74] wobei dargetan werden muss, dass das betreffende Verwaltungshandeln der BAFin irreparabel ist oder zumindest nur schwer auszugleichende Nachteile zur Folge hätte.[75] Weitere Voraussetzung ist, dass die bezeichneten Nachteile auch nicht durch nachträglichen Rechtsschutz beseitigt werden können.[76]

28   **3. Fortsetzungsfeststellungsbeschwerde.** Bei der Fortsetzungsfeststellungsbeschwerde sind diejenigen beschwerdebefugt, die Adressaten der Verfügung sind, welche zunächst mit der Beschwerde angefochten wurde und sich dann vor einer Entscheidung erledigt hat (**Anfechtungsfortsetzungsfeststellungsbeschwerde**). Beschwerdebefugt sind zudem diejenigen, die eine Beschwerde eingelegt haben mit dem Ziel, die BAFin zu verpflichten, eine begehrte Verfügung zu erlassen, und wo dann Erledigung der Hauptsache eingetreten ist, bevor eine Entscheidung getroffen wurde (**Verpflichtungsfortsetzungsfeststellungsbeschwerde**).[77] Eine Beschwerdebefugnis hat auch derjenige, hinsichtlich dessen Begehren Erledigung schon vor Einlegung der Beschwerde eingetreten ist.[78] Die Beschwer drückt sich bei der Fortsetzungsfeststellungsbeschwerde in einem spezifischen Fortsetzungsfeststellungsinteresse aus.[79] Für ein solches Feststellungsinteresse genügt jedes nach Lage des Falles anzuerkennende schutzwürdige Interesse rechtlicher, wirtschaftlicher oder ideeller Art.[80] Anerkannte **schutzwürdige Interessen** sind die Wiederholungsgefahr,[81] Vorbereitung eines zu erwartenden und nicht aussichtslos erscheinenden Schadensersatzprozesses[82] oder ein Rehabilitationsinteresse, weil die Verfügung einen diskriminierenden oder ehrenrührigen Inhalt hatte.[83]

V. Allgemeine Zulässigkeitsvoraussetzungen der Beschwerde

29   Weitere Zulässigkeitsvoraussetzungen für die Einlegung der Beschwerde sind in § 48 nicht geregelt. Die formellen Anforderungen an die Einlegung der Beschwerde ergeben sich aus § 51. Die Postulationsfähigkeit wird in § 53 bestimmt. Zum Widerspruchsverfahren, das grundsätzlich vor der Einlegung der Beschwerde durchgeführt werden muss, enthält § 41 Abs. 1 die entsprechenden Regelungen.

30   Nicht geregelt ist die **Rücknahme der Beschwerde**. Nach den allgemeinen Regeln des Kartell- und Zivilverfahrens kann vor Beginn der mündlichen

---

[74] Vgl. BGH WuW/E BGH 2760.

[75] *Zehetmeier-Müller/Grimmer* in *Geibel/Süßmann* Rn. 27.

[76] Vgl. KG WuW/E OLG 3217, 3221.

[77] S. *Zehetmeier-Müller/Grimmer* in *Geibel/Süßmann* Rn. 28.

[78] Vgl. KG WuW/E OLG 4645, 4647; vgl. auch *Schüppen/Schweizer* in *Haarmann/Riehmer/Schüppen* Rn. 25 a. E.

[79] *Kopp/Schenke* § 113 VwGO Rn. 129 mwN.

[80] *Schüppen/Schweizer* in *Haarmann/Riehmer/Schüppen* Rn. 25; *Zehetmeier-Müller/Grimmer* in *Geibel/Süßmann* Rn. 28; BGH WuW/E BGH 2031, 2035.

[81] BVerwG NVwZ 1994, 282.

[82] *Eyermann/J. Schmidt* § 113 VwGO Rn. 84; BVerwG NJW 1986, 1826, 1827; BVerwG NJW 1980, 197.

[83] *Zehetmeier-Müller/Grimmer* in *Geibel/Süßmann* Rn. 28.

Verhandlung die Beschwerde ohne Einverständnis der BAFin zurück genommen werden, danach ist für die Rücknahme die Zustimmung der BAFin notwendig.[84]

VI. Zuständigkeit (§ 48 Abs. 4)

§ 48 Abs. 4 statuiert eine **ausschließliche Zuständigkeit** des für den Sitz der BAFin in Frankfurt/Main (vgl. § 1 Abs. 3 S. 1 FinDAG) zuständigen OLG Frankfurt/Main für die Entscheidung über die Beschwerde. Für bürgerlich-rechtliche Streitigkeiten sieht § 66 eine Spezialzuständigkeit vor.   31

Beim OLG Frankfurt/Main besteht eine Zuständigkeit des bzw. der Wertpapiererwerbs- und Übernahmesenate (§ 67). Das OLG Frankfurt/Main ist **Tatsacheninstanz**, bei dem auch neue Tatsachen, also solche, die noch nicht in das Verfahren bei der BAFin einbezogen worden sind, vorgebracht werden können.[85] Für das Verfahren gilt der Untersuchungsgrundsatz (Näheres dazu unten § 55).   32

§ 49 Aufschiebende Wirkung

Die Beschwerde hat aufschiebende Wirkung, soweit durch die angefochtene Verfügung eine Befreiung nach § 10 Abs. 1 Satz 3 oder § 37 Abs. 1, auch in Verbindung mit einer Rechtsverordnung nach Abs. 2, oder eine Nichtberücksichtigung von Stimmrechtsanteilen nach § 36 widerrufen wird.

Übersicht

---

[84] S. *Schüppen/Schweizer* in *Haarmann/Riehmer/Schüppen* Rn. 29.
[85] Vgl. *Schüppen/Schweizer* in *Haarmann/Riehmer/Schüppen* Rn. 27.

I. Allgemeines

1 § 49 trifft für die Beschwerde eine von der allgemeinen verwaltungsrechtlichen Vorschrift des § 80 Abs. 1 VwGO **abweichende Regelung**, indem der
Beschwerde kein genereller Suspensiveffekt zukommt. Damit wird auf das
Bedürfnis nach einer zügigen Durchführung des Verfahrens reagiert, das durch
die Gefahr des Missbrauchs des Instituts der Beschwerde beeinträchtigt werden
könnte.[1] Im Gegensatz zu § 42, in dem geregelt wird, in welchen Fällen der
Widerspruch gegen Maßnahmen der BAFin keine aufschiebende Wirkung hat
(s. oben § 42 Rn. 3 ff.), regelt § 49 positiv, in welchen Fällen eine Beschwerde
gegen Verfügungen der BAFin aufschiebende Wirkung hat (vgl. auch unten
Rn. 2 ff.). Diese Regelung ist **abschließend**.[2] Daher ist § 49 **lex specialis** zu
§ 80 Abs. 1 VwGO.[3]

II. Suspensiveffekt nach § 49

2 **1. Allgemeines.** Aus der Regelungstechnik der positiven Aufzählung des
Suspensiveffektes bei Einlegung der Beschwerde ergibt sich das **Enumerationsprinzip** des § 49. Ein solches Prinzip ist verfassungsmäßig nicht zu beanstanden, denn obgleich eine generelle sofortige Vollziehbarkeit der Verfügungen der BAFin, verbunden mit einer möglicherweise längeren Verfahrensdauer
im gerichtlichen Rechtsschutzverfahren, für den Betroffenen nachteilig ist, ist
die Rechtsschutzgarantie des Art. 19 Abs. 4 GG so lange nicht verletzt, als dem
Betroffenen die Möglichkeit eines gerichtlichen Rechtsschutzes eingeräumt
wird.[4] Ein solcher Rechtsschutz besteht in § 50 Abs. 3, wonach auf Antrag das
Beschwerdegericht die aufschiebende Wirkung ganz oder teilweise anordnen
oder wiederherstellen kann.[5]

3 Die **Ausnahmen**, die § 49 vom Ausschluss des Suspensiveffektes bei Einlegung der Beschwerde vorsieht, rechtfertigen sich durch das Interesse des Bieters. Es handelt sich jeweils um Fälle, in denen der zwischenzeitliche Wegfall
der Begünstigungen durch deren wirksamen Widerruf endgültige, nicht ohne
weiteres rückgängig zu machende Tatsachen schaffen würde.[6]

4 **2. § 10 Abs. 1 Satz 3 – Befreiung von Veröffentlichung vor Gesell-
schafterbeschluss.** Nach § 10 Abs. 1 S. 3 kann die BAFin dem Bieter auf Antrag abweichend von § 10 Abs. 1 S. 2 gestatten, eine Veröffentlichung erst nach
dem Beschluss der Gesellschafterversammlung vorzunehmen, wenn der Bieter
durch geeignete Vorkehrungen sicherstellt, dass dadurch Marktverzerrungen
nicht zu befürchten sind. Widerruft die BAFin aber diese Gestattung, so lebt für

---

[1] S. Begr. RegE BT-Drucks. 14/7034 S. 65.
[2] *Schüppen/Schweizer* in *Haarmann/Riehmer/Schüppen* Rn. 2; *Zehetmeier-Müller/
Grimmer* in *Geibel/Süßmann* Rn. 3.
[3] *Pohlmann* in Kölner Komm. Rn. 3.
[4] BVerfG NJW 1974, 1079; zur Diskussion im GWB *Langen/Bunte/Kollmorgen*
§ 64 GWB Rn. 2.
[5] *Zehetmeier-Müller/Grimmer* in *Geibel/Süßmann* Rn. 6.
[6] Begr. RegE BT-Drucks. 14/7034 S. 65; *Pohlmann* in Kölner Komm. Rn. 4;
Schüppen/Schweizer in *Haarmann/Riehmer/Schüppen* Rn. 3.

den Bieter die Veröffentlichungspflicht nach § 10 Abs. 1 S. 2 wieder auf, so dass er die Entscheidung veröffentlichen müsste, obwohl gesellschaftsintern möglicherweise die erforderliche Meinungsbildung noch nicht abgeschlossen ist (vgl. oben § 10 Rn. 7). Würde dann über die Beschwerde gegen den Widerruf entschieden, hätte sich durch die erfolgte Veröffentlichung der Entscheidung zur Abgabe eines Angebots die Sache bereits erledigt, obwohl die endgültige Rechtsposition noch nicht geklärt ist.[7] Ein solches Ergebnis führt zu schweren nachteiligen Eingriffen in die dem Bieter einmal gewährte Rechtsposition.[8] Um dies zu vermeiden, kommt hier der Beschwerde ein Suspensiveffekt zu.

3. § 36 – Antrag auf Nichtberücksichtigung von Stimmrechten. § 36 **5** bestimmt, dass die BAFin die Nichtberücksichtigung von Stimmrechten bei der Ermittlung, ob die Kontrollschwelle von 30% erreicht wurde, zulassen kann (s. oben § 36 Rn. 1 f.). Widerruft die BAFin die Entscheidung, dann kann dies dazu führen, dass dadurch die Pflicht des Bieters zur Veröffentlichung und zur Angebotsabgabe nach § 35 Abs. 1 und 2 entsteht. Hätte insoweit die Beschwerde keinen Suspensiveffekt, müsste der Bieter ein Pflichtangebot abgeben, das sich im Falle einer Aufhebung des Widerrufs als überflüssig erwiese.[9]

4. § 37 Abs. 1 und Abs. 2 – Befreiung von der Verpflichtung zur Veröffentlichung und zur Abgabe eines Angebots. § 37 Abs. 1 gestattet es der **6** BAFin, auf schriftlichen Antrag eine Befreiung von der Verpflichtung zur Veröffentlichung und Abgabe eines Angebots zu erteilen. Abs. 2 erweitert dies auch auf die WpÜG-VO. Würde die BAFin ihre Befreiungsverfügung widerrufen, so würde dies dieselben Folgen haben wie bei dem Widerruf der Entscheidung nach § 36. Daher hat auch insoweit die Beschwerde gegen den Widerruf eine aufschiebenden Wirkung.

5. Wirkung des Suspensiveffekts. Der Suspensiveffekt tritt mit der **frist- 7 gerechten Einlegung der Beschwerde** rückwirkend zum Zeitpunkt des Erlasses des angefochtenen Widerrufs ein.[10] Es kommt dabei aus Gründen der Rechtssicherheit und Rechtsklarheit grundsätzlich nicht auf die Zulässigkeit der Beschwerde an. Eine Ausnahme könnte allenfalls dann in Betracht kommen, wenn die Unzulässigkeit der Beschwerde offensichtlich ist.[11] Der Suspensiveffekt hält bis zum Abschluss des Beschwerdeverfahrens oder bis zur Anordnung der sofortigen Vollziehung durch die BAFin gem. § 50 Abs. 1 an. Er erlischt mit Rücknahme der Beschwerde.[12]

III. Suspensiveffekt analog § 49

Noch ungeklärt ist, ob und in welchem Maße ein **Suspensiveffekt auch 8 über die Fälle des § 49 hinaus** eingreift.[13] Gegen eine Erweiterung spricht das

---

[7] *Pohlmann* in Kölner Komm. Rn. 5.
[8] Vgl. Begr. RegE BT-Drucks. 14/7034 S. 65.
[9] Begr. RegE BT-Drucks. 14/7034 S. 65.
[10] *Zehetmeier-Müller/Grimmer* in *Geibel/Süßmann* Rn. 4; *Schüppen/Schweizer* in *Haarmann/Riehmer/Schüppen* Rn. 5.
[11] *Eyermann/J. Schmidt* § 80 VwGO Rn. 13; *Kopp/Schenke* § 80 VwGO Rn. 50.
[12] *Zehetmeier-Müller/Grimmer* in *Geibel/Süßmann* Rn. 4.
[13] Ausführlich *Pohlmann* in Kölner Komm. Rn. 9 ff.

Enumerationsprinzip (oben Rn. 2). Dafür spricht jedoch, dass sich bei der Gestaltung des § 49 eine Reihe von Konstruktionsfehlern eingeschlichen haben, die sich vor dem Hintergrund der unkritischen Übernahme der kartellrechtlichen Regelung des § 64 Abs. 1 Nr. 1 GWB in das WpÜG erklären lassen.

9   **1. Rücknahme einer Befreiung.** Eine **analoge Anwendung des § 49** liegt in den Fällen nahe, in denen die Befreiungen nach § 10 Abs. 1 S. 3, 36 oder 37 vom BAFin zurückgenommen werden, wenn sie sich als rechtswidrig herausgestellt haben (vgl. § 48 Abs. 1 S. 1 VwVfG) und dagegen Beschwerde eingelegt wird. In diesem Fall entspricht die Interessenlage der bei einem Widerruf, der in § 49 ausdrücklich geregelt ist, weil auch insoweit der Bieter ein Interesse daran hat, bis zur endgültigen Klärung die gewährte Rechtsposition zu behalten.[14] Es wäre nicht einzusehen, warum insoweit die Rücknahme und der Widerruf in diesem Fall unterschiedlich behandelt werden, zumal die fehlende Einbeziehung der Rücknahme auf der unbesehenen Übernahme der nur scheinbar entsprechenden Regelung aus dem GWB beruht.[15] Allerdings bestünde dann kein Raum für eine *analoge* Anwendung des § 49 auf die Rücknahme, wenn man den Begriff des Widerrufs in § 49 nicht im technisch verwaltungs-rechtlichen Sinne als Aufhebung eines rechtmäßigen Verwaltungsaktes (§ 49 Abs. 1 VwVfG) ansieht, sondern ihn als generellen Begriff versteht, der nur die Aufhebung eines Verwaltungsaktes meint, da die Entscheidung über die Rechtmäßigkeit des aufgehobenen Verwaltungsaktes sich erst im Rechtsbehelfsverfahren zeigt.[16] Eine solche **extensive Auslegung des Wortlauts** wird nicht nur den Interessen des Bieters gerecht, sondern ist auch methodisch wegen des Grundsatzes, dass Auslegung vor Analogie geht, vorzuziehen.

10   **2. Änderung der Befreiung.** § 49 ist nicht anzuwenden auf bloße *Änderungen* der Verfügungen der BAFin.[17] Zwar ist in der Regierungsbegründung davon die Rede, dass die Vorschrift auch für die Anfechtung von Änderungen der Befreiung anwendbar ist,[18] und zudem wäre die Interessenlage des Beschwerdeführers gleichgelagert wie bei einer Rücknahme oder bei einem Widerruf, doch hält das WpÜG keine Grundlage für ein solches Tätigwerden der BAFin bereit. Für die BAFin gelten nur die allgemeinen Regeln des VwVfG, wonach ein Verwaltungsakt entweder widerrufen oder zurückgenommen werden kann, und dann möglicherweise ganz oder teilweise neu erlassen werden kann. Eine schlichte Änderung ist dagegen nicht vorgesehen. Der Umstand, dass in der Begründung des Regierungsentwurfes zum WpÜG auch die Änderung angesprochen wurde, liegt darin, dass in § 12 Abs. 2 GWB eine Änderungsbefugnis vorgesehen ist, die aber im WpÜG keine Entsprechung gefunden hat.[19]

---

[14] So *Pohlmann* in Kölner Komm. Rn. 11.
[15] Ausführlich dazu *Pohlmann* in Kölner Komm. Rn. 10.
[16] *Schüppen/Schweizer* in *Haarmann/Riehmer/Schüppen* Rn. 3.
[17] Anders offenbar *Zehetmeier-Müller/Grimmer* in *Geibel/Süßmann* Rn. 3.
[18] Begr. RegE BT-Drucks. 14/7034 S. 65.
[19] Zu alledem *Pohlmann* in Kölner Komm. Rn. 13.

IV. Verhältnis von § 49 zu § 42

§ 42 und § 49 beinhalten jeweils Bestimmungen über den Suspensiveffekt. **11** Während § 42 die aufschiebende Wirkung bei Einlegung des Widerspruchs gegen eine Maßnahme regelt, geht es bei § 49 um die aufschiebende Wirkung bei Einlegung der Beschwerde gegen eine Verfügung. Beide Vorschriften folgen aber **unterschiedlichen Regelungsansätzen.** Während § 49 eine positive Regelung derjenigen Tatbestände enthält, bei denen ein Suspensiveffekt eintritt, enthält § 42 eine negative Regelung, indem dort bestimmt wird, unter welchen Bedingungen keine aufschiebende Wirkung eintritt. Während § 49 durch seine abschließende positive Regelung die allgemeine Regel des § 80 Abs. 1 VwGO verdrängt, bleibt für diese im Anwendungsbereich des § 42 subsidiär Raum im Hinblick auf die Fälle, die in § 42 nicht explizit genannt worden sind.[20] Im Einzelnen gibt es **folgende – für die Praxis wichtigen – Konstellationen:** Maßnahmen der BAFin nach § 4 Abs. 1 S. 3, § 15 Abs. 1 oder 2, § 28 Abs. 1 oder § 40 Abs. 1 bis 4 haben weder bei einem Widerspruch noch bei Einlegung der Beschwerde einen Suspensiveffekt. Verfügungen, die eine Befreiung nach § 10 Abs. 1 S. 3 oder § 37 Abs. 1, auch iVm. einer Rechtsverordnung nach Abs. 2 oder eine Nichtberücksichtigung von Stimmrechtsanteilen nach § 36 zum Inhalt haben, entfalten sowohl bei einem Widerspruch als auch bei Einlegung der Beschwerde einen Suspensiveffekt. Maßnahmen der BAFin, die weder in § 42 noch in § 49 genannt sind, führen zu unterschiedlichen Folgen. Ein Widerspruch führt bei diesen Maßnahmen zu einem Suspensiveffekt, die Einlegung der Beschwerde dagegen nicht.[21]

§ 50 Anordnung der sofortigen Vollziehung

(1) **Die Bundesanstalt kann in den Fällen des § 49 die sofortige Vollziehung der Verfügung anordnen, wenn dies im öffentlichen Interesse oder im überwiegenden Interesse eines Beteiligten geboten ist.**

(2) **Die Anordnung nach Absatz 1 kann bereits vor der Einreichung der Beschwerde getroffen werden.**

(3) **Auf Antrag kann das Beschwerdegericht die aufschiebende Wirkung von Widerspruch oder Beschwerde ganz oder teilweise anordnen oder wiederherstellen, wenn**

1. **die Voraussetzungen für die Anordnung nach Absatz 1 nicht vorgelegen haben oder nicht mehr vorliegen,**

2. **ernstliche Zweifel an der Rechtmäßigkeit der angefochtenen Verfügung bestehen oder**

3. **die Vollziehung für den Betroffenen eine unbillige, nicht durch überwiegende öffentliche Interessen gebotene Härte zur Folge hätte.**

---

[20] Vgl. *Pohlmann* in Kölner Komm. Rn. 2; *Schüppen/Schweizer* in *Haarmann/Riehmer/Schüppen* Rn. 6.

[21] S. im Weiteren dazu *Schüppen/Schweizer* in *Haarmann/Riehmer/Schüppen* Rn. 7; *Pohlmann* in Kölner Komm. Rn. 14.

(4) **Der Antrag nach Absatz 3 ist schon vor Einreichung der Beschwerde zulässig. Die Tatsachen, auf die der Antrag gestützt wird, sind vom Antragsteller glaubhaft zu machen. Ist die Verfügung im Zeitpunkt der Entscheidung schon vollzogen, kann das Gericht auch die Aufhebung der Vollziehung anordnen. Die Anordnung der aufschiebenden Wirkung kann von der Leistung einer Sicherheit oder von anderen Auflagen abhängig gemacht werden. Sie kann auch befristet werden.**

(5) **Beschlüsse über Anträge nach Absatz 3 können jederzeit geändert oder aufgehoben werden. Soweit durch sie den Anträgen entsprochen ist, sind sie unanfechtbar.**

Übersicht

I. Allgemeines

1   § 50 regelt den **einstweiligen Rechtsschutz** im gerichtlichen Beschwerdeverfahren. Er ist dem § 65 GWB nachgebildet und lehnt sich somit auch an die Regelungen der § 80 VwGO und § 69 FGO an. Zweck der Vorschrift ist es, die sofortige Vollziehung einer Verfügung auch in den Fällen zu ermöglichen, in

denen der Rechtsbehelf aufschiebende Wirkung hat. Zudem soll es in bestimmten Fällen möglich sein, die aufschiebende Wirkung von Widersprüchen oder Beschwerden anzuordnen.[1]

II. Anordnung einer sofortigen Vollziehung (§ 50 Abs. 1 und 2)

1. Anwendungsbereich. Die BAFin wird durch § 50 Abs. 1 ermächtigt,   **2** die sofortige Vollziehung der Verfügung anzuordnen. Durch den in Abs. 1 aufgenommenen Verweis auf § 49 ergibt sich eine **Einschränkung des Anwendungsbereichs** auf Verfügungen, bei denen die Beschwerde aufschiebende Wirkung hat, zB bei einer Beschwerde gegen den Widerruf eines den Bieter begünstigenden Verwaltungsaktes nach § 10 Abs. 1 S. 3, 36 , 37 Abs. 1. Dieser Anwendungsbereich ist **zu eng gesteckt.** Er berücksichtigt nicht das Widerspruchsverfahren und trifft daher keine Anordnung darüber, ob und wenn ja, unter welchen Voraussetzungen auch die aufschiebende Wirkung eines Widerspruchs beseitigt werden kann (vgl. § 80 Abs. 1 VwGO) und wie sich die Anordnung der sofortigen Vollziehung auf einen möglichen oder bereits eingelegten Widerspruch auswirkt. Grund dafür ist, dass die Parallelvorschrift des § 65 Abs. 1 GWB über die aufschiebende Wirkung eines Widerspruchs keine Aussage trifft, weil das Kartellverfahren ein Widerspruchsverfahren nicht kennt. Da es keinen Hinweis darauf gibt, dass diese Abweichung von den allgemeinen verwaltungsrechtlichen Regelungen der Behandlung von Widersprüchen im einstweiligen Rechtsschutz vom Gesetzgeber gewollt war und es ferner auch keine sachliche Rechtfertigung für eine unterschiedliche Behandlung der Beseitigung der aufschiebenden Wirkung der Beschwerde und des Widerspruchs gibt, ist von einem Versehen des Gesetzgebers auszugehen, der durch die entsprechende Heranziehung vergleichbarer Normen auszugleichen ist.[2]

Die BAFin kann nicht nur die aufschiebende Wirkung nach § 49, sondern   **3** für die dort genannten Verfügungen auch die aufschiebende Wirkung des § 80 Abs. 1 VwGO analog beseitigen.[3] Andernfalls würde dies zu dem nicht hinnehmbaren Ergebnis führen, dass die BAFin die Durchführung des Widerspruchsverfahrens abwarten müsste, ehe sie die sofortige Vollziehung der angegriffenen Verfügung anordnen kann.[4] Vielmehr kann die BAFin die sofortige Vollziehung der Verfügung bereits vor Einlegung des Widerspruchs und Beschwerde anordnen und diese sofort mit der Verfügung verbinden. Ein daraufhin eingelegter Widerspruch entfaltet sodann keine aufschiebende Wirkung mehr.[5]

Die BAFin kann auch **in anderen Fällen,** in denen ein Widerspruch analog   **4** zu § 80 Abs. 1 VwGO aufschiebende Wirkung hat, die sofortige Vollziehung anordnen. Insoweit ist die Subsidiarität des § 80 VwGO aufgehoben (vgl. oben § 49 Rn. 1), so dass in diesem Fall § 80 Abs. 2 Nr. 4 VwGO analog angewendet

---

[1] Vgl. *Schüppen/Schweizer* in *Haarmann/Riehmer/Schüppen* Rn. 1.

[2] S. *Steinmeyer/Häger* Rn. 4; *Pohlmann* in Kölner Komm. Rn. 1 f.; *Schüppen/ Schweizer* in *Haarmann/Riehmer/Schüppen* Rn. 2 ff.

[3] *Pohlmann* in Kölner Komm. Rn. 2.

[4] Darauf weisen zu Recht *Schüppen/Schweizer* in *Haarmann/Riehmer/Schüppen* Rn. 4 hin.

[5] *Schüppen/Schweizer* in *Haarmann/Riehmer/Schüppen* Rn. 4.

werden kann. Dafür sprechen die gleich lautenden Voraussetzungen der Vorschrift. Zudem erwähnt die Begründung zum Regierungsentwurf ausdrücklich die Entsprechung zu dieser Vorschrift,[6] so dass aus diesem Grund die entsprechende Anwendung näher liegt als eine Analogie zu § 50 Abs. 1.[7]

5   **2. Öffentliches Interesse oder überwiegendes Interesse eines Beteiligten. a) Allgemeines.** Voraussetzung für die Anordnung der sofortigen Vollziehung ist, dass diese im Einzelfall entweder durch das öffentliche Interesse oder durch das überwiegende Interesse eines Beteiligten geboten ist. Die Vorschrift des § 50 Abs. 1 räumt der BAFin ein **Ermessen** ein. Einen Anspruch auf Anordnung der sofortigen Vollziehung gibt es daher nicht.

6   Die Prüfung der Anordnung sofortiger Vollziehung erfordert jeweils einen **Doppelschritt**. Im ersten Schritt muss das Vorliegen eines öffentlichen Interesses oder das Interesse eines Beteiligten festgestellt werden. In einem zweiten Schritt ist dann dieses festgestellte Interesse mit den Interessen des betroffenen Verfügungsempfängers abzuwägen. Ausdrücklich ist diese Abwägung im Gesetz nur für die Interessen eines Beteiligten angeordnet. Es ist jedoch sachgerecht und entspricht zudem der einhelligen Meinung zur Parallelvorschrift des § 65 GWB, dass nicht schon das bloße Vorliegen eines öffentlichen Interesses eine Abwägung entfallen lässt; auch insoweit ist eine Abwägung zwischen öffentlichem Interesse und Interesse des Verfügungsadressaten erforderlich.[8]

7   **b) Öffentliches Interesse.** Nach der Begründung des RegE kommt eine Anordnung der sofortigen Vollziehung dann in Betracht, wenn gerade wegen der **Sachlage des Einzelfalls** ein besonderes öffentliches Interesse an ihr besteht.[9] Der **Begriff des öffentlichen Interesses** ist entsprechend zu verstehen wie in § 80 Abs. 2 Nr. 4 VwGO. Demnach kann sich das Verständnis an den dort entwickelten Grundsätzen orientieren. Das öffentliche Interesse besteht folglich dann, wenn im konkreten Fall ein besonderes Vollzugsinteresse besteht, das über das Interesse hinausgeht, welches die Verfügung selbst rechtfertigt.[10] Ein besonderes öffentliches Interesse kann dann gegeben sein, wenn ohne die sofortige Vollziehung bedeutende Nachteile für die Marktintegrität durch Marktverzerrungen infolge der zu erwartenden langen Dauer des Rechtsmittelverfahrens zu befürchten sind.[11] Allgemeiner formuliert zeigt sich das besondere Vollzugsinteresse vor dem Hintergrund der Ziele der Aufsicht der BAFin, nämlich des Schutzes vor Marktverzerrungen und Wettbewerbsbehinderungen sowie Schutz vor den Behinderungen der Geschäftstätigkeit der Akteure, insbesondere der Zielgesellschaft.[12] Des Weiteren ist aber **kein nochmals gesteigertes „besonderes" öffentliches Interesse** erforder-

---

[6] Begr. RegE BT-Drucks. 14/7034 S. 35.

[7] So auch *Pohlmann* in Kölner Komm. Rn. 2; eher für eine Analogie zu § 50 Abs. 1 dagegen *Schüppen/Schweizer* in *Haarmann/Riehmer/Schüppen* Rn. 7; unentschieden *Steinmeyer/Häger* Rn. 5.

[8] S. *Schüppen/Schweizer* in *Haarmann/Riehmer/Schüppen* Rn. 8; *Pohlmann* in Kölner Komm. Rn. 6; *Steinmeyer/Häger* Rn. 10; *Langen/Bunte/Kollmorgen* § 65 GWB Rn. 3.

[9] BT-Drucks. 14/7034 S. 35.

[10] BVerfGE 35, 382, 402.

[11] Begr. RegE zu § 51 RegE, BT-Drucks. 14/7034 S. 35.

[12] *Schüppen/Schweizer* in *Haarmann/Riehmer/Schüppen* Rn. 9.

lich.[13] Der Wortlaut der Norm spricht lediglich von „öffentlichem Interesse", die qualitative Steigerung bezieht sich nur auf das Vollzugsinteresse im Gegensatz zum Erlaßinteresse.

Das öffentliche Interesse **muss die sofortige Vollziehung gebieten.** Das 8 bedeutet, dass das bloße Bejahen des Bestehens eines öffentlichen Interesses noch nicht ausreicht. Ebenfalls reichen bloße Zweckmäßigkeitserwägungen nicht aus.[14] Es ist bei der Bestimmung und bei der Abwägung der Interessen (dazu unten Rn.10) stets zu berücksichtigen, dass es sich in den in § 50 Abs.1 genannten Fällen um Ausnahmen handelt[15] und daher sind an die Feststellung des öffentlichen Interesses strenge Maßstäbe anzusetzen.[16]

c) **Beteiligteninteresse.** Die Anordnung der sofortigen Vollziehung kann 9 auch im Beteiligteninteresse erfolgen. Dabei ist nach dem Grundsatz, dass Ausnahmen stets eng auszulegen sind, an den Nachweis des Beteiligteninteresses ein strenger Maßstab anzulegen.[17] Bei der Frage, wer als Beteiligter anzusehen ist, zeigt sich, dass die Regel des § 50 Abs.1 **insoweit unstimmig ist.** Gem. § 4 Abs.2 hat die BAFin ihre Aufgaben ausschließlich im öffentlichen Interesse wahrzunehmen, so dass die Anordnung der Vollziehung zu Gunsten von Individualinteressen, wie § 50 Abs.1 sie erlaubt, nicht möglich ist.[18] Setzt man sich über diesen Widerspruch hinweg, so kommen als Beteiligte diejenigen Personen in Betracht, deren Interessen durch die Verfügung berührt werden.[19] Dies könnten die Zielgesellschaft und ihre Aktionäre sein, die sich dadurch beschwert fühlen, dass die Rücknahme der Befreiung von der Pflicht zur Veröffentlichung und Abgabe von Pflichtangeboten (§ 37 Abs.1) nicht sofort vollziehbar ist.[20] Denkbar ist auch, dass die Geschäftsleiter von Börsen ein Interesse an der Anordnung der sofortigen Vollziehung haben, wenn es nämlich um die Rücknahme einer Befreiung nach § 10 Abs.1 Satz 3 geht.[21] Keine Beteiligten sind die BAFin selbst, da sie nur das öffentliche Interesse zu beachten hat und dieses bereits durch die andere Tatbestandsalternative geschützt wird, und die Bieter, denn diese haben niemals ein Interesse daran, dass abweichend von § 49 der Widerruf einer sie begünstigenden Verfügung sofort vollzogen wird.[22]

d) **Abwägung.** Nach der Feststellung des Vorliegens eines öffentlichen Interesses oder eines Beteiligteninteresses muss eine **Abwägung dieser Interes-** 10

---

[13] So aber offensichtlich *Schüppen/Schweizer* in *Haarmann/Riehmer/Schüppen* Rn. 9.

[14] Vgl. *Zehetmeier-Müller/Grimmer* in *Geibel/Süßmann* Rn. 2; *Schüppen/Schweizer* in *Haarmann/Riehmer/Schüppen* Rn. 9; zum GWB Frankfurter Kommentar/*Quack* § 63a GWB aF Rn. 9.

[15] BVerfGE 35, 382, 402.

[16] Vgl. KG WuW/E OLG 5132 f.; s. ebenso *Schüppen/Schweizer* in *Haarmann/Riehmer/Schüppen* Rn. 9; *Zehetmeier-Müller/Grimmer* in *Geibel/Süßmann* Rn. 3.

[17] Begr. RegE zu § 51 RegE, BT-Drucks. 14/7034 S. 35.

[18] Zu weiteren Problemen bei der Auslegung des Beteiligtenbegriffs vgl. *Schüppen/Schweizer* in *Haarmann/Riehmer/Schüppen* Rn. 10 ff.

[19] Vgl. auch *Schüppen/Schweizer* in *Haarmann/Riehmer/Schüppen* Rn. 12.

[20] *Zehetmeier-Müller/Grimmer* in *Geibel/Süßmann* Rn. 7; *Pohlmann* in Kölner Komm. Rn. 4.

[21] So *Zehetmeier-Müller/Grimmer* in *Geibel/Süßmann* Rn. 7.

[22] *Schüppen/Schweizer* in *Haarmann/Riehmer/Schüppen* Rn. 10; *Pohlmann* in Kölner Komm. Rn. 4.

sen mit dem Vollzugsinteresse stattfinden. Dabei sind alle Kriterien des Einzelfalls zu berücksichtigen, insbesondere die Natur, die Schwere und die Dringlichkeit des Interesses an der Vollziehung bzw. an der aufschiebenden Wirkung und der Möglichkeit und der Unmöglichkeit einer etwaigen späteren Rückgängigmachung der getroffenen Regelung und ihrer Folgen.[23] Einzubeziehen sind auch die Erfolgsaussichten der eingelegten Beschwerde.[24] Wenn es um besonders schwerwiegende Eingriffe geht, ist eine eingehendere Prüfung, insbesondere auch der materiellen Voraussetzungen erforderlich.[25] In diesem Zusammenhang können grundsätzlich auch die Vorschriften des § 50 Abs. 3 Nr. 2 und 3 bereits auf der Abwägungsstufe beachtet werden. Das gilt jedenfalls dann, wenn der Widerspruchsausschuss noch nicht entschieden hat oder dann, wenn offensichtlich entscheidende Erwägungen dort nicht angestellt worden sind.[26] Die Abwägung der verschiedenen Interessen hat stets den Grundsatz der Verhältnismäßigkeit zu beachten.

11   **3. Verfahren.** Die Anordnung der sofortigen Vollziehung erfolgt **von Amts wegen.** Eines Antrages bedarf es nicht; allerdings kann das Tätigwerden der BAFin auf Anregung eines Dritten in Betracht kommen.[27] Entsprechend der allgemeinen Vorschrift des § 80 Abs. 3 VwGO ist, ebenso wie im Anwendungsbereich des § 65 GWB, die Anordnung der sofortigen Vollziehung zu begründen und den Beteiligten ordnungsgemäß zuzustellen. Die Begründung muss sich auf die Anordnung der sofortigen Vollziehung selbst beziehen und hat die Interessenabwägung darzustellen; sie darf nicht nur die Gründe für die Verfügung wiederholen.[28] Fehlt eine solche Begründung, kommt eine Wiederherstellung der aufschiebenden Wirkung nach § 50 Abs. 3 in Betracht.

12   **Gegen die Anordnung der sofortigen Vollziehung** sind ausschließlich die in § 50 Abs. 3 vorgesehenen Rechtsbehelfe möglich. Diese Regelung ist abschließend und sperrt damit den Weg für eine Anfechtungs- oder Verpflichtungsbeschwerde.[29]

13   **4. Zeitpunkt der Anordnung des Sofortvollzugs.** § 50 Abs. 2 trifft eine Regelung über den Zeitpunkt der Anordnung. Danach kann sie bereits vor der Einreichung der Beschwerde getroffen werden. Durch die Einlegung der Beschwerde verliert die BAFin nicht die Befugnis, die sofortige Vollziehung anzuordnen.[30] Wendet man richtigerweise § 50 Abs. 1 auch auf den Wider-

---

[23] *Zehetmeier-Müller/Grimmer* in *Geibel/Süßmann* Rn. 3; für das GWB *Immenga/ Mestmäcker/K. Schmidt* § 65 GWB, Rn. 7; *Bechtold* § 63 GWB Rn. 2; *Langen/Bunte/ Kollmorgen* § 65 GWB Rn. 4.

[24] *Zehetmeier-Müller/Grimmer* in *Geibel/Süßmann* Rn. 3; für das GWB *Immenga/ Mestmäcker/K. Schmidt* § 65 GWB, Rn. 7

[25] S. *Zehetmeier-Müller/Grimmer* in *Geibel/Süßmann* Rn. 5.

[26] Vgl. *Steinmeyer/Häger* Rn. 10 ff.

[27] *Schüppen/Schweizer* in *Haarmann/Riehmer/Schüppen* Rn. 15; *Zehetmeier-Müller/ Grimmer* in *Geibel/Süßmann* Rn. 8.

[28] *Zehetmeier-Müller/Grimmer* in *Geibel/Süßmann* Rn. 9; für das GWB *Immenga/ Mestmäcker/K. Schmidt* § 65 GWB Rn. 8.

[29] Ebenso *Schüppen/Schweizer* in *Haarmann/Riehmer/Schüppen* Rn. 16.

[30] Begr. RegE BT-Drucks. 14/7034 S. 65.

spruch an (vgl. oben Rn. 4), so kann die Anordnung auch vor Einlegung des Widerspruchs erlassen werden.[31]

5. Rechtsfolgen. Nach der Begründung zum RegE hat die Anordnung **14** der sofortigen Vollziehung zur Folge, dass die in § 49 vorgesehene aufschiebende Wirkung der Beschwerde nicht eintritt, oder falls die sofortige Vollziehung erst nach Einlegung der Beschwerde angeordnet wird, entfällt, womit die Verfügung vollziehbar ist.[32]

§ 50 enthält, anders als § 65 Abs. 3 GWB und § 80 Abs. 4 S. 1 VwGO **keine** **15** **Befugnis der BAFin, die Vollziehung ihrer Verfügung auszusetzen.** Diese gesetzliche Entscheidung ist zwar kritisiert worden,[33] doch besteht mit dieser (offenbar) bewussten Lückenlassung des Gesetzgebers keine dogmatisch-methodische Möglichkeit mehr, eine Aussetzungsbefugnis der BAFin aus allgemeinen Grundsätzen abzuleiten. Dieses Ergebnis ist indes wenig befriedigend. Denn aufgrund der Sachherrschaft ist es der BAFin möglich, die Anordnung der sofortigen Vollziehung gänzlich aufzuheben. Das lässt sich aus dem ihr in § 50 Abs. 1 eingeräumten Entscheidungsermessen ableiten. Es ist vor diesem Hintergrund wenig einsichtig, dass die BAFin dann gehindert sein soll, ein „Minus" dazu, nämlich die Aussetzung, vorzunehmen.[34]

III. Anordnung und Wiederherstellung der aufschiebenden Wirkung (§ 50 Abs. 3 und 4)

1. Allgemeines. Im Fall der Anordnung der sofortigen Vollziehung kann **16** das Beschwerdegericht gem. § 50 Abs. 3 auf Antrag die aufschiebende Wirkung eines Widerspruchs oder der Beschwerde **ganz oder teilweise anordnen oder wiederherstellen.** Damit wird ein Rechtsbehelf zur Verfügung gestellt, mittels dem die Berechtigung für eine Ausnahme zu der Regel, dass in den Fällen des § 49 die Einlegung der Beschwerde aufschiebenden Wirkung entfaltet, überprüft werden kann, bzw. mit der die aufschiebende Wirkung eines Widerspruchs hergestellt werden kann (vgl. § 42). Anordnung der aufschiebenden Wirkung bedeutet, dass diese durch den Beschluss des Beschwerdegerichts erstmalig eintritt. Wiederherstellung meint, dass die aufschiebende Wirkung bereits einmal vorlag, aber durch die Anordnung der sofortigen Vollziehung wieder entfallen war.[35] Abs. 4 bestimmt das **Verfahren zur Anordnung** oder Wiederherstellung der aufschiebenden Wirkung.

2. Voraussetzungen der Anordnung und Wiederherstellung (Abs. 3). **17** **a) Allgemeines.** Das Gesetz gestattet die Anordnung oder Wiederherstellung der aufschiebenden Wirkung in den Fällen des § 50 Abs. 2 Nr. 1 bis 3. Zwar ist diese Vorschrift als „**Kann-Vorschrift**" ausgestaltet, doch hat das Be-

---

[31] *Schüppen/Schweizer* in *Haarmann/Riehmer/Schüppen* Rn. 4; *Pohlmann* in Kölner Komm. Rn. 8.

[32] Begr. RegE BT-Drucks. 17/7034 S. 65.

[33] Handelsrechtsausschuss des DAV, NZG 2001, 420, 430; ähnlich auch *Schüppen/Schweizer* in *Haarmann/Riehmer/Schüppen* Rn. 17 f.

[34] So jedoch *Schüppen/Schweizer* in *Haarmann/Riehmer/Schüppen* Rn. 18, die davon ausgehen, dass die BAFin im Rahmen ihrer Sachherrschaft die Anordnung der sofortigen Vollziehung sogar gänzlich aufheben könne.

[35] *Zehetmeier-Müller/Grimmer* in *Geibel/Süßmann* Rn. 10.

schwerdegericht dann, wenn eine der drei Fälle vorliegt, keinen Ermessensspielraum. Vor dem Hintergrund der Gewährleistung eines effektiven Rechtsschutzes handelt es sich also um eine „Muss-Vorschrift".[36] Denkbar ist darüber hinaus auch die Feststellung der aufschiebenden Wirkung und die vorbeugende Feststellung der aufschiebenden Wirkung, wenn eine unzulässige Anordnung der sofortigen Vollziehung droht.[37]

18   **b) § 50 Abs. 3 Nr. 1.** Eine Anordnung oder Wiederherstellung der aufschiebenden Wirkung hat zu ergehen, wenn die Voraussetzungen für die Anordnung nach § 50 Abs. 1 nicht vorgelegen haben oder nicht mehr vorliegen. Das Beschwerdegericht hat also die formelle und materielle Rechtmäßigkeit der Vollzugsanordnung der BAFin zu überprüfen. Als formeller Mangel kommt in Betracht, dass die Anordnung des Sofortvollzugs nicht ausreichend begründet worden ist. Als materieller Fehler ist zu werten, wenn die BAFin zu Unrecht das öffentliche Interesse oder das überwiegende Interesse eines Beteiligten bejaht hat oder ein solches Interesse nach Erlass der Anordnung, aber vor der Entscheidung des Beschwerdegerichts entfallen ist.[38]

19   **c) § 50 Abs. 3 Nr. 2.** Bestehen nach Auffassung des Beschwerdegerichts ernstliche Zweifel an der Rechtmäßigkeit der angefochtenen Verfügung, so muss das Gericht ebenfalls die aufschiebende Wirkung anordnen oder wiederherstellen. Ernstliche Zweifel kann es in rechtlicher oder in tatsächlicher Hinsicht geben, vor allem, wenn es sich um noch nicht geklärte grundsätzliche Rechtsfragen handelt oder aber sogar verfassungsrechtliche Zweifel bestehen.[39] An die Voraussetzung des „ernsthaften Zweifels" sind hohe Anforderungen zu stellen, um die Anordnung des Sofortvollzugs nicht über § 50 Abs. 3 Nr. 2 sofort wieder aushebeln zu können.

20   Der **Begriff des „ernsthaften Zweifels"** ist parallel zu verstehen wie in den Vorschriften der § 65 Abs. 3 Nr. 2 GWB oder § 80 Abs. 4 S. 3 VwGO.[40] Jedenfalls sind ernstliche Zweifel dann anzunehmen, wenn gewichtige, gegen die Rechtmäßigkeit sprechende Gründe vorliegen, die Unentschiedenheit oder Unsicherheit in der Beurteilung von Rechts- und Tatfragen zur Folge haben.[41] Ob eine lediglich „offene" Rechtslage ausreicht, um ernstliche Zweifel zu begründen, hängt vom Einzelfall ab,[42] bei dem insbesondere die Belastung zu beachten ist, die der Betroffene durch eine sofortige Vollziehung erleidet.[43]

---

[36] *Schüppen/Schweizer* in *Haarmann/Riehmer/Schüppen* Rn. 19; *Zehetmeier-Müller/ Grimmer* in *Geibel/Süßmann* Rn. 12.

[37] Vgl. *Kopp/Schenke* § 80 VwGO Rn. 121; RegrBegr, BT-Drucks. 14/7034 S. 66.

[38] Vgl. Begr. Reg E zu § 51, BT-Drucks. 14/7034 S. 65.

[39] *Schüppen/Schweizer* in *Haarmann/Riehmer/Schüppen* Rn. 21; zum GWB *Langer/ Bunte/Kollmorgen* § 65 Rn. 13; KG WuW/E OLG 1547.

[40] Vgl. dazu etwa *Immenga/Mestmäcker/K. Schmidt* § 65 GWB Rn. 13; *Langen/ Bunte/Kollmorgen* § 65 GWB Rn. 13; *Kopp/Schenke* § 80 VwGO Rn. 116.

[41] *Zehetmeier-Müller/Grimmer* in *Geibel/Süßmann* Rn. 14; *Schüppen/Schweizer* in *Haarmann/Riehmer/Schüppen* Rn. 22; *Steinmeyer/Häger* Rn. 20 ff.

[42] Ähnlich *Schüppen/Schweizer* in *Haarmann/Riehmer/Schüppen* Rn. 22; enger *Zehetmeier-Müller/Grimmer* in *Geibel/Süßmann* Rn. 14 unter Berufung auf KG WuW/ E OLG 5263, 5266.

[43] KG WuW/E OLG 5263, 5266.

d) § 50 Abs. 3 Nr. 3. Das Beschwerdegericht muss die aufschiebende Wir- 21
kung anordnen oder wiederherstellen, wenn die Vollziehung für den Betroffenen eine unbillige, nicht durch überwiegende öffentliche Interessen gebotene
Härte zur Folge hätte. Damit sind zwei Stufen geregelt. Es muss zunächst festgestellt werden, dass der Sofortvollzug eine unbillige Härte für den Betroffenen darstellt. Das Gesetz eröffnet damit einen **Bewertungsspielraum**. Eine
Härte ist jedenfalls immer dann unbillig, wenn die Anordnung des Sofortvollzugs bei dem Betroffenen wirtschaftliche Folgen hervorruft, die nicht oder nur
schwer wieder gutzumachen wären.[44] Auf einer weiteren Stufe muss geklärt
werden, dass die getroffene Verfügung trotz der damit verbundenen unbilligen
Härte nicht doch durch überwiegende öffentliche Interessen geboten ist. Das
ist dann der Fall, wenn für wesentliche Gemeinwohlbelange erhebliche Nachteile eintreten würden, die ohne die sofortige Vollziehung später nicht mehr
reparabel wären. Auch insoweit ist für das Beschwerdegericht ein Bewertungsspielraum gegeben. Grundsätzlich sind unbillige Härten, die nicht durch überwiegende öffentliche Interessen überlagert werden, die **Existenzbedrohung**
oder **Existenzvernichtung des Betroffenen**.[45]

3. Verfahren (Abs. 4). a) Antrag. Das Verfahren nach § 50 Abs. 3 setzt 22
einen Antrag voraus. **Antragsbefugt** sind die Personen, die in § 48 Abs. 2 genannt sind und die durch die Anordnung der aufschiebenden Wirkung formell
beschwert sind.[46] Der Antrag kann bereits vor der Einreichung der Beschwerde
eingelegt werden, denn da die Beschwerde mit Ausnahme der in § 49 abschließend aufgezählten Ausnahmen grundsätzlich keine aufschiebende Wirkung
hat, soll dem Antragsteller nicht zugemutet werden, erst die Beschwerde einzulegen und dann den Antrag nach § 50 Abs. 3 zu stellen.[47] Der Antrag kann
auch vor Einlegung des Widerspruchs gestellt werden.[48] Dies ergibt sich aber
aus den oben bereits dargelegten Rechtsschutzerwägungen (s. oben Rn. 16).
Dass dies nicht ausdrücklich geregelt ist, liegt an der Übernahme des § 65
Abs. 4 S. 1 GWB, der eine solche Regelung aufgrund des Fehlens eines kartellrechtlichen Widerspruchsverfahrens nicht enthält.

Der Antrag nach § 50 Abs. 3 unterliegt entsprechend dem Verfahren des 23
GWB nicht der **Form und der Frist** des § 51.[49] Ein Anwaltszwang besteht
ebenfalls nicht.[50]

---

[44] *Schüppen/Schweizer* in *Haarmann/Riehmer/Schüppen* Rn. 23; *Zehetmeier-Müller/
Grimmer* in *Geibel/Süßmann* Rn. 15; zum GWB *Immenga/Mestmäcker/K. Schmidt* § 65
GWB Rn. 14.

[45] *Schüppen/Schweizer* in *Haarmann/Riehmer/Schüppen* Rn. 23; *Steinmeyer/Häger*
Rn. 10 ff.

[46] So zB *Zehetmeier-Müller/Grimmer* in *Geibel/Süßmann* Rn. 17; weiter *Pohlmann*
in Kölner Komm. Rn. 16.

[47] Begr. RegE BT-Drucks. 14/7034 S. 66.

[48] Allg. M. *Pohlmann* in Kölner Komm. Rn. 16; *Zehetmeier-Müller/Grimmer* in
Geibel/Süßmann Rn. 17; *Schüppen/Schweizer* in *Haarmann/Riehmer/Schüppen* Rn. 25;
Steinmeyer/Häger Rn. 24.

[49] *Schüppen/Schweizer* in *Haarmann/Riehmer/Schüppen* Rn. 24; zum GWB
Immenga/Mestmäcker/K. Schmidt § 65 GWB Rn. 15.

[50] *Schüppen/Schweizer* in *Haarmann/Riehmer/Schüppen* Rn. 24.

24   **b) Glaubhaftmachung.** Die Tatsachen, auf die der Antrag gestützt ist, sind vom Antragsteller glaubhaft zu machen. Dabei steht ihm die Möglichkeit der **Versicherung an Eides statt** gem. § 294 ZPO zur Verfügung.

25   **c) Entscheidung des Beschwerdegerichts.** Bei dem Verfahren nach § 50 Abs. 3 handelt es sich um ein summarisches Verfahren, so dass über die glaubhaft gemachten Tatsachen hinaus keine weitergehende Ermittlungspflicht des Beschwerdegerichts besteht.[51] Ausnahmsweise können nach Lage der Dinge präsente Beweismitteln herangezogen werden, wenn dies nicht zu einer Verzögerung führt.[52] Zudem muss im Hinblick auf den Antragsgrund der erheblichen rechtlichen Zweifel (§ 50 Abs. 3 Nr. 2) das Gericht regelmäßig keine bis in die letzten Einzelheiten gehende juristische Klärung herbeiführen.[53]

26   Das Beschwerdegericht entscheidet durch **Beschluss.** Dieser muss begründet werden.

27   § 50 Abs. 4 S. 3 eröffnet dem Beschwerdegericht die Möglichkeit, auch schon im Verfahren des einstweiligen Rechtsschutzes nach § 50 Abs. 3 die Vollzugsfolgen ganz oder teilweise aufzuheben. Dabei ist es unerheblich, ob der Betroffene die Verfügung bereits freiwillig befolgt hat.[54] Entsprechend des Verfahrenszwecks des einstweiligen Rechtsschutzes sind aber nur vorläufige Regelungen möglich. Eine **Vorwegnahme der Hauptsache** ist nur dann zulässig, wenn dies zur Gewährung effektiven Rechtsschutzes schlechthin notwendig ist.[55]

28   Das Beschwerdegericht kann die Anordnung der aufschiebenden Wirkung gem. § 50 Abs. 4 S. 3 von der Leistung einer Sicherheit oder von anderen Auflagen abhängig machen. Sicherheitsleistungen, die vom Beschwerdegericht in eigenem Ermessen angeordnet werden, können nach den Grundsätzen der §§ 921 S. 2 und 108 ZPO erbracht werden und umfassen regelmäßig Bürgschaften und Leistungen in Geld.[56] Der **Begriff der „Auflagen"** ist nicht im Sinne des § 36 VwVfG als selbständig vollstreckbare Anordnungen zu verstehen, sondern er bezeichnet allgemein Nebenbestimmungen, die auf die Zwecke des gerichtlichen Eilverfahrens zugeschnitten sind.[57] Die Sicherheitsleistung soll den Antragsgegner für den Fall sichern, dass im Hauptsachverfahren die Verfügung der BAFin bestätigt wird und durch die angeordnete und wiederhergestellte aufschiebende Wirkung ein Schaden entstanden ist.[58] Da Antragsgegner jedoch die BAFin ist, dürfte der **Anwendungsbereich für**

---

[51] *Pohlmann* in Kölner Komm. Rn. 18; *Schüppen/Schweizer* in *Haarmann/Riehmer/Schüppen* Rn. 25.
[52] Vgl. *Kopp/Schenke* § 80 VwGO Rn. 125 ff.
[53] *Zehetmeier-Müller/Grimmer* in *Geibel/Süßmann* Rn. 18 unter Berufung auf KG WuW/E OLG 1497, 1498.
[54] *Zehetmeier-Müller/Grimmer* in *Geibel/Süßmann* Rn. 19.
[55] Begr. RegE BT-Drucks. 15/7034 S. 66.
[56] So *Schüppen/Schweizer* in *Haarmann/Riehmer/Schüppen* Rn. 28, die zu Recht auf den prozessualen Charakter der Sicherheitsleistung hinweisen und daher nicht die §§ 232 ff. BGB in Anwendung bringen; so aber für das GWB Frankfurter Kommentar/*Quack* § 63 a GWB aF Rn. 55.
[57] *Schüppen/Schweizer* in *Haarmann/Riehmer/Schüppen* Rn. 27; zum GWB *Immenga/Mestmäcker/K. Schmidt* § 65 GWB Rn. 15.
[58] Begr. Reg.E, BT-Drucks. 14/7034 S. 66.

Sicherheitsleistungen sehr gering sein, denn der BAFin kann nur insoweit ein Schaden entstehen, wie sie Amtshaftungsansprüchen Dritter ausgesetzt wird.[59] Denkbar ist, dass durch die Anordnung der sofortigen Vollziehung Interessen Dritter beeinträchtigt werden können. Ob auch dahin gehend eine Sicherheitsleistung gefordert werden kann, ist unklar. Zwar lässt der Wortlaut des § 50 Abs. 4 S. 3 dies offen, doch wird man vor dem Hintergrund, dass Dritte aus dem Schutzbereich des Verfahrens praktisch vollständig herausgenommen worden sind, allenfalls annehmen dürfen, dass eine Sicherheitsleistung zugunsten solcher Dritter geleistet werden muss, die ausnahmsweise als Beteiligte im Sinne des § 52 angesehen werden müssen (vgl. unten § 52 Rn. 4 ff.).

Das Gesetz sieht die Sicherheitsleistung oder Auflagen **nicht für die Wiederherstellung der aufschiebenden Wirkung** vor. Insoweit handelt es sich aber offenbar um einen Redaktionsfehler, denn in der Parallelnorm des § 65 Abs. 4 S. 4 GWB wird ausdrücklich sowohl die Anordnung als auch die Wiederherstellung der aufschiebenden Wirkung von einer Sicherheitsleistung abhängig gemacht. Zudem gibt es im Hinblick auf einen möglicherweise entstehenden Schaden keinen Unterschied, ob der Sofortvollzug erst angeordnet oder ob er wiederhergestellt wird.[60]   **29**

Das Beschwerdegericht kann nach § 50 Abs. 4 S. 5 die Anordnung der aufschiebenden Wirkung **befristen**. Dasselbe muss auch für den nicht ausdrücklich geregelten Fall der Wiederherstellung der aufschiebenden Bedingung gelten.   **30**

IV. Änderung der Beschlüsse durch das Beschwerdegericht (§ 50 Abs. 5)

Nach § 50 Abs. 5 S. 1 kann das Beschwerdegericht jederzeit seine Beschlüsse über Anträge auf Anordnung oder Wiederherstellung der aufschiebenden Wirkung ändern oder aufheben. Diese Vorschrift entspricht der allgemeinen verwaltungsrechtlichen Regel des § 80 Abs. 7 S. 1 VwGO. Der Wortlaut der Norm ist missverständlich, weil das Beschwerdegericht nicht „jederzeit" also immer seine Beschlüsse aufheben oder ändern kann. Vielmehr bedarf es eines **Anlasses zum Tätigwerden**. Aus der Regierungsbegründung lässt sich entnehmen, dass es für eine Änderung oder Aufhebung Voraussetzung ist, dass sich die Umstände, von denen das Beschwerdegericht bei seinem Beschluss ausgegangen ist, nachträglich geändert haben, so dass eine neue Bewertung geboten ist.[61] § 80 Abs. 7 S. 2 VwGO macht zudem deutlich, dass auch auf Antrag der Beteiligten wegen veränderter oder im ursprünglichen Verfahren ohne Verschulden nicht geltend gemachter Umstände eine Änderung oder Aufhebung erfolgen kann.[62]   **31**

Eine Erstreckung der Regelung des Abs. 5 auf Anordnung der BAFin nach § 50 Abs. 1 kann aufgrund der klaren Verweisung auf Abs. 3 nicht in Betracht kommen.[63]   **32**

---

[59] S. dazu *Pohlmann* in Kölner Komm. Rn. 19.

[60] Im Ergebnis ebenso *Schüppen/Schweizer* in *Haarmann/Riehmer/Schüppen* Rn. 28.

[61] Begr. RegE BT-Drucks. 14/7034 S. 66.

[62] Vgl. *Kopp/Schenke* § 80 VwGO Rn. 217.

[63] So auch *Zehetmeier-Müller/Grimmer* in *Geibel/Süßmann* Rn. 21; anders aber für das GWB *Immenga/Mestmäcker/K. Schmidt* § 65 GWB Rn. 19.

Ehricke

33 Das **Verfahren zur Änderung einer Entscheidung** ist ein eigenständiges Verfahren gegenüber dem Verfahren nach § 50 Abs. 3 und keineswegs ein Rechtsmittelverfahren zur Überprüfung der früheren Entscheidung.[64] Das Beschwerdegericht wird daher auch von Amts wegen, also ohne einen weiteren Antrag, tätig

34 § 50 Abs. 5 S. 2 regelt, dass Änderungsbeschlüsse nur für den Fall unanfechtbar sind, dass der Beschluss einem Antrag entsprochen hat. Diese Vorschrift entspricht dem § 65 Abs. 5 S. 2 GWB. Bereits zu dieser Norm war geklärt, dass es sich um einen Redaktionsfehler handelt, weil die Beschlüsse des Beschwerdegerichts ohnehin nicht anfechtbar sind.[65] Dieser Redaktionsfehler ist gleichwohl unbesehen in das WpÜG übernommen worden. Denkbar ist allerdings, dass „unanfechtbar" im Sinne von „unabänderbar" verstanden werden sollte. Dies würde deshalb Sinn machen, weil dann im Interesse der Bieter selbst bei Änderung der Umstände keine Änderung der Beschlüsse in Betracht kommt, weil sie ohnehin zu deren Vorteil sind.

V. Einstweilige Anordnungen

35 Im Gesetz **nicht geregelt ist der einstweilige Rechtsschutz** im Hinblick auf den für den Beschwerde- bzw. Widerspruchsführer begünstigenden Akt. In Betracht kommen insbesondere Befreiung von Pflichtgeboten oder die Nichtzurechnung von Stimmrechten. Anwendung findet insoweit § 123 VwGO analog.[66] Allerdings ist bei dem einstweiligen Rechtsschutz im Hinblick auf begünstigende Akte stets abzuwägen, ob er vor dem Hintergrund der Verfahrensbeschleunigung und der Sicherung von Klarheit im Rechtsverkehr zur Abwendung von schwerwiegenden Folgen für den Antragsteller wirklich notwendig ist.[67]

§ 51 Frist und Form

(1) **Die Beschwerde ist binnen einer Notfrist von einem Monat bei dem Beschwerdegericht schriftlich einzureichen. Die Frist beginnt mit der Bekanntgabe oder der Zustellung des Widerspruchsbescheides der Bundesanstalt.**

(2) **Ergeht auf einen Antrag keine Verfügung, so ist die Beschwerde an keine Frist gebunden.**

(3) **Die Beschwerde ist zu begründen. Die Frist für die Beschwerdebegründung beträgt einen Monat; sie beginnt mit der Einlegung der Beschwerde und kann auf Antrag von dem Vorsitzenden des Beschwerdegerichts verlängert werden.**

---

64 *Pohlmann* in Kölner Komm. Rn. 20.
65 S. statt aller *Immenga/Mestmäcker/K. Schmidt* § 65 GWB Rn. 17.
66 *Pohlmann* in Kölner Komm. Rn. 22; *Schüppen/Schweizer* in *Haarmann/Riehmer/Schüppen* Rn. 30.
67 So *Schüppen/Schweizer* in *Haarmann/Riehmer/Schüppen* Rn. 30.

(4) **Die Beschwerdebegründung muss enthalten**

1. **die Erklärung, inwieweit die Verfügung angefochten und ihre Abänderung oder Aufhebung beantragt wird, und**

2. **die Angabe der Tatsachen und Beweismittel, auf die sich die Beschwerde stützt.**

Übersicht

I. Allgemeines

§ 51 Abs. 1 und Abs. 2 regeln Frist und Form der Beschwerde sowie die **1** Stelle, bei der sie einzureichen ist. Abs. 3 und 4 enthalten Bestimmungen für die Beschwerdebegründung. Diese Regeln haben den Zweck, das Verfahren effizient auszugestalten, insbesondere die Zügigkeit des Verfahrens zu unterstützen.[1] Vorbilder für die Regelung des § 51 sind §§ 124 a Abs. 3 und 82 VwGO, 66 GWB und § 519 ZPO aF.[2]

II. Frist und Form (§ 51 Abs. 1 und 2)

1. Frist (§ 51 Abs. 1 S. 1 und 2). Die Beschwerdefrist beträgt **einen Mo-** **2** **nat**. Sie **beginnt mit der Bekanntgabe** oder mit der Zustellung des Widerspruchsbescheides zu laufen. Die Frist berechnet sich nach den allgemeinen Vorschriften der §§ 222 ZPO, 187 bis 189 BGB iVm § 58 Nr. 2. Bei der Frist handelt es sich um eine **Notfrist**, so dass sie durch Vereinbarung weder verkürzt noch verlängert werden kann, dass aber im Falle ihres unverschuldeten Versäumnisses die Wiedereinsetzung in den vorigen Stand möglich ist (§ 58 Nr. 2 iVm. §§ 224, 233 ZPO).[3] Fehlt eine ordnungsgemäße Rechtsbehelfsbelehrung, so beginnt die Notfrist nicht zu laufen (§ 58 VwGO analog).[4]

Wenn **auf einen Antrag keine Verfügung erlassen wird**, ist die Ver- **3** pflichtungsbeschwerde in Form einer Untätigkeitsbeschwerde gem. § 51 Abs. 2 an keine Frist gebunden. Dasselbe gilt für die allgemeine Abwehr- und Leistungsbeschwerde.[5] Diese Regel gilt aber – trotz des missverständlichen Wort-

---

[1] *Schüppen/Schweizer* in *Haarmann/Riehmer/Schüppen* Rn. 1.

[2] Begr. RegE BR-Drucks. 574/01 S. 165.

[3] *Pohlmann* in Kölner Komm. Rn. 6; *Zehetmeier-Müller/Grimmer* in *Geibel/Süß-mann* Rn. 2.

[4] *Schüppen/Schweizer* in *Haarmann/Riehmer/Schüppen* Rn. 2.

[5] *Pohlmann* in Kölner Komm. Rn. 6.; *Zehetmeier-Müller/Grimmer* in *Geibel/Süß-mann* Rn. 4.

lautes, der keine zeitliche Bestimmung kennt – erst nach Ablauf einer angemessenen Frist, innerhalb der keine Verfügung erlassen wird.[6] Dies ergibt sich aus dem Umstand, dass die BAFin ausreichend Zeit benötigt, um auf den Antrag sachgerecht reagieren zu können. In Ausnahmefällen kommt nach den allgemeinen Grundsätzen auch eine Verwirkung der Möglichkeit, einen Antrag auf Beschwerde zu stellen, in Betracht.[7]

4   Bei der **Fortsetzungsfeststellungsbeschwerde** richtet sich die Beschwerdefrist nach der Frist derjenigen Beschwerde, die sich erledigt hat und an deren Stelle die Fortsetzungsfeststellungsbeschwerde getreten ist.[8]

5   **2. Form (§ 51 Abs. 1 S. 1).** Das Gesetz erfordert für die Einlegung der Beschwerde **Schriftform**. Auch die Beschwerdebegründung ist schriftlich beim Beschwerdegericht einzureichen.[9] Da bereits die Einlegung der Beschwerde dem Anwaltszwang unterliegt, müssen die Beschwerdeschrift und die Beschwerdebegründung von einem der in § 53 genannten Personen unterzeichnet sein. Eine **Beschwerde ist dann formgerecht** eingelegt, wenn aus der fraglichen Erklärung ihr Inhalt und die Person des Erklärenden hinreichend zuverlässig entnommen werden können und wenn feststeht, dass es sich bei der Erklärung nicht nur um einen Entwurf handelt.[10] Neben einer eigenhändigen Unterschrift genügen auch folgende weitere Identifikationsmittel der Form: Telegramm, Fernschreiben, Telefax und Computerfax.[11] Elektronische Erklärungen genügen analog des § 130 a Abs. 1 Satz 1 ZPO unter den dort genannten Voraussetzungen und iVm. einer Verordnung nach § 130 a Abs. 2 ZPO der Schriftform. Der Einreichungszeitpunkt bei elektronischen Erklärungen ergibt sich aus § 130 a Abs. 3 ZPO analog.

III. Beschwerdebegründung

6   **1. Begründung und Begründungsfrist (§ 51 Abs. 3).** § 51 Abs. 3 Satz 1 stellt klar, dass die Beschwerde zu begründen ist. Dafür steht dem Beschwerdeführer eine **Frist von einem Monat** zur Verfügung. Die Frist beginnt mit dem Tag der Einlegung der Beschwerde. Die Berechnung der Frist ergibt sich aus § 222 ZPO, §§ 187 bis 189 BGB. Es handelt sich bei der Begründungsfrist nicht um eine Notfrist, so dass sie auf Antrag gem. § 51 Abs. 3 S. 2 durch den Vorsitzenden des Beschwerdegerichts verlängert werden kann. Die Versäumung der Frist führt zur Unzulässigkeit der Beschwerde.[12] Allerdings besteht

6 *Zehetmeier-Müller/Grimmer* in *Geibel/Süßmann* Rn. 4.
7 Allgemein statt vieler *Kopp/Schenke* § 74 VwGO Rn. 18 ff.
8 *Zehetmeier-Müller/Grimmer* in *Geibel/Süßmann* Rn. 5; *Pohlmann* in Kölner Komm. Rn. 6.
9 *Pohlmann* in Kölner Komm. Rn. 3; *Zehetmeier-Müller/Grimmer* in *Geibel/Süßmann* Rn. 12; *Schüppen/Schweizer* in *Haarmann/Riehmer/Schüppen* Rn. 3.
10 GmS-OGB NJW 2000, 2340, 2341.
11 GmS-OGB NJW 2000, 2340, 2341; *Zehetmeier-Müller/Grimmer* in *Geibel/Süßmann* Rn. 13; *Pohlmann* in Kölner Komm. Rn. 3; *Schüppen/Schweizer* in *Haarmann/ Riehmer/Schüppen* Rn. 3; für das GWB *Immenga/Mestmäcker/K. Schmidt* § 66 GWB Rn. 3.
12 *Zehetmeier-Müller/Grimmer* in *Geibel/Süßmann* Rn. 7.

die Möglichkeit der **Wiedereinsetzung in den vorherigen Stand** (§ 58 Nr. 2
aE., § 233 ZPO), wenn die Frist ohne Verschulden versäumt wurde.[13]

2. Inhalt der Beschwerdebegründung (§ 51 Abs. 4). Das Gesetz sieht in   **7**
Abs. 4 bestimmte, zwingende Inhalte der Beschwerdebegründung vor, die
dem GWB entnommen sind. Aufgrund des verwaltungsrechtlichen Charakters des Beschwerdeverfahrens und des damit zusammenhängenden Untersuchungsgrundsatzes sind die Begründungspflichten nicht so hoch wie im
zivilprozessualen Verfahren.[14]

Zwingender Inhalt der Beschwerde ist zunächst eine Erklärung, inwieweit   **8**
die Verfügung angefochten und ihre Abänderung oder Aufhebung beantragt
wird (Nr. 1). Das Erfordernis, die Anträge genau zu bezeichnen, ist notwendig,
um den Umfang, insbesondere eine möglicherweise gewollte Beschränkung
der Beschwerde zu erfassen. Für die Verpflichtungsbeschwerde und alle weiteren Beschwerdearten gilt entsprechend, dass sich das Begehren aus der Begründung ergeben muss.[15]

Nach § 51 Abs. 4 Nr. 2 muss die Beschwerdebegründung die Angaben der   **9**
Tatsachen und Beweismittel enthalten, auf die sich die Beschwerde stützt.
Das gilt für alle Beschwerdearten.[16] Das Gesetz erlegt dem Beschwerdeführer
trotz des Untersuchungsgrundsatzes eine Mitverantwortung für die Beschaffung des Beweisstoffes auf. Damit soll das Verfahren zügiger gestaltet werden
können. Demselben Zweck dient es, wenn in der Beschwerdebegründung zumindest die Grundlinien einer rechtlichen Bewertung und sachlichen Begründung enthalten sind, was das Gesetz ausdrücklich allerdings nicht erfordert.[17]
Es kann zwar nicht erwartet werden, dass die von der BAFin vorgenommene
rechtliche Würdigung in Einzelheiten aufgegriffen wird, doch sollte man verlangen können, dass jedenfalls in groben Zügen die rechtliche Grundlage der
Beschwerde dargetan wird. Damit wären auf der einen Seite die Anforderung
an den Antragsteller im Hinblick auf den Untersuchungsgrundsatz nicht zu
hoch geschraubt, zugleich entspricht dies aber auch der Verfahrensförderungspflicht des Antragstellers.

Im Beschwerdeverfahren gibt es **keine strikte Präklusion**. Eine Vorschrift   **10**
wie § 87 b VwGO fehlt im WpÜG. Das bedeutet, dass neue Argumente auch
nach Ablauf der Begründungsfrist eingebracht werden können. Dabei ist
jedoch zu beachten, dass nach § 55 Abs. 3 ohne Verletzung des Untersuchungsgrundsatzes ohne Berücksichtigung des betreffenden neuen Vorbringens entschieden werden kann.[18]

---

[13] S. dazu *Pohlmann* in Kölner Komm. Rn. 7; *Zehetmeier-Müller/Grimmer* in *Gei-
bel/Süßmann* Rn. 7.

[14] Vgl. *Zehetmeier-Müller/Grimmer* in *Geibel/Süßmann* Rn. 8; *Pohlmann* in Kölner
Komm. Rn. 8.

[15] *Pohlmann* in Kölner Komm. Rn. 8.

[16] *Schüppen/Schweizer* in *Haarmann/Riehmer/Schüppen* Rn. 6; *Zehetmeier-Müller/
Grimmer* in *Geibel/Süßmann* Rn. 11.

[17] So *Schüppen/Schweizer* in *Haarmann/Riehmer/Schüppen* Rn. 6; *Zehetmeier-Müll-
er/Grimmer* in *Geibel/Süßmann* Rn. 9; für das GWB *Immenga/Mestmäcker/K. Schmidt*
§ 66 GWB Rn. 14; anders *Pohlmann* in Kölner Komm. Rn. 10.

[18] *Schüppen/Schweizer* in *Haarmann/Riehmer/Schüppen* Rn. 7.

IV. Beschwerderücknahme

11   In § 51 **nicht geregelt ist die Rücknahme der Beschwerde**. Nach der allgemeinen Regel des § 92 Abs. 1 VwGO kann die Beschwerde bis zum Ende des Beschwerdeverfahrens zurückgenommen werden. Sind im Beschwerdeverfahren bereits die Anträge in der mündlichen Verhandlung gestellt worden, ist die Rücknahme nur noch mit Einwilligung des Verfahrensgegners möglich.[19]

§ 52 Beteiligte am Beschwerdeverfahren

An dem Verfahren vor dem Beschwerdegericht sind der Beschwerdeführer und die Bundesanstalt beteiligt.

Übersicht

I. Allgemeines

1   § 52 regelt, wer am Beschwerdeverfahren vor dem OLG Frankfurt/Main als Beschwerdegericht beteiligt ist. Dies sind der Beschwerdeführer und die BAFin. Die ausdrückliche Nennung der BAFin verdeutlicht, dass nicht die Bundesrepublik Deutschland Beschwerdegegner ist.[1] Die jetzige Fassung des § 52 ist erst auf Vorschlag des Finanzausschusses entstanden. In dem Regierungsentwurf entsprach der § 52 (§ 53 RegE) noch weitgehend dem § 67 GWB. Die Beteiligtenfähigkeit bezog sich entsprechend noch auf einen weiteren Personenkreis, der im Wesentlichen dem entsprechen sollte, der auch im Verwaltungsverfahren beteiligt war.[2] In der endgültigen Fassung sind diejenigen, die am Verwaltungsverfahren hinzugezogen wurden, wieder aus dem Kreis der am Beschwerdeverfahren Beteiligten herausgenommen worden. Zur Begründung führte der Finanzausschuss an, dass im Verfahren vor der Bundesanstalt ausschließlich der Adressat einer Verfügung bzw. derjenige, der geltend macht, einen Anspruch auf den Erlass einer Verfügung zu haben, beteiligt ist. Dementsprechend erfolgt auch keine Hinzuziehung von Personen oder Personenverbänden durch die BAFin.[3] Diese Entscheidung hat sich der Gesetzgeber zu Eigen gemacht und ist bei der Interpretation des § 52 zu beachten. Das bedeutet, dass es grundsätzlich keine Beteiligung Dritter am Rechtsmittelverfahren gibt.

---

[19] Näheres bei *Zehetmeier-Müller/Grimmer* in *Geibel/Süßmann* Rn. 14.
[1] *Schüppen/Schweizer* in *Haarmann/Riehmer/Schüppen* Rn. 1.
[2] Begr.RegE zu § 53 RegE , BT-Drucks. 14/7034 S. 19.
[3] Begr. Finanzausschuss zu § 53 RegE, BT-Drucks. 14/7477 S. 75.

II. Beteiligte

1. Beschwerdeführer. Beschwerdeführer ist die Person, die gegen die **2** Entscheidung der BAFin im Verwaltungsverfahren angehen möchte und daher ein Beschwerdeverfahren anstrengt.

2. Bundesanstalt. Die BAFin ist Beteiligte, weil ihre Verfügung ange- **3** fochten wird oder weil von ihr ein Tun oder Unterlassen begehrt wird. Beteiligte ist die Behörde als solche und keine Abteilungen oder Einzelpersonen.

3. Dritte. Eine Beteiligung Dritter ist möglich, wenn sie eine eigene **4** Beschwerdebefugnis haben.[4] Von einer Eigenschaft als „Dritte" ist dann im eigentlichen Sinne allerdings nicht mehr zu sprechen, da sie dann Beschwerdeführer sind.

Da in § 52 der **Grundsatz der Verfahrenskontinuität** von Verwaltungs- **5** zu Beschwerdeverfahren nicht durchgehalten wurde, sind diejenigen Personen oder Personenvereinigungen, die im Rahmen der einfacher Hinzuziehung[5] im Verfahren vor der BAFin beteiligt gewesen sind, nicht zugleich auch vor dem Beschwerdeverfahren beteiligt.

Eine **Erweiterung des Beteiligtenkreises** muss jedoch im Hinblick auf **6** diejenigen Dritten erfolgen, die zwar eine Verletzung eigener Rechte geltend machen können, aber im Verwaltungsverfahren nicht hinzugezogen worden sind. Diese sind entgegen des zu engen Wortlautes des § 52 auch am Beschwerdeverfahren zu beteiligen. Zu denken ist an solche Fälle, in denen die BAFin fehlerhaft einen Dritten, der an sich notwendig zum Verfahren hätte hinzugezogen werden müssen, tatsächlich nicht hinzugezogen hat oder an die Fälle, in denen Dritte eine Begünstigung des Bieters nach den §§ 10 Abs. 1 S. 3, 10 Abs. 2 S. 3, 10 Abs. 1, 24, 36 oder 37 Abs. 1 angreift. Es kommt im Hinblick auf § 26 Abs. 2 auch der Fall in Betracht, in dem die BAFin in einem Verfahren auf Befreiung von der Sperrfrist die Zielgesellschaft hinzugezogen hat, aber die Befreiung auf Antrag hin erteilt, ohne dass die Zielgesellschaft zugestimmt hat. Als Hinzugezogene wäre die Zielgesellschaft dann zwar Beteiligte am Beschwerdeverfahren, der Bieter als Antragssteller hingegen wäre jedoch kein Beteiligter im Beschwerdeverfahren, weil er nicht Beschwerdeführer ist.[6] Würde in all diesen Fällen die Beteiligung am Beschwerdeverfahren ausgeschlossen, läge eine Verletzung des Art. 19 Abs. 4 GG vor.[7] Hier besteht dringender Nachbesserungsbedarf durch den Gesetzgeber, der seine Fehleinschätzung im Hinblick darauf, welche Personen am Verwaltungsverfahren zu beteiligen sind und welche dann auch Beteiligte am Beschwerdeverfahren sein können, korrigieren sollte.[8]

---

[4] *Schüppen/Schweizer* in *Haarmann/Riehmer/Schüppen* Rn. 8.
[5] Dazu s. oben § 41 Rn. 12.
[6] *Zehetmeier-Müller/Grimmer* in *Geibel/Süßmann* Rn. 4.
[7] So auch *Schüppen/Schweizer* in *Haarmann/Riehmer/Schüppen* Rn. 9; *Zehetmeier-Müller/Grimmer* in *Geibel/Süßmann* Rn. 6; zum GWB *Bechthold* § 63 GWB Rn. 4.
[8] Ähnlich *Pohlmann* in Kölner Komm. Rn. 4.

7   De lege lata ließe sich die Rechtsschutzlücke derzeit mit einer – freilich
nicht ganz passenden[9] – **analogen Anwendung des § 65 VwGO** schließen.[10]
Demzufolge hat das Beschwerdegericht eine Befugnis, diejenigen Personen
beizuladen, die eine Verletzung eigener Rechte geltend machen können, aber
bei dem Verfahren nicht hinzugezogen waren. Die Möglichkeit einer **Beiladung** durch das Gericht ist durch § 52 nicht verstellt. Zum einen zeigt die
Vorschrift des § 56 Abs. 1 S. 3 und 4, dass der Gesetzgeber von der Möglichkeit
der Beiladung durch das Beschwerdegericht ausgeht.[11] Zum anderen hat der
Finanzausschuss nur eine Parallelität von Verwaltungsverfahren und Beschwerdeverfahren herstellen wollen. Dieser Gleichlauf bedeutet, dass diejenigen, die
eigentlich am Verwaltungsverfahren hätten beteiligt sein müssen und dies nicht
waren, dann jedenfalls am Beschwerdeverfahren teilnehmen müssen, um ihren
Rechtsverlust auf der ersten Stufe kompensieren zu können.

§ 53 Anwaltszwang

**Vor dem Beschwerdegericht müssen die Beteiligten sich durch ei-
nen bei einem deutschen Gericht zugelassenen Rechtsanwalt oder
Rechtslehrer an einer deutschen Hochschule im Sinne des Hochschulrahmengesetzes mit Befähigung zum Richteramt als Bevollmächtigten vertreten lassen. Die Bundesanstalt kann sich durch einen Beamten
auf Lebenszeit mit Befähigung zum Richteramt vertreten lassen.**

Übersicht

I. Allgemeines

1   § 53 Satz 1 bestimmt, dass sich die Beteiligten vor dem Beschwerdegericht
vertreten lassen müssen. Sinn und Zweck dieser Regelung ist, dass im Hinblick
auf die **Prozessökonomie** sichergestellt wird, dass präzise und sachdienliche
Anträge gestellt werden, der Beschwerdegegenstand sachkundig erörtert wird[1]
und das Verfahren nicht unnötig in die Länge gezogen wird. Zudem soll der
wirtschaftlichen Bedeutung der Sachverhalte im Verfahren durch eine sach-
kundige Vertretung Rechnung getragen werden.[2] Der Anwaltszwang ent-

---

[9] Ablehnend auch *Steinmeyer/Häger* Rn. 2.

[10] *Zehetmeier-Müller/Grimmer* in *Geibel/Süßmann* Rn. 6; *Schüppen/Schweizer* in
Haarmann/Riehmer/Schüppen Rn. 9; *Pohlmann* in Kölner Komm. Rn. 6; vorgeschlagen werden auch eine erweiternde Auslegung des § 48 Abs. 2 VwGO oder der
Rückgriff auf den Rechtsgedanken der §§ 42 Abs. 2 und 48 Abs. 2 VwGO, s. *Schüp-
pen/Schweizer* in *Haarmann/Riehmer/Schüppen* Rn. 9.

[11] *Pohlmann* in Kölner Komm. Rn. 6.

[1] Vgl. Begr. RegE BT-Drucks. 14/7034 zu § 54 RegE; *Land/Hasselbach* DB
2000, 1747, 1755; *Pötzsch/Möller* WM Sonderbeilage 2/2000, S. 29.

[2] Begr. RegE BT-Drucks. 14/7034 zu § 54 RegE.

spricht den zivilprozessualen Vorstellungen der Vertretung der Parteien vor einem OLG und weicht von der verwaltungsgerichtlichen Vorschrift des § 67 Abs. 1 VwGO ab, die einen Anwaltszwang nur vor den Verwaltungsgerichten zweiter und dritter Instanz kennt.

II. Vertretungsberechtigte

Ein Anwaltszwang im eigentlichen Sinne herrscht nicht, weil auch andere **2** Personen als bei einem deutschen Gericht zugelassene Anwälte vertretungsbefugt sind. § 53 S. 1 regelt allgemein die Vertretungsmöglichkeiten für einen Beteiligten, dh diese Vorschrift gilt sowohl für den Beschwerdeführer als auch für die BAFin. Für die BAFin enthält das Gesetz in § 53 Satz 2 darüber hinaus eine weitere Option.

Als **Bevollmächtigter vertretungsberechtigt** ist ein Rechtsanwalt bzw. **3** eine Rechtsanwältin, der bzw. die bei einem deutschen Gericht zugelassen ist. Unerheblich ist, ob die Person in Deutschland ein rechtswissenschaftliches Studium absolviert hat, bei welchem Gericht sie bestellt ist und wie lange die Zulassung bereits besteht.[3]

Vertretungsberechtigt ist auch ein **Rechtslehrer an einer deutschen** **4** **Hochschule** im Sinne des Hochschulrahmengesetzes. Damit kann auch ein Rechtslehrer einer Fachhochschule (§ 1 HRG) als Bevollmächtigter im Beschwerdeverfahren auftreten. Voraussetzung ist jedoch in jedem Fall die Befähigung zum Richteramt.

Die BAFin darf sich nach § 53 Satz 2 zusätzlich zu den in Satz 1 genannten **5** Personen auch durch einen **Beamten auf Lebenszeit mit der Befähigung zum Richteramt** vertreten lassen. Aus dem Sinn und Zweck dieser Vertretungsregel – nämlich die besondere Sachkunde und Nähe zum Fall von Beamten der BAFin als Beteiligte – ergibt, dass entgegen des zu weit geratenen Wortlautes des Satzes 2 nicht irgend ein Beamter auf Lebenszeit mit Befähigung zum Richteramt Bevollmächtigter der BAFin sein kann, sondern nur ein solcher Beamter der Behörde selbst. Die BAFin kann sich auch nicht durch Angestellte oder Beamte auf Probe oder auf Widerruf vertreten lassen.[4]

III. Umfang des Anwaltszwanges

Der Vertretungszwang besteht nur für die unter § 48 fallende Beschwerde. **6** Er umfasst die Einlegung der Beschwerde, die mündliche Verhandlung sowie alle im Beschwerdeverfahren notwendigen Handlungen, die Postulationsfähigkeit voraussetzen, dh insbesondere die Einreichung von Schriftsätzen.

Handlungen im Rahmen des vorläufigen Rechtsschutzes (vgl. § 50) unter- **7** fallen daher nicht dem Anwaltszwang.[5] Ausnahmen ergeben sich zudem aus § 58 Nr. 2 iVm. § 78 Abs. 3 und 4 ZPO.[6] Im Verfahren nach § 57 Abs. 2 S. 4 gilt § 53 gem. § 57 Abs. 2 S. 6 nicht.

[3] S. *Schüppen/Schweizer* in *Haarmann/Riehmer/Schüppen* Rn. 1; *Zehetmeier-Müller/Grimmer* in *Geibel/Süßmann* Rn. 1; *Möller* AG 2002, 170, 172.
[4] *Zehetmeier-Müller/Grimmer* in *Geibel/Süßmann* Rn. 2.
[5] *Schüppen/Schweizer* in *Haarmann/Riehmer/Schüppen* Rn. 2.
[6] S. *Möller* AG 2002, 170, 172.

§ 54 Mündliche Verhandlung

(1) Das Beschwerdegericht entscheidet über die Beschwerde auf Grund mündlicher Verhandlung; mit Einverständnis der Beteiligten kann ohne mündliche Verhandlung entschieden werden.

(2) Sind die Beteiligten in dem Verhandlungstermin trotz rechtzeitiger Benachrichtigung nicht erschienen oder gehörig vertreten, so kann gleichwohl in der Sache verhandelt und entschieden werden.

Übersicht

I. Allgemeines

1   Im Beschwerdeverfahren gilt im Gegensatz zum Verwaltungsverfahren der **Grundsatz von Mündlichkeit und Unmittelbarkeit**. Danach darf eine Entscheidung im Beschwerdeverfahren grundsätzlich nur nach und auf Grund einer mündlichen Verhandlung erfolgen.[1] Von diesem Erfordernis darf jedoch mit Einverständnis der Beteiligten abgewichen werden (§ 54 Abs. 1, 2. HS). Dieser Grundsatz ist Ausprägung des Anspruchs der Beteiligten auf rechtliches Gehör.[2]

2   § 54 Abs. 1 ist der Regelung des § 69 GWB nachgebildet und entspricht § 101 Abs. 1 und Abs. 2 VwGO sowie § 128 Abs. 2 ZPO. In Zweifelsfragen kann auf die Rechtsprechung und Praxis zu diesen Regelungen Bezug genommen werden.

II. Mündliches Verfahren

3   Der Grundsatz der mündlichen Verhandlung gilt **nur für die Sachentscheidung im Hauptsacheverfahren** des Beschwerdegerichts. Dies ergibt sich aus dem Wortlaut des § 56 Abs. 1, 1. HS („... entscheidet durch Beschluss").[3] Mündliche Verhandlungen sind daher nicht bei der Verwerfung der Beschwerde als unzulässig, für prozessleitende Verfügungen oder Zwischen- bzw. Nebenentscheidungen (zB isolierte Kostenentscheidungen, wie etwa nach der Rücknahme einer Beschwerde) vorgeschrieben.[4] Das entspricht der

---

[1] *Zehetmeier-Müller/Grimmer* in *Geibel/Süßmann* Rn. 1; *Schüppen/Schweizer* in *Haarmann/Riehmer/Schüppen* Rn. 1.

[2] *Zehetmeier-Müller/Grimmer* in *Geibel/Süßmann* Rn. 1.

[3] Vgl. *Pohlmann* in Kölner Komm. Rn. 6 (bei dem dortigen Verweis auf § 55 Abs. 1, 1. HS dürfte es sich um einen Druckfehler handeln); *Schüppen/Schweizer* in *Haarmann/Riehmer/Schüppen* Rn. 2; *Zehetmeier-Müller/Grimmer* in *Geibel/Süßmann* Rn. 3.

[4] *Zehetmeier-Müller/Grimmer* in *Geibel/Süßmann* Rn. 3; *Pohlmann* in Kölner Komm. Rn. 6; *Schüppen/Schweizer* in *Haarmann/Riehmer/Schüppen* Rn. 2.

rechtlichen Praxis zu § 69 GWB.[5] Vor Ergreifen einstweiliger Maßnahmen und bei gerichtlichen Maßnahmen nach § 50 ist eine mündliche Verhandlung ebenfalls nicht erforderlich.[6]

Das mündliche Verfahren hat im Wesentlichen den Akteninhalt zum Gegen- **4**
stand, soweit dieser vom Gericht in der mündlichen Verhandlung vorgetragen wird. Im Hinblick auf die Gewährung rechtlichen Gehörs kommt es darauf an, dass die für die Beschwerdeentscheidung wesentlichen Tatsachen Gegenstand der mündlichen Verhandlung waren und dass die Beteiligten sich dazu äußern konnten.[7] Dafür muss das Gericht in den Sach- und Streitstand einführen.

Die **Einführung eines neuen Sachvortrages** durch das Nachreichen von **5**
Schriftsätzen ist im Beschwerdeverfahren nicht möglich. Zwar wird gem. § 173 VwGO die Vorschrift des § 283 ZPO, der nachgelassene Schriftsätze er-laubt, im Verwaltungsprozess angewendet[8] und auch im Zusammenhang mit dem Kartellverfahrensrecht wird die Möglichkeit des Nachreichens von Schriftsätzen befürwortet,[9] doch wird in der hier maßgeblichen Verweisungs-norm des § 58 nicht auf § 283 ZPO verwiesen. So lange nicht geklärt ist, dass es sich dabei schlicht um ein gesetzgeberisches Versehen handelt, liegt keine Gesetzeslücke vor, so dass § 283 ZPO auch nicht analog angewendet werden darf.[10] Folge dessen ist, dass dann, wenn sich auf Grund der mündlichen Ver-handlung ergibt, dass ein weiterer Vortrag der Beteiligten erforderlich ist, eine neue mündliche Verhandlung anzuberaumen ist, sofern nicht die Beteiligten einvernehmlich darauf verzichten.[11]

III. Schriftliches Verfahren

Die Möglichkeit, das ohne vorherige mündliche Verhandlung und stattdes- **6**
sen auf der Grundlage eines schriftlichen Verfahrens entschieden werden kann, wird durch § 54 Abs. 1, 2. Halbsatz eröffnet. Voraussetzung ist jedoch, dass alle Beteiligten **wirksam auf die mündliche Verhandlung verzichten**. Das Ge-richt ist dann jedoch nicht verpflichtet, ein schriftliches Verfahren durchzufüh-ren, sondern nur berechtigt, im schriftlichen Verfahren zu entscheiden.[12]

Dieser Verzicht muss als Prozesshandlung **eindeutig erklärt** werden. Diese **7**
Erklärung unterliegt auch dem Anwaltszwang. Sie ist in der Regel schriftlich zu formulieren; ein mündlicher Verzicht ist nur in Ausnahmefällen ausrei-chend. Dies ist zB dann der Fall, wenn in einer mündlichen Verhandlung fest-

---

[5] Dazu vgl. *Immenga/Mestmäcker/K. Schmidt* § 69 GWB, Rn. 1; vgl. auch BGH WuW/E BGH 1173.

[6] *Schüppen/Schweizer* in *Haarmann/Riehmer/Schüppen* Rn. 2.

[7] *Zehetmeier-Müller/Grimmer* in *Geibel/Süßmann* Rn. 4.

[8] Vgl. *Eyermann/Geiger* § 103 VwGO Rn. 18.

[9] So offensichtlich *Langen/Bunte/Kollmorgen*, § 69 GWB Rn. 1; anders – und im Ergebnis wie hier – *Bechthold* § 69 GWB Rn. 1.

[10] Im Ergebnis ebenso *Zehetmeier-Müller/Grimmer* in *Geibel/Süßmann* Rn. 5. Anders offensichtlich *Pohlmann* in Kölner Komm. Rn. 6, die eine Analogie anzu-nehmen scheint, ohne dass die Analogievoraussetzungen geklärt sind.

[11] *Zehetmeier-Müller/Grimmer* in *Geibel/Süßmann* Rn. 5.

[12] *Schüppen/Schweizer* in *Haarmann/Riehmer/Schüppen* Rn. 4; *Immenga/Mestmäcker/ K. Schmidt* § 69 GWB Rn. 3.

gestellt wird, eine weitere Verhandlung werde notwendig; insoweit ist eine mündliche Erklärung genügend. Schweigen reicht niemals als Verzichtserklärung aus.[13] Die Verzichtserklärung muss **unbedingt abgegeben** werden. Sie ist unanfechtbar, auch dann, wenn diese Erklärung vor den Erklärungen der anderen Beteiligten abgegeben wurde.[14] Im Rahmen des § 69 GWB ist problematisch, ob ein solcher Verzicht unwiderruflich ist. Dies könnte man mit einem argumentum e contrario aus § 128 Abs. 2 S. 1 ZPO begründen, doch kommt es in der Praxis im Beschwerdeverfahren ebenso wie im Kartellverfahren nicht darauf an, da das Gericht bei einer begründeten Rücknahme der Verzichtserklärung durch einen Beteiligten die mündliche Verhandlung wieder aufnehmen wird.[15]

8   Entsprechend des Rechtsgedankens des § 128 Abs. 2 S. 3 ZPO verliert eine Verzichtserklärung aller Beteiligten ihre Wirkung, wenn seit deren Abgabe ein längerer Zeitraum verstrichen ist.[16] Damit kann darauf reagiert werden, dass sich innerhalb einer längeren Zeitspanne Tatsachen für Änderungen ergeben können, die auf die Entscheidung oder auf die Einlassung der Beteiligten Einfluss haben können.[17] Vor dem Hintergrund, dass im WpÜG grundsätzlich sehr kurze Fristen vorgesehen sind, wäre die Drei-Monats-Frist des § 123 Abs. 2 S. 3 ZPO sachgerecht auf 4 Wochen zu reduzieren. Im Ergebnis mag diese Frage allerdings ebenfalls dahinstehen, weil ein Gericht eine mündliche Verhandlung anberaumen wird, wenn eine Partei vorträgt, dass ich die Tatsachen in der vergangenen Zeit entscheidend geändert haben.[18]

9   Aus der Parallelität zum Kartellverfahren ergibt sich für das Beschwerdeverfahren, dass sich **im Zweifel das Einverständnis** auf den Verzicht einer mündlichen Verhandlung nicht auf das gesamte Verfahren sondern nur auf die anstehende mündliche Verhandlung bezieht.[19] Im weiteren Verfahren ist der Verzicht auf eine mündliche Verhandlung dann erneut auszusprechen.

IV. Säumnis

10   § 54 Abs. 2 sieht vor, dass dann, wenn die Beteiligten trotz rechtzeitiger Benachrichtigung in dem Verhandlungstermin nicht erschienen sind oder wenn sie nicht gehörig vertreten sind, gleichwohl in der Sache verhandelt und entschieden werden kann. Damit soll eine Verfahrensverzögerung durch die Beteiligten vermieden werden.[20] Diese Vorschrift ersetzt Regelungen über ein

---

[13] Vgl. *Schüppen/Schweizer* in *Haarmann/Riehmer/Schüppen* Rn. 3.

[14] *Schüppen/Schweizer* in *Haarmann/Riehmer/Schüppen* Rn. 3.

[15] S. *Pohlmann* in Kölner Komm. §§ 54/55 Rn. 7; *Zehetmeier-Müller/Grimmer* in *Geibel/Süßmann* Rn. 7; jeweils im Anschluss an *Langen/Bunte/Kollmorgen* § 69 GWB Rn. 4; *Immenga/Mestmäcker/K. Schmidt* § 69 GWB Rn. 3.

[16] Im Anwendungsbereich des § 69 GWB ist dies umstritten vgl. nur *Langen/Bunte/Kollmorgen* § 69 GWB Rn. 4.

[17] *Zehetmeier-Müller/Grimmer* in *Geibel/Süßmann* Rn. 8; vgl. auch *Pohlmann* in Kölner Komm. Rn. §§ 54, 55 Rn. 7.

[18] *Pohlmann* in Kölner Komm. Rn. §§ 54, 55 Rn. 7.

[19] *Schüppen/Schweizer* in *Haarmann/Riehmer/Schüppen* Rn. 4; *Immenga/Mestmäcker/K. Schmidt* § 69 Rn. 3.

[20] Begr. RegE zu § 55, BT-Drucks. 14/7034 S. 66.

Säumnisverfahren, das aufgrund des Untersuchungsgrundsatzes nach § 55 unzulässig wäre.

Ebenso wie in § 69 GWB ist es auch in § 54 Abs. 2 nicht vorgeschrieben, dass **11** in der Ladung auf die Folgen des Fehlens hingewiesen wird.[21] Der Grund für das Fehlen ist dem Wortlaut des § 54 Abs. 2 nach unerheblich. Ebenso greifen die Rechtsfolgen des § 54 Abs. 2 ein, wenn ein Beteiligter sich rechtzeitig für sein Nichterscheinen entschuldigt hat. **Ausnahmen** dürfte es wegen der Wertung des Art. 103 Abs. 1 GG nur dort gegeben, wo wichtige und ernstzunehmende Anzeichen vorliegen, dass das Nichterscheinen oder das Nichtvertretensein auf unvorhergesehenen Ereignissen beruht, die dem Nichterschienenen bzw. Nichtvertretenen nicht zuzurechnen sind.[22] Das rechtliche Gehör bleibt trotz der strengen Regelung gleichwohl gewährleistet, wenn die Beteiligten rechtzeitig benachrichtigt wurden. Ein Schutz der Beteiligten besteht ferner darin, dass aufgrund des Untersuchungsgrundsatzes gem. § 55 das Gericht ohnehin nur dann entscheiden wird, wenn es den Sachverhalt für hinreichend geklärt erachtet.[23] Ist dies nicht der Fall, wird das Gericht im Zweifel einen neuen Verhandlungstermin anberaumen.

§ 55 Untersuchungsgrundsatz

(1) **Das Beschwerdegericht erforscht den Sachverhalt von Amts wegen.**

(2) **Das Gericht hat darauf hinzuwirken, dass Formfehler beseitigt, unklare Anträge erläutert, sachdienliche Anträge gestellt, ungenügende tatsächliche Angaben ergänzt, ferner alle für die Feststellung und Beurteilung des Sachverhalts wesentlichen Erklärungen abgegeben werden.**

(3) **Das Beschwerdegericht kann den Beteiligten aufgeben, sich innerhalb einer zu bestimmenden Frist über aufklärungsbedürftige Punkte zu äußern, Beweismittel zu bezeichnen und in ihren Händen befindliche Urkunden sowie andere Beweismittel vorzulegen. Bei Versäumung der Frist kann nach Lage der Sache ohne Berücksichtigung der nicht beigebrachten Beweismittel entschieden werden.**

Übersicht

---

[21] *Schüppen/Schweizer* in *Haarmann/Riehmer/Schüppen* Rn. 5.
[22] Vgl. *Zehetmeier-Müller/Grimmer* in *Geibel/Süßmann* Rn. 9; *Bechtold* § 69 GWB Rn. 2.
[23] *Pohlmann* in *Kölner Komm.* Rn. §§ 54, 55 Rn. 8; *Schüppen/Schweizer* in *Haarmann/Riehmer/Schüppen* Rn. 5.

I. Allgemeines

1   Da es sich bei dem Beschwerdeverfahren der Sache nach um ein Verwaltungsverfahren vor einem OLG handelt, ordnet § 55 Abs. 1 den Untersuchungsgrundsatz an. Abs. 2 beschreibt im Einzelnen die aus diesem Grundsatz folgenden Handlungspflichten des Gerichts, und Abs. 3 gibt dem Gericht die Möglichkeit, innerhalb von Fristen den Beteiligten bestimmte Mitwirkungshandlungen aufzugeben. Die Regelung des § 55 ist identisch mit § 70 Abs. 1 bis 3 GWB. § 55 Abs. 1 entspricht zudem der Regelung des § 86 Abs. 1 S. 1 VwGO und § 55 Abs. 2 dem § 86 Abs. 3 VwGO. Auf die sich dort geltenden Grundsätze kann Bezug genommen werden.[1]

II. Untersuchungsgrundsatz (Abs. 1)

2   § 55 Abs. 1 ordnet entsprechend den Verfahrensregeln der § 70 Abs. 1 GWB und § 86 Abs. 1 VwGO den **Amtsermittlungsgrundsatz im Beschwerdeverfahren** an. Damit wird klargestellt, dass – im Gegensatz zum Beibringungsprinzip des Zivilprozesses – das Gericht den Sachverhalt selbständig erforscht und nicht an das Vorbringen oder die Beweisanträge der Beteiligten gebunden ist. In der Regierungsbegründung wird im Zusammenhang mit dem Untersuchungsgrundsatz fälschlich von dem Offizialprinzip gesprochen.[2] Tatsächlich ist das Gericht aber hinsichtlich der Einleitung des Verfahrens und des Umfanges des Streitgegenstandes an die Anträge der Beteiligten gebunden.[3]

3   Der **Untersuchungsgrundsatz** bedeutet für das Gericht nicht, dass es die gesamte Sachaufklärung zu übernehmen hat. Vielmehr bezieht sich die Pflicht auf ergänzende rechtserhebliche und beweisbedürftige Tatsachen, die zur Entscheidungsfindung nötig sind. Andernfalls würde das Gericht die Funktion der zuständigen Fachbehörde ausführen.[4] Das Gericht muss Folge dessen auch nicht in alle Richtungen ermitteln. Vielmehr gilt der sog. Anlass-Grundsatz, wonach die Pflicht des Gerichts zur Ermittlung insoweit besteht, als der im Raume stehende Sachverhalt bei sorgfältiger Überlegung der sich aufdrängenden Gestaltungsmöglichkeiten einen Anlass zu (weiteren) Ermittlungen gibt.[5] Stellt das Gericht im Rahmen seiner Ermittlungen jedoch fest, dass der Sachverhalt von der BAFin nur mangelhaft aufgeklärt worden ist, so kann dies zur Aufhebung der Verfügung führen.[6]

4   Den **Beteiligten obliegt eine Mitwirkungsobliegenheit**. Aus dieser ergibt sich, das jeder Beteiligte grundsätzlich an der Tatsachenaufklärung mitzu-

---

[1] *Pohlmann* in Kölner Komm. Rn. §§ 54, 55 Rn. 5.

[2] Begr. RegE zu § 56; zur Offizialmaxime vgl. statt vieler *Schoch/Schmidt-Aßmann/Pietzner/Darwin* § 86 VwGO Rn. 13.

[3] Einhellige Auffassung, s. *Pohlmann* in Kölner Komm. §§ 54, 55 Rn. 2; *Schüppen/Schweizer* in *Haarmann/Riehmer/Schüppen* Rn. 1; *Zehetmeier-Müller/Grimmer* in *Geibel/Süßmann* Rn. 2; für § 70 GWB *Immenga/Mestmäcker/K. Schmidt* § 70 GWB Rn. 1.

[4] *Zehetmeier-Müller/Grimmer* in *Geibel/Süßmann* Rn. 3.

[5] BGH WuW/E BGH 990, 993 zu § 90 GWB – Papierfiltertüten II; vgl. auch *Schoch/Schmidt-Aßmann/Pietzcker/Darwin* § 86 VwGO Rn. 64 ff. zum „Sich-Aufdrängen".

[6] *Zehetmeier-Müller/Grimmer* in *Geibel/Süßmann* § 3; *Bechthold* § 90 GWB Rn. 1.

wirken hat, insbesondere soweit es sich um Tatsachen aus der ihm zugänglichen Sphäre handelt.[7] Das Gericht ist nicht verpflichtet, von sich aus umfangreiche Ermittlungen aufzunehmen, wenn die Beteiligten die notwendigen Tatsachen vortragen können, denn die Amtsermittlungspflicht endet dort, wo die – materielle – Mitwirkungslast der Beteiligten beginnt.[8] Die Mitwirkungspflicht umfasst insbesondere die Stellung von Beweisanträgen oder die Anregungen an das Gericht, in bestimmter Hinsicht Ermittlungen durchzuführen. Kommt ein Beteiligter seiner Obliegenheit nicht nach, so darf das Gericht daraus zu seinen Lasten negative Schlüsse ziehen, soweit eine Mitwirkung möglich und zumutbar war.[9]

Das Gericht hat Ermittlungen im Hinblick auf **alle rechtserheblichen und** **5** **beweisbedürftigen Tatsachen** anzustellen, von denen die Entscheidung im konkreten Verfahren abhängt. Das bedeutet, dass das Beschwerdegericht insbesondere dann ermitteln muss, wenn Tatsachen oder Ermittlungsergebnisse der BAFin streitig sind oder der Wahrheitsgehalt Anlass zu Zweifeln gibt.[10] Das Gericht hat auch die Möglichkeit, zwischen den Beteiligten Unstreitiges durch Beweiserhebung zu prüfen, wenn es Zweifel an der Richtigkeit der Tatsachen hat.[11] **Keine Aufklärung muss in Bezug auf offenkundige oder gerichtsbekannte Tatsachen betrieben werden**.

Wird in der mündlichen Verhandlung ein Beweisantrag durch einen der **6** Beteiligten gestellt, so ist ein mit einer Begründung versehener Beschluss des Gerichtes zu Ablehnung des Antrages nicht erforderlich. Das ergibt sich daraus, dass die entsprechende Norm des § 86 Abs. 2 VwGO nicht in die Regelung des § 55 übernommen worden ist. Das Gericht hat aber den Beteiligten im Hinblick auf den Beweisantrag **rechtliches Gehör** zu gewähren.[12]

Aus dem Verweis des § 58 Nr. 2 auf die Vorschriften über den Beweis in der **7** ZPO wird klargestellt, dass sich das Gericht zur Ermittlung des Sachverhalts der **Beweismittel** Zeugen, Sachverständige, Augenschein, Urkunden und Parteivernehmung bedienen darf. Ergänzend können auch die Vorschriften der Parallelregelungen der §§ 96 ff. VwGO herangezogen werden.[13] Der Beweis ist **unmittelbar in der mündlichen Verhandlung** zu erheben. Aus dem Grundsatz des rechtlichen Gehörs ergibt sich, dass die Beteiligten von dem Beweistermin zu verständigen sind, an ihm teilnehmen dürfen und sachdienliche Fragen stellen können. Ein förmlicher Beweisbeschluss ist erforderlich, wenn die Beweisaufnahme ein besonderes Verfahren oder die Vertagung der Sitzung erfordert oder wenn ein Beteiligter vernommen werden soll (vgl. § 450 ZPO).[14]

---

[7] *Schüppen/Schweizer* in *Haarmann/Riehmer/Schüppen* Rn. 2.
[8] BVerwG NJW 1964, 786.
[9] *Schüppen/Schweizer* in *Haarmann/Riehmer/Schüppen* Rn. 2; zu § 86 VwGO *Kopp/Schenke* § 86 VwGO Rn. 12; *Eyermann/Geiger* § 86 VwGO Rn. 20.
[10] *Zehetmeier-Müller/Grimmer* in *Geibel/Süßmann* Rn. 4; *Bechtold* § 70 GWB Rn. 2.
[11] *Zehetmeier-Müller/Grimmer* in *Geibel/Süßmann* Rn. 4.
[12] *Zehetmeier-Müller/Grimmer* in *Geibel/Süßmann* Rn. 5; *Immenga/Mestmäcker/K. Schmidt* § 70 GWB Rn. 1.
[13] *Zehetmeier-Müller/Grimmer* in *Geibel/Süßmann* Rn. 6; *Schüppen/Schweizer* in *Haarmann/Riehmer/Schüppen* Rn. 4.
[14] Vgl. *Schüppen/Schweizer* in *Haarmann/Riehmer/Schüppen* Rn. 3.

8   Eine **prozessuale Beweislast** gibt es auf Grund des Amtsermittlungs-
grundsatzes grundsätzlich nicht. Etwas anderes gilt nur dort, wo das Gesetz
ausdrücklich eine Beweislastverteilung getroffen hat, wie zB in § 20 Abs. 2
Nr. 2. Diese Beweislastverteilung hat aber nur zur Folge, dass dann, wenn der
mit dem Beweisantritt belastete Beteiligte dieser Obliegenheit nicht nachkommt, das Gericht in dieser Hinsicht keine weitere Aufklärung mehr vorzunehmen braucht, es sei denn der beweisbelastete Beteiligte stellt einen Beweisantrag.[15] Die **materielle Beweislast** bestimmt, wer bei der Nichtaufklärbar-
keit eines bestimmten Sachverhalts materiell-rechtlichen die Lasten daraus tragen muss.[16] Grundsätzlich trifft die materielle Beweislast den Beteiligten, der
sich zur Geltendmachung seines Anspruchs auf die Tatsache stützt, die nicht zu
beweisen ist.[17]

III. Maßnahmen zur Verfahrensleitung (Abs. 2)

9   Nach § 55 Abs. 2 obliegt es dem Gericht, für eine **formell korrekte, ver-
ständliche und sachdienliche Prozessführung** der Beteiligten zu sorgen.[18]
Dafür hat das Gericht darauf hinzuwirken, dass die Beteiligten etwaige Formfehler beseitigen, sachdienliche Anträge stellen, ungenügende tatsächliche Angaben ergänzen und alle für die Feststellung und Beurteilung des Sachverhalts
wesentliche Erklärungen abgeben. Diese Regelung soll in erster Linie zu einer
richtigen, dem Gesetz entsprechenden Entscheidung des Gerichts beitragen,
indem die Parteien das ihnen mögliche dazu beitragen, den Sachverhalt zu erstellen, der vom Gericht dann rechtlich beurteilt wird. Zugleich ist sie Ausfluss
des Rechts der Beteiligten auf rechtliches Gehör und steht in engem sach-
lichem Zusammenhang mit dem Verbot von Überraschungsentscheidungen
nach § 56.

10   Seiner Art nach entspricht § 55 Abs. 2 den Vorschriften der § 139 ZPO und
§ 83 Abs. 3 ZPO. Er darf allerdings insbesondere nicht mit der richterlichen
Hinweispflicht des § 139 ZPO verwechselt werden. Diese Hinweispflicht
ist vor dem Hintergrund des im Zivilprozess herrschenden Verhandlungs-
grundsatzes zu sehen und soll eine Hilfestellung für die Parteien darstellen,
ihre eigenen Rechte im Verfahren besser wahren zu können, während es im
Verwaltungsverfahrensrecht und im Beschwerdeverfahren darum geht, dazu
beizutragen, dass der Sachverhalt aufgeklärt wird bzw. dass das Gericht Anhaltspunkte zur eigenen Aufklärungsarbeit bekommt, um eine (möglichst) objektive Entscheidungsgrundlage zu schaffen. Daher kann es allenfalls am
Rande – gleichsam als Reflex dieser Funktion der Hinweispflicht – darum
gehen, den Beteiligten aufzuweisen, wie sie im Rahmen der ihnen zustehenden rechtlichen Möglichkeiten das mit ihrem Rechtsmittel erstrebte Ziel am
besten und zweckmäßigsten erreichen können.[19] Etwas anderes wäre auch
nicht mit dem **Neutralitätsgebot des Gerichts** vereinbar, denn keinesfalls

---

[15] S. *Bechtold* § 70 GWB Rn. 3.
[16] *Immenga/Mestmäcker/K. Schmidt* § 70 Rn. 10.
[17] *Möller* AG 2002, 170, 172; *Zehetmeier-Müller/Grimmer* in *Geibel/Süßmann* Rn. 8;
Schüppen/Schweizer in *Haarmann/Riehmer/Schüppen* Rn. 2.
[18] *Zehetmeier-Müller/Grimmer* in *Geibel/Süßmann* Rn. 9.
[19] So aber *Zehetmeier-Müller/Grimmer* in *Geibel/Süßmann* Rn. 10.

darf das Gericht durch seine Hinweise sich einseitig auf die Seite eines Beteiligten schlagen. Daher sind die vom Gericht verlangten Maßnahmen der Verfahrensleitung strikt an objektiven Zielen ausgerichtet und nur darauf gerichtet, die Parteien dazu zu bewegen, das Ihre zur Erstellung des Sachverhaltes beizutragen. Eine Hilfestellung des Gerichts, etwa bei der Formulierung sachdienlicher Anträge, wird folglich von § 55 Abs. 2 nicht erfasst.[20] Ebenso wenig umfasst die richterliche Hinweispflicht irgend eine Art der rechtlichen Beratung oder Fürsorge.[21]

Die **Aufgabe zur Verfahrensleitung** obliegt entgegen dem Wortlaut des 11 § 55 Abs. 2 nicht „dem Gericht" sondern dem Vorsitzenden des Gerichts. Es liegt insoweit nicht nur eine sprachliche Ungenauigkeit im Vergleich zum ansonsten im Gesetz verwendeten Begriff des „Beschwerdegerichts" vor, sondern es handelt sich auch um ein redaktionelles Versehen. Denn ebenso wie in den Parallelvorschriften der §§ 70 GWB und 86 Abs. 3 VwGO ist der Vorsitzende des Gerichts gemeint.[22] Dies ergibt sich aus der Gesetzesbegründung die insoweit von einer Verpflichtung des Vorsitzenden spricht.[23]

IV. Mitwirkungshandlungen der Beteiligten (Abs. 3)

§ 55 Abs. 3 S. 1 erlaubt es dem Beschwerdegericht, den Beteiligten aufzuge- 12 ben, sich innerhalb einer bestimmten Frist über aufklärungsbedürftige Punkte zu äußern, Beweismittel zu bezeichnen und in ihren Händen befindliche Urkunden sowie andere Beweismittel vorzulegen. Damit soll ebenfalls bewirkt werden, dass die Parteien das ihnen Mögliche zur Sachverhaltserstellung beitragen. Diese Vorschrift ergänzt damit die des § 55 Abs. 2. Die in Abs. 3 Satz 1 aufgezählten Mitwirkungshandlungen sind ausweislich des Wortlautes der Norm abschließend.

Den vom Gericht geforderten Mitwirkungshandlungen ist **innerhalb** 13 **einer bestimmten Frist Folge** zu leisten. Diese Frist muss angemessen sein. Vor dem Hintergrund der im Gesetz ohnehin stets nur kurz bemessenen Fristen dürfte je nach Einzelfall eine Frist von ein bis zwei Wochen als angemessen gelten.[24]

Läuft die Frist erfolglos ab, so ist es dem Gericht gem. § 55 Abs. 3 S. 2 ge- 14 stattet, nach Lage der Sache ohne Berücksichtigung der nicht beigebrachten Beweismittel zu entscheiden. Diese Regelung enthebt das Gericht insoweit von der ihm sonst obliegenden Aufgabe, in diese Richtung selbst aufzuklären. Zwar könnte diese Vorschrift die Gefahr bergen, dass die Gerichte sich ihrem Aufklärungsauftrag dadurch ein Stück weit entziehen können, dass sie den Beteiligten eine ganze Reihe von Aufklärungstätigkeiten auferlegen und bei erfolglosem Ablauf der Frist selbst nicht weiter aufzuklären brauchen, doch ist eine derartige etwaige Gefahr im Hinblick auf die Zügigkeit des Verfahrens hinzunehmen. Das Beschwerdegericht darf allerdings nicht von dem bis dahin ermittelten Sachverhalt abweichen und einen für den oder die Säumigen un-

---

[20] Anders *Zehetmeier-Müller/Grimmer* in *Geibel/Süßmann* Rn. 10.
[21] Wie hier auch *Schüppen/Schweizer* in *Haarmann/Riehmer/Schüppen* Rn. 4.
[22] *Zehetmeier-Müller/Grimmer* in *Geibel/Süßmann* Rn. 9.
[23] Begr. RegE zu § 57, BT-Drucks. 14/7034 S. 67.
[24] So auch *Zehetmeier-Müller/Grimmer* in *Geibel/Süßmann* Rn. 11.

günstige Annahme treffen.[25] Ob das Gericht trotz des Fristablaufs ein bis zum Zeitpunkt der Entscheidung doch noch erfolgtes Vorbringen nicht **als verspätet zurückweisen** darf,[26] ist vor dem Hintergrund der präkludierenden Wirkung der Fristsetzung zweifelhaft. Da es im Beschwerdeverfahren jedoch um die Feststellung des objektiven Sachverhalts geht, wird das Gericht das spätere Vorbringen noch zu berücksichtigen haben, wenn und soweit es nicht zu einer Verzögerung des Verfahrens führt, etwa in dem weitere Beweismittel herangezogen werden müssen, um den sich nunmehr darstellenden Sachverhalt weiter aufzuklären.

§ 56 Beschwerdeentscheidung; Vorlagepflicht

(1) **Das Beschwerdegericht entscheidet durch Beschluss nach seiner freien, aus dem Gesamtergebnis des Verfahrens gewonnenen Überzeugung. Der Beschluss darf nur auf Tatsachen und Beweismittel gestützt werden, zu denen die Beteiligten sich äußern konnten. Das Beschwerdegericht kann hiervon abweichen, soweit Beigeladenen aus berechtigten Interessen der Beteiligten oder dritter Personen Akteneinsicht nicht gewährt und der Akteninhalt aus diesen Gründen auch nicht vorgetragen worden ist. Dies gilt nicht für solche Beigeladene, die an dem streitigen Rechtsverhältnis derart beteiligt sind, dass die Entscheidung auch ihnen gegenüber nur einheitlich ergehen kann.**

(2) **Hält das Beschwerdegericht die Verfügung der Bundesanstalt für unzulässig oder unbegründet, so hebt es die Verfügung auf. Hat sich die Verfügung vorher durch Zurücknahme oder auf andere Weise erledigt, so spricht das Beschwerdegericht auf Antrag aus, dass die Verfügung der Bundesanstalt unzulässig oder unbegründet gewesen ist, wenn der Beschwerdeführer ein berechtigtes Interesse an dieser Feststellung hat.**

(3) **Hält das Beschwerdegericht die Ablehnung oder Unterlassung der Verfügung für unzulässig oder unbegründet, so spricht es die Verpflichtung der Bundesanstalt aus, die beantragte Verfügung vorzunehmen.**

(4) **Die Verfügung ist auch dann unzulässig oder unbegründet, wenn die Bundesanstalt von ihrem Ermessen fehlerhaft Gebrauch gemacht hat, insbesondere wenn sie die gesetzlichen Grenzen des Ermessens überschritten oder durch die Ermessensentscheidung Sinn und Zweck dieses Gesetzes verletzt hat.**

(5) **Der Beschluss ist zu begründen und den Beteiligten zuzustellen.**

(6) **Will das Beschwerdegericht von einer Entscheidung eines Oberlandesgerichts oder des Bundesgerichtshofs abweichen, so legt es die Sache dem Bundesgerichtshof vor. Der Bundesgerichtshof entscheidet anstelle des Oberlandesgerichts.**

---

[25] So *Zehetmeier-Müller/Grimmer* in *Geibel/Süßmann* Rn. 11.

[26] So *Zehetmeier-Müller/Grimmer* in *Geibel/Süßmann* Rn. 11; *Immenga/Mestmäcker/ K. Schmidt* § 70 GWB Rn. 12.

Übersicht

I. Allgemeines

§ 56 stimmt weitgehend mit § 71 GWB überein und legt die **Grundlagen** **1**
der Entscheidung des Beschwerdegerichts fest. Im Einzelnen enthält § 56
Abs. 1 S. 1 die Regelung über die Entscheidungsform und den Entscheidungs-
inhalt. Zudem ist in Abs. 1 der Grundsatz der freien Beweiswürdigung nie-
dergelegt.[1] Abs. 2 und Abs. 3 regeln die Entscheidung bei erfolgreicher An-
fechtungs- und Fortsetzungsfeststellungsbeschwerde bzw. bei erfolgreicher
Verpflichtungsbeschwerde. In Abs. 4 finden sich die Vorschriften über die
Entscheidung bei Ermessensfehlern der BAFin. Abs. 5 enthält die Anforderungen an die Begründung und die Zustellung, und Abs. 6 bestimmt die Vorlagepflicht bei Abweichung von OLG- oder BGH-Entscheidungen. Durch
Abs. 1 Satz 2 bis 4 wird der für die Entscheidung maßgebliche Prozessstoff

---

[1] Vgl. *Zehetmeier-Müller/Grimmer* in *Geibel/Süßmann* Rn. 1; *Immenga/Mestmäcker/*
K. Schmidt § 71 GWB Rn. 1.

und die Tatsachen und Beweismittel, die Gegenstand des Verfahren waren und zu denen den Beteiligten rechtliches Gehör gewährt worden ist, festgelegt.[2]

2   Für den Fall der **Erfolglosigkeit der Beschwerde** enthält § 56 keine Regelungen. Insoweit muss auf die Grundsätze zurückgegriffen werden, die im Hinblick auf § 71 GWB entwickelt worden sind oder die sich aus den allgemeinen Regeln der ZPO und der VwGO ergeben.[3]

II. Entscheidung des Beschwerdegerichts

3   **1. Grundlage der Entscheidung (Abs. 1 Satz 2 bis 4). a) Allgemeines.** Das Beschwerdegericht entscheidet auf der Grundlage des Gesamtergebnisses des Verfahrens, wie es sich auf Grund der mündlichen Verhandlung bzw. des schriftlichen Verfahrens ergibt. Die Entscheidung des Beschwerdegerichts darf daher nur auf Tatsachen und Beweismittel gestützt werden, die Gegenstand der mündlichen Verhandlung oder des schriftlichen Verfahrens waren und zu denen sich die Beteiligten äußern konnten. § 56 Abs. 1 Satz 2 beinhaltet damit das **Verbot von Überraschungsentscheidungen** und ist Ausdruck des Grundsatzes des rechtlichen Gehörs.[4] Diese Vorschrift stellt zugleich eine notwendige Ergänzung zu § 55 Abs. 3 dar.[5] Der Grundsatz des rechtlichen Gehörs impliziert, dass die Entscheidung des Beschwerdegerichts auch erst gefasst werden darf, wenn rechtliches Gehör gewährt wurde. Es ist allerdings unerheblich, wenn die Beteiligten sich nicht zu den einzelnen Gegenständen, die später Entscheidungsgrundlage werden, geäußert haben; entscheidend ist nur, dass sie die **(zumutbare) Möglichkeit zur Äußerung** hatten.[6] Daher braucht sich das rechtliche Gehör regelmäßig auch nicht auf die Rechtslage zu beziehen, es sei denn, es handelt sich um sogenannte doppelrelevante Tatsachen.[7]

4   Dem Verbot von Überraschungsentscheidungen entspricht das Gebot an das Beschwerdegericht, die von den Beteiligten vorgebrachten Tatsachen und die sich daraus ergebende Rechtslage zu würdigen. Zugleich bedeutet dies ein Verwertungsverbot für all diejenigen Tatsachen und Beweismittel, zu denen die Beteiligten keine Möglichkeit hatten, sich zu äußern.[8] Die Pflicht zur Führung eines Rechtsgespräches durch das Gericht kann ausnahmsweise nur dann bestehen, wenn anders keine Möglichkeit besteht, dem Verwertungsgebot nachzu-

---

[2] *Zehetmeier-Müller/Grimmer* in *Geibel/Süßmann* Rn. 1; vgl. auch *Pohlmann* in Kölner Komm. Rn. 2.

[3] Ebenso *Pohlmann* in Kölner Komm. Rn. 1.

[4] *Schüppen/Schweizer* in *Haarmann/Riehmer/Schüppen* Rn. 2; *Zehetmeier-Müller/Grimmer* in *Geibel/Süßmann* Rn. 2; *Pohlmann* in Kölner Komm. §§ 54, 55 Rn. 11. Zum GWB *Immenga/Mestmäcker/K. Schmidt* § 71 GWB Rn. 2.

[5] Begr. RegE zu § 57, BT-Drucks. 14/7034 S. 67.

[6] *Zehetmeier-Müller/Grimmer* in *Geibel/Süßmann* Rn. 2; *Schüppen/Schweizer* in *Haarmann/Riehmer/Schüppen* Rn. 2.

[7] Zu doppelrelevanten Tatsachen s. *Baumbach/Lauterbach/Albers/Hartmann* Grdz. § 253 Rn. 15; *Würthwein* ZZP 106 (1993) 51, 56 ff.; vgl. auch BGHZ 124, 237, 239 ff.

[8] *Zehetmeier-Müller/Grimmer* in *Geibel/Süßmann* Rn. 2; zum GWB *Langen/Bunte/Kollmorgen* § 71 GWB Rn. 6.

kommen.[9] Es hat also im Kern nur die Funktion über den Weg eines Rechtsgespräches die Sachverhaltskonstruktion voranzutreiben. Es gibt kein rechtliches
Gehör im Hinblick auf die Rechtsauffassung des Gerichts.

b) Freie Beweiswürdigung. Das Beschwerdegericht trifft seine Entschei-   5
dung nach seiner freien, auf der Würdigung der aus dem gesamten Verfahren
gewonnenen Erkenntnisse basierenden Überzeugung. Das Gericht ist daher
grundsätzlich **nicht an feste Beweisregeln gebunden.** Etwas anderes gilt
nur dort, wo gesetzliche Vermutungen oder Beweisregeln vorgegeben sind.
Für die Überzeugung des Gerichts bedarf es dabei keiner absoluten Gewissheit.
Allerdings ist ein Mehr an Gewissheit notwendig als nur bloße Wahrscheinlichkeit.[10] Der BGH spricht insoweit von einem für das praktische Leben
brauchbaren Grad von Gewissheit.[11]

c) Ausnahmen für Beigeladene. aa) Überblick. Von den Grundsätzen   6
des § 56 Abs. 1 S. 2 kann nach Satz 3 abgewichen werden, soweit Beigeladenen
aus berechtigten Interessen der Beteiligten oder dritter Personen Akteneinsicht
nicht gewährt wurde oder der Akteninhalt aus diesen Gründen auch nicht vorgetragen
worden ist. Eine **Rückausnahme** sieht Abs. 1 Satz 4 vor. Danach gilt die Einschränkung nicht für diejenigen Beigeladenen, die an dem streitigen Rechtsverhältnis derart beteiligt sind, dass die Entscheidung auch ihnen gegenüber
nur einheitlich ergehen kann.

bb) Systematische Erwägungen. Diese beiden Regelungen und die mit   7
ihnen verbundene Vorschrift über die Akteneinsicht (§ 57) sind aus dem GWB
übernommen worden und setzen die Existenz von einfachen und notwendig
Beigeladenen voraus. Damit entsteht ein **Bruch im System des Beschwerdeverfahrens,** denn das Gesetz sieht die Beteiligung von Beigeladenen ansonsten
nicht vor. Es bleibt auch unter Zugrundelegung der Begründung zum Regierungsentwurf unklar, ob es sich um eine unkritische Übernahme des Gesetzestextes des § 71 Abs. 1 S. 4 GWB handelt oder ob der Gesetzgeber an dieser
bestimmten Stelle bewusst eine Regelung für die Beteiligten schaffen wollte.
Nach der hier vertretenen und von der wohl h. M. geteilten Auffassung ist insoweit § 65 VwGO analog anzuwenden, so dass unter Beigeladene diejenigen
zu verstehen sind, die vom Beschwerdegericht beigeladen worden sind.[12]

Auch die in Abs. 1 Satz 3 und Satz 4 gemachte Unterscheidung in einfache   8
und notwendig Beigeladene ist vom Gesetzgeber nicht sauber durchdacht. § 57
unterscheidet nämlich, im Gegensatz zu der entsprechenden Norm des § 72
GWB, hinsichtlich des Akteneinsichtsrechts nicht nach der Art der Beteiligten-
stellung. Es wird dort in Abs. 1 vielmehr nur auf die Beteiligten nach § 52 verwiesen. Unabhängig ob man daraus abzuleiten hat, dass kein Beigeladener
Akteneinsicht hat oder ob alle Beigeladenen Akteneinsicht haben, läuft die in
Abs. 1 Satz 3 und Satz 4 vorgesehene Unterscheidung leer.[13]

---

[9] *Zehetmeier-Müller/Grimmer* in *Geibel/Süßmann* Rn. 2.
[10] Vgl. zum GWB *Immenga/Mestmäcker/K. Schmidt* § 71 GWB Rn. 1.
[11] Vgl. BGH NJW 2000, 953, 954.
[12] Vgl. *Schüppen/Schweizer* in *Haarmann/Riehmer/Schüppen* Rn. 4; *Zehetmeier-Müll-
ler/Grimmer* in *Geibel/Süßmann* Rn. 5.
[13] So zu Recht *Zehetmeier-Müller/Grimmer* in *Geibel/Süßmann* Rn. 6.

9   **cc) Einschränkungen gegenüber nicht notwendig Beigeladenen.** Der
Gesetzesvorstellung nach darf das rechtliche Gehör im Verhältnis zu nicht
notwendig Beigeladenen eingeschränkt werden. Gegenüber diesen Beigeladenen
nen darf die Entscheidung des Beschwerdegerichts daher auch auf Tatsachen
und Beweismittel gestützt werden, hinsichtlich derer Akteneinsicht nicht gewährt wurde und der Akten auch nicht vorgetragen worden ist.
Diese **Ausnahme ist gerechtfertigt** auf Grund des berechtigten Interesses der
Beteiligten oder Dritter, weil in einem Verfahren vom Bieter oder von der
Zielgesellschaft möglicherweise Interna vorgetragen werden müssen, die der
Öffentlichkeit im Falle des Scheiterns des Angebots nicht bekannt gegeben
werden sollen.[14] Da die notwendig Beigeladenen regelmäßig von der Entscheidung des Beschwerdegerichts ebenso betroffen werden wie die Beteiligten, ist ihnen ebenfalls rechtliches Gehör zu gewähren. Satz 4 sieht daher konsequent vor, dass ein Verwertungsverbot des Inhalts nicht vorgetragener Akten
besteht.

10   Im Fall der **Einschränkung des Verwertungsverbotes** durch Abs. 1 Satz 3
hat das Beschwerdegericht im Einzelfall unter Abwägung aller Interessen nach
pflichtgemäßem Ermessen zu entscheiden, ob es den nicht verhandelten Akteninhalt zur Grundlage seiner Entscheidung machen möchte oder nicht.[15]

11   **2. Form der Entscheidung (§ 56 Abs. 1 S. 1).** Das Beschwerdegericht
entscheidet gem. § 56 Abs. 1 S. 1 durch Beschluss. Dabei ist es gleichgültig, ob
eine mündliche Verhandlung stattgefunden hat oder nicht.[16]

12   **3. Begründung, Verkündung und Zustellung der Entscheidung (§ 56
Abs. 5). a) Begründung.** Nach § 56 Abs. 5 ist der Beschluss zu begründen
und den Beteiligten zuzustellen. Die Begründung muss die vom Beschwerdegericht festgestellten Grundlagen und die von ihm daraus gefolgerten rechtlichen Schlüsse wiedergeben. Der Beschluss muss daher den Sachverhalt, die
Art, Inhalt und Würdigung der Beweise und die rechtlichen Gründe für die
Entscheidung enthalten.[17]

13   Das Gesetz sieht **keine Frist für die Begründung** des Beschlusses vor. Es
gilt aber insoweit die allgemeine, vom Gemeinsamen Senat der obersten
Bundesgerichte aufgestellte Regel, dass eine Entscheidung dann als nicht mit
Gründen versehen gilt, wenn es nicht innerhalb von fünf Monaten nach der
letzten mündlichen Verhandlung mitsamt der Begründung schriftlich nieder-
gelegt, von den Richtern unterschrieben und der Geschäftsstelle übergege-
ben ist.[18] Eine Verletzung der Frist hat indes nicht zur Folge, dass der Beschluss mit Rechtsmitteln angegriffen werden kann, weil das Gesetz auch
insoweit keine Rechtsmittel vorsieht. Denkbar ist dann allenfalls eine Verfas-
sungsbeschwerde.[19]

---

[14] Vgl. Begr. RegE zu § 57, BR-Drucks. 574/01, S. 167.

[15] *Schüppen/Schweizer* in *Haarmann/Riehmer/Schüppen* Rn. 5.

[16] *Pohlmann* in Kölner Komm. Rn. 3.

[17] *Zehetmeier-Müller/Grimmer* in *Geibel/Süßmann* Rn. 8; für das GWB *Immenga/
Mestmäcker/K. Schmidt* § 71 GWB Rn. 5.

[18] GmS OGB NJW 1993, 2603.

[19] *Pohlmann* in Kölner Komm. Rn. 4.

Der Beschluss **bedarf keiner Rechtsmittelbelehrung**, weil es gegen die **14** Entscheidung des Beschwerdegerichts keine Rechtsbeschwerde mehr gibt.

b) Verkündung. Ob der Beschluss zu verkünden ist, ist im Gesetz nicht ge- **15** regelt. Im Verwaltungsverfahren ist zwar nach § 116 Abs. 1 VwGO grundsätzlich eine Verkündung erforderlich, die eine zusätzliche Zustellung nicht entbehrlich macht (§ 116 Abs. 1 Satz 2 VwGO), doch kann nach § 116 Abs. 2 VwGO die Verkündung durch eine Zustellung ersetzt werden.[20] Im Beschwerdeverfahren nach dem GWB (§ 71 Abs. 5 GWB), dem das Beschwerdeverfahren des WpÜG nachempfunden ist, wird in entsprechender Anwendung des § 310 ZPO angenommen, dass auf eine mündliche Verhandlung stets eine Verkündung folgen muss.[21] Da das Beschwerdeverfahren im WpÜG dem im GWB nachempfunden worden ist, sollte insoweit auch im Gleichlauf im Hinblick auf die Verkündung befürwortet werden. Dies ist auch sachgerecht, denn dem Interesse der Beteiligten, das Ergebnis des Verfahrens schnell zu erfahren, wird durch die notwendige Verkündung – jedenfalls bei mündlicher Verhandlung – besser Rechnung getragen als nur durch eine notwendige Zustellung.[22]

c) Zustellung. Der Beschluss ist dem Gesetz nach den Beteiligten zuzu- **16** stellen. Über den Wortlaut hinaus muss dies jedenfalls **auch für die notwendig Beigeladenen** gelten, denn ihnen gegenüber ergeht die Entscheidung einheitlich mit den Beteiligten. Den einfach Beigeladenen ist die Entscheidung nicht zuzustellen, da sie nicht davon betroffen sind.

Die Zustellung erfolgt nach den allgemeinen Regeln der Zustellung (vgl. **17** § 56 Abs. 2 VwGO iVm dem Verwaltungszustellungsgesetz).

4. Inhalt der Entscheidung (§ 56 Abs. 2, Abs. 3 und Abs. 4). a) Aufhe- 18 bung der Entscheidung der BAFin (§ 56 Abs. 2 Satz 1). § 56 Abs. 2 Satz 1 bestimmt, dass das Beschwerdegericht eine Verfügung der BAFin im Rahmen einer Anfechtungsbeschwerde aufzuheben hat, wenn es sie für unzulässig oder unbegründet hält. Diese Regelung entspricht § 71 Abs. 2 Satz 1 GWB. Allerdings kennt das GWB im Gegensatz zum WpÜG kein Widerspruchsverfahren, so dass die Bestimmung des § 56 Abs. 2 Satz 1 unvollständig ist. Die Beschwerde richtet sich nämlich regelmäßig gegen den Ausgangsbescheid in Gestalt, die er durch den Widerspruchsbescheid hat, so dass letztlich beide Bescheide aufgehoben werden müssen. Diese Lücke lässt sich durch eine analoge Anwendung des § 113 Abs. 1 Satz 1 VwGO schließen, wonach das OLG mit seiner Entscheidung zugleich auch einen etwaigen Widerspruchsbescheid aufhebt.[23] Das liegt auch im Interesse des Beschwerdeführers, denn im Zweifel hat er selbst, wenn er die Aufhebung des Widerspruchsbescheids nicht ausdrücklich begehrt, stets ein Interesse daran, dass dann, wenn der Ausgangsbescheid angefochten wird, ein diesen bestätigender Widerspruchsbescheid ebenfalls angefochten sein soll.

---

[20] Zu alledem vgl. *Kopp/Schenke* § 116 VwGO Rn. 10; *J. Schmidt* in *Eyermann/ Fröhler* § 116 VwGO Rn. 9.

[21] *Bechtold* § 71 GWB Rn. 2.

[22] Unentschieden insoweit *Pohlmann* in Kölner Komm. Rn. 3.

[23] *Pohlmann* in Kölner Komm. Rn. 8.

19   Die **Aufhebung der Verfügung** durch das Beschwerdegericht stellt klar, dass diese Verfügung rechtswidrig war. Mit der Entscheidung des Gerichts erwächst die Feststellung der Rechtswidrigkeit dann in Rechtskraft.[24]

20   § 56 Abs. 2 S. 1 setzt für die Aufhebung der Verfügung nicht die Feststellung einer Rechtsverletzung des Beschwerdeführers voraus. Der Grund dafür ist die Übernahme der Regelung aus dem GWB, wo für die Beteiligtenbefugnis die Verletzung von wirtschaftlichen Interessen genügt.[25] In der Literatur ist umstritten, ob eine materielle Beschwer des Beschwerdeführers im Sinne einer Beeinträchtigung seiner wirtschaftlichen oder rechtlichen Interessen erforderlich und ausreichend ist,[26] oder ob analog § 113 Abs. 1 S. 1 VwGO eine Rechtsverletzung zu verlangen ist.[27] Unter Berücksichtigung des Umstandes, dass eine Entscheidung der BAFin sich oftmals nicht in einer substantiellen Rechtsverletzung sondern in der Beeinträchtigung von wirtschaftlichen oder rechtlichen Interessen manifestiert, ist vor dem Hintergrund des verkürzten Rechtsschutzverfahrens das Vorliegen einer materiellen Beschwer für eine erfolgreiche Anfechtungsbeschwerde ausreichend. Es sind insoweit auch keine Argumente ersichtlich, warum in dieser Hinsicht von der parallelen Gestaltung des WpÜG-Verfahrens mit dem GWB-Verfahren abgewichen und das insoweit strengere VwGO-Verfahren herangezogen werden sollte.

21   Der **Zeitpunkt**, an den die Beurteilung der Rechtmäßigkeit der angefochtenen Verfügung anknüpft, ist nach den allgemeinen verwaltungsrechtlichen Maßstäben der Zeitpunkt der letzten Behördenentscheidung.[28] Etwas anderes gilt nur bei Verwaltungsakten mit Dauerwirkung (zB eine Untersagungsverfügung nach § 4 Abs. 1). In diesen Fällen ist die Sach- und Rechtslage im Zeitpunkt der letzten mündlichen Verhandlung oder, wenn auf die mündliche Verhandlung verzichtet worden ist, der Zeitpunkt der gerichtlichen Entscheidung maßgeblich.[29]

22   **b) Feststellungsbeschluss (§ 56 Abs. 2 Satz 2). aa) Allgemeiner Feststellungsbeschluss.** Wenn sich die mit der Beschwerde angegangene Verfügung durch Zurücknahme oder auf andere Weise vor der Entscheidung erledigt hat, muss das Beschwerdegericht **nur noch über die Kosten** entscheiden. Eine andere Weise der Erledigung kann etwa in der einseitigen oder beiderseitigen Erledigungserklärung oder in der Feststellung der Erledigung durch das Beschwerdegericht liegen. Im Einzelnen gilt hinsichtlich der Frage, wann eine Erledigung eingetreten ist, Folgendes. **Objektiv** ist die Entscheidung erledigt, wenn die angefochtene Verfügung keine rechtlichen Wirkungen mehr entfalten kann und daher wirkungslos ist.[30] Das Beschwerdegericht stellt insoweit

---

[24] S. *Zehetmeier-Müller/Grimmer* in *Geibel/Süßmann* Rn. 12; für das GWB *Immenga/Mestmäcker/K. Schmidt* § 71 GWB Rn. 6.

[25] Statt aller *Immenga/Mestmäcker/K. Schmidt* § 71 GWB Rn. 12.

[26] So *Steinmeyer/Häger* Rn. 13 und 16.

[27] *Pohlmann* in Kölner Komm. Rn. 9.

[28] Vgl. *Eyermann/J. Schmidt* § 113 VwGO Rn. 45 ff.; im Verwaltungsrecht str.

[29] *Schüppen/Schweizer* in *Haarmann/Riehmer/Schüppen* Rn. 7.

[30] So die herrschende Definition zum GWB, s. *Langen/Bunte/Kollmorgen* § 71 GWB Rn. 31; *Immenga/Mestmäcker/K. Schmidt* § 71 GWB Rn. 26 ff. Im Anschluss daran *Zehetmeier-Müller/Grimmer* in *Geibel/Süßmann* Rn. 18.

dann die Erledigung fest. **Subjektiv** liegt eine Erledigung dann vor, wenn beide Beteiligten durch eine übereinstimmende Erledigungserklärung die Hauptsache für erledigt erklären. Die Kostenfolge ergibt sich insoweit aus der analogen Anwendung des § 91a ZPO.[31] Die **einseitige Erledigungserklärung** führt nicht zu einer Erledigung der Hauptsache, sondern ist als Änderung des Gegenstandes des Beschwerdeverfahrens dahingehend zu verstehen, dass nunmehr die Feststellung der Erledigung begehrt wird.[32]

Hat der Beschwerdeführer jedoch ein **berechtigtes Interesse** an der Fest- **23** stellung der Unzulässigkeit oder der Unbegründetheit der angegangenen Verfügung der BAFin so gibt § 56 Abs. 2 S. 2 dem Beschwerdegericht die Möglichkeit, die Unzulässigkeit oder die Unbegründetheit der Verfügung der BAFin auszusprechen. Über den Wortlaut des § 56 Abs. 2 S. 2 hinaus ist diese Möglichkeit analog auch bei einer Verpflichtungsbeschwerde sowie bei allgemeinen Abwehr- und Leistungsbeschwerden möglich, weil auch in diesen Fällen eine Hauptsacheerledigung eintreten kann und der Beschwerdeführer gleichwohl ein schützenswertes Interesse an der Feststellung der Unzulässigkeit oder Unbegründetheit hat.[33]

Voraussetzung für eine Entscheidung nach § 56 Abs. 2 S. 2 ist ein entspre- **24** chender **Antrag**. Dieser muss ausdrücklich zu erkennen geben, dass der Beschwerdeführer nunmehr die Feststellung der Unzulässigkeit oder der Unbegründetheit der Verfügung der BAFin begehrt.[34]

Ferner muss der Beschwerdeführer ein **Feststellungsinteresse** geltend ma- **25** chen können. Ein solches liegt vor, wenn der Beschwerdeführer ein vernünftigerweise anzuerkennendes Interesse rechtlicher, wirtschaftlicher oder ideeller Art an der Feststellung hat.[35] Ein solches Interesse kann sich zB daraus ergeben, dass die zur Entscheidung anstehende Frage in einem gleichzeitig geführten Schadensersatzprozess erheblich ist (Amtshaftungsprozess eines Bieters gegen die BAFin).[36]

Für seine Entscheidung legt das Beschwerdegericht die Sach- und Rechts- **26** lage zugrunde, die im Zeitpunkt des Erlasses der Verfügung bzw. im Zeitpunkt der letzten Behördenäußerung bestanden hat.[37]

bb) Fortsetzungsfeststellungsbeschluss. § 56 Abs. 2 S. 2 ist in erweiter- **27** ter Auslegung – ebenso wie im GWB-Verfahren[38] – auch auf die Fälle anzu-

---

[31] S. *Pohlmann* in Kölner Komm. Rn. 13.

[32] Vgl. *Zehetmeier-Müller/Grimmer* in *Geibel/Süßmann* Rn. 18; *Pohlmann* in Kölner Komm. Rn. 13.

[33] Ausführlich *Zehetmeier-Müller/Grimmer* in *Geibel/Süßmann* Rn. 17; ebenso *Pohlmann* in Kölner Komm. Rn. 10; *Schüppen/Schweizer* in *Haarmann/Riehmer/Schüppen* Rn. 9; zum GWB *Immenga/Mestmäcker/K. Schmidt* § 71 GWB Rn. 21 ff.

[34] *Schüppen/Schweizer* in *Haarmann/Riehmer/Schüppen* Rn. 8.

[35] S. *Möller*, AG 2002, 170, 173; *Schüppen/Schweizer* in *Haarmann/Riehmer/Schüppen* Rn. 9; *Pohlmann* in Kölner Komm. Rn. 12; vgl. auch KG WuW/E OLG 5495, 5501 f.

[36] Begr. RegE zu § 57, BT-Drucks. 14/7034 S. 67.

[37] *Schüppen/Schweizer* in *Haarmann/Riehmer/Schüppen* Rn. 8.

[38] S. dazu KG WuW/E OLG 3217, 3221; KG WuW/E OLG 4640, 4641; dazu ferner *Bechtold* § 71 GWB Rn. 7; *Immenga/Mestmäcker/K. Schmidt* § 71 Rn. 24 ff.

wenden, in denen die Erledigung bereits vor der Einlegung der Beschwerde eingetreten ist (Fortsetzungsfeststellungsbeschluss).[39] Der Beschwerdeführer kann nämlich durchaus ein berechtigtes Interesse daran haben, im Hinblick auf ein zukünftiges Verhalten zu wissen, ob ein gesetzlich zulässiges, aber im konkreten Fall von der BAFin untersagtes Verhalten rechtmäßig gewesen ist oder nicht. Daher ist dann, wenn ein entsprechender Antrag vorliegt und der Beschwerdeführer ein Rechtsschutzinteresse nachweisen kann, das Beschwerdegericht verpflichtet darüber zu entscheiden, ob die Verfügung der BAFin unzulässig oder unbegründet gewesen ist oder ob im Falle einer erledigten Verpflichtungsbeschwerde die BAFin die streitgegenständliche Verfügung hätte erlassen müssen. Für das Beschwerdegericht ist dabei die Sach- und Rechtslage maßgeblich wie sie zum Zeitpunkt der Erledigung bestand.[40]

28   **c) Verpflichtungsbeschluss (§ 56 Abs. 3).** Verfolgt der Beschwerdeführer eine Verpflichtungsbeschwerde, so spricht das Beschwerdegericht gem. § 53 Abs. 3 dann, wenn es die Ablehnung oder die Unterlassung der Verfügung der BAFin für unzulässig oder unbegründet erachtet, die Verpflichtung der BAFin aus, die beantragte Verfügung zu erlassen. Voraussetzung für diese Verpflichtung ist die Entscheidungsreife, denn das Beschwerdegericht darf wegen der Gewaltenteilung zwischen ihm und der BAFin die begehrte Verfügung nicht an ihrer Stelle erlassen. Als **maßgeblicher Zeitpunkt** kommt es hier auf den Zeitpunkt der letzten mündlichen Verhandlung oder, wenn auf die mündliche Verhandlung verzichtet worden ist, auf den Zeitpunkt der gerichtlichen Entscheidung an.[41] Daraus folgt, dass dann, wenn der Verpflichtungsantrag auf ermessensfehlerfreie Bescheidung gerichtet ist, das Gericht bei erfolgreicher Beschwerde der BAFin unter Aufhebung von Verfügung und ggf. Widerspruchsbescheid aufgibt, unter Berücksichtigung der Rechtsauffassung des Gerichts den Antrag des Beschwerdeführers neu zu entscheiden (sog. Bescheidungsbeschluss analog § 113 Abs. 5 S. 2 VwGO).[42] Dasselbe gilt auch, wenn die Sache noch nicht spruchreif war.[43] Für die neu vorzunehmende Entscheidung der BAFin gelten die allgemeinen Regelungen für die Entscheidung über einen Antrag (vgl. oben § 4 Rn. 3 ff.).

29   **d) Überprüfung einer Ermessensentscheidung (§ 56 Abs. 4).** § 56 Abs. 4 sieht vor, dass eine Verfügung der BAFin auch dann unzulässig oder unbegründet ist, wenn die Behörde von ihrem Ermessen fehlerhaft Gebrauch gemacht hat. Damit wird dem Beschwerdegericht entsprechend den Grundsätzen des § 114 VwGO eine **Rechtmäßigkeitskontrolle** des ausgeübten behördlichen Ermessens der BAFin gestattet. Das Gesetz sieht, parallel zum § 71 Abs. 5 S. 1 GWB als Beispielsfall vor, dass ein Ermessensfehlgebrauch vorliegt, wenn die BAFin in ihrer Verfügung die gesetzlichen Grenzen des Ermessens

---

[39] *Zehetmeier-Müller/Grimmer* in *Geibel/Süßmann* Rn. 20.
[40] *Schüppen/Schweizer* in *Haarmann/Riehmer/Schüppen* Rn. 8; zum GWB *Immenga/Mestmäcker/K. Schmidt* § 71 Rn. 9.
[41] *Schüppen/Schweizer* in *Haarmann/Riehmer/Schüppen* Rn. 6.
[42] *Schüppen/Schweizer* in *Haarmann/Riehmer/Schüppen* Rn. 8; *Pohlmann* in Kölner Komm. Rn. 14; *Zehetmeier-Müller/Grimmer* in *Geibel/Süßmann* Rn. 13.
[43] *Schüppen/Schweizer* in *Haarmann/Riehmer/Schüppen* Rn. 8; *Pohlmann* in Kölner Komm. Rn. 14; *Zehetmeier-Müller/Grimmer* in *Geibel/Süßmann* Rn. 13.

überschritten oder durch die Ermessensentscheidung Sinn und Zweck des WpÜG verletzt hat. Ebenso liegt ein Ermessensfehlgebrauch bei einer Ermessensunterschreitung vor[44] und wenn die Behörde verkannt hat, dass überhaupt ein Ermessen bestanden hat.

Im Anwendungsbereich des § 71 Abs. 5 S. 1 GWB wird vor dem Hinter- **30**
grund dieser beispielhaften Aufzählung von der ganz herrschenden Meinung davon ausgegangen, dass das Beschwerdegericht auch die Befugnis einer **Zweckmäßigkeitskontrolle** hat.[45] Eine solche Zweckmäßigkeitskontrolle hat ihre besondere Bedeutung in der Praxis bei der Überprüfung des Entschließungsermessens. Das Gericht kann insoweit unter Berücksichtigung des Sinn und Zweck des Gesetzes überprüfen, ob die BAFin überhaupt eine Maßnahme hätte ergreifen dürfen. Eine solche Zweckmäßigkeitskontrolle ist auch für das Beschwerdeverfahren nach dem WpÜG zu bejahen, denn vor dem Hintergrund, dass die weitgehenden Befugnisse der BAFin nur in eingeschränktem Rahmen von Privaten überprüft und Fehler sanktioniert werden können, bietet es sich an, auf diesem Weg eine engere Kontrolle durch das Beschwerdegericht zu schaffen.[46]

e) Verwerfung und Zurückweisung. Das Gesetz sieht für den Fall der **31**
Unzulässigkeit der Beschwerde keine Regelungen vor. Es gelten insoweit die allgemeinen verwaltungsrechtlichen Regeln[47] (vgl. § 125 Abs. 2 S. 2 VwGO). Danach ist eine unzulässige Beschwerde zu verwerfen und eine unbegründete Beschwerde zurückzuweisen.[48]

f) Zurückverweisung an die BAFin. Eine Zurückverweisung der strei- **32**
tigen Sache an die BAFin durch das Beschwerdegericht hätte den Vorteil, dass das Gericht dann, wenn es nicht alle tatbestandlichen Voraussetzungen ermitteln konnte, die Angelegenheit zur Neubescheidung an die Behörde zurückverweisen könnte. Eine solche Möglichkeit wird im verwaltungsgerichtlichen Berufungs- und Revisionsverfahren vorgesehen (§ 130 Abs. 1 und § 144 Abs. 3 Nr. 2 VwGO). Im Rahmen des GWB-Verfahren ist eine solche Möglichkeit umstritten.[49] Vor dem Hintergrund, dass die Verwaltungsregeln inhaltlich einen anderen Fall meinen – nämlich Zurückverweisung an ein unterinstanzliches Gericht und nicht an eine Behörde – und unter Berücksichtigung, dass eine Zurückverweisungsmöglichkeit aus dem Entwurf des GWB bewusst gestrichen wurde, ist im Hinblick darauf, dass das Beschwerdeverfahren nach dem WpÜG zügig durchzuführen ist, eine solche Möglichkeit der Zurückverweisung im Beschwerdeverfahren abzulehnen.[50]

---

[44] Dazu vgl. *Kopp/Schenke* § 114 VwGO Rn. 14.

[45] S. *Immenga/Mestmäcker/K. Schmidt* § 71 GWB Rn. 33; *Langen/Bunte/Kollmorgen* § 71 GWB Rn. 45, jeweils mwN.

[46] So überzeugend *Schüppen/Schweizer* in *Haarmann/Riehmer/Schüppen* Rn. 11.

[47] *Zehetmeier-Müller/Grimmer* in *Geibel/Süßmann* Rn. 16; insoweit auch *Pohlmann* in Kölner Komm. Rn. 5.

[48] S. auch *Pohlmann* in Kölner Komm. Rn. 6. Für das GWB *Immenga/Mestmäcker/K. Schmidt* § 71 GWB Rn. 11.

[49] Dafür *Langen/Bunte/Kollmorgen* § 71 GWB Rn. 26; dagegen *Immenga/Mestmäcker/K. Schmidt* § 71 GWB Rn. 19; *Bechtold* § 71 GWB Rn. 5.

[50] So auch *Zehetmeier-Müller/Grimmer* in *Geibel/Süßmann* Rn. 15.

33   **5. Divergenzvorlage.** § 56 Abs. 6 sieht eine Vorlagepflicht des Beschwerdegerichts an den BGH vor, wenn es von einer Entscheidung eines OLG oder des BGH abweichen möchte. Diese Vorschrift entspricht den Vorschriften der §§ 124 Abs. 2 GWB, 28 Abs. 2 und Abs. 3 FGG, § 29 Abs. 1 EGGVG und § 36 Abs. 3 ZPO. Damit soll die **einheitliche Rechtsanwendung in Deutschland** gesichert werden.[51] Die Divergenzvorlage hat dort ihre Bedeutung, wo Rechtsfragen des WpÜG im Rahmen eines Zivilprozesses (zB Schadensersatzprozesse) auf Grund der Zuständigkeitsregelung des § 66 vor ein anderes OLG oder zum BGH kommen. In Ordnungswidrigkeitenverfahren ist derselbe Senat des OLG Frankfurt/Main gem. §§ 62, 67 selbst zuständig, so dass insoweit Abweichungen nur im Verhältnis zu dem für die Rechtsbeschwerde im Ordnungswidrigkeitenverfahren zuständigen BGH (§ 63) auftreten können. Auch insoweit ist § 56 Abs. 6 anwendbar.[52] Die Auffassung, die den Anwendungsbereich des § 56 Abs. 6 nur auf mögliche Divergenzen zwischen mehreren beim OLG Frankfurt/Main bestehenden Senaten für Wertpapiererwerbs- und Übernahmesachen beschränken möchte[53] und sogar meint, für die Variante „Abweichung von einer Entscheidung des BGH" fehle jeder Anwendungsbereich,[54] ist abzulehnen.[55] Begründet wird diese Auffassung im Wesentlichen damit, dass eine Vorlagepflicht über verschiedene Verfahrensarten hinweg die Pflicht zur Vorlage im Vergleich zu den anderen Regeln, die eine Vorlagepflicht statuieren, zu weit ausdehne.[56] Richtig ist, dass eine Vorlagepflicht regelmäßig nur bei gleicher Rechtswegzuständigkeit und Gerichtsbarkeit anerkannt worden ist.[57] Jedoch hindert dies, unabhängig davon, dass der Wortlaut des § 56 Abs. 6 insoweit eine Einschränkung kaum zu stützen vermag („es hätte dann im Gesetzestext wenigstens „des Oberlandesgerichts" statt „eines Oberlandesgerichts" heißen müssen), den Gesetzgeber nicht daran, eine Vorlagepflicht dort anders auszugestalten, wo dies durch die Umstände der zu regelnden Materie zu verlangen ist. In dem wirtschaftlich bedeutenden Feld des Wertpapiererwerbs- und Übernahmerechts ist eine einheitliche Rechtsanwendung von ganz besonderem Interesse. Denn in diesem Kontext besteht in der Wirtschaftspraxis ein erhöhtes Bedürfnis nach Gewährleistung von rechtssicheren Prognoseentscheidungen, die sowohl in der Beratungs- und Verwaltungspraxis Kostenvorteile bringt, als sich auch in einem zügigen Verfahren niederschlägt. Zudem wird damit ein Instrument geschaffen, durch das eine über die einheitliche Rechtsanwendung über Rechtswegzuständigkeiten und Gerichtsbarkeiten hinaus das im WpÜG rudimentär geregelte Rechtsgebiet durch stabiles Richterrecht ausdifferenziert werden kann.

---

[51] Begr. RegE zu § 57, BT-Drucks. 14/7034 S. 67.

[52] *Pohlmann* in Kölner Komm. Rn. 17.

[53] So mit ausführlicher Begründung *Schüppen/Schweizer* in *Haarmann/Riehmer/Schüppen* Rn. 15 ff.

[54] *Schüppen/Schweizer* in *Haarmann/Riehmer/Schüppen* Rn. 20.

[55] Im Ergebnis indifferent *Pohlmann* in Kölner Komm. Rn. 17 f.

[56] *Schüppen/Schweizer* in *Haarmann/Riehmer/Schüppen* in *Haarmann/Riehmer/Schüppen* Rn. 17 f.

[57] S. etwa *Zöller/Vollkommer* § 36 ZPO Rn. 10; OLG Karlsruhe NJW 1982, 344 f.

Der BGH entscheidet gem. § 56 Abs. 6 S. 2 anstelle des OLG. Für eine **vor-** **34**
geschaltete Annahmeprüfung des BGH[58] lässt die Norm keinen Raum.
Auch die Parallelvorschrift des § 28 Abs. 2 und Abs. 3 FGG sieht eine solche
Annahmeentscheidung nicht vor. Sollte sich im Verfahren vor dem BGH ergeben, dass die Entscheidung der Vorlagefrage die Feststellung weiterer Tatsachen
erfordert, kann der BGH die Zurückverweisung an das OLG zur weiteren Aufklärung beschließen.[59]

III. Rechtsweg und Rechtsmittel

1. Rechtsweg. Nach § 48 Abs. 4 ist für die Beschwerde gegen die Entschei- **35**
dung der BAFin das OLG Frankfurt/M. ausschließlich zuständig. Eine Proro-
gation ist daher nicht möglich. Es handelt sich insoweit um einen begrüßens-
werten Fall der **Zuständigkeit auf Grund von Sachkompetenz.**[60] Inhaltlich handelt es sich um ein Verwaltungsstreitverfahren, das einem OLG kraft
Gesetzes zugewiesen ist. Dass ein OLG materielle Verwaltungsgerichtsbarkeit
ausübt ist der Sache nach auch aus dem Verfahren nach dem GWB (§§ 63 ff.
GWB) und aus Verfahren gegen Justizverwaltungsakte (§§ 23 ff. EGGVG) bekannt.

2. Rechtsmittel. Im Gegensatz zu den Verfahren nach dem GWB und nach **36**
dem EGGVG ist im WpÜG **nur ein Rechtszug** vorgesehen. Gegen die Entscheidung des OLG Frankfurt/Main ist daher keine Rechtsbeschwerde bzw.
eine weitere Beschwerde zum BGH möglich. Diese Entscheidung hat der Gesetzgeber ausdrücklich im Hinblick auf die Zügigkeit zur Erreichung von
Rechtssicherheit für die Beteiligten getroffen. Eine entsprechende Anwendung des § 74 GWB oder der §§ 27 ff. EGGVG im Hinblick auf eine zweiten
Instanzenzug verbietet sich daher. Die Möglichkeit einer Verfassungsbe-
schwerde besteht allerdings.

§ 57 Akteneinsicht

(1) **Die in § 52 bezeichneten Beteiligten können die Akten des Be-**
schwerdegerichts einsehen und sich durch die Geschäftsstelle auf ihre
Kosten Ausfertigungen, Auszüge und Abschriften erteilen lassen. § 299
Abs. 3 der Zivilprozessordnung gilt entsprechend.

(2) **Einsicht in Vorakten, Beiakten, Gutachten und Unterlagen über**
Auskünfte ist nur mit Zustimmung der Stellen zulässig, denen die
Akten gehören oder die die Äußerung eingeholt haben. Die Bundesan-
stalt hat die Zustimmung zur Einsicht in die ihr gehörigen Unterlagen
zu versagen, soweit dies aus wichtigen Gründen, insbesondere zur
Wahrung von berechtigten Interessen Beteiligter oder dritter Personen,
geboten ist. Wird die Einsicht abgelehnt oder ist sie unzulässig, dürfen

---

[58] So offensichtlich *Pohlmann* in Kölner Komm. Rn. 19 („Nimmt der BGH die
Vorlage an (...)“).
[59] *Pohlmann* in Kölner Komm. Rn. 19; *Keidel/Kuntze/Winkler/Kahl* § 28 FGG
Rn. 32.
[60] Dazu vgl. allgemein *Ehricke* NJW 1996, 812.

diese Unterlagen der Entscheidung nur insoweit zugrunde gelegt werden, als ihr Inhalt vorgetragen worden ist. Das Beschwerdegericht
kann die Offenlegung von Tatsachen oder Beweismitteln, deren Geheimhaltung aus wichtigen Gründen, insbesondere zur Wahrung von
berechtigten Interessen Beteiligter oder Dritter verlangt wird, nach
Anhörung des von der Offenlegung Betroffenen durch Beschluss anordnen, soweit es für die Entscheidung auf diese Tatsachen oder Beweismittel ankommt, andere Möglichkeiten der Sachaufklärung nicht
bestehen und nach Abwägung aller Umstände des Einzelfalles die
Bedeutung der Sache für die Sicherung eines ordnungsgemäßen Verfahrens das Interesse des Betroffenen an der Geheimhaltung überwiegt. Der Beschluss ist zu begründen. In dem Verfahren nach Satz 4
muss sich der Betroffene nicht anwaltlich vertreten lassen.

Übersicht

I. Allgemeines

1   § 57 regelt die praktisch wichtige Akteneinsicht der Beteiligten im Beschwerdeverfahren. Diese Vorschrift lehnt sich im Wesentlichen an § 72 GWB an. § 57
Abs. 1 enthält Bestimmungen über die Berechtigten und über die Art und den
Umfang der Akteneinsicht. § 57 Abs. 2 regelt Zustimmungserfordernisse (Satz
1), Versagungsgründe für die Einsicht der Akten der BAFin (Satz 2), Grenzen der
Verwertbarkeit bei verweigerter Einsicht (Satz 3) und die ausnahmsweise Anordnung der Offenlegung von Tatsachen und Beweismitteln (Sätze 4 bis 6).
2   Das Akteneinsichtsrecht des § 57 besteht, wie die systematische Stellung der
Norm zeigt, nur im Beschwerdeverfahren.[1] Im Ordnungswidrigkeitenverfahren und im Zivilprozess finden diese Regelungen ebenso wenig Anwendung
wie im Verwaltungsverfahren bei der BAFin.[2]

II. Berechtigte

3   Die zur Akteneinsicht Berechtigten werden in § 57 Abs. 1 Satz 1 durch den
Verweis auf § 52 bezeichnet. Demnach haben die **Beteiligten des Beschwerdeverfahrens** ein Akteneinsichtsrecht. **Dritte** haben dieses Recht grundsätzlich nicht. Eine Ausnahme bilden Beigeladene. Das ergibt sich aus der Rege-

---

[1] Begr.RegE BT-Drucks. 14/7034 S. 68.
[2] Vgl. Begr. RegE zu § 58, BT-Drucks. 14/7034 S. 68.

lung des § 56 Abs. 1 Satz 2 und 3, denn es käme zu einem Gesetzeswiderspruch, wenn dort auf der einen Seite vorausgesetzt wird, dass diese Personen Akteneinsicht erhalten können, wenn diese Personen aber gleichzeitig nicht in den Adressatenkreis des § 57 gehören. § 57 Abs. 1 Satz 1 ist vor diesem Hintergrund ergänzend auszulegen. Einer **analogen Anwendung des § 72 Abs. 3 GWB**[3] bedarf es daher nicht.

III. Akteneinsicht

1. Gegenstand. Von der Akteneinsicht umfasst sind die Akten des Beschwerdegerichts (§ 57 Abs. 1 S. 1), Akten des Verfahrens vor der BAFin (Vorakten, § 57 Abs. 2 S. 1), Akten aus anderen behördlichen und gerichtlichen Verfahren (Beiakten, § 57 Abs. 2 S. 1), Gutachten und Unterlagen über Auskünfte.   4

Ausgenommen von der Akteneinsicht sind jedoch Entwürfe zu Urteilen, Beschlüssen und Verfügungen, die zu ihrer Vorbereitung gelieferten Arbeiten sowie Schriftstücke, die die Abstimmung bestimmen. Das ergibt sich aus dem Verweis in § 57 Abs. 1 Satz 2 auf § 299 Abs. 4 ZPO. Soweit im Gesetzestext noch auf § 299 Abs. 3 ZPO verwiesen wird, handelt es sich um einen redaktionellen Fehler, da insoweit § 299 Abs. 3 ZPO in der Fassung vor dem 13. 7. 2001 gemeint war. Diese Vorschrift findet sich nun in § 299 Abs. 4 ZPO. § 57 Abs. 1 S. 2 ist demnach korrigierend auszulegen.   5

2. Einsicht. Den Berechtigten wird durch § 57 Abs. 1 Satz 1 die Einsicht in die Akten gestattet. Einsicht bedeutet, dass sie sich die Akten bei Gericht vorlegen lassen können. Aus dem Hinweis in § 57 Abs. 1, dass die Geschäftsstelle Ausfertigungen, Auszüge und Abschriften fertigt, ist zu entnehmen, dass die Berechtigten die Akten nicht aus dem Einflussbereich der Geschäftsstelle mitnehmen dürfen. Damit wird der **Manipulationsgefahr** vorgebeugt. Möchte der Berechtigte die Akte insgesamt oder Teile daraus aus dem Einflussbereich der Geschäftsstelle des Beschwerdegerichts mitnehmen, so hat die Geschäftsstelle Ausfertigungen, Auszüge und Abschriften zu fertigen. Die Kosten fallen bei dem Berechtigten an.   6

Liegen Prozessakten nur in elektronischer Form vor, so beschränkt sich das Einsichtsrecht auf die **Ausdrucke** (§ 299 Abs. 3 ZPO analog).[4]   7

IV. Einschränkungen des Einsichtsrechts

Die Einsicht in Vorakten, Beiakten, Gutachten und Unterlagen über Auskünfte kann versagt werden, wenn die Stellen, die über die Akten verfügungsberechtigt sind („gehören")[5] oder die die Äußerung eingeholt haben, nicht zustimmen (§ 57 Abs. 2 Satz 1). Dabei darf die **Zustimmung nur verweigert werden**, wenn durch die Einsicht das Gemeinwohl oder zwingende Geheim-   8

---

[3] So *Pohlmann* in Kölner Komm. Rn. 4.

[4] *Zehetmeier-Müller/Grimmer* in *Geibel/Süßmann* Rn. 7; *Pohlmann* in Kölner Komm. Rn. 6.

[5] Der im Gesetzestext verwendete Begriff des „Gehörens" ist nicht im Hinblick auf die zivilrechtliche Eigentümerstellung zu verstehen; vgl. Begr. RegE zu § 58, BT-Drucks. 14/7034 S. 68.

haltungsinteressen verletzt würden; insoweit gilt § 99 Abs. 1 VwGO analog.[6] Die BAFin muss die Zustimmung zur Einsichtnahme zudem dann versagen, soweit dies aus wichtigen Gründen, insbesondere zur Wahrung von berechtigten Interessen Beteiligter oder dritter Personen (zB Geschäfts- und Betriebsgeheimnisse), geboten ist (§ 57 Abs. 2 Satz 2). Wird die Zustimmung von einer anderen Behörde als der BAFin verweigert, kann nicht das Beschwerdegericht über die Rechtmäßigkeit entscheiden. § 99 Abs. 2 VwGO analog gilt insoweit nicht, weil keine gesetzliche Grundlage besteht, die anderen Behörden zum Beschwerdeverfahren beizuladen, soweit sie nicht durch die Verfügung der BAFin beschwert worden sind.[7] Insoweit muss gegen die Behörde der (aufwendigere) Weg einer Leistungsklage nach den sie treffenden Regeln beschritten werden.[8]

9   **Verweigert die BAFin die Zustimmung**, so kann das Beschwerdegericht auf der Grundlage des § 99 Abs. 2 Satz 1 VwGO auf Antrag überprüfen, ob diese in Übereinstimmung mit § 57 Abs. 2 Satz 2 zu Recht nicht erteilt worden ist. Diese Überprüfung muss vor einer Anordnung der Offenlegung gem. § 57 Abs. 2 Satz 4 stattfinden, denn jene hat die zusätzliche Voraussetzung einer Interessenabwägung (s. unten Rn. 14).[9] Im Rahmen der Rechtmäßigkeitsprüfung hat das Beschwerdegericht Einsicht in die verweigerten Akten sowie Urkunden zu nehmen, wobei der Geheimschutz gem. § 99 Abs. 2 Satz 8 VwGO analog zu beachten ist.

10   **Erteilt die BAFin ihre Zustimmung**, so ist das Beschwerdegericht daran grundsätzlich gebunden. Aus dem Wortlaut des § 57 Abs. 2 Satz 3, wonach die Einsicht in die Akten auch unzulässig sein kann, ist jedoch zu folgern, dass trotz der Zustimmung der BAFin das Gericht die Einsichtnahme ablehnen darf. Das entspricht der Lage bei § 72 GWB.[10] Da das Beschwerdegericht aber zur Sachverhaltsaufklärung verpflichtet ist, wäre als Fall, in dem es die Zustimmung zur Einsicht als unzulässig ansieht und deshalb die Akteneinsicht entgegen dem Willen der BAFin verwehrt, nur denkbar, dass die Zustimmung (offensichtlich) rechtswidrig erteilt wurde.[11]

11   Hat die BAFin die Einsicht in die Akten gem. § 57 Abs. 2 Satz 2 zu Recht versagt oder ist sie unzulässig, so ergibt sich die Rechtsfolge aus § 57 Abs. 2 Satz 3. Die Unterlagen, auf die sich die rechtmäßige Einsichtsverweigerung bezieht dürfen der Entscheidung nur insoweit zugrunde gelegt werden, als ihr Inhalt im Beschwerdeverfahren vorgetragen worden ist. Ein Vortrag des Akteninhalts durch das Gericht scheidet – auch in komprimierter Form[12] – aus, weil ansonsten die Regelung des § 57 Abs. 2 S. 2 leer laufen würde. § 57 Abs. 2 Satz 3 kann daher nur den Fall vor Augen haben, dass die BAFin wäh-

---

[6] *Zehetmeier-Müller/Grimmer* in *Geibel/Süßmann* Rn. 2; *Pohlmann* in Kölner Komm. Rn. 7.

[7] Ebenso *Zehetmeier-Müller/Grimmer* in *Geibel/Süßmann* Rn. 3; für das GWB *Immenga/Mestmäcker/K. Schmidt* § 72 GWB Rn. 6.

[8] Anders *Pohlmann* in Kölner Komm. Rn. 9 und *Steinmeyer/Häger* Rn. 8, die davon ausgehen, dass eine Beiladung möglich ist.

[9] Vgl. *Zehetmeier-Müller/Grimmer* in *Geibel/Süßmann* Rn. 4.

[10] Vgl. Frankfurter Kommentar/*Quack* § 71 GWB a. F. Rn. 18.

[11] *Schüppen/Schweizer* in *Haarmann/Riehmer/Schüppen* Rn. 4.

[12] So *Zehetmeier-Müller/Grimmer* in *Geibel/Süßmann* Rn. 5.

rend der mündlichen Verhandlung entgegen ihrer zunächst eingenommenen Position nunmehr doch den ganzen oder einen bestimmten Teil der betreffenden Akten vorträgt.

V. Das Offenlegungsverfahren (§ 57 Abs. 2 Satz 4 bis 6)

1. Allgemeines. Um doch Einsicht in die nicht offengelegten Akten zu **12** erhalten, sieht das Gesetz das sog. Offenlegungsverfahren vor, dass sich an das Offenlegungsverfahren des GWB nach § 72 Abs. 2 Satz 4 bis 6 GWB anlehnt, sich aber an den Zielen des WpÜG orientiert und dazu dient, im Interesse eines ordnungsgemäßen Verfahrens die Offenlegung geheimhaltungsbedürftiger Tatsachen und Beweismittel zu erreichen.[13] Das **Geheimhaltungsinteresse** wird daher mit dem formellen Ziel der Schaffung und Erhaltung eines ordnungsgemäßen Angebotsverfahrens abgewogen.[14]

2. Das Verfahren. Das Offenlegungsverfahren ist ein **selbständiges Zwischenverfahren**. Es wird anders als die Überprüfung der Rechtmäßigkeit der Einsichtsverweigerung von Amts wegen in Gang gesetzt, wenn es das Beschwerdegericht für erforderlich hält.[15] Ein Antrag eines Beteiligten ist unschädlich. Es spielt für das Offenlegungsverfahren keine Rolle, ob die Ablehnung der Einsichtnahme rechtmäßig oder rechtswidrig gewesen ist. In der Praxis wird letzterer Fall regelmäßig dort relevant sein, wo der Einsicht Begehrende die Rechtswidrigkeit der Einsichtsverweigerung nicht sofort einer rechtlichen Überprüfung unterworfen hat. Steht die Unzulässigkeit der Akteneinsicht fest, so kann dann, wenn die Akten führende Behörde die BAFin ist, nach dem oben Vertretenen ein Offenlegungsverfahren praktisch nicht in Betracht kommen (vgl. Rn. 8),[16] denn es wäre ein widersprüchliches Verhalten des Gerichts, wenn es zunächst die Unzulässigkeit der Akteneinsicht feststellen würde, um dann später diese Entscheidung im Offenlegungsverfahren von Amts wegen wieder in Frage zu stellen. Denkbar wären allenfalls extreme Ausnahmesituationen, in denen sich nach der Feststellung der Unzulässigkeit die Lage so erheblich geändert hat, dass sich nunmehr die Entscheidung, die Gewährung der Akteneinsicht als unzulässig zu beurteilen, als falsch herausstellt und diese Entscheidung daher im Hinblick auf eine möglichst umfassende Sachverhaltsaufklärung revidiert werden soll.

Voraussetzung für eine Entscheidung im Offenlegungsverfahren ist, dass **14** eine Akteneinsicht nicht stattgefunden hat und dass es auf die in der Akte befindlichen Tatsachen und Beweismittel ankommt und eine andere Möglichkeit der Sachverhaltsaufklärung nicht besteht. Das Beschwerdegericht trifft seine Entscheidung aufgrund einer Abwägung der sich gegenüberstehenden Interessen des Betroffenen an der Geheimhaltung und der Bedeutung der Sache für die Sicherung eines ordnungsgemäßen Verfahrens. Dabei hat es **alle Umstände des Einzelfalls** zu beachten und gegeneinander abzuwägen. Eine

---

[13] Begr. Finanzausschuss zu § 58 RegE, BT-Drucks. 14/7034.
[14] So *Pohlmann* in Kölner Komm. Rn. 11.
[15] *Steinmeyer/Häger* Rn. 10; *Pohlmann* in Kölner Komm. Rn. 12.
[16] Anders *Pohlmann* in Kölner Komm. Rn. 10, die allerdings nicht darlegt, wann der Fall einer unzulässigen Verweigerung der Akteneinsicht vorliegen soll.

schematische Betrachtungsweise verbietet sich daher. In diesem Zusammenhang ist der von der Offenlegung Betroffene, der in diesem Verfahren nicht anwaltlich vertreten sein muss (§ 57 Abs. 2 Satz 6) zu hören (§ 57 Abs. 2 Satz 4).

15   Die **Entscheidung des Beschwerdegerichts** ergeht in Form eines Beschlusses. Dieser ist zu begründen (§ 57 Abs. 2 Satz 5), was die Bedeutung der exakten Interessenabwägung herausstreicht. Es ist im Gesetz nicht geregelt, ob gegen diesen Beschluss ein Rechtsmittel (sofortige Beschwerde; vgl. § 577 ZPO) möglich ist. Im Hinblick auf das Interesse an einem zügigen Verfahren, das das WpÜG prägt, wird man annehmen dürfen, dass kein Rechtsmittel gestattet ist.

16   Hat das Beschwerdegericht die Offenlegung angeordnet, muss die Akten führende Stelle dem Einsicht Begehrenden die Akteneinsicht vollumfänglich gewähren.

§ 58 Geltung von Vorschriften des Gerichtsverfassungsgesetzes und der Zivilprozessordnung

Im Verfahren vor dem Beschwerdegericht gelten, soweit nichts anderes bestimmt ist, entsprechend

1. die Vorschriften der §§ 169 bis 197 des Gerichtsverfassungsgesetzes über Öffentlichkeit, Sitzungspolizei, Gerichtssprache, Beratung und Abstimmung und

2. die Vorschriften der Zivilprozessordnung über Ausschließung und Ablehnung eines Richters, über Prozessbevollmächtigte und Beistände, über die Zustellung von Amts wegen, über Ladungen, Termine und Fristen, über die Anordnung des persönlichen Erscheinens der Parteien, über die Verbindung mehrerer Prozesse, über die Erledigung des Zeugen- und Sachverständigenbeweises sowie über die sonstigen Arten des Beweisverfahrens, über die Wiedereinsetzung in den vorigen Stand gegen die Versäumung einer Frist.

Übersicht

I. Allgemeines

1   Der Gesetzgeber hat bestimmte allgemeine Bestimmungen über das Beschwerdeverfahren nicht ausdrücklich im WpÜG geregelt, sondern sich in § 58 einer Verweisungstechnik bedient. Diese Verweisung ist aus dem GWB übernommen. Damit ergänzen die Verweisungen in § 58 Nr. 1 und Nr. 2 die Bestimmungen der §§ 48 ff.

2   Da es sich bei dem Beschwerdeverfahren um eine öffentlich-rechtliche Streitigkeit handelt und deshalb keine bürgerlich-rechtliche Streitigkeit i. S. v. § 13

GVG vorliegt, sind die Vorschriften, auf die durch § 58 verwiesen wird, entsprechend anzuwenden.[1]

§ 58 Nr. 1 verweist auf allgemeine **Regeln über die Öffentlichkeit, die**   **3**
Sitzungspolizei, die Gerichtssprache, die Beratung und die Abstimmung nach den §§ 169 bis 197 GVG. § 58 Nr. 2 verweist auf die Vorschriften über die Ausschließung und Ablehnung von Richtern (§§ 41–49 ZPO), über Prozessbevollmächtigte und Beistände (§§ 78–90 ZPO), über die Zustellung von Amts wegen (§§ 208–229 ZPO), über Termine und Fristen, über die Anordnung des persönlichen Erscheinens der Parteien (§ 141 ZPO), über die Verbindung mehrerer Prozesse (§ 147 ZPO), über die Erledigung des Zeugen- und Sachverständigenbeweises sowie über die sonstigen Arten des Beweisverfahrens (§§ 371–494 a ZPO) und über die Wiedereinsetzung in den vorigen Stand gegen die Versäumung einer Frist (§§ 233 – 238 ZPO).

II. Ergänzung weiterer Lücken

Der Verweisungskatalog des § 58 ist **nicht abschließend,**[2] so dass ein Rück-   **4**
griff auf andere Verfahrensvorschriften, wie insbesondere aus dem GVG, der ZPO oder dem FGG, nicht ausgeschlossen sind. Im Hinblick auf das Beschwerdeverfahren, das als erstinstanzliches verwaltungsrechtliches Verfahren ausgestaltet ist, liegen Verweise auf die VwGO nahe. Das gilt insbesondere für Kostenentscheidungen, die entsprechend §§ 154 ff. VwGO getroffen werden.[3] Aufgrund der Anlehnung des Beschwerdeverfahrens im WpÜG nach §§ 48 bis 58 an das in §§ 63 bis 73 GWB geregelte Verfahren sind auch die Parallelen zum GWB möglich. Schließlich bietet es sich an, für das Verfahren bei der BAFin die Bestimmungen des BVwVfG zur Ergänzung von Lücken heranzuziehen.[4] In jedem Fall dürfen die aus anderen Gesetzen herangezogenen Vorschriften nur entsprechend angewendet werden.[5]

---

[1] *Pohlmann* in Kölner Komm. Rn. 1; *Zehetmeier-Müller/Grimmer* in *Geibel/Süßmann* Rn. 1; *Schüppen/Schweizer* in *Haarmann/Riehmer/Schüppen* Rn. 1.
[2] Begr. RegE zu § 59, BT-Drucks. 14/7034.
[3] *Steinmeyer/Häger* § 56 Rn. 34.
[4] Vgl. *Pohlmann* in Kölner Komm. Rn. 3.
[5] *Zehetmeier-Müller/Grimmer* in *Geibel/Süßmann* Rn. 3.

Abschnitt 8. Sanktionen

§ 59 Rechtsverlust

Rechte aus Aktien, die dem Bieter, mit ihm gemeinsam handelnden Personen oder deren Tochterunternehmen gehören oder aus denen ihm, mit ihm gemeinsam handelnden Personen oder deren Tochterunternehmen Stimmrechte gemäß § 30 Abs. 1 Satz 1 Nr. 2 zugerechnet werden, bestehen nicht für die Zeit, für welche die Pflichten nach § 35 Abs. 1 oder 2 nicht erfüllt werden. Dies gilt nicht für Ansprüche nach § 58 Abs. 4 des Aktiengesetzes und § 271 des Aktiengesetzes, wenn die Veröffentlichung oder das Angebot nach § 35 Abs. 1 Satz 1 oder Abs. 2 Satz 1 nicht vorsätzlich unterlassen wurde und nachgeholt worden ist.

Übersicht

I. Allgemeines

1   Mit der Vorschrift des § 59 beginnt der 8. Abschnitt des WpÜG, der die offizielle Überschrift „Sanktionen" erhalten hat. Diese Sanktionsnorm bezieht sich auf die Pflichtangaben des 5. Abschnitts und dabei insbesondere auf die Veröffentlichungspflichten des § 35. Um die Bedeutung der letztgenannten Pflichten zu unterstreichen, stellt der Gesetzgeber den mit § 59 verbundenen Rechtsverlust der Bußgeldandrohung gem. § 60 voran und sieht daneben noch die Verzinsungspflicht nach § 38 vor.[1]

---

[1] Begr. RegE BT-Drucks. 14/7034 S. 28; *Hommelhoff/Witt* in *Haarmann/Riehmer/ Schüppen* Rn. 1.

§ 59 Satz 1 regelt den **Rechtsverlust für Rechte des Bieters** aus Aktien für **2**
die Zeit, in der er seine Pflichten aus § 35 Abs. 1 und 2 nicht erfüllt. Gem. § 35
Abs. 1 muss der Bieter veröffentlichen, dass er die Kontrolle über die Zielgesellschaft erlangt hat, während ihm § 35 Abs. 2 die Pflicht auferlegt, der BAFin
eine Angebotsunterlage zu übermitteln und ein Pflichtangebot zu veröffentlichen. Von dem von § 59 ausgesprochenen Rechtsverlust sind auch Aktien
betroffen, die mit dem Bieter gemeinsam handelnden Personen oder deren
Tochterunternehmen gehören, oder Aktien, aus denen dem Bieter, mit ihm gemeinsam handelnden Personen oder deren Tochterunternehmen Stimmrechte
gem. § 30 Abs. 1 Satz 1 Nr. 2 zugerechnet werden. Der Rechtsverlust erfasst
nicht die Zurechnung von Stimmrechten nach § 30 Abs. 1 Satz 1 Nr. 3 bis 6.[2]

Die Sanktionsnorm des § 59 Satz 1 orientiert sich an den § 20 Abs. 7 AktG **3**
und § 28 WpHG, **geht aber in der Sanktionswirkung weiter**, indem auch
Aktien von gemeinsam handelnden Personen i.S.v. § 2 Abs. 5 erfasst werden.[3]
Mit dem Rechtsverlust als gravierender Rechtsfolge werden kapitalmarktrechtliche Pflichtverletzungen mit gesellschaftsrechtlichen Rechtsfolgen kombiniert. Über § 59 erlangt § 35 somit Bedeutung für das Aktienrecht. Vergleichbar
mit §§ 23 Abs. 4 und 28 WpHG wird durch den Verlust von Aktionärsrechten in
den Kernbereich der Mitgliedschaft des Aktionärs eingegriffen und die Willensbildung und Entscheidungsfindung in der Hauptversammlung beeinflusst.[4]

§ 59 Satz 2 sieht für den Rechtsverlust durch Satz 1 bestimmte Ausnahmen **4**
vor. Hat der Bieter die Veröffentlichung der Kontrollerlangung oder Angebotsabgabe nicht vorsätzlich unterlassen und holt er die Versäumnisse nach,
kann er immerhin noch die Ansprüche auf Dividende gem. § 58 Abs. 4 AktG
und auf den Liquidationserlös gem. § 271 AktG erhalten.[5]

II. Verhältnis zu anderen Vorschriften

Mit § 59 hat der Gesetzgeber die Regelungen der § 28 WpHG und § 20 **5**
Abs. 7 AktG nachempfunden, indem er sich an den zu diesen Vorschriften
entwickelten Grundsätzen orientiert.[6] Die § 59 und § 28 WpHG knüpfen
an weitgehend identische Verstöße gegen kapitalmarktrechtliche Pflichten an.
Sie stehen dabei gleichrangig nebeneinander, orientieren sich allerdings an
verschiedenen Pflichtverletzungen. § 28 WpHG sanktioniert unterlassene Mitteilungen an die BAFin bei Über- oder Unterschreiten wertpapierhandels-
rechtlicher Schwellenwerte. § 59 dagegen erfasst Mitteilungs- und Veröffentlichungspflichten, die an ein Überschreiten eines Schwellenwerts ansetzen, das
dem WpÜG zufolge nicht meldepflichtig wäre. Mit dem Verweis auf § 35
Abs. 2 wird ebenfalls ein Verstoß gegen die Angebotspflicht sanktioniert, dem
im Wesentlichen konzernrechtlicher Charakter zukommt.[7] Mit der Erweiterung des Anwendungsbereichs von §§ 21 bzw. 28 WpHG auf alle zum Handel

---

[2] *Tschauner* in *Geibel/Süßmann* Rn. 2; *Kremer/Oesterhaus* in Kölner Komm. Rn. 1.
[3] *Kremer/Oesterhaus* in Kölner Komm. Rn. 2.
[4] *Hommelhoff/Witt* in *Haarmann/Riehmer/Schüppen* Rn. 3.
[5] *Steinmeyer/Häger* Rn. 4.
[6] Begr. RegE BT-Drucks. 14/7034 S. 28; *Hommelhoff/Witt* in *Haarmann/Riehmer/Schüppen* Rn. 4.
[7] *Steinmeyer/Häger* Rn. 2.

am organisierten Markt zugelassenen Aktiengesellschaften kommt es zur Deckung der Anwendungsbereiche von WpÜG und WpHG (vgl. § 1 WpÜG).[8]

6 Im Zusammenhang mit § 59 sind die §§ 20 Abs. 7 und 21 Abs. 4 AktG von Bedeutung. Sie betreffen **die Meldepflichten des Aktionärs** gegenüber der Gesellschaft. Die Pflichten des § 35 Abs. 1 und 2 und insbesondere die Mitteilungspflicht gegenüber der Zielgesellschaft aus §§ 35 Abs. 1 Satz 4, 10 Abs. 5 Satz 1 können nur im Zusammenhang mit börsennotierten Gesellschaften entstehen. Daher wird § 20 Abs. 7 AktG diesbezüglich von § 59 verdrängt (vgl. §§ 20 Abs. 8, 21 Abs. 5 AktG).[9]

III. Voraussetzungen des Rechtsverlusts (§ 59 Satz 1)

7 **1. Allgemeines.** § 59 Satz 1 knüpft daran an, dass „die Pflichten nach § 35 Abs. 1 oder 2 nicht erfüllt werden". Damit liegt der Schluss nahe, dass der Rechtsverlust solange andauert, bis alle in § 35 Abs. 1 und 2 genannten Pflichten erfüllt sind. Dies leuchtet solange ein, wie die Primärpflichten zur Veröffentlichung der Kontrollerlangung gem. § 35 Abs. 1 Satz 1 oder zur Veröffentlichung und Übermittlung der Angebotsunterlage gem. § 35 Abs. 2 Satz 1 betroffen sind. Neben diesen zentralen Pflichten verweisen § 35 Abs. 1 und 2 aber auch auf Regelungen der §§ 10 und 14, die Vorschriften über die Art und Weise der Veröffentlichung bzw. Übermittlung der Kontrollerlangung und Angebotsunterlage beinhalten. Sie dienen als verfahrensrechtliche Vorgaben dem geordneten Angebotsverfahren und ergänzen als solche die primären Veröffentlichungspflichten.[10]

8 Sind die Pflichten des § 35 Abs. 1 und 2 zwar dem Grunde nach, jedoch **nicht ordnungsgemäß erfüllt**, tritt ebenfalls die Sanktion des Rechtsverlusts ein. Im Gegensatz zu § 60 Abs. 1 Nr. 1 bis 5, Abs. 2 Nr. 2, der eingreift, wenn „eine Veröffentlichung nicht, nicht richtig, nicht vollständig" erbracht wurde, stellt § 59 Satz 1 nur darauf ab, ob die Veröffentlichung „nicht erfüllt" wurde. Ein Verstoß hiergegen liegt jedoch nicht erst dann vor, wenn die Verpflichtung **vollständig unterlassen** wurde. Im Gegenteil, eine Pflichterfüllung ist nur dann gegeben, wenn die Pflicht in der vom Gesetz vorgeschriebenen Weise erfüllt wurde. Welche Pflichten im Einzelnen zu erfüllen sind, ergibt sich aus dem Sinn und Zweck der jeweiligen Norm, auf die in § 35 Abs. 1 und 2 verwiesen wird.[11]

9 **2. Bedenken an der Weite des Rechtsverlusts.** Nach der Veröffentlichung der Kontrollerlangung gem. § 35 Abs. 1 und des Pflichtangebots nach § 35 Abs. 2 Satz 1 verliert ein Verstoß gegen die **sog. Nebenpflichten** aus § 35 Abs. 1 Satz 4 und Abs. 2 Satz 2 einen Großteil seiner Bedeutung für den ordnungsgemäßen Ablauf des Kapitalmarkts. Die Beteiligten werden in diesem Fall ohnehin Kenntnis von der Erlangung der Kontrolle und dem Pflichtangebot erhalten. An einen isolierten Verstoß gegen eine aus den Verweisungen des

---

[8] *Tschauner* in *Geibel/Süßmann* Rn. 4 f.
[9] *Steinmeyer/Häger* Rn. 3.
[10] *Kremer/Oesterhaus* in Kölner Komm. Rn. 11; Begr. RegE BT-Drucks. 14/7034 S. 28.
[11] *Steinmeyer/Häger* Rn. 7; *Tschauner* in *Geibel/Süßmann* Rn. 10 ff.; vgl. *Kremer/ Oesterhaus* in Kölner Komm. Rn. 26, 31, 39, 41.

§ 35 Abs. 1 Satz 4 und Abs. 2 folgende Nebenpflicht den vollen Rechtsverlust zu knüpfen, erscheint daher unverhältnismäßig und sollte im Zuge weiterer Neufassungen des Gesetzes überdacht werden.[12] Gleiches gilt für den Fall, dass die Pflichten nicht in ihrer vorgesehenen Reihenfolge erfüllt werden. So müssen beispielsweise die Aufsichtsgremien der Börsen und die BAFin gem. § 35 Abs. 1 Satz 4 i.V.m. § 10 Abs. 2 informiert werden, bevor die Erlangung der Kontrolle veröffentlicht wird. Wird die vorherige Information unterlassen, kann sie zwar **formal nachgeholt** werden. Sie **verfehlt jedoch ihren Zweck**, die beteiligten Institutionen vorab zu informieren. Hieraus die Folgerung zu ziehen, dass ein zeitlich unbegrenzter Rechtsverlust eintritt, da die pflichtgemäße Benachrichtigung auf Dauer nicht nachgeholt werden könne, erscheint ebenfalls unverhältnismäßig. Das gleiche Problem tritt ferner auf, wenn die Bekanntgabe der Angebotsunterlage durch den Bieter vor der Veröffentlichung vorgenommen würde.[13] Weitere Bedenken gegen eine umfassende Verweisung durch § 59 Satz 1 knüpfen an den Umstand an, dass Fehler im Angebotsverfahren eine Anfechtung der Beschlüsse nach § 243 Abs. 1 AktG ermöglichen, wenn Stimmen, die nach § 59 nicht zählen, berücksichtigt wurden.[14] Daher ist von besonderer Bedeutung, in welchem Umfang die Verweisung des § 59 zum vollständigen Rechtsverlust führt.

3. Lösungsansätze. Dem Wortlaut des § 59 Satz 1 zufolge wird vollumfänglich auf die Pflichten des § 35 Abs. 1 und 2 Bezug genommen. In § 35 wird dann zum Teil weiter verwiesen auf andere Normen und deren Pflichten. Dieser Verweisungstechnik folgt der Gesetzgeber bewusst aus ökonomischen Gesichtspunkten. Die wörtliche Interpretation des § 59 Satz 1 legt somit die Einbeziehung aller Pflichten, auf die verwiesen wird, nahe.[15] Die Motive zum WpÜG scheinen dem weiten Wortlaut des § 59 Satz 1 jedoch zu widersprechen. In der Gesetzesbegründung heißt es, dass § 59 Satz 1 nur die Rechtsfolge der unterlassenen Veröffentlichung nach der Erlangung der Kontrolle nach § 35 Abs. 1 Satz 1 oder der Nichtabgabe des Pflichtangebots nach § 35 Abs. 2 Satz 1 zu regeln beabsichtigt.[16] Die historische Interpretation entspricht somit den oben aufgestellten teleologischen Erwägungen, dass die gravierende Sanktion des Rechtsverlusts in erster Linie an den Verstoß gegen die sogenannten Primärpflichten anknüpft.[17] Ein weiteres Argument ergibt sich aus dem Verhältnis von § 59 Satz 1 zu Satz 2. Der systematischen Konzeption der beiden Sätze zufolge bleibt der Anspruch auf den Liquidationserlös und der Dividendenanspruch gem. Satz 2 und entgegen Satz 1 erhalten, wenn der Bieter diese Primärpflichten nicht vorsätzlich unterlassen hat und sie nachholt. Dies hätte zur

10

---

[12] So wie hier *Tschauner* in *Geibel/Süßmann* Rn. 8; weiter differenzierend *Kremer/Oesterhaus* in Kölner Komm. Rn. 24 bis 43; aA *Hommelhoff/Witt* in *Haarmann/Riehmer/Schüppen*, die den Verstoß gegen eine beliebige, in § 35 Abs. 1 und 2 erwähnte Pflicht ausreichen lassen, um die Sanktion des § 59 zu begründen; wohl auch *Steinmeyer/Häger* Rn. 7 ff.

[13] Vgl. insgesamt *Tschauner* in *Geibel/Süßmann* Rn. 7 f.

[14] *Kremer/Oesterhaus* in Kölner Komm. Rn. 15.

[15] *Kremer/Oesterhaus* in Kölner Komm. Rn. 16.

[16] Begr. RegE BT-Drucks. 14/7034 S. 68.

[17] Vgl. hierzu *Tschauner* in *Geibel/Süßmann* Rn. 9.

Folge, dass zwar der Verstoß gegen die Primärpflichten über Satz 2 privilegiert wird, nicht aber die flankierenden Verfahrenspflichten, auf die § 35 Abs. 1 und 2 ebenfalls verweisen, sofern man die weiteren Verfahrenspflichten unter Satz 1 fallen lässt. Ein solches Ergebnis vermag nicht zu überzeugen. Eine **Lösung lässt sich über eine erweiternde Auslegung des Satz 2 finden.** Wenn dieser schon eine Heilung für die gravierenden Informationsmängel vorsieht, muss dies erst recht auch für die zusätzlichen Verfahrensvorschriften gelten. Auf der anderen Seite spricht die genauere Verweisung in Satz 2 nicht so sehr für eine unvollständige Regelung in Satz 2, als vielmehr dafür, dass die vollumfängliche Verweisung mit seinen Konsequenzen nicht hinreichend bewusst gewesen ist.[18] Auf ein derartiges Redaktionsversehen deutet auch der Umstand hin, dass eine Nachholung vielfach ihren Zweck nicht mehr erreichen kann. Daher spricht vieles dafür, von einem Redaktionsversehen des Gesetzgebers auszugehen, soweit § 59 Satz 1 vollumfänglich auf § 35 Abs. 1 und 2 verweist. Werden die primären Pflichten zur Veröffentlichung der Kontrollerlangung gem. § 35 Abs. 1 Satz 1 oder zur Veröffentlichung und Übermittlung der Angebotsunterlage gem. § 35 Abs. 2 Satz 1 erfüllt, tritt der Rechtsverlust entgegen des zu weiten Wortlauts des § 59 Satz nicht ein, auch wenn weitere, in § 35 Abs. 1 und 2 behandelte Verfahrenspflichten verletzt werden.[19]

11   **4. Verschulden?** Aus § 59 Satz 1 lässt sich nicht unmittelbar entnehmen, ob die Rechtsfolgen ein Verschulden voraussetzen. Dem reinen Wortlaut zufolge tritt der Rechtsverlust ein, ohne dass es der Feststellung des Verschuldens bedarf. Gleichzeitig werden über die Verweisung in § 35 Abs. 1 und 2 Verschuldenselemente in § 59 inkorporiert. Die Pflicht zur Veröffentlichung gem. § 35 Abs. 1 Satz 1 aktualisiert sich innerhalb einer Frist, die mit der Kenntnis, bzw. fahrlässigen Unkenntnis des Aktionärs von seiner Kontrollposition zu Laufen beginnt. Entsprechendes gilt für die Pflichten nach § 35 Abs. 2 da diese sich an der Veröffentlichungspflicht des Abs. 1 orientieren.[20] Für die Veröffentlichung gem. § 35 Abs. 1 Satz 1 ist ferner anerkannt, dass sie unverzüglich zu erfolgen hat. Dies bedeutet letztlich, dass die Veröffentlichung ohne schuldhaftes Zögern zu erfolgen hat. Damit setzt die Sanktion des § 59 Satz 1 also an vorsätzlichem oder fahrlässigem Verhalten an und **begründet damit ein Verschuldenserfordernis im Hinblick auf die Veröffentlichung** als Tatbestandsmerkmal. Ein Rechtsirrtum kann den Verstoß nur entschuldigen, wenn er unvermeidbar war. Aufgrund der komplexen Anforderungen des Kapitalmarktrechts und der vielgestaltigen Zurechungstatbestände scheint ein Rechtsirrtum nicht völlig ausgeschlossen. Allerdings ist ein **strenger Maßstab** anzulegen, bei dem die Beweislast den aus § 35 Abs. 1 verpflichteten Aktionär trifft.[21]

---

[18] *Tschauner* in *Geibel/Süßmann* Rn. 9; *Kremer/Oesterhaus* in Kölner Komm. Rn. 19.

[19] *Tschauner* in *Geibel/Süßmann* Rn. 10; differenzierend *Kremer/Oesterhaus* in Kölner Komm. Rn. 23, die für jede Pflicht der § 35 Abs. 1 und 2 einzeln entscheiden, ob sie von der Verweisung in § 59 Satz 1 erfasst werden, vgl. Rn. 24 bis 43; aA *Hommelhoff/Witt* in *Haarmann/Riehmann/Schüppen*, die den Verstoß gegen eine beliebige, in § 35 Abs. 1 und 2 erwähnte Pflicht ausreichen lassen, um die Sanktion des § 59 zu begründen; wohl auch *Steinmeyer/Häger* Rn. 7 ff.

[20] *Steinmeyer/Häger* Rn. 8 f.; *Tschauner* in *Geibel/Süßmann* Rn. 17 f.

[21] *Kremer/Oesterhaus* in Kölner Komm. Rn. 44; *Hommelhoff/Witt* in *Haarmann/Riehmer/Schüppen* Rn. 12 mwN.

Zusätzlich zu dem in § 35 Abs. 1 Satz 1 geregelten Fall setzt ein Rechtsverlust **12** i.S.v. § 59 Satz 1 voraus, dass ein Verschulden gem. § 276 Abs. 2 BGB des betroffenen Aktionärs vorliegt. Der Rechtsverlust nach § 59 Satz 1 bedeutet eine **weitreichende Sanktion.** Berücksichtigt man ferner den Rechtsgedanken der Heilung aus Satz 2, kommt man zu einer teleologischen Reduktion der Vorschrift, mit der Folge, dass der Rechtsverlust ein Verschulden, also mindestens Fahrlässigkeit voraussetzt. Ein verschuldensunabhängiger Verlust von derartigen Rechten wäre eine atypische Härte und wäre mit dem Grundsatz der Verhältnismäßigkeit nicht zu vereinbaren.[22]

IV. Rechtsfolgen

§ 59 Satz 1 ordnet an, dass die Rechte aus den Aktien des Bieters und von **13** Personen, die mit ihm gemeinsam handeln oder ihm zugerechnet werden, für die Zeit nicht bestehen, in der die Pflichten gem. § 35 Abs. 1 und 2 nicht erfüllt werden. § 59 Satz 1 sieht damit den zeitweisen Rechtsverlust vor, soweit nicht die Möglichkeit der Nachholung gem. § 59 Satz 2 eingreift. Der Rechtsverlust entspricht den Parallelbestimmungen § 20 Abs. 7 Satz 1 AktG und § 28 Satz 1 WpHG.[23] Mit § 59 Satz 1 ist somit nicht lediglich ein Ruhen der Rechte verbunden.[24]

1. Betroffene Rechte. § 59 Satz 1 knüpft an die Rechte aus Aktien an. Von **14** diesem Rechtsverlust werden grundsätzlich alle Rechte erfasst, die durch die betroffenen Aktien gewährt werden. Dazu zählen die folgenden Verwaltungs- und Vermögensrechte.

a) Verwaltungsrechte. Vom Rechtsverlust erfasst werden alle Rechte, die **15** dem Bieter oder den Aktionären, die ihm zugerechnet werden, im Zusammenhang mit der Hauptversammlung zustehen. **Für die Dauer des Rechtsverlusts** ist dem Betroffenen jeder unternehmerische Einfluss auf die Zielgesellschaft versagt. Die praktisch schärfste Sanktion ist dabei der Verlust des Stimmrechts gem. §§ 12, 134 AktG. Die Beschlüsse der Hauptversammlung, die unter Beteiligung des Bieters trotz § 59 Satz 1 gefasst werden, sind durch die übrigen Aktionäre anfechtbar.[25] Neben dem Stimmrechtsverlust werden auch **die weiteren Mitverwaltungsrechte versagt.** Dazu zählen das Recht zur Teilnahme an der Hauptversammlung nach § 118 Abs. 1 AktG, in dessen Konsequenz dem Aktionär auch der Zutritt verweigert werden darf[26] und das Recht eine Hauptversammlung einzuberufen, § 122 Abs. 3 Satz 1 AktG. Ebenfalls versagt wird das allgemeine Auskunftsrecht nach § 131 AktG und die speziellen Informationsrechte, die im Hinblick auf Unternehmensverträge und Umwand-

---

[22] *Kremer/Oesterhaus* in Kölner Komm. Rn. 44; *Tschauner* in *Geibel/Süßmann* Rn. 17; vgl. auch zur verschuldensabhängigen Sanktionierung bei den Parallelnormen § 20 Abs. 7 AktG und § 28 WpHG.

[23] *Tschauner* in *Geibel/Süßmann* Rn. 21; *Kremer/Oesterhaus* in Kölner Komm. Rn. 46.

[24] *Tschauner* in *Geibel/Süßmann* Rn. 21; KK-AktG/*Koppensteiner* § 20 AktG Rn. 37.

[25] *Steinmeyer/Häger* Rn. 13; *Kremer/Oesterhaus* in Kölner Komm. Rn. 57.

[26] LG Hannover AG 1993, 187, 188 f.

lungsmaßnahmen bestehen. Rechte, die zum Schutz von Minderheiten oder einzelnen Aktionären gewährt werden, sind auch vom Rechtsverlust betroffen, vgl. §§ 120 Abs. 1 Satz 2, 142 Abs. 2 Satz 1, 258 Abs. 2 Satz 3 AktG.[27]

16   **Nicht vom Rechtsverlust erfasst** wird die Befugnis zur Anfechtung von Hauptversammlungsbeschlüssen. Dies gilt jedenfalls für die Fälle der §§ 243 Abs. 2, 245 Nr. 3 AktG. Hiernach ist jeder Aktionär zur Anfechtung befugt. Es wird nur auf die Aktionärseigenschaft abgestellt, die vom Rechtsverlust nicht betroffen ist. In den Fällen der §§ 245 Nr. 1 und 2 AktG sind nur die Aktionäre zur Anfechtung befugt, die zur Hauptversammlung erschienen sind oder zu Unrecht ausgeschlossen wurden. Bietern, die vom Rechtsverlust nach § 59 Satz 1 betroffen sind, steht gerade kein Recht zur Teilnahme an der Hauptversammlung zu, so dass ihnen das Anfechtungsrecht außer in den Fällen des § 243 Abs. 2 AktG nicht zusteht.[28]

17   **b) Vermögensrechte.** Neben den Verwaltungsrechten sind von § 59 Satz 1 verschiedene Vermögensrechte betroffen. Hierzu zählt in erster Linie der Verlust des Dividendenanspruchs. Das Gesetz spricht vom anteiligen Bilanzgewinn gem. § 58 Abs. 4 AktG. Der Verlust der Dividende beschränkt sich auf den konkreten Dividendenzahlungsanspruch und entzieht aber nicht das Dividendenstammrecht als mitgliedschaftliches Recht nach § 58 Abs. 4 AktG. Letzteres hätte zur Folge, dass dem sanktionierten Bieter die für das Geschäftsjahr ausgeschüttete Dividende anteilig für die Zeit entfällt, in der der Rechtsverstoß besteht. Der **Entzug des Dividendenzahlungsanspruchs** hat demgegenüber zur Folge, dass die gesamte Jahresdividende entfällt, wenn der Rechtsverlust mit dem Zeitpunkt zusammenfällt, an dem der Gewinnverwendungsbeschluss gefasst wird. Andernfalls kann trotz Rechtsverlust im Bezugszeitraum die Dividende erhalten bleiben. Hat der sanktionierte Bieter trotz Rechtsverlust die Dividende erhalten, so ist dieser zu Unrecht gezahlte Betrag an die ausschüttende Gesellschaft zurückzuzahlen, § 62 Abs. 1 AktG.[29]

18   Der Rechtsverlust aus § 59 Satz 1 führt auch zum **Erlöschen möglicher Bezugsansprüche** aus einem Beschluss auf Kapitalerhöhung gegen Einlagen. Dieses Bezugsrecht zählt zu den aus der Aktie folgenden Vermögensrechten und ist damit „infiziert". Das allgemeine Bezugsrecht wird demgegenüber von § 59 Satz 1 nicht erfasst.[30] Nach richtiger Ansicht ist im Hinblick auf den Rechtsverlust auf den Zeitpunkt abzustellen, an dem der Kapitalerhöhungsbeschluss gefasst wird. Gelten zu diesem Zeitpunkt die Sanktionen des § 59 Abs. 1, entfällt das Bezugsrecht. Andere denkbare Zeitpunkte, wie vor allem die Eintragung des Beschlusses in das Handelsregister, können nicht maßgeblich sein, denn dieser ist zwar Voraussetzung für die Kapitalerhöhung, nicht aber für das Entstehen des Bezugsanspruchs.[31] **Bei Kapitalerhöhungen gegen Einlagen** aus genehmigtem Kapital dagegen ist der maßgebliche Zeitpunkt der Vorstandsbe-

---

[27] *Hommelhoff/Witt* in *Haarmann/Riehmer/Schüppen* Rn. 14; *Steinmeyer/Häger* Rn. 14.

[28] *Tschauner* in *Geibel/Süßmann* Rn. 41 ff.; *Steinmeyer/Häger* Rn. 15; aA *Hommelhoff/Witt* in *Haarmann/Riehmer/Schüppen* Rn. 14.

[29] *Steinmeyer/Häger* Rn. 16; *Kremer/Oesterhaus* in Kölner Komm. Rn. 59 ff.

[30] *Hüffer* § 186 AktG Rn. 6 f.; *Kremer/Oesterhaus* in Kölner Komm. Rn. 64 ff.

[31] *Schäfer/Opitz* § 28 WpHG Rn. 15; *Tschauner* in *Geibel/Süßmann* Rn. 28 f.

schluss, die Ermächtigung auszuüben und die Kapitalerhöhung vorzunehmen. Die Ermächtigung selber tritt zwar nach § 203 Abs. 1 Satz 2 AktG an die Stelle des Beschlusses über die Erhöhung des Grundkapitals, ist aber nicht die für die Entstehung des Bezugsanspruchs entscheidende Handlung.[32] Vom Rechtsverlust nach § 59 Satz 1 sind die Bezugsrechte im Fall der Ausgabe von Wandel- oder Gewinnschuldverschreibungen oder im Fall von Genussrechten betroffen (vgl. § 221 Abs. 4 Satz 1 AktG). Hierbei handelt es sich um von der Gesellschaft ausgegebene Finanzinstrumente, auf die Aktionäre nach dem gesetzlichen Leitbild ein Bezugsrecht haben.[33] Ebenfalls vom Rechtsverlust erfasst wird das Recht des Aktionärs nach § 212 AktG, bei einer Kapitalerhöhung aus Gesellschaftsmitteln Aktien zu erwerben. Aus § 59 Satz 1 folgt, dass grundsätzlich auch Surrogate für das Aktienstammrecht vom Rechtsverlust erfasst werden.[34]

§ 59 Satz 1 erfasst auch den **Anspruch auf den Anteil am Liquidationserlös**. Nach § 59 Satz 2 ist dieser Anspruch unter den dort aufgeführten Bedingungen nicht ausgeschlossen. Im Umkehrschluss folgt aus dieser Rückausnahme, dass das Recht auf den Anteil am Liquidationserlös grundsätzlich vom Rechtsverlust umfasst wird.[35] An diesem Ergebnis wird zwar kritisiert, dass damit ein systematischer Bruch hervorgerufen werde. Denn der Anspruch auf den Liquidationserlös sei mehr als ein gewöhnliches Vermögensrecht. Als letztmögliche vermögensmäßige Fortsetzung des Stammrechts werde durch dessen Verlust in die vermögensmäßige Substanz der Mitgliedschaft eingegriffen, und dies stelle ein Resultat dar, was eigentlich vermieden werden sollte.[36] Jedoch muss ein derartiger Bruch vor dem Hintergrund des Wortlautes des § 59 Satz 2 und der damit einhergehenden Entscheidung für einen weiten Eingriff in das Vermögensrecht des Betroffenen hingenommen werden.[37]   **19**

Neben diesen Rechten werden auch **alle sonstigen Vermögensrechte** durch den in § 59 Satz 1 angeordneten Rechtsverlust erfasst, unabhängig davon, ob sie ein Surrogat für das Aktienstammrecht darstellen. Hierzu zählen eventuelle Ausgleichs-, Umtausch- und Abfindungsansprüche bei einer Umwandlung oder Verschmelzung oder dem Konzernrecht. Gleiches gilt für den Rückzahlungsanspruch bei einer Kapitalherabsetzung gem. § 225 Abs. 2 AktG. Wie bei der Kapitalerhöhung gegen Einlagen bestimmt sich der maßgebliche Zeitpunkt nach der Anspruchsbegründung.[38]   **20**

c) Mitgliedschaft. Die Mitgliedschaft selbst bleibt trotz des Rechtsverlusts aus § 59 Satz 1 bestehen. § 59 formuliert, dass **nur Rechte aus Aktien verloren gehen** und dass dieser Verlust auf die Dauer des Rechtsverstoßes be-   **21**

---

[32] *Steinmeyer/Häger* Rn. 17; *Hommelhoff/Witt* in *Haarmann/Riehmer/Schüppen* Rn. 15.

[33] *Tschauner* in *Geibel/Süßmann* Rn. 31; *Schäfer/Opitz* § 28 WpHG Rn. 17.

[34] *Tschauner* in *Geibel/Süßmann* Rn. 32 f.; aA *Hommelhoff/Witt* in *Haarmann/Riehmer/Schüppen* Rn. 17.

[35] *Steinmeyer/Häger* Rn. 35.

[36] *Schäfer/Opitz* § 28 WpHG Rn. 19; Begründung des RegE zum 3. Finanzmarktförderungsgesetz, BR-Drucks. 605/97 S. 95.

[37] *Kremer/Oesterhaus* in Kölner Komm. Rn. 67; *Steinmeyer/Häger* Rn. 35 f.

[38] *Kremer/Oesterhaus* in Kölner Komm. Rn. 67 f.; *Steinmeyer/Häger* Rn. 35 f.; aA *Hommelhoff/Witt* in *Haarmann/Riehmer/Schüppen* Rn. 17 f.; *Kremer/Oesterhaus* in Kölner Komm. Rn. 74.

grenzt ist. Aktionärsrechte gehen nach § 59 nur insoweit verloren, wie sie nicht die Mitgliedschaft selbst betreffen, so dass es zu keiner Auswirkung auf die Beteiligungsverhältnisse kommt.[39]

22   **2. „Infizierte" Aktien.** Der Rechtsverlust nach § 59 Satz 1 betrifft alle Vorzugs- und Stammaktien des Bieters. Erfasst werden damit alle Aktien, die dem Bieter gehören und nicht nur diejenigen, die ihm über der Kontrollschwelle des § 30 zustehen. Der Rechtsverlust **betrifft auch Aktien, die einem Tochterunternehmen gem. § 2 Abs. 6 gehören.** Mit § 59 wird somit eine konzernweite „Infizierung" von Aktien bewirkt, unabhängig davon ob die einzelnen Stimmrechtsinhaber die 30%-Schwelle jeweils überschreiten. Bestehen die Veröffentlichungspflichten gem. § 35 auf mehreren Stufen, bleiben die Rechte aus den Aktien nur erhalten, wenn alle Pflichten erfüllt werden.[40]

23   Ebenfalls vom Rechtsverlust nach § 59 Abs. 1 betroffen sind Stamm- und Vorzugsaktien von Aktionären, die mit dem Bieter gemeinsam handeln. Hierzu zählen nach § 2 Abs. 5 Satz 1 natürliche und juristische Personen, die ihr Verhalten im Hinblick auf ihren Erwerb von Wertpapieren der Zielgesellschaft oder ihre Ausübung von Stimmrechten aus Aktien der Zielgesellschaft mit dem Bieter aufgrund einer Vereinbarung oder in sonstiger Weise abstimmen. Letztlich zählen hierzu auch Personen, deren Stimmrechte nach §§ 39, 30 Abs. 2 Satz 1 zugerechnet werden. Hinsichtlich der Pflichten nach § 35 kommt es zu einer wechselseitigen Zurechnung, nach der zugleich die mit dem Bieter gemeinsam handelnden Personen verpflichtet werden. Die Rechte der Bietergruppe gehen verloren, sofern auch nur einer aus der abgestimmt handelnden Bietergruppe mit der Erfüllung säumig ist.[41] Gem. §§ 39, 30 Abs. 2 Satz 2 i.V.m. Abs. 1 Nr. 1 zählen zu den Stimmrechten aus Vorzugs- oder Stammaktien die dem Bieter zugerechnet werden, auch Aktien von Töchtern der abgestimmt handelnden Personen.[42]

24   § 59 Satz 1 erfasst ferner **Aktien, die mit dem Bieter gemeinsam handelnden Personen oder deren Tochtergesellschaften gem. § 30 Abs. 1 Satz 1 Nr. 2 zugerechnet werden.** Hierbei handelt es sich um Aktien, die Dritten gehören und von diesen für Rechnung einer der genannten Personen gehalten werden. Von dieser Zurechnung sind jedoch nur Stammaktien erfasst. Stimmrechtslose Vorzugsaktien werden ausgespart, da es hier nicht zu einer Zurechnung von Stimmrechten kommen kann.[43]

25   **3. Dauer des Rechtsverlusts.** Der Rechtsverlust gem. § 59 Satz 1 besteht nur so lange, wie der Pflichtverstoß andauert. Dabei verliert der Bieter die Rechte **endgültig.** Die betroffenen Rechte ruhen also nicht lediglich bis zur Nachholung der Versäumnisse. Bedeutung hat dies für den Dividendenanspruch und das Bezugsrecht bei Kapitalerhöhungen gegen Einlagen sowie den

---

[39] *Kremer/Oesterhaus* in Kölner Komm. Rn. 69; *Steinmeyer/Häger* Rn. 12; *Tschauner* in *Geibel/Süßmann* Rn. 44; *Hommelhoff/Witt* in *Haarmann/Riehmer/Schüppen* Rn. 13.

[40] *Tschauner* in *Geibel/Süßmann* Rn. 45 f.; *Steinmeyer/Häger* Rn. 19.

[41] *Steinmeyer/Häger* Rn. 22; *Hommelhoff/Witt* in *Haarmann/Riehmer/Schüppen* Rn. 19 f.

[42] *Hommelhoff/Witt* in *Haarmann/Riehmer/Schüppen* Rn. 21.

[43] *Hommelhoff/Witt* in *Haarmann/Riehmer/Schüppen* Rn. 22.

Anspruch auf den anteiligen Liquidationserlös.[44] Da es nicht ausreicht, wenn der die Pflichten auslösende Tatbestand beendet wird, dauern die Wirkungen des § 59 Satz 1 auch dann fort, wenn der Bieter die Kontrollschwelle durch Aktienveräußerung wieder unterschreitet. Denn **dieses nachträgliche Unterschreiten** lässt die Pflichten aus § 35 Abs. 1 und 2 nicht entfallen. Das Sanktionsbedürfnis besteht vielmehr so lange fort, bis sämtlichen Pflichten nachgekommen wurde.[45] Dies hat beispielsweise für die zentralen Rechte wie das Stimmrecht und den Dividendenzahlungsanspruch zur Folge, dass die Pflichten des § 35 bis spätestens vor der jeweiligen Beschlussfassung erfüllt sein müssen. Eine Nachholung nach der Beschlussfassung hat keinen Einfluss mehr auf die Rechte.

Kommt es zu einem Verlust von Rechten aus Aktien aufgrund der Zurechnung gemeinsam handelnder Personen, **entstehen die verloren gegangenen Rechte erst wieder**, wenn alle Personen ihre Pflichten erfüllt haben. Diese Konsequenz folgt aus der gesetzlichen Konzeption der Zurechnung über § 30 Abs. 2.[46] Hinzu kommt, dass in diesen Konstellationen regelmäßig kein beherrschender Einfluss auf die Personen ausgeübt werden kann, deren Aktien zugerechnet werden. Daher kann es zu Spannungen zwischen den gemeinsam handelnden Personen kommen, wenn nur einzelne der gemeinsam handelnden Personen sich weigern, die Pflichten aus § 35 Abs. 1 und 2 zu erfüllen. Mögliche Schäden sind im Innenverhältnis zwischen den gemeinsam handelnden Personen nach allgemeinen Grundsätzen auszugleichen.[47]

IV. Ausnahmen vom Rechtsverlust (§ 59 Satz 2)

1. Allgemeines. Mit § 59 Satz 2 regelt der Gesetzgeber für bestimmte Konstellationen Ausnahmen vom Rechtsverlust nach Satz 1. Der Anspruch auf Dividende und den Liquidationserlös geht nicht verloren, wenn der Bieter darlegt und beweist, dass die unterlassene Veröffentlichung der Kontrollerlangung oder die Nichtabgabe des Pflichtangebots ohne Vorsatz unterblieben ist und nachgeholt wurde.[48] Mit Satz 2 wird dem Übermaßverbot Rechnung getragen und gleichzeitig mit einer Beweislastumkehr das Risiko der Unerweislichkeit des Vorsatzes ausgeschlossen.[49]

Im Einzelnen erfasst die Ausnahme des Satzes 2 **nur den Anspruch auf Dividende**, also das Recht auf den anteiligen Bilanzgewinn gem. § 58 Abs. 4 i.V.m. § 174 AktG und den Anspruch auf den Anteil am Liquidationserlös nach § 271 Abs. 1 AktG. Eine entsprechende Anwendung des Satzes 2 auf vergleichbare Rechte wie Ausgleichs-, Umtausch- oder Abfindungsansprüche ist nicht möglich.[50] Mit Blick auf die **Ausnahme hinsichtlich des Liquidationserlö-**

26

27

28

---

[44] *Hommelhoff/Witt* in *Haarmann/Riehmer/Schüppen* Rn. 25.

[45] *Steinmeyer/Häger* Rn. 21.

[46] *Hommelhoff/Witt* in *Haarmann/Riehmer/Schüppen* Rn. 13; *Steinmeyer/Häger* Rn. 22.

[47] *Steinmeyer/Häger* Rn. 22.

[48] Begr. RegE BT-Drucks. 14/7043 S. 68.

[49] *Tschauner* in *Geibel/Süßmann* Rn. 64.

[50] *Kremer/Oesterhaus* in Kölner Komm. Rn. 79; *Tschauner* in *Geibel/Süßmann* Rn. 65.

ses wird indessen kritisiert, dass zwar der Dividendenanspruch als zentrales Vermögensrecht erfasst wird, nicht aber das Bezugsrecht junger Aktien bei der Kapitalerhöhung gegen Einlagen.[51]

29   **2. Voraussetzungen.** Die Ausnahme des Satzes 2 greift nur ein, wenn gegen die Verpflichtungen des Satzes 1 **nicht vorsätzlich verstoßen** wurde. Jede Form der Fahrlässigkeit dagegen eröffnet die Möglichkeit der Heilung nach Satz 2. Der Vorsatzbegriff ist im Hinblick auf den kapitalmarktrechtlichen Anwendungsbereich zu bestimmen. Er setzt voraus, dass dem Aktionär die Merkmale bzw. Tatsachen bekannt sind, die zum objektiven Tatbestand gehören, auf die sich die Pflichten des § 35 Abs. 1 und 2 bezieht. Diese Pflichten muss er bewusst nicht erfüllt oder sich mit deren Verletzung abgefunden haben.[52]

30   § 59 Satz 2 setzt weiter voraus, dass die **versäumten Handlungen nachgeholt** werden. Zwar ist nicht geregelt, bis zu welchem Zeitpunkt die rückwirkende Heilung möglich ist. Jedoch liegt es nahe, dass die Nachholung unverzüglich zu erfolgen hat, sobald der Kontrollerwerber die Pflichtverletzung erkennt. Andernfalls würde nämlich ab diesem Zeitpunkt ein vorsätzliches Unterlassen vorliegen, bei dem eine Heilung nach § 59 Satz nicht möglich ist.[53]

31   Der Formulierung des Satzes 2 zufolge **trifft den Kontrollerwerber,** der sich auf den Nichteintritt des Rechtsverlusts beruft, die Beweislast. Er hat der Zielgesellschaft gegenüber nachweisen, dass er die Pflichten aus § 35 Abs. 1 und 2 nicht vorsätzlich unterlassen und sie nachgeholt hat.[54]

V. Sonstiges

32   Die Folgen des § 59 Satz 1 sind nur an den Kontrollerwerber gerichtet, der die Pflichten nach § 35 Abs. 1 und 2 verletzt hat. Veräußert dieser die Aktien an einen Dritten, kann dieser die Rechte aus den Aktien geltend machen. Dies gilt jedoch nur mit Wirkung ex nunc, ab dem Zeitpunkt der Übertragung der Aktien.[55]

33   **Überschreitet der Aktienbesitz** des Bieters an der Zielgesellschaft die 30%-Kontrollschwelle des WpÜG, ist er nicht gehindert, weitere Aktien zu erwerben. Dem steht auch nicht § 59 für den Fall im Wege, dass der Kontrollerwerber seinen sich aus § 35 Abs. 1 und 2 ergebenden Pflichten nicht nachkommt. Im Zusammenhang mit der Parallelvorschrift § 38 WpHG wird zwar vertreten, dass der weitere Aktienerwerb beim Überschreiten der Meldeschwellen die Ausnutzung einer Insidertatsache bedeutet.[56] Diese Ansicht vermag für das WpÜG nicht zu überzeugen. Auch wenn mit dem Überschreiten der Kontrollschwelle nach § 29 Abs. 2 regelmäßig von einer Insidertatsache

---

[51] *Hommelhoff/Witt* in *Haarmann/Riehmer/Schüppen* Rn. 31.

[52] *Hommelhoff/Witt* in *Haarmann/Riehmer/Schüppen* Rn. 29; *Tschauner* in *Geibel/Süßmann* Rn. 67 f.; *Kremer/Oesterhaus* in Kölner Komm. Rn. 78.

[53] *Tschauner* in *Geibel/Süßmann* Rn. 70; *Steinmeyer/Häger* Rn. 24.

[54] *Kremer/Oesterhaus* in Kölner Komm. Rn. 79; *Hommelhoff/Witt* in *Haarmann/Riehmer/Schüppen* Rn. 29; *Tschauner* in *Geibel/Süßmann* Rn. 71.

[55] *Kremer/Oesterhaus* in Kölner Komm. Rn. 82; *Tschauner* in *Geibel/Süßmann* Rn. 73; vgl. LG Hamburg WM 1996, 168, 170 zu § 20 AktG.

[56] Vgl. *Assmann/Schneider/Schneider* § 28 WpHG Rn. 50; *Assmann/Schneider/Cramer* § 14 WpHG Rn. 28; *Caspari* ZGR 1994, 531, 542.

nach § 13 Abs. 1 WpHG ausgegangen werden kann, bleibt der Kauf von Aktien der Zielgesellschaft die Ausführung des eigenen Übernahmeentschlusses. Das Insiderwissen wird nicht ausgenutzt, sondern der eigene Entschluss fortgeführt. An diesem Ergebnis ändert es nichts, wenn der Bieter nach Erreichen der Schwelle des § 29 Abs. 2 weitere Aktien hinzukauft, ohne seine Pflichten nach § 35 Abs. 1 und 2 zu erfüllen. Trotz dieses Verstoßes erfolgt der Aktienerwerb weiterhin in Ausführung des ursprünglichen Übernahmeentschlusses.[57]

Umstritten ist, ob die § 35 Abs. 1 und 2 Schutzgesetze i.S.v. § 823 Abs. 2 **34** BGB sind.[58] Den vergleichbaren Bestimmungen §§ 21 ff. WpHG wird zwar nach wohl herrschender Ansicht kein individualschützender Charakter beigemessen. Im Gegensatz zu §§ 21 ff. WpHG wollen die Verpflichtungen zur Veröffentlichung der Kontrollerlangung und zur Abgabe des Pflichtangebots jedoch primär die übrigen Aktionäre schützen. Sie erhalten für den Fall der Kontrollerlangung ein Austrittsrecht, mit dem der Schutz der Minderheitsaktionäre vor den Gefahrenquellen bezweckt wird, die aus dem Einfluss eines Großaktionärs herrühren. Daher sind die Pflichten des § 35 Abs. 1 und 2 richtiger Auffassung nach als Schutzgesetze i.S.v. § 823 Abs. 2 anzusehen.

Die Verletzung der Pflichten aus § 35 Abs. 1 und 2 durch den Bieter wird in **35** aller Regel gleichzeitig eine Verletzung der gegenüber den anderen Aktionären bestehenden Treuepflicht darstellen, die bei schuldhaftem Handeln Schadensersatzpflichten auslösen kann.[59]

Werden Rechte aus den Aktien ausgeübt, obwohl sie aufgrund eines Verstoßes gem. §§ 59 Satz 1, 35 Abs. 1 und 2 nicht bestehen, bedeutet dies die **Anmaßung mitgliedschaftlicher Rechte**. Eine schuldhafte Anmaßung kann zu einer Schadensersatzpflicht aus Treuepflichtgesichtspunkten gegenüber der Gesellschaft und den übrigen Aktionären führen.[60]

§ 60 Bußgeldvorschriften

(1) **Ordnungswidrig handelt, wer vorsätzlich oder leichtfertig**

1. entgegen

   a) § 10 Abs. 1 Satz 1, § 14 Abs. 2 Satz 1 oder § 35 Abs. 1 Satz 1 oder Abs. 2 Satz 1 oder

   b) § 21 Abs. 2 Satz 1, § 23 Abs. 1 Satz 1 oder Abs. 2 Satz 1 oder § 27 Abs. 3 Satz 1
   eine Veröffentlichung nicht, nicht richtig, nicht vollständig, nicht in der vorgeschriebenen Weise oder nicht rechtzeitig vornimmt,

2. entgegen

   a) § 10 Abs. 2 Satz 1, auch in Verbindung mit § 35 Abs. 1 Satz 4, § 14 Abs. 1 Satz 1 oder § 35 Abs. 2 Satz 1,

---

[57] *Tschauner* in *Geibel/Süßmann* Rn. 73; *Kremer/Oesterhaus* in Kölner Komm. Rn. 84.

[58] *Kremer/Oesterhaus* in Kölner Komm. Rn. 85; *Witt* in *Haarmann/Riehmer/Schüppen* § 35 Rn. 61; aA *Tschauner* in *Geibel/Süßmann* Rn. 77 f.

[59] *Kremer/Oesterhaus* in Kölner Komm. Rn. 85.

[60] *Hommelhoff/Witt* in *Haarmann/Riehmer/Schüppen* Rn. 32 f.; *Kremer/Oesterhaus* in Kölner Komm. Rn. 86.

b) § 10 Abs. 5, auch in Verbindung mit § 35 Abs. 1 Satz 4, oder § 14 Abs. 4, auch in Verbindung mit § 21 Abs. 2 Satz 2 oder § 35 Abs. 2 Satz 2, oder

c) § 27 Abs. 3 Satz 2

eine Mitteilung, Unterrichtung oder Übermittlung nicht, nicht richtig, nicht vollständig, nicht in der vorgeschriebenen Weise oder nicht rechtzeitig vornimmt,

3. entgegen § 10 Abs. 3 Satz 3, auch in Verbindung mit § 35 Abs. 1 Satz 4, oder § 14 Abs. 2 Satz 2, auch in Verbindung mit § 35 Abs. 2 Satz 2, eine Veröffentlichung vornimmt oder eine Angebotsunterlage bekannt gibt,

4. entgegen § 10 Abs. 4 Satz 1, auch in Verbindung mit § 35 Abs. 1 Satz 4, eine Veröffentlichung nicht, nicht richtig, nicht vollständig oder nicht rechtzeitig übersendet,

5. entgegen § 14 Abs. 3 Satz 2, auch in Verbindung mit § 21 Abs. 2 Satz 2, § 23 Abs. 1 Satz 2 oder § 35 Abs. 2 Satz 2, oder entgegen § 27 Abs. 3 Satz 3 einen Beleg nicht, nicht richtig oder nicht rechtzeitig übersendet,

6. entgegen § 15 Abs. 3 eine Veröffentlichung vornimmt,

7. entgegen § 26 Abs. 1 Satz 1 oder 2 ein Angebot abgibt oder

8. entgegen § 33 Abs. 1 Satz 1 eine dort genannte Handlung vornimmt.

(2) Ordnungswidrig handelt, wer vorsätzlich oder fahrlässig

1. einer vollziehbaren Anordnung nach § 28 Abs. 1 zuwiderhandelt oder

2. entgegen § 40 Abs. 1, 2 oder 3 Satz 1, auch in Verbindung mit Satz 2, eine Auskunft nicht, nicht richtig, nicht vollständig oder nicht rechtzeitig erteilt oder eine Unterlage nicht, nicht richtig, nicht vollständig oder nicht rechtzeitig vorlegt.

(3) Die Ordnungswidrigkeit kann in den Fällen des Absatzes 1 Nr. 1 Buchstabe a, Nr. 3, 6 bis 8 mit einer Geldbuße bis zu einer Million Euro, in den Fällen des Absatzes 1 Nr. 1 Buchstabe b, Nr. 2 Buchstabe a und Nr. 4 mit einer Geldbuße bis zu fünfhunderttausend Euro, in den übrigen Fällen mit einer Geldbuße bis zu zweihunderttausend Euro geahndet werden.

Übersicht

I. Allgemeines

Durch das WpÜG werden den an Wertpapiererwerbs- und Übernahmevor- **1**
gängen Beteiligten **zahlreiche Pflichten** auferlegt. Dazu sieht das WpÜG
eine Reihe von Rechtsinstituten vor, wie etwa eine zivilrechtliche Haftung,
den Rechtsverlust nach § 59 oder den Zinsanspruch gem. § 38. Die zentrale
Funktion bei der Sanktionierung von Verstößen übernimmt jedoch § 60 mit
der Androhung von Bußgeldern.[1] Die als Ordnungswidrigkeit eingestufte
Sanktion soll den **ordnungsgemäßen Ablauf von Angebotsverfahren** nach
diesem Gesetz gewährleisten. Gleichzeitig wird damit ein hinreichender
Schutz der Minderheitsaktionäre angestrebt. Die in § 60 beschriebenen Verstöße gegen Veröffentlichungspflichten und Anordnungen der Bundesanstalt
zielen im Grunde auf eine **geordnete Kapitalmarktstruktur** und das **Vertrauen des Funktionierens der Kapitalmärkte** ab. Daher sieht § 60 Abs. 3
auch einen im Vergleich zu § 17 erheblich intensiveren Bußgeldrahmen vor.[2]
Der Geldbuße im Ordnungswidrigkeitenrecht kommt wie der klassischen
Kriminalstrafe repressive Funktion zu. Allerdings spricht sie kein Unwerturteil
aus und will den Verstoß auch nicht sühnen, sondern der Ordnungsfunktion,
auf die sich die Bußgeldvorschrift im Einzelnen bezieht, zur Geltung verhelfen. Dabei wirkt die Bußgeldvorschrift sowohl in spezialpräventiver Richtung,
als auch generalpräventiv mit der Folge, dass mögliche Betroffene aufgefordert
werden, die gesetzlichen Vorgaben zu beachten.[3]

---

[1] *Schäfer* in Kölner Komm. Rn. 1.
[2] *Steinmeyer/Häger* Rn. 1.
[3] *Schäfer* in Kölner Komm. Rn. 2.

2 Mit § 60 stellt das WpÜG eine **materielle Ordnungswidrigkeitsvorschrift** auf. Die weiteren Vorschriften des achten Abschnitts behandeln – trotz der Überschrift „Sanktionen" – dagegen im Wesentlichen Zuständigkeitsfragen. Für die allgemeinen Zusammenhänge der Ordnungswidrigkeit gelten daher ergänzend die §§ 1–34 OWiG.[4]

3 § 60 stellt unterschiedliche Anforderungen an die Ordnungswidrigkeitentatbestände. Verstöße gegen Abs. 1 müssen vorsätzlich oder leichtfertig vorgenommen werden, während Abs. 2 Fahrlässigkeit ausreichen lässt.[5] In Abs. 3 wird der Bußgeldrahmen beschrieben, dessen Höhe sich nach der Bedeutung der jeweiligen Verstöße für den Kapitalmarkt richtet.[6]

II. Bußgeldtatbestände

4 **1. Allgemeine Anforderungen.** Wer Adressat einer Ordnungswidrigkeit ist, ergibt sich zunächst unmittelbar aus der jeweiligen Formulierung der Tatbestände des § 60. Täter im Sinne einer Ordnungswidrigkeit kann dabei grundsätzlich nur eine natürliche Person sein, da nur sie im Sinne des § 1 OWiG handeln kann.[7] Daher sind Adressaten der Haftung von juristischen Personen und Personengesellschaften ihre gesetzlichen Vertreter (§§ 5, 130 OWiG). Ausnahmsweise kann aber auch eine juristische Person oder eine Personenvereinigung selbst Adressat einer Geldbuße sein, § 30 OWiG.[8]

5 § 60 sieht Ordnungswidrigkeiten sowohl für **Verhaltensweisen vor, die jeder Täter verwirklichen kann**, als auch für **Sonderdelikte**. Letztere können nur durch bestimmte Personen verwirklicht werden, die besondere persönliche Merkmale aufweisen, wozu auch Pflichten zählen, die durch eine juristische Person zu erfüllen sind.[9] Auch wenn § 60 sich vor allem an mögliche Bieter richtet und damit prinzipiell an jedermann, sind die Anforderungen an den Bußgeldtatbestand vielfach derart qualifiziert, dass von einem Sonderdelikt auszugehen ist.[10]

6 Bleibt eine der in § 60 Abs. 1 und 2 genannten Handlungen im **Versuchsstadium** stecken, löst dies keine Ordnungswidrigkeit aus. Die Ahndung des Versuchs setzt nämlich voraus, dass dies ausdrücklich bestimmt wird, § 13 OWiG.[11] § 60 schweigt jedoch hierzu. Die sanktionierten Handlungen des § 60 können jedoch gem. § 8 OWiG durch Unterlassen verwirklicht werden. Voraussetzung dafür ist, dass der Betroffene rechtlich dafür einzustehen hat, dass der Erfolg nicht eintritt und dass das Unterlassen der Verwirklichung durch aktives Tun entspricht.[12]

---

[4] *Steinmeyer/Häger* Rn. 2.

[5] Vgl. zu den Begehungsformen unter III.

[6] *Steinmeyer/Häger* Rn. 2.

[7] *Tschauner* in *Geibel/Süßmann* Rn. 2; *Göhler* Vor § 1 OWiG Rn. 11.

[8] Vgl. dazu im Einzelnen unten Rn. 39 ff.

[9] *Schäfer* in Kölner Komm. Rn. 14; *Göhler* Vor § 1 OWiG Rn. 17.

[10] *Rönnau* in *Haarmann/Riehmer/Schüppen* Vor § 60 Rn. 51 f.; *Schäfer* in Kölner Komm. Rn. 15.

[11] Vgl. *Göhler* § 13 OWiG Rn. 7 ff.

[12] Vgl. *Tschauner* in *Geibel/Süßmann* Rn. 4; *Göhler* § 8 OWiG Rn. 2 ff.

Das Recht der Ordnungswidrigkeiten unterscheidet nicht zwischen den **verschiedenen Formen der Beteiligung**. Gem. §14 Abs.1 OWiG handelt jeder Beteiligte ordnungswidrig, ohne dass zwischen Täterschaft und Beteiligung differenziert wird. Dieser einheitliche Täterbegriff erleichtert und vereinfacht die Rechtsanwendung.[13] Eine Beteiligung setzt lediglich voraus, dass ein ursächlicher bzw. förderlicher Tatbeitrag zu einer vorsätzlichen Tat eines anderen geleistet wurde.[14]

Der Gesetzgeber hat sich mit §60 der **Blanketttechnik** bedient. Das mit dem Bußgeld belegte Verhalten wird in §60 nicht eigens ausformuliert, sondern es wird auf andere Vorschriften verwiesen, aus denen sich die zu erfüllenden Verhaltenspflichten ergeben. Diese Verweisungstechnik ist jedoch eingeschränkt, indem nicht lediglich ein Verstoß vorausgesetzt wird, sondern die Zuwiderhandlung konkretisiert wird.[15]

2. Bußgeldtatbestände. a) Zuwiderhandlungen gem. §60 Abs.1. Ordnungswidrig und an ein Bußgeld geknüpft sind die in diesem Absatz näher beschriebenen Verhaltenweisen. Absatz 1 setzt **vorsätzliches oder leichtfertiges Handeln** voraus. Den Gesetzesmaterialien zufolge hielt der Gesetzgeber Verstöße in diesem Zusammenhang, die auf einfacher Fahrlässigkeit beruhen, nicht für ahndungswürdig.[16]

aa) Ordnungswidrigkeiten nach Abs.1 Nr.1. Den in Nr.1 behandelten Pflichten bei der Veröffentlichung öffentlicher Erwerbsangebote wird zentrale Bedeutung beigemessen. Sie sollen daher mit den Mitteln des Ordnungswidrigkeitenrechts durchgesetzt werden.[17] Folgende Veröffentlichungspflichten werden im Einzelnen sanktioniert:

– die Entscheidung zur Abgabe des Angebots gem. §10 Abs.1 Satz 1
– die Angebotsunterlage gem. §14 Abs.2 Satz 1
– die Kontrollerlangung gem. §35 Abs.1 Satz 1
– das Pflichtangebot gem. §35 Abs.2 Satz 1
– die Änderung des Angebots, gem. §21 Abs.2 Satz 1
– die Veröffentlichungspflicht des Bieters nach §23 Abs.1 Satz 1
– der Erwerb von Aktien an der Zielgesellschaft nach Ablauf der Annahmefrist gem. §23 Abs.2 Satz 2
– die Stellungnahme des Vorstands und Aufsichtsrats der Zielgesellschaft nach §27 Abs.3 Satz 1.

Eine Zuwiderhandlung nach Nr.1 verlangt, dass die beschriebenen Veröffentlichungspflichten nicht, nicht richtig, nicht vollständig, nicht in der vorgeschriebenen Weise oder nicht rechtzeitig vorgenommen werden. Mit der umfangreichen Aufzählung möglicher Begehungsweisen versucht der Gesetzgeber von vornherein, alle Zuwiderhandlungen zu erfassen. Die letzten vier

---

[13] *Göhler* §14 OWiG Rn.1f.
[14] *Schäfer* in Kölner Komm. Rn.16; *Göhler* §14 OWiG Rn.15.
[15] *Schäfer* in Kölner Komm. Rn.13; *Göhler* §1 Rn.17 OWiG; *Rönnau* in Haarmann/Riehmer/Schüppen Vor §60 Rn.20.
[16] *Tschauner* in *Geibel/Süßmann* Rn.15; *Steinmeyer/Häger* Rn.3; vgl. die Begründung des RegE zu §39 WpHG, BT-Drucks. 12/6679.
[17] *Tschauner* in *Geibel/Süßmann* Rn.17; Begründung des RegE zu §60, BT-Drucks. 14/7034 S. 68.

Alternativen sind jedoch nur als **Konkretisierungen der Pflicht** zu verstehen, die Veröffentlichung überhaupt vorzunehmen.[18]

12   **bb) Ordnungswidrigkeiten nach Abs. 1 Nr. 2.** Die in Nr. 2 genannten Tatbestände behandeln ebenfalls Mitteilungs- und Unterrichtungspflichten. Sie ergänzen die in Nr. 1 erwähnten Verhaltenspflichten und versuchen, eine bessere Überwachung des Verfahrens sicherzustellen und eine angemessene Information der Zielgesellschaft und der Arbeitnehmer zu gewährleisten.[19] Die sanktionierten Pflichten umfassen:

13   – die **Vorabmitteilung des Bieters** über die Veröffentlichung an die Börsen und die BAFin gem. § 10 Abs. 2 Satz 1, auch iVm § 35 Abs. 1 Satz 4

    – die **Mitteilung des Bieters** an den Vorstand über die Entscheidung zur Abgabe eines Angebots unverzüglich nach deren Veröffentlichung gem. § 10 Abs. 5 Satz 1, auch iVm § 35 Abs. 1 Satz 4

    – die **Mitteilung der Zielgesellschaft** nach § 10 Abs. 5 Satz 1, den zuständigen Betriebsrat bzw. unmittelbar die Arbeitnehmer unverzüglich zu informieren, § 10 Abs. 5 Satz 2

    – die **Übermittlung der Angebotsunterlage** an die Zielgesellschaft nach ihrer Veröffentlichung gem. § 14 Abs. 4, auch iVm § 21 Abs. 2 Satz 2 und § 35 Abs. 2 Satz 2

    – die **Pflicht der Führungsgremien** der Zielgesellschaft, die Stellungnahme zum Angebot nach § 27 Abs. 3 Satz 1 dem Betriebsrat bzw. unmittelbar den Arbeitnehmern zu übermitteln gem. § 27 Abs. 3 Satz 2.

14   Ein Verstoß gegen die Nr. 2 knüpft daran an, dass die Mitteilung, Unterrichtung oder Übermittlung nicht, nicht richtig, nicht vollständig, nicht in der vorgeschriebenen Weise oder nicht rechtzeitig vorgenommen wird.[20]

15   **cc) Ordnungswidrigkeiten nach Abs. 1 Nr. 3.** Durch die in Nr. 3 als Ordnungswidrigkeiten eingeordneten Zuwiderhandlungen soll einerseits gewährleistet werden, dass die gesetzlich vorgeschriebenen Veröffentlichungswege eingehalten werden und andererseits, dass die Veröffentlichung tatsächlich erst nach Prüfung der Angebotsunterlage durch die Bundesanstalt erfolgt.[21]

    Im Einzelnen werden folgende **Verpflichtungen des Bieters** erfasst:

16   – vor der Veröffentlichung der Entscheidung der Angebotsabgabe gem. 10 Abs. 3 Satz 1 keine Veröffentlichung in anderer Weise vorzunehmen (§ 10 Abs. 3 Satz 3, auch iVm 35 Abs. 4) und

    – die Angebotsunterlage nicht vor ihrer Veröffentlichung gem. § 14 Abs. 2 Satz 1 i.V.m. § 14 Abs. 3 Satz 1 bekannt zu geben (§ 14 Abs. 2 Satz 2, auch iVm § 35 Abs. 2 Satz 2).

---

[18] *Schäfer* in Kölner Komm. Rn. 68; *Rönnau* in *Haarmann/Riehmer/Schüppen* § 60 Rn 3 ff.; einschränkend *Tschauner* in *Geibel/Süßmann* Rn. 18.

[19] *Schäfer* in Kölner Komm. Rn. 70; Begründung des RegE zu § 60, BT-Drucks. 14/7034 S. 68.

[20] Vgl. zum Verhältnis der Modalitäten zueinander Rn. 12.

[21] *Tschauner* in *Geibel/Süßmann* Rn. 22; Begründung des RegE zu § 60, BT-Drucks. 14/7034 S. 68.

dd) Ordnungswidrigkeiten nach Abs. 1 Nr. 4. Der in Nr. 4 vorgesehene   **17**
Ordnungswidrigkeitentatbestand soll eine sachgerechte Kontrolle bei der
Erfüllung der Veröffentlichungs- und Mitteilungspflichten sicherstellen. Zu
diesem Zweck ist die Pflicht des Bieters sanktioniert, die Veröffentlichung der
Entscheidung zur Angebotsabgabe gem. § 10 Abs. 4, auch iVm § 35 Abs. 1 Satz
4, den Börsen und der Bundesanstalt zu übersenden, § 10 Abs. 3 Satz 1.[22] Voraussetzung ist, dass die Veröffentlichung nicht, nicht richtig, nicht vollständig
oder nicht rechtzeitig übersendet wird.[23]

ee) Ordnungswidrigkeiten nach Abs. 1 Nr. 5. Die Tatbestände in Abs. 1   **18**
Nr. 5 zielen ebenfalls auf die sachgerechte Kontrolle der Erfüllung von Ver-
öffentlichungs- und Mitteilungspflichten ab.[24] Vom Ordnungswidrigkeitentatbestand erfasst wird daher die **Pflicht**:
– des Bieters, der BAFin unverzüglich einen Beleg über die Angebotsver-   **19**
  öffentlichung nach § 14 Abs. 1 Satz 3 Nr. 2 zu übersenden (§ 14 Abs. 3 Satz 2,
  auch iVm § 21 Abs. 2 Satz 2, § 23 Abs. 2 Satz 2 und § 35 Abs. 2 Satz 2);
– der Führungsgremien der Zielgesellschaft, der Bundesanstalt einen Beleg
  über ihre veröffentlichte Stellungnahme gem. § 14 Abs. 3 Satz 1 Nr. 2 zu
  übersenden (§ 27 Abs. 3 Satz 3).
Die Tatbestandserfüllung setzt voraus, dass der Beleg nicht, nicht richtig oder   **20**
nicht rechtzeitig übersendet wird.[25]

ff) Ordnungswidrigkeiten nach Abs. 1 Nr. 6. Nach Nr. 6 handelt ord-   **21**
nungswidrig, wer trotz der Untersagung eines Angebots durch die Bundesanstalt gem. § 15 Abs. 3 eine Veröffentlichung der Angebotsunterlage vornimmt.
Hiermit soll das Recht der BAFin, Angebotsveröffentlichungen zu untersagen,
gestärkt werden.[26]

gg) Ordnungswidrigkeiten nach Abs. 1 Nr. 7. Dem Ziel, der Unter-   **22**
sagung von Angeboten durch die BAFin Nachdruck zu verleihen, dient auch
die Vorschrift des Abs. 1 Nr. 7. Sie sanktioniert die Abgabe eines erneuten
Angebots innerhalb der einjährigen Sperrfrist gem. § 26 Abs. 1 Satz 1.[27] Ebenfalls wird ein Bußgeld angedroht für den Fall, dass der Bieter entgegen § 26
Abs. 1 Satz 2 innerhalb der einjährigen Sperrfrist ein Mindestanteilsangebot
durch ein neues Angebot ersetzt.

hh) Ordnungswidrigkeiten nach Abs. 1 Nr. 8. In Abs. 1 Nr. 8 werden   **23**
Zuwiderhandlungen des Vorstands der Zielgesellschaft gegen die Unterlas-
sungspflicht aus § 33 Abs. 1 Satz 1 erfasst. Im Falle eines Angebots darf er keine

---

[22] *Schäfer* in Kölner Komm. Rn. 73; Begründung des RegE zu § 60, BT-Drucks.
14/7034 S. 68.
[23] Vgl. *Rönnau* in *Haarmann/Riehmer/Schüppen* Rn. 41.
[24] *Steinmeyer/Häger* Rn. 7; Begründung des RegE zu § 60, BT-Drucks. 14/7034
S. 68.
[25] Vgl. *Rönnau* in *Haarmann/Riehmer/Schüppen* Rn. 42 ff.
[26] *Schäfer* in Kölner Komm. Rn. 75; Begründung des RegE zu § 60, BT-Drucks.
14/7034 S. 68.
[27] *Tschauner* in *Geibel/Süßmann* Rn. 30; Begründung des RegE zu § 60, BT-
Drucks. 14/7034 S. 68.

Handlungen vornehmen, die den Erfolg des Angebots verhindern könnten (vgl. zu den möglichen Ausnahmen § 33 Abs. 1 Satz 2 und Abs. 2).[28]

24   **b) Ordnungswidrigkeiten nach § 60 Abs. 2.** Nach Abs. 2 liegt eine Ordnungswidrigkeit vor, wenn der Täter einer Untersagung der BAFin gem. § 28 Abs. 1 im Falle unzulässiger Werbung zuwiderhandelt (§ 60 Abs. 2 Nr. 1). Gleiches gilt, wenn er sich gegen Ermittlungsverlangen der BAFin gem. § 40 Abs. 1 bis 3 widersetzt. Mit der Einstufung als Ordnungswidrigkeit wird eine flankierende Maßnahme getroffen, dass die BAFin ihre Befugnisse besser durchsetzen kann. Die Anordnungen der BAFin gem. §§ 28 und 40 sind sofort vollziehbar (vgl. § 42).[29] Da es den Adressaten der Verfügungen nach §§ 28 und 40 zuzumuten ist, den vollziehbaren Anordnungen der BAFin sofort nachzukommen, hat sich der Gesetzgeber dafür entschieden, als Verschuldensmaßstab bereits einen fahrlässigen Verstoß ausreichen zu lassen, um eine Ordnungswidrigkeit zu begründen.[30]

III. Begehungsformen

25   § 60 Abs. 1 verlangt, dass die Zuwiderhandlung vorsätzlich oder leichtfertig vorgenommen wird. Demgegenüber können Ordnungswidrigkeiten nach Abs. 2 auch durch jede Art von Fahrlässigkeit begangen werden.

26   **1. Vorsatz.** Weder das WpÜG, noch das StGB oder das OWiG enthalten eine Definition des Begriffes „Vorsatz". Anzuwenden ist das **allgemeinen Verständnis von Vorsatz**, das sich aus einem intellektuellen und einem voluntativen Element zusammensetzt.[31]

27   Die Ausfüllung des intellektuellen Elementes knüpft an die Kenntnis der Umstände an, mit denen der gesetzliche Tatbestand im Sinne von § 11 OWiG beschrieben wird. Diese spiegeln den Unrechtsgehalt der Tat wieder, dessen Sinngehalt der Täter nicht genau kennen muss, die aber den Sinngehalt der wesentlichen Merkmale zumindest erfassen.[32] Die Tatbestandmerkmale können normativer oder deskriptiver Natur sein. Letztere beschreiben den Tatbestand sachlich-gegenständlich. Aus dieser sinnlichen Wahrnehmung lässt sich regelmäßig ableiten, ob der Täter in Kenntnis des deskriptiven Merkmals gehandelt hat.[33]

28   **Normative Tatbestandmerkmale** dagegen können nur als ein Werturteil wahrgenommen werden. Der Täter muss sich hier „durch einen Akt geistigen Verstehens den unrechtstypisierenden Charakter" des Tatbestandsmerkmals vergegenwärtigen. Dazu ist nicht erforderlich, dass der Täter die exakte juristi-

---

[28] Vgl. ausführlich *Rönnau* in *Haarmann/Riehmer/Schüppen* Rn. 54 ff.

[29] *Steinmeyer/Häger* Rn. 10; vgl. zur Frage, ob auch für den Fall, dass das Beschwerdegericht die aufschiebende Wirkung gem. § 50 Abs. 3 anordnet, ein Verstoß gegen eine nichtvollziehbare Handlung angeordnet werden kann: *Tschauner* in *Geibel/Süßmann* Rn. 34 ff., wo dies aufgrund einer teleologischen Reduktion abgelehnt wird.

[30] *Steinmeyer/Häger* Rn. 10; vgl. zur Fahrlässigkeit unten Rn. 30.

[31] *Tschauner* in *Geibel/Süßmann* Rn. 7; vgl. BGH NStZ 1988, 175.

[32] *Schäfer* in Kölner Komm. Rn. 49; *Göhler* § 11 OWiG Rn. 7.

[33] *Tschauner* in *Geibel/Süßmann* Rn. 8.

sche Bedeutung erfasst.[34] Es reicht vielmehr aus, dass er den Unrechtsgehalt in der sog. „Parallelwertung in der Laiensphäre" erkennt. Zu den **normativen Tatbestandsmerkmalen** zählen die Begriffe wie Wertpapier und Angebot aber auch der Kerngehalt der Zurechungstatbestände des § 30.[35] In den Dimensionen, in denen sich das WpÜG bewegt, kann den im Geschäftsleben erfahrenen Verantwortlichen unterstellt werden, dass sie bei einer möglichen Täterschaft die Umstände, die die Tatbestandsmerkmale ausfüllen, kennen. In der Praxis hat sich gezeigt, dass bei öffentlichen Übernahmen externe Beratung sowohl auf der Bieterseite wie auch bei den Zielgesellschaften in Anspruch genommen wird.[36]

Zum intellektuellen Element kommt die **voluntative Komponente**. Je   29
nach Ausprägung bzw. Intensität des Willenselements werden verschiedene Vorsatzarten unterschieden, die alle die Anforderungen des vorsätzlichen Handelns erfüllen.[37] Die stärkste Form ist „Absicht" oder dolus directus 1. Grades, bei dem der Täter die Verwirklichung des Tatbestands anstrebt, bzw. es ihm gerade darauf ankommt.[38] Weniger intensiv ist die Vorsatzform „Wissen" oder dolus directus 2. Grades. Der Täter weiß um die Verwirklichung des Tatbestands oder sieht diese als sicher voraus.[39] Eine Unterscheidung dieser beiden Vorsatzarten ist im Recht der Ordnungswidrigkeiten meistens nicht erforderlich. Von größerer Relevanz ist die Bestimmung des **Eventualvorsatzes**, da hier die Grenzziehung zur bloßen Fahrlässigkeit vorgenommen wird und die Ordnungswidrigkeit bis maximal zur Hälfte der vorgegebenen Bußgeldrahmens sanktioniert werden kann.[40] Beim dolus eventualis strebt der Täter die Verwirklichung des Tatbestands weder an, noch sieht er sie als sicher voraus. Er muss lediglich über die Möglichkeit der Tatbestandsverwirklichung reflektiert haben und sie dabei für möglich halten oder billigend in Kauf nehmen. Im Wege einer Gesamtschau aller objektiven und subjektiven Elemente ist das voluntative Element hier zu untersuchen.[41]

2. Fahrlässigkeit. Der Täter handelt fahrlässig, wenn er die im Verkehr er-   30
forderliche und ihm mögliche Sorgfalt außer Acht lässt. Im Ordnungswidrigkeitenrecht wird, **im Gegensatz zu § 276 Abs. 2 BGB**, ein subjektiver Maßstab angelegt, der auf die Außerachtlassung der im Verkehr erforderlichen Sorgfalt abstellt. Der strafrechtliche Fahrlässigkeitsbegriff setzt voraus, dass dem Täter ein persönlicher Vorwurf gemacht werden kann, er also nach seinen persönlichen Fähigkeiten und Kenntnissen in der Lage gewesen wäre, die an ihn gerichteten Sorgfaltsanforderungen zu erfüllen. Insoweit ist das verfas-

---

[34] *Tschauner* in *Geibel/Süßmann* Rn. 8; *Tröndle/Fischer* § 16 StGB Rn. 3; zum WpHG vgl. *Assmann/Schneider/Cramer* § 39 WpHG Rn. 6.

[35] *Göhler* § 11 OWiG Rn. 7; *Schäfer* in Kölner Komm. Rn. 51.

[36] *Schäfer* in Kölner Komm. Rn. 52.

[37] *Rönnau* in *Haarmann/Riehmer/Schüppen* Vor § 60 Rn. 67.

[38] *Tröndle/Fischer* § 15 StGB Rn. 6.

[39] *Tröndle/Fischer* § 15 StGB Rn. 7.

[40] *Tschauner* in *Geibel/Süßmann* Rn. 9.

[41] *Tröndle/Fischer* § 15 StGB Rn. 7 ff.; *Schäfer* in Kölner Komm. Rn. 53; *Göhler* § 10 OWiG Rn. 3.

sungsrechtlich verankerte Schuldprinzip zu beachten.[42] Im Rahmen der Fahrlässigkeit sieht der Täter die Verwirklichung des Tatbestands entweder nicht voraus (unbewusste Fahrlässigkeit), oder er sieht die Möglichkeit des Eintritts zwar richtig voraus, vertraut jedoch trotzdem darauf, dass der Tatbestand nicht eintreten wird.[43] Von Bedeutung ist diese Unterscheidung im Ordnungswidrigkeitenrecht regelmäßig nicht.

31   **3. Leichtfertigkeit.** Die in § 60 Abs. 1 erwähnte Leichtfertigkeit bildet einen **erhöhten Grad der Fahrlässigkeit.** Sie lässt sich im Wesentlichen mit der groben Fahrlässigkeit im BGB vergleichen, stellt aber – wie schon die Fahrlässigkeit – auf die individuellen Fähigkeiten des Täters ab. Ob ein Verhalten als leichtfertig einzustufen ist, ist Tatfrage.[44] Der Täter handelt **grob pflichtwidrig** und damit leichtfertig, wenn er unbeachtet lässt, was ihm hätte einleuchten müssen, bzw. wenn er sich rücksichtslos über die klar erkennbare Möglichkeit der Tatbestandsverwirklichung hinwegsetzt, in der Vorstellung, es werde nichts passieren, oder eine besonders ernst zu nehmende Pflicht verletzt.[45]

32   **4. Irrtümer.** Irrtümer können auch im Rahmen der Ordnungswidrigkeiten des WpÜG rechtlich relevant sein. Unterschieden wird zwischen den sog. Tatbestands- und Verbotsirrtümern. Kennt der Täter die Umstände nicht, die eine Sanktion nach § 60 auslösen, handelt er gem. § 11 Abs. 1 OWiG nicht vorsätzlich (**Tatbestandsirrtum**). Bei den normativen Tatbestandsmerkmalen wird keine exakte juristische Auslegung vorausgesetzt, sondern darauf abgestellt, ob das entsprechende Merkmal in laienhafter Parallelwertung richtig erfasst wurde.[46] § 11 Abs. 1 Satz 2 OWiG weist in den Fällen des Verbotsirrtums auf die Möglichkeit hin, das Verhalten nach Fahrlässigkeitsgesichtspunkten zu sanktionieren, sofern dieses eine Ordnungswidrigkeit darstellt. Im Zusammenhang mit den in § 60 sanktionierten Verhaltensanforderungen bietet sich die Prüfung von Sorgfaltsverstößen in Irrtumsfällen regelmäßig an, da im Kapitalmarktrecht vielfach besondere Erkundungs- und Nachforschungspflichten bestehen.[47]

33   Irrt sich der Täter über das Bestehen oder den Umfang einer Pflicht, die mit einer Ordnungswidrigkeit sanktioniert ist, befindet sich der Täter in einem sog. **Verbotsirrtum**. Dieser schließt den Vorsatz nicht aus, sondern betrifft lediglich die Frage, ob ein schuldhaftes Verhalten vorliegt. Eine Entlastung des Täters setzt gem. § 11 Abs. 2 OWiG voraus, dass der Irrtum unvermeidbar war. War der Irrtum vermeidbar, handelt der Täter zwar vorsätzlich, doch ist der Bußgeldrahmen grundsätzlich zu mildern.[48] Im Kapitalmarktrecht bestehen **weitreichende Erkundungspflichten.** Daher scheidet ein Verbotsirrtum

---

[42] BGHSt 2, 194, 200 f.; *Tschauner* in *Geibel/Süßmann* Rn. 11.

[43] *Tröndle/Fischer* § 15 StGB Rn. 14; *Göhler* § 10 OWiG Rn. 14; *Schäfer* in Kölner Komm. Rn. 55.

[44] *Göhler* § 10 OWiG Rn. 20; *Tschauner* in *Geibel/Süßmann* Rn. 12.

[45] *Tröndle/Fischer* § 15 Rn. 20; *Schäfer* in Kölner Komm. Rn. 57; *Tschauner* in *Geibel/Süßmann* Rn. 12; zum WpHG vgl. *Assmann/Schanze/Cramer* § 39 WpHG Rn. 12.

[46] *Schäfer* in Kölner Komm. Rn. 60 f.

[47] *Tschauner* in *Geibel/Süßmann* Rn. 14.

[48] *Göhler* § 11 OWiG Rn. 29; *Rönnau* in *Haarmann/Riehmer/Schüppen* Vor § 60 Rn. 77.

regelmäßig aus. Fehlt es jedoch an einer einheitlichen Rechtsprechung oder liegt überhaupt keine Judikatur vor, können die verschiedenen Möglichkeiten der Auslegung einer Norm einen Verbotsirrtum begründen. Allerdings gelten für den Betroffenen dann besondere Erkundungs- und Prüfungspflichten, die die Kontaktaufnahme zur zuständigen und sachkundigen Behörde einschließen.[49]

IV. Erweiterung der ordnungswidrigkeitsrechtlichen Verantwortlichkeit

1. Handeln für einen anderen gem. § 9 OWiG. § 9 OWiG betrifft Tat- **34** bestände, die aufgrund besonderer Tätermerkmale **nur für einen bestimmten Personenkreis** gelten. Zweck dieser Vorschrift ist es, den Anwendungsbereich der auf einen bestimmten Personenkreis zugeschnittenen Tatbestände auf Personen zu erweitern, die für den eigentlichen Normadressaten handeln. Ohne diese Ausdehnung besteht die Gefahr bedenklicher Sanktionslücken. Der Normadressat könnte nicht zur Verantwortung gezogen werden, weil er nicht gehandelt hat. Der eigentlich Handelnde ist nicht Normadressat und fällt so nicht unter den Tatbestand. § 9 knüpft daher an das Handeln des gesetzlichen Vertreters, Abs. 1, bzw. an das Tätigwerden eines gewillkürten Vertreters an, Abs. 2.[50]

§ 9 Abs. 1 Nr. 1 OWiG erfasst die **vertretungsberechtigten Organe einer** **35** **juristischen Person des Privatrechts**, aber auch des öffentlichen Rechts. In die Haftung werden diejenigen einbezogen, die als vertretungsberechtigtes Organ oder als Mitglied eines solchen handeln. Die vertretungsberechtigten Organe zeichnen sich dadurch aus, dass sie die Führung der Geschäfte der juristischen Person nach innen und außen wahrnehmen, ohne dass es darauf ankommt, ob die Zustimmung weiterer Organe erforderlich ist. Hier ist lediglich das Innenverhältnis betroffen. Entsprechendes gilt bei mehrgliedrigen Organen. Nach außen haftet jedes Mitglied.[51]

§ 9 Abs. 1 Nr. 2 OWiG erweitert den Anwendungsbereich auf die **vertre-** **36** **tungsberechtigten Gesellschafter der Personengesellschaft.** Auch wenn diese Unternehmen keine Rechtspersönlichkeit besitzen, sind sie hinreichend verselbständigt, so dass sie den juristischen Personen gleichgestellt werden können. Nicht-rechtsfähige Personenvereinigungen werden nicht erfasst.[52] Nach der Anerkennung der Rechtsfähigkeit der (Außen-)GbR sollte – trotz des scheinbar entgegenstehenden Wortlauts des § 9 Abs. 1 Nr. 2 OWiG – **die BGB-Gesell-** **schaft** aufgrund der weitgehenden Gleichstellung mit den Personenhandelsgesellschaften in den Anwendungsbereich des § 9 Abs. 1 Nr. 2 OWiG fallen.[53]

§ 9 Abs. 1 Nr. 3 OWiG erstreckt die Haftung auf **alle gesetzlichen Vertre-** **37** **ter**, so beispielsweise den Insolvenzverwalter, Testamentsvollstrecker oder die Eltern und den Vormund. Dieser Regelung wird jedoch im Bereich des WpÜG nur geringe Bedeutung beigemessen.[54]

---

[49] *Schäfer* in Kölner Komm. Rn. 63 f.; *Tschauner* in *Geibel/Süßmann* Rn. 14.
[50] *Göhler* § 9 OWiG Rn. 1; *Schäfer* in Kölner Komm. Rn. 18.
[51] *Göhler* § 9 OWiG Rn. 9; *Schäfer* in Kölner Komm. Rn. 20, 23.
[52] *Schäfer* in Kölner Komm. Rn. 24; *Göhler* § 9 OWiG Rn. 10 f.
[53] Anders hingegen *Göhler* § 9 OWiG Rn. 10.
[54] *Schäfer* in Kölner Komm. Rn. 25.

38   § 9 Abs. 2 OWiG betrifft die **gewillkürte Vertretung**, bei der jemand zur
Vertretung in Betrieben oder Unternehmen berufen wird. In Nr. 1 werden
Personen erfasst, die von dem Inhaber eines Betriebs oder einem sonst dazu
Befugten beauftragt werden, den Betrieb ganz oder zum Teil zu leiten. Als
Betriebsleiter ist anzusehen, wer die Geschäftsführung für den Gesamtbetrieb
oder eine bestimmte Organisationseinheit eigenverantwortlich wahrnimmt.[55]
Sonstige Beauftragte nach Nr. 2 treffen nur dann die Pflichten des Betriebs-
inhabers, wenn sie ausdrücklich beauftragt sind und in eigener Verantwortung
Aufgaben übernehmen können, die dem Betriebsinhaber obliegen. Mit dieser
Aufgabenwahrnehmung können insbesondere Rechtsanwälte, Wirtschaftsprüfer und Steuerberater beauftragt werden.[56] In Übernahmeverfahren ist zu
unterscheiden, ob sich **die Tätigkeit in bloßer Beratung** ohne Entscheidungsbefugnisse erschöpft, so dass die Letztverantwortung beim Betriebsinhaber verbleibt. Dann kommt es zu keiner Beauftragung i.S.d. Nr. 2. Werden den
externen Beratern zusätzlich Entscheidungskompetenzen eingeräumt, greift
die Haftung der Nr. 2.[57]

39   **2. Juristische Personen gem. § 30 OWiG.** Mit § 30 OWiG ermöglicht
das OWiG die Festsetzung von Geldbußen auch gegen juristische Personen
und denen gleichgestellte Personenvereinigungen. Werden Verstöße aus einem
Unternehmen heraus begangen, führt es regelmäßig zu unbefriedigenden
Ergebnissen, lediglich den Täter mit einer Geldbuße zu belegen, da die Sanktion sich an dessen wirtschaftlichen Verhältnissen orientiert. In diesen Fällen
erreicht die Höhe der Strafe gegen den Täter aufgrund seiner wirtschaftlichen
Verhältnisse bei weitem nicht den Vorteil, den das Unternehmen aus der sanktionierten Handlung erlangt.[58] Diese **Lücke im Sanktionssystem** wird mit
§ 30 OWiG geschlossen. Er ermöglicht die Sanktionierung direkt gegen das
Unternehmen, sofern ein Organ oder Bevollmächtigter in leitender Position
tätig wird.[59]

40   **Zu dem von § 30 OWiG erfassten Adressatenkreis** zählen alle Organisa-
tionsformen, die eine eigene Rechtspersönlichkeit besitzen. In erster Linie sind
dies die Kapitalgesellschaften, aber auch die Genossenschaft, die Stiftung
und der eingetragene Verein und öffentlich-rechtliche Körperschaften werden erfasst. Daneben werden den juristischen Personen einige Personenvereinigungen gleichgestellt, so der nicht rechtsfähige Verein und die Personenhandelsgesellschaft.[60] Dagegen soll die Festsetzung einer Geldbuße gegen
Gesellschaften des bürgerlichen Rechts nicht zulässig sein.[61] Diese Auffassung
ist vor dem Hintergrund der weitgehenden Gleichstellung der (Außen-)GbR

---

[55] *Rönnau* in *Haarmann/Riehmer/Schüppen* Vor § 60 Rn. 103; *Göhler* § 9 Rn. 19;
Schäfer in Kölner Komm. Rn. 27.

[56] *Göhler* § 9 OWiG Rn. 23.

[57] *Schäfer* in Kölner Komm. Rn. 29; *Rönnau* in *Haarmann/Riehmer/Schüppen* Vor
§ 60 Rn. 104.

[58] Vgl. *Assmann/Schneider/Cramer* Vor § 38 WpHG Rn. 53; s. ferner *Rönnau* in
Haarmann/Riehmer/Schüppen Vor § 60 Rn. 125; *Steinmeyer/Häger* Rn. 16.

[59] *Tschauner* in *Geibel/Süßmann* Rn. 68.

[60] *Göhler* § 30 OWiG Rn. 2 ff.; *Tschauner* in *Geibel/Süßmann* Rn. 69 f.

[61] *Göhler* § 30 OWiG Rn. 6.

mit anderen Handelsgesellschaften kaum noch zu rechtfertigen.[62] Nach der Anerkennung der Teilrechtsfähigkeit von Gesellschaften bürgerlichen Rechts sollte deshalb die **Festsetzung von Bußgeldern auch gegen die Außen-GbR möglich sein.**

Um eine Sanktion gegen den von § 30 OWiG erfassten Adressatenkreis aus- **41** zulösen, muss eine Person aus dessen Führungsebene ein Gesetzzesverstoß zur Last gelegt werden können. **Zum Täterkreis zählen** zunächst die Organe der juristischen Person gem. § 30 Abs. 1 Nr. 1 OWiG, der Vorstand eines nicht rechtsfähigen Vereins nach Abs. Nr. 2 und die vertretungsberechtigten Gesellschafter einer Personenhandelsgesellschaft. Daneben kann die Haftung durch Handlungs-, Generalbevollmächtigte und Prokuristen ausgelöst werden, wenn diese den Betrieb ganz oder zum Teil leiten oder ihnen eigene Verantwortung übertragen wurde.[63]

Eine Person dieses Täterkreises muss den Tatbestand einer Ordnungswidrig- **42** keit oder Straftat verwirklichen und dadurch Pflichten der juristischen Person oder Personenvereinigung verletzten, § 30 Abs. 1, Alt. 1 OWiG, bzw. ihr zu einer Bereicherung verhelfen, § 30 Abs. 1, Alt. 2 OWiG. Zu den Pflichten des Verbands zählen die Aufsichtspflichten und sonstige betriebsbezogene Pflichten, die im Zusammenhang mit dem Wirkungskreis der juristischen Person oder Personenvereinigung stehen und sie als Normadressaten treffen.[64] Die Bereicherung im Sinne der 2. Alternative stellt darauf ab, ob die rechtswidrige Handlung zu einer Bereicherung führt oder führen soll, unabhängig von evtl. Pflichtverletzungen. Die **Abschöpfung möglicher Vorteile** unterstützt die Durchsetzung der Verbotsnormen. Auf eine Bereicherungsabsicht kommt es dabei ebenso wenig an, wie auf mögliche zivilrechtliche Ausgleichsansprüche. Es ist lediglich ein innerer Zusammenhang zwischen der Tat und dem Wirkungskreis des Verbands erforderlich.[65]

Mit einer Sanktion belastet werden können auch **ausländische juristische** **43** **Personen und Personenvereinigungen**, soweit die in § 30 OWiG verlangten Anforderungen auf die Gesellschaftsstrukturen ausländischer Unternehmen anwendbar sind. Die Einbeziehung ausländischer Bieter ist von praktischer Relevanz, da ausländische Gesellschaften häufig als Bieter im Übernahmeverfahren fungieren. Eine weitere Möglichkeit ist, dass ausländische Bieter durch ihre deutschen Tochtergesellschaften handeln.[66]

Der **Bußgeldrahmen** gegenüber der juristischer Person orientiert sich **44** daran, ob der Täter einen Ordnungswidrigkeiten- oder Straftatbestand verwirklicht, § 30 Abs. 2 Satz 1 und 2 OWiG. Die mögliche Geldbuße bei Ordnungswidrigkeiten orientiert sich an dem für die Ordnungswidrigkeit geltenden Bußgeldrahmen. Bei der konkreten Bemessung werden der Unrechtsgehalt und die Auswirkungen auf das geschützte Rechtsgut ebenso berücksichtigt, wie

---

[62] Vgl. statt vieler *K. Schmidt*, Gesellschaftsrecht, 4. Aufl., 2002, § 60 II.

[63] *Göhler* § 30 OWiG ff.; *Tschauner* in *Geibel/Süßmann* R n. 74 f.

[64] *Göhler* § 30 OWiG R n. 17 ff.; *Tschauner* in *Geibel/Süßmann* R n. 77.

[65] *Steinmeyer/Häger* R n. 16; *Tschauner* in *Geibel/Süßmann* R n. 79 f.; *Göhler* § 30 OWiG R n. 22.

[66] *Schäfer* in Kölner Komm. R n. 46; *Rönnau* in *Haarmann/Riehmer/Schüppen* Vor § 60 R n. 144 ff.; ausführlich zum WpHG *Assmann/Schneider/Cramer* vor § 38 WpHG R n. 80 ff.

die sonstigen relevanten Umstände.[67] Die Verbandsgeldbuße wird regelmäßig höher ausfallen als die Sanktion gegen den eigentlichen Täter.

45 Zusätzlich können mit der Geldbuße auch **unrechtmäßige Gewinne abgeschöpft** werden. Damit ist eine wichtige Möglichkeit an die Hand gegeben, um unlauterem Gewinnstreben vorzubeugen. Daher verweist § 30 Abs. 3 OWiG auf § 17 Abs. 4 OWiG.[68] Möglich bleibt daneben auch die Gewinnabschöpfung nach § 29 a OWiG.[69]

46 § 30 Abs. 4 OWiG geht grundsätzlich davon aus, dass die Verfahren gegen den Täter und die juristische Person oder Personenvereinigung zusammengeführt werden. Ein **einheitliches Verfahren bei identischem Sachverhalt** ist Ausdruck der Prozessökonomie. Ein selbständiges Verfahren gegen den Verband kann nur eingeleitet werden, wenn das Verfahren gegen den Täter selbst eingestellt oder gar nicht erst eröffnet wurde.[70] Gegen ein doppeltes Sanktionieren, wie es bei getrennten Verfahren droht, bestehen verfassungsrechtliche Bedenken nach Art. 103 Abs. 2 GG. Die doppelte Ahndung, wie sie § 30 OWiG vorsieht, wird dabei jedoch nicht per se als verfassungswidrig eingestuft.[71]

47 **3. Verletzung der Aufsichtspflicht gem. § 130 OWiG.** Mit § 130 OWiG hat der Gesetzgeber eine Regelung über die Verantwortlichkeit des Geschäftsherrn bei Verletzung seiner Aufsichtspflicht geschaffen. Sie zielt darauf ab, dass der Inhaber eines Betriebs oder Unternehmens die erforderlichen Aufsichtsmaßnahmen trifft, damit die ihn betreffenden straf- und ordnungswidrigkeitenrechtlichen Ge- und Verbote im Betrieb eingehalten werden.[72] Aufgrund der Vielschichtigkeit der Pflichten und der arbeitsteiligen Ausrichtung kann der Betriebs- oder Unternehmensinhaber diese nicht alle persönlich erfüllen, so dass diese auf andere Mitarbeiter delegiert werden. Dem wird ordnungswidrigkeitenrechtlich zwar mit § 9 OWiG Rechnung getragen, doch kann auch hiernach der Inhaber nicht belangt werden, wenn er nicht selbst gehandelt hat. Dies führt zu unbefriedigenden Ergebnissen, wenn der eigentliche Grund für die Zuwiderhandlung in der mangelnden betrieblichen Aufsicht und Organisation liegt.[73] Dogmatische Grundlage des § 130 OWiG ist die aus der Eröffnung eines Betriebs resultierende Garantenstellung des Inhabers, die eine Haftung für betriebliche Aufsichtspflichten auslöst.[74] Rechtstechnisch ist § 130 OWiG als **eigenständiger Bußgeldtatbestand** formuliert, der an das in der Verletzung liegende Unrecht anknüpft. Die Zuwiderhandlung gegen betriebsbezogene Pflichten ist lediglich objektive Bedingung der Ahndung.[75]

---

[67] *Tschauner* in *Geibel/Süßmann* Rn. 89.
[68] *Steinmeyer/Häger* Rn. 16.
[69] *Tschauner* in *Geibel/Süßmann* Rn. 90.
[70] Vgl. *Göhler* § 30 OWiG Rn. 28 ff.
[71] *Tschauner* in *Geibel/Süßmann* Rn. 92
[72] *Göhler* § 130 OWiG Rn. 1 ff.; *Steinmeyer/Häger* Rn. 15.
[73] *Schäfer* in Kölner Komm. Rn. 31; *Göhler* § 130 OWiG Rn. 3.
[74] *Schäfer* in Kölner Komm. Rn. 31; *Assmann/Schneider/Cramer* Vor § 38 WpHG Rn. 33.
[75] *Tschauner* in *Geibel/Süßmann* Rn. 57, 66; vgl. auch *Assmann/Schneider/Cramer* Vor § 38 WpHG Rn. 34.

§ 130 OWiG macht zum **Adressaten der Haftung** den oder die Inhaber eines Betriebs oder Unternehmens. Der Adressatenkreis wird zusätzlich durch die Regelung des § 9 OWiG erweitert, die die für den Betriebsinhaber handelnden Personen mit einbezieht. Das bedeutet, dass im Fall der Unternehmensführung durch eine juristische Person das vertretungsberechtigte Organ an die Stelle des Betriebsinhabers tritt.[76]   **48**

§ 130 OWiG sanktioniert das **Unterlassen von Aufsichtsmaßnahmen,**   **49** die erforderlich sind, um Zuwiderhandlungen gegen betriebsbezogene Pflichten zu erschweren oder zu verhindern. § 130 OWiG erfasst damit ein echtes Unterlassungsdelikt.[77] Eine abschließende Bestimmung der erforderlichen Aufsichtsmaßnahmen ergibt sich aus dem Gesetz nicht. Aus § 130 Abs. 1 Satz 2 OWiG lässt sich lediglich entnehmen, dass zu den erforderlichen Aufsichtsmaßnahmen auch Bestellung, sorgfältige Auswahl und Überwachung von Aufsichtspersonen zählt. Grundsätzlich wird die Aufsicht so auszuüben sein, dass die bestehenden betriebsbezogenen Pflichten aller Wahrscheinlichkeit nach erfüllt werden. Vor dem Hintergrund der erheblichen wirtschaftlichen Bedeutung, die öffentlichen Wertpapierübernahmeangeboten zukommt, ist davon auszugehen, dass die Rechtsprechung wie schon im Kartellrecht strenge Anforderungen an die Aufsichtsmaßnahmen stellen wird.[78]

Eine **Haftung für mangelnde Beaufsichtigung** nach § 130 OWiG setzt   **50** voraus, dass diese ursächlich für die Verletzung der betriebsbezogenen Pflichten sind. Dies ist der Fall, wenn der Pflichtverstoß bei ordnungsgemäßer Aufsicht mit an Sicherheit grenzender Wahrscheinlichkeit verhindert oder wesentlich erschwert wird.[79] Die Verletzung der Aufsichtspflicht kann vorsätzlich oder fahrlässig erfolgen. Der dadurch verursachte Pflichtenverstoß ist lediglich eine objektive Bedingung der Ahndung, auf den sich der subjektive Tatbestand nicht beziehen muss.[80]

Die Haftung nach § 130 OWiG ist gegenüber anderen Sanktionsnormen   **51** **subsidiär.** Als Auffangvorschrift ist § 130 OWiG nur dann anwendbar, wenn der Aufsichtspflichtige nicht bereits selbst oder als Beteiligter nach § 14 OWiG die ihm obliegenden Pflichten verletzt.[81]

V. Bußgeld (§ 60 Abs. 3)

1. Allgemeines. Den Bußgeldrahmen für die in § 60 Abs. 1 und 2 genann-   **52** ten Sanktionen bestimmt § 60 Abs. 3. Die Höhe des Bußgelds richtet sich dabei nach der Bedeutung der jeweiligen Tatbestände für den ordnungsgemäßen Ablauf des Übernahmeverfahrens. Die **Höhe der Bußgeldstufen** reflektiert die wirtschaftlichen Interessen, die mit öffentlichen Angeboten zum Erwerb von

---

[76] *Tschauner* in *Geibel/Süßmann* Rn. 58, vgl. auch oben Rn. 35.

[77] *Göhler* § 130 OWiG Rn. 9.

[78] *Steinmeyer/Häger* Rn. 15; vgl. zum Kartellrecht *Bechtold* § 81 GWB Rn. 38.

[79] *Göhler* § 130 Rn. 22; *Tschauner* in *Geibel/Süßmann* Rn. 66.

[80] *Göhler* § 130 Rn. 16 a f.; *Assmann/Schneider/Cramer* Vor § 38 WpHG Rn. 50.

[81] *Assmann/Schneider/Cramer* Vor § 38 Rn. 53; *Tschauner* in *Geibel/Süßmann* Rn. 66.

Wertpapieren und Unternehmensübernahmen verbunden sind und orientiert sich an § 39 WpHG.[82]

53   **2. Bußgeldrahmen.** Ein Bußgeld **bis zur Höhe von einer Million Euro** kann in den Fällen des § 60 Abs. 1 Nr. 1 a, Abs. 1 Nr. 3, Abs. 1 Nr. 6, Abs. 1 Nr. 7 und Abs. 1 Nr. 8 verhängt werden. Damit wird der übliche Bußgeldrahmen des § 17 OWiG deutlich überschritten. Dies erklärt sich daraus, dass es sich bei den betreffenden Tatbeständen um die Kernvorschriften des WpÜG handelt, die den geregelten Ablauf des Angebotsverfahrens gewährleisten sollen.[83]

54   Ein Bußgeld **von bis zu 500.000 Euro** kann auf Verstöße nach Abs. 1 Nr. 1 b, Abs. 1 Nr. 2 a und Abs. 1 Nr. 4 angewendet werden. Auch dieser hohe Bußgeldrahmen erklärt sich daraus, dass die hier betroffenen Pflichten die vorstehend behandelten Kernvorschriften ergänzen.[84]

55   In den übrigen Fällen (Abs. 1 Nr. 2 b, Abs. 1 Nr. 2 c, Abs. 1 Nr. 5 und Abs. 2) kann eine Geldbuße **von bis zu 200.000 Euro** verhängt werden.

56   **3. Bußgeldandrohung und -bemessung.** Die Bußgeldandrohung des § 60 Abs. 3 unterscheidet nicht zwischen vorsätzlichem und fahrlässigem Handeln. Daher gilt § 17 Abs. 2 OWiG, mit der Folge, dass fahrlässiges Handeln im Höchstmaß nur bis zur Hälfte des angedrohten Höchstbetrags sanktioniert werden kann. Gleiches gilt für leichtfertiges Handeln, da dies nur ein gesteigerter Grad der Fahrlässigkeit ist.[85]

57   Die **Bußgeldbemessung orientiert** sich im Wesentlichen an der Bedeutung der Ordnungswidrigkeit und des Vorwurfs an den Täter. Der Bedeutung der Ordnungswidrigkeit kommt bei der konkreten Bemessung die zentrale Bedeutung zu. Der Unrechtsgehalt bemisst sich nach dem Maß der Beeinträchtigung und Gefährdung der geschützten Rechtsgüter, hier also in erster Linie des Kapitalmarkts.[86] Weiteres Bemessungskriterium ist der Schuldvorwurf, den der Täter trifft, der sich an Zielen, der aufgewendeten kriminellen Energie und individuell voraussehbaren Auswirkungen des Verstoßes ablesen lässt.[87] Schließlich sind auch die wirtschaftlichen Verhältnisse des Täters bei der Bußgeldbemessung von Bedeutung.[88] Gem. § 17 Abs. 4 kann unabhängig von den wirtschaftlichen Verhältnissen des Täters bei der Bußgeldsanktion eine Gewinnabschöpfung vorgenommen werden.[89]

---

[82] *Tschauner* in *Geibel/Süßmann* Rn. 40; Begründung des RegE zu § 60 Abs. 3, BT-Drucks. 14/7034 S. 68.

[83] *Schäfer* in Kölner Komm. Rn. 80 f.; Begründung des RegE zu § 60 Abs. 3, BT-Drucks. 14/7034 S. 68.

[84] *Schäfer* in Kölner Komm. Rn. 82; Begründung des RegE zu § 60 Abs. 3, BT-Drucks. 14/7034 S. 68.

[85] *Steinmeyer/Häger* Rn. 13; Begründung des RegE zu § 60 Abs. 3, BT-Drucks. 14/7034 S. 68.

[86] *Schäfer* in Kölner Komm. Rn. 86; *Rönnau* in *Haarmann/Riehmer/Schüppen* § 60 Rn. 91 ff.

[87] *Schäfer* in Kölner Komm. Rn. 87; *Tschauner* in *Geibel/Süßmann* Rn. 42.

[88] *Steinmeyer/Häger* Rn. 13; *Tschauner* in *Geibel/Süßmann* Rn. 42.

[89] Vgl. *Schäfer* in Kölner Komm. Rn. 88.

VI. Verjährung

Das WpÜG beinhaltet **keine eigenen Vorschriften über die Verjährung**   58
der Ordnungswidrigkeiten, so dass die allgemeinen Grundsätze herangezogen
werden. Aufgrund der nach § 60 Abs. 3 möglichen Höhe der Geldbuße ergibt
sich gem. § 31 Abs. 2 Nr. 1 OWiG eine Verjährungsfrist von drei Jahren. Die
Verjährung beginnt gem. § 31 Abs. 3 OWiG mit der Verwirklichung sämtlicher
Tatbestandsmerkmale. Tritt der Erfolg beispielsweise erst später ein, beginnt
auch die Verjährung erst ab diesem Zeitpunkt.[90]

Die gesetzliche Vertretung gem. § 9 Abs. 1 OWiG erlaubt es, besondere   59
persönliche Merkmale, die die Möglichkeit der Ahndung begründen, auch auf
den Vertreter anzuwenden, wenn diese Merkmale zwar nicht bei ihm, aber bei
dem Vertretenen vorliegen. Voraussetzung ist, dass die in Abs. 1 aufgezählten
Personen oder Organe als Vertreter handeln. Dazu muss ein **funktionaler Zusammenhang** zwischen der Handlung und dem Pflichtenkreis vorliegen, der
fehlt, wenn nur bei Gelegenheit gehandelt wird.[91]

§ 61 Zuständige Verwaltungsbehörde

**Verwaltungsbehörde im Sinne des § 36 Abs. 1 Nr. 1 des Gesetzes
über Ordnungswidrigkeiten ist die Bundesanstalt.**

Übersicht

I. Allgemeines

Die Verfolgung und Ahndung von Ordnungswidrigkeiten obliegt gem.   1
§ 35 OWiG grundsätzlich der Verwaltungsbehörde. Mit § 61 wird der BAFin
als Verwaltungsbehörde die **sachliche Zuständigkeit** über Ordnungswidrigkeiten gem. § 36 Abs. 1 Nr. 1 OWiG zugewiesen.

Für diese Zuweisung an eine **zentrale Behörde als erste Instanz** für die   2
Überprüfung von Verstößen gibt es keine eindeutigen Vorbilder in anderen
Rechtsordnungen. Die gescheiterte EG-Übernahmerichtlinie behandelt ebenfalls Sanktionen, überlässt es jedoch in Art. 12 den Mitgliedstaaten, diese ein-
gehend zu regeln. Aussagen über die jeweiligen zuständigen Stellen trifft die

---

[90] *Tschauner* in *Geibel/Süßmann* Rn. 5; *Rönnau* in *Haarmann/Riehmer/Schüppen*
§ 60 Rn. 7 ff.; *Schäfer* in Kölner Komm. Rn. 89; *Göhler* § 31 OWiG Rn. 8.
[91] *Göhler* § 9 OWiG Rn. 15 a; *Schäfer* in Kölner Komm. Rn. 19.

Richtlinie nicht.[1] Eine **einheitliche verwaltungsrechtliche Zuständigkeit**
für die Ahndung von Übernahmeverstößen besteht ebenfalls nicht in Großbritannien. Dort werden die Aufsichts- und Sanktionsfunktionen neben der Aufsichtsbehörde ESA auch durch die verschiedenen Selbstregulierungsbehörden
und Berufsorganisationen wahrgenommen.[2] In Österreich wird nach § 35
Abs. 3 Übernahmegesetz die bei der Wiener Börse eingerichtete Übernahmekommission gem. § 28 Abs. 1 Übernahmegesetz in erster Instanz für die Untersuchung und Bestrafung für zuständig erklärt. Damit wird von der grundsätzlichen Zuständigkeit der Bezirksverwaltungsbehörde in Verwaltungsstraf-
sachen abgewichen. Auch die zweite Instanz wird nicht von einem Gericht
wahrgenommen. Die Kontrolle der Bußgeldbescheide erfolgt durch die Berufung an den Unabhängigen Verwaltungssenat Wien im Verwaltungsweg gem.
§ 35 Abs. 3 Übernahmegesetz iVm § 51 öVStG.[3] Für die Verfolgung und
Überprüfung von Verstößen nach § 40 ff. Bundesgesetz über die Börsen und
den Effektenhandel wird in der Schweiz das Eidgenössische Finanzdepartement für zuständig erklärt. Damit obliegt die Behandlung dieser Sanktionen
nicht wie in Deutschland und Österreich üblich den für die sonstige Verwaltung nach dem Börsen- und Effektengesetz zuständigen Stellen wie der Eidgenössischen Bankenkommission oder der Übernahmekommission. Für
Verstöße gegen das Berufsgeheimnis nach Art. 43 dieses Gesetzes bleiben die
Kantone zuständig (Art. 44 Abs. 3 Bundesgesetz über die Börsen und den
Effektenhandel).[4]

II. Regelungsgehalt

3   § 61 weist der BAFin die sachliche Zuständigkeit für die Verfolgung und
Ahndung von Ordnungswidrigkeiten zu. Der Wortlaut des § 36 Abs. 1 Nr. 1
OWiG macht eine derartige Formulierung nötig.[5] Die Zuweisung an die BA-
Fin erfährt ihren Sinn aus der **Konzentration von Sachverstand**, den sie
durch Erfahrungen im Bereich des WpHG unter Beweis gestellt hat. Hierzu
zählt insbesondere die Verfolgung von Ordnungswidrigkeiten gem. §§ 39 f.
WpHG.[6] Zur örtlichen Zuständigkeit äußert sich § 61 nicht. Mit der Zu-
weisung der sachlichen Zuständigkeit an nur eine Behörde wird die **örtliche
Zuständigkeit** jedoch zugleich mitbestimmt. Einer Festlegung der örtlichen
Zuständigkeit nach §§ 37 ff. OWiG hätte es nur in den Fällen bedurft, in denen
mehrere Behörden sachlich zuständig sind.[7]

4   Auf das Bußgeldverfahren finden, sofern keine ausdrücklich geregelten Aus-
nahmen existieren, die Regeln über das Strafverfahren Anwendung (§ 46
Abs. 1 OWiG). Der BAFin stehen dabei auf Grund der Regelung des § 46
Abs. 2 OWiG grundsätzlich die gleichen Rechte zu wie der Staatsanwaltschaft

---

[1] *Schäfer* in Kölner Komm. Rn. 4.
[2] *Schäfer* in Kölner Komm. Rn. 5.
[3] *Hohn* in *Haarmann/Riemer/Schüppen* Rn. 3; *Schäfer* in Kölner Komm. Rn. 6.
[4] *Hohn* in *Haarmann/Riemer/Schüppen* Rn. 4; *Schäfer* in Kölner Komm. Rn. 7.
[5] *Tschauner* in *Geibel/Süßmann* Rn. 1.
[6] *Hohn* in *Haarmann/Riemer/Schüppen* Rn. 1; vgl. Begr RegE, BT-Drucks. 14/
7034.
[7] *Hohn* in *Haarmann/Riemer/Schüppen* Rn. 1; *Schäfer* in Kölner Komm. Rn. 10.

im Ermittlungsverfahren. Für das eigentliche Bußgeldverfahren bleiben die Bestimmungen des OWiG maßgeblich (§§ 35 ff. OWiG), wie zB die formalen Anforderungen des § 66 an den Bußgeldbescheid. Der **Einspruch** und das eventuell folgende Überprüfungsverfahren richten sich nach den §§ 67 ff. OWiG.[8] Die Bundesanstalt verliert ihre Verfolgungskompetenz, wenn sich Anhaltspunkte für eine Straftat ergeben. Dann gibt die BAFin die Sache an die Staatsanwaltschaft ab (§ 41 OWiG), kann jedoch die Tat auch weiter unter dem rechtlichen Gesichtspunkt einer Ordnungswidrigkeit verfolgen (§ 40 OWiG).[9]

III. Grundlagen des behördlichen Verfahrens

1. Allgemeines. Die Einleitung des Verfahrens ist durch das **Opportuni-** 5 **tätsprinzip** gekennzeichnet. Wie im Ordnungswidrigkeitenrecht üblich steht die Verfolgung von Ordnungswidrigkeiten **im pflichtgemäßen Ermessen**[10] der Verfolgungsbehörde (vgl. § 47 OWiG). Anders als im Strafrecht, entscheidet die Verwaltungsbehörde also, ob sie die ihr bekannt werdenden Ordnungswidrigkeiten auch tatsächlich verfolgt, insbesondere also ein Bußgeldverfahren einleitet.[11] Das Opportunitätsprinzip umfasst ebenfalls den Umfang der Verfolgung in tatsächlicher und rechtlicher Hinsicht. Die BAFin kann sich **bei mehreren Verstößen** daher auf einzelne konzentrieren, bzw. so lange ein Verfahren bei ihr anhängig ist, dieses ganz oder teilweise einstellen, vgl. § 47 Abs. 1 OWiG. Diese Ermessensentscheidung ist nur einer beschränkten gerichtlichen Überprüfung zugänglich.[12]

2. Rechte und Pflichten der BAFin. Im behördlichen Verfahren kann 6 sich die BAFin der gleichen Rechte und Pflichten bedienen, wie sie der Staatsanwaltschaft im Ermittlungsverfahren zustehen, soweit das OWiG nichts anderes bestimmt (§ 46 Abs. 2 OWiG). Zu diesen Rechten zählt die **Vorladung und Vernehmung** der Betroffenen bzw. von Zeugen ebenso wie die Anhörung von Sachverständigen. Für die Vernehmung relevant werden können die unterschiedlichsten Informationsträger der an der Übernahme beteiligten juristischen Personen. Insbesondere Organe der Bieter und Zielgesellschaft sind in diesem Zusammenhang von besonderem Interesse. Aber auch jeder andere Mitarbeiter und dritte Personen, wie die am Übernahmeverfahren beteiligten Rechtsanwälte und Investmentbankmitarbeiter, bieten sich für eine Befragung an.[13] Für die Vernehmung durch die Bundesanstalt gelten die **Beweiserhebungs- und Verwertungsverbote** der StPO (vgl. § 46 Abs. 1 OWiG).[14]

---

[8] Vgl. *Tschauner* in *Geibel/Süßmann* Rn. 3.

[9] Vgl. zum Zusammentreffen von Übernahmeordnungswidrigkeit und Straftat: *Hohn* in *Haarmann/Riemer/Schüppen* Rn. 6 ff.

[10] Vgl. zu den Aspekten, die bei der Ermessensausübung berücksichtigt werden müssen: *Göhler* § 47 OWiG Rn. 10; *Schäfer* in Kölner Komm. Rn. 12.

[11] *Steinmeyer/Häger* Rn. 2.

[12] *Schäfer* in Kölner Komm. Rn. 11; *Hohn* in *Haarmann/Riemer/Schüppen* Vor §§ 61 ff. Rn. 7 ff.

[13] *Hohn* in *Haarmann/Riemer/Schüppen* Vor §§ 61 ff. Rn. 30 ff.; *Schäfer* in Kölner Komm. Rn. 19.

[14] *Hohn* in *Haarmann/Riemer/Schüppen* Vor §§ 61 ff. Rn. 34 ff., 47 ff.; *Schäfer* in Kölner Komm. Rn. 20.

7   Die Bundesanstalt kann sich **Zwangsmaßnahmen** zur Durchführung des Ordnungswidrigkeitsverfahrens bedienen. Dabei ist jedoch zu berücksichtigen, dass die Zwangsmittel für das Strafverfahren entwickelt wurden, so dass strenge Maßstäbe für deren **Verhältnismäßigkeit** beim Einsatz im Ordnungswidrigkeitsverfahren gelten.[15] Zu dem möglichen **Zwangsmaßnahmen** zählen insbesondere die Durchsuchung zum Auffinden von Beweismitteln und die Beschlagnahme von potentiellen Beweismitteln, die der Gewahrsamsinhaber nicht freiwillig herausgibt (§§ 46 Abs. 1, 53 Abs. 2 OWiG, §§ 102 ff. StPO (Durchsuchung) und §§ 94 ff. (Beschlagnahme)). Sowohl für die Durchsuchung (§ 105 Abs. 1 Satz 1 StPO) als auch für die Beschlagnahme (§ 98 Abs. 1 Satz 1 StPO) gilt der Richtervorbehalt. Nur bei Gefahr im Verzug kann auch die BAFin und die Polizei als Hilfsbeamte der Staatsanwaltschaft das Zwangsmittel anordnen. Das **Konzentrationsstreben des WpÜG gilt nicht** für die richterliche Anordnung der Zwangsmittel. Für dessen Anordnung ist nicht wie im Verfahren von Übernahmeordnungswidrigkeiten üblich das OLG Frankfurt/Main zuständig, sondern das Amtsgericht des Bezirks, in dem die Durchsuchungshandlung vorzunehmen ist. Erstreckt sich die Zwangsmaßnahme über den Bezirk mehrerer Amtsgerichte ist das Amtsgericht am Sitz der BAFin zuständig.[16] Im Zusammenhang mit beschlagnahmten Gegenständen ist zu berücksichtigen, dass möglicherweise bestehende Zeugnisverweigerungsrechte ein Beschlagnahmeverbot auslösen können.[17] Nicht beschlagnahmt werden dürfen ferner Unterlagen, die von den Betroffenen an beratende Dritte, die einer Schweigepflicht unterliegen, wie zB Rechtsanwälte, übergeben wurden, auch wenn sie schon vor Anbahnung des Beratungsverhältnisses übergeben wurden (§ 97 Abs. 1 Nr. 3 StPO iVm § 46 Abs. 1 StPO). Insoweit überwiegt das besondere Vertrauensverhältnis vor dem Aufklärungsinteresse im Ordnungswidrigkeitsverfahren.[18]

8   Die BAFin kann sich nur unter sehr engen Voraussetzungen **im Vorfeld festlegen**, wie sie bestimmte Fallgruppen zukünftig behandeln möchte. Insbesondere die Zusage, bei bestimmten zukünftigen Sachverhalten kein Bußgeldverfahren einzuleiten („**Negativattest**"), birgt die Gefahr der Ermessensunterschreitung, wenn die Entscheidung vorbehaltslos derart vorweg genommen wird, dass kein Ermessen im Einzelfall mehr ausgeübt werden kann. Die BAFin kann sich jedoch insoweit selbst binden, als dass sie sich einer Regelreduzierung des Ermessens unterwirft.[19] Demgegenüber kann die BAFin aber auch ein Bußgeldverfahren anstrengen, um eine Rechtsfrage zu klären. Dies bietet sich insbesondere in der ersten Zeit nach dem Inkrafttreten des WpÜG für die Fälle an, in denen spezifische ordnungswidrigkeitenrechtliche Fragen zu behandeln sind. Eine hinreichende Sachkompetenz liegt mit der Konzentration der Verfahren beim OLG Frankfurt/Main vor.[20]

---

[15] *Schäfer* in Kölner Komm. Rn. 18; *Göhler* § 46 OWiG Rn. 9.

[16] *Hohn* in *Haarmann/Riemer/Schüppen* Vor §§ 61 ff. Rn. 57, 61; *Schäfer* in Kölner Komm. Rn. 23 f.

[17] *Schäfer* in Kölner Komm. Rn. 24; *Hohn* in *Haarmann/Riemer/Schüppen* Vor §§ 61 ff. Rn. 62.

[18] *Hohn* in *Haarmann/Riemer/Schüppen* Vor §§ 61 ff. Rn. 63.

[19] *Hohn* in *Haarmann/Riemer/Schüppen* Vor §§ 61 ff. Rn. 12.

[20] *Schäfer* in Kölner Komm. Rn. 17; *Hohn* in *Haarmann/Riemer/Schüppen* Vor §§ 61 ff. Rn. 13; s. auch *Immenga/Mestmäcker/Dannecker/Biermann* Vor § 81 GWB Rn. 154.

3. Fach- und Dienstaufsicht über die BAFin. Die Bundesanstalt ist 9
organisatorisch selbstständig eingerichtet, unterliegt aber der **Dienst- und
Fachaufsicht** des Bundesministeriums der Finanzen. Damit unterliegt sie sowohl allgemeinen Weisungen als auch Anweisungen im Einzelfall, zu denen
auch die Ausübung des Ermessens nach § 47 OWiG zählt.[21]

4. Rechte des Betroffenen. Der Betroffene ist **vor Erlass eines Buß-** 10
geldbescheids zu hören (§ 55 Abs. 1 OWiG, § 163 a Abs. 1 StPO). Ihm steht es
dabei frei, sich nur schriftlich oder auch mündlich zu äußern. Er ist jedoch nicht
verpflichtet auszusagen. Darauf hat ihn die BAFin **hinzuweisen** (vgl. §§ 46
Abs. 1, 2, §§ 163 a Abs. 3 Satz 2, Abs. 4 Satz 2; 136 Abs. 1 Satz 2 StPO). Der Betroffene ist ebenfalls darauf aufmerksam zu machen, dass er einen **Verteidiger
hinzuziehen** kann, der auch bei der Vernehmung anwesend sein darf (§ 46
Abs. 1, 3 OWiG, §§ 163 a Abs. 3 Satz 2, § 168 c Abs. 1 StPO). Die gleichzeitige
Verteidigung mehrerer Beschuldigter durch einen Verteidiger ist nicht zulässig,
§ 46 Abs. 1 OWiG, § 147 StPO. Jedoch kann ein Verteidiger gleichzeitig ein be-
troffenes und ein weiteres mitbetroffenes Unternehmen vertreten.[22] Der Verteidiger kann zur wirksamen Verteidigung Einsicht in die Akten nehmen (§ 46
Abs. 1 OWiG, § 147 StPO). Daneben hat der Betroffene selbst kein Akteneinsichtsrecht. Jedoch ist er durch seinen Verteidiger zu informieren, wenn es der
sachgerechten Verteidigung entspricht.[23] Hat der Betroffene keinen Verteidiger
gewählt, steht ihm das **Akteneinsichtsrecht** gem. § 49 Abs. 1 OWiG zu. Die
Behörde kann ihm Einsicht gewähren. Der Betroffene hat also nur einen Anspruch auf pflichtgemäße Ermessensentscheidung, nicht auf das Einsichtsrecht.
Hierbei ist zu prüfen, ob dem Einsichtsrecht nicht überwiegende, schutzwürdige Interessen Dritter entgegenstehen. In Betracht kommen insbesondere die
im Verwaltungsverfahren mitgeteilten Betriebs- und Geschäftsgeheimnisse.[24]

5. Abschluss des Verfahrens. Im Anschluss an die Ermittlungen wird das 11
Verfahren abgeschlossen. **Die BAFin stellt das Verfahren ein**, wenn es an
hinreichender Verurteilungswahrscheinlichkeit[25] fehlt, § 46 Abs. 1, 2 OWiG,
§ 170 Abs. 2 Satz 1 StPO. Andernfalls kann die Bundesanstalt den Betroffenen
verwarnen, wenn sie die Ordnungswidrigkeit als geringfügig einstuft, § 56
OWiG, oder einen Bußgeldbescheid erlassen. Dessen Inhalt richtet sich nach
§ 66 OWiG und bedarf keiner Begründung, die über die Anforderungen des
§ 66 Abs. 3 OWiG hinausgeht.[26] Der Bußgeldbescheid ist dem Betroffenen
zuzustellen. Für das Verfahren der Zustellung verweist § 51 OWiG auf das Verwaltungszustellungsgesetz, im Fall der BAFin ist dies das des Bundes. Die
Zustellung muß gegebenenfalls gem. § 30 OWiG an die juristische Person oder
die Personenvereinigung, bzw. gem. § 53 Abs. 3 OWiG an den zustellungsbe-
vollmächtigten Verteidiger erfolgen.[27]

---

[21] *Schäfer* in Kölner Komm. Rn. 14.
[22] *Steinmeyer/Häger* Rn. 6; vgl. auch BVerfGE 45, 272, 288.
[23] *Hohn* in *Haarmann/Riemer/Schüppen* Vor §§ 61 ff. Rn. 22.
[24] *Schäfer* in Kölner Komm. Rn. 29; *Göhler* § 49 OWiG Rn. 1 b.
[25] *Hohn* in *Haarmann/Riehmer/Schuppen* Vor §§ 61 ff. Rn. 16.
[26] *Steinmeyer/Häger* Rn. 3.
[27] *Schäfer* in Kölner Komm. Rn. 33; *Steinmeyer/Häger* Rn. 3.

12 Der Betroffene kann gegen den Bußgeldbescheid innerhalb von zwei
Wochen nach Zustellung **Einspruch** bei der Bundesanstalt einlegen (§ 67
Abs. 1 OWiG). Über den Einspruch entscheidet die Bundesanstalt in einem
Zwischenverfahren gem. § 69 OWiG. Dabei prüft sie, ob sie den Bußgeldbescheid zurücknimmt, § 69 Abs. 2 OWiG. Hält sie den Bescheid aufrecht, übersendet sie die Akten über die Staatsanwaltschaft an das zuständige OLG Frank-
furt/Main.[28]

§ 62 Zuständigkeit des Oberlandesgerichts im gerichtlichen Verfahren

(1) **Im gerichtlichen Verfahren wegen einer Ordnungswidrigkeit
nach § 60 entscheidet das für den Sitz der Bundesanstalt in Frankfurt
am Main zuständige Oberlandesgericht; es entscheidet auch über einen
Antrag auf gerichtliche Entscheidung (§ 62 des Gesetzes über Ordnungswidrigkeiten) in den Fällen des § 52 Abs. 2 Satz 3 und des § 69
Abs. 1 Satz 2 des Gesetzes über Ordnungswidrigkeiten. § 140 Abs. 1
Nr. 1 der Strafprozessordnung in Verbindung mit § 46 Abs. 1 des Gesetzes über Ordnungswidrigkeiten findet keine Anwendung.**

(2) **Das Oberlandesgericht entscheidet in der Besetzung von drei
Mitgliedern mit Einschluss des vorsitzenden Mitglieds.**

Übersicht

I. Allgemeines

1 § 62 behandelt die gerichtliche Zuständigkeit im Verfahren wegen einer
Ordnungswidrigkeit nach § 60. Verfahren nach Einsprüchen gegen Bußgeldbescheide werden dem für den Sitz der BAFin zuständigen OLG zugewiesen.
Das ist das OLG Frankfurt/Main. **Mit § 62 wird damit von der Grund-
norm des § 68 OWiG abgewichen,** der die Zuständigkeit in Ordnungswidrigkeitssachen dem Amtsgericht überträgt, in dessen Bezirk die jeweilige Behörde ihren Sitz hat. § 62 dient damit wie §§ 64 und 65 der Verfahrenskonzentration bei einem Gericht. Mit Ausnahme des § 63 werden alle Entscheidungen
und Maßnahmen, die im Zusammenhang mit einem Ordnungswidrigkeitenverfahren nach dem WpÜG stehen, dem OLG Frankfurt/Main übertragen.
Zusätzlich hat das OLG Frankfurt/Main die ausschließliche Zuständigkeit über
die Beschwerde im verwaltungsgerichtlichen Verfahren gegen die BAFin (vgl.

---

[28] Vgl. *Schäfer* in Kölner Komm. Rn. 35 f.

§ 48 Abs. 4). Die so erreichte Konzentration der Gerichtszuständigkeit über ordnungswidrigkeitsrechtliche und verwaltungsrechtliche Maßnahmen soll zu einer sachgerechten und effizienten Entscheidungsfindung führen und die Gefahr unterschiedlicher Beurteilungen des gleichen Sachverhalts minimieren.[1] Das OLG Frankfurt/Main kann **in Verfahren nach Einsprüchen** gegen Bußgeldbescheide überdies auf die besondere Sachkunde zurückgreifen, die es in den Verfahren nach §§ 48 ff. erlangt.[2]

Die ursprünglich geplante EG-Übernahmerichtlinie hat es den Mitglied-   2 staaten überlassen, die Sanktionen zu bestimmen, die an Verstöße gegen die Richtlinie anknüpfen. Vorgaben über Zuständigkeit in Bußgeldverfahren waren nicht vorgesehen.[3] Der britische City Code enthält keinerlei Bestimmungen über gerichtliche Zuständigkeiten. Eine Konzentration bei einem Gericht ist folglich nicht vorgesehen.[4] Dem österreichischen Übernahmegesetz zufolge liegt die erstinstanzliche Zuständigkeit für Strafbestimmungen bei der Übernahmekommission, §§ 25 Abs. 3, 28. Als Rechtsmittel hiergegen ist die Berufung zum Unabhängigen Verwaltungssenat Wien vorgesehen, § 51 Übernahmegesetz Österreich.[5] Das Börsengesetz in der Schweiz sieht keine besonderen Zuständigkeiten bei der Strafverfolgung vor. Das Börsengesetz enthält in seinem 9. Abschnitt Strafbestimmungen, deren Verfolgung sich aufgrund der Verweisung in Art. 44 Abs. 1 nach dem Verwaltungsstrafrechtsgesetz regelt. Die Verfolgung und Beurteilung von Zuwiderhandlungen obliegt dem Eidgenössischen Finanzdepartement, deren Strafverfügungen der Betroffene vor den kantonalen Strafgerichten überprüfen lassen kann, Art. 70 ff. Verwaltungsstrafgesetz.[6]

II. Regelungsinhalt

1. Zuständigkeit des OLG Frankfurt/Main (§ 62 Abs. 1 Satz 1). Mit   3 § 62 Abs. 1 Satz 1. Halbsatz begründet das WpÜG die sachliche und örtliche Zuständigkeit bei dem für den Sitz der BAFin zuständigen OLG Frankfurt/Main. § 60 betrifft dabei die erste Instanz in Verfahren nach Einsprüchen gegen Bußgeldbescheide. Für **gerichtliche Maßnahmen vor dem Zeitpunkt des Einspruchs**, also im Ermittlungsverfahren der BAFin, gelten die allgemeinen Zuständigkeitsregelungen des Strafverfahrens. Gleiches gilt, wenn die Tat nach Erlass des Bußgeldbescheids als Straftat weiter verfolgt wird. In diesem Fall ist das Verfahren nach § 270 StPO mit Blick auf die Veränderung des rechtlichen Charakters an das zuständige Strafgericht abzugeben.[7] Die **funktionelle Zuständigkeit** fällt dem nach § 67 eingerichteten Wertpapierhandels- und Übernahmesenat des OLG Frankfurt/Main zu, bei dem es sich nicht um einen

---

[1] *Steinmeyer/Häger* Rn. 1; *Giesberts* in Kölner Komm. Rn. 1; *Tschauner* in *Geibel/Süßmann* Rn. 2.
[2] Begr. RegE, BT-Drucks. 14/7034 S. 69.
[3] *Giesberts* in Kölner Komm. Rn. 2.
[4] *Giesberts* in Kölner Komm. Rn. 3.
[5] *Hohn* in *Haarmann/Riemer/Schüppen* Rn. 3; *Giesberts* in Kölner Komm. Rn. 4.
[6] *Hohn* in *Haarmann/Riemer/Schüppen* Rn. 4; *Giesberts* in Kölner Komm. Rn. 5.
[7] *Tschauner* in *Geibel/Süßmann* Rn. 1; *Giesberts* in Kölner Komm. Rn. 6; *Steinmeyer/Häger* Rn. 2.

Strafsenat handelt, sondern um einen „spezialisierten Spruchkörper eigener Art“.[8]

4   Dem OLG kommt gem. § 62 Satz 1, 2.Halbsatz auch die **Zuständigkeit über Anträge auf gerichtliche Entscheidung** i.S.v. § 62 OWiG zu, soweit die BAFin den Antrag auf Wiedereinsetzung in den vorigen Stand gem. § 52 Abs. 2 Satz 3 oder den Einspruch gegen den Bußgeldbescheid nach § 69 Abs. 1 Satz 2 verwirft.

5   **2. Notwendige Verteidigung (§ 62 Abs. 1 Satz 2).** § 62 Abs. 1 Satz 2 macht von der in § 46 Abs. 1 iVm § 140 Abs. 1 Nr. 1 StPO vorgesehenen notwendigen Verteidigung **eine Ausnahme.** Der Betroffene muss sich nicht der Unterstützung eines Verteidigers bedienen, obwohl das Verfahren im ersten Rechtszug vor dem OLG stattfindet. Damit wird eine unangemessene Belastung des Betroffenen verhindert, die insbesondere bei geringen Bußgeldhöhen aus der aufwendigen Einschaltung eines Verteidigers resultiert.[9] Die Notwendigkeit der Bestellung eines Verteidigers kann sich jedoch aus etwaigen Schwierigkeit der Sach- und Rechtslage ergeben (§ 46 Abs. 1 OWiG iVm § 140 Abs. 2 StPO).[10] Von dieser Bestimmung wird durch § 62 Abs. 2 nicht abgewichen.

6   **3. Besetzung des Gerichts (§ 62 Abs. 2).** Gem. § 62 Abs. 2 entscheidet das Oberlandesgericht in der Besetzung von drei Mitgliedern einschließlich des vorsitzenden Mitglieds. Diese **Besetzung** entspricht dem grundsätzlichen Zuschnitt der OLG-Senate nach § 122 Abs. 1 GVG, weicht aber von der üblichen Zuständigkeit des Einzelrichters am Amtsgericht für Bußgeldsachen ab (vgl. § 68 OWiG). § 62 Abs. 2 nimmt damit Rücksicht auf die Bedeutung der Verstöße gegen das WpÜG und der möglichen hohen Bußgelder nach § 60 Abs. 3.[11]

III. Verfahren bei der Entscheidung über den Einspruch

7   Gem. § 62 Abs. 1 Satz 1 besteht die Zuständigkeit im gerichtlichen Verfahren wegen einer Ordnungswidrigkeit nach § 60 beim OLG Frankfurt/Main. Für dieses gelten die gleichen Grundsätze, wie sie sich auch aus dem Verfahren nach Einspruch gegen einen Strafbefehl ergeben nach § 71 OWiG. Stellt das Gericht ein **Verfahrenshindernis** wie zB die Unwirksamkeit des Bußgeldbescheids fest, stellt es das Verfahren außerhalb der Hauptverhandlung durch Beschluss ein (§§ 205 ff. StPO iVm § 46 Abs. 1 OWiG). Zu den Verfahrenshindernissen zählt auch das **Verbot der Doppelverfolgung**, so dass es keinen zweiten Bußgeldbescheid aufgrund des selben Vorwurfs geben darf. In der Hauptverhandlung erfolgt die Einstellung durch Urteil gem. § 260 Abs. 3 StPO iVm § 46 Abs. 1 OWiG. Im Einvernehmen mit der Staatsanwaltschaft kann das Gericht das Verfahren aber auch durch Beschluss einstellen, wenn es eine Ahndung nicht für geboten hält (§ 47 Abs. 2 OWiG).

---

[8] *Steinmeyer/Häger* Rn. 2; vgl. BGH WuW/E BGH 2865, 2866.

[9] Begr. RegE BT-Drucks. 14/7034 S. 69; vgl. auch *Steinmeyer/Häger* Rn. 3.

[10] Vgl. *Giesberts* in Kölner Komm. Rn. 11; *Tschauner* in *Geibel/Süßmann* Rn. 4.

[11] Begr. RegE, BT-Drucks. 14/7034 S. 69; *Giesberts* in Kölner Komm. Rn. § 62 Rn. 12; vgl. zum Bußgeldrahmen *Land/Hasselbach* DB 2000, 1747, 1754; *Pötzsch/Möller,* WM Sonderbeilage 2/2000.

Wird der Einspruch nicht wirksam eingelegt, verwirft ihn das Gericht **8** außerhalb der Hauptverhandlung durch Beschluss als unzulässig. Dagegen ist die **sofortige Beschwerde** möglich (§ 70 OWiG). Der Beschluss ist zu begründen (§ 46 Abs. 1 OWiG i.V.m. § 34 StPO). In der Hauptverhandlung werden unzulässige Einsprüche durch Urteil verworfen (§ 246 Abs. 1 OWiG). Statthaftes Rechtsmittel dagegen ist die Rechtsbeschwerde (§ 79 Abs. 1 Satz 1 Nr. 4 OWiG).

Ist der **Einspruch zulässig**, entscheidet das Gericht regelmäßig in der **9** Hauptverhandlung (§ 71 OWiG). Nur wenn die Staatsanwaltschaft und der Betroffene nicht widersprechen, kann im schriftlichen Verfahren entschieden werden (§ 72 Abs. 1 OWiG). Bei dieser Ausnahme vom Mündlichkeitsprinzip des § 243 StPO (hier iVm § 46 Abs. 1 OWiG) darf das Gericht die im ursprünglichen Bußgeldbescheid verhängt Strafe nicht verschärfen (§§ 71, 72 Abs. 3 Satz 2 OWiG). Dieses Verschlechterungsverbot gilt nur für die Art und Höhe der Rechtsfolgen, nicht aber für den Schuldspruch als solchen.[12] Kommt es hingegen zu einer Hauptverhandlung, gilt das Verschlechterungsverbot nicht (§ 46 Abs. 1 OWiG iVm § 411 Abs. 4 StPO).

Das gerichtliche Urteil im Verfahren nach dem Einspruch entfaltet **volle 10 Rechtskraftwirkung**. Eine weitere strafrechtliche Ahndung dieser Tat ist nicht mehr möglich (§ 84 Abs. 2 OWiG). Die Verfolgung derselben Tat als Straftat bleibt aber zulässig, wenn der Bußgeldbescheid nicht oder nicht wirksam angefochten wurde. Die eingeschränkte Rechtskraftwirkung verhindert nur die Verfolgung derselben Tat als Ordnungswidrigkeit (§ 84 Abs. 1 OWiG).

§ 63 Rechtsbeschwerde zum Bundesgerichtshof

Über die Rechtsbeschwerde (§ 79 des Gesetzes über Ordnungswidrigkeiten) entscheidet der Bundesgerichtshof. Hebt er die angefochtene Entscheidung auf, ohne in der Sache selbst zu entscheiden, so verweist er die Sache an das Oberlandesgericht, dessen Entscheidung aufgehoben wird, zurück.

Übersicht

I. Allgemeines

Mit § 63 hat der Gesetzgeber eine Zuständigkeitsnorm eingeführt, die die **1** Rechtsbeschwerde i.S.v. §§ 79 ff. OWiG gegen eine Bußgeldentscheidung nach § 60 behandelt. Die Sachentscheidung des OLG erfolgt durch Urteil oder Beschluss und ist nur mit der Rechtsbeschwerde nach § 79 angreifbar. Der Weg

---

[12] *Göhler* § 72 OWiG Rn. 56.

der Berufung oder Revision steht daneben nicht offen. Das Verfahren der Rechtsbeschwerde lehnt sich weitgehend an die Vorschriften über die Revision an (§ 79 Abs. 3 Satz 1 OWiG).[1] § 63 ist als Parallelvorschrift dem § 84 GWB wörtlich nachgebildet und unverändert in das WpÜG eingefügt.[2]

2   Eindeutige **Vorbilder** für § 63 finden sich in anderen Rechtsordnungen nicht. Die ursprünglich geplante Übernahmerichtlinie der EG behandelt zwar Sanktionen für Verstöße, überlässt deren Ausgestaltung aber den Mitgliedstaaten. Der britische City Code befasst sich nicht mit gerichtlichen Zuständigkeiten.[3] In Österreich ist eine revisionsrechtliche Überprüfung der Entscheidung der Übernahmekommission nicht vorgesehen. Die Entscheidung kann lediglich mit der Berufung vor dem Unabhängigen Verwaltungssenat Wien nach § 51 Verwaltungsstrafgesetz angegriffen werden. In der Schweiz gilt für die Anfechtung von Entscheidungen kantonaler Strafgerichte die jeweilige kantonale Strafprozessordnung. Gegen letztinstanzliche Urteile kann wegen Verletzung von Bundesrecht vor dem Kassationsgerichtshof die Nichtigkeitsbeschwerde eingelegt werden.[4]

II. Regelungsinhalt

3   § 63 Satz 1 behandelt abweichend von § 79 OWiG die **funktionelle Zuständigkeit des BGH** als Rechtsbeschwerdegericht in Bußgeldverfahren nach § 60. Damit weicht § 63 von der Konzentrationsmaxime der §§ 62 ff. ab, die die Entscheidungszuständigkeit beim OLG Frankfurt/Main bündeln. Im Hinblick auf die erstinstanzliche Zuständigkeit des OLG Frankfurt/Main gem. § 62 Abs. 1 bietet sich allerdings ohnehin nur der BGH als Beschwerdeinstanz an. Insoweit wird auch Übereinstimmung mit den allgemeinen Regeln über die Rechtsbeschwerde bei Ordnungswidrigkeiten erzielt. Über § 79 Abs. 3 Satz 1 kommen die Revisionsvorschriften der StPO zur Anwendung, die in Gestalt des Devolutiveffekts das für die Rechtsbeschwerde im Instanzenzug nächsthöhere Gericht für zuständig erklären.[5]

4   § 63 Satz 2 behandelt den Fall, dass **der BGH die angefochtene Entscheidung des OLG aufhebt**, ohne in der Sache selbst zu entscheiden. Er verweist die Sache dann an das erstinstanzliche OLG Frankfurt/Main und dort an den nach § 67 zu errichtenden Wertpapiererwerbs- und Übernahmesenat zurück. Damit weicht § 63 Satz 2 von den Beschwerderechtsinstituten der StPO und des OWiG ab. § 354 Abs. 2 StPO sieht nämlich zwingend die Zurückweisung an einen anderen Spruchkörper vor, und nach § 79 Abs. 6 OWiG kann das Beschwerdegericht in Bußgeldsachen wählen, ob es an denselben oder einen anderen Spruchkörper zurückverweist. Seine Rechtfertigung findet § 63 Satz 2 darin, dass er, wie die anderen Zuständigkeitsregelungen im WpÜG, der Konzentration der Sachkunde über die Wertpapiererwerbs- und Übernahmerechts-

---

[1] *Hohn* in *Haarmann/Riemer/Schüppen* Rn. 1; *Göhler* Vor § 79 OWiG Rn. 4.

[2] *Giesberts* in Kölner Komm. Rn. 1; Begründung des RegE zu § 63, BT-Drucks. 14/7034.

[3] *Giesberts* in Kölner Komm. Rn. 2 f.

[4] *Hohn* in *Haarmann/Riemer/Schüppen* Rn. 3; *Giesberts* in Kölner Komm. Rn. 5 f.

[5] *Steinmeyer/Häger* Rn. 1; *Giesberts* in Kölner Komm. Rn. 6; *Tschauner* in *Geibel/Süßmann* Rn. 2.

pflege dient.[6] Beim Vorwurf einer Ordnungswidrigkeit bedarf es einer Überprüfung durch einen anderen Spruchkörper nicht.[7]

III. Verfahren der Rechtsbeschwerde

Im WpÜG finden sich **keine eigenen Regeln über die Verfahrenanfor-** **5** **derungen der Rechtsbeschwerde.** Über § 63 und § 79 Abs. 3 Satz 1 OWiG wird auf die StPO und auf das GVG verwiesen. Die Rechtsbeschwerde folgt insoweit weiten Teilen den Bestimmungen über die Revision.

1. Zulässigkeit. Gegen das Urteil oder den Beschluss des OLG ist aus- **6** schließlich die Rechtsbeschwerde als einheitliches und ausschließliches Rechtsmittel statthaft.[8] **Beschwerdeberechtigt** sind nach § 46 OWiG, § 296 StPO der Betroffene und die Staatsanwaltschaft, wobei letztere auch zugunsten des Betroffenen Beschwerde einlegen kann.[9] Für den Betroffenen kann auch der Verteidiger das Rechtsmittel einlegen, jedoch nicht gegen dessen ausdrücklichen Willen (§ 297 StPO). Nach § 79 Abs. 3 OWiG iVm. § 341 StPO muss die Beschwerde binnen einer Woche schriftlich oder zur Niederschrift in der Geschäftstelle eingelegt werden. Die Frist beginnt mit der Verkündung der Entscheidung bzw., wenn die Entscheidung in Abwesenheit des Beschwerdeführers erfolgt ist, mit der Zustellung. Die Rechtsbeschwerde muss begründet werden (§ 344 StPO). Wird die Verletzung von Verfahrensvorschriften gerügt (Verfahrensrüge), muss der Beschwerdeführer die den Mangel enthaltenen Tatsachen detailliert anführen, so dass das Beschwerdegericht schon anhand der Beschwerdeschrift überprüfen kann, ob ein Verfahrenfehler vorliegt. Wird die **Verletzung materiell-rechtlicher Bestimmungen** gerügt (Sachrüge), reicht es aus, wenn der Beschwerdeführer die Verletzung sachlichen Rechts behauptet.[10] Die Beschwerdeanträge sind spätestens einen Monat nach Ablauf der Rechtsmittelfrist beim Ausgangsgericht einzureichen. Dabei ist zu beachten, dass der Beschwerdeführer dies nur durch einen vom Verteidiger oder von einem Rechtsanwalt unterzeichneten Schriftsatz bzw. zu Protokoll der Geschäftstelle einreichen kann (§ 345 StPO).

2. Begründetheit. Die Rechtsbeschwerde ist begründet, wenn die ange- **7** fochtene Entscheidung gegen formelle oder materielle Bestimmungen verstößt und die Entscheidung auf diesem Gesetzesverstoß beruht (vgl. § 337 StPO iVm 79 Abs. 3 Satz 1 StPO). Liegt **ein absoluter Beschwerdegrund** gem. § 338 StPO vor, wird unwiderleglich vermutet, dass die Entscheidung auf dem Verfahrensfehler beruht. Der BGH kann als Rechtsbeschwerdegericht keine neuen tatsächlichen Feststellungen im Hinblick auf den Streitgegenstand treffen.[11]

---

[6] *Giesberts* in Kölner Komm. Rn. 7; *Tschauner* in *Geibel/Süßmann* Rn. 3.

[7] *Hohn* in *Haarmann/Riemer/Schüppen* Rn. 23; vgl. auch OLG Frankfurt, VRS 57 (1979) 206 f.

[8] Vgl. *Tschauner* in *Geibel/Süßmann* Rn. 4 ff.; *Giesberts* in Kölner Komm. Rn. 8 ff.; *Hohn* in *Haarmann/Riemer/Schüppen* Rn. 4 ff.

[9] *Giesberts* in Kölner Komm. Rn. 9; *Tschauner* in *Geibel/Süßmann* Rn. 5.

[10] *Hohn* in *Haarmann/Riemer/Schüppen* Rn. 11; *Giesberts* in Kölner Komm. Rn. 9; s. ferner BGHSt 25, 272, 275.

[11] *Tschauner* in *Geibel/Süßmann* § 63 Rn. 9; *Göhler* § 79 OWiG Rn. 47.

Stellt der BGH fest, dass die **Rechtsbeschwerde begründet ist**, hat er die angefochtene Entscheidung aufzuheben (§ 353 StPO, § 79 Abs. 3 Satz 1 OWiG). Andernfalls ist sie als unbegründet zu verwerfen. Wurde die angefochtene Entscheidung aufgehoben, kann der BGH die Sache dem OLG Frankfurt/Main zurückweisen. Er kann aber auch in Abweichung der Einschränkungen von § 354 Abs. 1 und 2 StPO die Sachentscheidung selbst treffen (§ 79 Abs. 6 StPO). In diesem Fall stehen ihm dieselben Möglichkeiten offen, die auch dem OLG bei einer Zurückweisung zuständen. Er kann insbesondere die Höhe der Geldbuße neu festsetzen oder den Schuldspruch ändern.[12]

§ 64 Wiederaufnahme gegen Bußgeldbescheid

Im Wiederaufnahmeverfahren gegen den Bußgeldbescheid der Bundesanstalt (§ 85 Abs. 4 des Gesetzes über Ordnungswidrigkeiten) entscheidet das nach § 62 Abs. 1 zuständige Gericht.

Übersicht

I. Allgemeines

1   § 64 betrifft die Zuständigkeit für das **Wiederaufnahmeverfahren** gegen den Bußgeldbescheid der BAFin gem. § 85 Abs. 4 OWiG. § 64 ist wie §§ 62 und 65 Ausdruck der Konzentrationsmaxime im Übernahmeverfahren. Über das Wiederaufnahmeverfahren entscheidet das nach § 62 Abs. 1 für den Sitz der BAFin zuständige Oberlandesgericht in Frankfurt/Main. Mit dieser Zuständigkeitsverteilung weicht § 64 von der Regelung des §§ 85 Abs. 4, 68 OWiG ab, die das Amtsgericht des Wiederaufnahmeverfahrens für zuständig erklären.[1]

2   Vorbilder für besondere Verfahrensanforderungen an die Durchführung des Bußgeldverfahrens finden sich in den Übernahmeregelungen ausländischer Rechtsordnungen nicht. Weder das österreichische Übernahmegesetz, noch das schweizerische Börsengesetz, noch der britische City Code treffen eine dem § 64 vergleichbare Regelung. Auch die ursprünglich geplante europäische Übernahmerichtlinie belässt das gerichtliche Verfahren in Bußgeldsachen in der Obhut der Mitgliedstaaten.[2]

II. Regelungsinhalt

3   Der Regelungsgehalt des § 64 beschränkt sich allein auf die **Begründung der Zuständigkeit für das Wiederaufnahmeverfahren** gegen den rechts-

---

[12] *Tschauner* in *Geibel/Süßmann* § 63 Rn. 10; *Giesberts* in Kölner Komm. Rn. 10.

[1] *Giesberts* in Kölner Komm. Rn. § 64 Rn. 4; vgl. zur Kritik an dem Konzentrationsstreben unten § 65 Rn. 1.

[2] Vgl. *Giesberts* in Kölner Komm. Rn. § 64 Rn. 2 f.

kräftigen Bußgeldbescheid. Das Verfahren der Wiederaufnahme gegen diesen ist in § 85 OWiG geregelt. Die weiteren von § 85 OWiG angesprochenen Bußgeldentscheidungen fallen nicht unter § 64. Dazu zählen das Urteil nach Einspruch, der urteilsersetzende Beschluss nach § 72 OWiG, die Urteile und Beschlüsse des Beschwerdegerichts nach § 79 Abs. 5 und 6 OWiG sowie das Urteil und der Strafbefehl im Strafverfahren.[3] § 64 begründet keine Zuständigkeit für die erneute Hauptverhandlung gem. § 373 StPO im Anschluss an ein erfolgreiches Wiederaufnahmeverfahren. Dessen Zuständigkeit ergibt sich aus den allgemeinen Regelungen, wie zB § 62.[4]

§ 64 betrifft die **Zuständigkeit für Wiederaufnahmeverfahren** gegen in   4 Rechtskraft erwachsene Bußgeldbescheide. Dies legt in grammatikalischer Hinsicht die amtliche Überschrift der Norm nahe und wird in systematischer Hinsicht durch den lediglich auf § 85 Abs. 4 OWiG gerichteten Verweis unterstrichen.[5] Ob § 64 darüber hinaus auch den **Antrag auf Wiederaufnahme** gegen eine gerichtliche Entscheidung, durch die ein Bußgeld festgesetzt wird, erfasst, ist umstritten.[6] Für die sachliche Zuständigkeit des OLG ist dieser Streit allerdings ohne Belang, da diese auch aus den allgemeinen Vorschriften der § 140a Abs. 6 GVG, § 85 Abs. 1 OWiG und § 367 Abs. 1 Satz 1 StPO folgt. Funktionell betrachtet ist gem. § 140a Abs. 6 Satz 1 GVG jedoch ein anderer Senat desselben OLG zuständig, wohingegen § 64 als umfassende Sondernorm iVm §§ 62 Abs. 1, 67 den Wertpapiererwerbs- und Übernahmesenat auch im Wiederaufnahmeverfahren für zuständig erklärt.

Die **Zuweisung zu einem „anderen Senat"** begründet Spannungen mit   5 dem Recht auf den gesetzlichen Richter nach Art. 101 Abs. 1 GG, da ein konkretes Gericht eben nicht benannt wird.[7] Um diesem Konflikt aus dem Weg zu gehen, ist beim zuständigen OLG Frankfurt/Main ein sog. „Auffangsenat" für den Wiederaufnahmeantrag gegen eine gerichtliche Bußgeldentscheidung zu bilden.[8]

III. Verfahren bei Wiederaufnahme

Für das Verfahren der Wiederaufnahme erklärt § 85 Abs. 1 OWiG die §§ 359   6 bis 373a StPO für entsprechend anwendbar, soweit in § 85 Abs. 2 bis 4 OWiG nichts anderes bestimmt wird. Die Erweiterungen bzw. Einschränkungen der

---

[3] *Hohn* in *Haarmann/Riemer/Schüppen* § 65 Rn. 2; *Göhler* § 85 OWiG Rn. 4.

[4] *Hohn* in *Haarmann/Riemer/Schüppen* § 65 Rn. 3.

[5] Vgl. *Giesberts* in Kölner Komm. § 64 Rn. 5.

[6] Dafür: *Steinmeyer/Häger* § 64 Rn. 1; *Fischkötter* in GK zum GWB, 4. Auflage, § 84 a.F. Rn. 1 zum parallelen § 83 GWB; wohl auch *Möller* AG 2002, 170, 174. Vgl. auch die Begründung des RegE zu § 64, BT-Drucks. 14/7034: „Da schon das gerichtliche Verfahren vor dem Oberlandesgericht durchgeführt wurde, ist es sinnvoll, diesem auch die Zuständigkeit für Wiederaufnahmeverfahren zuzuweisen." Dagegen: *Hohn* in *Haarmann/Riemer/Schüppen* § 65 Rn. 4; *Giesberts* in Kölner Komm. § 64 Rn. 6; *Tschauner* in *Geibel/Süßmann* § 64 Rn. 2.

[7] *Giesberts* in Kölner Komm. § 64 Rn. 6.

[8] *Hohn* in *Haarmann/Riehmer/Schüppen* § 65 Rn. 4; *Giesberts* in Kölner Komm. § 64 Rn. 6; *Tschauner* in *Geibel/Süßmann* § 64 Rn. 2; in diesem Sinn auch die Begründung des Regierungsentwurfs, der die Bildung auch mehrerer Spezialsenate vorsieht, vgl. BT-Drucks. 14/7034.

zentralen Wiederaufnahmegründe gem. §§ 362 ff. StPO durch § 83 Abs. 2 und 3 OWiG werden im Folgenden kurz erläutert:

7   Die Wiederaufnahme des Verfahrens zu Ungunsten des Betroffenen ist nach § 85 Abs. 3 OWiG nur zulässig, um eine Verurteilung nach einem Strafgesetz herbeizuführen. **Zugunsten des Betroffenen kann eine Wiederaufnahme** nur beantragt werden, wenn die Geldbuße einen Betrag von 250 € übersteigt und seit der Rechtskraft der Entscheidung noch keine drei Jahre verstrichen sind, § 85 Abs. 2 OWiG.

8   **Der Antrag** ist beim OLG und nicht bei der BAFin mittels einer vom Verteidiger oder einem Rechtsanwalt oder zu Protokoll der Geschäftsstelle beim Rechtspfleger abzugebenden Erklärung zu stellen, § 85 Abs. 1 OWiG iVm 366 StPO, § 24 Abs. 1 Nr. 2 RPflG. Das Verfahren im Weiteren untergliedert sich wie im allgemeinen Strafverfahrensrecht in eine Zulässigkeitsprüfung, ggf. eine Beweiserhebung über die Begründetheit des Wiederaufnahmeantrages und die Entscheidung über die Begründetheit (§§ 368–370 StPO).[9] Bei der Entscheidung über die Begründetheit ist das Wiederaufnahmegericht an die Rechtsauffassung derjenigen Stellen gebunden, die die Entscheidung ursprünglich getroffen haben. Nur wenn deren rechtlicher Ausgangspunkt gegen allgemeine Denkansätze verstößt oder offensichtlich unhaltbar ist, ist ein Abweichen möglich.[10] Die Antragsberechtigung fällt dem Betroffenen bzw. seinem Verteidiger und der Staatsanwaltschaft zu, § 85 OWiG iVm §§ 365, 296 f. StPO. **Die BAFin selbst kann die Wiederaufnahme nicht beantragen**, sondern diese nur bei der Staatsanwaltschaft anregen.[11]

§ 65 Gerichtliche Entscheidung bei der Vollstreckung

Die bei der Vollstreckung notwendig werdenden gerichtlichen Entscheidungen (§ 104 des Gesetzes über Ordnungswidrigkeiten) werden von dem nach § 62 Abs. 1 zuständigen Gericht erlassen.

Übersicht

I. Allgemeines

1   § 65 regelt die Zuständigkeit für die gerichtlichen **Entscheidungen, die im Zusammenhang mit Vollstreckung einer Bußgeldentscheidung getroffen werden**. Diese Vorschrift weicht von der differenzierten Zuständigkeitsverteilung des § 104 OWiG ab, indem es die Zuständigkeit dem Gericht zu-

---

[9] *Tschauner* in *Geibel/Süßmann* Rn. 9.

[10] *Tschauner* in *Geibel/Süßmann* § 64 Rn. 9; *Giesberts* in Kölner Komm. Rn. § 64 Rn. 9; KG WuW/E OLG 4471, 4475.

[11] *Giesberts* in Kölner Komm. § 64 Rn. 9; *Tschauner* in *Geibel/Süßmann* § 64 Rn. 7; *Göhler* § 85 OWiG Rn. 3.

weist, welches für einen Einspruch gegen den Bußgeldbescheid zuständig ist (vgl. §§ 104 Abs. 1 Nr. 1, 68 OWiG). § 65 fügt sich in die Systematik der §§ 62 und 64 ein, wonach alle gerichtlichen Maßnahmen und Entscheidungen, die im Zusammenhang mit Ordnungswidrigkeiten im Übernahmeverfahren auftreten können, nur einem Gericht zugewiesen werden. Diese **Verfahrenskonzentration** verspricht auch im Bereich der Vollstreckung eine effiziente und sachgerechte Entscheidungsfindung.[1] Mit dieser Konzentrationswirkung weicht das Übernahmebußgeldverfahren nicht vom allgemeinen Bußgeldverfahren des OWiG ab. Eine akzessorische Zuständigkeit nach Einspruch kennt das OWiG ebenfalls in seinen §§ 65, 85 Abs. 4 Satz 1 und 104 Abs. 1 Nr. 1.[2]

Vorbilder für das Konzentrationsbestreben im Hinblick auf die gerichtliche   **2** Zuständigkeit bei Vollstreckungsentscheidungen finden sich in den Übernahmeregelungen ausländischer Rechtsordnungen nicht. Weder das österreichische Übernahmegesetz, noch das schweizerische Börsengesetz, noch der britische City Code treffen eine dem § 65 vergleichbare Regelung. Auch die ursprünglich geplante europäische Übernahmerichtlinie belässt das gerichtliche Verfahren in Bußgeldsachen in der Obhut der Mitgliedstaaten.[3]

II. Regelungsinhalt

Nach § 65 richtet sich die Zuständigkeit über gerichtliche Entscheidungen   **3** bei der Vollstreckung von Bußgeldentscheidungen nach § 62 Abs. 1. Danach entscheidet, ebenso wie für das gerichtliche Verfahren einer Ordnungswidrigkeit, das für den Sitz der Bundesanstalt zuständige Oberlandesgericht. Dies ist das OLG Frankfurt am Main.[4]

III. Gerichtliche Entscheidung über die Vollstreckung

Die Zuständigkeitsverteilung knüpft an die Vollstreckung von Bußgeldent-   **4** scheidung im Sinne von § 89 OWiG an. Das **Vollstreckungsverfahren**, das auf der Rechtskraft der zugrunde liegenden Bußgeldentscheidung aufbaut, richtet sich nach den §§ 89 ff. OWiG. Erfasst werden alle Sachentscheidungen, mit denen eine Geldbuße oder Nebenfolge festgesetzt wird. Es spielt dabei keine Rolle, ob dem Bescheid eine Entscheidung der Verwaltungsbehörde (BAFin) oder eine gerichtliche Entscheidung zugrunde liegt.[5] Die BAFin vollstreckt als Bundesbehörde die eigenen rechtskräftigen Bußgeldbescheide nach dem VwVfG (vgl. §§ 90, 92, 1. Alt. OWiG). Gerichtliche Entscheidungen vollstreckt die Staatsanwaltschaft gem. § 91 OWiG.[6]

§ 65 regelt nicht, **was zu den „bei der Vollstreckung notwendig wer-**   **5** **denden gerichtlichen Entscheidungen" zählt**. Im Einzelnen ergibt sich aus

---

[1] Begr. RegE BT-Drucks. 14/7034.
[2] *Hohn* in *Haarmann/Riehmer/Schüppen* Rn. 1; vgl. zum gegenteiligen Eindruck *Tschauner* in *Geibel/Süßmann* Rn. 1; *Steinmeyer/Häger* Rn. 1; *Giesberts* in Kölner Komm. Rn. 4.
[3] Vgl. *Giesberts* in Kölner Komm. Rn. 2 f.
[4] *Giesberts* in Kölner Komm. Rn. 4; *Tschauner* in *Geibel/Süßmann* Rn. 1.
[5] *Göhler* § 89 OWiG Rn. 2 ff.
[6] *Hohn* in *Haarmann/Riehmer/Schüppen* Rn. 12 ff.; *Tschauner* in *Geibel/Süßmann* Rn. 2.

den §§ 89 ff. OWiG, dass die Verfahren zur Anordnung und Vollstreckung der Erzwingungshaft gem. §§ 96, 97 Abs. 3 Satz 2 OWiG, Entscheidungen über die Einziehung nach § 100 Abs. 1 Nr. 2 OWiG und Einwendungen gegen die Zulässigkeit der Vollstreckung oder gegen Anordnungen oder Maßnahmen der Vollstreckungsbehörde bzw. die Aussetzung der Vollstreckung gem. 103 OWiG erfasst werden.[7]

6   **Mit dem Eintritt der Rechtskraft** sind Entscheidungen nach § 89 OWiG vollstreckbar, wobei eine Schonfrist von zwei Wochen einzuhalten ist (§ 95 Abs. 1 OWiG). Die Entscheidung über die Vollstreckung ergeht ohne vorherige mündliche Verhandlung, wobei die Beteiligten vor der Entscheidung allerdings Gelegenheit erhalten, Anträge zu stellen und zu begründen (§ 104 Abs. 2 OWiG). Werden durch die Beweiserhebung nachteilige Tatsachen festgestellt, können sie nur in dem Umfang verwertet werden, wie hierzu rechtliches Gehör gewährt wurde (vgl. § 46 Abs. 1 OWiG iVm 33 Abs. 3 StPO). Eine Beschwerde ist gegen die Entscheidung des OLG nicht möglich (§ 46 Abs. 1 OWiG iVm 304 Abs. 4 StPO).[8]

---

[7] So *Giesberts* in Kölner Komm. Rn. 5; *Tschauner* in *Geibel/Süßmann* Rn. 3.

[8] Vgl. BGHSt 30, 52, 53; *Tschauner* in *Geibel/Süßmann* Rn. 6; *Giesberts* in Kölner Komm. § 65 Rn. 6.

Abschnitt 9.
Gerichtliche Zuständigkeit; Übergangsregelungen

§ 66 Gerichte für Wertpapiererwerbs- und Übernahmesachen

(1) Für bürgerliche Rechtsstreitigkeiten, die sich aus diesem Gesetz ergeben, sind ohne Rücksicht auf den Wert des Streitgegenstandes die Landgerichte ausschließlich zuständig. Satz 1 gilt auch für die in § 12 Abs. 6 genannten Ansprüche und für den Fall, dass die Entscheidung eines Rechtsstreits ganz oder teilweise von einer Entscheidung abhängt, die nach diesem Gesetz zu treffen ist. Für Klagen, die auf Grund dieses Gesetzes oder wegen der in § 12 Abs. 6 genannten Ansprüche erhoben werden, ist auch das Landgericht zuständig, in dessen Bezirk die Zielgesellschaft ihren Sitz hat.

(2) Die Rechtsstreitigkeiten sind Handelssachen im Sinne der §§ 93 bis 114 des Gerichtsverfassungsgesetzes.

(3) Die Landesregierungen werden ermächtigt, durch Rechtsverordnung bürgerliche Rechtsstreitigkeiten, für die nach Absatz 1 ausschließlich die Landgerichte zuständig sind, einem Landgericht für die Bezirke mehrerer Landgerichte zuzuweisen, wenn eine solche Zusammenfassung der Rechtspflege in Wertpapiererwerbs- und Übernahmesachen dienlich ist. Sie werden ferner ermächtigt, die Entscheidungen über Berufungen und Beschwerden gegen Entscheidungen der nach Absatz 1 zuständigen Landgerichte in bürgerlichen Rechtsstreitigkeiten einem oder einigen der Oberlandesgerichte zuzuweisen, wenn in einem Land mehrere Oberlandesgerichte errichtet sind. Die Landesregierungen können die Ermächtigungen auf die Landesjustizverwaltungen übertragen. Durch Staatsverträge zwischen den Ländern kann die Zuständigkeit eines Landgerichts für einzelne Bezirke oder das gesamte Gebiet mehrerer Länder begründet werden.

(4) *(aufgehoben)*.

Übersicht

I. Allgemeines

1   § 66 beinhaltet Regelungen über die gerichtliche Zuständigkeit in Wertpapiererwerbs- und Übernahmesachen. Er **ergänzt damit die Zuständigkeitsregeln in § 48 Abs. 4** (Verwaltungsstreitsachen) und in §§ 62 ff. (Ordnungswidrigkeitssachen). Während das Beschwerdeverfahren (§§ 48 ff.) sachlich ein Verwaltungsstreitverfahren darstellt, betrifft § 66 Streitigkeiten auf dem Gebiet des bürgerlichen Rechts. Diese Vorschrift ist – in vereinfachter Form – den §§ 87, 89 und 92 GWB nachgebildet und ähnelt dem für den Bereich der Prospekthaftung geltenden § 49 BörsG. In § 66 Abs. 1 wird die ausschließliche Zuständigkeit von Landgerichten geregelt und Abs. 2 bestimmt, dass die von § 66 Abs. 1 erfassten Rechtsstreitigkeiten Handelssachen sind. § 66 Abs. 3 enthält Ermächtigungen an die Länder zur Konzentration von Gerichtsverfahren. Ursprünglich bestand § 66 auch noch aus einem Abs. 4, der Regelungen zur rechtsanwaltlichen Vertretung enthielt. Diese Vorschrift ist jedoch durch § 15 des Gesetzes zur Änderung des Rechts der Vertretung durch Rechtsanwälte vor den Oberlandesgerichten vom 23. 7. 2002[1] gestrichen worden.

II. Zuständigkeit der Landgerichte (§ 66 Abs. 1)

2   **1. Sachliche Zuständigkeit.** Gem. § 66 Abs. 1 Satz 1 sind ohne Rücksicht auf den Streitwert die Landgerichte für bürgerliche Rechtsstreitigkeiten zuständig, die sich aus dem WpÜG ergeben. Damit wird (nur) die **sachliche Zuständigkeit** geregelt und für diesen Bereich werden die allgemeinen Vorschriften der §§ 71, 23 GVG verdrängt. Die sachliche Zuständigkeit ist eine ausschließliche, so dass abweichende Gerichtsstandsvereinbarungen unwirksam sind und auch ein rügeloses Einlassen keine abweichende Zuständigkeit begründen kann.[2] Als **Sachurteilsvoraussetzung** ist die ausschließliche sachliche Zuständigkeit von Amts wegen zu beachten. Ist die Klage beim sachlich unzuständigen Gericht oder beim örtlich unzuständigen Landgericht eingereicht worden, so hat sich das Gericht gem. § 281 Abs. 1 Satz 1 ZPO auf Antrag des Klägers durch Beschluss für unzuständig zu erklären und den Rechtsstreit an das zuständige Gericht zu verweisen.[3]

3   **2. Örtliche Zuständigkeit (§ 66 Abs. 1 Satz 1 und Satz 3).** Die **örtliche Zuständigkeit des Landgerichts** ergibt sich aus den allgemeinen Vorschriften der §§ 12 ff. ZPO.

---

[1] BGBl. I S. 2850.

[2] Vgl. *Zehetmeier-Müller/Grimmer* in *Geibel/Süßmann* Rn. 9; *Giesberts* in Kölner Komm. Rn. 4.

[3] *Giesberts* in Kölner Komm. Rn. 4; *Schüppen/Schweizer* in *Haarmann/Riehmer/Schüppen* Rn. 9.

In § 66 Abs. 1 Satz 3 ist daneben für Klagen, die auf Grund des WpÜG oder **4** wegen der in § 12 Abs. 6 genannten Ansprüche erhoben werden, **der Gerichtsstand des Sitzes der Zielgesellschaft** eröffnet.[4] Es besteht also die Möglichkeit, bei derartigen Klagen das Landgericht, in dessen Bezirk die Zielgesellschaft ihren Sitz hat, als besonderen Gerichtsstand zu wählen.[5] Dieser besondere Gerichtsstand ermöglicht eine Entscheidung durch das Gericht, in dessen Nähe sich häufig relevante Beweismittel, insbesondere Urkunden und Zeugen befinden können.[6]

Fraglich ist indes, welche **Fälle genau von dem besonderen Gerichts-** **5** **stand erfasst werden.** Der Wortlaut wird im Hinblick auf die Möglichkeit der Wahl des besonderen Gerichtsstandes bei Vorfragen nach § 66 Abs. 1 Satz 2 verschieden verstanden. Zum Teil wird im Hinblick auf die von den Sätzen 1 und 2 abweichende Wortwahl „auf Grund dieses Gesetzes" und des systematischen Zusammenhanges der besondere Gerichtsstand auch auf Vorfragen erstreckt.[7] Dem ist jedoch nicht zu folgen, denn nach dem Wortlaut des § 66 Abs. 1 Satz 3 kommt es darauf an, dass Klagen auf Grund dieses Gesetzes *erhoben* worden sind und nicht nur dass sie das Gesetz betreffen. Bei einer Vorfrage nach § 66 Abs. 1 Satz 2 wird gerade keine Klage auf Grund des WpÜG erhoben, sondern die Anspruchsgrundlage und damit auch der Grund für die Klage liegt definitionsgemäß außerhalb des Gesetzes (s. unten Rn. 6 f.).[8]

III. Umfang der Zuweisung an die Landgerichte

1. Bürgerlich-rechtliche Streitigkeiten. § 66 regelt nur die Zuständig- **6** keit für bürgerlich-rechtliche Streitigkeiten. Diese sind von den öffentlich-rechtlichen Streitigkeiten abzugrenzen. Dies geschieht **nach den allgemeinen Regeln.**[9] Erfasst werden Streitigkeiten zwischen Privaten oder Streitigkeiten zwischen einem Privaten und einem Träger hoheitlicher Gewalt sofern sich dieser nicht den besonderen, ihm zugeordneten Rechtssätzen des öffentlichen Rechts bedient, sondern sich den für jedermann geltenden zivilrechtlichen Regelungen unterstellt.[10] Als bürgerlich-rechtliche Streitigkeiten kommen Leistungs-, Feststellungs- und Gestaltungsklagen in Betracht, wenngleich der Anwendungsbereich dieser Klagen stark eingeschränkt ist, weil das WpÜG Dritten grundsätzlich keine subjektiven Rechte einräumt.[11] Typisches Beispiel für öffentlich-rechtliche Streitigkeiten sind die Einlegung einer Beschwerde gegen Verfügungen der BAFin (vgl. § 48 Abs. 4) oder das

---

[4] *Schüppen/Schweizer* in *Haarmann/Riehmer/Schüppen* Rn. 10; *Giesberts* in Kölner Komm. Rn. 12; *Zehetmeier-Müller/Grimmer* in *Geibel/Süßmann* Rn. 5.

[5] *Zehetmeier-Müller/Grimmer* in *Geibel/Süßmann* Rn. 5.

[6] So die Begr. RegE BT-Drucks. 14/7034 S. 69.

[7] *Schüppen/Schweizer* in *Haarmann/Riehmer/Schüppen* Rn. 10.

[8] Im Ergebnis ebenso *Giesberts* in Kölner Komm. Rn. 12.

[9] Dazu allgemein *Zöller/Gummer* § 13 GVG Rn. 12 ff.; *Musielak/Wittschier* § 13 GVG Rn. 4 ff.; Münch Komm. ZPO/*Wolf* § 13 GVG Rn. 4 ff.

[10] So *Schüppen/Schweizer* in *Haarmann/Riehmer/Schüppen* Rn. 2.

[11] *Möller* AG 2002, 170, 174; *Giesberts* in Kölner Komm. Rn. 4; *Schüppen/Schweizer* in *Haarmann/Riehmer/Schüppen* Rn. 7.

Geltendmachen eines Anspruches auf Erlass einer Nichtberücksichtigungsverfügung nach § 36.[12]

7   **2. Bezug zum Wertpapiererwerb oder zur Übernahme.** Die ausschließliche Zuständigkeit von Landgerichten als Abweichung von den allgemeinen Regeln ist nur dadurch gerechtfertigt, dass ein spezifischer Bezug zum Wertpapiererwerbs- oder Übernahmerecht besteht. Dies wird aus dem Wortlaut der Regelung („**aus diesem Gesetz**") deutlich. Dadurch kann hinsichtlich dieser komplizierten Materien eine Konzentration der mit dem WpÜG zusammenhängenden Fragen bei wenigen (spezialisierten) Gerichten erreicht werden.[13] Ansatzpunkt für die Beurteilung des Bezugs zum WpÜG ist, dass der Kläger einen Anspruch geltend macht, der sich nach seinem Vorbringen unmittelbar aus einer Vorschrift des WpÜG ergibt. **Typische Anspruchsgrundlagen** sind u. a. Haftung für die Angebotsunterlagen (§ 12 Abs. 1), Haftung des Wertpapierdienstleisters für die Finanzierungsbestätigung (§ 13 Abs. 2) oder Zinsanspruch der Aktionäre der Zielgesellschaft bei Verstoß gegen § 35 (§ 38).[14] Es handelt sich auch um bürgerliche Streitigkeiten mit Bezug zum WpÜG, wenn Erfüllungsansprüche aus Verträgen geltend gemacht werden, die durch ein Wertpapiererwerbs- und Übernahmeverfahren zustande gekommen sind.[15]

8   **3. Ansprüche nach § 12 Abs. 6 und Vorfragen (§ 66 Abs. 1 Satz 2). a) Ansprüche nach § 12 Abs. 6.** Das Gesetz nennt in § 66 Abs. 1 Satz 2 ausdrücklich einen Fall, in denen Rechtsstreitigkeiten mit Bezug zum WpÜG den Landgerichten zugewiesen werden. Es handelt sich um die von § 12 Abs. 6 erfassten Ansprüche. Das sind solche, die nach den Vorschriften des bürgerlichen Rechts auf Grund von Verträgen oder vorsätzlichen unerlaubten Handlungen erhoben werden können, aber nicht in der Vorschrift über die Haftung wegen unrichtiger oder unvollständiger Angebotsunterlagen (§ 12 Abs. 1 bis 5) aufgeführt sind.[16] Über den Verweis in § 13 Abs. 3 gilt diese Zuständigkeit entsprechend auch für die Haftung für die Finanzierungsbestätigung nach § 13 Abs. 2.[17]

9   Der Wortlaut des § 66 Abs. 1 Satz 2 ist insofern **missverständlich**, als nicht ganz deutlich wird, ob die Zuständigkeit nur dann gegeben ist, wenn kumulativ ein Anspruch aus § 12 Abs. 6 mit einer Vorfrage (s. unten Rn. 10) verknüpft ist. Da mit dem § 66 Abs. 1 eine fachliche Konzentration angestrebt wird, würde es diesem Zweck widersprechen, wenn nur Vorfragen in Bezug auf Ansprüche aus § 12 Abs. 6 oder nur Ansprüche aus § 12 Abs. 6, die zugleich auch Vorfragen im Sinne der Vorschrift darstellen, den Landgerichten zugewiesen würden.[18] Rich-

---

[12] *Giesberts* in Kölner Komm. Rn. 5; *Steinmeyer/Häger* Rn. 4.

[13] *Schüppen/Schweizer* in *Haarmann/Riehmer/Schüppen* Rn. 4; *Giesberts* in Kölner Komm. Rn. 6.

[14] *Giesberts* in Kölner Komm. Rn. 6.

[15] *Giesberts* in Kölner Komm. Rn. 7; *Steinmeyer/Häger* Rn. 9.

[16] S. *Giesberts* in Kölner Komm. Rn. 9; zu Einzelheiten, welche Ansprüche von § 12 Abs. 1 bis 5 erfasst werden und welche unter Abs. 6 fallen, s. oben § 12 Rn. 2 ff.

[17] Vgl. RegBegr. BT-Drucks. 14/7034 zu § 66 RegE.

[18] So auch *Zehetmeier-Müller/Grimmer* in *Geibel/Süßmann* Rn. 2; *Giesberts* in Kölner Komm. Rn. 8.

tigerweise ist der Wortlaut des § 66 Abs. 1 S. 2 alternativ zu verstehen, wonach sich die Zuständigkeit auf Streitigkeiten bezieht, die Ansprüche aus § 12 Abs. 6 betreffen oder die Vorfragen im Sinne der Vorschrift sind.

b) Vorfragen. Während § 66 Abs. 1 Satz 1 solche Konstellationen erfasst, in **10** denen sich der Klaganspruch unmittelbar auf Vorschriften des WpÜG stützt, bezieht sich Satz 2 auf Fälle, in denen das Gericht mittelbar Fragen aus dem WpÜG prüfen muss, um **Spruchreife herzustellen**, die entscheidungserhebliche Norm jedoch aus einem anderen Gesetz entnommen wird (Inzidentprüfung).[19] Dieser **zweigeteilte Regelungsansatz** ist dem § 87 Abs. 1 Satz 2 GWB entlehnt[20] und zielt darauf ab, auch die Entscheidung von Vorfragen, die mit dem WpÜG zusammenhängen, einem sachkompetenten Gericht zuzuführen. Voraussetzungen für die Zuständigkeit sind: (1) Es muss ein gerichtlicher Rechtsstreit vorliegen, der keine bürgerlichen Rechtsstreitigkeiten, die sich unmittelbar aus dem WpÜG ergeben, und keine aus § 12 Abs. 6 genannten Ansprüche erfasst. (2) Die gerichtliche Entscheidung muss von einer „Entscheidung" abhängen. Mit dem **Begriff „Entscheidung"** ist keine weitere gerichtliche Entscheidung, sondern die Entscheidung einer Rechtsfrage gemeint.[21] (3) Die Entscheidung des Rechtsstreits muss ganz oder teilweise von den zu klärenden Vorfragen abhängen. Voraussetzung ist demnach, dass wenigstens hinsichtlich eines Teils die gerichtliche Entscheidung von einer Norm aus dem WpÜG abhängt.[22] Eine entscheidungserhebliche Vorfrage liegt dann vor, wenn sich aus den Darlegungen des Klägers ergibt, dass die Beurteilung der Klage von einer Entscheidung über Regelungen des WpÜG abhängig ist, wobei es unerheblich ist, ob die Beurteilung der Vorfrage zweifelhaft oder eindeutig ist.[23] Um zu klären, ob eine Vorfrage im Sinne des § 66 Abs. 1 Satz 2 vorliegt und daher eine Zuständigkeit begründet ist oder nicht, muss das angerufene Gericht eine summarische Sachprüfung anstellen. Kann das Gericht dabei nicht mit hinreichender Wahrscheinlichkeit feststellen, dass es sich um eine entscheidungserhebliche Vorfrage handelt, so hat es sich für unzuständig zu erklären und den Rechtsstreit auf Antrag nach § 281 ZPO an das zuständige Gericht zu verweisen.[24]

IV. Handelssachen (§ 66 Abs. 2)

§ 66 Abs. 2 stellt eine **Rechtsfolgenverweisung auf die §§ 93 bis 114**   **11** **GVG** dar, indem er bestimmt, dass Rechtsstreitigkeiten im Sinne des Absatzes 1 Handelssachen sind. Aufgrund der pauschalen Verweisung auf Abs. 1 werden auch diejenigen Rechtsstreitigkeiten als Handelssachen angesehen, bei denen es nur im Rahmen einer Vorfrage um Regelungen des WpÜG geht.[25] Folge des Verweises ist es, dass die Kammer für Handelssachen funktionell zuständig ist

[19] *Möller* AG 2002, 170, 174; *Giesberts* in Kölner Komm. Rn. 10; *Schüppen/Schweizer* in *Haarmann/Riehmer/Schüppen* Rn. 5, Fn. 2.

[20] Dazu s. *Schüppen/Schweizer* in *Haarmann/Riehmer/Schüppen* Rn. 4.

[21] *Giesberts* in Kölner Komm. Rn. 11.

[22] *Giesberts* in Kölner Komm. Rn. 11; *Schüppen/Schweizer* in *Haarmann/Riehmer/Schüppen* Rn. 5, Fn. 2.

[23] *Steinmeyer/Häger* Rn. 10.

[24] Vgl. *Möller* AG 2002, 170, 174.

[25] S. *Giesberts* in Kölner Komm. Rn. 13.

(§§ 94, 95 GVG), soweit der Kläger dies beantragt (§ 96 Abs. 1 GVG) oder, wenn es dies nicht tut, der Beklagte einen Verweisungsantrag gem. § 98 Abs. 1 Satz 1 GVG stellt. Eine Zivilkammer darf wegen § 98 Abs. 3 keine Verweisung an die Kammer für Handelssachen vornehmen.

V. Konzentration von Gerichtsverfahren (§ 66 Abs. 3)

12 § 66 Abs. 3 bezweckt eine Konzentration von Prozessen, die direkt oder indirekt mit dem WpÜG zusammenhängen, und damit eine **Vereinheitlichung der Rechtsprechung** zu bürgerlich-rechtlichen Wertpapiererwerbs- und Übernahmesachen. Zu diesem Zweck werden den Ländern verschiedene Möglichkeiten eingeräumt, bürgerliche Rechtsstreitigkeiten abweichend von der örtlichen Zuständigkeit bestimmten Gerichten zuzuweisen. § 66 Abs. 3 Satz 1 bis 3 sehen Verordnungsermächtigungen an die Landesregierungen vor und Satz 4 schafft die Grundlage für Staatsverträge. Die Vorschrift des § 66 Abs. 3 orientiert sich an der entsprechenden Regelung des § 89 Abs. 1 GWB, die sich auch in § 143 PatG wiederfindet. Sie ist Ausdruck der Erkenntnis, dass eine Zuständigkeit kraft Sachkompetenz für die Rechtspflege vorteilhaft ist.[26]

13 § 66 Abs. 3 Satz 1 ermächtigt die **Landesregierungen durch Rechtsverordnungen** bürgerliche Rechtsstreitigkeiten für die nach Abs. 1 ausschließlich die Landgerichte zuständig sind, einem Landgericht für Bezirke mehrerer Landgerichte zuzuweisen, wenn dies der Rechtspflege in Wertpapiererwerbs- und Übernahmesachen dienlich ist. Davon kann bereits dann ausgegangen werden, wenn die Konzentration auf ein Landgericht oder auf wenige Landgerichte eine effektivere und kompetentere Bearbeitung ermöglicht.[27]

14 Die Landesregierungen haben nach § 66 Abs. 3 Satz 2 auch die Möglichkeit, durch Rechtsverordnung dort, wo es in einem Bundesland mehrere Oberlandesgerichte gibt, eine **Konzentration der Entscheidungen über Berufungen und Beschwerden** an einem oder einigen Oberlandesgerichten festzulegen. In diesem Zusammenhang können an den ausgewählten Oberlandesgerichten auch **Spezialsenate** eingeführt werden.[28] Auch hier hängt die Konzentration – auch wenn das Gesetz dies nicht ausdrücklich erwähnt – davon ab, dass es der Rechtspflege dienlich ist.[29]

15 § 66 Abs. 3 Satz 3 stellt die Grundlage dafür dar, dass die Ermächtigungen nach § 66 Abs. 3 Satz 1 und Satz 2 auf die Landesjustizverwaltung übertragen werden. Diese Vorschrift orientiert sich an §§ 89 Abs. 1 S. 2 und 92 Abs. 1 S. 2 GWB. Sinn dieser Regelung ist es, die Entscheidung, ob eine Konzentration vorgenommen wird, von den Landesregierungen an die **praxisnäheren Justizverwaltungen zu delegieren.**

16 Ebenfalls zur Bündelung von Kompetenz in Wertpapiererwerbs- und Übernahmesachen soll § 66 Abs. 4 dienen, wonach durch Staatsverträge zwischen den Ländern die Zuständigkeit eines Landgerichts für einzelne Bezirke oder

---

[26] Allgemein dazu *Ehricke* NJW 1996, 812 ff.
[27] Vgl. Begr. RegE zu § 66 Abs. 3, BT-Drucks. 14/7034; s. ferner *Steinmeyer/Häger* Rn. 14; *Giesberts* in Kölner Komm. Rn. 16.
[28] Begr. RegE zu § 66 Abs. 3, BT-Drucks. 14/7034.
[29] Vgl. *Giesberts* in Kölner Komm. Rn. 17.

das gesamte Gebiet mehrerer Bundesländer begründet werden kann. Diese Vorschrift ist § 89 Abs. 2 GWB nachgebildet.[30] Die in § 92 Abs. 2 GWB vorgesehene Ermächtigung zur Begründung länderübergreifender Zuständigkeiten eines Oberlandesgerichts fehlt dagegen im WpÜG.

§ 67 Senat für Wertpapiererwerbs- und Übernahmesachen beim Oberlandesgericht

In den ihm nach § 48 Abs. 4, § 62 Abs. 1, §§ 64 und 65 zugewiesenen Rechtssachen entscheidet das Oberlandesgericht durch einen Wertpapiererwerbs- und Übernahmesenat.

Um die Gerichtsverfahren im Zusammenhang mit öffentlichen Angeboten **1** zum Erwerb von Wertpapieren und Unternehmensübernahmen zu konzentrieren und damit Fachkompetenz zu bündeln, bestimmt § 67, dass bei dem Oberlandesgericht, dem die Rechtssachen gem. § 48 Abs. 4, § 62 Abs. 1, § 64 und § 65 zugewiesen sind, ein Wertpapiererwerbs- und Übernahmesenat eingerichtet wird. Da allein das **OLG Frankfurt/Main** für die in § 67 genannten Rechtssachen zuständig ist, stellt **§ 67 eine reine Spruchkörperzuständigkeit** dar. Im März 2002 ist der erste Wertpapiererwerbs- und Übernahmesenat beim OLG Frankfurt/Main eingerichtet worden, der personenidentisch mit dem 20. Zivilsenat ist. Bei dem Wertpapiererwerbs- und Übernahmesenat handelt es sich allerdings **nicht um einen Zivilsenat**. Er ist auch kein Strafsenat, sondern ein Spezialsenat, der dem aus dem Ordnungswidrigkeitenrecht bekannten Senate für Bußgeldsachen ähnelt (vgl. § 46 Abs. 7 OwiG).[1]

§ 67 steht der Errichtung weiterer Fachsenate beim OLG Frankfurt/Main **2** nicht entgegen, da er nur bestimmt, dass die dort aufgeführten Rechtssachen von einem solchen Spezialsenat entschieden werden, nicht aber, dass nur ein solcher Senat vorgesehen ist.[2]

Das WpÜG sieht **für den BGH als Beschwerdegericht** eine entspre- **3** chende Spruchkörperbestimmung nicht vor. Eine dem § 94 GWB entsprechende Regelung fehlt im WpÜG. Hintergrund dessen ist, dass es bei Beschwerden nach § 48 ff. keine weitere Beschwerde gibt und dass der BGH für Entscheidungen über Rechtsbeschwerden in Bußgeldsachen nach § 46 Abs. 7 OWiG bereits einen Senat für Bußgeldsachen eingerichtet hat.

Die Zuständigkeit des Senates für Wertpapiererwerbs- und Übernahmesa- **4** chen bezieht sich auf die Beschwerden nach §§ 48 ff. und die gerichtlichen Verfahren wegen Ordnungswidrigkeiten gem. § 62. § 67 fordert nicht, dass der Senat auch für die Berufungsverfahren zuständig ist, die sich aus §§ 12 f. sowie anderen bürgerlich-rechtlichen Streitigkeiten ergeben und in seinem Bezirk anfallen.[3] Insoweit regelt sich die Zuständigkeit nach § 119 GVG. Eine solche Zuständigkeit wird daher **autonom im Geschäftsverteilungsplan des OLG**

---

[30] Dazu vgl. *Bechtold* § 89 GWB Rn. 1.
[1] *Pohlmann* in Kölner Komm. Rn. 2.
[2] Vgl. Begr. RegE BT-Drucks. 14/7034 S. 70; vgl. dazu auch *Hohn* in *Haarmann/Riehmer/Schüppen* Rn. 4.
[3] Vgl. *Pohlmann* in Kölner Komm. Rn. 2.

Frankfurt/Main geregelt werden. Im Hinblick auf die Konzentration von fachlichem Spezialwissen in dem Spezialsenat liegt eine derartige Zuständigkeitszuordnung jedoch nahe.[4]

5   Aufgrund des genau umgrenzten Zuständigkeitsbereichs des § 67 sind Oberlandesgerichte, die in Berufungssachen bürgerliche Streitigkeiten nach § 66 zu entscheiden haben, **nicht gehalten**, Spezialsenate für Wertpapiererwerbs- und Übernahmesachen einzurichten.[5]

§ 68 Übergangsregelungen

(1) **Der Widerspruchsausschuss besteht bis zur Bestellung von ehrenamtlichen Beisitzern auf Grund von Vorschlägen des Beirats nach § 5 Abs. 3 Satz 3, spätestens bis zum 30. Juni 2002, ausschließlich aus den in § 6 Abs. 2 Satz 1 Nr. 1 und 2 genannten Personen.**

(2) **Dieses Gesetz findet vorbehaltlich Absatz 3 keine Anwendung auf Angebote, die vor dem 1. Januar 2002 veröffentlicht wurden.**

(3) **Wer nach dem 1. Januar 2002 die Kontrolle auf Grund eines Angebots erlangt, das vor dem 1. Januar 2002 veröffentlicht wurde, hat die Verpflichtungen nach § 35 Abs. 1 Satz 1 und Abs. 2 Satz 1 einzuhalten. Die Bundesanstalt befreit den Bieter auf schriftlichen Antrag von den Verpflichtungen nach Satz 1, wenn das Angebot den Vorgaben nach §§ 31 und 32 entspricht. Über Widersprüche gegen Verfügungen der Bundesanstalt nach Satz 2 entscheidet der Widerspruchsausschuss.**

Übersicht

I. Allgemeines

1   § 68 enthält für **drei wichtige Gebiete Übergangsregelungen**.[1] Abs. 1 bestimmt die Besetzung des Widerspruchsausschusses bis zum 30. Juni 2002. Nach Abs. 2 findet das WpÜG grundsätzlich keine Anwendung auf Angebote, die vor dem 1. Januar 2002 veröffentlicht wurden, und Abs. 3 beinhaltet Bestimmungen für alle nach dem 1. Januar 2002 erfolgten Kontrollerwerbe. Die Bestimmungen sind erst in einem späten Stadium des Gesetzgebungsprozesses

---

[4] Vgl. auch *Hohn* in *Haarmann/Riehmann/Schüppen* Rn. 3.
[5] *Zehetmeier-Müller/Grimmer* in *Geibel/Süßmann* Rn. 2.
[1] Unrichtig *Zschocke* DB 2002, 79, 84, der davon ausgeht, das WpÜG sehe keine besonderen Übergangsregelungen vor.

auf Grund der Beschlussempfehlung des Finanzausschusses in das Gesetz aufgenommen worden.[2] Damit soll bewirkt werden, dass das Übergangsproblem einheitlich behandelt und Rechtssicherheit hergestellt wird.

II. Widerspruchsausschuss (§ 68 Abs. 1)

Gem. § 6 entscheidet über Widersprüche gegen wichtige Verfügungen des 2 Bundesaufsichtsamtes ein **Widerspruchsausschuss**.[3] Abs. 1 sieht vor, dass bis zum 30. Juni 2002 der Widerspruchsausschuss ausschließlich aus dem Präsidenten der BAFin oder einem von ihm beauftragten Beamten als Vorsitzenden sowie zwei weiteren Beamten der BAFin als Beisitzer besteht. Damit sollte die Arbeitsfähigkeit des Ausschusses vom Inkrafttreten des WpÜG an gewährleistet werden. Der Gesetzgeber ist dabei davon ausgegangen, dass sich bis zum 30. Juni 2002 der Beirat gem. § 5 konstituiert hat und Vorschläge für ehrenamtliche Beisitzer dem Präsidenten unterbreitet haben wird.[4] Der Widerspruchsausschuss hat sich mittlerweile in dem vorgesehenen Umfang konstituiert, so dass § 68 Abs. 1 **nunmehr bedeutungslos** ist.

III. Regelung für die vor dem 1. Januar 2002 veröffentlichten Erwerbsangebote (§ 66 Abs. 2)

§ 66 Abs. 2 bestimmt, dass das **WpÜG grundsätzlich keine Anwendung** 3 auf Angebote findet, die vor dem 1. Januar 2002 veröffentlicht wurden. Für die Fälle, in denen der Bieter auf Grund solcher Angebote die Kontrolle über die Zielgesellschaft nach dem 1. Januar 2002 erlangt hat, enthält Abs. 3 eine Sonderregel. Mit der Vorschrift des Abs. 2 sollte sichergestellt werden, dass bei In-Kraft-Treten des WpÜG laufende Angebotsverfahren auf der Grundlage der bis zum 31. Dezember 2001 gültigen Rechtslage abgeschlossen werden konnten.[5] Ohne eine solche Regel hätte es zu Kollisionen mit den Fristen nach Art. 11 Übernahmekodex kommen können, die offenbar vermieden werden sollten. Die **Angebotsfrist muss demnach spätestens bis zum 31. 12. 2001 begonnen haben.** Anforderungen an die Höchstdauer der im Jahr 2002 verbleibenden Angebotsfrist enthält die Übergangsregel nicht.[6] Gleichwohl dürften aufgrund des Sinn und Zwecks als Übergangsvorschrift Angebote mit exorbitanten Annahmefristen nicht unter die Privilegierung dieser Übergangsregel fallen.[7] Unabhängig von jeder Annahmefrist ist mittlerweile die Übergangszeit abgelaufen, so dass auch § 66 Abs. 2 **keine praktische Bedeutung mehr** hat.

IV. Kontrollerlangung auf Grund eines „Alt-Angebots"

§ 66 Abs. 3 Satz 1 sieht vor, dass dann, wenn der Bieter auf Grund eines vor 4 dem 1. 1. 2001 veröffentlichten, nicht WpÜG-konformen Angebots die Kon-

[2] S. Bericht des Finanzausschusses, BT-Drucks. 14/7477 S. 71.
[3] Zur Besetzung des Ausschusses s. oben § 6 Rn. 4.
[4] Bericht des Finanzausschusses, BT-Drucks. 14/7477 S. 71.
[5] Vgl. *v. Bülow/Schäfer* in Kölner Komm. Rn. 4.
[6] Vgl. *Süßmann* in *Geibel/Süßmann* Rn. 4; vgl. Bericht des Finazausschusses, BT-Drucks. 14/7477 S. 71.
[7] S. *v. Bülow/Schäfer* in Kölner Komm. Rn. 7.

trolle (vgl. § 29 Abs. 2, § 35 Abs. 3) erst nach dem 1.1.2002 erlangt, dieser im Anschluss an den Kontrollerwerb grundsätzlich ein Pflichtangebot im Einklang mit den §§ 35 Abs. 1 und § 35 Abs. 2 Satz 1 abgeben muss.[8] Das gilt auch für den **offenbar nicht geregelten Fall**, dass sich der Kontrollerwerb bereits am 1. Januar 2002 vollzogen hat.[9] Nach § 66 Abs. 3 Satz 2 hat die BAFin ohne ein eigenes Ermessen den Bieter von den Verpflichtungen nach Abs. 1 zu befreien, wenn er einen diesbezüglichen Antrag stellt, wenn das Angebot, auf Grund dessen die Kontrolle erlangt wurde, den materiellen Anforderungen an Übernahmeangebote nach § 31, einschließlich der §§ 3 bis 7 WpÜG-VO, und § 32 entsprach. Denn die Aktionäre haben in diesen Fällen bereits die Möglichkeit gehabt, ihre Aktien zu einer angemessenen Gegenleistung zu veräußern.[10] Über Widersprüche gegen die Verfügungen der BAFin nach Satz 2, die innerhalb eines Monats einzulegen sind (vgl. §§ 41 Abs. 1 Satz 3, § 70 Abs. 1 Satz 1 VwGO), entscheidet der Widerspruchsausschuss (§ 66 Abs. 3 Satz 3). Wird dem Widerspruch nicht abgeholfen, besteht die Möglichkeit zur Beschwerde gem. § 48. Auch die Übergangsvorschrift des Abs. 3 ist mittlerweile bedeutungslos geworden, da Fälle der Kontrollerlangung durch ein „Alt-Angebot" rechtlich abgeschlossen sind.

5   Hielt jemand bei Inkrafttreten des WpÜG am 1.1.2002, 0.00 Uhr die Kontrolle über eine Zielgesellschaft, unterfällt er nicht den Verpflichtungen des § 35 Abs. 1 und Abs. 2 Satz 2, weil es insoweit daran fehlt, dass er nach In-Kraft-Treten des Gesetzes die Kontrolle erlangt hat.[11] Die Pflichten nach § 35 treffen auch nicht denjenigen, der vor Inkrafttreten mindestens 30% der Stimmrechtsanteile besaß und später dann weitere Stimmrechte hinzu erworben hat.[12] Wenngleich hieran auf Grund der Umgehungsmöglichkeiten Kritik geäußert wurde,[13] hielt der Gesetzgeber an seiner Entscheidung fest, weil es ansonsten zu einer Verkomplizierung der Übergangsregeln gekommen wäre.[14]

V. Weitergeltung des Übernahmekodex

6   Die Börsensachverständigenkommission beim Bundesministerium der Finanzen hat beschlossen, dass der Übernahmekodex nach dem 31.12.2001 nur noch auf Angebote, die bis zum 31.12.2001 veröffentlicht wurden, und

---

[8] S. ausführlicher dazu *v. Bülow/Schäfer* in Kölner Komm. Rn. 8 ff.

[9] Ausführlich dazu *Süßmann* in *Geibel/Süßmann* Rn. 6 f.; *v. Bülow/Schäfer* in Kölner Komm. Rn. 10.

[10] Bericht des Finanzausschusses BT-Drucks. 14/7477 S. 71; vgl. auch *Süßmann* in *Geibel/Süßmann* Rn. 8; *v. Bülow/Schäfer* in Kölner Komm. Rn. 11.

[11] Allg. Meinung *v. Bülow/Schäfer* in Kölner Komm. Rn. 14; *Schüppen* in *Haarmann/Riehmer/Schüppen* Rn. 6; *Harbarth* ZIP 2002, 321, 324; *Liebscher* ZIP 2002, 1006, 1014; *Altmeppen* ZIP 2001, 1073, 1081.

[12] *Schüppen* in *Haarmann/Riehmer/Schüppen* Rn. 6; *v. Bülow/Schäfer* in Kölner Komm. Rn. 14.

[13] S. zB *Thoma* NZG 2002, 105, 112; *Harbarth* ZIP 2002, 321, 324; vgl. *Zietsch/Holzborn* WM 2001, 1753, 1755, die eine andere gesetzliche Regelung vorgeschlagen hatten.

[14] Bericht des Finanzausschusses BT-Drucks. 14/7477 S. 68.

Kontrollerwerbe, die bis zu diesem Zeitpunkt vollzogen worden sind, Anwendung findet.[15] Am 4. 3. 2002 ist der Übernahmekodex mit sofortiger Wirkung außer Kraft gesetzt worden.[16] Etwaige Kollisionen der Regeln des Übernahmekodexes mit den Vorschriften des WpÜG kommen auf Grund des Zeitablaufes mittlerweile nicht mehr in Betracht.[17]

---

[15] Pressemitteilung der Börsensachverständigenkommission beim Bundesministerium der Finanzen vom 19. 12. 2001.

[16] Pressemitteilung der Börsensachverständigenkommission beim Bundesministerium der Finanzen vom 4. 3. 2002.

[17] Vgl. dazu *Thoma* NZG 2002, 105, 106; *Schüppen* in *Haarmann/Riehmer/Schüppen* Rn. 6; *v. Bülow/Schäfer* in Kölner Komm. Rn. 17 f.

Sachverzeichnis

fette Zahlen: Paragraphen, magere Zahlen: Randnummern

Sachverzeichnis

Sachverzeichnis

Sachverzeichnis

Sachverzeichnis

Sachverzeichnis

Sachverzeichnis

Sachverzeichnis

Sachverzeichnis

Sachverzeichnis

Sachverzeichnis

Sachverzeichnis

Sachverzeichnis

Sachverzeichnis

Sachverzeichnis

Sachverzeichnis

Sachverzeichnis